U0921404

中国测绘年鉴

China Surveying and Mapping Yearbook

2011

国家测绘地理信息局

中国地理位置图

中国地图出版社多圆锥投影（1983年）

比例尺 1:116 000 000

0 1160 2320 3480 4640千米

中国政区图

图例
首都
外国首都、首府
省级行政中心
地级市行政中心（外国重要城市同）
县级行政中心（外国一般城市同）
国界
未定国界
省、自治区、直辖市界
特别行政区界
地区界
军事分界线
山峰、关隘
珊瑚礁
长城
沙漠
常年河、时令河
运河、渠道
时令湖
淡水湖、咸水湖
井、泉
铁路
公路
双标准纬线等积圆锥投影 标准纬线25°、47°
哈萨克斯坦
俄
蒙古
吉尔吉斯斯坦
塔吉克斯坦
阿富汗
巴基斯坦
印度
尼泊尔
不丹
孟加拉国
缅甸
泰国
老挝
越南
新疆维吾尔自治区
西藏自治区
青海
甘肃
四川
云南
乌鲁木齐
拉萨
西宁
兰州
成都
昆明
河内
万象
内比都
达卡
加德满都
廷布
新德里
伊斯兰堡
比什凯克
塔什干
阿拉木图
克拉玛依
准噶尔盆地
古尔班通古特沙漠
塔里木盆地
塔克拉玛干沙漠
柴达木盆地
青藏高原
唐古拉山
喜马拉雅山
昆仑山
天山
阿尔泰山
巴丹吉林沙漠
罗布泊
博斯腾湖
青海湖
雅鲁藏布江
孟加拉湾
恒河
萨雷耶西克阿特劳沙漠
巴尔喀什湖
伊塞克湖
戈壁阿尔泰山
杭爱山
唐努乌拉山
乌布苏湖
吉大港
曼德勒
曼昂岛（切杜巴岛）
实兑（阿恰布）
仰光
清迈
琅勃拉邦
嘉峪关
酒泉
张掖
武威
格尔木
日喀则
攀枝花
丽江
大理
保山
临沧
思茅
景洪
曲靖
玉溪
楚雄
乐山
自贡
宜宾
雅安
绵阳
德阳
昭通
六盘水
伊尔库茨克
东经70°
75°
80°
85°
90°
95°
100°
105°
45°
35°
30°
25°
20°

比例尺　1：18 000 000

0　180　360　540　720 千米

▲ 2010 年 5 月 11 日，中央军委委员、总政治部主任李继耐上将（左四）在南京军区司令员赵克石中将（右一）、政治委员陈国令中将（左三）陪同下，在某部观看“战场环境信息综合应用系统”汇报演示。

▲ 2010 年 5 月 25 日，国土资源部部长、党组书记，国家土地总督察徐绍史（站立前排左七），青海省副省长、玉树地震灾后重建现场指挥部指挥长马顺清（站立前排左六），国家测绘局副局长闵宜仁（站立前排右二）看望在玉树灾区工作的国土资源和测绘工作人员。

▲ 2010 年 10 月 21 日，国家地理信息公共服务平台（公众版）——天地图（测试版）开通。国土资源部部长、党组书记，国家土地总督察徐绍史（左三），国土资源部副部长、国家测绘局局长徐德明（右二）等出席开通仪式。

▲ 2010 年 11 月 28 日，中共中央政治局委员、北京市委书记刘淇，国土资源部部长徐绍史，北京市市长郭金龙，国家测绘局局长徐德明等有关领导出席国家地理信息科技产业园奠基仪式。

▲ 2010 年 5 月 11 日，副总参谋长章沁生中将（前排左一），总参谋长助理戚建国少将（前排左三），国土资源部副部长、国家测绘局局长徐德明（前排左四），总参测绘局局长袁树友少将（前排左二）等参观新落成的中国人民解放军测绘史馆。

▲ 2010 年 9 月 18 日，在“和平使命 -2010”联合反恐军事演习期间，副总参谋长马晓天上将（左二）察看北京军区某测绘信息中心制作的演习地域影像图。

▲ 2010 年 3 月 25 日～26 日，国家测绘局局长徐德明（右三）在湖南考察调研无人机测绘系统。

▲ 2010 年 4 月 17 日～18 日，国家测绘局局长徐德明（前右二）在生产现场指导玉树抗震救灾测绘保障工作。

▲ 2010 年 8 月 19 日，全国测绘援疆工作座谈会在乌鲁木齐召开。国家测绘局局长徐德明（左）、新疆维吾尔自治区党委常委努尔兰·阿不都满金出席会议。

▲ 2010 年 9 月 15 日，国家测绘局局长徐德明（左二）出席全国首个市级测绘与地理信息局——山东省临沂市测绘与地理信息局（现为临沂市测绘地理信息局）挂牌仪式。

▲ 2010 年 10 月 28 日，国家测绘局局长徐德明（中）、陕西省副省长郑小明（左）出席数字西安地理空间框架建设成果推广会。

▲ 2010 年 12 月 23 日，中组部副部长、中央创先争优活动领导小组成员、中央和国家机关创先争优活动指导组组长李建华（前右）到中国测绘创新基地，调研指导国家测绘局创先争优活动。国家测绘局局长徐德明（前左）陪同调研并介绍有关情况。

▲2010 年 9 月 21 日，总参测绘局局长袁树友少将在北京军区某测绘大队外业测区检查工作。

▲2010 年 7 月 3 日～6 日，总参测绘局局长袁树友少将（右三）率中国人民解放军测绘代表团访问匈牙利。图为匈牙利国防军副总参谋长沃洛斯·佐尔坦少将（左四）会见代表团成员。

▲ 2010 年 5 月 6 日～18 日，国家测绘局副局长王春峰（主席台中）出席全国测绘发展“十二五”规划编制工作会议。

▲ 2010 年 9 月 28 日，国家测绘局副局长王春峰（右三）出席中国地图出版集团组建成立大会。

▲2010年9月29日，国家测绘局副局长李维森（左二）出席数字德阳地理信息公共平台建设成果发布暨推广会。

▲2010年11月2日，国家测绘局副局长李维森（右）在武汉会见湖北省副省长段轮一。

◀ 2010年8月4日，国家测绘局副局长宋超智（左）出席遵义市测绘局揭牌仪式。

▲ 2010年11月17日，国家测绘局副局长宋超智（左）在太原与山西省常委、常务副省长李小鹏举行会谈。

▲2010年10月21日，国家测绘局副局长闵宜仁出席国家地理信息公共服务平台（公众版）——天地图（测试版）开通仪式。

▲2010年11月12日，国家测绘局副局长闵宜仁（右）出席重庆市两江新区三维地理信息平台开通仪式。

▲ 2010 年 6 月 8 日～10 日，国家测绘局党组成员、纪检组组长张荣久（左四）在秦皇岛出席全国测绘系统首届羽毛球比赛。

▲ 2010 年 10 月 18 日，国家测绘局党组成员、纪检组组长张荣久（右）陪同美国易安信（EMC）公司总裁乔图斯参观中国测绘创新基地。

▲ 2010 年 2 月 3 日，国家测绘局党组成员、办公室主任吴兆琪（右）看望局机关离退休干部。

▲ 2010 年 11 月 10 日，第 7 次中日测绘科技合作联合工作组会议在中国测绘创新基地举行，国家测绘局总工程师胥燕婴（右）和日本国土地理院副院长吉兼秀典（左）共同主持会议。

▲ 2010 年 4 月 18 日，总参测绘局副局长申慧群（右一）在济南召开的全军测绘信息中心业务建设研讨活动现场指导工作。

▲ 2010 年 7 月 26 日，总参测绘局副局长范艺华（前右二）在兰州军区某测绘信息中心检查装备建设情况。

▲2010年4月21日，总参测绘局副局长孙刚（中）到南京军区某测绘大队指导工作。

▲2010年2月1日，北京军区司令员房峰辉中将（右四）、政治委员刘福连中将（左三）、参谋长张宝书中将（右三）视察军区某测绘大队。

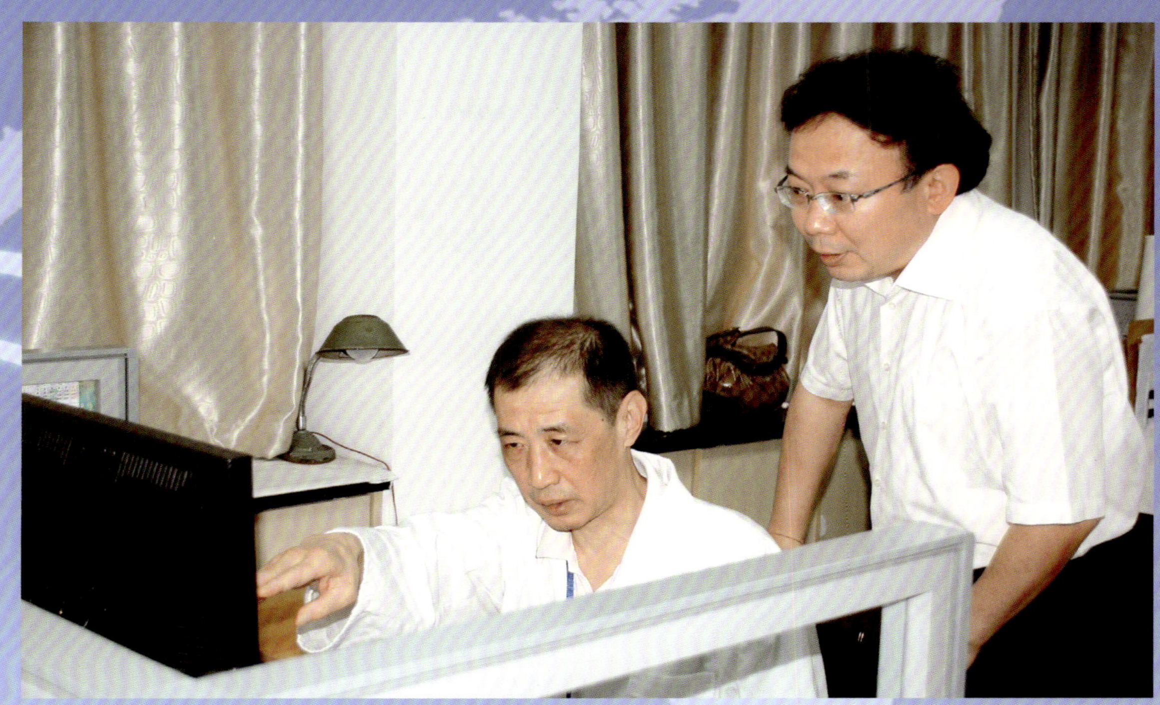

▲ 2010 年 8 月 29 日，江苏省副省长李小敏（右）视察江苏省测绘局数字化生产基地。

▲ 2010 年 5 月 11 日，总参测绘局在北京举行新中国军事测绘 60 年回顾展望暨先进模范表彰大会。

▲2010年9月14日，由国家测绘局主办，中国测绘宣传中心承办，人民日报、中央电视台等中央主要新闻媒体支持的数字城市中国行宣传报道活动正式启动。

▲2010年12月21日，国家测绘局在中国测绘创新基地召开大会，为首批科技领军人才颁发证书和科技资助专项资金。

▲ 2010 年 10 月 19 日，国家地理信息公共服务平台（公众版）——“天地图”制作人员在做开通前准备工作。

▲ 2010 年 6 月，黑龙江第二测绘工程院测量队员在实施黑瞎子岛测绘工程。

▲ 2010 年 8 月，测绘队员在进行西部测图工程外业工作。

▲ 2010 年 12 月，黑龙江第二测绘工程院测量队员在执行基础地理信息系统建设 1:2000 数据采集任务。

▲ 2010年1月23日，测绘队员参与中国第26次南极科学考察，执行南极昆仑站测绘冰态运动监测任务。

▲ 2010年4月，国家基础地理信息中心为青海玉树地震抗震救灾工作提供地图服务。

▲ 2010 年 4 月，广州军区某测绘大队执行第 16 届亚运会安保实景导航数据采集任务。

▲ 2010 年 5 月，四川省第三测绘工程院测绘人员在通江县从事灾后重建水准观测项目。

▲ 2010 年 6 月，陕西测绘局测量队员在进行玉树地震抗震救灾及灾后重建测绘保障工作。

▲ 2010 年 1 月，国家测绘局组织举办全国测绘系统职工文艺汇演。

▲ 2010 年 6 月 8 日～10 日，全国测绘系统首届羽毛球比赛在河北省秦皇岛市举办。

▲ 2010 年 7 月，小学生到中国测绘科技馆参观。

《中国测绘年鉴》编纂委员会

《中国测绘年鉴》协调员

《中国测绘年鉴》编辑部

编 辑 说 明

《中国测绘年鉴》由国家测绘地理信息局组织编纂。本卷年鉴主要记述测绘行业2010年内对国家经济建设和社会发展有重大影响的事件、活动、成果和重要统计资料等内容，设有特载、测绘管理工作、测绘业务工作、国家测绘局直属单位工作、地方测绘工作、行业单位测绘工作、测绘社团工作、法律法规、公告、大事记、统计资料、附录等12个栏目。

年鉴稿件由国家测绘地理信息局机关各司（室），局属各单位，总参测绘局编研室，各省、自治区、直辖市、计划单列市测绘行政主管部门，新疆生产建设兵团测绘主管部门，省级主要测绘单位，部分甲级测绘资质单位和导航电子地图资质单位，有关测绘社团，设有测绘类专业的部分院校等提供。部首彩页和领导批示由国家测绘地理信息局办公室、总参测绘局编研室、中国测绘宣传中心和有关测绘单位等提供。中国地理位置图和中国政区图由中国地图出版集团提供。根据国家有关规定，年鉴各栏目未收录我国香港、澳门特别行政区和台湾省的资料。

二〇一一年八月

Remarks

China Surveying and Mapping Yearbook, compiled by the National Administration of Surveying, Mapping and Geoinformation (NASG), contains major events, activities, achievements and statistical materials of the surveying and mapping sector which were significant to the national economic development and social progress in 2010. It comprised 12 parts including highlights, surveying and mapping administration, surveying and mapping work, work of sub institutions directly under State Bureau of Surveying and Mapping, local surveying and mapping work, work of entities of surveying and mapping sector, work of surveying and mapping associations, laws and regulations, announcements, memorabilia, statistics and appendixes.

Materials of the Yearbook were provided by NASG departments and its sub institutions, the Military Surveying and Mapping Bureau, surveying and mapping administrative departments of provinces, municipalities, cities specially designated in the state plan, and Xinjiang Production and Construction Corps, major surveying and mapping organizations at provincial level, some organizations with Class A surveying and mapping qualification and digital navigation maps qualification, surveying and mapping associations, and universities with surveying and mapping majors. The colored front pages and leaders' instructions were provided by the General Office of NASG, the Editing and Research Office of the Military Surveying and Mapping Bureau, China Surveying and Mapping Publicity Center, and other surveying and mapping organizations. China geographic location map and China administrative map were provided by China Map Publishing Group. Statistics of Hong Kong, Macao and Taiwan are not included in the yearbook in accordance with relevant regulations of the State.

August 2011

目　录

特　载

测绘管理工作

测绘业务工作

国家测绘局直属单位工作

地方测绘工作

行业单位测绘工作

测绘社团工作

法律法规

公 告

大 事 记

统计资料

附　录

Contents

Highlights

Surveying and Mapping Administration

Surveying and Mapping Work

Work of Sub Institutions of the State Bureau of Surveying and Mapping

Local Surveying and Mapping Work

Work of Entities of Surveying and Mapping Sector

Work of Surveying and Mapping Associations

Law and Regulations

Announcements

Memorabilia

Statistics

Appendixes

特　　载

重要批示

国务院副总理李克强关于测绘工作的重要批示

2010 年 1 月 18 日

2009 年，测绘系统认真贯彻中央的决策部署，大力推进测绘基础研究和能力建设，测绘保障服务成效显著，各项工作取得很大成绩。谨致祝贺。希望你们在新的一年，深入贯彻落实科学发展观，继续推进数字中国建设，加快构建地理信息公共服务平台，提升现代化测绘技术装备水平，促进地理信息产业健康发展，进一步提高保障和服务水平，为推动经济社会全面协调可持续发展作出新的更大贡献。

国务院副总理李克强关于测绘工作的重要批示

2010 年 12 月 20 日

2010 年，广大测绘干部职工紧密围绕经济社会发展需要，开拓进取，测绘事业取得新成绩，为突发事件应急处置和抢险救灾提供了有力支持。希望你们在新的一年里，深入贯彻落实科学发展观，加强基础测绘和地理国情监测，着力开发利用地理信息资源，丰富测绘产品和服务，提高测绘生产力水平，更好地发挥服务大局、服务社会、服务民生的作用，为推动经济发展方式转变、全面建设小康社会作出新贡献。

重要文献

关于认真学习贯彻李克强副总理对测绘工作重要批示的通知

国测办发〔2010〕1号 2010年1月27日

各省、自治区、直辖市、计划单列市测绘行政主管部门，新疆生产建设兵团测绘主管部门，局所属各单位，机关各司（室）：

2010年1月18日，全国测绘局长会议开幕前夕，中共中央政治局常委、国务院副总理李克强对进一步做好测绘工作作出重要批示。批示全文如下：2009年，测绘系统认真贯彻中央的决策部署，大力推进测绘基础研究和能力建设，测绘保障服务成效显著，各项工作取得很大成绩。谨致祝贺。希望你们在新的一年，深入贯彻落实科学发展观，继续推进数字中国建设，加快构建地理信息公共服务平台，提升现代化测绘技术装备水平，促进地理信息产业健康发展，进一步提高保障和服务水平，为推动经济社会全面协调可持续发展作出新的更大贡献。

李克强副总理对测绘工作的重要批示，充分体现了党中央、国务院对测绘事业的高度重视和对广大测绘工作者的亲切关怀，进一步指明了测绘发展方向。现就学习贯彻落实李克强副总理重要批示提出以下要求：

一、要认真学习，切实把思想统一到李克强副总理重要批示精神上来。李克强副总理的重要批示从战略的高度、全局的高度，为进一步加快测绘事业发展指明了方向、明确了任务。各单位、各部门要通过各种形式，及时把李克强副总理的重要批示传达到每一个测绘与地理信息企事业单位，传达到每一个测绘干部职工，认真组织学习讨论。要通过系统深入地学习，准确把握李克强副总理重要批示的深刻内涵，准确把握李克强副总理对测绘工作的要求，深入贯彻落实科学发展观，努力推动测绘工作再上新台阶。

二、要振奋精神，进一步增强做好测绘工作的荣誉感和责任感。李克强副总理用“大力推进、成效显著、很大成绩”三个词语对2009年测绘工作取得的进展和成绩给予充分肯定、致以祝贺，是对2009年测绘工作思路、工作方法的充分肯定，是对全国广大测绘干部职工的巨大鼓舞。各单位、各部门要引导鼓励广大测绘干部职工，进一步增强做好测绘工作的紧迫感、责任感和荣誉感，进一步认清形势、坚定信心，振奋精神、努力进取，以更加饱满的热情、良好的状态投身于新时期测绘事业，不断开创测绘发展的新局面。

三、要加快建设，全力推动测绘事业更好更快发展。李克强副总理的重要批示，是做好2010年及今后一个时期测绘工作的行动指南。各单位、各部门要从全局的高度、战略的高度，准确把握李克强副总理重要批示对测绘工作目标和任务的要求，紧密结合当前国际、国内形势，结合测绘事业发展的实际和本地本单位的工作实际，深入贯彻落实科学发展观，继续着力“构建数字中国、丰富地理信息，搭建共享平台、保障社会需求，完善体制机制、强化统一监管，创建和谐测绘、推动科学发展”，切实加快数字中国建设速度，切实推动地理信息产业发展，切实提高测绘服务保障水平，切实改善测绘技术装备条件，切实加强科技自主创新力度，切实谋划好“十二五”测绘工作，切实强化测绘人才队伍建设，切实营造事业良好发展环境，为推动经济社会全面协调可持续发展作出新的更大贡献。

四、要狠抓落实，推动2010年测绘工作再创佳绩。各单位、各部门要按照李克强副总理的重要批示要求，按照全国测绘局长会议对2010年全国测绘工作的总体部署，进一步明确、细化2010年度各项重点工作，制定翔实、具体的年度工作计划，层层落实责任制，加大督促检查力度，确保“十一五”圆满收官。要大力推进数字中国建设，加快国家重大测绘项目立项和实施进程，全面推广数字省区、数字城市建设；要加快构建地理信息公共服务平台，加大行业内、部门间的地理信息资源共享整合力度，推进全国地理信息资源的网络化集成应用和协同更新与服务；要着力提升现代化测绘技术装备水平，积极推进中央和地方联动的相关重大项目立项和实施，全面推广无人飞行器航测遥感系统，显著提高测绘生产力水平；要大力推进地理信息产业健康发展，加强政策引导和资金支持，采取更多实质性举措鼓励、支持地理信息企业发展壮大；要进一步提高保障和服务水平，紧紧围绕各级党委政府的中心工作，发挥测绘的资源、技术和人才优势，积极主动服务大局、服务社会、服务民生。

五、要精心组织，大力宣传贯彻落实李克强副总理重要批示的成效。各单位、各部门要高度重视宣传、贯彻李克强副总理重要批示精神，切实加强领导，精心组织安排。各级测绘行政主管部门要将李克强副总理的重要批示及时向本地党委政府汇报，争取对测绘工作更大的支持。要认真抓好学习贯彻的宣传报道，积极推动中央和地方新闻媒体大力宣传各地、各单位贯彻落实李克强副总理重要批示的举措和成效，测绘报刊、网站要及时做好跟踪报道。各单位、各部门要把学习贯彻落实情况及时报告国家测绘局。

国家测绘局关于进一步做好玉树地震抗震救灾测绘保障工作的通知

国测办发〔2010〕5号　2010年4月21日

各省、自治区、直辖市、计划单列市测绘行政主管部门，新疆生产建设兵团测绘主管部门，局所属各单位，机关各司（室）：

青海玉树强烈地震发生后，在党中央、国务院、中央军委的坚强领导下，全国人民万众一心，大力协同，不畏艰险，顽强拼搏，抗震救灾工作紧张有序推进。国家测绘局快速反应，迅速部署，把为抢险救灾紧急供图作为当前工作的首要任务，测绘干部职工快速测图、快速出图、快速供图，为抢险救灾提供了有力的测绘保障服务。现就进一步做好玉树地震抗震救灾测绘保障工作提出以下要求：

一、继续把抗震救灾测绘保障作为当前工作的首要任务。当前，抗震救灾工作正处在关键时刻，各单位、各部门要把思想和认识统一到党中央、国务院对形势的分析判断和决策部署上来，继续把抗震救灾测绘保障作为当前工作的首要任务，加强组织领导，继续紧急行动，强化应急服务，尽最大的努力，全力服务抗震救灾。

二、加快测制灾区恢复重建用图，加强灾情评估和灾害分析。继续对灾区开展更大范围的航空摄影工作，尽快恢复灾区测绘基础设施，综合灾区震后航空航天遥感影像和已有基础测绘成果，快速测制灾区1:2000影像地图，完善玉树地震地理信息服务平台，并及时提供灾区恢复重建各有关方面使用。本着“全面掌握、重点突出、快速解译、迅速提供”的原则，抓紧开展地震前后遥感影像比对分析和灾情解译评估工作，并尽快将分析结果报送国土资源部等有关部门。

三、保持测绘成果提供绿色通道畅通，继续做好抗震救灾测绘保障宣传工作。继续开通抗震救灾测绘成果提供绿色通道，及时发布灾区测绘成果信息，按要求积极主动提供各类已有地图资料，紧急加工所需地图和地理信息数据，做到随时出图，确保各方面需要。继续加强宣传舆论工作，及时报道抗震救灾测绘保障工作进展和成效，大力宣传涌现出来的先进事迹和崇高精神。

四、奉献测绘人爱心，关心灾区职工和人民的生产生活。各单位、各部门要大力发扬“一方有难、八方支援”的精神，在全国测绘行业积极组织开展送温暖、献爱心活动，为灾区人民捐款捐物，为灾区测绘单位提供测绘成果资料、捐助测绘仪器设备。灾区各级测绘行政主管部门要积极组织人员排查，做好失踪、受伤职工及家属的搜寻和救治工作，保障测绘干部职工及其家属的基本生活。

五、完善测绘应急保障服务机制，提高应急测绘能力。各单位、各部门要及时总结玉树抗震救灾行动中的成功经验和存在不足，进一步完善测绘应急保障服务机制，明确职责分工、响应速度和响应内容，确保各项规章制度落到实处。要大力加强应急测绘装备能力、技术能力、资源保障能力和人才队伍建设，创新服务方式，丰富服务手段，大幅提高测绘应急保障的速度和服务效益。

国家测绘局关于进一步做好应急测绘保障服务工作的通知

国测办发〔2010〕7号 2010年8月17日

各省、自治区、直辖市、计划单列市测绘行政主管部门，新疆生产建设兵团测绘主管部门，局所属各单位，机关各司（室）：

今年以来，我国自然灾害多发频发、灾情严重，在党中央、国务院的坚强领导下，全国人民和灾区人民一道积极应对、英勇抗击各类灾害灾难。全国测绘系统坚决贯彻落实党中央、国务院的决策部署，在历次抢险救灾中，尤其是在青海玉树抗震救灾和灾后重建、甘肃舟曲特大山洪泥石流灾害抢险救灾、南方、东北洪涝灾害抢险救灾、西南地区抗旱救灾和西北地区抗击雪灾等自然灾害抢险救灾中，快速提供抢险救灾急需的测绘成果资料和地理信息技术服务，发挥了重要作用。

近日受强降雨天气影响，甘肃、四川等汶川特大地震灾区接连发生特大山洪泥石流灾害。胡锦涛总书记、温家宝总理分别做出重要指示，国务院紧急召开会议，分析当前全国防汛抗洪救灾形势，进一步研究部署全国特别是西部地区洪水地质灾害防御工作。各级测绘行政主管部门和广大测绘干部职工，要把思想和认识统一到党中央、国务院对形势的分析判断和决策部署上来；把洪水地质灾害防御测绘应急保障工作作为当前主要任务来抓，全力服务防汛抗洪救灾和地质灾害防控工作。现就进一步做好应急测绘保障服务工作提出以下要求：

一、为汛情监测、地质灾害隐患排查、台风防御及时主动提供测绘保障服务。要按要求向有关部门和单位积极主动提供各类已有地图资料；根据本地形势和有关方面要求，加工制作洪水地质灾害台风防御区域的专题地图，研建开发相关地理信息服务系统，力求简明、醒目、易用；积极配合本地区地质灾害隐患排查工作，为灾情监测预警提供测绘技术支持。

二、确保及时提供受灾地区抢险救灾所需的测绘成果资料和测绘技术服务。灾情发生后，各有关部门和单位要及时启动应急保障预案；立即开通测绘成果提供绿色通道；应急保障人员迅速到岗到位，及时报告应急保障情况，确保信息通讯畅通；根据响应级别和实际需要，及时部署开展灾情信息资料获取、实地测绘、数据处理和加工制作任务，研建地理信息服务平台，为抢险救灾快速提供适宜的测绘成果和技术服务。当前，要继续做好甘肃舟曲抢险救灾的测绘保障工作，全力做好四川等山洪泥石流重灾区抢险救灾的测绘应急保障工作。

三、为灾后重建、地质灾害综合治理提供持续有力的测绘保障服务。根据实际情况需要，动员骨干力量，按要求组织开展灾区航空摄影，测制灾区恢复重建和地质灾害综合治理用图，研发适合应用的地理信息服务系统；尽快恢复灾区测绘基准和测绘系统等基础设施；加强灾情评估和灾害分析，及时提供灾区恢复重建、地质灾害治理等各有关方面使用。

四、要继续完善应急测绘保障服务机制。要及时总结各类自然灾害抢险救灾行动中的成功经验和存在不足，尽快形成任务分工清晰、责任明确、整体运转协调、有机联动的应急测绘工作机制，同时，加快建立本地测绘部门与行业单位防灾减灾动员协调机制。

五、切实加强应急测绘能力建设。要根据应急保障工作需要和本地财力状况，尽早配备一批快速获取、采集、传递灾区现场信息以及数据处理、加工合成、输出打印等测绘装备，努力提升应急保障能力；加强人才队伍储备，尽早建设一支精干专业的测绘应急保障服务队伍；建立和保持与上级、同级、下级部门及防灾减灾相关单位的畅通无阻的信息沟通联系渠道；切实提高为公众服务的水平，及时发布适宜测绘信息，使广大群众能及时了解灾情，支持抢险救灾行动。

各级测绘行政主管部门要结合各地实际情况认真贯彻落实党中央、国务院关于灾害防御工作的部署，加强组织领导，强化协调配合，严格落实责任，进一步做好应急测绘保障服务工作。

国家测绘局关于加强测绘援疆工作的意见

国测办发〔2010〕8号 2010年8月17日

各省、自治区、直辖市、计划单列市测绘行政主管部门，新疆生产建设兵团测绘主管部门，局所属各单位，机关各司（室）：

新疆的发展和稳定，关系全国改革发展稳定大局，关系祖国统一、民族团结、国家安全，关系中华民族伟大复兴。2010年3月以来，中央相继召开全国对口支援新疆工作会议和新疆工作座谈会，进一步明确了当前和今后一个时期做好新疆工作的指导思想、主要任务、工作要求，对推进新疆跨越式发展和长治久安作出了战略部署，充分体现了党中央、国务院对新疆发展与稳定的高度重视，对新疆各族人民的亲切关怀和爱护。做好新形势下新疆工作，是贯彻中央新时期新疆工作总体部署、促进区域协调发展的战略举措，是发挥社会主义制度优越性、巩固和发展各民族大团结的重要体现，是促进新疆跨越式发展、实现新疆长治久安的必要保证。

长期以来，国家测绘局及全国测绘行业各部门、各单位大力支持新疆测绘工作，通过资金补助、项目倾斜、人才支援、技术支持、成果提供等多种手段，加大了对新疆测绘的支持力度，向新疆提供了大量基础测绘成果，帮助培养了一大批测绘管理和技术人才，为新疆经济发展和社会稳定作出了积极贡献。

为了深入贯彻落实党中央、国务院重大决策部署，进一步推动新疆测绘事业发展，为实现新疆跨越式发展和长治久安提供坚强有力的测绘保障，现对加强测绘援疆工作提出以下意见。

一、高度重视测绘援疆工作

（一）做好测绘工作事关新疆经济社会发展和稳定。测绘是经济社会发展的重要基础性工作，具有“基础先行、服务保障、应急救急、统筹协调、管理监督、维护安全”等重要作用。当前，新疆经济社会发展正处在新的历史起点上，未来十年，是新疆大建设、大跨越、大团结、大发展的关键时期。随着全国大规模援疆建设的深入展开，一大批援疆重大基础设施工程、民生工程将相继实施，迫切需要测绘提供坚强有力的基础性保障，测绘工作必须先行，做好新形势下新疆测绘工作意义重大。

（二）测绘援疆是全国援疆的重要组成部分。新疆国土广袤，约占全国陆地总面积的六分之一。新疆测绘是全国测绘的重要组成部分，测绘援疆是全国援疆的重要内容，支持新疆测绘上水平、上台阶是测绘部门的重要历史使命和应尽义务。进一步加强测绘援疆工作，尽快提升新疆测绘保障能力和服务水平，加快推动新疆测绘跨越式发展，是当前及今后一段时间测绘部门重中之重的战略任务，对于加快我国从测绘大国迈向测绘强国具有十分重要的意义。

（三）充分认识做好测绘援疆的紧迫性。当前，新疆测绘基础相对较为薄弱，基础地理信息资源覆盖范围较低，测绘服务保障能力明显不足，新疆测绘整体水平与新疆经济社会发展的现实需求有着较大差距，加快新疆测绘发展的任务十分艰巨。各部门、各单位要以高度的政治责任感和历史使命感，为推进新疆跨越式发展和长治久安提供坚强有力的测绘保障，确保不因测绘工作不到位影响新疆跨越式发展的规划和立项，不因测绘工作不到位影响新疆加快建设的速度和质量。

二、加强测绘援疆工作的整体思路

（四）指导思想。以邓小平理论和“三个代表”重要思想为指导，深入贯彻落实科学发展观，按照中央加快“推进基础测绘工作，构建新疆基础地理信息数据库，建设现代化测绘基准体系”（以下简称“三基”）的总体要求，以提升测绘服务大局、服务社会、服务民生的能力为根本，以加大项目、技术、资金、人才援助为手段，以建立完善各项长期支援机制为保障，全国测绘行业各部门、各单位共同努力，加快建设数字新疆地理空间框架，全面提升新疆测绘能力，确保为新疆的跨越式发展和长治久安提供坚强有力的测绘保障。

（五）基本原则。加强测绘工作，突出“三基”建设，强化服务保障，促进跨越发展。

——坚持加强业务建设、能力建设、队伍建设相结合，全方位提升新疆测绘服务保障能力和水平；

——坚持政府主导与企事业单位自觉自愿相结合，广泛动员全国测绘力量，充分发挥测绘与地理信息企事业单位的积极性；

——坚持把新疆的具体测绘需求和各部门、各单位的实际情况相结合，增强测绘援疆工作的针对性和目标性；

——坚持“输血”与“造血”相结合，巩固与提升相结合，项目、资金援助与技术、人才援助相结合；

——坚持高起点、高标准、高效率相结合，确保援助工作质量高、速度快、效果好。

（六）主要目标。到“十二五”末期，新疆基础测绘能力显著提升，服务保障能力接近经济较发达省份水平；基本比例尺地形图基本满足需求，实现全疆1∶5万地形图更新一次，部分经济发达地区更新两次；1∶1万地形图实现对主要经济活动区、边境重点地区的必要覆盖，覆盖率达到30%～35%；1∶2000、1∶1000、1∶500等大比例尺地形图覆盖新疆市县乡镇重点地区；基本建成全疆多尺度基础地理信息数据库，建成数字新疆地理空间框架和全疆14个地市州的数字城市地理空间框架；全面建成新疆现代化测绘基准体系，实现新疆导航综合服务系统的业务化运行。到2020年，全面建成数字新疆地理空间框架，实现基础地理信息数据库数据的必要覆盖和适时更新，新疆测绘基准体系高效运行，新疆测绘服务保障能力可靠、适用、及时、有力。

三、加强测绘援疆工作的主要任务

（七）建设新疆现代测绘基准体系。统筹新疆现代测绘基准体系建设规划，通过利用、新建和改造等手段，对新疆的大地基准、高程基准、区域大地水准面精化以及综合导航服务系统等进行完善或更新，全面构建新疆现代测绘基准体系与综合导航服务系统。加快国家现代测绘基准体系基础设施建设一期工程在新疆的实施。整合已有陆态网建设成果，到“十二五”末建成全疆约100个全球卫星定位系统连续运行基准站。完成全疆第三期一等水准网建设和区域似大地水准面精化工作，支持新疆测绘部门开展全疆其它等级水准网建设，建成新疆大地测量数据库和综合导航定位服务系统。

（八）测制新疆基本比例尺地形图。加强新疆基础测绘能力建设，大幅提升新疆基本比例尺地形图覆盖范围和更新速度，显著提升新疆基础测绘水平。以“十二五”国家重大基础测绘项目和国家西部1∶5万地形图测图工程、国家1∶5万基础地理信息数据库更新工程实施等带动新疆1∶1万地形图空白区测绘和1∶1万地形图测绘与更新。每年为新疆获取约8万平方千米的航空航天遥感影像，实现全疆多分辨率多时相影像数据的全面覆盖。加大对新疆边境地区1∶1万地形图测绘、新疆市县乡镇1∶2000、1∶1000、1∶500地形图测绘的支持力度。动员相关企业无偿提供新疆范围的道路交通数据和所需的航空航天遥感影像。

（九）建设新疆基础地理信息数据库。建设新疆自治区多尺度、多类型基础地理信息数据库并实现重要地区的数据更新，加快推进数字新疆地理空间框架建设。加快建设新疆地理信息公共服务平台，建成国家地理信息公共服务平台新疆分节点和14个地州市的信息基地，实现与国家地理信息公共服务平台的互联互通。

（十）推进新疆地理信息资源应用。无偿为新疆经济社会发展公益性事业提供全疆范围的国家基础测绘成果，加强对新疆重大战略和重大工程决策、规划、设计、实施、评估等过程中的测绘支持。推进地理信息资源在新疆资源管理、环境保护、防灾减灾、应急保障、公安安全以及民政、外交、科技、教育、文化、卫生等领域的应用。支持新疆使用地形图保密处理技术和地理信息要素分层方案，大力开发公众版地形图等基础地理信息公共产品。

（十一）争取新疆测绘重大专项。按照中央援疆的总体部署和要求，认真谋划测绘援疆工作特别是“十二五”测绘援疆工作计划，积极争取将测绘援疆工作纳入国家相关规划和经费预算。积极组织向中央有关部门申请新疆测绘保障服务重大专项，通过大专项带动新疆测绘大发展。积极争取中央财政建立对边远地区、少数民族地区基础测绘经费补助的长效机制，加大对新疆基础测绘的投入力度。

（十二）做好对口援疆测绘工作。承担对口援疆任务的十九省（市）测绘部门，要积极争取将测绘援疆纳入地方援疆工作总盘子，形成测绘对口援疆长效投入机制。要根据新疆维吾尔自治区测绘局提出的《测绘援疆备选项目表》，发挥各自优势，积极对接认领任务，加快推进对口援建地区基础测绘工作，加强援建地区1∶1万及更大比例尺地形图测绘和更新，完成援建地区数字城市地理空间框架建设，加快援建地区现代化测绘基准体系建设，确保对口援建地区测绘整体水平达到本省（市）测绘工作水平。

（十三）加强新疆测绘装备建设。依托国家测绘成果档案管理与服务设施建设项目，建成现代化的新疆测绘成果档案管理与服务系统，提升测绘成果档案存储管理与网络化分发服务水平。积极组织有关企事业单位向新疆捐助测绘仪器和软件，加强新疆测绘装备建设。为全疆所有地州市各配备一套无人飞机航摄系统，提升新疆地理信息数据快速获取能力。积极争取“现代化测绘技术装备和应急服务能力建设项目”立项，加快新疆测绘技术装备现代化。

（十四）加快新疆测绘技术进步。测绘科技项目进一步向新疆倾斜，推动新疆信息化测绘体系建设，加速新疆测绘科技创新和成果转化。支持新疆测绘单位与有条件的测绘高校、科研院所、高新技术企业联合共建国家测绘局重点实验室、工程技术研究中心、中试基地等科技创新平台。建设中国测绘科学研究院新疆分院和新疆测绘科普基地。将新疆测绘单位纳入国家测绘局“走出去”整体战略，提升新疆测绘参与国际合作和竞争的能力。

（十五）强化新疆测绘统一监管。加强对新疆测绘管理体制建设的指导和支持，加快健全新疆测绘管理体制。加强对新疆测绘立法、政策制定和执法监督工作的指导，帮助进一步完善相关测绘法规。指导新疆实行适度宽松的测绘市场准入政策，适度调整测绘资质考核标准，鼓励更多测绘企业到新疆开展业务。加强对新疆地图编制管理、测绘市场和地图市场监管、互联网地图和地理信息服务网站监管以及重大违法测绘案件查处工作的指导。

（十六）加大人才援疆力度。通过举办面向新疆的培训班、选派专家赴疆技术指导、与新疆有关单位结帮扶对子、开展测绘专家西部行活动等各种方式，主动送教上门。在继续为新疆举办各类测绘管理和技术人员培训班的基础上，免费为新疆提供电子政务、地图审查、战略研究、职业技能鉴定等方面的人员培训。继续接收新疆测绘管理干部和技术人员到国家和地方测绘行政管理部门、有关企事业单位挂职锻炼、学习交流，并逐年增加人数，显著提升新疆测绘人力资源保障整体水平。

四、加强对测绘援疆工作的领导

（十七）切实加强组织领导。各部门、各单位要以高度的政治责任感和历史使命感，加强对测绘援疆工作的组织领导，使测绘援疆工作常态化。国家测绘局成立由分管局长为组长、有关司（室）负责同志组成的测绘援疆工作协调组，统筹协调好测绘援疆重点任务的组织实施。各对口援疆省（市）测绘部门要坚持一把手亲自抓，分管领导具体抓，明确测绘援疆组织机构和职责分工。新疆各级测绘部门和新疆生产建设兵团测绘主管部门要在积极主动做好新疆测绘保障服务的同时，配合开展好测绘援疆工作，提供必要的协助和支持，确保测绘援疆工作有序进行。

（十八）充分调动社会力量。要把发挥政府主导作用与利用市场机制结合起来，广泛进行动员，充分调动全国测绘行业的积极性和主动性。要号召全国测绘行业单位、测绘与地理信息企业发挥各自的资金、技术、人才、数据、装备等优势，集全测绘之智，尽全测绘之责，举全测绘之力，投入到新疆测绘保障与服务工作中来，共同推进数字新疆地理空间框架建设。

（十九）狠抓各项工作落实。各部门、各单位要按照中央关于援疆工作的精神和本意见要求，结合本地区、本单位、本部门的实际和新疆测绘的现实需求，尽快制定本地区、本单位、本部门援疆的具体措施和办法，进一步细化目标、明确任务、分解责任、强化监督，切实把测绘援疆各项任务落到实处。加强测绘援疆工作的信息报送、信息共享和经验交流。大力宣传报道测绘援疆工作的重大进展、重要举措、成果成效和先进事迹。

国家测绘局关于进一步加强测绘宣传工作的意见

国测办发〔2010〕17号 2010年12月16日

各省、自治区、直辖市、计划单列市测绘行政主管部门，新疆生产建设兵团测绘主管部门，局所属各单位，机关各司（室）：

测绘宣传工作是党的宣传工作的重要组成部分，也是测绘事业的重要组成部分和测绘事业全面协调可持续发展的重要保障。当前，我国正处于全面建设小康社会的关键时期，深化改革开放、加快转变经济发展方式的攻坚时期，经济社会发展和人民生活等方面对测绘的需求日益旺盛，我国测绘事业已进入了可以大有作为、也能大有作为的黄金战略机遇期，“构建数字中国、监测地理国情、发展壮大产业、建设测绘强国”的未来发展战略方向对测绘宣传工作提出了新的更高要求，新时期测绘宣传工作的责任更加重大，任务更加紧迫。为进一步加强测绘宣传工作，现提出以下意见。

一、充分认识测绘宣传工作的重要性

加强测绘宣传工作，对于测绘行业更好地贯彻落实党和国家关于测绘工作的重要决策以及中央领导同志对测绘工作的重要指示精神，加快推动测绘强国步伐意义重大；对于宣传测绘发展的新理念、新思想、新观点，展示测绘工作的新举措、新亮点、新成就，推动新时期测绘发展转型，更有效地服务测绘事业实现新发展意义重大；对于凝聚行业力量，鼓舞队伍斗志，弘扬测绘精神，增强测绘文化软实力，营造积极主动、团结和谐、奋发向上的内部氛围意义重大；对于进一步提升测绘工作的社会认知度和影响力，营造全社会重视、理解、关心、支持测绘工作的外部环境意义重大。必须把测绘宣传工作摆在重要位置抓紧抓实抓好。

二、以科学发展观统领测绘宣传工作

测绘宣传工作要高举中国特色社会主义伟大旗帜，深入贯彻落实科学发展观，紧紧围绕测绘中心工作，以改革创新为动力，以贴近实际、贴近生活、贴近群众为原则，突出行业特色，紧贴时代主题，促进科学发展，创新宣传思路，整合宣传资源，加大宣传力度，着力在服务测绘中心工作、展现测绘重要作用、扩大测绘工作影响上作出新贡献，在加强社会主义核心价值体系建设、弘扬测绘精神、繁荣测绘文化上取得新进步，在统筹重大测绘宣传活动、提高舆论引导能力、夯实测绘宣传阵地上开创新局面，通过卓有成效的宣传来引导人、教育人，鼓舞人、激励人，提升人、塑造人，团结人、凝聚人，统一思想，凝聚力量，鼓舞斗志，为测绘事业更好更快发展提供思想保证、舆论支持、精神动力和良好氛围。

三、不断丰富测绘宣传工作的内容

测绘宣传工作要按照党和国家对宣传工作的总体部署，大力宣传党的路线、方针、政策，宣传中央领导同志对测绘工作的指示精神，宣传新时期测绘事业的新变化、新特点、新要求、新思想、新举措、新方向。大力宣传测绘部门贯彻落实科学发展观、推进测绘发展方式转变的重要举措，宣传测绘新技术、新产品、新服务，宣传地理国情监测、数字中国建设、信息化测绘体系建设、地理信息产业发展、测绘“走出去”战略实施、测绘科技创新与装备现代化建设等方面的重大工程和重要成就。大力宣传测绘行政管理体制健全、生产组织结构调整、法规政策标准建设、地理信息市场整治、测绘质量监督检验、测绘科技基础知识、测绘文化建设、国际测绘合作交流等方面的重要进展和先进典型。大力宣传测绘工作服务大局、服务社会、服务民生，在经济社会各部门各领域发挥的重要作用和取得的突出成效。大力宣传测绘部门在创先争优活动中涌现出的先进基层党组织和优秀党员，宣传测绘领域先进事迹和先进人物，宣传“热爱祖国、忠诚事业、艰苦奋斗、无私奉献”的测绘精神。

四、准确把握测绘宣传工作的规律

测绘宣传工作要深入研究媒体分众化、对象化的新趋势，研究新兴互联网媒体在宣传功能上的优势，积极探索新形势下测绘宣传的内在规律和有效途径，把宣传工作的一般规律与测绘工作的行业特点结合起来，把社会公众的关注点与测绘工作的着力点结合起来，把握好舆论引导的时机、节奏和力度，找准测绘宣传的结合点和切入点。要始终紧紧围绕测绘中心工作，唱响主旋律、打好主动仗，做到重点工作开展到哪里，宣传工作就跟进到哪里。要进一步增强新闻敏感度，拓宽宣传视野，挖掘报道深度，切实增强测绘重大宣传的吸引力、感染力。

五、大力发展测绘文化精品

以新的视角审视新时期测绘业务特征和测绘职工生产生活特点，以展示测绘技术先进性、保障迅捷性、服务广泛性、产品普适性的时代特色为重点，深入挖掘提炼全面反映测绘特点的测绘文化，努力推出群众喜闻乐见的测绘名牌栏目、精品文章。积极创作测绘题材的诗歌、散文、小说、报告文学、歌曲等多层次、个性化以及时代性强的优秀文学艺术作品，加快推出测绘题材的电视剧、宣传片、纪录片等大众化文化产品，以引人入胜的故事情节、特点鲜明的人物塑造，宣扬测绘工作重要作用，展示测绘工作者时代风采，彰显新时代的测绘精神。

六、切实加强测绘宣传平台建设

进一步加强《中国测绘报》和《中国测绘》杂志建设，不断丰富内容、提高质量，增强针对性、时效性，提升吸引力、权威性和影响力。加强国家测绘局及地方各级测绘行政主管部门政府网站建设，突出宣传功能，强化内容保障。加强“天地图”等在线地图网站建设，发挥其宣传功能。发挥好《测绘法》宣传日、中国测绘科技馆等平台的宣传效用，充分利用各级测绘部门公告、简报、年鉴、期刊、网站、图书、音像、展览等媒介的宣传作用，形成宣传合力和报道声势。鼓励干部职工利用博客、微博等传播形式宣传测绘工作成就和业务动态。

七、健全测绘宣传工作机制

要切实加强组织领导，把测绘宣传工作放在与测绘业务工作同等重要的地位予以支持，做到同谋划、同部署、同开展。建立测绘宣传策划工作机制，加强对测绘重大事件的宣传策划，切实增强测绘宣传工作的针对性和实效性。进一步强化与宣传、新闻出版等部门以及各大新闻媒体的沟通联系，建立宣传工作长效合作机制，广泛借助和运用电视台、广播电台、报刊杂志、移动互联网络、手机信息平台等外部媒介和大众传播媒体，形成宣传规模和声势。进一步强化和落实测绘宣传工作责任制，把测绘宣传工作作为衡量单位和领导干部工作业绩的重要内容，形成推动测绘宣传工作的强大支撑力量。建立健全促进测绘宣传工作的规章制度，进一步完善《测绘新闻宣传工作管理办法》、《国家测绘局政府网站内容保障暂行办法》等制度，使测绘宣传工作更加规范化、制度化。

八、加强舆情分析和应急宣传

建立灵敏高效、快捷通畅的舆情收集网络，建立健全舆情分析、研判、报告及后续应对与处置等工作机制，增强政治意识、大局意识、责任意识，在关键时刻、重大问题上要把握话语权、掌握主动权，有力有序有效地引导社会舆论，做到重大舆情早发现、早报告、早处置。建立响应迅速、渠道畅通、发布主动、声音权威、引导正确的应急宣传机制，建立具有较强科学性、规范性、可操作性的应急宣传预案，加强对应急宣传的统筹协调，确保在第一时间发布准确、客观的信息，做到在重大问题上不缺位、在关键时刻不失语。

九、加大测绘宣传投入

建立与测绘事业发展水平相适应的测绘宣传工作投入机制，不断拓宽投入渠道，加大投入力度。设立测绘宣传专项经费，强化对重点宣传工作及应急测绘宣传的支持力度，形成测绘宣传经费保障和增长机制。各项重大测绘项目、重点测绘工作经费预算中要明确列出一定额度的宣传经费，由负责测绘宣传的部门统筹使用。加强测绘宣传基础设施建设，配备必要的新闻采访车、摄影摄像、文字图片处理、照排输出等宣传装备和设施，改善测绘宣传工作条件。加强对报刊、杂志、年鉴等采编和发行订阅的投入支持。

十、强化测绘宣传队伍支撑

加强测绘宣传机构建设，建立或明确测绘宣传机构或部门。进一步健全测绘宣传人才培养、使用、激励机制，努力造就一支政治强、业务精、作风正、纪律严的测绘宣传队伍。加大测绘宣传培训力度，培养造就一支有较高政治业务素质的专兼职记者和通讯员队伍。继续深化“三项学习教育”活动，更加注重调查研究和实地采风，更加注重加强对青年干部的培养锻炼，不断提高宣传工作者的思想道德水平、政策理论素养以及新闻策划和文字表达等能力。

国家测绘局关于认真学习贯彻李克强副总理对测绘工作的重要批示 推动测绘事业又好又快发展的通知

国测办发〔2010〕18号 2010年12月24日

各省、自治区、直辖市、计划单列市测绘行政主管部门，新疆生产建设兵团测绘主管部门，局所属各单位，机关各司（室）：

2010年12月20日，中共中央政治局常委、国务院副总理李克强同志对测绘工作作出重要批示："2010年，广大测绘干部职工紧密围绕经济社会发展需要，开拓进取，测绘事业取得新成绩，为突发事件应急处置和抢险救灾提供了有力支持。希望你们在新的一年里，深入贯彻落实科学发展观，加强基础测绘和地理国情监测，着力开发利用地理信息资源，丰富测绘产品和服务，提高测绘生产力水平，更好地发挥服务大局、服务社会、服务民生的作用，为推动经济发展方式转变、全面建设小康社会作出新贡献。"为认真学习领会、坚决贯彻落实李克强副总理的重要批示精神，现就有关要求通知如下。

一、高度重视，充分认识重要批示的重大意义

李克强副总理对测绘工作的重要批示，充分肯定了2010年测绘工作取得的成绩，尤其是为突发事件应急处置和抢险救灾所作的贡献。从推动经济发展方式转变、全面建设小康社会的全局出发，对2011年的测绘工作提出了新要求，并首次从国家的高度明确提出要加强地理国情监测工作。这充分体现了党中央、国务院对测绘工作的高度重视和殷切期望，对广大测绘干部职工是极大鞭策和鼓舞，对于做好2011年和"十二五"的测绘工作具有十分重要的指导意义。各单位、各部门要把学习贯彻批示精神作为当前的一项重要任务，把思想和行动统一到中央要求上来，切实增强做好测绘工作的使命感、责任感和紧迫感。

二、深刻领会，准确把握重要批示的精神实质

李克强副总理对测绘工作的重要批示，为测绘事业发展指明了方向，明确了任务。各单位、各部门要及时把批示精神传达到每一个测绘与地理信息企事业单位，传达到每一位测绘干部职工，要在组织学习、深刻领会、把握实质、鼓舞干劲、推动工作上下狠功夫。要把学习贯彻李克强副总理重要批示与贯彻落实党的十七届五中全会和中央经济工作会议精神紧密结合起来，与学习全国测绘局长会议精神和研究部署"十二五"测绘发展紧密结合起来，与深入贯彻落实科学发展观、扎实开展创先争优活动紧密结合起来，引导广大测绘干部职工把智慧和力量凝聚到推动测绘事业又好又快发展上来。

三、认真贯彻，切实把重要批示精神落到实处

各单位、各部门要按照李克强副总理重要批示的要求，根据全国测绘局长会议部署，联系实际，狠抓落实。要坚持以科学发展观为指导，围绕服务大局、服务社会、服务民生的宗旨，加快"一个网一张图一个平台"建设，着力构建数字中国，推动测绘服务再上新台阶。重点做好以下几方面工作。

一是要切实加强基础测绘工作。进一步加大基础测绘经费争取力度，加快基础地理信息资源建设步伐。大力推进卫星定位连续运行基准站网建设，加快测绘基准现代化进程。认真组织实施好海岛（礁）测绘工程，大力推进省级1∶1万及市县级大比例尺地形图测绘，不断扩大基础地理信息覆盖范围，丰富要素内容，加快更新速度。注重加强对县乡基础测绘工作的支持，为城镇化建设提供更加有力的测绘保障。全力以赴加快数字省区、数字城市建设步伐。

二是要切实加强地理国情监测。充分认识地理国情监测对于提升测绘工作地位和作用的重要意义。充分利用基础地理信息资源和现代测绘技术手段，大力推进地理国情、省情、市情监测工作，要选择事关经济社会发展大局的重要地理要素进行动态监测，充分揭示经济社会发展和自然资源环境的空间分布及其变化规律，加强信息的集成整合与统计分析，为党中央、国务院以及各级政府和有关部门提供权威、客观、准确的地理国情、省情、市情信息服务，促进管理决策的科学化。

三是要切实加强地理信息资源开发利用。紧密围绕经济结构调整和经济发展方式转变，认真做好测绘成果转化工作，不断提高地理信息的社会化应用水平。统筹协调有关部门以及行业地理信息资源，大力开发地理信息公共产品，发展地理信息的网络化服务，加快推进“天地图”网站建设。积极引导和鼓励企业开展地理信息资源开发，不断创新和丰富地理信息服务内容。进一步加强地理信息市场监管，营造有利于地理信息资源开发利用的良好环境。积极推动地理信息产业园区或基地建设，为地理信息资源开发利用搭建基础平台，促进地理信息产业集聚发展。

四是要切实丰富测绘产品和服务。坚持按需测绘，加强市场调研分析，充分利用现代高新技术加快测绘产品与服务创新，积极开发新市场，拓展新消费，充分满足社会需求。大力发展网络地图、多媒体地图、影像地图等各类适用、好用的地图产品。不断拓展测绘产品在智能交通、现代物流、车载导航等领域的应用。开发基于地理信息的游戏产品、基于数码相机的位置服务产品以及基于物联网的位置服务产品，增强通过手机、电视等媒介提供测绘服务的能力，让更多的测绘产品和服务进入寻常百姓家。

五是要切实提高测绘生产力水平。进一步加强测绘科技自主创新，围绕测绘事业的战略任务，加大测绘关键技术攻关力度，推动重要核心技术实现突破。进一步加大测绘技术装备建设投入力度，切实提升装备现代化水平和应急测绘能力，推动测绘事业转型升级。支持先进测绘装备制造基地建设，研发具有自主知识产权的高性能测绘仪器装备。大力实施科技兴测、人才强测战略，进一步加大科技创新人才培养力度，切实为人才成长提供良好环境条件，建设一支高水平专业技术人才队伍，强化测绘事业发展的人才和智力支撑。

各级测绘行政主管部门要将李克强副总理重要批示及时向本地党委、政府汇报，争取对测绘工作更大的支持。要充分利用测绘报刊、网站和社会媒体，大力宣传李克强副总理的重要批示精神，宣传各单位、各部门学习贯彻重要批示的做法和成效，努力营造良好舆论氛围。

各单位、各部门要以学习贯彻李克强副总理重要批示为契机，进一步解放思想，抢抓机遇，开拓创新，真抓实干，切实做好各项工作，努力在推动测绘发展上取得新成效，在服务经济社会上作出新贡献，不辜负党中央、国务院和广大人民群众对测绘工作的殷切期待。

各单位、各部门要将贯彻落实李克强副总理重要批示的情况及时报告国家测绘局。

国家测绘局关于进一步加强财务管理工作的通知

国测财发〔2010〕16号 2010年7月30日

局所属各单位：

近年来，我国测绘事业取得了长足发展。测绘财务工作对于促进和保障测绘事业发展，发挥了重要作用。但是，通过国家审计署对我局2009年部门预算执行和其他财政收支情况的审计，发现一些单位存在严重违反财经纪律和财务管理混乱等问题，造成了不良影响，教训极为深刻。为了严肃财经纪律，规范资金支出行为，加强财务队伍建设，更好地为测绘事业发展服务，现就进一步加强财务管理工作通知如下：

一、加强组织领导、强化责任意识

各级领导班子要高度重视财务管理工作。单位主要领导要定期听取财务工作情况汇报，协调解决财务管理工作中的难点和问题。四个直属局要根据局党组要求，设立总会计师岗位，加强对财务工作领导。要加强财务机构建设，支持会计人员依法履行职责，单位重大经济事项要充分听取财务部门的意见。

要建立健全财务管理责任制。单位主要负责人要切实履行《会计法》所赋予的会计工作第一责任人的职责，对本单位的会计工作和会计资料的真实性、完整性负主要领导责任。分管财务工作的领导要对本单位的财务工作负分管责任。领导班子其他成员也要对分管工作领域中资金使用和管理承担责任。财务部门也应根据履行职责情况承担相应责任。要建立健全财务管理决策与监督机制，单位重大经济事项要集体研究决定，并形成文字纪要。

各级领导干部都要认真学习国家财经法规及相关知识，进一步提高财务管理能力和水平。要增强遵规守法意识，严格自律、以身作则，在单位内部努力营造依法理财、按制度办事、按程序办事的良好氛围。

今后对审计发现的存在重大经济问题的单位，国家局将按照有关规定追究单位主要负责人的责任。

二、加强制度建设，完善内控机制

要加强制度建设。要按照依法理财的要求，建立科学合理、层次清晰、职责明确、覆盖全面的测绘财务管理制度体系。要依据国家现行财经法规，对本单位现有的财务管理制度进行一次全面梳理。对与国家财经制度相悖的，要坚决纠正；对现有制度不能满足管理需要的，要予以修订和完善；对应建立但尚未建立的，要抓紧制定。要结合审计发现的财务管理方面的问题和漏洞，特别是在资金使用、资产管理、对外投资等重点方面，制定有针对性的内部控制制度。通过加强制度建设，构建全方位、多层次的内部控制机制。

要结合单位实际情况，研究制定既有利于发展又符合财经法规的市场项目管理办法，规范市场项目管理方式，探索开拓市场的有效合法途径，提高单位综合实力。

三、规范会计行为、强化会计监督

财务会计人员要依法进行会计核算。要严格按照有关财务会计制度规定，以实际发生的经济业务事项为依据，做好各项日常会计核算工作，杜绝弄虚作假和违规开户记账，确保财务会计信息的合法、真实、准确、及时、完整。

财务会计人员要依法进行会计监督。树立良好的职业道德，敢于坚持原则，敢于提出意见和建议，并自觉维护国家财经法规、财务制度和财经纪律的严肃性，要坚决杜绝接受和使用虚假发票的行为。要严格按照《税法》等有关规定，坚持依法纳税，如实按期申报应税收入，切实履行代扣代缴义务。

四、加强预算管理，提高资金效益

要进一步增强预算管理观念，提高预算编制的科学性。要严格按照《预算法》的要求，强化预算执行的严肃性，杜绝预算管理的随意性，没有列入预算的项目不得列支，超预算范围、超预算额度的，一律不得开支。要将单位中的所有经济业务全部纳入预算管理，并在单位的法定账簿中核算。要强化预算执行的合法合规意识和绩效意识，提高财政资金使用效益。

要根据《测绘事业单位会计制度》和各项专项经费管理办法等有关规定，严格按照生产项目开支范围和开支标准执行预算，不得自行降低或提高标准，也不得截留或挪作他用。要切实加强对项目经费开支的审核和控制，严禁相互挤占项目经费和扩大支出范围。

五、加强监督检查，堵塞管理漏洞

监督检查工作是预防和发现问题的有效措施。各单位要高度重视财务监督检查长效机制建设。要坚持事前预防、事中监督和事后检查相结合的原则，通过对重点岗位、重点环节和重点人员的监督检查，对可能出现财务违规违纪的苗头性问题，早发现、早纠正、早处理，堵塞管理漏洞。

国家局审计、纪检监察、财务部门要定期对各单位自查自纠工作开展情况进行检查，必要时组织专项检查或审计。对存在问题的单位，国家局将按照《财政违法行为处罚处分条例》等有关法规下达整改及处理意见。

各单位要高度重视审计整改工作，把审计整改工作作为加强财务管理和改进财务工作的重要契机，狠抓落实，坚决杜绝各类财经违法行为的发生。要把审计结果作为单位主要领导考评依据，并与规范管理、干部使用、责任追究等有机结合起来，充分发挥监督检查和审计工作的重要作用。

六、加强国有资产管理，保证国有资产权益

要按照财政部《行政单位国有资产管理暂行办法》（财政部令35号）和《事业单位国有资产管理暂行办法》（财政部令36号）等有关规定，加强国有资产管理。行政和事业单位的资产处置收入，行政单位的国有资产出租出借收入，必须按规定上缴中央财政，实行“收支两条线”管理。事业单位对外投资取得的投资收益，以及利用国有资产出租、出借等取得的收入，应纳入单位预算，统一核算，统一管理。要严格国有资产对外投资和出租出借审批程序，未经批准，不得擅自利用国有资产对外投资和出租出借。

要加强对所办企业的国有资产管理，切实履行国有资产管理职责，严禁所办企业侵占事业单位国有资产的行为。要加快建立产权清晰、权责明确、事企分开、监管有效的制度体系，确保国有资产保值增值。

七、加强对备用金的管理

要切实加强测绘生产单位备用金的监督管理，按照生产任务情况合理确定备用金借用额度，切实规范备用金的借出、使用和清理手续，严控备用金使用过程中的资金风险，认真执行《测绘外业生产备用金管理暂行规定》，坚决杜绝侵占、挪用或私自改变备用金用途的行为。

八、加强政府采购管理，规范政府采购行为

要依法开展政府采购工作。严格按照《政府采购法》、《招标投标法》和《国家测绘局政府采购管理办法》等有关规定，进一步规范本单位政府采购行为。要严格执行政府采购预算和采购计划，未列入政府采购预算、未办理预算调整或补报手续的政府采购项目，一律不得实施采购。严禁随意改变采购方式、变更采购内容和无计划采购的行为发生。

要加强对大型会议的管理，选择中介机构承办大型会议的必须通过公开招标方式确定，会议收支要统一纳入预算管理。

要加强委托业务事项的管理，严格控制协作经费所占项目预算的支出比例，协作单位要通过政府采购方式确定。

九、继续做好"小金库"专项治理工作

要继续深入开展"小金库"专项治理工作。要充分认识"小金库"专项治理的必要性、艰巨性和长期性。坚决切断"小金库"的资金来源，建立和完善防治"小金库"的长效机制。严禁以任何名义设立任何形式的"小金库"，要特别关注会议费、市场项目、委托业务费、课题费等容易产生"小金库"的重点环节。要把"小金库"治理作为日常工作的一项重要内容，与规范津贴补贴、推动事业单位改革、国有资产监管、提高财务管理水平等工作结合起来，切实抓好本单位"小金库"治理工作。要从完善制度、加强监督入手，围绕规范预算资金使用、完善国有资产管理、加强内部控制和外部监督等方面，构建防治"小金库"长效机制。

十、全面推行公务卡制度改革

要全面推行公务卡结算制度，逐步实现使用公务卡办理公务消费支出。要充分认识公务卡改革的重要意义，结合本单位财务管理实际情况，加强组织领导，精心部署安排，确保公务卡改革工作顺利实施。按照公务卡制度改革的要求，凡应纳入公务卡结算的事项，不得使用现金结算。要通过公务卡制度的实施，促进公务消费透明化，保证资金安全、预防和控制腐败行为。

十一、加强财务队伍建设，提高人员素质

要按照《会计法》的要求，结合单位实际情况，合理设置财务管理机构，明确职责，配备合格的财会人员。财务部门负责人的任免，要征求上级单位人事、纪检监察和财务部门的意见。会计人员岗位设置和职责分工要符合《会计基础工作规范》的规定，按照健全财务内部控制体系、防范和控制财务风险的原则，明确岗位及人员职责权限和工作流程，形成权责分明、相互监督、相互制约的工作机制。要有计划、有步骤地选拔和培养一批政治素质高、业务能力强、有责任心的业务骨干，充实到财务管理人员队伍中。要按照"分级管理"的原则，以增强财经法制意识为重点，组织开展对单位法人代表和项目管理人员的培训；以提高科学理财能力为重点，进一步做好财务管理人员的培训。

加强财务管理，严肃财经纪律，规范财务行为，提高资金使用效益，是当前测绘事业实现更好更快发展的要求，也是各测绘单位自身发展的需要。因此，各单位要按照本通知的要求，开展加强财务管理、严肃财经纪律的全面整顿。整顿工作要做到不走过场，务求实效。

关于印发《测绘统计管理办法》的通知

国测规发〔2010〕6号　2010年12月27日

各省、自治区、直辖市、计划单列市测绘行政主管部门，新疆生产建设兵团测绘主管部门，局所属各单位，机关各司（室）：

现将我局制定的《测绘统计管理办法》印发给你们，请遵照执行。

附件：

测绘统计管理办法

第一章　总　　则

第一条　为加强测绘统计管理，规范测绘统计行为，保障测绘统计资料的真实性、准确性、完整性和及时性，根据《中华人民共和国测绘法》、《中华人民共和国统计法》及其实施条例等法律法规，结合测绘统计工作实际，制定本办法。

第二条　测绘统计工作的基本任务是：根据测绘事业发展需要建立测绘统计指标体系，进行测绘统计调查和统计分析，提供测绘统计信息和咨询服务，发挥测绘统计信息的决策参考和监督作用。

测绘统计调查对象包括各级测绘行政主管部门及其所属单位，以及从事测绘活动的各类企业事业单位。

测绘统计调查的方式包括定期统计报表和专项统计调查。

第三条　在国家统计局的指导下，国家测绘局规划财务司负责指导全国测绘统计工作；国家测绘局管理信息中心是测绘统计工作机构，负责测绘统计工作的组织管理。

地方测绘行政主管部门在上级测绘行政主管部门统计机构和同级人民政府统计机构的业务指导下，负责本行政区域的测绘统计工作。

第四条　地方测绘行政主管部门应加强对本行政区域测绘统计工作的领导，确定统计机构、统计负责人，设定统计岗位，配备专职或兼职统计人员，保障测绘统计工作经费，将测绘统计工作纳入部门工作计划并组织实施。

第五条　测绘统计调查对象，必须依照统计法律法规和本办法的规定，真实、准确、完整、及时地提供测绘统计调查所需的资料，不得提供不真实或者不完整的统计资料，不得迟报、拒报统计资料。

第六条　测绘统计机构和统计人员依照统计法律法规和本办法规定独立行使统计调查、统计报告和统计监督的职权，不受侵犯。

测绘行政主管部门和各单位的负责人，不得自行修改统计机构和统计人员依法搜集、整理的统计资料，不得以任何方式要求统计机构、统计人员及其他机构、人员伪造、篡改统计资料，不得对依法履行职责或者拒绝、抵制统计违法行为的统计人员打击报复。

第七条　测绘统计机构和统计人员对在统计工作中知悉的国家秘密、商业秘密和个人信息，应当依法予以保密。

第二章　统计机构和人员

第八条　国家测绘局规划财务司的主要职责是：

（一）指导测绘综合统计工作，监督重大测绘统计工作项目的实施；

（二）审定测绘统计指标体系、测绘统计管理制度、测绘统计报表制度等有关测绘统计工作的规章制度；

（三）协调审核年度测绘综合统计数据。

第九条　国家测绘局管理信息中心的主要职责是：

（一）制定测绘统计规章制度和测绘统计工作计划，并组织实施；

（二）建立健全测绘统计指标体系，管理测绘统计调查项目，制定测绘统计报表；

（三）开展测绘统计数据的分析与应用，提供统计咨询服务；

（四）负责测绘统计质量控制和监督，采取措施保障统计资料的真实性、准确性、完整性和及时性；

（五）管理、受权发布全国性的测绘统计资料；

（六）按要求向国家统计局等部门提供测绘统计资料；

（七）负责测绘统计信息化建设和技术推广；

（八）指导省级测绘行政主管部门、国家测绘局所属单位的测绘统计工作，定期开展检查和考核评比；

（九）组织测绘统计人员的业务培训；

（十）负责与国家统计局的业务联系；

（十一）开展测绘统计对外交流。

第十条　地方测绘行政主管部门统计机构的主要职责是：

（一）制定本部门测绘统计规章制度和测绘统

计工作计划，并组织实施；

（二）组织实施国家测绘局部署的统计调查任务；

（三）对本部门和本行政区域的测绘发展情况进行统计分析和统计预测，提供咨询服务；

（四）管理和提供本部门的测绘统计资料；

（五）负责本部门和本行政区域内测绘统计信息化工作的实施；

（六）指导下级测绘行政主管部门和本行政区域内测绘统计调查对象的统计工作，组织开展检查和考核评比；

（七）组织对本部门和本行政区域内测绘统计人员的业务培训；

（八）负责与上级测绘行政主管部门统计机构的业务联系。

第十一条　测绘企业事业单位应当根据统计法律法规的要求和测绘统计工作任务的需要，设置统计机构或赋予有关机构统计职责、确定统计负责人、配置专职或兼职统计人员，依法履行组织协调本单位的测绘统计工作、完成测绘统计调查任务、提供测绘统计资料、管理测绘统计调查表等职责。

第十二条　测绘统计机构和统计人员依法独立行使以下职权：

（一）统计调查权：调查、搜集有关测绘统计资料，召开有关测绘统计会议，要求有关部门和人员提供测绘统计资料，检查与测绘统计资料有关的各种原始记录，要求更正不实的测绘统计数据；

（二）统计报告权：将统计调查所得资料和情况进行整理、分析，及时、如实向上级机关和统计部门报告；

（三）统计监督权：根据统计调查和统计分析，对测绘工作进行统计监督，指出存在的问题，提出改进的建议。

第十三条　承担经常性统计调查任务的各级测绘统计人员应当取得统计从业资格，积极参加地方人民政府统计机构组织的统计专业技术职务资格考评。

第十四条　测绘统计人员应保持相对稳定，统计人员因工作需要调离统计岗位时，有关单位或部门应选派能够承担规定职责的人员接替，并须办清交接手续，先补后调；对不称职、不合格的统计人员应及时进行调整。统计人员变动后，应当及时向上级测绘行政主管部门统计机构报告。

第十五条　测绘统计机构、统计人员应当依法履行职责，坚持如实提供统计资料，对其搜集、审核、报送的统计资料负责，不得虚报、瞒报，不得伪造、篡改统计资料，不得有其他违反统计法律法规和本办法规定的行为。

第三章　统计调查管理

第十六条　国家测绘统计调查项目，由国家测绘局拟定，并依法定程序报国家统计局审批或备案后实施。

第十七条　地方测绘行政主管部门可以根据自身管理需要制定补充性测绘统计调查项目，并报同级人民政府统计机构审批或备案，同时报上一级测绘行政主管部门统计机构备案后实施。

第十八条　测绘行政主管部门内设机构因业务需要进行统计调查的，须拟定统计调查方案，报经本部门统计机构备案登记后进行，其调查所得专业统计资料，应同时提交本部门统计机构。

第十九条　测绘统计调查应结合测绘统计报表制度和统计专项调查进行，避免重复调查；指标涵义、计算方法、分类目录、调查表式和统计编码等要科学、规范，确保调查项目的准确性和权威性。

第二十条　按照规定程序批准的测绘统计调查项目报表，必须在右上角标明表号、制表机关及其文号、批准机关及其文号或备案机关及其文号、有效期限等标志。

第四章　统计资料的管理和公布

第二十一条　测绘统计调查对象报送的统计资料，应当经本单位负责人或统计负责人审核、签署意见并加盖本单位印章。

第二十二条　全国性测绘统计资料，由国家测绘局管理信息中心统一管理；地方测绘行政主管部门、测绘企业事业单位的测绘统计资料，由本部门或本单位统计机构统一管理。

第二十三条　测绘行政主管部门和测绘企业事业单位应建立统计资料管理制度，按照档案管理标准和方法，妥善保管、调用和移交测绘统计资料。

第二十四条　测绘行政主管部门统计调查取得的统计资料，由本部门按照国家有关规定公布。

第二十五条　测绘统计调查中获得的能够识别

或者推断单个统计调查对象身份的资料，测绘统计机构和统计人员不得对外提供、泄露，不得用于统计以外的其他目的。

第五章　奖励与处罚

第二十六条　国家测绘局统计机构对省级测绘行政主管部门、国家测绘局所属单位的统计工作定期进行考核评比，对成绩突出的单位和个人给予表彰和奖励。

第二十七条　地方测绘行政主管部门可根据本地区测绘统计工作情况，对成绩突出的单位和个人给予表彰和奖励。

第二十八条　对违反统计法律法规及本办法有关规定的，由有关部门依法对相关人员给予行政处罚或追究法律责任。

第六章　附　　则

第二十九条　本办法由国家测绘局负责解释。

第三十条　本办法自印发之日起施行，2001 年印发的《测绘统计工作管理暂行规定》同时废止。

国家测绘局关于进一步加强涉密测绘成果行政审批与使用管理工作的通知

国测成发〔2010〕6 号　2010 年 9 月 16 日

各省、自治区、直辖市、计划单列市测绘行政主管部门，新疆生产建设兵团测绘主管部门，局所属各单位，机关各司（室）：

近来，连续出现测绘成果失泄密案件，给国家安全和利益造成很大危害。从这些案件分析，虽然原因多种，但是个别部门和单位未能认真贯彻落实测绘成果管理法规制度是重要因素。为切实加强涉密测绘成果管理，进一步规范涉密测绘成果提供使用行政审批、涉密测绘成果提供、使用和保管行为，根据国家相关法律法规的规定，现就有关要求强调如下：

一、各级测绘行政主管部门必须严格执行涉密测绘成果提供使用审批制度，依法履行行政审批职能。要明确本机关负责成果管理的机构统一办理审批事项，不得多头审批、越级审批。

二、各级测绘行政主管部门要建立健全测绘成果提供使用管理制度，依据《测绘成果管理条例》等有关法律法规和国家有关规定，制定适合本地区的测绘成果提供使用管理办法，切实做到有章可循。

三、各级测绘行政主管部门要严格行政审批程序，必须依照《行政许可法》的规定，结合业务特点，尽快完善涉密测绘成果提供使用审批程序规定，依法设定审批权限，必须做到程序合法，切实做到依法行政。

四、各级测绘行政主管部门要对申请人提交的申请材料是否齐全、是否符合法定形式要求进行严格审核，申请材料不齐全或者不符合法定形式的，不予受理；要对申请人提出的涉密测绘成果使用目的是否具体、明确、合法，申请的测绘成果范围、种类、精度是否与使用目的相一致，以及是否符合国家的保密法律法规及政策等内容进行严格审查，不符合规定要求的，不予批准。

五、各级测绘成果保管单位必须严格依照本级测绘行政主管部门审批下达的许可使用决定书等批准文件，及时、准确地向被许可使用涉密测绘成果的单位（以下简称使用单位）提供涉密测绘成果。未经行政审批，任何单位、部门和个人不得擅自提供使用涉密测绘成果。

六、各级测绘行政主管部门应当依法对涉密测绘成果使用情况进行跟踪检查；使用单位应当切实加强管理，对申请使用的涉密测绘成果保管、利用、销毁等情况开展经常性检查，不得擅自留存、复制、转让或转借涉密测绘成果，使用目的或项目完成后，使用单位必须在六个月内销毁申请使用的涉密测绘成果，确因工作需要继续使用的，必须按照涉密测绘成果提供使用管理规定办理审批手续。

七、使用单位若委托第三方承担开发、利用任务的，第三方必须具有相应的测绘成果保密条件，涉及测绘活动的，还应具备相应的测绘资质；使用单位必须与第三方签订成果保密责任书，第三方承担相关保密责任；委托任务完成后，使用单位必须按照保密规定及时回收或监督第三方销毁涉密测绘成果及其衍生产品。

第三方为外国组织和个人以及在我国注册的外商独资企业和中外合资、合作企业的，使用单位应当履行对外提供我国测绘成果的审批程序，依法经国家测绘局或者省、自治区、直辖市测绘行政主管部门批准后，方可委托。

八、各级测绘成果保管单位、各使用单位要严格按照国家定密、标密等规定，及时、准确地为涉密测绘成果及其衍生产品标明密级、保密期限和控制范围。涉密测绘成果及其衍生产品，未经国家测绘局或者省、自治区、直辖市测绘行政主管部门进行保密技术处理的，不得公开使用，严禁在互联网及其他公共信息网络上登载发布使用。

九、各级测绘行政主管部门、各级测绘成果保管单位、各使用单位，要站在维护国家安全和利益的高度，进一步加强涉密测绘成果行政审批与使用管理工作，切实规范提供使用行为，严格按照“谁使用、谁申请”、“谁保管、谁负责”的原则，落实保密责任，加强监督检查。对违反规定，擅自审批、提供、使用涉密测绘成果的行为，相关测绘行政主管部门要依法严查，对造成失泄密后果的要依法追究责任，切实维护国家秘密安全。

中共国家测绘局党组关于2010年党风廉政建设和反腐败工作的实施意见

国测党发〔2010〕11号　2010年4月9日

各省、自治区、直辖市、计划单列市测绘行政主管部门，新疆生产建设兵团测绘主管部门，局属各单位，机关各司（室）：

2010年测绘系统党风廉政建设和反腐败工作要全面贯彻党的十七届四中全会和第十七届中央纪委第五次全会精神，高举中国特色社会主义伟大旗帜，以邓小平理论和“三个代表”重要思想为指导，深入贯彻落实科学发展观，坚持标本兼治、综合治理、惩防并举、注重预防的方针，紧密围绕测绘中心工作，以保证贯彻落实中央重大决策部署和推动落实全国测绘局长会议精神为主线，牢牢抓住领导干部这个重点，紧紧抓住“三重一大”这个关键，以加强制度建设和提高执行力为抓手，进一步完善惩治和预防腐败体系建设，把教育的说服力、制度的约束力、监督的制衡力、改革的推动力、惩治的威慑力有机结合起来，为推动测绘事业更好更快发展提供有力保障。

一、深入学习贯彻党的十七届四中全会和第十七届中央纪委第五次全会精神

（一）把学习贯彻党的四中全会精神和中央纪委五次全会精神作为当前和今后一个时期重要政治任务。按照中央纪委关于学习贯彻五次全会精神的要求，组织广大党员干部认真学习胡锦涛总书记的重要讲话，深刻领会精神实质，统一思想认识，明确任务要求，深刻认识反腐败斗争的长期性、复杂性、艰巨性，坚定信心，扎实工作，要结合本地区本单位实际，提出具体贯彻落实措施，深入推进党风廉政建设和反腐败工作。按照党建工作责任制的要求，加强对贯彻落实《中共中央关于加强和改进新形势下党的建设若干重大问题的决定》的监督检查，推进国家局党组《关于学习贯彻党的十七届四中全会精神的意见》各项任务的执行和落实。

（二）加强对贯彻落实党中央国务院关于测绘工作的指示和要求的监督检查。继续推进《国务院关于加强测绘工作的意见》及《全国基础测绘中长期规划纲要》的贯彻落实，深入学习领会中央领导同志对测绘工作的重要批示精神，按照全国测绘局长会议的部署和要求，紧密围绕“五个更加注重”的总体要求，扎实做好全年各项工作。加强对各地区各单位贯彻落实国家局关于构建数字中国、搭建地理信息公共服务平台、改善测绘技术装备、推动地理信息产业发展、提高测绘保障服务水平等政策措施情况的监督检查。进一步整合监督资源，健全监督机制，突出工作重点，确保全国测绘局长会议确定的全年目标任务的顺利完成。

（三）继续推动《中共国家测绘局党组关于贯彻落实〈建立健全惩治和预防腐败体系2008－2012年工作规划〉的实施办法》的落实。进一步明确细化年度工作目标、任务，加强组织协调，落实责任制，建立检查工作机制，及时掌握贯彻落实进展情况，研究解决存在的问题，总结经验，整体推进反腐倡廉教育、制度、监督、改革、纠风、惩治等各项工作。督促各有关部门按照任务分工把《实施办法》落到实处，确保惩治和预防腐败体系建设取得新的进展。

（四）加强对执行政治纪律情况的监督检查。要教育引导党员干部坚定中国特色社会主义信念，自觉做到坚持党的基本理论、基本路线、基本纲领、基本经验不动摇，在思想上、政治上、行动上同党中央保持高度一致。认真执行政治纪律，严禁公开发表或散布同中央的决定和党的路线方针政策相违背的言论，严肃查处违反政治纪律的行为，坚决维护党的集中统一，努力推动和谐测绘建设。

二、深入推进改革，加快制度创新

（五）进一步推进测绘部门职能转变。继续深化测绘行政审批制度改革，加强测绘统一监管和公共服务职能，健全和完善测绘行政执法责任制。积极促进地方测绘行政管理机构建设，加快推进地方基础测绘管理办法颁布实施。继续规范和减少测绘行政审批事项，巩固和推进测绘行政许可事项在线办理，不断提高服务水平。提高地理信息市场监管能力，维护测绘市场秩序，推进测绘市场信用体系建设，为事业发展创造良好环境。加强对测绘资质的监督管理，适时调整测绘资质政策，促进测绘行业发展，进一步激发地理信息产业活力。

（六）深化干部人事制度改革。认真贯彻实施中央《2010－2020年深化干部人事制度改革规划纲要》，以合理配置干部、优化班子结构、增强整体功能为目标，规范干部选拔任用提名制度，建立健全干部选拔任用监督机制、违规用人问题立项督促检查制度和干部选拔任用工作责任追究制度。严格执行党政领导干部选拔任用工作有关规定，匡正选人用人风气，防止和纠正“带病上岗”、“带病提拔”等问题，严厉整治跑官要官、买官卖官、拉票贿选等问题，严肃查处违规违纪用人行为。

（七）进一步建立健全反腐倡廉制度。要以制约和监督权力为核心，落实十七届四中全会《决定》和建立健全惩治和预防腐败体系有关要求，以健全制度并提高执行力为抓手，加强整体规划，抓紧重点突破，切实加强反腐倡廉教育制度建设、监督制度建设、预防制度建设、惩治制度建设，逐步建成内容科学、程序严密、配套完备、有效管用的反腐倡廉制度体系。深入开展制度宣传教育，加强对制度执行情况的监督检查，督促领导干部作执行制度的表率，严肃查处违反制度行为。对现有的制度规定要及时清理，过时的要废止，有缺陷的要修订，需要细化或制定配套措施的要抓紧制定。要认真总结基层鲜活的经验，对切实可行、群众拥护的制度要及时推广实施。

三、完善运行机制，强化权力运行监督

（八）加强财政资金监管和内部审计工作。继续完善部门预算管理、国库集中收付、政府采购、工程建设项目招标投标、国有资产管理等制度，严格执行“收支两条线”规定。加大财政资金使用和管理的监管力度，加强预算绩效考评等工作。加强对测绘重大工程项目财政资金使用进行有效跟踪管理和过程监控，确保资金资产安全。规范并严格执行财务会计管理制度，加强日常监督，加强对有关银行账户、发票及专项资金使用情况的监管。认真落实《国家测绘局内部审计工作管理暂行办法》，建立健全内部审计机构，完善相应的工作机制，加大内部审计监督力度，认真对待内部审计提出的意见和建议，并严肃整改。认真执行中央治理“小金库”工作领导小组《关于做好2010年“小金库”治理工作的通知》精神，认真受理“小金库”问题举报事项，严肃处理“小金库”违法违纪行为，完善防治“小金库”长效机制。

（九）积极推进政务公开、党务公开和办事公开工作。认真落实《政府信息公开条例》，加强对落实和执行《国家测绘局政务公开规定》情况的监督检查，进一步推进政府信息公开、决策公开、办事公开，广泛接受群众监督。建立健全有关政务公开办法，督促和指导所属单位推行办事公开，保障职工群众的知情权和监督权。继续推进和加强电子政务工作。落实和完善党员群众参与反腐倡廉建设的有关规定，健全网络举报和受理机制，拓宽党员群众参与反腐倡廉工作渠道。健全党内情况通报制度，落实党员的知情权、参与权、选举权、监督权。

（十）加强对权力运行的制约和监督。认真贯彻党内监督条例，加强对单位主要领导干部的监督，探索建立健全决策权、执行权、监督权既相互制约又相互协调的权力结构和运行机制。着力加大对单位建设和发展具有重大影响的事项、重要干部任免、重要项目安排、大额度资金使用事项决定的监督力度，完善“三重一大”事项监督方面的规章制度，对“三重一大”事项的具体内容、决策主体、决策程序、决策执行和决策责任追究等作出明确规定，大力推进决策民主化、科学化、规范化。认真执行党政领导干部问责制，建立健全配套制度。严格执行领导干部述职述廉、诫勉谈话、函询、质询、罢免或撤换等制度。进一步加强和改进巡视工作，加大对巡视发现线索的调查，创新工作方式方法，不断提高巡视工作水平。健全纪检监察、审计配合协调机制，重视对各级领导干部的经济责任审计，加强对财政资金和重大投资项目的审计监督。

四、切实加强作风建设，进一步密切党群干群关系

（十一）大力弘扬党的优良作风。大兴密切联系群众之风、求真务实之风、艰苦奋斗之风、批评和自我批评之风，以领导机关和领导干部作风的改进，促进党风、政风和行风的好转。加大对机关和领导干部作风方面突出问题的整顿力度，着力解决党员干部在思想作风、学风、工作作风、领导作风和生活作风方面存在的突出问题。加强对作风建设情况的监督检查，引导领导干部保持高尚情操和良好作风，及时发现和纠正少数领导干部在社会交往、休闲娱乐、生活作风方面存在的突出问题。进一步推进“五型”机关建设。

（十二）加强领导机关和领导干部作风建设。坚持领导干部定期接访、定期下访，及时处理解决群众反映的突出问题。大力整治文风会风，严格控制发文数量和范围，严格控制会议数量、经费、规模。健全促进科学发展的领导班子和领导干部考核评价机制，加大治懒治庸力度。坚持和完善民主生活会制度，认真开展批评和自我批评，增强党内生活的原则性和实效性。严格执行中央有关党政机关厉行节约、坚决制止公款出国（境）旅游、改进公务接待的各项规定，坚持勤俭节约，反对铺张浪费。进一步巩固清理规范评比达标表彰工作的成果。

五、坚持抓好党性党风党纪教育，加强领导干部廉洁自律

（十三）加强反腐倡廉建设的宣传教育。以正确履行党和人民赋予的权力为重点，强化党性党风党纪教育，加强对党员干部特别是领导干部的理想信念教育和廉洁从政、廉洁从业教育，促进党员干部树立正确的世界观、人生观、价值观和权力观、地位观、利益观，切实做到为民、务实、清廉。认真学习贺国强同志在贯彻落实《廉政准则》电视电话会议上的重要讲话精神，引导党员干部切实增强廉洁从政的自觉性。深入开展岗位廉政教育、警示教育和示范教育，加强对廉洁勤政先进典型的宣传，不断改进教育方式，增强反腐倡廉教育的针对性和实效性。加强廉政文化建设，积极弘扬测绘文化，传承测绘精神，大力营造以廉为荣、以贪为耻的良好文化氛围。

（十四）认真抓好领导干部廉洁自律工作。严格执行《廉政准则》及其他廉洁自律各项规定，严禁领导干部利用职权和职务上的影响为本人或特定关系人谋取不正当利益，严禁领导干部违反规定为配偶、子女及其他特定关系人在就业、投资入股、经商办企业等方面谋取不正当利益，严禁违反规定私自从事营利性活动，严禁违反规定收送礼金、有价证券、支付凭证，严禁公款或接受与行使职权有关系的单位和个人邀请进行高消费娱乐、健身活动。认真落实党员领导干部报告个人有关事项制度，把住房、投资、配偶子女从业等情况纳入报告内容。加强监督检查，促进领导干部廉洁从政。

（十五）进一步落实党风廉政建设责任制。各单位主要负责人要高度重视并自觉承担起推进反腐倡廉建设的政治责任和领导责任，认真履行第一责任人的职责，加强组织领导，落实责任分解、考核、追究各环节，抓好党风廉政建设责任制相关实施细则和配套规定的完善和落实。加强对所属单位党风廉政建设责任制执行情况的监督检查，确保反腐倡廉各项任务落到实处。

六、加强查办案件工作，坚决惩处违纪违法行为

（十六）严肃查处违纪违法案件。高度重视人民群众来信来访工作，妥善处理群众来信来访反映的问题，加大信访案件交办、督办力度。完善举报人和证人保护制度，健全网络举报和受理机制，发挥群众在惩治和预防腐败中的积极作用。坚持依纪依法原则，严肃查处滥用职权、贪污贿赂、腐化堕落、失职渎职的案件，严厉惩处利用人事权、行政执法权、行政审批权谋取非法利益的行为。严肃查办严重违反政治纪律和组织人事纪律的案件。深入开展商业贿赂专项治理，严肃查处发生在测绘经营活动中的不正当交易行为和商业贿赂案件。

（十七）进一步增强办案综合效果。进一步完善查办案件的协调工作机制，认真执行重大案件报告制度，严格执行有关依纪依法办案和安全文明办案的规定。认真执行中纪委、中组部《关于在查处违反党纪案件中规范和加强组织处理工作的意见（试行）》，严格掌握政策界限和量纪标准，综合运用纪律、行政处分和组织处理等手段，切实加强对党员领导干部的教育、管理和监督。坚持查办案件与警示教育相结合，通过分析研究违纪群体思想道德变异的深层原因，有针对性地加强对党员干部的教育，争取达到查办一案教育一片的成效。

中共国家测绘局党组关于推进学习型党组织建设的实施意见

国测党发〔2010〕12 号　2010 年 4 月 15 日

各省、自治区、直辖市、计划单列市测绘行政主管部门，新疆生产建设兵团测绘主管部门，局所属各单位党组（党委、总支、支部），局机关各司（室）党支部：

建设马克思主义学习型政党，是党的十七届四中全会从全面推进中国特色社会主义伟大事业和党的建设新的伟大工程的全局出发，提出的一项重大战略任务。把各级党组织建设成为学习型党组织，是建设马克思主义学习型政党的基础工程。为认真贯彻落实党的十七届四中全会精神，根据中共中央办公厅印发的《关于推进学习型党组织建设的意见》，现对大力推进国家测绘局学习型党组织建设提出如下意见。

一、重大意义

当今世界正处在大发展大变革大调整时期，知识创造、知识更新速度大大加快，创新能力越来越成为综合国力和国际竞争力的核心因素。无论是一个国家、一个民族还是一个政党，如果不加强学习、不提高学习能力，势必落后于时代。当前，我国已进入新的发展阶段，经济社会发展呈现出一系列阶段性特征，推动科学发展、促进社会和谐的任务繁重而艰巨。前进道路上新情况、新问题、新矛盾不断涌现，我们不熟悉、不了解、不懂得的东西还很多。高度重视学习，通过学习提高全党的思想理论素养，推动事业的大发展大进步，是我们党的宝贵经验。党的十七届四中全会适应世情国情党情的深刻变化，提出建设马克思主义学习型政党，强调把各级党组织建设成为学习型党组织，这是党始终走在时代前列、引领中国发展进步的重要基础，是党领导人民夺取全面建设小康社会新胜利、开创中国特色社会主义事业新局面的必然要求，是提高党的执政能力、保持和发展党的先进性的紧迫任务。我们要从战略高度认识建设学习型党组织的重要性和紧迫性，切实增强建设学习型党组织的责任感和使命感，切实抓好抓实学习型党组织建设的各项任务。

二、总体要求

高举中国特色社会主义伟大旗帜，坚持以邓小平理论和“三个代表”重要思想为指导，深入贯彻落实科学发展观，全面贯彻党的十七大和十七届三中、四中全会精神，紧紧围绕党和国家工作大局和测绘事业发展需要，按照科学理论武装、具有世界眼光、善于把握规律、富有创新精神的要求，以提高党员干部的思想政治水平为基本目标，深入学习马克思主义理论，学习党的路线方针政策和国家法律法规，学习党的历史，学习测绘事业发展所需要的各方面知识，不断在武装头脑、指导实践、推动工作上取得新成效。充分发挥党组织的政治优势和组织优势，大力营造和形成重视学习、崇尚学习、坚持学习的浓厚氛围，牢固确立党组织全员学习、党员终身学习的理念，建立健全管用有效的学习制度，使党员的学习能力不断提升、知识素养不断提高、先锋模范作用充分发挥，使各级党组织成为广大党员干部学习教育的主体课堂、思想交流的精神家园和团结奋进的战斗堡垒，使各级党组织创造力、凝聚力、战斗力不断增强。

三、主要原则

（一）统筹规划，循序渐进。建设学习型党组织是一个持续的过程，只有“进行时”，没有“完成时”。各级党组织要与中心工作一起统筹规划，一起部署安排，一起督促检查，边学习、边建设、边提高。既要着眼长远，又要分步实施；既要立足当前，又要整体发展，切实推进学习型党组织建设活动有序开展，逐步深化。

（二）学以致用，推动工作。建设学习型党组织，重在学习、贵在实践。要把学习型党组织建设与落实国家经济发展方式转变的重大战略部署紧密结合起来，与推动测绘事业科学发展紧密结合起来，与解决本部门本单位的实际问题紧密结合起来，与建设“五型机关”紧密结合起来，坚持向书本学习、向实践学习、向基层学习、向群众学习，做到学习理论与运用理论、改造客观世界与改造主观世界相统一，把学习成果转化为运用科学理论、科学知识分析和解决实际问题的能力，增强工作的原则性、系统性、预见性和创造性。

（三）领导带头，全员参与。党员领导干部要坚持把学习作为提高素质、增长本领、做好领导工作的根本途径，先学一步，学深一些，作不断学习、善于学习的表率，推动本部门本单位党组织和党员的学习。要充分发挥广大党员的主体作用，吸引全体党员参与到学习型党组织建设中来，不断激发党员的学习热情，满足党员多方面的学习需求。

（四）大胆探索，勇于创新。建设学习型党组织没有固定模式，需要不断探索、创新和完善。各级党组织既要善于借鉴吸收西方学习型组织的理念和做法，又要从中国共产党自身建设和学习型政党建设的本质要求出发，紧密结合测绘实际，按照体现时代性、把握规律性、富于创造性的要求，开拓进取，勇于创新，尊重基层党组织和党员的首创精神，积极拓展学习的内容、途径、渠道，不断创新党组织学习的思路、办法和机制。

四、具体目标

（一）学习理念有转变。党员干部把学习当成一种政治责任、一种精神追求和一种生活方式，全员学习、终身学习的理念深入人心，学习兴趣不断提升，内在动力不断增强，工作学习化、学习工作化，实现由“要我学”到“我要学”的转变。

（二）学习方式有创新。借鉴国内外学习型组织建设的有益做法，不断创新集体学习的载体和平台，积极采用开放式、互动式、研究式、共享式、反思式等学习方式，党员的积极性得以调动，创造性充分发挥，实现由“个人学”到“集体学”的转变。

（三）思维方式有突破。党员干部具有世界眼光，善于谋划全局，战略思维、系统思维、辩证思维、逆向思维、类比思维能力不断增强，能够全面客观地观察和分析问题，实现由“看一点”到“看全面”的转变。

（四）创新能力有提高。党员干部敢于冲破旧的观念、做法和体制的束缚，超越自我的能力不断提升，自身潜能得以展现，创新智慧得以迸发，实现由“我不行”到“我能行”的转变。

（五）学习制度成体系。逐步建立健全一系列科学完备、符合实际、行之有效的学习制度，使党组织在学习的管理、督查、考核、评价、激励等方面有规定，制度化，实现由“一时热”到“常态化”的转变。

五、学习重点

（一）抓好基础性学习。组织党员干部深入学习马克思列宁主义、毛泽东思想、邓小平理论、“三个代表”重要思想，全面系统、完整准确地掌握中国特色社会主义理论体系，深入学习实践科学发展观和社会主义核心价值体系，学习党的基本理论、基本路线、基本纲领、基本经验，努力掌握马克思主义立场、观点、方法，不断提高运用科学理论分析解决实际问题的能力。党员领导干部要认真研读经典原著。

（二）抓好应用性学习。着眼于立足本职，增强本领，坚持干什么学什么、缺什么补什么的原则，组织党员干部认真学习与岗位职责相关的新知识、新技能，广泛学习测绘事业长远发展所需要的经济、政治、法律、文化、科技、社会和国际等各方面知识，不断优化知识结构，努力成为本行业本领域本岗位的行家里手。

（三）抓好前瞻性学习。着眼于树立世界眼光、增强战略思维，组织党员干部积极学习反映当代世界发展趋势的现代市场经济、现代国际关系、现代社会管理和现代信息技术等方面知识，把握当今世界发展趋势和我国改革方向，围绕一些全局性、前瞻性、战略性问题进行深入思考，认真研究。

（四）抓好实践性学习。坚持“不唯上、不唯书、只唯实”，不断学习总结和借鉴运用基层和人民群众以及其他部门创造的好做法好经验。善于运用测绘事业改革发展的生动实践对党员干部进行教育。要通过深入调研、到基层挂职、到贫困地区锻炼等方式，帮助党员干部了解国情、了解测绘，了解基层，增进与广大测绘职工的感情。

六、方法途径

（一）搭建学习平台，丰富学习载体。以创建学习型党组（党委、总支、支部）为切入点，不断健全和完善集体学习制度，丰富集体学习形式，增强理论学习的计划性、针对性、系统性和实效性。通过大讲堂、报告会、专题讲座、培训班等形式，开展持久深入的主题宣讲活动，组织党员干部学习贯彻党的理论创新成果和中央重大决策部署，深入解读国家发展形势和重大方针政策。着眼于发现新问题，开拓新思路，探讨新对策，研究新办法，积极搭建务虚会、读书会、研讨交流会、学习论坛等集体学习平台，营造平等参与、探讨争鸣、相互启发、彼此促进的宽松氛围，通过思想碰撞和观点交锋，进一步深化认识，把握规律，统一思想和行动。通过搭建不同的学习平台和载体，努力做到学习资源共享，学习时间统筹，学习内容交融，学习效果互促。

（二）创新学习方法，拓展学习途径。充分发挥党委（党组）中心组理论学习的龙头和示范作用，进一步加强和改进中心组理论学习，严格规范管理，增强学习效果。各级领导班子和领导干部要坚持开展专题调研，形成高质量调研报告，组织学习交流，推动成果转化。通过党课教育、组织生活、演讲比赛、知识竞赛、技能比赛、参观考察、实践锻炼、观看录像片等喜闻乐见的手段和方式，对党员干部进行思想品德教育。以重要节庆日以及重大历史事件纪念日为契机，组织开展党的历史、新中国历史以及党的优良传统和优良作风、民族精神和时代精神、促进民族团结和军民团结等方面的专题教育活动。积极开展纪念革命领袖、革命先烈、杰出历史人物等活动，组织学习英烈英模和英雄人物的先进事迹和崇高思想。围绕我国传统节日，组织学习中华民族的悠久历史和灿烂文化，增强民族认同感。以传承和弘扬测绘精神为重点，推动测绘文化的繁荣与发展。鼓励和支持党员干部参加各种形式的成人教育、函授教育、网络教育，坚持选送党员干部到党校、行政学院接受系统的教育培训。引导党员干部坚持自学，勤于思考，积极开展荐书、读书、征文等活动，培养党员干部爱读书善读书读好书的良好习惯。

（三）完善学习制度，确保学习效果。建立健全党组织集体学习制度，严格落实国家测绘局党组《关于进一步加强和改进党组中心组学习的实施意见》，各级领导班子要定期务虚，保证集体学习每个季度不少于1次。建立健全党员干部学习培训制度，科学安排岗前培训、业务培训、晋职培训、理论培训等，处级以上党政领导干部参加脱产培训每年一般不少于110学时。建立健全调查研究制度，省部级领导干部到基层调研每年不少于30天，局处级领导干部不少于60天，领导干部要每年撰写1至2篇调研报告。建立健全党员个人自学制度，明确要求制订学习计划和目标，强化党员干部的日常学习。建立健全主题教育制度，形成运用重大节庆日纪念日等组织党员干部学习的工作机制。建立健全学习考核制度，把学习情况作为民主评议党员、综合考核评价领导班子和领导干部的重要内容，把理论素养、学习态度和学习能力作为选拔任用领导干部的重要依据，形成注重学习的用人导向。建立健全学习成果转化制度，通过集体交流、媒体宣传、内部情况反映等多种形式，促进学习教育成果及时运用于领导班子决策中。

（四）打造学习阵地，营造学习氛围。测绘系统各网站、报刊等媒体要把建设学习型党组织的宣传作为当前和今后一个时期的重要任务，进一步加大工作力度，深入宣传中央关于推进学习型党组织建设的重要精神和决策部署，宣传建设学习型党组织的重大意义、理念目标、内容要求，宣传各部门各单位在建设学习型党组织过程中的具体举措、进展情况、典型经验和主要成效，推动形成建设学习型党组织的舆论强势。国家测绘局机关要充分发挥中国测绘创新基地的优势和作用，建立测绘学习大讲堂，打造理论宣讲新阵地，定期邀请专家学者讲理论、谈创新、论发展。适应社会信息化的新趋势，充分发挥互联网等新兴媒体信息量大、即时传播、共享共用的独特优势，积极开展网上理论宣讲和网上学习交流等活动，扩大学习的覆盖面和参与度，使新兴媒体与传统媒体互动配合、各展所长、形成合力，扩大学习型党组织建设的影响力。

七、加强组织领导

（一）各级党委（党组）要把建设学习型党组织工作摆在突出位置，切实抓紧抓好。要认真落实抓学习、促学习的工作责任制，把推进学习型党组织建设列入各党委（党组）重要议事日程，认真部署，精心组织。要制订具体实施方案，明确学习重点，突出自身特色，确保建设学习型党组织的任务落到实处。要把建设学习型党组织与干部教育培训、加强领导班子和干部队伍建设、基层党组织和党员队伍建设结合起来。工青妇等组织要充分发挥自身优势，开展各具特色的学习教育活动。

（二）领导干部要带头学习，发挥示范带动作用。各级党委（党组）要率先垂范，进一步加强和改进党委（党组）中心组学习，努力把领导班子建设成为学习型领导班子，推动下属部门和下级党组织的学习。国家测绘局机关各司（室）党支部和广大党员领导干部要以身作则，走在前面，把更多的时间和精力放在学习上，努力成为建设学习型党组织的精心组织者、积极促进者、自觉实践者。

（三）切实把建设学习型党组织的任务落实到基层。要充分发挥基层党组织的积极性、主动性和创造性，鼓励和支持从实际出发，因地制宜，采取生动活泼的方式，动员广大基层党员投身到学习型党组织建设中来。各级党委（党组）要加大对基层党组织学习的投入，积极为党员学习教育创造良好条件。

（四）加强分类指导和督促检查。各级党委（党组）要紧密结合本单位本部门实际和特点，提出具体任务和要求。要经常了解下属部门和下级党组织的学习情况，根据不同特点和情况，有针对性地加强指导，并提出加强和改进的具体要求。各直属单位党委（党组）要在每年1月底前向国家测绘局党组和上级党组织专题报送上一年度学习情况总结和本年度学习计划。要组织开展经验交流，适时召开学习经验交流会，宣传先进典型，推广成功经验。

关于印发《学习贯彻党的十七届五中全会精神集中开展形势政策宣传教育工作方案》的通知

国测党发〔2010〕41号　2010年12月30日

局所属各单位，机关各司（室）：

《学习贯彻党的十七届五中全会精神集中开展形势政策宣传教育工作方案》已经局党组会议审议通过，现印发给你们，请结合实际，认真贯彻执行。

学习贯彻党的十七届五中全会精神集中开展形势政策宣传教育工作方案

为深入贯彻中办关于学习贯彻党的十七届五中全会精神集中开展形势政策宣传教育工作的部署要求，认真落实《中共国家测绘局党组关于认真学习贯彻党的十七届五中全会精神的通知》，现就测绘系统深入学习宣传贯彻党的十七届五中全会精神、集中开展形势政策宣传教育工作，制定如下工作方案。

一、总体要求

高举中国特色社会主义伟大旗帜，以邓小平理论和“三个代表”重要思想为指导，深入贯彻落实科学发展观，认真学习贯彻党的十七届五中全会精神，抓住“十一五”规划完成、“十二五”规划开局的有利契机，在测绘系统集中深入开展形势政策宣传教育，引导全体测绘干部职工全面、准确、深入地领会党的十七届五中全会精神，深刻认识“十一五”时期经济社会发展和测绘事业发展的成就和经验，准确把握“十二五”时期经济社会发展和测绘事业发展的指导思想、总体思路、目标任务和重大举措，把思想统一到党的十七届五中全会精神上来，把力量凝聚到推动测绘事业科学发展上来，解放思想、实事求是、与时俱进、开拓创新，为实现由测绘大国迈向测绘强国做出贡献，为实现“十二五”规划和全面建设小康社会宏伟目标努力奋斗。

二、重点内容

1. 深入学习宣传党的十七届五中全会的重大意义。党的十七届五中全会是在我国全面建设小康社会的关键时期召开的一次十分重要的会议。学习贯彻落实好十七届五中全会精神，对于继续抓住和用好我国发展的重要战略机遇期，巩固和扩大应对国际金融危机冲击成果，促进经济长期平稳较快发展，夺取全面建设小康社会新胜利、推进中国特色社会主义伟大事业具有十分重要的意义。各单位、各部门要通过大力宣传党的十七届五中全会精神，引导测绘系统广大干部职工深刻认识党的十七届五中全会召开的重大意义，准确把握党的十七届五中全会精神的丰富内容和深刻内涵，进一步增强政治意识、大局意识和责任意识，切实增强贯彻落实党的十七届五中全会精神的自觉性和主动性。

2. 深入学习宣传“十一五”时期经济社会发展和测绘事业发展的成就和经验。“十一五”时期，我国社会生产力快速发展，综合国力大幅提升，人民生活明显改善，国际地位和影响力显著提高，社会经济建设、政治建设、文化建设、社会建设以及生态文明建设和党的建设取得重大进展。各单位、各部门要大力宣传“十一五”时期经济社会发展的巨大成就和宝贵经验。要全面总结“十一五”时期测绘事业发展取得的显著成效，深入宣传数字中国、数字省区、数字城市建设形势喜人，测绘重大工程进展顺利、效益明显，“天地图”网站顺利开通，塑我互联网地理信息服务民族品牌，地理信息产业逆势上扬、快速发展，抢险救灾测绘应急保障及时有力，测绘科技创新硕果累累，测绘体制机制完善呈现良好势头，测绘统一监管成效明显。引导测绘系统广大干部职工进一步统一思想、认清形势、增强信心、凝聚力量，坚定不移地跟党走中国特色的社会主义道路。

3. 深入学习宣传“十二五”时期经济社会发展和测绘事业发展的指导思想、总体思路、目标任务和重大举措。“十二五”时期是全面建设小康社会的关键时期，是深化改革开放、加快转变经济发展方式的攻坚时期。各单位、各部门要大力宣传“十二五”时期我国经济社会发展的指导思想、总体思路、目标任务和重大举措，宣传以科学发展为主题是时代的要求。宣传“十二五”时期是全面构建数字中国的关键期，测绘需求的旺盛期，地理信息产业发展的机遇期，加快建设测绘强国的攻坚期。宣传测绘工作要坚持“服务大局、服务社会、服务民生”的宗旨，按照“构建数字中国、监测地理国情，发展壮大产业、建设测绘强国”的战略方向，为经济社会发展提供强有力的测绘服务保障。引导测绘系统广大干部职工把思想和认识统一到“十二五”测绘事业发展的战略方向上来，把智慧和力量凝聚到推动“十二五”测绘事业更好更快发展上来。

三、工作安排

这次形势政策宣传教育，要与深入推进创先争优活动相结合，与学习宣传贯彻中央经济工作会议精神和2011 年“两会”精神相结合，与总结“十一五”、部署“十二五”相结合，做到宣传内容充实，宣传效果明显。

这次形势政策宣传教育分两个阶段展开。从目前到2011 年全国“两会”前为第一阶段，主要任务是集中学习宣传党的十七届五中全会精神，中央经济会议精神，学习宣传“十一五”时期经济社会发展和测绘事业发展取得的成就以及国民经济和社会发展“十二五”规划建议的主要内容。从2011 年全国“两会”召开到“五一”前为第二阶段，主要集中学习宣传全国“两会”精神、国民经济和社会发展“十二五”规划纲要、测绘和地理信息发展“十二五”规划纲要、全国基础测绘“十二五”规划。

1. 集中开展宣讲活动。根据中央宣传部等有关部门编写的《党的十七届五中全会精神宣传提纲》，结合测绘工作实际，由领导干部带头，集中开展宣讲活动。充分利用测绘大讲堂等载体，举办形势报告会，请专家作党的十七届五中全会精神的学习辅导报告，进一步推进活动深入开展。

2. 精心组织媒体宣传。充分利用测绘宣传阵地和社会新闻媒体，大力营造认真学习和全面贯彻党的十七届五中全会精神的浓厚氛围，为总结“十一五”测绘发展成就、实现“十二五”测绘事业良好开局提供舆论支持和精神动力。要及时向社会新闻媒体提供新闻素材、新闻线索，组织和配合好新闻采访活动。《中国测绘报》、国家测绘局网站要开辟专栏、专题，制定具体宣传报道计划，全方位、多角度地开展宣传报道工作。

3. 采取多样宣传形式。广泛开展成就展览、知识竞赛、演讲征文、座谈交流和网上宣传教育活动，扩大宣传教育的覆盖面。坚持典型引路，宣传测绘系统创先争优的先进集体和先进模范，用身边事教育身边人；发挥老干部作用，组织他们到测绘职工中开展宣讲活动；调动青年的学习积极性，利用测绘青年论坛开展青年党员学习交流活动。

4. 深入开展自我学习。鼓励干部职工积极进行自我学习和自我教育，适时开展专题研讨和交流，推动党的十七届五中全会精神深入人心。要把深入开展创先争优活动的成果源源不断地体现和转化到党的十七届五中全会精神的贯彻落实中去，引导干部职工围绕中心，服务大局，为推动测绘事业科学发展提供精神动力和组织保障。

四、工作要求

1. 高度重视，精心组织。各单位、各部门要把学习宣传贯彻党的十七届五中全会精神，集中开展形势政策宣传教育作为当前的重要政治任务，列入重要日程，切实抓紧抓好。要认真制定细化实施方案，确保各项工作落实到位。各单位、各部门党委（组）要带头学习和接受形势政策教育，积极宣传党中央的方针政策和“十二五”测绘发展思路，理论中心组学习要把党的十七届五中全会精神作为重要内容，专题研讨、学深学透，以党员领导干部的学习带动广大干部群众的学习。

2. 全面准确，正面引导。各单位、各部门要坚持团结稳定鼓劲、正面宣传为主，把握正确宣传基调，始终立足于统一思想、凝聚力量、鼓舞士气、振奋精神。要加强思想政治教育，弘扬测绘精神，营造团结和谐、奋发进取、勇于攀登的良好氛围。要坚持全面、辩证地开展宣传教育，宣传成就、分析形势、解读政策，都要做到实事求是，确保宣传效果。要把宣传教育与本单位、本部门的中心工作目标结合起来，找准切入点，摸准结合点，促进工作落实。

3. 突出重点、注重实效。各单位、各部门要在全面宣传教育的基础上突出工作重点，加强对于领导干部的宣传教育，做到入耳入脑入心。要结合自身工作实际，采取有针对性的措施开展宣传教育。要注重在学习和宣讲中掌握职工思想状态，善于从群众最关心、同群众利益最紧密的热点问题入手，深入浅出、生动形象地进行宣传阐释，尽早解决问题，及时化解矛盾，使群众得到实惠，努力增强宣传教育的吸引力和感召力。

各单位、各部门活动开展情况要及时报国家测绘局。

关于在全国测绘系统开展固定翼轻型无人飞机航摄系统配备和推广应用的通知

国测国发〔2010〕1号　2010年1月19日

各省、自治区、直辖市测绘行政主管部门，新疆生产建设兵团测绘主管部门，局所属有关单位，局机关有关司（室）：

为提高各省（区、市）、新疆生产建设兵团地理信息数据快速获取能力，充分发挥测绘在经济社会发展中的服务保障作用，国家测绘局决定在全国测绘系统全面开展固定翼轻型无人飞机航摄系统（以下简称“无人机航摄系统”）的推广应用工作，现就有关事项通知如下：

一、充分认识无人机航摄系统推广应用的重要意义

无人机航摄系统是传统航空摄影测量手段的有力补充，具有灵活机动、高效快速、精细准确、作业成本低等特点，在小区域和飞行困难地区高分辨率影像快速获取方面具有明显优势，可广泛应用于国家重大工程、新农村建设和应急救灾等方面的测绘保障服务。无人机航摄系统推广应用是提高测绘成果现势性的有效手段，是增强测绘应急服务保障能力的迫切需要，是构建数字中国、建设数字城市的技术支撑，是提升社会管理效能的新型工具，有利于有关部门及时掌握所需动态地理信息，有利于创新测绘服务模式，保障经济社会发展。各单位要高度重视无人机航摄系统推广应用，要主动向省（区、市）人民政府汇报，向各行业主管部门示范宣传，以实际工作成果争取各方面支持。

二、无人机航摄系统推广应用总体安排

（一）进度安排

2010年1月至3月，在陕西、黑龙江、四川、海南测绘局和重庆测绘院等5个单位开展生产性试点示范。由中国测绘科学研究院负责整合无人机航摄系统，建立并完善技术培训体系，研究制定系统应用中有关管理规定和技术标准，进一步提高系统安全性和可靠性。

2010年3月至6月，分两批完成全国各省（区、市）和新疆生产建设兵团无人机航摄系统推广应用，陆续举办有各单位相关人员参加的无人机航摄系统操控与管理培训班。

（二）无人机航摄系统组成及经费投入

一套无人机航摄系统由2架飞行平台、2台数码传感器、1套地面监控系统、1套数据传输系统、1套配套软件组成。已通过国家测绘局科技成果鉴定的无人机航摄系统型号、功能、主要技术参数等见附件，参考价格80万元。

为了加快无人机航摄系统的推广应用，各省级测绘主管部门配备的第一套系统经费，国家测绘局给予50%的经费支持，其余经费由各省级测绘主管部门承担。

（三）职责分工

无人机航摄系统推广应用工作由国家测绘局负责指导协调完善相关政策，制定技术标准和管理规定，建立绩效评估体系等工作。

中国测绘科学研究院负责推广应用的技术支持，起草技术标准和业务管理办法，建立培训体系，整合产业基地，改进系统性能等工作。

各省级测绘主管部门负责无人机航摄系统在本地区的推广应用，落实装备配备的单位和配套经费，建立健全管理、服务及应急机制，因地制宜开展示范应用，总结应用经验，提出改进建议。

三、有关工作要求

各单位要精心谋划、统筹协调，抓紧做好以下工作：

（一）将无人机航摄系统推广应用纳入本级基础测绘规划，积极争取公共财政的专项投入，加大对无人机航摄系统推广应用的支持力度。

（二）根据本地区实际情况，制定切实可行的推广计划和配置方案，并提出具体的系统配置型号及要求。

（三）认真做好系统操作人员的选拔工作，及时选派人员系统地接受技能和业务培训。

（四）请各单位于2010年2月10日前，将推广计划、配置选择方案、培训人员名单函告国家测绘局国土测绘司。

联系人：杨和平

电　话：63882302

附件：固定翼轻型无人飞机航摄系统参考表

附件：

固定翼轻型无人飞机航摄系统参考表

型号	飞行器规格	续航时间（小时）	抗风能力	最大航速（Km/h）	起降方式	成图精度	成果类型	参考价格（万元）	研发单位
CK－GY04	翼展2.4m 机长1.8m 载荷5Kg	4	4级	140	滑跑、弹射、车载起飞； 伞降、滑行降落	1:1000 1:2000	DEM DOM	80	北京测科空间信息技术有限公司
UAVRS－10	翼展2.5m 机长1.45m 载荷5Kg	1.5	5级	120	滑跑、弹射起飞； 伞降、滑行降落	优于 1:2000	DOM DEM DLG	80	中国测绘科学研究院
垂直尾型	翼展2.4m 机长2.2m 载荷5Kg	3	5级	120	滑跑起飞； 滑行降落	满足1:500摄影测量精度要求	DEM DOM	80	中测新图（北京）遥感技术有限责任公司
倒梳尾型	翼展2.2m 机长1.95m 载荷5Kg	2.5	5级	110	滑跑起飞； 伞降、滑行降落	满足1:500摄影测量精度要求	DEM DOM	80	

续表

型号	飞行器规格	续航时间（小时）	抗风能力	最大航速（Km/h）	起降方式	成图精度	成果类型	参考价格（万元）	研发单位
双发型	翼展 2.4m 机长 2.6m 载荷 5Kg	2.5	6 级	120	滑跑起飞；伞降、滑行降落	满足 1:500 摄影测量精度要求	DEM DOM	80	中测新图（北京）遥感技术有限责任公司
Zfsw－10	翼展 2.5m 机长 1.6m 载荷 5Kg	1－2	6 级	150	滑跑、弹射起飞；伞降、滑行降落	1:1000 1:2000	DEM DOM	80	中飞四维（北京）航空遥感技术有限公司
Quickeye	翼展 2.6m 机长 1.8m 载荷 5Kg	1－2	5 级	150	滑跑、弹射、手抛起飞；伞降、滑行降落	1:1000 1:2000	DOM 三维地形	80	北京国遥万维信息技术有限公司

注：1. 以上各系统均通过国家测绘局科技成果鉴定；

2. 参考价格包含 4 人技术培训，三年免费维修、保养服务及软件升级等售后服务内容。

国家测绘局关于进一步加快推进数字城市建设的通知

国测国发〔2010〕48 号　2010 年 11 月 26 日

各省、自治区、直辖市测绘行政主管部门：

数字城市建设是转变基础测绘服务方式、提升基础测绘服务能力的重要举措。“十一五”以来，数字城市建设工作取得了重大进展，已在城市科学决策、精细管理、高效服务和低碳运营等方面发挥重要作用。但在推动数字城市建设过程中，仍存在认识不到位、发展不平衡、机制不健全、技术支持力度不够、配套资金落实不足等问题。为全面提升数字城市的建设能力，进一步加快推进数字城市建设，现就有关事项通知如下：

一、进一步提高对数字城市建设重要性的认识。加快数字中国建设是党中央、国务院对测绘工作的要求。数字城市是数字中国的重要组成部分，是推进数字中国建设的牛鼻子工程，对于加快测绘成果转化为现实生产力、提升测绘工作服务大局、服务社会、服务民生的能力和水平意义重大，要进一步加快建设速度，咬住不放，一抓到底。

二、切实担当起数字城市建设的重任。省级测绘行政主管部门处于承上启下的重要位置，是推进数字城市建设的中坚力量。在试点阶段，要在机制建设、经费投入、技术构架和建设模式上加强指导。在推广阶段，要全面担负起推广城市的遴选、立项、评审、验收等工作，抓好资金落实、技术支持、过程管理和监督检查等关键环节，全面加快本地数字城市建设进程。

三、加快数字城市建设试点的立项。未完成试点立项工作的省区，要加大组织动员力度，加紧推荐认识到位、基础条件具备的城市开展试点，除个别省份外，2011 年上半年要全面完成本地试点立项任务；对于省会或计划单列市需要作为试点城市立项的，可不受试点指标限制。

四、加大数字城市推广的力度。要认真总结本地试点城市建设的经验，并将经验推广到本地各市，同时也要积极借鉴外地先进经验和有效做法，结合本地数字城市建设工作特点，加强统筹协调，制定规划，强化措施，明确年度任务，2012 年底前要基本推广到所有地级以上城市，2013 年逐步向到具备条件的县级市推广，2015 年底前全面完成地级以上城市和具备条件县级市的数字城市建设。

五、积极落实省级配套经费。数字城市是数字省区的重要组成部分，是当前基础测绘建设的重要任务。要积极争取省级财政资金的支持，将数字城市建设配套支持经费纳入省级基础测绘经费，为数字城市建设提供强有力的配套经费保障，确保省级配套经费投入不低于 15%。

六、切实做好数字城市建设的技术支持。要明确省级基础地理信息中心或具有相应技术能力的单位为本地数字城市建设技术支持单位，加大人才培养力度，形成稳定的技术支持队伍。要认真指导数字城市建设的承担单位开展公共平台建设、二次开发、应用系统接入、长效机制建立等工作；要加强人才培训力度，培训所在城市有关技术人员，使之能够胜任公共平台应用服务、更新维护等日常性工作。在技术支持过程中，确有困难的，中国测绘科学研究院要及时提供必要的支持。

七、要高度重视地理信息资源的安全保密。数字城市建设要坚持谁建设谁负责、谁审批谁监管的原则，必须严格遵守《中华人民共和国保守国家秘密法》、《中华人民共和国测绘成果管理条例》、《公开地图内容表示若干规定》及其补充规定等国家有关保密政策法规，切实做到涉密数据绝对不上非涉密网。要建立地理信息公共平台分版运行服务模式，建设涉密版、政务版和公众版地理信息公共平台，确保国家地理信息资源安全。

八、涉密版地理信息公共平台建设。涉密版电子地图数据通过从基础地理信息数据库中直接提取，经整理、加工、符号化表达等过程形成，只能运行在涉密网上，依托涉密的政府内网提供地理信息在线服务。对于不具备涉密网络条件的应用部门，可采用服务器托管和专线接入方式，确保数据安全。

九、政务版地理信息公共平台建设。严格按照《基础地理信息公开表示内容的规定（试行）》要求，从不同尺度的地理信息数据库中提取可公开的要素内容，经过保密处理后与1∶25万公众版地图数据和可公开的政务信息叠加，经整理、加工、符号化表达等过程形成政务版电子地图数据。该数据必须通过省级测绘行政主管部门保密审查后，方可在政务网上运行。

十、公众版地理信息公共平台建设。严格按照《公开地图内容表示若干规定》和《公开地图内容表示补充规定（试行）》，参照《导航电子地图安全处理技术基本要求》，编制公众版电子地图，通过省级测绘行政主管部门地图审查并获得审图号以后，可在国际互联网上运行，并积极探索市场化运作。

十一、加强对保密技术处理与保密处理插件配发的管理。凡是国家测绘局批准的试点或推广城市，根据需要可配备保密处理插件。各地可持省级测绘行政主管部门的公函，到中国测绘科学研究院领取保密插件、进行保密技术处理。中国测绘科学研究院要健全管理制度，做好保密处理插件的登记及后期管理工作，确保保密处理插件使用的安全性。

十二、强化对数字城市建设的过程监管。要按照签订的合作共建协议以及项目设计的要求，加强对建设内容实施、成果质量检测、进度计划执行的管理，及时指导解决建设过程中存在的有关问题；对进度滞后的，应加大督促管理力度。要按国家测绘局下达的航摄计划，及时与航空摄影承担单位协调，保证航摄时间和质量，监督航摄成果及时提交使用。

十三、促进建设成果在城市各部门的广泛应用。要指导已经完成建设的城市，进一步加强对城市各部门的地理信息公共平台应用培训，做好对各部门应用系统建设的技术支持，同时要将各部门以地理信息为基础的已建系统尽快统一到公共平台上来，积极扩大应用领域，引导更多部门使用公共平台。

十四、建立健全公共平台应用服务的长效机制。要监督指导城市人民政府出台地方法规或政府文件，进一步确立公共平台的权威性、唯一性地位，建立健全公共平台应用服务、运行管理和数据更新的长效机制，确保组织机构、经费投入、人员编制等落到实处。

十五、做好项目验收和成果归档工作。要按照国家测绘局《关于做好数字城市地理空间框架建设试点项目验收有关工作的通知》要求，认真组织好数字城市建设试点的预验收工作。预验收通过后，尽快投入试运行，适时向国家测绘局报送验收申请。通过国家测绘局验收后 2 个月内，要督导数字城市建设牵头单位按有关要求完成建设成果的归档工作。

十六、注重数字城市建设工作创新。要将创新的思路和理念贯彻到数字城市建设工作的各个方面，积极探索数字城市建设与应用的新模式、新方法，大胆创新共建共享、应用服务、运营管理等机制，大力推广先进适用技术的应用，努力推进社会化运营和产业化应用，不断提升建设的速度和应用的水平。

十七、适时启动数字省区建设。数字城市建设过半的，要将数字省区建设作为省级基础测绘工作的首要任务，按照《数字省区地理空间框架建设技术大纲》的要求，及时启动数字省区地理空间框架建设，逐步实现国家、省、城市三级之间的互联互通，为国家地理信息公共平台提供基础支撑与保障。

十八、切实加强数字城市建设宣传工作。要利用电视、广播、网络和报刊等宣传媒体，全方位、多渠道展示数字城市建设的最新成果和应用实效；要以签署共建协议书、项目验收等活动为契机，广为宣传、积极引导，营造良好的社会氛围，促进本地数字城市建设的深入开展。

各省级测绘行政主管部门要根据本通知精神，结合当地数字城市建设工作实际，积极行动，狠抓落实，加快出台贯彻实施的具体措施和工作计划，提升数字城市的建设速度．推动数字城市建设迈上新台阶。

关于加强基础测绘和重大测绘工程标准化管理工作的通知

国测科发〔2010〕4 号　2010 年 6 月 21 日

各省、自治区、直辖市、计划单列市测绘行政主管部门，局所属有关单位，各重大测绘工程牵头单位：

加快构建数字中国、建设地理信息公共服务平台、推进地理信息产业发展，是测绘部门当前和今后一个时期的中心工作。围绕这些中心工作，一系列国家基础测绘项目、重大测绘工程都相继开展或即将实施。为确保国家基础测绘项目、重大测绘工程建设质量和水平，使其健康有序开展，促进项目成果共享，全面提升测绘标准化水平，现就进一步加强测绘工程标准化管理通知如下：

一、测绘工程标准化管理是法律法规的明确要求。《中华人民共和国测绘法》和《中华人民共和国基础测绘条例》都明确规定，从事测绘活动、尤其是从事基础测绘活动，要严格执行国家规定的测绘技术规范和标准。同时规定，对不执行国家规定标准的单位和个人，依法予以处罚和处分。因此，测绘工程标准化管理既是法律法规赋予测绘行政主管部门的重要职责，也是测绘工程承担单位必须遵守的法定义务。

二、测绘工程标准化管理是保障成果质量和权威性、促进成果共享的必然要求。测绘工程所取得的成果作为基础地理信息资源的组成部分，是国家重要的基础性、战略性信息资源，是其他人文、社会和经济信息互联互通的载体与定位基础，必须通过标准化的生产来保证其可靠性和权威性。在测绘技术发展日新月异的今天和测绘技术体系向信息化迈进的战略转型期，加强测绘工程的标准化管理显得尤为重要和迫切。

三、实施国家基础测绘项目、重大测绘工程所执行的技术标准等级不得低于测绘行业标准。各承担单位在实施测绘工程时，必须全过程、全技术领域执行国家标准或测绘行业标准。各单位不得以工程或项目内部制定的技术文件代替、放宽或修改国家标准和测绘行业标准，降低工程执行的技术标准等级，从而降低了工程的整体质量和水平。

四、规范测绘工程中技术标准的制定程序。在测绘工程实施中，确因缺乏相关国家标准和测绘行业标准不能满足需要时，工程牵头单位或承担单位应按照《测绘标准化工作管理办法》和《关于进一步加强国家基础测绘项目和测绘专项中标准制修订管理工作的通知》（测办〔2009〕117 号）的要求，提出相关国家标准或测绘行业标准制定申请，经批准后再行起草、编制相应标准，国家测绘局标准管理机构为立项提供绿色通道，及时满足测绘工程标准立项的急需。

五、充分发挥测绘工程项目设计的作用。现行国家标准、测绘行业标准需予以细化、扩充才能满足测绘工程需要时，牵头单位应重视和加强项目设计工作，尽量在项目设计书中对有关技术细节予以明确，使项目设计真正发挥应有的作用，避免一个项目内出现多个“补充规定”或“内部技术规定”的现象，逐步取消“内部技术规定”这类非国家规定标准的技术文件。

六、测绘标准化工作机构要加强标准服务和指导工作。在测绘工程实施过程中，国家测绘局测绘标准化工作委员会、测绘标准化研究所等机构，要主动加强与工程承担单位的联系和沟通，积极了解工程建设中的标准需求，帮助有关单位及技术人员熟悉和掌握已有标准。同时要对测绘工程实施中必要的技术标准制修订工作予以指导，积极转化和提升测绘工程中的标准化成果，加快标准制修订速度，提高标准的科学性和适用性。

七、加大对标准执行情况的监督检查力度。今后国家测绘局将加强对测绘工程承担单位标准执行情况的监督检查，对不执行标准的单位和个人依法予以纠正和查处，对不执行标准的测绘成果不予验收和提供使用。同时，各省（自治区、直辖市）和计划单列市测绘行政主管部门，要根据法律法规和本通知要求，制定相应管理制度和办法，加强对省级基础测绘项目和测绘工程的标准化管理，全面提高测绘部门的标准化水平。

关于国家测绘局内设机构人员编制和领导职数的通知

国测人发〔2010〕12 号　2010 年 3 月 17 日

机关各司（室）：

根据《国家测绘局主要职责内设机构和人员编制规定》（国办发〔2009〕26 号）、《关于调整测绘局行政编制的通知》（中央编办发〔2009〕64 号）和《国家测绘局内设机构职责》（国测人发〔2009〕52 号），经 3 月 15 日局党组会议研究决定，现就局机关内设机构人员编制和领导职数通知如下：

一、办公室

人员编制 14 人，司级领导职数 3 个。其中，

（一）秘书处

人员编制 4 人，处级领导职数 2 个。

（二）政策研究与新闻处

人员编制 4 人，处级领导职数 2 个。

（三）综合处

人员编制 2 人，处级领导职数 1 个。

（四）行政处

人员编制 1 人，处级领导职数 1 个。

二、规划财务司

人员编制 12 人，司级领导职数 3 个。其中，

（一）预算处

人员编制 3 人，处级领导职数 1 个。

（二）财务处（审计处）

人员编制 4 人，处级领导职数 2 个。

（三）规划投资处

人员编制 2 人，处级领导职数 1 个。

三、国土测绘司

人员编制 12 人，司级领导职数 3 个。其中，

（一）基础测绘处

人员编制 5 人，处级领导职数 2 个。

（二）遥感信息处

人员编制 2 人，处级领导职数 1 个。

（三）质量监督处（地籍测绘处）

人员编制 2 人，处级领导职数 1 个。

四、法规与行业管理司

人员编制 12 人，司级领导职数 3 个。其中，

（一）法规与行政复议处

人员编制 2 人，处级领导职数 1 个。

（二）行业管理处

人员编制 4 人，处级领导职数 2 个。

（三）执法监督处

人员编制 3 人，处级领导职数 1 个。

五、地理信息与地图司（测绘成果管理司）

人员编制 12 人，司级领导职数 3 个。其中，

（一）地理信息处

人员编制 2 人，处级领导职数 1 个。

（二）成果管理处

人员编制 4 人，处级领导职数 2 个。

（三）地图管理处

人员编制 3 人，处级领导职数 1 个。

六、科技与国际合作司

人员编制12人，司级领导职数3个。其中，

（一）科技处

人员编制4人，处级领导职数2个。

（二）标准处

人员编制2人，处级领导职数1个。

（三）外事处（港澳台事务处）

人员编制3人，处级领导职数1个。

七、人事司

人员编制12人，司级领导职数3个。其中，

（一）公务员处

人员编制2人，处级领导职数1个。

（二）事业处

人员编制4人，处级领导职数2个。

（三）教育人才处（社团管理处）

人员编制3人，处级领导职数1个。

八、直属机关党委（纪检监察室）

人员编制7人，司级领导职数1个。其中，

（一）党委办公室

人员编制4人，处级领导职数2个。

（二）纪委办公室（监察处）

人员编制2人，处级领导职数1个。

九、离退休干部处

人员编制4人，处级领导职数2个。

局机关内设机构人员编制和领导职数核定后要保持相对稳定。各部门要严格执行编制管理规定，严肃人事工作纪律，不得超编制、超职数配备工作人员，也不得超编制借用人员。今后各部门在编制内借用人员，须报经局党组审批。

关于设立国家测绘局财务结算中心的通知

国测人发〔2010〕71号　2010年6月21日

局所属各单位，机关各司（室）：

为进一步强化局机关和在京所属单位财务管理工作，局党组研究决定，按照集中统一、财务独立、规范运行、强化监督、审批高效、确保安全的原则，设立国家测绘局财务结算中心，其主要职责如下：

1. 拟订财务结算中心会计核算工作制度，报局审批后执行。

2. 负责局机关、在京直属单位和社团组织预算资金的会计核算工作，对违反国家财经法律法规和相关政策以及不符合财务规定的收支有权拒绝办理，并及时向局财务部门报告其中的重大财务事项。

3. 根据核算单位工作需要，提供有关会计信息资料。

4. 定期分析局机关、在京直属单位和社团组织的预算执行情况、资金状况、资金使用中存在的问题等会计信息，形成专项财务分析报告反馈各预算单位并报告局财务部门。

5. 承办局机关、在京直属单位和社团组织资产购置、调入、调出、处置等国有资产管理的会计手续。

6. 负责对局机关、在京直属单位和社团组织会计凭证、会计帐簿、财务会计报告和其他会计资料建立档案，并妥善保管。

7. 承办局规划财务司交办的其他工作。

特此通知

关于成立国家测绘产品质量检验测试中心的通知

国测人发〔2010〕37号　2010年9月6日

各省、自治区、直辖市、计划单列市测绘行政主管部门，新疆生产建设兵团测绘主管部门，局所属各单位，机关各司（室）：

根据中央机构编制委员会办公室《关于调整设置国家测绘产品质量检验测试中心的批复》（中央编办复字〔2010〕248号）精神，经局党组研究决

定，撤销国家测绘局无锡培训中心，单独设置国家测绘产品质量检验测试中心。国家测绘产品质量检验测试中心为国家测绘局直属事业单位，经费形式为财政补助，核定事业编制63名，单位领导干部职数两正三副（含1名总工程师）。

特此通知

附件：

国家测绘产品质量检验测试中心主要职责

1. 受国家测绘局委托，拟订测绘与地理信息成果质量监督检验测试相关政策规定。

2. 按照国家测绘局下达的全国测绘与地理信息产品质量监督检查计划，承担全国范围内的国家级质量监督检验工作。

3. 承担对国家重大测绘项目成果质量的监督检验工作。

4. 承担对省级测绘成果质量监督检验站的业务指导。

5. 承担测绘资质审查和《测绘资质证书》年度注册中有关测绘成果的质量认可工作。

6. 承担测绘与地理信息有关科研成果及新产品所需的质量检验、测试和查新工作。

7. 承担测绘与地理信息成果质量争议的仲裁检验。

8. 受用户的委托，承担测绘与地理信息成果质量的委托检验和技术咨询。

9. 承办国家测绘局交办的其他事项。

关于成立中国地图出版集团的通知

国测人发〔2010〕47号　2010年9月9日

各省、自治区、直辖市、计划单列市测绘行政主管部门，新疆生产建设兵团测绘主管部门，局所属各单位，机关各司（室）：

为深入贯彻落实党中央、国务院关于进一步推动文化体制改革、深化中央各部门各单位出版社体制改革的有关精神，根据中央各部门各单位出版社体制改革工作领导小组办公室《关于同意中国地图出版社、测绘出版社、中华地图学社转制及组建中国地图出版集团方案的批复》（中出改办〔2009〕36号），国家测绘局决定，由中国地图出版社、测绘出版社、中华地图学社先行组建中国地图出版集团，国家测绘局直属单位所属的出版社以及地方地图出版社，按照自愿的原则，可在转制完成后申请加入。中国地图出版集团将以文化体制创新和经营机制创新为契机，以地理信息内容提供服务为主要目标，以跨媒体的内容出版为突破口，构建国际化、专业化、规模化的出版平台，成为实用参考图、教材和教学地图、测绘科技书刊、新媒体地图等产品互相融合的有核心竞争力和文化影响力的专业出版企业。国家测绘局作为中国地图出版集团的主管主办部门，按照国家有关政策规定履行主管主办部门的职责。

特此通知

关于加强地图备案工作的通知

国测图发〔2010〕2号　2010年10月19日

各省、自治区、直辖市测绘行政主管部门，国家测绘局地图技术审查中心、各有关单位：

地图备案是地图管理工作的重要环节。多年来，大多数地图审核申请单位认真按照有关规定履行地图备案手续。但仍有一些单位对地图备案工作重视不够，不按规定进行备案。为进一步加强地图管理，现就做好地图备案工作通知如下：

一、高度重视地图备案工作。地图备案是《中华人民共和国地图编制出版管理条例》规定的一项重要制度，《地图审核管理规定》对此也做了明确规定。加强地图备案工作对维护国家主权、安全和民族尊严，促进地图市场健康发展具有重要作用。加强地图备案工作也是强化地图审核行政许可事后监督检查的一项重要措施，是地图管理的重要环节。各地、各有关单位要高度重视，把地图备案纳入地图管理的重要工作内容，按照“要求严格、程序简便、监管有力、处置公开”的原则做好地图备案工作。

二、完善地图备案工作机制。国家测绘局地图技术审查中心承办国家测绘局审核批准地图的备案工作。受国家测绘局委托代行部分地图审核职能的省级测绘行政主管部门，承办受委托审核地图的备案工作，并按照国家测绘局有关要求加强监督管理，定期提交相关工作报告。各地要尽快确定地图备案工作承办机构，并向地图审核申请单位公布地图备案工作承办机构名称，明确备案程序，提供联系方式。各级地图备案工作承办机构要认真制定备案地图在接收、登记、归档、查阅、统计、报告和销毁以及抽检等方面的工作程序和管理细则，妥善保管备案样本，在保管期内不得损坏、丢失，未经测绘行政主管部门批准不得擅自向第三方提供。

三、认真做好地图备案工作。凡经测绘行政主管部门依法审核批准并核发审图号的地图，必须依照《地图审核管理规定》和本通知要求，由地图审核申请单位负责报送备案地图。报送备案地图应当采用直接送达或挂号邮寄等可查询投递信息的方式。备案样图应当报送一式两份，并提交加盖单位印章的纸质备案清单一式两份（具体要求见附件）。地图备案报送单位应当指定地图备案工作负责人和承办人，并通知地图备案工作承办机构。自核发审图号之日起60日内不能报送地图备案的，地图备案报送单位应及时向相应地图备案工作承办机构致函说明情况。

四、加大监督检查力度。各级地图审核工作机构要依法加强对地图备案工作的监督检查，要抽取一定数量的备案样本与留存的批注样图进行比照检查。重点检查报送的备案样本是否符合地图备案的要求、是否与审核批准的样图一致、是否按照地图内容审查意见书和试制样图的批注意见进行修改、是否载明审图号等内容。要建立地图备案通报制度，对地图备案情况及时予以通报。对未依法报送地图备案的单位，依据《地图审核管理规定》等有关规定，在其未履行相应的备案义务前，可以暂缓受理其地图审核申请。对与审核批准的样图不一致、未按照地图内容审查意见书和试制样图的批注意见进行修改等行为，有关测绘行政主管部门应当根据情节轻重追究其法律责任。

附件：

备案的具体要求

一、常规地图的备案。纸质地图出版物报送成品备案；批量生产的地球仪以及在生产加工的产品上附加地图图形的产品，报送样品或与审核时同样规格的地图图片备案。

对于在公共场所和互联网上长期展示的常规地图，报送与审核时同样规格的纸质样图备案。

二、导航电子地图的备案。应当报送包含导航电子地图的导航产品或能读取数据且导航、定位等功能与配套的导航产品一致的PC版模拟导航软件。

三、互联网地图的备案

（一）互联网地图编制单位负责报送互联网地图数据备案，初次备案时应提供存储最终发布的地图数据、与在线地图显示效果一致的浏览软件，以及包含兴趣点名称、省级和城市归属等内容的通用格式（如Access、Excel等）兴趣点数据。

互联网地图编制单位对登载发布后的地图更新增加数据内容的，应当将增加的数据内容报送备案。

（二）互联网地图服务单位负责报送新增兴趣点备案。互联网地图服务单位在地图上新增兴趣点，应自审核批准之日起，每6个月报送包含兴趣点名称、省级以及城市归属内容的通用格式（如Access、Excel等）兴趣点数据备案。

四、备案清单表格式如下：

常规地图备案清单表

单位名称：

序号	图名	书号	审图号	出版、展示日期	数量	通讯地址	联系人	联系电话

电子地图（导航电子地图、互联网地图）备案清单表

单位名称：

序号	图名	存储介质	审图号	出版、登载日期	地图数据制作单位	数量	通讯地址	联系人	联系电话

互联网地图新增兴趣点备案清单表

（时间段）

单位名称：

序号	图名	审图号	存储介质	新增数量（个）	通讯地址	联系人	联系电话
1							
2							

五、互联网地图新增兴趣点备案通用格式如下：

互联网地图新增兴趣点信息

单位名称：

网站名称及网址：		
图名及审图号：		
新增信息时间段：		
序号	兴趣点名称	省级及城市归属

六、地图备案说明函格式如下：

地图备案说明函

国家测绘局地图技术审查中心：

因我单位＿＿＿＿＿＿的原因，国家测绘局审核批准的＿＿＿＿＿＿＿＿等地图，在核发审图号之日起60日内不能报送备案，特致函说明情况，并承诺按照规定的期限报送备案（拟报送备案日期见附件）。

＿＿＿＿（单位印章）

＿＿年＿＿月＿＿日

附件：拟报送备案日期

地图名称	审图号	原因	拟备案日期

关于加快公众版地理信息公共服务平台建设的通知

国测信发〔2010〕1号　2010年4月27日

各省、自治区、直辖市测绘行政主管部门：

为贯彻落实《国务院关于加强测绘工作的意见》（国发〔2007〕30号）和《国家地理信息公共服务平台建设专项规划（2009－2015年）》，进一步提高地理信息公众服务能力和水平，在现有技术条件、网络环境、数据资源和政策框架下，国家测绘局决定加快基于互联网的公众版地理信息公共服务平台（以下简称公众版平台）建设。现就有关事项通知如下：

一、加快推进省级公众版平台建设。各省级测绘行政主管部门要结合本地区实际，按照《国家地理信息公共服务平台技术设计指南》和有关技术规范，充分整合现有各行业、各部门公开的地理信息资源以及卫星遥感影像数据，在现有工作基础上，争取在2010年6月前建成并开通本地区省级公众版平台（分节点），以便届时能与国家公众版平台实现超链接。

二、加强对市县级公众版平台建设的指导。各省级测绘行政主管部门要高度重视市县级公众版平台（信息基地）的建设。要在“数字城市”建设试点和推广城市的基础上，加强市县级公众版平台建设的指导，实现与省级公众版平台的互联互通。

三、加强公众版平台建设信息交流。国家测绘局将不定期编发信息简报，对各地公众版平台建设情况进行通报。各地要加强技术交流、互通有无。同时，要利用新闻媒体，大力宣传公众版平台的重要作用和应用案例，营造全社会广泛应用公众版平台的良好氛围。

四、开展公众版平台建设工作的阶段性总结。国家测绘局将在年底前适时开展平台建设工作总结，对在公众版平台建设工作中取得显著成绩的单位和个人给予表彰，对建设滞后单位予以通报。

关于加强省级公众版地理信息公共服务平台运行维护工作的通知

国测信发〔2010〕15号　2010年11月9日

各省、自治区、直辖市测绘行政主管部门，国家基础地理信息中心：

近期，在有关部门的大力支持和各省级测绘行政主管部门的共同努力下，国家地理信息公共服务平台（公众版）——天地图系统（以下简称“天地图”）正式开通。海内外媒体和社会各界高度关注，舆论认为此举意味着中国正在为掌握互联网地理信息服务的主导权迈出重要一步，意义重大。为进一步做好“天地图”的开发利用，确保省级公众版地理信息公共服务平台（以下简称公众版平台）开得通、用得好、管得住，切实提高地理信息公共服务能力和水平，现就加强公众版平台运行维护工作通知如下：

一、加快尚未启动的公众版平台建设

目前，有26个省、自治区、直辖市的公众版平台先后开通并提供服务，辽宁、西藏、青海、宁夏、新疆等5省区尚未建立省级公众版平台。为确保“天地图”信息的完整，辽宁、西藏、青海、宁夏、新疆等5省区要按照《关于加快公众版地理信息公共服务平台建设的通知》（国测信发〔2010〕1号）精神，加紧启动公众版平台建设，争取在年底前实现与“天地图”的超链接。国家基础地理信息中心要加强技术指导，及时做好链接工作。

二、进一步完善公众版平台功能

在开通的省级公众版平台中，北京、黑龙江、江苏提供了基于本地数据的地图浏览、地名查询等服务，还提供了地图服务接口，基本符合公众版平台技术架构要求；山西、上海、浙江、重庆、河南、海南、广东、四川、广西、福建、江西、山东、湖北、吉林、安徽提供了基于本地数据的地图浏览、地名查询等服务，未提供服务接口；陕西、湖南、贵州、甘肃提供了基于1∶25万公众版数据的地图浏览等服务，未提供本省更丰富的数据；内蒙古、云南提供的是出版地图的图片浏览服务，无电子地图浏览、地名查询等功能；天津、河北提供了基于本地数据的电子地图浏览、地名查询等服务，未提供服务接口，未标注审图号。以上省级测绘行政主管部门要继续按照《国家地理信息公共服务平台技术设计指南》和有关技术规范，尽快完善公众版平台各项功能。

三、切实做好公众版平台运行维护

各省级测绘行政主管部门要针对系统运行过程中出现的问题及各方反馈的意见，积极做好公众版平台的运行维护工作。

（一）丰富公众版平台数据。要继续整合地理信息企业资源，进一步增加影像数据覆盖范围和电子地图兴趣点（POI）信息量，尽可能丰富本地社会、经济、人文、交通、行政、旅游等信息；要建立共享机制，鼓励和引导专业部门基于公众版平台共享专题地理信息数据，增强数据的权威性和多样性。

（二）加快数据更新速度。要结合基础测绘更新计划，做好行政区划、道路、地名、居民地等数据更新；要建立数据更新机制，做到适时持续更新，切实提高公众版平台数据的现势性。

（三）扩展运行支持系统。要完善服务系统软件，改善门户网站用户体验，增加公交换乘、自驾路径、分类搜索等贴近公众生活的功能。要适当提高运行支持环境装备水平，扩大网络接入带宽，采取必要的网络浏览加速措施，提高系统运行速度。同时，要加强公众版平台网站安全系统建设，增强网络抗攻击能力。

（四）加强公众版平台管理。要严格按照《公开地图内容表示若干规定》、《公开地图内容表示补充规定（试行）》、《基础地理信息公开表示内容的规定（试行）》、《导航电子地图安全处理技术基本要求》等有关规定进行数据处理，并严格履行审核手续（包括会同有关部门进行安全会商、地图审核等），确保公众版平台数据不涉密、不泄密。要遵守互联网地图服务的相关规定，标注审图号、进行域名信息备案；公众版平台运营管理单位应具有互联网地图服务测绘资质。

四、积极推广应用公众版平台

公众版平台的生命力在于应用。各省级测绘行政主管部门要加强与本地政府部门和相关企事业单位的沟通与联系，加强技术服务，协助开展基于公众版平台的专题应用系统建设，大力推广应用公众版平台。在此基础上，积极争取政府部门的立项，加快政务版地理信息公共服务平台建设，为省级电子政务提供地理信息服务。

请各省级测绘行政主管部门于2011年1月底前将公众版平台运行维护和应用情况报国家测绘局地理信息与地图司。

领导讲话

国土资源部部长徐绍史在全国测绘局长会议上的讲话

2010年1月24日

同志们：

非常高兴来到国家测绘局的“新家”——中国测绘创新基地，参加今年的全国测绘局长会议。首先，我代表国土资源部党组，向全国测绘局长会议的召开表示热烈的祝贺！向全体与会代表以及全国测绘系统的干部职工表示最亲切的问候！

一会儿，德明同志还要作工作报告。这个工作报告我事先已经看过，思路清晰，内容全面，2010年工作措施非常有力，我完全赞成。借这个机会，我想和大家做个沟通和交流，谈谈对过去一年测绘工作的一些看法，以及对做好2010年测绘工作的一些想法，供大家参考。

一、党中央、国务院重视关心测绘工作，测绘工作成效显著

过去的一年，党中央、国务院非常重视和关心测绘工作。在党中央、国务院的关心下，测绘系统的全体干部职工在应对金融危机过程中解放思想、真抓实干，测绘工作取得明显成效，主要体现在以下五个方面：

一是党中央、国务院对测绘工作的部署和要求得到了贯彻落实。去年4月，胡锦涛总书记在山东视察工作时到了测绘企业，对测绘企业的生产、发展、经营给予了充分肯定，对地理信息产业发展提出了明确要求，指明了方向。去年，温家宝总理亲自为中国测绘创新基地题词“中国测绘”，对测绘工作寄予深切期望。李克强副总理是分管测绘工作的，对测绘工作非常重视和关心，多次对做好测绘工作作出批示和指示，去年还参观了全国地理信息应用成果及地图展览会并发表重要讲话。刚才德明同志宣读了克强副总理为本次全国测绘局长会议所作的批示。总体来看，中央领导同志对测绘工作提出了新的要求，指明了发展方向，充满了期待。测绘系统认真贯彻落实党中央、国务院的部署和要求，有力地推动了各项工作。

二是测绘公共服务成效明显。过去的一年，国家测绘局加快了项目的调整、实施和建设，为城市规划、土地调查、新农村建设、构建数字城市和数字中国、极地科考和新中国60周年庆典，以及一些突发应急事件处置等提供了非常及时、卓有成效的服务。

三是重大测绘工程建设进展顺利。西部测图、1:5万数据库更新、资源三号卫星应用系统建设以及2000国家大地坐标系推广应用等等，这些工作都在顺利推进。去年年底，海岛（礁）测绘一期工程在发改委、财政部、总参测绘局等有关部门的支持下，已经正式启动实施。

四是地理信息产业快速发展。2009年是新世纪以来我国经济发展最为困难的一年。在这种情况下，国家测绘局推动地理信息产业逆势上扬，增长幅度超过20%。地理信息产业的快速发展，也为扩内需、保增长、促就业做出了贡献。同时，国家测绘局还牵头开展了地理信息市场专项整治、互联网地图专项治理等活动，测绘市场秩序进一步好转和规范。

五是中国测绘创新基地快速落成。这是过去一年测绘工作取得明显成效的一个亮点。2008 年 4 季度到去年 1 季度，部分企业资金遇到困难，地产、房产一度量价齐跌。国家测绘局党组紧紧抓住这个机遇，果断快速决策，事后又想方设法筹集资金、完善手续，在很短的时间内，顺利建成中国测绘创新基地。基地启用的时候，部党组、局党组同志一起在创新基地座谈，我们都非常振奋、非常高兴。测绘创新基地的落成顺应了全国测绘系统干部职工几十年的企盼，极大改善了国家测绘局机关和相当一部分事业单位的工作条件，提振了全国测绘工作者的信心，也将会促进全国测绘事业的快速发展。

此外，在测绘科技创新、测绘队伍建设、测绘宣传等方面，也都取得了一些成效。所以，总体来看，过去的一年，全国测绘工作取得了良好成效，可喜可贺。

二、凝聚力量，推动测绘工作快速发展

去年 12 月召开的中央经济工作会议，对今年所面临的形势作出了“2010 年是经济面临极为复杂的一年”的重大判断。当前，国际经济回升还有很多不可预见的事件，例如去年年底发生的“迪拜事件”。我国经济在 2009 年有上好表现，新的一年中，也存在一些需要重视的问题。在这种情况下，中央决定继续实施积极的财政政策和适度宽松的货币政策，保持政策的连续性和稳定性。同时，针对经济增长和发展过程中存在的各种情况和问题，要加强宏观调控的针对性和灵活性。一方面要保持经济平稳较快增长，大力调整经济结构，着力转变经济发展方式，另一方面还要作好通胀预期管理。在这种情况下，测绘工作作为经济社会发展的基础性工作，测绘系统广大干部职工要统一思想、凝聚力量，更加积极主动地服务于经济社会发展，更好地推动测绘工作快速发展。对 2010 年的测绘工作，我有五方面的想法和大家沟通交流：

一是着力做好发展战略研究，更好地为测绘工作定向、定位、定思路。战略研究跟不上，我们就会处在定位不准确、方向不明确、思路不清晰的状况。从 2008 年开始，部里就开始酝酿开展国土资源战略研究工作，得到了国务院领导同志的肯定。在相关部门的支持下，2009 年初部启动了国家可持续发展国土资源战略研究。去年 2 月 27 日，在人民大会堂正式召开了战略研究启动会，李克强副总理到会并作重要讲话，对搞好战略研究工作给予充分肯定，提出了非常明确的要求。这项研究层次很高、参与面广、推动力度大，集中了十多位院士，国务院有近 30 个部门参与研究。测绘是六个专题之一。这是我们推动工作、提升影响的重大契机，所以测绘发展战略研究需要全面梳理问题，深入分析形势，认真研究重大问题，真正做到为测绘工作的长远发展定向、定位、定思路，同时为“十二五”测绘工作的发展提出框架性的意见。

二是认真实施重大测绘工程，带动测绘工作快速发展。已经实施和启动的一些项目，如海岛（礁）测绘一期工程、西部测图工程、1∶5 万基础地理信息数据库更新工程、国家现代测绘基准体系、高分辨率测绘卫星项目等国家重大测绘工程，都应该按期、高质量完成。与此同时，建议围绕经济和社会发展，加快论证、上报一批起关键作用、有全局性影响的重大项目，通过这些项目来优化整个测绘工作的结构，提升测绘工作的服务水平，推动测绘事业的新发展。

三是继续推进数字中国建设，为国家信息化发展战略做贡献。数字中国建设是测绘工作的核心任务。基础地理信息资源是国家信息化建设的重要内容和基础平台。随着信息化、网络化、数字化向纵深发展，互联网与空间地理信息系统相互交织，数字地球、智慧地球逐步从概念走向开发和应用。在这种形势下，测绘工作的应用领域更加广泛，测绘工作的作为空间更加广阔。测绘系统要抓住时机，推进数字城市、数字省区地理空间框架和国家地理信息公共服务平台建设，提高测绘工作的服务水平，抢占信息化和数字化的制高点。

四是认真制定长远规划，加快发展地理信息产业。指导地理信息产业发展是测绘部门的重要职责。随着经济社会的发展，社会和公众对地理信息产业的需求快速增长。地理信息产业具有综合性强、关联度高的特点，发展前景十分广阔。去年，我陪同李克强副总理参观了全国地理信息应用成果及地图展览会，看到很多企业开发了新产品，特别是汽车上的 GPS 定位和导航系统。对于车主来说，通过定位和导航系统可以获取信息并选择最佳路径。同时，这项技术也有利于节能减排，行车路线短了，排放就减少了。还有很多新的技术，发展前景都很广阔。因此，建议考虑制定地理信息产业发展长远规划，加强政策引导，完善市场体系，引导地理信息产业快速发展，把地理信息产业进一步做大做强。

五是积极主动服务大局，为经济平稳较快发展提供测绘支撑和保障。胡锦涛总书记、温家宝总理、李克强副总理对测绘工作作出了很多重要的批示和指示。新的一年里，要认真贯彻中央领导同志的批示和指示精神，认真实施《国务院关于加强测绘工作的意见》，测绘工作要服从和服务于经济社会发展大局，并且在服务过程中发展壮大测绘事业，更好地为经济社会发展提供测绘支撑和保障。

三、巩固和发展部局良性互动，共同推进事业发展

过去一年，部和局的业务联系非常频繁畅通，协作配合也非常密切。我们始终认为，测绘是国土资源工作的重要组成部分，国土资源工作又是测绘工作的重要服务对象。国家测绘局在去年 12 月 4 日召开了全国测绘服务国土资源工作经验交流会。会后，我看了会议材料，和德明同志进行了沟通，我非常高兴，也很满意。要进一步深化国土资源系统和测绘系统的协作和配合，珍惜部与局良性互动的大好局面，并进一步巩固和发展这种良好局面，共同推进事业发展。

多年来，测绘部门运用测绘高新技术和基础地理信息数据成果，为国土资源工作提供了有力的支持和保障，受到国土资源系统广泛的好评和赞誉。在新的形势下，国土资源工作对测绘的需求还在增长，部与局的协作关系将进一步密切、进一步推进。整个国土资源系统热切地期待测绘工作能为国土资源工作提供更多的支撑和保障。在此过程中，测绘系统广大干部职工付出了辛劳，奉献了智慧，做出了贡献。借此机会，我代表国土资源部党组，对全国测绘干部职工表示衷心的感谢和崇高的敬意！

从国土资源部到各省的国土资源厅，将一如既往地支持测绘系统履行职责、开展工作，尽心尽力帮助测绘系统排忧解难，尽可能解决一些实际困难。总之，我们要共同努力，不断增强国土资源和测绘的整体合力，促进国土资源和测绘工作在服务经济社会发展的同时，实现自身更大的发展。

春节就要到了，我代表国土资源部党组，给各位会议代表和全国广大测绘工作者送上新春的祝愿，祝大家身体健康，工作顺利，幸福安康！

国土资源部部长徐绍史在全国测绘局长会议上的讲话

2010 年 12 月 25 日

大家上午好！我非常高兴参加这次全国测绘局长会议，首先我代表国土资源部党组，向会议的召开表示热烈的祝贺，向受到表彰的先进集体、先进工作者和贯彻落实科学发展观 2010 年度测绘工作考评优秀单位表示热烈的祝贺，同时也向全体与会代表并通过你们向全国测绘系统广大干部职工表示亲切的问候。

刚才，德明同志宣读了李克强副总理的重要批示。克强副总理的重要批示对测绘系统 2010 年的工作给予了充分肯定，对做好明年的测绘工作也提出了明确要求，为测绘事业的改革发展指出了方向。我们一定要学习好、贯彻好、落实好。今天上午德明同志还将就做好测绘工作作工作报告，这个报告我已经认真读过，对 2010 年工作的总结比较全面，对 2011 年工作的安排也比较周密，而且各项措施非常具体，我非常赞同。

今天，我借此机会就测绘工作谈三点看法，供同志们在工作中参考。

一、测绘工作的成效明显，鼓舞人心

即将过去的这一年，测绘工作在多个领域里，有的取得了重大的创新、有的取得了重大的突破，并且为经济社会发展、为抢险救灾提供了有力的支撑和保障。具体表现在三个方面：

一是数字中国建设快速发展。今年值得大书特书的一件事就是开通了“天地图”，这是测绘与地理信息发展进程中的一个重大事件。虽然开通时间不长，但是已经广受公众的好评，也得到了中央领导的肯定。数字城市建设试点和推广已达 130 个，其中已经建成的占将近一半，大大地提升了地理信息服务水平，为社会、为公众提供了广泛的服务。

二是地理信息产业快速发展。2010 年，整个地理信息产业产值将近 1000 亿，增幅超过 30%，地理信息的应用延伸到各个行业、各个层面，渗透到各个领域、特别是各种新型的业态。地理信息的应用在一定程度上助推了我国的经济增长。

三是应急抢险能力持续提升。2010 年，我国遭遇了青海玉树地震、甘肃舟曲泥石流、江西洪灾、海南洪灾等自然灾害。在应对这些重大自然灾害工作中，测绘系统第一时间拿出成果，第一时间提供影像，为整个抢险救灾工作提供了有力的支撑，受到方方面面的高度评价。除此之外，海岛（礁）测绘工作的开展、资源 3 号卫星应用系统的建设、测绘科技创新、重大工程项目等都取得了骄人的成绩。

回头来看，我感到 2010 年测绘工作对经济社会发展的贡献越来越大，作用越来越突出，影响越来越广泛，成效明显，鼓舞人心。我代表国土资源部党组，向全国测绘系统广大干部职工表示祝贺、表示敬意。

二、测绘工作要抢抓机遇，加快发展

一是认清形势，抓住机遇。现在测绘工作面临的形势、发展的态势、未来的趋势都很好，因此一定要抢抓机遇，加快发展。形势可以用三句话概括：中央重视、影响广泛、需求旺盛。一是中央重视。胡锦涛总书记、温家宝总理、李克强副总理等中央领导同志多次对测绘工作作出重要指示或批示。党的十七届五中全会通过的“十二五”规划纲要建议，明确提出要强化地理、人口、金融、税收、统计等基础信息资源开发利用。地理信息资源建设是整个信息化建设最基础的一项工作，非常重要。二是影响广泛。现在测绘事业已经具备了良好的数据、技术、人才等基础性条件，应用服务渗透到方方面面，产业发展水平不断提升，而且发展势头非常强劲。“十一五”期间，产业产值平均增速达到 25%，远远高于同期国民经济增长的速度，影响越来越广泛。三是需求旺盛。随着网络和电子信息技术的快速发展，地理信息乃至整个测绘行业发展的潜力巨大，前景广阔。

二是总结梳理，加快发展。测绘工作“十一五”成效显著，也极不平凡，要进行系统梳理总结，汲取改革发展当中的经验和教训，丰富我们对测绘工作特点和规律的认识，为未来发展奠定坚实的思想、理论和工作基础，进而能够更好地谋划“十二五”发展。关于“十二五”期间的发展，“十二五”规划纲要建议讲得非常清楚，主题是科学发展，主线是转变经济发展方式。我们要认真贯彻这个主题和主线，把测绘工作放到经济社会发展的全局中来谋划，明确测绘工作在经济社会发展中的方位。要按照“构建数字中国、监测地理国情，发展壮大产业、建设测绘强国”的总体战略，谋篇布局，抢抓机遇，加快发展。

三、测绘工作要扎实推进，再创佳绩

2010 年即将过去，明年是“十二五”的开局之年，一定要按照“十二五”规划抓好几项重点工作，力争有一个良好开局。

一是以“天地图”为抓手，加快建设数字中国。“天地图”建设也好，数字中国建设也好，要加大资源投入，完善服务功能，创新运营方式。“天地图”试运行工作要争取在年底前结束，从明年开始正式运行，而且要动态地完善改进，如有可能还要不断推出升级版，更好地为方方面面服务，把“天地图”建成一个权威品牌。现在各大商业网站非常多，与“天地图”合作的意向也非常强烈，所以要把“天地图”建设作为一个重要的工作抓手。同时要推进地理信息资源的整合集成和共建共享，“天地图”能够在短时间内推出，其中一条重要经验就是整合集成、共建共享。数字中国同样也是这样，纵向要贯通，横向要互联，要加快建设进程。

二是以地理信息科技产业园为平台，推动产业大发展。国家地理信息科技产业园已经奠基建设。北京市政府非常支持，分管副市长是个行家，顺义区也拿出了区位非常好的一块建设用地，让我们来建设国家地理信息科技产业园，这应该作为地理信息产业发展的一个大平台。要加快建设进度，提供良好服务，推动地理信息产业做大做强。

三是要拓宽服务领域，提高服务水平。要创新测绘与地理信息产品和服务，为经济社会发展的方方面面提供支撑和服务，这是一项重要的任务。

四是要加强测绘人才队伍建设。测绘系统要加强与院校和科研单位的合作，培养人才。要加强测绘一线人才培养，这也非常重要，我看国测一大队就是测绘一线人才培养的典型。同时，再通过教育、培训、实践的锻炼，真正形成一支技术、管理、经营等各类人才齐全的人才队伍，促进测绘事业发展。

最后，我也借此机会感谢同志们，特别是测绘系统广大干部职工一年来对国土资源工作的支持和帮助，无论是土地管理，还是矿产勘察开发，都得到了测绘系统广大干部职工的理解、支持和帮助。国土资源部也将会一如既往地鼎力支持测绘工作的发展。让我们团结协作、上下一心，共同推进测绘事业发展，共同做好测绘服务工作。

再过几天就是元旦，再过一个多月就是春节，在两节即将来临之际，我代表国土资源部党组向大家送上新年的良好祝愿，谢谢！

中央组织部副部长、中央创先争优活动领导小组成员、中央和国家机关创先争优活动指导组组长李建华在国家测绘局创先争优活动调研座谈会上的讲话

2010 年 12 月 23 日

今天我和中组部干部四局副局长庄树新同志，中组部干部四局副巡视员、中央创先争优活动领导小组办公室联络组组长许鹏同志等一起到国家测绘局来，一是向同志们学习，二是作一些调研，三是听取意见。同时，受源潮同志委托，来看望同志们。

中央组织部，特别是负责联系中央国家机关的两个干部局，主要承担的是领导班子建设和干部队伍建设。按我们的说法，中央组织部的职能是为科学发展选干部、配班子，抓基层、打基础，建队伍、聚人才。近期，我们按照中央创先争优活动领导小组的要求，两个干部局陆续深入到所联系的部门，结合班子建设、年度考核进行调研，推动面上创先争优活动的开展。

今天，我和四局的同志在德明同志的陪同下，参观了中国测绘创新基地，包括中国测绘科学研究院、国家基础地理信息中心、中国测绘科技馆，观看了“天地图”功能演示，听取了数字城市建设成果成效介绍，了解了测绘应急救灾保障情况等。刚才德明同志介绍了国家测绘局开展创先争优活动的总体情况。孟文利、李成名等同志也介绍了测绘基层党组织和党员干部开展创先争优活动的一些做法和经验，谈了体会，我听了很受教育和启发，感触比较深。与两年前送德明同志就任国家测绘局局长时相比，觉得焕然一新，很受触动。虽然我的调研时间比较短，只有短短半天时间，而且是走马观花，但此前我认真看了国家测绘局提供的有关材料，确实感到测绘工作在以德明同志为班长的局党组的领导下，全国测绘系统广大干部职工紧紧围绕推动测绘事业科学发展，紧紧围绕“服务大局、服务社会、服务民生”的宗旨，正在推动测绘事业发生着深刻的变革和变化，取得了显著的成效。我不仅看到了中国测绘创新基地这个大楼，同时也看到了在大楼里有一批测绘人在默默无闻、无私奉献，取得了很多新的成就，正在创造测绘事业新的奇迹，正在不断推动测绘事业新的发展。特别是今天给我们介绍的数字城市、“天地图”和测绘应急保障，在过去传统测绘技术的基础上让人们开阔了新的眼界，打开了一个新的世界，站到了很高的层面。数字城市把测绘工作和经济社会发展紧紧结合在一起，“天地图”更是把测绘工作引入了寻常百姓之家，让每一个百姓都能够享受到测绘成果服务，今后它的效能将逐渐显现出来。测绘在一系列的应急救险工作中也为党和政府提供了有力的技术保障和成果服务。这些在刚才德明同志的汇报中，包括各位同志的发言中，我确实感受到了，受到了鼓舞和震撼。

当前，在国家测绘局党组的直接领导下，测绘系统创先争优活动正在紧密结合测绘工作实际积极深入开展，有活力、有成效、有特点，较好地贯彻落实了中央关于创先争优活动的各项要求。

一是思想重视。国家测绘局党组把创先争优活动作为当前党建工作的重中之重，专门召开动员部署会和深入推进会，德明同志带头深入基层调研督导，其他党组成员对分管部门和单位的创先争优活动给予了有力指导。广大党员立足岗位、积极参与、倾情投入，各级党组织负责人带头承诺、践诺，接受群众监督，作出了表率。

二是行动有力。国家测绘局各级党组织和广大党员围绕中心、立足本职，精心设计具有测绘特色和符合工作实际的载体，开展丰富多彩的争创活动，为完成中心任务提供了动力和保证，为干部职工立

足岗位做贡献搭建了舞台。中国测绘科学研究院摄影测量与遥感研究所党支部以“创建科技创新先锋团队，争当科技创新优秀党员”为载体，激发党员的潜能和工作热情，充分发挥骨干和模范带头作用，对一些重点领域进行集中攻关，取得了丰硕的科研成果。国家基础地理信息中心“天地图”建设团队是一个年轻的团队，面对资金不足、情况复杂、工作量大等实际困难，发扬大庆“有条件要上，没有条件创造条件也要上”的精神，齐心协力、攻坚克难，在很短的时间内作了大量工作，如期开通了网站，获得了国内外的普遍赞誉。国家基础地理信息中心应急服务团队党支部在青海玉树地震、舟曲泥石流等应急救援工作中，弘扬“热爱祖国、忠诚事业、艰苦奋斗、无私奉献”的测绘精神，努力克服困难，“无条件冲在最前线”，以坚定的理想信念、饱满的工作热情和突出的工作业绩，较好地完成了各项应急保障任务。

三是取得了阶段性成果。数字城市建设形势喜人，地理信息产业发展迅猛，“天地图”网站顺利开通，测绘应急保障作用得到充分彰显，队伍活力和凝聚力进一步增强；涌现出了国家基础地理信息中心“天地图”建设团队、中国测绘科学研究院摄影测量与遥感研究所党支部、国家基础地理信息中心应急服务团队党支部和李成名、黄国满同志等一批先进典型。通过开展创先争优活动，切实增强了测绘系统基层党组织的创造力、凝聚力、战斗力，充分调动了广大党员的积极性，不断推动测绘工作取得新突破、迈上新台阶，为测绘事业“十二五”开好局、起好步奠定了基础。

测绘和地理信息产业的发展关系到经济社会发展和国防建设，地位和作用越来越重要。党中央、国务院高度重视测绘工作，胡锦涛总书记、温家宝总理等中央领导同志多次对测绘事业发展作出重要批示，对测绘工作取得的成绩给予充分肯定。借今天调研的机会，就国家测绘局如何抓好创先争优活动讲几点意见，供大家参考。

一、要加强领导，进一步把创先争优活动引向深入

创先争优是和平建设时期我们党抓基层党建的有效载体和有力抓手，是一项经常性的工作。我们要进一步提高认识，常抓不懈，抓出实效。

第一，要深入学习领会中央领导同志的指示精神。中央对创先争优活动高度重视，胡锦涛总书记、习近平同志多次作出重要指示，李源潮同志把创先争优活动作为工作重中之重，亲自深入基层进行调研指导。中央领导同志的指示，主要内容有 4 条：一是创先争优要为全面建设小康社会、推动科学发展、促进社会和谐提供动力和支持；二是各级党组织要充分认识创先争优的重要意义，高度重视，加强领导，扎实推进；三是要在各级党组织和党员中形成学先进、争先进、赶超先进的良好风气，通过党员带群众、党内带党外，引导全社会的价值取向；四是创先争优要做到党组织争先进、党员干部作表率、人民群众得实惠。中央领导的这些指示，为我们深入开展创先争优活动指明了方向，必须认真领会，结合本单位、本部门实际抓好落实。

第二，要加强分类指导。经常性的活动要经常性地加强领导和指导，才能保证活动持续、深入、有效。在这方面，国家测绘局做得比较好。国家测绘局的直属单位性质不同，各自承担着不同的职能。所以国家测绘局党组要进一步加强分类指导，进一步落实责任，充分调动各级党组织的积极性，形成合力。要坚持采取调研、座谈交流等多种方式，及时了解情况，总结交流经验，研究解决问题。

第三，要坚持典型引路，弘扬先进。要注重树立和宣传创先争优活动中涌现出来的先进典型，特别是平凡岗位上、群众身边的先进基层党组织、优秀党员，用身边的事教育身边的人。应该说，测绘系统确实有一批默默无闻、无私奉献、勇于创新的先进典型。我们要把这些典型总结出来，不断地加以挖掘，不断营造学先进、当先进的浓厚氛围。一些突出的先进典型，可以向中央国家机关系统推介，也可以向全国推介。同时，还要注意总结、宣传开展创先争优活动的经验做法，互相学习借鉴，推动创先争优活动深入开展。

二、要围绕中心，进一步提高创先争优的针对性和实效性

推动科学发展，促进社会和谐，服务人民群众，加强基层组织，这是创先争优活动的主要内容和目标。创先争优活动要把这“四句话”落到实处。

第一，要紧紧围绕测绘中心工作开展创先争优。创先争优活动不是离开中心工作另搞一套，而是与本职工作紧密相连的，是为中心工作提供动力和保证的。开展创先争优，一定要牢牢把握这个原则，紧紧围绕中心工作设计载体。这样，创先争优才有意义，才能被群众认可。当前，测绘工作要围绕

“构建数字中国、监测地理国情、发展壮大产业、建设测绘强国”的总体发展目标，继续推进数字中国建设，不断完善国家地理信息公共服务平台，提升现代化测绘技术装备水平，促进地理信息产业发展，进一步提高保障和服务水平。要通过切实有效的载体，充分发挥党组织和党员的作用，为完成这些重点任务提供不竭动力和有效保障。

第二，要努力解决发展难题和职工群众关注的热点问题。创先争优要着眼于解决实际问题，要通过解决实际问题彰显活动成效，赢得群众满意。一是着力破解发展难题。12 月初，根据源潮同志要求，中央国家机关工委专门召开“围绕十二五、破解发展难题”推进会，要求把破解发展难题、推进科学发展作为创先争优活动的着力点。国家测绘局也要认真梳理当前影响测绘工作科学发展的重点、难点问题，以创先争优活动为契机，逐步化解这些难题。二是着力完成学习实践科学发展观活动尚未整改到位的任务。要回头看一看，制定的整改计划有没有得到落实，向职工群众承诺的事项有没有全部兑现，结合创先争优活动，继续推进学习实践活动整改任务的落实。三是着力落实公开承诺的内容。承诺了就要兑现，要以实际行动取信于广大干部职工。要注意解决职工群众关注的热点问题，特别是一线职工群众生产生活方面的实际困难。这方面国家测绘局班子是抓得很实的。四是着力抓好窗口单位和服务行业创先争优。要通过创先争优活动，增强服务意识，转变工作作风，让广大群众切身感受到创先争优带来的变化。

第三，要着力加强基层党组织和党员队伍建设。要通过创先争优活动，健全组织、创新方式，扎实做好抓基层打基础工作，不断增强党组织的凝聚力和战斗力，激发党员的积极性和主动性，通过党组织和党员创先争优带动全系统干部职工创先争优。

三、要突出重点，进一步抓好当前创先争优的各项工作

源潮同志最近指出，“长效活动要阶段化”，要重点抓好明年“两会”前后、“七一”建党 90 周年等节点，统筹设计，有计划、有节奏地开展创先争优活动。当前，有这样几项工作要重点考虑。

第一，要认真学习领会党的十七届五中全会和中央经济工作会议精神，结合实际抓好贯彻落实。要深入学习领会五中全会和中央经济工作会议精神，把测绘系统干部职工的思想统一到中央对我国当前经济形势的科学判断上来，准确把握其中对测绘事业的新任务新要求，把创先争优活动与贯彻落实五中全会精神和中央经济工作会议精神结合起来，与落实中央的部署要求、实现本部门本单位工作目标统一起来，谋大事、抓大事，找准切入点，摸准结合点，促进工作落实。

第二，要认真做好领导干部点评创先争优工作。这项工作是今年春节以前的一个重点，中央创先争优活动领导小组下发过文件，最近领导小组办公室和中央国家机关工委又专门下发通知，要求领导干部对创先争优活动进行点评。这项工作国家测绘局要继续深入抓好。

第三，要结合年度考核进一步了解基层单位创先争优活动情况。现在年度考核工作已经开始，要在这项工作中增加创先争优活动开展情况的内容，深入了解各级党组织及其成员抓创先争优工作的情况，通过加强考核和督查，推动创先争优活动深入开展。

同志们，时值岁末年初，希望在新的一年里，继续深入推进创先争优活动，通过党组织的先进带动本单位的先进，党员优秀带动群众优秀，为提高测绘保障能力和服务水平提供坚强组织保证，为推动经济社会协调可持续发展做出新的贡献！

再过几天就是元旦，还有一个多月就是新春佳节。在此，我代表源潮部长，还有干部四局，向全国测绘职工拜个早年，祝同志们工作顺利、合家团圆、身体健康。

我就讲这些，谢谢大家！

团结一致　凝聚力量　推动测绘事业更好更快发展

国家测绘局局长徐德明在全国测绘局长会议上的工作报告

2010 年 1 月 24 日

同志们：

这次全国测绘局长会议，是全党全国人民在党中央国务院正确领导下，从容应对国际金融危机取得明显成效的新形势下召开的，也是在全国测绘事业发展取得重大进展，测绘发展势头更加强劲的新形势下召开的。党中央国务院领导对这次会议高度重视，会前，中共中央政治局常委、国务院副总理李克强同志审阅了会议工作报告，对测绘工作作出重要批示，用“大力推进、成效显著、很大成绩”三个词语，对 2009 年测绘工作取得的成就给予了充分肯定，对 2010 年的工作从“数字中国、地理信息公共服务平台、测绘技术装备、地理信息产业、测绘保障服务”等五个方面提出了明确要求，进一步指明了测绘工作的方向和任务，使我们受到极大鼓舞、倍感振奋，进一步增强了做好测绘工作的信心和决心。我们一定要认真学习，深刻领会，坚决贯彻执行。刚才，国土资源部部长、党组书记、国家土地总督察徐绍史同志作了重要讲话，充分体现了国土资源部党组和绍史部长对测绘工作的重视，对测绘人的关心，对测绘工作的希望，我们一定要认真抓好落实。这次会议的主要任务是：全面贯彻党的十七大和十七届三中、四中全会和中纪委五次全会精神，以邓小平理论和“三个代表”重要思想为指导，深入贯彻落实科学发展观，按照党中央国务院的总体部署，总结 2009 年全国测绘工作，研究部署 2010 年主要工作任务，团结一致，凝聚力量，推动测绘事业更好更快发展。下面，我讲三个方面的意见，供大家讨论。

一、关于 2009 年测绘工作

2009 年是新世纪以来我国经济发展最为困难的一年。面对严峻复杂的经济形势，党中央国务院全面分析、准确判断、果断决策、从容应对，坚持把保持经济平稳较快发展作为经济工作的首要任务，统筹做好保增长、保民生、保稳定各项工作，团结带领全国各族人民坚定信心、迎难而上、共克时艰，在全球率先实现经济形势总体回升向好，充分彰显了以胡锦涛同志为总书记的党中央驾驭复杂局面的实践经验和非凡能力，充分显示了改革开放 30 年我国形成的强大综合国力，充分证明了中国特色社会主义道路的正确性，充分表明了社会主义制度能够集中力量办大事的优越性，充分体现了中华民族不畏艰险、自强不息的强大凝聚力。

2009 年也是我国测绘事业发展取得突出成绩的一年。在党中央国务院的高度重视、地方各级政府和国家有关部门的大力支持下，全国广大测绘干部职工坚持以邓小平理论和“三个代表”重要思想为指导，全面贯彻落实科学发展观，紧紧围绕党和国家工作大局，进一步完善测绘发展思路，认真实施《国务院关于加强测绘工作的意见》、《国家测绘局关于为国家扩大内需促进经济增长做好测绘保障服务的若干意见》，积极主动服务大局、服务社会、服务民生，为经济社会发展提供了可靠、适用、及时的测绘保障。测绘事业在解放思想中焕发活力，在金融危机中抢抓机遇，在真抓实干中取得突破，在举旗亮剑中加快发展。2009 年，是测绘部门思想大解放、举措大创新的一年，是测绘事业大发展、能力建设大突破的一年，是测绘发展环境大改善、服务保障水平大提高的一年，是令测绘人无比骄傲、无比自豪的一年。

（一）解放思想、认清形势，测绘发展方向更加明确

通过扎实开展深入学习实践科学发展观活动，认真学习党中央国务院领导同志对测绘工作的重要指示精神，深刻查找制约测绘科学发展的主要问题，在科学分析测绘工作面临新形势的基础上，树立了大测绘、大产业的理念，明确了测绘工作要“服务大局、服务社会、服务民生”的宗旨，提出了测绘要发挥“基础先行、服务保障、应急救急、统筹协调、管理监督、维护安全”六大作用的定位，确立了“构建数字中国、丰富地理信息，搭建共享平台、

保障社会需求，完善体制机制、强化统一监管，创建和谐测绘、推动科学发展”的测绘发展思路，响亮提出要“高举构建数字中国、建设地理信息公共服务平台、发展地理信息产业的大旗，亮出测绘资源优势、人才优势和技术优势之剑”，明确了从测绘大国向测绘强国迈进的目标，明确了统筹中央地方测绘资源、统筹系统内外测绘资源、统筹政府社会测绘资源、统筹军地测绘资源、统筹国内国外测绘资源的发展策略。一年来，通过不断解放思想、创新思路，着力抓好大项目、大建设、大宣传、大调研，实现了测绘工作的大创新、大变化、大发展。

（二）统筹规划、突出重点，数字中国建设强力推进

国家重大测绘项目进展顺利，西部测图工程野外测图任务已经基本完成，1∶5 万数据库更新工程已完成总任务量的75%，海岛（礁）测绘工程启动实施，国家现代测绘基准体系完成了可行性研究报告评审，资源三号卫星应用系统建设进展顺利，国家地理信息公共服务平台建成主节点原型系统；2000 国家大地坐标系推广应用取得初步成效，获取高分辨率航空航天遥感影像约 108 万平方千米。地方基础测绘快速发展，山西、内蒙古等省（区、市）基础测绘投入大幅增加，1∶1 万及更大比例尺地形图覆盖范围进一步扩大、现势性得到增强；已建成 10 个省级、58 个市级和 57 个县级数据库，基本建成三峡库区综合信息集成平台；数字城市建设力度不断加大，建设总数达到 78 个，太原、潜江、嘉兴 3 个试点项目通过竣工验收并广泛推广；一批地方卫星定位连续运行基准站网投入使用，建成了统一的粤澳测量控制网。继续实施边远地区、少数民族地区基础测绘补助经费项目，召开了首次全国测绘援藏工作会议，出台了《国家测绘局关于加强测绘援藏工作的意见》，促进了边远少数民族地区基础测绘加快发展。

（三）政策引导、项目驱动，地理信息产业加快发展

加大对地理信息企业的指导、管理、协调和服务力度，深入地理信息企业开展调研，多方面采取措施推动地理信息产业发展，为保增长、保民生、保稳定、促就业做出了积极贡献。精心组织参与新中国成立 60 周年成就展览，成功举办了全国地理信息产业峰会和全国地理信息应用成果及地图展览会，营造了产业发展的良好社会氛围。修订《测绘资质管理规定》和《测绘资质分级标准》，实行了适度宽松的市场准入政策。在推动测绘成果科学定密工作方面与有关部门达成重要共识，印发了《公开地图内容表示补充规定（试行）》。积极申报产业化示范项目，两家地理信息企业获得财政资助。黑龙江、湖北等地积极为产业发展搭建平台。通过政府、企事业单位的共同努力，据抽样统计测算，2009 年地理信息产业继续保持了超过 20% 的年增长率、年产值达到 750 亿元。

（四）围绕中心、服务大局，测绘公共服务成效喜人

紧密围绕各级党委政府的中心工作，积极提供测绘成果和技术服务。在土地资源调查管理、应对突发公共事件、国庆 60 周年阅兵庆典活动、上海世博会工程、重大基础设施建设、南极科考等工作中，测绘发挥了重要作用。全面完成中越陆地边界勘界测绘任务。认真开展汶川地震灾后恢复重建测绘专项建设工程和对口支援测绘保障工作，编制出版了《汶川地震灾害地图集》。新农村测绘保障工程全面推进。完善了测绘应急服务机制。积极推动基础测绘成果社会化利用，完成了全国1∶25万公众版数字地图制作，开通了全国测绘成果目录服务系统网站。根据国务院授权，联合国家文物局公布了明长城总长度为 8851.8 千米，联合住房与城乡建设部向社会公布了我国第三批著名风景名胜山峰高程数据。

（五）自主创新、立足转化，科技进步取得重要成果

加快推进信息化测绘体系建设。争取落实了“高精度轻小型航空遥感系统’等三个 863 项目。遥感测图和地形图保密处理技术方面的 2 项成果分获国家科技进步二等奖和发明二等奖。组织实施了“困难地区测图关键技术”等一批测绘科技专项，为重大测绘工程实施提供了技术支撑。成功研制出无人飞行器航测遥感系统并推广应用，丰富了实时化地理信息数据获取手段。国家测绘工程技术研究中心经科技部批准成立。切实加强测绘和地理信息标准化工作，发布了 22 项国家标准、8 项行业标准和一大批地方标准，1 项标准获得国家标准创新贡献一等奖。积极实施“走出去’战略，与联合国测绘合作取得实质性进展，我国专家成功当选亚太地理信息基础设施常设委员会主席，在国际摄影测量

与遥感学会等国际组织事务中继续发挥重要作用，我国测绘的国际地位进一步提升。

（六）抢抓机遇、超常运作，中国测绘创新基地落成

国家测绘局党组深入学习实践科学发展观，解放思想，紧抓机遇，及时果断做出了创建中国测绘创新基地的决策。在国土资源部、发展改革委、财政部、国管局等部门的大力支持下，在地方测绘部门的积极参与、全国行业单位以及社会各界的鼎力相助下，国家测绘局规范管理，超常运作，精心设计，精心组织，在短短 8 个月时间内，高质量、高品位、高效率地完成了基地建设项目论证、谈判购置、资金筹措、权证过户、项目审批、环境绿化、装修改造、展览陈列等各项工作。建成了信息化、网络化、生态化、现代化的中国测绘创新基地，实现了测绘干部职工 53 年的夙愿，创造了比深圳速度还要快的“测绘速度”，向新中国成立 60 周年献上了测绘人的厚礼。显著改善了测绘科研、生产、服务、管理和生活条件，标志着我国测绘基础设施建设迈上了一个新的台阶，极大增强了测绘干部职工的荣誉感和自豪感。温家宝总理、李克强副总理对创新基地的建设成效给予肯定，温家宝总理还专门为创新基地亲书“中国测绘”四个大字。

（七）完善法规、强化监管，测绘市场秩序逐步好转

《基础测绘条例》经国务院第 556 号令发布实施，四川、河北等地政府颁布实施测绘成果管理办法，测绘法律体系进一步完善。湖北、上海等地的测绘行政管理机构得到进一步加强。根据国务院办公厅转发的《关于整顿和规范地理信息市场秩序的意见》，国家测绘局等七部门联合开展了地理信息市场专项整治工作，加大了对涉外、涉军测绘活动的监管力度。针对互联网地图存在的问题，国家测绘局等八部门累计搜索和检查互联网地图服务网站约 4. 2 万个，发现存在问题的网站近 3700 个，整改网站 1000 余个，关闭网站 221 个，进一步加强了对涉密测绘成果的管理，有力地维护了国家安全和地理信息市场秩序。组织开展了全国第三次测绘资质复审换证、全国重点测绘工程成果质量监督检查工作以及测绘法和国家版图意识宣传教育活动。强化了测量标志管理。进一步简化行政审批，大力推进政务公开，提高了测绘依法行政水平。

（八）宣传引路、文化兴业，测绘精神得到大力弘扬

按照中央部署和要求，认真开展深入学习实践科学发展观活动，加强了党的建设和干部队伍建设，广大党员干部贯彻落实科学发展观的自觉性和坚定性明显增强。测绘宣传工作再上台阶，中宣部组织 20 多家中央新闻媒体对国测一大队先进事迹进行了集中宣传报道，全年中央主要新闻媒体刊登、播发测绘新闻近 500 篇（条）（其中新闻联播 18 条），引起社会强烈反响，在全社会广泛弘扬了“热爱祖国、忠诚事业、艰苦奋斗、无私奉献”的测绘精神。通过举办测绘工作市长专题研究班等方式，进一步扩大了测绘工作的社会影响力。制定出台了《国家测绘局关于加强测绘文化建设的意见》，召开了全国测绘系统测绘文化与和谐单位建设交流研讨会，开展了形式多样的群众性精神文明创建活动和丰富多彩的职工文化体育活动，提升了测绘文化软实力。

与此同时，开展了《全国基础测绘中长期规划纲要》中期评估，启动了测绘发展战略研究工作，联合财政部颁布实施了新的《测绘生产成本费用定额》。成立了国家测绘局卫星测绘应用中心。推进了地图出版社体制改革。联合人力资源和社会保障部向社会公布了首批注册测绘师资格人员名单，成功举办了全国首届测绘职业技能竞赛，积极开展高层次人才选拔培养和青年科技人才梯队建设，大规模开展了地方测绘管理干部、测绘行业单位负责人培训，继续对西部地区实施人才援助，测绘队伍整体素质进一步提高。

一年来各项成绩的取得，是党中央国务院正确领导、亲切关怀的结果，是国土资源部关心指导，中纪委、中宣部、中组部、中编办、国务院办公厅、外交部、发展改革委、科技部、财政部、人力资源和社会保障部、审计署、法制办、国防科工局、保密局、国管局、总参测绘局等有关部门和地方各级党委政府大力支持的结果，是全国广大测绘干部职工团结奋进、真抓实干的结果。在此，我代表国家测绘局，向所有关心、支持测绘工作的领导和同志们表示衷心的感谢，向全国广大测绘干部职工致以亲切的慰问！

一年来，我们有以下五点体会：

一是领导重视、部门支持，是做好工作的关键。2009 年，胡锦涛总书记视察测绘企业并对测绘工作提出殷切希望，温家宝总理亲笔为中国测绘创新基地题词，李克强副总理多次对测绘工作作出重要指

示批示并参观全国地理信息应用成果及地图展览会。国家测绘局新“三定”规定增设了机构、增加了职数、强化了职能，国家测绘局卫星测绘应用中心获中编办批准成立。31个省（区、市）政府全部出台了贯彻《国务院关于加强测绘工作的意见》的实施文件，10余个省（区、市）政府召开测绘工作会议，省（区、市）政府领导频频到当地测绘部门视察指导。各级党政部门的高度重视，极大地增强了测绘干部职工的荣誉感和自豪感，为加快测绘事业发展奠定了坚强的政治基础，营造了良好的发展环境，提供了有力的政策支撑。

二是科学谋划、民主决策，是做好工作的保障。2009年，测绘工作亮点多、突破多、成就大，各方面反响良好。在中国测绘创新基地建设等重大工作中，充分发扬民主，科学严谨周密谋划，保证了决策的科学性、民主性，保证了工作的顺利开展。实践证明，只要立足测绘、纵观全局、深入谋划、扎实推动，只要认真贯彻执行民主集中制，工作上充分依靠群众、相信群众，就一定能打开事业发展的新局面，就一定能加快发展、促进和谐。

三是敢于负责、勇于担当，是做好工作的前提。2009年，正是由于测绘系统的各级领导干部大胆解放思想、勇于改革创新，敢于负责、敢于担当，看准了的事情就大胆探索、积极实践、一抓到底，面对问题和困难，能够知难而进、迎难而上，才能发现机遇、抓住机遇、勇敢拼搏，解决好制约测绘事业发展的重大问题，在国际金融危机冲击下加快建设数字中国，推动地理信息产业逆势上扬，为测绘事业的进一步发展壮大奠定了坚实基础。

四是立足发展、主动服务，是做好工作的根本。2009年，坚持牢固树立发展是硬道理的理念，大力加强自身建设，放宽市场准入门槛，更加注重对企事业单位的服务和指导，努力做大做强测绘事业和地理信息产业。紧紧围绕各级党委政府的中心工作，进一步增强主动服务意识，不断丰富服务内容，大力拓展服务范围，切实提升服务能力和服务水平，改进服务速度和服务质量，取得良好成效，彰显了测绘的价值，提升了测绘的地位，进一步激发了经济社会各方面对测绘保障服务的需求。

五是弘扬精神、凝聚力量，是做好工作的基础。2009年，通过加大宣传力度，大力弘扬了测绘精神，提升了测绘的影响力，激发了广大测绘干部职工的自豪感和荣誉感。通过把惠民生的事情办好办实等多种方式，增强了广大干部职工的凝聚力和战斗力。更加注重对测绘工作的统筹协调，更加关心重视地理信息产业发展，着力整合全国测绘力量，发挥了测绘的整体合力。更加注重密切与有关部门的关系，争取更多的支持和帮助，积极推进共建共享，探索了新的借力发展、联合发展之路。

与此同时，我们也认识到，当前测绘发展仍然存在不少困难和问题，必须进一步增强忧患意识、危机意识，居安思危，保持清醒的头脑。我们当前的工作，与党中央、国务院的要求，与各方面对测绘发展的期望还有不小的差距，突出表现在以下六个方面：

一是测绘管理体制不够健全。全国测绘管理机构模式多样，有不少省（区）的测绘管理部门还是事业单位性质，在市、县两级测绘管理部门普遍存在职能不落实、编制不落实和人员不到位的情况。现行的测绘行政管理体制无法适应推进事业科学发展的需要。

二是测绘自主创新能力不强。基础研究不够，专利拥有数量少，独创性、首创性的高端成果少，相当部分的关键设备要从国外引进，95%以上的高分辨率卫星影像依赖进口，距离测绘强国仍有相当距离。

三是测绘技术装备水平不高。装备整体上正趋于老化、更新缓慢，高、新、尖装备不足，成果档案管理、野外生产生活、快速应急反应等方面的装备水平较低，制约了测绘生产力水平的提高，与信息化时代测绘工作的需要不相适应。

四是产业发展政策引导不够。缺乏地理信息产业发展宏观战略和整体规划，产业准入标准和政策不够完善，缺乏支持引导产业发展的财政、税收、金融、政府采购等方面的政策，地理信息安全保密制度有待进一步完善。

五是测绘市场监管手段不多。测绘市场监管制度不够完善，监管手段单一，监管执行力差，监管成本大、效率低，特别是针对高技术测绘违法行为、互联网测绘违法行为等新情况新问题监管压力较大。

六是基础测绘投入整体不足。急需进一步加大对测绘应急保障、测绘基础设施建设等方面的投入。相当部分地方基础测绘投入机制不够健全，不少地方基础测绘没有纳入规划、计划和年度预算，基础测绘投入不稳定、额度不足。

总体来看，当前我国测绘发展条件进一步改善，发展环境进一步优化，发展速度进一步加快；测绘工作受重视程度更加提高，市场对测绘成果和服务的需求更加旺盛，测绘成果应用更加广泛，形势发展对测绘更加有利。我们一定要坚定信心、提振精神，抓住机遇、乘势而上，推动测绘事业更好更快发展。

二、关于2010年测绘工作

2010年是“十一五”规划的最后一年，是夺取应对国际金融危机冲击全面胜利、保持经济平稳较快发展，为“十二五”规划启动实施奠定良好基础的关键一年。2010年测绘工作的总体思路是：全面贯彻党的十七大和十七届三中、四中全会精神，以邓小平理论和“三个代表”重要思想为指导，深入贯彻落实科学发展观，按照党中央国务院的总体部署，紧紧围绕“五个更加注重”的总体要求，继续着力在“构建数字中国、丰富地理信息，搭建共享平台、保障社会需求，完善体制机制、强化统一监管，创建和谐测绘、推动科学发展”上下功夫，切实加快数字中国建设速度，切实推动地理信息产业发展，切实提高测绘服务保障水平，切实改善测绘技术装备条件，切实加强科技自主创新力度，切实谋划好“十二五”测绘工作，切实强化测绘人才队伍建设，切实营造事业发展良好环境，推动测绘事业更好更快发展。

（一）切实加快数字中国建设速度

建设数字中国是当前和今后一个时期测绘工作的核心任务。要按照“统筹规划、统一标准、分建共享、协同服务”的思路，整合系统内外的力量，切实加快数字中国建设。进一步加快建设国家地理信息公共服务平台，实现多级互动、协同服务的功能，开展10个左右的省级分节点建设试点，与有关部门联合开展应用示范。加快推进国家和地方重大测绘项目实施，西部测图工程、1∶5万数据库更新工程确保完成主体工程任务，扎实推进海岛（礁）测绘一期工程实施，全面启动国家现代测绘基准体系基础设施建设项目。加快地方卫星定位综合服务系统建设和推广应用，加大1∶1万地形图更新和相应基础地理信息数据库建设力度。认真总结和全面推广数字城市建设和应用经验，择优推广约50个数字城市。采取更加有力的措施，大力支持新疆、西藏等少数民族地区、边远地区的基础测绘工作，促进各地基础测绘协调发展。

（二）切实推动地理信息产业发展

地理信息产业是国民经济和社会信息化建设的基础和支撑，推动地理信息产业发展是测绘部门的重要职责。要积极争取联合有关部门，抓紧研究提出加快地理信息产业发展的总体思路，制订规划和实施方案，制定印发加快地理信息产业发展的政策措施，积极争取财政加大投入，出台有关政府采购、资源共享、产业基地建设等方面更具针对性和灵活性的优惠政策，优化产业发展环境。妥善处理保密与应用的关系，会同有关部门出台遥感影像公开使用管理规定，制定发布地理信息要素细化分层方案，规范地形图保密处理技术使用管理工作，启动《测绘管理工作国家秘密范围的规定》修订工作。大力推进测绘成果汇交，促进地理信息资源共建共享，提高测绘成果利用效率。研究制定地理信息产业统计指标体系，加强产业信息统计和发布工作。继续支持黑龙江、武汉等地产业基地建设，实施一批地理信息应用示范工程，鼓励地理信息产业企业扩大规模、拓展领域、优化结构、加快发展。

（三）切实提高测绘服务保障水平

坚持服务大局、服务社会、服务民生，积极为各级政府和有关部门提高宏观调控水平服务，主动为各级政府和有关部门总结“十一五”、规划“十二五”提供地理信息技术支持。积极为加大经济结构调整力度服务，重点做好城镇化建设、生态保护和环境治理，建设资源节约型、环境友好型社会的测绘保障服务。积极为土地资源调查管理、地质灾害防治等国土资源工作服务。加快实施新农村测绘保障工程和城镇基础测绘，为推进社会主义新农村建设和中小城镇化建设做好服务。进一步完善测绘应急保障预案，理顺工作机制，充分发挥地理信息企业在测绘应急服务中的作用，做好测绘应急保障服务。扎实做好汶川地震灾后重建和对口支援测绘保障。完成中小学地理类教材地理分区科学界定研究工作。加强测绘资料档案收集与管理，加大全球基础地理信息资源建设力度。加强权威地图集编纂，做好上海世博会、大运河保护和申遗等方面的测绘保障。加强公益性地图网站建设和资源整合，大力开发居民出行、旅游等所需的地图产品。

（四）切实改善测绘技术装备条件

装备水平是测绘事业加快发展的物质基础。要大力推进测绘技术装备的升级换代，通过在全系统配备现代测绘装备，实现测绘生产力水平的新飞跃。根据测绘技术装备建设的总体思路，抓紧开展相关测绘重大项目的规划和前期准备工作。争取“现代化测绘技术装备建设和应急服务能力”项目立项，通过中央财政专项投入，带动地方对测绘技术装备的新一轮投入，显著提高全系统的技术装备水平。多渠道筹集资金，尽快将基于国产无人飞行器航测遥感系统装配到各省级基础测绘单位，保证每省（区、市）有1～2个系统，有条件的省（区）推广到城市，尽快在全国测绘系统形成规模和能力，大幅度提高基础地理信息快速获取能力和测绘应急保障能力。全面启动国家测绘成果档案管理与服务设施项目国家级分中心和省级馆建设，提高测绘成果档案存储管理和应用服务设施条件。加强测量标志保护管理工作，逐步建立责权利相结合的管理机制。

（五）切实加强科技自主创新力度

科学技术是第一生产力。要以推动我国从测绘大国迈向测绘强国为目标，加快测绘科技自主创新，加快成果转化和产业化。要完善创新体系，整合科研力量，加强联合攻关，更加注重发挥测绘和地理信息企业在科技自主创新中的作用。做好信息化测绘体系的顶层设计。积极通过863、973等国家重大科研计划项目，加强现代大地测量、海岛（礁）测绘等基础理论和关键技术研究，掌握和开发一批核心技术。以“国产高分辨率立体测图卫星应用关键技术与示范”项目为龙头，积极争取和推进系列测绘卫星研制，稳步推进资源三号卫星应用系统建设。充分发挥国家测绘工程技术研究中心等科技平台的作用，提高测绘科技成果转化为现实生产力的速度。紧密结合科技发展趋势和成果应用实际，加强测绘标准化工作，大幅度提高标准的适用性。积极开展测绘国际合作与交流，大力推动和实施测绘单位“走出去”战略，充分利用国际资源加快我国测绘科技发展，努力在国际测绘组织中发挥更大作用，不断增强我国测绘在国际上的话语权和影响力。

（六）切实谋划好“十二五”测绘工作

规划是事业发展的龙头。要全面系统梳理和总结“十一五”测绘规划实施情况，全面完成“十一五”各项任务。要继续认真贯彻《国务院关于加强测绘工作的意见》，尤其要大力推进市、县政府采取有力举措贯彻落实《意见》。完成测绘发展战略研究工作，准确把握国内外测绘发展形势，研究提出未来20年测绘发展的战略思想、战略目标和战略任务。着力抓好“十二五”测绘发展总体规划和“十二五”基础测绘规划编制工作。加强与发展改革等有关部门的沟通，按照《基础测绘条例》和《国务院关于加强测绘工作的意见》的要求，力争把测绘规划的核心内容列入各级地方政府“十二五”国民经济和社会发展规划。加强对下一级测绘管理部门规划编制工作的指导，加强各级规划编制过程中的信息沟通，切实提高各级测绘规划的一致性和协调性。通过研究编制“十二五”规划，深入谋划出应急测绘服务能力建设等一批重大测绘项目，并拿出切实可行的方案，争取有关方面的支持，通过大项目带动事业大发展。

（七）切实强化测绘人才队伍建设

事业的发展归根结底靠人才。要深入学习贯彻《中共中央关于加强和改进新形势下党的建设若干重大问题的决定》，确保党的建设各项部署落到实处。要认真贯彻落实中央《2010－2020深化干部人事制度改革规划纲要》，以合理配置干部、优化班子结构、增强整体功能为目标，研究制定领导班子建设总体规划。加大干部交流、轮岗力度，扩大选人视野，拓宽用人渠道，加强对领导班子和领导干部的管理与监督。加大改革创新力度，大力推进高层次人才培养工作。继续依托各类教育培训机构，加强测绘培训工作，进一步提高测绘行业干部职工的能力素质。继续配合中组部办好测绘工作市长专题研究班。做好首次注册测绘师考试的各项准备和组织工作，研究制定注册测绘师执业办法、执业管理办法、注册测绘师继续教育管理等规范性文件。深化事业单位人事制度改革和收入分配制度改革，争取人力资源和社会保障部出台提高测绘职工野外津贴标准的文件，全面完成地图出版单位改制工作，增强测绘单位适应社会主义市场经济的能力。

（八）切实营造事业发展良好环境

进一步推进政府职能转变，全面履行政府职能，把工作重点放在进一步创造良好发展环境、提供优质公共服务、进一步激发产业活力上来。按照“模式基本统一、上下基本一致、力量不能削弱、职能必须强化”的思路，积极促进地方测绘行政管理机构建设，充实和落实市（州）、县（市）测绘管理机构职能。加强测绘法制建设，积极配合国务院法制办做好《地图管理条例》立法有关工作，争取2010年出台。联合有关部门对《基础测绘条例》的贯彻实施情况进行监督检查。加快推进地方基础测绘管理办法颁布实施。进一步放宽测绘资质政策，完成测绘资质复审换证工作。继续推进地理信息市场专项整治活动深入开展，总结经验，形成一批制度性成果，提高地理信息市场监管能力。完善地图审查工作机制，严格把好审查关，强化审图工作的权威。完善联合执法机制，加大对测绘违法案件尤其是涉密、涉军、涉外案件的查处力度。加强测绘行政执法监督和指导，开展全国测绘依法行政工作检查。推进测绘市场信用体系建设。开展“五五”普法总结表彰和“六五”普法规划制订，为测绘事业发展营造良好的法制环境和市场环境。

同时，要进一步拓宽宣传途径，大力宣传测绘的作用、测绘应用的实效和地理信息产业发展的美好前景，为事业加快发展营造良好舆论环境。深入开展测绘文化建设的理论研究和实践探索，努力建设符合社会主义先进文化前进方向，以测绘精神为核心，具有鲜明时代特征和行业特色的测绘文化。

三、几点希望与要求

2010 年，测绘工作要抓住新机遇，巩固好势头，实现认识上有新提高，政策上有新举措，实践上有新进展，成效上有新突破。我们的任务光荣而艰巨。在此，向全国广大测绘干部职工，尤其是领导干部提八点希望和要求：

一是要解放思想、创新思维。2009 年取得的各项重大成绩，都是我们解放思想的结果。如果没有思想的解放，思路的创新，采取规范管理、超常运作的工作方式，就绝不可能在短短 8 个月顺利完成中国测绘创新基地建设的全部工作。当今世界，科技日新月异，形势瞬息万变，唯有解放思想，善于运用战略思维、辨证思维、逆向思维、类比思维，才能把握机遇，掌握主动，赢得发展。我们要树立和强化大测绘、大产业的理念，无论是抓基础测绘建设，还是推动地理信息产业发展，都要进一步解放思想，创新思路、创新方法、创新手段，推动大建设、大发展。

二是要突出重点、破解难题。各个单位工作都是千头万绪，是否能抓住重点、抓住关键是一个班子领导能力的重要体现。要善于用马克思主义辩证唯物主义的观点和方法来分析和解决问题，坚持重点突破和整体推进相结合。要以大无畏和锲而不舍的精神，全力推动测绘事业发展中重大问题、关键问题、难点问题和关系到测绘事业长远发展大局问题的解决，从而推动工作的全面开展。当前，重点要抓好数字城市建设这个牛鼻子工程，通过数字城市建设，发挥测绘成果和技术的作用，推动市、县基础测绘工作的协调快速发展，密切测绘与经济社会发展尤其是信息化建设、城市化发展的联系，提高测绘的影响力。

三是要整合资源、发挥优势。整合地理信息资源，是发挥财政资金效用的需要，是提高测绘应急保障服务能力的需要。要积极沟通协调、争取支持，按照《国务院关于加强测绘工作的意见》的要求，以地理信息公共服务平台建设为契机，大力推进系统内、部门间以及军地地理信息资源共建共享。加大对各级测绘部门、有关部门获取的地理信息资源的整合力度，充分利用企业的地理信息资源，建立基础测绘成果快速更新的新渠道，提高测绘应急保障能力，重视发挥测绘学会、协会的作用，增强测绘行业的凝聚力和整体资源优势。

四是要统筹协调、科学发展。全系统都要树立大局意识，增强危机意识、责任意识，加强统筹协调、上下联动，横向互动、企事共建，抱成一个团、拧成一股绳、握成一个拳、形成一盘棋。国家测绘局要采取多种方式和当地政府部门沟通，及时和有针对性地帮助、指导各地解决测绘工作和地理信息产业发展中遇到的矛盾和问题，推动地方测绘事业发展。地方测绘部门要坚持从大局出发，认真贯彻落实国家测绘局各项决策部署，早日实现全系统“一张图、一个网、一个平台”，发挥测绘部门的地理信息、测绘高新技术、测绘人才队伍的优势，增强中国测绘的整体实力。

五是要一切要快、快中取胜。时间就是生命，效率就是金钱，机遇稍纵即逝。在抓住机遇、用好机遇方面，我们有成功经验，也有失败教训。要增强敏锐性，善于认识机遇、把握机遇、用好机遇。一切工作，都要有时不我待的紧迫感，加快节奏、提高速度，要采取立体、交叉、同步、平行等工作方式，快干、实干、干好，抢占发展先机。要加快推进地理信息公共平台建设，加快无人机航测遥感系统配备，加快开拓和扩大服务领域，树立测绘部门的地理信息服务权威。要加快发展地理信息产业，尽快跻身国际测绘和地理信息服务市场，实现测绘事业大发展、快发展。

六是要狠抓落实、务求实效。要强化抓落实的意识，把握抓落实的方法，增强各项政策和工作部署的科学性、预见性和可行性，杜绝盲目性，避免随意性，克服片面性。要明确职责、明确分工、明确权限，做到项项工作有人抓、件件事情有人管，做到上下衔接，左右配合。要加强对下一级测绘管理部门的考核，加强对直属单位领导班子，尤其是一把手的考核，鼓励先进，鞭策后进。各级领导干部都要以敢于决策、敢于负责的精神状态抓落实，脚踏实地地推进测绘事业更好更快发展。

七是要重视人才、带好队伍。要坚持坚定信念、注重品行、科学发展、崇尚实干、重视基层、鼓励创新、群众公认的正确用人导向，切实加强领导干部队伍建设，为干部的成长创造更加良好的条件，营造更加和谐的氛围。着力提高各级干部谋划发展、统筹发展、优化发展、推动发展的本领和做好群众工作、维护稳定的本领。要加强测绘科技人才队伍建设，加快领军人才培养，重视培养测绘管理和经营人才，进一步加大高技能人才工作力度，不断强化测绘发展的人才支撑。

八是要关心职工、维护稳定。要严格落实维护稳定责任制和责任追究制，深入推进矛盾化解，提高处置群体性事件的能力。健全并落实安全生产的各项规章制度，着力改善工作环境和条件，保障职工生命财产安全。要始终把职工冷暖放在心上，关心职工的工作和学习，丰富职工的物质生活和文化生活，进一步做好离退休干部工作，关心困难职工，充分发挥工会、共青团等组织的作用，从各个层面想办法、创条件，帮助解决职工群众最关心、最直接、最现实的利益问题，切实把群众利益实现好、维护好、发展好，推动和谐测绘建设。

同志们，2010 年我国经济社会改革发展稳定的任务十分繁重，测绘工作的任务也十分艰巨。让我们更加紧密地团结在以胡锦涛同志为总书记的党中央周围，高举中国特色社会主义伟大旗帜，继续解放思想、改革创新，团结一致、凝聚力量，推动测绘事业更好更快发展，为夺取全面建设小康社会新胜利作出新贡献！

国家测绘局局长徐德明在国家测绘局学习贯彻两会精神干部大会上的讲话

2010 年 3 月 15 日

同志们：

上午好！

举世瞩目的十一届全国人大三次会议和全国政协十一届三次会议已经胜利闭幕。十几天来，党和国家领导人胡锦涛、温家宝、贾庆林、李长春、习近平、李克强、贺国强、周永康同志与来自全国各地区、各民族的人大代表、政协委员，带着全国人民的重托，云集一堂，商国是、谋发展、议民生。这是我国各族人民政治生活中的一件大事。开好本次会议、做好今年经济社会发展工作，对于夺取应对国际金融危机冲击全面胜利、加快经济发展方式转变、保持经济平稳较快发展、为“十二五”规划启动实施奠定良好基础，具有重大而深远的意义。

一、简要传达今年“两会”的主要精神

（一）全国人大十一届三次会议基本情况

人大会议于 3 月 5 日上午开幕，3 月 14 日上午闭幕。会议听取和审议了政府工作报告；审查和批准了 2010 年国民经济和社会发展计划；审查和批准了 2010 年中央预算；审议了选举法修正案（草案）；听取和审议了全国人大会常委会工作报告、最高人民法院工作报告、最高人民检察院工作报告等。会议强调，要高举中国特色社会主义伟大旗帜，全面贯彻党的十七大和十七届三中、四中全会精神，以邓小平理论和“三个代表”重要思想为指导，深入贯彻落实科学发展观，保持宏观经济政策的连续性和稳定性，更加注重提高经济增长质量和效益，更加注重推动经济发展方式转变和经济结构调整，更加注重推进改革开放和自主创新，增强经济增长活力和动力，更加注重改善民生，保持社会和谐稳定，更加注重统筹国内国际两个大局，实现经济社会又好又快发展。

3 月 5 日，温家宝总理代表国务院向大会作政府工作报告。报告分为 2009 年工作回顾、2010 年主要任务两个部分。

温家宝总理指出，2009年是新世纪以来我国经济发展最为困难的一年。去年这个时候，国际金融危机还在扩散蔓延，世界经济深度衰退，我国经济受到严重冲击，出口大幅下降，不少企业经营困难，有的甚至停产倒闭，失业人员大量增加，农民工大批返乡，经济增速陡然下滑。在异常困难的情况下，全国各族人民在中国共产党的坚强领导下，坚定信心，迎难而上，顽强拼搏，从容应对国际金融危机冲击，在世界率先实现经济回升向好，改革开放和社会主义现代化建设取得新的重大成就。

温家宝总理从四个方面回顾总结了2009年工作：一是加强和改善宏观调控，促进经济平稳较快发展；二是大力调整经济结构，夯实长远发展基础；三是坚持深化改革开放，不断完善有利于科学发展的体制机制；四是着力改善民生，加快发展社会事业。总理指出，在国际金融危机严重冲击、世界经济负增长的背景下，我国取得的成绩极为不易。这是以胡锦涛同志为总书记的党中央统揽全局、正确领导的结果，是全党全军全国各族人民和衷共济、团结奋斗的结果。温家宝总理用了“五个必须”总结一年来认真贯彻落实科学发展观、积极应对国际金融危机、全面做好政府工作的体会。

温家宝总理说，2010年是继续应对国际金融危机、保持经济平稳较快发展、加快转变经济发展方式的关键一年，是全面实现“十一五”规划目标、为“十二五”发展打好基础的重要一年。今年发展环境虽然有可能好于去年，但是面临的形势极为复杂。必须全面、正确判断形势，决不能把经济回升向好的趋势等同于经济运行根本好转。要增强忧患意识，充分利用有利条件和积极因素，努力化解矛盾，更加周密地做好应对各种风险和挑战的准备，牢牢把握工作的主动权。

温家宝总理明确今年经济社会发展的主要预期目标是：国内生产总值增长8%左右；城镇新增就业900万人以上，城镇登记失业率控制在4.6%以内；居民消费价格涨幅3%左右；国际收支状况改善。

温家宝总理从八个方面报告了2010年重点工作：一是提高宏观调控水平，保持经济平稳较快发展；二是加快转变经济发展方式，调整优化经济结构；三是加大统筹城乡发展力度，强化农业农村发展基础；四是全面实施科教兴国战略和人才强国战略；五是大力加强文化建设；六是着力保障和改善民生，促进社会和谐进步；七是坚定不移推进改革，进一步扩大开放；八是努力建设人民满意的服务型政府。

温家宝总理还就民族、宗教和侨务工作，国防和军队建设，香港、澳门和两岸关系，以及我国的外交政策作了阐述。

3月8日，全国人大常委会副委员长王兆国就选举法修正案草案作了说明，重点就城乡按相同人口比例选举人大代表作了说明。选举法最早于1953年制定，1979年重新修订，其后经过四次修改。本次修改选举法旨在完善选举制度，实行城乡按相同人口比例选举人大代表，更好地体现宪法规定的平等原则，扩大人民民主，保证人民当家作主，为坚持和完善人民代表大会制度、发展社会主义民主政治提供坚实的制度保障。

（二）全国政协十一届三次会议基本情况

政协会议于3月3日下午开幕，3月13日上午闭幕。会议认真听取和审议了贾庆林主席代表政协第十一届全国委员会常务委员会所作的工作报告，听取和审议了提案工作情况报告，审议通过了全国政协十一届三次会议政治决议和提案审查情况的报告；列席十一届全国人大三次会议，听取并讨论了政府工作报告和其他报告等。

贾庆林主席从积极应对国际金融危机冲击，为保持经济平稳较快发展献计出力；高度关注和促进民生改善，维护社会和谐稳定；隆重庆祝新中国和人民政协成立60周年，夯实团结奋斗的共同思想政治基础；深化交流合作，促进海内外同胞关系和谐；扩大对外友好交往，为我国改革发展营造良好外部环境；切实加强自身建设，提高履行职能的成效等六个方面总结了2009年人民政协的工作。

贾庆林主席强调2010年人民政协要聚焦六项工作：一是深入学习贯彻胡锦涛同志重要讲话精神，进一步明确人民政协的方向和使命；二是紧紧抓住加快经济发展方式转变这个重点，努力促进经济平稳较快发展；三是着力保障和改善民生，促进社会和谐稳定；四是大力开展团结联谊工作，不断密切同港澳台侨同胞的联系；五是弘扬民主、和睦、协作、共赢精神，扩大同各国人民的友好往来；六是以改革创新为动力，提高人民政协工作的科学化水平。

（三）“两会”的亮点、热点和焦点

今年的“两会”，得到国内外的高度评价，普遍认为更务实、更民主、更开放，温家宝总理所作的政府工作报告总结成就客观、五个经验可贵、形势分析透彻、指导思想明确、目标任务可行，政策措施具体，体现了科学发展观的总体要求，体现了时代精神、世界眼光和战略思维，是一个求真务实、开拓进取、鼓舞人心的报告。

温家宝总理所作的政府工作报告，涉及到众多的社会经济重点问题和民生亮点政策。在经济方面，提出2010年GDP增长预期8%左右、居民消费价格涨幅3%左右；财政方面，提出实施积极财政政策、稳定人民币汇率、稳定物价；反腐方面，提出高级干部自觉报告财产、创造条件让群众批评政府；在户籍方面，提出放宽中小城市落户条件、推进城镇化建设；在房价方面，拟采取4项措施遏制房价过快上涨，建设保障性住房300万套；在分配方面，提出扭转收入差距过大、严管国企高管收入；在就业养老方面，提出投入433亿，把失业率控制在4.6%以内，新增就业900万人，企业退休者养老金再提10%；在教育方面，提出落实高校自主办学，鼓励教师终身从教；在维稳方面，提出解决征地拆迁问题，加强信访工作；在两岸关系方面，坚信祖国完全统一大业一定能够实现。

总理的政府工作报告，蕴含了五个“一”字。一是“一”条红线：加快转变经济发展方式这条红线，在报告中贯穿始终。二是“一”个判断：今年发展环境虽然有可能好于去年，但面临的形势极为复杂。经济社会发展中“两难”问题增多。三是“一”组目标：报告用一个个鲜活的数字明确了节能减排指标、经济总量、就业规模等方面的目标。四是“一”个根本目的：改善民生是经济发展的根本目的。报告对扩大就业、完善社会保障体系、改革收入分配制度、满足基本住房需求、加快医改等进行了详细的部署安排。五是“一”个动力：报告明确指出，今年要继续深化重点领域和关键环节改革，努力实现新的突破。全面适应国际形势变化和国内发展要求，拓宽对外开放的广度和深度。这“五个一”，含义深刻、意义重大，与党中央提出的“五个更加注重”是一脉相承的，为我们指明了方向，明确了任务，增添了信心。

今年的“两会”，我认为，主要呈现出以下三个方面的亮点。

第一个亮点是加快转变经济发展方式。

面对当前极其复杂的国内外发展环境，温家宝总理在政府工作报告中强调“转变经济发展方式刻不容缓，要大力推动经济进入创新驱动、内生增长的发展轨道”。2月3日，胡锦涛总书记在省部级主要领导干部专题研讨班开班式上就转变经济发展方式发表了重要讲话，用了50多次“加快”来敦促省部级干部在转变我国经济发展方式上下功夫。温家宝、习近平、李克强三位领导同志也分别发表重要讲话，核心内容都是加快经济发展方式转变。转变经济发展方式，成为了今年“两会”上最打眼、最厚重、最热烈、最深刻的一个话题，政府工作报告也将之置于极为突出的地位。

一是转变经济发展方式已经刻不容缓。早在1995年，党中央就明确提出要实现两个根本性转变，一是经济体制转变，另一个是经济增长方式的转变。但是15年过去了，我们在转变经济发展方式方面并不尽如人意。2008年四季度以来的国际金融危机使我国转变经济发展方式问题更加突显出来。国际金融危机对我国经济的冲击表面上是对经济增长速度的冲击，实质上是对经济发展方式的冲击。当今世界正处在大发展大变革大调整时期，我国继续处在经济社会发展的重要战略机遇期和社会矛盾凸显期，保持经济平稳较快发展、维护社会和谐稳定任务艰巨繁重。转方式意味着促进经济增长由主要依靠投资、出口拉动向依靠消费、投资、出口协调拉动转变，由主要依靠第二产业带动向依靠第一、第二、第三产业协同带动转变，由主要依靠增加物质资源消耗向依靠科技进步、劳动者素质提高、管理创新转变。综合判断国际国内经济形势，转变经济发展方式已刻不容缓，只有毫不动摇地加快经济发展方式转变，不断提高经济发展质量和效益，不断提高我国经济的国际竞争力和抗风险能力，才能使我国发展质量越来越高、发展空间越来越大、发展道路越走越宽。

二是转变经济发展方式是一项长期的任务。长期以来，我国更加注重数量方面的增长，相对较少考虑数值和影响，比如对环境的影响、对能耗的影响、对城乡发展不平衡的影响等等，一直存在着“三高一低”不平衡的弊端，就是高消耗、高污染、高投入，低效益、发展不平衡。新的形势下，如何提高经济增长的质量和竞争力，如何更快、更好、更精细、更节约的发展，打破现有利益格局、知识能力欠缺、体制机制约束等诸多方面的现实困难和客观制约，不仅仅是2010年重要的政府工作，也是一个长期、艰苦的过程。

三是GDP预期增长8%为经济结构调整留出空间。去年把GDP增长目标定为8%，主要目的是保增长，是要在极为困难的局面下保持必要的经济增速。而今年8%的增长预期，意味着要在经济企稳回升基础上，把更多精力放在提高经济增长的质量和效益上，更加追求经济增长质量和效率的提高以及可持续性。它释放出一个信号，就是要进一步强调好字当头，给经济结构调整留出空间，引导各级政府把精力放到转变发展方式、深化改革和加快社会建设上来。

四是要推进产业结构调整和优化升级。温家宝总理在政府工作报告中提出了继续推进重点产业调整振兴、大力培育战略性新兴产业、进一步促进中小企业发展、加快发展服务业、打好节能减排攻坚战和持久战、发展低碳经济和循环经济、推进区域经济协调发展等六大措施，强调积极推进新能源汽车、“三网”融合取得实质性进展，加快物联网的研发应用。

五是更加强调科技和文化的作用。科教兴国战略与大力加强文化建设在报告中可谓浓墨重彩，“强国必先强教”、“文化可以改变一个民族的命运”等论述发人深省，催人奋进。温家宝总理在政府工作报告中指出，教育、科技和人才，是国家强盛、民族振兴的基石，也是综合国力的核心。只有一流的教育，才能培养一流人才，建设一流国家。要着力推进自主创新，加快科技成果向现实生产力转化，为加快经济发展方式转变和经济结构调整提供强有力的科技支撑。扶持公益性文化事业，发展文化产业。

六是体现了一个负责任的大国形象。对应对气候变化等外界关注议题予以明确回应，在调结构的主基调下，明确提出了加强环境保护、发展循环经济、开发低碳技术、推广高效节能技术等举措，指出要“努力建设以低碳排放为特征的产业体系和消费模式，积极参与应对气候变化国际合作，推动全球应对气候变化取得新进展。”

第二个亮点是高度关注民生。

厚民生才能聚民心，顺民意才能保民安。关注民生、改善民生是政府工作报告中浓墨重彩的篇章，更是代表、委员和亿万人民的共同心声。温家宝总理在政府工作报告中强调：“改善民生是经济发展的根本目的。只有着力保障和改善民生，经济发展才有持久的动力，社会进步才有牢固的基础，国家才能长治久安。”

一是分量更重。从就业到社会保障、从教育到医疗卫生、从收入分配到三农问题，今年的政府工作报告中，涉及民生的段落更多、篇幅更长，且增加了百姓关注的热点问题，提出了使人民生活有基本保障、无后顾之忧，让广大劳动者各尽所能、各得其所，改善社会财富分配，坚决遏制部分城市房价过快上涨势头，解决好医药卫生这个世界性难题等的措施举措。

二是政策更实。报告原则性的话少了，实实在在的措施多了。比如，中央财政拟安排保障性住房专项补助资金632亿元，比上年增加81亿元，建筑保障性住房300万套，各类棚户区改造住房280万套；进一步提高粮食最低收购价，早籼稻、中晚籼稻、粳稻每斤分别提高3分、5分和1毛钱，小麦每斤提高3分钱，让农民得到更多实惠；将全国130万“老工伤”人员全部纳入工伤保险范围；等等。

三是热点更多。报告抓住了当前百姓关注的焦点，例如改革收入分配制度、规范房地产市场等。报告提出，不仅要通过发展经济，把社会财富这个“蛋糕”做大，也要通过合理的收入分配制度把“蛋糕”分好；创造条件让更多群众拥有财产性收入；完善对垄断行业工资总额和工资水平的双重调控政策；保护合法收入，调节过高收入，取缔非法收入，逐步形成公开透明、公正合理的收入分配秩序，坚决扭转收入差距扩大的趋势；等等。

四是要求更高。强调改善民生是经济发展的根本目的，报告中的民生标准又有新的提高。例如，逐步实现农民工在劳动报酬、子女就学、公共卫生、住房租购以及社会保障方面与城镇居民享有同等待遇；为农村中小学班级配备多媒体远程教学设备，让广大农村和偏远地区的孩子共享优质教育资源；今年要把城镇居民基本医保和新农合的财政补助标准提高到120元，比上年增长50%，并适当提高个人缴费标准；等等。

五是时间更明确。报告明确列出了一项项政策措施的时间表，例如：今年再解决6000万农村人口的安全饮水问题，实施农村清洁工程，改善农村生产生活条件；2009年到期的“五缓四减三补贴”就业扶持政策延长一年；扎实推进新型农村社会养老保险试点，试点范围扩大到23%的县，加快解决未参保集体企业退休人员基本养老保障等遗留问题；企业退休人员基本养老金今年再提高10%；加快构建更加完善的社会保障安全网；等等。

第三个亮点是更加注重民主政治。

本次“两会”，是推进社会主义民主政治建设的又一里程碑。取消城乡选举差别、实现同票同权，是促进宪法规定的平等原则充分实现。“创造条件让人民批评政府、监督政府”，“让人民生活得更加幸福、更有尊严，让社会更加公正、更加和谐”。这些话在代表委员和社会各界引起了强烈共鸣。

一是城乡选举首次实现“同票同权”。这次“两会”的一个重要议程是审议选举法修正案草案。这是坚持和完善人民代表大会制度，发展社会主义民主政治的重要举措和重大跨越。取消城乡选举差别，实现“同票同权”，是本次选举法修订最引人关注的内容。根据现行法律，我国农村与城市每一代表所代表的人口比例为4比1。提交审议的选举法修正案草案明确“全国人民代表大会代表名额，由全国人民代表大会常务委员会根据各省、自治区、直辖市的人口数，按照每一代表所代表的城乡人口数相同的原则以及保证各地区、各民族、各方面都有适当数量代表的要求进行分配。”这一修改意味着农村人口在选举上及政治权利的实现上向平等原则迈出了一大步，促成宪法规定的平等原则的充分实现，体现了人人平等、地区平等、民族平等“三个平等”的原则。此外，在保障各地区各民族的利益、增强候选人“透明度”、保障选民知情权、确保“一线”代表数量、解决“官民比例”失衡、确保代表更好履职、规范投票形式、完善“细节”保护选民意愿、保护依法选举、明确代表辞职程序等方面都有了新的举措和办法，体现了先进性和时代感。

二是政府工作报告首提尊严论。前段时间，总理在与网友交流时，提及实现人的尊严必须做到三点：国家要保护每个人的自由和人权；国家发展的最终目的是为了满足人民群众日益增长的物质文化需求；要给人的自由和全面发展创造有利条件。“两会”期间，温家宝总理在政府工作报告中再次强调要让人民生活得更加幸福、更有尊严。在回答中外记者提问时强调公平正义比太阳还要有光辉，要更多地关注穷人、关注弱势群体。历经30余年改革开放，我国在谋求民众“幸福与尊严”方面进步巨大，特别是经济领域的超常规增长是举世瞩目的，但经济的发展并不能掩盖社会矛盾和社会问题的存在和加深，如利益分配的不公平和贫富差距的扩大，新的弱势群体的产生和社会冲突的出现等等，大量顽疾仍有待破解。总理在政府工作报告中坦陈，“但是政府工作与人民的期望还有较大差距。”总理的尊严论，对构建服务型政府提出了明确要求，只有学有所教、劳有所得、住有所居、病有所医、老有所养等民生问题解决好了，民众有更多参与政府重大决策、监督政府行为、批评政府和官员的权力时，民众的尊严实现才有更多保障。“幸福与尊严”是建立在一定的经济基础和平等、公正、公开、民主、法治的基础之上的。

三是人大依法监督行使质询权。全国人大常委会委员长吴邦国强调，2010年将依法开展专题询问和质询，加强对经济工作和解决民生问题的监督，推动中央重大决策部署贯彻落实，确保今年经济社会发展任务目标的顺利实现。询问和质询是人大对“一府两院”实施监督的法定形式。吴邦国委员长说，全国人大常委会要以推动解决人民群众最关心、最直接、最现实的利益问题为重点，督促有关方面正确处理发展经济和改善民生的关系。这是加强社会主义民主政治建设，让权力在阳光下运行，推进反腐倡廉建设的又一重大举措。

二、以“两会”精神为动力，加快建设测绘强国

2009年，在党中央、国务院的高度重视、地方各级政府和国家有关部门的大力支持下，全国测绘干部职工坚决贯彻党中央、国务院各项决策部署，坚定信心、迎难而上、改革创新、抢抓机遇，测绘事业取得了可喜成就，受到各方面好评。温家宝总理在总结2009年工作时感谢人民，自然也包括全国测绘行业的40多万职工。

尽管总理在2010年的八大任务中没有明确提到“测绘”两个字，但字里行间充满了对测绘的要求。在提高宏观调控水平，保持经济平稳较快发展方面。测绘是准确掌握国情国力的科学工具，是辅助科学管理决策的有效手段。科学发展，测绘先行。加快发展测绘事业，在宏观调控工作中更多地运用地理空间的思维方式，必将极大地提高决策的科学性。在加快转变经济发展方式，调整优化经济结构方面。测绘一方面要着力于自身的调结构、促转变，优化测绘事业布局，大力发展地理信息产业，提高测绘生产力整体水平；另一方面，也要利用测绘成果和技术，为各级政府、有关部门加强环境保护、发展循环经济和节能环保产业、推进区域经济协调发展等提供保障服务，要通过繁荣地理信息产业，带动现代物流等现代服务业的发展。在加大统筹城乡发展力度，强化农业农村发展基础方面。迫切需要测绘在农业基础设施建设、农村生产生活设施建设等方面发挥基础先行作用。在全面实施科教兴国战略和人才强国战略方面。我们既要加大测绘教育培训力度，大力加强测绘科技创新，加强测绘基础研究和前沿技术攻关，同时也要充分利用测绘高新技术为建设创新型国家、智慧中国、智能中国作出新的更大贡献。在大力加强文化建设方面。加强测绘文化建设，弘扬测绘精神，为中华民族的文化建设和传承弘扬做出应有贡献，是我们的责任和义务。在着力保障和改善民生，促进社会和谐进步方面。一方面要利用测绘的成果和技术，辅助各级政府管理决策，为民生工程、民生工作提供有力的测绘保障；另一方面，要进一步促进测绘成果的社会化应用，让更多百姓享受地理信息服务，加强测绘统一监管，切实维护百姓相关权益。在坚定不移推进改革，进一步扩大开放方面。要加快开发全球地理信息资源，为国家“走出去”战略实施提供测绘成果和技术服务，大力推动中国测绘“走出去”，同时也要深化测绘事业单位改革，做好上海世博会地图服务、加强地图监管等。在努力建设人民满意的服务型政府方面，各级测绘行政主管部门必须进一步转变职能、转变作风，切实履行职责，提高执行力和公信力。

对照今年年初全国测绘局长会议对2010年全国测绘工作的安排部署，我们提出的“构建数字中国、丰富地理信息，搭建共享平台、保障社会需求，完善体制机制、强化统一监管，创建和谐测绘、推动科学发展”的发展思路，明确的测绘工作要“服务大局、服务社会、服务民生”的宗旨，树立的从测绘大国向测绘强国迈进的目标，以及确定的8大项、38小项2010年度测绘重点工作任务，体现了科学发展观的总体要求，符合中央经济工作会议精神，也是符合政府工作报告精神和要求的。

当前，2010年政府工作目标方向已定，测绘发展重点任务也已明确，关键在于抓落实。下面，我就全国测绘干部职工深入学习贯彻“两会”精神、以“两会”精神为动力、推动测绘事业更好更快发展提出五点要求：

一是要以“两会”精神为动力，结合实际学习领会好。这次全国“两会”，是一次高举中国特色社会主义伟大旗帜、全面贯彻落实科学发展观和党的十七大、十七届三中、四中全会精神的大会，是一次凝聚人民群众意愿、体现科学发展共识的大会，是一次解放思想、与时俱进、民主团结、求实鼓劲的大会。传达好、贯彻好、落实好“两会”精神，是当前摆在广大测绘干部职工面前的一项重大政治任务。各单位、各部门要及时组织干部职工认真学习讨论，通过学习，把思想和行动统一到“两会”精神上来，统一到中共中央对形势的分析判断和决策部署上来，统一到科学发展观的要求上来。要重点学习温家宝总理所作的政府工作报告，深刻领会其精神实质，准确把握国家经济社会发展的战略重点和主要任务，做到胸中有全局。要通过学习，进一步增强做好新时期测绘工作的责任感、使命感、紧迫感，紧密结合测绘发展实际，找准位置和结合点，切实增强大局意识、服务意识和工作热情、工作干劲。要充分利用测绘报刊、网站和其他方式，大力宣传“两会”精神，大力宣传测绘系统学习贯彻“两会”精神的举措和成效，把学习贯彻工作不断引向深入。

二是要以“两会”精神为动力，主动作为服务保障好。随着信息化、网络化、数字化向纵深发展，测绘保障服务领域日益宽泛，测绘作为空间更加广阔。各单位、各部门一定要进一步增强服务意识，把测绘资源更好地与国家大政方针政策和人民群众的现实要求对接起来，积极主动服务大局、服务社会、服务民生。要加快实施国家重大测绘项目，加快构建数字城市、数字省区，不断提升数字中国建设的速度；加快构建国家地理信息公共服务平台，尽快形成测绘系统“一张图、一个网、一个平台”，促进地理信息与互联网、物联网的结合；加强地表变化监测技术创新和机制创新，为各级党委政府科学管理决策、做好宏观调控提供基础支撑；积极主动为国家和地方重大战略实施、重大工程建设提供测绘保障，为“走出去”战略实施提供全球地理信息资源；大力推进测绘成果的社会化、大众化应用，加快发展地理信息产业，推进产业聚集区建设，扩大产业规模和效益，满足人民群众日益增长的地理信息服务的需求；规范地理信息市场秩序，加强对房产测绘质量等的监督管理，维护地理信息企业和人民群众的切身利益。与此同时，要充分发挥测绘的资源优势、技术优势和人才优势，积极主动服务各地区、有关部门调结构、促发展，为整个国家转变经济发展方式提供强有力的测绘保障服务，让全社会充分共享测绘改革发展成果。

三是要以“两会”精神为动力，加快转变优化调整好。加快经济发展方式转变，是深入贯彻落实科学发展观的重要目标和战略举措。当前，测绘生产组织结构、生产力布局、产品结构、产业结构、管理体制、服务方式等，距离信息时代的要求尚有较大差距。加快转变测绘发展方式，是推动测绘事业科学发展的根本途径，是测绘更好服务国家现代化建设的必然选择。各单位、各部门一定要充分认识到加快转变测绘发展方式的极端重要性和紧迫性，切实增强自觉性和主动性，注重充分调动各方面积极性，着力在“加快”上下功夫，在“转变”上动真格，在“发展”上见实效，既要保持发展速度更要追求发展效益，既要注重硬件设施投入更要注重科技创新、人才软件投入，既要关注眼前利益更要看到长远利益。要围绕经济社会发展对测绘的需求，加快论证、上报一批起关键作用、有全局性影响的重大测绘项目，通过大项目带动整个测绘结构的优化调整。要切实强化测绘产品、技术和管理创新，推进技术装备升级换代，完善测绘公共服务体系，做大做强地理信息产业，健全测绘行政管理体制，推进测绘事业单位改革，不断提高测绘生产力总体水平，加快推动测绘事业科学发展。

四是要以“两会”精神为动力，服务为本作风转变好。要按照温家宝总理关于建设服务型政府的总体要求，严格管理、规范管理，加快建设学习型、创新型、服务型、务实型、和谐型单位。要进一步将学习作为解放思想、开拓视野，研究问题、破解难题，沟通思想、加强交流，统一认识、共谋发展的有效载体常抓不懈，引导鼓励干部职工爱读书、读好书、善读书。要高度重视测绘发展战略研究工作，为测绘发展定向、定位、定思路，以转变测绘发展方式为主线认真开展“十二五”测绘规划编制工作。要坚持深入实际调查研究，了解真实情况，善于洞察问题，妥善加以应对。要激发干部职工的创新意识，培养创新能力，鼓励创新行为。要坚持把保障和改善民生放在突出位置，多做稳人心、暖人心、聚人心的好事实事。要切实强化依法行政，进一步推进政务公开，坚持科学决策、民主决策，保证职工群众的知情权、参与权、表达权和监督权。要大力加强反腐倡廉制度体系建设。着力提高干部队伍的思想素质、能力素质和作风素质，加强测绘文化建设。要厉行节约，鼓励低碳生活。努力建设和谐测绘单位、和谐测绘系统、和谐测绘行业。

五是要以“两会”精神为动力，务求实效狠抓落实好。2010 年是“十一五”规划的最后一年，是夺取应对国际金融危机冲击全面胜利、保持经济平稳较快发展，为“十二五”规划启动实施奠定良好基础的关键一年。各单位、各部门要从全局的高度、战略的高度，把学习贯彻“两会”精神与认真落实 2010 年测绘工作各项任务紧密结合起来，珍惜业已形成的良好工作基础、发展环境和工作作风，集中精力抓落实。要更加注重凝聚整合全国测绘力量，进一步密切与有关部门的合作，大力推进共建共享，走出一条共同发展、联合发展的测绘发展新路子。要集中人力、物力、财力抓关键、抓重点、抓难点、抓亮点，进一步细化任务、明确责任、强化督办，切实加快数字中国建设速度，切实推动地理信息产业发展，切实提高测绘服务保障水平，切实改善测绘技术装备条件，切实加强科技自主创新力度，切实谋划好“十二五”测绘工作，切实强化测绘统一监管，切实加强测绘人才队伍建设，进一步彰显测绘在经济社会发展中的地位和作用，推动 2010 年测绘工作再上新台阶、作出新贡献。

同志们，“两会”给世界和全国人民传递了新的信心与希望。我们要紧密联系测绘实际，深入学习贯彻“两会”精神，真正理解和吃透“两会”精神，密切关注经济社会发展的趋势和对测绘的需求，从党和国家的工作大局思考问题，从测绘事业整体发展思考问题，从法律法规和党中央、国务院赋予的职责思考问题，大胆解放思想，进一步创新思维，努力开拓进取，加快推动我国从测绘大国向测绘强国迈进。

国家测绘局局长徐德明在国家测绘局直属机关深入开展创先争优活动动员大会上的讲话

2010 年 6 月 3 日

同志们：

今天，我们在这里召开国家测绘局直属机关深入开展创先争优活动动员大会，主要任务是认真贯彻落实中央关于开展创先争优活动的有关要求，对在我局直属机关基层党组织和党员中深入开展创建先进基层党组织、争当优秀共产党员活动进行动员部署。

4 月 5 日，中央办公厅转发了《中央组织部、中央宣传部关于在党的基层组织和党员中深入开展创先争优活动的意见》。4 月 6 日上午，中央召开全党深入学习实践科学发展观活动总结大会，胡锦涛总书记和习近平同志都对深入开展创先争优活动提出了明确要求。4 月 6 日下午，中组部、中宣部召开会议，对深入开展创先争优活动作了具体动员和部署。5 月 6 日，中央国家机关工委召开创先争优活动动员大会，对各部门深入开展创先争优活动进行了动员部署。按照中央要求和中央国家机关工委的统一部署，6 月 1 日上午，局党组专门开会，就在局直属机关深入开展创先争优活动的有关工作进行了认真研究，并制定了《局直属机关深入开展创先争优活动实施意见》。下面，我就贯彻落实好中央精神和我局《实施意见》，切实做好局直属机关创先争优活动的各项工作，讲三点意见：

一、统一思想，充分认识深入开展创先争优活动的重大意义

在全党深入学习实践科学发展观活动圆满结束之际，中央立即部署开展创先争优活动，意义重大。我们要认真学习贯彻胡锦涛总书记、习近平和李源潮等中央领导同志的重要讲话和中央文件精神，自觉把思想统一到中央的精神和部署上来，以高度的政治责任感组织开展好这项活动。

（一）开展创先争优活动是巩固和拓展深入学习实践科学发展观活动成果的重要举措。根据中央的决策部署，我局于 2008 年 10 月至 2009 年 2 月，有计划、按步骤、依程序地开展了深入学习实践科学发展观活动。2009 年 2 月以后，局党组继续狠抓整改落实任务，并按照中央的要求，开展了整改落实“回头看”工作。通过开展学习实践活动以及“回头看”工作，局党组推动测绘事业科学发展的思路更加清晰，目标更加明确，举措更加有力，内外环境更加优化；党员干部贯彻落实科学发展观的自觉性和坚定性明显增强，各级党组织坚持围绕中心、服务大局，在积极为保增长、扩内需、调结构、惠民生、促改革提供测绘保障服务中，充分发挥了战斗堡垒作用。在局学习实践活动中，我们针对查找出的突出问题，制定了包括 106 项具体整改事项的整改落实方案。通过大家的共同努力，大部分整改事项已经完成，但还有一些中长期的任务尚未完成，需要继续下大力气、花大功夫去解决。如果没有扎实有力的措施来推动，向干部职工作出的承诺就难以全面兑现，学习实践活动的整改落实任务就难以全面完成。这次创先争优活动，是在前一段深入学习实践科学发展观活动的基础上展开的，是以深入学习实践科学发展观为主题，与学习实践科学发展观活动紧密衔接的，是学习实践科学发展观活动的延展和深入。学习实践科学发展观是一项长期的、艰巨的战略任务，不是开展一两次活动就能一蹴而就的，必须体现和落实在平时的工作中。创先争优活动，就是为了推动各级党组织和党员立足本职发挥先锋模范作用的经常性工作，对于巩固和扩大学习实践科学发展观活动成果，进一步解决存在的突出矛盾和问题，推动学习实践科学发展观向深度和广度发展，具有重要意义。

（二）开展创先争优活动是在新的更高起点上推动测绘事业科学发展的重要抓手。国家测绘局自开展学习实践活动以来，各项工作都取得了长足发展，而且有的工作是具有突破性、里程碑式的，得到了行业内外的高度评价。但我们不能停留在过去的成绩之上，必须站在新的更高的起点上推动测绘事业科学发展。当前，党和国家的中心工作，就是要深入贯彻落实科学发展观，加快经济发展方式转变和经济结构调整，保持经济平稳较快发展。国家局的重点工作就是加快推进数字中国和国家地理信息公共服务平台的建设速度，尽快形成“一张图、一个网、一个平台”；切实推动地理信息产业发展，提高产业对促进经济增长、扩大就业、优化产业结构等的贡献率；加大人才培养力度，造就科技领军人才，加快测绘科技自主创新，争取在国际竞争中占据主动。各级党组织一定要把围绕中心、服务大局作为党建工作的内在要求来把握，把开展创先争优活动作为推动测绘事业科学发展的重要抓手来认识。通过开展创先争优活动，更好地把党的政治优势转化为科学发展优势，把党的组织资源转化为科学发展资源，把党的建设成果转化为科学发展成果，在推动发展、服务群众、凝聚人心、促进和谐上发挥重要作用，为夺取应对国际金融危机全面胜利、促进经济发展方式转变、保持经济平稳较快发展提供坚强的思想政治和组织保证。

（三）开展创先争优活动是加强基层党组织建设和党员队伍建设的重要载体。党的基层组织是党全部工作和战斗力的基础，是落实党的路线方针政策和各项工作任务的战斗堡垒。这些年来，局党组坚持面向基层、服务基层，认真做好抓基层、打基础的工作。各级党组织在党员的教育、管理、服务和监督上，做了大量扎实有效的工作。广大共产党员立足本职，身先士卒，在西部大开发、汶川玉树抗震救灾和灾后重建、中越陆地边界勘界、国庆60周年阅兵庆典活动、上海世博会工程建设中，较好地完成了急难险重的任务，树立了良好的形象。开展创先争优活动，就是为了进一步夯实基层党组织，更好地发挥党组织培养人、塑造人、凝聚人的功能，进一步调动和激发广大党员的积极性和创造性；就是为了进一步弘扬“热爱祖国、忠诚事业、艰苦奋斗、无私奉献”的测绘精神，引导共产党员立足本职、岗位建功，以身作则、率先垂范，关键时刻站得出来，危险时刻豁得出去，争当时代先锋和党员楷模；就是为了树立和宣传一批看得见、摸得着、学得来的先进基层党组织和优秀共产党员，用身边的先进典型教育人、引导人、感染人，使各级党组织和广大党员在推动测绘事业科学发展、实现测绘大国向测绘强国转变的进程中，更好地发挥战斗堡垒作用和先锋模范作用。

二、明确任务，高标准高质量地开展好创先争优活动

我局深入开展创先争优活动的《实施意见》，明确了这次活动的任务要求，是各单位各部门开展创先争优活动的基本遵循。各级党组织在认真学习、全面贯彻中央精神的基础上，要结合本单位实际和自身特点，高标准高质量地开展好这次活动。

（一）要把握活动的总体要求，明确主要内容。

开展创先争优活动的总体要求是：认真贯彻落实党的十七大和十七届三中、四中全会精神，以邓小平理论和“三个代表”重要思想为指导，以深入学习实践科学发展观为主题，坚持从本单位本部门实际出发，改革创新，务求实效，统筹推进党的建设其他经常性工作，充分发挥基层党组织的战斗堡垒作用和共产党员的先锋模范作用，在推动科学发展、促进社会和谐、服务人民群众、加强基层组织的实践中建功立业。贯彻这一总体要求，关键是要把握“推动科学发展、促进社会和谐、服务人民群众、加强基层组织”这四句话，这是这次活动的目标。这“四句话”是一个有机整体，推动科学发展、促进社会和谐，是创先争优活动的着力点；服务人民群众，是创先争优活动的落脚点；加强基层组织，既是创先争优活动的重要目标，也是搞好活动的基础和保证。

开展创先争优活动的主要内容是：创建“五个好”先进基层党组织、争做“五带头”优秀共产党员。“五个好”，即：领导班子好、党员队伍好、工作机制好、工作业绩好、群众反映好。“五带头”，即：带头学习提高、带头争创佳绩、带头服务群众、带头遵纪守法、带头弘扬正气。这“五个好”、“五带头”，是按照党章要求，在总结以往经验、征求基层意见基础上，根据实践的新要求提出来的，是对全国基层党组织和党员的普遍要求，各单位要结合实际，进一步具体化，便于基层党组织和党员明确标准，好评好记，积极参与，努力争创。

（二）要把握与学习实践活动的区别，明确活动主题和载体。

创先争优活动是学习实践活动的延展和深化，与学习实践活动既紧密联系又有不同特点。学习实践活动作为集中教育活动，重在解决党内不适应不符合科学发展观要求的突出问题，创先争优活动重在推动基层党组织和党员立足本职，在平时工作中学习实践科学发展观，发挥先进模范作用。简单地说，一个重在解决问题，一个重在发挥作用，真正实践好“五个好”、“五带头”。学习实践活动作为一次集中教育活动，程序、要求、阶段和环节很明确，而这次创先争优活动，中央部署的比较原则，这就需要各单位各部门充分发挥积极性和创造性，紧密结合实际，确定具有自身特色的争创主题和活动载体，做出科学合理的安排部署，扎实有效地推进创先争优活动，确保活动取得明显成效。

这次创先争优活动，是以深入贯彻落实科学发展观为主题，围绕这个大主题，我们分别针对局机关、事业、社团三种不同性质的单位，确定了不同的活动主题，局机关党支部的活动主题是：“作表率、当楷模、创五型机关”，直属单位各级党组织的活动主题是：“争当测绘先锋，服务科学发展”，局管社团组织党支部的活动主题是：“增强服务意识、发挥桥梁作用”。对于活动载体，我们也提出了一些指导性的意见，各单位各部门要根据本单位本部门职责任务和工作需要，确定贴近实际、鲜明具体的争创主题和载体，引导基层党组织履行职责创先进、广大党员立足岗位争优秀，使活动开展更有针对性，活动安排更有操作性，评比标准更有测绘特色，努力形成科学发展主题突出、整个活动丰富多彩、每个单位都见实效的生动局面。

（三）要把握活动的整体节奏，明确具体工作方式。

中央明确，从今年 4 月开始，着重围绕迎接中国共产党成立 90 周年开展活动。在搞好动员的基础上，各基层单位要坚持抓好学习实践活动整改落实后续工作，切实兑现向群众作出的承诺，建立健全深入学习实践科学发展观的长效机制；引导基层党组织切实履行职责，共产党员立足本职岗位争创一流业绩，掀起创先争优活动高潮。从 2011 年 7 月开始，着重围绕迎接党的十八大开展创先争优，引导基层党组织和广大党员以昂扬向上的精神风貌，更加出色的工作业绩，向党献礼。2012 年，中央国家机关工委、中组部将先后表彰“2010－2012 年创先争优活动”先进基层党组织、优秀共产党员。我们要在工委表彰之前，对创先争优活动中涌现出的先进基层党组织和优秀共产党员进行评选表彰。根据中央的统一部署，我们把这次活动大致分为动员部署、全面争创、总结提高三个阶段，目的是为了让各单位各部门便于明确整体安排，把握活动节奏。

为了扎实推进创先争优活动，各单位各部门要注意运用以下四种工作方式：一是公开承诺，基层党组织要制定开展创先争优活动实施方案，党员要提出参加活动的具体打算，并采取适当方式向群众公布，作出承诺，接受群众监督。二是领导点评，上级党组织负责人适时对基层党组织和党员开展创先争优活动情况进行点评，实事求是肯定取得的成绩，指出存在的问题和努力方向。三是群众评议，上级党组织对基层党组织、基层党组织对党员开展创先争优活动情况，要适时组织党员、群众进行评议。四是评选表彰，要适时评选表彰创先争优活动中涌现出的先进基层党组织和优秀共产党员。评选表彰要注重工作实绩和群众公认度，广泛听取党内外意见。

三、加强领导，确保创先争优活动顺利开展

深入开展创先争优活动，是加强和改进新形势下党的基层组织建设的一件大事。开展好这项活动，加强领导是关键。各级党组织一定要高度重视，明确责任，精心组织，狠抓落实，确保活动扎实有效地开展，取得预期成效。

（一）提高认识，加强领导。局党组对创先争优活动全面负责，统一领导。为了加强对整个活动的组织实施和统筹协调，局里成立了创先争优活动领导小组，领导小组办公室设在直属机关党委。各级党组织主要负责同志是本单位本部门开展创先争优活动的第一责任人，党组织要加强对活动的领导，做到认识、组织、措施、工作“四到位”；党员领导干部要做表率，带头深入学习，带头承诺讲评，带头指导基层，带头参加活动。各单位要根据局党组总体安排，结合自身实际，坚持便于党员参与、注重实效的原则，精心设计活动主题和载体，找准活动开展的切入点和着力点，确保创先争优活动取得实效。要广泛吸引群众参与，以基层党组织和党员的创先争优活动，带动工会、共青团、妇联等群众组织广泛开展创建先进集体、争当先进个人活动，形成创先争优的浓厚氛围。

（二）统筹协调，抓好落实。要采取召开座谈会、调查研究等方式，及时了解活动进展情况，总结交流经验，研究解决活动中出现的问题。创先争优活动是一项经常性工作，经常性的工作就不能搞形式、走过场。要妥善处理好当前工作和创先争优活动的关系，要将创先争优活动融入到各项工作中，体现在各个岗位上，统筹兼顾，加强协调，做到创先争优与测绘工作两不误、两促进，推动业务工作、党建工作和队伍建设再创佳绩，确保取得实实在在的效果。

（三）加大宣传，营造氛围。要通过开展创先争优活动，树立一些过得硬、叫得响、学得了、做得到的先进典型，使广大干部职工学有榜样，赶有目标。要注意发挥测绘报刊、网络等媒体的作用，大力宣传先进基层党组织和优秀共产党员的先进事迹，大力宣传各单位各部门开展创先争优活动的好做法、好经验，多形式、多角度、持续性地进行宣传报道，形成正确舆论导向，发挥典型示范作用，积极营造学习先进、崇尚先进、争当先进的良好氛围。

同志们，开展好创先争优活动，意义重大，影响深远。让我们紧密团结在以胡锦涛同志为总书记的党中央周围，以高度负责的态度，改革创新的精神，求真务实的作风，扎实搞好创先争优活动，不断增强党组织的创造力、凝聚力、战斗力，为深入贯彻落实科学发展观、推动测绘事业更好更快发展提供强大动力和政治保证！

国家测绘局局长徐德明在全国测绘局长座谈会上的讲话

2010 年 7 月 9 日

这次会议的主要任务是：深入贯彻党的十七大、十七届三中、四中全会和中央经济工作会议精神，以科学发展观为指导，全面推进全国测绘局长会议精神的落实，总结上半年工作，交流典型经验，研究存在问题，部署下半年重点任务，推动全年工作落实。

本次会议得到了中组部、内蒙古自治区党委、政府的高度重视和大力支持，自治区赵双连副主席专门出席会议并致辞，中组部干部四局派员专程出席会议，悉心给予指导。在此，我代表国家测绘局，向中组部、内蒙古自治区党委、政府对测绘工作的支持表示感谢！特别要感谢内蒙古自治区国土资源厅、内蒙古自治区测绘事业局为本次会议所作的细致安排和提供的周到服务，会议期间安排的丰富多彩的活动为会议增添了气氛，使大家轻松愉快地度过了两天时间，会议开得正如毛主席所说，“团结紧张、严肃活泼”。

这次会议在内蒙古召开具有重要的现实意义。近年来，内蒙古自治区党委、政府对自治区测绘事业更加重视，对测绘各项工作给予了极大关心，推动内蒙古测绘工作取得了很大进步，测绘工作为自治区的大开发、大建设、大发展作出了重大贡献。昨天，内蒙古自治区赵双连副主席在致辞中也充分肯定了内蒙古测绘工作发挥的积极作用。长期以来，内蒙古自治区国土资源厅对自治区测绘事业给予了极大关心、真诚支持和有力领导，坚持把测绘工作纳入国土资源管理整体工作中进行安排部署，并帮助协调处理各种关系，营造良好的发展环境，促进了自治区测绘事业的快速发展。

本次会议开得非常好、圆满成功。大会典型交流全面系统、阐述深刻、各有特色，值得推广借鉴；上半年工作总结客观实在、画龙点睛、成效明显；下半年工作安排思路明确、重点突出、措施具体，符合国家测绘局的要求，符合各地区、各部门的实际。本次会议的特点可以概括为：准备认真、总结全面；经验典型、交流充分；思路明晰、方向明确。这次会议既是一次半年总结会、经验交流会、工作座谈会，也是一次对下一步工作的谋划会、思考会、研究会，更是一次鼓舞干劲、团结一致、推动发展的动员会。听了大家的发言，我很受启发、很受教育、很受鼓舞，也倍感振奋。从大家的汇报中，我看到了测绘队伍的战斗力；从大家的分析中，我看到了测绘队伍的严谨作风、敏锐思维和务实精神，更对测绘的未来发展寄予美好的期待。下面我结合大家的发言，谈点个人感想，也对下一步工作提点建议，与大家共勉。

一、关于上半年工作

上半年，全国各级测绘部门深入贯彻落实科学发展观，按照党中央、国务院的总体部署，在国土资源部的指导下，紧紧围绕国家工作大局，注重发挥测绘优势，各项工作都取得了突出成绩，呈现出以下十个方面的特点：

（一）重视程度越来越高

一是领导对测绘工作的重视程度越来越高，重视的举措越来越实。今年1月，中共中央政治局常委、国务院副总理李克强同志对测绘工作作出重要批示，进一步指明了测绘工作的方向和任务。上半年，许多省（区、市）的领导同志纷纷视察指导测绘工作。黑龙江省委书记吉炳轩、副省长于莎燕在春节前到测绘生产一线看望职工。海南省罗保铭省长在“两会”期间到国家测绘局考察，签署海南国际旅游岛数字地理空间框架建设合作协议。浙江省吕祖善省长带领政府一班人专程到省测绘与地理信息局调研。北京、河南、浙江、江西、四川、海南、青海、甘肃、新疆等多个省（区、市）的领导同志出席了测绘会议及有关活动；河南、海南等省多年没有召开测绘工作会议，今年也召开了全省测绘工作会议。国土资源部徐绍史部长每到一地视察，都要到测绘部门看望干部职工，发表重要讲话，成为激励测绘职工和推动测绘工作的精神力量。

二是地方测绘管理机构得到加强。浙江省委、省政府、省编办高度重视测绘的机构建设，在机构改革中不仅没有削弱测绘机构，而且使之更加强化，将浙江省测绘局更名为省测绘与地理信息局，并恢复为正厅级，同时增加了职能和职数。希望各省（区、市）测绘行政主管部门向浙江省测绘与地理信息局学习，积极抢占地理信息高地，能改名字的都要争取改，使之名正言顺、名符其实，更好地履行所赋予的职能，也便于参与国际交流。海南省在海南测绘局加挂了海南省测绘局牌子，在全省市、县国土环境资源局（国土资源局）都加挂了测绘局牌子。山东省在机构改革中新设立了测绘局，在国土资源厅设立了3个测绘业务处。广西壮族自治区测绘局保留了行政机构。湖北省测绘局增加了领导职数、增设了3个处室、充实了职责。总体来看，在当前新一轮的地方机构改革过程中，相当多的部门都是缩编减人，测绘机构建设却如同雨后春笋，体现出强大的生命力。这也说明测绘工作得到了广泛认可。

三是相关部门的支持力度加大。譬如，内蒙古自治区测绘事业局，不是伸手要钱，而是自治区政府主动给钱，主动帮助立项，把测绘作为土地、矿产资源管理的重要依托和手段，作为领导决策管理的重要依据和基础，加大支持力度。内蒙古测绘投入从2001年的400万元增加到现在的一亿多元，这在全国都是屈指可数的。与此同时，国家和地方发展改革、财政等部门对测绘工作也都积极给予支持，有力推动了测绘事业的发展。

四是各地对测绘工作的重视程度越来越高。陕西省将基础测绘规划列入省42个专项规划之一。宁波市将基础测绘规划列入市“十二五”规划编制体系。江西省将“地理空间信息应用服务体系建设”列入省“十二五”规划重大单项规划。数字城市建设快速推进，各省、自治区都在积极争取将更多的城市列入国家测绘局数字城市建设试点和推广项目，等等。

（二）建设速度越来越快

快是测绘的灵魂，干是测绘的精神，好是测绘追求的目标。现在测绘正处于迅猛发展的时期，机遇稍纵即逝，不快就没有机遇，不快就没有效益。只有快，才能赢得发展的机遇、发展的空间和发展的环境。只有做到别人没想的问题你已经干了，别人在干的事情你干得更好，别人干好的事情你干得更大，这样机遇才就是你的，舆论才能被你引导过来。当前，构建数字中国、建设地理信息公共服务平台、发展地理信息产业这三面大旗已经树立起来了，就是得益于我们以时不我待的精神加快建设的结果。

今年上半年，“快干、干好”的标志之一是地理信息公共服务平台建设。我们以创新的理念、大测绘的思路，整合资源，克服困难，大力推进国家地理信息公共服务平台建设，在最短的时间内，制定了平台总体设计方案，印发了平台建设规划和技术指南，建成了基于互联网的公众版平台——“天地图”网站。国土资源部徐绍史部长还专门主持召开会议，听取“天地图”建设情况汇报并给予高度评价。

上半年，各省也加快了平台省级分节点建设。开通了三峡库区综合信息空间集成平台、北京地理信息共享服务平台、江西省政务版和公众版平台、甘肃省公众版平台；基本建成了黑龙江、重庆、浙江、山西等地的省级平台；云南、河北、河南、湖北、福建、广东、上海、山东等地省级平台建设取得长足进步；海南国际旅游岛数字地理空间框架建设进展顺利。

测绘成果的价值在于应用，测绘作用的显示度也在于应用。地理信息公共服务平台作为展示测绘形象的重要手段，能够真正体现测绘服务大局、服务社会、服务民生的宗旨，对于提升测绘保障服务能力具有重要意义。我们一定要上下同心、凝聚力量，共同打造出一流的地理信息公共服务平台，用最先进的、最好用的、最优质的资源和服务来赢得市场，实现大测绘、大服务、大发展的目标。

（三）装备水平得到改善

装备决定能力，技术决定水平，服务决定作用。上半年，国家测绘局采取多种方式，充分发挥各方的主观能动性，为全国绝大部分省（区、市）测绘单位装配了国产无人飞机航摄系统，提高测绘应急救急能力，加快测绘成果更新，提升测绘保障服务水平，受到了基层的好评。徐绍史部长在调研中也对装备无人飞机航摄系统给予了充分肯定。上半年，各地也加大了装备建设投入力度，陕西测绘局引进了“像素工厂”影像快速处理系统、宽幅影像快速输出系统等新装备，山西省测绘局引进了数字航摄仪、移动测量系统等高新设备和技术，河南省测绘局引进了激光雷达扫描设备。这些高精尖装备已经在玉树抗震救灾等方面发挥了积极作用。但整体来看，当前测绘系统的高精尖设备还不行，整体装备水平还不高。工欲善其事，必先利其器。我们测绘系统各级领导干部一定要舍得花钱改善装备、提高装备水平，只有这样，才能大幅提升测绘服务保障能力。

（四）测绘服务更加及时有效

一是应急救急做得较好。玉树抗震救灾、西南抗旱、南方抗洪、贵州地质灾害防治等过程中，测绘部门反应最快，出图最快，保证了应急用图和领导决策用图。特别是玉树地震发生后，全国测绘系统快速反应，积极行动，紧急开展了数据获取和处理、紧急供图等方面的工作，采用了具有国际先进水平的无地面控制航空摄影、机载合成孔径雷达、遥感影像快速处理等高新测绘技术，为了解灾情、指挥决策、抢险救灾提供了及时可靠、丰富翔实的成果资料；恢复重建阶段，又快速完成了灾区航摄1万多平方千米，建成了灾区应急连续运行基准站，建成了灾后重建地理信息服务平台，测制了全部灾区范围的1∶1万影像地图，充分发挥了测绘的基础先行作用。青海、湖南、广东、广西、云南、江西、贵州等地测绘部门在玉树抗震救灾、西南抗旱、南方抗洪、地质灾害防治等方面也都提供了有力的测绘应急保障服务。这些都充分反映出测绘应急保障反应灵敏，组织有力，效果明显，体现了测绘部门关键时刻“拉得出、用得上”的过硬本领。

二是数字城市建设发展态势良好。一个数字城市建设通常直接投资超过1000万元，其拉动和带动的经济效益和社会效益是难以形容的。上半年，各级测绘部门认真贯彻落实全国测绘局长会议的部署安排，大力推进数字城市建设，完成了28个城市的新立项，使数字城市试点和推广城市达到了106个。数字城市已在城市管理和政府决策等方面初见成效，达到了科学决策、精细管理、高效服务的目的，为发展低碳经济、提高信息化水平和社会管理水平发挥了积极作用。

（五）测绘社会影响不断加大

上半年，围绕玉树抗震救灾测绘保障、地理信息市场专项整治、无人机推广应用、互联网地图服务资质等重点工作，组织进行了全方位、大规模、多角度的宣传报道，取得良好成效。中央媒体累计刊发测绘新闻300多条，网络媒体刊发2500多条，国家测绘局门户网站流量同比增长近3.5倍。与此同时，充分发挥中国测绘科技馆的科普宣传作用，接待了约120批次、3000人次（其中副部级以上领导约170人）的参观，扩大了测绘工作的社会影响，为测绘事业发展营造了良好的外部环境。现在主动找上门来宣传测绘的越来越多，测绘的作用逐步被社会普遍认知。

（六）测绘发展思路更加明确

上半年，国家测绘局根据国土资源可持续发展战略研究的总体要求，积极开展测绘发展战略研究工作，凝练出了“构建数字中国，监测地理国情，促进产业发展，服务经济社会”的战略方向，形成了到2030年测绘事业发展的战略目标、战略任务、战略布局和战略对策，得到了专家和国土资源部的认可和好评。认真做好了全国基础测绘中长期规划纲要和测绘事业发展“十一五”规划纲要的组织实施和评估工作，启动了全国测绘事业发展“十二五”规划编制工作，建立了由国家测绘局、国家发改委、财政部等八部门参加的全国基础测绘“十二五”规划编制部门协调机制。各地也相继启动了本地区测绘事业发展规划编制工作。

（七）地理信息市场趋于规范

全国地理信息市场专项整治工作圆满完成，市场秩序明显好转，并初步建立了长效监管机制，有力维护了地理信息市场秩序，维护了国家地理信息安全，促进了地理信息产业健康发展。组织对导航电子地图资质单位进行了测绘成果安全保密检查，对重点地图服务网站进行了跟踪监控。修订颁布了

《互联网地图服务专业标准》，强化对互联网地图服务资质的管理，在国内外引起强烈反响。《地图管理条例》列入了国务院2010年立法计划，有望年内出台。吉林、云南两省颁布了测绘成果管理办法。

（八）地理信息产业呈现强势发展

专家曾经说过，20世纪是通讯的时代，21世纪是导航位置服务的时代，20世纪进入世界500强的企业大部分是通讯服务商，21世纪进入世界500强的企业不少将是导航位置服务商。当前，我国地理信息企业纷纷上市，一定程度上证明了专家的预测，说明地理信息产业发展非常迅猛，是朝阳的、新兴的战略性产业。上半年，国家测绘局把推动地理信息产业发展作为一项战略任务认真推进，开展了地理信息产业发展政策调查研究，向国务院提交了《关于促进地理信息产业发展的报告》；妥善处理了保密与应用的关系，军地专家研究提出的基础地理信息要素细化分层成果已成功应用于地理信息公共服务平台建设；编制完成的全国1∶25万公众版地图有力促进了测绘成果的社会化应用。与此同时，我们大力推进了国家地理信息科技产业园以及湖北、浙江、山东、黑龙江等地的地理信息产业园建设，着力打造地理信息新型产业高地，相关企业纷纷争取落户，这充分表明地理信息产业是低碳高科技产业，符合转变经济发展方式的要求，地理信息产业已经迎来了蓬勃发展的大好时机。

（九）重大测绘项目进展顺利

基础测绘重大项目实施顺利。“927”工程正式启动并顺利实施，各沿海地区都非常支持。西部测图工程已完成年度计划的50%以上，首批地形图已正式印刷出版，内业测图、地图集编撰、西部六省（区）七个地理信息公共平台调试和应用工作正稳步推进。1∶5万更新工程已完成年度计划的60%以上，地形图综合判调更新、缩编更新和地形数据库建库试验等工作顺利推进。各地也认真抓好了卫星定位连续运行基准站网建设、基础地理信息数据更新、区域地图集编制等重大工程的实施。

测绘科技重大项目取得显著成效。加强了对“高精度轻小型航空遥感系统核心技术及产品”等“863”项目的实施管理，国产合成孔径雷达测图等关键技术攻关取得突破，发布了11项测绘行业标准，组织起草了无人机航摄等8项测绘行业标准。推荐的两个项目获国家科技进步二等奖，两个项目通过国家质检公益性行业科研专项立项论证。

（十）队伍建设进一步加强

认真学习贯彻全国人才工作会议精神，大力实施人才兴测战略。出台了贯彻落实科学发展观考核办法，启动了创先争优活动。深入贯彻干部选拔任用四项监督制度，着力加强领导班子和干部队伍建设。启动了国家测绘局科技领军人才工程，加强了高层次人才选拔培养和青年科技人才梯队建设，加大了对西部地区的人才援助力度。积极开展测绘执业资格制度建设，首批注册测绘师资格考试工作稳步推进。大力实施测绘“走出去”战略，倡议发起的首次中非测绘合作座谈会在非洲成功举行，加入了我国国际科技合作部际协调机制，积极参与了联合国测绘事务。全面推进地图出版社体制改革，稳妥推进测绘事业单位布局结构调整和收入分配、用人制度改革。认真落实审计处理建议，进一步规范测绘财务管理工作。推进学习型党组织和“五型机关”建设，开展了测绘系统文艺汇演等文体活动，增强了测绘系统的凝聚力和向心力。

二、关于下半年工作安排

下半年，全国各级测绘部门要深入贯彻落实科学发展观，牢固树立大测绘的理念，把全系统、全行业的人心凝聚起来，把智慧集中起来，把力量汇集起来，做到“目标一致、上下联动，分工协作、密切配合，共建共享，加快发展”，形成推动测绘事业发展的强大合力，努力实现认识上有新提高，政策上有新举措，实践上有新进展，成效上有新突破。重点做好以下六个方面的工作：

（一）围绕发展大局，充分发挥测绘作用

一要切实做好测绘援疆工作。中央近年先后召开了援藏工作座谈会、新疆工作座谈会和西部大开发工作会议。这些会议部署都与测绘紧密相关，都要求测绘先行。天津、江西等几个省的测绘部门援疆测绘工作启动非常快，得到了新疆的好评，为对口援建提供了保证。近期，国家测绘局将要召开全国测绘援疆工作座谈会，积极争取国家资金，进一步加大支持力度，推动新疆测绘工作跨越式发展。希望各省（区、市）测绘行政主管部门积极为本地区对口援疆工作做好测绘保障服务，结合实际，集中力量，突出重点和特色，发挥好测绘的作用，保证新疆快速发展，保证西部第二个十年加快发展。

二要做好应急救急测绘保障工作。国家测绘局近期出台了《国家测绘应急保障工作流程（Ⅰ级）》，明确了流程和责任，各地区、各部门、各单位要认真贯彻落实，保证以最快的速度、最快的反应为应急救急服务。

三要大力发展地理信息产业。出台促进产业发展的意见，研究制定产业发展规划，开展地理信息应用示范工程建设，鼓励地理信息产业企业自主创新，推动测绘成果科学定密，建设集群化、产业化、规模化、生态化、现代化、具有国际竞争力、年产值超百亿元的国家地理信息科技产业园。要大力推动测绘“走出去”战略实施，鼓励支持测绘与地理信息企事业单位参与国际合作与竞争。

四要搞好数字城市建设。认真总结前期试点建设推广应用经验，完成50个数字城市建设的立项和12个城市的验收工作，先搭台、后充实，先建设、后更新，边建设、边使用，不强求一步到位，加快建设速度，加快各省推广，加快资源数据整合。

五要健全法制强化监管。加快立法进程，争取尽快出台《地图管理条例》。完成测绘规章、规范性文件清理工作。落实地理信息市场长效监管机制，加强违法测绘案件查处。积极推进测绘依法行政，全面完成测绘资质复审换证工作，加强对下一级测绘行政主管部门的依法行政考核，为测绘事业发展营造良好的法制和市场环境。

（二）全力建好平台，努力打造民族品牌

要继续完善公众版平台——“天地图”网站并尽快开通，加快数据资源整合和更新，建立网站维护更新机制，开发各类应用系统，鼓励企业进行地理信息资源增值服务开发，打造世界一流的、具有自主知识产权和民族特色的中国互联网地理信息服务品牌。按照平台共建工作目标责任书的要求，加大测绘成果汇交力度，统一技术标准，加快推进省级平台建设，稳步推进政务版和涉密版平台建设。进一步落实部门间地理信息资源共享合作协议，推进合作项目的开展和完善。研究制定测绘成果共建共享管理办法，建设全国地理信息资源目录服务系统。

（三）着力配精装备，不断提升保障能力

我们国家的建设速度非常快，今天是洼地，明天是楼房，今天是河套，明天是桥梁。因此，建设数字中国，必须依赖先进的技术装备，保持测绘工作旺盛的生命力，实现数据快速获取和快速成像、快速出图。下半年，要进一步加大测绘装备建设力度，大力支持、鼓励、推进应急测绘装备配备，全面启动国家测绘成果档案管理与服务设施项目建设，推进资源三号卫星应用系统建设，促进系列测绘卫星研制，争取“现代化测绘技术装备和应急服务能力建设项目”立项，促进全国测绘装备水平的现代化，提高测绘成果现势性，提升测绘服务保障能力。

（四）夯实工作基础，强化项目资金管理

前不久，审计部门对国家测绘局所属单位进行了审计，暴露出了财务管理中的不少问题，反映出了我们工作人员财务知识的缺乏和对相关法规的不了解。我们的工作特点是野外流动性强、财务人员缺乏、管理薄弱。但是这不能成为再犯类似错误的理由。下半年，一定要夯实工作基础，加强项目管理、资金管理、质量管理、安全管理。特别是要加强资金管理，这既有利于资金安全运转，也有利于干部个人安全。要加强自律，从制度上着手，加强监管，防患于未然，尽快出台一系列文件，强化重大测绘项目和资金的管理，确保工程质量，严抓安全生产，管好用好资金，切实维护国家利益。

与此同时，要继续推进重大测绘工程的实施。完成西部测图工程、1∶5万更新工程主体任务，继续按计划推进海岛（礁）测绘一期工程，争取启动现代化测绘基准体系基础设施建设工程，认真抓好地方重大测绘项目工程的实施，通过大项目带动大发展。

（五）潜心谋划未来，科学制定“十二五”规划

全面完成测绘发展战略研究工作，完成《测绘发展“十二五”总体规划》和《全国基础测绘“十二五”规划》的论证和征求意见工作，积极争取测绘重大专项。启动《全国基础测绘中长期规划纲要（2013－2020）》修编工作。做好地方测绘规划编制工作，加强测绘规划与本地区国民经济和社会发展总体规划的衔接，推动基础测绘纳入各级财政预算和重大测绘项目纳入本地区规划项目，加大对测绘的投入。规划编制过程中，要注重上下对接，着眼于现实问题的解决，着眼于能力建设，着眼于建设测绘强国，以测绘技术装备建设、测绘科技创新为重点，谋划好“十二五”测绘发展。

（六）加强队伍建设，搞好创先争优活动

开展创先争优活动是党中央作出的重要决策，是巩固学习实践科学发展观活动成果、夯实党的执政基础、树立党的光辉形象的重大举措，各地各部门一定要认真开展好这项活动。前不久，财政部经建司和国测一大队结对子开展创先争优共建活动，

这值得各单位学习，国家测绘局机关也要学习，各支部也要和基层单位党支部结对子，互相学习、互相提高。

加强队伍建设的关键是搞好人才队伍建设。要深入学习贯彻全国人才工作会议精神和《国家中长期人才发展规划纲要》要求，实施好人才强测战略。贯彻落实干部选拔任用工作四项监督制度，加强领导班子和干部队伍建设。办好第三期测绘工作专题研究班，推进高层次人才培养和西部人才援助。组织开展好首次注册测绘师考试工作。

要做好首次省级测绘行政主管部门贯彻落实科学发展观年度考评工作。福建把贯彻落实科学发展观考核办法进行了细化分解落实，效果很好，各项工作有目标，有责任，有考核，有评比，要通过评比来提高大家的工作热情和干劲，也通过评比树立样板，鼓励先进，鞭策后进，推动工作。

要加强廉政建设，特别是要带好班子。要求生存，谋发展，干事业，就要带队伍。我们要把队伍带好，为事业生存发展谋划好，当好带头人，当好领头羊，把事业做大、干好。

同志们，“十一五”只剩下最后半年时间了，希望各单位、各部门继续发挥积极性和主动性，抓住机遇，乘势而上，圆满完成年度各项重点工作，确保“十一五”测绘事业圆满收官。

举全国测绘之力　加快建设数字新疆
为新疆跨越式发展和长治久安提供坚实测绘保障

国家测绘局局长徐德明在全国测绘援疆工作座谈会上的讲话

2010 年 8 月 19 日

尊敬的努尔兰常委，各位领导、各位朋友，同志们：

大家上午好！

今天，我的心情非常好、也非常高兴。因为今天的会议开得非常好，我很受鼓舞。首先，好就好在我们大家对党中央、国务院提出的关于实施新疆跨越式发展和长治久安重大战略部署贯彻的坚决态度。比如，这次会议很多企业都是自发要求来参加的，这充分体现了以胡锦涛为总书记的党中央提出的重大举措深得民心、深入人心。第二是好就好在大家是动真情、使实劲，积极踊跃捐款捐物，出钱出力，用实际行动表达了援疆的态度。第三是好就好在测绘援疆措施有力，会前出台了《国家测绘局关于加强测绘援疆工作的意见》，国家测绘局与新疆自治区政府共同提出了加快新疆测绘发展的重大专项建议。第四是好就好在大家的士气高涨、干劲十足、信心倍增、气氛活跃，几位同志大会发言站得高、看得远、想得深，都能以国家利益、民族利益、民族团结、经济发展的大局为重，充分表达了我们自愿主动援疆的坚定信心和决心，而且都表示不是短期的援疆，而是长期的援疆，并要形成长效机制。第五是好就好在得到了新疆党委、政府的高度重视，得到了国土资源部、徐绍史部长的大力支持，对会议提出明确要求，作出精细安排，使会议开得成功、圆满，达到了预期的效果。

昨天，张春贤书记百忙之中会见了出席本次会议的国家测绘局班子成员，对新疆测绘工作提出了明确要求、寄予殷切希望。希望测绘部门为新疆的快速发展先行一步，提供服务保障。本次会前，努尔兰常委专程到国家测绘局就如何实现新疆跨越式发展、做好测绘服务保障工作同我们交换了意见，提出一些很好的建议。刚才，常委又作了很好的讲话，给我们展示了新疆发展的美好前景，对测绘工作给予充分肯定，也提出了明确的需求。这些都充分表明了自治区党委政府对测绘的高度重视和大力支持。

近年来，在自治区各级党委政府和自治区国土资源厅的重视和关心下，经过新疆全体测绘工作者的不懈努力，新疆测绘工作取得长足进展，测绘财政投入大幅增加，测绘法制建设不断加强，测绘管理体制快速健全，基础测绘工作显著加强，测绘服务保障能力明显提升。

在此，我代表国土资源部、国家测绘局，向新疆自治区各级党委、政府和国土资源厅对测绘工作的大力支持表示衷心的感谢！向全疆测绘工作者致以亲切的慰问。

今年3月以来，中央相继召开全国对口支援新疆工作会议和新疆工作座谈会，进一步明确了当前和今后一个时期做好新疆工作的指导思想、主要任务、工作要求，对推进新疆跨越式发展和长治久安做出了战略部署。充分体现了党中央、国务院对新疆发展与稳定的高度重视，对新疆各族人民的亲切关怀和爱护。今年6月，中共中央国务院下发关于推进新疆跨越式发展和长治久安的意见，明确要求加快“推进基础测绘工作，构建新疆基础地理信息数据库，建设现代化测绘基准体系”。这是党中央、国务院对新疆测绘发展的殷切期待，也是对新疆测绘工作提出的重点任务，更是对国家测绘局的明确要求。

国家测绘局党组始终高度重视测绘援疆工作，近年来采取了有力措施强化对新疆测绘工作的支持。地方各级测绘部门也坚决贯彻中央和国家测绘局部署，不断加大了援助支持力度。据不完全统计，“十一五”以来，通过资金补助、项目倾斜、人才支援、技术支持、成果提供等多种手段，测绘部门累计对新疆基础测绘投入了近2.6亿元，并向新疆提供了大量测绘成果，为新疆培养了大批管理和技术人才。通过全国测绘系统的大力支持和新疆测绘部门的自身努力，新疆测绘工作有了长足发展，服务新疆发展和稳定的能力不断提高。但是由于历史、自然、社会、技术等多方面因素影响，新疆测绘起点较低，基础测绘水平同我国东部地区的发展差距仍然很大，与推进新疆跨越式发展和长治久安的要求相比还不适应，还远远满足不了现实的迫切需要。

要解决新疆测绘工作中的困难和问题，不仅需要新疆测绘部门的自身努力，更需要全国测绘行业的大力支援、合力推动。国家测绘局决定召开本次全国测绘援疆工作座谈会，就是要积极响应中央号召，认真贯彻落实中央援疆的重大决策部署，动员全国测绘的力量，共同推进新疆测绘跨越式发展。我希望，把本次会议召开成一次统一思想、凝聚力量、部署工作、促进发展的会议，召开成一次推动新疆测绘超前发展的动员会、鼓劲会、部署会、落实会。

这次会议的主要任务是：深入贯彻新时期中央关于新疆工作的战略部署，全面实施《国家测绘局关于加强测绘援疆工作的意见》，集全测绘之智，尽全测绘之责，举全测绘之力，支援新疆测绘工作，为新疆实现跨越式发展和长治久安提供坚强有力的测绘保障。

为切实做好新时期测绘援疆工作，国家测绘局在去年召开全国测绘援藏座谈会时就开始筹划测绘援疆工作，并专门成立了测绘援疆工作领导小组，明确李维森副局长负责这项工作，广泛动员全国各级测绘主管部门、测绘与地理信息企事业单位积极参与测绘援疆工作，期间，还多次与新疆自治区政府沟通协调，确保测绘援疆的针对性。本次会议召开前，国家测绘局专门印发了《国家测绘局关于加强测绘援疆工作的意见》，明确了加强测绘援疆工作的指导思想、基本原则、主要目标、重点任务和工作要求，要求、动员全国各级测绘主管部门、全国测绘与地理信息企事业单位共同做好新时期新疆测绘工作。我们希望，通过大家的共同努力，到2015年，新疆测绘服务保障能力接近经济较发达省份水平，测绘保障服务能力能够满足新疆跨越式发展和长治久安的需要。

本次会前，全国21个省级测绘行政主管部门、7个国家测绘局在京直属单位、20多家测绘企业提出了援疆捐赠计划，目前已经明确的捐赠和对口支援投入已达1.7亿元，其中现金约1070万元、实物折合约1.6亿元。这些捐助既有新疆急需的测绘成果数据、测绘经费投入，也有先进的测绘仪器设施和适于新疆特殊环境作业的技术装备，还有技术和智力援助。与此同时，国家测绘局还组织成立了由60名生产能手和技术骨干构成的中国测绘援疆青年突击队，随时待命支援新疆的应急测绘。

刚才，王春峰副局长通报了测绘援疆的主要举措，国家测绘局向新疆捐赠了无人机、测绘成果数据、测绘资金等部分援疆物资和款项，中国测绘科学研究院、国家基础地理信息中心两个单位与新疆测绘局签署了合作协议，几个单位表达了加强测绘援疆工作的决心、交流了测绘援疆经验，测绘援疆青年突击队接受了队旗并庄严宣誓。希望你们不辱使命，勇挑重担，为新疆测绘工作和新疆的跨越式发展作出积极贡献。在此，我谨代表国家测绘局，向各部门、各单位对测绘援疆工作的支持表示衷心的感谢！下面，我就如何做好测绘援疆工作讲几点意见，供大家参考。

一、充分认识测绘援疆工作的重要意义

（一）开展测绘援疆工作是贯彻落实党中央、国务院战略部署的重要举措。新疆是我国西北的战略屏障，是实施西部大开发战略的重要地区，是对外开放的重要门户，也是我国战略资源的重要基地。新疆的发展和稳定，关系全国改革发展稳定大局，关系祖国统一、民族团结、国家安全，关系中华民族伟大复兴。新疆工作事关党和国家的长远利益，在党和国家工作全局中具有特殊重要的战略地位。做好新疆工作，不仅是新疆的事情，也是全党全国的事情。测绘援疆是全国援疆的重要组成部分，是当前及今后一段时间测绘部门重中之重的战略任务。全国测绘干部职工一定要把思想认识统一到中央的重大决策和部署安排上来，充分认识做好测绘援疆工作的重要性和紧迫性，不折不扣地完成好中央交给的援疆任务。

（二）开展测绘援疆工作是推动测绘事业全面协调发展的客观要求。新疆自治区国土广袤，占全国陆地总面积的六分之一，但由于历史、自然、社会等多方面因素影响，新疆测绘工作同我国东部地区的发展差距仍然很大，本地区基础测绘投入与现实需求有较大差距，测绘基础设施、技术装备、人才队伍相对薄弱，基础地理信息资源远远没有实现必要覆盖，测绘对经济社会发展的保障服务能力和水平相对于其他地区还有较大差距。当前及今后一段时间是测绘发展的黄金机遇期，新疆测绘是全国测绘的重要组成部分，开展测绘援疆工作是推动测绘事业全面协调发展的客观要求，是加快我国从测绘大国迈向测绘强国的迫切需要，支持新疆测绘上水平、上台阶是测绘部门的重要历史使命。

（三）开展测绘援疆工作是促进新疆跨越式发展和长治久安的现实需要。未来十年是新疆大建设、大跨越、大团结、大发展的关键时期，中央要求力争经过5年努力，援疆工作要在重点任务上取得明显成效，经过10年努力，确保新疆实现全面建设小康社会目标。科学发展，测绘先行，随着全国大规模援疆建设的深入展开，一大批援疆重大基础设施工程、民生工程将相继实施，迫切需要测绘充分发挥基础先行作用。开展测绘援疆工作，有助于更好地为领导机关和政府部门提供辅助决策支持，为新疆基础设施建设和信息化建设提供重要支撑，满足人民生活日益迫切的地理信息服务需求，对于加快新疆发展、维护新疆稳定具有重要意义。

二、准确把握测绘援疆工作的主要任务

我们要认真贯彻中央关于新疆工作的战略部署，以对新疆各族人民的深厚感情和高度的责任感、使命感，把测绘援疆工作作为一项光荣而艰巨的政治任务，作为测绘系统义不容辞的责任，切实加强新疆测绘工作，突出“三基”建设，强化服务保障，促进跨越发展。

——要以提升测绘服务大局、服务社会、服务民生的能力为根本，以加大资金、项目、技术、人才援助为手段，以建立完善各项长期支援机制为保障，加快推动新疆测绘工作跨越式发展，全面提升地理信息服务能力和应用水平，确保不因测绘工作不到位影响新疆建设的规划，不因测绘工作不到位影响新疆建设的立项，不因测绘工作不到位影响新疆建设的速度，不因测绘工作不到位影响新疆建设的质量。

——要坚持加强业务建设、能力建设、队伍建设相结合，全方位提升新疆测绘服务保障能力和水平；坚持政府主导与企事业单位自觉自愿相结合，广泛动员全国测绘力量，充分发挥测绘与地理信息企事业单位的积极性；坚持把新疆的具体测绘需求和各部门、各单位的实际情况相结合，增强测绘援疆工作的针对性和目标性；坚持“输血”与“造血”相结合，巩固与提升相结合，项目、资金援助与技术、人才援助相结合。坚持高起点、高标准、高效率建设，确保测绘援疆质量高、速度快、效果好。

——要通过全国测绘系统的共同努力，力争到“十二五”末期，新疆基础测绘能力显著提升，服务保障能力接近经济较发达省份水平，基本比例尺地形图基本满足需求，基本建成全疆多尺度基础地理信息数据库，建成数字新疆地理空间框架和全疆14个地市州的数字城市地理空间框架，全面建成新疆现代化测绘基准体系。到2020年，全面建成数字新疆地理空间框架，基础地理信息数据库实现数据的必要覆盖和适时更新，新疆测绘基准体系高效运行，新疆测绘服务保障能力可靠、适用、及时、有力。

今后一段时间，要着力从以下六方面进一步加大测绘援疆力度：

（一）资金援疆。要按照中央援疆和地方对口援疆的总体部署和要求，认真谋划测绘援疆工作特别是“十二五”测绘援疆工作计划，积极争取将测绘援疆工作纳入国家和地方对口援疆相关规划和经费预算。国家测绘局将积极争取中央财政对新疆测绘的更大支持，推动建立中央财政对边远地区、少数民族地区基础测绘经费补助的长效机制，并在重大测绘项目的投入方向上进一步向新疆倾斜，加快新疆基础测绘发展。各地测绘部门尤其是19个对口支援省（市），要积极向当地党委政府汇报，争取经费支持，对口支援地区要力争将测绘援疆纳入本地区援疆工作的大盘子、并尽可能多的争取经费投入，切实为支援新疆基础测绘工作、测绘基础设施建设、改善测绘生产生活条件提供资金保障。

（二）项目援疆。只有通过大专项才能带动大发展。各部门、各单位要加强与发改委、财政等部门的沟通，积极组织向中央有关部门和各级政府申请新疆测绘保障服务重大专项，推动新疆测绘跨越式发展。国家测绘局正积极与新疆自治区政府联合向财政部提出新疆测绘保障“三基”工程项目建议，通过国家重大测绘工程的实施推动新疆测绘超前发展。与此同时，我们还将通过国家西部1∶5万地形图测图工程、国家1∶5万基础地理信息数据库更新工程、国家现代测绘基准体系基础设施建设一期工程、国家地理信息公共服务平台建设工程、国家基础航空摄影工程、数字城市示范与推广工程等国家重大测绘工程的实施，全面构建新疆现代测绘基准体系与综合导航服务系统，带动新疆基本比例尺地形图测制与更新，支持新疆开展多尺度基础地理信息数据库和专题数据库的建设与更新，实现全疆多分辨率、多时相影像数据的全面覆盖。

（三）装备援疆。装备决定能力。新疆地形复杂，地域广阔，数据获取困难是制约基础测绘发展的重要瓶颈，要下大力气推动新疆测绘的技术装备升级换代，显著提升新疆测绘生产力水平。国家测绘局将为新疆测绘局、新疆生产建设兵团以及各地、市、州测绘部门陆续配备无人飞机航摄系统，建设现代化的测绘成果档案存储与服务设施，提高新疆地理信息快速获取与灵性服务能力。各级测绘部门、广大测绘与地理信息企事业单位，要根据新疆维吾尔自治区测绘局提出的《测绘援疆备选项目表》，发挥各自的优势，积极申领项目，加大对新疆测绘的装备援助，大幅提升新疆的测绘保障能力。

（四）技术援疆。技术是事业发展的不竭动力。要在新疆强力推进“科技兴测”战略的实施，带动新疆测绘又好又快发展。国家测绘局将在测绘科技项目上进一步向新疆倾斜，重点帮助解决困难地区数据获取和稀无控制点测图等关键技术难题；鼓励新疆测绘单位与有条件的测绘高校、科研院所和高新技术企业联合共建国家测绘局重点实验室、工程技术研究中心、中试基地等科技创新平台，推动建设好中国测绘科学研究院新疆分院；支持研究制定具有新疆区域特点、适应新疆经济社会建设需求的测绘地方标准；将新疆测绘单位纳入国家测绘局正在实施的“走出去”战略中，提升新疆测绘单位参与国际合作和竞争的能力；在新疆建设科技含量高、具有测绘特色的科普基地，宣传推广测绘科技知识。各部门、各单位尤其是广大地理信息企业也要结合自身的技术优势，为新疆测绘技术进步做出应有贡献。

（五）人才援疆。人力资源是第一资源，测绘援疆人才是关键。要进一步完善人才援疆工作机制，丰富人才援疆手段，加大人才援疆力度，切实为新疆测绘跨越式发展提供人力支援支撑和智力保障。国家测绘局将通过举办面向新疆地区的人才培训班，开展测绘专家西部行活动，邀请测绘领域专家学者到新疆举办科技前沿讲座，接收新疆测绘管理干部和专业技术人员到国家测绘局和地方测绘部门学习培训、挂职锻炼等方式加大人才援疆力度。与此同时，还将结合新疆重大测绘工程实施，选派专家赴新疆进行技术指导，为新疆地区培养中高级专业技术人才和中青年技术骨干。希望各部门、各单位积极与新疆广大测绘单位结帮扶对子、加强对口支援，为新疆地区测绘人才培养和队伍建设做贡献。

（六）服务援疆。服务决定地位，服务体现价值。要通过显著提升测绘成果和技术的应用范围、应用深度、应用效益，充分发挥测绘作用，展示测绘价值，提升测绘地位。国家测绘局将加强对新疆地理信息资源应用服务的指导，无偿为新疆经济社会发展公益性事业提供全疆范围的国家基础测绘成果，加强对新疆重大战略、重大工程中相关测绘工作的支持力度，推进地理信息资源在新疆科学决策、城乡规划、资源管理、环境保护、防灾减灾、应急保障、公共安全以及民政、外交、科技、教育、文化、卫生等领域的应用。同时，将加强对新疆测绘管理体制完善、测绘法规政策制定和执法监督工作的指导，鼓励更多的测绘企业到新疆开展业务，不断提升新疆测绘服务保障的能力和效益。

三、扎扎实实做好测绘援疆工作

各部门、各单位要充分认识新形势下加强测绘援疆工作的重要性和紧迫性，积极主动、扎实有效地做好测绘援疆各项工作，帮助新疆测绘部门破解难题、加快发展，共同创造新疆测绘的美好未来。

（一）要加强组织领导。各部门、各单位要以高度的政治责任感和历史使命感，加强对测绘援疆工作的组织领导，纳入重要议事日程。国家测绘局已成立由李维森副局长任组长、有关司（室）负责同志组成的测绘援疆工作协调组，统筹协调测绘援疆重点任务的组织实施。各部门、各单位尤其是各对口援疆省（市）测绘部门，要坚持一把手亲自抓，分管领导具体抓，明确测绘援疆的组织机构和职责分工。要定期召开专题会议，研究部署相关工作，协调解决工作中的重大问题，为测绘援疆提供坚实的组织保障。

（二）要狠抓工作落实。各部门、各单位要按照中央关于援疆工作的精神和《国家测绘局关于加强测绘援疆工作的意见》，结合本地区、本单位、本部门的实际和新疆测绘的现实需求，制定详细的测绘援疆工作方案和专项规划，进一步细化目标、分解任务、明确进度、落实责任。要加强对测绘援疆工作进展的监督检查，确保援疆工作有序、有效、有力进行。新疆测绘部门也要充分发挥自身的积极性、主动性、创造性，把国家支持、兄弟部门支援与自身努力紧密结合起来，配合开展好各项工作，提供必要的协助和支持。

（三）要创新援助形式。测绘援疆不是简单的捐钱捐物，而是资金、人才、技术、管理的综合援疆，是要出数据、出效果，是要全面提升新疆测绘的整体能力。测绘援疆工作应坚持有利于促进新疆政治稳定，有利于新疆测绘事业的发展，有利于提高新疆测绘保障服务水平的标准，走长远与近期统一，人才、技术和经济援助兼顾，“输血”与“造血”相结合，援助与合作相结合的路子。要千方百计、开拓思路，拓宽测绘援疆渠道，不拘一格、多形式、全方位开展援疆工作，积极探索新的援助形式。在支援的项目和方式上，要结合新疆实际，突出重点和特色，注重按需测绘、按需援疆。要充分发挥各方优势，加强在技术、人才等方面的援助，力争取得更大实效。

（四）要完善工作机制。测绘援疆是一项长期性的工作，不是简单的一时行为，要形成长效机制，要常态化，只做加法、不做减法。各部门、各单位要加快建立本单位的测绘援疆制度措施，完善测绘援疆投入机制，把有效发挥政府作用与充分运用市场机制结合起来，拓宽资金的筹措范围，充分发挥社会力量的参与热情。要建立互动机制，促进援助与被援助单位就援助项目等问题加强交流，密切合作，确保援助各项工作的有序实施和规范管理。要建立科学的考核机制，适时对测绘援疆工作表现突出、成绩优秀的单位和个人进行奖励。

同志们，做好测绘援疆工作、推进新疆测绘事业加快发展，是我们共同的责任。让我们在党中央、国务院的坚强领导下，团结一心，同心同德，奋发向上，开拓进取，以改革创新的精神、求真务实的作风、扎实有效的工作，努力开创测绘援疆工作新局面，为实现新疆的跨越式发展和长治久安做出新的贡献。

国家测绘局局长徐德明在数字城市建设专题研究班开班式上的讲话

2010 年 9 月 13 日

尊敬的才利民副省长，董万章副秘书长，徐景颜厅长，连承敏书记，各位领导，各位市长，同志们：

大家上午好！经中共中央组织部批准，数字城市建设专题研究班今天正式开班了。本期研究班得到了中组部、山东省委省政府、临沂市委市政府的高度重视和大力支持。中共中央组织部中国浦东、井冈山、延安干部学院理事会秘书处副秘书长董万章同志及干部教育局张晓冬同志百忙之中专程出席开班式。刚才，董万章同志作了重要讲话，对学员学习提出了明确要求，对如何办好研究班给予了悉心指导。山东省副省长才利民同志专程从济南赶来出席开班式，并发表了热情洋溢的致辞，体现了才利民副省长对测绘工作一贯的重视、关心和支持。才利民副省长对测绘工作的认识非常深刻，去年，他在讲话中特别强调测绘在国民经济和社会发展中的重要地位和作用，提出离开测绘就难以生存，离开测绘就难以发展，离开测绘就寸步难行。今天，才利民副省长在讲话中又进一步阐述了测绘工作的重要性。临沂市市委书记连承敏同志作为在革命老区任职多年的领导，始终把临沂的建设和发展紧抓不放，以现代化的意识、战略的眼光、科学发展观的要求来建设数字临沂，提升数字临沂，宣传数字临沂，积极推动地理信息公共服务平台建设，舍得在人力、财力、物力和编制方面投入，把数字临沂作为头等大事来抓，这一点值得其他城市学习。各位市长能够参加本次研究班并亲临现场观摩学习数字城市建设，体现了各位对数字城市的高度重视。在此，我代表国家测绘局，向各位市长的到来表示热烈的欢迎！向中共中央组织部、山东省委省政府对测绘工作的重视和支持致以诚挚的谢意！向山东省国土资源厅、临沂市委市政府为本期研究班所作的细致安排和提供的周到服务表示衷心的感谢！

近年来，在山东省委省政府的大力支持下，山东测绘工作取得很大成绩，法制建设不断加强，投入力度越来越大，基础测绘工作加快发展，测绘保障服务能力显著提高。山东省公众版地理信息公共服务平台开通运行，数字临沂地理信息公共服务平台正式启用。这次我们把各位市长请到临沂来，就是要让大家亲身感受、体验数字城市建设的成效，交流数字城市建设的经验，听取对数字城市建设的意见和建议，共同推动数字城市建设。我们希望，把这次研究班办成一次研讨交流、观摩体验、增进感情、推动发展的研究班，办成一次认识数字城市、了解数字城市、支持数字城市建设的研究班。

本期研究班的主要任务是：深入学习党的十七大和十七届三中、四中全会精神，全面贯彻落实科学发展观，认真贯彻《国务院关于加强测绘工作的意见》，大力推进数字城市建设，切实发挥测绘在政府决策和应急指挥中的作用，更好地为经济社会发展服务。

党中央、国务院历来高度重视数字中国建设。胡锦涛、温家宝、李克强等中央领导同志多次对测绘工作作出重要批示指示，明确要求加快推进数字中国建设，积极促进国民经济和社会信息化，全面提高测绘保障能力和服务水平。

数字城市是数字中国的基础和重要组成部分，是国家测绘局加快数字中国建设的牛鼻子工程，对于加快测绘成果转化，推动测绘成果更好地服务经济社会发展，提升测绘服务大局、服务社会、服务民生的能力和水平意义重大。

为贯彻落实中央领导同志的重要指示精神，国家测绘局把加快数字城市建设作为当前和今后一个时期的重要任务，从立法、规划、政策与技术标准制定等方面入手，加大资金投入和政策支撑，全力予以推进。全国各省级测绘行政主管部门和市级人民政府积极响应、精心组织，目前全国已有 112 个市（区）开展了数字城市建设试点和推广工作，约占全国地级市总数的 1/3。经过一段时间的边建设、边应用，数字城市发展已初见成效，在促进科学决策、精细管理、高效服务、低碳运行、提高信息化和社会管理水平、方便人民生活等方面发挥了积极作用。例如，数字徐州运行后，当年土地税收增加 5 个亿，原因就是税务部门通过数字徐州全面掌握了用地情况。嘉兴市通过数字嘉兴网上平台，实现了工商登记当场审批，提高了行政效率，促进了公正透明。明天，国家测绘局组织的“数字城市中国行”大型宣传活动将在临沂启动，中央 13 家新闻媒体将对数字城市建设成果进行深入采访和集中宣传报道，我们希望通过扩大宣传，凝聚共识，扩大数字城市的影响，加快数字城市建设步伐。

下面，我谈三点意见，供大家参考。

一、充分认识数字城市建设的重要意义

第一，加快数字城市建设是推进经济社会信息化的迫切需要。大力推进经济社会信息化，是我国现代化建设的战略性举措。人类社会的各类信息绝大部分与地理空间位置相关，我们只有基于统一、标准、权威的地理空间载体，才能实现自然、社会、经济、人文、环境等各类信息的集成、整合和共享，避免数字孤岛、数字鸿沟。城市相对其他地区而言，经济活跃、发展快速、信息丰富、资本集中。建设数字城市，对于促进信息资源开发利用，避免重复建设，推进城市信息化进程等具有十分重要的作用，也是推进国民经济和社会信息化的重要内容和基础保障。

第二，加快数字城市建设是促进城市管理科学化的客观要求。数字城市为认识物质城市打开了新的视野。在数字城市提供的地理空间载体上叠加其他业务信息，就可以实现对经济、社会和人文信息的空间统计分析和决策支持，使城市管理和服务空间化、精细化、动态化、可视化、真实化，城市管理工作就能够实现对每个地方、每个时段的准确覆盖，实现由部件管理到事件管理、由粗放管理到精确管理、由多头管理到统一管理、由被动管理到主动管理、由事后管理到事前管理。建设数字城市，既有利于整合政府资源，节约行政成本，克服过去管理不到位的弊端，又可以推动管理手段的现代化、决策的科学化，实现精确、快速、高效的城市管理。

第三，加快数字城市建设是服务民生的重要举措。数字城市建成的电子政务服务系统，加强了政务服务提供者与使用者之间的沟通和互动，为城市相关部门通过网络为广大市民和企业服务提供了新的途径。社会公众通过浏览数字城市建成的城市地图网或地理信息服务网，可以全方位了解城市社会经济发展状况，便捷查询与日常生活密切相关的衣、食、住、行等信息。有关商家也可借助这个平台便捷、实惠、直观地推介商品和服务，提高销售收入。因此，加强数字城市建设，对于服务民生、提高人们生活质量、建设开放型政府具有积极意义。

二、加快推进数字城市建设和应用

数字城市对外是展示城市形象的名片，对内是科学决策的基础；对城市各部门是综合管理的工具，对民生是提高生活质量的帮手，对商业是推介宣传的平台。

今后一段时间，国家测绘局将全面推广数字城市建设，力争“十二五”末基本完成全国地级市和部分县级市的数字城市建设，并逐步实现国家、省、市的上下贯通和横向互联，最终把分散在各地、各部门的地理信息资源打造成全国地理信息服务“一网（全球卫星定位综合服务网）一图（国家基本比例尺地形图）一平台（国家地理信息公共服务平台）”。

为尽快实现上述目标，尽快发挥数字城市建设的效益，我们希望国家测绘局、各省（区、市）测绘行政主管部门、各市级人民政府加强合作，共同推进，着力从以下三个方面加大工作力度：

一是加快丰富城市基础地理信息资源。要着力建立测绘与土地、交通、林业、水利、民政、公安等部门的信息共享机制，建立分工明确、相互配合的地理信息数据获取和更新机制，建成包括地形、地貌、地名、交通、水系、境界、地籍、城市综合管网、门牌地址、房产、规划、地理编码等基本要素信息的城市地理信息数据库。

二是加快建设城市地理信息公共服务平台。要积极推动测绘部门同相关部门的合作，加快建设城市地理信息交换中心，在城市地理信息数据库的基础上，建成统一、权威、标准的城市地理信息公共服务平台，为城市各部门的应用提供基础地图服务和测绘技术服务，实现地理信息与城市其他经济社会、自然资源和人文信息的互联互通与整合集成应用。

三是加快推动数字城市的广泛应用。要确立和强化数字城市的权威性、唯一性，从机制和政策上保证政府各部门建设的以地理信息为基础的信息系统，全部采用数字城市建设成果，避免重复投入，杜绝随意建设。要着力开发维护好各类服务于党政领导机关和相关部门的辅助决策系统，开发维护好公益性地理信息服务网站，鼓励支持增值开发和提供商业化服务，促进数字城市的广泛、高效应用。最近，国家测绘局正在建设“天地图”网站，力争打造中国一流乃至世界一流的地理信息服务品牌，这就需要在数字城市建设中统一标准，不能各行其是。要加强基础测绘、基础地理信息数据库和测绘基准体系“三基”建设，为发展“天地图”奠定基础框架，营造良好条件。

三、对各位学员的几点希望

测绘是准确掌握国情国力、提高管理决策水平的重要手段，具有基础先行、服务保障、应急救急、统筹协调、管理监督、维护安全等六大作用。做好测绘工作，是测绘部门的职责，更是各级政府的责任。借此机会，我就加强测绘工作、加快数字城市建设，向各位市长提三点希望。

一是通过专题研讨，加强对测绘工作重要性的认识。随着时代的发展和技术的进步，特别是地理信息产业的兴起，测绘对于科学管理、经济增长的贡献率越来越大。今年在我们开展测绘发展战略研究时，有专家指出，20 世纪是通信的时代，21 世纪则是导航与位置服务的时代。国务院发展研究中心的一个研究报告曾对地理信息产业在四个方面进行阐述，认为地理信息产业是一个战略的、朝阳的、新兴的和最有希望的产业。目前许多省都在建设地理信息产业园，测绘专业毕业生社会需求旺盛。近年来，先后有 6 家测绘与地理信息企业上市，在整个股市处于低迷的情况下，测绘与地理信息企业股价逆势上扬。可见，经济越发展，人民越富裕，测绘行业越有发展空间，而且发展前景无限。希望各位市长成为宣传测绘工作的倡导者，成为推动测绘工作的协调者，成为加快数字城市建设的领导者，成为大力发展地理信息产业的促进者。希望大家在今后进一步关心测绘、重视测绘、支持测绘，把测绘工作列入重要日程，能够经常听取测绘工作汇报，经常到测绘单位视察指导，通过各种方式向市委市政府领导、有关部门宣传测绘的重要作用，促进各方面对测绘的理解和支持，为测绘事业发展营造良好的环境。

二是通过专题研讨，加大对测绘的支持力度。当前及今后一段时间，是我国测绘事业加快发展的黄金机遇期。我国测绘事业在快速发展的同时，也存在一些亟待解决的问题和困难，迫切需要各级尤其是市级党委政府高度重视和大力支持。希望大家积极推进依法编制城市基础测绘规划，切实将基础测绘纳入本地国民经济和社会发展规划及财政预算；加大对市级测绘行政管理机构设置的指导监督和支持力度，落实职能、机构、人员和经费；加大测绘高新技术装备和应急测绘装备建设，提高测绘保障服务能力。在机构和职能建设方面，浙江和山东在这次的机构改革中做得很好。浙江省测绘行政管理机构不仅没有降格或撤销，而且成立了浙江省测绘与地理信息局，恢复正厅级，赋予了监测地理国情、组织海洋测绘、统筹资源共建共享的职能，还专门出台了《浙江省地理空间数据交换和共享管理办法》。山东成立了省测绘局，临沂市测绘与地理信息局明天也将挂牌。装备决定能力，技术决定水平，服务决定作用。各市搞数字城市必须加强装备建设。国家测绘局今年在全国31个省区市全部装备了无人机，投资小，见效快，在玉树、舟曲救灾中都发挥了重要作用，国土资源部徐绍史部长给予了很高评价。各市需要装备的一个是无人机，一个是数字影像车和像素工厂，有能力的还可以配备五镜头一次成像设备。这些装备虽然成本较高，但对数字城市建设事半功倍，在这方面我们要舍得花钱，真正把测绘建成政府综合管理的有效手段。

三是通过专题研讨，积极推进数字城市建设和应用。数字城市建设是城市信息化不可或缺的支撑和保障，对促进城市的发展具有十分重要的作用。从某种程度上来讲，是否重视数字城市建设，体现一个城市领导者的现代化意识、战略眼光和实践科学发展观的态度。在座的各位市长都是城市管理的精英和栋梁，希望大家从数字城市建设的必要性出发，将其放在更加优先和突出的位置加以推进，纳入到本地重点工作，切实抓紧抓好。要调动各方的积极性，充分整合各方的技术、资源和管理优势，促进数字城市建设的统筹管理与共建共享，不断拓宽数字城市建设成果在城市各部门的应用。同时希望各地加强对测绘项目财政投入的统筹，充分发挥测绘部门的资源、技术、人才优势，避免重复浪费，促进信息共享，更好地服务地方经济社会发展。

同志们，本次研究班是国家测绘局第三次在中共中央组织部的指导下承办的市长班，命名为数字城市建设专题研究班还是第一次。中组部对本次研究班的主题、课程设置、技术参观等环节都做了认真研究和细致安排。我们将努力提高培训质量和效果，力争把测绘专题研究班越办越好。

各位同志能在百忙之中抽出时间，潜心研究，深入学习，非常难得。我们也希望能够借助研究班这个平台，听取各位市长对加快测绘事业发展的意见和建议，希望大家深入研讨、建言献策。

最后，预祝本次数字城市建设专题研究班圆满成功！祝大家学习期间身体健康，生活愉快！

谢谢大家！

解放思想　改革创新　推动测绘宣传工作再上新台阶

国家测绘局局长徐德明在全国测绘宣传工作会议上的讲话

2010年10月26日

尊敬的各位代表、同志们：

大家上午好。在党的十七届五中全会刚刚闭幕的重要时刻，我们在这个金秋时节，在美丽的杭州召开全国测绘宣传工作会议，认真学习贯彻党的十七届五中全会精神，系统总结近年来宣传工作的成就，把握形势，明确方向，这对于我们进一步推动测绘宣传工作再上台阶，具有重要意义。

这次会议选在浙江召开有其重要意义。进入新时期以来，浙江省的测绘工作始终得到了省委省政府的高度重视，出现了很多新亮点，为全国的测绘工作起到了示范带头作用。特别是在机构改革的过程中，浙江省委、省政府、省编办、省国土资源厅对测绘机构建设高度重视，率先恢复了正厅级的测绘行政管理机构，率先将测绘部门的名字更改为测绘与地理信息局，并赋予新的职能、新的任务，提出了新的要求。应当说，这个名字更符合经济社会与市场发展的需要，这个变更具有历史性、突破性和前瞻性，为全国测绘管理机构改革树立了样板。在这之后，山东省临沂市从市到县到区全部成立了测绘与地理信息局，使测绘行政主管部门的名字与工作任务更加符合。这对于进一步履行职能、推动工作意义重大。在地理信息资源共享共建机制建设方面，浙江省也在全国率先建立了统一汇交的共享共建机制，吕祖善省长亲自签发省人民政府令发布了《浙江省地理空间数据交换和共享管理办法》，彰显了测绘在浙江省经济社会发展中的地位和作用。在数字城市建设、信息化建设方面，浙江省也走在了全国前列。与此同时，浙江省也在海洋测绘、测绘基础理论研究等方面进行了积极的探索，并取得良好成效。昨天晚上，我与陈敏尔副省长进行了很长时间的交谈，他对测绘工作了如指掌，对测绘业务工作非常熟悉，这充分体现了浙江省政府对测绘工作的高度重视和充分认可。

宣传工作是为测绘事业的建设与发展保驾护航的，思想政治工作、思想宣传工作能不能落地，就在于我们的各项工作能不能取得新的成就。在浙江召开全国测绘宣传工作会议，既是对四年测绘宣传工作的总结会，也是进一步学习浙江省新经验、新作法、新成效的现场交流会，旨在更好地推动测绘工作在新的历史时期取得新的进步，实现新的发展。借此机会，我代表国家测绘局和与会代表，对浙江省委、省政府、省编办、省国土资源厅及相关部门长期以来对测绘工作的关怀、支持以及浙江省测绘与地理信息局为本次会议所作的精心安排和周到服务表示衷心的感谢！

近年来，测绘宣传工作取得了很大的成绩，为测绘事业发展营造了良好的舆论氛围。以前测绘工作是在墙里，在屋子里，在电脑上，不为人所知，只为人所用。大家只知道享受到测绘的成果，却不知道测绘工作者的艰辛和测绘工作的意义重大。宣传工作就是要展示测绘的良好形象，营造测绘事业发展的有利环境，为测绘事业发展提供有力的支撑。近年来，不论在广播、电视、报刊等传统媒体上，还是在互联网、手机等新兴媒体上，测绘宣传的声音越来越响，影响越来越大，可以说是一年一个新台阶，年年都有新亮点。特别是通过 2009 年全方位、高频率、广覆盖甚至是疾风暴雨式地宣传国测一大队先进事迹，在社会上产生了深刻广泛的影响，在很短时间内测绘人被社会广泛认知，也得到社会各界的广泛赞誉。各地领导对测绘宣传报道给予了充分肯定和高度赞扬，也进一步认识到测绘工作的艰辛、艰苦和艰难，更加理解、关心、支持测绘工作。这使测绘人备受鼓舞，感到光荣，为之骄傲与自豪。今年，国家测绘局在玉树抗震救灾、舟曲抢险救灾的测绘保障服务宣传中都做了大量的工作，测绘的形象更加鲜明，测绘的作用更加彰显，测绘的精神更加发扬光大，社会各界对测绘工作的认知和关注程度明显提升，各级政府和有关部门领导对测绘的重视和支持力度显著加大，测绘事业发展的环境越来越好。测绘宣传工作取得的成绩，与中宣部的高度重视是分不开的，与新闻记者的辛勤劳动是分不开的。记者们在艰苦的环境下来发掘、提炼测绘精神，提升测绘的品质，让测绘更光彩更荣耀，让从事测绘的人更骄傲更自豪。在去年的国测一大队宣传中，他们深入西藏，在考验生命极限的环境下坚持采访，有的打着吊瓶仍然坚持采访，使测绘精神得到弘扬得到光大，也使测绘人得到鼓舞得到鞭策。在此，我代表国家测绘局，代表广大测绘工作者，向中宣部、新闻媒体和记者朋友们表示衷心的感谢！向各级测绘主管部门和广大测绘宣传工作者表示衷心的感谢！向今天获奖的单位和个人表示热烈的祝贺！

下面，我就进一步加强测绘宣传工作讲五点意见。

一、解放思想、转变观念，进一步提高对测绘宣传工作极端重要性的认识

宣传工作事关事业发展全局，是党和国家的一项极为重要的工作，对于统一思想、凝聚力量、化解矛盾、维护稳定，对于转变经济增长方式、调整优化经济结构、促进经济社会科学发展，对于增强综合国力、提高执政能力都具有十分重要的作用。胡锦涛总书记指出：“现代社会，宣传舆论的社会影响力越来越大，能不能把宣传舆论工作抓在手上，关系人心向背，关系事业兴衰，关系党的执政地位。”重视宣传思想工作是我们党的政治优势和优良传统。我们党始终把宣传工作放在重要位置，以马列主义思想理论为武器，建设我们的党，武装我们的党，发展我们的党。我认为思想宣传工作主要有四大功能：第一是教育人、引导人，第二是鼓舞人、激励人，第三是提升人、塑造人，第四是团结人、凝聚人。思想宣传工作要达到这四个目的才能起到良好的效果。教育人、引导人就是使人树立正确的世界观、人生观、价值观，坚定正确的政治方向。鼓舞人、激励人，就是要激励人不断奋进、不断进取、不断向上，使人具有锲而不舍的精神。提升人、塑造人就是要提升人的品质，提升人的境界，提升人的美德，塑造光彩的人生、美丽的人生。团结人、凝聚人就是要形成和谐奋进、团结奋进、万众一心、同舟共济的良好氛围，培养和形成为事业奋斗、为民族奋斗而生生不息的精神。宣传工作关系事业兴衰，关系发展全局。我们党在过去的革命中靠笔杆子和枪杆子得以生存并不断发展壮大。电影《英雄儿女》中，前方打仗，后方唱歌，这就是鼓舞士气、鼓舞斗志、增加战斗力。毛主席说枪杆子里出政权，但没有笔杆子绝对不会有政权。列宁也曾经指出，没有革命的理论便没有革命的行动。今天，仍然要靠“两杆子”——笔杆子和秤杆子，秤杆子就是发展经济，笔杆子就是要为经济建设搞好服务，没有发展的舆论，就没有发展的环境。

测绘宣传工作是测绘工作的重要组成部分，是推动测绘工作的重要抓手。当前，测绘工作面临新的形势、新的任务，要求我们更加重视宣传工作。我们要深刻认识到做好测绘宣传工作是充分发挥测绘“基础先行、服务保障、应急救急、统筹协调、管理监督、维护安全”六大作用的需要，是普及测绘知识、促进测绘科技进步的需要，是加强测绘精神文明建设、凝聚行业力量的需要，也是推动我国由测绘大国向测绘强国转变的需要。在宣传上，要鼓舞士气，加快提升自主创新能力，加快突破核心技术，真正提升综合实力，提升竞争力。全国测绘系统各级领导都要解放思想，转变观念，瞄准目标，从全局的高度深刻认识新形势下宣传工作的极端重要性，进一步增强做好测绘宣传工作的责任感和使命感。

二、加强领导、加大投入，进一步夯实测绘宣传工作的重要基础

加强领导，是做好测绘宣传工作的根本保证。各单位各部门领导都要认真学习贯彻党的十七届五中全会精神，深入学习胡锦涛等中央领导关于加强宣传工作的重要指示，始终把测绘宣传工作放在重要位置，摆上重要议事日程，纳入工作全局，与测绘业务工作一同研究部署，一同检查落实，在方向上牢牢把握，在工作上及时指导，在政策上大力扶持，在投入上切实加大力度。各单位一把手一定要高度重视宣传工作。一把手主要是做人的工作，做人的工作主要是做思想工作，思想工作就是要做好宣传工作，只有宣传工作思想工作到位了，我们这个队伍才有士气，才有战斗力，才能团结一心，合力奋进。从毛泽东同志开始，老一代革命家就高度重视思想宣传工作，鼓舞了全国人民的士气，凝结了力量。各级领导一定要把宣传工作抓在手上，要利用好宣传这个阵地，借着这个平台来凝结力量，凝结人心。要进一步强化和落实测绘宣传工作责任制，各单位各部门一把手要亲自研究指导宣传工作，切实担负起领导责任，班子成员中要明确分管宣传工作的负责人，下大力气抓好测绘宣传工作。要把测绘宣传工作作为衡量领导干部工作业绩的重要内容，纳入年度考核内容，形成推动和促进宣传工作的长效机制，形成整个测绘系统重视宣传、支持宣传的良好局面。

要提高测绘宣传工作水平，加强测绘宣传能力建设，夯实测绘宣传工作基础是关键。近年来，测绘事业快速发展，测绘生产和服务设施水平有了显著改善，但对宣传工作投入不足制约了测绘宣传工作的开展。宣传也是生产力，而且是很重要的生产力。要加强宣传工作，首先领导要重视，第二要明确宣传方向，第三要选好人、用好人，第四要舍得投入、搞好配备，为宣传干部提供良好的工作条件和环境。宣传工作就像养花一样，平常要多浇水，到时候才会多开花；平常要注意潜移默化、润物无声的工作，到时候才会有回报。

三、与时俱进、改革创新，不断完善测绘宣传工作的体制机制

当前，我国经济社会发展面临许多新形势，测绘事业发展也面临许多新任务，使测绘宣传工作面临许多新情况新问题。要深入研究新情况，努力解决新问题，不断提高宣传工作能力。要按照党中央、国务院的有关要求和测绘宣传发展的需要，进一步建立健全新闻发布、政务公开、信息公开、媒体协作等各项制度，加强对新闻发布、新闻报道工作的组织协调和归口管理，进一步推动测绘宣传工作的科学化、程序化、制度化、规范化。要进一步完善应急宣传机制，形成响应迅速、渠道畅通、发布主动、声音权威、引导正确的应急宣传机制。要建立健全舆情收集、分析、研判、报告及后续应对与处置等工作机制，做到重大舆情早发现、早报告、早处置，增强防范和化解舆论危机的能力。在网络无国界的信息化时代，对舆情的关注、管控能力是考验领导干部能力的一个重要方面。

当前，中央对文化体制改革作出了总体部署，我们要抓住文化体制改革的有利时机，着力改革创新，进一步健全测绘宣传工作体制。首先是把中国地图出版社、测绘出版社、中华地图学社整合成立中国地图出版集团，打造地图出版的航空母舰。接下来将涉及报社的改革。要尽早研究中国测绘宣传中心和中国测绘报社改革问题，提出有利于进一步加强测绘宣传工作、有利于整合宣传力量、有利于进一步办好《中国测绘报》、有利于队伍发展稳定的改革方案，进一步明确和强化中国测绘宣传中心策划、组织、实施国家测绘局宣传活动等方面的职责。目前，山西省测绘局、湖北省测绘局经省编办批准，专门设立了宣传中心，有条件的省局也要积极争取。要进一步加强中国测绘报社在各地的记者站（工作站）建设，为做好宣传工作提供更有力的机构支撑。

四、统筹协调、系统谋划，切实增强测绘宣传工作的整体效应

测绘宣传工作内容丰富，载体多，涉及面广，必须树立大测绘、大宣传理念，加强统筹、抓好协调，整合资源、凝聚力量，提升整体效应。要统筹思想宣传、法制宣传、新闻宣传、科普宣传等工作，进一步办好测绘报刊和网站，充分利用中央和地方主要媒体，以及互联网、手机等新兴媒体，高度重视政务信息、市长专题研究班、测绘企业高级管理人员培训班等宣传平台，发挥好中国测绘科技馆的作用，努力构建定位明确、特色鲜明、功能互补、覆盖广泛的测绘宣传工作格局。要善用媒体、善待媒体、善管媒体，积极加强与中央和地方主要媒体的合作，切实发挥其覆盖广、受众多的优势，有力引导社会舆论。要加强测绘业务部门与宣传部门的协作，建立信息沟通机制，确保测绘发展重大事件、重点工作等的宣传能够及早谋划、充分准备、适时开展。

国家测绘局这几年有几件大事办得比较响亮，在社会上产生了非常好的影响，各大媒体都有宣传。10月21日国家测绘局开通在线地理信息服务网站“天地图”，22日温家宝总理在武汉视察期间，考察了有关测绘企业，在亲自看了“天地图”后，总理称赞“真厉害”。“天地图”的建设，是把测绘成果转为现实生产力，更好地服务经济社会发展，打造民族品牌的重大举措。我们干事业只有及早规划，充分准备，适时开展，争取工作的主动性，才能赢得后续发展的空间。宣传工作也是这样，只有做出亮点，做出闪光点，才能够凝聚民心，鼓舞民心，领导也才会更加重视，更加主动支持。

要准确把握经济社会和测绘发展动态，积极探索新形势下测绘宣传的内在规律和有效途径，进一步改进方式方法和报道模式，找准结合点，选好切入点。比如，国家测绘局开展数字城市建设，首先是起到了宣言书作用，宣传了中国的数字城市建设是由中国测绘在主导；其次是起到了催化剂作用，催生出了一大批测绘管理机构；再次是起到了播种机作用，带动了很多城市的信息化建设，提升了测绘在社会上的地位。我们要紧紧把握宣传工作的基本规律，把宣传工作的一般规律与测绘宣传的行业特点有机结合起来，把社会公众的关注点与测绘工作的着力点有机结合起来，把人民群众的信息需要与政府部门的信息公开有机结合起来，把握好舆论引导的时机、节奏和力度。要坚持“三贴近”原则，切实加强对基层、企业、群众的宣传，达到促进成果转化，提升企业发展，鼓舞职工士气的作用。要鼓励测绘宣传单位和行业单位的合作，拓宽宣传视野，挖掘报道深度，增强测绘宣传工作的吸引力和感染力。

五、求真务实、真抓实干，把测绘宣传工作的各项任务落到实处

要坚持高举旗帜，明确方向，牢牢把握正确的舆论导向，以科学的理论武装人、以正确的舆论引导人、以高尚的精神塑造人、以优秀的作品鼓舞人，唱响主旋律，打好主动仗。要坚持围绕中心，服务大局，紧密结合党中央、国务院关于测绘工作的重要决策部署，围绕“构建数字中国、监测地理国情，发展壮大产业、建设测绘强国”的战略方向，大力弘扬“热爱祖国、忠诚事业、艰苦奋斗、无私奉献”的测绘精神，突出重点宣传内容，为测绘发展营造良好舆论氛围。

要明确宣传工作职责，落实宣传工作责任。国家测绘局办公室要加强对宣传工作的指导、协调、把关、督办。中国测绘宣传中心要充分发挥策划、组织、实施国家测绘局宣传活动的职责，进一步加强面向社会的宣传。测绘系统各单位、国家测绘局各司（室）要按照业务分工，提出宣传主题、组织宣传素材，配合开展重大宣传活动。要进一步加强测绘宣传工作队伍建设，把政治素质好、组织能力强、文字水平高的优秀干部充实到宣传工作岗位上来。健全人才培养使用机制，加大培训力度，完善激励机制，努力造就一支政治强、业务精、作风正、纪律严的测绘宣传队伍，为做好测绘宣传工作提供有力支撑。测绘宣传工作者要发扬求真务实、真抓实干的精神，恪守敬业奉献、诚实公正、清正廉洁、团结协作、严守法纪的职业道德，深入测绘工作一线，提高综合素质和业务能力。各级测绘部门要更加关心宣传干部，为他们的工作创造更好条件，为他们的成长搭建更好平台。

在这里，我要特别强调的是，《中国测绘报》、国家测绘局门户网站、《中国测绘》杂志是国家测绘局信息发布的重要窗口，是宣传测绘工作的主平台、传播测绘文化的主阵地、体现测绘实践的主渠道，是反映测绘社情民意的重要窗口。加强测绘宣传工作，首先就要加强测绘宣传阵地建设。要进一步提高《中国测绘报》的权威性和质量，进一步扩大《中国测绘报》的影响面，真正办成企业关心、群众欢迎、部门支持的报纸。各地区要主动向当地政府和有关部门赠送《中国测绘报》，促进各级领导及时了解测绘、更加关心测绘、切实支持测绘。同时要积极引导广大行业单位订阅《中国测绘报》，使他们能够及时学习了解测绘方针政策，把握测绘发展动态，促进自身发展壮大。要研究成立测绘报刊理事会，充分发挥其沟通信息、搭建平台、交流经验、促进测绘宣传发展等作用。要继续加强国家测绘局门户网站建设，完善网站总体规划与设计，体现政府网站共性与测绘特色的统一，更好突出网站宣传功能。要进一步落实网站内容保障制度，加大政务信息发布力度，提升网站技术保障能力，办出特色，发挥优势，不断增强对公众的吸引力和社会影响力。

同志们，做好新时期的测绘宣传工作，使命光荣，责任重大，任务艰巨。让我们高举中国特色社会主义伟大旗帜，以邓小平理论和“三个代表”重要思想为指导，深入贯彻落实科学发展观，按照党中央、国务院的总体部署，以高度的政治责任感、精湛的业务能力和扎实的工作作风，全力做好各项测绘宣传工作，努力开创测绘宣传工作新局面，为推进测绘事业更好更快发展做出新的更大贡献！

国家测绘局局长徐德明在国家测绘局党组务虚会上的讲话

2010 年 11 月 26 日

同志们：

在全党全国各族人民深入学习贯彻党的十七届五中全会精神、系统谋划未来五年国民经济和社会发展的关键时期，我们在这里召开党组务虚会，主要任务是学习贯彻党的十七届五中全会精神，总结成绩，分析形势，研究问题。大家分别就过去一年如何估价、面临的形势如何判断、存在的问题如何解决、明年的工作如何开展等问题发表了很好的意见和建议。下面我作一个发言。

一、关于对这次务虚会的评价

两天的会开得很好，我们的党组成员都从全局的高度和分工的角度讲了很好的意见和想法，我很赞成。特别是大家的发言有观点、有思想，有很多新的见解，我听完以后很受鼓舞和教育。这次会议开得非常成功，达到了既务虚又务实，既交流情况又交流工作的目的。会议主要收获体现在以下四个方面：

一是准备充分，交流全面。大家对这次务虚会高度重视，事先都做了充分准备和认真思考，特别是对一年的工作情况进行了认真梳理。尽管是务虚会，但是大家也借务虚会汇报了工作，交流非常充分，起到了相互学习、相互促进、共同提高的作用。

二是思路清晰，方向明确。现在测绘工作的发展思路越来越清晰，方向越来越明确，认识越来越统一，行动越来越一致。大家谈的观点、认识、思路上下一致，真正形成了发展的共识。

三是对问题分析透彻精辟。尽管大家对过去取得的成绩给予充分肯定和高度赞扬，但是在前进过程中我们还面临诸多问题，制约着我们的进一步发展。如果这些问题不好好解决，我们实现大发展、大跨越就会受到阻碍。大家对问题的分析很透彻，分析了形势，研究了问题，这对于更好地解决潜在的问题非常重要。

四是建议可行，针对性强。大家提出了一些很有见地、有针对性、有前瞻性的建议和意见，这对进一步加快发展，全面推动测绘事业进步，都将起到非常重要的作用。

对于大家提出的意见建议，我们将认真研究，提出相应解决措施，更好地推动测绘工作。

二、关于对2010年工作的基本估价

大家在发言中都对2010年测绘工作给予了充分肯定和高度评价，这既是对国家测绘局党组的鼓舞和鞭策，也是对测绘工作的希望和期待。根据大家的说法，2010年是测绘工作取得新进展、新突破、新成就的一年，也是上层次、上水平、上台阶的一年，更是作用大彰显、地位大提高、影响大提升的一年，各项工作都好于2009年，也高于2009年，超越2009年，变化超乎预想，突破超乎预料，成就超乎预期。2009年取得的成就已经令人可喜，令人振奋，在某些方面是翻天覆地的，为2010年的工作迈上新台阶、取得新突破增加了难度。但是国家测绘局党组一班人和广大测绘干部职工发扬锐意进取、勇于拼搏、不畏艰难、勇往直前的精神，为2010年的新发展、新变化、新进步奠定了坚实基础。2010年也是令我们振奋、令我们难忘、令我们庆贺的一年，对于凝聚力量、凝聚队伍、凝聚智慧，推动新发展，实现新跨越，将会奠定更加坚实的基础。这些重要变化，新的进展，新的突破，新的成就，概括地讲，主要表现在以下几个方面：

一是数字城市建设形势喜人突飞猛进。在全社会形成了重视数字城市建设、加快数字城市建设新的热潮。数字城市建设使测绘受到青睐，我们到各省、市时，省委书记、省长、市委书记、市长百忙之中都要抽出时间会见我们，因为他们看到了数字城市建设对地区经济社会发展带来的效益。

二是天地图网站的开通备受关注。天地图提升了测绘人的信心，树立了中国测绘人的良好形象。天地图的建设开始有很多人持怀疑、观望、否定态度，有人说天地图是建不成的，即使企业能建成你们也建不成。天地图的建成，超过他们的预料，打破了他们的预言，实现了中国测绘人美好的愿景，在世界上引起了强烈反响，提升了民族自信心和自豪感，让国人感到高兴，让热爱中国的人感到震撼。现在好多单位都纷纷想要加入天地图建设。天地图顶天立地，这是重要的表现。可以说数字中国地理空间框架基本建成，重要的标志就是天地图的诞生。就像高速公路一样，高速公路已经修完，各种车辆开始运行，天地图建成以后，就像修好了一条地理信息的高速公路，各专业都可以在天地图上运行，可以进行专业数据叠加，可以实现资源共享。同时我们要看到，天地图未来的发展还很艰难、很艰辛、很艰苦。但是我们迈出了坚实的一步，搭建了一个让国人世人骄傲的这样一个平台，其未来的社会价值是无法估量的。

三是测绘应急救急保障能力极大提升。今年我国发生多起重大自然灾害，举办了一些大的活动，测绘保障都是及时、快速、有力的。我们建立了测绘应急保障的快速自动生成机制，一旦有事件发生反应机制就自动生成，第一时间人员到位，第一时间出图，第一时间赶赴现场测绘，用最短时间拿出地图，供领导科学决策参考，为救灾、为重建、为各项活动的开展提供了及时有力、效果明显的保障，能力水平大提升，作为得到大彰显，关键时候拉得出，顶得上，干得好。中央主要新闻媒体对我们进行了大量报道。有人说测绘是眼睛，测绘局来了，应急工作就不怕了。

四是地理信息产业得到迅猛发展。中国地图出版集团正式成立，中国地图出版基地奠基开工，一些测绘企业纷纷上市而且股价一直上扬，保持良好势头。我们的国际竞争力、影响力不断增强，在德国国际测绘技术与设备博览会上举办了中国日活动，产生强烈反响，有人将中国视为他们将来最强大的竞争对手。国家地理信息科技产业园即将奠基开建。这些重要标志是历史性的。

五是装备技术水平得到改善。我们依靠自身力量，依靠上下同心，装备了遥感无人机系统。河南、山西、陕西购置了一些先进的、高精尖的装备，极大提升了测绘服务保障能力。现在国家测绘局有两个“不如”，一是装备水平不如地方，二是数据不如企业。但总的趋势是测绘事业整体水平不断提升，测绘的现势性、应急性得到明显改善。

六是管理体制机制得到优化。国家测绘局成立了卫星测绘应用中心、国家测绘产品质量检验测试中心，地方测绘管理机构更名、升格、挂牌的比比皆是，测绘体制机制的再造、结构的优化呈现出良好的势头。社会各界也对测绘体制机制建设进行呼吁，国务院发展研究中心提出建议我们要更名、升格，院士也纷纷呼吁上书要求更名、提格。今年我在全国政协会议上关于完善测绘管理体制的提案，中编办给了很好的答复，对于我们机构建设给予了很好支持。总体趋势是向好发展的。

七是统筹协调能力全面提升。强化统一监管，形成“一张图、一个网、一个平台”，现在大家已经形成共识，而且强烈呼吁一定要强化统一监管，因为这是测绘工作的性质所决定的，否则难以形成合力，难以形成生产力，难以发挥整体效益，也不利于国家整个宏观经济和社会功能的发挥。所以说测绘工作作为基础性、先行性、公益性、战略性资源，关乎国家经济社会的总体发展，不能分割，必须统一。今年初国家局与各省局签订了资料数据汇交责任书，我们整合资源，在很短时间内建成了天地图，说明大家的大统一、大融合、大测绘、大发展的思想认识是高度一致的。

八是重大工程项目进展顺利。五大重点工程总体进展都非常顺利。卫星项目我们做到了超前，卫星还没上天，机构已经建成，大多人员已经基本到位，兵强马壮，卫星明年将要发射投入使用。西部测图外业基本完成，而且安全顺利圆满。岛礁项目除天气因素影响之外，整体进展顺利。1∶5万更新项目也进展顺利。测绘基准项目也已获批。大项目支撑了基础测绘和基本建设，为形成新的服务能力奠定了良好基础。我们坚持按需测绘的理念，边测绘、边提供服务，为西部的开发建设提供了强有力支撑。

九是规划发展目标基本明确。测绘发展战略研究提出了24字的战略目标，提出了10项大的行动，事关长远、事关发展，形成共识，得到专家、院士、学者的充分肯定，也得到了国土资源部的好评，为制定“十二五”规划奠定了坚实有力的基础。我们实行开门搞研究，集思广益，群策群力，凝聚了“构建数字中国，监测地理国情，发展壮大产业，建设测绘强国”的战略目标。这既是思想解放的过程，也是大测绘再造的过程，更是我们自身加压、拓展职能、服务经济社会发展、充分大显身手的过程，体现出测绘人的胸怀、眼界和视野，为提升测绘队伍的战斗力，提振测绘精神起到了重要作用。看到发展的方向、目标、前景，我们的勇气倍增，信心十足，勇往直前。现在外界对测绘赞不绝口，想到测绘部门工作的人很多，可以说测绘被人刮目相看。前不久我到欧洲访问，国外以从未有过的高规格接待我们，也说明中国测绘的国际地位提高了。

十是班子队伍建设凝聚力增强。各级领导班子包括地方局的领导班子，都是硬梆梆、响当当的干练之才，在地方都是吃得开、行得通的，而且工作受到当地党委政府的青睐，当地的党委、人大、政府、政协领导频频到测绘部门视察指导工作，这既是班子努力的结果，也是测绘大有作为的结果。直属局队伍稳定，工作井井有条，非常活跃，蒸蒸日上。国家局机关各司（室）工作自觉主动，自我加压。各级班子是团结的，是有战斗力的，队伍是稳定和谐的，而且凝聚力、向心力、吸引力不断增强。通过测绘精神的弘扬，通过对测绘重点工作的宣传，我们的形象和影响更加广泛，知道测绘的人越来越多，关心测绘的人越来越多，想为测绘办事的人也越来越多。比如我们建设国家地理信息科技产业园，大兴不行到昌平，昌平不行就到顺义，以锲而不舍、一抓到底的精神，终于得到有关方面有力的支持，而且也有人主动为我们投资，操盘托底，承担风险。企业入驻愿望积极强烈。这是为什么？这是因为他们认识到测绘有无限美好的发展前景，有广阔发展的空间，是战略性的、朝阳性的、新兴的产业。

我们取得这些成绩，要归功于党中央、国务院的正确领导，国务院印发了关于加强测绘工作的意见，批准印发了全国基础测绘中长期规划纲要，胡锦涛总书记、温家宝总理、李克强副总理都对测绘工作做出了重要指示，为我们指明了前进方向，使我们按照正确的轨道快速前行。归功于国土资源部党组特别是徐绍史部长真诚的、全力的、毫无保留的支持，测绘这两年无论大事小情，徐绍史部长都给予有力的支持、关心指导，是我们做好工作的坚强后盾，使我们的工作能够有条不紊、平安顺利高效地开展。得益于各部门和新闻单位大力支持的结果，没有新闻单位的强烈呼吁，没有各个部门的鼎力相助，测绘工作这两年的变化就无从谈起，我们响亮的名字就不会悠远回荡，中国测绘的旗帜也不会在上空高高飘扬，他们为我们做出了不可磨灭的贡献。得益于测绘系统各部门、各单位领导坚强有力的组织、领导、协调、谋划，形成万众一心、攻坚克难、勇往直前的合力。得益于广大干部职工弘扬“热爱祖国、忠诚事业、艰苦奋斗、无私奉献”的精神，有了他们的奋斗精神，我们才取得这些可喜可贺的成果。在此我代表国家测绘局党组向大家表示感谢！

三、准确把握测绘发展面临的形势

对形势的判断非常重要。党中央、国务院始终审时度势，科学判断发展形势，使我们的国家始终保持健康快速发展的良好势头，使我们的各项决策能够得到有效的实施，得到了世界公认，这都来于党中央、国务院高度的、科学的分析判断能力。在金融危机面前，我国经济社会发展依然保持良好势头，这为测绘事业发展提供了良好机遇，在这种大的环境下测绘事业也得到了快速发展。

我国正处于全面建设小康社会的关键期，深化改革、转变经济发展方式的攻坚期。测绘事业也进入了全面构建数字中国的关键期，测绘社会产品需求的旺盛期，地理信息产业发展的机遇期，加快建设测绘强国的攻坚期。可以自信地说，我们正处在完全可以大有作为、也能够大有作为的黄金战略机遇期：

——从政府决策方面看，科学决策、科学管理、科学发展离不开测绘。有的地方领导讲，科学的发展，测绘是载体，要实现科学发展、科学决策，就必须重视测绘。

——从人民生活方面看，随着人民生活水平的提高，人们要提升品位，提高质量，提高幸福指数，提高境界，出行、远游，就医，都离不开测绘，民生需求越来越旺盛。

——从国家发展方面看，工业化、城镇化、信息化、现代化建设都离不开测绘的支撑，没有测绘的支撑，工业化、城镇化、信息化就难以实现，就难以尽善尽美。

——从政府自身建设看，要建立阳光政府、透明政府、廉洁政府也离不开测绘，测绘工作做好了会让政府更阳光、更透明、更廉洁。

——从工程建设方面看，城市规划、重点工程、国土测绘、专业测绘都离不开测绘。

总而言之，测绘无所不包、无所不在、无所不有，机遇永远伴随，发展永远伴随，空间广阔，前景无限，测绘是一棵不老松、长青树。我们属于发展中国家，正处于社会主义初级阶段，各项建设任务十分繁重，各方面对测绘的需求越来越旺盛。明年是“十二五”的开局之年，上新项目，搞新规划，实现新发展，都离不开测绘。

当然我们也要看到不利的一面。当前市场竞争日趋激烈，西方发达国家的企业纷纷想跨入中国市场，他们具有相当的技术优势、资本优势，是我们强大的竞争对手。同时测绘市场监管的难度也越来越大，维护国家地理信息安全的任务更加繁重，测绘产品的供给相对滞后，测绘科技研发能力不足，自主创新能力匮乏，管理体制机制尚不健全，也存在着不平衡、不协调、不统一等问题。

总体来看，测绘事业发展面临的机遇大于困难。困难可以在发展中克服。

要把握好难得的战略机遇期，必须要努力做到：第一要准确把握，正确判断、切实增强抢抓机遇的意识。机遇是存在的，但市场份额是有限的。谁抢占先机，谁就能捷足先登，谁就能多分一杯羹。第二要不等不靠，顺势而为，切实增强科学发展的意识。十七届五中全会提出坚持发展是硬道理就是坚持科学发展。要有强烈的发展意识，打破常规，不等不靠，规范管理，超常运作，立体交叉，平行同步，只有这样才能抓住发展机遇，才能推动新的发展。第三要解放思想，更新观念，切实增强改革创新的意识。落实好十七届五中全会精神关键在解放思想，要通过不断解放思想，更新观念，始终把改革创新作为发展的不竭动力，只有这样才能始终抓住机遇，才能占领鳌头。第四要精心谋划，统筹协调，切实增强服务大局的意识。测绘的一切工作都是服务，要始终坚持服务大局的意识，始终坚持主动服务、超前服务，只有服务到位，我们才有地位，才能争取主动、赢得支持。第五要突出重点，攻克难点，切实增强敢于负责的意识。面对困难不能缩头缩尾，风险就是机遇，难点就是机遇，困难就是机遇，只有迎难而上，顺势而为，攻坚克难，勇于担当，才能赢得发展空间，才能推动事业发展。

四、关于对2011年测绘工作的设想

对于明年的工作，大家也谈了许多好的意见和好的思路，对于我们思考和谋划明年的工作很有启示。我想明年的总体工作思路是要继续坚持高举邓小平理论和“三个代表”重要思想的伟大旗帜，深入贯彻落实科学发展观，以党的十七届五中全会精神为指导，以“十二五”规划纲要为导向，继续坚持“三服务”宗旨和发展的总体思路，围绕谋篇布局、转型优化、强化应用、科学发展的新要求，咬住“构建数字中国，监测地理国情，发展壮大产业，建设测绘强国”的战略目标，加强“三基”（基础测绘、基础地理信息数据库和现代测绘基准体系）建设，加快建设测绘强国的步伐，不断开创测绘事业发展的新局面。

基于这个工作思路，我考虑主要应从以下几个方面着手来谋划好、安排好、组织好、实施好明年的工作。

一是坚持科学发展，全力加快数字中国、实景中国、智能中国地理空间框架建设，为打造天地图民族知名优秀品牌提供有力支撑。

二是坚持转型升级，建立健全自主创新体系，优化组织生产科研结构，加大人力、财力、智力投入，组织技术攻关，推动测绘科技创新发展。

三是坚持项目带动，组织各方力量科学编制细化“十二五”规划实施方案，争取工作主动性，推动重大项目及时落地实施。

四是坚持效用优先，继续做好测绘成果转化应用工作，畅通应用渠道，搭建应用平台，不断提高测绘产品的应用水平。

五是坚持按需测绘，切实加大对县乡镇的基础测绘投入，切实加强重点项目和应急测绘服务的保障能力，为促进经济社会发展、推动城镇化进程发挥作用。

六是坚持监管并重，切实加强市场监管力度，认真维护好地理信息市场秩序，确保市场公平有序竞争，推动地理信息产业发展再上新台阶。

七是坚持团结和谐，以创先争优活动为载体，以科学发展观考评为抓手，以群体利益为根本，以夯实党的基层组织建设为基础，继续抓好班子带好队伍，为测绘事业又好又快发展营造良好的环境。

五、做好工作的几点要求

一是加强学习、统一思想，为“十二五”开好局、起好步奠定坚实的思想基础。要把思想统一到十七届五中全会精神上来，统一到中央的重大决策部署上来，统一到“十二五”规划纲要上来，形成认识统一、步调统一、思想统一的局面。

二是加强领导、科学组织，为“十二五”规划项目实施提供有力的组织保证。

三是加强协调、统筹安排，确保明年各项任务全面优质高效圆满完成。

四是加强调研、搞好服务，积极主动地帮助基层和群众解决生产生活实际问题。

五是抓好基层、打牢基础，切实开展好创先争优活动，切实增强党的基层组织的战斗力和党员的先进模范作用。努力营造科学发展、和谐发展、安全发展、包容发展、可持续发展的新环境，不断推动测绘事业发展再上新台阶、实现新跨越、创造新业绩，以实际行动向中国共产党建党90周年献礼。

我的发言是一个基本想法，也是下一步全国测绘局长会议的基本构思，局党组还要认真研究，也请在座的各位提出意见建议，以进一步丰富完善提高。

最后希望大家抓紧2010年最后一个月的时间，把“十一五”收尾工作做好，把2010年各项重点工作完成好。谢谢大家！

国家测绘局局长徐德明在国家测绘局首批科技领军人才颁证大会上的讲话

2010年12月21日

同志们：

今天，我们在中国测绘创新基地隆重召开大会，为首批国家测绘局科技领军人才颁发证书和科技资助专项资金，意义重大，体现了局党组对科技人才的高度重视。通过这种方式，号召广大测绘工作者学习科技领军人才求真务实、严谨细致、顽强拼搏的精神，进一步营造尊重知识、尊重人才、尊重科技、尊重创新的良好氛围，为推进测绘事业科学发展贡献智慧和力量。在此，我代表国家测绘局党组，向首批当选为国家测绘局科技领军人才的7名同志表示热烈的祝贺！

刚才，武汉大学测绘学院院长李建成同志代表领军人才作了充满激情和责任感的精彩发言，表现出科技领军人才对国家的热爱、对测绘事业的热爱，也表达了科技领军人才锐意拼搏进取、勇攀科技高峰的坚定决心。听了以后，感到十分高兴和欣慰，让我们进一步看到了测绘发展的希望和美好未来。

近年来，国家测绘局党组坚决贯彻党和国家关于加强人才工作的一系列方针政策，牢固树立人才资源是第一资源的战略思想，大力实施人才强测战略，测绘科技人才队伍不断壮大，整体实力不断增强，优秀测绘科技人才不断涌现。目前，国家测绘局拥有中央联系的专家、有突出贡献的中青年专家、享受国务院特殊津贴专家、“百千万人才工程”国家级人选以及青年学术和技术带头人共计300余名。他们当中，有的已经成为国际知名的专家，有的取得了举世瞩目的科技成果。他们刻苦钻研，辛勤工作，极大推动了测绘科技进步和测绘生产力水平的提高。同时我们也要清楚地看到，目前测绘科技人才队伍现状与测绘事业快速发展的需求相比还存在不相适应的地方，其中一个突出表现就是高层次创新型科技人才还相对匮乏。

为进一步加大高层次创新型科技人才的培养力度，国家测绘局从今年开始实施科技领军人才工程，面向国内外选拔科技领军人才，争取到“十二五”末期选拔、培养和引进20名左右科技领军人才。这一举措在测绘行业产生了强大反响，引起广泛关注。经过院士和专家们的认真评选，产生了首批7名国家测绘局科技领军人才。他们在测绘各领域发挥着重要作用，在测绘行业非常有影响力，他们是广大测绘科技工作者的优秀代表，也是广大测绘科技工作者学习的榜样。

国家测绘局党组对测绘科技领军人才队伍建设工作非常重视。自深入学习实践科学发展观活动开展以来，局党组强烈地认识到，科技强测关键靠人才，人才成长的关键是要有好的体制和机制，要有尊重知识、尊重人才的良好环境。党组始终关心、重视测绘科技人才问题，并把弘扬宣传测绘科技人才的精神作为一项重要工作来抓。前几年，我们大力宣传了以刘先林院士为代表的测绘科技人员的创业精神，在测绘系统产生了强大反响。我们还在中国测绘科技馆设立了院士风采录，进一步弘扬测绘院士为国家攻坚克难、勇创佳绩的崇高精神。我到国家测绘局工作时，中组部副部长李建华同志跟我谈话，特别指出测绘是高科技行业，要重视、关心、爱护知识分子，尤其要倍加尊重、关心和爱护院士。我在国土资源部党组务虚会上发言时讲，转变经济发展方式关键是转变思想观念，转变思想观念关键是尊重人才、重视人才，要在测绘系统形成崇尚知识、崇尚人才、崇尚创造的良好氛围。为此，国家测绘局出台了《国家测绘局科技领军人才管理暂行办法》，设立了专项资金，按照每人50万元的标准对测绘科技领军人才开展科研活动予以资助。这是局党组实施科技兴测、人才强测战略，鼓舞广大测绘科技工作者士气，激发广大测绘科技工作者奋发成材的热情，加快测绘科技创新的重大举措。通过测绘科技领军人才资金资助等人才培养激励政策的影响力、带动力，在测绘行业大力营造崇尚科研、热爱科研之风，让测绘科研人员感到受重视、有地位，搞科研有奔头、有前途。

借此机会，我谈三个方面的意见，供大家参考。

一、充分认识加强测绘高层次创新型科技人才培养的重大意义

高层次创新型科技人才是提高我国测绘自主创新能力、促进测绘事业科学发展、建设测绘强国的关键，是测绘人才队伍建设的重中之重。

第一，加强测绘高层次创新型科技人才培养是贯彻中央人才工作方针政策的要求。胡锦涛总书记指出，要以高层次创新型科技人才为重点，努力造就一批世界水平的科学家、科技领军人才、工程师和高水平的创新团队，注重培养一线创新人才和青年科技人才，建设宏大的创新型科技人才队伍。上周，中央召开了全国人才工作座谈会，对更好更快地实施人才强国战略、加快建设人才强国作出了全面部署。党中央、国务院颁布的《国家中长期人才发展规划纲要（2010－2020年）》把突出培养造就高层次创新型科技人才作为人才队伍建设的重要任务之一，提出要加强领军人才、核心技术研发人才培养和创新团队建设，提高自主创新能力。我们一定要按照中央的战略部署，以高度的政治责任感和使命感，大力加强测绘高层次创新型科技人才的培养。

第二，加强测绘高层次创新型科技人才培养是推动测绘事业科学发展的重要保证。事业发展，关键在人。当前，测绘事业呈现出良好的发展态势，数字中国建设快速推进，地理信息产业迅猛发展，测绘保障服务能力和水平大幅度提升，进入了构建数字中国的关键期、测绘社会需求的旺盛期、地理信息产业发展的机遇期、加快建设测绘强国的攻坚期，测绘事业整体已经进入完全可以大有作为也能够大有作为的黄金战略机遇期。测绘工作确立的“构建数字中国、监测地理国情，发展壮大产业、建设测绘强国”的战略目标，需要各类人才来推动。高层次创新型科技人才是落实各项工作部署的中坚力量，加强高层次创新型科技人才培养既是测绘事业科学发展的重要内容，又是测绘事业科学发展的重要保证。我们必须把这项工作纳入事业发展的总体布局中，为实现测绘事业发展的战略目标提供人才保证。

第三，加强测绘高层次创新型科技人才培养是建设测绘强国的战略选择。科技和人才是衡量一个国家综合国力的重要指标。当前，世界科学技术日新月异，现代测绘技术飞速发展，竞争异常激烈。科技的竞争，说到底是人才的竞争。谁占领了人才高地，谁就能占据事业的制高点，就能在发展的道路上处于领先地位。要想在日趋激烈的竞争中掌握主动，就必须拥有一批高层次创新型科技人才。高层次创新型科技人才作为新技术的发明者、新学科的创建者、新产业的开拓者，已经成为竞争力的重要因素。我们要用战略的眼光看待高层次创新型科技人才的培养工作，不断提高我国测绘的综合实力和国际竞争力，推动我国从测绘大国迈向测绘强国。

二、解放思想，转变观念，着力为优秀人才脱颖而出创造条件

人才优势是最需培育、最有潜力、最可依靠的优势。无论是一个部门还是一个单位，谁的人才问题解决得好，谁就有长足发展的基础和保障。我们要用事业发展凝聚人才、良好环境感召人才、合理待遇激励人才，努力营造促进人才成长的良好环境。

一要创新人才工作机制。要进一步创新人才选拔、培养、使用、评价机制，努力营造人才辈出、人尽其才、才尽其用的环境氛围。特别要在培养年轻技术人才上下功夫，不拘一格选拔拔尖人才，破除论资排辈、求全责备观念，为热爱测绘事业、有发展潜质的年轻干部快成才、成大才创造条件。要有计划、有目的地安排一批年轻人承担或参与测绘生产、科研项目和任务，给予重用，担当重任，使之在实际工作中、在关键岗位上、在重大项目上经受锻炼，为测绘事业的长远发展、跨越式发展储备人才、提供支撑。

二要加大人才资金投入力度。人才投入是赢得未来的战略性投入，是效益最大的投入。各单位领导要切实转变观念，在这方面要舍得花钱。要优先保证对人才发展的投入，建立人才工作专项资金，纳入经费预算，保证人才工作重大项目实施。要依托重大工程和科研项目培养人才，实行“人才加项目”的培养模式，在测绘重大工程和科研项目经费中，要划出一定份额用于人才开发和培养。要进一步拓宽测绘人才培养资金渠道，整合各方面资源，鼓励和支持社会组织、用人单位以多种形式参与测绘人才开发投入，支持保证人才优先发展。

三要加强对人才工作的领导。各级测绘行政主管部门、各单位都要树立强烈的人才意识，把人才工作作为一项政治任务摆在更加突出位置。要把识才、育才、选才、用才作为首要任务和根本职责，用战略思维、开放视野、发展观点来研究、谋划、部署人才工作，以宽广的胸怀、民主的作风发现、培养、团结、使用人才，尊重人才的特殊禀赋和个性，努力做到善于培养使用人才，广泛吸纳人才。当前，各单位要进一步认真学习贯彻全国人才工作座谈会精神和《国家中长期人才发展规划纲要》，健全人才工作机构，谋划做好“十二五”测绘人才工作，为明年召开的全国测绘人才工作会议做好准备。

四要营造人才发展的良好环境。要营造尊重知识、尊重人才、尊重劳动、尊重创造的氛围，让各类人才受尊重，形成人人渴望成材，努力成材的新风尚。要营造鼓励创新、宽容失败的工作环境，积极倡导独立思考、追求真理，鼓励探索、爱护创新，同时又容许失误和失败。要营造良好的选人育人用人和人才成长环境，使各类人才创业有机会、干事有舞台、发展有空间。要加强宣传，通过各种形式宣传测绘人才工作的方针政策，宣传人才强测战略的重大意义，宣传测绘优秀人才的先进事迹，弘扬测绘精神，树立测绘形象。要关心各类人才的学习和生活，不断改善他们的生活条件，千方百计帮助他们解决生活中的实际问题，使他们安心工作。

三、要以领军人才为榜样，为测绘事业的跨越式发展奉献聪明才智

广大测绘科技工作者肩负着科技兴测的重大责任，一定要以科技领军人才为榜样，努力拼搏，不断取得一流的业绩，不辱测绘科技工作者的光荣使命。在此，我提几点希望：

一要不断学习。要把学习作为一种精神境界、一种神圣职责、一种毕生追求。要学习老一辈科学家心系祖国、献身科学、埋头苦干、勇攀高峰的高尚精神，努力做到德才兼备。要不断吸取新知识，构建广博而精深的知识结构，养成比较全面的科学文化素质。要紧盯学科前沿，及时掌握最新动态，引进新技术，推广新项目，创造新成果，以强烈的进取精神勇立时代潮流，履行好测绘科技工作者的神圣职责。

二要开拓创新。测绘科技创新是推动测绘事业可持续发展的动力和源泉，也是发展壮大地理信息产业的根本途径。广大测绘科技工作者要有强烈的创新欲望和探索精神以及敏锐的专业洞察力，在测绘基础研究、核心技术攻关、新成果转化、高精尖应用等方面不断提出新思路，实现新突破，并力争在本学科、本专业保持或赶超国内外先进水平，推动测绘科技创新工作再上新台阶。

三要团结协作。广大测绘科技工作者一定要树立大局意识，发扬团结协作精神，形成相互尊重、相互支持、相互协作、相互关心的和谐工作环境。要善于与其他专业技术人员合作，善于吸收和借鉴多方面的知识成果，不仅要提高自身学术技术水平，还必须注重团队建设，形成合力。要发扬传帮带的优良传统，形成人才梯队，促进整体发展。

四要淡泊名利。要想成为一名出色的测绘科技工作者，一定要远离喧嚣，超越功利。要禁得起诱惑，耐得住寂寞，潜心、静心、用心、专心做学问。要反复磨砺，守住精神家园，不可患得患失、计较个人名利。要端正心态，把得失、享受、名利看得淡些，把工作、责任、奉献看得重些，脚踏实地，在建设测绘强国、推进测绘科技进步的事业中实现自己的人生价值。

最后，希望科技领军人才抓住机遇，珍惜荣誉，大力弘扬求真务实、勇于创新的科学精神和“热爱祖国、忠诚事业、艰苦奋斗、无私奉献”的测绘精神，锐意进取，早日成为测绘精英和支柱，成为一流的科学家，成为国家栋梁之材。

坚持科学发展　转变发展方式
推动测绘事业实现新的跨越

国家测绘局局长徐德明在全国测绘局长会议上的报告

2010 年 12 月 25 日

同志们：

在全党全国各族人民深入学习贯彻党的十七届五中全会精神和中央经济工作会议精神、系统谋划未来五年国民经济和社会发展的关键时期，我们召开全国测绘局长会议，主要任务是：全面学习贯彻党的十七届五中全会和中央经济工作会议精神，以科学发展观为指导，回顾“十一五”的成就、谋划“十二五”的发展，重点是总结2010年的测绘工作，部署2011年的工作任务，进一步统一思想，明确方向，凝聚力量，推动发展，不断开创测绘事业新局面。会前，中共中央政治局常委、国务院副总理李克强同志审阅了会议工作报告，并对测绘工作作出如下重要批示，“2010 年，广大测绘干部职工紧密围绕经济社会发展需要，开拓进取，测绘事业取得新成绩，为突发事件应急处置和抢险救灾提供了有力支持。希望你们在新的一年里，深入贯彻落实科学发展观，加强基础测绘和地理国情监测，着力开发利用地理信息资源，丰富测绘产品和服务，提高测绘生产力水平，更好地发挥服务大局、服务社会、服务民生的作用，为推动经济发展方式转变、全面建设小康社会作出新贡献。”这充分体现了党和国家对测绘工作的高度重视，体现了克强副总理对测绘工作者的关怀、鼓舞和期望，为测绘事业发展指明了方向、明确了任务，我们一定要认真学习，深刻领会，坚决贯彻执行。刚才，国土资源部部长、党组书记、国家土地总督察徐绍史同志作了重要讲话，充分肯定了测绘工作的成绩，对推动测绘事业科学发展提出了明确要求，针对性、指导性强，我们一定要认真抓好落实。

下面，我重点讲三个方面的意见，供大家讨论。

一、2010年测绘工作取得重要成就

2010年是“十一五”的收官之年，测绘工作紧密围绕党中央、国务院的决策部署，深入贯彻落实科学发展观，把握良好机遇，大胆解放思想，以构建数字中国为核心，以自主创新为动力，以服务大局、服务社会、服务民生为宗旨，开拓进取，奋发争先，全国测绘工作呈现出崭新面貌，测绘更好地融入到了经济社会发展的大局之中。2010年是测绘事业不断取得新进展、新突破、新成就的一年，也是上层次、上水平、上台阶的一年，更是作用大彰显、地位大提升、影响大提高的一年，不仅为“十一五”测绘工作划上了圆满的句号，更为“十二五”测绘发展再上新台阶奠定了坚实的基础。

（一）数字城市建设形势喜人

着眼于推进城市信息化，提高管理效率，大力开展数字城市建设，举办数字城市建设市（地）领导专题研究班，开展“数字城市中国行”宣传活动，有力推动了数字城市建设突飞猛进。特别是通过众多大众新闻媒体对数字城市的宣传，充分展示了数字城市建设的成效和作用。目前，数字城市建设试点和推广城市已达130个，近60个城市的数字城市基本建成，成果已在30多个领域、众多专业部门以及人民群众生活中得到广泛应用。数字城市不仅成为宣传城市的靓丽名片、扩大城市影响的重要窗口，也成为了测绘部门推动应用、展示实力、提升形象的重要载体。

（二）“天地图”网站影响深远

坚持把地理信息公共服务平台作为构建数字中国、推动产业发展、让全社会共享测绘发展成果的战略举措全力推进。建成开通了公共服务平台的公众版“天地图”网站，拓展了测绘成果转化的途径，有力推进了地理信息社会化应用，也标志着数字中国建设取得了历史性突破。目前，网站点击量已超过2500万人次，受到中央领导同志的充分肯定和全社会的广泛赞扬，让国人感到骄傲，让世界为之震撼，社会价值不可估量。各地测绘部门按照国家测绘局的总体部署，陆续开展了省、市级平台以及区域性平台建设，并发挥重要作用。

（三）测绘应急救急保障有力

面对重大自然灾害的严峻挑战，不断强化应急救急测绘能力，完善保障机制，为各类突发事件的应急处置提供了强有力的测绘服务。在玉树地震和舟曲泥石流的应急救灾，吉林、江西、海南等省抗洪抢险以及汶川地震灾后重建等工作中，测绘部门迅速行动，超前服务，快速获取灾区遥感影像，第一时间现场测绘，第一时间拿出成果，第一时间提供使用，为了解灾情、指挥决策、抢险救灾等提供了及时可靠的测绘资料，涌现了一大批应急测绘服务先进集体和先进个人，展示了测绘工作者关键时刻拉得出、顶得上、干得好的过硬本领，也彰显了测绘的重要作用。

（四）地理信息产业迅猛发展

加强调查研究，向国务院提交了《关于促进地理信息产业发展的报告》。颁布实施了《互联网地图服务专业标准》，审批了近百家互联网地图服务资质单位。出台了《基础地理信息公开表示内容的规定（试行）》。推动3个高新技术产业化项目立项实施，中国地图出版集团开始组建，国家地理信息科技产业园已经奠基，5家地理信息相关企业在国内外资本市场上市，南方测绘第十万台全站仪成功下线，诸多领域实现了重大突破。积极实施测绘“走出去”战略，引导企业参与国际市场竞争。预计2010年我国地理信息产业总产值近千亿元，展现了产业发展良好态势。

（五）装备技术水平明显提高

着力加强自主创新，时空数据挖掘关键技术、开放式虚拟地球集成共享平台、国土资源遥感监测关键技术、数字航空摄影仪、地理信息公共平台软件等多项成果获得国家和省部级科技进步奖励。开发高精度定位芯片，结束了我国高精度卫星导航定位产品“有机无芯”的历史。设立和奖励了一批“地理信息科学技术奖”和“卫星导航定位科学技术奖”。大力发展和推广无人飞机航摄系统，在全国各省级测绘单位配备了60余架，并向新疆和西藏赠送了13架。河南、山西、陕西等地配备了数字航空摄影测量系统、激光雷达扫描系统、像素工厂影像处理系统等高新技术装备，极大地增强了地理信息快速获取与处理能力。

（六）管理体制建设取得进展

今年是测绘管理体制建设取得重要进展的一年，浙江省测绘局更名为测绘与地理信息局，提升了规格，强化了职能，为全国测绘管理体制建设树立了很好的榜样。海南省编办等部门联合发文，对市、县测绘管理机构、主要职责和人员编制做出明确规定，海南省及全部市县设立了测绘局。山东省临沂市及其九县三区全部设立了测绘与地理信息局。这些地方测绘管理体制的健全完善，为加快推进全国测绘管理体制建设提供了典型样板。此外，组建了国家测绘产品质量检验测试中心，为加强测绘质量监管工作提供了组织保障。

（七）统筹协调监管力度加大

着力加强全国测绘资源的统筹协调，统一了全国测绘一盘棋和“一网一图一平台”等思想认识，显著增强了测绘行业的凝聚力和向心力，形成了推动事业发展的整体战斗力。汇集全行业力量和资源，建成了“天地图”网站，推动了数字城市建设。与省级测绘部门签订了公共服务平台共建责任书，与海南、湖北、江西等省人民政府签署了测绘保障服务合作协议。积极贯彻中央决策，出台《关于加强测绘援疆工作的意见》，通过对口支援和项目、技术、资金、装备、人才支持等多种方式，举全国测绘之力支援了新疆测绘事业发展。认真落实中央部署，推进了军地测绘融合发展，加强了测绘基准建设、测绘技术创新、地理信息资源共建共享等方面的协调合作。联合多个部门圆满完成了互联网地图服务、地理信息市场专项整治等工作。

（八）重大工程项目有力推进

全面完成西部测图工程外业工作，内业任务完成80%，印刷地形图1230幅，工程成果已开始发挥作用，并实现安全生产“零伤亡”。1:5万基础地理信息数据库更新工程顺利推进，其中，正射影像数据、地形数据、境界数据已全部更新，新版1:5万地形图数据已生产5000余幅。积极开展海岛（礁）测绘工程建设，海岛大地控制点选建、卫星定位连续运行站建设、海岛航空摄影及野外测图等工作均取得初步成果。国家现代测绘基准体系基础设施建设项目已获立项。资源三号卫星应用系统建设稳步推进。建设完善了中国测绘科技馆。为上海世博会、广州亚运会等重要活动提供了有力的测绘保障。

（九）“十二五”规划目标明确

根据国家可持续发展国土资源战略研究的总体要求，基本完成了测绘发展战略研究，凝练出了“构建数字中国、监测地理国情，发展壮大产业、建设测绘强国”的测绘总体战略，明确了未来测绘事业发展的战略目标、战略任务和战略行动。在战略研究基础上，基本完成了测绘和地理信息发展“十二五”总体规划纲要、全国基础测绘“十二五”规划的编制工作，明确提出了未来五年测绘发展的指导思想、总体目标和重点任务。各地结合本地区实际，认真开展了本地区测绘事业发展规划编制工作，明确了“十二五”区域测绘工作的基本思路。

（十）队伍活力和凝聚力增强

开展了首次全国省级测绘行政主管部门贯彻落实科学发展观年度测绘工作考评，发挥了统筹、引领、指导和推动作用。创新干部培养选拔机制，加大交流轮岗力度，强化了领导班子和干部队伍。开展了全国测绘系统先进集体和先进工作者表彰活动，首批7名测绘科技领军人才受到资助，有5名同志入选新世纪百千万人才工程国家级人选，培养形成了一批全国测绘技术能手。大力开展了创先争优活动，组织举办了测绘学习大讲堂、测绘青年论坛、书画展和体育比赛等活动，通过多种方式展现了干部职工积极向上、敬业奉献的精神面貌。大力加强测绘宣传工作，测绘的形象和作用更加彰显，各级政府和有关部门对测绘工作的重视和支持力度显著加大，测绘职工的荣誉感和测绘队伍的凝聚力明显增强，战斗力大大提升。

除以上工作外，积极推进测绘依法行政，组织清理了部门规章和规范性文件，制修订了《测绘成果质量监督抽查管理办法》、《测绘行政审批程序规定》等规章，出台了《江苏省测绘市场管理规定》、《浙江省地理空间数据交换和共享管理办法》等地方法规。强化了测绘标准建设和测绘成果管理，做好了首次注册测绘师资格考试的准备工作，加大了财务、审计和纪检监察工作力度，积极开展了工会、共青团和妇女工作，有效促进了测绘事业全面发展。

同志们，“十一五”是测绘发展极不平凡的五年。五年来，测绘工作取得了辉煌成就，跨越了新的高度，在诸多领域有重大创举和重要突破，成效十分显著。突出表现在：国务院印发了《关于加强测绘工作的意见》、《全国基础测绘中长期规划纲要》和《基础测绘条例》，测绘组织体系得到健全，数字中国建设精彩纷呈，地理信息产业蓬勃发展，科技创新取得系列成果，测绘技术装备明显改善，中国测绘创新基地建成使用，测绘服务能力和水平显著提升，测绘对经济社会科学发展的保障作用大幅增强。

回顾“十一五”测绘事业发展，我们有以下几点体会：

一是围绕中心、服务大局，是测绘发展的重要使命。正是由于我们始终把测绘放在党和国家工作大局中来谋划和推动，坚持服务大局、服务社会、服务民生的宗旨，才彰显了测绘工作的价值，才得到了党和国家的高度重视。实践证明，只有围绕中心、服务大局，才能不断开拓测绘服务新领域，才能不断创造测绘工作新业绩。

二是解放思想、抢抓机遇，是测绘发展的强大动力。没有解放思想，我们就不可能在金融危机中抢抓机遇快速建成中国测绘创新基地，就不可能整合各方资源快速建成“天地图”网站，就不可能实现测绘工作各主要方面的重大跨越。唯有解放思想、抢抓机遇，才能不断激发新思路、拿出新举措，才能掌握主动权、赢得发展良机。

三是科学发展、统筹协调，是测绘发展的必然要求。必须坚持以科学发展观统领测绘工作，把以人为本、全面协调可持续的科学发展理念贯穿到测绘工作的各个方面。也正是由于我们注重统筹协调，注重抱团发展，才增强了凝聚力和向心力，形成了战斗力，才推动了数字城市建设、地理信息产业发展的突飞猛进。

四是科技兴测、人才强测，是测绘发展的关键支撑。始终坚持把科技进步和人才资源作为测绘事业的基础能力予以高度重视，有效推进科技创新和人才培养，为测绘事业转型发展提供了有力支撑。与此同时，大力弘扬“热爱祖国、忠诚事业、艰苦奋斗、无私奉献”的测绘精神，铸就了一支政治坚定、业务精湛、作风过硬的测绘队伍，有力推动了测绘事业的跨越式发展。

五是领导重视、部门支持，是测绘发展的有力保证。党中央、国务院高度重视测绘工作，中央领导同志多次对测绘工作作出重要指示，把测绘放在关系经济社会发展全局的高度，出台了多个重大政策文件，为测绘事业发展指明方向、提供支撑。各有关部门、各级地方政府把测绘作为实现科学发展的重要基础给予大力支持，为测绘发展提供了良好的环境条件。

同志们，测绘工作取得的成绩，归功于党中央、国务院的正确领导，归功于国土资源部党组特别是徐绍史部长的支持指导，归功于有关部门的大力协助；也得益于各级测绘部门坚强有力的组织协调，得益于广大测绘干部职工的艰苦努力，得益于新闻媒体的积极配合。在此，我代表国家测绘局向所有关心、支持测绘工作的领导和同志们表示衷心的感谢，向全国广大测绘干部职工致以亲切的慰问！

在测绘事业取得显著成就的同时，也要清醒地认识到存在的困难和问题。一是总体发展还不协调、不平衡，国家与地方测绘的上下联动和统筹发展还不够，测绘技术装备与设施水平不高。二是管理体制还不健全、不统一，地方测绘管理机构不落实、模式不一致、管理力量薄弱和监管不到位或缺位等现象依然存在。三是测绘服务还不全面、不适应，基础地理信息资源结构不合理、现势性不强。测绘产品的种类、数量、质量和测绘服务的总体水平还不能适应发展的要求。这些困难和问题，既是挑战，也是机遇，需要我们迎难而上，攻坚克难，加快发展。

二、大力推进2011年测绘工作实现新跨越

2011年是“十二五”开局之年，是优化测绘发展方式、提高测绘发展质量的关键一年。测绘工作正进入全面构建数字中国的关键期、测绘产品需求的旺盛期、地理信息产业发展的机遇期和建设测绘强国的攻坚期、倍受各级党委政府高度重视的关注期，正处在完全可以大有作为、也能够大有作为的黄金战略机遇期。做好明年工作的总体要求是：全面贯彻党的十七届五中全会和中央经济工作会议精神，以邓小平理论和“三个代表”重要思想为指导，深入贯彻落实科学发展观，切实把握科学发展这个主题和加快转变经济发展方式这条主线，继续坚持服务大局、服务社会、服务民生的宗旨，按照“构建数字中国、监测地理国情，发展壮大产业、建设测绘强国”的总体战略，围绕谋篇布局、转型优化、强化应用、科学发展的新要求，加强基础测绘和地理国情监测，着力开发利用地理信息资源，丰富测绘产品和服务，提高测绘生产力水平，推动2011年测绘工作实现新跨越，为全面建设小康社会作出新贡献。

按照以上总体要求，明年要重点抓好九个方面工作。

（一）着力加快构建数字中国，推进地理信息公共服务平台建设，打造“天地图”民族优秀品牌

要坚持科学发展，按照建设实景中国、智能中国的方向，全力加快建设数字中国，推动“天地图”民族知名优秀品牌建设。一是要加快完善“天地图”服务功能，加快丰富数据资源，加快信息更新速度，真正把“天地图”建设成为内容丰富、更新及时、服务高效的地理信息专业应用开发平台和大众信息搜索平台，打造国际一流的地图服务网站；大力推进政务版、涉密版公共平台建设。二是要加强区域

测绘协调发展和地理信息资源整合，加快数字省区建设步伐，大力推进省级公共服务平台建设；抓好海南国际旅游岛数字地理空间框架以及鄱阳湖生态经济区地理信息公共服务平台建设。三是加快数字城市建设步伐，强化技术支撑，完善标准规范，力争在2011年完成100个以上、启动100个以上数字城市建设，使数字城市覆盖全国三分之二以上的地级城市，加快实现数字城市与“天地图”的互联。四要大力促进数字中国建设成果在政府及各部门的广泛应用，引导各专业应用统一到地理信息公共服务平台上来，不断拓展应用广度和深度，着力打造数字城市知名测绘品牌。

（二）着力加快测绘成果产品化，培育新市场，创造新消费，促进地理信息产业繁荣发展

坚持效用优先，认真做好测绘成果转化应用工作，创新保密技术，畅通应用渠道，搭建应用平台，不断提高测绘产品的社会化应用水平。一是要围绕经济结构调整和发展方式转变，不断创新测绘产品和服务方式，努力拓展地理信息服务与应用新领域。大力发展网络地图、影像地图、商务休闲地图等适用、好用的地图产品，发展车载导航等位置服务，增强通过手机、电视等媒介提供地理信息服务的能力，不断创造新的需求和新的市场。二是要加快推动北京国家地理信息科技产业园建设，促进地理信息产业集聚发展，为转变发展方式、调整经济结构作出积极贡献。三是要统筹国内测绘与对外交流合作，继续实施测绘“走出去”战略，通过信息资源、技术等要素支持地理信息企业加快发展，形成一批在国际上叫得响的民族企业和知名品牌，推动中国测绘更好地融入世界。

（三）着力推进基础测绘发展，坚持按需测绘，夯实基础地理信息资源保障能力

切实贯彻需求导向，加大基础测绘建设力度，特别是加大对县乡镇的基础测绘投入，强化重点工程项目和应急测绘服务的保障能力。一是加快实施现代测绘基准体系基础设施项目，大力推进卫星定位连续运行基准站网建设，推动基准信息社会化服务。二是统筹做好航空航天遥感影像获取工作，组织实施好海岛（礁）测绘工程，全面完成西部1∶5万地形图空白区测图工程和1∶5万基础地理信息数据库更新工程；大力推进1∶1万地形图的必要覆盖和基础地理信息数据库建设；进一步丰富基础地理信息要素内容，积极推进基础地理信息联动更新。三是想方设法带动地方投资，加快县域大比例尺地形图测制，继续开展“一县一图”、“百镇千村测图”和“一村一图”等工程建设，为新农村建设和城镇化发展提供强有力的测绘保障。四是积极推进全球地理信息资源建设，获取全球高分辨率影像，推进极地测绘立项。

（四）着力加强地理国情监测，及时发布监测成果，提升测绘工作服务大局的高度

开展地理国情监测是新时期党中央、国务院赋予测绘工作的新使命，是测绘服务功能和作用的再一次提升。要充分发挥测绘技术装备和基础数据优势，提高对各类自然和人文地理要素的监测与分析水平。一是切实加强基础地理信息数据资源的深度开发，形成多样化地理国情信息产品，充分揭示经济社会发展和自然资源环境的空间分布规律。二是强化与发展改革、资源环境、经济统计等部门的协调合作，逐步建立健全地理国情监测工作机制，完善标准规范，选择几个事关经济社会发展大局的重要地理要素进行动态监测，形成一批有分量、有影响的监测成果，适时发布地理国情监测报告，为党中央、国务院以及各级政府和有关部门提供权威、客观、准确的地理国情信息服务。

（五）着力加快科技自主创新，提高测绘生产力水平，推动测绘发展方式转变

坚持加强自主创新、提高发展质量和效益，充分依靠科技进步推动测绘发展转方式、增活力、上水平。一是要进一步健全自主创新体系，优化生产科研结构，加大人力、财力、智力投入，加强测绘科技资源整合，完善有关政策措施。二是要围绕测绘事业发展的战略任务，提高自主创新能力，认真组织测绘关键技术攻关，推动重要核心技术实现突破，培育具有核心竞争力的测绘科技企业，加快推动测绘工作向自动化、智能化方向转型升级。三是要立足于科技成果转化和应用，大力支持研发具有自主知识产权的高性能测绘仪器装备，推动先进装备制造基地建设，提升高端测绘装备的自给率，降低关键领域技术装备对外依存度。四是加强测绘应急装备及外业生活保障设施建设。

（六）着力确保资源三号测绘卫星成功发射，切实加快卫星应用系统建设

我国首颗民用高分辨率立体测图卫星资源三号将于明年底发射，这是我国测绘发展史上具有里程碑意义的大事。要以首颗测绘卫星发射为契机，认

真谋划好测绘数据源的未来发展，加强卫星测绘应用设施建设，为我国测绘事业发展提供强大支撑。一是要加强与卫星工程研制单位的沟通和卫星工程大总体的协调工作，逐个落实研制节点，提高研制质量，确保卫星和运载火箭能够按时进场发射。二是加强测绘卫星应用系统建设，充实系统研制建设队伍，科学设计，精心部署，加快进度，严控质量，确保应用系统在卫星发射前具备数据处理与产品生产的能力，确保数据得到有效利用。三是要认真谋划测绘卫星的未来发展，做好顶层设计，争取将测绘系列业务卫星纳入国家空间基础设施规划。积极推动资源三号后续卫星的立项，保证我国自主测绘卫星数据源的持续稳定。

（七）着力健全测绘体制机制，加强测绘法规政策建设，提高测绘工作管理水平

坚持监督服务并重，进一步加强统筹协调力度，强化市场监管，提高管理服务水平，认真维护好地理信息市场秩序，确保市场公平有序竞争。一是强化测绘行政组织基础，按照统一、协调、有效的原则，加快推动省、市测绘管理机构建设和更名挂牌，充实职能，落实人员。二是强化法规政策支撑，加强测绘管理理论研究，加快推进《地图管理条例》立法，做好《测绘质量管理条例》立法调研和《遥感影像公开使用管理规定》、《测绘成果成图资料收费》等部门规章及规范性文件的制修订工作。三是积极推进依法行政，开展测绘成果保密大检查，建设网上地理信息安全监管系统，确保地理信息安全；建立测绘产品质量管理体系和技术体系，提高测绘质量统一监管能力；加快测绘市场信用体系建设，加强测绘与地理信息服务市场监管，巩固市场专项整治成果，维护良好市场秩序；加强测量标志保护工作；做好注册测绘师首次资格考试认定工作。四是处理好监管与发展的关系，加快出台促进地理信息产业发展的意见，加强政策引导和示范带动，切实为繁荣地理信息产业做好服务。五是加强财务、审计监督管理，提高财务保障和科学理财能力。六是推进测绘执业资格制度建设，深化事业单位人事制度和收入分配制度改革。

（八）着力谋好篇布好局，规划好“十二五”测绘发展，加快重大项目立项论证

按照中央关于加强地理信息资源开发利用的要求，坚持项目带动，组织各方力量科学编制和细化“十二五”规划实施方案，争取工作主动性，推动重大项目及时落地实施。一是要加快完善“十二五”测绘发展规划，更加注重测绘产品生产与服务，更加注重地理信息产业发展，更加注重测绘科技自主创新；要加强国家和地方测绘规划之间的协调衔接，形成全国测绘的整体合力和全国一盘棋格局。二是大力推进地理国情监测、国家测绘成果公共服务系统、现代化测绘技术装备和应急服务能力建设等具有全局性影响的大项目、大工程，积极争取将“天地图”和数字城市建设纳入国家信息化试点工程，争取早立项、早实施、早见效，带动事业大提升、大跨越。三是进一步推进军地测绘融合发展，加强军地测绘规划计划的协调，强化北斗导航卫星系统应用、高分辨率遥感卫星建设与应用等方面的协作，建立军地测绘应急保障合作机制和国防测绘动员机制，形成军地测绘关联互动、优势互补、统筹规划、协调发展的良好局面。

（九）着力开展创先争优活动，加强党的建设、干部队伍建设和测绘文化建设

坚持团结和谐，以创先争优活动为载体，以科学发展观考评为抓手，以群体利益为根本，以夯实党的基层组织为基础，继续抓好班子带好队伍。一是深入开展创先争优活动。要按照中组部李建华副部长在国家测绘局创先争优活动调研时的讲话精神，切实加强领导，围绕中心任务，突出工作重点，以更高的标准和要求、更丰富的内容和形式，有针对性地深入开展创先争优活动。要挖掘典型、树立典型、宣传典型，以典型引路，推动形成基层党组织履行职责创先进、广大党员立足岗位争优秀的良好局面。二是进一步加强领导班子和干部队伍建设，坚持用中国特色社会主义理论体系武装头脑、指导实践，提高推动测绘事业科学发展的能力和水平；要按照“五型机关”建设要求，着力提高干部职工业务素质，激发工作热情，提高服务水平；贯彻落实民主集中制，加强对领导班子和领导干部的管理与监督，扎实推进党风廉政建设和反腐败工作。三是强化专业技术人才队伍支撑，牢固树立人才资源是第一资源的思想，进一步营造尊重知识、尊重人才、尊重科技、尊重创新的良好氛围，努力打造一支高水平的测绘专业技术队伍。四是进一步做好贯彻落实科学发展观年度测绘工作考评，要认真对照考核指标体系查问题、找差距，推动测绘管理工作和测绘业务发展再上新台阶。五是进一步加强测绘文化建设，增强测绘队伍的凝聚力和战斗力。六是加强测绘宣传工

作，大力宣传党的方针政策，宣传科学发展观的理论体系，宣传测绘发展的大好形势，宣传测绘工作取得的新变化、新成就，凝聚智慧、凝聚力量，不断为测绘事业发展营造良好环境，注入新的动力。

三、做好2011年工作的几点要求

做好明年的各项工作，对于全面推进测绘事业科学发展、实现“十二五”规划确定的目标任务至关重要。为此，我提几点要求。

一是加强学习、提高认识，为“十二五”规划的良好开局奠定坚实的思想基础。经济社会快速发展，使得各种思想文化交流、交融、交锋更加频繁，新情况、新问题不断涌现，迫切要求我们必须进一步加强学习，深刻领会中国特色社会主义理论体系，准确把握中央关于测绘工作的一系列指示精神，大胆解放思想，把认识统一到十七届五中全会精神上来，统一到中央的重大决策部署上来，统一到“十二五”规划纲要上来，形成思想一致、步调一致的良好局面，更好地完成历史赋予的光荣使命。

二是加强领导、科学组织，为“十二五”规划项目实施提供强有力的组织保证。各单位各部门要以高度的责任感和紧迫感，切实加强对重大工程、重点工作的组织领导，按照测绘事业发展的总体思路和布局，紧密结合各自实际，加快重点项目的论证争取工作。坚持科学设计、科学谋划、科学管理，认真研究制定相应政策措施和实施方案，细化任务，落实责任，切实提高测绘管理和生产组织的科学化水平，保障重大项目的落实以及各项工程任务的顺利实施。

三是加强协调、统筹兼顾，确保明年各项任务全面优质高效圆满完成。要进一步树立全国测绘一盘棋的理念，提高统揽全局和统筹协调的能力，妥善处理好国家与地方、点与面、近期与长远的关系，既要坚持分类指导、分级决策，又要统筹兼顾、整体推进。国家和省级测绘部门尤其要加强对测绘工作的统筹安排和上下联动，统筹政府与社会、系统内外以及各项不同业务、各个工作环节的协调发展，要充分调动和发挥市县测绘部门的积极性，形成全国测绘的整体合力。

四是加强调研、以人为本，积极主动帮助基层和群众解决困难和问题。强国富民是党的十七届五中全会确定的重要目标。测绘事业的发展进步必须包括全国测绘干部职工的安居乐业。各级测绘部门要进一步加强对基层工作的指导，牢固树立群众利益至上、管理就是服务的理念，切实关心职工的工作、学习和生活，在政策和条件允许范围内，从各个层面想方设法、创造条件，尽力帮助解决基层实际困难和突出问题。对基层工作要多指导、多支持、多关心，少干预、少指责、少挑剔，要真心实意为基层做好服务，真心实意为群众办好事、办实事，努力营造团结、和谐、稳定的发展环境。

同志们，2011年是“十二五”谋篇布局、打基础开拓创新，推动新发展、实现新跨越的一年，承载着测绘人的热切期望，承担着历史赋予的重要使命，任务十分艰巨，责任非常重大。让我们紧密团结在以胡锦涛同志为总书记的党中央周围，高举中国特色社会主义伟大旗帜，以邓小平理论和“三个代表”重要思想为指导，深入贯彻落实科学发展观，抓住大好机遇，继续解放思想，办法再多一些，行动再快一步，勇往直前，力争上游，推动测绘保障服务向更高层次和更广领域发展。为实现“十二五”的重大跨越创造新业绩、作出新贡献，为建党90周年献上测绘人的一份厚礼。

国家测绘局局长徐德明在全国测绘局长会议结束时的讲话

2010年12月26日

同志们：

我完全赞同春峰同志刚才所作的会议总结以及对会议的评价。听了大家的发言，我很受鼓舞，可以看出大家都进行了比较深入的思考，这有助于更好地贯彻落实好这次会议精神，更好地把思想和行动统一到明年的各项任务和要求上来。大家对这次会议给予了高度评价，认为会议有很多新思维、新提法和新任务，具有开拓性、探索性和实践性，是一次鼓舞人心、振奋精神、提升士气、鼓足干劲的大会。同时，大家也看到当前测绘工作面临着很多的挑战，更面临着很好的机遇，有许多需要我们认真应对、大胆实践、切实解决的问题。

下面，我就大家讨论中提出的问题讲几点意见。

一、关于地理国情监测工作

监测地理国情这个命题，是广大测绘工作者经过“十一五”的工作实践，结合不断变化的经济社会发展形势和要求，尤其是通过深入学习实践科学发展观活动，在进一步解放思想、开动脑筋、积极探索的基础上，逐渐形成的。《国务院关于加强测绘工作的意见》明确要求，要积极开展基础地理信息变化监测和综合分析工作，及时提供地表覆盖、生态环境等方面的变化信息，为加强和改善宏观调控提供科学依据。测绘发展战略研究在系统分析基础上，提出了“构建数字中国、监测地理国情，发展壮大产业、建设测绘强国”的战略思想。中共中央政治局常委、国务院副总理李克强同志连续三年对测绘工作作出重要批示，每年都突出了一个主题，2008 年的批示要求“着力构建数字中国”，2009 年的批示要求“促进地理信息产业健康发展”，今年的批示要求“加强地理国情监测”。“监测地理国情”是测绘系统广大干部集体智慧的结晶，也是党和国家赋予测绘工作的新职责、新任务和新要求，体现了测绘服务领域的拓展和测绘管理职能的进一步强化。

对于地理国情监测的具体内涵，还需要我们在工作实践中不断总结、充实和完善，逐步规范化、系统化。浙江省测绘与地理信息局在这方面做了有益的尝试，大家可以借鉴。各地要有计划、有步骤、有针对性地选择部分项目和地区开展试点工作，不断探索，逐步完善。开展地理国情监测，必须做好顶层设计，要以“一个网、一张图、一个平台”为目标，科学谋划，科学设计。其中，“一个网”的建设要快、要密，“一张图”的内容要全、要准，“一个平台”的服务要好、要新。此外，在应用的宣传上要实、要广，要通过宣传让全社会感受到监测地理国情的重要性，让政府认识到由测绘部门开展地理国情监测更能体现公正性、客观性、真实性，也有利于我们更好地履行地理国情监测的职责，真正为科学决策、综合管理等提供强有力的支撑。

二、关于地理信息产业政策

地理信息产业政策研究，现在不仅我们自身重视，也受到中央一些重要研究机构的高度重视。国务院发展研究中心组织专门人员，对地理信息产业发展进行了深入调研、集中研究，形成了很有分量、很有前瞻性的研究报告。研究报告对地理信息产业发展现状、国内外情况进行了科学分析，对当前面临的问题提出了有针对性的建议，这些建议包括将国家测绘局更名为国家测绘和地理信息局等。研究报告还对地理信息产业发展前景作了很好的展望，认为地理信息产业是朝阳产业，是战略性新兴产业，是新的经济增长点，未来将会达到年产值万亿元的规模。研究报告还指出，地理信息产业是低碳产业，符合战略性新兴产业的发展方向和趋势。这份研究报告送到了国务院高层领导手中。国家测绘局党组在去年也对地理信息产业进行调研并向国务院提交了报告，我们也将以这些报告形成的观点、建议和意见，作为指导和推动地理信息产业发展的工作基础。

同时，通过研究分析发现，影响和制约地理信息产业发展的主要因素是发展环境和人才引进两个问题。当前，地理信息产业发展势头良好，但是企业规模小、力量分散，没有自己的基地。现在，国家测绘局已经启动了国家地理信息科技产业园建设，就是为了改善地理信息企业发展的环境，营造良好的人才工作氛围，更好地促进地理信息产业发展。下一步要研究考虑各省如何运作，使地理信息产业达到万亿元年产值的发展规模，现在已经有几个省在着手研究，应当加快步伐，尽快付诸实施。

关于地理信息产业的发展政策，欢迎大家多提好的建议。我认为，产业政策可以通过多层级来体现，可以有国家层级的、省层级的以及区域层级的。比如，最近国家测绘局与北京市签署了建设测绘科技创新园的协议，北京市将在基本建设、配套设施、人才引进等方面给予一些优惠政策。我们要深入研究、广泛利用已有的国家政策和地方政策，为我所用，推动产业发展。当前，测绘发展观念的转变要突出一个“快”字，“快”是测绘的灵魂，只有做到快建设、快服务、快应用，才能有成效、有作为、有影响。循规蹈矩、按部就班就很难实现跨越式发展。国家测绘局也加大了测绘“走出去”战略的实施力度，今年 10 月在德国举办的国际测绘技术与设备博览会上，组织了我国 20 多家企业参展，使得“中国测绘”扬名国外，外国人给予很高评价，同时感到中国将是他们未来最强大的竞争对手。我们要采取积极有效的应对措施，实施“组织起来‘走出去’、抱起团来谋发展”的策略，只有这样才能实现我国地理信息产业更好更快发展。

三、关于“天地图”建设工作

国土资源部徐绍史部长在昨天的讲话中特别强调指出，要把“天地图”建设成一个具有民族特色的、自主创新的权威品牌。这也是我们测绘人共同的责任、共同的梦想。“天地图”横空出世、一举成名，是自国家测绘局建局以来影响范围最大的一个创举，影响深远，意义重大。截至目前，点击量已超过2500万人次，点击源达到210多个国家和地区。“天地图”的开通作用巨大，不仅提升了测绘人的信心，扩大了测绘工作的社会影响力，提高了为社会公众提供地理信息服务的能力，而且在宣示主权、维护国家领土完整方面也发挥了重要作用。我们要举全测绘之力，进一步树立大测绘、大产业的理念，整合资源，整合力量，共同打造国家地理信息公共服务平台。现在“天地图有限公司”正在组建，还要研究是否需要注册“天地图浙江公司”“天地图江苏公司”，以实现全国一盘棋，做强做大“天地图”，做成国内乃至世界的知名品牌。

建设“天地图”过程中，曾有人持怀疑、否定、观望态度，因为他们认为“天地图”根本就不可能建成。他们没想到我们用很短时间就建成了，这大大超出他们的预料，也让他们惊喜。中央组织部李建华副部长看完“天地图”演示以后给予了很高评价，说我们发挥了“有条件要上，没有条件创造条件也要上”的大庆铁人精神。新华社周锡生副社长参加了“天地图”开通仪式并发表了热情洋溢的发言，他说“天地图”未来的社会价值无法估量。外界给予了我们很高评价和期望，所以我们要力争做到开得通、用得好、管得住。按照徐绍史部长的要求，下一步要尽早将“天地图”测试版转为正式版，这关键还要靠大家同心同德、齐心协力，对“天地图”建设进行资源整合，给予支持，增加投入，并根据专家意见，立足国内，面向国际，走好第一步，谋划好下一步，占领国际市场。

“天地图”的建设不单单是国家测绘局的事情，也不单单是国家基础地理信息中心和各参建企业的事情，而是我们测绘人共同的事业，需要大家拧成一股绳、共同打造“天地图”。参与建设的单位和个人，其功绩将随着“天地图”影响力的不断扩大而扩大。地理信息数据就像电子产品一样，更新速度很快，因此要把最新的、最鲜的、最活的数据投放到“天地图”上。“天地图”建设也将有力地拉动基础测绘和设备投入。通过“天地图”建设，各省可以看到自身的水平，从中查找不足，也借此机会向省委、省政府反映地理信息数据建设滞后、基础测绘投入不足等问题，请求政府增加对测绘工作的投入，以不断丰富本地区的“天地图”内容，提高实景地图的真实性、影像地图的分辨率以及地图标注的准确性，进而打造成展示本地区靓丽形象的窗口。

“天地图”、数字城市等重大项目的实施，扩大了地理信息的市场需求，推动了地理信息产业发展，带动作用巨大。也只有把“天地图”、数字城市建设好，才能加快测绘成果的转化速度，才能实现测绘成果数据的“零库存”，实现地理信息资源利用的最大化。所以，它是推动测绘成果社会化应用的最有效途径。因此，我们一定要统一思想、统一认识、统一行动，全力实现“一个网、一张图、一个平台”的建设目标。

建设好地理信息公共服务平台“天地图”，既方便了百姓生活，也有利于维护我们国家地理信息安全，我们坚信“天地图”一定会办好。一方面是中央领导同志对“天地图”都给予了很高评价，温家宝总理看完演示后说“天地图”很厉害。李长春同志看完演示后要求把“天地图”建设好。另一方面是院士专家大力支持，十几位院士主动提出召开座谈会，围绕“天地图”建设建言献策。这都更加坚定了我们办好“天地图”的信心和决心，也使我们对未来充满更加美好的希望。

四、关于测绘管理体制改革

测绘管理体制的五花八门，影响了测绘管理职能的有效履行，制约了测绘行政管理效率的提高。国家测绘局党组非常重视测绘管理体制问题，今年专门就此开展了专题调研，并向中编办作了专门汇报。中编办对此问题给予了很好的答复，认为测绘管理体制中存在弊端，需要逐步理顺，也支持我们进行尝试和探索。

现在测绘管理体制改革呈现出良好的发展势头。去年，湖北省将省测绘局局长按正厅配备。今年，浙江省将省测绘局更名为省测绘与地理信息局，恢复正厅级，并增加了职能和职数，这是测绘管理体制的一项重大变革和尝试，具有重要的历史意义和现实意义。紧接着山东省临沂市及所辖九县三区也在较短时间内全部挂上了测绘和地理信息局的牌子，海南省、市、县全部加挂了测绘局的牌子。而且我们通过抓数字城市建设，也有力地推动了测绘管理机构建设，通过数字城市建设成果的有效利用，也极大地提升了测绘在社会上的影响力。

我认为，测绘管理体制的完善，要通过作为来推动，通过宣传来推动，通过工作来推动。现在测绘面临难得的发展机遇，地方很多领导十分重视测绘工作，把建设数字城市作为重要任务，称测绘是城市综合管理的眼睛、领导科学决策的依据，并提出“科学发展、测绘先行”的论断。测绘工作的地位和作用越来越重要。当前我国测绘事业发展已经进入全面构建数字中国的关键期、测绘产品需求的旺盛期、地理信息产业发展的机遇期、建设测绘强国的攻坚期，也是受到各级党委政府高度重视的关注期，正处在完全可以大有作为、也能够大有作为的黄金战略机遇期。经济社会发展的各项工作都离不开测绘，形势对我们十分有利，也是推动测绘管理机构建设的有利时期。各级测绘部门领导干部一定要认识到“有为才有位、有位更有为”的深刻道理，要通过抓工作来推动管理机构的更名、升格，通过有作为来坚定各级领导支持测绘管理体制改革的决心，以不断拓展职能，更好地发挥测绘服务保障的作用。

五、关于贯彻科学发展观年度测绘考评工作

此次全国测绘局长会议上，国家测绘局根据《全国省级测绘行政主管部门贯彻落实科学发展观年度测绘工作考评办法（试行）》，坚持公平、公正、客观的原则，评选了16个省级测绘行政主管部门贯彻落实科学发展观2010年度测绘工作考评优秀单位，其余为达标单位。说明我们的整体建设水平提高了，科学管理的水平提高了，也充分证明了《考评办法》在指导工作、推动实践、促进发展中发挥了有效的作用。我们实施的《考评办法》是在充分征求采纳基层意见的基础上制定的，开展考评也是将巩固学习实践科学发展观成果转化为长效机制的重要举措，是推动测绘行政管理、加强测绘职能、强化统一监管的有效抓手和途径。测绘工作的性质和特点决定了测绘管理体制应该统一，否则建设“一个网、一张图、一个平台”就是一句空话。要适应国际化、市场化、信息化、现代化的趋势和要求，就要加强统一管理，加强资源整合，形成整体合力。所以，建立科学的考评体系，目的就是要建立强化测绘统一监管的科学管理体制，推动各级党委、政府重视、关心、支持测绘工作，为测绘工作营造良好的环境，同时也是激发测绘系统各单位的积极性和主动性，促进测绘事业科学发展、促进测绘管理水平提高。

一年来的实践证明，开展考评工作是正确的、有效的，受到了大家的高度重视，国家测绘局考核组到地方抽查，副省长都专门出来接待考核组，各方面普遍反映是好的，认为现在干工作有标准、有目标、有奔头，干好干坏有评价。当然，在评比中也存在不平衡，也有不足的地方，需要我们在实践中不断完善、不断丰富、不断提高，使之更科学、更严谨、更客观、更有效。因此，下一步，国家测绘局将在总结首次考评工作实践的基础上，进一步完善《考评办法》，增加加分项目，增加“一票否决”项目，比如安全生产、廉政建设出问题，都要实行“一票否决”。各单位也要对照考评结果查找差距和不足，不断改进工作，提高各项工作水平，争取明年有更多的单位跨入优秀行列。

六、关于年前要做好的几项工作

2011年是“十二五”的开局之年，也是建党90周年。年前要抓紧做好以下几项工作：

一是要把此次会议精神传达好、学习好。主要是传达李克强副总理重要批示、徐绍史部长重要讲话和这次会议精神。国家测绘局专门印发了《关于认真学习贯彻李克强副总理对测绘工作的重要批示、推动测绘事业又好又快发展的通知》，对如何学习领会贯彻好李克强副总理的重要批示提出了明确要求，大家要按照文件要求，认真组织学习讨论，统一思想，统一认识，结合工作实际，切实贯彻落实。

二是要把创先争优活动组织好、推进好。12月23日，中央组织部副部长、中央创先争优活动领导小组成员、中央和国家机关创先争优活动指导组组长李建华同志到国家测绘局调研指导创先争优活动，并作了重要讲话，对下一阶段深入推进创先争优活动提出了明确要求。各单位、各部门要认真学习好李建华副部长的重要讲话，切实组织开展好创先争优活动，结合实际争先进、争一流，保证创先争优活动取得明显成效。

三是要把测绘工作总结好、部署好。大家回去以后，要总结好本单位、本部门的工作，部署好明年的工作，按照国家测绘局，特别是这次会议的统一部署安排，上下一致，齐心协力，共同做好2011年和“十二五”时期的测绘工作，加快建设测绘强国步伐。

四是要做好走访慰问工作。元旦春节将至，要做好走访慰问工作，对离退休的老干部、老同志，我们不能忘记他们为测绘事业做出的贡献，要时刻关心他们的冷暖，帮助他们解决实际问题；对困难职工要登门看望，给他们送去党和政府的温暖，让他们过上一个安定、祥和、愉快的春节，使他们有更好的心情投入工作，营造一种良好的发展环境。

五是要做好安全稳定工作。“两节”临近，一定要注意安全生产、安全保卫和维护稳定工作，要注意梳理存在哪些热点、难点问题，特别是关系职工群众切身利益的问题，想方设法缓解矛盾、解决问题，对生产作业环节存在的不安全因素要尽快消除，保证安全、稳定、祥和。

最后，我代表国家测绘局党组，提前给大家拜年，祝大家新春愉快、合家欢乐、工作顺利、万事如意。

提高认识　增强力量　深入推进测绘发展战略研究工作

国家测绘局副局长王春峰在测绘发展战略研究专题报告暨研讨会上的讲话

2010 年 1 月 11 日

各位专家、同志们：

测绘发展战略研究是当前测绘工作中的一件大事。自课题启动以来，各专题组做了大量工作，已经形成了研究大纲细目。今天，我们在这里召开会议，一方面是邀请有关专家作形势报告，以利于我们把握经济社会发展的方向和需求，另一方面是为各专题组提供一个研究讨论的环境，以利于大家集中精力、深入研讨，进一步完善研究思路和研究内容。在此，对各位专家和代表的到来表示欢迎和感谢！

借此机会，我讲三点意见。

一、要更加准确地把握测绘发展面临的形势

准确把握当前国际国内经济社会发展形势和测绘发展动态，是做好测绘发展战略研究的重要基础。今天课题组特别邀请有关专家为我们作形势报告，也是为了让大家更好地了解和分析测绘事业发展所处的基本背景。

（一）准确把握测绘发展面临的新机遇

我国正处在一个高速发展的时代，未来 10 年、20 年，我国经济规模将比现在有大幅度的增长，社会进步也将达到一个较高水平，综合国力将有大幅提升，与此同时，还要实现资源消耗零增长、环境退化零增长等目标。在这样一个大的背景下，测绘将面临巨大的机遇，各领域各方面对测绘服务的需求会越来越旺盛，从而为测绘事业发展进步提供了广阔的空间和美好的前景。一方面，城市规划建设、资源环境管理、工程勘测设计等传统测绘保障领域对测绘技术、产品和服务等方面的要求会更高，各行各业的信息化建设对地理信息的现实需求会更加迫切；另一方面，政府决策、公共应急、精细农业、节能减排等领域对测绘保障服务又提出了新的需要，特别是在发展低碳经济、应对气候变化等诸多工作中，在人们生产生活方式发生重大变化和重要进步的过程中，测绘如何满足各方面的要求，都需要我们认真分析和准确把握。需求就是机遇，没有系统、全面和前瞻的需求分析，就不可能很好地把握机遇，就难以系统准确地提出有效的对策措施。

（二）准确把握测绘发展面临的新挑战

当前测绘发展中还存在着诸多矛盾和问题，比如，需求与供给的矛盾、发展与监管的矛盾、应用与安全的矛盾等，又比如，测绘的手段还不够先进，资源还不够丰富、服务还不够全面到位，测绘保障的总体水平还不能适应经济社会快速发展的迫切需求，所有这些，都需要我们认真分析，准确判断，在战略研究工作中提出解决办法。面对地球科学、环境科学、空间科学等多学科交融以及数字地球、智慧地球的发展需求，面对从陆地到海洋、从国内到国外、从地球到太空的更广泛的测绘需要，面对地理信息获取实时化、处理自动化、服务网络化、应用社会化的发展要求，测绘工作正面临着业务领域持续拓展、技术手段不断创新、装备设施大幅改善、体制机制改革创新的重大挑战。在面临国内需求扩展和科技进步等各方面挑战的同时，国外测绘加快发展也对我国测绘工作产生了重要影响，一方面为我们提供了重要经验和有益借鉴，另一方面也对我国测绘工作形成了巨大压力，如高精度卫星导航定位、高精度对地观测系统、高分辨率影像网络化服务等，在技术进步、业务发展以及安全管理等方面对我国测绘事业发展形成了巨大挑战。所有这些影响、压力和挑战，都需要我们认真分析研究，提出更加有效的对策措施。

二、要更加准确地把握战略研究的重要内容

开展测绘发展战略研究，要始终坚持以科学发展观为指导，把测绘工作放在经济持续增长、社会不断进步、国力大幅增强的大背景下去思考、去研究，充分体现全局性、战略性、前瞻性和科学性，体现与经济社会发展的协调统一性。

（一）进一步明确测绘发展的战略方向

近年来，党中央、国务院对测绘事业发展有一系列明确指示，局党组在此基础上提出了“构建数字中国、丰富地理信息、搭建共享平台、保障社会需求，完善体制机制、强化统一监管，创建和谐测绘、推动科学发展”的总体发展思路，战略研究既要贯彻落实党和国家的重要指示精神，又要有创新的思维和与时俱进的理念，进一步深化和完善总体发展思路。因此，测绘发展战略研究必须以科学发展观为指导，始终坚持服务大局、服务社会、服务民生的根本宗旨，准确把握测绘信息化的发展方向。要着力推进从数据生产为主向地理信息更新与服务为主的转变、从提供地理信息向提供管理决策辅助解决方案的转变、从注重国内地理信息资源建设向国内国外地理信息资源建设并重的转变、从主要依靠财政投入向更多利用市场配置资源的转变、从关注发展数量上的增加向注重发展质量上的进步的转变等几个方面的重要转变。

（二）进一步把握好专题研究的重点任务

要按照实施方案和大纲细目的要求，进一步明确和把握好各专题的重点任务。其中，信息化测绘体系专题重点是研究如何推进测绘装备与设施等测绘手段的现代化及其合理布局，确保更广、更快、更准地测绘；数字地理空间框架专题重点是研究如何进一步丰富、完善和科学布局基础地理信息数据资源，使基础地理信息覆盖范围更合理、更具现势性和权威性；测绘公共服务专题重点是研究如何进一步强化政府的公共服务职能，确保公共产品更多、公共服务更贴近需要；地理信息产业专题重点是研究如何充分发挥企业在地理信息资源开发利用中的作用，更好地满足市场对地理信息产品和服务的需求；测绘科技创新专题重点是研究如何进一步健全测绘科技创新体系，推进测绘科技进步和跨越式发展；测绘管理专题重点是研究如何进一步深化改革、健全法规政策、创新体制机制、转变政府职能，切实提升测绘行政管理水平，推动测绘管理向创造更好环境、提供更好服务的转变。要通过研究，谋划一批具有战略意义和决定性影响的重大测绘工程。

三、要更加扎实地推进发展战略研究工作

开展测绘发展战略研究，是加快测绘事业发展的迫切需要，是谋划“十二五”发展的紧迫任务，也是围绕大局作好测绘服务的客观要求。当前，研究工作已进入攻坚阶段，各支撑单位和各位研究人员一定要给予高度重视，扎扎实实地推进测绘发展战略研究不断取得新的成果、好的成果。

（一）加强组织协调，责任落实到位

根据国土资源战略研究工作的总体要求，今年3月底要形成测绘发展战略研究报告初稿，10月份要完成全部研究工作。在任务繁重、时间紧迫、难度较大的情况下，各专题组要进一步提高思想认识，把测绘发展战略研究作为今年的头等大事来抓，切实加强组织管理，健全工作机制，充实研究力量，加快推进研究工作。专题组长要切实负起责任，多想一些深层次的问题，提出更多创新性、引领性、真正具有战略意义的思想观点，同时要切实抓好专题研究工作的统筹协调，将研究任务细化分解并落实到人。各位研究人员要把战略研究工作放在更加突出的重要位置，积极承担责任，把更多的精力投入到战略研究中来，把工作做得更具体、更细致，大家一起齐心协力，高质量、高水平地完成各项研究任务。

（二）强化联合协作，注重沟通交流

测绘发展战略研究工作汇集了多个部门和单位的专家学者，形成了部门间研讨交流、达成共识的平台。要充分发挥这一平台的作用，广泛听取有关部门、各级地方和社会各界的意见和建议，凝聚各方面的智慧，整合各方面力量，共同推进研究工作。课题组、专题组、专家咨询委员会各成员要更加密切配合，建立顺畅的沟通机制，加强协调联系，及时交流各方面情况。各位参与战略研究的人员要相互借力助力，形成推进战略研究工作的合力。测绘发展战略研究作为软科学领域的重要研究内容，要更加注重集成和融合各方面的研究成果，统筹利用好各单位已有的成果资源，集中精力攻克测绘事业发展面临的重点和难点问题。

（三）勇于开拓创新，提升成果质量

测绘发展战略研究是站在国家经济社会发展的全局高度，对未来5年、10年、20年测绘事业发展进行系统谋划，对于统筹解决测绘事业发展中的深层次矛盾具有重要现实意义，使命光荣，任务艰巨。参与研究的每一位研究人员都要把创新作为研究工作的灵魂和核心，形成有利于新思想、新观点产生的氛围，敢于创新、敢为人先，确保形成创新的成果。要在进一步解放思想、统一认识的基础上，加快进度、提升高度、挖掘深度、拓展广度，多层面、多角度深化战略研究内容，理清测绘发展中的宏观性、战略性问题，提出统筹解决各种突出矛盾、推动测绘事业科学发展的新思路、新理念、新举措。

目前，测绘发展战略研究整体进度与国土资源战略研究工作的要求还有一定差距，各专题组要统筹安排、周密部署，集中力量、重点突破，确保战略研究按时保质完成。

同志们，新的一年刚刚来临，在此，谨代表国家测绘局向大家致以新年的美好祝愿，祝大家身体健康！工作顺利！心情愉快！

谢谢大家！

加强监管　强化执行　为推动测绘事业发展做好财务保障

国家测绘局副局长王春峰在国家测绘局财务工作座谈会上的讲话

2010年2月5日

同志们：

今天，我们在这里召开国家测绘局财务工作座谈会议，会议的主要任务是：学习贯彻全国财政工作会议和全国测绘局长会议精神，加强财务监管，强化预算执行，为推动测绘事业发展做好财务保障工作。

一、关于全国财政工作会议

今年年初召开的全国财政工作会议，是在党的十七届四中全会和中央经济工作会议之后、国际国内经济环境有所好转的背景下召开的一次重要会议，会议全面深刻分析了当前和今后一个时期财政形势，明确具体地提出了今年财政工作的总体要求和重要任务。下面，我结合测绘工作实际，简要传达全国财政工作会议有关精神，以便大家准确把握当前财政形势，进一步做好测绘财务工作。

（一）财政总体形势

2010年经济工作形势极其复杂，财政任务仍然十分艰巨。收入方面，经济形势和企业经营状况进一步好转，但受继续执行结构性减税政策和外贸进出口税收增长有限等因素的影响，收入短期内难以随经济回升而实现较快增长。支出方面，一批重大在建工程（例如，与我们有关的灾后恢复重建工程、927一期工程、西部测图工程等等）需要继续投入；增加低收入群体收入，加强“三农”、教育、科技、社会保障和就业、医疗卫生、保障性安居工程、节能减排等经济社会发展薄弱环节，改善民生等重点支出需要继续增强，深化各项改革需要财政支持，促进边疆地区和少数民族地区发展也要增加投入。总之财政收支矛盾十分突出，预计2010年中央财政收支总量相抵，赤字比2009年增加1000亿元。与此同时，社会各界要求提高政府执政能力，提高财政资金绩效，推进财政预算公开，让老百姓了解钱花到哪里、资金效益如何的呼声也越来越高。

（二）2010年财政主要任务和要求

今年财政主要任务仍然是，加大对“三农”、教育、科技、医疗卫生、文化、社会保障、保障性住房、节能减排以及欠发达地区的支持力度，促进经济增长、结构调整、地区协调和城乡统筹发展，切实保障和改善民生等等。结合今年财政主要任务，国家局将会同有关单位，认真研究，在加快区域协调发展、促进公共安全、支持科技创新、推进节能减排等方面，争取财政资金的更大支持力度，进一步为测绘服务经济建设提供财力保障。

此次全国财政会议还提出了要“更加注重加强财政科学化精细化管理，切实提高财政资金绩效”的要求，与我局财务管理结合紧密的主要在以下几方面：

1. 强化预算管理。财政要求要规范部门预算编制程序，提前预算编制时间，细化预算编制内容。我局已基本形成了自下而上逐级编报预算和审核预算的机制，但是从往年的编制情况来看，项目预算编制粗放、计划不细是影响我局部门预算质量主要问题。因此，无论是延续项目，还是新增项目，都要杜绝概念化，要做到有具体立项依据、有具体目标和任务、有具体的实施计划和时间进度、有具体资金测算依据、有具体考核指标、有具体监督措施、有具体数据和资料总结。

2. 加强对决算数据的分析运用。财政要求要加强对决算数据的分析运用，健全预决算相互反映、相互促进机制。从我局情况看，决算分析仍停留在简单的数字罗列层面，还不能做到充分、有效地为单位的管理和领导决策服务。因此，各单位要在做好决算编审工作的基础上，通过充分挖掘、分析和使用决算数据和资料，发现预算编制和执行中存在的问题，找出会计核算和财务管理的薄弱环节，加以改进，促进我局财务管理水平的进一步提高。

3. 推进资产管理与预算管理有机结合。2009年部门预算报表中，增加了“中央行政事业单位资产存量情况表”和“中央行政事业单位新增资产配置预算表”，对部门新增资产审核将越来越严格。今后各单位新增资产配置事项，应按部门预算编制要求上报，经批准后实施。同时，要研究制定测绘专用设备配置标准，为加强测绘专用设备管理提供依据。

4. 推进财务信息化管理。使用信息化手段是推进财政管理科学化、精细化的客观要求，对于提升财务管理水平至关重要。结合我局实际，近期将主要推动三个财务信息化系统的建设和实施。一是推动测绘行政事业单位资产管理信息系统实施。二是推动预算项目库管理系统实施。三是加快国家测绘局国库集中支付动态监控系统建设。

还有就是加强预算执行和财务监管，我一会儿着重谈。

二、关于2009年我局财务工作

（一）2009年财务工作主要回顾

2009年对于测绘部门财务工作来讲，是非常不平凡的一年。年初局党组做出购建测绘创新基地这一决策，当时正值国际金融危机爆发，为抓住这一相对有利的时机，各项工作都要加快，财务部门要面对大楼立项、筹措资金和确保资金安全等有关问题，而这些都是从未经历过的，同时国家审计署开展的审计工作，延伸到我局京外各有关单位，财务部门面临一次全面的检查，增加了巨大的工作量。但是，通过我局全体财务人员的共同努力，克服了种种的困难，较好的履行了职责，比较出色的完成了局党组交给的任务。主要是：

1. 全力以赴做好测绘创新基地建设财务保障工作

一是着力解决测绘创新基地建设和搬迁所需资金。国家发改委在批复同意将北京主馆建设方案的选址新建调整为在莲花池西路28号购置项目的基础上，又批准中国测绘科学研究院扩建科研实验用房项目，核定新增建筑规模9588平方米，新增投资9428万元；中央财政追加我局测绘创新基地搬迁及办公设备购置等经费预算4000万元；在我局2010年部门预算中，围绕大楼建设，统筹安排了科研单位修缮购置专项、基本建设专项、大型修缮和大型购置专项，合计1.3亿元；新增了测绘保障能力建设专项1000万元和物业管理专项330万元。

二是积极做好测绘创新基地建设财务保障。在测绘创新基地建设初期，为解决莲花池西路28号院建设资金不足问题，财务部门多方筹措资金，及时解决了建设资金不足问题。在财政资金到位后，及时将购置该房产所借贷款1.9亿元全部还清，比预定还贷时间提前了7个月，同时将外部借款1450万元也提前全额归还。同时还统筹指导相关单位做好测绘创新基地资金使用的会计核算等工作。这些工作的有序开展，为基地建设工作提供了有力的保障。

2. 积极做好预算争取工作

2009年是财政最为困难的一年。在如此困难的条件下，我局的927一期工程经费预算10.59亿元得到落实；边远少数民族地区基础测绘专项的投入，由原来的每年3000万元，增加到5000万；我局规范津贴补贴经费也得到落实，并将2009年核定数作为基数，列入今后年度基本支出预算。经统计，在2009年度，中央财政共计追加我局部门预算5.1亿元，这些资金的落实为局党组中心工作提供了重要支持。

3. 财务制度建设得到加强

在做上述工作的同时，财务制度建设也取得了进展。新《测绘生产成本费用定额》正式颁布实施；完成了《927专项经费管理办法》的制定工作；开展了《国家测绘局行政事业单位国有资产管理试行办法》修订工作；开展了《国家测绘局主要领导经济责任审计（暂行）办法》的制定工作等等。

此外，我们还围绕“小金库”专项治理工作，举办了国家测绘局部门财务培训班。培训范围扩大到主要三级预算单位的“一把手”，取得了较好的效果。

（二）2010年部门预算情况

2010年中央财政继续按照从严从紧的原则安排年度预算。对基本支出预算，在2009年核减三项费用的基础上（出国费、车辆购置及运行费、公务接待经费），2010年再核减5%。对项目支出预算，除党中央、国务院已确定的重大项目支出外，对其他类项目全部实行零增长。同时，由于我局2009年预算执行没有达到财政部要求，2010年有关项目预算被扣减643万元。综合上述因素，2010年测绘部门预算“一下”控制数为14.3亿元，比2009年增加3.2亿元。但是，扣除927测绘工程项目和西部测图项目等重大工程项目影响，我们今年经费增加有限，而且有些项目经费有所减少。因此，大家仍然要牢固树立过紧日子的思想，严肃财经纪律，坚决反对大手大脚花钱和铺张浪费，在已有财力保障的基础上，加强财务管理，谋划好单位的发展。

三、关于预算执行

近三年来，财政部加大了对预算执行的管理力度，这是全国人大提出的要求。这次全国财政会议提出，要狠抓预算执行管理，强化部门预算责任，加快预算支出进度。之前，我们也多次召开会议、印发文件、提出要求，财务司、国土司和在座各有关单位也想了各种各样的办法，下了不少力气。但是，截止到2009年12月31日，国家局还有3.4亿元的预算额度没有执行，而且由于2009年我局预算执行进度未达到财政部要求，2010年我局项目经费被财政部扣减643万元。主要问题是我局项目不能按序时进度要求进行，预算执行缓慢。分析原因，测绘外业生产受自然条件影响是一部分原因，但主要原因是项目管理粗放和预算观念不强。具体表现为，有些项目支出计划编制不够准确，有些项目前期准备不充分，预算下达后迟迟不能启动，有些项目当年不能完全执行，有些项目预算执行不均衡，年底支出规模占比重较大等等。这些问题的存在直接影响了预算执行进度，也为继续争取财政支持增加了难度。为此，围绕加强项目预算执行，提高财政资金绩效，谈几点意见。

（一）要提高对预算执行重要性的认识

预算支出管理关系到财政资金使用效益，体现单位的理财能力和水平。大家知道，受金融危机影响，当前财政仍然处于较为困难时期，因此加快预算执行，提高财政资金使用效益尤为重要。资金都是有机会成本和时间价值的。这就是为什么我们把钱放在银行里，银行会支付给我们利息，以前的一块钱能比现在的一块钱买的东西多，现在的一块钱会比将来的一块钱具有更高的价值。体现在财政资金上就是使用效益，财政资金额度下达了，没有执行或没执行完，既失去了机会成本，也失去了时间价值，也体现单位的理财能力和水平有限。预算执行进度上不去，或者说预算执行缓慢恰恰是一种典型的资金浪费，这一点已经越来越受到社会和公众的关注。全国人大也一再对此提出要求，去年底，温家宝总理亲自主持召开会议要求加快预算执行进度。财政部已经明确，预算执行将作为安排下一年度的预算的考核指标。对执行不好的部门直接扣减下一年度预算。今年初，又印发了《关于加强预算执行工作方案》，把预算执行进度具体落实到每个月，这里我就不详细说了，一会财务司会向大家通报有关情况。

总之，不管我们有什么困难，什么理由，抓预算执行进度必须一丝一毫地不能放松。各单位和部门要全力以赴，把加强预算执行放在更加突出的位置抓紧抓好。

（二）要抓好项目预算执行

财政部指出，项目预算编制不实、项目管理粗放是影响预算执行的重要原因。从测绘部门目前情况看，项目预算占部门预算的80%还多，抓预算执行的重点就是抓项目预算。

1. 提高项目预算编制质量。预算编制与预算执行关系密切，预算编制质量和水平直接关系到预算执行的进度。去年年初，新《测绘生产成本费用定额》由财政部和国家测绘局正式颁布实施。新定额是编制预算的重要依据，财务部门和生产部门要共同配合，依据新定额，做细、做实、做准测绘工程项目经费预算，提高测绘项目支出预算编制的科学性和准确性，为预算执行打下良好基础。对于新定额没有涵盖到的工作项目，生产部门要本着实事求是的原则，准确核定。同时，还要考虑由于测绘科学技术进步，装备条件改善，而带来的工作效率大幅提高和使用已有数据等因素影响，避免由于经费计划过高造成生产项目预算执行缓慢。

2. 加强项目管理。一是做好生产计划与经费预算的衔接。生产计划应根据预算安排的总体情况，科学合理安排年度预算执行计划，以便提高预算执行进度。二是提高生产计划的年初下达率。在批复预算之后，生产部门应一次性下达年度生产计划任务，避免生产计划多次下达和随意调整，因特殊原因造成生产计划调整，涉及预算变动的要按照规定程序报批。

（三）要建立预算执行监督管理制度

抓预算执行根本要靠制度和机制。一是建立预算执行责任制度。各单位是预算执行的主体。各单位要把督促加强预算执行管理作为日常工作重点，及时掌握本单位预算执行进度情况。财务司会同有关部门定期对各单位进行考评并通报。二是建立预算执行奖罚机制。财务司会同有关部门在安排下一年度预算时，对预算执行好的单位，予以优先考虑，重点保障；对预算执行不好的单位，将结合执行进度核减下一年度项目预算。

此外，还要特别强调，各单位在加快预算支出进度的工作中，要注意遵守国家法律和各项财务规章制度，在合法、合规的前提下推进预算执行，同时要避免出现违规开支和不讲效益的“突击花钱”行为，这样造成的后果更为严重。

四、关于财务监管

近年来，国家局在争取财政资金支持方面做了大量工作，财政支持力度不断增强。据统计从06－09年，财政对测绘部门投入增加了10个亿。这对测绘事业的发展起到了极大的支撑和促进作用。我想大家都感受的到，这几年单位的钱多了，收入增加了，日子好过了。但是在争取财政投入和掌握的财政资金逐年加大的同时，我们的财务管理水平也应该有明显的提高，来确保这些财政资金的安全和效益。

国家局一直以来十分重视财务管理工作。为了保证各项财政资金的安全和有效使用，在加强制度建设和财务监管方面做了大量的工作。在制度建设方面，相继出台了项目支出预算管理办法、内部审计管理办法、政府采购和国库集中支付管理办法等。为加强测绘重大项目财务管理工作，还配合财政部出台了基础测绘、航空摄影、西部测图工程专项经费管理办法等。在财务监管方面，我局开展了包括重大项目专项审计、财务决算稽核、预算执行审计、资产清查审计等一系列工作。通过上述工作，强化了财务监督，一定程度上提升了财务管理水平。

但是，通过近年来的内部审计、年度决算稽核、“小金库”专项检查，特别是今年审计署进行的审计等，也反映出确实还存在一些不容忽视的问题。如，在项目资金的使用中存在虚列支出的问题；一些单位利用虚假发票套取资金，偷逃单位所得税和个人所得税；有些单位财务内部控制制度缺失，会计核算十分不规范等等。表明我局财务管理仍然存在一些薄弱环节，需要大力改进。下面，我谈点看法，与大家共同探讨。

（一）要强化责任意识

《会计法》明确规定，单位负责人是本单位财务工作的第一责任人，“对本单位的会计工作和会计资料的真实性、完整性负责”。也就是说各单位“一把手”要对本单位财务工作负主要领导责任，分管财务的领导负直接领导责任，同时，其他班子成员对分管的工作中涉及财务管理问题也负有责任。因此，作为单位“一把手”，不管懂不懂财务，也不管是不是具体分管财务，都是财务工作的第一责任人，要对单位财务工作负主要领导责任，这是法律赋予的职责。各单位负责同志要充分认识自身的责任，增强责任意识，要知道什么字能签，什么字不能签，签了什么内容，要承担什么责任；要加强对财务工作的领导，重要的财务工作要亲自部署，重要的财务问题要亲自过问，重要的财务工作环节要亲自协调，重要的财务工作任务要亲自督办，积极为财务工作的开展创造良好条件。

（二）要树立依法理财理念

首先，要知法、知规。随着我国社会主义市场经济体制的不断完善和反腐败工作的不断深入，《审计法》、《会计法》、《预算法》、《政府采购法》、《财政违法行为处罚处分条例》等国家法律法规越来越完善，《党内监督条例》、《党纪处分条例》等党纪政纪越来越健全，舆论、审计、人大等各种监督越来越强化，在这种形势下，要管好财、理好财，就要求我们的单位一把手、分管领导和财务管理人员，要不断加强对这些法律法规的学习，要知道什么能做，什么不能做。避免由于不了解或认识上的不到位导致一些错误做法、甚至出现触犯法律法规的行为发生。其次，要守法、守规。知法、懂法了，我们还要严格遵守，尤其是领导干部更不能逾越于法律法规之外。胡锦涛总书记在党的第十七届中央纪律检查委员会第五次全体会议上特别强调，领导干部要牢固树立制度面前没有特权的观念。各单位负责同志，特别是“一把手”要认真学习领会总书记的讲话精神，要增强依法开展财务工作的自觉性，合法合规地使用财政资金；要切实将依法理财意识贯穿于日常工作的始终，时刻绷紧依法理财这根弦；要大力支持财会人员依法履行职责，不授意、不指使、不强令财务人员违法、违规办理财务事项。

（三）要强化内部审计

09年国家审计署的审计，为我们上了一次极为生动的加强财务管理工作的教育课。可以说，国家审计署在审计过程中查处的一些典型违规事例，彻底暴露了我们财务管理中的问题。他们提出的问题，有相当一部分我们在内审中也提出过，可就是引不起大家的重视。今天，我们再来整改，是要付出代价的。事实证明，加强财务内部审计工作既是对干部的监督，也是对干部的保护。但是，我们有些单位领导对内部审计的认识程度不够，认为是走形式、走过场。对内审所提出的意见，没有能够引起足够的重视，而且还总是提出各种各样的理由来规避问题，失去了在内部解决问题的机会，导致了个别单位在歧途上越走越远，后果越来越严重。今后，各单位要提高对内部审计工作重视程度，从思想上认清和摆正财务管理与内审的关系；要按照《国家测绘局内部审计工作管理暂行办法》的要求，建立健全内部审计机构，完善相应的机制；要认真对待内审提出的意见和建议，并严肃整改。同时，还要确保单位会计信息的真实、完整。

（四）要加强财务队伍建设

近些年来，随着财政体制改革的逐步深入，财务工作任务越来越重、要求越来越高。加强财务队伍建设，既是我们当前面临的紧迫任务，又是一项长期工作。要加强财务队伍建设，重点做好以下几方面工作：一是加强人才选拔。严格按照《会计法》要求，选聘财会人员，并创造良好的人才使用环境，让懂财务、善管理、有原则的人才脱颖而出，充实到测绘财务管理队伍中。二是加大培训力度。针对预算、基建、国有资产管理和国库集中支付业务特点与变化，加大培训力度，全面提升财务人员的业务能力，同时注重对测绘业务知识的培训，着力培养复合型测绘财务管理人员。三是加强财务机构建设。各单位要把健全财务管理机构作为队伍建设的重要内容来抓，按照《会计法》要求，设置独立的财务机构。同时，涉及重大经济活动和经济事项，各单位领导要充分听取财务部门的意见。

（五）要继续开展“小金库”治理工作

中纪委、监察部、财政部和审计署等四部门已明确，今年仍然把“小金库”治理作为重点工作来抓，治理工作的重点将延伸到社会团体和国有企业，同时党政机关和事业单位“小金库”治理还要继续深入开展，特别是对中央垂直管理单位的监督检查将加大力度。各单位一定要深刻认识“小金库”问题的严重危害和治理“小金库”的重要意义，从讲政治的高度，坚决杜绝这种违反党风廉政建设纪律、违反财经制度的行为。各单位要着力完善“小金库”治理工作的长效机制，要针对本单位管理制度等方面的薄弱环节和漏洞，健全和完善有关管理制度。要完善内控和监督机制，加强纪检监察、内部审计监督等日常监管，规范并严格执行财务会计管理制度，加强银行帐户、发票及专项资金使用情况监管，切实杜绝“小金库”在我们国家测绘局所属单位中存在。

此外，我还要特别强调“927”一期工程财务监管问题。“927”一期工程是继西部测图工程之后，测绘部门争取到的又一重大财政资金支持的测绘工程项目，其责任重大，任务艰巨，使命光荣。同时在财政面临如此困难的形势下，工程专项资金能够及时落实到位，体现了党中央、国务院对测绘工作的关心和重视。今后的几年里，各单位都会不同程度承担工程任务。你们要从讲政治、讲大局的高度，管好用好这笔专项资金。要把财务监管作为工程管理的核心任务，常抓不懈，贯穿于工程建设的全过程；要严格按照《927专项经费管理办法》等有关规定，对项目资金的支出范围严格把关，严禁自行变更项目支出内容或改变使用范围；要加强“927”专项资金使用的跟踪管理和过程监控，确保专款专用和资金资产安全；要及时研究“927”专项资金中出现的新情况和新问题，提出解决办法；要为把“927”工程建设成为经得起时间和历史检验的的精品工程、放心工程提供财务保障。大家一定要树立这样一种观念，重大项目能否顺利通过验收，能否成为优质工程，其中财务管理好与坏，是关键环节，财务管理出了问题，也不能算是优质工程。

总之，确保资金的安全有效使用，是当前和今后一段时间测绘财务工作的重要内容。

同志们，各单位是预算编制和执行的责任主体，也是财务管理的责任主体，应对单位预算编制的真实、完整、准确负责，对预算执行的严肃性负责，对财政资金安全和能否发挥最大绩效负责，对此各单位应有足够的认识，切实负起责任。2010 年测绘财务工作责任重大，任务艰巨，我们一定要按照局党组的要求，解放思想，乘势而上，为国家测绘局各项事业又好又快发展提供坚实财务保障，为促进国家经济平稳较快发展做出新的贡献！

新春佳节即将到来，在此，谨代表局党组向大家致以新年的美好祝愿，祝大家工作顺利！身体健康！新年快乐！

谢谢大家。

进一步做好规划编制工作　推动测绘事业发展再上新台阶

国家测绘局副局长王春峰在全国测绘发展“十二五”规划编制工作会议上的讲话

2010 年 5 月 6 日

同志们：

去年 9 月，国务院常务会议研究决定全面启动全国“十二五”规划编制工作。随后，国家发展改革委召开了全国“十二五”规划编制工作电视电话会议，对规划编制工作做出具体部署和安排。根据国家的总体安排，国家测绘局和各地测绘部门按照《中华人民共和国测绘法》、《基础测绘条例》等的有关要求，先后启动了测绘发展“十二五”规划编制前期工作，取得阶段性成果。今天我们在这里召开这次会议，内容是交流前一阶段工作成果，研究下一阶段工作思路，并对近期具体工作进行部署。下面我就会议内容讲几点意见。

一、认真总结前一阶段规划编制工作

国家对全国“十二五”规划编制工作做出全面部署后，我局根据《全国基础测绘中长期规划纲要》组织实施工作的实际需要，立即启动了测绘发展“十二五”规划编制前期工作。去年上半年，开展《全国基础测绘中长期规划纲要》“十一五”执行情况评估，年底形成评估报告，并报送国务院。同时，根据国务院关于开展国家可持续发展国土资源战略研究工作的要求，着手开展测绘发展战略研究，并取得初步成果。在做好上述工作的基础上，根据《中华人民共和国测绘法》等法律法规的要求，我局对测绘发展“十二五”规划编制工作进行了认真研究，形成了由国家局牵头，国家发展改革委、民政部、财政部、国土资源部、交通部、水利部、国防科工局和总参测绘局等参加的基础测绘“十二五”规划编制跨部门工作机制，并召开了第一次部门联席会议。去年 11 月，我局又以《关于做好测绘发展“十二五”规划编制工作的通知》（国测规发〔2009〕2 号文件）向各地测绘部门全面部署了相关工作。

在开展上述工作的同时，我局进一步明确了测绘发展“十二五”所面临的形势，初步理清了发展方向和思路，研究提出了发展目标、任务和重大项目，形成了《测绘发展“十二五”规划基本思路》和《测绘发展“十二五”规划框架》（征求意见稿）。其中，《测绘发展“十二五”规划基本思路》已报送国家发展改革委，《测绘发展“十二五”规划框架》正在根据各地测绘部门反馈的意见，进行进一步修改完善。《测绘发展“十二五”规划编制工作方案》已编制完成，测绘发展“十二五”规划体系、规划编制工作任务以及进度安排等已经明确。国家地理信息公共服务平台建设、现代化测绘技术装备和应急服务能力建设等“十二五”重大项目已经过初步论证。同时基础测绘“十二五”规划指标体系也已初步形成。

各地测绘部门根据我局和本地区政府的相关要

求，高度重视测绘发展“十二五”规划编制相关工作。在国务院颁布《基础测绘条例》、国家发展改革委和我局联合印发《基础测绘计划管理办法》后，山东、山西、浙江等地相继制定了基础测绘规划计划管理有关文件。在“十一五”规划评估和“十二五”规划前期工作方面，截止目前，已有21个省（区、市）开展了本地区测绘发展“十一五”规划执行情况评估工作，12个省（区、市）已形成评估报告。其中北京、浙江、广西、西藏、甘肃、新疆等地区的评估报告已报送当地政府。各地测绘部门积极争取将测绘发展“十二五”规划纳入本地区政府批准的专项规划序列，据统计，已有16个省级测绘发展“十二五”规划被纳入政府批准的“十二五”专项规划序列。其中，吉林、浙江分别拟编制的两个规划均已纳入政府批准的“十二五”专项规划序列，山东省拟编制的“山东省‘十二五’基础测绘规划”已被纳入省政府“十二五”第一批重点专项规划。在市、县测绘发展“十二五”规划编制方面，23个省（区、市）已作出部署，其中广西的市县基础测绘“十二五”规划除桂林市外均已完成。

二、正确把握“十二五”规划编制的总体要求

“十二五”期间是全国测绘贯彻落实科学发展观，按照服务大局、服务社会、服务民生的要求，进一步满足需要、深化应用的关键时期；是加快创新、提高能力，推动我国由测绘大国向测绘强国转变的关键时期。科学编制测绘发展“十二五”规划，对于全面落实《国务院关于加强测绘工作的意见》和《全国基础测绘中长期规划纲要》的要求，积极适应测绘事业发展的新变化，妥善应对经济社会发展需求的新挑战，为实现全面建设小康社会奋斗目标提供高质量的测绘保障服务具有重大意义。

基于此，测绘发展“十二五”规划编制的指导思想是：坚持大测绘理念，与《国务院关于加强测绘工作的意见》相衔接，以构建数字中国地理空间框架为核心，以建设统一完善、更新快速、服务社会、保障有力的地理信息公共服务平台为目标，为推动现代化、信息化建设，为全面建设小康社会服务。

规划编制工作过程中要坚持六个“注重”：一要注重建设。紧密围绕建设数字中国，乃至影像中国、智慧中国，积极推动地理国情变化监测工作。二要注重装备。测绘装备建设是提高生产力水平的重要方面。要以现代化的装备保证地理信息公共服务平台现势高效、基础测绘及时更新、应急保障快速有力。三要注重应用。测绘成果的应用决定测绘工作的地位作用。要扩大测绘成果应用范围和服务领域。四要注重发展。要大力发展地理信息产业，提供更多更丰富的地理信息产品，扩大需求，繁荣地理信息市场。五要注重基础。要在原有的基础上积极开展全球测绘、海洋测绘，探索星球测绘，做好基础工作，不断提升能力，拓展服务范围。六要注重科技。要瞄准国际测绘科技前沿问题和热点、难点问题，组织力量，展开攻关，提高自主创新能力和可持续发展能力。要重视人才的开发、储备和培养，认真实施“科技强测”、“人才兴测”战略。再经过不到一年的努力，力争使测绘发展“十二五”规划成为一个兼顾当前和长远，体现科学性、针对性、前瞻性、基础性和战略性于一身行动指南。

三、进一步明确下一阶段工作思路

当前大多数地区都在加紧开展规划编制的前期研究收尾工作，下一步将进入规划内容的提炼和文本的起草阶段。下一阶段的工作关系到规划目标是否准确、规划内容是否科学、规划项目能否落实等重大问题，并与规划今后能否成功实施紧密相关。各级测绘部门要在前期工作基础之上进一步理清工作思路，加快推进规划编制后续各项工作。

（一）进一步明确“十二五”规划的作用

测绘发展“十二五”规划是《全国基础测绘中长期规划纲要》在“十二五”期间的实施规划。“规划纲要”的规划期为15年，需要三个五年规划才能完成。“十二五”期间测绘发展具体任务需要通过开展“十二五”规划编制工作予以明确。我局通过前一阶段开展规划评估、测绘发展战略研究等工作发现，尽管通过“十一五”期间各级测绘部门的共同努力，全国测绘取得了跨越式发展，但是，测绘发展中所面临的一些问题仍然没有解决。在我局报送国务院的规划评估报告中，我们将其中比较突出的问题总结为基础地理信息更新问题、现代化测绘技术装备建设问题以及市县基础测绘问题等。同时，国际国内测绘发展形势又出现了带有转折性、阶段性的变化，从国际上看，美国、欧洲等西方国家在卫星遥感和定位系统开发和应用领域继续处于领先地位，已经具备快速获取全球地理信息数据的能力，形成了可为全球服务的地理信息服务平台并在商业上取得很大成功。地理信息资源开发利用工作不断深入，“智慧地球”发展方兴未艾。从国内看，近几年随着国民经济和社会信息化进程加快，社会对地理信息的需求量迅速增长，需求方式发生深刻变化，推动测绘从静态、标准化、专业化的地图服务向动态、数字化、网络化的地理信息服务转变。必须通过开展“十二五”规划编制工作，进一步研究解决问题、提出应对形势变化的具体措施。

（二）准确把握国家和社会需求

要实现测绘服务大局、服务社会、服务民生的宗旨，首先要准确把握国家关于推进经济社会发展的重大方针政策，并与测绘发展规律紧密结合。这就要求测绘发展“十二五”规划编制工作要立足国家和社会需要，深入开展需求分析，全面落实《中华人民共和国测绘法》关于“测绘事业为国家经济建设、国防建设和社会发展服务”的规定精神。当前，全国“十二五”规划编制工作提出要适应国际环境的新变化，应对国内发展的新挑战，落实建设小康社会的新要求，体现统筹兼顾、创新驱动、绿色增长和共建共享的要求。根据这一精神，我局在开展测绘发展战略研究和“十二五”规划前期工作过程中，从工业化、信息化、城镇化、市场化、国际化对测绘的需求出发，综合考虑测绘的技术特点及现有工作基础，初步提出今后一段时间测绘发展的主要方向要转移到充分利用现代测绘技术和成果，开展地理国情动态监测上来，以此为突破口，实现测绘服务由静态地图服务向动态地理信息综合服务转变，为国家宏观管理决策提供客观、准确、科学的地理信息服务。各地测绘部门在开展“十二五”规划编制过程中，要深入分析本地区经济社会发展对测绘的有效需求，要将需求分析结果作为综合研究、科学分析、概括提炼“十二五”期间测绘发展思路的前提。

（三）合理确定测绘发展“十二五”目标和任务

目前，我局的测绘发展战略研究和各地测绘部门开展的规划前期研究工作已经取得初步成果。下一步的工作重点将陆续转移到测绘发展“十二五”目标和任务的凝练上来。工作过程中，要进一步提高规划的指导性、科学性和可操作性。测绘发展“十二五”目标既要指明今后五年测绘发展的总体方向，也要设置一些可量化、易评估、能检查的指标。发展目标和指标的确定要力求做到三个兼顾。一是兼顾连续性和阶段性，既要立足现有发展基础，着眼“规划纲要”所确定的长远发展目标，又要突出反映“十二五”期间测绘发展的阶段性特征。二是兼顾全面和重点，在全面反映测绘基准体系建设和维护、基础地理信息资源建设、测绘公共服务、地理信息产业发展、测绘科技创新等的同时，更要突出地理国情监测这一发展方向的客观需求。三是兼顾需求和可能，既要与经济社会发展的要求相适应，力争做到适度超前，也要把握宏观经济形势和测绘投入的可能，做到实事求是、切实可行。要根据发展目标的要求合理确定测绘发展重点任务。总的来看，当前测绘保障服务能力仍然难以适应经济社会的旺盛需求。要牢牢抓住测绘发展的薄弱环节和关键领域，深入研究，超前谋划，提出一批符合国家投资方向和投资政策的重大项目，通过项目的实施进一步整合测绘系统现有资源，调整结构，促进测绘工作的布局更加合理，使其更加符合满足地理国情变化监测这一重点发展方向的需要。

（四）大力提高“十二五”规划的科学性

规划的科学性，一是指规划内容要符合规划对象的发展规律，确保规划任务可行、规划措施合理；二是指规划文本的形式要结构完整、层次清楚，切实保证规划内容的科学表述。规划内容的科学性要由规划编制过程和程序来保证。其主要任务，一是总结过去，把握规律，分析形势，预测未来；二是提出规划期内的发展目标、主要任务、重点工程等；三是研究提出规划实施的有关措施。其中第一项任务是开展规划编制工作的基础，也是决定规划内容是否科学的关键。因此，规划前期研究工作应当成为规划编制工作中的最重要的环节。规划编制工作不应当只是简单的“编写”工作，而更是深入细致的“研究”工作。根据我们的调研结果，目前全国已有29个省（区、市）的测绘部门开展了规划前期研究工作，这是保证全国测绘“十二五”规划内容科学性的关键。关于规划文本形式，近几年，国家在相应的规划管理文件中均提出了明确要求，《基础测绘计划管理办法》对此也做出明确规定。各地测绘部门要根据这些文件精神，从保证规划内容的科学表达出发，不断创新，保证“十二五”规划从内容到形式上的统一、完整和科学。

（五）继续完善国家和地方的分工协作机制

“规划纲要”在“十一五”期间的组织实施工作进一步完善了国家关于基础测绘分级管理的原则，形成了国家测绘局和地方测绘部门分工协作推动测绘发展的有效机制。这一机制的主要内容是：国家测绘局负责完成“规划纲要”中确定的国家级基础测绘规划任务，地方测绘部门负责将“规划纲要”中确定的地方级基础测绘规划任务列入当地基础测绘“十一五”规划，报当地政府批准后组织完成。国家测绘局根据“规划纲要”，确定约束性发展指标，分年度列入基础测绘年度计划下达地方执行，通过约束性发展指标协调指导地方相关工作。“十一五”期间的实践表明，这一机制符合我国国情，对于推动测绘全面协调发展是有效的，应当继续予以坚持。为此，我局在开展国家层面上的规划前期研究和编制工作过程中，一方面注重研究凝练涉及全国测绘发展的重大工程项目并将其纳入规划，报相关部门申请立项后实施，带动各地测绘的发展；另一方面专门研究提出了“十二五”测绘发展规划指标体系，这一指标体系已经过专家多次论证，不久将印发各地测绘部门填报。各地测绘部门要根据本地区测绘发展规划目标要求，积极向我局提出项目建议，认真填报测绘发展规划指标。我局届时将组织专家进行综合平衡论证，确定最终目标，为规划的实施打下基础。

（六）注重规划和年度计划的衔接

要使测绘发展“十二五”规划真正成为推动测绘事业发展的龙头，就必须考虑其与年度计划和预算之间的衔接关系。基于此，在“十一五”期间，我局在“规划纲要”的指导下，按照项目管理的要求，开展了规划细化工作，编制了规划项目表并且明确了规划项目表在编制基础测绘年度计划和预算中的地位和作用。通过规划项目表的运用，将“规划纲要”和基础测绘年度计划、测绘部门项目预算编制等工作紧密联系起来，使“规划纲要”在“十一五”期间的实施有了经费上的保证。这是我们推动测绘“十一五”跨越式发展的关键所在。因此，我局在谋划测绘发展“十二五”规划编制工作过程中，将提高规划的可操作性作为一条重要原则，力图在规划编制阶段就形成规划、计划和预算之间的衔接机制。为此，在我局的“十二五”规划编制工作方案中，专门设置项目规划阶段。这一阶段的主要任务就是要提出规划项目，明确每一个项目的主要目标、主要内容、资金来源和进度安排等事项，为在规划实施阶段的基础测绘年度计划和项目预算编制等工作打下基础。当前，我局凝炼测绘发展项目的相关工作已初见成效。各地测绘部门在开展规划前期研究的过程中，一方面要把握发展方向，明确发展思路，勾绘发展蓝图。更重要的是，凝炼出测绘发展项目，并积极争取纳入本地区国民经济和社会发展规划，为测绘发展规划的实施奠定坚实基础。

（七）强化“十二五”规划的报批环节

规划的报批是保证规划能够顺利实施的关键。自2002年《中华人民共和国测绘法》确立基础测绘规划工作的法定地位以来，国务院、有关部门和一些省级政府在有关文件中即对测绘发展规划、特别是基础测绘规划的报批提出明确要求。前一阶段，我局在开展测绘发展战略研究等规划相关工作的同时，围绕规划编制完成后的报批问题，开展了一系列工作。一是“规划纲要”“十一五”执行情况评估报告将全国基础测绘“十二五”规划的报批作为一条建议郑重向国务院提出。二是在规划编制期间，我局注重寻求有关部门的支持，今年3月召开的全国基础测绘“十二五”规划编制工作部门联席会议就此问题进行了认真研究，共同商定了全国基础测绘“十二五”规划的报批形式为视情况“报国务院审批”或“联合批准印发”。三是积极与国家发改委等有关部门协调，向国家发改委报送了将“《全国基础测绘中长期规划纲要》修编（2013－2020）”列入“十二五”期间报国务院审批的专项规划的有关建议。目前国家发改委正在对此进行深入研究。各地测绘部门也积极向当地政府申请将测绘发展“十二五”规划纳入本地区政府批准的专项规划序列，并取得一定的进展。但是从我们的调研情况来看，还有一些地区的规划还没有被列入。希望这些地区进一步加大工作力度，争取早日取得突破。

四、踏踏实实做好下一阶段工作

测绘发展“十二五”规划编制下一阶段任务仍然很重。各级测绘部门要进一步提高认识，切实加强组织领导，高效率、高质量完成好各项工作。

（一）明确责任、加强领导

编制测绘发展“十二五”规划是今年乃至明年上半年各级测绘部门一项十分重要的工作。为组织好这一工作，我局已经联合有关部门专门成立了跨部门的“十二五”规划编制工作小组，并在局内部成立了规划起草小组。各地测绘部门要高度重视规划编制工作，建立专门领导机构，健全工作机制，明确专人负责，强化组织保障，确保规划编制工作科学有序开展。

（二）注重协调、搞好衔接

进一步强化《全国基础测绘中长期规划纲要》在测绘发展“十二五”规划编制工作中的指导地位，注重将《国务院关于加强测绘工作的意见》等重要文件对测绘发展的新要求纳入规划。根据国家关于规划衔接协调的有关要求，做好测绘发展“十二五”规划与国民经济和社会发展总体规划以及与其它领域专项规划的衔接工作。加强国家和各地区测绘发展“十二五”规划之间的衔接和协调，保证全国测绘发展“十二五”规划形成合力。

（三）广泛参与、集思广益

根据国家的相关要求，必须进一步提高规划编制工作的开放度，使规划编制过程成为发扬民主、集思广益、凝聚共识、科学决策的过程。在规划编制过程中，要通过多种形式扩大社会参与度，广泛听取专家和群众意见。要及时公布规划编制进展情况，听取反馈意见。要进一步健全规划咨询制度，充分发挥专家在规划编制、论证、咨询、审查等方面的作用，形成规范化的规划决策咨询机制。

（四）落实措施、确保质量

各地测绘部门要结合实际制定本地测绘发展“十二五”规划编制工作方案，统筹各个领域，突出工作重点。要落实具体支撑单位，成立综合素质高、业务能力过硬的规划编制组。要落实规划编制工作经费，协调有关部门，把规划编制经费纳入政府财政预算，保障工作需要。要明确阶段性任务，狠抓规划编制进度，把握好各阶段的时间节点。要加强规划编制管理，保障工作深度，提高成果质量，确保按期高效优质完成规划编制任务。

同志们，编制测绘发展“十二五”规划是谋划今后一个时期测绘发展的一项重要工作。我们要深入贯彻落实科学发展观，牢牢把握新时期测绘发展的战略方向，开拓进取，扎实工作，高质量的完成测绘发展“十二五”规划编制工作，为推进我国由测绘大国向测绘强国迈进奠定更为坚实的规划基础，为全面建设小康社会和构建社会主义和谐社会做出新的贡献。

谢谢大家！

加强统筹　强化管理　加快推进国家基础测绘建设工作

国家测绘局副局长李维森在国家测绘局直属单位基础测绘建设工作会议上的讲话

2010 年 2 月 4 日

同志们：

大家好！

今天是一年二十四节气中的立春日，按中国传统历法，立春是一年中的第一个节气。俗话说，一年之计在于春。今天，我们在这里召开国家测绘局直属单位基础测绘建设工作会议，做到新的一年工作早谋划、早部署、早动员。这次会议准备很充分，国土测绘司提前开了一个预备会，召集各直属单位负责基础测绘管理及相关的处长，征求、听取意见，分析问题，我和胥燕婴总工程师也专门听取了会议准备情况的汇报，最后我们共同商定以今天的形式来召开这个会议，特别是把直接承担生产任务的院长、队长和有关中层领导请来，探索我们如何进一步做好国家基础测绘项目，开好直属单位国家基础测绘建设工作会议。上午，张燕平司长对 2009 年国家基础测绘工作进行了总结，对 2010 年重点工作也进行了部署安排，我完全赞同；刚才各单位的领导也就去年的工作以及做好今年工作的思路和措施作了很好的发言，四个小组的召集人也都汇报了各组讨论的情况，规划财务司、科技与国际合作司、地理信息与地图司的相关领导对有关工作发表了很好的意见，同志们对全面落实好“十一五”国家基础测绘任务及做好“十二五”国家基础测绘规划工作也都提出了很好的意见和建议。希望国土测绘司会后将大家提出的建议整理出来，司里能解决的，要提出解决的意见；司里解决不了的，应写出报告上报局里，由局里统一来协调解决。总的说来，今天的会议开的很好，为做好 2010 年的国家基础测绘建设工作奠定了坚实的基础。2010年是“十一五”规划的最后一年，也是为“十二五”规划启动实施奠定良好基础的关键一年，可以说至关重要。今年国家基础测绘工作要认真学习贯彻李克强同志1月18日对进一步做好测绘工作的重要批示，深入贯彻落实2010年全国测绘局长会议上绍史部长和德明局长的重要讲话精神，以科学发展观为指导，牢牢抓住“构建数字中国、丰富地理信息”这条主线，强化质量、进度、安全的管理，加快推进重大测绘项目的实施，加大统筹协调力度，全面推进国家基础测绘建设工作，进一步提高测绘保障和服务水平，为经济社会全面协调可持续发展作出新的更大贡献。

下面我讲三方面意见。

一、2009年工作的简要回顾

2009年，在局党组的正确领导下，在广大干部职工的共同努力下，国家基础测绘建设工作以数字中国地理空间框架建设为龙头，强化安全生产和质量监管，全面加快基础地理信息资源建设，圆满地完成了各项任务，取得了显著的工作成绩。

国家重大测绘项目取得新进展，西部测图工程野外测图任务已基本完成，1∶5万数据库更新工程已完成总体任务量的75%，海岛（礁）测绘一期工程启动实施，国家现代测绘基准体系基础设施建设一期工程完成了可行性研究报告评审；数字城市建设实现新突破，成功进行了太原、潜江和嘉兴建设成果的验收与推广，数字城市试点与推广总数达到78个；航空影像获取增加新模式，多元投入航空影像获取模式逐步形成，无人机应用推广加紧推动；测绘保障服务再出新成效，2000国家大地坐标系推广应用稳步推进，中越陆地边界勘界工作圆满完成，明长城资源调查和明长城长度测量顺利实施，粤澳测量控制网联测项目成功实施，灾后重建测绘专项实施进展顺利，新农村建设又推出一批测绘成果，全国测绘服务国土资源工作经验交流会成功召开；与有关省政府共建迈上新台阶，三峡库区综合信息空间集成平台建设基本完成，海南国际旅游岛建设、武汉城市圈“两型社会”建设、福建海峡西岸经济区建设的测绘保障工作加快推进；科技创新成效显著，落实了三个863重点项目，组织实施了一批重大测绘科技专项，获得了一批重大科研成果，成立了国家测绘工程技术研究中心；发布了《国家地理信息标准体系》等22项国家标准、8项行业标准和一大批地方标准，地理信息标准化工作的统筹力度得到了加强。

在2009年国家基础测绘建设工作中，各单位从实际出发，务求实效，创造了不少好经验、好做法，工作有特点、有亮点、有特色。陕西测绘局积极尝试国家基础测绘建设的规范化、系统化管理，开发建立了基础测绘规划设计信息管理系统并投入使用，促进对基础测绘项目的规范化管理；新农村建设测绘保障的牵头工作卓有成效。黑龙江测绘局积极推进极地基础测绘建设，在极地测绘中为国家测绘局争了光、发挥了作用，与武汉大学联合完成了《南北极地图集》的设计出版，对于保障极地科考、维护国家权益发挥了不可或缺的保障作用。四川测绘局举全局之力，组织实施灾后重建工程，努力为灾后重建提供有效的测绘保障，受到省政府的充分信任和高度评价。海南测绘局积极推进国际旅游岛数字海南地理信息平台建设项目，努力为海南国际旅游岛建设提供有力的测绘保障。国家基础地理信息中心充分发挥1∶5万数据库更新工程项目牵头人的组织协调作用，加强项目实施管理，与各协作单位建立了良好的合作与协作模式，全面推进项目有序实施；同时，在中越勘界测绘保障、“927”工程的组织管理中发挥了重要作用。中国测绘科学研究院的科研工作取得丰硕成果，在三个“863”项目的争取和实施中都发挥了重要作用；采用新技术为西部测图工程、“927”工程、数字城市建设等国家重大测绘工程提供技术支撑。重庆测绘院狠抓技术队伍建设，苦练内功，努力提升在生产和科技方面的实力。

国家基础测绘建设工作这些成绩都是在大家的共同努力下取得的，在座的各位为此付出了辛勤的劳动、奉献了极大的智慧，有着强烈的责任感、使命感，在此我受德明局长委托，代表国家测绘局和德明局长对在座的各位过去一年扎实工作和辛勤劳动表示衷心的感谢！

在看到成绩的同时，大家也应该保持清醒的头脑。基础测绘建设工作还存在很多问题，上午燕平司长谈了一些问题，除了这些问题外，还有很多问题值得我们深刻地去考虑。特别是直属局面临许多新问题，在测绘系统的地位、实力、作用都受到挑战，和一些地方局相比，对省、市级测绘的指导、监督力度不够，在省里的地位和作用还不够突出，对省、市级基础测绘的投入明显不足，从而影响了国家项目的带动作用（比如数字城市、新农村建设、CORS 站建设等等）；和一些地理信息产业化的公司相比，地理信息的增值服务拓展能力明显不足，管理手段、管理水平也不占优势；和一些行业单位相比，技术储备、创新能力不足，缺乏信息化高精尖技术人才；依赖国家项目的思想严重，有时还存在处理不好国家项目与市场项目的关系，承接的市场项目也是生产数据的多，技术开发、增值服务的少，基础测绘队伍在生产组织结构方面还存在底层薄弱的问题有待探索优化，希望我们直属单位各级领导引起高度重视。

当前，测绘事业发展内外部环境不断改善，基础测绘建设面临前所未有的发展机遇。一是党中央、国务院对基础测绘工作高度重视。近几年，胡锦涛总书记、温家宝总理、李克强副总理多次从战略高度对基础测绘建设作出了指示，明确要求测绘部门推进数字中国地理空间框架建设、加快信息化测绘体系建设、提高测绘保障服务能力。党和国家领导同志的高度重视为加快基础测绘发展提供了重要保障。二是基础测绘需求旺盛。从政府需求到社会需求，从领导需求到民生需求，从重点需求到日常需求，从纸图需求到数据与服务需求，从信息需求到技术信息一体化需求等，为基础测绘提供了广阔的发展空间。三是科技发展为基础测绘建设提供了强劲动力、开辟了新的天地。遥感、地理信息系统、全球定位系统等测绘高新技术日新月异，特别是自主对地观测体系建设快速推进，将为基础测绘数据源建设奠定坚实基础。

二、2010 年工作重点

2010 年是全面落实完成“十一五”测绘规划各项任务的最后一年，任务十分艰巨。我们要把握好当前测绘工作的发展良机，加快研究解决存在的问题，振奋精神、乘势而上，加强管理、明确责任，采取有效措施，确保“十一五”国家基础测绘建设各项任务的全面完成，为“十二五”国家基础测绘建设各项工作的开展创造良好条件。

（一）及早做好国家基础测绘建设规划项目的编制工作

2010 年要充分谋划好“十二五”国家基础测绘建设工作，做好“十二五”国家基础测绘建设规划项目的编制工作，要把规划项目的重点放在提升基础测绘的保障服务能力的建设上，通过规划项目的实施来应对国际和国内发展形势对基础测绘工作的要求，通过规划重大项目来解决基础测绘发展中面临的突出问题，从而以重大测绘项目为抓手，进一步推动国家基础测绘建设的科学发展，为经济社会发展提供测绘保障服务。希望大家提前多思考，按照国家发展的整体要求，结合经济社会发展的需求，以服务大局、服务社会、服务民生为中心，凝练出一些好的基础测绘建设项目。

（二）加快“十二五”基础地理信息更新方案的制定

要从信息化测绘战略出发，研究提出“十二五”基础地理信息实时更新方案，探索合理的地理信息更新组织模式，建立国家、省、市联动的基础地理信息快速更新机制，要通过科技创新，利用各种资料，提高成果现势性、丰富信息内容。要加强地表覆盖等重要地理信息数据的获取工作，建立地表覆盖等全国地理信息综合统计分析系统，形成重要地理信息数据白皮书，为国务院及各级政府提供权威的有效的地理信息服务。

（三）加快启动现代测绘基准体系建设

国土司要配合财务司，加强与国家发改委的沟通，尽快批复国家现代测绘基准体系基础设施建设一期工程可研报告，组织好初步设计编制工作，今年要实现一期工程的启动。各局要以此为契机，进一步优化、改造和完善现有的测绘基准体系，要在国家局的统一部署和安排下做好相应实施工作，还要积极主动争取本省发展改革部门和财政部门的支持，充分利用本省内现有连续运行站网资源，加强整合，实现资源共享。

（四）全力推进西部测图工程建设

2010 年是西部测图工程建设的收官之年，任务重、时间紧，要求高，难度大。要在确保生产安全，成果质量的前提下，完成工程主体任务的建设工作：项目部要全力抓好落实工作，全面完成已下达的测图任务，完成 2006 年至 2009 年已下达的地形图印刷等任务；要进一步加强科技创新，推进测图系统技术平台的集成与应用；要组织好公共基础地理信息平台的建设工作；做好数据入库和成果归档；要提前做好工程建设总结的准备工作；要精心策划，积极组织一些重大宣传活动，拓展宣传渠道与形式，增强西部测图工程的社会影响力。国土司要加强对工程的监督指导，协助项目部建立起倒排的任务进度计划，加强与总参测绘局的沟通协调，及时解决收尾工作中的困难。

（五）加快推进 1∶5 万数据库更新工程

2010年要完成1∶5万数据库更新工程的主体任务，进度要求非常高。项目办要组织完成好剩余的DOM数据生产、综合判调和缩编更新生产，协调解决好生产计划与经费安排；加快推进1∶5万地形图制图数据生产，完成12000幅DEM数据更新；加快数据建库及总参数据交换和转换处理工作，完成国测任务区内DOM数据建库，完成70%的DLG建库。国土司要加强工程的监督指导，强化进度管理，加强与总参测绘局的沟通协调，督促牵头单位建立起倒排的任务进度计划，在保证质量、安全的前提下，加快推进工程建设，确保年内完成工程建设的主体任务。

（六）全面加快数字城市建设

数字城市地理空间框架建设作为推进测绘事业科学发展的“牛鼻子”工程，2010年将转入全面推进阶段。各直属局要进一步提高对数字城市建设工作的认识，要充分认识到数字城市建设是测绘部门履行政府职能的具体体现，是科学推进数字中国建设的重要抓手；要发挥出直属局在国家基础测绘建设中表率带头作用，在数字城市建设推广工作中要走在各地方局的前面，为各地方局树立榜样；要加大工作力度，积极争取省级财政的支持，加大投入力度；要建立健全数字城市建设的推广机制，以试点城市验收为契机，适时召开现场推广会，以点带面，全面推进数字城市建设，通过数字城市建设，发挥测绘成果和技术的作用，推动市、县基础测绘工作的协调快速发展，提高测绘的影响力。

（七）加快推广固定翼轻型无人飞机航摄系统

固定翼轻型无人飞机航摄系统的推广应用工作是局党组高度重视的工作之一，各单位一定要把固定翼轻型无人飞机航摄系统的推广应用工作作为2010年重点工作抓紧抓好抓出成效。国土测绘司进一步做好固定翼轻型无人飞机航摄系统在测绘系统的配备工作的指导，深入分析研究在推广应用中可能出现的情况和问题，及时提出相应的管理规定与要求，要尽快完成全国国土资源系统推广应用固定翼轻型无人飞机航摄系统的与国土资源部联合发文事。科技与国际合作司要做好标准制定的研究与组织管理工作，要在2010年6月底前制定出完整的相关行业标准，使该系统的推广应用有相应的技术标准指导，满足测绘生产和经济建设需要。中国测绘科学研究院要确保2月底前完成向直属单位的配备；3月底前完成15套、6月底前再完成剩余部分系统装备到全国各省级测绘主管部门的工作，同时做好推广应用的技术支持工作。

（八）稳步推进“927”工程

2010年是“927”工程实施非常关键的一年，任务非常重，不定因素多、风险系数大。各单位要科学安排“927”工程建设工作，制定合理的工作计划。国土司要配合财务司，加强与国家发改委的沟通，尽快批复一期工程发改委部分的可研报告，组织好初步设计编制工作；要加强与其他共建部门的沟通协调，完成好工程的各分项工程的设计工作，分项工程设计是实现“927”项目目标的基本文件，要有针对性，要可操作，实施方案、技术指标、预算匹配都要可控制；要在两个层面上进一步完成相关规章制度和技术规范的制定工作，加强工程质量、预算执行、安全生产的监督检查；加快影像获取进度，稳步推进“927”工程各项任务的实施。

（九）加快推进灾后重建测绘专项建设

2010年灾后恢复重建测绘专项建设工程建设任务更为艰巨，面临的压力非常大。四川测绘局要进一步增强责任感、使命感和紧迫感，切实做到统一部署、科学规划，细化措施，落实责任，加大计划执行、技术管理、质量管理力度；要分析研究影像获取存在问题，千方百计落实影像源，及早研究对策并采取有效措施，充分利用全国影像资源，多渠道获取多种影像源，解决影像资料获取难题；要加强统筹协调，充分调动参建单位的积极性，合理调配参建单位的测绘生产力资源，攻坚克难，千方百计确保项目的如期完成；要按照“边建设、边应用，边服务”的原则，及时将项目建设成果应用于灾后重建，最大限度地发挥测绘成果的社会经济效益，为灾后重建提供可靠基础性保障。

（十）做好成果应用型项目的建设

成果应用型项目随着测绘事业的发展，无论是在基本任务还是增强服务保障能力方面都越来越重要，各单位要按照国家局整体部署，充分认识它的重要性。

成果应用型项目的实施管理在国土司，而业务指导在成果司，希望国土司和成果司密切配合，两个司不要脱节，要加强沟通与协调，避免重复立项，确保管理指导有力，保证项目最终成果有用、能用、好用，要充分发挥测绘服务于经济社会发展的保障作用。

（十一）做好“十一五”国家基础测绘建设项

目总结

“十一五”以来，国家基础测绘建设以科学发展观为统领，坚持需求牵引、统筹协调的原则，认真落实《全国基础测绘中长期规划纲要》，大力推进数字中国地理空间框架建设，国家基础测绘建设取得历史性进展，积累了较为丰富的基础地理信息资源，为全方位提供社会化服务奠定了坚实的基础。可以说“十一五”是基础测绘一个辉煌的五年，也是我们各院（队）任务最多的一个五年，大项目多，工作量大、任务饱满，全面地实现了国家级数据体系的建设，需要总结的经验和教训都很多。2010年是“十一五”的最后一年，也是谋划好“十二五”国家基础测绘建设的关键年。要高度重视对“十一五”国家基础测绘工作的总结，认真总结“十一五”期间国家基础测绘建设工作所取得的成绩，归纳出“十一五”期间的经验和不足，提炼出好的经验、好的做法，为科学合理编制“十二五”国家基础测绘建设规划提供参考和借鉴。

三、做好2010年工作的要求

2010年国家基础测绘项目计划已基本明确，各项目年度具体任务也落实到各单位。为做好2010年国家基础测绘建设工作，下面我再提几点要求。

（一）提高思想认识，强化大局意识

基础测绘是测绘事业发展之基，是测绘服务经济社会发展的力量之源，同时也是地理信息产业快速发展的重要保证。加快发展基础测绘，对于推动科学发展、全面建设小康社会、构建社会主义和谐社会意义十分重大。各单位一定要将思想统一到构建数字中国、丰富地理信息这一中心任务上来，提高对基础测绘工作重要性的认识。各直属局要加强国家计划执行的领导力、监督力、调控力，要建立完成好国家计划的激励制度；各院、各队要正确处理好国家计划与市场任务的关系，要在确保完成国家计划的前提下，统筹、合理安排好市场任务，实现双赢；国土司、财务司要加大国家计划任务预算执行的监管力度，要建立计划预算执行情况的定期报告制度。

（二）加强统筹协调，推进项目整体实施

对于1∶5万更新、西部测图和“927”等重大工程，国土司要加强与总参测绘局及其他相关部门的统筹协调，要在计划进度、技术标准、成果质量等方面保证协调一致。项目牵头单位要充分发挥其牵头作用，西部测图工程要加强对承担单位的统筹协调与技术指导，及时协调解决各承担单位提出的问题；1∶5万数据库更新工程一定要统筹好计划与预算的协调关系，与西部测图工程之间要加强技术协调，确保生产进度和成果质量；“927”工程要协调处理好计划实施中与总体设计不完全一致的问题。各单位要密切配合、互相支持，加强项目成果的质量检查，做好项目验收和成果归档工作，确保项目建设成果的质量和发挥作用。

（三）科学编制计划，加强预算执行

今年财政部对预算执行的管理加强了力度，提出了具体的目标和要求，要求预算执行主体对“二上”预算中项目制定年度执行计划，对资金的使用提出了具体的具有一定强制性的月度指标，对执行不好的部门要通过削减下一年度预算来惩罚。各院、队等三级预算单位是计划预算的执行主体，要根据自身的能力，结合单位发展和任务实施的实际，科学编制好计划和预算，这是提高执行力的基础性工作；各局、中国测绘科学研究院、国家基础地理信息中心等二级预算单位，要加强本单位的计划编制的审查和统筹安排，确保当年预算当年完；国土司要积极与财务部门沟通把好计划预算的审查关，任务计划与预算要科学、合理衔接，今年必须结合好。要严格财经纪律，项目经费使用要经得起审计检查。

（四）注重科技创新，支撑事业发展

测绘科技进步和创新是国家基础测绘事业发展的不竭动力。测绘科技进步推动了测绘生产方式的重大变革和组织结构的调整，促进了测绘需求结构的多元化和测绘产品形式的多样化，为国家基础测绘的发展提供了强有力的支撑。要高度重视测绘科技进步和创新对国家基础测绘建设的推动作用，把测绘科技创新摆在国家基础测绘建设更加突出的位置，把解决基础测绘领域科技关键问题作为重大任务，把增强自主创新能力作为测绘科技的战略基点，紧跟世界新技术革命、新技术发展的趋势，把握前沿，瞄准需求，不断增强自主创新能力。要加快推进测绘科技进步，围绕重大测绘项目组织科技攻关，开展相关的技术试验和技术创新，通过测绘科技攻关以及已有科技成果的集成化和实用化，解决重大测绘工程实施中的关键技术问题。要加强科技成果的应用和成果转化，解决科技与生产两张皮的问题，及时把科技成果应用到重大测绘项目中，保障基础测绘项目的顺利实施，推动基础测绘建设持续健康快速发展。

（五）加强标准统筹协调，满足重大工程需求

随着“927”工程及现代化测绘基准工程等国家重大测绘工程的逐步实施，建设中要采用大量的标准、规范，同时工程本身也要制定一系列的技术规程，科技司要加强这些标准、规程之间的一致性和协调性审查，工程建设中要尽最大可能采用已有的标准，不能完全满足需要时，可以补充规定形式来制定，但标准制定计划一定要报科技司审查，以便协调一致；牵头单位要全面了解、掌握、分析已有标准的可利用性，要把拟制定的标准、规范等计划提前报送科技司审查，不要为了制定标准而制定标准，避免“标准”的“乱、小、烂”而造成的不好用。

（六）坚持以人为本，保障安全生产

2010 年基础测绘安全生产工作将面临新的更加复杂的严峻形势，“927”工程的外业生产将全面展开，面对新的未知安全隐患和作业人员缺乏海上工作经验的实际情况，各单位要进一步强化安全意识和监督管理，时刻把安全生产摆在第一位置，建立有效的安全生产工作方案和工作机制，积极改善安全生产装备；要加强安全生产关键时点、关键地点、关键过程的安全生产隐患排查治理，制定完备的安全生产应急预案，通过安全生产的教育培训和应急演练、下发文件、召开会议、现场检查等方式狠抓安全生产工作的落实，避免安全生产事故；西部测图工程、1∶5 万数据库更新工程将开展大规模的内业生产和数据检查入库工作，各单位要充分考虑内业工作的特点，从保障人员安全、装备安全、数据安全等方面，制定相应的内业工作方案，特别制定完善的数据备份方案，确保数据的可用和完整。各基础测绘项目承担单位要加强和充实安全生产领导机构，坚持以人为本的理念，进一步加强安全生产教育及培训工作，安全责任层层落实到人，仔细排查安全隐患，根据外业、内业的特点分别制订切实可行的应急预案，通过上下共同的努力，继续保持安全生产的大好局面。

同志们，2010 年国家基础测绘建设任务十分繁重，同时又有更高的新要求，我们大家都应该感受到肩上的责任与压力。但我们相信，在局党组的正确带领下，在广大测绘干部职工的共同努力下，大家同心同德、统一思想，强化统筹、团结凝聚，狠抓落实、扎实工作，国家基础测绘各项任务一定能够全面按时完成，国家基础测绘建设就一定能够取得新的更大的成绩。

再过几天，就是我们中华民族的传统佳节 2010 年的春节了。借此机会，我代表国家测绘局向大家拜个早年，祝大家春节快乐，家庭美满，万事如意！也向你们的家人致以衷心的感谢和崇高的敬意！并通过大家向国家基础测绘建设第一线的同志们，致以新春的问候和良好的祝福！祝大家新春愉快！

谢谢大家！

团结协作　共克时坚　为灾后重建提供及时高效的测绘保障

国家测绘局副局长李维森在国家测绘局支援青海玉树地震灾后重建测绘保障工程启动仪式上的讲话

2010 年 6 月 2 日

同志们：

2010 年 4 月 14 日 7 时 49 分，青海省玉树藏族自治州玉树县发生 7.1 级强震，当地人民群众生命财产遭受巨大损失。地震发生后，测绘部门及时提供了有效的应急测绘保障服务，抗震救灾应急测绘保障工作告一段落。当前，灾后重建工作已全面启动，测绘保障服务工作的紧迫性又摆在我们面前。根据青海省玉树地震灾后重建现场指挥部的需求，国家测绘局决定调动全国精锐的测绘力量，快速开展支援青海玉树地震灾后重建测绘保障工程，并要求在一个月内完成主要任务。今天，来自 9 个单位的测绘队伍约 100 余人齐聚西宁，标志着该工程正式启动。在此，我代表国家测绘局，向积极参加玉树地震灾后重建测绘保障工作的同志们表示衷心的

感谢！预祝工程建设旗开得胜。下面，我讲四点意见。

一、抗震救灾应急保障测绘工作的回顾

青海玉树地震发生后，国家测绘局紧急召开党组会议研究部署抗震救灾测绘保障工作，立即启动应急测绘保障预案。要求全国测绘系统把抗震救灾作为当前的首要任务，以高度的政治责任感和使命感，快速高效地开展了应急测绘保障工作。

（一）立即开通基础测绘成果提供绿色通道

根据各方面抗震救灾的急需，立即开通基础测绘成果提供绿色通道，24 小时不间断为党中央、国务院、有关部门、灾区政府提供地形图、挂图、电子地图、高分辨航空航天遥感影像图和 1∶5 万、1∶25万基础地理信息数据等基础测绘成果，为抗震救灾指挥决策、灾情评估等工作的顺利进行提供了强有力地测绘服务保障。

（二）迅速获取灾区震后航空航天遥感影像

国家测绘局紧急调集 7 架航空摄影飞机前往灾区，以最快的速度获取灾区震后高分辨率航空影像，及时提供抗震救灾使用。在全力克服灾区空域繁忙、天气恶劣、航路时间长等困难基础上，抓住有限的航摄时间窗口，陆续获取到灾区 220 平方公里 0.2 米分辨率航空遥感影像、6600 平方公里 0.4 米分辨率航空遥感影像、2000 平方公里机载合成孔径雷达遥感影像和 25 平方公里 0.1 米分辨率无人机航摄影像，为应急救援、灾害监测和地图制作等提供了影像数据支持。

（三）紧急测制抗震救灾专用地图

利用获取到的地震前后航空航天影像，结合已有基础测绘成果，紧急测制了 220 平方公里的 1∶2000 玉树县域影像图、220 幅 1∶2000 数字正射影像、数字高程模型和影像地图、2000 平方公里雷达影像灾害遥感解译图，以及各类抗震救灾专题地图，用于科学决策、抢险救灾、灾情评估、灾害分析、灾民安置、城乡规划、基础设施修复与重建等急需。快速调集 500 多名精兵强将组成突击队，深入灾区实地，紧急施测 44 个乡镇、78 个村庄的近 140 平方公里的 1∶1000 比例尺地形图，满足玉树灾区乡镇规划需求。

（四）及时开发抗震救灾专用地理信息系统

应各方面对抗震救灾工作的不同要求，利用地震前后的基础测绘成果，整合灾情信息、经济社会信息等，及时开发了灾区三维地理信息应急服务系统、抗震救灾综合服务地理信息平台等，为党中央国务院制定抗震救灾决策和有关部门开展抗震救灾工作提供了有力的测绘技术支撑。

（五）积极为社会公众了解灾情提供测绘服务

为中央电视台抗震救灾新闻报道提供三维地理信息系统现场服务，配合新闻媒体宣传社会各界支援抗震救灾的感人事迹。紧急制作一批公开版灾区地图，并通过互联网供有关部门、志愿者、社会公众免费下载使用，为社会公众了解灾情和抗震救灾工作情况提供了顺畅渠道。

同志们，在党中央国务院的坚强领导下，各测绘单位积极参与、勤奋工作，抗震救灾的应急测绘保障工作已取得全面的胜利。目前，灾后恢复重建已经开始，各级测绘部门要把思想和认识统一到党中央、国务院决策部署上来，把灾后重建测绘保障作为当前工作的首要任务。在总结前一阶段成功经验的基础上，大力发扬测绘队伍特别能吃苦、特别能战斗的优良传统，进一步加强组织领导，团结协作，科学实施，全力为灾后重建做好测绘保障。

二、充分认识做好灾后重建测绘保障工作的重要意义

（一）为灾后重建提供测绘保障是落实党中央国务院指示精神的重要行动

玉树地震灾后恢复重建，事关灾区紧迫的民生问题和长远发展，事关三江源地区生态保护，事关民族团结和社会和谐稳定，意义重大，党中央国务院高度重视。胡锦涛总书记、温家宝总理分别作出重要指示，要求全力做好抗震救灾工作。5 月 24 日，国务院下发《关于做好玉树地震灾后恢复重建工作的指导意见》，要求各部门各单位要充分认识玉树地震灾后恢复重建的重要意义和特殊性，精心规划、精心组织、精心实施，又好又快地完成灾后恢复重建任务。开展支援青海玉树地震灾后重建测绘保障工程，是落实党中央国务院指示精神、保障灾后恢复重建的基础性重要工作。

（二）开展灾后重建测绘保障是灾后重建工作的迫切需要

灾后重建工作中，城乡居民住房，教育卫生等公共服务设施，道路、水利、民航、邮政等基础设施建设对测绘基准及服务、不同比例尺基础地理信息数据的需求日益强烈。《玉树地震灾后恢复重建总体规划》、《青海省玉树震区灾后重建测绘专项规划》要求，要尽快恢复建设测绘基准基础设施、获取遥感影像数据及生产基础地理信息数据、建设灾后重建地理信息服务平台。开展该项工程是落实以上规划、加快推进灾后重建工作的必然要求。

（三）开展灾后重建测绘保障是促进藏区发展的具体体现

青海玉树地震灾区是藏族群众聚居区，地处高寒缺氧地带，生态环境脆弱，自然灾害频繁，基础设施薄弱，是国家重点生态保护区。此次地震给灾区生产、生活、生态造成极大的破坏。开展该项工程是国家测绘局坚决贯彻落实党中央国务院关于支持青海等省藏区经济社会发展的指示精神和有关部署的具体体现，有助于促进藏区经济建设、社会稳定，为建设文明、富裕的社会主义新玉树奠定坚实的测绘保障基础。

三、灾后重建测绘保障工作的主要任务

为贯彻党中央国务院做好玉树地震灾后重建工作的重要决策和部署，积极落实《国务院关于做好玉树地震灾后恢复重建工作的指导意见》精神，国家测绘局支援青海玉树地震灾后重建测绘保障工程将重点完成以下四项任务。

（一）建设应急全球卫星导航连续运行基准站

受地震影响，灾区基础控制点存在不同程度的损毁、偏移、沉降情况，影响到国家和省级基础控制网的精度。通过建立覆盖玉树州的15个临时全球卫星导航（GNSS）连续运行基准站，为灾后重建规划、基础设施建设等工作提供高精度的测绘平面基准。其中，国家基础地理信息中心牵头负责应急连续运行基准站建设、技术培训及技术支持等工作；陕西测绘局、四川测绘局负责派专业技术人员和外业车辆，参与应急连续运行基准站的建设及技术培训工作；青海省测绘局负责派人承担基准站的观测工作及外业生产所必需的后勤保障。

（二）解算灾区高精度似大地水准面

地震发生后，当地测绘基础设施损毁程度极其严重，大量的高程基准被损毁。灾区重建过程中如仍然沿用常规的水准测量手段恢复高程基准，则需要投入大量人力、物力和一年以上时间，势必会严重影响灾后重建进程。利用已有的测绘资料快速解算高精度大地水准面模型、建立和恢复灾区的高程基准基础设施，配合应急连续运行基准站建设，能够满足灾区规划、恢复重建对测绘高程基准迫切需求。其中，武汉大学负责灾区高精度大地水准面的解算、技术培训及技术支持等工作；青海省测绘局负责派人承担基准建成后的高程解算工作。

（三）测制灾区1:1万影像地图

利用灾区9600平方公里0.4米分辨率航空摄影资料，根据灾区受灾情况及灾后规划，利用惯导结合差分GPS技术、精密单点定位技术和像素工厂等尖端设备，快速开展灾区约195幅1:1万影像地图测制工作，满足灾区重建规划、设施建设的急需。其中，山西省测绘局负责完成灾区9600平方公里的1:1万正射影像图（DOM）、数字高程模型（DEM）生产和195幅1:1万影像地图测制。

（四）建设灾后重建地理信息服务平台

建立多尺度的基础地理信息数据库，实现灾区基础地理信息的快速查询、分析和分发服务。实现灾情信息快速查询，为灾后重建提供多样化的地理信息服务，为决策管理提供基础地理信息平台支持，为决策分析提供有力的信息支持。其中，中国测绘科学研究院负责灾后重建地理信息服务平台建设的技术设计，青海省测绘局负责灾后重建地理信息服务平台的相关建设及资料的收集。

这里，我要特别强调，上述各项任务务必要在1个月内完成，尽快为灾后重建提供及时、可靠、适用的测绘保障服务。

四、扎实做好灾后重建测绘保障工作

开展支援青海玉树地震灾后重建测绘保障工程，是国家测绘局支持玉树灾区灾后重建的重要部署。为切实做好有关工作，我提几点要求。

一是要增强责任感、紧迫感和使命感。支援青海玉树灾后重建测绘保障工作意义重大、使命光荣、任务艰巨、时间紧迫。各援建单位都是测绘行业的佼佼者，能够参与这项工作，既体现了国家测绘局的重视和信任，也是每个单位和个人的光荣。大家一定要珍惜这个机会，牢固树立起强烈的政治意识、大局意识和使命感、责任感，发扬“热爱祖国，忠诚事业，艰苦奋斗，无私奉献”的测绘精神，以极大的热情投入到这项工作中去，要以对党、对人民、对事业高度负责的精神，全力以赴，扎扎实实完成好各项任务。

二是要加强组织、保证质量。各参建单位要各司其职，各负其责，分工合作，明确责任。国家测绘局整体负责四项任务，同时委托青海省测绘局牵头负责四项任务的组织协调，负责解决工程实施过程中除“高、精、尖、难”的技术问题以外各项问题的处理、协调和后勤保障工作。各单位要制定出切实可行的工作方案，严格控制实施进度，保证各项工作顺利推进。各单位遇到问题时要及时向青海测绘局通报。各参建单位必须严格执行国家测绘局审查批准的实施方案，不得擅自改变主要工程内容和建设标准；要严把测绘保障服务质量关，相关测绘成果要经过青海测绘局质量检验部门的检验；涉密数据与成果应按照国家有关规定做好保密工作。国家测绘局在质量检验的基础上对四项任务组织验收，在一月内发布成果。各单位要齐心协力、尽职尽责，确保各项任务如期完成，早日向国家和灾区人民交上一份满意的答卷。

三是要艰苦奋斗，团结协作，注重安全生产。玉树藏族自治州位于青海省西南部，地处青藏高原腹地。玉树灾区内地形复杂、气候恶劣、高原缺氧、物资匮乏、交通条件差，开展灾后重建测绘保障工作将十分艰苦。各参建单位要制定并严格执行安全生产措施，认真组织落实。队伍之间要加强沟通，相互支援，团结协作。遇有紧急情况时，要及时报告，确保作业人员生命安全。玉树藏族自治州中藏族人口占全州总人口的96.4%，是全国主体民族比例最高的一个自治州。各援建单位作业过程中，尊重当地人民的风俗习惯和宗教信仰，构建和谐氛围，维护民族团结和社会安定。

同志们，做好玉树灾后重建测绘保障工作，是我们光荣而神圣的职责。我们一定要打一场漂亮的速决战、攻坚战。同时，请青海省政府对该项工程给予尽可能的帮助和支持，协调相关地方政府，在后勤保障、突发事件应急救援等方面给予大力支持和配合，确保灾后重建测绘保障工作的顺利实施。同时也借此机会，向青海省政府长期以来对测绘工作的关心支持表示感谢。在省委、省政府的领导下，青海省测绘局班子团结一致，近年来测绘工作取得了长足进展。这项工程的总协调与后勤保障工作、应急预案处置工作，青海省测绘局必将能做得更好。

同志们，让我们按照党中央国务院对玉树灾后重建的总体部署，借鉴汶川地震灾后恢复重建测绘保障的成功经验，从玉树实际需求出发，扎实苦干，努力拼搏，为灾区重建工作做出应有的贡献。

强化科技创新　深化国际合作　加大标准统筹
引领和支撑测绘事业与地理信息产业又好又快发展

国家测绘局副局长李维森在全国测绘科技与外事工作会议上的讲话

2010年11月10日

同志们：

在党的十七届五中全会刚刚闭幕，经济社会"十二五"发展思路已经确定的背景下，我们来到改革开放的前沿深圳市，召开全国测绘科技与外事工作会议，共商发展大计。这次会议的主要任务是：学习贯彻党的十七届五中全会精神，以邓小平理论和"三个代表"重要思想为指导，深入贯彻落实科学发展观，回顾"十一五"测绘科技与外事工作取得的成绩，总结经验，分析问题，进一步明确发展思路，统一认识，凝聚力量，推动测绘科技、标准与外事工作又好又快发展。这次会议国家测绘局非常重视，会前徐德明局长审阅了会议报告，并对我们开好这次会议作了重要批示，对我们开好这次会议有重要的指导意义。下面我讲四方面的意见，供大家讨论。

一、测绘科技与外事工作成绩斐然

"十一五"期间，在党中央、国务院的正确领导下，在国家测绘局党组的指导和组织实施下，经过各方面的共同努力，测绘科技与外事工作取得了显著的成绩。

（一）科技创新成效显著

在基础地理信息获取、处理和应用服务等关键技术攻关方面，取得了重要成果。先后涌现了自主产权的数字航空摄影仪、机载干涉SAR测图系统、数字摄影测量网格系统、地理信息公共平台软件等一大批软硬件产品，大幅提高了测绘部门的能力和服务水平。"十一五"期间，开展了"927测绘工程关键技术与示范应用"、"高精度轻小型航空遥感系统核心技术及产品"、"全球地表覆盖遥感制图与关键技术"等百余项国家"863"、"973"支撑项目等重点科研课题，获取经费支持2亿多元。通过这些重大测绘科技专项的带动，我局有7项科技成果获得国家科技进步二等奖，1项获得国家技术发明二等奖。

（二）创新体系逐步完善

测绘科技管理政策和制度不断健全。先后出台了《关于加强测绘基础研究和能力建设的意见》、《关于加强测绘科技自主创新的意见》和《测绘自主创新产品认定管理办法（试行）》等一系列规范性文件，为激励自主创新、规范科技管理等营造了良好的政策环境。

科技创新组织体系不断优化。重点实验室及工程中心由"十五"末的9个增加到16个，研究领域从传统的大地测量、摄影测量与遥感、工程测量拓展到对地观测、海岛（礁）测绘、环境与灾害监测等领域。经国家科技部批准，"国家测绘工程技术研究中心"已正式组建。形成了以国家级测绘科研机构、高等院校为核心，重点实验室及工程中心均衡发展、交叉融合的创新组织体系。

（三）标准化水平明显提高

出台了《地理信息标准化工作管理规定》、《测绘标准化工作管理办法》，建立了"测绘与地理信息标准体系"，标准化管理制度不断完善；同时实行了更为开放的标准形成机制，加强标准制修订与科研、生产、产业发展的结合，大大加快了标准制修订速度，也有效提高了标准的科学性和适用性。"十一五"期间，新制定国家标准63项、行业标准34项，即将完成的国家和行业标准还有67项，标准严重滞后的局面得到有效扭转。强制性国家标准《导航电子地图安全处理技术基本要求》荣获"中国标准创新贡献奖"一等奖。在国家标准、行业标准的框架下，省级标准制修订工作也取得了长足的进步。

（四）国际合作稳步推进

紧紧围绕国家外交、科技发展策略和测绘工作中心任务，以增强科技自主创新能力和提高我国测绘国际地位为目标，积极推动国际合作从"以外为主，被动合作"向"以我为主，主动合作"转变；从一般性交流和技术引进向"引进来"与"走出去"相结合转变；从"以政府和科研机构为主"向"政府引导、多方共同参与"转变。目前，我们与世界50多个国家的测绘部门和单位建立了合作关系，与20多个国家的测绘主管部门签订了合作协议，同时积极开拓了一系列国外培训渠道，培养了不同层次的专业技术与管理人才。

近年来，我们成功举办了第21届国际摄影测量与遥感大会、亚太地理信息基础设施常设委员会执行局会议等重要国际会议，担任了亚太地理信息基础设施常设委员会主席国和国际摄影测量与遥感学会秘书长国。配合国家"走出去"战略，启动了测绘"走出去"战略实施工作。今年4月，国家测绘局倡议的首次"中非测绘合作座谈会"在坦桑尼亚成功举行。今年10月，又组织20余家国内优秀测绘与地理信息企业赴德国参加了2010年国际测绘技术与设备博览会，设立了单独的中国展区，并举行了主题为"中国测绘走向世界，合作共创美好未来"的"中国日"活动，徐德明局长出席并讲话，取得了良好的效果。

（五）外事管理不断加强

根据党中央、国务院的要求和中纪委、外交部等部门的统一部署，不断强化测绘外事管理，印发了《国家测绘局外事和香港澳门台湾事务管理规定》、《关于进一步加强因公出国（境）管理有关问题的通知》等文件，为测绘外事工作提供了制度保障。通过严格的事前审批、事中监督、事后评议，杜绝公款旅游和实效性差的出访项目的出现。同时，积极树立"大外事"观念，做好测绘外事服务工作，为全行业开展对外交流与合作创造条件。

对于上述成绩的取得，我们有以下体会：

首先要领导重视。领导重视是抓好工作的基本保障，事实证明，哪个单位领导重视科技创新，哪个单位就出更多的成果，哪个单位也就更具实力和发展的后劲。

其次要抓住重点。科技、标准与外事工作头绪多、任务重，越是在这样的情况下，我们就越要善于抓住主要矛盾和矛盾的主要方面，善于集中力量突破重点和难点。

第三要敢打硬仗。科技创新就是要走前人没走过的路，因此，要想取得成功就必须敢于吃前人没吃过的苦，要有一往无前、锲而不舍、敢于战胜困难的精神。

第四要加强统筹。科技管理就是要统筹各方面的科研资源和力量，标准化管理就是要统筹全行业的技术路线和指标，国际合作就是要统筹国内外技术发展和需求。

第五要团结协作。无论是技术研发还是行政管理，都需要大家上下团结一致、横向互相协作，只有凝聚共识、齐心协力，我们才能以最低的成本取得最大的成果。

当然，在总结成绩和经验的同时，我们也必须清醒地看到，当前测绘科技与外事工作仍然存在一系列的困难和问题。主要表现在，一是我们的自主创新能力不足，缺少有国际影响力的技术成果和产品，我们的企业还难以承担创新主体的大任；二是科技成果转化率不高，激励创新、促进转化的机制不完善；三是省级测绘科技与外事管理机构不够健全，缺乏稳定的测绘科技研究队伍；四是推动测绘国际合作的力度不够，我国测绘技术产品的国际市场占有率与我国的大国地位不相称。

二、测绘科技与外事工作机遇和挑战

测绘科技与外事工作肩负着提升测绘服务保障能力、建设测绘强国的重要使命。当前，测绘科技与外事工作迎来了一个大发展的黄金机遇期。

（一）中央高度重视测绘科技与外事工作

中央领导同志多次对测绘工作作出重要指示。胡锦涛总书记要求“推进数字中国地理空间框架建设，加快信息化测绘体系建设，提高测绘保障服务能力”。温家宝总理、李克强副总理也对此提出了明确要求。《中共中央关于制定国民经济和社会发展第十二个五年规划的建议》中提出加强重要信息系统建设，强化地理、人口等基础信息资源开发利用。《国务院关于加强测绘工作的意见》也对测绘科技工作提出了明确要求。2008 年，李克强副总理接见了第 21 届国际摄影测量与遥感大会部分国外参会代表，也充分体现了党中央和国务院对测绘外事工作的重视。这些都是我们做好工作的重要保证，也是我们不断创新、加快发展的重要机遇。

（二）提高测绘能力需要科技创新

《中共中央关于制定国民经济和社会发展第十二个五年规划的建议》中提出“坚持把科技进步和创新作为加快转变经济发展方式的重要支撑”。转变经济增长方式、优化国土空间布局、监测资源生态环境等，对测绘保障服务也提出了更高要求。针对新时期的新要求，国家测绘局提出了“构建数字中国，监测地理国情，发展壮大产业，建设测绘强国”的测绘发展战略方向。测绘科技与国际合作是提高测绘保障服务能力的重要基础和支撑。推动测绘事业和地理信息产业又好又快发展，就必须尽快在关键技术领域取得突破，不断增强自主创新能力，充分发挥科技第一生产力的作用。

（三）建设测绘强国依赖科技进步

以遥感、导航定位、地理信息系统和网络通信等技术为核心的现代测绘技术是信息技术和空间技术的综合集成，是 21 世纪最重要的高新技术之一，是国家科技水平和综合实力的重要体现。高新技术密集的鲜明特征，使得测绘科技进步和创新不仅对加快测绘事业发展具有重要影响，而且会带动我国科技整体水平的提高。只有加强测绘科技工作，建设创新型测绘，才能提高我国测绘领域的综合实力和国际竞争力，才能使我国在相关国际竞争中立于不败之地，由测绘大国走向测绘强国。

当前，随着世界科学技术日新月异，以卫星定位遥感、地理信息系统和网络技术为核心的现代测绘技术不仅飞速发展，而且应用的广度和深度都是前所未有的，已不是测绘部门独有的技术，测绘部门在信息技术领域的优势地位，受到了严重的挑战。我们必须树立强烈的危机感和紧迫感，始终立于不败之地，站在信息科技领域的前沿和制高点。

三、今后的工作思路和目标任务

今后一个时期，测绘科技与外事工作的总体思路是：以邓小平理论和“三个代表”重要思想为指导，深入贯彻落实科学发展观和中央十七届五中全会精神，把握“构建数字中国，监测地理国情，发展壮大产业，建设测绘强国”的测绘发展方向，以科技创新为主题，以建设信息化测绘体系为主线，坚持“自主创新、重点跨越、支撑发展、引领未来”的基本方针，完善测绘科技创新体制机制，充分整合和调动测绘行业整体力量，不断增强科技自主创新能力，健全测绘与地理信息标准体系，深化国际合作，拓宽科技工作的国际视野，提高国际合作的科技含量，为建设测绘强国提供有力支撑。

我们工作的目标是：要通过五年的努力，使地理信息获取、处理、服务等测绘信息化关键技术取得突破，遥感数据处理效率大幅度提高，具备地理信息数据实时处理和动态更新的能力，初步建立信息化测绘体系。形成科学完善、动态更新的测绘标准体系，完成 200 项左右测绘与地理信息国家标准或行业标准的制修订，测绘标准体系完备率达到 95% 以上。测绘“走出去”战略实施取得重要进展，具有自主知识产权的测绘技术与产品的国际市场份额显著提高，形成全方位、多层次的测绘国际合作新格局，我国测绘的国际地位进一步提升。

按照上述思路和目标，我们今后一个阶段的主要任务是：

（一）加大科技创新力度

一是重点突破一批关键技术。“十二五”期间，测绘科技工作要紧紧围绕信息化测绘体系建设的需求，牢牢把握构建数字中国、发展地理信息产业和监测地理国情的战略方向，根据测绘基准现代化、地理信息获取实时化、处理自动化、服务网络化和应用社会化的要求，瞄准国际测绘科学前沿，在国家层面要重点突破现代大地测量框架构建关键技术，多光谱、多时相、多分辨率、全天候高精度遥感数据获取和处理技术，网格地理信息管理和服务技术等；着力构建现代化测绘基准、高精度多源实时化地理信息数据获取系统、自动化地理信息数据处理系统、网格化地理信息管理与服务系统等四大基础设施与装备体系；形成一批具有民族品牌和国际竞争力的软硬件产品，整体推动我国测绘装备国产化和产品国际化进程。各省级测绘部门要在做好重大技术装备在生产中的推广应用的同时，进一步加强生产性技术研究工作，重点研发基础数据动态更新及国家－省－市多级联动更新技术、大区域内外业一体化测图技术、测绘数据与专题数据融合新产品等实用生产技术与工艺。

二是要全面推进信息化测绘体系建设。信息化测绘体系是我国测绘实现了由传统测绘向数字化测绘转化和跨越之后进入的又一个新的发展阶段。“十二五”期间，我们要认真落实胡锦涛总书记“加快信息化测绘体系建设”的指示精神，为全面提升测绘能力和服务水平提供科技支撑。国家测绘局将开展“国家信息化测绘示范基地建设”试点，用3年左右时间，在全国遴选6个左右具备一定条件、有特色的省级测绘单位，重点围绕信息化测绘应形成的基本功能，构建现代化测绘技术装备配置和测绘业务流程样板，以带动全系统信息化测绘技术装备的升级、测绘生产组织的重构和测绘产品结构的调整。在试点工作中，我们将贯彻产、学、研相结合的方针，充分发挥中央、地方两个积极性，国家测绘局将在技术、资金和软硬件设施方面提供支持。

三是要加快科技成果转化。各级测绘行政主管部门要以政府为主导，企业为主体，结合市场需求，在新技术推广、培训等方面制定相应的政策措施，加大推动科技成果转化和产业化的力度。国家测绘局将强化科研、生产和企业单位的沟通交流，建立产、学、研、商之间的定期交流机制，鼓励企业与科研、高校联合对科技创新成果进行产品化开发；推进测绘自主创新产品认定工作，将水平先进、创新程度高、自主知识产权的科技产品列入创新产品目录，在政府采购及相关测绘工程的应用中，采取倾斜政策，促进自主创新产品尽快形成规模，降低成本、提升水平。同时，各省级测绘部门也要根据各自的实际情况，建立和完善科技成果转化机制，鼓励和引导科研人员在科研选题和立项时向生产靠拢，提供成果转化基金，明确科研人员通过成果转化的利益分成，激发科研人员参与成果转化的积极性。国家测绘工程技术研究中心要充分发挥在科技成果转化方面的职能和作用，成为专业化、市场化运作的技术转移中心，促进科研成果的推介、运作和产业化。

四是要加强科技创新体系建设。“十二五”期间，要紧紧围绕信息化测绘的发展，不断完善测绘科技创新体系布局。国家测绘局将重点面向地理信息数据实时化获取、自动化处理及网络化分发服务等领域，积极争取国家重点实验室的建立；鼓励有条件的地方测绘部门与科研院所、高等院校或高新技术企业进行联合，共同建立具有特色的重点实验室或工程技术研究中心等科技创新基地；加强对现有科技创新基地的评估、管理和整合，完善淘汰退出机制，形成布局合理、分工明确、优势互补、运行有效的测绘科技创新体系。中国测绘科学研究院要当好科技创新的排头兵，充分发挥科技资源优势，聚集国内外测绘高新技术研究人才，承担国家及行业重大科研任务，解决信息化测绘和“数字中国”建设中的重大共性和关键问题；各重点实验室和工程中心要紧密依托地方测绘生产单位，大力开展测绘实用技术研发和成果应用，在测绘生产实践中开展技术革新，及时将先进技术成果和先进装备向测绘生产单位和企业推广应用，提高测绘行业现实生产力。各高新技术企业要切实注重科技创新工作，努力提高自身自主创新水平，逐步真正成为技术创新和科技成果产业化的主体。此外，学会、协会等学术和社团组织也要积极发挥各自的优势，切实做好测绘科技信息服务、咨询评估、软硬件测评测试、测绘仪器检测、标准宣贯、科普活动、人员培训等方面的工作。

（二）加强标准化工作

一是要完善标准统筹协调机制。标准化技术和工作机构要进一步优化并动态更新标准体系，形成更为科学完善的《测绘标准体系》和《国家地理信息标准体系》；积极开展标准一致性测试，提高标准的系统性、一致性、协调性；完善标准制修订的质量控制与协调机制，充分吸纳测绘管理、生产、科研、特别是测绘企业参与标准制修订。具备条件的单位应积极申报和承担有关标准的起草工作，为测绘与地理信息标准化贡献力量。积极跟踪国际测绘和地理信息标准化工作动态，参加和承担国际测绘标准的制定工作，采纳成熟且符合我国国情的国际标准。

二是要进一步加快标准制修订。要根据信息化测绘体系建设的需要，集中力量填补标准体系空白，尽快提高测绘与地理信息标准体系的完备率。以海岛（礁）测绘、现代测绘基准基础设施建设等重大项目的组织实施为依托，面向“数字中国”建设、地理信息公共平台建设和地理信息产业等重点领域，加强关键技术标准的研制，推动自主创新的科技成果通过技术标准快速转化为生产力。加快数字航空摄影、三维数据生产、信息分发服务、新型传感器数据采集与处理等方面的标准制修订速度，满足新技术发展及成果社会化服务需求。注重标准化研究工作，加强标准前期研究、测试与验证。

三是要加强标准宣传与贯彻。各级测绘行政主管部门和标准化工作机构，要大力宣传测绘与地理信息标准化工作的重要性和紧迫性。使大家充分认识到，测绘与地理信息标准化是法律法规的明确要求，也是保障成果质量和权威性、促进成果共享的必然要求。在测绘技术发展日新月异的今天，在测绘技术体系向信息化迈进的战略转型期，加强标准化管理显得尤为重要和迫切。

在加强标准化宣传工作的同时，要认真做好标准的培训工作。国家测绘局主要负责各省局技术骨干的培训；各省级测绘部门负责对地、市测绘部门和测绘单位技术人员的培训。相关单位要制定详细的培训计划，确保经费投入，将标准培训落到实处。各级测绘行政主管部门还要强化标准执行监督，通过完善标准化管理制度和措施、开展基础地理信息标准数据认定、对重大测绘项目标准执行情况进行监督检查等方式，促使相关企事业单位在测绘活动中依法依规严格执行国家标准和测绘行业标准。

（三）深化国际合作

一是要加快实施测绘“走出去”战略。实施测绘“走出去”战略的总体定位是“服务国家发展战略、服务国际社会、服务企业发展”。对此我们必须把握好以下方向，首先要努力学习国际先进科学技术，了解和跟踪测绘与地理信息产业发展趋势，积极引进、消化相关高新技术成果；其次要深化国际合作，促进双边、多边合作向更高层次发展，提高中国测绘的国际地位和影响力；第三要大力推动我国测绘技术、服务和软硬件产品走向国际市场，占据应有的地位和份额；第四要通过国际合作及相关重大工程的实施，努力增加我国对全球地理信息资源的掌握与储备，为国家“走出去”战略的实施提供决策依据，提高我国在全球化进程中的话语权。在具体做法上，我们要通过优化政策措施、设立配套资金支持、提供信息咨询服务等方式，支持测绘与地理信息企事业单位参与国际竞争、开拓国际市场；积极推动国内单位承揽国外测绘业务，努力打造地理信息数据加工等信息服务外包特色品牌；大力推广具有自主知识产权的测绘与地理信息技术装备和软硬件产品进入国际市场；鼓励测绘资本“走出去”，支持有条件企业建立海外分支机构，到境外开展并购、合资、参股等投资业务，有重点地收购技术和品牌，带动产品和服务出口。

二是要转变国际合作方式。国家测绘局将按照“大国是关键、周边是重点、发展中国家是基础、多边是重要舞台”的原则，构建层次合理、重点突出、目标明确的测绘国际合作格局。积极参与测绘领域的国际科技合作计划，大力支持资助符合条件的科技人员参加高水平的国际测绘会议，在有关国际测绘组织担任重要职务；高度重视企业在测绘国际合作中的重要作用，积极吸纳测绘与地理信息企业参与实施重要国际合作项目；努力支持中外青年测绘科技人员之间的合作与交流，邀请更多世界知名测绘专家来华开展合作研究。国家测绘局计划从明年开始举办国际合作与科技项目管理培训班，选派长期从事测绘外事与科技管理的干部和技术人员到国外学习，遴选部分有培养前途的外语人才到国外接受语言强化培训。

三是要进一步加强外事管理。各级测绘行政主管部门要按照党中央、国务院的要求，进一步加强测绘外事管理工作，严格出访项目的审批，做好来访团组的接待。各级测绘行政主管部门要坚决贯彻中央规定，严格把好出访项目审批关，坚决杜绝无实质性内容的出访和变相公款出国（境）旅游。努力为扩大国际市场份额的项目、科技人员执行国际合作的项目、参与多边国际测绘事务的项目做好服务，为经营管理人员开拓国际市场大力提供支持。

四、切实采取高效有力的政策措施

（一）加强组织领导

省级测绘行政主管部门要按照科学发展观的要求，切实加强对测绘科技与外事工作的领导，把科技与外事工作放在测绘工作全局的基础性、先行性位置。有条件的省级测绘行政主管部门要建立健全测绘科技与外事管理专门机构，强化管理职能，发挥政府部门的主导作用，为促进科技自主创新、提升标准化水平、深化国际合作创造良好的环境和有利条件。

各级测绘部门和有关单位要在《测绘科技“十二五”发展规划》和本地测绘事业发展总体规划的基础上，进一步把握发展需求，明确工作重点，加强统筹指导，编制本地区、本单位测绘科技发展规划，整合科技创新资源。各级测绘行政主管部门也要注重发挥测绘与地理信息标准的技术法规作用，通过技术标准来引导、规范事业与产业的发展。

（二）完善政策机制

各级测绘行政主管部门要加强政策研究，积极创造有利于科技创新的环境和条件。国家测绘局将进一步完善测绘科技项目管理制度，鼓励各类创新主体和地方单位公平参与科研项目竞争，推动产、学、研、用相结合，建立技术研发基地，共同承担测绘科研项目；积极搭建科技创新条件平台，推动建立测绘院校、科研机构、生产单位和企业的合作交流机制。国家测绘局年内还将出台“走出去”战略的实施意见，明确相关政策和措施；各单位应结合实际制定具体计划，为“走出去”战略实施创造条件，推动相关工作尽快见到实效。

（三）加大投入力度

各级测绘行政主管部门和企事业单位，要努力拓宽科技经费投入渠道，改善科技创新的基础条件。首先国家测绘局将强化同科技、发改、财政、基金委等部门的联系沟通，组织相关企事业单位，大力争取国家科技专项、科研基础设施以及国际合作等方面的经费支持；同时要加强对重大测绘专项和基础测绘项目中，生产性试验、技术攻关和国际科技合作等方面经费安排的统筹协调，使有限的经费进一步向科技创新集中和倾斜。各省测绘行政主管部门要加强与地方科技及财政部门的联系，积极争取设立和实施地方测绘科技与国际合作项目，加大地方财政对测绘科技工作的投入力度；地方基础测绘项目和专项，也要安排一定比例的经费用于科技创新和技术试验。同时，各级测绘行政主管部门应通过项目示范、资金引导等方式，吸引和鼓励企业加大技术创新投入，形成多元化的测绘科技创新投入机制。

（四）加强队伍建设

各级测绘行政主管部门和企事业单位，要大力营造鼓励创新的环境，健全人才激励机制，逐步壮大由科技领军人才、学术带头人、科研与生产技术骨干组成的结构合理、富有活力的创新人才队伍。重大测绘工程的实施要大胆起用年轻人才，为其施展才华和加快成长创造条件。建立有利于专业技术人才脱颖而出的人才评价体系。坚持把人才培养作为国际合作的重要内容，为引进国外优秀人才创造条件。要加快培养一批政治素质高、业务能力强、组织纪律严的测绘外事干部队伍，为测绘国际合作和外事管理提供人力保障。

同志们，测绘科技、标准与外事工作事关测绘事业发展的全局，肩负着引领未来、支撑发展的重任，是一项最有前瞻性、创造性的工作。我们要牢牢把握新时期测绘科技发展的战略方向，开拓进取，扎实工作，不断提高测绘科技、标准与外事工作水平，为加快信息化测绘体系建设，推进我国向测绘强国迈进提供更为有力的技术支撑，为我国的测绘事业与地理信息产业又好又快的发展，贡献出我们的聪明才智，做出不懈的努力和应有的贡献。

国家测绘局副局长宋超智在互联网地图服务专业资质工作会议上的讲话

2010 年 5 月 14 日

同志们：

大家上午好！

今天，请大家一起到国家测绘局来，召开互联网地图服务专业资质工作会议，一起学习领会国家测绘局新修订颁布的《互联网地图服务专业标准》，部署互联网地图服务专业资质的申请、受理和审查工作。借此机会，我讲三点意见，供大家讨论参考：

一、要充分认识加强互联网地图服务资质管理工作的重要意义

当今世界已经进入了网络信息时代。互联网正在深刻地影响和改变着人们的工作、学习、生活方式和思想观念。随着 3S 技术和网络通讯技术的发展，互联网地图服务和地理信息服务迅猛增长。据不完全统计，当前我国从事互联网地图和地理信息服务的网站已经接近 4.2 万个，并且涌现出了一批有影响的在线地图服务商。互联网地图服务的盈利模式呈现多元化，当前主要是企业标注、定制地图和路径服务，未来市场增长的驱动力将来自互联网平台和手机平台的营收增长。互联网地图服务以其方便快捷、动态交互、信息量大等特点，提供了大量与民生应用紧密结合的地理信息与路径查询服务，较大地满足了人们工作和生活的需求，延伸了地理信息服务的产业链，提升了地理信息产业对国民经济增长的贡献率。

互联网地图市场在快速发展的同时，也带来了一些突出问题，主要表现在：一是一些组织和个人的国家版图意识不强，有意或无意地发布、使用错误的国家版图，造成“问题地图”不断出现，主要表现在：把我国大片领土标到国外，漏绘南海诸岛、钓鱼岛、赤尾屿等重要岛屿，错绘我国行政区域界线，擅自发布重要地理标志信息，把台湾表示为独立国家或者漏绘台湾岛等。二是涉及国家安全和一些敏感、不宜公开的地理坐标数据被上传、标注在互联网地图上。互联网地图出现问题，不仅损害消费者的利益，严重的甚至危害国家安全、利益和民族尊严，带来恶劣的政治影响。党和国家领导同志对地理信息安全问题十分关注，多次作出重要批示。

互联网地图服务是地理信息产业的重要组成部分。加强互联网地图服务资质管理，规范互联网地图服务活动，促进互联网地图市场健康有序发展，既是测绘行政主管部门应当履行的法定职责，也是彰显测绘工作的地位，提升测绘与地理信息产业服务大局、服务社会、服务民生的能力的一项艰巨而光荣的任务。加强互联网地图服务资质管理，是延伸测绘工作统一监督管理的重要环节，也是国家测绘局今年的一项重点工作。各省、自治区、直辖市测绘行政主管部门要提高认识，充分重视，按照国家测绘局的统一部署，组织开展好互联网地图服务资质管理工作。

二、国家测绘局规范和促进互联网地图市场发展的具体举措

当前，国家测绘局规范和促进互联网地图市场发展的具体举措体现在：

一是加快法制建设。国家测绘局坚持收放并蓄的原则，以监管为手段，以发展为目的，为互联网地图市场健康发展创造良好的法制环境。2009 年，国家测绘局出台了《公开地图内容表示补充规定（试行）》和《关于进一步加强互联网地图管理工作的通知》。2010 年，国家测绘局配合国务院法制办加快《地图管理条例》修订进程，并将互联网地图服务作为专章纳入管理，进一步规范和繁荣地图市场，条例将力争年内出台。国家测绘局等相关部门还将出台《关于促进地理信息产业发展的若干意见》。

二是开展专项治理。2009 年 1 月，国家测绘局联合七部委开展了整顿和规范地理信息市场秩序工作，现已进入总结验收阶段。5 月 18 日，七部门将联合召开电视电话会议，对专项活动进行总结和表彰。七部委还将联合印发《关于加强地理信息市场监管工作的意见》，建立地理信息市场监管长效机制。

2008 年，国家测绘局联合八部委开展了互联网地图和地理信息服务网站专项治理整顿活动，2009 年底，共搜索检查互联网地图服务网站约 4.2 万个，发现问题网站近 3700 个，整改网站 1000 余个，关闭网站 221 个。

三是加强资质监管。在广泛征求意见和充分论证的基础上，2010 年 5 月，国家测绘局修订颁布了《互联网地图服务专业标准》，加强互联网地图服务从业单位的资质管理。

三、几点要求

做好互联网地图服务专业资质的审批工作，是规范和促进互联网地图市场发展的重要前提。法规与行业管理司将对这项工作进行具体部署，这里我给大家提四点要求：

一是认真学习领会《标准》。《互联网地图服务专业标准》涉及面广、影响力大、政策性强。《标准》设定的各项考核指标和内容，经过了专家们反复论证，听取了从业单位代表的意见，得到了各方面普遍认可，由国家测绘局局务会审议通过。《标准》篇幅不长、内容精炼、内涵丰富。希望大家对各项考核指标和考核内容读懂弄通，理解各项专业术语、专业范围的内涵。既要知其然，还要知其所以然，真正做到领会《标准》不走样，执行《标准》不跑偏。

二是严格执行准入政策。《互联网地图服务专业标准》同《测绘资质分级标准》一样，都是国家测绘局依照《中华人民共和国测绘法》制定的重要规范性文件，具有政策的权威性、严肃性、科学性和法定性。近日，一些地方制定的测绘市场准入政策出现了一些问题，或超出上位法的规定擅自增设行政许可，或随意调整法定的测绘资质专业范围和准入条件，这些做法都与依法行政的精神不符，也会给测绘市场的规范、有序发展带来不利影响，必须坚决予以纠正。各省、自治区、直辖市测绘行政主管部门在制定、调整测绘市场准入政策时，务必确保所制定政策的法律依据充足、程序科学严密，并与国家测绘局的政策和要求保持一致。地方测绘行政主管部门不得随意创设资质许可事项、增设资质专业范围、变通定性考核指标。

三是抓紧推进各项工作。根据工作计划，国家测绘局将在今年 6 月中旬开展首批互联网地图服务甲级资质单位颁证仪式，届时将邀请中央新闻媒体到会采访报道，进行广泛深入宣传，营造良好舆论氛围。希望各省、自治区、直辖市测绘行政主管部门负责测绘资质管理的部门负责同志，回去后及时向本单位主要领导汇报，集中精力抓落实，确保责任到人。要倒排时间表，积极配合国家测绘局，抓紧启动互联网地图服务专业资质的申请、受理、审查等工作，形成上下联动的良好局面。要创新工作方法，在依法审查的前提下，精简审查程序，提高审查效率，确保按时完成。

四是做好后续衔接工作。互联网地图服务资质管理是一项综合性工作。法规与行业管理司要与相关部门、新闻媒体、地图网站等一道，从不同侧面、有层次地组织策划好互联网地图服务资质管理的舆论宣传，扩大社会影响。同时，要注意收集各地开展这项工作的好经验、好做法，认真做好总结。各级测绘行政主管部门要把互联网地图服务资质管理纳入地理信息市场监管长效机制，结合专项整治活动，对逾期未申请资质仍从事互联网地图服务的，依法予以查处和曝光；要加强对互联网地图服务资质单位的保密、质量等日常监督和检查，形成工作的常态化。遇有重大情况和问题，要及时向国家测绘局报告。让我们一起努力，有序、有力地开展好互联网地图服务资质管理工作，规范和繁荣互联网地图市场。

创新宣传思路　加大宣传力度
努力开创测绘宣传工作新局面

国家测绘局副局长宋超智在全国测绘宣传工作会议上的讲话

2010 年 10 月 26 日

各位会议代表：

上午好！很高兴在人文厚重、丹桂飘香的金秋杭州召开全国测绘宣传工作座谈会。这是继 2006 年以来，国家测绘局又一次组织召开的一个十分重要的测绘宣传工作会议。

本次会议是在全国上下认真贯彻党的十七届五中全会精神，推动经济发展方式转变，努力践行科学发展观之际召开的。会议的主要任务是：深入贯彻落实党的十七大和十七届五中全会精神、全国宣传思想工作会议精神，以科学发展观为统领，总结工作，交流经验，分析形势，明确任务，研究部署当前和今后一个时期的测绘宣传工作，进一步加大测绘宣传工作力度，为促进测绘改革与发展提供思想保证、舆论支持、精神动力和良好氛围。

刚才，徐德明局长在讲话中深刻指出了新形势下做好测绘宣传工作的极端重要性，对进一步做好今后一个时期的测绘宣传工作提出了四点意见，要求进一步夯实测绘宣传工作的重要基础，不断完善测绘宣传工作的体制机制，切实增强测绘宣传工作的整体效应，把测绘宣传工作的各项任务落到实处。徐德明局长讲话内涵丰富、要求明确，对做好测绘宣传工作具有重要意义。我们一定要认真学习，深刻领会，坚决贯彻落实好徐德明局长重要讲话精神。

下面，我讲四个方面的意见，供大家讨论。

一、近几年测绘宣传工作回顾

在国家测绘局党组的高度重视和正确领导下，在中宣部、国新办、中央及地方主要新闻媒体的大力支持和测绘系统各单位、各部门的支持配合下，通过全国测绘宣传战线干部职工的共同努力，2007 年以来，测绘宣传工作一年一个台阶，年年有亮点，年年有创新，在社会上引起了强烈反响，增进了各级领导、有关部门及社会公众对测绘工作的认识，起到了为测绘事业加快发展鸣锣开道、推波助澜的作用。测绘宣传工作发展态势良好，呈现出以下五个方面的特点：

一是宣传力度大。4 年来，测绘宣传工作得到进一步加强，测绘在社会上的声音多了、大了、亮了。据不完全统计，近 4 年国家测绘局累计召开新闻发布会、新闻通气会近百次，中央媒体累计刊发测绘新闻 2000 多条，网络媒体刊发转发近 6000 条。

这其中，以刘先林院士先进事迹和国测一大队先进事迹宣传尤为突出。2007 年，人民日报等 22 家中央新闻媒体以报纸、广播、电视、网络等形式，对刘先林先进事迹进行了规模大、规格高、有深度、声势大的集中宣传报道。时任中组部部长贺国强同志在中宣部新闻工作专报上批示：“对刘先林院士先进事迹的宣传报道搞得好”，对宣传取得的效果给予了高度评价。2009 年，20 多家中央新闻单位的 37 名记者组成采访团，对国测一大队进行了为期 10 多天的集中采访。中央电视台新闻联播、焦点访谈、新闻调查、新闻会客厅等栏目从不同角度持续深入地报道了国测一大队先进事迹，新华社等中央和地方新闻媒体共刊发长篇通讯、评论文章等 120 余篇，新华网等五大网站开设了国测一大队先进事迹专题，组织了网民交流互动。国测一大队先进事迹宣传呈现出大规模、全方位、多媒体、高频率、广覆盖、持续长、立体化的特点，在社会各界引起强烈反响。

二是宣传亮点多。4 年来，加强了对测绘重大工作进展、测绘重要成果成效、测绘先进技术和创新装备、测绘先进典型和优秀文化的宣传，测绘宣传工作特色鲜明、亮点频出。从 2007 年的刘先林院士先进事迹宣传、2008 年的汶川抗震救灾测绘保障宣传和国际摄影测量与遥感大会宣传、2009 年的全国地理信息成就展宣传和国测一大队先进事迹宣传到今年的玉树、舟曲救灾测绘保障宣传和数字城市中国行宣传活动，可以说年年都有抓手，年年都有重点。

汶川地震发生后，国家测绘局在紧急启动抗震救灾测绘保障工作的同时，紧紧围绕测绘工作在抗震救灾、灾后重建中的重要作用展开集中宣传报道。中央电视台、香港凤凰卫视、南方周末、新浪网等境内外媒体连续刊（播）发了有关报道或消息近400篇（条），从多个角度对抗震救灾测绘保障工作进行了及时报道，充分展示了关键时刻拉得出、顶得上、用得着的测绘队伍形象，社会反响良好。

三是宣传成效好。从近年来宣传工作取得的成效看，可以说，宣传也是生产力，是推进事业发展强劲的动力。4年来，我们通过广泛宣传改革开放30周年、新中国成立60周年测绘工作成就，宣传测绘在雨雪冰冻灾害、汶川和玉树地震、舟曲泥石流抢险救灾及灾后重建等工作中的作为和成效，宣传测绘在北京奥运会、国庆60周年阅兵庆典、上海世博会等重大活动中的作用，宣传测绘工作积极服务保增长、保民生、保稳定、促就业大局，宣传全国地理信息市场整治和测绘法规政策，宣传独特的测绘精神和鲜活的测绘文化等，充分展现了测绘事业为新中国建设和发展所作出的卓越贡献，展示了测绘在服务科学管理决策、重大战略实施、重大工程建设、能源资源节约、生态环境保护、国防和军队信息化建设以及丰富人民群众生活中的重要作用和几代测绘人良好的精神风貌和优良传统，极大地增强了测绘干部职工的荣誉感和自豪感，提升了测绘工作的社会影响力，有力推动了测绘重大工程和重点工作的顺利实施，为近年来测绘事业的快速发展提供了强有力的舆论支持和精神动力。

2010年，财政部经建司主动提出创先争优活动要与国测一大队结对子共建先进党支部（党委），张少春副部长带领经建司全体同志与国测一大队座谈、签署共建协议，并在多方面给予国家测绘局和国测一大队支持。

四是宣传手段多。近年来，我们在夯实《中国测绘报》、《中国测绘》杂志、国家测绘局政府网站这“一报、一刊、一网”宣传阵地的同时，进一步加强了与中宣部的沟通，密切了与中央电视台、新华网等媒体的联系，测绘宣传工作在创新方式、创新形式、不断拓宽宣传面、不断提升宣传手段方面也取得了良好成绩。

自2008年5月14日开始，我们成功地将三维地理信息系统引入中央电视台，直接服务中央电视台新闻直播节目和包括《新闻联播》在内的新闻节目的制作，标注有“国家测绘局”字样的三维地图高频次地走近了亿万观众。玉树抗震救灾期间，国家测绘局网站第一时间权威发布灾前灾后测绘成果，网站流量达到了平时的20倍，呈现出井喷态势，形成了极大的社会轰动。国家测绘局网站获得了“第四届中国网站群建设与运营管理先进单位”荣誉称号。宁波电子地图服务网日点击率超过百万。与此同时，我们还积极利用《测绘专报》等内部刊物积极向中央领导同志反映测绘重大进展和亟需解决的问题，收到良好实效。

五是宣传能力有所加强。近年来，测绘宣传制度建设得到加强，国家测绘局出台了《测绘新闻宣传工作管理办法》，陕西、上海、青海等地出台了加强测绘宣传工作的政策措施。测绘宣传工作机制逐步完善，国家测绘局已经把宣传作为贯彻落实科学发展观考评内容，甘肃、江西、宁波等地每年都召开新闻宣传工作会议，把测绘宣传工作纳入到单位和领导干部目标考核之中，与其他业务工作同部署同检查同考核。测绘宣传机构和队伍建设也得到加强，国家测绘局专门成立了政策研究与新闻宣传处，山西、湖北、吉林等省专门成立了测绘宣传单位，广东、新疆等地大力加强了队伍建设和培训教育，测绘宣传专兼职队伍开始向市县基层覆盖，队伍整体素质有所提高。与此同时，各地测绘管理部门经常通过召开新闻发布会、新闻通气会等形式，加强与地方主要新闻媒体的沟通和联系，积极利用地方媒体的力量宣传地方重大测绘进展，地方测绘宣传工作有声有色，也为做好全国测绘宣传工作积累了鲜活经验。

与此同时，我们在加强正面舆论引导、强化舆情监测方面也做了些工作。国家测绘局管理信息中心针对互联网地图监管等局重点工作，初步开展了测绘舆情监测研究，作出了有益尝试。我们在处理温家宝总理提出的中学地图册存在问题舆论时，果断采取了冷处理方式，让不利舆论自然消失。针对社会各界尤其是国外媒体热议互联网地图服务资质审批工作的情况，我们加强正面舆论引导，积极回应社会和媒体关注，收到良好实效。

测绘宣传工作取得的成绩，得益于国家测绘局党组的高度重视和正确领导，得益于中宣部、中央和地方主要新闻媒体及记者朋友们的大力支持，是全国广大测绘宣传干部共同努力的结果！在此，我代表国家测绘局，向近年来一直关心、重视、支持、参与测绘宣传工作的各级领导、同事和各界朋友道一声谢谢！感谢你们为测绘宣传工作付出的辛勤努力和作出的卓越贡献！

在看到成绩的同时，我们也清醒地认识到测绘宣传工作仍然存在诸多不足和挑战：一是形势逼人，手段有限。各方面对测绘宣传的期望越来越高，推进测绘事业跨越发展对测绘宣传的要求越来越高，而测绘宣传的手段、平台、资源、方法等都还十分有限，挖掘测绘宣传新制高点的任务更是紧迫而艰巨。二是素质不高，能力不强。测绘宣传工作以兼职人员居多，且大部分没有接受过专门的培训和教育，在宣传策划、新闻采编以及处理与媒体关系等方面缺乏谋略和技巧，人员整体素质不强、主动性不足。三是整合不够，合力不强。全国测绘的整体合力还没有充分发挥，统筹协调和互动联动机制还不够完善，全国测绘宣传一盘棋大格局还没有形成。四是投入不足，机制不顺。对测绘宣传重视不够，投入严重不足，机制也没有完全理顺，不少地方没有把宣传工作作为事业的重要组成部分予以加强。这些问题，必须下大力气研究解决。

回顾这几年的测绘宣传工作，我们有以下几点体会：

一是要坚持高举旗帜，围绕中心。测绘宣传工作政治性强，敏感度高、纪律性强。必须以邓小平理论和“三个代表”重要思想为指导，深入贯彻落实科学发展观，按照高举旗帜、围绕大局、服务人民、改革创新的总要求，加强统筹协调，紧密围绕国家测绘局的中心工作开展。

二是要强化宣传策划，增强实效。测绘宣传要在抓策划、抓选题、组织素材上下功夫，切实增强政治敏感性和新闻敏感度，把宣传工作作为一项系统工程来抓，增强宣传工作的计划性，不断提升宣传实效。

三是要注重选准抓手，扩大影响。测绘宣传工作要突出重点，抓好“亮点”，每年都应选准若干抓手，加大对重点宣传的投入，以点带面，形成“长流水、不断线、不时掀起小高潮”的测绘宣传态势。

四是要善于借力发展，密切联系。要充分依靠中宣部、中央和地方新闻媒体的力量，争取更多的支持和关注，借助大众媒体的力量，对重点工作进行深度宣传和集中报道，不断扩大测绘工作的社会影响力。

二、深刻认识当前测绘宣传工作面临的形势

测绘宣传工作事关测绘发展与改革全局，做好新形势下的测绘宣传工作，形势逼人、形势迫人。我们必须深刻认识时代发展的新形势、新变化，准确把握当前测绘宣传工作的新特点、新趋势。

第一，深入学习实践科学发展观、夺取全面建设小康社会新胜利对测绘宣传工作提出了新要求。新闻舆论处在意识形态领域的前沿，对社会精神生活和人们思想意识有着重大影响。当前，世界范围内各种思想文化交流、交融、交锋更加频繁，“西强我弱”的国际舆论格局还没有根本改变。这就要求测绘宣传工作，必须深入贯彻落实科学发展观，紧紧围绕党和国家大局，在打牢全党全国各族人民团结奋斗的共同思想基础、传播社会主义核心价值体系、推进党和国家事业发展凝聚强大精神力量、营造健康向上和丰富生动的主流舆论以及促进社会和谐方面发挥应有作用。

第二，推动测绘事业跨越发展、建设测绘强国对测绘宣传工作提出了新要求。当前，我国测绘事业正处在加快发展的黄金机遇期，测绘事业发展面临着前所未有的机遇，也面临着来自国际国内和自身的挑战与压力。要保证事业沿着“构建数字中国、监测地理国情、发展壮大产业、建设测绘强国”的战略方向快速健康发展，测绘宣传必须紧紧围绕测绘中心工作，全面把握测绘事业发展的阶段特征、重点任务和保障措施，坚持正确舆论导向，营造良好舆论环境，大力宣传测绘发展重大思路、测绘重要法规政策、测绘工作重大成就，发挥好宣传国家测绘局党组重大决策部署、促进测绘重点工作落实、提升测绘工作社会地位、推进和谐测绘建设等作用，努力营造关心测绘、支持测绘的舆论环境。

第三，舆论传播方式的显著变革、测绘技术和内涵的深刻变化对测绘宣传工作提出了新要求。随着网络技术、新兴媒体的快速发展，社会舆论传播方式也发生了显著变革，社会公众思想活动的独立性、选择性、多变性、差异性明显增强。测绘技术发展也日新月异，测绘服务手段不断变革，测绘服务领域更加宽阔，现代测绘的功能作用已明显区别于传统测绘。这就要求测绘宣传工作必须准确把握新时期新闻宣传的时代特征，紧紧跟上测绘技术发展的步伐，准确把握新时期测绘的新内涵，积极适应信息技术快速发展的新趋势，创新观念、创新方法、创新手段，使测绘宣传工作始终适应推动测绘事业快速发展的要求。

第四，弘扬测绘精神、凝聚测绘干部职工力量对测绘宣传工作提出了新要求。“热爱祖国、忠诚事业、艰苦奋斗、无私奉献”，是测绘事业发展与改革最为宝贵的精神财富和强大动力。在新的历史时期，在大力发展社会主义市场经济的大背景下，更需要进一步弘扬测绘精神，增强测绘行业广大干部职工的价值判断力、思想凝聚力。这就要求测绘宣传工作必须大力宣传测绘系统涌现的先进人物和典型事迹，大力宣传测绘系统的新风尚新气象，鼓舞和激励广大测绘干部职工献身测绘、勤奋工作、创新求实、无私奉献，推动测绘事业不断向前发展。

三、今后一个时期测绘宣传工作的重点内容

当前和今后一个时期的测绘宣传工作，要高举中国特色社会主义伟大旗帜，深入贯彻落实科学发展观，紧紧围绕测绘中心工作，以服务和促进测绘事业和地理信息产业又好又快发展为重点，以改革创新为动力，以贴近实际、贴近生活、贴近群众为原则，统一思想，凝聚力量，鼓舞斗志，创新测绘宣传思路，整合测绘宣传资源，加大测绘宣传力度，着力在服务测绘中心工作、展现测绘重要作用、扩大测绘工作社会影响力上作出新贡献，在加强社会主义核心价值体系建设、弘扬测绘精神、繁荣测绘文化上取得新进步，在统筹重大测绘宣传活动、提高舆论引导能力、夯实测绘宣传阵地上开创新局面。我们要着力做好以下五个方面的工作：

第一，要深入宣传党和国家的大政方针政策。党的十七大提出了一系列新思想、新观点、新论断，对中国特色社会主义的内涵作出了更加完整、更加系统的概括。刚刚闭幕的十七届五中全会通过的《中共中央关于制定国民经济和社会发展第十二个五年规划的建议》，是未来五年经济社会发展的基本遵循和行动纲领。胡锦涛总书记在2009年视察人民日报社时指出，做好新闻宣传工作，关系党和国家工作全局，关系改革和经济社会发展大局，关系国家长治久安。测绘宣传工作一定要全面贯彻落实中央的部署和要求，深刻领会和准确把握党的十七大、十七届五中全会精神，积极宣传党的理论和路线方针政策，积极宣传中央的重大决策部署，积极宣传改革开放和社会主义现代化建设的巨大成就，高唱奋进凯歌，弘扬民族精神，引导测绘干部职工始终保持昂扬向上的精神状态，进一步增强贯彻党中央、国务院重大决策部署的积极性和主动性。

第二，深入宣传党中央、国务院关于测绘工作的要求和部署。党中央、国务院关于测绘工作的重要决策和中央领导同志对测绘工作的重要指示批示，为推动测绘事业科学发展提出了要求、指明了方向、明确了目标，是我们的行动纲领和科学指针。测绘宣传工作一定要深刻领会党中央、国务院对测绘工作的要求和部署，准确把握其精神实质和深刻内涵，把中央精神和要求的重大意义、深刻内涵、重点任务宣传到位，重点要宣传好《测绘法》及其配套条例、法规政策，宣传好《国务院关于加强测绘工作的意见》和国务院出台的其他有关测绘的重要文件，宣传好中央领导同志对测绘工作的指示批示精神，引导每一个测绘干部职工积极投身测绘事业，为推动中央决策部署的贯彻落实提供强大精神动力、思想保证和舆论支持。

第三，深入宣传测绘创新思路和重大决策部署。要运用生动翔实的资料，深入宣传测绘发展的伟大成就和宝贵经验，全面展示测绘事业的跨越发展和深刻变化。要大力宣传测绘发展与改革的丰富经验和深刻启示，切实把测绘发展与改革的成功经验、国家测绘局党组的创新思维、新时期测绘发展的战略思想、测绘工作的重大决策部署、测绘创新成果宣传好。要通过开展形式多样的宣传教育活动，组织丰富多彩的宣传报道，进一步推动测绘领域的思想解放，进一步深化测绘领域的改革创新，把测绘宣传打造成为测绘新思想、新思路、新技术、新产品的播种机、扬声器。

第四，深入宣传测绘重点工作和重大进展。测绘宣传工作要始终紧紧围绕测绘中心工作唱响主旋律、打好主动仗，做到工作做到哪里、宣传工作就跟进到哪里。要重点报道西部测图、资源三号卫星、现代测绘基准体系、数字城市、数字省区、地理信息公共服务平台建设等重点工作的进展和成果成效，推进数字中国建设速度大幅提升；要大力宣传监测地理国情、发展地理信息产业的重大意义，推动测绘发展方式改变，促进测绘功能作用延伸；要积极宣传测绘重大科技成果和测绘技术装备更新换代，宣传测绘“走出去”重大举措和成效，为加快建设测绘强国营造舆论氛围；要主动宣传测绘成果和技术应用的新成就新成效，宣传测绘龙头企业和知名产品，为繁荣地理信息产业鸣锣开道；要重点宣传测绘行政管理机构建设和测绘生产组织结构调整，推动测绘管理体制更加适应事业快速发展的需要；要及时报道测绘与地理信息市场监管重大举措和成果成效，普及国家版图基础知识和测绘成果保密法规政策，宣传测绘质量检验测试成效，促进测绘市场更加规范有序。

第五，深入宣传测绘基层和测绘精神。要始终坚持贴近实际、贴近生活、贴近群众，坚持在波澜壮阔的测绘事业实践中汲取时代精神，在干部职工的测绘实践中丰富测绘宣传内容，加大对测绘基层的宣传力度，进一步增强测绘干部职工投身测绘工作的积极性、主动性和创造性。要大力宣传测绘行业涌现出的先进人物和典型事迹，进一步弘扬“热爱祖国、忠诚事业、艰苦奋斗、无私奉献”的测绘精神，把国测一大队等先进集体、先进人物的崇高思想品质转化为全行业的共同精神财富和指导实践、推动工作的强大精神动力。要充分认识我国测绘文化的历史意义和现实价值，进一步加强对新时期测绘文化建设的宣传报道，促进测绘文化的传承和繁荣。

四、进一步提升测绘宣传工作水平

测绘宣传工作具有明显的时代性、政治性。做好新时期测绘宣传工作，要按照新闻传播规律办事，要符合测绘事业发展的时代特征，要用科学的理论来指导，用科学的制度来保障，用科学的方法来推进。借此机会，向全国测绘宣传工作者提几点希望：

第一，要把握测绘宣传规律。要深入研究媒体分众化、对象化的新趋势，积极探索新形势下测绘宣传的内在规律和有效途径，把宣传工作的一般规律与测绘宣传的行业特点有机结合起来，把社会公众的关注点与测绘工作的着力点有机结合起来，把握好舆论引导的时机、节奏和力度，找准测绘宣传的结合点和切入点。

第二，要精心策划重大宣传。要善于跳出测绘看测绘，进一步增强新闻敏感度，强化宣传策划，拓宽宣传视野，挖掘报道深度，切实增强测绘重大宣传的针对性、实效性、吸引力、感染力。要把宣传工作与测绘重点工作同谋划、同部署、同落实、同考核，注重强化工作过程中的资料收集和素材积累，把宣传工作贯穿于重点工作实施的全过程。

第三，要强化舆情监测引导。要高度重视舆情工作，建立健全舆情收集、分析、研判、报告及后续应对与处置等工作机制，做到重大舆情早发现、早报告、早处置。要增强防范和化解舆论危机的意识和能力，提高主动引导舆论、正面引导舆论的能力，最大限度地挤压负面信息的传播空间。在关键时刻、重大问题上要把握话语权、掌握主动权，有力有序有效地引导社会舆论。

第四，要注重发挥网站作用。在继续办好《中国测绘报》、《中国测绘》杂志的同时，要更加注重测绘系统政府网站和公益性地图与地理信息服务网站建设，充分利用网络媒体容量大、时效性强、反应快、传播广、受众多、成本低等优势，突出其宣传功能，强化内容保障，切实把各部门、各单位的网站打造成测绘宣传的重要平台。

第五，要切实做好应急宣传。要进一步完善测绘应急宣传机制，形成响应迅速、渠道畅通、发布主动、声音权威、引导正确的应急宣传机制。要进一步加强对应急宣传的统筹协调，不打乱仗。在应对突发事件时，要在第一时间发布准确、客观的信息，做到在重大问题上不缺位、在关键时刻不失语。

第六，要密切与媒体的联系。要进一步密切与中央及地方主要新闻媒体的关系，争取更大支持，全力配合媒体采访报道。要加强与媒体在地理信息服务方面的合作，促进测绘成果在媒体宣传中的广泛应用。要进一步提升与媒体和记者打交道的能力，切实做到善待媒体、善用媒体，借力推动测绘宣传工作。

同志们，做好新时期测绘宣传工作，使命光荣，责任重大，任务艰巨。让我们以高度的政治责任感、精湛的业务能力和扎实的工作作风，全力做好新时期各项测绘宣传工作，努力开创测绘宣传工作的新局面，为推进测绘事业更好更快发展做出新的更大贡献！

国家测绘局副局长宋超智在注册测绘师资格考试工作会议上的讲话

2010 年 11 月 30 日

同志们：

自2007年《注册测绘师制度暂行规定》颁布以来，在国家测绘局党组的高度重视和正确领导下，在有关部门的密切配合下，各项工作有序开展，稳步推进，取得了很大成绩。今天，我们在厦门召开注册测绘师资格考试工作会议，通报注册测绘师制度建设工作进展情况，统一思想、提高认识、明确任务，全力推进全国首次注册测绘师资格考试工作。现已近年底，各单位工作十分繁忙，大家能够抽出时间来参加这次会议，就充分说明大家对这项工作十分重视和支持。下面，我讲三方面内容，供大家参考。

一、攻坚克难，注册测绘师制度建设取得重要进展

实施注册测绘师制度，是培养测绘专业人才、提高测绘专业技术人员素质、保证测绘成果质量、维护国家和公众利益的重要措施。多年来，在国家测绘局的不懈努力和测绘系统各单位、各部门的密切配合下，注册测绘师制度建设工作取得了阶段性的成果，受到了社会各界的广泛关注。

一是注册测绘师制度建设稳步推进。早在1995年，在我国建立注册测绘师制度的构想就提了出来。2002年，新修订的《测绘法》对建立测绘执业资格制度提出明确要求后，国家测绘局加快了注册测绘师制度建设步伐。2007年，国家测绘局和原人事部联合印发了《注册测绘师制度暂行规定》等三个重要文件，标志着我国注册测绘师执业资格制度建设工作正式启动。这些规章制度的出台，为注册测绘师执业资格考试和管理工作奠定了基础。

二是首批注册测绘师考核认定工作顺利完成。2008年，国家测绘局依据《注册测绘师资格考核认定办法》，开展了首批注册测绘师考核认定工作。在对1400多名申请人员的相关资料进行认真审查的基础上，完成了我国首批633名注册测绘师资格考核认定工作。

三是注册测绘师资格考试有关收费审批工作攻坚成功。在完成注册测绘师资格考核认定工作后，国家测绘局就紧锣密鼓地开展注册测绘师资格考试的相关准备工作。但因2008年国家开展有关收费项目的清理整顿，注册测绘师考试收费的立项审批工作一度陷入停滞。通过国家测绘局人事司、财务司和职业技能鉴定指导中心等相关部门和单位的密切配合，前后历经两年半时间，终于促成财政部和国家发改委于今年7月批准了注册测绘师考试收费项目的立项，核定了收费标准，为首次注册测绘师考试工作铺平了道路。

四是首次注册测绘师资格考试准备工作有序推进。虽然考试收费立项审批工作这两年受阻，但国家测绘局职业技能鉴定指导中心组织开展的注册测绘师资格考试大纲编写和命题工作始终没有停下来。在考试收费立项获得批准后，国家测绘局又与人力资源和社会保障部反复协商、积极争取，首次注册测绘师资格考试时间得以最终落实。注册测绘师资格考试命题工作也已全面展开，各项准备工作紧张有序推进。

二、统一思想，充分认识注册测绘师考试工作的重要意义

注册测绘师考试是我国测绘行业重要的执业资格考试，对培养测绘专业人才、提升测绘专业人员素质、加强测绘统一监管、保证测绘成果质量、推动地理信息产业发展具有重要的保障和推动作用。我们要从促进测绘事业发展的大局和战略高度出发，切实增强做好全国首次注册测绘师资格考试工作的责任感和紧迫感。

（一）注册测绘师资格考试是测绘执业资格制度成败的关键。注册测绘师资格考试作为执业人员进行执业注册、开展执业活动的重要基础，是推动《注册测绘师制度暂行规定》实施的重要环节。考试能否顺利举行，关系到整个执业资格制度的成败。只有认真做好资格考试工作，才能把优秀测绘专业技术人员选拔到注册测绘师队伍中来，才能保障和规范注册测绘师各项执业活动，才能促进注册测绘师各项制度不断发展完善。目前，通过考核认定的注册测绘师数量较少，远远不能满足经济社会发展对高层次测绘人才的需要，也无法发挥测绘执业资格制度的优越性。这就要求我们必须准确把握注册测绘师制度建设的各项要求，加快推进注册测绘师资格考试的进行和注册测绘师制度的实施。

（二）注册测绘师资格考试是加强测绘统一监管的有力抓手。目前，我国现有测绘资质单位近2万家，从业人员40多万人。注册测绘师制度实施后，待注册测绘师达到一定数量，我们就要把测绘单位资质许可和注册测绘师资格有机结合起来。一方面，注册测绘师资格考试标准统一，以注册测绘师资格作为衡量测绘资质单位专业技术人员水平的条件更加合理、公平，有利于统一测绘资质审批标准。另一方面，注册测绘师应受聘于具有测绘资质的单位，这样就通过注册测绘师制度把各级测绘部门对注册测绘师的管理、对测绘单位的管理结合起来，有利于丰富测绘监管和服务手段，提高统一监管水平。

（三）注册测绘师资格考试是保证测绘成果质量的有效手段。测绘成果的质量直接关系到国家主权、安全和民族尊严，关系到政府决策质量和人民群众的切身利益。实施注册测绘师制度，要求注册测绘师必须具备熟悉法律法规、掌握专业知识、处理复杂问题、组织实施测绘项目等执业能力，明确要求关键技术性岗位要由注册测绘师担任，并强调在测绘活动中形成的技术设计和测绘成果质量文件，必须由注册测绘师签字并加盖执业印章后方可生效。这样就把测绘成果质量与注册测绘师的专业素质、执业资格、执业道德和执业责任相结合，强化了注册测绘师的成果质量意识，有利于保障测绘成果的高质量、高水平。

（四）注册测绘师资格考试是参与国际测绘交流合作的必备条件。目前，世界上许多国家诸如英国、美国和澳洲一些国家以及中国香港地区都实施了测绘执业资格制度，在国际测绘项目招标中也把注册测量师的参与作为质量保证体系中的组成部分。如果我国不实施测绘执业资格制度，将不利于我国的测绘单位和测绘人员公平地参与国际竞争，不利于测绘“走出去”战略的实施，不利于获取全球基础地理信息资源，不利于建设测绘强国战略目标的实现。这就要求我们必须加快推进注册测绘师资格考试，加快完善注册测绘师制度，加快培养和形成一支高素质队伍，顺应国际惯例，为我国测绘单位和测绘专业技术人员参与国际测绘交流和国际市场竞争创造条件。

三、精心组织，确保首次注册测绘师资格考试取得成功

这次考试是建国以来测绘行业第一次全国性的大规模考试，可以称得上是测绘行业的“国考”。考试工作政策性强、涉及面广、工作环节多、社会关注度高、保密要求严，不仅是国家测绘局的一项重点工作，也是各省（区、市）测绘行政主管部门的重要工作。各地测绘行政主管部门和有关单位务必要以高度的责任感和使命感，完成好首次注册测绘师资格考试任务。

一是要广泛动员，宣传和解读好考试工作。各地测绘行政部门要充分利用报纸、网络等形式，认真组织开展考试报名宣传工作，宣传好注册测绘师制度的重要意义，解释好首次考试的考试规则，解读好资格考试的考试重点，确保举行首次资格考试的消息能走进每一家测绘资质单位，走进每一位测绘从业人员，确保考试信息公开、考务公正、结果透明。需要强调的是，在宣传中，要讲清楚注册测绘师考试是能力考试，注重考实践、考应用，而不是考书本、考记忆。要积极组织动员符合报考条件的测绘从业人员报名参考，特别是动员实践经验丰富、理论应用能力强的生产技术骨干报名参加考试。在各地考试中心确定了报名时间和地点后，要及时上报国家测绘局职业技能鉴定指导中心，人事司会同职业技能鉴定指导中心把各省的报名时间和地点汇总后要及时在国家测绘局的网站上公布，方便测绘行业技术人员及时了解掌握考试动态。

二是要加强领导，组织好考试工作。工作做得好不好，领导是关键。各省、自治区、直辖市测绘行政主管部门在前期已经做了大量的准备工作。现在临近考试，各省区市更是要科学组织，细化任务，落实责任，强化措施，真抓实干，为考试顺利进行提供有力的组织保证。要细化各项考试工作方案，配备责任心强、熟悉业务的同志专门承办考试组织工作，做到有部署、有落实、有监督。局职业技能鉴定指导中心要加强与人社部考试中心的沟通协调，制定详尽的工作实施方案，认真、细致地做好考试前、考试中和考试后各项工作。

三是要沟通协调，配合好考试工作。注册测绘师资格考试的考务工作是在人力资源和社会保障部考试中心统一组织下，由各省级人力资源和社会保障部门考试中心组织实施的。各省测绘行政主管部门要与本地区人力资源和社会保障部门密切协调，积极配合本地区人力资源和社会保障部门做好考试收费标准的申报审批及考生资格审查等工作。要按照与当地人事考试部门确定的职责分工，共同做好考试报名有关工作。在考试结束后，我们还要组织有关专家参与阅卷和试卷分析，希望有关部门对选调专家参加统一阅卷等工作给予支持。

四是要创造条件，确保考好首次考试。按照规定，考试和培训工作必须分开。目前，社会上有很多机构举办一些注册测绘师资格考前培训班，国家测绘局和局职业技能鉴定指导中心作为组织部门和单位不允许组织考前培训，也不授权任何单位、机构组织考前培训。参与命题的专家和接触过考题的工作人员都已经签订了保密协议，绝不允许他们参与考前培训，也请大家监督。同时，考虑到大多数考生来自基层一线生产单位，确实有考前辅导的实际需求，希望各地测绘部门对符合报名条件的专业技术人员给予关心和支持，为他们报名、复习和考试创造好条件、营造好环境。有条件的单位可以发挥本单位人才优势，围绕考试大纲以适当的方式进行考前辅导，确保首次注册测绘师资格考试考出水平、取得佳绩。

同志们，再有五个多月，首次全国注册测绘师资格考试就将举行。这既是对各级测绘部门组织领导能力的考验，也是促进测绘事业科学发展的机遇。我相信，只要我们齐心协力、共同努力、精心组织、科学筹备，就一定能够完成好首次注册测绘师资格考试工作，推动注册测绘师制度建设取得新发展，不辜负广大测绘职工对我们的期望。

谢谢大家！

国家测绘局副局长闵宜仁在国家地理信息公共服务平台建设试点启动会上的讲话

2010 年 1 月 8 日

今天我们在这里召开国家地理信息公共服务平台（以下简称“平台”）建设试点启动会，主要任务是进一步统一思想、提高认识，明确试点的原则、目标和任务，研究确定各地试点的内容，加快推进平台建设。刚才，国家基础地理信息中心主任李志刚介绍了平台主节点建设进展情况以及工作安排；北京天目创新科技有限公司总裁程晓阳介绍了基于平台的遥感影像数据及服务有关情况；参会的省级测绘行政主管部门介绍了本地平台建设情况，提出了工作中存在的问题以及有关意见和建议。下面，我讲三点意见。

一、充分认识加快平台建设的重要性和紧迫性

建设平台是测绘部门深入贯彻落实科学发展观，服务大局、服务社会、服务民生的一项重要举措。平台既是各级政府及有关部门信息化建设的重要支撑和管理决策的重要工具，也是测绘部门强化政府公共服务职能、提升测绘保障服务水平的基本要求。可以说，建设平台对于强化测绘部门的地位和作用至关重要。

（一）建设平台的重要性

一是有利于转变服务方式。平台建成后，地理信息服务方式将由数据提供转变为在线服务，实现分建共享、协同服务、联动更新。在这里我要强调是：此平台非彼“平台”。原来各地、各部门建了很多地理信息“平台”，这些都是单纯的应用系统。我们所建设的这个平台，是一个分建共享的、在线服务的、多部门共同维护的平台。

二是有利于推进共建共享。平台建成后将把分散在各地、各部门的地理信息数据资源整合为逻辑上集中、物理上分散的、一体化的地理信息资源，成为国家信息化的重要基础设施之一，这必将极大地促进地理信息资源的共建共享。

三是有利于推动广泛应用。平台建成后，将为用户提供高效的地理信息工具，这必将推动地理信息资源的广泛应用。同时，平台还将为一大批企业进行地理信息资源增值服务提供开发环境，这在一定程度上也会促进地理信息产业的发展。

（二）加快建设的紧迫性

一是需求旺盛。通过前不久召开的地理信息资源共建共享座谈会，我们感觉平台在公共安全、防灾救灾、应急保障、资源调查、国防建设、环境监测、重大工程建设等方面有着旺盛的需求，有些部门已经着手建设基于地理信息的应用系统。

二是资源整合。目前，我国地理信息资源是分级管理的，而信息化时代的用户需要打破这个界限、提供“一站式”的地理信息服务。我们只有通过平台的方式整合各级、各部门的地理信息资源，才能更好地为经济社会发展和国防建设提供服务。

三是竞争需要。目前各类商业化的地理信息平台应用越来越多，并且越来越好用，大有超越测绘部门地理信息公共服务的势头。我们只有加快平台建设步伐并大力推动其应用，才能巩固测绘公共服务的地位，发挥其应有作用。

（三）启动试点的必要性

一是推广理念。目前，信息化、网络化、数字化正向纵深发展，互联网与地理信息相互交织，数字地球、智慧地球等理念日益转为应用。开展平台建设试点，必将进一步推广测绘现代技术和生产、服务理念，加快信息化测绘体系建设。

二是解决问题。目前平台在软件、网络、数据、标准等方面还存在一些问题，这都需要通过试点的方式加以解决，并探索建设经验。数字城市地理空间框架建设已有很好的经验，各地应当充分借鉴，以便解决平台建设的实际问题。

三是打好基础。通过试点，我们能够直观展示平台的巨大功效和不可替代的作用，有利于为向国家有关部门申请立项奠定基础。同时，通过试点，也可为将来全面开展平台建设积累经验、夯实基础。

二、平台建设试点的原则、目标和任务

选择试点地区总的原则是：有条件、有需求、有政策。只要符合上述原则，都可以作为平台建设的试点单位。平台试点要按照以下原则、目标和任务展开工作。

（一）试点原则

一是坚持按需测绘的原则。在平台建设和应用过程中，要坚持以用户需求为导向来确定平台功能和服务内容，并在此基础上引导相关部门使用，逐步推广平台。

二是坚持统筹规划的原则。各试点地区在编制平台建设规划和总体方案时，要按照国家总体规划和要求，坚持统筹规划，既要立足当前，又要兼顾长远，保障平台建成后能够上下互通、协同服务。同时，加大对所属信息基地建设的指导和支持力度。

三是坚持统一标准的原则。这一原则非常关键。为确保平台建设的一致性和通用性，我们将考虑设立平台建设的强制性标准和推荐性标准。在平台建设过程中，必须遵循强制性标准，鼓励遵循推荐性标准。采用其他技术标准的，要经平台总体技术组同意。

四是坚持边建边用的原则。平台部分功能建设完成后，各试点地区要及时提供给应急、减灾等有一定合作基础的部门和单位使用，做到边建边用、逐步完善，最大限度地发挥平台的作用。

五是坚持机制创新的原则。各试点地区要打破传统机制束缚，在平台建设过程中大胆去试、大胆创新。在确保国家安全的前提下，只要有利于平台建设和应用的机制就可以探索建立，不必拘泥于现有机制。

（二）试点目标

在现有主节点原型系统的基础上，通过若干个分节点和信息基地的建设试点，进一步完善平台技术设计与规范，探索各级节点互联互通的方法和途径，研究解决平台建设、管理与应用相关问题，搭建标准统一、全国互联互通的“国家地理信息公共服务平台”原型，为下一步全面推进平台建设奠定基础。

（三）试点任务

一是框架数据整合。在现有基础地理信息数据基础上，依据统一的技术标准和规范，制作适用的框架数据，尤其是要制作面向公众的、非涉密的公众版平台数据。同时要加大平台软件测试的力度，进一步完善软件功能。

二是网络环境构建。按照统一的技术标准和规范，依托国家电子政务内、外网物理链路，搭建平台的纵向和横向广域网络，实现主节点、分节点、信息基地三级连通，以保障地理信息网络化在线服务。

三是应用模式示范。在平台的基础上，结合有关部门的需求，开发各类应用系统，做好推广示范。鼓励和引导企业参与平台建设和利用公众版平台提供的公益性服务开发更多的社会化应用。

四是运行机制建立。通过试点，探索平台建设、管理、运行维护、持续更新的有关办法和机制，明确各方责任和义务，保证平台长期稳定运行。

三、几点要求

通过一年的准备和技术试验，目前我们已经具备了加快推进平台建设的良好基础。今年平台建设的主要任务有：一是加快“数字城市”地理空间框架建设，积极推进平台信息基地建设；二是与各省级测绘行政主管部门签订平台共建工作目标责任书，利用平台共享全国测绘系统的基础地理信息数据；三是确定平台建设试点省市，同时开展平台应用部门试点；四是加强技术合作与培训，做好平台建设项目整体启动工作。在此，我就做好平台建设试点工作提几点要求：

（一）加强领导。各试点地区要把平台建设作为一把手工程，纳入到本部门的重点工作中去，切实抓紧抓好。有条件的地区，要在同级人民政府的领导下，成立由多部门组成的平台建设领导机构。山东省在这方面的做法值得大家学习借鉴。山东省成立了以分管副省长为组长的省地理信息公共服务平台建设与应用领导小组，成员由省政府办公厅、发展改革委、财政厅、国土资源厅、经济和信息化委等27个部门的领导担任，领导小组办公室设在省国土资源厅；领导小组明确了各成员单位在平台建设和应用工作中的职责。同时，各地要指导市县级成立相应的平台建设领导机构，保持上下基本对应，以便协调推进平台信息基地建设，确保各节点能够互联互通和协同服务，确保各节点与部门应用之间运行畅通。

（二）加强协调。一是加强与部门之间的协调，建立健全地理信息资源共建共享机制，明确共建共享的内容和方式、责任和义务，实现平台的有效利用和信息的协同更新，确保平台不竭的生命力。二是加强测绘系统内部之间的协调，建立平台建设协商和沟通机制，互相借鉴有关数据处理、技术创新、典型应用、服务机制等方面的经验，实现系统内部数据资源、人力资源的最大化利用，确保平台建设的顺利推进。三是加强地理信息数据保密与公开的协调。要解放思想，创新工作思路，妥善处理好涉密地理信息公开与保密的关系，稳步推出公众版平台服务。国家测绘局解决这个问题的主要思路是：从政策与技术两方面进行研究和突破。在政策方面，将尽快出台遥感影像图公开使用规定，推广应用1:25万公众版地图；在技术方面，将大力推进地理信息要素细化分层方案的研究和编制工作。在此我要强调是，推出公众版平台必须做到三个“到位”：一是管理到位，要进一步提高对保密工作重要性的认识，切实加强管理，确保涉密地理信息数据安全；二是处理到位，对需要公开的地理信息数据要做到严格处理，按保密有关规定不仅要进行空间精度处理，而且要进行内容属性处理；三是审查到位，对经过严格处理拟公开的地理信息数据应当经地方保密、军方、测绘三部门共同审核后，上报国家测绘局（包括工作方案、处理方案），国家测绘局将联合国家保密局、总参测绘局共同审查。

（三）加强整合。在统一技术标准和规范下，加大地理信息资源的整合力度。要充分利用各职能部门提供的交通、水利、地名、境界、土地覆盖等权威、公共信息，采用测绘部门最新、最精确的基础地理信息，确保平台数据真实、可靠、权威、有效。积极依托平台建设领导小组的力量，要求有关部门已经建立的专业信息系统要逐步向平台过渡，正在建设的要积极申请纳入应用示范项目，将要建设的必须采用统一的平台，真正实现“一张图、一个网、一个平台”的总体目标。国家测绘局地理信息与地图司要加强对各试点省级测绘行政主管部门的业务指导，尽快按照工作计划，对各地试点方案进行批复。平台总体技术组要结合国家有关信息化标准规范，加紧试验，广泛征求意见，尽快完善并发布平台建设和应用相关技术标准和规范，以保证平台实现标准化建设和提供有序服务。

（四）加强宣传。各试点地区要充分利用新闻媒体，大力宣传平台建设情况和典型应用，引导有关部门和公众使用平台，不断发挥平台的功能和作用。中国测绘宣传中心、国家测绘局管理信息中心要充分发挥测绘舆论宣传主阵地的作用，在平台建设和应用方面深谋划、多组织、广宣传。同时，国家测绘局将在测绘系统内部宣传交流平台建设和应用的成功经验，促使各地加快平台建设速度，提高建设质量和服务水平；对在平台建设工作中取得显著成绩的单位和个人将给予表彰。

总的来说，今年平台建设任务繁重而且迫切。在此，我希望平台建设参与单位和试点地区创新思维、超常运作、整合资源、加快建设，确保平台建设顺利实施，尽快实现“一张图、一个网、一个平台”的总体目标。

国家测绘局副局长闵宜仁在1:25万公众版地图成果分发及应用培训会议上的讲话

2010年4月8日

同志们：

上午好。非常高兴出席1:25万公众版地图成果分发及应用培训会。首先，我代表国家测绘局对参加会议的各位代表、特别是军队测绘部门的同志表示热烈的欢迎。这次全国各大军区测绘信息中心和有关部门派员参加培训，在测绘业务培训中还是首次，开创了军地双方共同参与业务培训和技术交流的新局面。1:25万公众版地图成果的推出是各方面共同努力的结果，国家保密局、总参测绘局给予了大力支持，中国测绘科学研究院GIS所进行了辛勤的科研工作，湖北省、甘肃省测绘局作为试点，为公众版成果应用做了很多很好地尝试，在此向为1:25万公众版地图成果的研制而付出辛劳的各部门、各单位管理和技术人员表示衷心的感谢。借此机会，我讲两点意见。

一、充分认识推出公众版测绘成果的重要意义

（一）深入贯彻了有关测绘法规规定。《测绘成果管理条例》第十四条规定：县级以上人民政府测绘行政主管部门应当积极推进公众版测绘成果的加工和编制工作，并鼓励公众版测绘成果的开发利用，促进测绘成果的社会化应用。《国务院关于加强测绘工作的意见》中也明确要求：积极稳妥推出公众版地形图，加快公益性地图网站建设。因此，积极推进公众版测绘成果的加工和编制工作、鼓励公众版测绘成果的开发利用、促进测绘成果的社会化应用是测绘部门的重要职责。1:25万公众版地图成果的推出，意味着测绘行政主管部门较好地贯彻了上述法规和指导性文件精神，更好地为经济社会发展和人民生产生活提供地理信息服务的重要载体，对于测绘部门服务大局、服务社会、服务民生和强化政府公共服务职能、提升测绘保障服务水平具有重要意义。

（二）促进了测绘成果社会化应用。随着科技的进步和经济社会的快速发展，各行业各领域都对地理信息提出了更迫切的需求。然而，测绘成果特别是基础测绘成果大多为涉密成果，并且密级普遍较高，应用程度和服务范围不可避免地受到许多限制，制约了地理信息产业的发展。1:25万公众版地图成果的推出，意味着在确保国家信息安全的前提下，可以广泛推广应用基础测绘成果。同时，鼓励企事业单位和个人积极使用公众版测绘成果并进行增值加工。这必将极大地拓宽测绘成果的应用范畴和应用深度，提高测绘部门的公共服务水平，更好地满足国民经济建设和社会发展对基础测绘成果的需要。

（三）妥善处理了保密与应用的关系。保密与应用在目前阶段是测绘部门比较难处理的一个问题。1:25万公众版地图成果的推出，较好地处理了测绘成果保密与应用的辩证关系，既保障了国家安全，又推动了社会化应用，是在现有测绘成果保密制度下的一种技术突破，影响深远。1:25万公众版地图的成功研制，对于地方各级测绘行政主管部门加工和编制公众版测绘成果具有重要的指导和借鉴作用，今后也必将会出现更多、比例尺更大、内容更丰富的测绘公共产品。

（四）充分体现了军地双方的共同愿望。按照《测绘成果管理条例》的有关要求，国家测绘局、国家保密局、总参测绘局共同组织中国测绘科学研究院开始研究编制1:25万公众版地图，在湖北省和甘肃省开展了1:25万公众版地图试点工作，组织编制了《1:25万公众版地图编制技术规范》和《1:25万公众版地图图式》2项技术规范，研发了《地图表达符号库制作软件》、《公众版地图编制出版软件》和《地图保密处理软件》3个软件工具，完成了覆盖全国范围的816幅1:25万公众版地图成果。今年军地联合组织专家对“1:25万公众版地图成果”进行了全面测试和验收。至此，《测绘成果管理条例》施行后的第一个公众版测绘成果正式推出。1:25万公众版地图成果是军地智慧的结晶，符合军地双方的共同愿望，为今后公众版测绘成果的研制、推广和应用奠定了扎实的基础。

二、切实做好1:25万公众版地图成果的推广应用

各省级测绘行政主管部门要站在国家信息化建设和地理信息产业发展全局的高度，以科学发展观为指导，不断提高对公众版测绘成果重要性的认识，加强组织领导，采取有效措施，积极推广应用1:25万公众版地图成果。接下来，技术人员将对地图编制软件及数据规范等做具体的培训。在这里，我提几点要求：

（一）加强统筹协调，抓好组织实施。地理信息与地图司要进一步做好统筹协调，加强监督指导。中国测绘科学研究院要继续做好技术指导、支持和培训以及技术问题的解答和处理。各省级测绘行政主管部门要认真落实国家测绘局的工作部署，精心组织，加强协调，既要加强与部门之间的沟通，积极主动向地方领导机关与政府职能部门提供公益性服务，又要积极开发满足社会需求的公共产品，大力推进基础测绘成果的社会化应用和服务，引导、规范和推动地理信息产业的健康发展。

（二）增强保密意识，强化监督管理。尽管1:25万公众版地图成果是妥善处理保密与应用关系的一个典型，但各级测绘行政主管部门仍要增强保密意识，在确保涉密测绘成果安全、维护国家安全和利益的前提下，积极稳妥地推进测绘成果的应用。在此，我要再次强调，在公开涉密的测绘成果前，必须做到“三个到位”，即保密管理到位、技术处理到位、监督审查到位，确保公开的地理信息和开发的公众版测绘成果符合法律规定和程序要求，不会泄露国家秘密，具有非涉密性。

（三）积极推广应用，完善服务体系。今后，国家测绘局将积极向有关部委、单位和企业提供1:25万公众版地图成果，并鼓励基于此的开发应用，不断拓宽公众版地图的使用广度和深度。同时，将1:25万公众版地图成果应用于国家地理信息公共服务平台公众版建设中，利用公开地理信息资源，构建基于互联网的地图服务网站“数字中国”。在积极推广应用过程中，我们还将研究出台1:25万公众版地图使用管理办法，确定公众版地图的使用范围、申请程序、监督管理等制度。各省级测绘行政主管部门要通过各种方式，积极推广应用1:25万公众版地图成果，建立健全有关管理制度，鼓励公众版测绘成果的开发利用。

（四）加大宣传力度，营造良好氛围。国家测绘局将在《中国测绘报》上刊登专版，对1:25万公众版地图的生产背景、主要用途、监管方式以及今后的计划等进行广泛宣传，为公众版的推广应用创造良好地舆论氛围。各省级测绘行政主管部门要充分利用新闻媒体、会议、展览、汇报、演示等多种方式，大力宣传公众版建设情况和典型应用，不断扩大公众版的影响力，引导有关部门和公众使用，发挥其功能和作用。

同志们，本次培训会议的举办，标志着1:25万公众版地图成果推广应用工作的全面启动。希望大家在接下来的培训中，认真学习、积极思考、深入交流，确保学有所得、学有所悟。同时，按照会议的部署，加强调研、创新思路、狠抓落实，在推广应用1:25万公众版地图成果的同时，根据本地区实际，开发更多更好的公众版测绘产品，为经济社会发展提供更强有力的保障服务和技术支撑。

最后，让我们再次对湖北省测绘局为这次会议的精心安排表示感谢。预祝会议圆满成功，祝大家学习、生活顺利。

谢谢大家！

加强管理　整顿秩序
大力促进导航电子地图产业健康繁荣发展

国家测绘局副局长闵宜仁在导航电子地图数据安全检查情况通报会上的讲话

2010年6月11日

同志们：

当前，我国导航电子地图产业发展形势总体可喜，产业规模和产能产值增长势头迅猛，有的企业已经成功上市，被市场接受、认可，有的企业正在酝酿上市，前景看好。但是，导航电子地图产业发展还存在一些问题，特别是存在一些安全保密隐患，必须引起我们的高度重视。借此机会，我结合本次导航电子地图数据安全检查情况，讲几点意见。

一、关于召开这次会议的背景

国家测绘局召开此次会议的主要目的是针对目前的安全形势，分析存在的主要问题，提出下一步工作要求，为产业的健康快速发展提供更好的服务和保障。

（一）导航电子地图企业生产的数据涉及国家秘密，必须高度重视。测绘工作涉及国家秘密，关系国防安全、领土主权和民族利益。测绘成果与地理信息仍然是国家的战略资源，是国家秘密的重要内容，是境内外敌对势力和国外情报机构的重要情报对象。原始导航电子地图数据成果覆盖范围大、精度高、直接采用国际坐标系统，一旦泄漏，其危害很大，造成的损失很严重。目前，除了测绘事业单位外，在座的导航电子地图企业也可以自行生产和管理全国的涉密地理信息数据，相当于一个很大的测绘生产单位。因此，对于导航电子地图的编制、生产和管理，一定要严格控制，尤其是要对原始涉密数据的提供使用加强管理，严格行政审批，严格掌握数据的去向，外国的组织或者个人是不能涉及的。

（二）境外敌对势力窃密案件时有发生，必须防微杜渐。境外敌对势力或外国情报机构从来就没有停止对我地理信息情报的窃取活动，他们打着各种幌子，采取多种手段，通过非法或者合法途径，获取我重要地理信息。近两年，测绘部门配合国家安全部门、保密部门查处了大量涉密、涉外案件，依法查处、惩治了违法犯罪行为，教训十分深刻。数据安全保密问题是企业不得逾越的“红线”，导航电子地图企业必须时刻抓好安全保密工作，防微杜渐，不可马虎大意。

（三）导航电子地图数据安全保密工作存在问题，不容忽视。在这次检查工作中，有些导航电子地图企业或多或少存在一些问题，比如安全保密制度不健全、管理不规范等，如不认真进行整改，极有可能造成泄密事件。通过刚才大家的发言，我感觉大家对安全保密工作认识是比较到位的，各企业从本单位的实际情况出发建立了相关制度，采取有效措施加强对数据的安全管理，对发现的问题及时进行整改，保证了导航电子地图数据安全、可控。

二、关于数据安全保密工作

（一）党中央、国务院高度重视地理信息安全保密工作。中央领导同志多次就地理信息安全保密问题作出重要批示；《国务院关于加强测绘工作的意见》指出，“确保涉密测绘成果安全，维护国家版图尊严和地图的严肃性，对于维护国家主权、安全和利益至关重要”，明确提出了加强测绘成果管理、地图管理的相关具体要求；中央保密委员会办公室（国家保密局）把测绘保密列入2010年工作要点，作为全国的保密重点来抓，这是以往所没有的。当然，由于现有的保密制度在划密方面比较笼统，这对于测绘成果保密认定还有难度，“度”比较难掌握，这也有待于我们进一步研究探索。

（二）严格执行保密管理制度。各导航电子地图资质单位必须依法采取有力措施，加强本单位涉密测绘成果的保密管理。发现问题，要严肃处理，认真整改。属于泄密问题或者存在失泄密隐患的，要立即采取补救措施并及时报告。国家测绘局在加强安全保密工作方面的思路共12个字，即“管理到位、处理到位、审查到位”。管理到位，就是要进一步提高对保密工作重要性的认识，切实加强管理，保密工作机构、人员、制度、措施、宣传、教育要到位，确保涉密地理信息数据安全；处理到位，就是对需要公开的地理信息数据要做到严格处理，按保密有关规定不仅要进行空间精度处理，而且要进行内容属性处理；审查到位，就是对经过严格处理拟公开的地理信息数据应当依法经测绘行政主管部门审查。前不久奇志通公司就是按照上述要求，编制了大比例尺的《北京地图》，并已通过审查出版。总之，安全保密工作是服务于发展、服务于稳定的。各导航电子地图企业要管好、用好本公司的测绘成果。

（三）切实做好安全保密工作。

一是高度重视，常抓不懈。必须依法设置保密工作机构，指定保密管理人员，明确保密管理责任；必须根据国家保密法律、法规和有关规定，建立健全保密管理制度；加强监督检查和涉密人员的教育培训，应当根据接触、使用、保管涉密测绘成果的人员情况，区分核心、重要和一般涉密人员，实行分类管理，进行岗前涉密资格审查，开展岗位培训，签署保密责任书，加强日常管理和监督，要按照保密检查的各项规定，对本单位各项保密制度落实的情况进行定期或不定期的检查。

二是规范管理，抓好落实。强化单位安全保密措施，包括依法确定涉密测绘成果保密要害部门、部位并加强管理，对涉密计算机信息系统采取安全保密措施，对生产、加工、提供、传递、使用、复制、保存和销毁涉密测绘成果，建立严格登记管理制度，要及时、准确地为测绘活动中产生的涉密测绘成果或衍生产品标明密级和保密期限，涉密测绘成果及其衍生产品，未经国家测绘局批准进行保密技术处理的，不得公开使用，严禁在公共信息网络上登载、发布等；未经依法审批，不得向其他单位，尤其是外国的组织和个人以及在我国注册的外商独资和中外合资、合作企业提供。

三是加大创新，技术防范。各单位要勇于创新，在科学技术上创新，在经营管理上创新，在队伍建设上创新，在服务模式上创新，不断取得突破，不断增强能力、提高水平。要继续坚持服务大局、服务社会、服务民生的宗旨，把握经济社会发展需求，不断加强地理信息资源与互联网、物联网、车载导航、手机定位、电子商务、智能交通以及数码相机、电视、游戏等载体的融合，不断拓展导航电子地图应用领域，大力开发和提供便捷、灵活、适用的电子地图导航产品与服务，显著提高电子地图导航服务能力和水平，让更多的导航产品进入寻常百姓家，为转变经济发展方式提供强有力的测绘保障，让全社会都能享受到测绘发展的丰硕成果。

四是加强沟通，健康发展。各导航电子地图公司要加强与测绘行政主管部门的沟通，及时反馈有关问题，了解最新政策动向。对于企业发展过程中遇到的新情况新问题要及时沟通，比如企业融资、上市过程中，对电子地图数据的管理不能按照企业普通的资产对待，要采取有效有力的措施，确保数据安全，同时，也要加强横向联系，互通有无，优势互补，实现双赢。

三、关于地理信息产业发展

地理信息产业是高速增长的现代服务业，已经成为促进国民经济和社会信息化、推动经济发展方式转变的重要力量，并呈现了无限广阔的美好前景。地理信息起源于测绘，但高于测绘。站在IT行业发展看地理信息产业发展，才能看清楚，把握发展脉络。

（一）认真履行国务院赋予国家测绘局地理信息产业监管职责。党中央、国务院高度重视地理信息产业发展，胡锦涛总书记、温家宝总理、李克强副总理分别对地理信息产业的发展作出重要指示。在新的国家测绘局“三定”规定中，进一步明确了“监督管理地理信息获取与应用”“指导地理信息应用服务”等职能。国务院把地理信息产业管理的职责交给国家测绘局，我们争取管好。前不久，国家测绘局向国务院提交了《关于促进地理信息产业发展的报告》，全面报告了我国地理信息产业的发展现状、存在问题以及下一步工作思路等，进一步理清了国家测绘局推动产业发展的思路。同时，我们也在积极争取更高层面、更多方面对地理信息产业发展的支持。

（二）积极推动地理信息产业园建设。当前，我国已经成为全球汽车、手机和互联网的第一大市场，为地理信息产业带来了极大的发展空间，但与发达国家相比，我国的地理信息产业整体规模还不能与综合国力相匹配，企业规模比较小，还没有形成具备国际竞争实力的龙头企业或企业集团。国家测绘局将推动地理信息产业园区建设，通过政府采购、资源共享、资金引导等方式支持地理信息企业做大做强，推动地理信息产业上规模化、集约化发展。

（三）进一步优化地理信息产业发展环境。在保密政策方面，一是优化非线性保密处理技术，并推广应用；二是研究推出地理信息要素细化分层方案，为地理信息要素的公开使用提供标准和依据；三是积极研究制定遥感影像公开使用管理规定，促进和规范各类遥感影像公开使用活动；四是深入开展政策、技术分析研究，科学合理地确定测绘成果与基础地理信息的保密范围、保密内容和保密等级，加快修订《测绘管理工作国家秘密范围的规定》。在调整测绘市场准入门槛方面，我局已降低互联网地图服务资质门槛，为符合条件的企业颁发了互联网地图服务资质（甲级），为一批互联网地图和地理信息服务网站颁发了审图号。在地理信息市场监管方面，国家测绘局联合有关部门，组织开展了全国性地理信息市场专项整治工作，对互联网地图与地理信息服务进行了规范，促进了公开、公平、公正地理信息市场秩序的形成。

站在党和国家事业的高度、站在转变经济发展方式的角度、站在信息化建设的前沿，需要我们齐心协力，顽强拼搏，勇于创新，我们一定要珍惜目前来之不易的大好局面，继续创造和维护更加完善的安全环境，推进地理信息产业快速健康发展，促进地理信息产业大发展大繁荣，为推动经济社会又好又快发展作出更大贡献。

认真贯彻落实中央反腐倡廉工作部署
扎实推进测绘系统党风廉政建设

国家测绘局党组成员、纪检组长张荣久在全国测绘系统纪检监察工作会议上的讲话

2010 年 3 月 25 日

同志们：

全国测绘系统纪检监察工作会议是今年继全国测绘局长会议召开以来的又一次全系统的重要会议，是贯彻落实全国测绘局长会议精神的重要举措。徐德明同志在全国测绘局长会议上强调指出，测绘系统要树立大局意识，加强统筹协调、上下联动，要抱成一个团、拧成一股绳、握成一个拳、形成一盘棋，增强中国测绘的整体合力。为了切实贯彻落实徐德明同志在局长会上的重要讲话精神，国家局党组纪检组今年将重点做好两件事，一是召开一次测绘系统纪检监察工作会议；二是加大测绘系统纪检监察干部培训力度。全系统的纪检监察工作会议已有多年没开，这次会议是经国家局党组同意召开的，充分体现了国家局党组对纪检监察工作的高度重视，同时，这也是系统各单位特别是纪检监察干部的热切期盼。关于纪检监察干部培训，国家局将积极争取把测绘系统纪检监察干部的培训纳入到中纪委的培训计划当中，年初已根据中纪委培训中心的要求，向系统各单位征集了培训意向，从报送的意向情况看，各单位对培训工作很重视，派人参加培训的热情很高。具体的培训班次、时间、名额，国家局将按照中纪委培训中心通知要求具体组织有关培训工作。

我们今天召开测绘系统纪检监察工作会议，旨在为系统各单位相互交流、互相学习借鉴，深入研讨、共同促进提高创造条件、提供机会。这次会议的主要任务是：贯彻落实党的十七届四中全会、第十七届中央纪委第五次全会和国务院第三次廉政工作会议精神，回顾近年来测绘系统反腐倡廉工作，部署 2010 年党风廉政建设和反腐败工作。国家局党组对这次会议高度重视，徐德明同志亲临会议并发表了重要讲话，对测绘系统贯彻落实十七届四中全会、第十七届中央纪委第五次全会和国务院第三次廉政工作会议精神，加强党的建设和反腐倡廉建设，提高纪检监察工作水平提出明确要求，会后各单位、各部门要认真组织学习，深刻领会，切实抓好贯彻落实。

下面，我向会议作工作报告。

一、回顾近年来的工作，测绘系统党风廉政建设和反腐败工作取得了新的进展

近年来，我国测绘事业发展取得了突出成绩。特别是 2009 年，测绘系统深入学习实践科学发展观，紧密围绕“保增长、保民生、保稳定”大局，坚持“服务大局、服务社会、服务民生”的宗旨，充分发挥测绘“基础先行、服务保障、应急救急、统筹协调、管理监督、维护安全”六大作用，按照测绘事业发展的 48 字总体思路，解放思想，真抓实干，亮点和闪光点不断涌现，测绘工作实现了历史性、根本性的大发展。随着测绘事业的蒸蒸日上，测绘系统反腐倡廉工作也不断取得新进展。

（一）深入学习贯彻党中央国务院关于反腐倡廉建设的决策部署，切实推进测绘系统党风廉政建设和反腐败工作。

第十七届中央纪委第三次、四次全会和国务院廉政工作会议召开后，国家局党组高度重视会议精神的学习贯彻工作，及时召开党组会议和党组扩大会议进行学习传达贯彻，并结合测绘工作实际制定年度党风廉政建设和反腐败工作实施意见，对反腐倡廉建设工作进行责任分解和任务分工。制定印发了《中共国家测绘局党组关于学习贯彻党的十七届四中全会精神的意见》，对加强和改进新时期测绘系统党的建设，特别是反腐倡廉建设进一步细化了任务。及时印发《关于认真学习贯彻落实〈中国共产党巡视工作条例（试行）〉等四个反腐倡廉重要

文件的通知》，对贯彻落实四个反腐倡廉重要文件提出具体要求。各单位按照国家局党组和地方党委政府的统一部署，认真落实反腐倡廉建设工作的各项任务要求，明确年度工作目标、任务，落实责任制，整体推进反腐倡廉教育、制度、监督、改革、纠风、惩治等各项工作，保证了中央决策部署在测绘系统的及时贯彻和落实。

（二）围绕中心工作加强监督检查，有效促进测绘事业快速健康发展。

按照中央的统一部署和要求，国家局党组带头深入开展学习实践科学发展观活动，不断巩固和扩大学习实践活动成果，认真抓好局属各单位、各部门学习实践活动落实情况的监督检查工作。各单位、各部门结合实际，认真部署，扎实开展学习实践活动，进一步增强了党员干部贯彻落实科学发展观的自觉性和坚定性。新疆维吾尔自治区测绘局认真落实科学发展观，从维护民族团结和社会稳定的高度，深入片区与职工群众面对面开展民族团结教育，增强干部职工大局意识，确保全局无一人参与“7·5”乌鲁木齐打砸抢事件和危害社会公共秩序的活动。

认真贯彻中央关于“保增长、保民生、保稳定”的部署要求，加大对贯彻落实《国家测绘局关于为国家扩大内需促进经济增长做好测绘保障服务若干意见》的监督，重点加强对投资安排、项目管理、资金使用、工程质量、实施效果等重要环节的监督检查，有力提升了测绘对经济增长的贡献率。贵州省国土资源厅及时出台了《关于保障扩大内需促进经济平稳较快增长的实施意见》并对实施情况进行监督检查。湖南省国土资源厅联合有关地市政府和部门，加大对新增中央投资项目的检查力度，对改进工作提出整改意见建议，有力促进了中央新增投资项目的落实。

在有关部委和系统各单位的鼎力支持下，国家局仅用8个月就完成了中国测绘创新基地的建设，实现了几代测绘人的夙愿。在创新基地建设过程中，注重对参与建设的领导干部的监督管理，明确提出廉政要求，实现了“大楼快速建起，干部干干净净”的工作目标。认真贯彻落实国务院办公厅关于《国家测绘局主要职责内设机构和人员编制规定》，加强对机构编制管理工作的监督检查，进一步严肃干部人事纪律。人事司和纪检监察室认真开展了《机构编制违纪行为适用〈中国共产党纪律处分条例〉若干问题的解释》和《党政领导干部选拔任用工作监督检查办法》学习研讨活动，有效杜绝了各种徇私舞弊现象的发生，确保了国家局“三定”规定的有效落实。

（三）广泛开展作风建设活动，党员干部党性修养进一步增强。

认真贯彻落实中央纪委《关于认真学习贯彻胡锦涛同志在第十七届中央纪委第三次全会上的重要讲话的通知》精神，着力加强党性修养、树立和弘扬优良作风。各单位、各部门广泛开展学习国测一大队先进事迹活动，大力弘扬“热爱祖国、忠诚事业、艰苦奋斗、无私奉献”的测绘精神，激励广大党员干部特别是党员领导干部牢固树立正确的世界观、人生观、价值观。制定《国家测绘局关于开展“五型机关”创建活动的意见》和工作方案，在国家局机关组织开展学习型、创新型、服务型、务实型、和谐型“五型机关”创建活动，作风建设取得明显成效。制定《国家测绘局关于加强督促检查工作的意见》和《国家测绘局督查检查工作管理办法》，对机关工作效能的督促检查力度不断加强。按照中央的统一部署认真开展“小金库”专项治理工作和贯彻落实厉行节约八项要求专项工作，开展制止公款出国（境）旅游有关活动，通报了有关不法机构组织测绘单位人员公款出国旅游相关情况。黑龙江测绘局、湖北省测绘局、江西省测绘局等扎实开展“干部作风建设年”、“机关效能建设年”等活动。广东省国土资源厅、云南省测绘局等狠抓机关作风建设，组织开展民主评议政风行风活动，机关干部作风明显好转。安徽省国土资源厅、吉林省测绘局、重庆测绘院等坚持走访慰问野外生产一线干部职工，积极为职工办实事、办好事，密切联系群众的作风得到进一步弘扬。

加强思想政治和廉洁从政教育。国家局机关开展以“加强领导干部党性修养，树立和弘扬优良作风”为主题的专题学习教育活动，举办了多场专题学习辅导报告会。坚持示范教育与警示教育相结合，党员干部拒腐防变意识和能力不断增强。陕西测绘局制定了《构建警示训诫防线工作实施办法》，用监督、训诫、纠错、帮助的方法，教育和挽救党员干部。中国地图出版社建立了“纪委书记信箱”举报制度和“纪委廉政谈话制度”，注重发挥信访举报和廉政谈话的监督和教育功能。上海市测绘院等充分利用网络、橱窗、墙报等宣传阵地，大力宣传廉政文化，发送廉政短信提醒，努力营造良好的反腐倡廉舆论氛围。广西壮族自治区测绘局、河南省测绘局等注重加强廉政教育，主要领导带头讲党课、作形势报告，起到了很好的效果。一些单位组织党员干部到设为警示教育基地的监狱参观，通过服刑人员现身说法，收到了触及思想、震撼心灵的教育成效。

（四）加强对权力运行的监督制约，领导干部廉洁从政意识进一步提升。

国家局加大对领导干部在贯彻党的方针政策、理论学习、选人用人、民主作风和廉洁自律等方面的监督。坚决贯彻执行民主集中制原则不走样，修订了《中共国家测绘局党组工作规则》，严格按照集体领导、民主集中、个别酝酿、会议决定的议事规则和程序作决定。加强对民主生活会、述职述廉、诫勉谈话和函询等制度执行情况的检查，印发了《中共国家测绘局党组关于进一步加强和规范党员领导干部民主生活会的意见》，提出了加大对直属单位领导班子和领导干部监督考核力度的具体措施和办法。建立了主要领导和分管领导与下级领导班子“一把手”定期谈心制度和谈话诫勉制度。严格执行党员领导干部报告个人有关事项的规定。注重发挥离退休老同志、民主党派、无党派知识分子建言献策和民主监督作用，建立了定期情况通报制度。组织开展了巡视试点工作，深入了解和掌握被巡视单位贯彻执行党的路线方针政策和廉洁自律等方面的情况，强化对直属单位领导干部监督，取得了预期效果。大力推行社会听证、专家咨询、新闻发布等公开形式，建立了测绘立法专家咨询顾问制度，促进了行政权力运行的公开透明。河北省测绘局制定了《关于对拟提拔党员领导干部实行党纪政纪法规知识考试的意见》，坚持领导干部任前谈话、发诫勉书，建立领导干部廉政档案。福建省测绘局等加强对推荐任免和奖惩实施全程监督，将党风廉政建设责任制考核作为领导干部业绩、奖励惩处、选拔任用的重要依据。一些单位认真开展或配合上级机关开展巡视工作，巡视监督作用得到有效发挥。

（五）深入推进惩防体系建设，治本抓源头工作取得新成效。

国家局继续深入贯彻《建立健全惩治和预防腐败体系 2008－2012 年工作规划》，认真落实《中共国家测绘局党组贯彻落实〈工作规划〉的实施办法》，分解细化年度工作任务，并明确了责任部门和单位。制定了《全国省级测绘行政主管部门贯彻落实科学发展观年度测绘工作考评办法（试行）》，进一步明确了廉政建设方面的考评内容与标准。出台了项目支出预算管理办法、政府采购和国库集中支付管理办法等，财务监管不断强化。配合财政部出台基础测绘、航空摄影、西部测图工程、927 工程专项经费管理办法等，测绘重大项目财务管理得到有效加强。制定了《国家测绘局行政事业单位国有资产管理试行办法》，国有资产管理逐步加强和规范。加强内部审计工作，按照《国家测绘局内部审计工作管理（暂行）办法》的规定，开展了对所属单位一把手离任经济责任的审计工作。深入推进政务公开，进一步完善了主动公开和依申请公开机制，推广测绘行政许可集中受理和在线办理，实现了“外网受理、内网办理、外网反馈”的工作模式，对应急测绘保障等特殊项目的审批，做到特事特办、即理即办。制定了《测绘依法行政考核评价指标体系（试行）》和《测绘行政执法文书制作规范》，依法行政工作深入推进。修订了《测绘资质管理规定》，实行适度宽松的测绘市场准入政策。加快推进数字城市和地理信息公共服务平台建设，开通了全国测绘成果目录服务系统网站，制定了公众版地图编制技术规范，服务大局、服务社会、服务民生的能力水平大幅提升。四川测绘局制定了汶川地震灾后恢复重建测绘专项建设工程项目管理办法和质量管理办法及工程经费管理办法，加大了灾区恢复重建测绘财政资金管理力度。浙江省测绘与地理信息局通过查找岗位廉政风险点，制定防范措施，岗位廉政风险防范专项活动成效显著。江苏省测绘局积极组织和依托测绘行业协会，不断完善测绘诚信体系档案查询系统，测绘市场诚信体系建设有序推进。

（六）认真落实党风廉政建设责任制，纪检监察能力建设不断加强。

国家局党组认真落实党风廉政建设责任制各项任务，将党风廉政建设与业务工作同部署、同落实、同检查、同考核。徐德明同志多次对落实党风廉政建设责任制提出明确要求，突出强调各单位主要负责同志要切实担负起第一责任人的职责。党组纪检组协助局党组及时传达贯彻党中央国务院关于党风廉政建设和反腐败工作的有关精神，细化党风廉政建设的具体目标任务，把党风廉政建设责任制渗透到重点环节、重点部门和重点人员，并定期对所属单位落实党风廉政责任制情况进行监督检查。系统各单位重视党风廉政建设责任制的落实，始终把党风廉政建设同业务工作紧密结合，各项工作扎实推进并取得明显成效。重庆市规划局等坚持定期研究党风廉政建设工作，班子成员认真履行“一岗双责”。山西省测绘局等注重对落实党风廉政建设责任制情况的考核，每年开展对机关及所属单位中层干部执行党风廉政建设责任制、遵守廉洁自律等情况进行测评。青海省测绘局、山东省国土测绘院等结合工作实际，逐级签订党风廉政建设责任书，保证了各项任务落到实处。

按照中央关于加强纪检监察能力建设和提高纪检监察干部队伍素质的要求，国家局党组高度重视培养和提高纪检监察干部队伍素质，积极创造增长才干的条件和机会，不断加强纪检监察干部能力建设。各单位纪检监察部门认真开展以“做党的忠诚卫士，当群众的贴心人”主题实践活动，纪检监察干部的政治意识和责任意识进一步增强，工作作风不断改进。陕西测绘局、宁夏回族自治区测绘局等举办了纪检监察业务培训班，纪检监察干部队伍的综合业务素质和工作水平得到了有效提升。各单位重视发挥纪检监察部门职能，支持纪检监察部门履行职责，帮助解决实际困难，积极为推动反腐倡廉工作创造良好条件。

回顾近年来的工作，我们深刻体会到，要取得反腐倡廉建设工作的新进展，一是必须认真贯彻落实中央的各项方针政策和指示精神；二是必须加强各级党组织对反腐倡廉工作的领导，认真落实党风廉政责任制；三是必须坚持党委统一领导、党政齐抓共管、纪检监察组织协调、部门各负其责的工作机制，形成监督合力；四是必须紧密联系测绘工作实际，围绕中心，服务大局，突出工作重点；五是必须坚持关口前移、注重制度建设、惩防并举、重在预防；六是必须充分发挥纪检监察机构的作用，积极主动地做好各项工作。

在充分肯定成绩的同时，必须清醒地看到，我们的工作与党中央国务院和中央纪委的要求还有一定的差距，还存在一些薄弱环节。主要是：有些党员干部廉洁自律意识和责任观念仍有待加强，对职责范围内的党风廉政建设抓得不够有力；一些重点环节和关键领域监督制度需要完善，执行力有待加强；个别地方和单位违法违纪案件仍有发生，查办案件力度需要进一步加大；一些单位的纪检监察机构尚不健全，人员编制紧张，工作能力有待进一步提高，工作方式需要进一步创新等等。这些问题都需要在今后的工作中认真对待，并切实加以研究解决。

二、扎实做好今年各项工作任务，推动测绘系统党风廉政建设和反腐败工作取得新成效

今年是全面贯彻党的十七届四中全会精神、加强和改进新形势下党的建设的重要一年，各单位要把反腐倡廉建设放在更加突出的位置加以推进。今年工作的总体要求是：全面贯彻党的十七届四中全会、第十七届中央纪委第五次全会精神和国务院第三次廉政工作会议精神，高举中国特色社会主义伟大旗帜，以邓小平理论和“三个代表”重要思想为指导，深入贯彻落实科学发展观，坚持标本兼治、综合治理、惩防并举、注重预防的方针，紧密围绕测绘中心工作，以保证贯彻落实中央重大决策部署和推动落实全国测绘局长会议精神为主线，牢牢抓住领导干部这个重点，紧紧抓住“三重一大”这个关键，以加强制度建设和提高执行力为抓手，进一步完善惩治和预防腐败体系建设，把教育的说服力、制度的约束力、监督的制衡力、改革的推动力、惩治的威慑力有机结合起来，为推动测绘事业更好更快发展提供有力保障。

（一）深入学习贯彻党的十七届四中全会和第十七届中央纪委第五次全会精神。

把思想和行动统一到中央的部署要求上来。各单位、各部门要把深入学习党的十七届四中全会、第十七届中央纪委第五次全会和国务院第三次廉政工作会议精神作为重要政治任务抓好抓实，组织广大党员干部认真学习胡锦涛总书记的重要讲话，深刻领会精神实质，统一思想认识，明确任务要求，深刻认识反腐败斗争的长期性、复杂性、艰巨性。要结合单位、部门实际，提出具体贯彻落实措施，坚定信心，狠抓落实，深入推进党风廉政建设和反腐败工作。要按照党建工作责任制的要求，加强对贯彻落实《中共中央关于加强和改进新形势下党的建设若干重大问题的决定》的监督检查，推进国家局党组《关于学习贯彻党的十七届四中全会精神的意见》各项任务的执行和落实。

加强对贯彻落实党中央国务院关于测绘工作的指示和要求的监督检查。继续推进《国务院关于加强测绘工作的意见》及《全国基础测绘中长期规划纲要》的贯彻落实，深入学习领会中央领导同志对测绘工作的重要指示精神，按照全国测绘局长会议的部署，紧密围绕“五个更加注重”的总体要求，扎实做好全年各项工作。加强对各地区各单位贯彻落实国家局关于构建数字中国、搭建地理信息公共服务平台、改善测绘技术装备、推动地理信息产业发展、提高测绘保障服务水平等政策措施情况的监督检查。进一步整合监督资源，健全监督机制，突出工作重点，确保全国测绘局长会议确定的全年目标任务的顺利完成。

加强对执行政治纪律情况的监督检查。各单位、各部门要充分认识严格遵守和执行政治纪律的重大意义，深刻理解坚决维护党的政治纪律对于维护党的团结统一、保持党的先进性和提高党的执政能力、妥善应对各种风险和挑战的极端重要性。深入开展政治纪律教育，严明党的纪律特别是政治纪律，教育引导党员干部坚定中国特色社会主义信念，自觉做到坚持党的基本理论、基本路线、基本纲领、基本经验不动摇，在思想上行动上始终同党中央保持高度一致。各级领导干部严禁公开发表或散布同中央的决定和党的路线方针政策相违背的言论，必须坚决维护党的集中统一，努力推动和谐测绘建设。

（二）深入推进改革，加快制度创新。

大力推进测绘部门职能转变。继续深化测绘行政审批制度改革，加强测绘统一监管和公共服务职能，健全和完善测绘行政执法责任制。积极促进地方测绘行政管理机构建设，加快推进地方基础测绘管理办法颁布实施。继续规范和减少测绘行政审批事项，巩固和推进测绘行政许可事项在线办理，不断提高服务水平。提高地理信息市场监管能力，维护测绘市场秩序，推进测绘市场信用体系建设，为事业发展创造良好环境。加强对测绘资质的监督管理，适时调整测绘资质政策，促进测绘行业发展，进一步激发地理信息产业活力。

继续深化干部人事制度改革。认真贯彻实施中央《2010－2020年深化干部人事制度改革规划纲要》，以合理配置干部、优化班子结构、增强整体功能为目标，规范干部选拔任用提名制度，建立健全干部选拔任用监督机制、违规用人问题立项督促检查制度和干部选拔任用工作责任追究制度。严格执行党政领导干部选拔任用工作有关规定，匡正选人用人风气，防止和纠正“带病上岗”、“带病提拔”等问题，严厉整治跑官要官、买官卖官、拉票贿选等问题，严肃查处违规违纪用人行为。

进一步建立健全反腐倡廉制度。要以制约和监督权力为核心，落实十七届四中全会《决定》和建立健全惩治和预防腐败体系有关要求，以健全制度并提高执行力为抓手，加强整体规划，抓紧重点突破，切实加强反腐倡廉教育制度建设、监督制度建设、预防制度建设、惩治制度建设，逐步建成内容科学、程序严密、配套完备、有效管用的反腐倡廉制度体系。深入开展制度宣传教育，加强对制度执行情况的监督检查，督促领导干部作执行制度的表率，严肃查处违反制度行为。对现有的制度规定要及时清理，过时的要废止，有缺陷的要修订，需要细化或制定配套措施的要抓紧制定。要认真总结基层鲜活的经验，对切实可行、群众拥护的制度要及时推广实施。

（三）完善运行机制，强化权力运行监督。

加强财政资金监管和内部审计工作。继续完善部门预算管理、国库集中收付、政府采购、工程建设项目招标投标、国有资产管理等制度，严格执行“收支两条线”规定。加大财政资金使用和管理的监管力度，加强预算绩效考评等工作。加强对测绘重大工程项目财政资金使用进行有效跟踪管理和过程监控，确保资金资产安全。规范并严格执行财务会计管理制度，加强日常监督，加强对有关银行账户、发票及专项资金使用情况的监管。认真落实《国家测绘局内部审计工作管理暂行办法》，建立健全内部审计机构，完善相应的工作机制，加大内部审计监督力度，认真对待内部审计提出的意见和建议，并严肃整改。认真执行中央治理“小金库”工作领导小组《关于做好2010年“小金库”治理工作的通知》精神，认真受理“小金库”问题举报事项，严肃处理“小金库”违法违纪行为，完善防治“小金库”长效机制。

积极推进政务公开和办事公开。认真落实《政府信息公开条例》，加强对落实和执行《国家测绘局政务公开规定》情况的监督检查，进一步推进政府信息公开、决策公开、办事公开，广泛接受群众监督。建立健全有关政务公开办法，督促和指导所属单位推行办事公开，保障职工群众的知情权和监督权。继续推进和加强电子政务工作。落实和完善党员群众参与反腐倡廉建设的有关规定，健全网络举报和受理机制，拓宽党员群众参与反腐倡廉工作渠道。健全党内情况通报制度，落实党员的知情权、参与权、选举权、监督权。

加强对权力运行的制约和监督。认真贯彻党内监督条例，加强对单位主要领导干部的监督，探索建立健全决策权、执行权、监督权既相互制约又相互协调的权力结构和运行机制。着力加大对单位建设和发展具有重大影响的事项、重要干部任免、重要项目安排、大额度资金使用事项决定的监督力度，完善“三重一大”事项监督方面的规章制度，对“三重一大”事项的具体内容、决策主体、决策程序、决策执行和决策责任追究等作出明确规定，大力推进决策民主化、科学化、规范化。认真执行党政领导干部问责制，建立健全配套制度。严格执行领导干部述职述廉、诫勉谈话、函询、质询、罢免或撤换等制度。进一步加强和改进巡视工作，加大对巡视发现线索的调查，创新工作方式方法，不断提高巡视工作水平。健全纪检监察、审计配合协调机制，重视对各级领导干部的经济责任审计，加强对财政资金和重大投资项目的审计监督。

（四）切实加强作风建设，进一步密切党群干群关系。

大力弘扬党的优良作风。要充分认识新时期新形势下加强领导干部党性修养、树立和弘扬优良作风的重要性、必要性和紧迫性，大力弘扬密切联系群众之风、求真务实之风、艰苦奋斗之风、批评与自我批评之风，促进党风、政风和行风的好转。加大对作风建设方面存在的突出问题的整顿力度，着力解决领导干部思想作风、学风、工作作风、领导作风和生活作风方面存在的突出问题。加强对作风建设情况的监督检查，引导领导干部保持高尚情操和良好作风，及时发现和纠正少数领导干部在社会交往、休闲娱乐、生活作风方面的不良行为。

加强领导机关和领导干部作风建设。各级领导干部要务必坚持党的群众路线、密切联系群众，坚持定期接访、定期下访，及时处理解决群众反映的突出问题。大力整治文风会风，严格控制会议数量、经费、规模。健全促进科学发展的领导班子和领导干部考核评价机制，加大治懒治庸力度。坚持并完善民主生活会制度，认真开展批评与自我批评，增强党内生活的原则性和实效性。严格执行中央有关厉行节约、制止公款出国（境）旅游、改进公务接待等方面的规定，坚持勤俭节约，防止铺张浪费。国家局机关要继续深入开展“五型机关”创建活动，切实加强作风建设，为测绘系统各单位做好表率。

（五）坚持抓好党性党风党纪教育，加强领导干部廉洁自律。

加强反腐倡廉建设的宣传教育。要以正确履行党和人民赋予的权力为重点，强化党性党风党纪教育，加强对党员干部特别是领导干部的理想信念教育，促进党员干部树立正确的世界观、人生观、价值观和权力观、地位观、利益观，切实做到为民、务实、清廉。认真学习贺国强同志在贯彻落实《廉政准则》电视电话会议上的重要讲话精神，把《廉政准则》的学习宣传教育作为当前反腐倡廉宣传教育工作的重要内容，与学习党章和《党内监督条例（试行）》等其他法规制度相结合，引导党员干部切实增强廉洁从政的自觉性。深入开展岗位廉政教育、警示教育和示范教育，加强对廉洁勤政先进典型的宣传，不断改进教育方式，增强反腐倡廉教育的针对性。加强廉政文化建设，积极弘扬测绘文化，传承测绘精神。

认真贯彻落实领导干部廉洁自律各项规定。严格执行《廉政准则》及其他廉洁自律各项规定，严禁领导干部利用职权和职务上的影响为本人或特定关系人谋取不正当利益，严禁领导干部违反规定为配偶、子女及其他特定关系人在就业、投资入股、经商办企业等方面谋取不正当利益，严禁违反规定私自从事营利性活动，严禁违反规定收送礼金、有价证券、支付凭证，严禁公款或接受与行使职权有关系的单位和个人邀请进行高消费娱乐、健身活动。要认真落实党员领导干部报告个人有关事项制度，把住房、投资、配偶子女从业等情况纳入报告内容。要切实加强监督检查，重视廉洁自律工作，促进领导干部廉洁从政。

（六）加强查办案件工作，坚决惩处违纪违法行为。

高度重视信访举报工作。信访举报工作一头连着群众切身利益以及社会稳定，一头连着案件查办，是纪检监察工作的重要基础，是查办案件的源头，各单位纪检监察部门要切实重视此项工作。要公布举报电话和举报网站，以高度的责任感和敏感性，增强案件线索排查甄别能力，注重发挥信访的线索主渠道作用。注意了解群体访、越级访背后隐藏的问题线索，善于从专项治理自查、“小金库”治理、项目稽查、财政监督、项目审计、执法监察、案件调查、新闻报道、工程质量问题和安全事故中排查案件线索。对有违纪苗头和轻微违纪行为的干部，要早提醒，防止小错酿成大错。对有重大违纪违法案件线索的，要及时立案，严肃查处。同时，要通过核查保护干部，为受到错告诬告的党员干部澄清是非。要充分发挥纪检监察信访举报信息量大、发现问题早的优势，建立健全信访汇集分析机制，发现工作中的薄弱环节，及时堵塞漏洞，从源头上预防和治理腐败问题。

进一步加大查办案件力度。要坚持依纪依法原则，严肃查处滥用职权、贪污贿赂、腐化堕落、失职渎职的案件，严厉惩处利用人事权、行政执法权、行政审批权谋取非法利益的行为。严肃查办严重违反政治纪律和组织人事纪律的案件。继续深入开展商业贿赂专项治理工作，严肃查处发生在测绘经营活动中的不正当交易行为和商业贿赂案件。认真执行中纪委、中组部《关于在查处违反党纪案件中规范和加强组织处理工作的意见（试行）》，严格掌握政策界限和量纪标准，综合运用纪律、行政处分和组织处理等手段，切实加强对党员领导干部的教育、管理和监督。建立健全纪检监察、检察、公安、审计等执法执纪机关之间的情况通报、案件线索移送、案件协查、信息共享机制，形成查办案件的合力。同时，要坚持查办案件与警示教育相结合，通过分析研究违纪群体思想道德变异的深层原因，有针对性地加强对党员干部的教育，争取达到查办一案教育一片的成效。

三、发扬求真务实的作风和奋发有为的精神，切实把反腐倡廉各项任务落到实处

（一）切实加强组织领导，大力推进测绘系统反腐倡廉建设。各单位党委（党组）是反腐倡廉建设的责任主体，要加强对反腐倡廉工作的组织领导，将反腐倡廉工作放到更加重要的位置加以推进，把党风廉政建设和反腐败工作各项任务落到实处。一要认清形势，坚定信心。正确认识党风廉政建设和反腐败斗争形势，以更加坚决的态度、更加有力的措施、更加扎实的工作，坚定不移地推进党风廉政建设和反腐败工作。二要积极进取，无私奉献。要对反腐倡廉建设工作始终保持激昂的热情，坚持真理，弘扬正气。三要调查研究，破解难题。要善于探索研究新形势下反腐倡廉工作的特点和规律，用新的眼光审视工作，用新的观念谋划思路，用发展的思路和改革的办法来解决反腐倡廉工作中遇到的新问题，增强工作的系统性、预见性和创造性。

（二）严格执行党风廉政建设责任制，不断增强推进反腐倡廉建设的整体合力。各单位、各部门党政领导干部要担负起抓党风廉政建设的领导责任，把党风廉政建设和反腐败工作纳入总体工作规划，统筹考虑，协调推进；及时掌握和全面分析管辖范围内的党风廉政建设责任制落实情况，采取有力措施切实解决存在的突出问题；每年要及时向上级党委、纪委专题报告执行党风廉政建设责任制的情况。党政主要负责人要切实履行第一责任人的政治责任，对班子内部和管辖范围内的反腐倡廉建设负总责，切实做到重要工作亲自部署、重大问题亲自过问、重点环节亲自协调、重要案件亲自督办；领导班子其他成员要根据工作分工抓好分管部门和单位的反腐倡廉工作，对职责范围内的党风廉政建设负直接领导责任，履行好“一岗双责”。

（三）加强纪检监察部门自身建设，切实提高工作能力水平。各单位、各部门要充分认识加强纪检监察部门自身建设的重要性，努力建设一支政治坚强、公正廉洁、业务精通、作风优良的纪检监察干部队伍。一要加强组织建设，进一步充实纪检监察队伍力量。选调和充实一批熟悉测绘、法律、审计等知识的干部，加强纪检监察部门与其它部门干部交流力度，改善队伍年龄、知识和专业结构，增强队伍的生机和活力。二要加强作风建设，提高党性修养，牢记宗旨。要恪尽职守、秉公执纪，敢于碰硬；要严于律已，严格执行党员干部廉洁自律有关规定，坚决抵制社会不良风气的影响；要强化纪律意识，严格遵守工作纪律，尤其是保密纪律。三要加强教育培训，提高工作能力水平。创新培训手段，提高培训质量，丰富纪检监察业务知识，增强学习能力、文字能力和工作突破能力，夯实工作基础。同时，希望各单位、各部门主要负责同志继续关心、重视和支持纪检监察工作，在精干效能的基础上配备好纪检监察干部，并为他们的工作、学习和成长创造条件。

同志们，全面贯彻落实党的十七届四中全会和第十七届中央纪委第五次全会精神，纪检监察部门和广大纪检监察干部责任重大，使命光荣。我们要进一步增强政治意识、责任意识、法制意识、创新意识、宗旨意识，恪尽职守、清正廉洁，求真务实、开拓进取，不断开创测绘系统反腐倡廉建设新局面，为推进测绘事业更好更快发展做出新的更大的贡献。

国家测绘局党组成员、纪检组组长张荣久在国家测绘局2010年“小金库”治理工作会议上的讲话

2010年6月1日

同志们：

刚才我们传达了中纪委副书记何勇同志和财政部纪检组长刘建华同志在全国“小金库”治理工作经验交流电视电话会议上的讲话精神。请同志们认真学习领会，并根据《国家测绘局关于做好2010年“小金库”治理工作的通知》（国测财发〔2010〕8号）的要求，做好2010年“小金库”治理工作。下面，我就贯彻落实中央治理“小金库”工作的有关精神，中纪委十七届五次全会和国务院第三次廉政工作会议精神，深入推进我局“小金库”治理工作和党风廉政建设问题讲几点意见。

一、认真总结经验，扎扎实实做好“小金库”治理工作

（一）前一阶段我局“小金库”治理工作情况

自去年4月以来，我局认真落实党中央、国务院和中央纪委等四部门关于全面开展“小金库”治理工作的各项要求，成立了治理“小金库”工作领导小组，按照“动员部署、自查自纠、重点检查、整改落实”四个阶段的工作部署，有序推进“小金库”治理工作。在此基础上，开展了“回头看”和“再回头看”工作，取得了一定成效。通过前一段开展治理工作，基本掌握了我局所属单位“小金库”问题的基本情况，有效地遏制了“小金库”滋生的势头，对保证国有资产安全、规范财政资金使用、完善财会制度、加强党风廉政建设起到了一定的作用。

各单位对“小金库”治理工作的认识不断提高，切实感悟到：做好“小金库”治理工作，一是要坚持党委（党组）的统一领导。只有党委（党组）一班人高度重视，把“小金库”治理工作作为党风廉政建设的一件大事抓紧抓好，建立完善的责任制，层层负责，才能保证“小金库”治理工作落实到位。二是要标本兼治，严查和整改的同时，深挖产生问题的原因，从源头进行治理。三是要狠抓管理、依章建制，从制度建设上杜绝“小金库”产生的环境和条件。

通过前一段的“小金库”治理工作，我们取得了一定的成效，但存在的问题也是相当严重、不可忽视的。

一是部分单位政策把握不严格，组织不得力、治理工作走过场、流于形式。在自查自纠阶段，有的单位和部门未能有效查出“小金库”，而在审计署去年组织开展对我局预算执行审计后，却查出严重的“小金库”的问题，套取资金设立“小金库”的手段和支出用途五花八门，数额巨大。

二是个别单位思想认识不到位，故意瞒报，存在侥幸心理。一些单位不能实事求是清查“小金库”，采取等待观望的态度，试图蒙混过关，直到审计进驻，查出了“小金库”问题。

三是个别单位和项目负责人顶风违纪，在我局根据中央部署全面开展“小金库”治理工作后，不但不对原设立的“小金库”进行自查自纠，还继续设立“小金库”，情节十分严重。

（二）加大治理力度，深入推进2010年“小金库”治理工作

按照中央部署，我局2010年“小金库”治理工作要在整体推进、重点治理上下功夫。整体推进就是继续深入开展推进党政机关和事业单位“小金库”专项治理工作，巩固已取得的成果；同时要突出治理工作重点，切实有效地开展社会团体“小金库”治理工作，以及国有及国有控股企业的“小金库”治理工作，特别是要加强对“零申报”、“零问题”单位的检查，以及有群众举报单位的监督检查。

1. 行政事业单位的“小金库”治理工作要继续深入推进，做好“回头看”工作。重点抓好“五查五看”：一查宣传工作重视程度和宣传措施落实情况，看宣传发动是否到位；二查自查自纠覆盖情况和自查自纠措施落实情况，看自查自纠是否到位；

三查重点检查覆盖情况和重点检查深入情况，看重点检查是否到位和是否有设立新的“小金库”情况；四查严格执法执纪情况和责任人员处理情况，看责任追究是否到位；五查有关问题整改情况和长效机制建设情况，看整改是否到位。

各单位要对已经检查过的单位和部门再进行检查，要加强督促指导、线索核查、检查验收。对自查自纠“零申报”、“再回头看”为“零问题”的单位和部门，还要进行督导检查。对因工作不认真、措施不落实或故意隐瞒的，将严肃查处，对其领导和责任人一律按照中央精神，依据规定追究责任。

各单位要按照《国家测绘局关于做好2010年“小金库”治理工作的通知》要求，在6月底前完成“五查五看”工作，并上报本单位“小金库”治理“回头看”工作总结报告。各单位长效机制建设工作要在9月15日前形成成果，并形成总结报告上报国家局“小金库”治理工作领导小组办公室。

2. 按照中央的统一部署，重点开展对社团机构的“小金库”治理工作和对国有及国有控股企业（事业单位创办）及经济实体的“小金库”治理工作。通过“小金库”专项治理，一是健全社团的管理制度和内控机制，促进社团机构的健康发展；二是加强企业管理，理清企业股权关系，完善企业监事机制，促进企业的健康发展。

这里，我特别要讲一下，局所属事业单位创办企业及经济实体的情况。截止到目前为止，陕西、黑龙江、四川测绘局所属队（院）、重庆院、测绘研究院、地信中心等都有创办的企业和经济实体，有的还办有多个企业实体。这些企业实体既有全资的，也有控股的，还有名义上是单位开办、实际又不控股等多种情况。从我们掌握的情况来看，这些企业实体的经营效益好的不多，部分单位与所办企业之间存在产权不清、事企不分等问题，财务管理混乱的问题十分突出。因此，各单位凡是有创办企业和经济实体的，必须严格按照中央“小金库”治理规定开展治理工作。

对社团和所属事业单位创办企业“小金库”治理工作，我们仍借鉴我局去年对行政事业单位“小金库”治理工作的做法和经验，依照“动员部署、自查自纠、重点检查、整改落实”四个步骤全面细致地开展治理工作。我局将在社团和所属事业单位创办企业自行组织自查自纠工作并上报自查自纠工作报告后，组织重点检查。社团组织和事业单位所属企业负责人要认真抓好本单位“小金库”治理工作。经局“小金库”治理工作领导小组研究决定，社团组织和事业单位所属企业“小金库”治理工作分为四个阶段：一是从6月1日至10日，社团组织和事业单位所属企业要深入做好思想发动、政策宣传、计划制定和组织部署工作；二是从6月11日至6月30日，社团组织和事业单位所属企业进行全面自查，对存在的问题自查自纠，并于7月10日前上报自查自纠报告；三是从7月11日至7月底，由各单位对所属社团组织和所办企业进行重点检查；从8月份开始，局“小金库”治理工作领导小组办公室对社团组织和事业单位所属企业进行重点检查；四是从9月1日到9月30日，各单位对社团组织和事业单位所属企业在治理工作中发现的问题，制定整改措施并抓好落实，做到资金资产处理到位、违纪单位和责任人员处理到位。

二、统一思想，加强领导，建立“小金库”治理工作的长效机制

深入治理“小金库”工作，是贯彻落实科学发展观、推进党风廉政建设的重要举措，也是测绘事业持续健康发展的前提。针对治理工作，各单位要有全局观念，认识要统一，组织要有力，措施要得当。

一要进一步加强学习，端正思想，深刻领会有关政策精神，增强对“小金库”治理工作的政策把握能力，充分认识“小金库”问题的严重危害性和治理工作的极端重要性，进一步增强责任感和紧迫感，把思想认识统一到中央的要求上来。

二要加强“小金库”治理工作的组织领导。各单位要切实负起责任，真正把“小金库”治理工作放在重要位置。单位主要领导要亲自挂帅，亲自督办。各单位“小金库”治理领导机构要精心部署、认真组织、严格督检。要将“小金库”治理工作与规范津贴补贴、推动事业单位改革、国有资产监管、提高财务管理水平等工作结合起来，切实抓好本单位“小金库”治理工作。

三要将“小金库”治理工作抓实抓细。一是自查自纠要全面覆盖，不留死角，特别对单位年度列支的维修费、招待费、办公费、培训费、会议费、课题费以及对单位内部暂存暂付往来挂账问题进行全面清理，确保自查自纠措施有成效；二是各单位要加大重点检查工作的力度，组织力量深入检查，保证重点检查工作无疏漏；三是严格执法执纪，将处理事和处理人相结合，严格执行中央有关“小金库”违纪行为处理文件规定，切实做到追究责任不袒护；四是对于发现的问题要采取措施认真整改，整改措施必须落实到位。

四要建立防治“小金库”长效机制建设。各单位要结合“小金库”治理工作，加强制度建设，从建立健全内部管理制度、规范资金使用、加强监督等方面入手，坚持标本兼治、纠建并举，做到边治理、边建设、边完善。利用出现的“小金库”案例教育、警示各级党员干部，增强廉政反腐的意识和法纪观念。要在“小金库”治理工作中，结合发现的管理和制度方面的问题和漏洞，加紧完善各项制度，细化各项规章，并完善内控和监督机制，强化执行财务会计管理制度力度，进一步深化和巩固治理成果。

三、高度重视，认真做好审计整改落实工作

各单位要结合本次审计有关情况，认真总结经验教训，研究加强内部管理工作。在审计报告下达之后，要认真整改本单位存在的问题。此次没有被审计的单位，要引以为戒，认真查找本单位是否存在类似问题。目前，首先要做的工作是，陕西、黑龙江、四川测绘局要按照《审计署关于国家测绘局所属单位套取资金发放职工福利问题的审计移送处理书》的要求，依纪依法对有关责任人进行处理，并将处理结果报告国家局。各单位要以此为契机，将这次审计整改意见的落实过程，作为一次对党员、领导干部依法行政、遵纪守法、依法依纪办事的教育过程；学习《中国共产党党员领导干部廉洁从政若干准则》和《财政违法行为处罚处分条例》的过程。各单位要从廉洁从政意识、依法行政观念、完善制度建设、加强监督制约等方面入手，深入剖析形成问题的根本原因，特别是专项治理所发现的“小金库”问题的形成原因，完善有关规章制度和内控机制。

同志们，抓好“小金库”治理工作是贯彻落实党风廉政建设责任制的重要内容，也是领导干部认真履行《中国共产党党员领导干部廉洁从政若干准则》的重要职责。治理“小金库”工作任务艰巨、责任重大，各单位的党政主要领导干部要切实担负起领导职责，明确责任分工、狠抓落实，确保我局2010年“小金库”治理工作落到实处。

国家测绘局党组成员、纪检组组长张荣久在国家测绘局直属单位离退休干部工作会暨年度统计培训班上的讲话

2010年12月9日

同志们：

近年来，我局离退休干部工作在局党组的正确领导下，在局领导的关心和各单位党组（党委）的精心指导下，取得了较好成绩。各级领导牢固树立政治上尊重老干部、思想上关心老干部、生活上照顾老干部的工作理念，狠抓政策落实，狠抓工作落实，真正做到了单位领导重视到位、老干部政策执行到位、老干部作用发挥到位、老干部活动组织到位。国家局党组对离退休干部工作是放心的，广大离退休干部也是基本满意的。在此，我代表局党组、代表徐德明局长，向辛勤的离退休干部工作者表示慰问和感谢，也通过大家向各单位离退休干部表示慰问和敬意。

下面，就如何抓好今后的离退休干部工作讲三点意见：

一、树立大局意识，增强做好离退休干部工作的责任感和使命感

胡锦涛同志在党的十七大报告中强调，要“全面做好离退休干部工作”。这是党中央对老干部工作提出的新的更高的要求，为在新的历史条件下进一步开创老干部工作新局面指明了方向。老干部工作不是大局却影响大局，不是中心却牵动中心。我们要把离退休干部工作放在测绘工作的大局中去谋划、去考虑，在任何时候、任何情况下，我们都不能忘记他们的历史功绩和巨大贡献，他们为党和测绘事业奋斗了一辈子、奉献了一辈子、劳累了一辈子，第一位的就是要让他们保持身心健康，安度晚年，益寿延年。广大离退休干部是党和人民事业的功臣，理应受到我们的尊重和爱戴，理应得到更多的关心和照顾。各单位要从讲政治、顾大局的高度，

充分认识做好离退休干部工作的极端重要性，按照政治上尊重、思想上关心、生活上照顾、精神上关怀的要求，进一步增强做好离退休干部工作的光荣感、使命感和责任感，发自内心地热爱离退休干部，发自内心地热爱离退休干部工作，尽心竭力为离退休干部服务，想他们之所想，急他们之所急，办他们之所需，解他们之所难，为离退休干部过一个幸福、安宁的晚年创造良好条件。

二、坚持改革创新，切实抓好上级精神的贯彻和工作任务的落实

中组部李源潮部长强调，“老干部工作是我们党的组织工作、干部工作的一个重要方面。我们要深刻认识到，重视老干部工作就是重视组织工作、重视干部工作，尊重老干部就是尊重我们党的历史、尊重我们革命的成果。决不能把这项政治性非常强的工作当作一般性的工作来处理。各级党委要加强对老干部工作的领导，落实好老干部的政策和待遇，保证离休干部‘两费’的落实和‘三个机制’的有效运转”。按照这个要求，各单位党组（党委）、离退休干部工作部门要本着对党的事业负责、对离退休干部负责的态度，认真贯彻落实关于离退休干部的各项政策和待遇，使他们过一个幸福、安宁的晚年，为科学发展营造和谐稳定的社会环境。凡在生活待遇方面，有政策规定的，要严格按照政策来执行；政策没有规定的，能够照顾解决的，可以创造性地执行政策。离退休干部的今天，就是我们的明天；尊重离退休干部，就是尊重我们自己；做离退休干部工作，就是做我们自己的工作。各级领导干部要密切联系离退休干部，对离退休干部有利的事要尽快办、不过夜，对离退休干部的意见要认真研究。要常怀尊老之心，恪守敬老之责，多办利老之事，对离退休干部要高看一眼，厚爱一分。使他们老有所养、老有所医、老有所教、老有所学、老有所乐、老有所为。

三、切实加强领导，努力开创离退休干部工作新局面

离退休干部工作是党和政府的一项重要工作，具有很强的政治性、政策性。各单位要把离退休干部工作作为大事来抓。要自觉地把离退休干部工作摆到重要位置，纳入议事日程，对工作中的重点、难点问题，及时研究解决。主要领导要对离退休干部工作负总责，经常过问和研究这项工作；分管领导要管具体、管到位，对工作中的突出矛盾和问题，要亲自研究解决。

各单位有关部门，要在党组（党委）的领导下，各司其职，各尽其责，相互支持，密切配合，形成齐抓共管、共同参与、协调一致的工作格局。离退休干部工作部门要不断研究新情况，解决新问题，围绕深化服务工作、建立帮扶机制、完善医药费保障机制、加强离退休干部“两项建设”、退休干部服务管理等方面深入开展调查研究，特别是要加强新形势下离退休干部新情况、新问题的研究，为领导决策当好参谋。

要进一步加强离退休干部工作队伍的思想政治建设和业务能力建设。要深入学习贯彻党的十七届五中全会精神，巩固深入学习实践科学发展观活动和“讲党性、重品行、作表率”活动成果，深入推进创先争优活动，努力建设一支政治坚定、业务精通、作风优良的过硬队伍。要深怀感情、主动服务、创新求实、锐意进取、团结和谐、淡泊名利、甘于奉献，做到让党放心、让老干部满意。

各单位党组（党委）和组织部门要关心离退休干部工作队伍建设，关心离退休干部工作机构的设置、人员配备，从政治上、生活上关心离退休干部工作人员，千方百计解决他们在工作、学习和生活中遇到的实际困难，为离退休干部工作队伍健康成长创造条件，使这支队伍保持生机和活力。

同志们，做好新时期离退休干部工作意义重大，任务艰巨。我们要以党的十七届五中全会精神为指导，结合即将召开的全国测绘局长会议和中组部全国老干部局长会议精神，扎实工作，努力开创我局离退休干部工作新局面。

重要会议

全国测绘局长会议

会议名称：全国测绘局长会议

主办单位：国家测绘局

时间：2010 年 1 月 24 日 ~25 日

地点：北京

参加人员：国土资源部部长、党组书记，国家土地总督察徐绍史，国家测绘局局长、党组书记徐德明，国土资源部党组成员、办公厅主任冀文林，国家测绘局副局长、党组副书记王春峰，国家测绘局副局长、党组成员李维森、宋超智、闵宜仁，国家测绘局党组成员、纪检组组长张荣久，国家测绘局党组成员、办公室主任吴兆琪，国家测绘局总工程师胥燕婴，国家测绘局原主要领导陈邦柱、陈俊勇出席会议。中央纪委、中组部、中宣部、中编办、国务院办公厅、国家发展和改革委、科技部、工业与信息化部、财政部、国土资源部、审计署、国务院法制办、国防科工局、国家保密局、总参测绘局等中央国务院部委和军队的有关部门负责人，各省、自治区、直辖市测绘行政主管部门主要负责人，计划单列市测绘行政主管部门主要负责人，新疆生产建设兵团测绘主管部门主要负责人，国家测绘局所属单位主要负责人及局机关各司（室）主要负责人，测绘学会、协会主要负责人以及部分测绘企业单位主要负责人参加会议。

议题（主要内容）：全面贯彻党的十七大和十七届三中、四中全会精神，以邓小平理论和“三个代表”重要思想为指导，深入贯彻落实科学发展观，按照党中央、国务院的总体部署，总结 2009 年全国测绘工作，研究部署测绘 2010 年和今后一个时期的主要工作任务，推动全国测绘事业又好又快发展。

全国测绘系统纪检监察工作会议

会议名称：全国测绘系统纪检监察工作会议

主办单位：国家测绘局

时间：2010 年 3 月 25 日 ~26 日

地点：长沙

参加人员：国家测绘局党组书记、局长徐德明，湖南省委常委、纪委书记许云昭，中央纪委四室纪检监察专员刘钧，国家测绘局党组成员、纪检组组长张荣久，国家测绘局党组成员、办公室主任吴兆琪出席会议。各省、自治区、直辖市、计划单列市测绘行政主管部门主管纪检监察工作的负责人，新疆生产建设兵团测绘主管部门主管纪检监察工作的负责人，国家测绘局局属各单位主管纪检监察工作的负责人以及局机关各司（室）主要负责人参加会议。

议题（主要内容）：深入贯彻落实十七届四中全会、中央纪委五次全会精神，总结交流近年来测绘系统反腐倡廉建设工作的实践经验，研究和部署当前和今后一个时期测绘系统党风廉政建设和反腐败工作。

“十二五”规划编制工作会议

会议名称：“十二五”规划编制工作会议

主办单位：国家测绘局

时间：2010年5月6日~7日

地点：海南省琼海市

参加人员：国家测绘局党组副书记、副局长王春峰，各省、自治区、直辖市、计划单列市测绘行政主管部门有关负责人，国家测绘局在京直属单位和局机关有关司（室）负责人参加会议。

议题（主要内容）：全面总结“十一五”以来测绘规划工作所取得的主要成绩以及存在的问题，并就如何做好测绘发展“十二五”规划编制下一阶段工作，推动测绘事业快速、可持续发展进行深入交流。

全国地理信息市场专项整治工作总结暨表彰电视电话会议

会议名称：全国地理信息市场专项整治工作总结暨表彰电视电话会议

主办单位：国家测绘局

时间：2010年5月18日

地点：北京

参加人员：全国地理信息市场专项整治工作领导小组组长、国土资源部副部长、国家测绘局局长徐德明，国家安全部副部长邱进，工商总局副局长钟攸平，新闻出版总署副署长孙寿山，国家保密局副局长梁建生，总参测绘局副局长范艺华，全国地理信息市场专项整治工作领导小组办公室主任、国家测绘局副局长宋超智出席，全国地理信息市场专项整治工作领导小组及办公室组成人员，各部门有关司（局）负责人，地理信息市场专项整治先进集体和先进个人代表，国家测绘局各司（室）负责人，国家测绘局在京所属单位领导，北京市规划委员会及有关部门负责人，在京部分地理信息从业单位负责人在北京主会场参加会议。各省、自治区、直辖市、计划单列市测绘行政主管部门，工业和信息化主管部门，通信管理局，国家安全厅（局），工商行政管理局，新闻出版局，保密局，军区、军兵种测绘主管部门领导及有关处（室）负责人，以及各省地理信息市场专项整治先进集体和先进个人代表，各省会城市地理信息市场专项整治工作领导小组办公室全体成员，新疆生产建设兵团测绘行政主管部门负责人和部分市县级有关部门的负责人在各省（区、市）分会场参加会议。

议题（主要内容）：总结全国地理信息市场专项整治工作成效和经验，表彰先进集体和先进个人，就巩固专项整治成果、建立长效机制等工作做出部署，并向先进集体和先进个人代表颁发了奖牌和证书。

国家地理信息公共服务平台建设工作会议

会议名称：国家地理信息公共服务平台建设工作会议

主办单位：国家测绘局

时间：2010年6月18日~19日

地点：北京

参加人员：国土资源部副部长、国家测绘局局长徐德明，国家测绘局副局长闵宜仁出席会议。各省、自治区、直辖市测绘行政主管部门负责平台建设的分管领导，相关业务处（室）负责人或承担平台建设的地理信息中心（档案馆）负责人参加会议。

议题（主要内容）：开通公众版国家地理信息

公共服务平台——“天地图”（测试版）；交流平台分节点建设和应用经验，围绕加快平台建设提出意见和建议；研究确定贯彻落实平台共建工作目标责任书的具体问题。

全国测绘局长座谈会

会议名称：全国测绘局长座谈会

主办单位：国家测绘局

时间：2010 年 7 月 7 日 ~8 日

地点：呼和浩特

参加人员：国家测绘局党组书记、局长徐德明，内蒙古自治区副主席赵双连，国家测绘局党组副书记、副局长王春峰，国家测绘局党组成员、副局长李维森、闵宜仁，党组成员、纪检组组长张荣久，国家测绘局党组成员、办公室主任吴兆琪出席会议。各省、自治区、直辖市、计划单列市测绘行政主管部门和国家测绘局所属各单位、机关各司（室）负责人参加会议。

议题（主要内容）：深入贯彻党的十七大，十七届三中、四中全会和中央经济工作会议精神，以科学发展观为指导，全面推进全国测绘局长会议精神的落实，总结上半年工作，交流典型经验，研究存在问题，部署下半年重点任务，推动全年工作落实。

国家测绘局、总参测绘局局长级工作会商

会议名称：国家测绘局、总参测绘局局长级工作会商

主办单位：国家测绘局、总参测绘局

时间：2010 年 7 月 28 日

地点：北京

参加人员：国家测绘局局长徐德明，总参测绘局局长袁树友，两局司（处）以上领导共 20 人参加会议。

议题（主要内容）：国家测绘局局长徐德明和总参测绘局局长袁树友分别通报了上半年工作情况，并就协调开展军地测绘建设发展规划、统一军地测绘标准、完善军地测绘成果共享机制、起草测绘成果共享法规、测绘市场整顿、网上地理信息监管、开通“天地图”网站等方面进行会商，达成了共识。双方签署了《国家测绘局、总参测绘局局长级会商纪要》。

全国测绘援疆工作座谈会

会议名称：全国测绘援疆工作座谈会

主办单位：国家测绘局

时间：2010 年 8 月 18 日 ~19 日

地点：乌鲁木齐

参加人员：国土资源部副部长、国家测绘局局长徐德明，新疆维吾尔自治区党委常委努尔兰·阿不都满金，国家测绘局副局长王春峰、李维森出席会议。全国各省、自治区、直辖市、计划单列市测绘行政主管部门、新疆生产建设兵团测绘主管部门负责人，国家测绘局所属单位和局机关各司（室）负责人，部分测绘与地理信息企业负责人，以及新疆维吾尔自治区发展和改革委、财政厅、人事厅等有关部门负责人参加会议。

议题（主要内容）：深入贯彻新时期中央关于新疆工作的战略部署，全面实施《国家测绘局关于加强测绘援疆工作的意见》，号召测绘学校、行业各单位支援新疆测绘工作，为实现新疆跨越式发展和长治久安提供有力的测绘保障。

全国测绘宣传工作会议

会议名称：全国测绘宣传工作会议

主办单位：国家测绘局

时间：2010 年 10 月 26 日

地点：杭州

参加人员：各省、自治区、直辖市测绘行政主管部门分管宣传工作的负责人和承办处（室）负责人，计划单列市测绘行政主管部门、新疆生产建设兵团测绘主管部门、国家测绘局所属各单位及机关各司（室）的有关负责人，全国测绘宣传工作突出贡献奖获得者、全国测绘宣传工作先进个人代表参加会议。

议题（主要内容）：认真贯彻落实李长春等中央领导对加强测绘宣传工作的有关指示和全国宣传部长会议、全国宣传部长座谈会议精神，全面总结 2006 年以来测绘宣传工作成绩，分析当前测绘宣传工作面临的新形势、新任务，研究部署今后一个时期测绘宣传工作重点任务。

全国测绘科技与外事工作会议

会议名称：全国测绘科技与外事工作会议

主办单位：国家测绘局

时间：2010 年 11 月 10 日 ~11 日

地点：深圳

参加人员：国家测绘局副局长李维森，国家测绘局总工程师胥燕婴，深圳市政府副秘书长黄锦奎，各省、自治区、直辖市、计划单列市测绘行政主管部门、新疆生产建设兵团测绘主管部门分管科技、标准、外事工作的领导及相关处（室）负责人，国家测绘局所属有关单位负责人，武汉大学分管测绘科技、标准、外事工作的领导及相关部门负责人，国家测绘局机关各司（室）、局所属重点实验室及工程中心以及有关测绘与地理信息高新企业负责人参加会议。

议题主要内容：总结“十一五”测绘科技和外事工作成绩，分析测绘科技与外事工作面临的机遇和挑战，明确提出“十二五”测绘科技与外事工作思路和目标任务。国家测绘局副局长李维森作题为《强化科技创新 深化国际合作 加大标准统筹 引领和支撑测绘事业与地理信息产业又好又快发展》的工作报告。

中共国家测绘局党组务虚会

会议名称：中共国家测绘局党组务虚会

主办单位：国家测绘局

时间：2010 年 11 月 25 日 ~26 日

地点：北京

参加人员：国家测绘局总工程师胥燕婴，机关各司（室）、局直属单位主要负责人，部分省级测绘行政主管部门主要负责人参加会议。

议题（主要内容）：学习贯彻党的十七届五中全会精神，围绕 2009 年测绘工作评价、未来测绘工作发展形势、现存主要问题、2011 年工作如何开展等问题，进行深入探讨，形成共识，明确了思路和方向。

纪念陈外欧同志诞辰100周年座谈会

会议名称：纪念陈外欧同志诞辰100周年座谈会

主办单位：国家测绘局、总参测绘局

时间：2010年12月24日

地点：北京

参加人员：国家测绘局、总参测绘局领导班子成员，两局原局领导，国家测绘局总工程师胥燕婴，两局机关及所属单位代表，两局离退休干部代表，解放军信息工程大学代表，陈外欧家属及家乡代表，陈外欧老领导、老战友及老战友亲属代表，两局青年测绘工作者代表等共200多人参加会议。

议题（主要内容）：纪念国家测绘局、总参测绘局首任局长陈外欧诞辰100周年，追思陈外欧的历史功绩，促进测绘事业取得新发展。

全国测绘局长会议

会议名称：全国测绘局长会议

主办单位：国家测绘局

时间：2010年12月25日～26日

地点：北京

参加人员：国土资源部部长、党组书记、国家土地总督察徐绍史，人力资源和社会保障部副部长杨士秋，国家测绘局领导班子成员、局总工程师和国家测绘局原主要领导参加会议，中央纪委、中组部、中宣部，国务院办公厅、国家发展和改革委、科技部、工业与信息化部、民政部、财政部、人力资源和社会保障部、国土资源部、交通运输部、审计署，国务院机关事务管理局、国务院法制办、国防科工局、国家保密局、总参测绘局等部委有关负责人出席会议。各省、自治区、直辖市、计划单列市测绘行政主管部门主要负责人及新疆生产建设兵团测绘主管部门主要负责人，国家测绘局所属各单位、机关各司（室）主要负责人，测绘相关学会和协会负责人，全国地理信息标准化技术委员会、国际摄影测量与遥感学会秘书处主要负责人，部分测绘单位主要负责人，全国测绘系统先进集体和先进工作者代表，郑州测绘学校负责人以及国家地理信息科技产业园首批入园企业主要负责人，国家测绘局机关干部职工参加会议。

议题（主要内容）：深入学习贯彻党的十七届五中全会精神和中央经济工作会议精神，认真落实《中共中央关于制定国民经济和社会发展第十二个五年规划的建议》，总结“十一五”测绘工作，研究部署“十二五”测绘工作任务，明确2011年测绘工作重点。

重大事件

军事测绘部门为上海世博会提供安保测绘导航保障

2010年3月～10月，根据上海世博安保联合指挥部要求，全军有关测绘部队承担上海世博会安保测绘导航保障任务。南京军区测绘部队制作了上海世博会安保专题图5幅及指挥用图、汇报用图；开发了“上海世博安保地理信息系统”，标绘世博会用图70幅，累计喷图500平方米；培训北斗导航定位装备应用骨干50人。海军出版社紧急编制世博安保指挥用图1套5幅、水下目标扫测专用图1套4幅、世博安保专用航海图1套9幅和工作用图1幅。空军测绘部队为上海世博会空中行动指挥所制作了世博会安保指挥所需的有关专题图，并组织完成航空图保障。

中国人民解放军标准时间发播

根据总参谋部命令，2010年4月29日16时00分00秒，中国人民解放军标准时间通过北斗卫星导航系统成功发播并正式启用。各军区、军兵种报告接收正常，使用正常。监测数据显示，军用标准时间发播成功，时间稳定可靠。副总参谋长章沁生中将出席发播仪式并讲话。总部机关，军区、军兵种，国家部委和科研院所的100多名代表出席发播仪式。

《互联网地图服务专业标准》颁布实施

2010年5月10日，国家测绘局颁布实施《互联网地图服务专业标准》，并依据该标准颁发互联网地图服务甲级测绘资质证书，建立互联网地图服务市场准入制度。至年底，已审批包括百度、新浪、腾讯、搜狗等知名互联网公司在内的近百家互联网地图服务资质单位。

纪念新中国军事测绘60周年系列活动

2010年5月11日，新中国军事测绘60周年回顾展望暨先进模范表彰大会在总参测绘局举行。副总参谋长章沁生中将接见会议代表并讲话，总参谋长助理戚建国少将宣读了总参谋长陈炳德上将发来的贺信。外交部部长助理程国平，国土资源部副部长、国家测绘局局长徐德明分别致贺词。总参测绘局局长袁树友少将作《继往开来，阔步前进，在新的起点上推动军事测绘导航科学发展》的工作报告。中央军委、四总部、国家有关部委和企业集团，各军区、军兵种测绘导航业务主管部门，全军团以上测绘导航部队领导和先进模范代表参加会议。5月9日～12日，总参测绘局先后组织了有孙家栋、叶叔华、陈俊勇、沈荣骏、高俊等军内外29名院士参加的院士座谈会，以及学术研讨会、老干部座谈会、庆祝新中国军事测绘60周年文艺演出等活动。

中国人民解放军测绘史馆开馆

2010年5月11日，中国人民解放军测绘史馆在北京落成并开馆。副总参谋长章沁生中将、总参谋长助理戚建国少将为史馆揭幕。该馆展览面积2280平方米，由前厅、序厅——中国古近代军事测绘、革命战争年代军事测绘、新中国成立到改革开放时期军事测绘、改革开放以来的军事测绘5个部分及演播厅组成。展览简述了中国军事测绘起源和灿烂文明，展示了中国人民解放军测绘事业的创业史、奋斗史和发展史，体现了“讲述再现历史、彰显地位作用、颂扬丰功伟绩、昭示传承后人”的主题。

《经天纬地铸辉煌——新中国军事测绘 60 年》大型纪念画册出版

2010 年 5 月，由总参测绘局组织编制的《经天纬地铸辉煌——新中国军事测绘 60 年》大型纪念画册，在新中国军事测绘 60 周年之际出版。该画册分为关怀鼓励、创业开拓、战场建设、北斗导航、科技创新、履行使命、教育训练、交流合作、测绘兵风采 9 大部分，收录了 1200 幅历史照片和近 40 万的文字记述，集中反映了我军测绘事业的历史进程、辉煌成就和军事测绘文化。

测绘援疆工作

2010 年，国家测绘局组织开展形式广泛、内容丰富、成效显著的援疆工作。8 月 18 日 ~ 19 日，召开全国测绘援疆工作座谈会，全面部署和开展全国对口援疆测绘保障与服务工作，提出了援疆 10 项措施，组织了资金、人才、影像数据、仪器设备、软件系统等多种方式的捐赠活动。全年捐赠的款物价值约 1.7 亿元。组织编写了《新疆跨越式发展和长治久安测绘保障工程》项目建议书并上报财政部；组织起草了《国家测绘局关于加强测绘援疆工作的意见》，明确了测绘援疆工作的目标任务。

“和平使命 -2010” 演习军事测绘导航保障

2010 年 9 月 9 日 ~ 25 日，“和平使命 - 2010” 演习在哈萨克斯坦举行。总参测绘局组织北京军区测绘部队等单位全程参与，先后投入作业人员 40 人，完成演习专用地图翻译与数字化、实时影像地图获取与制作、北斗定位服务以及指挥演练三维推演等保障任务，为演习提供了精确的测绘信息和可靠的技术支持，探索了境外联演测绘导航保障新模式。

“天地图” 网站开通

2010 年 10 月 18 日，中国区域内数据资源最全的地理信息服务网站——公众版国家地理信息公共服务平台“天地图”（www. tianditu. cn）正式上线，标志着中国拥有了权威的地图服务网站。国内外舆论普遍认为，这意味着中国向掌握互联网地理信息服务主导权迈出重要步伐，有利于降低公众对“谷歌地球”等国外地理信息服务网站的依赖，对于维护国家安全和利益有着重大意义。

国际测绘技术与设备博览会首次举办“中国日”活动

2010 年 10 月，第 16 届国际测绘技术与设备博览会（INTERGEO 2010）在德国科隆举行。此次博览会首次单独设立中国展区，并将10月6日定为“中国日”，活动日主题为“中国测绘走向世界，合作共创美好未来”。国土资源部副部长、国家测绘局局长徐德明率团出席中国日活动，并在当天举办的中国测绘发展论坛上发表了题为《加强测绘国际合作，促进地理信息产业发展》的讲话。20多家国内优秀测绘与地理信息产业单位统一参展，并与国外企业签署了多项合作协议。

国际测绘技术与设备博览会是展示测绘高新技术、设备、软件产品和地理信息应用成果的重要国际展会之一，代表着测绘与地理信息技术和产业发展的国际最高水平，在国际测绘领域具有广泛的影响。

国家地理信息科技产业园奠基

2010年11月28日，总占地面积约1000亩、总投资额150亿元的国家地理信息科技产业园在北京奠基。这是国家测绘局和北京市政府联合组建的首个国家级地理信息科技产业园。产业园的总体目标是：在产业核心技术领域取得突破性进展，产业规模效益明显，形成特色鲜明、创新能力强、产业配套完备、具有强劲国际竞争力、产值超过100亿元的国家级地理信息科技产业基地。

军地测绘部门提供应急测绘保障服务

2010年，地方测绘部门为玉树地震抢险救灾提供灾区各类地图6363套（幅）、基础地理信息数据约1098GB。为舟曲特大泥石流灾害提供灾区地形图、行政区划图、高分辨率灾前灾后影像地图等测绘成果845套（幅）、基础地理信息数据251GB，并研建了灾区三维地理信息系统。云南、广西、吉林、陕西、福建、四川、海南、广东等地的测绘部门为吉林、江西、福建、陕西、四川、海南、广东等地抗旱救灾、抗洪抢险、灾后重建提供了及时有力的测绘保障服务。

总参测绘局组织有关测绘部队为青海玉树抗震救灾提供应急测绘导航保障，提供地形图、影像图、专题图共2.65万张，数字地图100套850GB，各类图册100册；制作灾区震前、震后7种比例尺航空、航天影像图52幅，抗震救灾专题图21幅，青海省地图5类共100套；为兰州、成都军区执行任务部队增配北斗用户机350台和部分绘图仪、图架，并开通玉树抗震救灾网络地理信息服务系统。为应对舟曲泥石流灾害提供应急测绘保障，组织总参某信息技术总站，兰州、成都军区测绘信息中心完成彩色影像扫描126片，数字空三加密112片，拼合灾区影像图5幅，三维景观制作36平方千米；完成灾区150平方千米的正射影像图、14幅影像挂图和791片像片制作；制作各类专题图36幅，标绘各类要图48幅。

地方测绘管理机构建设

2010年，地方测绘管理机构建设取得重大进展。浙江省测绘局更名为测绘与地理信息局，提升了规格，强化了职能，为全国测绘管理体制建设树立了榜样。海南省机构编制委员会办公室等部门联合发文，对市、县测绘管理机构、主要职责和人员编制作出明确规定，海南省全部市县设立了测绘局。山东省临沂市及其下辖的9县3区全部设立了测绘与地理信息局。

国家测绘局评出首批测绘科技领军人才

2010年，山东科技大学测绘科学与工程学院院长卢秀山、国家基础地理信息中心总工程师陈军、中国测绘科学研究院地图学与地理信息系统研究所所长李成名、武汉大学测绘学院院长李建成、中国测绘科学研究院院长张继贤、国家测绘局大地测量数据处理中心主任郭春喜、武汉大学测绘与遥感信息工程国家重点实验室主任龚健雅7人当选国家测绘局首批测绘科技领军人才。国家测绘局党组决定，设立科技资助专项资金，按照每人50万元的标准对测绘科技领军人才予以资助。

数字城市建设试点和推广城市达130个

国家测绘局大力加快构建数字中国的步伐，在全国各省级测绘主管部门和城市人民政府的配合下，数字城市建设初见成效。截至2010年底，数字城市建设试点和推广城市已达130个，近60个城市的数字城市基本建成，成果在30多个领域、众多专业部门以及人民群众生活中得到广泛应用。

无人机航摄系统推广应用

2010年，除上海、辽宁、内蒙古外，全国测绘系统30个省级测绘单位共配备70多架无人机航摄系统。无人机低空遥感技术在新农村建设、小面积快速更新等方面作用突出，在青海玉树、江西抚州、贵州关岭、甘肃舟曲、四川绵竹、云南怒江、海南岛等地发生重大自然灾害时，成功快速获取了灾区高分辨率影像数据，为突发事件应急处置和抢险救灾提供了有力支持，为灾情分析、评估和指挥救援发挥了重要作用。

国家测绘局创先争优活动取得阶段性成果

2010年，国家测绘局党组认真研究制定创先争优活动方案，先后召开动员大会和深入推进动员会进行部署，开展调研指导，并通过抓主要领导、抓公开承诺、抓基层支部，形成领导、党员、支部、单位相互联动、彼此促进的争创格局，取得显著成效。全国各地测绘部门相继开展形式多样、内容丰富的创先争优活动，成效显著。中央组织部副部长李建华对国家测绘局创先争优活动给予高度评价，认为国家测绘局的创先争优活动思想重视，行动有力，有活力、有成效、有特点，较好地贯彻落实了中央关于创先争优活动的各项要求，取得了阶段性成果。

测绘管理工作

政策研究

调查研究

2010年，国家测绘局党组结合测绘工作面临的形势，围绕测绘改革与发展的重大问题，确定13个调研课题，并确定促进测绘成果应用 推动地理信息产业发展、测绘发展“十二五”规划及发展战略研究、测绘科技创新与成果转化机制建设、地图管理立法调研、科学界定涉密地理信息 确保国家安全和建设协调发展、落实“三重一大”科学决策有关情况、机关服务大局服务社会服务民生等7个重点课题由局领导带队开展调研。各调研组进行了认真深入的调研，形成了一批有较高质量的调研报告。

重点政策研究

【《中国地理信息应用报告（2010）》】

为全面反映近年来我国地理信息应用进展及取得的成果，国家测绘局组织编写了《中国地理信息应用报告（2010）》。这是第二部测绘蓝皮书，该书以地理信息应用为主题，对近年来我国地理信息应用的进展、取得的成果以及存在的问题等进行系统整理和深入分析，并对国际地理信息应用有关情况作了介绍，对推动我国地理信息产业的加速发展具有重要意义。

【军地测绘战略合作研究】

为贯彻落实党中央关于军民融合发展的重要战略部署，统筹经济建设和国防建设，坚持走军民融合式发展道路，国家测绘局和总参测绘局系统总结了军地测绘合作取得的成绩及存在的问题，分析了国外军地测绘机构在地理信息资源建设与应用等方面的职责分工和协作机制，明确了军民融合大背景下推进军地测绘融合发展的指导思想和主要任务。

【“十二五”测绘发展规划编制研究】

国家测绘局对“十二五”期间测绘面临的形势进行深入分析，形成“构造数字中国，监测地理国情，发展壮大产业，建设测绘强国”的总体战略，研究提出了发展目标、主要任务和重大项目，完成《全国基础测绘中长期规划纲要》中期评估工作，完成《全国基础测绘“十二五”规划》和《测绘发展“十二五”总体规划纲要》的起草工作，为把握发展机遇，促进测绘事业新发展打下了良好基础。

【测绘“走出去”战略研究】

为促进我国地理信息产业的发展，国家测绘局采取多种方式进行调研，了解我国地理信息产业单位“走出去”现状和存在的主要问题，分析地理信息产业单位对“走出去”的政策需求，提出了推动我国地理信息产业参与国际竞争的政策措施，完成《国家测绘局关于加快实施测绘“走出去”战略的若干意见》的起草工作。

测绘发展研究

2010年，国家测绘局指导测绘发展战略研究课题组积极开展测绘总体战略研究，成立9个专题组，组成包括大学、科研机构、企事业单位等20多家机构共100多人的研究团队，邀请国家发展和改革委、工业和信息化部、公安部、民政部、中国科学院、中国工程院、武汉大学以及军队测绘部门的专家组成专家咨询委员会，召开专题报告会、阶段成果评估会、研讨会和集中讨论会等会议，形成《测绘发展战略研究趋势与需求分析》、《测绘强国指标体系研究》等研究成果，研究工作已基本完成，《测绘发展战略研究报告》原则上通过了国家可持续发展国土资源战略研究指导小组审议会的审议。

1月11日，测绘发展战略研究课题组在北京召开测绘发展战略研究专题报告暨研讨会，邀请工业和信息化部、国防科工局、国家海洋局、总参测绘局、中国科学院等有关部门和单位的专家做形势报告；对各专题组的大纲细目进行分组研讨，明确了各专题研究的重点内容、主要任务、政策措施等。5月21日，课题组召开测绘发展战略研究阶段成果评估会，听取测绘发展战略研究7个专题组的阶段性研究成果汇报。8月，各专题组形成了初步研究成果。课题组进行汇总整理后，通过书面方式征求地方测绘部门、局直属单位和机关各司（室）的意见，经反复修改，形成了研究报告初稿。9月26日，课题组召开测绘发展战略研究专家咨询会，向专家咨询委员会汇报了测绘发展战略研究成果。10月形成《测绘发展战略研究报告》（汇报稿）。

法制建设

测绘立法

【测绘法修订研究】

国家测绘局配合全国人大环境与资源保护委员会开展《中华人民共和国测绘法》（以下简称《测绘法》）修订议案办理的有关工作。协助召开专家座谈会和部门论证会，起草并向环资委报送了《测绘法》修订条文草案及说明。按照环资委要求，准备了修正《测绘法》必要性说明、测绘局落实中央领导指示开展工作情况、地理信息概念内涵等相关背景材料和违法案例等，对全国人大环境与资源保护委员会提出的修正草案反馈了意见。

【地图管理条例立法】

《中华人民共和国地图编制出版管理条例》的修订列入2010年国务院立法计划，国家测绘局配合国务院法制办开展该条例的修订工作。4月，国家测绘局邀请国务院法制办副主任郜风涛赴中国地图出版社开展立法调研。6月，按照国务院法制办的要求，国家测绘局对条例进行修改，充实了互联网地图管理的内容，并向国务院重新上报条例。7月，配合国务院法制办完成征求意见工作。9月，配合国务院法制办召开了条例修改会，对收到的反馈意见和条例的有关重要问题进行研究。10月，整理归纳并向国务院法制办提交了条例立法的相关背景资料。

【局内立法工作】

国家测绘局印发《国家测绘局2010年立法工作计划》，提出17项立法工作项目，要求各承办司（室）严格立法程序，提高立法质量。年内，起草并印发《测绘产品质量监督抽检管理办法（试行）》、《测绘行政审批程序规定》、《国家测绘局行政复议和行政应诉办法》、《国家测绘局领导干部经济责任审计工作管理暂行办法》等重要规范性文件。

【部门规章和规范性文件清理】

按照国务院部署，国家测绘局开展测绘部门规章和规范性文件清理工作，制定印发《关于印发测绘规章规范性文件清理工作实施方案的通知》，成立规章清理工作领导小组，组织清理工作培训。共完成343件规范性文件的清理，提出了清理建议并报国土资源部。其中，《颁发全国各省、自治区、地质局测量队执行测量工作的几项具体规定》等106件规范性文件被废止；《关于恢复内蒙古自治区原有行政区划后有关省（区）界线画法、测绘生产计划及测绘资料交接的通知》等36件规范性文件宣布失效；《关于颁发〈测绘成图、成果资料实行部分收费的试行办法〉的通知》等201件规范性文件继续有效。11月，国土资源部以第50号令发布《关于修改〈测绘行政处罚程序规定〉的决定》，以第51号令发布《关于废止〈国家测绘地理信息数据使用许可管理规定〉的决定》。

依法行政

【贯彻落实全国依法行政工作会议精神】

8 月，国务院召开全国依法行政工作会议。会后，国家测绘局党组召开中心组专题学习会，认真学习温家宝总理重要讲话和会议精神，并就贯彻落实重要讲话和会议精神提出具体要求，对今后的依法行政工作作出部署。为深入传达会议精神，国家测绘局举办依法行政专题讲座，邀请武汉大学法学教授周叶中为机关工作人员作“推进测绘依法行政努力实现建设法治政府目标”的讲座。

【开展测绘系统依法行政考核】

国家测绘局印发《测绘系统依法行政考核工作方案》，部署全国测绘系统依法行政考核工作，省级测绘行政主管部门对推进依法行政工作情况进行了自查自评，并向国家测绘局提交了依法行政工作总结报告。

【开展行政审批清理工作】

国家测绘局对行政审批制度改革工作部际联席会议办公室提出的拟取消局职业技能鉴定站审批的意见进行研究，报送了建议和相关材料，该审批得到保留。对局承担的行政审批的变化情况进行了统计，并向行政审批制度改革工作部际联席会议办公室报送了统计结果。

【修订测绘行政审批程序规定】

为进一步规范行政审批行为，国家测绘局对测绘行政审批程序规定进行了制修订。修订了《甲级测绘资质审批程序规定》、《测绘计量检定人员资格审批程序规定》、《国家永久性测量标志拆迁审批程序规定》、《国家涉密基础测绘成果资料提供使用审批程序规定》、《地图审核程序规定》、《对外提供我国涉密测绘成果审批程序规定》，制定了《外国的组织或者个人来华从事测绘活动审批程序规定》，印发了《关于印发甲级测绘资质审批程序规定等 10 项行政审批程序规定的通知》。

【地方测绘行政管理机构建设】

8 月，国家测绘局副局长宋超智率队赴浙江、海南开展测绘行政管理体制专题调研，分析提出完善全国测绘行政管理体制的调研报告。9 月，国家测绘局配合中央机构编制委员会办公室提出答复全国政协十一届三次会议《关于完善地方测绘行政管理体制的提案》的会办意见。

行政执法

【测绘行政执法】

国家测绘局加强对测绘行政执法工作的监督和指导，印发《关于 2009 年十大测绘违法典型案件的通报》和《2009 年测绘行政执法情况通报》，召开测绘行政执法情况新闻通气会，通过新闻媒体对典型案例进行宣传，引起社会的广泛关注。2009 年，各级测绘行政主管部门共开展测绘行政执法检查 4650 次，开展重大专项执法行动 903 项，立案调查违法案件 1058 件，做出行政处罚案件 168 件，测绘行政执法力度进一步增强。

【测绘违法案件查处】

国家测绘局结合地理信息市场专项整治工作，密切配合国家安全、保密等部门及相关省级测绘主管部门，指导中石油地理信息系统项目地理信息泄密、月光论坛网站泄露军事秘密、德国英华威公司非法持有涉密测绘成果等重大案件的查处工作，受到了中央领导的重视并做出相应批示。

【测绘行政执法制度建设】

国家测绘局开展《测绘行政执法案卷评查办法》和《优秀测绘行政执法案件评选及奖励办法》的制订工作，研究建立执法案卷评查和优秀执法案件评选奖励制度。

【测绘执法案件联合表彰】

国家测绘局与国家安全部共同开展优秀涉外测绘执法案件评选表彰活动，联合召开涉外测绘执法工作座谈会，对评选出的 10 个优秀涉外测绘执法案件进行了表彰，来自 10 个地区的 40 多名执法人员参加座谈。

【地方管理干部和测绘行政执法培训】

国家测绘局举办 3 期地方测绘行政管理干部培训班，来自全国各地约 400 多名学员参加培训考核。举办 1 期测绘行政执法人员培训班，近 200 名学员参加培训考核。

法制宣传

【测绘法制宣传教育工作要点】

国家测绘局印发《2010 年测绘系统法制宣传教育工作要点》，明确年度普法工作重点和主要内容，提出明确要求，对全国测绘系统的法制宣传教育工作做出具体部署。

【“8·29”全国测绘法宣传日活动】

为动员社会各界广泛参与全国测绘法宣传日活动，6月，国家测绘局开展了2010年全国测绘法宣传日主题口号、公益短信、主题宣传画有奖征集活动。活动共收到稿件1000多份，经组委会评议，评选出2010年全国测绘法宣传日主题口号11条，公益短信6条，主题宣传画1幅，提高了测绘普法的社会参与度。

8月29日，国家测绘局与江西省政府在南昌联合举办主题为“推进数字城市建设，提升测绘公共服务水平”的测绘法宣传日主场活动，国家测绘局局长徐德明和江西省委有关领导出席活动，约1000人参加主场活动。宣传日当天，协调移动、电信、联通三大电信运营商发送测绘法宣传公益短信，组织新华社等多家新闻媒体对主场活动进行了集中报道，12家互联网站全文转载了徐德明的署名文章。活动促进了测绘法律法规的普及，扩大了测绘工作的社会影响。

【“苍穹数码杯”有奖征文】

为有效开展测绘普法工作，国家测绘局组织“苍穹数码杯”测绘行业学法用法有奖征文活动，共收到来自29个省、自治区、直辖市的征文249篇，评选出一等奖1名，二等奖6名，三等奖10名，优秀奖20名。

【参与2010年百家网站法律知识竞赛】

国家测绘局政府网站作为百家支持网站之一参与了由司法部、国务院新闻办、全国普法办联合主办的“2010年百家网站法律知识竞赛”活动，在网站首页设置了竞赛标识及链接，充分发挥了互联网在法制宣传教育中的独特优势，提高了测绘系统广大干部职工的法律意识。

【测绘系统“五五”普法工作】

2010年是“五五”普法的检查验收年，国家测绘局印发《关于做好全国测绘系统“五五”普法总结表彰暨经验交流会有关准备工作的通知》和《关于推荐和评选测绘系统“五五”普法工作先进单位和个人的通知》，向全国普法办报送了《测绘系统“五五”普法工作总结和“六五”普法工作思路》。

国家测绘局启动了测绘系统“六五”普法规划研究编制工作，提出工作方案，组成编制起草小组，拟定编制大纲，开展相关调研、起草等工作，召开论证会，形成了测绘系统“六五”普法规划草案。

规划与计划

“十一五”规划实施

“十一五”期间，我国基础测绘工作取得显著进展，为基础测绘进一步发展奠定了坚实的基础。

【测绘基准现代化建设】

卫星定位连续运行参考站建设逐步推开。国家大地控制网的布设方式发生根本性变化，从原有的天文大地测量方式布网全面转变为使用全球导航卫星系统（GNSS）技术布网。2000国家大地坐标系正式启用，推广应用取得初步成效。

【基础地理信息资源体系建设】

国家1:5万基础地理信息实现对陆地国土的全覆盖，现势性提高到2005年以后。1:1万基础地理信息覆盖约462万平方千米陆地国土。卫星遥感影像和国家基础航空摄影覆盖范围继续扩大。全国1:5万、1:25万、1:100万基础地理信息数据库全面建成并实现更新；31个省、自治区、直辖市全部启动1:1万基础地理信息数据库建设，其中11个省（区、市）已经建成。大部分城市启动了1:2000或更大比例尺的数据库建设。全国结构完整的基础地理信息资源体系初步形成。

【探索现代化测绘公共服务模式】

国家测绘局开通并试运行公众版国家地理信息公共服务平台“天地图”。建成开通“1+31”全国测绘成果目录服务系统，建设“国家动态地图网”、“影像中国”共享服务平台，开展政务版地理信息公共服务平台建设试点，“数字城市”建设取得较大进展。应急测绘保障服务机制趋于成熟。

【基础测绘装备建设】

资源三号卫星进入研制阶段。以无人机航空摄影装备为代表的地理信息航空遥感获取能力建设开始起步。“国家基础测绘设施项目”所形成的地理信息数据处理能力继续发挥作用。国家测绘成果档案存储与服务设施项目顺利实施，为实现测绘成果档案存储管理设施的全面现代化奠定基础。

“十二五”规划预研

国家测绘局积极推进规划编制工作，建立起由国家测绘局牵头，国家发展和改革委、民政部、财政部、国土资源部、交通部、水利部、国防科工局、总参测绘局等8部门参加的全国基础测绘“十二五”规划编制工作部门协调机制，并于3月召开第一次联席会议，审议通过并印发《全国基础测绘“十二五”规划编制工作方案》，为规划的审批发布奠定基础。

成立了规划编制起草小组，召开全国测绘发展“十二五”规划编制工作会议，完成《测绘发展“十二五”规划指标体系》的编制并印发各地填报。完成《全国基础测绘“十二五”规划》（讨论稿），征求局在京所属有关单位和局各司（室）意见，多次召开专家讨论会进行研讨，并对规划文本进行修改和完善。年底前，形成征求意见稿，印发各地测绘部门征求意见。

向国家发展和改革委提出将“全国基础测绘中长期规划修编（2013－2020）”作为“十二五”期间报国务院审批的专项规划的建议，已征得国家发展和改革委同意，纳入到《“十二五”期间报国务院审批的专项规划整体预案》中。同时，向国家发展和改革委报送了《拟纳入国家“十二五”规划〈纲要〉的测绘重要指标及相关内容》。

基础测绘管理

基础测绘项目管理

【基础测绘计划】

2010年，国家基础测绘项目建设投入经费1.7亿元；基础测绘生产安排延续性项目5个；基础研究及技术试验安排延续性项目5个；标准与质量安排新增项目1个，延续性项目1个；成果应用安排新增项目1个，延续性项目4个。组织有关部门和专家对项目设计书进行严格评审，保证了项目的技术设计质量。

为做好2011年国家基础测绘项目计划编制工作，国家测绘局分别于7月、11月下发《关于开展2011年国家基础测绘项目“一上”计划编报工作的函》、《关于做好2011年国家基础测绘项目“二上”计划分解工作的函》，要求项目牵头单位与承担单位加强沟通协调，做好项目申报书、可行性研究报告及预算编报工作，明确2011年任务目标，为2011年国家基础测绘项目计划正式下达做好准备。

【基础测绘项目实施检查】

为加强对基础测绘项目实施的监督管理，国家测绘局向各项目实施单位下发《关于开展2010年国家基础测绘项目中期检查工作的函》，要求各单位按照2010年项目年度计划的相关要求，对项目实施情况开展自查工作。9月，国家测绘局对陕西测绘局、黑龙江测绘局、四川测绘局、海南测绘局、重庆测绘院、国家基础地理信息中心、中国测绘科学研究院进行现场检查，听取项目整体进展情况汇报，检查阶段成果，研究解决组织实施、计划执行、质量控制、经费支出等环节存在的问题，推进国家基础测绘项目的顺利开展。

【国家基础测绘项目计划管理系统研究】

2010年，国家测绘局开展国家基础测绘项目计划管理系统前期研究工作。根据国家相关法律法规要求，对基础测绘项目从立项、计划编制、相关技术设计的要求、审批程序、过程的监督检查和相应处理措施、项目验收及成果归档等方面进行调研，研究项目库建设、项目立项、申报评审、业务财务审核、预算编制、预算执行、监督管理等功能的实现方法，以便进一步做好基础测绘项目的管理工作。

测绘基准管理

国家测绘局组织完成国家现代测绘基准体系建设项目的初步设计编写和上报工作。同时，为做好项目全面启动的准备工作，组织局直属单位开展了15省市国家一等水准网踏勘和埋石工作。

基础航空摄影与卫星影像获取

【规章制度建设】

2010年，国家测绘局组织编制了《国家基础航空摄影“十二五”规划》。批复北京星天地科技有限公司高分辨率航空摄影试点方案，扩大了高分辨率航空摄影试点范围，提高了影像获取能力，保障了“数字城市”建设的顺利开展。

【国家基础航空摄影】

2010年，国家测绘局组织完成国家基础航空摄影、“927”工程航空摄影及卫星遥感影像资料订购、数字省区地理空间框架建设航空影像的政府采购招投标工作。

国家测绘局编制下达2010年国家基础航空摄影计划，新增合同面积36万平方千米。获取约55万平方千米航空影像资料，订购各类分辨率卫星影像数据约56万平方千米，结算经费约7700万元，较好地完成了年度工作目标。

国家测绘局组织实施西部测图工程、“927”工程、数字省区建设等重大测绘工程项目的影像获取工作。西部测图工程通过政府采购签订机载雷达影像获取及信号预处理合同，面积18.1万平方千米，订购了多种分辨率卫星影像约24.6万平方千米，完成西部21个县城的高分辨率航空摄影获取和约80%的机载雷达影像数据，获取卫星遥感影像18万平方千米，该工程影像获取全年经费结算2398万元。“927”工程通过政府采购下达渤海湾地区13950平方千米的航空摄影项目，订购卫星影像约140万平方千米，实际完成约80%的航空摄影项目，获取卫星影像数据58万平方千米，该工程影像获取全年经费结算1941万元。通过政府采购完成海南国际旅游岛数字地理空间框架建设影像获取项目，包括全岛3.4万平方千米0.2米分辨率数码航空影像获取及正射影像图制作，海口等20个市县城区0.1米分辨率数码航空影像获取及正射影像图制作和海口等地200平方千米三维立体模型数据，中标合同金额1500万元。

2010年，国家测绘局下达3期高分辨率航空摄影计划，包括41个市（区、县）30768平方千米的高分辨率航空影像获取工作。其中，20个城市已完成航摄，获取约1.5万平方千米的城市高分辨率航空影像，为数字城市建设提供保障。

国家测绘局大力推广无人机低空遥感技术，为新农村建设、青海玉树地震、江西抚州溃堤、甘肃舟曲泥石流等重大自然灾害快速获取灾区高分辨率影像数据，对灾情分析、评估和指挥救援等发挥了重要作用。积极推进航空摄影新技术的应用，在航空摄影、外业控制测量困难地区有针对性地安排IMU/GPS辅助航空摄影项目，逐步推广数码航摄，积极探索航摄困难地区获取影像的新手段，为航空影像获取能力和测绘生产效率、效益的不断提高奠定基础。

安全生产管理

2010年，国家测绘局认真贯彻落实国务院安全生产委员会的要求，坚持安全发展理念，制定了《国家测绘局2010年测绘安全生产工作要点》；组织制作《测绘行业安全生产规范》多媒体演示片和《海岛测绘安全生产知识》专题光盘，下发各单位学习。局所属各单位全年均组织开展3~4次安全检查工作；在各单位检查的基础上，国家测绘局安全生产委员会对有关单位进行了安全生产抽查。全年未发生安全生产责任事故，保证了测绘生产安全，为推进测绘事业健康稳定发展提供了有力保障。

质量监督与计量管理

测绘成果质量监督管理

【完善测绘质量管理法规制度】

国家测绘局组织修订《测绘生产质量管理规定》，组织《测绘质量管理条例》（以下简称《条例》）立法调研，研究《条例》起草工作。指导各地出台地方测绘质量监督管理办法或规定。制定有关制度，对财政投入的测绘项目和建设工程测绘项目的质量检查验收提出明确要求。

【测绘工程质量监督检查】

国家测绘局组织全国各省级测绘行政主管部门开展统一监督检查，抽检全国30个省、自治区、直辖市760家测绘资质单位1636个测绘项目。开展国家1∶5万数据库更新工程、西部1∶5万地形图空白区测图工程质量监督检查，检查范围包括2008年1∶5万更新工程DLG、DOM成果数据，2008年西部测图工程DLG、DEM、DOM、制图数据；检查采取随机抽样方式进行，检查结果表明上述2项工程成果合格品率达100%，质量良好。为掌握车载导航电子地图总体质量状况，启动车载导航电子地图质量测评工作，测评对象包括所有导航电子地图资质企业生产的，面向车载导航应用的全国导航电子地图产品，检测分为内业普查以及外业抽查，检测工作将延续至2011年。

【加强测绘质检队伍建设】

2010年，国家测绘产品质量检验测试中心、重庆测绘产品质量监督检验站相继成立。两个质检单位的成立，充实了测绘质检队伍，提升了测绘质检能力，对进一步促进测绘质量监督管理工作，提高测绘质量统一监管水平具有重要意义。

测绘计量管理

国家测绘局组织开展2010年测绘计量检定人员资格认证审批工作，全国73人参加资格认证考试，经审核，50人通过认证，并获得《测绘计量检定员证》。推进比长基线场检定项目实施，全年完成8条基线检定和两条比对试验工作。组织开展测绘仪检质检工作调研，并在调研基础上形成分析报告，提出“十二五”测绘仪检质检能力建设专项建议书，该专项已列入《全国基础测绘“十二五”规划》。

市场监管

测绘资质管理与市场管理

【修订实施《互联网地图服务专业标准》】

为规范互联网地图服务市场，促进地理信息产业健康发展，5月10日，国家测绘局实施修订后的《互联网地图服务专业标准》。该标准规定，在互联网上从事地图搜索和位置服务，地理信息标注服务，地图下载、复制服务，地图发送、引用服务等地图服务活动的单位，应当取得互联网地图服务测绘资质证书。

【颁发互联网地图服务甲级测绘资质证书】

9月8日，国家测绘局召开互联网地图服务甲级测绘资质单位座谈会，向首批31家单位颁发互联网地图服务甲级测绘资质证书。国土资源部副部长、国家测绘局局长徐德明出席会议并讲话，国家测绘局副局长宋超智主持会议。会议分析了我国互联网地图服务市场的发展形势，通报了国家测绘局促进地理信息产业发展的总体思路和具体举措，并对互联网地图服务单位提出加强自主创新、打造民族品牌，加强保密管理、确保网络安全，强化诚信意识、维护企业形象的三点希望。与会代表围绕“规范互联网地图市场，繁荣地理信息产业”进行了座谈，就促进我国互联网地图市场发展建言献策。

【部署开展全国测绘资质复审换证工作】

2010 年，国家测绘局部署开展全国测绘资质复审换证工作。召开测绘资质复审换证工作会议，印发《关于进一步贯彻执行〈测绘资质管理规定〉和〈测绘资质分级标准〉的通知》，修订《甲级测绘资质审批程序规定》，推动全国测绘资质行政许可在线办理，批复了各地关于测绘资质管理问题的请示。截至 2010 年底，国家测绘局通过采取分期分批上报、委托异地互审等方式，完成全国 556 家甲级测绘资质单位复审换证工作，大部分省级测绘行政主管部门完成乙、丙、丁级测绘资质单位复审换证工作。

【测绘信用体系建设试点工作研讨会】

12 月 9 日，国家测绘局在北京召开测绘信用体系建设试点工作研讨会，国家测绘局副局长宋超智出席会议并讲话。江苏、河北、浙江、湖北、北京、山西、江西、辽宁等 8 个省级测绘行政主管部门的测绘管理处负责人参加会议。会议总结了我国测绘市场信用体系建设取得的进展和存在的问题，听取了测绘市场信用体系建设试点工作汇报，研讨了《测绘信用征信管理暂行办法（讨论稿）》。

【甲级测绘单位负责人培训班】

为促进甲级测绘单位改革创新发展和依法诚信经营，根据国家测绘局《关于印发〈“十一五”测绘教育培训规划〉的通知》要求，3 月和 7 月，国家测绘局在深圳和烟台分别举办甲级测绘单位负责人培训班，培训学员近 300 人，完成全国甲级测绘单位负责人首期轮训工作。国家测绘局副局长宋超智出席培训班并作专题辅导报告。培训班邀请有关专家围绕测绘法律知识和测绘资质管理政策、测绘成果保密与国防安全、测绘生产经营管理、数字城市建设等内容为学员授课。

整顿和规范地理信息市场秩序

2010 年，国家测绘局会同工业和信息化部、国家安全部、工商总局、新闻出版总署、国家保密局、总参测绘局等部门联合开展的全国地理信息市场专项整治工作各项任务圆满完成，全国地理信息市场秩序明显好转，各类违法违规行为得到有效遏制，各级政府的市场监管水平明显提高。

3 月，全国地理信息市场专项整治领导小组办公室组织 7 部门赴北京、河北等地开展了专项整治检查验收工作。5 月 18 日，7 部门联合召开电视电话会议，全面总结专项整治工作，表彰 63 个先进集体和 127 名先进个人。7 部门联合印发《关于加强地理信息市场监管工作的意见》，明确加强地理信息市场监管的主要任务，提出加强地理信息市场监管的保障措施。配合媒体制作 1 期《焦点访谈》节目——《警惕互联网地图泄密》，制作 1 部专项整治工作专题片——《维护地理信息市场的一方“净土”》，对专项整治工作进行宣传报道。8 月，国家测绘局等 7 部门联合向国务院上报地理信息市场专项整治工作总结，国务院领导对专项整治工作给予充分肯定。

地图管理

地图市场监管

11 月 16 日～19 日，由国家测绘局、外交部、教育部、工业和信息化部、公安部、民政部、商务部、海关总署、工商总局、新闻出版总署、国务院新闻办公室等 13 部门组成的全国国家版图意识宣传教育和地图市场监管协调指导小组检查组对安徽、江苏开展国家版图意识宣传教育和地图市场监管工作情况进行检查，并针对存在的问题，提出整改意见。

联合外交部依法查处某大型出版社出版的教材、教辅使用“问题地图”的行为，及时收回并销毁“问题地图”，防止不良影响产生。据不完全统计，2010年各地开展地图市场行政执法检查200多次，查处各类地图违法案件350多起，查封、收缴违法违规地图产品3万多件，其中涉及政治性问题的地图产品5000多件，保障了地图市场的健康有序发展。

参加国务院办公厅、中宣部先后召开的专门会议，建立上海世博会地图审核绿色通道，审核世博会地图产品147批次共549幅，涉及展馆54个，对30个外国展馆涉及地图的展品宣传材料进行严格把关，妥善处理大批敏感地图问题，确保了上海世博会的用图安全。同时，派员配合海关总署开展国家版图知识培训，指导做好国外世博馆所用地图入境工作。

互联网地图监管

2月26日，国家测绘局召开网上地理信息安全监管工作协调组成员会议，总结2009年网上地理信息安全监管和防范工作，制定2010年工作要点，并形成报告上报国务院，同时印发给各成员单位。

开展重点地图服务网站跟踪监控工作，发现违法违规服务网站并及时进行全面分析，联合公安、保密等有关部门依法查处中国收藏热线等网站违规刊登及售卖涉密地图案件。指导各地测绘管理部门与公安、保密等部门合作，追查涉密地图来源、流转渠道等，并收缴相关涉密地图。同时，进一步加强网上地理信息安全保密意识教育，发挥典型案例的警示作用。

指导开展网上“问题地图”的追踪监控，收集整理相关线索。7月以来，先后发文要求各地及时查处新浪网等媒体使用“问题地图”行为，进一步提高互联网服务单位的国家版图意识。全年发现并整改“问题地图”网站271个。

12月21日，召开互联网地图安全监管系统培训会议，来自北京市规划委员会、黑龙江测绘局、上海市测绘管理办公室等7家试点单位代表以及有关领导和技术人员参加会议。22日，召开三维电子地图和实景影像地图内容表示研讨会，部分省局、导航企业、互联网地图服务单位、三维电子地图和实景影像地图制作单位等参加会议。研讨会对三维电子地图和实景影像地图应用可能涉及的保密问题、地图管理问题进行了研讨。

地图审核管理

国家测绘局进一步规范地图审核程序，指导浙江省测绘与地理信息局等单位开展本行政区域的工艺性地球仪和对外加工产品上附着的地图委托审核的有关工作，提高了对外加工地图产品的审核效率。指导上海世博会、甘肃兰洽会、黑龙江哈洽会的地图审核工作。

指导中国地图出版社、国家基础地理信息中心继续编制完善中央领导机关用图。中国地图出版社已编制省、地级行政区域系列图349幅，其中34幅提供中央办公厅应急使用；国家基础地理信息中心制作的电子地图供中央领导使用，在辅助决策、应急抢险等方面发挥了作用。

5月27日，召开地图备案工作座谈会。部分导航电子地图制作单位，导航软、硬件经销商以及互联网地图服务商代表参加会议。会议通报了近年来地图技术审查中心对导航电子地图、互联网地图的总体审查情况以及地图审查、地图备案过程中发现的突出问题，各企业代表对导航电子地图、互联网地图审核、备案、技术咨询等提出建议。10月19日，印发《关于加强地图备案工作的通知》，要求各省级测绘行政主管部门和各有关单位完善地图备案工作机制，进一步加强地图管理，履行地图备案手续。

会同外交部召开中国国界线标准画法研讨会，加快推进我国1∶100万、1∶400万中国国界线标准样图的修编工作。

2010年，共受理地图审核申请1970件，批准1714件，不予批准256件。

国家版图意识宣传教育

3月4日，国家测绘局组织召开13部门联席会议，总结2009年全国国家版图意识宣传教育和地图市场监管工作情况，制定2010年工作要点，并形成报告上报国务院，印发工作要点并指导各地开展相关工作。5月13日~15日、11月3日~5日，分别在郑州和西安举办第三期、第四期全国地图审核和安全审校人员培训班，各省级测绘行政主管部门地图审核人员和有关互联网地图服务网站地图安全审校人员近1200人参加培训。培训班讲授地图管理有关政策法规、国界线勘界与管理知识、互联网管理规定、国家版图知识、地图编制及内容表示有关规定等方面的知识，分别组织地图内容审核和互联网地图安全考试，并为考试成绩合格者颁发地图内容审查上岗证和互联网地图安全审校人员上岗证。

2010年，全国各地开展国家版图意识宣传教育活动500多次，发放宣传品150多万份，地图100多万张，发送手机短信200多万条；举办国家版图意识和地图知识培训班（讲座）150多期，近1万名地图管理、地图编制、广告采编、新闻报道等从业人员参加培训，较好地提高了公众及从业人员的国家版图意识。

成果管理

成果汇交与资料档案管理

国家测绘局组织开展基础测绘成果归档调研，印发《国家测绘局关于加强基础测绘成果归档管理工作的通知》，健全测绘档案管理有关规章制度，完善测绘成果入库机制，大力推进测绘成果汇交归档工作。

成果提供使用管理

国家测绘局组织修订《国家涉密基础测绘成果资料提供使用审批程序规定》。全年共受理涉密测绘成果申请904件。其中，批准893件，不予批准11件。除青海玉树抗震救灾、甘肃舟曲特大泥石流抢险救灾应急保障外，全年共提供地形图1.9万张，基础地理信息数据2.4TB，各类控制成果5.6万点。

测绘成果保密管理

国家测绘局、国家保密局、总参测绘局共同研究并正式颁布《基础地理信息公开表示内容的规定（试行）》。该规定是对《测绘管理工作国家秘密范围的规定》的细化，增强了涉密测绘成果管理的针对性与可操作性，涉及的地理信息要素包括8个大类、49个中类和275个小类，共计1001层（最小划分单元）。其中，涉密信息占26%，公开信息占74%。该规定已应用于公众版国家地理信息公共服务平台、长江三峡地质灾害预防监测系统、全国重点营运车辆联网联控系统等重大建设项目中。

针对失泄密案件频发问题，国家测绘局印发《国家测绘局关于进一步加强涉密测绘成果行政审批和提供使用管理的通知》，部署开展导航电子地图资质单位测绘成果安全保密检查，对个别存在严重问题的单位给予全国通报批评。印发《关于涉密测绘成果行政审批与使用管理有关问题的批复》，对涉密测绘成果保密期限、使用单位及时销毁涉密测绘成果、涉密测绘成果使用情况跟踪检查等问题做出批复。组织修订《国家涉密基础测绘成果资料提供使用审批程序规定》，进一步完善涉密测绘成果提供使用行政审批制度。推进《遥感影像公开使用管理规定》制定工作。起草《加强测绘成果核心涉密人员管理工作的通知》。

国家测绘局完成第三期涉密测绘成果保密岗位培训证书的制作发放工作；在江西南昌举办第四期涉密测绘成果保密管理岗位培训班，近180人参加培训；派员指导省级测绘行政主管部门开展保密培训工作。据不完全统计，2008年~2010年，国家测绘局和省级测绘行政主管部门共培训各级测绘资质单位、测绘成果保管单位及涉密测绘成果大宗用户单位的重要涉密岗位人员1.9万名，有力地推动了测绘成果的保密管理工作。

配合保密、国家安全、检察等部门开展测绘成果保密审查与密级鉴定工作，2010年共审查鉴定112件次。推进地理信息安全保密管理系统和测绘成果涉密审查与鉴定系统建设。

重要地理信息数据审核与发布

国家测绘局起草《重要地理信息数据审核公布

管理规定》修订稿。研究处理成都风景名胜区苗基岭高程的审核发布问题，提出了对区域性重要自然和人文地理实体的地理信息数据审核发布政策措施和管理模式。

测量标志管理

国家测绘局修订起草《永久性测量标志拆迁审批程序规定》。开展永久性测量标志保护宣传教育活动，组织开展宣传张贴画、宣传网页等宣传品的设计、制作、发布工作。其中，组织发放宣传张贴画26万张，直接发放到乡镇、村庄的永久性测量标志管护人员手中，对提高乡村民众的测量标志保护意识起到良好宣传作用。

组织研究、审查、批准山东临沂国家B级GPS点、江西南定国家A级GPS点、浙江龙游国家A级GPS点等永久性测量标志拆迁事项。

测绘应急保障管理

国家测绘局积极落实党中央、国务院部署，起草印发《关于进一步做好应急测绘保障服务工作的通知》，紧急部署全国测绘系统防御洪水地质灾害应急测绘保障工作。

组织青海玉树地震抗震救灾及甘肃舟曲特大泥石流地质灾害抢险救灾测绘保障服务工作。协调提供江西、福建抗洪救灾及四川、云南泥石流抢险救灾急需的测绘成果，协调提供广州亚运会安保、指挥急需的测绘成果。测绘成果在抢险救灾、灾情评估和灾后重建等应急工作中发挥了重要作用。

组织开展应急测绘保障先进集体和先进个人评选表彰工作，授予青海省基础地理信息中心等62个单位“国家测绘局测绘应急保障先进集体”称号，授予孙昊等146人“国家测绘局测绘应急保障先进个人”称号。

标准化管理

标准化规划与体系建设

为引领和指导我国“十二五”期间的测绘与地理信息标准化工作，国家测绘局组织编制了《国家地理信息标准化“十二五”规划》和《测绘标准化“十二五”规划》。截至2010年底，已形成报批稿。

基础地理信息标准数据认定工作

为贯彻落实《中华人民共和国测绘法》第二十一条“建立地理信息系统，必须采用符合国家标准的基础地理信息数据”的规定，依据强制性国家标准《基础地理信息标准数据基本规定》等技术标准，国家测绘局组织开展国家级基础地理信息标准数据认定工作，最终认定“2000国家重力基本网数据”等24项国家级基础地理信息数据符合国家标准要求，准予在建立地理信息系统时采用。

标准宣传贯彻活动

2010年，国家测绘局结合标准创新贡献奖等重点工作，在中国测绘报、国家测绘局网站、两个标准化委员会网站等媒体以答记者问、解读等形式集中开展标准宣传；指导有关单位编制出版《测绘与地理信息标准化工作动态》，宣传工作进展和成果；针对2010年新发布行业标准数量多的情况，组织专家撰写新标准权威解读文章；组织地理信息产业从业单位、有关科研院所等参加“10·14”标准日主题活动，宣传“十一五”标准化工作成就；进一步扩大标准培训覆盖面，共举办“无人机航摄技术标准”等5期测绘与地理信息标准培训班，累计培训近千人次。

科技管理

科技创新体系建设

为完善测绘科技创新体系建设，国家测绘局印发《关于进一步做好国家测绘局重点实验室及工程技术研究中心有关工作的通知》，并于2010年4月召开国家测绘局重点实验室评估工作暨实验室主任会议。国家测绘工程技术研究中心已完成组建工作，正式运行。武汉大学申请建立的导航与位置服务国家测绘局重点实验室已通过建设计划任务书的评审。

测绘科技“十二五”发展规划

在对“十二五”期间测绘科技工作整体发展进行谋划的基础上，国家测绘局编制形成《测绘部门航天发展“十二五”规划（草案）》及《极地测绘“十二五”规划》，并分别被国防科工局及国家海洋局纳入各自部门的“十二五”发展规划中。

科技计划

围绕测绘科技规划的目标和任务，国家测绘局组织完成测绘科技项目申请、受理、遴选、专家评审和批复工作，结合测绘生产和基础地理信息更新与服务等关键技术问题，安排新增项目33项（含实验室和工程中心），在信息化测绘数据处理关键技术试验、测绘高新技术成果推广应用示范及产业化、信息化测绘前沿技术试验等方面开展关键技术研究与攻关。

国家测绘局大力支持直属局科技创新，形成国家测绘局给予一定财政支持，直属局予以配套的创新投入机制。2010年共安排项目经费300万元，向一线科研人员和技术骨干倾斜，充分调动了直属局生产单位科技创新的积极性和主动性。积极引导地方科技发展，鼓励企业开展自主创新，支持甘肃省测绘局、中测新图（北京）遥感技术有限责任公司、北京天下图数据技术有限公司等单位开展科技创新活动。

科技部和其他部委科技项目

为了落实“走出去”战略，提升我国全球测图能力，国家测绘局向科技部争取设立了“全球地表覆盖遥感制图与关键技术研究”“863”重点项目。该项目由国家测绘局牵头，多个部委共同参与，将设计和研制填补我国空白、具有国际先进水平的新一代较高分辨率全球地表覆盖数据系列产品，并形成全球地表覆盖遥感产品的规模化生产、更新与服务能力。

围绕“927”工程建设需求，国家测绘局组织实施“海岛礁关键技术集成与示范应用”“863”重点项目，并继续加强对项目的监督管理，在浙江舟山组织开展我国首次大规模海岛（礁）测绘现场技术试验。

针对无人机航空摄影系统在测绘、地质、国土资源等领域应用前景，国家测绘局认真抓好“高精度轻小型航空遥感系统核心技术及产品”“863”重点项目的组织管理，并根据科技部的要求对项目开展了中期检查。

在积极与科技部进行沟通协调的基础上，国家测绘局成功申报“资源三号卫星立体测图技术和应用示范”国家科技支撑计划项目，申请经费3200万元。截至2010年底，该项目已通过可行性论证报告和项目概算报告评审。

为保障高分辨率对地观测系统在测绘领域的大

规模业务化应用，国家测绘局组织卫星测绘应用中心向国防科工局申请“高分辨率对地观测系统测绘应用关键技术和示范先期攻关”项目，并经国防科工局正式批准立项。项目采用“多方协作、集中管理、逐级负责、责任落实”的管理模式，联合武汉大学、中国测绘科学研究院、国家测绘局各直属局等单位共同建设，项目预算为1380万元。

国家测绘局积极组织参加第27次南极科考测绘工作，为南极科考提供测绘科技支撑。积极参与“面向全球气候变化的极地环境遥感关键技术与系统研究”国家“863”重点项目研究。在此基础上，结合测绘发展战略研究相关课题，组织专家对“航空遥感测绘平台建设工程”、“中国极地测绘工程”等“十二五”期间拟立项的重大测绘科技项目开展前期调研与项目可行性研究，为“十二五”期间测绘科技重大项目立项争取工作打好基础。

财务管理

财务制度建设

国家测绘局积极完善财务制度，印发《测绘部门财政预算执行进度管理（暂行）规定》和《测绘外业生产备用金管理暂行规定》。

通过国家审计署对国家测绘局2009年部门预算执行和其他财政收支情况的审计，发现一些单位存在严重违反财经纪律和财务管理混乱等问题。针对这种情况，国家测绘局印发《关于进一步加强财务管理工作的通知》。

预算管理

按照财政部的统一部署和要求，国家测绘局及时完成对所属单位2010年度各项经费的预算批复工作，共批复财政经费143156万元。根据《财政部关于编制2011年中央部门预算的通知》(财预〔2010〕271号）精神，及时下发《关于编制2011年中央部门预算的通知》，明确预算编制的原则和要求。7月，组织召开预算编制工作会，对2011年预算编制工作进行培训和部署。结合国家测绘局履行部门职能和事业发展的需要，汇总编制测绘部门2011年度“一上”预算。11月~12月初，根据财政部下达的2011年部门预算控制数，将“一下”指标及时下达各预算单位，并组织完成“二上”细化预算编报工作。

决算管理

国家测绘局根据财政部对各项决算编审的总体要求，分别组织审核、汇总、报送了2009年度行政事业单位部门决算、测绘新闻出版企业决算、基本建设决算、住房改革支出决算、政府采购统计报表等。完成非贸易外汇人民币限额2010年预算申报与2009年决算报告。根据财政部的批复，对各单位2009年的总收入支出情况和财政拨款收入支出等情况进行批复。在财政部2009部门决算考核评比中国家测绘局获决算编审先进工作单位二等奖。完成所属各单位决算编审情况考核评比工作，并对先进单位进行了表彰。研究分析2010年各项决算的具体要求，完成了2010年决算布置和培训等相关工作。

财务监管

为进一步加强对财政资金使用的监督管理，提高财政资金运行效率，国家测绘局完善“国家测绘局国库集中支付动态监控系统”，加强对所属单位预算执行情况的监控。2010年，实行预算执行情况月报制度，对预算执行中存在的问题进行认真分析，加强了预算执行进度的监督和指导。

按照中央做好2010年“小金库”治理工作的统一部署，国家测绘局继续深入开展党政机关和事业单位“小金库”专项治理工作。组织局所属单位全面开展“小金库”治理“回头看”工作。突出治理工作重点，开展社会团体和国有及国有控股企业的“小金库”治理工作。加强对“零申报”、“零问题”单位的监督检查。要求局所属单位将审计发现问题的整改、事业单位创办公司的清理、规范津补贴发放和国有资产监管工作一并推进，切实提高了专项治理的整体效果。

为促进各预算单位加强对决算工作的重视，提高决算数据的真实准确性，组织开展了决算稽核工作，对局所属有关单位2009年决算进行了审计稽核。

财务审计

国家测绘局全力配合国家审计署开展2009年部门预算执行和其他财政收支情况的审计工作。在审计过程中，积极配合审计署的相关工作，认真组织审计报告征求意见稿的意见反馈。对审计决定和审计报告中提出的问题，认真研究，全面整改。

专项资金管理

为加强国家海岛（礁）测绘工程专项资金管理，提高专项资金使用效益，国家测绘局组织制定了《国家海岛（礁）测绘工程专项资金管理办法》和《国家海岛（礁）测绘工程专项资金管理办法实施细则》。

政府采购

国家测绘局组织各有关单位开展2010年测绘生产技术装备需求计划测算，组织专家对采购进口测绘设备仪器进行评审论证并上报财政部。组织完成测绘仪器设备部门集中采购公开招标、合同签订、支付款项等相关工作。加强对局所属单位政府采购工作的指导和管理，指导所属预算单位组织单一来源采购和进口设备采购的专家论证、申报和批复工作，保证了全局政府采购计划的顺利实施。组织局所属单位编制完成2009年政府采购统计报表、2010年分季度政府采购计划报表和政府采购执行情况报表，进一步提高了政府预算、计划、执行的相互衔接。

国有资产管理

国家测绘局完成测绘部门行政事业单位国有资产管理信息系统建设及数据上报工作。测绘行政事业单位国有资产管理信息系统的建成，为全面掌握国家测绘局资产的存量、分布和使用情况提供了信息化管理平台。根据国务院机关事务管理局和国资委的要求，分别完成国家测绘局行政事业单位和企业资产年度统计报表编报工作。根据财政部资产管理办法，继续开展国家测绘局资产管理办法的修订工作。

此外，按照国家测绘局出版社转制工作的整体部署和财政部有关要求，组织完成中国地图出版社、测绘出版社和中华地图学社的清产核资、专项审计和产权登记工作，确保3社在规定时限内完成改企转制。

人事人才管理

机构编制

【机构编制管理】

经协调争取，中央机构编制委员会办公室批复同意撤销国家测绘局无锡培训中心，单独设置国家测绘产品质量检验测试中心，为国家测绘局直属事业单位，核定财政补助事业编制63名。该中心的成立，为进一步构建测绘质量保证体系和提高测绘质量监管能力奠定了组织基础。国家测绘局继续推进新“三定”规定落实，重新核定了局机关各司（室）人员编制和处级领导职数，合理配置各部门人员编制力量，副处级领导职数较核定前增加8名，为优秀年轻干部提供了良好的发展空间。为进一步加强局财务管理和审计监督工作，国家测绘局研究调整了内部审计工作职责及相应的机构，设立了财务结算中心。

【地图出版社体制改革】

国家测绘局认真贯彻中央各部门各单位出版社

体制改革工作要求，全面推进中国地图出版社、测绘出版社、中华地图学社转制后续各项工作落实，并按照中央各部门各单位出版社体制改革领导小组批复的转制方案组建了中国地图出版集团。组织人员对西安、哈尔滨、成都地图出版社等3社转制过程中存在的特殊情况进行深入研究，积极协调中央机构编制委员会办公室和新闻出版总署，共同达成“剥离出3家出版社的出版经营部分进行转制、保留承担公益性任务部分在事业体制中”的转制思路，并按此转制思路形成了3社转制工作方案，报中央各部门各单位出版社体制改革领导小组办公室，得到批复。

干部管理

【干部制度建设】

国家测绘局党组切实规范各级领导班子选人用人行为，在全面总结近几年干部选任工作的好做法、好经验基础上，制定印发《国家测绘局直属单位干部选拔任用工作“一报告两评议”实施办法（试行）》和《国家测绘局直属单位主要负责人履行干部选拔任用工作职责离任检查实施办法（试行）》，与中央印发的责任追究办法、有关事项报告办法共同构成符合测绘部门实际的干部选拔任用工作监督体系。在认真总结以往直属单位领导班子及成员年度考核工作经验基础上，根据中组部印发的《党政领导班子和领导干部年度考核办法（试行）》，制定了2010年局直属单位领导班子及成员年度考核工作办法，进一步增强年度考核工作的针对性。

【干部任免】

国家测绘局党组认真贯彻《2010－2020年深化干部人事制度改革规划纲要》，深入落实抓班子带队伍的总体要求，组织完成了部分直属单位领导干部和局机关各级岗位的调整补充工作。经统计，2010年共对29名司局级干部进行了岗位交流，推荐选拔13人到司局级岗位任职，进一步优化了领导班子和干部队伍结构，增强了领导班子活力和整体功能。国家测绘局积极推进与地方的干部交流工作，增强干部基层领导经历，派出局机关1名副司级干部到地方副市长岗位进行挂职锻炼，从地方相关部门选调3名优秀局级干部到国家测绘局机关和直属单位任职，进一步拓宽干部培养锻炼渠道，扩大选人用人视野。

【干部考核监督】

国家测绘局组织完成直属单位领导班子、领导干部以及局机关公务员年度考核工作。经过对直属单位领导班子及成员和机关干部2009年考核测评数据进行认真分析，提出考核等次建议并报局党组审定，评定优秀等次人员，并按照公务员考核奖励相关规定，对局机关17人给予奖励，其中4人记三等功一次、13人嘉奖一次，发挥了年度考核鼓励先进、明确导向的作用。深入贯彻落实党员领导干部个人重大事项报告制度，集中组织开展领导干部重大事项报告工作，并向中组部报告了相关情况。切实加强对各直属单位和机关司室领导班子民主生活会的指导，深入开展巡视工作，进一步促进直属单位领导班子建设。组织完成全国省级测绘行政主管部门贯彻落实科学发展观2010年度考评工作，评定全国31个省级测绘行政主管部门的考评等次，其中16个部门被评定为优秀，并在全国测绘局长会议上予以表彰。经争取人力资源和社会保障部同意，国家测绘局组织完成33个“全国测绘系统先进集体”和29名“全国测绘系统先进工作者”评选表彰工作，并在全国测绘局长会议上予以表彰。

事业单位人事制度改革

【人事制度改革】

在2009年各直属单位上报事业单位岗位设置实施情况总结的基础上，国家测绘局深入分析各单位岗位设置的主要情况、主要做法和存在问题等，掌握岗位设置工作的实际成效和存在的突出问题，并向人力资源和社会保障部上报了有关情况，为进一步加强对岗位设置的指导、监督和管理，推进事业单位人事制度改革奠定基础。组织开展局属事业单位进人情况自查，经检查，国家测绘局所属事业单位贯彻落实公开招聘制度情况良好，2008年以来新进人员公开招聘率达93.49%，规范事业单位进人行为取得明显成效。

【收入分配制度改革】

国家测绘局继续深化收入分配制度改革，进一步加强和规范事业单位收入分配管理工作，在对直属事业单位收入分配情况摸底调查基础上，制定印发《国家测绘局直属事业单位职工工资性收入管理暂行办法（试行）》，切实加强对直属单位工资总额和领导班子成员工资性收入的管理。

人才队伍建设

【落实人才会议精神】

国家测绘局深入学习领会全国人才工作会议精神和《国家中长期人才发展规划纲要》，全面部署测绘系统学习贯彻工作，组建国家测绘局人才工作领导小组，进一步加强对测绘人才工作的统筹协调和宏观指导。组织开展测绘人才队伍建设调研及专项统计调查，涉及测绘系统和各行业单位，全面了解测绘人才队伍现状，摸清存在的矛盾和突出问题，明确新时期测绘人才队伍建设的目标任务，为研究起草“十二五”人才工作规划、谋划“十二五”测绘人才工作思路奠定基础。与教育部联合实施“卓越工程师教育培养计划”，把测绘学校教育与生产、科研实践有机结合，共同培养创新能力强、实践能力强、竞争能力强的测绘人才队伍，进一步健全和完善测绘人才培养机制。

国家测绘局大力实施西部人才培养工程，继续对西部测绘单位实施人才援助和智力支持。组织开展第四次测绘专家西部行活动，邀请院士和部分国家测绘局青年学术和技术带头人送教上门，并邀请省内各厅局领导参加该活动，以此宣传测绘，推动当地测绘工作。接收中组部“西部之光”学者1人到国家测绘局直属单位学习培训，进一步促进西部地区测绘人才的培养。继续举办面向西部地区的高层次专业技术人员培训班，支持新疆维吾尔自治区测绘局选派专业技术人员、处级干部分别到国家测绘局所属单位和机关学习培训，选派专业技术人员到新疆维吾尔自治区测绘局指导工作。组织开展第六批人才援藏人员派遣工作，并对援藏人员进行慰问，落实了相关政策。2010年援藏工作是国家测绘局历次人才援藏人数最多的一次，其中1个人才援藏岗位被纳入中组部对口支援干部需求计划。

【专家工作】

国家测绘局大力实施新世纪人才培养工程、局科技领军人才工程等，着力搭建高层次人才培养平台。积极开展各类人才的推荐选拔工作，经相关部门评审，1人获第十一届中国青年科技奖，1人被录取为科技部驻外后备干部，5人获公派留学候选人资格；2人获全国技术能手称号，1家单位和1人分别获得国家技能人才培育突出贡献奖；4人入选新闻出版行业第二批领军人才；7人当选国家测绘局首批科技领军人才，每人获得50万元科技资助专项资金，在测绘行业产生巨大反响。36名国家测绘局青年学术和技术带头人获科技活动资助，资助经费70万元。1人获人力资源和社会保障部留学回国人员科技活动项目启动类资助。通过上述人才选拔培养措施，初步形成了以青年学术和技术带头人、科技领军人才、两院院士为主体的测绘科技骨干人才梯队。

教育培训

根据“十一五”教育培训规划，国家测绘局制定了2010年专项教育培训计划和机关公务员教育培训计划，下达了2010年教育培训经费。全年共组织举办干部调训、重点工作培训、专业技术培训和岗位培训4类培训班50个，培训党政干部、专业技术人员、经营管理人员和技能人员约6100人次。为保证教育培训计划得到落实，组织对教育培训计划执行情况进行检查，对进度较慢的项目进行督促，对个别项目进行调整，确保培训任务如期完成。

为加强各级领导班子和党政干部队伍建设，国家测绘局制定了2010年领导干部脱产进修选派方案，对局机关及在京直属单位处级及以上领导干部、京外直属单位局级领导干部、处级干部中的后备干部及重点培养干部的脱产培训做了具体安排。全年共选派31名干部赴中央党校、中央国家机关分校、国家行政学院及井冈山和延安干部学院脱产学习。深化与武汉大学的科技合作和人才培训机制，联合举办首届测绘系统劳模班，为测绘系统劳模、生产科研管理骨干的学习深造创造有利条件，开辟了测绘职工在职教育的新途径。

国家测绘局努力拓宽教育培训的途径和覆盖面，紧抓重点班次的培训工作。在认真总结前两期测绘工作专题研究班经验基础上，举办中组部委托的数字城市建设专题研究班，来自全国各省（区、市）的28名分管测绘工作的副市长（副州长、副区长），以及各省（区、市）测绘行政主管部门的25名领导干部参加研究班。此外，围绕局中心工作，经协调将无人机测绘遥感技术培训班列入人力资源和社会保障部高研班计划。继续抓好测绘系统领导干部培训工作，组织举办测绘系统局长培训班，组织部分测绘行政主管部门的领导干部赴澳大利亚新南威尔士大学进行短期培训。

离退休干部管理

截至2010年底，国家测绘局管理的离退休干部共2523人。其中，离休干部185人，退休干部2338人。局机关离退休人员81人。

【机构建设】

3月，根据《关于进一步加强新形势下离退休干部工作的意见》（中组发〔2008〕10号）和2009年全国老干部局长会议精神，国家测绘局成立离退休干部工作领导小组，研究解决离退休干部工作中的重大问题。

11月，经国家测绘局党组研究决定，国家测绘局离退休干部处更名为国家测绘局离退休干部办公室。

组织在京单位离退休干部工作部门开展老干部工作政策业务知识学习活动，为离退休干部工作人员及离退休干部党支部购买了《老干部工作政策知识问答》，举办在京离退休干部工作部门政策业务知识竞赛活动；认真做好老干部来信来访工作；完成中组部2009年度离退休干部人员信息统计年报，被中组部评为全优报表单位。

【自查督查】

2月，中组部下发《关于对〈关于进一步加强新形势下离退休干部工作的意见〉贯彻落实情况进行督促检查的通知》，国家测绘局积极开展督查自查工作。对照文件要求逐项进行检查，并以督促检查为契机，召开在京直属单位离退休干部工作部门座谈会，深入陕西测绘局和四川测绘局进行调研，审议形成《国家测绘局关于贯彻落实〈关于进一步加强新形势下离退休干部工作的意见〉自查情况的报告》，报送中组部。

【落实老干部政治待遇】

国家测绘局认真组织老干部政治学习，传达党的十七届五中全会和中央经济工作会议精神；按照李源潮对全面做好新形势下老干部工作提出的6点要求，制定具体实施方案；组织离退休党支部委员会会议，举办离退休党员政治理论学习班；组织离退休老局长定期阅文，进一步完善离退休司局级以上干部阅文制度；组织开展离退休党支部和党员创先争优活动，制定了争创“五好党支部”和“四好老干部”的目标及创先争优活动具体措施。

【落实老干部生活待遇】

国家测绘局根据中组部有关规定，扩大在京离休干部就诊医院范围；研究解决老干部“双高期”有关问题；积极探索建立离退休老干部特殊困难帮扶机制；加强走访慰问工作，及时发现和解决存在的问题；举办健康讲座，落实健康体检，有效提高离退休干部健康质量。

组织老干部春、秋游，外出参观考察、“三八”节活动等；组织海南测绘局、四川测绘局、中国地图出版社、中国测绘科学研究院、北戴河休养院等直属单位部分离退休干部参观中国测绘创新基地和测绘科技展览馆；对局系统老干部活动中心（站）进行维修改造，营造较好的学习、活动环境。

【纪念陈外欧百年诞辰活动】

陈外欧是新中国测绘事业的主要奠基者之一，国家测绘总局首任局长。12月，国家测绘局召开纪念陈外欧百年诞辰座谈会，通过在国家测绘局政府网站开设纪念活动专栏，在《中国测绘报》刊登纪念专版等形式开展纪念和学习活动，并宣传测绘事业发展成就和测绘精神。

【直属单位离退休干部工作会暨年度统计培训班】

12月，国家测绘局召开直属单位离退休干部工作会议暨年度统计培训班，总结回顾了近两年离退休干部工作取得的进展和成效，全面部署2011年离退休干部工作。会上就2010年离退休干部信息管理系统维护、年度统计进行了培训。

职业资格建设与管理

【执业资格建设】

国家测绘局继续推进测绘执业资格制度贯彻实施工作。积极争取国家发展和改革委、财政部颁布实行注册测绘师资格考试收费项目及标准；组织召开首次注册测绘师资格考试工作会议，部署和指导首次注册测绘师考试工作；组织开展注册测绘师配套制度立法调研，起草了有关注册管理和继续教育方面的制度文本。

【职称制度改革】

国家测绘局组织对职称制度改革工作进行调研，就机关人员调入事业单位后的职称评审、事业单位管理岗位人员的职称评审及测绘行业职称评审等问题听取基层单位的意见和建议，研究提出解决思路和办法，进一步推进职称改革工作。在认真总结首批成绩优异的高级工程师评选工作经验基础上，国家测绘局组织完成第二批成绩优异的高级工程师评选工作，35 人被评为成绩优异的高级工程师。认真履行职称改革领导小组职责，批准部分直属单位组建或调整测绘工程中级职务评审委员会，审核批准了直属单位测绘高级工程师 95 人。

【职业技能鉴定管理】

国家测绘局加强职业技能鉴定工作，组织开展测绘行业特有工种职业技能鉴定站检查与评估工作，推动各鉴定站不断提高鉴定质量和管理水平。配合做好职业分类大典修订工作，积极组织 9 家测绘行业单位参与人力资源和社会保障部行业典型企事业单位相关职业（工种）及岗位（职位）基本情况的调查活动，推荐 1 人参与大典修订工作。推进测绘行业特有工种职业技能鉴定工作，全年共申请鉴定测绘行业从业人员 22945 人，通过考核并获得国家职业资格证书 21192 人，单年获证人数创历史新高。稳步推进测绘行业技师评审工作，全年共有 242 人通过评审获得技师资格。

对外合作与交流

2010 年，国家测绘局共审批、派出出访团组 59 个、323 人次，出访地涉及 34 个国家和地区；共接待来访团组 19 个、100 人次，涉及 14 个国家和地区。

双边合作

国家测绘局继续巩固并发展已有的双边合作交流关系，与美国、澳大利亚、德国、芬兰、荷兰、日本、韩国、巴基斯坦等国的双边测绘合作进展顺利，合作研究、技术考察交流和人才培养等项目按计划完成，接待了瑞典耶夫勒堡省省长、芬兰国家测绘局局长、荷兰弗雷佛兰省省长、意大利航天局副局长、尼日利亚边界委员会主任、印尼国会自然资源委员会副主席、诺丁汉大学副校长等代表团来访。继续利用并开拓国外培训渠道，对全国测绘系统局级领导干部、中层技术管理干部和青年学术技术带头人进行针对性培训，更新测绘管理和技术知识，提高管理和技术水平。

2010 年，国家测绘局与国外对口部门和机构新签署和续签的双边合作协议以及为执行双边合作协议而签署的会谈纪要包括：《中华人民共和国国家测绘局和芬兰共和国国家测绘局关于执行测绘科技合作议定书的会谈纪要》、《中华人民共和国国家测绘局和日本国地理信息局关于测绘科技合作执行协议联合工作组第八次会议纪要》、《中国国家测绘局和芬兰大地测量研究所科技合作会议纪要》和《中非测绘合作座谈会会议纪要》等。

多边合作

2010 年，国家测绘局组团参加的相关国际组织的主要会议包括国际摄影测量与遥感学会（ISPRS）会员代表大会及百年庆典活动，国际测量师联合会（FIG）第 24 届大会，第 12 届全球空间数据基础设施（GSDI）大会，亚太地理信息系统基础设施常设委员会（PCGIAP）第 16 次全会，国际标准化组织地理信息技术委员会（ISO/TC211）第 30、31 次全体会议和工作组会议等。

国家测绘局参与相关国际组织事务的力度不断加强。作为亚太地理信息系统基础设施常设委员会（PCGIAP）主席国，继续协调管理委员会相关工作，筹备组织了在伊朗举行的 PCGIAP 执行局会议和在新加坡举行的 PCGIAP 第 16 次全会。认真履行国际摄影测量与遥感学会（ISPRS）秘书长国职责，协调举办技术委员会研讨会事宜，维护和更新学会网站，编印学会刊物等，筹备组织了在奥地利举行的 ISPRS 会员代表大会及 ISPRS 成立 100 周年庆典活动。

“走出去”战略实施

2010 年，国家测绘局大力实施测绘“走出去”战略，成立国家测绘局实施测绘“走出去”战略工作领导小组，加入国际科技合作部际协调机制。4 月，由国家测绘局倡议发起的首次中非测绘合作座谈会在坦桑尼亚首都达累斯萨拉姆举行，非洲 6 个国家的测绘主管部门负责人参加会议，各方共同签署了座谈会会议纪要，确认启动测绘领域合作。7月，国家测绘局与英国诺丁汉大学联合举办第二届中英测绘技术与产业发展高级研讨班，20多名国内有关测绘和地理信息产业单位负责人参加研讨班，反响良好。10月，国家测绘局组织20多家国内优秀测绘与地理信息产业单位赴德国科隆参加2010年国际测绘技术与设备博览会，在会上设立了中国展区，举办了“中国日”活动，宣传中国测绘事业发展成就，推广中国测绘技术和软硬件产品。

此外，建立开通了“中国测绘走出去”网站，编印了《中国测绘与地理信息产业单位名录（中英文版）》，定期编发《国际测绘与地理信息简讯》和《国际摄影测量与遥感动态》，为测绘和地理信息产业单位“走出去”提供信息平台。

港澳台工作

10月14日~16日，在国家测绘局和澳门、台湾、香港测绘机构的共同努力下，由澳门特区政府地图绘制暨地籍局承办的第六届海峡两岸测绘发展研讨会在澳门举行，来自两岸四地的测绘工作者200多人参加会议。国土资源部副部长、国家测绘局局长徐德明出席会议开幕式并讲话。

外事管理

国家测绘局认真贯彻执行中央有关外事管理、制止公款出国（境）旅游、厉行节约等文件规定，采取有力措施，严格审批管理，保障对外交流与合作健康有序开展。根据《中华人民共和国行政许可法》制定了《外国的组织或者个人来华从事测绘活动审批程序规定》，向局直属各单位转发了《关于加大制止公款出国（境）旅游工作力度 严格控制党政干部因公出国（境）规模的紧急通知》和《关于进一步加强接待国（境）外团组来访管理工作等有关问题的通知》。

政务与信息

建议提案办理

2010年，交由国家测绘局承办的十一届全国人大三次会议代表建议8件。其中，主办的4件，会同办理的2件，分别办理的1件，单独办理的1件。涉及基础测绘、测绘市场监管、测绘基础设施和能力建设、测绘保障服务、地理信息产业发展等方面。交由国家测绘局承办的全国政协十一届三次会议提案4件。其中，主办的3件，会同办理的1件。

国家测绘局把做好建议提案办理工作作为测绘部门的一项重要职责，做到思想上高度重视，态度上积极主动，行动上切实有效，程序上合理规范。确定由局办公室统一牵头负责建议和提案的分配转办以及办理工作的协调督办，各承办部门由司领导亲自抓，形成一级抓一级，层层抓落实的工作机制，有力地推进了建议提案的办理。在办理过程中，坚持把办理建议提案与开展业务工作结合起来，广泛吸收代表、委员的意见和建议，在答复件中提出加强地理国情监测，加大对新疆、西藏等西部地区测绘工作援助力度等建议。

文秘档案管理

【机关档案工作】

国家测绘局组织编制的《国家测绘局机关文书档案保管期限表》，通过国家档案局审查批准。按照机关档案管理制度做好对机关各司（室）2009年度归档工作的培训与指导，全年共收集整理归档文件937件。编辑出版《国家测绘局文件汇编》（2009年卷）。2010年登录局内网档案系统查阅档案1261人次、5219件次，系统作用发挥显著，利用率逐年提高，为机关各项工作的顺利开展提供了服务保障。组织完成2009年在京局属单位档案统计年报工作并受到国家档案局书面表扬。

【机要文件安全管理】

国家测绘局采取有效措施加强机要文件管理，规范文件阅读传达、管理、清退销毁等工作程序，杜绝机要文件的积压、延时、误事、丢失和失泄密等现象的发生，确保机要文件安全运转。

政务信息

2010年，国家测绘局进一步完善《内部情况通报》起草审核工作程序，进一步规范信息收集、审核、归档工作流程，充分调动各方面的信息工作积极性。全年共编发《内部情况通报》83期，主要收录国家测绘局领导在重要会议和重要活动上的讲话、测绘重点工作进展情况等。通过政务信息报送渠道、局政府网站和测绘报刊等途径，收集地方测绘单位和部门工作信息，以每月一期简报的方式编发地方测绘工作动态。围绕国家测绘局年初工作要点和局重点工作情况，每季度就局机关和在京所属单位工作进展进行通报。

进一步发挥《测绘专报》报送测绘重大工作情况的作用，全年编发6期，报送中央和国务院等有关部门。在选材方面，注重测绘工作与党和国家中心工作的结合，注重反映测绘工作对经济社会发展的重要保障服务作用，重点展示测绘工作的最新进展情况，宣传测绘工作与经济社会发展的密切关系，围绕国家基础测绘能力建设、地理信息市场整治、地理信息科技产业园建设、“天地图”开通运行、测绘人才培养等工作进行编发，有效地宣传了测绘工作。

《局内要情》每周一期，全年共编发49期。主要收录国家测绘局领导重要批示和参加的重要会议活动、国家测绘局发布的重要文件和测绘系统的重要信息，对于测绘系统内部及时掌握国家测绘局工作动态和交流情况起到了积极的作用。

保密工作

2010年，国家测绘局组织开展涉密载体清理情况检查工作；组织机关和在京所属单位的涉密人员开展保密知识竞赛活动；对局机关网络系统进行安全检查；启动保密技术防护专用系统（“三合一”）的配备工作；开展局机关所有在用非涉密台式计算机的巡检工作；对局所属单位开展机要文书档案和计算机系统的专题保密检查。联合国家保密局和总参测绘局共同开展地理信息要素细化分层方案的研究，制定颁布《基础地理信息公开表示内容的规定（试行）》。针对失泄密案件频发的问题，印发《国家测绘局关于进一步加强涉密测绘成果行政审批和提供使用管理的通知》和《关于涉密测绘成果行政审批与使用管理有关问题的批复》；部署开展对导航电子地图资质单位测绘成果的安全保密检查；组织修订《国家涉密基础测绘成果资料提供使用审批程序规定》，进一步完善涉密测绘成果提供使用行政审批制度；建设地理信息安全保密管理系统和测绘成果涉密审查与鉴定系统。协助配合国家保密、安全、检察等部门办案，组织开展测绘成果泄密案件查处、保密审查与密级鉴定20多件；及时审核测绘成果保密技术处理申请119件。举办国家测绘局第三期和第四期涉密测绘成果保密管理岗位培训班。派员指导省级测绘行政主管部门按计划开展保密培训工作。

政务信息化建设

2010年，国家测绘局紧紧围绕《国家测绘局2010年政务公开工作要点》，进一步加强政务公开制度建设，创新政务公开形式，拓宽政务公开内容，政务公开工作取得较大进展。

【制度建设】

深入贯彻落实《中华人民共和国政府信息公开条例》，保证行政权力公开透明，不定期更新国家测绘局政务公开目录和政务公开指南。印发《国家测绘局行政复议和行政应诉办法》、《测绘部门财政预算执行进度管理（暂行）规定》，发布《无人机航摄安全作业基本要求等6项测绘行业标准》、《互联网地图服务专业标准》、《国家测绘局在京所属单位甲级测绘资质审批流程》、《关于国家测绘局规范性文件清理结果的公告》、《国家测绘应急保障工作流程（I级）》，出台《基础地理信息公开表示内容的规定（试行）》等文件。

【创新政务公开方式】

国家测绘局在其政府网站新增时政要闻、影像报道、社会关注热点建设等专题专栏；创新网页展示技术，运用重点工作首页显著体现、重要信息首页置顶、重点专题首屏交替出现、重要新闻头条显示等方式，全面反映测绘事业发展全貌，及时发布重要测绘成果，丰富测绘服务内容。通过《中国测绘报》对国家一些重大测绘项目及活动进行深度解析，使政务公开更加深入化、具体化。改善行政许可集中受理大厅软硬件环境，优化工作流程，节约政务公开办理的时间及程序。

【互动交流】

2010年，国家测绘局政府网站共回复网民留言956条，处理领导信箱、网上投诉80件，收集有关意见建议28条，审核通过网友评论413条，审核通过网友在论坛发帖43条。

维护稳定工作

2010年，国家测绘局认真贯彻落实中央、国务院《关于进一步加强新时期信访工作的意见》。根据国务院应急办工作要求，认真落实《国务院关于突发事件信息处理办法》，并结合测绘工作实际，指导局机关和在京直属单位做好“两会”、国庆等敏感时期的安全保卫和应急管理工作。

积极落实《测绘信访事项转达书》、《测绘信访事项交办书》、《测绘信访事项处理意见书》，进一步规范信访工作制度，热心接待处理群众来访，上访问题均得到及时、妥善解决。

认真做好安全保卫工作，加强保安队伍建设，不断改善局机关安全环境。统筹协调局机关服务中心、基地物业等部门，制定实施中国测绘创新基地出入管理办法等10项制度，加强对中国测绘创新基地大楼、大院安全工作的指导，努力营造安全、和谐的工作环境。

测绘宣传

宣传综述

国家测绘局认真实施《2010年测绘宣传工作要点》，紧密围绕测绘重点工作，充分发挥中央新闻媒体、测绘报刊、网站等宣传平台的作用，加强新闻宣传策划和统筹协调，大力宣传测绘重要作用、重大进展和重点事件，为测绘事业发展营造了良好的舆论氛围。据不完全统计，2010年，人民日报、新华社、光明日报、经济日报、中央电视台等中央主要媒体累计刊（播）发有关测绘新闻660多条（其中，中央电视台新闻联播15条）；中国政府网、新华网、人民网、新浪网、搜狐网等网络媒体刊发测绘消息4000多条。

宣传专题

【数字城市建设宣传报道】

2010年，国家测绘局组织协调10多家中央新闻媒体开展“数字城市中国行”大型宣传报道活动，宣传力度大、范围广、频次高、影响深远，在全社会引起了强烈反响。据初步统计，中央及测绘新闻媒体累计发稿231篇、25万字，发布新闻图片95幅。人民日报、新华社、中央电视台、新华网等各大媒体连续在显著位置发表了消息、长篇通讯、评论、手记、图片等报道。《人民日报》在头版头条刊发长篇报道《数字城市，让生活更美好》；新华社播发长篇通稿《为城市发展插上数字“双翼”——“十一五”我国数字城市建设纪实》和《专访国家测绘局局长徐德明——壮大地理信息产业 满足社会公众需求》；中央电视台连续播出7集《数字城市中国行系列报道》，并在《新闻直播间》、《数说十一五》等栏目中进行了重点报道；中央人民广播电台制作8集《数字城市中国行专题报道》，并在《央广新闻·晚高峰》栏目中连续播出；经济日报、光明日报、科技日报、新华网、人民网等媒体报道了国家测绘局在数字城市建设方面取得的成就，营造了数字城市建设的良好氛围，起到了舆论先行、舆论引路的作用。

【“天地图”网站宣传报道】

10月，公众版国家地理信息公共服务平台“天地图”（测试版）正式开通，引起媒体和社会广泛关注。人民日报、新华社、经济日报、中央人民广播电台、中央电视台、法制日报、中国新闻社、新华网、人民网、光明网、新浪网、中国青年报、北京青年报、新京报、南方都市报等媒体及时予以报道，共刊（播）发新闻近40条，各地方媒体、网站转载量达470多条。中央电视台在《新闻直播间》节目中播出该消息，并在中央电视台《新闻联播》节目播出《我国最大地理信息服务网开通》的消息；新华社在《国内动态清样》刊发《国家测绘局开通“天地图”引发海内外关注》的内参，反映了“天地图”建设运行情况和产生的巨大社会反响；《人民日报》刊登《“天地图”登上互联网》的文章，被新浪、网易、搜狐等各大门户网站大量转载；《法制日报》以法律视角撰写消息《国家测绘局：天地图不会泄露国家机密》，被各大网站和地方媒体大量转载。针对部分网友关于“天地图”与谷歌影像数据同源的质疑，新京报采写报道《测绘局回应网友质疑天地图》，及时回应网友质疑，被各大门户网站和中央、地方媒体全文转载。境外美国路透社、华尔街日报、印度中央社、加拿大华人网、凤凰网、香港明报等媒体也进行了大量报道。

【测绘应急救急保障宣传报道】

国家测绘局服务玉树地震抗震救灾期间，人民日报、中央电视台等近20家中央媒体刊（播）发相关新闻，各地方媒体和各大网站大量转载。中央电视台再次将三维地理信息系统应用到新闻直播中，先后在《新闻联播》、《东方时空》、《晚间新闻》、《朝闻天下》等各档节目中播发。甘肃舟曲特大泥石流灾害发生后，新华社、中央电视台、中央人民广播电台、中国新闻社、经济日报、科技日报等中央媒体第一时间报道了国家测绘局为抢险救灾提供紧急测绘保障的情况，各媒体共刊（播）发测绘应急保障新闻40多条，其中中央电视台在各档新闻栏目播出相关新闻6条。中国新闻社编制出版科技救灾专辑，报道了抢险救灾测绘保障工作情况。

【地理信息产业发展宣传报道】

11月28日，国家地理信息科技产业园奠基，16家中央和地方媒体的20多名记者出席奠基仪式。中央电视台播发新闻《我国首个地理信息产业园落户北京》；《人民日报》刊发新闻《首个国家级地理信息科技园北京奠基 地理信息产业势头挺猛》；《经济日报》刊发新闻《国家级地理信息科技产业园落户北京》；《光明日报》刊发新闻《首个国家级地理信息科技产业园奠基》；新华社刊发图片报道《国家地理信息科技产业园在北京奠基》、徐德明局长专访和《我国首个国家级地理信息科技产业园落户北京》新闻；中国新闻社刊发新闻《地理信息产业方兴未艾 迎来爆发式增长期》、《2010年中国地理信息产业总产值有望破千亿》、《国家级地理信息产业园落户北京25家企业先入园》；中央人民广播电台播发新闻《我国首个国家测绘产业基地今在京奠基》；人民网、新浪网、光明网、新华网、凤凰网等网站进行了大量登载、转载；北京电视台、北京日报、北京晚报等地方媒体分别播（刊）发《国家地理信息科技产业园在顺义奠基》、《首个国家级地理信息科技园奠基25企业签署协议》、《中国地理信息产业年产值今年有望突破1000亿》等新闻。

【互联网地图管理宣传报道】

5月10日，国家测绘局印发《互联网地图服务专业标准》，开展首批互联网地图服务甲级资质单位审批工作，引起社会各界高度关注。中国日报、新京报、东方早报、计算机世界、每日经济新闻、新浪网等国内媒体，英国《金融时报》、美联社等国外媒体都密切跟踪互联网地图服务管理最新动态。国家测绘局加强与国务院新闻办的联动沟通，积极、主动、正面引导社会舆论，为互联网地图服务监管工作营造良好氛围。据统计，各大媒体累计刊（播）发新闻50多条，地方媒体、网站转播转载近350条。9月7日，国家测绘局通报首批31家获得互联网地图服务甲级测绘资质单位名单，并就社会公众普遍关心的问题进行了解答。据初步统计，各大中央媒体共刊（播）转载新闻400多条。中央电视台在《新闻联播》播发《测绘局颁发互联网地图服务甲级测绘资质》，并在直播时段播出相关新闻；《经济日报》刊发报道《互联网地图服务加强测绘资质管理》；《科技日报》刊登报道《互联网地图服务“持证上岗”》；《光明日报》刊登报道《互联网地图服务测绘资质管理显成效》；中国新闻社、人民网、新华网、光明网、中国国土资源报等媒体均进行报道，被各地方媒体和网站大量转载。12月，全国测绘局长会议召开期间，中央媒体对互联网地图服务资质管理进行新一轮宣传报道，美国国际数据集团新闻社等国外媒体也关注互联网地图服务资质审批的最新动态。

【中国测绘科技馆开馆宣传报道】

中国测绘科技馆落成以来，系统展示了我国测绘事业发展的历程和成就，受到各大中央媒体的广泛关注，多家新闻单位主动提出采访要求。中央电视台多次派记者到中国测绘创新基地采访，新闻频道先后在《新闻直播间》和《东方时空》栏目中播出新闻《体验中国测绘科技馆》，时长达7分钟，在社会引起强烈反响。新华社刊发图片新闻《走进中国测绘科技馆》，《科技日报》头版报道这一新闻。新华网、中央政府门户网、新民网等各大网站转载了相关报道。《北京科技报》刊发《中国测绘科技馆“3D”眼睛看世界》，《经济日报》以整版的形式刊发《感受测绘科技馆里的数字化魅力》、《用精准坐标导航“数字生活”》等多篇报道。中国测绘科技馆全年累计接待社会各界近万人次参观，有效展示了测绘工作的作用，极大地提升了测绘工作的影响力。

【测绘援疆工作宣传报道】

8月19日，全国测绘援疆工作座谈会在新疆乌鲁木齐举行。中央新闻媒体密切配合，在会前、会中及会后，连续播发测绘新闻30多篇，新浪、网易等各大网站转载量达50多篇。新华社、人民日报、经济日报、中央电视台、中央人民广播电台、科技日报、国土资源报、中国新闻社、新华网、人民网、光明网从不同的角度报道了测绘援疆工作取得的显著成效。中央电视台新闻直播栏目对测绘援疆会议进行了播报，之后在《朝闻天下》中播发详细报道。新华网刊发《全国测绘系统对口援疆，力争至2020年建成数字新疆》、《集全测绘之智，尽全测绘之责，举全测绘之力——全国测绘系统援疆侧记》等相关报道7篇，并在首页显著位置刊发国家测绘局局长徐德明的专访报道《测绘援疆责无旁贷》。经济日报连续多天进行报道，9月2日整版刊发《提升新疆地理信息服务能力》、《十大举措推进数字新疆建设》和《数字化建设助力新疆跨越式发展》等报道。

【西部测图工程宣传报道】

西部测图工程是“十一五”国家重大测绘工程。中央人民广播电台播发《西部测图工程创新创优 已完成工程任务总量80%以上》。新华社刊发《我国西部200万平方公里“无图空白区”将被填实》的新闻。新华网刊发《西部测图工程创新创优成果丰富多样加快应用》的新闻。中央电视台《朝闻天下》栏目以《我国西部测图工程已完成任务总量80%以上》为题，对西部测图工程进展及所取得的成果予以报道。

【地理信息市场专项整治宣传报道】

全国地理信息市场专项整治工作电视电话会议前后，10多家平面媒体和广播电台连续播发测绘新闻，从不同的角度再现全国地理信息市场专项整治工作的成效，解读全国地理信息市场专项整治工作的最新进展情况，新浪、网易等各大网站大量转载。中央电视台《焦点访谈》栏目播出专题片《警惕互联网地图泄密》，此后，《新闻直播间》和《新闻联播》栏目连续播出多则报道，将全国地理信息市场专项整治宣传报道推向高潮。

【测绘热点事件宣传报道】

国家测绘局积极组织测绘热点事件宣传报道。一是针对部分新闻媒体关于“世界各国曾经公认的珠穆朗玛峰的高度为8848.13米，由印度在1954年测量得出”的报道，迅速做出反应，新闻发言人、副局长李维森就珠穆朗玛峰高程测量历史回答了记者提问，澄清了有关史实，中央各大媒体纷纷对此进行报道，发表各类报道10多篇。二是组织测绘单位为上海世博会提供基础服务的宣传，中央人民广播电台通过录音采访和现场连线等方式为广大听众深入诠释了测绘保障在世博建设中的重要意义。三是组织对中国第一部反映南北极自然地理环境与中国南北极测绘科学考察成果的地图集——《南北极地图集》在北京首发进行宣传报道，新华社、中央电视台等5家主要新闻媒体累计发稿14篇，50多家媒体转载。四是组织对测绘扶贫工作进行宣传报道，协助《中国扶贫》杂志开展采访活动，《中国扶贫》杂志详细介绍了测绘在扶贫工作中发挥的作用，刊登了专访国家测绘局局长徐德明的文章。五是组织对无人机航摄系统推广应用进行宣传，中央新闻媒体对首批无人机交付仪式，无人机在青海玉树、甘肃舟曲、贵州关岭等抢险救灾工作中及时获取灾区影像等进行了报道，中央电视台《新闻联播》、《整点新闻》报道了我国无人机首次获得西藏墨脱航空影像的消息。

报刊宣传

2010年，《中国测绘报》紧紧围绕国家测绘局重点工作大力开展测绘新闻宣传工作，取得了良好成效。多条消息被人民日报、新华社、中央电视台等中央媒体刊（播）发，抓好“独家言论”，在树立《中国测绘报》新形象方面有新的进展。为拓展报纸的外延和内涵，新开设《深度报道》、《地理文化》、《视角》、《读书》、《地理信息产业》等新版面以及10多个新栏目，受到普遍好评。在强化测绘报刊窗口作用上，着力围绕国家测绘局中心工作，突出重点工作进展进行报道，强化热点事项报道，深化专题报道。《中国测绘》杂志积极调整定位，在刊物内容、栏目建设中，调整、充实人文地理、民俗风情的内容，配发图片，提高刊物的可读性、鉴赏性和收藏价值。《中国测绘》杂志和中国测绘报的记者加强协作，共享采编力量，对重大宣传题材进行实时新闻报道和深度追踪报道，提高了效率，强化了宣传效果。

网站宣传

国家测绘局政府网站及时报道国家测绘局以及全国测绘行业贯彻落实党和国家领导人对测绘工作指示的成效，多视角、全方位深入报道测绘统一监管、数字城市建设、测绘科技进步、地理信息产业发展、测绘教育、测绘文化等方面的发展态势，彰显了测绘在国民经济建设、社会发展、抢险救灾等方面做出的贡献。制作了“2010年全国测绘局长会议”、“上海世博会 地图作用大”、“青海玉树地震 测绘保障先行”、“测绘援疆 共促发展”、“‘天地图’系统开通仪式”、“数字城市中国行”等17个专栏题目，丰富了网站内容，增强了网站的可读性。全年共编辑、制作新闻类稿件2696篇，转载媒体报道1106篇，共有208篇报道被中央政府门户网站采用，网站的社会影响力显著增强。继续组织全国测绘系统政府网站评测，根据评估结果排名表彰了5家测绘系统政府网站建设先进集体，激发地方各级测绘行政主管部门建设网站的积极性，推动了测绘系统网站建设整体水平的提升。

统计工作

制度建设

【《测绘统计管理办法》印发执行】

2010年10月，《测绘统计工作管理暂行规定》（征求意见稿）经多次修改完善，通过专家审定。12月27日，国家测绘局正式印发《测绘统计管理办法》，即日起施行。

【测绘统计指标体系及报表制度修订】

在2009年启动并形成的统计指标体系修订稿的基础上，国家测绘局针对修订工作中出现的问题和困难开展专题研究，对测绘事业、行政管理、技术进步、经济发展等方面的多项指标进行调整、修改和完善。同时，根据新的测绘统计指标体系修订了测绘统计报表制度，并报送国家统计局审批通过。新指标体系包括7个方面共20项的统计内容。报表由原来的82张减少到59张；指标由原来的1151个减少到842个，增加了测绘管理实际需要的指标，取消了部分不适应测绘事业发展的指标，减轻了基层统计人员负担。新的测绘统计指标体系及《测绘统计报表制度》2011年正式启用。

统计信息化

【完善统计网络直报系统】

为确保统计直报系统的畅通高效，国家测绘局根据用户反馈意见，不断完善直报系统的各项功能，解决了系统使用人数过多时无法正常登录等一系列问题。

【测绘统计栏目建设】

国家测绘局继续丰富网站测绘统计栏目信息内容，创建了测绘统计网上交流平台，加强了测绘统计人员之间的工作交流和沟通，栏目点击率较高。

统计培训

3月，国家测绘局组织召开全国测绘统计制度建设座谈会暨统计业务培训会。会议总结2009年统计工作取得的成绩，部署2010年重点工作；8家统计机构在会上作典型发言，就统计工作组织管理、统计业务培训、统计信息服务等方面在会上交流。

会议还就如何撰写好直观可读的统计分析报告、如何及时解决网络直报系统的常见问题等进行了示范讲解；围绕测绘统计管理办法、测绘统计指标框架以及进一步做好2010年测绘统计工作进行了讨论。

统计信息服务

【常规统计报表工作】

国家测绘局组织完成2009年测绘统计年报、快报和2010年测绘统计半年报的编印工作。

【统计分析】

国家测绘局通过对2009年测绘统计快报数据的分析，编发了《2009年测绘统计快报》；通过对2009年测绘统计年报数据的分析，从测绘行业发展、测绘系统经济运行情况和测绘成果提供与应用情况等不同角度编发3期《统计专报》；通过对2010年测绘统计半年报数据的分析，编发《2010年上半年测绘统计简报》。积极推动、指导、督促各单位的统计分析工作，发挥统计信息服务的参谋作用，80%的单位按照要求编写了2009年测绘统计分析报告，数量和质量均有显著提高。

【对外提供测绘统计资料】

2010年，国家测绘局继续向国家统计局（《中国统计摘要》、《中国统计年鉴》、《中国科技统计年鉴》、劳动统计年报、测绘服务财务状况统计表）报送有关测绘统计资料，向其他有关部门提供测绘统计资料。

【对外统计信息交流】

根据国家统计局的要求，国家测绘局积极报送统计调查项目概要，并组织向《部门统计工作动态》投稿，进一步促进和宣传测绘统计工作。

【专项统计调查】

国家测绘局组织开展测绘事业单位专项统计调查、测绘人才队伍专项统计调查和测绘成果社会化应用专项统计调查工作，按照调查工作整体要求及时制定调查表，并在直报系统中定制开发专项统计调查项目，收集基础数据。其中，测绘事业单位专项统计调查涉及统计表2张，指标40多项，填报单位200多个；测绘人才队伍专项统计调查涉及统计表6张，指标100多项，填报单位14000多个；测绘成果社会化应用专项统计调查涉及统计表2张，指标45项，填报单位30多个。

统计调查研究

6月，国家测绘局组织部分统计人员到四川测绘局、贵州省国土资源厅、云南省测绘局开展专题调研。通过召开座谈会和实地抽样调查等方式，与被调研单位的局（厅）、院，以及地市（州）测绘管理机构和有关测绘资质单位进行沟通与交流，全面了解3家单位在测绘统计工作组织管理、原始数据采集、提供统计服务等方面的工作情况、存在问题和困难，以及3家单位对测绘统计工作的意见和建议。

党的建设与测绘文化建设

党建工作

【创建学习型党组织】

国家测绘局根据中共中央办公厅印发的《关于推进学习型党组织建设的意见》的要求，紧密结合测绘实际，印发《中共国家测绘局党组关于推进学习型党组织建设的实施意见》和《国家测绘局直属机关党委推进学习型党组织建设的实施方案》。全年共安排“学习贯彻中纪委五次全会精神，加强测绘系统党风廉政建设”、“认真贯彻李克强副总理的指示精神，推动2010年测绘工作再创辉煌”等12个专题的学习。

为深入推进学习型党组织建设，国家测绘局建立了“测绘学习大讲堂”，充分发挥中国测绘创新基地的优势和作用，积极打造理论宣讲新阵地。坚持每月举办辅导报告会，邀请有关领导和专家学者分析形势、宣讲理论、阐释政策。同时，在国家局政府网站开设相关专栏，利用网络平台发布专题讲座视频、经典文章等，为党员、干部学习理论知识和时政热点提供新途径。坚持每季度印发直属支部理论学习指导意见，及时为各支部提供学习资料和学习指导。积极开展荐书读书活动，每季度向党员干部推荐优秀书目并赠阅书籍。印发《关于举办以“阅读·思考·进步”为主题的学习读书征文活动的通知》，培养党员、干部爱读书、善读书、读好书的良好习惯。国家测绘局直属机关团委举办“信念·责任·青年力量”测绘青年论坛启动仪式，在京单位青年以演讲、访谈、情景述说等形式进行了表演，并向全国测绘青年发出了《我们一起读书》的倡议。

【创先争优活动】

国家测绘局根据《中共中央办公厅转发〈中央组织部、中央宣传部关于在党的基层组织和党员中深入开展创先争优活动的意见〉的通知》（中办发〔2010〕12号）和中央国家机关工委《关于在中央国家机关基层党组织和党员中深入开展创先争优活动的实施意见》（国工发〔2010〕14号）要求，印发《中共国家测绘局党组关于在直属机关基层党组织和党员中深入开展创先争优活动的实施意见》和《中共国家测绘局党组关于深入推进局直属机关创先争优活动方案》，成立领导机构和办事机构，先后组织召开动员大会和深入推进动员会。各单位各部门党组织均制订了方案，设计了载体，进行了反复动员和层层部署，提高了广大党员的思想认识，增强了参加活动的自觉性和主动性。

广大党员立足本职岗位，结合自身实际，撰写承诺书，并通过内网、传阅、张贴等形式进行了公布。各级党组织以创先争优为主题，在“七一”前后开展了参观革命圣地、重温入党誓词、座谈讨论、学习调研、结对共建等主题党日活动，直属机关党委以展板形式对开展活动的情况进行了集中展示。国家测绘局直属机关工青妇组织联合设计的“五年又五年，测绘有我更精彩”党群共建创先争优实践活动方案获国土资源部十佳设计方案。

12月22日，国家测绘局召开创先争优活动交流大会，国家测绘局党组书记、局长徐德明出席大会并讲话。中国测绘科学研究院、国家基础地理信息中心、局机关规划财务司、中国地图出版集团和国家测绘局管理信息中心的8名人员分别汇报和交流了所在支部和党员的经验和先进事迹。

【基层党组织建设】

9月26日~28日，国家测绘局在成都举办首次所属单位基层党建工作培训研讨班。培训班上，四川省委党校党史党建教研部主任裴泽庆教授和国家测绘局直属机关党委专职副书记易树柏分别作专题辅导报告，黑龙江测绘局等8个单位进行了党建工作经验交流，与会代表就如何推动党建工作改革创新等问题进行了分组研讨。国家测绘局所属单位党建工作负责人、基层党组织负责人以及党务工作者近百人参加培训。

根据机构和人员的调整，国家测绘局指导局地图技术审查中心、局管理信息中心、局发展研究中心、法规与行业管理司、办公室、规划财务司、地理信息与地图司、中国测绘学会进行支部改选和增补委员等工作，指导中国测绘宣传中心党总支完成换届选举工作，指导测绘产品质量检验测试中心成立了临时党委，为这些部门和单位正常开展活动奠定了组织基础。认真做好党内统计和党费收缴工作，2010年度党内统计报表被评为优秀报表。认真做好发展党员工作，全年共发展党员12名，转正15名。

【统战工作和维护稳定工作】

2月2日，国家测绘局召开党外人士代表新春座谈会，来自农工、民盟、民建、致公党、“九三”学社的民主党派人士以及无党派高级知识分子代表参加座谈，密切了与党外人士的联系和感情。坚决贯彻落实中央关于维护稳定的决策部署和各项要求，严格执行重大节假日、敏感日“零”报告制度，切实做好有关维稳工作。

党风廉政建设

【党性党风党纪教育】

国家测绘局认真贯彻落实十七届中央纪委五次全会和国务院第三次廉政工作会议精神，深入学习中共中央总书记胡锦涛、国务院总理温家宝的重要讲话精神。认真组织学习贺国强在贯彻实施《中国共产党党员领导干部廉洁从政若干准则》电视电话会议上的重要讲话精神，切实增强党员干部廉洁从政的自觉性。组织广大党员、干部认真学习中央纪委印发的有关腐败问题和违纪案件的通报，有针对性地开展警示教育。

3月25日~26日，国家测绘局在长沙召开全国测绘系统纪检监察工作会议，对2010年党风廉政建设和反腐败工作做出部署。印发《中共国家测绘局党组关于2010年党风廉政建设和反腐败工作的实施意见》，对反腐倡廉建设工作进行责任分解和任务分工。积极争取中央纪委的支持，组织测绘系统近40名纪检监察干部到中纪委培训中心培训，有效提升了纪检监察干部的理论素质和业务技能。

【党员领导干部的监督工作】

国家测绘局严格执行党员领导干部报告个人有关事项、任前廉政谈话、民主生活会、述职述廉、诫勉谈话、函询等制度，切实加大对各级领导班子和领导干部的监督力度，对新任司、处级领导干部进行廉政谈话，国家测绘局机关和直属单位所有司局级干部进行述职述廉，对海南测绘局、重庆测绘院领导班子进行巡视。发挥审计对党员、领导干部的监督作用，组织开展中国测绘宣传中心、陕西测绘局、重庆测绘院主要负责人离任审计工作。

国家测绘局组成专题调研组，结合巡视工作，先后赴海南测绘局、重庆测绘院和四川测绘局，就贯彻落实中央关于“三重一大”（重大决策、重要人事任免、重大项目安排和大额度资金运作和使用）事项决策制度和有关要求的情况开展调研。

【“五型机关”创建活动】

国家测绘局机关各司（室）认真贯彻《国家测绘局关于开展“五型机关”创建活动的意见》和实施方案，紧密结合司（室）业务工作特点，积极开展崇尚读书学习、提高思维力，崇尚改革创新、提高创造力，崇尚周到服务、提高亲和力，崇尚求真务实、提高执行力，崇尚和谐共事、提高凝聚力的“五崇尚、五提高”活动，大力推进“五型机关”创建各项工作深入开展。组织开展2010年度“五型机关”创建活动先进集体和先进个人评选工作，有效推进了机关作风转变，提高了机关的管理和服务水平。

【信访举报和案件查处工作】

国家测绘局高度重视群众来信来访工作，妥善处理群众来信来访反映的问题，加大信访案件交办、督办力度。健全网络举报和受理机制，发挥群众在惩治和预防腐败中的积极作用。根据审计署移送国家测绘局处理的问题，督促和指导陕西测绘局、黑龙江测绘局、四川测绘局成立专门调查组，开展立案调查、取证核实等工作，依据有关规定，分别对相关责任人做出处理。

思想政治工作

中国测绘职工思想政治研究会组织开展重点课题研究和优秀研究成果征集活动。积极参加中国思想政治研究会和中央国家机关党建研究会课题研究工作，国家测绘局上报的《创建学习型机关之思考》获中央国家机关党建研究会课题研究一等奖和全国优秀思想政治工作研究成果提名奖。

测绘文化建设

国家测绘局组织开展精神文明单位创建活动，国家测绘局机关、中国地图出版社、中国测绘科学研究院、国家基础地理信息中心和中国测绘宣传中心获2009年“中央国家机关文明单位”称号。及时组织开展对青海玉树地震遇难同胞的哀悼仪式和捐款活动，个人共捐款239795元，在京所属单位中国地图出版集团、中国测绘科学研究院、国家基础地理信息中心集体捐款110万元。

组织开展丰富多彩的文体活动。1月24日~25日，在中国测绘创新基地举办以“弘扬测绘精神，奏响和谐乐章”为主题的全国测绘系统职工文艺汇演。3月，国家测绘局直属机关团委举办了第八届青年篮球比赛。3月8日，国家测绘局直属机关妇委会举办了北海公园健步走比赛和老北京风情游活动。5月~9月，组团参加中央国家机关第三届职工运动会，获最佳组织奖。6月8日~10日，在河北省秦皇岛市举办全国测绘系统首届羽毛球比赛。12月13日，在中国测绘创新基地举办“南方测绘杯”首届全国测绘职工书画展。通过组织开展丰富多彩的文体活动，集中展示了基层单位文化建设的成果和测绘职工健康向上的生活情趣，进一步增强了测绘队伍的凝聚力、向心力。

测绘业务工作

基础测绘

【国家西部1∶5万地形图空白区测图工程】

2010年，国家测绘局积极推进西部测图工程实施，各项工作进展顺利。制定印发《关于下达国家西部1∶50000地形图空白区测图工程2010年度计划的通知》，与工程各承担单位签署了国家西部测图工程目标责任书。截至2010年底，全面完成西部测图工程外业生产任务。此外，完成三江源、塔里木东部和青藏高原东部区域1230幅1∶5万地形图的内业测图、地形图印刷和数据入库任务；完成青藏高原西部区域1790幅1∶5万地形图的内业测图和成果验收检验任务；基本完成塔里木西部区域和横断山脉区域945幅1∶5万地形图的内业测图任务。总参测绘部队完成阿勒泰区域50幅图的内业生产及成果提交归档工作，完成喀喇昆仑山B区、嘉黎区域的内业工作并提交验收。基于西部测图工程成果的西部6省区7个基础地理信息平台建设成效显著，在西部测图工程协调领导小组会上向相关省区、部委进行了工作汇报，得到认可。

西部测图工程的科技创新成效显著。首次成功研制机载多波段多极化干涉SAR测图系统，填补了国内空白并实现航空航天雷达影像测图。该系统5月13日正式用于西部测图工程横断山脉区域机载雷达数据获取，进展情况良好；系统在青海玉树抗震救灾中完成数据的快速纠正和灾情信息解译及评估，提供给相关部门和单位，用于抗震救灾的决策指挥工作。

为全面评估工程成果质量，国家测绘局委托中国测绘学会对西部测图工程的生产组织、技术管理与技术创新、质量控制、安全生产、成果质量和资料归档等方面进行全面评估。年内,《国家西部1∶50000地形图空白区测图工程中期评估报告》已完成并发布，成果的优良品率达到80%以上。

西部测图工程安全生产形势良好，实现“零伤亡”的目标。

【国家1∶5万基础地理信息数据库更新工程】

2010年，国家1∶5万基础地理信息数据库更新工程制定项目计划，及时协调解决遇到的问题。在数据生产方面，1∶5万正射影像数据（DOM）更新生产已全部完成并汇交。完成全国1∶5万境界数据更新与建库，并通过国家测绘局验收；完成12775幅1∶5万正射影像数据（DOM）入库检查和建库工作；完成12948幅1∶5万DLG数据的质量检查入库。1∶5万数字高程模型（DEM）生产和入库更新已陆续开展，DEM数据生产建库与DLG数据建库同步完成。基本实现在2010底完成项目主体任务的建设目标。为确保更新成果质量，国家测绘局组织有关省区的测绘质检站开展更新数据质量的外业实地检查工作，经检查，更新成果质量良好。

【2000国家大地坐标系推广应用】

国家测绘局组织完成2000国家大地坐标系推广应用阶段性成果验收，解算出三、四等三角点的2000国家大地坐标系坐标，解算了1∶1万地形图由1980西安坐标系向2000国家大地坐标系转换的图幅平移量，制定了1∶1万地形图数据库由1980坐标系向2000国家大地坐标系转换的技术方案，制定了2000国家大地坐标系下建立独立坐标系的技术方案，成果将为各级测绘部门及行业部门使用2000国家大地坐标系奠定基础。举办1期技术培训班，为各省开展2000国家大地坐标系推广应用工作提供了技术支持。

【新农村建设】

国家测绘局进一步加大新农村建设测绘保障服务示范项目的组织实施和技术支持，提出2010年新农村建设测绘保障服务示范工作要求和5个示范项目的工作计划。组织开展新农村建设测绘保障服务示范项目的申报工作，遴选确定江阴市、全椒县、安溪县、樟树市、武汉城市圈城乡一体化等5个项目为新农村建设测绘保障服务示范项目。开展对2007年~2009年示范项目的督促检查，推动新农村建设测绘保障服务示范项目顺利开展。完成陕西、山东、江西、广西、宁夏、海南、湖南、湖北、黑龙江等地10个示范项目的验收前审查工作。通过示范项目的实施，不断推出农村基础地理信息获取、农村区域地图制作、农村专题地图编制、涉农基础地理信息系统建设等一批示范项目建设成果，在新农村建设规划、农村交通水利电力设施建设、村镇建设、生态与环境建设、农村信息化建设、农村防灾减灾等方面发挥重要作用。

【援疆工作】

国家测绘局认真落实全国对口支援新疆工作会议、新疆工作座谈会精神和《中共中央 国务院关于推进新疆跨越式发展和长治久安的意见》（中发〔2010〕9号），按照中央“推进基础测绘工作，构建新疆基础地理信息数据库，建设现代化测绘基准体系”的测绘援疆工作总体要求，组织开展测绘援疆工作。一是在新疆乌鲁木齐召开全国测绘援疆工作座谈会，全面部署和开展全国对口援疆测绘保障与服务工作，从资金、项目、装备、技术、人才、服务等方面，提出了援疆十项措施，组织了资金、人才、影像数据、仪器设备、软件系统等多种方式的援疆活动。测绘行业捐赠的款物价值约1.7亿元。二是组织编写了《新疆跨越式发展和长治久安测绘保障工程》项目建议书，通过大项目带动新疆测绘大发展。8月27日，国家测绘局联合新疆维吾尔自治区人民政府将《新疆跨越式发展和长治久安测绘保障工程》国家重大专项项目建议书上报财政部。三是制定相关政策，组织起草《国家测绘局关于加强测绘援疆工作的意见》，明确了测绘援疆工作的目标任务，即到2015年，实现新疆测绘服务保障能力接近经济较发达省份水平；到2020年，全面建成数字新疆地理空间框架，实现基础地理信息数据库的必要覆盖和适时更新，新疆测绘体系高效运行，新疆测绘服务保障能力可靠、适用、及时。

【测绘基准基础设施建设】

2010年，国家现代测绘基准体系基础设施建设一期工程完成项目可研报告的补充材料报送和审查工作。组织编写了工程设计的技术规程、项目管理规定、项目质量管理规定等。完成部分省市国家测绘基准站的堪选工作。

开展了国家8个GPS连续运行基准站的运行管理，完成对西宁站、拉萨站的设备改造。国家测绘局8个GNSS连续运行基准站以及中国地壳运动观测网络工程25个基准站的数据汇集情况良好。

完成陆态网络各基准站设备安装和系统集成；全部基准站建站资料已通过质量检查和归档；对39个基准站开展了水准联测。组织国家测绘局2009年度中国大陆构造环境监测网络区域站资料一级监理与归档工作。根据“陆态网”数据系统建设进展，编制了中国大陆构造环境监测网络国家测绘局共享子系统总体集成方案。

【西藏1:5万地形图测绘】

1月~10月，成都军区某测绘大队完成西藏嘉黎测区1:5万地形图48幅，江孜、琼结地区1:5万地形图20幅DEM、DOM和DLG的生产任务，完成西藏边坝1:5万地形图88幅、波密1:5万地形图2幅外业调绘任务。

【第二次军用土地调查】

3月~10月，为配合第二次全国土地调查，全军有关测绘部队投入80名作业人员，完成1100多个营区驻地的土地调查任务。

【新疆、西藏地区正射影像制作】

3月~12月，总参某测绘信息技术总站配合国家1:5万西部测图工程承担卫星影像资料的分析、影像融合、外业布点、数字空中三角测量、DEM数据采集、DOM制作和三维景观制作任务。共完成新疆、西藏等地区11个县DEM、DOM 1100平方千米，西藏嘉黎县、新疆塔什库尔干塔吉克自治县三维景观制作各100平方千米。成果已全部提交国家1:5万西部测图工程项目部。

【全国重点地区三级GPS大地控制网】

2010年，总参测绘局组织完成山西省、青海省、重庆市三级GPS大地控制网测量任务。其中，北京军区某测绘大队完成山西省三级GPS大地控制网441点观测和125千米高程联测任务，并与山西省测绘局达成测量标志联合共管协议；兰州军区某测绘大队完成青海地区三级 GPS 大地控制网 100 点观测和 844 千米的高程联测任务；成都军区某测绘大队完成重庆市三级 GPS 大地控制网 180 点观测和 584 千米高程联测任务。

【全国1∶5万数字地形图更新】

2010 年，总参测绘局全面统筹全军1∶5万数字地形图测绘年度任务进度和交图计划，多次与国家测绘局统一技术、交换资料，并向各生产单位明确任务进度时间表。组织各军区和直属测绘部队完成1∶5万地形图更新 2168 幅；集中会审并验收 2150 幅。

【西部无图区1∶5万数字地形图测绘】

2010 年，总参测绘局组织兰州、成都两军区测绘部队完成西部无图区1∶5万地形图测图 550 幅，完成喀喇昆仑山 C 区、中国和尼泊尔边界 B 区数字线划图 115 幅，制作数字高程模型、正射影像图 95 幅。

【全国重点地区 1∶1 万地形图测绘】

2010 年，总参测绘局组织兰州、广州两军区测绘部队测制 1∶1 万地形图珠海地区 56 幅，西海固地区 17 幅，汕头、揭阳、潮州地区 82 幅。完成兰州市 1∶1 万正射影像图制作 29 幅。组织总参某测绘研究所、济南军区某测绘大队开展 1∶1 万国标数据转军标的技术研究和软件研制，取得阶段性成果。

【中国大陆构造环境监测网络建设】

2010 年，总参测绘局组织完成中国大陆构造环境监测网络建设任务。其中，兰州军区某测绘大队完成陕西华阴和甘肃天水等 12 个基准站水准联测任务；济南军区某测绘大队完成青岛、武清等 8 个基准站及 3 个验潮站一、二等水准测量任务，共联测 90.1 千米，检测 29.2 千米；广州军区某测绘大队完成珠海、湛江、汕头等 12 个基准站和湛江、珠海等 4 个验潮站一、二等水准测量任务，共联测 129 千米，检测 89 千米；总参某测绘大队完成澜沧、文山等 12 个基准站水准测量任务，共施测一等水准 78 千米、二等水准 146 千米。

【地壳运动观测网络昆明 GPS 基准站升级改造】

5 月，成都军区某地图仓库协助总参某测绘研究所完成中国地壳运动观测网络昆明 GPS 基准站设备更新，使该站升级为中国地壳运动观测网络昆明 GNSS 基准站。

【西藏那曲河、青海疏勒河流域地形图测绘】

6 月～7 月，兰州军区某测绘信息中心组织完成西藏那曲河流域 70 个野外 D 级 GPS 控制点和 D 级水准点的埋石、观测任务，测制 1∶1 万带状地形图 96 幅。9 月，组织完成青海疏勒河流域 22 个 D 级 GPS 控制点和 D 级水准点的埋石、观测任务，测制 1∶1 万带状地形图 54 幅。

【国家水准原点网改造工程】

9 月～11 月，济南军区某测绘大队完成青岛国家水准原点网和沙子口备用水准原点网改造工程 12 个点的维修、改造任务，19 个路线水准点的维护、20 个 GPS 点的选埋。

【地理环境仿真数据生产】

10 月～12 月，总参测绘局组织测绘部队完成全国 1∶25 万 728 幅、1∶50 万 232 幅的地理环境仿真数据生产任务。

【宜城至宝康高速公路选线航测】

10 月～11 月，在总参某测绘信息技术总站和湖北省公路设计院的配合下，空军某航测团完成宜城至宝康高速公路 175.3 千米选线航测任务，航测比例尺为 1∶1.2 万。

海洋测绘

【民用航海图编制】

2010 年，海军出版社完成民用海图制图任务 323 幅。其中，新编海图 190 幅，包括1∶50 万海图 84 幅、国内及我国周边海域和北印度洋海域 1∶100 万海图 80 幅、中南半岛1∶50 万海图 6 幅、国内地区港口图 20 幅，维护改版国内海区海图 133 幅。

【民用 S－57 标准数字海图编制】

2010 年，海军出版社按照 S－57 国际标准，应用 dKart 软件，编制 S－57 标准格式中国沿海民用数字航海图 153 幅，改正维护在版的 S－57 标准格式中国沿海民用数字航海图350幅。

【航海图书目录】

1月，海军出版社公开出版发行K102号《航海图书目录》。该书主要刊载了中国沿海及周边海区的各类海图及航海书表目录，包括中国沿海及附近海区总图、航行图、港湾图和渔业图等专题图500多幅，《中国航路指南》、《中国港口指南》、《潮汐表》、《航标表》、《国际信号规则》等各类航海书表40多册。除图（书）名、图号、比例尺、出版时间等文字信息外，还配有相应的图幅位置和范围示意图，为广大航海人员和航运管理部门等查阅和使用中国航海图书提供了方便。

【中国沿海系列港口航行指南】

12月，海军出版社编制完成《中国沿海系列港口航行指南》，包括《营口港航行指南》、《秦皇岛港航行指南》、《宁波-舟山港航行指南》、《福州港航行指南》、《广州港航行指南》共5册。《中国沿海系列港口航行指南》详细介绍了中国沿海各重要港口的航行方法、进港指南、码头和航道情况，每个重要港口以航海资料图集的形式编辑出版1册。

【航海通告】

2010年，《航海通告》共编制52期，发布范围由第一岛链以内海域扩展至印度洋海域、太平洋、大西洋部分海域。主要内容包括助航设备的设置、撤销与变更，航行障碍物的发现、清除与变更，水深的变化，港湾、码头的变化，各种区域界限的划定、废除与变更，航行规章制度、航法的实施、废除与变更，电缆的敷设与变更，海上工程与疏浚，航海图书的出版、改版、作废的情况及与航行有关的其他内容。

【民用航海资料及电子海图入库、发放】

2010年，海军出版社共入库民用航海图54万多张、民用航海书表11万多册、民用透明样纸近2.5万份；发放民用海图78万多张、民用书表18万多册、电子海图光盘810件、电子海图9000多幅，范围覆盖全部中国海区；发放国内航海通告43万册、英文版航海通告1.2万册，保障了部队战备训练用图和民运船舶的航海需求。

界线测绘

【中越陆地边界勘界】

历时十年的中越陆地边界勘界工作圆满结束。2010年2月，外交部、公安部、总参谋部及国家测绘局联合举行中越陆地边界勘界工作表彰大会，国务委员戴秉国出席会议并讲话。国家测绘局直属单位四川测绘局被评为“先进集体”，四川测绘局和国家基础地理信息中心的14人被评为“先进个人”。5月，国家测绘局对中越勘界测绘保障工作进行总结表彰，分别给96名在勘界测绘工作中表现突出的测绘人员记一、二、三等功。

【中尼边界第三次联合检查】

2010年，国家测绘局配合外交部开展中尼边界第三次联合检查工作，承担了联检议定书附图制作工作。

【中蒙边境1∶5万地形图更新】

1月~12月，北京军区某测绘大队完成中蒙边界1∶5万地形图更新447幅。6月~9月，兰州军区某测绘大队完成中蒙边境地区1∶5万地形图更新200幅的野外控制、调绘任务，实测控制点114个。

【中蒙边境1∶5万影像图制作】

1月~4月，北京军区某测绘大队完成中蒙边境1∶5万影像图205幅制作任务。

【中俄边界联检筹备组会议】

2月~5月，总参测绘局3次派员参加由中俄两国外交部和军队测绘主管部门组织的中俄边界联检筹备组会议。双方按照边界联合检查工作计划，围绕中俄边界联检的测图、增设界标和水文测量等问题交换了意见，就《中俄边界第一次联检更新地图工作规则》、《中俄边界第一次联合检查过境规则》、《中俄边界第一次联合检查以界标标示中俄边界细则》和《中俄边界第一次联检委员会条例》达成共识，签署了中俄专家工作组《关于中俄边界第一次联合检查筹备工作报告》。

【中俄边境额尔古纳地区1:5万地形图更新】

4月~8月，沈阳军区某测绘大队派员赴中俄边境额尔古纳地区执行1:5万数字地形图更新任务。实测控制点75点，完成地形图调绘93幅及全部内业编辑、入库任务。

【中哈边境1:5万地形图更新】

5月~12月，兰州军区某测绘大队完成中哈边境地区1:5万地形图170幅内业更新任务，成果包括入库数据和全色、多波谱DOM影像数据。

【中塔国界1:5万正射影像图制作】

5月~6月，兰州军区某测绘大队完成中塔国界1:5万正射影像图制作23幅。

【中尼边界1:5万地形图测绘】

5月~12月，成都军区某测绘大队完成中尼边界A区域1:5万地形图100多幅的生产任务。

【中吉、中塔边境1:5万地形图更新】

5月~12月，兰州军区某测绘大队完成中国和吉尔吉斯斯坦、塔吉克斯坦边境地区1:5万地形图66幅的更新任务。

【中老边界第一次联检测绘】

2010年，总参测绘局派员5次参加中老边界第一次联合检查测图专家组会议。会议讨论确定了中老边界第一次联合检查测图专家组工作细则和具体实施安排；双方签署了《中老边界第一次联合检查航空像片野外控制测量和调绘协同工作计划》、《中老边界第一次联合检查1:5万地形图图式》、《中老边界第一次联合检查1:5万地形图印刷技术规定》等计划和技术文件；相互通报了航空像片野外控制测量和调绘工作进展情况，研究解决老方在野外测量中存在的技术问题，进一步确定了中老边界第一次联合检查1:5万地形图图外整饰样式。

年内，总参测绘局组织总参某测绘信息技术总站、空军某航测团、总参某测绘大队、成都军区某测绘大队共同完成中老边界第一次联合检查数字航摄和大地联测任务。共获取航摄原始数据约600GB，完成75条航线1.1万平方千米的摄影、现场数据处理和成果整理工作，完成中方境内12个大地控制点、2个基本水准点的选点、埋石、GPS联测及3个水准点的GPS联测；完成100多千米二等水准测量和中老2个口岸约5千米二等水准过境联测。对老挝境内2个大地控制点进行GPS联测检查。

地图与测绘图书出版

【出版总量】

2010年，中国地图出版集团出版地图、图书共1837种。其中，新出版591种，重印1246种。

2010年，星球地图出版社出版图书626种，发行图书9957.7万册（张），全年完成选题403项。在新闻出版总署组织的第二届中国出版政府奖评选中，星球地图出版社获先进出版单位奖。

【实用参考图】

2010年，中国地图出版集团积极开拓实用参考图市场，进一步加强参考图项目管理、选题策划和设计方案论证等工作，并与各地测绘部门建立了良好的合作关系，在产品的精品化、系列化和升级换代方面成绩突出，出版了以《嫦娥一号全月球影像地图集》为代表的专题地图作品。《世界地图（九全）》、《中国高速公路及路网详查地图集》获中国测绘学会2010年优秀地图作品裴秀奖金奖；《打开地图看世界》、《伟大的探索》获中国出版工作者协会第九届引进版优秀图书奖；《北京六环地图》、《新编实用中国交通地图册》、《中国公路行车地图册》、《广东·广西·海南省公路里程地图册》等被中国书刊发行业协会评为全行业优秀畅销书。

【电子地图】

中国地图出版集团导航电子地图出版工作稳步发展，网络电子地图已上线试运行。光盘版《北京电子地图（英文版）》获中国测绘学会2010年优秀地图作品裴秀奖银奖。

【教学地图】

2010年，中国地图出版集团在继续巩固教学图册市场的基础上，把创新研究放在突出位置，努力拓展新市场，挖掘新产品。中国地图出版社出版的高中《地理图册》（全套10册）获中国测绘学会2010年优秀地图作品裴秀奖银奖；人教版（安徽用）初中《历史地图册》（全套6册）、《中国地理图集》获中国测绘学会2010年优秀地图作品裴秀奖铜奖。

【特型地图】

中国地图出版集团注重特型地图产品研发水平的提升和生产设备的升级改造，加大产品创新力度和产品的技术升级，创新研发的嫦娥一号月球仪广受好评，32厘米政区地球仪获中国测绘学会2010年优秀地图作品裴秀奖金奖。

【测绘书刊】

中国地图出版集团全年完成测绘科技专著出版基金资助图书23种，其中17种涉及测绘行业标准。完成国家测绘局文件汇编等图书的出版工作。完成澳大利亚、加拿大、奥地利、日本等国在GIS、GPS、RS行业有权威影响力的高端学术专著引进工作。

全年完成《测绘学报》、《测绘通报》两刊的组稿、编辑、出版、发行工作。着力提升《地图》杂志编辑选题策划水平和组、约稿能力，推出一系列人文地理类增刊，实销率较2009年有大幅提升。

【编制系列中国分省军事交通地图册】

2010年，总参测绘局组织完成《系列中国分省军事交通地图册》的编辑与出版工作。该图册以省、自治区、直辖市为制图区域，主要为部队执行作战、训练、抢险救灾任务和指挥机关、军事交通部门了解地域交通情况，拟定部队机动、集结、疏散计划提供交通信息；也可为国家和地方有关部门了解交通运输情况，规划经济与交通建设等提供基础交通信息。

【编制国土周边地区1:200万航空图】

9月~12月，空军某测绘大队完成国土周边地区1:200万航空图的编制任务。以1979年出版的1:200万纸质航空图和2002年~2008年出版的1:100万航空图为基本资料，以2009年修订的《世界地图集》、2010年出版的海图和国家测绘局2007年制作的《世界各国国界线画法样图》为补充资料，对航空、水系、居民地、道路、境界等要素进行了更新，保证了航空图的现势性。

【编制新版分省军事交通图】

2010年，总参测绘局组织全军有关测绘部队完成新版分省军事交通图的编制任务。采用1:50万（1:25万）联合作战图和第二代军事交通图数据，结合卫星导航数据及其他地图资料，利用卫星遥感影像对居民地、道路、水系、境界、航空要素、地名等进行系统更新和编绘。成果资料主题鲜明、现势性强、范围广、方便携带。

测绘成果与档案建设

国家测绘档案资料馆馆藏

【概况】

2010年，国家测绘档案资料馆馆藏测绘档案类目与2009年相同。全年对馆藏档案资料继续进行整理，馆藏档案资料数量较2009年略有增长。库房面积与2009年相同。密集架514组（1744节）。

【2010年测绘档案资料馆藏统计】

2010 年测绘档案资料馆藏总量统计表

类　　目	卷藏量	件数量	点/片/景	备　　注
大地测量档案	1759	16574		
航摄底片		4332（筒）	1046465	
航摄拷贝片		945（筒）	258727	
卫星遥感资料			33852	景
地形图档案	7053	479524		
国外地形图档案	123	10737		
黑图档案	53703	312715		
国内专题图档案	293	11838		
国外专题图档案	115	3981		
国内地图集档案	1814	3767		
国外地图集档案	230	312		
特种地图档案	5	10		
数据档案		40113		
异地贮存数据		523		
古地图档案	57	403		
民国地图档案	723	106247		
测绘项目档案	3774	112742		
设备档案	198	2606		
专业图书期刊资料		2805		
全宗卷	111	1351		
合计	69847	1111525	1339044	

2010年地形图馆藏档案统计表

比例尺	版别	档案实物件（张）					档案实物	合幅图数
		一份	二份	三份	小计	总计	卷数	
1∶10000	五四系	110635	88224	88126	286985	287025	4525	110635
	八零系	41			41		7	41
1∶25000	五四系	10892	9316	1734	21942	21942	299	10892
1∶50000	五四系	39473	35346	22319	97138	116299	1058	39473
	八零系	6387	6387	6387	19161		231	6387
1∶100000	五四系	13517	11858	4725	30100	30100	532	13517
	八零系	45	45	45	135		6	
1∶200000	五四系	2726	2572	721	6019	6019	75	20
1∶250000	五四系	1450	1450	1450	4350	4350	90	7
1∶500000	地形图	710	704	536	1950	2547	42	3
	航　图	298	281	18	597		33	
1∶1000000	内　部	60	60	60	180	6118	3	476
	秘　密	145	145	144	434		3	
	拼　音	15	15	15	45		3	
	影　像	63	63	63	189		3	
	世界地形图	1481	1389	448	3318		124	
	世界航图	969	965	18	1952		77	
1∶2000000	世界地形图	62	62		124	239	4	4
	世界航图	58	56	1	115		5	
合计		185166	155198	125507	465871	474775	7120	1047
五四系		178693	148766	119075	446534		6876	
八零系		6473	6432	6432	19337		244	

2010 年地形图档案馆藏统计表

出版年代	幅　　数
1950 年～1960 年	163
1961 年～1970 年	913
1971 年～1980 年	25129
1981 年～1990 年	69782
1991 年～2000 年	3061
无出版年代	9634
2001 年～2010 年	6833
合计	115515

测绘档案资料规范化管理和信息化建设

【测绘档案资料收集】

2010 年，国家测绘档案资料馆累计收集资料 2782 件，包括 33 个国家专题地图各 1 张；1∶10 万塔吉克斯坦地形图 153 张，吉尔吉斯斯坦地形图 176 张；国内1∶5万、1∶25 万存档地形图 694 幅 2084 张；国内外地图集、专题图 325 件；其他资料 13 件。整理扫描 23 个省市的 334 个大中城市地图 2278 件。

接收和整理 26 个省市测绘部门上交的现势资料成果，其中纸质资料成果 108 项，电子数据成果 155 项。

【测绘档案成果归档管理】

2010 年，国家测绘档案资料馆完成1∶5万地形图西部空白区测图工程三江源、塔里木东等 5 个测区 1227 幅测绘成果资料归档接收工作，查验、整理模拟资料 6540 件、数据成果 9566 幅、数据资料 27060 条，组织案卷 1309 卷，查验补充目录信息 33620 条。接收国家地理信息公共服务平台归档的基础地理数据和电子地图数据资料 200 件，数据量 2TB。完成航摄资料入库、检查、清点、上架等工作，入库航摄资料共 29 个摄区，航摄底片 166 筒（约 66400 片），航摄像片约 241229 片。完成地心坐标推广应用、国家 1∶25 万地图数据更新（2008）、西藏安多和那曲数字摄影测图实验、数字嘉兴地理信息共享平台、云南省勐腊县数字乡村地理信息系统等 39 个测绘项目资料成果的归档接收、查验、整理及组卷，著录目录 3940 条，组卷 93 卷。

全年共接收、查验、整理模拟文件资料 7029 件，数字文件资料 45550 个（其中复核数字文件 8870 个）、数据量 2. 72TB，累计著录目录 43700 条，组卷 1520 卷。

【测绘档案信息化建设】

2010 年，国家测绘档案资料馆继续加强测绘档案信息化建设，重组了所有项目文档目录数据；完成图形子系统的设计。

【档案馆库房智能化管理系统建设】

10 月～12 月，总参某测绘信息中心档案馆建成了集视频监控、指纹门禁、火灾报警、温湿度监测等功能于一体的智能化管理系统。更换了防爆、防溅、防紫外线的“三防”专业灯具，形成了双重监控机制。系统已通过总参办公厅保密档案局的验收，达到集中存放军队重要测绘档案资料二级风险目标的二级防护标准，提升了军事测绘档案管理水平。

测绘合作共建

【部门间地理信息资源共享】

2010 年，国家测绘局继续落实部门间共享协议，收集中国地质调查局有关共享协议确定的重力矿产数据资料、交通运输部最新的全国公路数据、农业部“1∶50000 数字土壤图”等有关数据。与工业和信息化部、铁道部协商共享合作事宜；与国家林业局森林防火办公室初步达成合作事宜。

【共建国家地理信息公共服务平台】

2010 年，国家测绘局与各省级测绘行政主管部门签订《国家地理信息公共服务平台共建工作目标责任书》，明确了平台共建目标、需要提供的测绘成果以及相关权利义务等。印发《国家地理信息公共服务平台共建工作目标责任书》工作方案，督促各地提供省级基础地理信息数据或电子地图数据，年内，除西藏外，30 家省级测绘行政主管部门提交了平台建设所需的基础地理信息数据或者电子地图数据，为平台建设奠定了良好的数据基础。

【完善全国测绘成果目录服务系统】

国家测绘局继续完善全国测绘成果目录服务系统建设，指导省级测绘行政主管部门完善地市级测绘成果目录服务系统，2010 年底，在线测绘成果目录数据近 130 万条。

【广州战区五省（区）军地测绘气象水文联合保障联席会议】

5 月 27 日，广州军区司令部在广州召开湘、鄂、粤、桂、琼五省区军地测绘气象水文联合保障联席会议。广东省国土资源厅、湖南省水利厅、南海舰队和广州军区空军司令部在会上分别交流了军地合作经验。会议组织参观战区测绘部队建设和军地合作成果，成立了军地联合保障协调小组和办公室。广州军区司令部与五省区测绘、气象、水文部门 18 个单位分别签署了《军地联合保障实施办法》。

【签署地理信息数据资源共享与合作协议】

8 月 10 日，成都军区司令部与四川测绘局在成都签署地理信息数据资源共享与合作协议，总参测绘局局长袁树友少将出席签字仪式并讲话。协议的签署为充实完善军事测绘基础地理信息资源，建立四川地区军地联合保障机制创造了有利条件。

【签订联合组建西安卫星应用基地合作协议】

9 月 28 日，总参某测绘研究所和中国东方红卫星股份有限公司在北京签订联合组建西安卫星应用基地合作协议。总参测绘局局长袁树友、副局长范艺华，总参某测绘研究所、航天科技集团和中国东方红卫星股份有限公司等单位共 60 多人参加会议。

【国土资源部、海军地质调查与海洋测绘合作年度工作座谈会】

12 月 30 日，国土资源部、海军司令部在北京召开国土资源部、中国人民解放军海军地质调查与海洋测绘合作年度工作座谈会。国土资源部副部长汪民、海军副司令员丁一平中将出席座谈会。双方表示将进一步加强军民科技资源集成融合。国土资源部、海军司令部等单位相关人员参加座谈。

测绘服务与应用

【应急测绘保障】

一、青海玉树地震测绘保障

“4·14”青海玉树地震发生后，国家测绘局迅速启动影像快速获取及专用地图紧急测制机制，调集 2 架高空航摄飞机和 5 架无人机航摄系统获取灾区航摄影像，利用地震前后航空航天影像，结合已有基础测绘成果，组织生产单位紧急测制了 220 平方千米 1:2000 玉树县域影像图、220 幅 1:2000 数字正射影像、数字高程模型和影像地图、2000 平方千米雷达影像灾害遥感解译图，以及各类抗震救灾专题地图，为科学决策、抢险救灾、灾情评估及基础设施修复与重建等提供了有力支持。

国家测绘局积极落实《国务院关于做好玉树地震灾后恢复重建工作的指导意见》精神，为满足青海玉树灾后重建工作对测绘基准及服务、不同比例尺基础地理信息数据的需求，启动支援青海玉树地震灾后重建测绘保障工程，在 1 个月的时间里完成 15 个应急全球卫星导航（GNSS）连续运行基准站建设，灾区高精度似大地水准面解算，灾区 9600 平方千米 0.4 米分辨率航空摄影，灾区 9600 平方千米 1:1 万正射影像图、数字高程模型生产和 195 幅 1:1 万影像地图测制，建立了多尺度的基础地理信息数据库。

二、甘肃舟曲特大山洪泥石流灾害测绘保障

“8·8”甘肃舟曲特大山洪泥石流灾害发生后，国家测绘局紧急启动甘肃舟曲地质灾害测绘应急保障一级响应，及时调用 1 架高空高效型航摄飞机、3 套无人机航摄系统执行灾区应急航空摄影任务，紧急下达灾后高分辨率卫星遥感影像编程订单，及时获得灾区 90 平方千米 0.2 米分辨率航空遥感影像、15 平方千米 0.15 米分辨率无人机航摄影像、370 平方千米 0.5 米分辨率卫星遥感影像。组织完成灾区三眼峪沟及罗家峪沟灾后泥石流掩埋堆积量、灾前灾后对比分析等工作，完成覆盖整个县城及周边的灾前灾后各约 40 平方千米的正射影像图和数字高程模型的生产，并将测绘成果及时提供给国务院办公厅、国务院应急办、国家防汛抗旱总指挥部、国土资源部以及军队有关部门使用。

三、四川地区泥石流、山洪灾害测绘保障

8月，四川省部分地区遭受重大泥石流和山洪灾害，国家测绘局紧急部署开展航空摄影任务，协助四川测绘局开展影像获取工作。利用无人机航摄系统，先后对绵竹县清平乡、汉旺镇，汶川县映秀镇、银杏乡，都江堰市龙池镇、虹口乡等重点受灾区域进行航摄，获得0.15米高分辨率无人机航摄影像，及时将成果送到国家防汛抗旱总指挥部、国土资源部以及军队有关部门，为抢险救灾、灾情分析、灾民转移、物资供应等提供及时、准确的地理信息支撑。

四、汶川地震灾后重建测绘工程

2010年，四川、陕西、甘肃3省地震灾后测绘重建项目主体工程全部完成，预计2011年6月底前完成所有工作。其中，四川、陕西、甘肃测绘部门分别完成总任务的80%、89%、76%。3省测绘主管部门按照“边建设、边应用”的原则，积极向灾区各部门提供测绘成果，广泛应用于灾区的城乡住房、公共服务设施、基础设施重建等工作，为灾区重建提供了有力的测绘保障服务。

五、江西抗洪救灾应急测绘保障服务

6月21日，江西省第二大河抚河唱凯堤决口，国家基础地理信息中心接到应急命令后，利用正在开发的专题图快速制图系统，在不到三个小时的时间内，紧急制作出江西省1:100万地形图，抚州市区罗湖镇、唱凯镇、罗针镇等受灾区域1:5万多类型、多尺度的专题地图，及时提供国家防汛抗旱总指挥部办公室、江西省测绘局等使用，受到用图单位好评。

【为上海世博会提供地图服务】

2010年，国家测绘局积极协调提供上海世博会急需的测绘成果。参加国务院办公厅、中宣部先后召开的专门会议，与有关部门及上海世博会事务协调局协作开展工作，避免世博会期间出现“问题地图”。指导国家测绘局地图技术审查中心与上海市测绘管理办公室共同建立上海世博会绿色审图通道；派员配合海关总署开展国家版图知识培训，做好国外世博馆用图入境工作。

【组织开展领导机关用图编制工作】

2010年，国家测绘局继续指导各地做好领导机关用图编制工作。云南省测绘局为全国政协调研组提供工作用图，上海市测绘院编制了《上海市地图集（中国2010年上海世博会专版）》。指导中国地图出版社、国家基础地理信息中心继续编制中央领导机关用图。中国地图出版社已编制34幅地图提供中央办公厅应急使用，国家基础地理信息中心制作电子地图供中央领导使用。

【1:25万公众版地图开发应用】

2010年，国家测绘局组织编制完成覆盖全国范围的819幅1:25万公众版地图，并组织军地专家对成果进行验收。召开1:25万公众版地图培训会议，将1:25万公众版地图分发到省级测绘行政主管部门和军队测绘部门，为公众版测绘成果的研制、推广和应用奠定基础，促进了测绘成果社会化应用。

【测绘行政许可集中受理】

从2007年7月1日起开始，国家测绘局对涉及国家秘密的基础测绘成果提供使用审批和地图审核两项测绘行政许可实行集中受理，受理大厅设在国家基础地理信息中心。至2010年底，国家测绘局行政许可受理大厅共收到涉密测绘成果受理申请1154件，发出受理通知书960件；经国家测绘局批准，发出不准予使用决定书13件、准予使用决定书947件。收到送审地图2139件，受理2008件，不符合地图审查规定不予受理和主动撤回的131件；经国家测绘局审核批准开具地图审核批准书1641件，不予批准书255件，协审27件，正在进行技术审查或审批的85件。

【云贵川灾区抢险救灾测绘导航保障】

1月～3月，成都军区某测绘信息中心完成云南、贵州抗旱救灾测绘导航保障任务，共标绘和修改救灾力量部署图、各地区救灾力量情况图、旱情分布图、每日救灾情况图等120多幅。5月～7月，派员参加川西地区抗洪救灾测绘导航保障，标绘北川、汶川、都江堰等地灾害情况分布图、救灾力量部署图、应急部队部署图、每日救灾情况图、西南地区水系图等160多幅。

【海军亚丁湾护航1:100万专用航空图编制】

4月，空军某测绘大队完成9幅海军亚丁湾护航1:100万第二批专用航空图编制任务。航空图成图幅面为大全开，既可单幅供飞行使用，又可九幅拼成挂图供指挥使用。该图由解放军第1206工厂印刷，共印2000套，保障中国海军护航舰队使用。

【甘肃古浪县生态移民暨扶贫开发黄花滩土地引水工程】

7月，兰州军区某测绘信息中心组织完成甘肃省古浪县生态移民暨扶贫开发黄花滩项目土地资源引水工程野外测量和制图任务，对约440平方千米的地区进行了野外调绘，测制1∶1万地形图34幅。

【松花江、辽河流域抗洪抢险专题图制作】

7月~8月，沈阳军区某测绘信息中心投入作业人员30多人（次），制作松花江、辽河流域专题图，计算机标绘《汛情图》、《支援地方抢险救灾图》等40多幅，手工标绘地图30多幅，打印各类成果1500多张，为首长、机关及救灾一线部队提供地图4万多张。

【酒泉风电基地测绘】

9月~12月，兰州军区某测绘信息中心组织完成甘肃酒泉千万千瓦级风电基地玉门三十里井子、桥湾南、桥湾北等6个区域D级GPS控制点测量和1∶2000地形图测绘任务，为建立中国陆地最大的风力发电场提供了基础数据。

测绘与地理信息标准化

【测绘与地理信息标准制修订】

2010年，国家测绘局先后两次面向行业征集标准项目提案，连同中国测绘标准网等常年征集渠道，共收到省级测绘部门、有关企业、科研院所、测绘院士反馈的提案近200项。29项国家标准和行业标准立项项目列入国家测绘局2010年测绘与地理信息标准制修订计划。截至年底，国家测绘局共批准发布行业标准22项，正在制修订的行业标准29项，已通过审查的行业标准4项；组织上报国家标准立项8项，正在制修订的国家标准29项，国家标准化管理委员会批准发布国家标准6项。

为加大重大工程标准化的统筹协调力度，国家测绘局发布实施《关于加强基础测绘和重大测绘工程标准化管理工作的通知》。2010年，新增海岛（礁）测绘相关标准8项、地理信息公共服务平台标准5项、数字城市建设标准6项，发布实施无人机航摄系统相关标准6项。

【指导地方标准研究】

2010年，国家测绘局加大对省级测绘部门和有关单位标准研究的支持力度，鼓励其在现有的国家标准、行业标准基础上，针对新技术发展和生产实践需求，开展标准前期研究。支持江苏省开展地方标准《江苏省1∶500 1∶1000 1∶2000地形图数据规定》研究，指导浙江省编制了《浙江省基础地理信息要素分类与代码》，支持有关企业开展倾斜摄影测量技术相关标准的前期研究。

【全国地理信息标准化技术委员会建设】

2010年，全国地理信息标准化技术委员会组织编制《国家地理信息标准化“十二五”规划》，印发《地理信息国家标准项目立项指南（2010－2011年）》，组织《地理信息 影像、格网及覆盖数据框架》、《地理信息 地理定位的影像传感器模型》、《地理信息 基于地理标识符的空间参照》、《地面激光扫描测图技术规范》和《网络地图瓦片服务》5项提案申报国家标准立项。完成《地理信息分类与编码规则》等9项地理信息国家标准（送审稿）审查。2010年，制定中的地理信息国家标准项目共29项，项目总体执行情况良好。

【标准宣传贯彻】

2010年，国家测绘局进一步加强地理信息标准化工作成果的宣传贯彻。指导地理信息标准化技术委员会举办2期国家标准培训班，面向地理信息领域企业、高校、科研和事业单位的100多名技术人员，培训《国家地理信息标准体系》、《地理空间数据交换格式》等8项国家标准；组织地理信息标准化技术委员会通讯成员参加国家地理信息标准化发展方向与对策研讨会暨2010年世界标准日纪念活动；征求企业对“十二五”地理信息标准规划的意见，填写“十二五”地理信息国家标准研制方向调查表，进一步鼓励企业及科研单位积极参与地理信息标准化工作；与测绘标准化工作委员会联合编发《测绘与地理信息标准化工作动态》（双月期）。

【国际标准化组织地理信息技术委员会全体会议及工作组会议】

2010年，国际标准化组织地理信息技术委员会

(ISO/TC 211) 国内技术归口办公室组织13位专家参加在英国和澳大利亚召开的第30次和第31次全体会议及工作组会议。

组织完成ISO/TC 211地理信息国际标准项目各个阶段中国的投票、意见征集共31次，向相关专家咨询意见近50人次；向有关专家提供20多份ISO/TC 211国际标准技术文件。完成《地理信息国际标准译文集（2010）》的印制工作。

测绘科技

【资源三号卫星研究进展】

2010年，在与科技部积极沟通协调的基础上，国家测绘局成功申报“资源三号卫星立体测图技术和应用示范”国家科技支撑计划项目，年内项目已通过可行性论证报告和项目概算报告评审，申请后续有关工作按照科技部要求有序推进。该项目的实施，将为2011年“资源三号”卫星的发射提供技术保障。

年内，资源三号卫星（高分辨率立体测图卫星）工程各项研制与建设工作顺利开展，在前期工作成果和专家意见的基础上继续开展民用航天“十二五”规划的研究工作并完成《测绘部门航天发展“十二五”规划（草案）》的编写，报送国防科工局；组织有关专家开展国家重大科技基础设施“十二五”建设《“遥感测绘几何检校场建设工程（一期）”项目建议书》的编写工作，并与卫星、地面、火箭等研制单位就后续工作进行协调，为项目顺利推进奠定基础。资源三号卫星项目有关科研工作全面推进，初步完成应用系统可行性研究报告编写；参与完成民用航天对地观测业务卫星发展规划思路编写；完成资源三号卫星频率论证工作，开展国内协调并向国际电信联盟提交API资料；初步完成资源三号卫星产品分级及定义相关工作。2010年成功申请到高分专项关键技术前期攻关项目。资源三号卫星项目及有关科技配套项目的顺利申请与实施，为提升我国地理信息数据实时化获取及自动化处理能力具有重大意义，为推进信息化测绘体系建设提供有力保障。

【机载多波段多极化干涉SAR测图系统】

2010年，中国测绘科学研究院研制成功“机载多波段多极化干涉SAR测图系统”，重点突破了复杂地形及稀少控制区域雷达影像高精度地形测绘、SAR影像地物解译与判读等技术难题，形成自主知识产权的机载多波段多极化干涉SAR测图系统，填补了国内空白，显著提升我国SAR遥感数据获取与处理能力。

【信息化测绘服务体系关键技术研发与应用】

该项目由国家基础地理信息中心承担，研发了基于遥感影像与矢量数据自动配准变化的检测软件、增量信息提取软件、内外业一体化的基础地理数据更新软件、由1:1万到1:5万地图缩编更新软件共4个软件系统，建立了面向数据快速更新内外业一体化作业规范和作业流程；根据国家基础地理数据的种类和建库需求，设计并开发流程化的集成建库工具软件，实现了国家基础地理信息数据集成管理；研制了分发服务网站建设技术要求，建立了涵盖全国各省区分发服务系统的全国测绘成果分发门户服务网站，实现了对全国31个省市区及其他地方层面的元数据服务的集成化访问。

【现代三维测绘基准与应急测绘技术体系构建及应用】

该项目由武汉大学研究提出了一套灾后应急测绘体系的理论体系、技术方案和实现方法，为灾区测绘基准体系的快速重建提供理论依据和技术指导；提出并实现了利用精密似大地水准面取代传统的依赖地面标石高程基准的方法，解决了地形复杂地区、重力资料极稀疏地区快速恢复精密高程基准的理论难题，确定了精密的似大地水准面模型；综合利用卫星导航定位、计算机、网络和通讯等现代技术，在汶川、玉树灾区快速建立CORS系统，为灾后重建提供平面基准，并基于GPS技术与精密水准技术测定了汶川震区及周边地形形变的幅度、方向等参数；综合利用大地水准面精化技术、PPP技术以及新一代数字摄影测量技术等，建立了高精度快速摄影测量生产体系；设计了应急测绘的全数字摄影测量生产保障体系，实现了应急测绘中航空影像快速获取以及快速处理。该成果在灾后救援和重建中发挥了重要作用。

【特大桥隧工程导向控制理论与应用】

该项目由同济大学完成，项目成果利用GPS建立大型桥隧工程的统一坐标基准，提出了利用高精度陀螺仪提高导线精度的一整套理论和方法，并成功应用于多个大型桥隧工程；提出基于误差传播控制的大型桥隧工程空间几何的稳健拟合理论与方法，并成功应用于工程导向计算过程中；实现了远海打桩定位和长距离（15千米以内）隧道贯通的厘米级精度；实现了多模式的水上打桩定位、隧道沉管和隧道施工导向等方面的综合应用；面向大型桥隧工程开发完成一系列软件系统，实现了导向控制过程中的数据自动采集、数据管理、数据集成、数据计算、结果可视化显示、施工引导、质量预警和成果输出等功能。

【我国参心坐标系测绘成果向地心坐标系转换研究】

该项目由陕西测绘局承担，成果首次实现了在椭球面上基于控制点成果整体计算全国参心坐标系向地心坐标系转换方法，建立了全国参心坐标系向地心坐标系转换的高精度、高分辨率格网改正模型；首次提出基于CGCS2000椭球建立相对独立的平面坐标系的技术和方法；率先提出了参心坐标系下地理信息数据向地心坐标系的无缝、高精度转换方法，并满足大比例尺地形图坐标转换的精度要求，研发了一套相应的坐标转换软件。项目解决了当前制约地理信息数据快速转换的瓶颈问题，推动了2000国家大地坐标系的应用。

【自然资源和地理空间基础信息库（测绘数据分中心）】

2010年，国家基础地理信息中心编制完成11个项目标准，已全部通过国家发展和改革委项目办组织的专家评审。完成《测绘数据分中心数据整合改造技术方案》、《测绘数据分中心数据整合改造质量计划》、《测绘数据分中心数据整合改造质量检测计划》及《测绘数据分中心综合信息子库设计》编制，并通过了项目办组织的专家评审。按期完成数据整合处理与系统开发工作，并通过项目办的中期检查。具体包括全球1:100万矢量数据库、全球1:100万数据外文地名、全球1:100万DEM数据库、全国1:400万数据库、全国1:100万数据库、全国1:25万数据库、重点区域数据库、国家基础航空影像索引数据库的整合处理与质量检查。完成部分1:5万更新数据的整合处理工作。完成产品库300多幅地图的设计、制作与生产。完成国家基础航空影像索引数据库、基础地理信息元数据库以及产品库的设计工作。完成数据库管理系统设计与开发工作。

【军事测绘导航成果信息发布】

2010年，根据总参测绘局安排，总参某测绘信息中心承担年度军事测绘导航成果信息发布工作。该中心完善了信息发布总体方案，研制开发了信息发布系统，在搜集、整理、筛选全军测绘单位军事测绘导航成果信息的基础上，制作了多媒体光盘并发至全军师、旅以上指挥机关。

【军事测绘导航科学技术委员会成立】

12月23日，经总参测绘局批准，军事测绘导航科学技术委员会正式成立。第一届委员会由36名专家组成，中国科学院院士杨元喜任主任委员。该委员会是总参测绘局机关的决策咨询机构，主要在军事测绘导航科技发展战略、规划、计划、政策措施等方面开展论证研究，提供咨询意见和建议。

测绘教育

中国矿业大学（北京）

【概况】

中国矿业大学（北京）“大地测量学与测量工程”是国家重点培育学科和北京市重点学科，测绘类本科和研究生专业教育由地球科学与测绘工程学院承担，设有测绘工程、地理信息系统和土地资源管理3个本科专业，大地测量学与测量工程、摄影测量与遥感、地图制图学与地理信息工程、矿山空间信息学与沉陷控制工程4个研究生专业。2010届本科生考研录取率和出国深造率达45%，一次性就业率为100%，一次性签约率为96%。2010年下半年，博士生导师9人，硕士生导师4人；在校全日制本科生（测绘工程、地理信息系统专业）186名，硕士研究生126名，博士研究生49名。2010年申请专利3项，获得省部级以上科研项目4项，新立项科研经费1134万元。

【重要活动】

一、"矿山生态安全教育部工程研究中心"建设项目通过教育部验收

11月14日，教育部专家组对"矿山生态安全教育部工程研究中心"进行验收。专家组认为该工程研究中心顺利完成预定建设任务，一致同意通过验收。

"矿山生态安全教育部工程研究中心"于2006年6月经教育部批准立项，依托中国矿业大学（北京）建设。该中心紧紧围绕矿山生态安全的监测、诊断、评价与控制技术，矿山土地生态损害的修复治理，矿山水资源保护与修复，矿山污染环境和人居环境的安全防范与修复等5方面进行攻关。建设期间，承担各类科研项目70项。其中，承担国家"863"项目、科技支撑计划项目、公益性行业专项经费项目12项，工程转化类项目22项；科研成果获省部级以上奖励18项；获授权发明专利18项，出版专著16部。

二、第二届北京普通高等学校大学生测绘实践创新能力大赛

7月3日~4日，由北京市测绘学会主办、北京工业职业技术学院承办的第二届北京普通高等学校大学生测绘实践创新能力大赛在河北易县举行，来自中国矿业大学（北京）、中国地质大学（北京）、华北科技学院、北京建筑工程学院、北京工业职业技术学院5所院校的20支代表队参加了数字测图、一级导线和四等水准共3个项目的比赛。中国矿业大学（北京）派出的4个代表队分别获得大赛综合一等奖、二等奖各1个，三等奖2个，袁德宝获得大赛优秀指导教师。

【科研与获奖情况】

中国矿业大学（北京）测绘学科既具有测绘科学技术的基本特征，又与矿业、环保及城市建设密切联系。主要研究方向包括测绘工程与技术、遥感与地理信息系统、地表沉陷与控制、土地整理复垦与生态重建等。

2010年，3项科研成果获省部级奖。其中，"特大型矿区群资源与环境协调开发技术"获中国煤炭工业科学技术奖一等奖；"高潜水位采煤塌陷地动态预复垦技术研究"、"兖州矿区塌陷土地及复垦的时空演变与治理对策"等2项成果获国土资源科学技术奖二等奖。此外，1人获北京市"三八"红旗奖章，1人入选甘肃省（外聘）领军人才。

【教学成果】

《测量学教程》和《土地复垦与生态重建》获首届全国煤炭高等教育优秀教材奖；"地理空间信息系统课程体系教学改革与人才培养研究"获第四届全国煤炭教育优秀研究成果奖。2010年新建校外实践教学基地1处。

中国石油大学（华东）

【概况】

中国石油大学（华东）1985年设立工程测量专业并招收工程测量专科生；1998年招收测绘工程专业本科生；2004年设立地图制图学与地理信息工程硕士点；2005年挂靠计算机技术与资源信息工程二级学科博士点招收博士生；2010年申报测绘科学与技术一级学科硕士点，并已通过教育部批复。

2010年，测绘、地理信息专业共招收本科生120名，研究生19名。测绘类本科毕业生考研录取率达40%，一次性就业率为98%，硕士生一次性就业率为100%。

【办学特色】

一、强化"石油特色"和"海洋特色"

中国石油大学（华东）结合石油行业的背景和需求，在培养方案中设置了石油地质概论、数字油田概论、地质灾害及地质环境、地球科学概论等课程。

结合"数字海洋"建设，设置了海洋测绘等课程。与国家海洋局第一海洋研究所、青岛海洋地质研究所、国家海洋局北海分局等科研和生产单位密切合作，安排学生到科研和生产单位完成实习、毕业设计等实践教学环节，突出专业建设的"海洋特色"。

二、构建立体化的实践教学体系，强化学生实践能力培养

在专业建设中把实践能力的培养放在突出地位，做到大学四年学生实习不断线。大一进行地形测量实习，大二进行大地测量实习和海洋测绘实习，大三进行摄影测量实习和遥感技术实习，大四进行毕业实习和毕业设计（论文）。测绘工程专业与企事业单位开展密切合作，建立3个稳定的校外科研实践教学基地，每年都安排大批学生到校外实习基地参加实习；聘请企业工程技术人员指导实习实训，聘请有丰富实践经验的高级工程师担任兼职教授；经过认识实习、生产（专业）实习和毕业设计，提高了学生的动手能力和实践能力，缩短了毕业后适应工作的适应期，强化了测绘专业学生的实践能力。

【科研情况】

2010年，中国石油大学（华东）测绘专业教师承担国家自然基金青年项目1项，承担教育部自主创新科技专项课题1项，承担教育部自主创新前沿交叉课题2项，承担教育部自主创新培育基金课题1项，承担海岛（礁）测绘技术国家测绘局重点实验室开放基金项目1项，完成山东省科技攻关项目1项，完成农业部公益性行业科研专项1项。

【论文情况】

2010年，中国石油大学（华东）测绘专业教师共发表学术论文16篇，其中被EI收录4篇。

【获奖情况】

中国石油大学（华东）教师樊彦国获“2007－2010年度东营市中国石油大学产学研结合贡献奖”；王振杰完成的“病态问题分析理论及其在测量中的应用”成果获山东省科技进步奖二等奖。

内蒙古农业大学

【概况】

内蒙古农业大学的测绘教育由水利与土木建筑工程学院承担。全校开设测量学课程的有6个学院20个本科专业，年修课学生达1820人。2010年，首届测绘工程本科专业毕业生59人，其中考取硕士研究生的6人，一次性就业率达96%。2010年，测绘工程本科专业招收新生60人，至此，内蒙古农业大学测绘工程本科生达237人。

【基地建设与实践教学】

2010年，学校投入经费85万元，在距呼和浩特70千米的凉城县蛮汉山林场实践教学基地新建1000平方米宿舍楼1座。连同旧宿舍，该基地一次可容纳近400名学生进行测量学实践教学。

7月~9月，该校在蛮汉山林场和土左旗红领巾水库两个实践教学基地分4批完成测量学、控制测量学、GPS等实践教学任务。

【课程与教材建设】

2010年，该校测量学课程被评为内蒙古自治区优质精品课程，奖励建设经费1万元。同时推荐参加了国家级精品课程的评选。

4月，由该校教师王耀强、葛岱峰主编的《测量学》教材（第三版）出版。该版教材在第二版的基础上，结合测绘生产实践的具体情况，删减了精密钢尺量距、小三角测量、大平板仪测图等内容，增加了全站仪，GPS RTK数字化测图和地籍测量等相关内容。

山东建筑大学

【概况】

山东建筑大学前身为济南城市建设学校，2006年经教育部批准，更名为山东建筑大学。该校先后于2002年、2005年增设地理信息系统专业、测绘工程专业，同属土木工程学院测绘与国土信息工程系。

土木工程学院测绘与国土信息工程系测绘教研室为工程造价、给排水、城市规划、园林艺术、建筑工程、工程管理、交通工程等相关专业开设普通测量学课程；为本科测绘工程及地理信息系统专业开设数字测图原理及应用、误差理论与测量平差、GPS原理及应用、GIS原理、遥感原理及应用、控制测量学、工程测量学、GIS设计与实现、大地测量学基础、数字地面模型、地图学等课程。

近年来，该校测绘专业先后承担或参与国家自然科学基金项目、国家“863”计划项目、省部级科技攻关计划项目、地方政府项目、企事业单位委托项目近30项，获省部级奖励10多项，在国内外重要学术期刊、会议上发表论文近90篇。

【教学大纲修订、教材建设及专业实验室建设】

2010年，山东建筑大学组织开展了专业课教学大纲的修订工作。测绘工程、地图学与地理信息2个主要专业的教学大纲修订稿第一稿已在年底完成。组织完成1本内部使用教材、2本专业课实习指导书的编写工作。

截至年底，山东建筑大学测绘与国土信息工程系下设1个数字摄影测量实验室，1个测量实验室。

【师资队伍建设】

测绘与国土信息工程系拥有大地测量与测绘工程教师9人（博士1人、在读博士1人），地理信息系统教师8人（博士3人、在读博士1人），GPS与遥感技术教师6人（博士1人），地图学教师2人。博士生导师于承新被评为国务院政府特殊津贴专家、山东省有突出贡献的中青年专家、山东省中青年学术骨干和学术带头人。

【招生与就业】

该校测绘与国土信息工程系的师生坚持产、学、研相结合的道路，积极承担大地测量、工程测量、摄影测量、地图制图、不动产测绘等二级学科有关的生产、科研任务，在社会上获得良好声誉。2010届测绘工程专业毕业生一次就业率为85%。

淮海工学院

【概况】

淮海工学院测绘类本科教育由测绘工程学院承担。测绘类本科设有测绘工程、地理信息系统、海洋技术（“3S”方向）等专业，在校学生800多人。2010年，测绘类本科毕业生全年一次性就业率达98%以上。

测绘工程学院设有空间信息工程、测绘工程、海洋技术三个专业实验室。其中GPS连续运行参考站实验平台和全天候测量实验室处于全国领先水平。拥有连云港市海洋信息技术重点实验室，海洋动力过程与信息技术硕士点。拥有江苏省重点建设学科地图制图学与地理信息工程，国家精品课程《GPS定位与导航》。

测绘工程学院有教职工47名。其中，双聘院士1人，教授5人，副教授14人，博士15人；拥有江苏省高等学校教学名师1人，江苏省“青蓝工程”和连云港市“521工程”跨世纪培养人才5人。

【教学工作】

测绘工程学院编制了“十二五”专业建设与发展规划，为未来5年有计划地开展测绘教学改革和教学研究提供保证。测绘工程专业启动了“卓越工程师教育培养计划”试点工作。

2010年，海洋技术专业入选国家级特色专业建设点，《大地测量学》课程被评选为2010年江苏省高校精品课程，《测绘学概论》校级精品课程顺利通过学校组织的验收，已建成的精品课程达到8门。

2010年，“基于测绘创新人才培养的实验教学平台研究”成果获教育部高职高专测绘类专业教学指导委员会优秀教学成果一等奖，窦长娥获淮海工学院第十届青年教师授课比赛三等奖。指导学生参加“则泰杯”第三届全国大学生测绘科技论文竞赛，“地面沉降综合预测预警系统设计与实现”获二等奖，“基于GIS的个性化城市停车诱导服务系统模型研究”获三等奖。在第三届江苏省高校测绘本科生优秀毕业论文评比中，该院“连云港CORS网站IGS联测设计与数据分析”和“基于物联网的港口吊装设备管理信息系统设计与开发”分获一等奖。

7月，组织学生参加2010年第三届江苏省高校测绘仪器操作技能大赛，获团体三等奖和个人二、三等奖各1项，赵宝锋被大赛组委会评为优秀指导教师。8月，承办第二届江苏省高校测绘与GIS软件开发创新大赛，该校的参赛团队获GIS软件组二等奖第一名、三等奖第二名，测绘软件组三等奖第二名。

【学科建设】

2010年，该院地图制图学与地理信息工程学科顺利通过江苏省重点建设学科中期检查。

2010年，该院申请的“黑河流域陆地生态系统生产力模拟”研究项目获得国家自然科学基金重大研究计划资助，“基于ScanSAR干涉测量的祁连山断裂带形变研究”获国家自然科学基金（青年基金）研究计划资助，“基于高分辨率遥感影像在城市绿地空间分布网格评价模型研究”以第二负责人身份获得国家自然科学基金项目资助。

“基于传感网的港口深水航道全流程安全监测预警关键技术与示范”获江苏省科技支撑重点计划——工业研究计划立项资助，“沿海GNSS高精度测量关键误差研究”获2010年度江苏省测绘局测绘科技研究基金资助；“基于3S技术的连云港滩涂DEM构建及动态预测”获2010年度江苏省海洋资源开发研究院科技开放基金项目资助。

与南京大学海岸与海岛开发教育部重点实验室开展合作，承担“南黄海辐射沙脊群空间开发利用及环境生态评价技术”人工岛基础设施安全监测与预警系统子课题。

【师资队伍建设】

测绘工程学院继续优化师资队伍结构，加大高层次人才培养的力度。费鲜芸被遴选为2010年度江苏省高校“青蓝工程”中青年学术带头人培养对象。制定落实2010年教师引进和进修培养计划。全年10人攻读博士，2人在职攻读硕士，2名教师获得博士学位，引进博士教师1人。

焦明连教授继续当选教育部测绘教育指导委员

会委员。周立教授当选第十届中国测绘学会测绘教育工作委员会委员、《测绘通报》编委。选派多名青年教师参加教育部高等测绘教师培训班、地理信息系统教师培训班以及中国科学院高分辨率遥感数据应用培训班等专业培训。

【实验室建设】

测绘工程学院编制了“十二五”实验室建设与发展规划，并向学校提交了“十二五”实验室建设项目表。编制中央财政支持地方高校发展专项资金2010年~2012年项目建设规划。申报测量学基础实验室和海洋动力过程信息技术实验室，分别获准列入2011年和2012年中央财政支持地方高校发展专项规划建设项目。

在“十一五”中央与地方共建高校特色优势学科实验室专项支持下，建设了数字化测图实验室、空间定位与测量工程和海洋信息技术实验室。设计开发了“3D”检测场、地下管线探测雷达检测平台、卫星定位测量实验场。

积极推进海洋信息技术重点实验室建设工作，建成盐沼绿藻光谱测试中心特色项目，初步完成海域使用动态监测3G - CORS网络建设。主持完成江苏省赣榆海洋经济开发区养殖围垦用海规划项目、连云港港口地理信息共享平台规划设计项目，参与完成连云港市“十二五”规划课题的研究工作。

【获奖情况】

该院完成的“近海核电站温排热污染遥感监测与影响评价研究”获2010年国家地理信息科技进步奖三等奖。“高分辨率遥感影像在城市绿地质量评价中的应用研究”获得2010年江苏省测绘科技进步奖三等奖。“浒苔漂移路径遥感监测研究”获中国海洋学会第五届强国战略论坛“海鹰”优秀论文一等奖，《海洋物联网展望》获2010年江苏省测绘学会优秀论文二等奖。

郑州测绘学校

【日常教学与教学质量评估】

2010年上半年，郑州测绘学校全日制在校生4596人，下半年4500人。全年完成全日制在校生58550学时的课堂教学任务，比2009年增长7.1%；分5批组织33个班的学生赴登封外业实习基地进行地形测量实习；分15个批次组织3522名武汉大学函授生进行函授课程的面授与考核。坚持每学期1次的教师教学质量检查与教学评议制度，对教师教学的每个环节进行检查与评议，做到及时发现和解决问题，提高技能型人才培养质量。11月，该校被人力资源和社会保障部评为“第十届国家技能人才培育突出贡献奖获奖单位”。

8月，河南省教育厅决定2010年对全省中等职业学校开展首次教学质量评估工作，郑州测绘学校被确定为10所试点学校之一。学校成立了专门机构，依据《河南省中等职业教育教学质量评价指标体系》等，组织开展了教学质量自查自评工作。11月中旬，河南省中等职业教育教学质量评估委员会组织专家对郑州测绘学校的教学质量进行复评，专家组对该校的教学质量和自评工作给予好评。

【科研与教研工作】

2010年，郑州测绘学校共承担河南省职业教育教学改革立项项目研究7项。其中，“提高中等职业学校学生就业质量的探究”、“新技术条件下地图制图与GIS专业的课程体系改革研究”、“中等职业学校教学质量评价体系研究”、“中等职业学校测绘类校内实训基地建设规范化研究”4项是河南省教育厅2010年立项项目。年内完成1个项目的研究。

郑州测绘学校组织教师参加省级优秀论文、优秀课件、优秀教学案例等评比及优质课比赛活动，并鼓励教师开展教育教学方法的探讨。年内，在省级各类评比和优质课比赛活动中，该校教师共取得8个一等奖、7个二等奖、8个三等奖。

【专业课程教学模式改革与教材建设】

2010年，郑州测绘学校全面推进专业课程教学模式改革，逐步建立以就业为导向的专业课程体系。在新的课程教学模式下，专业课教师要根据学生毕业后的岗位要求确定教学内容，选取并设计以工作任务为主体的课程内容模块和学习情境，体现“教、学、做”一体化，突出学生技能的培养，增强了专业课教学的针对性、实用性，提高了学生的实际动手能力。

按照新的专业课程教学模式，学校组织编写项目驱动型教材。截至年底，已组织编写了《数字摄影测量》、《Geoway航测数据处理》、《基础测量技术》、《GPS操作与数据处理》等教材，《摄影测量基础》、《专题地图编制》、《地图印刷及印前处理技术》、《控制测量》等教材正在编写中。

2010年，该校2位教师主编的普通高等教育“十一五”国家级规划教材《控制测量学》、《工程测量》及该校组织编写的测绘职业技能鉴定培训教材《地籍测绘》(技师版)正式出版。

【考试评价体系改革及工学结合】

2010年,郑州测绘学校全面推行考试评价体系改革,实行“过程性评价”与“终结性评价”相结合的办法,综合评定学生学业成绩。

5月,郑州测绘学校召开实践性教学研讨会,邀请20多家测绘企事业单位到校,共同研究探讨“工学结合、校企合作、顶岗实习”具体举措。研讨会上,6家测绘企事业单位与学校签订了设立教学实践基地协议,至此,郑州测绘学校在测绘系统和测绘行业单位中设立的教学实践基地达到21家。

根据测绘生产单位的需要,学校及时调整教学计划,先后派出20多批次的学生参与测绘单位的测绘生产,还组织师生完成河南省郸城县城镇地籍测量(县城部分)等工程,做到了教学与测绘生产的紧密结合。

【技能鉴定、技能竞赛及教学设备建设】

2010年,郑州测绘学校鉴定站被国家测绘局评为“优秀鉴定站”。

郑州测绘学校分3个批次组织毕业生开展测绘职业技能培训与鉴定工作,参加职业技能培训、鉴定的毕业生达1993人。组织开展CAD(计算机辅助设计)、NIT(全国计算机应用技术证书考试)认证工作,近4000名学生参加认证。举办包括制图技能、航测内业立体量测技能、工程测量技能、基础测量基本技能在内的“卡西欧杯”学生技能竞赛,提高学生的实践能力。组织学生参加首届全国高职院校测绘技能大赛和河南省中专技能大赛工程测量比赛,取得2个一等奖、3个二等奖、1个三等奖。

郑州测绘学校加强教学仪器设备建设,争取到河南省教育厅255万元专项资金用于购置GPS等教学设备以及改善登封外业实习基地条件。截至2010年底,已投入99.3万元购置GPS系统设备,投入51.5万元购置27套精密水准仪、40套常规水准仪,投入37.9万元建设了2个专业课教学机房。

【师资队伍建设】

2010年,郑州测绘学校新招聘教师6人(其中硕士研究生3人,本科生3人)。全年选派13名青年教师到教学实践基地参加测绘生产实践。组织专业教师培训考核。举办高铁测量技术培训班、全站仪与GPS技术培训班、仪器安全使用与维护培训班和专业教师技师培训考核,提高专业课教师的业务能力和教学水平。选派3名教师参加测绘职业技能鉴定考评员培训,2名教师参加测绘职业技能鉴定质量督导员培训,2名教师参加测绘职业技能竞赛国家级裁判员培训,经考核,选派的7名教师均取得相应的证书。

【招生与毕业生就业】

2010年,教育部下达河南省中等职业学校指导性招生计划68.5万人,比2009年减少1.5万人。面对全省中等职业学校生源竞争激烈的局面,郑州测绘学校实行积极的招生举措,认真做好河南生源的组织工作,努力扩大河南省外的招生规模。在河南省职业学校招生数量普遍下滑的情况下,郑州测绘学校共招收初中和高中毕业生1685人,超额12%完成招生计划。认真组织武汉大学郑州测绘学校函授站的招生工作,共录取2011级函授生1124人,至年底,函授站在站学生3522人(不包括2011级函授生)。

郑州测绘学校继续实行“2+1”(招收的初中毕业生在校学习2年,到生产单位顶岗实习1年)、“1+1”(招收的高中毕业生在校学习1年,到生产单位顶岗实习1年)教学模式,截至3月,已全部到测绘单位进行顶岗实习。5月,举办2011届毕业生供需洽谈会,140多家单位到校选聘2011届毕业生。2010年暑假后,该校1700多名2011届毕业生均已到单位顶岗实习(或就业)。

【党建、思想政治工作及精神文明建设】

2010年,郑州测绘学校党委被中共河南省教育厅直属机关委员会表彰为“五好”基层党组织,该校机关党支部、教学党支部被表彰为“五好”党支部,1人获河南省教育厅十佳共产党员称号,7人被表彰为河南省教育厅优秀共产党员,2人被表彰为河南省教育厅优秀党务工作者。学校在各级党组织和全体党员中开展“创先争优”活动,各党支部以创先争优活动、学习型党组织建设为契机,加强自身建设,促进学校工作。举办两期科职以上干部培训班,组织学习《中国共产党党员领导干部廉洁从政若干准则》及河南省纪委印发的廉政准则实施细则,对全体科职以上干部进行廉政教育。举办1期学生业余党校,对学生中94名要求入党的积极分子进行培训;抓好组织发展工作,年内发展新党员58名(其中教职工6名)。

组织教职工学习十一届全国人大三次会议精神、

全国教育工作会议精神、中共十七届五中全会精神以及国家中长期教育规划纲要等，继续抓好中国特色社会主义理论体系进教材、进课堂、进学生头脑工作；开展学生法制纪律教育，加强学生的思想政治工作。重视安全稳定工作，强化教育、防控、疏导等各个环节，维护了良好的校园秩序。

学校在师生中广泛开展中华民族优秀文化传统教育，开展第16个文明礼貌月活动，组织了“迎世博讲文明树新风”主题征文活动和“世界读书日”活动等。重视校园文化建设，举办校园文化周、校园歌手大赛等活动，丰富学生的课余生活。2010年，郑州测绘学校工会被河南省直属机关工会工作委员会评为2009－2010年度先进基层工会。

【省部共建及新校区建设】

4月，国土资源部副部长、国家测绘局局长徐德明到郑州测绘学校视察工作，并就国家测绘局和河南省共建郑州测绘学校有关事宜与河南省教育厅达成一致意见，同意省部共建郑州测绘学校，以增强郑州测绘学校的办学实力和发展后劲，提升学校为测绘事业发展和地方经济建设服务的水平。年底，河南省教育厅已将《河南省教育厅关于呈请省政府与国家测绘局共建郑州测绘学校的请示》呈送河南省政府审批。

郑州测绘学校把新校区征地及规划设计工作作为2010年重点工作，12月6日，河南省发展和改革委作出《关于郑州测绘学校新校区一期工程项目核准的批复》，该校新校区一期工程项目可行性研究报告通过省发展和改革委核准。

军事测绘教育培训工作

【全军测绘部（分）队按纲施训集训】

4月16日~17日，总参测绘局在济南组织完成全军测绘部（分）队按纲施训集训。集训期间，总参测绘局副局长申慧群作测绘导航专业训练与考核大纲专题辅导，济南军区司令部机关和测绘部（分）队分别介绍了按纲施训的成功经验和做法，重点演示了地图设计、数字立体测图、军事标图和测绘保障综合演练等测绘导航专业训练的新方法，实践了野外驻训、测绘导航保障要素集成训练的新模式。总参测绘局局长袁树友少将作集训动员并对测绘部（分）队下一步按纲施训工作进行了部署。济南军区参谋长赵宗岐中将、副参谋长马秋星少将参加集训动员并观看了课目演示。各军区、军兵种、总部有关部门和直属单位的代表共125人参加集训。

【第二期全军北斗应用参谋培训班】

5月25日~6月25日，总参测绘局在解放军信息工程大学测绘学院举办第二期全军北斗应用参谋培训班，围绕卫星导航定位系统在全军应用保障问题，对全军有关部队作训参谋进行系统培训。总参测绘局副局长范艺华到会并讲话，全军有关部队60人参加培训。

【第一期全军测绘部队业务处长集训】

8月23日~27日，总参测绘局在江西省井冈山市举办第一期全军测绘部队业务处长集训，来自各军区、军兵种和总参直属测绘部队的43名代表参加集训。集训采取专题讲座、集中授课、经验交流、分组座谈等形式，重点对军事测绘任务组织实施、成果质量控制、技术人才培养、业务技能培训和装备管理保障的基本方法、要求进行了培训学习。通过集训，提高了测绘任务组织实施的水平，解决了基层部队任务落实中的具体问题，丰富了参训人员的专业知识。

【军队院校军事地形学现地教学示范观摩活动】

9月26日~27日，总参测绘局在解放军信息工程大学测绘学院组织军队院校军事地形学现地教学示范观摩活动，总部有关业务部门领导及25所军队院校的训练部领导、教员共161人参加活动。活动采取理论辅导、相互交流和座谈讨论等方式，围绕复杂陌生地形环境下军事训练的组织实施主题，示范了识图用图、战术标图和现地教学的施教方法，探索了信息化条件下军事地形学教学和训练的基本模式。总参测绘局副局长申慧群出席活动并讲话。

【联合举办首届海洋测绘博士生论坛】

11月25日~26日，解放军信息工程大学测绘学院与海军海洋测绘研究所在天津联合举办首届海洋测绘博士生论坛，主题为“军事测绘导航与深蓝战略”。论坛组织了揭牌仪式、专题报告、学术报告、学术交流等活动。此外，博士代表团参观了海军出版社和总参某测绘大队。

【测绘学院学员培养】

2010年，解放军信息工程大学测绘学院共招收本科生173人，毕业714人；招收硕士研究生72

人，毕业82人，在校硕士研究生288人；招收博士研究生35人，毕业32人，在校博士研究生219人；测绘学博士后科研流动站进站3人，出站3人，在站博士后8人。

地理信息产业

【成功开通“天地图”】

“天地图”是国家测绘局主导建设的国家地理信息公共服务平台的公众版。为做好“天地图”开通工作，国家测绘局整合企业资源，积极开展“天地图”的软件研发、数据集成、系统调试、测试运行等各项工作。加强与公安部、国家安全部、国家保密局、总参二部、总参三部、武警总部和总参测绘局的协调力度，召开了“天地图”安全评估会，共同会签了向国务院提交的《关于国家地理信息公共服务平台公众版有关情况的报告》。10月21日，“天地图”测试版正式开通。“天地图”开通以来，备受社会各界关注。党和国家领导人温家宝、李长春分别观看了“天地图”的演示，并给予好评；国内外主流新闻媒体对“天地图”进行了大量报道。社会各界普遍认为，“天地图”的建设，意味着中国向掌握互联网地理信息服务的主导权迈出重要步伐，将对我国互联网地图服务格局产生深远影响。

【推进国家地理信息公共服务平台建设】

2010年，国家测绘局指导各省级测绘行政主管部门开展国家地理信息公共服务平台建设工作。印发《关于加快公众版地理信息公共服务平台建设的通知》和《关于加强省级公众版地理信息公共服务平台运行维护的通知》，指导省级分节点加快建设，完善功能，作好运行维护。组织开展3期技术培训，确定12个省级分节点试点方案，为平台建设提供了较为完备的组织管理和人才技术准备。各省级测绘行政主管部门按照国家测绘局的统一部署，陆续启动了平台分节点建设，取得良好成效。

【政策研究和调研】

国家测绘局在2009年地理信息产业发展调研报告的基础上，2010年向国务院提交了《关于促进地理信息产业发展的报告》，对《关于促进地理信息产业发展的若干意见》作了进一步修改和完善。完成《加快基础测绘成果转化为测绘公共产品》专题调研，分析了测绘成果社会化应用中存在的问题，提出了推进社会化应用的有关建议。

卫星测绘应用

【测绘部门航天发展“十二五”规划】

6月，国家测绘局完成《测绘部门航天发展“十二五”规划》制定工作，在系统论证基础上，规划包含资源三号后续光学卫星、干涉SAR卫星、激光测高卫星和重力卫星在内的4种系列测绘卫星的发展，并报国防科工局。

【资源三号后续卫星规划】

10月，国家测绘局向国防科技工业局提交资源三号02星、干涉SAR卫星、重力卫星、激光测高卫星等4个卫星背景型号的立项申请，争取纳入国家航天“十二五”发展规划。

【民用航天对地观测业务卫星发展规划】

8月，国家测绘局初步制定《探索测绘卫星发展市场化机制，为地理信息产业发展注入新活力——促进测绘卫星发展模式创新行动计划实施方案》，并积极争取推动该方案的实施。12月，参与国土资源部制定的《民用航天对地观测业务卫星发展规划思路》编写，推动我国卫星发展从科研星向业务星转变。

【资源三号卫星测绘应用系统建设】

国家测绘局组织开展资源三号卫星测绘应用系统建设，编写应用系统项目建议书并通过国家发展和改革委组织的评估，已完成资源三号卫星应用系统可行性研究方案的编写。开展资源三号卫星立体测图系统试验平台建设，2010 年底，该平台已基本搭建完毕，正在调试运行。该平台作为资源三号卫星测绘应用系统的原型系统可直接用于小规模生产，资源三号卫星测绘应用系统建成后该平台将继续使用并独立运行，并为后续卫星应用系统建设提供测试环境。

【卫星测绘应用关键技术研究】

一、资源三号卫星数据处理、应用及在轨测试关键技术研究

国防科工局“资源三号卫星数据处理、应用及在轨测试关键技术研究”项目包含多个子课题，国家测绘局卫星测绘应用中心负责组织开展子课题的立项研究，已在精密定轨、星敏陀螺联合精密定姿、几何标定、在轨成像模拟、影像压缩的测图精度评价、基于三线阵影像的高效立体测图、DEM 和 DOM 自动生成、地面控制点影像库构建技术和几何检校场等领域取得进展。

二、高分辨率卫星测绘应用系列关键技术与技术应用示范项目

根据国防科工局要求，国家测绘局组织武汉大学、中国测绘科学研究院、国家测绘局各直属局等项目参加单位，完成我国高分辨率卫星测绘应用系列关键技术与技术应用示范项目实施方案与任务书编写，并通过国家测绘局组织的专家评审，项目已在国防科工局立项。项目成果将直接应用于高分辨率对地观测系统，实现对航天航空平台获取的遥感影像的快速地理编码，提高遥感影像的可用性与处理成本，从而进一步推动高分辨率对地观测系统在测绘领域的业务应用。

三、资源三号卫星立体测图技术和应用示范

10 月，国家测绘局组织申报国家科技支撑计划项目“资源三号卫星立体测图技术和应用示范”，并通过科技部组织的立项评审。该项目针对我国遥感卫星难以进行高精度测图和定量分析的现状，在分析资源三号卫星平台和传感器指标的基础上，攻克资源三号卫星应用的高精度几何检校、三线阵立体影像高精度辐射校正中的重大问题，解决资源三号等卫星大规模区域测绘产品生产的关键技术，在此基础上建立国产测图卫星影像的平面和立体影像服务模式，并在多种地形区域以及城市进行示范应用，形成国产高分辨率立体影像产品的一整套标准和技术以及服务规范，解决国产卫星长期存在的高精度应用的重大问题。

四、民用航天专业技术预先研究项目

为解决卫星测绘应用发展规划、标准体系、数据资源与信息平台、数据库应用以及科学管理等卫星测绘应用中的基础科技问题，国家测绘局卫星测绘应用中心通过 2011 年国家基础测绘项目资金支持，立项开展动态数据库应用技术试验、资源三号卫星测绘应用、卫星影像对比试验与测绘“走出去”战略研究、商业遥感卫星数据应急预报系统研究、应急救灾与应急地理信息平台开发、资源三号卫星国际应用推广、卫星发展规划与重力卫星关键技术论证、卫星测绘应用标准体系研究、《光学遥感影像元数据》行业标准制定等与卫星测绘应用有关的研究与开发。

【解读地理国情监测】

国家测绘局卫星测绘应用中心深入解读地理国情监测，提出地理国情是地球表层自然特征与人文活动相互作用对社会政治、经济、文化等国家存在与发展的各个方面造成影响的基本情况的概念。向国家测绘局提交《地理国情动态监测专题规划研究报告》，系统阐述地理国情动态监测的内容、特点与意义。在研究地理国情动态监测国内外发展现状和趋势的基础上，开展了我国地理国情动态监测的需求分析，提出我国地理国情动态监测的指导思想、原则及地理国情动态监测发展的战略目标，概括了我国地理国情动态监测的重点任务，并提出技术路线、关键技术及保障措施，为地理国情监测工作开展理论与技术储备。

【国产遥感卫星正射影像服务高技术产业化示范工程】

2010 年，国家测绘局卫星测绘应用中心争取到国家发展和改革委高技术产业化专项“国产遥感卫星正射影像服务高技术产业化示范工程”，项目总经费 1 亿元，其中国拨经费 1000 万元；中标环境减灾卫星影像控制点数据库建设项目，项目经费 70 万元。

数字中国建设

【数字城市建设】

2010年，国家测绘局出台《国家测绘局关于进一步加快推进数字城市建设的通知》，大力加快数字城市建设与应用的推进速度。全年新批准44个城市开展建设工作，数字城市试点和推广城市累计达到130个，武汉、长沙、深圳等特大城市或大城市纷纷申请纳入计划。完成30个城市的项目设计批复，完成近20个试点城市的设计审查，并与相关省、城市人民政府签署了共建共享协议。开展近500人次的技术培训工作，为数字城市建设提供了有力的技术支撑。聊城、烟台、威海、平顶山等近40个城市完成建设任务，20多个城市已通过省级测绘行政主管部门组织的预验收，齐齐哈尔市等6个城市完成项目验收。将北京星天地信息科技有限公司纳入高分辨率影像试点项目单位，提升了数字城市航摄保障能力，编制下达三期任务计划，覆盖13个省区市、51个城市。积极引导城市开展城镇规划、环境保护和治理等应用项目的开发和建设，通过太原、西安、临沂、惠州等数字城市建设，开发建立了一批在城镇规划、环境保护和治理等方面的示范应用，促进了建设成果的广泛应用。举办数字城市建设市长专题研究班，做好“数字城市中国行”大型宣传报道活动，广泛宣传数字城市建设工作取得的成绩、应用的亮点和发挥的作用，取得良好的宣传效果。

【数字省区建设】

2010年，国家测绘局针对国家重大战略和建设重点，适时启动了数字省区建设试点工作。积极落实《国务院关于推进海南国际旅游岛建设发展的若干意见》，与海南省政府签署海南国际旅游岛数字地理空间框架建设合作协议，联合开展海南国际旅游岛数字地理空间框架建设。通过积极争取，组织完成海南国际旅游岛数字地理空间框架建设影像获取的招标工作。扎实推进数字湖北地理空间框架建设，与湖北省政府签署了《关于共建数字湖北地理空间框架合作协议》，审查了数字湖北地理空间框架建设实施方案，各项建设工作按计划展开。积极支持鄱阳湖生态经济区建设，与江西省政府签署了《鄱阳湖生态经济区建设测绘保障服务合作协议书》，审查了鄱阳湖生态经济区地理信息公共服务平台总体方案。积极加强与湖北省政府和重庆市政府的沟通协调，加快推进三峡库区综合信息空间集成平台建设项目，顺利完成各项预定的建设任务，建成服务于整个库区的综合信息平台并在库区经济社会发展中得到广泛应用。

国家测绘局直属单位工作

陕西测绘局

国家基础测绘

【概况】

2010年，陕西测绘局承担国家1:5万基础地理信息数据库更新二期工程、地心坐标系推广应用、社会主义新农村建设测绘保障服务示范二期、数字城市地理空间框架建设示范、基础地理信息系统网络运行与维护、测绘高新技术成果推广应用示范及产业化、信息化测绘数据处理关键技术试验、信息化测绘前沿技术试验、测绘与地理信息标准制修订、全国测绘和地理信息成果质量监督检验等10项国家基础测绘项目，各项目均按计划推进，预算执行情况良好。

【主要基础测绘项目】

一、国家1:5万基础地理信息数据库更新二期工程

2010年，陕西测绘局承担的国家1:5万基础地理信息数据库更新工程涉及内蒙古、云南等全国13个省区。全年完成像控测量532幅、DOM生产951幅、综合判调生产713幅、缩编更新生产60幅、总参数据转换834幅、制图数据生产2284幅、更新成果外业检验85幅。各生产项目按要求完成，成果质量优良。

二、社会主义新农村建设测绘保障服务示范

陕西测绘局作为社会主义新农村建设测绘保障服务示范项目牵头单位，2010年，协助国家测绘局批复福建、安徽、江西、湖北、江苏等5个示范项目；完成湖北、内蒙古报送的3个示范项目总体实施方案初审；完成河北省藁城市、浙江省景宁县示范项目验收工作；组织完成《社会主义新农村建设测绘保障服务战略研究报告》编写；完成2011年～2012年新增国家基础测绘项目——社会主义新农村建设测绘保障服务示范项目申报书、可行性研究报告的编写；完成《新农村建设测量与制图规范》（征求意见稿）编制工作。组织汇总各地新农村建设测绘保障服务示范项目进展应用情况，对全国新农村建设测绘保障服务网站内容进行更新维护。

三、数字城市地理空间框架建设示范

10月28日，国家测绘局、陕西测绘局和西安市政府共同推进的数字西安地理空间框架建设完成全部建设内容，并通过国家测绘局组织的专家验收。项目建设总体达到国际先进水平，西安市被国家测绘局授予“全国数字城市建设示范市”称号。该项目建设历时3年，为西安市地理信息共享应用搭建了一个权威的、唯一的、标准的地理信息公共服务平台。在其基础上开发的环境、120急救指挥、公众服务等10多个地理信息应用系统，在西安市信息化建设进程中发挥着重要作用。

完成数字榆林地理空间框架建设项目立项工作，数字榆林被列为全国数字城市建设试点项目。6月11日，数字榆林地理空间框架建设工程设计书通过国家测绘局组织的专家评审，国家测绘局、陕西测绘局、榆林市政府三方签订合作协议书，共同推动数字榆林地理空间框架工程建设。汉中市、渭南市、杨凌示范区已开展数字城市建设立项工作。

四、测绘与地理信息标准制修订

2010年，国家测绘局测绘标准化研究所完成涉及国家基本比例尺地形图、航空摄影测量、大地测量以及“927”工程等方面15项标准的制修订工作。

其中，修订的国家标准有《国家基本比例尺地形图分幅和编号》、《1:500 1:1000 1:2000 比例尺地形图航空摄影规范》、《1:5000 1:10000 地形图航空摄影测量外业规范》、《1:5000 1:10000 地形图航空摄影测量内业规范》、《1:25000 1:50000 1:100000 地形图航空摄影测量数字化测图规范》、《1:500 1:1000 1:2000 地形图平板仪测量规范》、《1:500 1:1000 1:2000 外业数字测图技术规程》、《加密重力测量规范》；修订的行业标准有《1:5000 1:10000 地形图航空摄影测量数字化测图规范》、《基础地理信息数字产品数据文件命名规则》；制定的“927”工程专项系列技术规程有《927 地形图数字产品生产技术规程 1:1000 1:2000 数字线划图》、《927 地形图数字产品生产技术规程 1:5000 1:10000 数字线划图》、《927 地形图数字产品生产技术规程 1:1000 1:2000 数字高程模型》、《927 地形图数字产品生产技术规程 1:5000 1:10000 数字高程模型》、《927 地形图数字产品生产技术规程 1:1000 1:2000 1:5000 1:10000 数字正射影像图》。

国家重大专项测绘

【概况】

2010 年，陕西测绘局承担的国家专项测绘项目主要包括西部 1:5 万地形图空白区测图工程、“927”工程、国家支持老少边穷地区基础测绘项目——安塞县基础地理信息系统二期建设、汶川地震陕西灾后恢复重建测绘保障项目等，各项目进展顺利。

【主要专项测绘项目】

一、西部 1:5 万地形图空白区测图工程

2010 年，陕西测绘局完成的西部 1:5 万地形图空白区测图工程任务包括三江源、塔东、青东 3 个测区 314 幅 1:5 万地形图印刷，314 幅影像地形图、174 幅晕渲地形图制作，以及 DLG、DEM、DOM、地表覆盖数据、制图数据、入库数据和外业成果资料归档等工作。其中，完成青西测区全部 543 幅 1:5 万 DLG、DEM、DOM、地表覆盖数据、制图数据、入库数据制作；完成塔西测区 226 幅 1:5 万 DOM、DLG、DEM、制图数据和地表覆盖数据生产；完成横断山脉测区 104 幅 1:5 万 DOM、DLG、DEM 生产。各测区工作基本按照西部测图工程项目部规定进度进行。

二、“927”工程

2010 年，陕西测绘局承担“927”工程测绘基准建设与精确定位、海岛测图与海岛（礁）系列地图编制、数据处理与基础地理空间数据库建设、工程技术支撑与工程管理 4 个单项中的部分工作。主要完成山东、江苏、上海、浙江、福建、广东、广西、海南等测区沿岸陆地大地控制点卫星定位观测 54 点；沿岸陆地大地控制点二等水准联测 1377 千米，二等水准检测 569 千米；相对重力仪格值标定和 2000 重力网部分检测；沿岸陆地大地控制点相对重力联测 1 点，海岛（礁）大地控制点相对重力联测 6 点；海岛（礁）大地控制点 B 级点观测 22 点；海岛（礁）跨海高程传递 3 处。组织完成海岛（礁）大地控制测量选埋、海岛（礁）大地控制测量观测等 8 个分项设计初稿编写工作。

三、安塞县基础地理信息系统建设（二期）

2010 年，陕西测绘局开展边远地区少数民族地区基础测绘项目——安塞县基础地理信息系统建设（二期）。完成与安塞县政府的项目衔接与沟通工作，完成 39 平方千米大比例尺航空摄影、45 幅 1:1 万矢量更新的野外调绘和 1:1000 控制测量，编制完成安塞县基础地信息系统建设（二期）项目可行性报告并报财政部申请补助经费。

四、汶川地震陕西灾后恢复重建测绘保障项目

陕西测绘局完成汶川地震陕西灾后恢复重建测绘保障项目的基准恢复外业生产任务。完成宁强、略阳、勉县、陈仓等县 523 幅 1:1 万 DOM 数据生产，1:1 万地形图控制测量、野外调绘，1:5 万地形图测制野外调绘。建设完成“陕西省地震灾区灾情分析与服务地理信息系统”，以及抗震救灾三维指挥、抗震救灾专题图制作、抗震救灾专题图浏览、灾后重建地理信息辅助支持、数据编辑与空间数据库管理等 5 个子系统，并通过陕西测绘局组织的专家验收。组织完成应急测绘保障能力建设全部工作内容，主要包括影像快速获取系统、航摄平台系统、数码摄影系统、影像自动化处理系统建设。

黑龙江测绘局

国家基础测绘

【概况】

2010年，黑龙江测绘局如期完成国家1:5万基础地理信息数据库更新二期工程、数字区域地理空间框架建设示范、基础地理信息系统网络运行与维护、信息化测绘数据处理关键技术试验、南极测绘等国家基础测绘任务，各项目进展顺利。

【主要基础测绘项目】

一、国家1:5万基础地理信息数据库更新二期工程

2010年，黑龙江测绘局承担国家1:5万基础地理信息数据库更新二期工程，涉及辽宁、内蒙古、河北、北京、天津、山东、安徽、江西、湖北、湖南、广西、广东、福建、四川、西藏、青海等16个省市区，由黑龙江第二、第三测绘工程院，黑龙江地理信息工程院，哈尔滨地图出版社共同完成。全年共完成综合判调更新697幅、DOM生产967幅、外业控制测量372幅、缩编更新120幅、综合判调更新外业检验63幅、总参数据转换833幅、整合建库900幅、制图数据生产1870幅。

二、数字区域地理空间框架建设示范

2010年，黑龙江测绘局承担该项目的工作内容包括遴选1个城市开展工程设计，继续推进已批准城市的建设工作；开展已完成框架建设城市的预验收、验收工作。

数字齐齐哈尔已通过国家测绘局组织的竣工验收；数字佳木斯通过预验收。开展数字伊春预验收的准备工作；推广城市数字黑河已开始设计工作；遴选黑龙江省农垦系统的城市为推广城市，已开展立项前的对接工作，签订了工作协议。

三、基础地理信息系统网络运行与维护

黑龙江测绘局已按计划完成国家基础地理信息网络运行维护工作；完成哈尔滨GPS跟踪站的运行与维护，数据采集、传输和数据处理。

四、信息化测绘数据处理关键技术试验

（一）三维激光点云数据处理技术研究与应用

该项目采用非接触主动测量方式直接获取高精度三维数据，快速将现实世界的信息转换成可以处理的数据，为空间三维信息的获取提供了全新的技术手段，提高了三维激光扫描技术的数据处理效率。年内已完成地面三维激光扫描外业数据获取、内业数据处理以及点云数据抽稀技术和点云数据修复技术等研究工作。

（二）位置服务与通信技术在森林防火指挥应用中的集成研究

该项目在二维GIS、三维GIS、GPS和北斗卫星定位技术支撑下，通过车载GPS、GPS手机、GPS无线对讲机、北斗卫星定位终端等移动终端设备，实现了火点定位、火行为预测、位置服务、扑救指挥、损失评估等功能，为火场应急指挥提供了通信保障服务。已完成系统设计、关键技术研究、框架功能开发以及二维GIS、三维GIS的技术集成开发，引进设备的接入试验工作。

（三）移动道路测量在高速公路养护中的应用研究

该项目将移动道路测量技术、基础数据采集与处理技术应用于道路养护系统，通过移动道路测量系统对高速公路路面及道路两侧地理信息进行数据采集、分析，建成一套高速公路养护信息系统。已完成高速公路养护现状调研、采集高速公路试验路段实景信息、实景数据与道路数据处理、高速公路管理养护示范系统研发等工作。

五、极地基础测绘

4月，参加中国第26次南极内陆科学考察的黑龙江测绘局的韩惠军、李福生顺利完成中山站至昆仑站1300千米沿线的GPS导航、GPS冰流速点复测和加密、昆仑站所在的Dome A地区200×30平方千米“中国墙”GPS点复测和加密、昆仑站所在的Dome A地区“中国管理区”的范围标定及测绘任务。

11月，黑龙江测绘局选派4名队员参加中国第27次南极内陆科学考察。其中，3人赴中山站执行国家“863”项目的现场验证和中山站数字站区管理系统的数据采集任务。12月，1人赴长城站执行数字长城站站区管理系统现场数据采集任务。测绘科考队员们还收集了南极相关资料，为“十二五”期间即将开展的南极测绘重大工程做前期准备。

国家重大专项测绘

【概况】

2010年，黑龙江测绘局组织完成国家测绘局下达的3项重大专项测绘项目，包括西部1:5万地形图空白区测图工程、“927”一期工程、汶川地震灾后恢复重建测绘专项工程等。

【西部1:5万地形图空白区测图工程】

黑龙江测绘局完成的西部1:5万地形图空白区测图工程任务包括三江源、青东、塔东区域311幅地形图印刷，青东区域成果归档，2006年~2007年绩效考评试验，青西D1、B8、B9、B10区域486幅DLG、DOM、DEM、影像地形图、地表覆盖数据、制图数据、入库数据修改，青西D1、B8、B9、B10区域274幅晕渲地形图制作，青西区域措勤、革吉2座GPS连续运行参考站建站，塔西C区域172幅DLG、DOM、DEM、影像地形图、地表覆盖数据、地图制图、4幅晕渲地形图制作；横断山脉区域1个临时GPS连续运行参考站选址、建站，2幅雷达影像外业调绘和精度检测，114幅DEM、DOM、DLG制作，63幅地表覆盖数据、影像地形图、地图制图；青藏高原西部区域1790幅内业成果验收；完成对总参测绘局承担的江孜、琼结区域20幅内业成果验收工作。

【“927”一期工程】

按照国家测绘局的部署和要求，黑龙江测绘局组织完成“927”一期工程任务包括陆地卫星定位连续运行基准站水准联测标石选埋44座（9站）；沿岸陆地卫星定位大地控制点水准联测标石埋设113座（22点）；海岛（礁）大地控制点选建58座；沿岸陆地大地控制点卫星定位观测43点；沿岸陆地大地控制点二等水准联测1284千米、二等水准检测214千米；海岛（礁）大地控制点B级点观测31点；海岛（礁）大地控制点C级点观测14点；海岛（礁）跨海高程传递2点。部分任务由于受影像资料不到位及自然气候环境等客观因素制约，结转至2011年。

【汶川地震灾后恢复重建测绘专项工程】

2010年，黑龙江测绘局承担汶川地震灾后恢复重建测绘专项工程主要有两部分，一是2009年乐山、眉山测区1:1万地形图生产199幅结转延续任务，已完成资料到位的142幅地形图生产；二是2010年国家测绘局下达的通江、平昌测区1:1万地形图生产334幅、APDOM生产184幅，已完成184幅地形图生产及APDOM生产工作，尚缺150幅影像资料，结转至2011年。

四川测绘局

国家基础测绘

【概况】

2010年，四川测绘局共承担国家级基础测绘项目13项，全年完成测绘服务总值2.6亿元，同比增长14%，再创历史新高。

【主要基础测绘项目】

一、1:5万基础地理信息数据库更新

四川测绘局组织开展DOM生产、综合判调更新及外业检验、总参数据转换、1:5万更新数据整合建库、1:5万地形图数据生产、国家基础地理信息更新体系设计与试验等工作。5月对本年度项目的资料情况、技术方案、质量控制、成果提交等工作进行细化，形成了各项目专业技术设计书，于5月、9月、10月和11月先后提交给国家测绘局项目办。加强生产、技术协调和业务培训，共召开生产、技术协调会4次，对项目建设中遇到的技术问题进行讨论、处理，对质检过程中发现的问题进行通报，对好的作业方法、经验进行推广。2次派技术人员参加国家测绘局项目办组织的软件培训，在此基础上，结合试生产，开展二次培训。除完成2009年任务的延续工作外，2010年，完成DOM生产119幅并上交成果，完成综合判调更新119幅并分两批上交成果，完成总参数据转换第一、二批共149幅并上交成果，1∶5万地形图制图数据生产第一批107幅已进行局级检查，完成综合判调更新外业检验66幅并提供成果，基本完成国家基础地理信息更新体系设计与试验。自2006年启动至2010年，累计完成2480幅图的更新及相关任务。

二、数字区域地理信息公共平台建设

2006年~2010年，四川省共启动德阳、攀枝花、宜宾、绵阳、广元5市的数字区域地理信息公共服务平台建设工作。截至2010年底，已完成全部预算。德阳、攀枝花2市级平台建设已完成，德阳平台已通过国家测绘局验收并获得“全国数字城市建设示范市”称号，攀枝花平台已开展竣工验收工作。宜宾、绵阳和广元3个市级平台按计划实施。

三、社会主义新农村建设测绘保障服务示范项目

通江县示范项目已通过国家测绘局组织的专家验收，邛崃市示范项目已基本完成，新津县示范项目已完成70%。其中，邛崃市示范项目完成邛崃市全域数字正射影像图和分乡镇正射影像图生产，完成35平方千米1∶500地形图测绘工作，及《邛崃市乡村旅游交通图》的编制印刷，完成邛崃市综合县情地理信息系统基础地理信息数据库、专题信息数据库建库，以及邛崃市综合县情地理信息系统开发工作，开展了系统试运行和系统修改完善工作。新津县示范项目完成新农村建设重点区域1∶500地形图测绘5平方千米，开展新津县政务地理信息平台基础地理信息数据库和专题信息数据库建设，完成新津县政务地理信息平台原型系统开发。项目建设成果已应用于示范县城乡一体化建设、土地综合整治、农村基础设施建设、土地流转等方面。

【国家重大专项测绘】

一、国家西部1∶5万地形图空白区测图工程

四川测绘局集中力量优先安排塔西及横断山脉测区内业生产。3月底，西部测图工程项目部组织专家对三江源、青东、塔东区域成果数据进行接边检查和印前数据检查，提出了质量改进意见，四川测绘局采用“统一修改、质检同步”的方式，及时组织安排对三个测区内业数据的整改工作。8月，初步完成DOM、DLG、DEM的生产。积极推进横断山区域雷达测图工作，10月底收集到第一批雷达影像数据，11月底收集到第二批雷达影像数据，收到数据后迅速组织生产单位开展资料分析、试生产和技术培训等工作。自2006年启动至2010年，累计完成824幅1∶5万西部地形图的生产及相关任务，工程建设进入收尾阶段。

二、“927”一期工程

四川测绘局承担该工程的主要任务为B级GPS点选埋、观测，二等水准联测及跨海高程传递，年内各项工作有序开展。成立重大工程项目办，设立安全组、技术组、质量组、后勤保障组、财务组，做好与各生产单位工作的协调衔接，共投入作业人员42人，管理、质检及后勤保障人员20人，司机13人。5月，局所属2个单位组织踏勘组对跨海高程传递设计地点进行实地踏勘，并编写踏勘报告。7月，开始组织选点建造跨海高程传递观测墩。11月完成选埋工作。8月，组织开展大地控制B、C级点实地踏勘找点工作，同时，完成50多个C级点的普查工作。9月，组织水准观测组对陆地卫星定位大地控制点进行二等水准联测。12月，完成水准联测外业观测工作。10月，完成沿岸陆地大地控制点卫星定位观测20点、沿岸陆地卫星定位大地控制点二等水准联测35条水准支线721千米、二等水准检测408.2千米、海岛（礁）大地控制点B级点观测17点及C级点观测8点等工作。受项目下达滞后和资料收集的制约，预算执行率为52%。

海南测绘局

国家基础测绘

【概况】

2010年，海南测绘局实施的国家基础测绘项目包括国家1:5万基础地理信息数据库更新二期工程、测绘高新技术成果推广应用示范及产业化、信息化测绘数据处理关键技术试验、信息化测绘前沿技术试验等，各项目进展顺利。

【国家1:5万基础地理信息数据库更新二期工程】

该项目完成海南测区综合判调更新和数字正射影像图生产各49幅；完成广西和广东测区综合判调更新78幅，数字正射影像图生产26幅。

【测绘高新技术成果推广应用示范及产业化】

海南测绘局利用航空航天遥感影像数据处理系统DPGrid（基于网络的测图系统）对青藏高原东部区域中的3幅1:5万图进行卫星影像立体测图试生产，并对软件进行测试。结果表明DPGrid软件是基于图幅而与模型无关的网络化测图系统，可免除接边工作，提高了测图效率，使用该软件进行SPOT5 HRS立体卫星影像测图，能满足1:5万地形图的精度要求。

【信息化测绘数据处理关键技术试验】

海南测绘局开展“数字海南”地理信息公共服务平台关键技术研究，实现了地理数据的集中展示与综合分析，业务系统间空间数据的关联分析，多元、异构数据的统一管理及空间数据的共享与交换。以现代地理信息技术和无线通讯技术为基础，分析了不同移动终端设备访问地理信息服务的共同特点，对3G网络环境下的地理信息服务平台建设方案和关键技术进行了研究，开发了适用于移动终端设备的地理信息服务资源，并在移动终端上实现定制和访问。

【信息化测绘前沿技术研究项目】

信息化测绘前沿技术研究项目由国家基础地理信息中心牵头，通过广泛的调查研究及试验，制定1:1万基础地理信息数据库更新技术方案和技术体系，为省级基础地理信息数据库的建设提供有力的技术支撑。海南基础地理信息中心根据项目分工主要完成两项工作：一是以1:1万（1:5000）数据库已有数据为基础，根据1:1万（1:5000）数据更新产品模式和指标，选择典型区域数据，开展数据转换生产方法的研究，进行更新转换与整合试验，形成了《1:1万（1:5000）数据转换整合技术方案》；二是针对专业部门资料状况，开展对专业部门资料使用技术方法的研究与设计，形成了《利用专业部门资料的更新技术方案》。

国家重大专项测绘

【国家西部1:5万地形图空白区测图工程】

海南测绘局完成青藏高原西部A区域104幅数字正射影像图、数字高程模型、数字线划图、地表覆盖图、影像地形图及4幅晕渲地形图生产工作。

【“927”一期工程】

海南测绘局完成海岛（礁）大地控制点B级点观测14点，沿岸陆地大地控制点卫星定位观测13点，沿岸陆地大地控制点二等水准检测、联测任务，以及5座沿岸陆地卫星定位连续运行站的站址勘选工作。

中国地图出版集团

主要业务进展

【实用参考图出版情况】

2010 年，中国地图出版集团共完成 768 种实用参考图的出版工作。其中，常规出版 746 种（新版 328 种、重印 418 种），定制、合作等其他项目品种 22 种。推出多种精品实用参考图，主要包括《嫦娥一号全月球影像地图集》、《世界地图（九全）》、《世界港口交通地图集》、《中国高速公路及路网详查地图集》、全国重点地区公路网地图集系列、《北京市道路地图集》、《江苏旅游地图》、《北京全图》、《北京城市地图》、《台湾旅游地图》、《上海市地图集》（中国 2010 年上海世博会专版）、《荷兰 比利时 卢森堡地图册》、《昆明·曼谷·万象·琅勃拉邦交通旅游图》、《法国旅游指南》、《蒙古交通地图》等。其中，《上海市地图集》（中国 2010 年上海世博会专版）汇集社会各领域、多学科的综合统计资料和科研成果，是迎接世博会的重要成果。

【数字地图出版情况】

中国地图出版集团全年出版导航电子地图 56 种，其中新版 46 种、再版 10 种，与导航公司间已形成稳定的合作模式。

网络电子地图已开始上线试运行，内容包括：世界地图、中国地图、全中国多级比例尺晕渲地图、世界遗产中国部分、古地图鉴赏、历史沿革等。

【教材教辅出版情况】

2010 年，中国地图出版集团全年共出版测绘、地理、历史、信息技术、生物、历史与社会、品德与社会、科学等多学科教材 893 种，其中新版 142 种、重印 751 种。

在中小学教材方面，将教材地方化的编制工作继续推向深入，相继完成人教、北师、华东、川教、中图、上海等版本的 96 种地方化教材和图册的编制工作，提升了中国地图出版集团教材在教学市场上的品牌优势。

在高等学校教材和培训教材方面，完成《中国地理图集》新编工作和《中国自然地图集》修订工作，市场反响较好；完成第二批全国高职高专测绘类专业通用教材的出版工作，并配套出版了《实训指导书》；完成“十一五”国家规划教材的编辑出版工作；开拓高职高专示范院校教材的出版工作，达成“国家示范性高职院校建设项目成果教材”出版协议的 6 本教材已出版 4 本；完成全套测绘职业培训教材和全国注册测绘师资格考试辅导教材的出版工作。

开发、完善和延伸考试类、同步类、助学类三大教辅产品线，为教辅类产品在市场上的可持续盈利创造新亮点。编制、修订出版《地理新课程考试地图册》、《初中地理学习地图册及练习一本通》、《中国地理 1000 问》、《世界地理 1000 问》等精品畅销图书。

【特型地图出版情况】

中国地图出版集团加强特型地图的选题策划，并对特型地图生产设备进行技术改造，进一步提高产品创新度、生产能力和产品质量。与中国科学院国家天文台合作，研发制作了 3 种规格的嫦娥一号月球仪，参展第一届世界月球大会，引起社会各界广泛关注；完成 PVC 版《中国地形》、《世界地形》立体地形图的改编印制、模具制作；与台湾出版公司合作开发繁体汉字版地球仪项目，该地球仪首次进入台湾市场。

【测绘书刊出版情况】

中国地图出版集团加强测绘科技专著出版基金的宣传工作。2010 年出版基金申请项目包括国家测绘科技基金项目成果和西部测图重点工程项目成果。全年完成出版基金资助图书 23 种，其中 17 种涉及测绘行业标准。按时保质完成《国家测绘局文件汇编》、《中国测绘年鉴》等图书的出版工作。

完成《测绘学报》、《测绘通报》的组稿、编辑、出版、发行工作，并建立两刊网站。2010 年，《测绘学报》每期增加 16 个页码，并获得中国科协精品科技期刊称号。《测绘通报》杂志社成功主办第二届测绘科学前沿技术论坛，陈俊勇、张祖勋、杨元喜等3位院士分别在论坛上做主题发言。

《地图》杂志以“地图引领生活”为理念，继续加大选题策划力度，推出一系列人文地理类增刊。同时以营销为年度工作重点，进一步拓宽发行渠道，努力实现发行精细化、投放精准化，实销率较2009年有了较大幅度提升。

【市场营销情况】

2010年，中国地图出版集团深入挖掘传统渠道以外的销售市场，从农家书屋、图书馆馆配，向中小学图书馆、职工书屋、团购及教学装备等方向多渠道发展；开展了以“我的地图我做主”为题的地图产品订制活动，将地图产品延伸成为企事业单位和特殊读者群体的文化礼品，产生较好的经济效益和社会效益；构建了“三维一体”的立体营销模式，针对不同消费人群组织策划营销和媒体宣传活动，取得良好效果。

【测绘服务情况】

中国地图出版集团继续推进中央领导用图等基础测绘项目，完成领导机关用图349幅。为服务玉树地震救灾，编制了青海省行政区划图、玉树震后遥感影像图和17个重点区域地图等，发挥了测绘保障服务作用。在上海市对口支援新疆工作前方指挥部指导下，编制出版《新疆喀什地区莎车县、泽普县、叶城县、巴楚县文化旅游地图》等对口支援新疆喀什地区的各种地图。

科技创新与人才培养

【科技创新】

一、地图数据库建设

中国地图数据库围绕中央领导用图和分省图的制作继续建设。在对行政界线、交通要素和水系进行加密的基础上，完成对居民地地理信息的年度更新，并按月发布数据库更新结果。世界地图数据库建设在分析现有数据的基础上，有针对性地按照整体建库思路构建，并改造建库工艺流程，完成7个国家的建库工作。编制交通旅游图的基础数据库系统已完成基础开发工作。

二、产品创新

首次利用世界地图数据库编制了《世界地图(九全张)》和《世界交通图（三全张)》，设计新颖、现势性强、内容详实，市场反映良好。

三、合作开发

中国地图出版集团与高科技企业合作建立明博教育科技公司，承担教育部数字教室创新教学应用研究课题，参与制定国家电子课本与电子书包标准建设。建立博士后工作站1个、省级实验示范学校10个，取得软件著作权登记10项，申请专利10多项。形成数字教室、数字互动教材、智能学习平台三大类产品。公司被评为“中国教育装备行业最受欢迎的十大多媒体企业”。

【人才培养】

中国地图出版集团制定了较为完备的职工培训计划。对新接收的28名大学毕业生开展了以社史、社情、国家版图意识和市场观念教育为重点的培训工作；组织新职工参加新闻出版总署和中国版协科技委员会举办的新编辑培训班，聘请专家对新职工进行编辑、出版、发行以及业务管理等基础知识的传授；以王府井书店和西单图书大厦作为实践基地，组织即将从事编辑、发行业务的新职工进行为期2个月的市场调研。组织在岗干部职工参加中央党校、国家测绘局、新闻出版总署以及有关部门组织的干部教育、岗位培训和学历教育，落实专业技术人员的继续教育工作，逐步建立健全职工培训记录；组织编校知识、制图技能竞赛和评图征文活动，举办专业讲座，组织参加“咬文嚼字”等培训班，不断加强职工队伍业务建设。

对外合作与交流

【出访情况】

2010年，中国地图出版集团共完成12个团组25人次出国（境）参展、访问和考察任务。组团参加了国际摄影测量与遥感学会核心数据库学术研讨会、第47届意大利波洛尼亚少儿图书博览会、国际测量师联合会第24届大会、中非测绘合作座谈会、第17届东京国际书展、第62届法兰克福国际图书博览会、第六届海峡两岸图书交易会、香港国际图书博览会、新加坡第12届全球空间数据基础设施大会、荷兰“灾害管理及测绘新技术开发和应用”培训班等。

【版权引进及对外合作情况】

2010年，中国地图出版集团版权合作工作取得较大进展。与法国百地福合作编制出版《法国旅游指南》；从德国VEMAG出版集团引进系列儿童图册

4本，从韩国 Hyung Seul Publishing Network 引进《创造性开发学习工程》系列低幼读物。与德国卡尔森出版社签订《皮卡西随身百科》系列共18本少儿图书版权引进协议；与加拿大 Roger Tomlison 签订《地理信息系统及实施》版权引进协议；与意大利迪亚图书出版公司签订版权引进协议，取得该公司旗下《小探险家手册》和《环游世界——我的第一本地图集》等书的版权。

管理制度建设

【转企改制】

按照中央各部门各单位出版社体制改革工作领导小组办公室对有关转制方案的批复意见和《中央各部门各单位出版社转制工作基本规程》的要求，中国地图出版集团转企改制工作阶段性任务已基本完成，集团所属中国地图出版社、测绘出版社、中华地图学社已顺利完成转企工作，为集团按照现代企业制度要求转换机制奠定了基础。

【民主管理制度】

中国地图出版集团继续推进基层民主建设，坚持职工代表大会制度、社长接待日制度，理顺关系，化解矛盾，充分调动各方面积极性，营造和谐的发展氛围。

【规章制度建设】

为加强业务管理，中国地图出版集团制定《中国地图出版社出版业务管理制度》和《中国地图出版社业务项目管理补充规定（试行）》；为使地图产品质量管理进一步细化，制定《中国地图出版社质量管理补充规定（试行）》；制定并出台《测绘出版社2010年经营管理办法》、《测绘出版社互联网站信息管理暂行办法》、《测绘出版社出版物评价管理暂行办法》、《中华地图学社企业经营管理办法》等规章制度，进一步规范行政、业务管理工作。

测绘文化建设

【创先争优活动】

为贯彻落实国家测绘局关于深入开展创先争优活动的计划部署，中国地图出版集团以“争当测绘先锋，服务科学发展”为主题，开展创建先进党组织、争当优秀共产党员活动。以各党支部的争创措施和党员承诺书作为公开承诺的重要内容，在办公平台予以公布，充分调动党员的积极性和创造力，拓宽群众参与面。通过创先争优活动，党员的党性意识逐步增强，职工精神面貌积极向上，各项工作得到稳步提升。

【党建工作】

2010年，中国地图出版集团组织学习十一届全国人大三次会议和全国政协十一届三次会议精神，全面贯彻中共中央十七届五中全会和十七届中央纪委第五次全会精神，把学习贯彻活动列入党委的重要议事日程，认真抓好各项工作落实，加强党建工作。为纪念中国共产党成立89周年，进一步加强党支部和党员队伍建设，制定并印发《关于在“七一”前后开展创先争优主题党日活动的通知》，明确了活动主题、内容和形式，切实抓好各支部主题党日活动。

【党风廉政建设】

中国地图出版集团组织党员干部参加国家测绘局专题辅导报告会，参观北京市反腐倡廉法制教育展，观看警示教育片，促使广大党员干部进一步坚定理想信念，增强廉政意识。坚持做好试用期满干部的考察工作，设立纪委“举报信箱”窗口，公布举报电话，严格执行纪委廉政谈话制度，加强对党员领导干部的监督。深入开展“小金库”专项治理自查自纠工作，并进行了专项审计，未发现违规违纪问题。

【思想政治工作】

中国地图出版集团在中国共产党成立89周年之际，充分运用网站、报刊、《情况摘编》等媒体，宣传报道各党支部开展党日活动情况。组织党员干部深入学习国民经济和社会发展第十二个五年规划的建议等。定期将《求是》、《学习活页文选》、《老干部参考》等学习资料发到各党支部，并组织学习，营造浓厚的学习氛围。积极开展各项寓教于乐活动，被中央国家机关团工委授予“中央国家机关五四红旗团组织创建单位”称号。

【文化建设】

中国地图出版集团在企业文化的建设过程中，做好品牌文化宣传，全年在国家测绘局网站、平面媒体发表文章41篇、图片30张，在《中国图书商报》刊登相关报道22篇并进行3次专版宣传，在《中国新闻出版报》刊登了多篇报道。围绕重点产品举办新书发布会，邀请媒体参与宣传，取得了积极的宣传效果。

【群众性文体活动】

中国地图出版集团组织女职工参加国家测绘局妇工委举办的北海公园环湖跑活动；组队参加全国出版界乒乓球比赛和国土资源部第九届乒乓球比赛；篮球队蝉联国家测绘局直属单位篮球赛冠军；举办中国地图出版社职工摄影艺术展。在中央国家机关第三届职工运动会中，集团职工获得女子100米蛙泳银牌。在中央国家机关第三届职工运动会总结表彰会中，集团所属中国地图出版社获优秀组织奖和特别贡献奖。

【福利保障工作】

2010年，中国地图出版集团在职职工已进入属地养老保险体系。全年审核发放大病救助基金18人次，发放金额18.6万元；为3位特困职工发放特困补助1.8万元。

【社会捐助活动】

中国地图出版集团积极组织为青海玉树地震灾区捐款活动，共计捐款55万元；集团所属京外办事处职工在驻地参加红十字会组织的捐款活动；组织“向实行计划生育的贫困母亲献爱心”活动，以及向四川都江堰市“职工书屋”、新疆喀什地区捐赠图书等活动。

【各项荣誉】

2010年，中国地图出版集团被评为中央国家机关文明单位、测绘宣传工作先进集体、测绘应急保障先进集体。

中国测绘科学研究院

主要业务进展

【概况】

2010年，中国测绘科学研究院实现机载多波段多极化SAR测图系统首飞，成为自主成功研制先进新型测绘仪器装备的典范；推进无人机航摄系统的装备，促进机动、快速低空遥感技术体系的全国覆盖；做好测绘保障工作，为玉树抗震救灾、舟曲特大山洪泥石流灾害和海南省抗洪救灾提供测绘保障；数字城市、西部测图、“927”工程等国家重大测绘工程进展顺利；全力推进国家测绘工程技术研究中心组建，产学研创新体系不断完善；成功举办《影像和数据融合》国际期刊首发刊仪式，国际知名度继续扩大；做好财务审计整改，进一步规范财务管理；有效推进学习型党组织建设和创先争优活动，党员干部素质进一步提高。

【科技立项与实施】

一、项目申请立项

2010年，在国家“十二五”“863”对地观测与导航技术领域，中国测绘科学研究院申请到1项优先启动主题项目“面向对象的高可信SAR处理系统”，合作参加1项主题项目“GNSS脆弱性分析及信号传输环境研究”，将这两个项目作为第一批启动的“863”项目立项。获得1项“863”重点项目子课题和5项国家自然科学基金项目。申请到科技支撑、北斗专项、公益性行业科研专项项目共4项。项目经费共计7216万元。

二、项目组织实施

年内，中国测绘科学研究院承担的“高精度轻小型航空遥感系统核心技术及产品”等9项“863”项目、5项科技支撑项目和9项国家自然科学基金项目进展顺利。

三、项目验收

2010年，中国测绘科学研究院完成的1项“973”计划课题、4项“863”项目、2项国际合作项目、1项国家科技支撑项目等国家级科技项目通过科技部的验收。

【国家重大工程实施】

一、国家西部1:5万地形图空白区测图工程实施

2010年，西部测图工程项目组组织完成西部测图工程主体技术试验；形成的系列创新成果和标准规范得到大规模推广应用；依托西部测图工程项目申报的2个国家测绘局重大测绘科技专项顺利推进，完成横断山脉区域的雷达数据获取并首次开展机载SAR影像的测图生产；西部7个省、区级地理信息

公共服务平台基本建成，主持编制的5本图集和3本丛书进展顺利。截至2010年底，西部测图工程外业工作全部完成，内业任务完成80%，印刷地形图1230幅，工程整体质量良好。

二、“927”工程技术支持

中国测绘科学研究院作为“927”工程技术项目部，完成技术总体设计及2个单项工程设计，完成5项初步设计，基本完成16项分项设计，半数以上的技术规程通过评审，技术实验和方案制定全面展开。

三、2000国家大地坐标系推广

作为2000国家大地坐标系推广项目的牵头单位，中国测绘科学研究院完成全国天文大地网三、四等点的平差和地方独立坐标系建设方案及1∶1万和1∶5万坐标平移量的计算，已正式向社会提供CGCS2000坐标系下的各类成果。10月，2000国家大地坐标系专题网站建成，并正式开通。

【测绘科技期刊】

一、《影像与数据融合》国际期刊

2010年，中国测绘科学研究院组织举办《影像与数据融合》国际期刊（以下简称IJIDF）首发刊仪式，国家测绘局局长徐德明出席并剪彩，科技部、国土资源部、国家测绘局及相关大专院校、科研机构的院士、专家，《影像与数据融合》国际编委、泰勒－弗朗西斯出版集团代表等单位近百人出席首发式。光明日报、科技日报、中国国际广播电台、新华网、人民网等10多家新闻媒体记者采访报道。全年，完成IJIDF期刊第一卷四期的出版工作，并向全球发行。

二、其他期刊

《测绘科学》在测绘行业的影响继续扩大，刊登的《高分辨率卫星遥感影像在土地利用变化动态监测中的应用》被评为2009年中国百篇最具影响力的学术论文，被引次数16次，是2009年测绘期刊唯一入选的百篇优秀科技论文；2010年，《测绘科学》建立了编辑、作者及审稿人互动平台，采用学术不端文献检测系统，预防学术腐败的发生。《遥感信息》坚持三审原则，对发表的论文严格把关，采用新型稿件管理平台，丰富刊物内容，增加了刊物信息的广度，并成为“2010 ESRI中国区域用户大会”的媒体支持成员。《测绘文摘》及时报道重要刊物的重要文献，反映测绘科技的最新进展，出版质量较2009年有较大提高。

科技创新与人才培养

【测绘科技创新成果】

一、科技创新成果

中国测绘科学研究院作为项目牵头单位研制的“机载多波段多极化干涉SAR测图系统”重点突破了复杂地形及稀少控制点区域雷达影像高精度地形测绘、SAR影像地物解译与判读，以及SAR传感器、POS系统、智能导航系统的高效集成等核心技术，形成自主知识产权的机载多波段多极化干涉SAR测图系统，填补了国内空白，显著提升我国SAR遥感数据获取与处理能力。

中国测绘科学研究院2个重大科技专项“测绘遥感数据快速获取与处理集成系统”和“地理信息集成分析与共享系统”，在高性能遥感数据集群处理、地理信息综合集成与辅助决策、应急遥感影像快速处理与集成、地理信息公共服务平台建设、月球测量、海岛（礁）测图、无缝导航定位系统、GNSS现代坐标基准、高精度地球重力场等方面加强攻关，系列核心技术取得突破性进展。

二、获奖科技成果

“国家土地资源遥感监测关键技术及重大工程应用”和“时空数据挖掘关键技术与应用”获国家科学技术进步奖二等奖。

“SWDC数字航空摄影仪”、“服务型地理信息公共平台软件Newmap及应用”、“低空无人飞行器航测遥感系统”、“资源三号卫星数据压缩及验证系统”获中国测绘学会2010年测绘科技进步奖一等奖，“全球测图中国土地覆盖产品的生成”、“全国农家书屋工程信息管理系统”获中国测绘学会2010年测绘科技进步奖二等奖，“运用WorldView卫星数据进行边境地区立体测图的研究”、“遥感影像三维地理空间信息应急指挥系统”获中国测绘学会2010年测绘科技进步奖三等奖。

三、申请专利、软件著作权登记，发表著作和论文

2010年，中国测绘科学研究院12项科研成果获得专利申请受理；“基于GNSS的远距离高精度实时/快速定位方法和系统”、“航空摄影测量大比例尺测图标志点装置”2项成果获得专利授权（发明专利）；出版《大地坐标系统及其应用》、《地表空间数字模拟理论方法及应用》等五部科技著作；获得软件著作权登记27项；以第一作者发表学术文章

140 多篇，其中 SCI、EI 和国内一级刊物登载 49 篇。

【测绘技术服务与应用】

一、数字城市建设科技支撑

中国测绘科学研究院作为数字城市建设的主要技术支撑单位，面对数字城市建设亟需技术标准、共性技术、支撑平台的现状，加强研究攻关，取得一系列进展。一是制定了指导数字城市建设的系列技术标准；二是研制了支撑数字城市建设的新一代服务型地理信息软件 NewMap；三是完成太原、潜江、嘉兴、临沂、郑州等几十个数字城市试点建设，基于地理信息公共平台建设的部门专题应用系统已超过 600 多个，为城市政府部门公共管理效率和水平的提高提供了科学支撑。至年底，近 60 个数字城市平台基本建成。

二、推进测绘行业技术装备产业化

中国测绘科学研究院积极推进无人机航测遥感系统的自主创新，突破无人机航测遥感控制技术等系列核心技术，构建无人机测绘的完整作业流程，制定了 6 个技术标准。按照国家测绘局的部署，2010 年，在全国 27 家省级测绘单位装配 60 多套无人机航测遥感系统，并援助新疆和抚顺无人机系统 7 套；对国家测绘局直属单位和省级测绘单位共 100 多人进行技术培训，初步实现无人机航测系统的产业化。

加强人卫站卫星激光测距等系统的维护和升级改造工作，实现高重复频率半导体泵浦激光器的测距（KHz 测距），有效提高了观测效率。

进一步加强 SWDC 数码相机、JX4G 数字摄影测量系统、PixelGrid 软件、FeatureStation 地物智能解译系统、三维仿真系统、大屏幕投影平台、城市三维软件等产品的研发和推广应用，有力推进新技术装备的产业化。

三、服务国家经济和国防建设

政府地理信息服务系统进一步在国务院办公厅、中共中央办公厅、国家减灾中心、教育部、新闻出版总署、广电总局、文物局、质量监督检验检疫总局、国务院机关事务管理局等部门的有关项目中得到广泛应用和普遍好评。

在全国 31 个省级测绘部门装配“WJ－II 型地图工作站”，完成全国 1∶25 万公众版地图成果的编制和系列《中华人民共和国军事交通图》的生产，推动国防交通向数字化、智能化快速发展。

在全国 8 个省市推广应用互联网地理信息安全监管系统。在全国推广应用“全国人口普查地图标绘系统”，保障第六次全国人口普查工作顺利进行。

成立全国几何量长度计量技术委员会测绘仪器分技术委员会，推动测绘仪器鉴定工作有效开展。

【测绘科技创新体系建设】

2010 年，中国测绘科学研究院与北京市签署测绘科技创新园建设协议，积极开展北京市中关村国家自主创新示范区入园工作。与浙江省测绘与地理信息局、重庆测绘院、海南测绘局、东方道迩公司等单位合作共建，实现产研联合。与新疆维吾尔自治区测绘局共建中国测绘科学研究院新疆分院，大力开展测绘科技援疆工作。加强两个国家测绘局重点实验室和与香港联合实验室的建设。与大连海事大学签订联合培养研究生协议，与辽宁工程技术大学联合举办首届测绘青年学者论坛。

中国测绘科学研究院不断完善测绘科技应急保障技术体系，初步形成应急数据获取、数据快速处理、灾情解译评估的应急服务保障体系。在青海玉树地震抗震救灾、舟曲特大山洪泥石流应急救灾，海南、江西抗洪抢险等工作中，先后派出 3 支队伍、5 套无人机航摄系统和 1 套雷达测图系统，快速获取灾区近 3000 平方千米的影像数据，对获得的影像进行快速处理后制成各类专题地图和公众版地图，并形成“一图一表一报告”上报国家测绘局。利用处理的数据，快速构建“青海玉树地震灾情地理信息系统”等多个应急服务系统，并充分利用西部测图成果，及时为国务院办公厅、国家减灾委员会、中国地震局等相关部门抢险救灾提供保障服务，显示了测绘科技服务抢险救灾的重大作用。

【人才队伍建设】

2010 年，中国测绘科学研究院补充了院班子成员，加强领导班子经济管理、科技管理能力建设，增强了整体功能。

根据工作需要，按规定程序推荐选拔院专职保卫处长、北京翔达物业管理中心主任；聘任了摄影测量与遥感研究所副所长、地理空间信息工程国家测绘局重点实验室副主任；选送 1 名处级干部参加中央党校中央国家机关分校为期 3 个月的学习培训。

制定加强地理空间信息工程国家测绘局重点实验室的建设方案，调整补充实验室人员。

【人才培养机制】

2010 年，中国测绘科学研究院加强干部考核管理，制定印发《中国测绘科学研究院职工年度考核办法》（试行），建立院属单位领导干部年度考核机制，形成了由院属单位领导在本部门职工大会述职，职工和分管或联系院领导测评打分的考核办法。

以强化高层次人才支撑为重点进行各类人才选拔培养工作，为青年科技人才成长创造条件，在各类项目课题的负责人中45岁以下的占65.4%。

2010年，首次正式进行专业技术职务任职资格评审，调整和补充了28个专业技术岗位，进一步完善了人才评价和激励机制，强化了人才队伍素质。

对外合作与交流

【国际合作与交流】

2010年，中国测绘科学研究院进一步加强国际合作与交流，发挥科技引领作用。加强“走出去”战略的实施，在深化对外交流的基础上，积极开展中英创新计划、中澳环境发展和中芬政府间科技合作等国际科技合作项目；参加国际摄影测量遥感学会（ISPRS）百年大会、国际测量师联合会（FIG）第24届大会、全球空间数据基础设施（GSDI）第12届大会、海峡两岸测绘发展研讨会和国际测绘技术与设备博览会等多个国际会议和展览；参与IAG、IUGG、PCGICP等国际测绘组织的相关事务。

【出访和接待来访】

2010年，中国测绘科学研究院出访62人次，出访国家和地区17个。接待来访人员27批，56人次。

管理制度建设

2010年，中国测绘科学研究院制定了《中国测绘科学研究院域名管理暂行办法》、《中国测绘科学研究院网站内容保障暂行办法》、《中国测绘科学研究院专职保卫处长职责》、《中国测绘科学研究院干部因私出国（境）管理暂行办法》、《中国测绘科研究院工作规则》、《中国测绘科学研究院职工年度考核办法（试行）》等规章制度。

党的建设与测绘文化建设

【党建工作】

6月29日，中国测绘科学研究院召开深入开展创先争优活动动员暨纪念建党89周年大会，对深入开展创先争优活动进行动员部署。通过深入学习，组织党员公开承诺，开展主题实践活动，挖掘和推荐先进典型等工作，促进各党支部和党员在推动科技创新、促进事业发展中发挥模范带头作用。

加强学习型党组织建设和廉政作风建设，通过院党委理论学习中心组集体学习、领导班子务虚会、处以上党员干部参加“测绘学习大讲堂”和荐书赠阅等活动，进一步提高了领导班子和干部队伍的思想政治素质。

重视做好宣传和安全保密工作，加强院网站建设和维护，建设技术防范系统，完善信息报送机制。在光明日报等10多家中央新闻媒体集中宣传《影像与数据融合》国际期刊创刊和院“十一五”科技创新成果、典型人物。全年在中国测绘报等媒体刊发稿件20多篇，在国家测绘局政府网站、院网站等刊登新闻信息200多条。

【文化建设】

中国测绘科学研究院组织2010年度消防演练，引导职工正确掌握和使用灭火器；举办乒乓球团体赛，活跃职工文化生活，推动全民健身活动；举办“颂祖国卡拉OK大家唱”活动；举办5人团体跳绳比赛，推动全民冬季健身。参与国家测绘局举办的测绘系统首届羽毛球比赛，获团体第6名。组织召开纪念“五四”青年节座谈会；组织女职工参加国家测绘局组织的庆“三八”环湖健身行比赛系列活动。

国家基础地理信息中心

主要业务进展

【基础测绘项目】

2010 年，国家基础地理信息中心承担的国家基础测绘项目包括：总参数据转换、1∶5 万更新数据整合建库、更新后 1∶5 万地形图设计和数据生产建库、国家基础地理信息更新体系设计与试验、国家级基础地理信息转换等 20 项，各项目的年度计划目标和任务均按期完成。

完成“明长城测量”、“全国测绘成果公共信息服务系统建设”、“共建共享数据收集整理、示范支持与推广”、“地图见证辉煌——中国改革开放 30 年”等 4 个国家基础测绘计划项目的验收工作。

【国家科技支撑计划项目】

2010 年，国家基础地理信息中心承担国家科技支撑计划课题 5 项、“863”计划课题 3 项、国家自然科学基金面上项目 1 项、科技部中加合作项目 1 项，新申请成功国家自然科学基金面上项目 1 项。全年各项目按计划实施，完成既定项目任务。

12 月，由该中心牵头的科技支撑计划项目“信息化测绘技术服务体系关键技术研发与应用”通过验收，其中“建立基于自主产权的基础地理信息集成系统”、“基础地理信息分发服务系统开发”2 个科技支撑计划课题于 3 月通过验收；“863”计划课题“大规模基准网数据处理与服务技术”通过课题验收，“全球地表覆盖遥感制图与关键技术研究”正式启动；国家科技支撑计划课题“多尺度基础地理信息与综合灾情信息集成分析技术研究”、“中国重大自然灾害孕险环境分析技术”、“主体功能区规划可视化表达与优化整合技术研究”均按年度计划执行，完成预定任务；国家自然科学基金面上项目“GIS 数据空间冲突检测与处理的计算模型研究”按计划完成项目任务，递交项目结题报告；科技部中加合作项目“面向城区环境检测和地图更新的自动地物提取”按计划执行，完成预定任务。

【“927”工程项目】

2010 年，国家基础地理信息中心按照“927”工程项目办公室和国家测绘局要求，完成各项计划任务。组织编写《2010 年度建设任务技术设计书》、《国家测绘局 2010 年生产建设任务实施方案》，协助国家测绘局下达 2010 年任务计划；编制印发《927 工程质量管理规定》和《927 工程安全管理规定》；编写并印发 1500 册《927 工程安全生产知识手册》；对 2010 年下达任务完成情况进行预估及实际工作量统计测算，提出处理方案建议；组织完成大地控制点建设外业质量抽查和资料内业检查，编写了海岛（礁）大地测量控制网观测和水准联测培训教材；协调总参测绘局、国家海洋局、海司航保部，落实 CORS 站和验潮站选建具体点位；与总参测绘局协调落实了重力联测方案及组网形式等。启动项目计划管理和资料管理系统建设，完成相关设备和软件采购等。完成《927 工程 1∶2000、1∶5000、1∶10000 DLG、DEM、DOM 产品数据规定》和《927 工程地形要素数据规定》行业标准起草。

【国家 1∶5 万数据库更新工程】

2010 年是国家 1∶5 万数据库更新工程收尾之年，国家基础地理信息中心积极做好项目的计划编制、生产组织、资料保障和技术支持等工作，同时负责生产数据成果的接收、入库检查与建库等工作。

一、1∶5 万更新数据入库检查

1∶5 万更新数据入库检查主要包括综合判调数据检查和缩编数据检查。2010 年共完成 5305 幅 1∶5 万数据库更新综合判调和数字化生产任务的质量检查、数据修改、入库整理等工作。缩编更新数据检查共组织协调 22 个单位、60 多人次到国家基础地理信息中心进行数据库汇交、数据修改工作，先后派出 20 多人次赴云南、安徽、江西、内蒙古、北京等地生产单位，进行技术指导和数据检查，并通过电话、传真、邮件等方式及时解答缩编生产单位的技术疑难问题。至年底，共完成入库检查 1864 幅。

二、更新版1:5万地形图数据生产

更新版1:5万地形图数据生产是2010年新增的生产任务，国家基础地理信息中心主要负责项目的总体设计和组织实施，产品模式和技术指标设计、生产技术方法和工艺流程设计，制图生产工具软件的设计研制，并组织陕西、黑龙江、四川、海南测绘局，重庆测绘院等单位进行数据库制图生产。组织技术力量完成1:5万制图数据生产技术试验、生产技术方案设计、试生产、技术培训等，开发了基于数据库的1:5万制图数据生产软件，形成了基于数据库的地形图制图创新性技术系统，大大提高了生产效率，软件免费提供各生产单位使用。4月~6月，组织两期技术培训班，有关单位生产技术人员共40多人参加培训，规模化制图数据生产全面开展。

【测绘档案资料管理】

2010年，测绘成果档案资料管理取得新进展。全年累计接收、查验、整理模拟资料7029件，数字资料45550件、数据量2.72TB；累计录著目录信息43700条，组卷1520卷。

稳步推进测绘档案信息化管理运行模式设计与重要档案数字化工作，全年完成的地图档案扫描数字化工作包括1:5万地形图10362幅、民国地图1000幅。

【航空摄影】

2010年，在国家测绘局的部署下，国家基础地理信息中心完成2011年~2012年国家基础航空摄影项目申报书、国家基础航空摄影“十二五”规划等编写工作。负责完成国家测绘局航空摄影项目（1、2、3期）政府采购工作，共签订航摄合同24项，面积61.87万平方千米。认真组织项目实施，至年底，53个摄区已完成全部航摄计划，24个摄区取得部分成果，共完成51.67多万平方千米；整理、接收28个摄区的航摄资料（航摄底片178筒、航摄像片170158片、影像数据40.5TB），订购了8种分辨率卫星影像约1TB。

完成2010年“927”工程9个摄区航摄任务的公开招标，以及沿海卫星影像订购合同签订工作，组织对部分招标摄区执行情况进行实地检查。

【大地测量】

一、西部测图临时GNSS站数据汇集和处理

2010年，国家基础地理信息中心共处理松潘、马尔康、炉霍站986天的GNSS观测数据，数据总量0.09TB。完成全国CORS站与全球IGS站联合处理平差，处理站数300站，数据量0.18TB。完成国内和国际IGS站数据处理及281个国际IGS站每天的数据处理与分析。

二、国家连续运行基准站运行与维护管理

2010年，国家基础地理信息中心开展国家测绘局8个GPS连续运行基准站的日常运行和维护管理，完成8个站全年GPS数据的采集、传输、质量检查和入库；完成西宁站、拉萨站的设备改造工作。

三、中国大陆构造环境监测网络工程

国家基础地理信息中心作为国家测绘局承担中国大陆构造环境监测网络工程部分项目牵头单位，2010年继续维护国家测绘局所属6个GPS连续运行跟踪站和1个SLR站的运行，组织重力观测工作。完成“陆态网”全部基准站设备安装和系统集成；完成基准站建站资料质量检查和归档；完成39个基准站水准联测工作；编写完成可移动基准站设计方案。组织国家测绘局2009年度中国大陆构造环境监测网络区域站资料一级监理与归档工作。根据“陆态网”数据系统建设进展，编制了“中国大陆构造环境监测网络”国家测绘局共享子系统总体集成方案。

四、国家级基础地理信息数据转换

2010年，国家基础地理信息中心通过技术试验，制定了1:5万及小于1:5万基础地理信息数据库2000国家大地坐标系转换实施方案和技术流程，开发了坐标转换批处理软件并完成软件测试和精度评估。承担了行业单位的技术咨询，已完成12948幅数据的坐标转换生产。

【测绘保障与服务】

一、国家地理信息公共服务平台建设

2010年，国家基础地理信息中心完成《公共地理框架数据－地理实体数据规范》、《公共地理框架数据－地名地址数据数据》、《公共地理框架数据－电子地图数据规范》3个数据规范试行稿的修改工作；制定印发《基础地理信息公开表示内容的规定（试行）》；完成《“天地图”数据处理方案》并通过专家论证。组织完成《地理信息网络分发服务无数据XML编码规范》、《平台在线服务专题分类方法》、《平台用户管理办法》、《基于服务器缓存的地图服务接口规范－REST实现》、《地理信息网络分发服务元数据内容规范》、《地理信息网络分发服务元数据接口规范》6个服务规范草案的编写。督促各省提交省级基础地理信息数据，进一步丰富了国

家地理信息公共服务平台（涉密版）服务内容。国家地理信息公共服务平台（政务版）原型系统已搭建完成，并开展相关数据试验。公众版国家地理信息公共服务平台——“天地图”已上线运行。

二、国家1∶25万基础地理信息数据库更新（2009）

由国家基础地理信息中心牵头的“国家1∶25万基础地理信息数据库更新（2009）”项目在北京通过验收。项目成果已用于领导专用地图的编制、自然资源和地理空间基础信息库项目等。

该项目于2008年10月启动，国家基础地理信息中心组织陕西、黑龙江、四川、海南等4个直属局，采用影像对影像快速纠正处理、多源数据协同更新技术，完成数据的更新生产；协调全国31个省（直辖市、自治区）测绘局（院）对要素现势性进行核查，实现对国家1∶25万基础地理信息数据库的快速更新。更新后的1∶25万基础地理信息数据库包含地形和数字高程模型数据，全部转换到2000国家大地坐标系，数据库组织和结构实现与1∶5万更新数据库相协调。

三、全国测绘成果目录服务系统

2010年，由国家基础地理信息中心牵头建设的全国测绘成果目录服务系统持续深化应用。福建、浙江等分站点深入开展市、县级应用，7万多条市、县级测绘成果元数据成功接入系统，由目录服务系统门户网站统一提供服务；门户网站添加订购支持模块，便于用户将查询结果提交订单，对接分发服务办公系统；门户网站为“天地图”成果目录模块提供接入页面，便于“天地图”用户查询测绘成果目录。

全国测绘成果目录服务系统全年运行稳定，完成与11个省级分站点更新同步29次，更新元数据30多万条，门户网站可查询的各类测绘成果元数据总量达111万条。网站全年共提供12.2万人次访问，独立IP数达4万，使用搜索引擎搜索关键字“测绘成果”、“测绘成果目录”、“元数据查询”时，该系统门户网站显示结果位居前列。

四、国界测绘保障

2010年，完成中越陆地边界勘界测绘档案资料的整理组卷与归档工作。中尼边界第三次联合检查测绘保障已完成边界议定书附图的制图工作，并与尼泊尔方基本达成一致意见；已初步确定边界议定书草案的框架条款。

五、中华人民共和国陆地国界信息管理系统

2010年，国家基础地理信息中心承担的中华人民共和国陆地国界信息管理系统建设已完成各项预定任务，并通过了验收，为全面提升我国边界管理水平提供了操作性强的业务信息平台，使我国陆地国界信息管理系统建设和应用处于国际领先行列。项目开展了中越和中尼边界各项数据的整合处理；完成会商与突发事件处理子系统、勘界联检子系统、数据维护子系统的开发和完善工作；开展面向外交部和9个边界省区的系统应用技术培训，并将系统推广应用到9个边境省区外事办公室。

六、明长城测量项目

2010年，国家基础地理信息中心作为该项目牵头单位完成明长城测量项目，项目成果通过国家测绘局和国家文物局组织的专家组验收。

七、自然资源和地理空间基础信息库项目（测绘数据分中心）

国家基础地理信息中心牵头组织“国家电子政务工程——自然资源和地理空间基础信息库（测绘数据分中心）”实施工作。2010年，组织编写的11个项目标准全部通过专家评审。完成《测绘数据分中心数据整合改造技术方案》、《测绘数据分中心数据整合改造质量计划》、《测绘数据分中心数据整合改造质量检测计划》与《测绘数据分中心综合信息子库设计》编制工作，通过国家发展和改革委项目办组织的专家评审。完成全球1∶100万矢量数据库、全球1∶100万数据外文地名、全球1∶100万DEM数据库、全国1∶400万数据库、全国1∶100万数据库、全国1∶25万数据库、重点区域数据库、国家基础航空影像索引数据库的整合处理与质量检查。完成国家基础航空影像索引数据库、基础地理信息元数据库以及产品库的设计工作。完成各数据库管理系统设计与开发工作。

八、测绘档案信息化管理运行模式设计与重要档案数字化

2010年，国家基础地理信息中心完成该项目的年度任务，共扫描基本比例尺地形图、民国图11148幅，完成顶层设计目标中测绘法规标准体系研究工作。完成测绘成果档案的管理、服务与维护项目的申报。

九、服务经济社会建设

国家基础地理信息中心充分发挥自身技术、资源优势，积极为政府工作提供专题用图等测绘保障。2010

年，完善“面向政府的电子地图多媒体系统”并推广到外交部、海南测绘局、江苏省测绘局等单位，受到好评。启动“领导工作用图——多媒体电子地图系统（iPad 版）”的研发，为中央领导提供电子地图服务。

为中共中央办公厅信息中心编制《首长出国访问工作预案专用工作用图》，制作世界分区域 CDR 格式数据；为新华社《“玉树地震一个月”——玉树地震回顾》制作 10 多幅相关专题图，被新华网等多家媒体转发。为外交部应急办编制《中国海外安全风险评估系列图（2010 年）》，该系列图从 2007 年开始为外交部编制，每年重新编制一次，并按照相关要求进行地图审核、修改。全年为国家发展和改革委、国土资源部、北京市安全局等部门制作领导办公专用挂图，并装裱、安装 350 多幅。

按照专题制图的要求，进一步完善信息管理与快速出图系统。设计、建立了 1∶5 万、1∶25 万地图符号库；针对地震、气象、卫生等公共突发事件，设计制作 7 大类 38 种专题符号；建立了 1∶5 万 DLG 等 6 种地图模板；建立了 1∶5 万、1∶25 万及全球百万制图数据库。

设计开发多尺度基础地理数据快速出图软件，实现基于地名及坐标的事发地点快速定位，基于图纸尺寸的数据快速选取，基于制图模板的数据快速符号化、标注及整饰，满足 1∶5 万、1∶25 万及全球百万数据快速制图的要求。

十、测绘成果提供情况

2010 年，国家基础地理信息中心累计提供各种比例尺地形图共 13162 幅（20408 张），数字成果共 37.98TB。其中，1∶5 万地形图占地形图总量的 71%，主要应用于西部测图、1∶5 万数据库更新、交通、地质调查、电力等方面。提供的数字成果主要用于国防建设、水利部“第一次全国水利普查”、国家电视事业应用、林地调查和保护利用规划、玉树地震应急等方面。全年接待用户 1 万多人次，回复电子邮件和电话咨询万余次；承担与处理国家测绘局涉密成果受理 1154 件，地图审查受理 2139 件。

科技创新与人才培养

【获奖情况】

国家基础地理信息中心推荐 8 个项目参加中国测绘学会、中国 GIS 协会 2010 年各类奖项评选。其中，“基于影像的 1∶5 万基础地理信息数据一体化更新研究与应用”项目获中国测绘学会 2010 年测绘科技进步奖二等奖，“国家统计基础地理信息平台数据研制与应用”项目获中国测绘学会 2010 年测绘科技进步奖三等奖；《汶川地震灾害地图集》和《地图见证辉煌——中国改革开放 30 年》项目获中国测绘学会 2010 年优秀地图作品裴秀奖金奖；“国家基础地理信息数据库质量控制体系建立与工程化应用”项目获 2010 年地理信息科技进步奖一等奖，“汶川地震灾害专题制图工程研究与应用”和“村镇异构数据空间框架建模与实现关键技术研究及应用”项目获 2010 年地理信息科技进步奖二等奖，地理信息数据质量控制内容与方法两项国家标准获 2010 年地理信息科技进步奖三等奖；“云南、山东等省移动通信专题地理数据开发与技术应用服务”项目获 2010 年 GIS 优秀工程奖铜奖。

【科技项目实施】

一、全球地表覆盖遥感制图与关键技术研究

“全球地表覆盖遥感制图与关键技术研究”是“863”计划重点项目，由国家基础地理信息中心牵头，7 部委 18 家单位参加，2010 年正式启动。研究内容包括“全球地表覆盖遥感制图总体技术研究”、“全球遥感影像处理与数据集成研究”、“全球地表覆盖遥感数据产品研制”、“全球地表覆盖变化检测与数据更新技术研究”和“地表覆盖遥感数据在地表过程模拟中的应用示范”5 个方面。年内，该项目按计划重点开展了面向全球变化和地球系统模式需要的全球地表覆盖分类体系研究，全球生态地理分区和样本抽样方案研究，以及全球地表覆盖遥感制图总体技术研究。选择陕西作为实验区，对上述方案进行技术实验，确立了“单要素分类掩膜”的四级分类策略。项目的研究成果将为全球变化和地球系统模式研究等提供可靠的基础数据支撑，为国家制定有关资源利用、环境保护以及全球气候变化应对等方面的政策提供科学依据。

二、中国重大自然灾害风险等级综合评估技术研究

该项目是国家科技支撑计划课题。2010 年，国家基础地理信息中心完成孕险环境基础地理信息标准产品的设计和相关技术标准的制定、研发，完成全国坡度数据产品，并分发给各课题参与单位试用；完成全国流域数据处理方式并组织开展相应的数据生产。组织项目协作单位完成社会经济数据库的标准规范、技术体系、流程和数据结构的设计，实现了孕灾社会经济风险评估的可视化表达、符号库设计等关键技术；完成涵盖18种孕险环境因子的数据库设计；开展了基于多级格网的重大自然灾害分析和预警系统（GDAEWS）框架设计；搭建了基于网格体系的全国性灾害综合分析的区划系统框架，并进行了单一险种区划方案的试验；完成重大自然灾害孕险环境综合分析与评价集成平台总体框架设计。

三、大规模基准网数据处理与服务技术

该课题是国家“863”计划课题，2010年课题通过验收。课题研究采用时间序列综合分析方法和坐标参考框架质量分析方法，分析了CGCS2000坐标框架的精确性、动态性和可靠性，为我国CGCS2000坐标系的精化和推广应用提供了重要理论基础和科学方法；研究了GNSS精密定轨技术，实现了全球定轨精度优于5厘米，达到了国际GNSS定轨领先水平，具备了国内自主高精度定轨和轨道产品社会化服务能力。

该项目在国内首次实现GIS软件和GPS处理软件的集成，构建了GPS数据网络化处理与服务原型系统，并通过科技部组织的软件测评。首次利用国家CORS站周解坐标时间序列实现了我国短期（周）坐标参考框架，首次进行了我国CGCS2000坐标参考框架的质量分析。2010年围绕该项目发表论文3篇。

四、多尺度基础地理信息与综合灾情信息集成分析技术研究课题

该项目是国家科技支撑计划项目，由国家基础地理信息中心、民政部国家减灾中心、中科院地理所、首都师范大学、武汉大学测绘信息工程重点实验室等单位共同承担。2010年，该项目在2009年研究基础上，对面向巨灾应急救援的地理数据技术规范进行了完善，完成了四川省、浙江省、玉树震区等示范区数据的整合处理建库，完成巨灾应急地理信息快速服务系统、灾情地理信息增量更新软件系统等关键技术攻关及初步技术系统开发。根据项目总体安排，进行了课题内部各系统间的联调，参加了“青海玉树县7.1级地震”、“浙江莫拉克台风”两次应急救援示范演练，取得预期效果。

五、基础地理信息分发服务系统研究与开发

“基础地理信息分发服务系统研究与开发”课题是科技支撑计划“信息化测绘技术服务体系关键技术研发与应用”项目的课题之一。该课题于2007年6月立项启动，2009年结题，2010年3月通过验收。2010年，主要完成分布式元数据服务技术，开发了2套软件工具，为基础地理信息分发服务系统构建提供技术支撑。

六、GIS数据空间冲突检测与处理的计算模型研究

该课题是国家自然科学基金面上项目。2010年，基于已完成的研究工作撰写了项目结题报告，完成项目结题工作。该课题利用Voronoi图及其对偶Delaunay三角网，研究了平面离散点集拓扑邻近稳定区域的计算方法，证明了点的拓扑邻近稳定区域必须满足的两个条件，给出了点的拓扑邻近稳定区域定量计算模型。

七、主体功能区规划可视表达与优化整合技术研究

该课题是科技支撑计划课题。2010年，按年度计划完成预定目标。研究制定了国家级和省级主体功能区划成果图制图基本规程；设计主体功能区划基础地理信息多尺度空间数据模型，整合、处理适用于国家级主体功能区规划的1:100万、1:25万基础地理信息数据、DEM数据、遥感影像数据，整合、处理适用于省级主体功能区规划的局部1:5万基础地理信息数据、DEM数据；制作完成全国统一的基础地理底图、图式图例、符号库；编制完成国家级主体功能区划系列专题规划图件；设计国家主体功能区划成果图集；进行主体功能区规划成果可视化表达系统设计与功能开发；研究提出国家级与省级主体功能区划分的整合衔接技术。

八、“面向城区环境检测和地图更新的自动地物提取”项目

该项目是中国和加拿大合作项目，2010年是该项目实施的第二年。项目中方参与单位有国家基础地理信息中心、北京天目创新科技有限公司，共投入8人，年内主要开展海量遥感影像快速纠正处理和基于遥感影像的快速变化监测两方面的研究工作。结合2009年度基础地理信息快速更新和地理国情监测方面的需求，研究了基于遥感影像的基础地理信息要素和地表覆盖要素的快速变化发现与监测等方面的算法和技术方案，设计了针对居民地、水系、道路、地表覆盖等不同地物的变化发现和变化检测方法。项目执行过程中召开3次技术讨论会，到广东省国土资源厅进行调研和技术试验，并对试验发现的问题进行了总结。

【人才队伍建设】

2010年，国家基础地理信息中心严格执行《党政领导干部选拔任用工作条例》，按照民主推荐、组织考察、讨论决定等程序，对13个部门的27名中层干部进行重新聘任，完成6名处级干部的选拔聘用工作。完成8名专业技术人员的初聘和3名毕业生的转正定级工作。组织2次高级专业技术职称评审会，评审出高级专业技术职称人员8人。向国家测绘局推荐科技领军人才，1人当选。组织完成2010年国家基础地理信息中心青年学术和技术带头人评选，7名青年技术专家获选。按照年度招聘计划，完成2名博士毕业生的录用工作。

对外合作与交流

【出访和接待来访】

2010年，国家基础地理信息中心组团赴奥地利参加国际摄影测量与遥感学会百年学术研讨会，组团赴德国参加国际测绘技术与设备博览会，组团赴澳门参加第六届海峡两岸测绘发展研讨会，了解国（境）外测绘技术的发展现状，拓宽了技术人员的视野。全年接待来华国外专家20多人，其中接待巴基斯坦测绘局的人员培训4人次。

【参与合作项目和科研活动】

2010年，国家基础地理信息中心继续努力争取国际合作项目，与芬兰、德国、加拿大等国广泛开展合作，并多次与国外相关部门和厂商进行技术交流和培训。年内，落实与美国乔治梅森大学的合作，签订了双方合作协议，并筹备组织技术干部赴美开展短期技术培训；与加拿大合作的项目“面向城区环境检测和地图更新的自动地物提取”按年度计划顺利执行。

【承担ISPRS秘书处日常工作】

国际摄影测量与遥感学会（ISPRS）秘书处运转顺利。2010年，组织ISPRS会员进行Karl Kraus Medal奖项的评审，共审批29个工作组会议；协助8个技术委员会组织召开中期学术大会。针对我国测绘创新与地理信息产业发展实际，与国家测绘局相关部门共同主办《国际摄影测量与遥感动态》杂志。

管理制度建设

【内部组织结构调整】

按照国家测绘局2010年测绘工作总体要求，国家基础地理信息中心对内设机构进行重组调整。经国家测绘局批复，成立了地理国情监测部，为地理信息监测工作奠定了组织保障。

【保密工作】

2010年，根据保密工作需要，国家基础地理信息中心对保密委员会成员进行适时调整和补充，并完成对保密要害部门部位的重新确定工作。组织完成各类人员的保密承诺书和密码管理人员责任书签订工作。定期组织开展安全保密教育，组织全体职工观看警示教育片。选派部分涉密成果管理人员参加国家测绘局举办的持证上岗培训，并取得证书。先后组织开展2次保密检查工作。

完成百胜村1号院核心机房建设及涉密网络机密级分级保护建设。通过采用VPN技术，实现莲花池西路28号院和百胜村1号院办公场地之间涉密网络的连通。

【制度建设】

2010年，国家基础地理信息中心继续完善现行规章制度，修订印发《国家基础地理信息中心保密组织机构及工作职责》、《国家基础地理信息中心涉密人员管理规定》、《涉密计算机信息系统安全保密管理规定》以及《中心计算机及其外围设备运行管理办法》、《保密要害部门部位管理规定》等制度，逐步形成了较为完善的规章制度体系。

【组建高技术公司】

为全面贯彻落实国家测绘局关于发展地理信息产业的指示精神，经报国家测绘局批准，国家基础地理信息中心成立以地理信息产业化服务为主业的高技术公司——国信司南地理信息技术有限公司。该公司2009年底正式注册，2010年开展组建工作，已获得软件企业认定证书和测绘资质证书，具备一定的数据处理与系统研发能力。

【国家地理信息科技产业园建设】

国家地理信息科技产业园以国家测绘局为主导、以国家基础地理信息中心为依托、以企业为主体、以金融机构为支撑，通过四位一体的协同方式共同推进产业园建设。2010年，国家基础地理信息中心以国信司南地理信息技术有限公司为绝对控股方成立了国测兴园公司。10月，中心配合国家测绘局全面推进在顺义国门商务区建设产业园的相关事宜，11月28日，举行产业园奠基仪式。

【成立天地图有限公司】

为使公众版国家地理信息公共服务平台“天地图”更好地服务社会、服务民生，国家基础地理信息中心开展天地图有限公司组建工作，完成了公司发起人协议、发起人补充协议、发起人章程、可研报告等文件的起草和初步沟通工作；协调筹集“天地图”开通所需网络软硬件的部分资金；获国家工商总局核发的“天地图有限公司”企业域名。天地图有限公司是正式落户国家地理信息科技产业园的首家企业。

测绘文化建设

【党建活动】

一、深入开展创先争优活动

2010年，国家基础地理信息中心深入开展创先争优活动，以争创“五个好”党支部、争当“五带头”共产党员为载体，引导广大党员立足本职创先争优，中心先后涌现“天地图”、“应急服务”等先进典型团队，得到了国家测绘局和社会各界的好评。各支部引导党员加强自身学习，组织开展公开承诺、主题党课、实地考察等形式多样的主题实践活动。

二、健全和落实学习制度

国家基础地理信息中心党委积极落实党委中心组理论学习计划，先后学习了《中国共产党党员领导干部廉洁从政若干准则》、党政领导干部选拔任用工作4项监督制度、党的十七届五中全会精神及国家测绘局的各项决议、部署，提高了党员领导干部推动科学发展、促进社会和谐的能力。

2010年，中心将领导班子民主生活会的主题确定为“牢固树立廉洁从政意识 切实加强领导干部作风建设”，进一步加强领导干部思想作风建设，提高廉洁从政意识，推动各项重点工作落实进程，加快中心发展。落实党风廉政建设责任制，坚持落实民主集中制，切实加强防腐体系建设，将党风廉政建设融入到中心各项工作中。

【财务工作】

2010年，国家基础地理信息中心出台《中心财务管理办法》、《货币资金管理办法》、《会计核算管理办法》、《项目核算管理办法》等，并对《合同管理办法》进行了修订，财务制度进一步完善，各项资金的统筹使用进一步规范化。

【文化建设】

2010年，国家基础地理信息中心对3名退休职工给予困难救助。落实每年一度的职工体检工作。组织离退休干部到中国测绘创新基地、厦门陈嘉庚纪念馆和鼓浪屿等地参观学习。组织开展春游、秋游，扑克、乒乓球、毽球比赛等活动。

【精神文明建设】

2010年，国家基础地理信息中心一批先进个人和先进集体受到各级表彰。1人入选国家“百千万人才工程”，1人当选首批“国家测绘局科技领军人才”，2人分别被评为国家测绘局优秀青年、杰出青年，1个职工家庭获“全国五好文明家庭标兵”称号，1人获全国测绘系统劳动模范称号，4人获“国家测绘局测绘应急保障先进个人”称号，1个部门获全国测绘系统先进集体称号。中心获“国家测绘局测绘应急保障先进集体”称号，并再次获得“中央国家机关精神文明单位”称号。

【宣传工作】

国家基础地理信息中心通过各种媒体广泛宣传重大测绘工程组织实施、重点科技项目进展和应急服务保障等方面工作。路透社、华尔街日报等国外媒体，人民日报、光明日报等中央媒体以及新浪、搜狐等网站都对“天地图”进行了详细报道。中央电视台新闻栏目先后两次报道了该中心参加青海玉树抗震救灾情况。

按照国家测绘局要求，该中心承担了测绘创新基地科技展示厅宣传片的制作任务，完成中越陆地边界勘界测绘保障、明长城测量、极地测绘3个宣传片的制作工作。

充分利用网站、专报、工作简报等形式，加强工作交流，及时、全面地宣传中心的各项工作。中心网站累计刊发各类信息117篇，国家测绘局网站刊用31篇，《中国测绘报》刊用13篇；编辑中心工作简报26期。

国家测绘局卫星测绘应用中心

主要业务进展

【资源三号卫星工程】

2010年，国家测绘局卫星测绘应用中心（以下简称卫星中心）积极推进资源三号卫星工程及应用系统建设。积极与卫星、地面、火箭等研制单位进行协调，调研了处于电性星测试阶段的资源三号卫星，开展了星地接口规范工作，初步完成资源三号卫星产品分级和定义的相关工作，与中国航天五院、502所开展星敏陀螺联合定姿协调工作；完成资源三号卫星频率论证工作，开展国内协调并向国际电信联盟提交有关资料；完成应用系统项目建议书的修改与上报；组织完成应用系统可行性研究报告编写；组织参加资源三号卫星正样转段评审会。12月，资源三号卫星进入正样研制阶段，应用系统建设项目经国家发展和改革委批复立项。

【发展规划】

2010年，卫星中心启动“十二五”发展规划编制工作，组织力量系统分析国内外航空航天测绘数据获取与应用发展现状、重大需求以及为测绘卫星和卫星测绘应用所提供的机遇和挑战。提出了“十二五”发展的指导思想、基本原则和发展目标，确定了卫星应用系统建设、卫星规划与关键技术研究、地理国情变化监测、应急测绘技术开发与应用、发展地理信息产业等“十二五”期间的重点任务和保障措施。

【科技立项】

卫星中心围绕卫星测绘能力建设，向国家有关部门成功申报了一批重大项目。“高分辨率卫星测绘应用技术与示范”作为“高分专项”组成部分，得到国防科工局成功立项，已完成项目实施方案的编制；“资源三号卫星立体测图技术和应用示范”作为国家科技支撑计划项目已经通过科技部组织的立项评审；国家发展和改革委高技术产业化专项“国产遥感卫星正射影像服务高技术产业化示范工程”开始启动；争取到了“环境减灾卫星影像控制点数据库建设项目”等。

向国家发展和改革委提交了“国家地理空间信息卫星影像信息库二期规划建设项目”建议；向国防科工局提交了“激光测高卫星数据处理关键技术”、“卫星重力数据处理关键技术与应用”、“基于在轨成像物理机理的国产卫星测绘精度分析模拟”、“星载SAR/InSAR测绘数据处理和应用关键技术研究”、“自主卫星遥感应用产品质量及服务质量评价关键技术”等5项民用航天专业技术预先研究项目建议，其中“基于在轨成像物理机理的国产卫星测绘精度分析模拟”已经过国防科工局初步论证。

【应急服务保障】

4月，卫星中心积极参与青海玉树地震应急救灾工作，开展了应急工作统筹协调和数据调配、地震救灾相关的卫星数据处理、影像地图制作、应用平台服务与应急信息管理系统建设等各项工作，通过实际演练提升了中心在应急数据调配、数据处理、应用服务等各个环节的水平，编写了应急预案，初步形成了基本的测绘应急服务保障能力。

科技创新与人才培养

【科研进展】

卫星中心开展资源三号卫星立体测图系统试验平台建设，计划建成原型系统用于小规模生产。资源三号卫星测绘应用技术进展显著，在国防科工局“资源三号卫星数据处理、应用及在轨测试关键技术研究”项目支持下，在精密定轨、星敏陀螺联合精密定姿、几何标定、在轨成像模拟、影像压缩的测图精度评价、基于三线阵影像的高效立体测图、DEM和DOM自动生成、地面控制点影像库构建技术和几何检校场等多方面开展了深入研究。“基础地理信息时空数据库技术”项目成果获2010年地理信息科技进步奖一等奖，是卫星中心成立以来获得的第一个科技进步奖项。

【人才队伍建设】

2010年，依据国家相关政策和国家测绘局有关规定，卫星中心按照公开、公平、公正的原则，采用统一调配、公开招聘和人才引进等多种方式选聘人才。中心现有46人，包括博士14人，硕士18人，本科及大专毕业生14人。其中，引进国家千人计划人才1人，国家百千万人才工程人才1人，国家测绘局青年学术与技术带头人2人。此外，聘请了一批专家和开发人员，为进一步提升人才队伍水平奠定基础。

按照《国家测绘局卫星测绘应用中心职工年度考核暂行办法》，完成2010年度职工考核，完善了人才考核、评价、激励机制。

【干部选聘】

11月，卫星中心结合现有人才队伍情况和相关岗位的实际需求，经研究并报请国家测绘局同意，开展5名中层领导干部的职务聘任工作，并报国家测绘局审批备案。

规章制度建设

【完善规章制度】

2010年，卫星中心先后制定了《国家测绘局卫星测绘应用中心工作规则（试行）》、《中共国家测绘局卫星测绘应用中心委员会工作规则（试行）》、《国家测绘局卫星测绘应用中心公文处理实施细则（试行）》等18项试行规章制度，覆盖科研业务管理、行政事务管理、人事劳资管理、财务管理、宣传、安全保密等各方面，初步形成了体系化的规章制度结构。按照国家测绘局有关要求，与全体职工签订了保密承诺书，增强了职工的保密责任意识。

对外合作与交流

【合作交流】

2010年，卫星中心积极实践“走出去”战略。与澳大利亚联邦科学与工业研究机构签署谅解备忘录，建立了合作基本框架。

【参与国际学术会议】

卫星中心参加在德国举办的国际测绘技术与设备博览会，并协助国家测绘局筹办该展会的“中国日”活动，扩大了中国测绘的国际影响。

党建工作和测绘文化建设

2010年，卫星中心建立了党政联席会议制度，明确了“一手抓组建、一手抓党建，两手抓、促发展”的工作思路。成立了两个党支部，为进一步加强组织建设奠定了基础。

【创先争优活动】

按照国家测绘局党组的部署和要求，卫星中心党委以“争当创业先锋，奉献卫星测绘”为主题，开展了创先争优活动。结合“七一”主题党日活动，组织党员职工开展公开承诺；坚持以党建带团建，激励青年党员深入开展争创活动，取得良好成效。

【学习型组织建设】

根据国家测绘局《关于进一步加强和改进党组中心组学习的实施意见》要求，卫星中心坚持把加强政治理论学习摆在重要位置，制订了中心组2010年度理论学习计划和学习型党组织建设实施方案，并组织实施。全年开展党委中心组（扩大）理论学习5次，其中务虚会1次。

组织党员学习贯彻《中国共产党党员领导干部廉洁从政若干准则》、《关于领导干部报告个人有关事项的规定》、《关于对配偶子女均已移居国（境）外的国家工作人员加强管理的暂行规定》，要求各部门严格按政策要求办事、按法律程序办事。

加强领导干部作风建设，要求党员领导干部以身作则，广泛征求党员职工的意见建议，认真召开领导班子民主生活会，班子成员之间互帮互助，共同认识问题、解决问题。

【宣传工作】

卫星中心召开宣传工作会议，建立宣传工作机制，制订中心2010年宣传工作计划，制定印发新闻宣传管理办法，成立通讯员队伍，多次开展新闻宣传业务培训，并组织实施卫星中心网站建设、资源三号卫星工程简报编写等工作。2010年，通过中心网站刊发消息70多篇，向国家测绘局网站提供稿件9篇，向《中国测绘报》提供稿件5篇。

11月，应邀参加第十二届中国国际高新技术成果交易会，在高端装备制造业展区设立了“加快卫星应用服务型转变、推动卫星测绘产业化发展”主题展厅，并获得“加快培育和发展战略性新兴产业主题展览优秀展示奖”和“第十二届中国国际高新技术成果交易会优秀产品奖”。

【测绘文化建设】

2010年，卫星中心成立了工会组织，开展了大量群团基础工作；完善办公环境，组织全员体检，为职工统一定制工作服；成立了篮球、羽毛球、乒乓球等多个兴趣小组，配备必要的运动器材，支持全体职工开展文体活动，为单位文化与和谐建设打好基础。

重视青年工作，成立了团总支，指导青年职工开展“回顾光荣历程 奉献卫星测绘”的“五四”主题教育活动、“读书 思考 感悟”征文活动等，举办“交流激发青春智慧，创新开拓卫星测绘”青年学术沙龙活动，并以庆祝中心成立一周年为契机组织青年开展“回首风雨创业路 迎接成立一周年”交流活动，发挥青年职工在组建卫星中心过程中的生力军作用。

中国测绘宣传中心（中国测绘报社）

主要业务进展

【联系中央媒体开展测绘宣传】

2010年，中国测绘宣传中心（中国测绘报社）（以下简称宣传中心）根据国家测绘局《2010年测绘新闻宣传要点》的总体安排，围绕国家测绘局中心工作和重点工作，密切联系中央各大新闻媒体，深入挖掘宣传亮点，认真策划宣传方案，组织宣传素材，安排媒体采访，大力开展测绘新闻宣传，为测绘事业的科学发展营造了良好的内外部舆论环境。

经统计，全年在人民日报、新华社、中央电视台等中央新闻媒体刊（播）发新闻650条。其中，中央电视台播报新闻63条，《新闻联播》栏目发稿14篇。各地方媒体、网站登（转）载1600多条。

一、应急测绘服务保障宣传报道

4月14日，青海省玉树地震发生后，在国家测绘局统筹安排下，宣传中心迅速联系协调各大中央媒体，对国家测绘局迅速开展测绘应急保障服务给予及时报道。初步统计，人民日报、中央电视台等近20家中央媒体刊（播）发了新闻，各地方媒体和各大网站大量转载。中央电视台的报道及时，内容翔实丰富，并再次将三维地理信息系统应用于新闻直播中，先后在《新闻联播》、《东方时空》、《晚间新闻》、《朝闻天下》等各档节目中播发。

8月8日，甘肃舟曲县突发特大山洪泥石流灾害，新华社、中央电视台、中央人民广播电台等中央媒体及时报道了国家测绘局为抢险救灾提供紧急测绘保障的情况。各媒体共刊（播）发新闻40多条，其中，中央电视台在各档新闻栏目中播出相关新闻6条。

二、重要会议、活动和事件宣传报道

1月22日，中国第一部反映南北极自然地理环境与中国南北极测绘科学考察成果的地图集《南北极地图集》在北京首发，中央各大新闻媒体进行集中报道。新华社、中央电视台等5家主要新闻媒体累计发稿14篇，50多家媒体和网站进行了转载。

1月24日，全国测绘局长会议在京召开，中央新闻媒体密切关注。会议前后，连续刊（播）发测绘新闻，从不同角度报道我国测绘工作取得的新成就和新进展。人民日报、新华社等媒体主要报道我国地理信息产业规模发展、国家地理信息公共服务平台建设、数字城市建设等内容；中央人民广播电台和人民网播发国家测绘局局长徐德明向全国听众朋友的问候录音与致辞；1月25日，中央电视台《新闻联播》中播发新闻《中国地理信息产业规模达到750亿元》，并在《共同关注》栏目中播发《回眸2009，我看这一年：乘“机”而上，测绘业进入黄金时代》，深入报道测绘行业积极应对金融危机，发展地理信息产业，收到较好的社会反响。

全国“两会”期间，宣传中心协助国家测绘局联合中国新闻社编印《两会特刊：数字城市建设专辑》，在“两会”期间送到会议代表驻地。《中国国土资源报》刊发《完善地方测绘行政管理体制》的报道；中国广播网《中国之声·央广新闻》播发《两会测绘界代表委员献言：关注中国测绘事业发展》的长篇消息；中国网等网站报道国家测绘局局长徐德明《以两会精神为动力 加快建设测绘强国》的文章。

3月9日，国家测绘局和海南省政府在北京签订《海南国际旅游岛数字地理空间框架建设合作协议书》，部分中央新闻媒体密切关注。人民日报、新华社、光明日报等媒体主要报道了海南国际旅游岛数字地理空间框架建设启动；经济日报重点报道海南省将迎来数字时代；中央电视台《新闻直播间》播报数字海南建设正式启动；新华网、人民网、光明网等网站纷纷发稿报道。

中国测绘科技馆的建成得到各大中央新闻媒体的广泛关注。1月13日，新华社刊发图片新闻《走进中国测绘科技馆》，新华网、中央政府门户网、新民网等各大网站进行了转载。1月25日，《北京科技报》刊发《中国测绘科技馆3D眼睛看世界》。3月18日，《经济日报》以整版的形式刊发《感受测绘科技馆里的数字化魅力》、《用精准坐标导航"数字生活"》、《借你一双千里眼》等多篇报道，全方位、多角度介绍中国测绘科技馆。中央电视台多次派记者到中国测绘创新基地采访，先后在《新闻直播间》和《东方时空》栏目中播出新闻《体验中国测绘科技馆》，时长达7分钟。7月27日，中国测绘科技馆新装开馆，同时加挂"全国科普教育基地"牌子。中央各大媒体对此进行报道，发表各类报道10多篇。

此外，中央和地方新闻媒体对国家测绘局和中国航天科技集团公司战略合作、测绘援疆援藏工作、国家测绘局与江西省政府联合在南昌举办"8·29全国第18个测绘法宣传日"主场活动、国家测绘产品质量检验测试中心正式挂牌成立等进行了全方位宣传报道。

三、地理信息公共服务平台建设宣传报道

6月18日，"国家地理信息公共服务平台——北京市平台建设"正式开通，各大中央媒体和地方媒体进行全方位、大规模、多角度、深层次的宣传报道，新华社、中央电视台、人民网、新华网、北京电视台、新京报、北京日报等刊（播）发新闻，介绍北京市地理信息共享平台建设的最新成果，以及社会应用。

10月21日，公众版国家地理信息公共服务平台——"天地图"网站正式开通，国家测绘局副局长闵宜仁就"天地图"建设背景、内容、特点、服务方式等回答记者提问。人民日报、新华社、中央人民广播电台、中央电视台等中央新闻媒体，北京晚报、东方早报、南方都市报、北京电视台等地方新闻媒体，新华网、新浪网等网络媒体，共19家国内大众媒体以及外媒路透社等进行了报道。

11月28日，国家地理信息科技产业园奠基，16家中央和地方媒体的20多名记者出席奠基仪式。中央电视台播发新闻《我国首个地理信息产业园落户北京》；《人民日报》刊发新闻《首个国家级地理信息科技园北京奠基 地理信息产业势头挺猛》；《经济日报》刊发新闻《国家级地理信息科技产业园落户北京》；《光明日报》刊发新闻《首个国家级地理信息科技产业园奠基》；新华社刊发图片报道《国家地理信息科技产业园在北京奠基》、《徐德明局长专访》和《我国首个国家级地理信息科技产业园落户北京》新闻；中国新闻社刊发新闻《地理信息产业方兴未艾 迎来爆发式增长期》、《2010年中国地理信息产业总产值有望破千亿》、《国家级地理信息产业园落户北京25家企业先入园》；中央人民广播电台播发新闻《我国首个国家测绘产业基地今在京奠基》；人民网、新浪网、凤凰网等网站进行了大量登载、转载；北京电视台、北京日报、北京晚报等地方新闻媒体播（刊）发相关新闻。

11月29日，国家测绘局发布西部测图工程取得显著成果的消息，中央新闻媒体进行报道。《科技日报》在第一版的显要位置刊登新闻《西部测图已完成80%以上工程量》；中央电视台在《新闻联播》、《朝闻天下》节目中连续播出《我国无人机首次获取西藏墨脱航空影像》、《我国西部测图工程已完成任务总量80%以上》等消息；中央人民广播电台播发《西部测图工程创新创优 已完成工程任务总量80%以上》的消息；新华社、新华网也在当天予以报道。

四、社会热点宣传报道

为大力宣传报道地理信息市场专项整治工作所取得的成效，在国家测绘局的指导下，宣传中心精心组织策划，周密筹备新闻素材，5月初派专人协助中央电视台《焦点访谈》栏目和新闻中心记者到广东、广西进行实地采访拍摄，并邀请各大新闻媒体记者参加5月17日和18日分别召开的地理信息市场整顿工作新闻通气会和地理信息市场整顿工作表彰电视电话会。各大新闻媒体对全国地理信息市场专项整治工作进行了集中宣传报道。初步统计，中央新闻媒体刊（播）发稿件近30篇，各大网站转载量达近百篇。《中国扶贫》杂志、《计算机世界》杂志等从不同的角度生动再现全国地理信息市场专项整治工作的显著成效，深入解读全国地理信息市场专项整治工作的最新进展情况。中央电视台《新闻联播》和《焦点访谈》栏目播出的专题片《警惕互联网地图泄密》和《外国人来华非法测绘》节目，引起全社会的普遍关注。

针对部分新闻媒体关于“世界各国曾经公认的珠穆朗玛峰的高度为8848.13米，由印度在1954年测量得出”的报道，宣传中心积极与各大中央媒体记者沟通，各主要媒体刊（播）发国家测绘局新闻发言人、副局长李维森答记者问等报道10多篇，从历史和科学的角度论证了珠峰高程8844.43米是迄今国际上最精确的数据，澄清了有关史实。

6月7日，明长城测量成果通过专家验收，国家测绘局与国家文物局签订战略合作协议。6月8日，明长城入海口地理信息标石揭幕仪式在河北省山海关老龙头举行，各大中央新闻媒体及时进行报道。

五、数字城市中国行宣传报道

宣传中心作为承办单位，把“数字城市中国行”作为全年最重要的宣传报道任务，起草工作方案、承办活动办公室工作会议、媒体宣传座谈会，编印接待手册，代拟相关文件、领导讲话等，收集大量素材，并与相关省、市测绘行政主管部门和城市政府办公厅进行大量沟通。

活动共分为三个阶段。第一阶段为策划组织阶段，第二阶段为深入采访阶段，第三阶段为集中报道阶段。在集中宣传报道阶段，人民日报、新华社、中央电视台、中国测绘报、《中国测绘》杂志、新华网、国家测绘局网站等各大媒体连续在显著位置发表消息、长篇通讯、评论、手记、图片等进行报道。《人民日报》在一版头条位置刊发长篇报道《数字城市，让生活更美好》；新华社播发长篇通稿《为城市发展插上数字“双翼”——“十一五”我国数字城市建设纪实》和《专访国家测绘局局长徐德明——壮大地理信息产业 满足社会公众需求》；中央电视台连续播出7集《数字城市中国行系列报道》，并在《新闻联播》、《数说十一五》等栏目中进行重点报道；中央人民广播电台制作8集《数字城市中国行专题报道》在《新闻晚高峰》栏目中连续播出；《经济日报》详细报道数字城市的建设，并刊发国家测绘局局长徐德明的署名文章；《光明日报》、《科技日报》刊发相关报道；新华网、人民网、国家测绘局网站推出数字城市专栏，刊发消息、通讯、图片报道、专访、视频等。

10月12日~11月16日，《中国测绘报》在一版开设《数字城市中国行》专栏，共刊出11期。据统计，《中国测绘报》“数字城市中国行”报道刊发了消息、深度报道、署名文章、访谈、评论等体裁的稿件。《中国测绘》杂志第二期刊发深度报道《乘风破浪巨帆扬——我国数字城市建设应用成果面面观》。

据初步统计，“数字城市中国行”宣传报道活动中，中央及测绘新闻媒体累计发稿165篇、25万字、新闻图片31幅。

【测绘报刊宣传报道】

2010年，中国测绘报、《中国测绘》杂志把握正确的舆论导向，坚持“三贴近”原则，大力开展测绘新闻宣传工作，全年出报101期，464版。其中，扩版3期，增刊1期，月末版12期，约发文字278万字、图片800幅。共选派记者110多次140多人次采访国家测绘局有关工作，撰写消息、通讯等各类新闻稿件200篇、40多万字，刊发新闻图片近110幅。

一、国家测绘局重大活动和重要会议宣传报道

2010年，《中国测绘报》围绕国家测绘局的重大活动和重要会议全面开展宣传报道。先后报道测绘部门贯彻落实国务院副总理李克强重要批示及全国测绘局长会议，测绘界全国人大代表、政协委员参加全国“两会”情况，中国测绘科技馆（全国科普教育基地）挂牌开馆，全国测绘法宣传日活动，地理信息产业园奠基仪式，第三期市（地）领导测绘工作专题研究班举办，测绘援疆、援藏系列举措，国家测绘产品质量检验测试中心成立，全国测绘宣传工作会议，深入开展创先争优活动等。同时，全面报道测绘“走出去”战略，先后报道国家测绘局局长徐德明出席国际测绘技术与设备博览会中国日活动，访问德国、荷兰以及在香港会见有关人员的活动；全面报道在澳门举行的第六届海峡两岸测绘发展研讨会。

二、重大测绘工程进展情况宣传报道

2010年，中国测绘报重点报道西部测图工程进展和取得的成果及其应用，“天地图”网站开通，吉林、武汉、珠海、石家庄等13个省（市）地理空间框架建设启动，陕西、江西、太原、烟台等10省

（市）地理信息公共平台建设及应用情况，三峡库区高精度地理空间数据获取，国家测绘局、湖北省政府签署数字湖北地理空间框架建设合作协议以及西部测图工程首批成果归档等新闻。

三、应急测绘服务保障的宣传报道

4 月，青海省玉树县发生 7.1 级地震；8 月，甘肃舟曲县发生特大山洪泥石流灾害。宣传中心按照国家测绘局的统一部署，组织力量，全力以赴做好抢险救灾测绘保障宣传报道工作。先后报道国家测绘局向青海省政府移交玉树地震灾后重建测绘保障工程成果，国家测绘局紧急启动应急预案，测绘部门紧急为甘肃舟曲特大泥石流抢险提供服务，无人机航摄系统保障舟曲救灾，玉树抗震救灾及灾后重建测绘保障纪实，黑龙江测绘局全力服务大兴安岭火灾扑救；陕西、四川、江西、吉林、福建、辽宁等省（市）测绘部门全力服务抗洪抢险救灾等情况。

此外，深度报道了浙江省测绘局更名为浙江省测绘与地理信息局，升格为正厅级机构，增加职能和编制；海南测绘局依法健全市县测绘管理体制；陕西榆林、江西吉安成立测管机构；临沂市测绘与地理信息局挂牌成立等全国各地健全测绘管理体制工作。重点报道各地开展地理信息市场专项整治、互联网地图整治和国家版图意识宣传教育情况，以及“8·29”测绘法宣传日开展的各项活动，并与国家测绘局联合开展全国测绘法宣传日主题口号、公益短信、主题宣传画有奖征集评选活动，“苍穹数码杯”测绘行业学法用法有奖征文活动，合作制作《维护地理信息市场的一方“净土”——全国地理信息市场专项整治》专题片。

【好新闻评选】

《中国测绘报》2009 年度好新闻评选共评出消息 16 件、通讯 14 件、言论 2 件、新闻摄影 3 件、副刊作品 18 件、版面 8 件，共 6 类 61 件。其中，一等奖 6 件、二等奖 9 件，三等奖 46 件。《中国测绘》杂志评出优秀作品 11 件。其中，特别奖 2 件、一等奖 2 件、二等奖 3 件、三等奖 4 件。

《中国测绘报》4 篇作品获由中华全国新闻工作者协会和中国报纸副刊研究会共同举办的第十二届中国新闻奖报纸副刊作品初评暨 2009 年全国报纸副刊年赛评选奖项。5 篇作品获由中国产业报协会组织的第二十四届（2009 年度）中国产经新闻奖，其中二等奖 1 篇、三等奖 4 篇。

改革创新

【《中国测绘报》】

为拓展报纸的外延，《中国测绘报》新开设《深度报道》、《地理文化》、《视角》、《读书》、《地理信息产业》等新版面。《深度报道》版主要围绕国家一些重大测绘项目及活动，深度挖掘其中更有价值的新闻；《地理文化》版主要反映自然地理环境和人文地理环境对中国文化的影响；《视角》版主要围绕与测绘相关的题材，透视重要事件；《读书》版旨在通过与测绘、地理信息相关的图书专题报道，引导广大读者培养爱读书、读好书、善读书的习惯；《地理信息产业》版全方位报道地理信息产业动态，及时报道国家有关地理信息产业发展的方针政策，深度报道地理信息企业的典型事例，跟踪报道地理信息产业基地建设成就、地理信息应用示范工程成果等，引导和推动产业发展。

为扩展报纸的内涵，陆续开设《推动测绘事业更好更快发展——新年新思路》、《建设社会主义核心价值体系大家谈》、《莲花池》、《书界视点》、《新书架》、《书林记事》、《说短论长》、《读书沙龙》、《读书视点》等 10 多个新栏目，取得较好的宣传效果。

2010 年，《中国测绘报》重点抓好“独家言论”栏目，全年出版的 101 期报纸，共刊发社论、评论、短评等言论文章 20 多篇、6 万多字。

宣传中心认真贯彻落实国家测绘局关于扩大《中国测绘报》发行量的指示精神，主动与各省局主要负责人沟通联系，传达有关文件精神；扩大赠送范围，从 3 月 16 日开始，主动将《中国测绘报》送到中组部、中宣部、外交部、国家发展和改革委、教育部、科技部等 87 个中央、国务院部门领导手中，每期赠送 1860 份；加强与各地记者站联系，发挥记者站在发行工作中的作用。截至 12 月 31 日，《中国测绘报》的发行量已由年初的 1 万份增加到近 1.6 万份。

【《中国测绘》杂志】

2010 年，《中国测绘》杂志自第三期起，重新调整了刊物定位，在刊物内容、栏目建设中，调整、充实了人文地理、民俗风情的内容，在加强《精彩掠影》、《边走边看》等栏目的基础上，增设了《人文地理》、《视觉》、《探索·发现》、《鉴宝》、《文化遗产》、《艺术世界》、《收藏》等栏目。《双月聚焦》等栏目密切关注国家时政、社会热点及国家测绘局重点工作。第三期《双月聚焦》栏目刊发“世界博览会”专题，共组织5篇文章。第四期、第五期、第六期关注数字城市建设、青海玉树地震救灾、舟曲特大泥石流救灾及亚运会等重大事件。调整定位后的杂志可读性、鉴赏性和收藏价值显著增强。

创新基地宣传服务

2010年，宣传中心为到中国测绘创新基地参观指导的联合国、瑞典、英国诺丁汉大学、EMC公司等外宾，部分“两会”代表、全国测绘局长会代表，全国劳模，中央党校省部级学员，总参测绘局和北京军区测绘大队以及部分全国劳模等军队领导，财政部、中组部、审计署、国家统计局、黑龙江、广西政协等有关部门和单位的领导提供宣传服务，并为国家测绘局和全国测绘系统援疆座谈会等重大事件和重要活动，局机关及在京各直属单位举办的各类重要会议、活动等提供摄影等服务。先后拍摄图片1.4万多张，制做相册163本，刻录光盘344张，提供摄影服务109次，拍摄视频资料4000多分钟。

测绘文化建设

【创先争优活动】

按照国家测绘局党组开展创先争优活动的要求，宣传中心成立创先争优工作领导小组，全面负责活动的各项事宜，制定实施方案并进行了动员。

12月16日，宣传中心召开党总支委员会换届选举党员大会。会议选举产生了新一届党总支委员会。

【精神文明建设】

2010年，宣传中心坚持定期组织职工进行体检；主动慰问生病职工及家属；组织职工参加各种文体活动，先后组织参加全国测绘系统首届羽毛球比赛、定向越野比赛、中央国家机关第三届职工运动会，丰富了职工的业余文化生活，促进了职工的身心健康。

管理制度建设

2010年，宣传中心从自身承担的社会功能、职责任务、工作性质和人员结构特点，对中心现有编制、经营管理模式和发展规划等进行了认真分析研究，完成岗位设置的定岗定级工作，为人才培养及单位的稳定与科学发展提供保障。

9月，国家测绘局党组对宣传中心领导班子进行了调整。新一届班子着力抓好各项规章制度建设工作，先后制定印发《中国测绘宣传中心会议制度》、《中国测绘宣传中心财务和固定资产管理规定》、《中国测绘报社广告经营管理办法》（试行），并按照“立、改、废”的原则，对各项规章制度逐项进行修订完善。同时，动员全体职工从“抓服务、抓业务、抓队伍、抓收入”入手，全面推进中心各项工作开展。

国家测绘局管理信息中心

主要业务进展

【政府网站建设】

一、网站宣传

2010年，国家测绘局门户网站及时报道国家测绘局及全国测绘行业贯彻落实党和国家领导人对测绘工作指示的决策部署和成效，多视角、全方位深入报道测绘统一监管、数字城市建设、测绘科技进步、地理信息产业建设、测绘教育、测绘文化等方面的发展态势，彰显测绘在国民经济建设、社会发展、抢险救灾等方面做出的贡献。截至年底，网站共编辑、制作新闻类稿件3131篇，转载中国测绘报、新华网和人民网等有关媒体稿件1102篇，回复网民留言1080条，处理领导信箱、网上投诉99件，收集有关意见建议28条，审核通过网友对有关文章的评论449条，审核通过网友在论坛发帖146条，编发《互联网测绘信息简报》12 期，收录测绘相关信息 655 条，编发《局网站整体运行情况简报》3 期。

在此基础上，国家测绘局管理信息中心（以下简称管理信息中心）围绕国家测绘局重点工作和社会关注热点建设专题专栏，加大对测绘工作的宣传力度。制作了“2010 年全国测绘局长会议”、“上海世博会，地图作用大”、“青海玉树地震，测绘保障先行”、“测绘援疆，共促发展”、“2010 年测绘法宣传日”、“中国测绘走出去”、“‘天地图’系统开通仪式”、“数字城市中国行”、“全国测绘宣传工作会议”等 20 个专题栏目，丰富了网站内容，增强了网站的可读性。截至 2010 年底，网站点击量突破 2.56 亿次，页面浏览量近 4200 万次，数据流量达到 9.3TB。此外，中央政府门户网站通过网上抓取方式，共采用来自国家测绘局门户网站的报道 219 篇，网站的社会影响力显著增强。在电子政务理事会主办的“2010 年政府网站在线服务、政民互动精品栏目”评选活动中，局网站“留言咨询”栏目获得“2010 年政府网站政民互动精品栏目奖”，“资质管理系统”获得“2010 年政府网站在线服务栏目奖”。

二、网站改版

2010 年，管理信息中心进一步挖掘整合了测绘系统内各类资源，对国家测绘局门户网站的页面布局和栏目作了较大幅度调整，调整内容主要包括增设时政要闻栏目和测绘要闻中的头条新闻区、新增影像报道栏目及相关内容录入、部门动态和行业动态栏目合并及相关内容调整、重新规划政务公开类栏目设置、实现重点专题交替出现的表现形式、对已有专题专栏进行分类整理并调整表现形式、整理网站已有视频类资源等。

三、全国测绘系统网站评测

为加强对测绘系统政府网站建设指导力度，提高网站整体建设和公共服务水平，2010 年，管理信息中心继续实施全国测绘系统政府网站评测项目。2010 年网站绩效评估工作共面向 34 个省级和计划单列市测绘行政主管部门的政府网站开展，指标体系的设计继续保持以政务公开、公共服务和互动交流“三大定位”为主体，增加了网站日常监测一级指标，同时结合 2010 年测绘工作要点，强化对网站在测绘业务开展方面的评估，并根据网站能力建设情况适当添加一些趋势性指标。6 月～11 月，基本完成评估工作，形成 34 家参评单位的评估分报告和评估总报告，评估结果在全国测绘宣传工作会议上发布，并依据评估结果排名，首次表彰 5 家测绘系统政府网站建设先进集体。12 月，在国家测绘局办公室牵头、管理信息中心承办的首次测绘系统网站建设暨业务培训会议上，全面解读了 2010 年绩效评估结果，并对 2011 年评测指标设计思路进行了说明。

【应用系统建设进展】

一、优化内网综合办公系统

2010 年，管理信息中心完成国家测绘局内网综合办公系统的日常维护和优化完善工作，解决系统使用过程中出现的各类问题；完成系统的程序更新、数据备份等后台保障工作，确保系统正常运行和数据安全；优化系统硬件资源的配置，增加单独的数据服务器，使应用与数据分离，有效提高了系统的访问速度；扩大系统使用范围，初步开通中国测绘科学研究院、国家基础地理信息中心、中国测绘宣传中心、国家测绘产品质量检验检测中心领导班子成员的系统访问和使用权限。

二、行政许可审批项目在线办理平台建设

管理信息中心进一步完善和优化国家测绘局行政许可审批通用平台框架，丰富审批办件的查询方式，增加在线实时提醒功能等，使系统的实用性、适用性、易用性有所增强；完成国家涉密基础测绘成果资料提供使用审批事项历史数据的导入，使所有办理过该事项的用户无需重新注册，直接可以登录系统进行办理；撰写了《平台建设工作报告》、《平台技术报告》等多个文档，对有关用户进行系统使用培训，进行平台的预验收，积极推进涉密基础测绘成果对外提供使用审批和永久性测量标志拆迁两个示范项目的实际应用。

三、全国省级测绘行政主管部门贯彻落实科学发展观年度测绘工作考评系统

为协助国家测绘局对省级测绘行政主管部门贯彻落实科学发展观年度测绘工作开展考评，管理信息中心开发了考评信息系统，实现了省级测绘行政主管部门上报分数、机关各司（室）核评打分、考评结果图形化展示反馈的自动化处理，提高了考评工作的效率。

【网络基础设施建设与维护】

一、核心机房的环境监控系统

根据中国测绘创新基地工程项目部的要求，管理信息中心组织实施基地内核心机房环境监控系统，系统共部署57个测点，覆盖局机关、中国测绘科学研究院和国家基础地理信息中心的所有核心机房及相应UPS机房，实现了各区域温湿度、市电状态、UPS状态、机房专用精密空调状态、漏水情况的统一集中管理和实时监控，一旦某个区域出现异常，第一时间会反映在大楼中控室的监控计算机上，并发送手机短信至相关责任人。系统的实施使各相关单位可随时了解各区域的设备状态信息，第一时间发现相应区域的故障情况，并可以做到及时处置，大大降低了有关安全风险。

二、专用网络的接入

管理信息中心根据《关于开展中央和国家机关信息传输专网有关业务终端联网工作的通知》的要求，配合做好国家测绘局中央和国家机关信息传输专网的接入工作；根据测绘创新基地工程项目部的要求，配合做好楼内中国工商银行、北京银行ATM机的安装实施工作，主要包括提供网络环境支持，协助相关部门进行银行专用网络接入施工。

三、网络及应用系统维护

管理信息中心完成国家测绘局机关网络设备、服务器的日常管理和维护工作，保障局机关内网、外网、国办政府专网、国家电子政务外网、财政专网、中国测绘广域网的网络畅通和各项应用的正常运行。完成局机关计算机、打印机等终端设备的日常管理和维修工作，解决终端设备出现的各种问题，保证内、外网计算机类设备正常使用。解决局机关工作人员在使用计算机过程中出现的软硬件问题，完成计算机等设备的报修及有关配件购买等工作。在盘点现有耗材库存基础上，根据局机关实际耗材需求，完成3次耗材的集中采购，保证耗材的及时供应。

【网络保密工作】

受国家测绘局保密委办公室的委托，管理信息中心完成局机关网络保密有关工作。一是按照《关于组织开展涉密载体清理情况检查的通知》（中保办（局）字〔2010〕3号）和《关于开展涉密载体检查清理情况的通知》（测保办字〔2010〕9号）要求，开展局机关涉密计算机及涉密载体检查和清理工作，检查局机关涉密设备的保管和使用情况，回收清理报废的涉密计算机和涉密移动存储介质，完成涉密设备的配备申请和变更手续；二是根据《关于开展中央和国家机关网络保密检查的通知》（中保委发〔2010〕2号）精神和局领导批示要求，7月~8月，在局机关全面开展网络保密自查，检查了局机关非涉密办公内网、局机关非涉密办公外网、国家电子政务外网国家局节点、财政部国库集中支付专网测绘局节点、国务院政府资源专网国家局节点和中国测绘广域网国家测绘局节点共6个网络，检查了终端设备，包括非涉密计算机190台和全部涉密计算机25台；三是配合国家保密局于8月对国家测绘局开展的网络保密检查，汇报了局网络基本情况，为检查提供技术支持，并协助对检查出的问题进行整改；四是完成国家保密局“三合一”系统正式版在局机关涉密计算机上的更新，实现了涉密计算机之间信息数据的互通。

【统计组织管理工作】

一、统计报表汇总及数据提供工作

管理信息中心组织完成测绘系统各单位2009年各项专业统计年报的收集审核汇总工作；编制完成2009年测绘统计年报并经国家测绘局批准对外提供；完成2009年测绘统计快报的汇编、资料提供和2010年测绘统计上半年报的布置工作；按时完成向国家统计局（《中国统计摘要》、《中国统计年鉴》、《中国科技统计年鉴》、劳动统计年报、测绘服务财务状况统计表）报送有关测绘统计资料、向海淀区统计局报送国家测绘局机关年度有关统计数据和向局有关部门提供测绘统计资料的任务。同时，根据国家统计局的要求，积极报送国家测绘局统计调查项目概要，并积极向《部门统计工作动态》投稿，进一步促进和宣传了测绘统计工作。

二、统计分析工作

管理信息中心积极开展测绘统计分析工作，为各级领导和相关人员掌握动态、科学决策提供数据支持和统计分析参考。通过对2009年测绘统计快报数据的分析，编发《2009年测绘统计快报》；通过对2009年测绘统计年报数据的分析，撰写了《测绘系统经济情况综述》、《测绘行业发展综述》和《测绘成果提供使用综述》3篇统计分析报告，并以《统计专报》的形式提供给各单位使用；通过对2010年测绘统计半年报数据的分析，编发《统计简报》。同时，管理信息中心积极推动各单位开展统计分析工作，80%的单位撰写了2009年测绘统计分析报告，为管理信息中心综合统计分析工作提供了有价值的基础资料。

三、统计管理制度和统计指标体系建设

2010年，管理信息中心加紧推进《测绘统计管理办法》和测绘统计指标体系的修订工作，制定了《测绘统计工作考核评比办法》并将在年底印发实施。10月，《测绘统计管理办法》和测绘统计指标体系通过专家审定。新指标体系包括7个方面共20项管理内容，报表由原来的81张减少到66张，指标由原来的1090个减少到852个。管理信息中心根据新的测绘统计指标体系修订了测绘统计报表制度并报国家统计局审批。

3月，管理信息中心组织召开全国测绘统计制度建设座谈会暨统计业务培训会，会上8个单位作了典型发言，管理信息中心对如何撰写统计分析报告、网络直报系统的常见问题等进行了示范讲解。

四、专项统计调查

管理信息中心配合国家测绘局开展测绘事业单位专项统计调查、测绘人才队伍专项统计调查和测绘成果社会化应用专项统计调查工作。制定了专项调查表，在测绘统计网络直报系统中定制开发了专项统计调查项目，并编写了直报系统操作指南供填报单位参考，极大地提高了统计数据的报送效率。测绘事业单位专项统计调查涉及统计表2张指标40多项，填报单位200多个，为做好测绘管理战略研究工作、深入了解国家测绘局和省级测绘行政主管部门所属事业单位的布局结构情况提供了较为详实的基础数据。测绘人才队伍专项统计调查涉及统计表6张、指标100多项，填报单位14000多个，是测绘统计工作多年来涉及单位最广泛的一次，取得的统计数据为研究制定加强测绘行业人才队伍建设的具体措施提供参考依据。测绘成果社会化应用专项统计调查涉及统计表2张指标45项，填报单位30多个，为全面了解全国基础测绘成果拥有及提供应用情况，研究制定加快测绘成果转化为测绘社会化产品的具体措施提供了有力的统计数据支持。同时，管理信息中心协助整理汇总了高校管理体制调查问卷，并撰写了分析报告。

五、统计调研工作

2010年，管理信息中心组成专项调研组赴四川、贵州、云南开展统计调研，了解3省测绘统计工作在组织管理、原始数据采集、提供统计服务等方面的进展情况和存在的问题及困难，听取了各单位对测绘统计工作的意见和建议，并在确保测绘服务总值、职工劳动报酬等统计数据的真实性等问题上达成了共识。

【年鉴编制工作】

一、《中国测绘年鉴》（2010年卷）编制完成

根据国家测绘局年度重点工作，管理信息中心修订了年鉴（2010年卷）框架结构，征求了各供稿单位意见，根据各有关单位的意见和建议，对年鉴框架结构做进一步修改完善后印发。按时保质完成年鉴组稿、编审、校对等工作。《中国测绘年鉴》（2010年卷）于9月10日正式出版发行，成书139万字，整体质量较以往有一定的提高。

二、年鉴发行

管理信息中心通过评优等形式调动协调员和通讯编辑的积极性，进一步提高年鉴在行业单位中的发行量，并逐步向乙、丙级测绘资质单位扩展；通过调研等方式，实地了解各单位2009卷、2010卷年鉴征订发行情况，进一步查找问题，理清了工作思路；加强对征订工作的督促，及时向测绘出版社了解各地征订数量并反馈给各省级主管部门，通过各方共同努力，年鉴征订数量有较大幅度提升。

三、编史修志工作

根据《中华人民共和国年鉴》、《中国国土资源年鉴》的组稿供稿要求，管理信息中心完成相关部分测绘稿件的组稿供稿工作；作为《汶川特大地震抗震救灾志》的承编单位，积极开展相关工作，向测绘系统有关单位下发了组稿通知，完成了《地震灾害志》、《灾后重建志》、《大事记》等分卷测绘部分的资料长编和初稿编纂工作。

综合管理工作

【人才队伍建设】

2010年，管理信息中心聘任3个处级正职岗位、2个中级专业技术岗位，并重新核定了工资；完成一名职工试用期满按期转正定级工作。鼓励职工参加各类在职学习，增强岗位技能，2人受管理信息中心委派参加英语课程培训，1人通过考试取得中级编辑资格，3人经新闻出版总署批准注册成为责任编辑，1人顺利通过硕士论文答辩取得硕士学位。根据国家测绘局部署，管理信息中心对近几年的进人情况、高校毕业生接收情况进行了自查，未出现任何违规操作情况。

【预决算编制】

管理信息中心组织完成2009年住房改革支出决算、部门财务决算，并编写了财务决算分析报告。

在总结2010年预算编制工作的基础上，编制完成2011年项目支出预算、住房改革支出预算和“一上”、“二上”部门预算。根据国家测绘局有关要求，开展“小金库”专项治理自查自纠工作。针对2008年度财务决算稽核提出的问题认真开展整改工作，并向国家测绘局报送整改报告。配合国家测绘局有关部门完成固定资产的划拨接收工作。

党的建设与思想政治建设

【深入开展创先争优活动】

2010年，管理信息中心党支部按照局党组的统一部署，全面开展创先争优活动。中心领导班子高度重视，积极动员部署，带领党员同志认真学习有关文件和和徐德明局长有关重要讲话，每位党员结合自身实际做出参加创先争优活动的公开承诺，并积极落实领导和各部门责任，由中心主任作为创先争优活动的总负责人，综合处作为执行部门负责创先争优活动的日常工作，推动活动全面展开；为进一步推动创先争优教育活动的深入开展，中心党支部组织全体职工到西柏坡开展主题党日活动，缅怀革命先烈，重温党的优良传统；为扎实推进创先争优活动深入开展，确保活动取得实效，中心紧扣“争当测绘先锋，服务科学发展”活动主题，围绕政府网站、测绘统计、测绘年鉴各项业务工作开展思想解放大讨论，进一步调动了职工的积极性和创造性，激发广大职工立足岗位提升素质、争创一流业绩，扎扎实实把创先争优活动不断推向深入。

【思想政治建设】

2010年，管理信息中心集中学习中央纪委第五次全会精神，进一步坚定了反对腐败、抵制腐败的信心和决心，从源头上筑牢拒腐防变的思想防线。组织全体职工学习国家测绘局局长徐德明在国家测绘局学习贯彻“两会”精神干部大会上的讲话，并围绕国务院总理温家宝的政府工作报告，结合国家测绘局重点工作，联系管理信息中心2010年工作目标任务开展讨论，进一步理清了工作思路。组织处级以上人员和人事部门人员召开贯彻实施干部选拔任用工作4项监督制度学习讨论会议，并召开全体职工大会进行学习，使全体职工了解掌握4项监督制度内容，行使好民主监督权利，保证制度的贯彻落实。

【巡视整改工作】

根据国家测绘局党组巡视工作的有关要求，管理信息中心对照《国家测绘局管理信息中心巡视反馈意见》，结合管理信息中心实际，制定了整改措施并上报局党组。整改工作责任部门根据整改措施逐条进行整改落实，坚持边整边改，涉及管理信息中心领导班子的问题率先整改。根据局党组巡视组的要求，将整改落实情况上报局党组。

【党建工作】

根据管理信息中心领导班子人员的变动情况，管理信息中心报经国家测绘局同意，增补党支部支部委员，并对支部委员分工进行了调整。利用集中学习、座谈讨论、个别谈话等形式加强党员的经常性教育，积极组织职工参加国家测绘局举办的政治理论培训班、党课、报告会、专题讲座等集中学习。2010年，2名入党积极分子被发展为中共预备党员，1名预备党员按期转正。

国家测绘局地图技术审查中心

主要业务进展

【地图审查】

一、为行政许可提供保障

国家测绘局地图技术审查中心（以下简称地图审查中心）受国家测绘局委托，按照《地图审核管理规定》、《公开地图内容表示若干规定》及有关标准样图，对送审的地图进行内容审查。2010年共完成审查2028件，计4.2万幅地图。

二、为重大活动提供服务

为确保上海世博会期间不出现“问题地图”，地图审查中心与上海市测绘院等单位密切配合，制定了《世博会地图审查服务与保障方案》，成立了世博审图工作组，建立了世博绿色审图通道，确保世博地图即送即审、当日反馈、高效无误。期间，共受理参展地图554幅，派出技术人员20人次，巡回检查场馆74个，发现“问题地图”103幅，及时纠正了错绘国界线、漏绘我国重要岛屿等行为；向国内参展单位宣传普及国家版图知识和地图管理规定，介绍测绘工作的重要地位和作用，为世博会的圆满举办发挥了应有作用。协助北京海关为近百名一线监管人员举办地图管理知识培训，提高了海关监管人员地图管理能力。

三、为重大项目提供支持

地图审查中心在公众版地理信息公共平台“天地图”开通之前，按照国家测绘局局长徐德明提出的“精心维护完善，保证‘天地图’开得通、用得好、管得住”的要求，积极组织力量为“天地图”提供地图审查服务。完成26个不同比例尺的世界地图、中国地图以及海量POI信息点的审查工作。对发现的地图内容表示、导航栏目编排、涉密信息屏蔽等方面的问题，及时商请“天地图”工作人员进行纠正，为“天地图”按时上线赢得了时间。

【互联网地图监督检查】

在国家测绘局等8部门联合开展的地理信息市场专项治理工作中，地图审查中心积极配合开展网络地图的搜索检查工作。针对网络地图出现的各种问题，采取分地区、分专题、分专项检查的方法，共检查网站960个，发现问题网站271个，编报《互联网地图和地理信息服务网站搜索通报》5期，对发现的问题及时提出处理建议，为统一监管提供了重要基础资料。

【违法地图举报受理和地图市场调查】

2010年，地图审查中心共受理违法地图举报案件43件。其中，涉及宣传品的3件，涉及网站的40件。通过调查核实向有关单位发出通报，使违法地图得到及时查处和纠正。

开展对涉及地图与地理信息的地理类、历史类、科学类教材教辅市场的抽样检查工作，发现并处理存在问题的教材教辅65本，为进一步规范地图教材市场掌握了第一手资料。

【备案地图管理】

地图审查中心加强备案地图管理，协助国家测绘局起草出台了《关于加强地图备案工作的通知》。2010年，共接收整理地图备案样图429件。

【承办全国地图审核与安全审校人员培训班】

受国家测绘局委托，地图审查中心在郑州、西安先后承办2期全国地图审核与互联网地图安全审校人员培训班，来自300多家单位的1500多人参加培训。

【地图审查中心网站正式开通】

12月，地图审查中心网站（http：//dtsc.sbsm.gov.cn）正式开通。网站依托国家测绘局门户网站建设，共设10个栏目。网站的开通，丰富了国家测绘局门户网站的内容，搭建了地图审查中心与广大用户沟通交流的平台，为进一步提高地图审查服务水平，更好地宣传地图审查方面的法规政策和地图市场的动态趋势提供了有力支撑。

制度建设

【完善业务流程规范】

按照国家测绘局领导“提高地图审查水平、树立地图审查权威地位”的指示要求，地图审查中心总结多年来积累的审图工作经验，制定了《地图技术审查程序和内容规范》，包括地图内容技术审查、地图内容审查意见书、地图存档、地图存档资料移交等内容。

【制定内部管理制度】

地图审查中心针对内部管理工作中的一些薄弱环节，重点开展了财务管理、日常工作等方面的制度建设。为维护职工利益，规范职工行为，制定了《请假休假制度》、《公文管理制度》；按照国家测绘局的要求，对财务制度进行了全面梳理，制定了《国有资产管理规定》、《用款和报销程序规定》，健全了财务管理责任制，强化了内部控制和监督机制。

人才队伍建设

按照国家测绘局岗位设置实施工作的统一部署和总体安排，地图审查中心全面完成岗位设置工作，签订了聘用合同，为促进人才健康成长和增强单位发展活力奠定基础。

推荐符合条件的工作人员参加有关职称评定和上岗资格考试。2人取得地图审查上岗资格。截至2010年底，共有9人取得地图审查上岗资格。

党的建设与测绘文化建设

【深入开展创先争优活动】

按照国家测绘局党组开展创先争优活动的要求，

地图审查中心成立了创先争优活动领导小组，制定了实施方案，以“把好地图审核关，争当测绘先锋，服务科学发展”为目标，以多种形式的活动为载体，在支部深入开展创先争优活动。全体党员、入党积极分子、团员青年等紧密结合自己的岗位职责，做出承诺；形成了以党员为主体、全体干部职工积极参与，勇于承诺、严于践诺，共同开展创先争优活动的局面。

【支部建设】

地图审查中心领导班子成员调整后，及时对中心党支部成员进行调整，并进一步明确了支委的职责分工。年内，2 人被发展为预备党员，1 人被列为入党积极分子。同时，积极组织各种活动，开展理想信念与职业道德教育，增强了党员队伍的生机与活力。

国家测绘局测绘发展研究中心

主要业务进展

【测绘发展战略研究】

按照国土资源部的统一部署和国家测绘局的统一安排，国家测绘局测绘发展研究中心（以下简称测绘发展研究中心）承担了测绘发展战略研究课题办公室工作，并负责测绘总体战略研究。先后组织召开院士专家咨询会、大型专题报告会、阶段成果评估会、研讨会和集中讨论会 20 多次，编发了 20 多期工作简报，向国土资源战略研究指导小组汇报工作 6 次，研究成果先后征求了包括测绘行业内外的领导、专家、学者和企业界人士等在内的 300 多人次的意见，保证了研究工作的顺利推进。积极开展测绘总体战略研究，提出未来 20 年我国测绘事业发展的总体战略思想以及战略任务、重大工程和保障措施；参与《国家可持续发展国土资源战略纲要》编写，力求将测绘发展战略研究成果通过纲要上升为国家战略和国家政策。至年底，研究工作已基本完成，正在进行修改完善。

【南海地图专项工作】

根据国家测绘局部署，测绘发展研究中心开展了南海地图专项研究。研究组在制定了工作方案、实施细则以及资料收集和调研计划等工作后，深入相关单位和院校进行广泛调研，收集了大量历史资料，多次组织召开工作会议，经过认真整理、分析，形成了由 80 多幅图件、6 万多文字组成的《南海地图研究》报告并通过专家论证。这是我国首个以地图为主研究论证南海问题的研究成果，为我国海域划界及维护南海权益提供了翔实的资料。

【“十二五”测绘发展规划编制研究】

测绘发展研究中心按照国家测绘局安排，开展“十二五”测绘发展规划编制研究，对“十二五”测绘发展面临的形势进行深入分析，研究提出了发展目标、主要任务和重大项目，参与起草《测绘发展“十二五”规划框架》、《测绘发展“十二五”规划基本思路》，参与完成《全国基础测绘中长期规划纲要》中期评估，研究起草了《全国基础测绘“十二五”规划》和《测绘发展“十二五”总体规划纲要》。

【军地测绘协作融合有关工作】

测绘发展研究中心参与军地测绘战略合作相关工作，系统总结了军地测绘在地理信息获取、应用与服务以及测绘科技创新等领域加强合作取得的成绩及存在的问题，分析了国外军地测绘机构在地理信息资源建设与应用等方面的职责分工和协作机制，明确了军民融合大背景下推进军地测绘融合发展的指导思想和主要任务。研究起草了《关于推进军地测绘融合发展的意见（草稿）》及相关文稿。

【测绘“走出去”战略研究】

测绘发展研究中心通过问卷调查、企业家座谈、实地访问等方式，了解我国地理信息产业单位“走出去”现状和存在的主要问题，分析目前地理信息产业单位对“走出去”的政策需求，提出推动我国地理信息产业参与国际竞争的政策措施，参与起草了《国家测绘局关于测绘“走出去”战略的指导意见》和拟呈报国务院的《关于实施测绘“走出去”战略的报告》。

【编写《信息时代的测绘》】

测绘发展研究中心根据国家测绘局要求，开展

《信息时代的测绘》图书编写工作。通过制定编写方案，广泛收集图片资料，筛选出300多张反映测绘发展及其作用的照片、图片，撰写了2万多字的文稿，图文并茂地介绍了测绘知识和测绘事业的发展成就。

【测绘蓝皮书《中国地理信息应用报告2010》】

为全面反映近年来我国地理信息应用进展以及取得的成果，测绘发展研究中心组织编写了测绘蓝皮书《中国地理信息应用报告2010》。该书以地理信息应用为主题，邀请有关领导、专家和企业家撰文，深入分析近年来我国地理信息应用的进展、取得的成果以及存在的问题等，介绍国际地理信息应用有关情况，对于促进地理信息应用具有积极作用。

【重要文稿起草工作】

测绘发展研究中心参与起草了全国测绘发展规划编制工作会议主报告、全国测绘科技工作会议主报告和《地理信息产业发展情况总结报告》、《关于加快推进数字城市地理空间框架建设与应用的意见》、《依托基础测绘重大项目推动测绘事业发展调研报告》以及《加快基础测绘成果转化为测绘公众产品调研报告》等国家测绘局重要文稿。

【《测绘发展研究动态》编发】

测绘发展研究中心编辑发行了7期《测绘发展研究动态》，根据国家测绘局领导指示要求，进一步丰富版面形式，新增了栏目，强化了稿件的组织、收集和整理，扩大了发行面，增加了作者群，提升了整体影响力。对中心网站进行了维护和更新，进一步优化网站内容。收集编译了10多个国家测绘相关领域的发展战略、发展规划等资料，形成了《国外测绘相关战略与规划汇编》。

人才培养

【干部选拔和人员招聘】

测绘发展研究中心严格执行《党政领导干部选拔任用工作条例》，按照程序开展了副处级干部推荐选拔工作，制定了《测绘发展研究中心2010年处级干部推荐选拔实施方案》，选拔2人任职副处级领导岗位。严格遵守公开招聘人员的有关规定，公开招聘录用3名工作人员。完成2010年新录用的2名专业技术人员试用期满考核。1人通过高级专业技术职务任职资格评审。

【教育培训】

测绘发展研究中心坚持“以人为本”的宗旨，结合单位实际，依据《国家测绘局测绘发展研究中心“十一五”中心教育培训计划》，先后组织职工参加各类培训10人次，1人参加中央党校培训；组织研究人员以座谈会、报告会等形式开展学术交流，营造良好的学术氛围，全年公开发表论文22篇；有2名职工出版专著2册；3人参加国际学术交流。中国测绘学会测绘经济与管理专业委员会挂靠到测绘发展研究中心，成立了新一届委员会。

【调查研究】

为加快研究人员对测绘事业发展状况的理解和把握，测绘发展研究中心制定了全年调查研究和学习计划。先后派遣2人分别到陕西测绘局和四川测绘局深入测绘生产一线进行为期1个月的学习锻炼；组织2批调研小组到四川、浙江围绕测绘应急保障服务、测绘发展转型升级开展专题调研；组织全体职工到测绘科研和地理信息服务单位以及地理信息企业进行考察学习，加深了研究人员对测绘生产、管理、服务和地理信息产业的了解，取得良好效果。

党的建设与测绘文化建设

【支部建设】

测绘发展研究中心党支部制定了支部2010年工作要点。根据支部建设需要成立2个党小组，选举了党小组长。根据中心领导班子人事调整，分别于4月和11月进行了支委改选，工作分工。

【深入开展创先争优活动】

按照中共国家测绘局党组的总体部署，测绘发展研究中心以“争当测绘先锋，服务科学发展”为主题，着眼于推动发展、以人为本、服务职工、凝聚人心、促进和谐，开展创先争优活动，并制定活动工作方案和实施方案；全体党员结合自身工作实际进行了公开承诺，并在中心进行了张贴公示，接受监督；党支部组织开展了“求真务实创佳绩”主题党日活动，组织全体职工到西柏坡和白洋淀进行参观学习，接受爱国主义教育；党支部坚持以创建“学习型支部、学习型集体”为主导，开展“好书伴我行”活动；结合年度工作总结开展创先争优活动阶段小结和党员点评工作。积极宣传创先争优活动成果，先后印发5期学习简报，向《中国测绘报》投稿1篇，向国家测绘局网站投稿2篇。

【政治理论学习】

测绘发展研究中心始终把政治理论学习放在首位，制定了《测绘发展研究中心领导班子2010年理论学习计划》并认真落实。积极参加测绘学习大讲堂，组织职工认真学习党的十七届五中全会精神和《中国共产党党员领导干部廉洁从政若干准则》以及中共中央总书记胡锦涛、国务院总理温家宝一系列重要讲话精神，学习贯彻国务院副总理李克强对测绘工作的重要批示和全国测绘局长会议精神，增强了全体职工的政治意识、大局意识和责任意识。

【精神文明建设】

测绘发展发展研究中心积极开展单位文化建设，大力弘扬测绘精神，组织职工参加玉树地震灾区捐款活动；积极参加中央国家机关运动会和全国测绘系统羽毛球比赛。1人被评为国家测绘局直属机关第六届优秀青年，1人获得“苍穹数码杯”测绘行业学法用法征文活动二等奖。

国家测绘局职业技能鉴定指导中心

主要业务进展

【注册测绘师资格考试收费项目及标准报批工作】

根据财政部的要求，1月国家测绘局职业技能鉴定指导中心（以下简称职业技能鉴定指导中心）配合人力资源和社会保障部再次对注册测绘师资格考试收费项目及标准进行了申报。在国家测绘局支持下，职业技能鉴定指导中心加大协调力度，注册测绘师资格考试收费项目及标准最终通过审批。6月28日和7月29日，财政部、国家发展和改革委先后共同签发《关于同意收取注册测绘师资格考试考务费等有关问题的通知》和《国家发展改革委、财政部关于注册测绘师资格考试收费标准及有关问题的通知》。

【首次注册测绘师资格考试时间】

在国家测绘局、职业技能鉴定指导中心与人力资源和社会保障部考试中心积极沟通的基础上，9月，人力资源和社会保障部印发《关于2011年度专业技术人员资格考试计划及有关问题的通知》，确定全国首次注册测绘师资格考试在2011年4月16日~17日举行。

【全国首次注册测绘师资格考试工作会议】

11月，职业技能鉴定指导中心协助国家测绘局在福建省厦门市召开全国首次注册测绘师资格考试工作会议，来自全国30个省、自治区、直辖市测绘行政主管部门分管注册测绘师工作的领导和处（室）负责人参加会议。会议总结了《注册测绘师制度暂行规定》及有关制度的实施情况，通报了注册测绘师考试工作筹备和进展情况，探讨了组织实施考试工作中遇到的问题，部署了下一阶段工作，为高质量地完成首次考试的组织实施工作奠定基础。

【注册测绘师资格考试命题工作】

在国家测绘局、人力资源和社会保障部考试中心的指导下，职业技能鉴定指导中心组织开展注册测绘师资格考试命题工作。分别于6月和11月组织召开了命题工作会议，总结2009年以来考试命题工作的阶段性成果，研究分析命题工作中的重点和难点问题，明确目标任务及下一步工作思路，并对命题专家及相关工作人员进行了保密教育。

【注册测绘师资格考试考务工作】

根据《关于做好2011年度注册测绘师资格考试考务工作的通知》要求及考务工作需要，职业技能鉴定指导中心与人力资源和社会保障部积极沟通，确定了主观题阅卷形式及阅卷公司，明确了注册测绘师资格考试工作备忘录的内容及签订形式。

【注册测绘师配套制度建设】

职业技能鉴定指导中心围绕注册测绘师注册管理、执业管理、继续教育、考前培训、信息化建设等重点工作，开展广泛调研，收回问卷调查表22份，汇总意见和建议108项。同时，多次召开专题研讨会，听取测绘系统和行业专家的意见。在借鉴发达国家和其他行业先进经验的基础上，年底完成《注册测绘师注册管理暂行办法》、《注册测绘师继续教育实施暂行办法》的起草工作，进一步修改完善《注册测绘师执业管理暂行办法》（初稿）。

【注册测绘师注册管理系统建设】

为逐步实现注册测绘师注册管理的一体化、信息化、规范化，职业技能鉴定指导中心先后到住房和城乡建设部、国家安全生产监督管理总局等部委调研，依照《注册测绘师制度暂行规定》及《注册测绘师注册管理暂行办法》（草稿）拟定了系统建设需求分析报告和技术框架，启动了注册测绘师注册管理系统建设。

【中国测绘学会执业资格工作委员会成立】

5 月，中国测绘学会执业资格工作委员会成立，挂靠在职业技能鉴定指导中心。5 月，职业技能鉴定指导中心在北京组织召开中国测绘学会执业资格工作委员会第一届主任委员会议。会议通报了工作委员会的工作情况，探讨了工作委员会活动经费筹措方式，确定了推荐工作委员会委员的原则，审议了工作委员会 2010 年工作计划等。8 月，组织召开全国注册测绘师制度研讨暨执业资格工作委员会成立大会，审议并通过了工作委员会工作条例，研讨了注册测绘师定位、签字文件种类等问题。

【职业技能鉴定站检查与评估工作】

按照国家测绘局《关于开展测绘行业特有工种职业技能鉴定站检查与评估工作的通知》精神，职业技能鉴定指导中心协助国家测绘局人事司开展全国测绘行业职业技能鉴定站检查与评估工作。经过自查、复查、抽查和评优 4 个阶段，完成大量基础性工作。经国家测绘局审定，江苏站等 11 个鉴定站评估等次为“优秀”，广东站等 18 个鉴定站评估等次为“合格”，宁夏站因未实施鉴定在此次评估中不确定等次。

【第三届全国测绘技术能手评选工作】

职业技能鉴定指导中心积极配合国家测绘局开展第三届全国测绘技术能手暨第十届全国技术能手评选工作。在时间紧、任务重的情况下，积极与各省级测绘行政主管部门和局直属单位联系，在规定时间内完成推荐材料的汇总、整理和初审工作，推选出 44 名全国测绘技术能手候选人和 11 名全国技术能手候选人，为国家测绘局、人力资源和社会保障部评选先进个人和单位提供基础资料。

【职业技能鉴定工作】

职业技能鉴定指导中心认真履行工作职责，积极组织各鉴定站开展工作。全年共为来自全国测绘单位、职业院校、高等学校的 22945 人提供了鉴定服务，并为 21192 名合格者颁发了国家职业资格证书，其中包括取得三级（高级技能）以上职业资格的测绘高技能人才 5362 人。自测绘行业开展鉴定工作以来，累计获证人数达到 100053 人。

【职业分类大典修订】

职业技能鉴定指导中心积极协助国家测绘局人事司开展测绘行业部分典型企事业单位相关职业及岗位基本情况的问卷调查活动，对调查材料进行整理汇总，并推荐专家负责组织开展大典修订，为 2011 年正式启动测绘类职业分类和职业标准的修订工作奠定基础。

【年度测绘工作考评】

在 2010 年度全国省级测绘行政主管部门贯彻落实科学发展观年度测绘工作考评中，国家测绘局首次将测绘技能人员的培训情况、测绘职业技能鉴定站的建设情况、年内参加鉴定人数和通过鉴定人数情况作为测绘人才队伍建设方面的考核指标。职业技能鉴定指导中心根据鉴定站评估结果，结合各地组织实施本地区鉴定工作的实际情况，协助对此项考核内容进行考核评分。

【无人机项目规范制定】

职业技能鉴定指导中心积极协助国家测绘局开展无人飞行器测绘航空摄影从业人员的职业资格考核鉴定工作，起草了《无人飞行器测绘航空摄影从业人员职业资格考核鉴定工作方案》和《无人飞行器测绘航空摄影从业人员管理办法（试行）》，规范了无人飞行器测绘航空摄影从业人员的工作职责、业务培训、考核鉴定和资格管理，为实现此类从业人员持证上岗奠定基础。

【技师考评】

职业技能鉴定指导中心协助国家测绘局成立测绘行业技师评审委员会，并认真履行委员会办公室的工作职责，组织各鉴定站开展了技师考评工作。对全国 10 个省级测绘行政主管部门所辖 11 个鉴定站上报的 252 份申报材料进行了资格审查和初审，汇总相关问题，并于 10 月召开了评审委员会工作会议，最终确定 242 人通过综合评审并获得技师职业资格。至此，全国测绘行业具有技师职业资格的人员已累计达到 1267 人。

【职业资格证书管理】

根据人力资源和社会保障部《关于职业资格证书改版及核发管理工作有关问题的通知》要求，职业技能鉴定指导中心对职业资格证书的管理流程进行了调整，在报经国家测绘局审批后印发《关于加强测绘行业职业资格证书管理工作的通知》，进一步强化了国家职业资格证书的管理，切实维护职业资格证书的权威性和严肃性。

【职业技能鉴定考务管理】

为进一步规范测绘职业技能鉴定考务管理，职业技能鉴定指导中心在报经国家测绘局审批后印发了《关于加强测绘行业职业技能鉴定考务管理工作的通知》，规范了资格审查、鉴定备案、鉴定材料报送等流程。及时更新维护了测绘职业技能鉴定考务管理系统，确保了数据信息的安全可靠。

【首届全国高等职业院校测绘技能大赛】

8 月，职业技能鉴定指导中心与教育部高等学校高职高专测绘类专业教学指导委员会联合举办了“拓普康杯”首届全国高等职业院校测绘技能大赛，全国 22 个省（自治区、直辖市）的 39 所高等职业院校的 156 名选手参加决赛。赛后，为获奖选手颁发了国家职业资格证书。

【职业技能鉴定工作交流会】

12 月，职业技能鉴定指导中心在南宁组织召开了 2010 年全国测绘行业职业技能鉴定工作交流会，来自全国 28 个省（自治区、直辖市）测绘行政主管部门职业技能鉴定工作管理机构和鉴定站的 68 名代表参加会议。会议传达了国家测绘局副局长宋超智的重要指示，公布了测绘行业职业技能鉴定站评估结果，并对 11 家优秀鉴定站进行了表彰。同时，总结交流了 2010 年职业技能鉴定工作取得的经验，提出了 2011 年工作思路。

【完善职业技能培训教材体系】

根据测绘技能人才培训工作的需要，职业技能鉴定指导中心组织有关单位和专家完成《地籍测量》技师版教材的编写和出版发行工作。至年底，已出版发行测量员版教材 7 本，技师版教材 5 本，涵盖了测绘行业特有职业的各个类别与等级，职业技能培训教材体系化建设基本完成。

【鉴定工作人员队伍建设】

为进一步提高测绘行业职业技能鉴定工作水平，职业技能鉴定指导中心全年共举办考评人员资格培训班 2 期、督导人员资格培训班 1 期、国家级职业技能竞赛裁判员培训班 1 期，共有 103 名考评员、63 名高级考评员、54 名督导员、67 名摄影测量和地图制图专业的竞赛裁判员取得人力资源和社会保障部颁发的资格证，67 名大地测量和工程测量专业的国家级裁判员通过审核注册。

人才队伍建设

根据《国家测绘局专业技术职务任职资格评审管理办法》，职业技能鉴定指导中心考核认定 2 人具备相应的专业技术职务任职资格，并及时为其办理了技术职务聘任手续。选派 6 人随国家测绘局统一组团参加国际会议。按照规定程序，接收应届高校毕业生 1 名，充实了队伍。

管理制度建设

2010 年，职业技能鉴定指导中心继续加大制度建设力度，印发了《国家测绘局职业技能鉴定指导中心职工生育各项费用报销暂行规定》，起草了《国家测绘局职业技能鉴定指导中心年终考核规定》、《国家测绘局职业技能鉴定指导中心保密工作管理规定》、《国家测绘局职业技能鉴定指导中心安全生产管理规定》、《国家测绘局职业技能鉴定指导中心公务卡使用管理规定》和《国家测绘局职业技能鉴定指导中心公务用车管理暂行办法》。

党的建设与测绘文化建设

【深入开展创先争优活动】

按照《中共国家测绘局党组关于在直属机关基层党组织和党员中深入开展创先争优活动的实施意见》的总体部署，职业技能鉴定指导中心积极开展创先争优活动。起草了《关于开展创先争优活动的实施方案》和《关于推进学习型党支部建设的实施方案》，组织召开了动员会，设置了专题宣传栏，开展了一系列宣传活动，并按照国家测绘局的统一部署稳步推进。创先争优活动的开展，调动了职工工作积极性、能动性，形成了“比学赶超、进位争先”的良好风气。

【支部建设】

为增强支部活力、加强党员管理，职业技能鉴定指导中心根据现有党员数量，成立了两个党小组，健全了组织机构。按照党员发展程序，发展 2 名中共预备党员，进一步壮大了支部党员队伍。“七一”前夕，组织全体党员到西柏坡接受爱国主义教育。

及时组织党员干部观看电影《第一书记》，丰富了党支部活动形式。

【政治理论学习】

职业技能鉴定指导中心坚持将理论学习作为坚定职工理想信念、提升单位综合实力的重要工程来抓，努力构建学习型党支部，组织开展了一系列学习活动。全年共组织集体学习9次，包括学习贯彻全国“两会”精神、2010年全国测绘局长会议精神、第十七届中央纪委第五次全会精神、国务院副总理李克强对测绘工作的重要批示等。此外，党支部为职工推荐了业余读物，积极引导党员、职工养成爱读书、善读书、读好书的良好习惯。

【文化建设】

为激励青年职工爱岗敬业，营造积极向上的文化氛围，职业技能鉴定指导中心依托工会和团支部组织开展了一系列文化活动。开展以“走进樱花园，回归大自然”为主题的踏青游园活动；2名职工参加局直属机关团委组织的篮球比赛；为在青海玉树地震中遇难的同胞举行默哀仪式，并开展了向灾区同胞捐款献爱心活动；在国家测绘局开展的五四青年论坛启动仪式上，5名青年做了题为“责任点亮青春 激情奉献祖国”的演讲；组织职工参观自然博物馆，开展了“我的青春我做主”主题研讨沙龙；开展了“快乐工间操”锻炼活动，组织了登山活动等。

国家测绘局重庆测绘院

主要业务进展

【国家基础测绘】

一、国家1∶5万数据库更新工程二期

2010年，国家测绘局重庆测绘院（以下简称重庆测绘院）承担的1∶5万数据库更新工程二期任务包括地形数据综合判调更新、更新数据整合建库和制图数据生产。其中，地形数据综合判调更新共完成控制测量51幅、数字正射影像图143幅、综合判调更新136幅。测区主要位于新疆乌鲁木齐周围，少数图幅位于重庆市与临近省份交界处。在国家基础地理信息中心统一安排下，完成2006年～2009年DLG 832幅、DOM 419幅、DLG 75幅更新数据的入库工作。完成200幅制图数据的生产。

二、信息化测绘数据处理关键技术试验

该项目针对无人机获取的航空影像数据，利用高分辨率遥感影像数据一体化测图系统（PixelGrid）、遥感影像智能解译工作站（FeatureStation）系统平台完成空三加密、数据采集、DEM生成等试验生产。

【国家重大专项测绘】

一、西部1∶5万地形图空白区测图工程

重庆测绘院主要完成青藏高原东部E、H区域64幅影像地形图制作、EPS数据100%检查修改、地图印刷和成果资料整理归档；青藏高原西部F1、B7区域131幅DLG、DOM、DEM、地表覆盖数据、EPS制图数据、影像地形图及入库数据制作和30幅1∶5万图幅晕渲地形图制作；青藏高原西部F2区域162幅地表覆盖数据、制图数据制作；横断山脉B1、B2区域59幅DLG、DOM、DEM、地表覆盖数据、EPS制图数据、影像地形图及入库数据制作。

二、“927”一期工程

根据“927”工程专项总体计划和“927”工程项目组安排，2010年，重庆测绘院承担的任务分为两部分。第一部分为2009年结转任务，包括15座海岛（礁）陆地卫星定位大地控制点水准联测标石选建和19座海岛（礁）卫星定位大地控制点选建，于2010年4月完成。第二部分为2010年下达任务，包括沿岸陆地卫星定位大地控制点三等水准检测220千米、沿岸陆地卫星定位大地控制点三等水准支线连测1320千米、海岛（礁）卫星定位大地控制点B级GPS观测13座、沿岸陆地卫星定位大地控制点B级GPS观测9座、沿岸陆地跨江、河、海三等水准测量约34千米、海岛（礁）1∶5000现场调绘20岛、航空航天测图像控布测39岛以及多媒体数据库建设，于2010年年底完成。测区主要分布在海南、广东和广西3省。

三、汶川地震灾后恢复重建测绘专项建设工程

按照国家测绘局和四川汶川地震灾后恢复重建

测绘专项工程项目部总体安排，2010 年重庆测绘院承担的汶川地震灾后恢复重建测绘专项建设工程包括两部分。一是 2009 年结转的 136 幅 1:1 万地形图外业调绘任务，测区位于四川省成都、雅安、眉山等地；二是 2010 年新下达 200 幅 1:1 万地形图外业调绘任务，测区位于四川省宣汉、开江等地。年内，该项目按计划推进。

【测绘保障与服务】

在做好国家基础测绘任务的基础上，重庆测绘院积极为重庆市社会发展和经济建设提供测绘保障与服务，并在特色服务上取得进展。

一、重庆市基础测绘服务

2010 年，重庆测绘院主要完成涪陵、九龙坡、长寿、南岸等区的矿业权核查，重庆市名山（四面山）高程测量，“数字重庆”地理信息空间定位基准建设之重庆市东北部地区二等水准（二期）工程，重庆市巫溪、城口、秀山县等边远地区少数民族地区 1:500 地形测量等项目，为重庆市经济社会建设提供了测绘保障。

二、国土测绘服务

重庆测绘院主要参与了土地变更调查、土地规划设计、土地开发整理、宅基地测量、基本农田划定、建设用地增减、地理国情监测、土地整治测绘成果资料审查等项目，树立了自身品牌，实现了在国土领域服务产值的不断增长。

三、固定翼轻型无人机航摄系统

2010 年，重庆测绘院作为首批开展固定翼轻型无人机航摄系统生产性试点示范的单位之一，利用无人机航摄系统在景区规划、核电站选址、道路测量、地理国情监测等领域开展了测绘服务，提高了基础地理信息快速获取的能力和测绘应急保障能力，为下一步无人机的推广和应用积累了经验。

四、高速铁路测量工程

重庆测绘院积极扩展服务领域，探索高铁建设的测绘保障服务方式。2010 年，承担了江苏镇江京沪高铁轨道基准点 GRP 测量和 CPIII 沉降测量、石武高铁轨道河南汤阴段 GRP 基准点测量和漯河段板精调、京沪高铁轨道精调项目，为专线的建设施工提供了测绘技术支撑。

五、其他测绘服务

在全面完成好国家基础测绘任务的基础上，重庆测绘院积极为地方、国外提供测绘保障服务。全年相继开展了新疆 1:1 万基础测绘项目、天津滨海新区 1:2000 修测、中铁十二局渝利铁路地形测量、柬埔寨铁矿钻探放线及剖面测绘项目。

科技创新与人才培养

【科研合作】

测绘科技成果产业联盟基地是中国测绘科学研究院将科技成果在重庆测绘院开展试验及应用的转换基地。重庆测绘院利用这一平台将科研与事业发展相结合，开展了遥感影像快速处理、信息化生产系统的研究和应用、无人机航测系统、数字城市建设等领域的生产应用研究，促进了科技成果向生产的转换和应用，增强了数据获取和更新能力，满足了应急测绘队伍对服务能力的要求。

【地理信息数据生产】

重庆测绘院采取“边生产、边研究、边应用”的模式，缩短了科技成果转换成实际生产力的周期。2010 年，积极参与了西部雷达影像数据生产流程实验及技术准备工作，完成星载雷达 DOM 制作、加密、DLG 立体测图以及机载雷达的加密、外业调绘片制作和 DOM 正射影像的制作等任务。加快内外业一体化测图技术的研究和应用，大力推广 PDA 作业模式及其他新技术手段，提高了劳动生产效率。

【自主研发】

2010 年，重庆测绘院自主立项研究了 GPS 高程拟合与似大地水准面精化模型比较、基于无人机低空航摄内外业关键技术应用研究等 4 项院科技创新项目。开展了数字乡镇建设项目。掌握和完善了无人机航摄系统的生产技术流程。利用无人机航摄系统开展了从影像快速获取、数据快速处理到成果快速提供的整个流程的生产试验，根据实际情况编写了《无人机低空航摄系统试验报告》等 5 个报告，用于指导今后的生产实际。全年共发表科技论文 50 多篇。

【测绘教育与人才培养】

制定了近三年的人才引进计划和人才培养教育措施，完成《重庆测绘院“十二五”人才引进教育培养五年规划》。2010 年，接收博士生 1 名，研究生 3 名，本科生 7 名，大学专科生 3 名；认定工程师 5 名、助理工程师 8 名，高级工程师 5 名；选拔 4 人到副科级岗位工作；选送 24 名技术、生产、管理骨干参加研究生课程班学习，13 名学员参加研究生入学考试获得入学资格。

全年组织技术人员和职工参加各类技术培训51批次，参加人员687人次；选送1名硕士生参加武汉大学测绘学院工程博士学习深造；24人完成研究生课程学习；5名生产技术骨干继续参加成人学历教育，5名院级领导和中层干部到澳大利亚、日本、新加坡和澳门参加考察和学术交流活动，共投入职工培训经费98万多元。

1人获全国测绘系统先进工作者（享受劳模待遇）和测绘应急保障先进个人称号；1人获全国测绘系统技术能手称号。

管理制度建设

【完善管理制度】

随着自身的发展和事业单位改革的实施，重庆测绘院调整相应政策特别是分配政策，各部门围绕院年度工作要点的部署，制定了年度责任目标，对院目标进行细化分解，创造性地开展各项工作。

【推进事业单位改革】

重庆测绘院结合国家测绘局《“十二五”发展规划框架》，着力规划下一步的发展目标和分阶段实施方案。进一步对各项业务功能进行总体规划，有针对性地开展了能力建设；生产单位加强了专业分工，避免了各分院重复建设而造成的低水平发展。

认真总结试点生产单位管理模式改革一年来取得的经验和存在的不足，完善了《生产分院运行机制调整试点办法》，有序扩大试点生产单位自主生产经营、质量控制、资金收支、科技创新、装备购置及人才培养的自主权力。完善以岗位责任制为核心的分配机制和技术岗位人员的职责、地位、待遇。继续加强测绘安全生产和质量管理工作，认真抓好国家重大基础测绘安全生产和产品质量，逐步理顺了质量管理处和质量监督检查站的管理关系和制度建设。推行主要项目的精细化管理，完善财务管理制度，做好项目的细化预算，成立了预算执行工作领导小组，加强了预算执行管理。完善质量管理相关规定，修订《质量管理规定》、《质量奖惩办法》等相关条款。

党的建设与精神文明建设

【党建活动】

一、学习型党组织建设和创先争优活动

重庆测绘院以测绘文化建设年开办的《测绘人家》专刊为载体，以党员干部队伍建设为重点，大力开展思想教育工作，切实提高党员干部自身的思维能力、创新能力和综合素质。充分利用院内外各种宣传媒介，反映院深化改革、推动发展新思路，基层党建新举措，科学发展新成效，构建了良好的争创环境。

二、各级领导班子建设

重庆市测绘院进一步规范民主决策机制，通过民主生活会深入查找各级领导班子及班子成员存在的不适应、不符合科学发展观的突出问题，通过多种形式的交流反馈，较好地提升了各级领导班子及成员的思想政治水平、改革创新意识和解决问题的能力。

三、党员干部职工队伍建设

重庆市测绘院注重加强党员干部职工思想教育，针对内、外业生产单位部分党员、职工生产技能单一，作业能力较弱等问题，以创先争优和学习型党组织建设为抓手，组织开展了“创业绩作表率——我是党员”主题实践活动，通过思想政治教育、岗位练兵、技能培训、优秀党员公示、亮党员身份等多种形式，实现了党员干部职工综合技能和素质的提高。注重党员素质教育培养，建立党员受教育长效机制，把党员培养教育成为爱岗敬业、推动发展的骨干力量，把生产管理骨干培养发展为党员。

四、党风廉政建设

重庆市测绘院认真贯彻《党政领导干部选拔任用工作条例》和国家测绘局关于干部选拔任用的各项规定，切实把思想素质好、综合能力强、重实干、出实效的优秀人才提拔到领导岗位上。认真贯彻《中国共产党党员领导干部廉洁从政若干准则》，逐步建立各分院的工作议事制度和党员领导干部廉政规定、党员承诺事项，周末工作例会、月综合点评等系列制度。全年全院党员干部无违法违纪事件发生。

【精神文明建设】

2010年，重庆测绘院全面推进精神文明建设，将“测绘文化年”活动与实际工作紧密结合，充分发挥工会、团委、职代会等组织的作用，开展了节前走访慰问送温暖、“三八”节户外拓展训练、“七一周”、重阳节农俗体验、“经纬杯”辩论赛、送教下乡等活动，建立帮扶基金。年内，获市交通建设工会女职工工作先进集体、重庆市规划局“五个好”基层党组织、重庆市总工会“工人先锋号”等称号。

国家测绘局机关服务中心

主要业务进展

【基地管理】

一、履行管委会职责

2010年，国家测绘局机关服务中心（以下简称机关服务中心）职能发生转变，从单纯为局机关服务转变为为中国测绘创新基地（以下简称基地）服务，成为整个基地的后勤保障中心。机关服务中心认真履行基地管委会办公室职责，全年共组织召开基地管委会会议6次，印发会议纪要6期，协调各单位贯彻执行管委会会议有关决议。在做好基地日常管理的同时，积极探索符合实际的基地物业费收支办法，顺利完成各种费用收支管理工作，确保了基地的正常运转。

二、监管物业公司

机关服务中心加强对物业公司的监管，努力提高服务接待水平，指导物业建立多层级的服务管理结构和标准量化的服务质量体系。建立完善激励机制，健全服务快速反应机制，落实管理责任，落实星级饭店服务标准。接管对基地餐厅的监管工作，建立各单位轮流挂牌监管的制度，监督职工饭菜质量，指导伙食成本核算。

三、基地消防安全

为确保基地消防安全，建设平安基地，基地管委会办公室与各单位签订了消防安全责任书，并依照《中华人民共和国消防法》组织消防安检公司对基地进行年度消检、电检，及时整改火险隐患。在重大节假日期间和重要活动前，组织消防安全检查，全面防范火险隐情。11月9日，基地管委会组织基地各单位进行了消防培训和演练，增强了广大职工消防法制观念和消防安全意识，对确保基地安全起到了积极作用。

【后勤服务保障】

一、接待工作

2010年，机关服务中心共组织承担了1100多次会议服务、500多次餐饮服务和100多次参观接待服务，并根据不同的接待任务和要求，制定不同的接待方案。特别是在全国测绘局长会议、测绘系统文艺汇演等重大接待活动中，顺利完成会场布置、会议代表接送站及食宿安排等后勤保障工作。

二、基地配套设施建设

机关服务中心重点做好了基地绿化栽种与管理工作，全年增种树木300多棵。在基地建设初期绿化布局基础上，通过地形改造及基地大院整治，将基地大院建造成景观园林。完成基地洗车棚、南侧围墙的建设工程，以及景观照明维修补充、下水道疏通等工程。做好了啤酒设备安装、书画室的建设。向国务院机关事务管理局申请电开水器19台，在基地大楼内增设电开水器9台。

三、基地大院运行管理

机关服务中心规范基地大院运行管理，指导保安队对大院的日常安全管理，完成各项重要仪式、活动的安全保卫、停车指挥、内卫随护任务。整顿和规范大院停车秩序。先后为卫星测绘应用中心、国家测绘产品质量检验测试中心和财务结算中心，清理移交办公用房、计算机房、仓库和部分办公家具，确保了新组建单位及时运转。对物业保安等服务用房进行压缩调整，确保办公用房有效供给。

四、行政事务性工作

机关服务中心较好地完成国家测绘局机关及在京单位的社会治安综合治理、交通安全检查、爱国卫生、计划生育等各方面的工作。不断强化司机交通安全意识，保证机关公务用车安全。定期进行交通安全教育，与每位司机签订安全责任书。根据不同的接待活动，提前制定应急预案，确保重大节假日及敏感时期的交通安全。

按照中央国家机关爱国卫生运动委员会办公室扫雪铲冰工作要求，制定了基地冬季扫雪铲冰工作方案，划定了各单位责任区。开展了“向实行计划生育的贫困母亲献爱心”捐款活动，被评为北京市计划生育先进单位。

【财务管理】

2010 年，机关服务中心财务管理工作坚持实事求是、勤俭节约的原则，确保了局机关、基地各单位和机关服务中心财务工作的正常运转。按照加强党风廉政建设的要求，认真开展“小金库”专项治理工作，切实自查自纠。不断提升行政效能，注重成本核算，降低运行成本，严格物业、水、电、气等基地运行费的核算管理，配合基地各单位共同做好物业费用的核定工作，确保了财政资金的安全与完整。

【固定资产管理】

机关服务中心建立健全了国家测绘局机关固定资产管理信息系统，进一步规范了固定资产入库登记，报废审批等流程。明确新增资产在报销前必须进行资产入库登记，切实做到国有资产的信息化管理；固定资产报废前，先进行资产审批，再进行资产销帐，并报相关部门备案，有效避免了国有资产的流失。

局机关迁入新址后，及时报废原办公楼的 200 多件老旧办公家具，对局机关新增的 3000 多件固定资产及时进行入库登记，使固定资产的管理工作日常化、制度化、规范化。

【节能减排工作】

机关服务中心深入贯彻落实国务院机关事务管理局《关于切实加强中央国家机关节能减排工作的紧急通知》，组织开展了节能宣传周活动，举办了国家测绘局所属单位公共机构能源资源消耗统计培训班，共有 14 家单位的 20 多人参加培训。落实《国家测绘局公共机构能源资源消耗统计实施方案》，建立健全能耗统计报告制度。

【基建房改工作】

一、房产管理

根据国务院事务机关管理局有关规定，机关服务中心为居住在国家测绘局机关产权房屋的 11 名住户办理了房屋上市、过户、变更产权人等事宜，同时做好了房屋超标处理和上市相关手续，收缴职工超标款、维修基金款项共计 4.28 万元。进一步完善了局机关职工住房档案。

从中央国家机关住房资金管理中心申请使用售房款向国家测绘局机关无房、级差职工发放住房补贴共计 24 人，金额 17.02 万元，为职工办理经济适用房房屋产权证 13 个。

二、机关职工宿舍区的管理

向中央国家机关房改办申请并争取到了车道沟宿舍区、玉渊潭晾果厂小区绿化改造工程经费 17.8 万元；完成车道沟平房电改工程，每年节约电费 5 万元；完成车道沟锅炉房、车道沟家委会的防水工程；维修车道沟锅炉，确保按期供暖；为测绘楼安装报箱、加装自行车棚，解决购电困难、铲除停电隐患。

三、人防工程

机关服务中心与中央国家机关人民防空办公室和在京直属单位签订了《2010 年中央国家机关人防工作责任书》，制定了汛期人防工程应急预案，并做好了局机关及在京所属单位办公、宿舍区人防工程汛期的房屋安全检查工作。开展人防宣传，在办公区和宿舍区人员密集区域内张贴宣传横幅和宣传画，发放知识手册 300 多册。

四、土地预登记

积极推进国家测绘局机关及在京单位的土地预登记工作，领取了局机关及在京单位《中央单位在京用地预登记证》2 宗。

管理制度建设

【建立物业督查制度】

机关服务中心制定印发《物业服务督查办法》，从督查方式、督查内容、督查纪律以及奖惩等方面对基地物业服务进行规定，促进物业服务公司加强自律，使监管部门有章可循、有据可查。

【落实国家相关规定】

按照国务院机关事务管理局《关于切实加强中央国家机关节能减排工作的紧急通知》，机关服务中心制定印发《中国测绘创新基地节能减排工作实施方案（含国家测绘局机关）》、《节能减排督查办法》，增强了基地干部职工的忧患意识、责任意识和节能意识。

按照国务院机关事务管理局《关于加强中央在京单位保障性住房管理有关问题的通知》（国管房改〔2010〕230）精神，国家测绘局房改办制定了《国家测绘局保障性住房管理办法》，进一步规范了保障性住房的使用、监督和管理。

党建和人事工作

【深入开展创先争优活动】

2010 年，按照中央和国家测绘局党组的总体要求和安排部署，机关服务中心党支部认真贯彻十七届五中全会精神，深入开展创先争优活动。党支部成立了领导小组，制定了实施方案，组织了形式多样的活动。围绕“五个好”、“五带头”的基本要求，每位党员都撰写了承诺书，并在中心内部进行传阅，接受群众监督，增强了广大党员创先争优的自觉性和主动性。开展创先争优主题党日活动，组织党员和入党积极分子参观卢沟桥中国人民抗日战争纪念馆，激发党员的模范带头意识。

【支部建设】

机关服务中心党支部注重党员队伍建设，加大对入党积极分子的培养力度，坚持按照“在实践中培养，成熟一个发展一个”的原则，2010 年发展党员 1 名。同时，党支部积极组织各种活动，开展爱岗敬业、乐于奉献的思想教育，增强党员队伍的生机活力。

【队伍建设】

按照《国家测绘局机关服务中心岗位设置管理工作方案》，调整聘用管理岗位 3 人，为增强单位发展活力奠定基础。不断加强职工队伍的思想建设、组织建设和作风建设。深入开展以“增强服务意识”为核心的爱岗敬业教育，强化职工的主人翁责任感，不断提高职工的管理水平和服务质量。

国家测绘局北戴河休养院

主要业务进展

【接待服务工作】

2010 年，国家测绘局北戴河休养院（以下简称北戴河休养院）全年接待会议、培训班 58 个，主要有国家测绘局所属单位法规培训班、国家测绘局机关老干部理论学习培训班、中国测绘科学研究院老干部培训班、北京市测绘设计研究院全体干部培训班、河北省测绘局所属单位测绘学会培训班、吉林省测绘局所属单位行管培训班、首届全国测绘系统羽毛球比赛等。接待会议、业务培训人员 7000 多人次。

接待测绘职工休假、休养人员 500 多人。利用接待间隙接待旅游团队 10 多个，接待散客 500 多人。

4 月 ~10 月，共接待 8000 多人次。系统内人员占接待人数的 90% 以上。

【改善接待环境】

为适应市场需求，提升硬件设施、改善接待环境，北戴河休养院利用冬春季休整时间，对餐厅和部分客房进行了改造，增添了必要的设施设备。经改造，就餐环境和部分接待环境得到改善，提升了档次，用餐接待能力也有较大提高。

科技创新与人才培养

根据国家测绘局决定，北戴河休养院新增副科级干部 3 名并成立膳食科。将培养领导干部开拓创新能力和提高领导水平贯穿到中心工作中，将领导干部能力素质提升同业务工作有机结合起来，注重班子成员和中层干部的培训，使班子成员、全院党员干部的开拓创新意识和综合素质能力得到全面提高。

院领导班子先后参加了秦皇岛市北戴河区安全生产监督管理局的安全教育培训班，2 名职工参加了地方政府有关部门举办的财务培训班。

制度建设

北戴河休养院制定了《休养院内部会计控制制度》，严格了财务管理。为强化各部门的工作责任，确定了部门工作职责。

党的建设与精神文明建设

2010 年，北戴河休养院深入开展创先争优活动，围绕“树立科学发展理念，提高经营管理能力和服务水平”的主题，深入解放思想，彻底转变思想观念，在提高开拓创新能力和领导水平上下功夫。北戴河休养院被北戴河公安分局评为治安先进单位。

地方测绘工作

北京市

规划与计划

【2010 年工作计划】

2010 年，北京市规划委员会确定的测绘工作要点主要包括：继续组织实施北京市测绘事业“十一五”发展规划，确保全面完成“十一五”规划各项任务；开展北京市“十二五”测绘事业发展规划编制工作；加强数字城市地理空间框架建设，开展地理信息公共服务平台建设；完善测绘成果管理规定、测绘项目质量认可、测绘优秀工程奖评选办法、地理信息市场监管等方面的政策法规，研究建立北京市测绘应急保障机制；做好测绘资质复审换证工作；探索测绘成果提供使用新模式，进一步加强测绘成果公共服务等。年内，各项工作按计划如期开展并完成。

【2010 年基础测绘年度计划】

根据《北京市人民政府关于进一步加强测绘工作的实施意见》（京政发〔2008〕11 号）和《北京市测绘条例》等有关要求，结合北京市城市规划建设的需要，北京市规划委员会编制了 2010 年基础测绘计划。

在控制测量方面，主要包括城市一、二级导线网复测共 1500 点，水准观测 1000 千米；水准网复测 1900 千米，其中，沉降区水准网 900 千米。在地形图更新方面，主要包括更新四环范围内 1:500 地形图 844 平方千米，更新周期为半年；更新六环范围内 1:2000 地形图 2700 平方千米；更新全市域 1:1 万地形图 16410 平方千米。在基础地理信息数据库维护方面，主要包括 1:500 地形图数据更新入库 844 平方千米；1:2000 地形图数据更新入库 2700 平方千米。

【测绘“十二五”规划编制】

北京市规划委员会组织开展《北京市“十二五”时期测绘事业发展规划》编制工作，完成“‘十二五’时期北京市测绘与地理信息产业发展研究”、“‘十二五’时期北京市工程测量发展研究”、“‘十二五’时期北京市房产测绘发展研究”等 9 个子课题的调研，为规划编制奠定了基础。

法制建设与市场监管

【测绘法制建设】

北京市规划委员会根据年度政策研究课题计划，开展《北京市测绘成果管理规定》修订研究和《基础测绘条例实施办法（试行）》起草工作，完成《测绘项目备案管理办法（试行）》、《测绘优秀工程奖评办法》等法规的起草工作。

【测绘资质行政许可】

截至 2010 年 12 月 31 日，北京市规划委员会共受理测绘资质行政许可申请 103 项，准予许可 78 项。全年新增测绘资质单位 24 家，办理测绘作业证 881 件，为北京测绘单位赴外埠作业开具备案证明材料 41 件。

【测绘资质复审换证】

北京市规划委员会组织完成北京市测绘资质单位复审换证工作。截至 2010 年底，北京市共有测绘资质单位 259 家。其中，甲级资质 62 家，乙级 81 家，丙级 57 家，丁级 59 家。应参加复审换证的单位 224 家，审核通过甲级 48 家，乙级 62 家，丙级

53 家，丁级 52 家，另有 9 家正在审核中。

【地理信息市场监管】

2010 年，北京市以地理信息市场专项整治总结收尾和互联网地图服务等工作为重点，开展地理信息市场监管工作。进一步加强地理信息从业单位的资质管理；加大对互联网地图服务的监管力度，对从事互联网地图服务的网站进行摸底排查，对不具备互联网地图服务资质的单位，引导其申请相关资质，促使其依法开展业务；加强地理信息市场动态监管，与相关部门进一步完善联合监管机制，不定期开展联席会议，及时交流信息，协调部署专项行动；加大对涉外、涉军、涉密、涉证、涉网等违法测绘案件的查处力度，对部分重点案件进行了处理。

地图管理与成果管理

【地图审核】

截至 2010 年 12 月 31 日，北京市规划委员会共受理地图审核行政许可申请 56 项。其中，准予许可 50 项，不予许可 1 项，申请单位主动撤件 5 项。

【测绘成果汇交】

北京市测绘行业单位全年汇交测绘成果副本 21491 份，汇交目录 23704 条。

【保密培训】

2010 年，根据国家测绘局的要求，北京市规划委员会共举办 4 期涉密测绘成果管理人员岗位培训班，邀请国家测绘局、总参测绘局、北京市保密局等有关领导，就安全保密形势、测绘成果保密法律法规、计算机信息系统安全等内容授课。全市测绘资质单位、测绘成果保管单位及部分用户共 235 家单位 404 人参加培训，402 人考试合格并取得涉密测绘成果管理人员岗位培训证书。

【测绘成果联合审查机制建立】

北京市规划委员会结合国家测绘局《基础地理信息公开表示内容的规定（试行）》等有关规定，与军队、保密等有关部门密切协作，建立了测绘成果联合审查机制。2010 年，为北京市门头沟新区、房山区长阳、怀柔区雁栖湖等地区的规划方案公开征集开展测绘成果涉密审查服务。

【保密检查】

2 月 9 日，北京市规划委员会保密委对北京市测绘设计研究院的信息安全保密工作进行检查，肯定了该院的保密工作。全年北京市规划委员会共对 15 家测绘成果应用单位的涉密测绘成果使用和保管情况进行了保密检查。

基础测绘与质量监督

【基础控制测量】

2010 年，北京市测绘设计研究院完成北京市域 C 级 GPS 网复测 23 点，采用网络 RTK 一级加密复测城市一、二级导线约 1500 点，完成城市一、二级导线四等水准复测约 1200 千米 ，玉渊潭水准原点监测网复测（一等水准）及东部沉降区水准观测工程（一、二等水准）共约 1066 千米。

【基本比例尺地形图测绘及更新】

2010 年，北京市测绘设计研究院完成四环范围 8450 幅 1∶500 地形图更新 2 次、六环范围 1∶2000 地形图更新 3376 幅、全市域 1∶1 万地形图更新 933 幅。

【政务版电子地形图数据更新】

7 月，北京市测绘设计研究院对六环范围内 1∶2000和全市域 1∶1 万北京市政务版电子地形图进行了更新。

【数据库建设】

2010 年，北京市测绘设计研究院完成 2009 年更新的 1∶500 地形图 8450 幅、1∶2000 地形图 3376 幅的数据加工及入库工作。完成 2008 年、2009 年制作的 1∶2000、1∶1 万正射影像图共 11937 幅的数据入库工作。“城市综合地下管网信息系统”累计完成 3.66 万千米地下管线数据的建库工作。

【区县基础测绘】

4 月，北京市规划委员会到大兴区、通州区等 10 个远郊区县，就基础测绘工作进行专题调研。在全面掌握全市区县基础测绘现状和存在问题的基础上，加强与区县领导的沟通，提高他们对基础测绘工作重要性的认识，促进各区县加大基础测绘投入。通州、密云等区县全面开展了大比例尺地形图更新工作。

【质量监管】

2010 年，北京市规划委员会结合测绘资质复审换证工作，组织专业人员对 91 家测绘资质单位的 255 项产品质量进行监督检查，并责令存在问题的单位进行整改，从而增强了测绘单位的质量意识，提高了测绘产品的质量。

重大工程测绘

2010年，北京市测绘设计研究院配合北京市住房和城乡建设委员会完成北京地区房屋普查测绘工程。完成北京市东部区域地面沉降检测网络建设与应用项目的年度测量任务，完成北京市地铁8号线、15号线、16号线及房山线、昌平线、大兴线、燕房线、亦庄线的测量项目。完成京石二通道高速公路（北京段）、京良公路的测量项目。

测绘合作共建

【数字城市试点建设】

2010年，“数字通州”建设完成基础数据库和公共平台搭建，开展了应急指挥系统、地价查询系统、三维辅助决策系统3个典型应用示范和公共服务系统（地名库应用系统）的需求调研、方案设计、原型制作、系统开发等工作。为完善基础地理信息数据，通州区投入约5000万元，开展大比例尺基础地形图测绘工作。

“数字西城”建设以精细三维建模为特色，完成项目设计评审并进入全面实施阶段。基础地理信息数据库和地理信息公共平台已完成搭建，实现在规划、房产、发改、应急、公众服务等众多领域的典型应用，并初步建立地理信息共享使用及维护更新的长效机制。

“数字东城”建设确立了城区地理空间基础共享平台和规划典型应用系统中标承建单位，并基于政务外网共享服务平台建设，对政务图层系统实施升级改造，构建起东城城市规划数据共享系统，实现规划数据的动态管理、浏览查询、空间分析、统计报表、业务协同等功能。建立街道协同工作平台，实现街道信息的空间化管理与维护。

【数字城市推广】

2010年，北京市进一步加大数字城市推广力度，“数字房山”建设已开始方案设计，并陆续开展三维数据建模、规划典型应用系统研发等工作。密云县开展1:500地形图更新，为“数字密云”建设三维精细建模做好数据准备。顺义、昌平等区（县）陆续开展数字城市建设前期研究工作。

【地理信息公共服务平台】

2010年，国家地理信息公共服务平台北京市分节点建设成果显著。整合、加工、管理和维护了一批地理框架数据，包括1:2000政务版电子地形图、1:1万政务版电子地形图、公开版电子地形图、地名地址数据、DOM、DEM、城市三维景观模型等；建立了相应数据库，完成地理信息公共服务平台一期公众在线服务系统建设，初步与规划、国土、园林、邮政等委办局达成应用推广意向。启动北京市空间数据资源共享与协同审批系统建设，为实现全市建设项目审批过程中涉及的各委办局基础数据共享、信息共同利用、审批进度互知、协同审批作业提供了支撑。此外，北京市测绘设计研究院完成“北京市房屋全生命周期管理信息平台”、“北京市遥感影像数据库系统”、“北京市基础地理信息共享服务平台（一期）”等项目的开发建设。

【合作协议】

2010年，北京市测绘设计研究院与北京市规划监察执法大队签订合作协议，就利用国产卫星影像在查违图斑定位、规划审批、地形图更新等方面的应用开展研究与合作。与北京市勘察设计研究院有限公司签订战略合作协议，在测绘技术、岩土（地质）工程、地理信息技术和物探技术等交叉学科领域开展科研项目、工程项目、学术交流与人才培养等方面的合作。与北京清华城市规划设计研究院在“数字城市”研究应用领域方面展开合作，并签订了战略合作协议。与北京伟景行数字城市科技有限公司签署合作协议，在推进三维模型数据共享、三维模型制作、模型库建设、应用系统开发等方面进行合作。与北京东方道迩信息技术有限责任公司签订战略合作协议，共同开展PSP技术在规划、测绘领域中的应用研究。与新疆和田地区国土资源局（测绘局）签订援疆合作协议书，从提供技术人才培养、仪器设备支持、开展援建项目合作测绘等3方面向新疆和田地区提供援助。

地图编制与出版

2010年，北京市各测绘单位编制出版北京市公开地图、地图集和相邻地区图集共50多种，较好满足了社会各界对地图的需求。主要有《北京市土地利用总体规划图集》、《北京城市交通图——国家高速公路网命名编号调整特刊》、《北京市中小学生社会大课堂指南》插图、《城区及全市小区代码图》、《西城区社区地图集》、《西城区社区资源挂图》、《华北电网图集》、《内蒙古电网图集》、《北京交通旅游地图》、《北京驾车旅游地图》、《北京市全图》、《北京城市交通图》等。

成果应用与测绘服务

【涉密测绘成果审批】

2010年，北京市规划委员会受理涉密基础测绘成果申请165件。其中，北京市基本比例尺地形图及数据申请74件，同意61件，不同意13件；受理国家及其他省（区、市）测绘成果转函申请91件，同意68件，不同意23件。

【基础地理信息数据服务】

2010年，北京市规划委员会新增基础数据用户20家。全年共向254家政府部门和社会用户提供基础数据和技术服务，收到了良好的社会效益和经济效益。

【基本比例尺地形图服务】

2010年，北京市测绘设计研究院向社会各界用户提供各种基本比例尺地形图1.89万幅、地形图数据7.73万幅，提供各类测绘资料借阅2.25万人次。

【政务版电子地形图数据服务】

2010年，北京市测绘设计研究院向26家单位免费提供北京市政务版电子地形图（六环范围内1:2000和全市域1:1万）。

【抢险救灾应急服务】

7月，北京市测绘设计研究院按照国家测绘局要求，紧急完成甘肃舟曲特大泥石流灾害发生前后的数字地面模型和正射影像图制作，为抢险救灾提供测绘保障。

【国家地理信息公共服务平台数据加工】

根据国家地理信息公共服务平台建设需求和《国家地理信息公共服务平台建设数据提供责任书》要求，北京市测绘设计研究院加工制作了北京市全市域电子地图，并按时交付国家地理信息公共服务平台使用。

【编制《北京人文地理》】

北京市测绘设计研究院与中国地图出版社合作，继续开展《北京人文地理》编制。3月5日，《北京人文地理·房山访古探源》出版发行；12月3日，《北京人文地理·西城卷》出版发行。

【什邡地震工业遗址测绘】

北京市测绘设计研究院积极开展汶川地震灾后重建测绘工作。9月，承担北京市对口支援的什邡市地震工业遗址测绘任务，采用三维激光扫描等先进测绘技术，完成遗址三维扫描测量和建模工作。

科技创新与人才培养

3月，北京市测绘设计研究院王攀被人力资源和社会保障部评为2009年度全国技术能手。8月，北京市测绘设计研究院张凤录当选2010年北京市“新世纪百千万人才工程”市级人选。

11月，北京市人力资源和社会保障局批准北京市测绘设计研究院设立“博士后科研工作站”。11月26日，北京市测绘设计研究院杨伯钢被北京市人力资源和社会保障局授予“北京市博士后杰出英才”称号。

对外合作与交流

2010年8月30日，北京市测绘设计研究院与美国爱荷华州立大学（Iowa State University）设计学院的有关专家就三维地理信息应用进行技术交流。

党的建设与测绘文化建设

【党建工作】

一、北京市勘察设计与测绘管理办公室

北京市勘察设计与测绘管理办公室深入开展“党员作风建设年”和“三进两促”活动，组织党员加强作风建设，不断树立为行业单位服务的意识，到平谷新农村、行业单位开展学习调研活动，加深对行业发展状况的了解，提高行业监管与服务的针对性。

积极组织党团员和干部职工参加全国测绘系统羽毛球赛、北京市市直机关工委运动会、北京市规划委员会运动会和北京市勘察设计行业协会运动会，展现测绘人的精神风貌。组织党团员参观地铁大兴线、顶秀美泉小镇等建设项目，引导大家加强学习，增强发展创新意识。

二、北京市测绘设计研究院

3月17日，北京市测绘设计研究院召开党建工作大会，总结2009年党建工作，部署2010年党建工作主要任务。7月2日，北京市测绘设计研究院党委召开“创先争优、创新服务、改进作风”暨七一表彰大会，对23名“群众心目中的好党员”予以通报表彰并颁发荣誉证书。12月14日，北京市测绘设计研究院召开领导班子成员民主生活会。从推动科学发展、促进社会和谐、服务人民群众、加强基层组织、廉政风险防范、干部选拔任用等方面回顾工作，查找问题，开展批评与自我批评，提出改进措施。12 月 20 日～27 日，该院开展 2010 年二级班子及中层干部述职述廉工作，各单位职工分别对本单位领导干部进行民主测评；12 月 22 日，召开领导班子述职大会，全体中层领导干部参会并对班子成员进行民主测评。

【测绘文化建设】

2010 年，北京市测绘设计研究院被首都精神文明建设委员会授予“2009 年度首都文明单位标兵五连冠”称号。该院响应党中央和北京市委、市政府的号召，积极向青海玉树和甘肃舟曲灾区“献爱心”，全院职工两次捐款 76962 元。

10 月 16 日，北京市测绘设计研究院在北京召开第六届职工运动会。北京市勘察设计与测绘管理办公室、66240 部队、南辛房村代表和院职工近 900 人参加运动会。

地方社团工作

【中国城市规划协会城市勘测专业委员会】

4 月，中国城市规划协会城市勘测专业委员会完成北京市新农村测绘工作调研报告，对北京市新农村测绘工作提出建议。5 月，召开《城市测量规范》CJJ8－99 版修订送审稿审查会，专家委员会一致同意通过审查。10 月，召开“2010 年城市地理信息系统建设与应用交流会”，64 家城市勘测单位的 138 名代表参加会议。12 月 20 日，中国城市规划协会召开 2009 年度全国优秀城乡规划设计奖颁奖大会，城市勘测专业委员会评选出的 126 项 2009 年度优秀城市勘测工程项目受到表彰。

【北京测绘学会】

5 月 15 日，举办以“携手建设创新型国家——提高科学素质，参与低碳行动”为主题的测绘科技周活动，422 人次参加活动。

10 月 24 日～25 日，召开世界城市背景下地理信息产业发展高端论坛暨北京测绘学会第十次会员代表大会。会议选举产生由 74 名理事组成的北京测绘学会第十一届理事会。陈俊勇、李德仁、刘先林院士等分别在论坛上作专题报告。

10 月，中华人民共和国科学技术部和北京市科学技术委员会颁发《社会力量设立科学技术奖登记证书》，批准设立“北京测绘学会科学技术奖”。

受北京市人力资源和社会保障局委托，完成 2010 年度北京市工程技术系列中级测绘专业技术职务评审工作，206 人取得任职资格。受北京市住房和城乡建设委员会委托，举办 2010 年度北京市测量放线工培训班，培训技师、高级技师 23 人，初级放线工 62 人。

【中国测绘学会工程测量分会】

10 月 15 日～18 日，中国测绘学会工程测量分会在郑州召开 2010 地面激光扫描国际研讨会，30 多名代表参加会议，征集国内外论文 38 篇。12 月 3 日～5 日，召开现代空间定位技术应用研讨交流会，103 名代表参加会议，交流论文 11 篇。举办 1 期《卫星定位城市测量技术规范》培训班，48 家单位的 115 名学员参加培训。

天津市

规划与计划

2010 年，天津市认真总结“十一五”期间测绘事业发展情况，认真分析测绘事业面临的机遇和挑战，编制了《天津市测绘事业发展“十二五”规划》（初稿）。

法制建设

【《天津市测绘质量管理规定》】

天津市规划局对测绘质量管理机构和执行机构、主管部门实施测绘产品质量监督检查的方式，以及测绘产品质量监督检查的依据、内容、结果判定和异议受理等方面进行了规范，制定了《天津市测绘质量管理规定》。年内，经局长办公会审议，修改完善后印发执行。

【《天津市地下管线测量测绘管理规定》】

天津市规划局制定《天津市地下管线测量测绘管理规定》，对施工单位资质要求、施工单位的施工要求、成果汇交和入库要求、成果不合格的处理方法等方面进行了规定。年内，经局长办公会审议通过。

【“8·29”测绘法宣传】

“8·29”测绘法宣传日，天津市规划局组织市区两级测绘行政主管部门和各测绘资质单位500多人，在天津市行政许可审批服务中心和各自设立的宣传点开展以“推进数字城市建设，提升测绘公共服务水平”为主题的宣传活动。重点宣传测绘法、测量标志保护等测绘法律法规，讲解地图种类、如何识别真假地图等知识，回答了市民关于房产测绘、测绘资质管理、测绘成果管理等方面的问题。制作展板200多块，发放各种宣传材料近万份，接待群众5000多人。天津日报、今晚报、天津电视台、天津广播电台、人民网、北方网等新闻媒体作了专题报道，《中国测绘报》报道了天津市测绘法宣传日活动情况。

【规范性文件清理】

根据天津市法制办统一要求，天津市规划局对2006年以前发布的13项测绘规章和规范性文件进行集中清理。年内，完成了局下发的规范性文件的修改和重新发布工作。

市场监管

【测绘资质复审换证】

2010年初，天津市测绘资质单位共102家，需进行复审换证的100家。经审核，同意复审换证的94家。其中，甲级15家、乙级27家、丙级46家、丁级6家。

截至年底，天津市共有测绘资质单位96家。其中，甲级15家、乙级27家、丙级47家、丁级7家。

【测绘资质管理审批】

2010年，按照国家测绘局《测绘资质管理规定》和《测绘资质分级标准》规定，天津市规划局受理审批测绘资质申领2家，其中乙级1家，丙级1家。

【测绘专项执法检查】

2010年，天津市规划局联合市保密局、市国家安全局、市测绘产品质量监督检验站等单位和部门，先后对天津迪特科技发展有限公司、国家海洋信息中心等4家测绘资质单位进行实地检查，并针对发现的问题及时下达责令限期整改通知书。组织对天津市地籍管理中心、天津市国土资源和房屋管理局测量大队、天津市测绘院等20家测绘单位进行“回头看”，发现个别单位在计算机管理使用上存在安全隐患，现场提出整改意见，并以简报形式进行宣传教育。起草拟定《天津市地理信息市场联合执法机制》，明确了该项工作的组织机构、执法内容，作为联合执法工作的重要依据。

成果管理

2010年，天津市规划局受理地图编制审核7件次，审核合格率100%。

基础测绘

【基础测绘工作】

6月1日，天津市实现1:2000地形图全市域覆盖，1:500地形图覆盖中心城区。6月23日，完成全市域航空摄影工作，获取航片24869张。9月28日，1:2000 DOM通过天津市规划局的检查验收。中心城区1:500、1:2000地形图跟踪修测工作进展顺利，1:500地形图跟踪修测17批次，共16580幅图，1:2000地形图更新18批次，共2540幅图。完成全市域重点地区1:2000地形图修测5713幅；完成1:1万地形图更新689幅。

【测绘基础设施建设】

2010年，天津市规划局建成1个数据处理中心和12个连续运行跟踪站，应用VRS（虚拟参考站）技术广泛服务于地壳运动监测、天气预报、地面沉降监测、房产测量、工程测量等，用户达150多个。布设市域平面控制网A级点1个、B级点27个、C级点197个。布设Ⅰ等高程控制点512个，水准测量1475千米；Ⅱ等高程控制点1440个，水准测量5436千米。

【测绘生产】

2010年，天津市测绘行业共完成测绘项目3527

项，创测绘服务总值为135210.45万元。

质量监督

天津市规划局开展常规检查和规划定线、沉降观测专项检查。聘请测绘专家参与检验，从全市各测绘单位2009年汇交的成果目录中随机抽取324个项目，涉及大地测量、工程测量、地籍测量、房产测绘。经检查，合格产品199件，其中优秀产品89件；不合格产品18件。

重大工程测绘

【为滨海新区开发建设服务】

天津市有关测绘部门为滨海新区特别是10个功能区的开发建设提供基础地理信息和全方位的测绘服务；为空客320、大乙烯、大火箭等重大工程项目提供全过程测绘服务，为滨海新区又好又快发展提供了测绘保障。

【为新农村建设规划服务】

天津市有关测绘部门完成多批中心镇、中心村的1:500地形图测绘工作，为示范小城镇、农村居住社区、示范工业园区等建设提供测绘保障。

【为市重点工程服务】

天津市有关测绘部门完成第二次全国土地调查、城市精细化管理、城市轨道交通、城际高速铁路、天津东站和西站建设等重点工程的测绘工作，为促进城市建设，推动全市经济发展提供测绘保障服务。

【地铁5号线专用控制网的施测与复测】

天津市勘察院完成地铁5号线专用控制网的施测与复测，采取"一次统一布设，两级观测分级数据处理"的方法，布设地铁首级GPS控制点88个、地铁一等水准点82个，为线路设计、建筑物调查、拆迁测算、车站施工提供测量基准。

援疆工作

2010年，天津市测绘院历时3个月，完成新疆和田地区基础测绘资料的搜集整理和实地测绘工作。共投入管理人员和技术人员146人，投入无人机设备2架、汽车1部、Trimble双频GPS接收机8套、徕卡全站仪3台、自动安平水准仪4台、电脑36台、扫描仪1台。完成策勒县棚户区改造、维吾尔民族医院、援疆干部楼、土扎克其村整村推进4个项目的1:500地形图测绘任务。完成策勒县、于田县、民丰县3县县域12.86万平方千米的1:5万地形图整理、格式转换工作。完成策勒县、于田县、民丰县3县控制测量工作，包括C级GPS点30个、E级GPS点91个、IV等水准测量122.8千米。运用无人机低空遥感系统完成策勒县、于田县、民丰县3县8个架次160平方千米13224张高清晰数码航拍相片工作，并完成该地区1:2000 DOM制作和1:2000地形图测绘工作。

地图编制与出版

【天津市政府领导专用系列挂图】

2月，天津市测绘院开始编制该系列挂图（9幅全双开），运用2009年卫片影像数据和2010年初最新的地理信息成果以及规划单位提供的最新规划专题资料，3月29日编制完并交付使用。

【天津市搜房地图、2010年春季商品房导购图】

4月，天津市测绘院编制完成《天津搜房地图》和《天津商品房导购地图》，服务于2010年天津市春季商品房交易会。

【天津市新图、滨海新区图更新】

《天津市新图（市区、市域）》是两幅双全开挂图，内容包括天津全市域和天津市外环线以内的地理信息内容和主要的行政办公、社会服务等内容。2月，天津市测绘院根据2009年影像资料，对《天津市新图（市区、市域）》进行更新。

天津市测绘院采用2010年第一季度卫片影像对天津滨海新区图进行更新。

【全国重点地区中小河流近期治理建设规划图集】

中水北方勘测设计研究有限责任公司承担《全国重点地区中小河流近期治理建设规划图集》的编制任务。该项目涉及除北京、上海外全国29个省（自治区、直辖市）和新疆生产建设兵团共2209条重点中小河流。年内，编制工作按计划推进。

【天津市旅游观光图】

2010年，天津市旅游局、市公安交通管理局与天津市地质工程勘察院联合编制《天津市旅游观光图》世博专版和达沃斯论坛专版地图。为服务于在天津举办的夏季达沃斯论坛，天津市测绘院重新编制《天津·旅游》，标注会议场所的位置及周边地区道路、绿化带及道路通行信息，并配置了天津梅江会展中心的全景照片。

成果应用与测绘服务

【成果提供】

2010年，天津市有关测绘部门对外提供1:500地形图16788幅、1:2000地形图1756幅、1:1万地形图553幅，1:500矢量地图数据103幅、1:2000地形图数据4幅、1:2000矢量地图数据22幅、1:1万矢量地图数据20幅，以及天津全市域1:2000 DOM数据11595幅。

【天津市中心城区三维数字城市建设】

2010年，天津市勘察院承担完成天津市中心城区三维数字城市建设，截至12月31日，已完成中心城区338平方千米的三维建筑精细模型、景观模型制作，平面精度达到1:2000地形图精度，高度精度优于0.5米，并应用于城市规划管理与审批。

【三维数字城市规划审批系统】

天津市勘察院研发完成三维数字城市规划审批系统1.0版本，在中心城区重点项目的规划审批中得到应用，满足了城市规划业务管理的需要。

【天津市全市域机载激光雷达航空测量】

天津市勘察院完成天津全市域范围机载雷达航空测量项目，获取1.2万平方千米原始激光雷达点云数据，平面精度优于0.2米、高程精度优于0.15米，将为天津市城乡规划与管理、国土资源管理与开发、应急减灾等行业提供基础保障和服务。

科技创新与人才培养

【测绘人才队伍建设】

2010年，天津市规划局与武汉大学联合开办测绘研究生班，共有73人参加，其中61人通过全国硕士研究生考试，取得工程硕士学位。6月，组织测绘本科、专科学历班，共有269人报名。

【天津市测绘院科技工作情况】

2010年，天津市测绘院自主开发了综合地理信息采集编辑软件1.0版。引进无人机低空遥感系统，初步形成数据快速获取、处理，成果快速集成的作业流程，并在援疆工作中得到了应用。开发了遥感监测系统，初步应用于天津市红桥区城市违法建设监测工作。引进圆周率新版数据加密软件，并已完成测试阶段工作。在全国率先完成天津市级基础地理信息要素数据字典1:500、1:2000、1:1万的编制工作，推动了天津市地理数据标准化工作。

【科技成果】

全年，天津市测绘院荣获省部级奖励13项。其中，“天津市燃气管网地理信息系统”获中国地理信息系统协会科技进步奖三等奖；“卫星定位城市测量规范”获中国全球卫星定位系统技术协会科技进步奖三等奖。

对外合作与交流

【泛亚铁路柬埔寨巴登至越南禄宁段控制测量】

3月~4月，铁道第三勘察设计院集团有限公司承担完成泛亚铁路柬埔寨巴登至越南禄宁段257千米的控制测量、1:2000航测图及初测阶段的工程测量工作；6月~7月，完成缅甸铁路援缅甸腊戍至木姐铁路147.5千米的控制测量、1:2000航测图及初测阶段的工程测量工作，为当地工程建设提供了基础测绘数据。

【泰国和白俄罗斯高铁1:5万地形图制作】

9月，铁道第三勘察设计院集团有限公司完成泰国和白俄罗斯高铁竞标项目的1:5万地形图制作。

【中国电力投资集团有限公司几内亚项目港口工程测量】

9月，中交第一航务工程勘察设计院有限公司承担港口选址工程可研测量任务。12月27日，完成全部外业测量工作，共完成1:5000水深测图面积70平方千米，1:5万水深测图面积50平方千米，1:5000陆域测图面积10平方千米。测区最高点超过38米。

党的建设与测绘文化建设

【工会工作】

天津市规划局积极组织2009年度市级劳动模范推选工作，天津市勘察院测量公司被评为市“五一”劳动奖章先进集体，天津市勘察院、天津市测绘院被评为“五一”劳动奖状先进单位。

【共青团工作】

2010年，结合全市大干150天表彰工作，天津市规划局系统评选出9个青年突击队、26名青年突击手，天津市规划局团委被共青团天津市委员会评为天津市青年志愿者工作优秀组织奖，天津市测绘院、天津市勘察院团委分别被评为天津市优秀青年志愿者服务集体，天津市勘察院的杜占磊被评为“天津市优秀青年志愿者”。

【思想政治工作研究活动】

5月，天津市勘察院一行3人到承德参加中国建设工程勘察行业分会华北片区分会。9月，到兰州参加中建政治思想工作研究会工程勘察分会常务理事会。天津市勘察院撰写的《学习变革创新》一文获勘察行业分会优秀论文一等奖，并入选住房和城乡建设系统《创新思想政治工作案例》一书，2篇理论研究成果获天津市规划局系统理论成果评比一等奖。

【爱心助学活动】

8月，天津市勘察院开展“助学捐款献爱心，反思自身促发展”的主题活动。9月17日～19日，全院基层党团支部书记、青年职工代表40多人，到内蒙古自治区赤峰市翁牛特旗五分地镇毛山东小学开展爱心助学活动。12月29日，举行向毛山东小学捐资助学仪式。截至年底，全院共捐助148540元和价值5000多元的图书，资助困难学生83人。

河北省

规划与计划

【省级基础测绘年度计划编制】

为确保河北省省级基础测绘“十一五”发展规划目标的完成，河北省测绘局积极争取省财政和国土资源部门投入，制定2010年基础测绘年度计划，加大基础地理信息数据采集、建库、数字航摄等专项的投入力度；限定全年1∶1万数字线划图的生产和数据入库、河北省国土资源变化遥感动态监测、省电子政务基础地理信息平台更新、《河北省地图集》等项目的完成任务量和完成时限。

【省级基础测绘“十二五”规划编制】

河北省测绘局启动河北省测绘事业发展第十二个五年规划纲要及省级基础测绘“十二五”规划编写工作，印发《河北省测绘事业发展第十二个五年规划纲要编写方案》、《关于做好基础测绘十二五规划编制工作的通知》。《河北省省级基础测绘“十二五”规划》列入河北省72个省级专项规划之中，经专家论证后报省发展和改革委，待省政府批准后报国家测绘局备案。

法制建设

【制度建设】

河北省修订《河北省基础测绘管理办法》、《河北省测量标志保护办法》，以10号省长令发布实施，自2010年11月30日起施行。经河北省人民政府法制办公室（以下简称省政府法制办）审核同意，河北省测绘局制定印发《河北省测绘行政处罚裁量基准》和《河北省测绘行政处罚裁量基准适用规则》，自2010年11月15日起施行；修订印发《河北省测绘项目备案登记管理规定》，自2011年1月1日起施行；印发《关于加强测绘航空摄影管理工作的通知》、《关于进一步落实测绘资质管理相关规定和标准的通知》、《关于加强测绘项目备案登记管理工作的通知》等规范性文件。

河北省测绘局按照省政府法制办有关要求，结合国家新颁布实施的行政法规和规章，对测绘行政执法职权和执法依据进行认真梳理，共梳理出行政许可8项、行政处罚62项、行政监督检查10项、行政奖励3项、行政征收3项、非行政审批事项4项、其他行政行为18项，上报省政府法制办。

河北省测绘局对《河北省实施〈中华人民共和国测绘法〉办法》进行清理，并提出修改报告；对现行有效的5部政府规章进行清理，提出修改建议和修正案草案；清理出省政府及办公厅制定的规范性文件4件，建议保留；清理出省测绘局制定的规范性文件38件。其中，废止17件，继续保留21件。该局及时将清理结果上报省政府法制办，并向社会公布。

【依法行政】

一、测绘行政执法工作

2010年，河北省测绘局结合地理信息市场专项整治工作向全省国土资源系统通报了2009年查处的10起测绘违法典型案件，其中1起被选为2009年全国10大测绘违法典型案件。据不完全统计，2010年全省各级测绘行政主管部门先后开展测绘行政执法检查253次，开展重大专项执法行动21次，发现违法行为88起，查处违法案件54起，作出行政处罚案件17起。

进一步完善测绘行政执法制度，转发国家测绘局《测绘行政执法文书制作规范》，要求各市国土资源局贯彻执行；制定《河北省测绘行政处罚裁量基准》和《河北省测绘行政处罚裁量基准适用规则》，经省政府法制办审核同意后印发全省执行。

组织各市、县（市）测绘行政执法人员35人参加国家测绘局举办的2010年测绘行政执法培训班。组织局机关各处室执法人员20人参加省政府法制办组织的执法培训。举办测绘行政执法人员培训班，对近100名基层测绘行政执法人员进行培训。

二、测绘依法行政工作

河北省测绘局按照国家测绘局的考核标准，总结五年来依法行政工作，对照国务院《全面推进依法行政实施纲要》及《全国测绘系统推进依法行政工作五年规划纲要》进行自查和测评，按要求向国家测绘局报送工作总结和有关材料。

制定《测绘依法行政考核评价标准》，印发《关于开展测绘依法行政评价考核工作的通知》，对全省测绘依法行政评价考核工作进行部署。

部署全省测绘依法行政先进集体评选工作，对秦皇岛市国土资源局等7个设区市国土资源局和晋州市、井陉县等24个县（市）国土资源局进行表彰，授予"测绘依法行政考核优秀单位"称号。向国家测绘局推荐河北省测绘局、秦皇岛市国土资源局等3家单位为全国测绘依法行政工作先进集体。

三、测绘行政权力公开透明运行

河北省积极推进测绘行政权力公开透明运行工作，凡涉及测绘行政处罚、行政许可等事项，严格执行处务会制度，并将处务会记录报纪检部门备案。积极接受省效能办的监督检查，针对发现的问题，认真进行整改，不断规范测绘行政许可程序。进一步规范行政许可事项的申请条件、受理依据、办理程序、结果公开等环节，基本实现行政许可事项网上审批。

四、测绘行政执法监督

河北省测绘局加强对市、县（市）测绘行政执法的监督指导，深入7个设区市及部分县（市），指导、监督测绘行政主管部门的行政执法工作。唐山、衡水市政府出台关于加强测绘工作的实施意见。石家庄、承德等6个市国土资源局被评为"市级测绘工作优秀单位"。

【法制宣传教育】

2010年3月，根据《河北省测绘行业法制宣传教育第五个五年规划》要求，河北省测绘局印发《2010年全省测绘法制宣传教育工作要点》，部署2010年全省测绘法制宣传教育工作。

河北省测绘局提前布置、筹划"8·29"测绘法宣传日工作。宣传日当天，省国土资源厅、省测绘局及石家庄市测绘行政主管部门领导和驻石测绘单位共100多人参加石家庄市的集中宣传活动，共发放测绘法宣传材料及国家版图宣传品1万多份。石家庄市国土资源局召开测绘法宣传活动座谈会；各地测绘行政主管部门、测绘单位采取多种形式开展宣传活动。据不完全统计，宣传日当天全省共设立宣传站近200个，累计发放宣传品近17万份，悬挂宣传横幅800多幅（条），发送公益短信5000多条，发放测绘文化衫近1000件，召开座谈会30多次，发表电视讲话20多次，在各类报刊、网站刊登宣传文章近30篇。

河北省测绘局开展测绘"五五"普法总结验收工作。制定《全省测绘"五五"普法检查验收指导标准》，印发《关于组织开展测绘"五五"普法检查验收工作的通知》，深入衡水、沧州、邢台等地对测绘"五五"普法工作进行抽查。检查结果表明，开展"五五"普法以来，全省各级测绘行政主管部门高度重视测绘普法工作，从完善体制机制入手，扎实开展普法依法治理工作，"五五"普法规划得到较好地落实；开展全省测绘"五五"普法先进集体和先进个人评选表彰工作，对石家庄市国土资源局等35个市、县（市）国土资源局和30名个人予以表彰。

市场监管

【测绘统一监管】

2010年，河北省测绘局印发《关于加强测绘项目备案登记管理的通知》，明确备案登记数量的规定和沉降观测、房产测绘项目备案登记的职责权限，补充了不依法进行备案登记的处理条款。全年全省各级测绘行政主管部门累计受理测绘项目备案登记事项2480件，同比上升17.5%。河北省测绘局全年共办理测绘作业证件310本，各市国土资源局为1268人办理测绘作业证注册手续；组织完成甲、乙级测绘单位，丙级升乙级单位的测绘成果资料档案及保密管理的考核工作，为124家通过考核的甲、乙级单位颁发考核合格证书。

印发《关于加强航空摄影管理工作的通知》，将文件直接送达北京各有关航摄公司，并组织召开座谈会。对违规在河北境内从事航空摄影活动的北京有关单位按有关规定作出处理，测绘航空摄影市场混乱的局面得到初步控制。

【地理信息市场专项整治工作】

一、专项整治检查验收工作

3月16日~17日，国家测绘局、工业和信息化部、国家安全部、工商行政管理总局、新闻出版总署、国家保密局、总参测绘局联合检查组到河北省检查验收地理信息市场专项整治工作。检查组听取工作报告，对石家庄、廊坊市的部分地理信息企业进行实地检查，对河北的专项整治工作给予肯定。

3月27日，省地理信息市场专项整治领导小组办公室在唐山市召开第三次会议，省工业和信息化厅、省国家安全厅、省工商局、省新闻出版局、省保密局等单位有关人员参加会议。会议通报全国专项整治办的有关文件精神，总结全省专项整治工作的开展情况，分析专项整治工作存在的主要问题，并就下一阶段工作进行部署。4月16日，召开全省专项整治工作座谈会，讨论《关于进一步加强地理信息市场监管的意见》、《关于表彰全省地理信息市场专项整治工作先进集体和先进个人的决定》和《全省地理信息市场专项整治工作总结报告》等文件，就下一阶段的工作作出部署。根据会议精神，省测绘局与省工业和信息化厅等部门联合组成检查组，赴秦皇岛、唐山等地检查验收。

二、表彰先进工作

根据全国专项整治办《关于开展全国地理信息市场专项整治工作先进集体和先进个人表彰推荐工作的通知》要求，河北省专项整治办下发通知，经过各市推荐，领导小组办公室审议，河北省测绘局和廊坊市国土资源局被推荐为全国先进集体，4人被推荐为全国先进个人。评选出全省专项整治工作先进集体和先进个人，对24个先进集体和38名先进个人进行表彰。5月18日，组织省直各领导小组成员、石家庄市领导小组各成员单位、驻石甲级测绘资质单位有关人员参加全国专项整治工作总结暨表彰电视电话会议。

三、出台地理信息市场监管意见

5月19日，省国土资源厅、省测绘局、省工业和信息化厅、省国家安全厅、省通信管理局、省工商局、省新闻出版局、省保密局、省军区司令部联合印发《关于进一步加强地理信息市场监管的意见》，初步建立了地理信息市场监管的长效机制。

【完善工作机制】

2010年，河北省测绘局在充分征求全省国家版图意识宣传教育和地图市场监管协调指导小组各成员单位意见的基础上，结合全省地理信息市场专项整治活动，将地图市场监管工作纳入地理信息市场监管工作统筹安排，将国家版图意识宣传教育纳入测绘法制宣传教育统一部署，将违法登载互联网地图，非法编制、展示、出版地图等各类违法案件的查处工作作为地理信息市场监管的一项重要内容。从而理顺了监管体制，完善了国家版图意识宣传教育和地图市场的联合监管机制。

【测绘资质管理】

一、测绘资质复审换证

2010年，河北省测绘局组织人员深入邢台、邯郸、张家口、唐山、廊坊等地实地检查指导测绘资质复审换证工作，对在复审换证中发现的存在弄虚作假、伪造等行为的8家单位予以调查处理。

根据各单位申请，及时办理单位名称、地址、法定代表人等信息变更事项，累计审批变更事项120多项。截至12月31日，全省共有测绘资质单位666家。应当参加复审换证的单位572家，通过复审换证的单位524家，注销测绘资质48家。降低资质等级17家，核减部分业务范围47家，颁发1年有效期测绘资质证书16家。

二、测绘行业信用体系建设

河北省测绘局完成《河北省测绘单位信用信息管理办法》和《河北省测绘单位信用等级评定管理办法》的研究起草工作，初步提出测绘单位信用信息管理和信用等级评定的制度框架，并于12月3日通过专家论证。

【测量标志管理】

河北省测绘管理部门认真落实乡镇国土资源所测量标志管理职能，加强对测量标志及基础设施的维护。2010 年，依法处理廊坊市文安县 1 座测量标志损毁事件；对“927”工程涉及河北省的 8 个 GPS 控制点进行委托保管；完成国家测绘局布置的河北省 5 个 GPS 永久性跟踪站的选址工作并初步签订了用地协议。

地图管理

【国家版图意识宣传教育】

河北省测绘局印发《河北省国家版图意识宣传教育和地图市场监管 2010 年工作要点》，明确 2010 年的主要任务。以“6·25”土地日和“8·29”测绘法宣传日活动为契机，制作宣传展版及 10 万份地图宣传材料，分别于“6·25”土地日和“8·29”测绘法宣传日当天向群众免费发放。此外，将国家版图意识宣传教育作为对地方测绘管理干部培训的一项重要内容。

【地图监管与审核】

2010 年，河北省测绘局组织执法人员深入石家庄汽车博览会、正定国际小商品博览会、东北亚农产品博览会等重大展览会、产品交易会进行监督检查，收缴公开展示的违法违规地图产品 450 多份，撤换存在严重政治问题的户外地图广告 18 幅。对在地理信息市场专项整治活动检查中存在问题的 290 多家涉及地图的网站开展“回头看”活动，对存在问题的 8 家地图网站下达责令整改通知书，对国家测绘局批转的某公司网站登载的“问题地图”事件进行实地调查处理。

坚持地图审核质量委托检验、地图审核结果网上公告、地图出版样本备案等一系列许可制度，全年共受理地图审核许可 40 项，地图备案 34 项。

成果管理

【测绘成果应用】

2010 年，河北省各级测绘主管部门积极推进测绘成果应用，扩大应用范围，全年共完成测绘成果行政审批事项 670 项，提供各种比例尺纸质地形图 2247 幅，航片 2651 张，各等级控制点成果 2295 个，坐标转换 2886 点；提供基础地理信息数据 8847 幅，总数据量 299.42GB。办理省内测绘单位使用省外测绘成果相关手续 110 项。

【测绘成果网络化分发服务系统建设】

河北省测绘局完成全省 2000 幅 1:1 万数字线划图和已有的 3700 多个等级控制点的元数据上网录入工作。

【地理信息公共服务平台建设】

2010 年，河北省测绘局组织有关人员参加两期由国家测绘局举办的公共服务平台建设技术培训班。起草《关于尽快启动省级地理信息公共服务平台建设的报告》，完成资金预算、平台建设技术方案和数据整理工作。

【测绘成果保密管理】

河北省测绘局印发《河北省测绘局 2010 年保密工作要点》，开展局系统涉密生产网络升级改造工作，至年底，改造工作基本完成。联合省保密局对全省使用涉密测绘成果的单位进行 3 次全面检查，针对部分单位存在的失泄密隐患提出限期整改意见，保证了国家战略资源的安全和完整。完成全省 1:25 万地形图公众版、石家庄市区 1:8000 航摄资料等涉密测绘成果的解密工作。起草《河北省测绘成果价格标准》，报省物价管理部门审批。

【测绘成果保密培训】

河北省测绘局举办全省第三、四、五期涉密测绘成果管理人员培训班，各设区市测绘管理部门、测绘资质持证单位有关人员参加培训，向考试合格者颁发培训证书。针对丙、丁级测绘资质单位开展保密培训 11 次。截至 2010 年底，全省参加涉密测绘成果管理人员培训的达 1200 人。

基础测绘

【基础测绘项目】

2010 年，河北省测绘部门完成承德测区基础测绘 1:1 万数字线划图 2146 幅。其中，外业像控 2146 幅，外业调绘 2146 幅，内业采集数字正射影像图 1491 幅、数字高程模型 1491 幅、数字线划地图 965 幅。完成 2320 幅 1:1 万数字线划图数据入库工作。

按照行政审批流程办理全省航空摄影审核和申请共 6 项。

【数字城市建设项目】

7 月 23 日，数字石家庄地理空间框架建设项目设计书评审会暨共建共享合作协议签署仪式在石家庄召开。国家测绘局、河北省测绘局、石家庄市人民政府共同签署数字区域地理空间框架建设示范合作协议书，数字石家庄地理空间框架建设项目全面启动。数字邯郸地理空间框架建设项目经国家测绘局批准，邯郸市明确要求市国土资源局等有关部门做好相关准备工作，并出台加强测绘工作与数字邯郸地理空间框架建设的相关文件。

质量监督

【基础测绘质量管理】

河北省测绘局委托省测绘产品质量监督检验站，完成1:1万地形图外业、1:5万数据库更新等项目的验收12项；完成地图审核40项；对全省持证测绘单位质量管理和产品进行监督检查，共检查12家，出具质量检验报告7项；完成滦县新城管线普查工程等7项；完成仲裁检验2项。

【测绘成果质量监督管理】

5月，按照国家测绘局统一部署，河北省测绘局制定全省2010年测绘成果质量监督检查方案，明确组织领导、监督检查对象、计划安排和被检项目。对省内21家测绘单位依法开展测绘成果质量检查工作，配合测绘资质复审换证工作，对全省甲、乙级测绘资质单位进行质量认可。

【测绘安全生产】

河北省测绘局认真贯彻落实省政府、国家测绘局关于安全生产的各项要求，制定《安全生产领导责任追究处罚规定（试行）》和《安全生产管理考核办法（试行）》，明确生产安全管理和交通安全管理的机构、职责、事故处理办法和年度安全生产考核依据。加强安全生产教育培训，提升全员安全意识，全年无重大安全生产事故发生。

重大工程测绘

【合作完成的重大工程测绘项目】

一、河北省国土资源变化遥感动态监测项目

8月，河北省国土资源变化遥感动态监测项目通过省国土资源厅验收。项目完成处理全省范围历年卫星遥感影像数据，制作全省1:1万正射影像图8108幅，对全省平原区域及张家口、承德的建成区，共36个区、98个县（市）进行监测，提取国土资源变化图斑17547个。项目研建成省国土资源遥感动态监测B/S发布系统，在省国土资源厅内部办公网络中运行，将历年遥感动态监测的国土资源变化成果以文字、统计图表和图形等方式显示于省国土资源厅内部办公网络中，便于工作人员浏览和查询。

二、《河北省地图集》编制项目

3月，河北省地图集编纂委员会成立，明确了编委会组成单位和项目牵头单位。河北省测绘局加强与有关厅局联系，加强资料收集工作，已完成项目总体设计方案编制工作及资料收集工作，基本完成专题地图的彩色编稿样图。

【局属单位完成的重大工程测绘项目】

一、省电子政务基础地理信息平台更新项目

该平台综合运用地理信息系统技术以及计算机、网络和数据库技术，为河北省电子政务建设提供一个法定的、标准的、统一的空间定位基础。截至年底，全省2.5米分辨率SPOT5卫星影像数据和全省第二次土地调查使用的数字正射影像图数据已加载到平台数据库，实现了全省2.5米和亚米级分辨率影像数据的三维漫游功能。

二、沧州地区航空激光雷达扫描项目

河北省测绘局在沧州沿海约2500平方千米区域开展航空激光雷达扫描制作高精度数字高程模型试验项目。完成了航摄任务、外业像控及数据处理等工作。

三、其他项目

开展国家测绘局“927”工程，完成河北省境内及天津沿海13个大地控制点的选埋及河北省境内的地形图调绘工作。

测绘合作共建

3月19日，河北省测绘局与北京市信息化工作办公室签订卫星定位基准站数据共享暨技术合作协议，就卫星定位基准站数据共享、系统共建及技术合作等达成共识。双方同意将拥有的北京市及周边范围内的卫星定位基准站数据资源共享，共同拥有对方卫星定位数据资料的使用权，减少重复建设，实现站点互补，发挥卫星定位基准站网的整体效益。

6月8日，河北省测绘局、省文物局与秦皇岛市政府联合举行明长城入海处地理信息标石揭幕仪式，发布明长城入海处地理信息数据，采集长城沿线375幅1:1万长城基础地理信息数据，建成长城资源信息系统，为长城保护规划及进一步研究奠定了基础。

地图编制与出版

2010 年，河北省有关测绘部门编制完成《华北油田地图集》、《秦皇岛滨海区域地图》、《张家口城区图、市域图》、《邯郸市城区图、市域图》、《石家庄城区图》等一系列地图集册；印制《河北省沿海经济带示意图》、《河北省环首都经济圈示意图》、《河北省冀中南经济区示意图》、《石家庄民航机场进场管制示意图》、《正定新区起步区城市设计总平面图、土地利用规划图》等专题图近 4000 幅，发行量较 2009 年有较大增长。

成果应用与测绘服务

【测绘服务经济建设】

2010 年，河北省测绘局为国土、交通、铁路、规划等部门提供测绘保障服务，完成河北省矿业权内业核查、承张高速公路 1∶1 万地形测绘、北京铁路局保护区测绘等多项大型项目。完成“藁城市农村宅基地地籍管理系统”项目并通过国家测绘局验收。广泛应用低空数字测绘航空摄影测量系统，全年共航摄 5 省 12 地市各种分辨率影像数据 990 平方千米。开展河北省海域海岛普查和无名岛调查项目，对全省海岛地名、无名岛使用及归属情况进行普查，完成乐亭县、昌黎县、北戴河等地 100 多个海岛的绕岛调查、登岛测量、收集资料、定位拍照及视频采集拍摄等踏勘工作。

河北省测绘局积极响应省委七届六次全会提出的建设一圈、一带、一区、一批的战略部署，制作《河北省环首都经济圈地图》、《河北省沿海经济带地图》等专题地图 200 多套，分送省领导和省直部门，为领导决策提供服务。全年共举办 2 期河北省卫星定位综合服务系统应用培训班，来自交通、国土、规划、测绘等行业 100 多家单位的 150 多人参加培训，参会单位成为免费提供定位数据服务的成员单位，拓展了服务领域。

【测绘服务国土资源工作】

河北省测绘局召开测绘服务国土资源管理需求调研会，听取国土资源部门对基础地理信息数据的需求；将 1∶25 万、1∶5 万、1∶1 万三种最常用比例尺数据转换为统一的 3 种数据格式（E00、*.tab、*.shape），便于各部门使用；建设河北省基础地理信息共享数据库，为国土资源管理免费提供基础地理信息数据分发服务；开展“河北省国土资源变化遥感动态监测项目”，为国土资源变化动态监测提供技术支撑。完成河北省沿海及沿海海域控制网系统建设及应用、环境公报、地灾科普手册编制及 20 多个填海竣工验收测量项目。

【测绘应急保障】

河北省测绘局引进 2 套无人机航空摄影系统，在石家庄、承德等地部分区域试飞成功。制定《河北省测绘局测绘应急保障预案》，建立测绘应急保障机制。为省领导、省直部门提供工作用图 30 多次、1100 多幅（册）。河北省第二测绘院被国家测绘局评为测绘应急保障先进集体，河北省制图院、河北省基础地理信息中心各 1 人被国家测绘局评为测绘应急保障先进个人。

科技创新与人才培养

【测绘科技成果】

河北省制图院完成的《河北省县级行政区域界线详图集》获中国测绘学会 2010 年优秀地图作品裴秀奖铜奖，《河北省资源地图集》获河北省科学技术进步奖三等奖。2010 年，全省测绘单位深入开展测绘成果创优评先活动，评出 2010 年度河北省优秀测绘成果一等奖 16 项、二等奖 31 项、三等奖 50 项；评出 2010 年度河北省测绘学会科学技术一等奖 4 项、二等奖 5 项、三等奖 9 项。自主研发拥有知识产权的“河北省 1∶1 万基础测绘数据生产流程优化项目 ARCMAP 作业平台”软件系统，在基础测绘数据生产中广泛应用，优化了基础测绘数据编辑入库过程，使基础测绘数据生产更符合地理信息应用。

【人才培养】

2010 年，河北省测绘局系统共有省突出贡献中青年专家 1 人，国家测绘局青年学术和技术带头人 2 名，省“三三三人才工程”二层次人才 2 名，省技术能手 2 名，省测绘青年科技带头人 8 名，省局测绘青年科技带头人 7 名。全年局系统取得正高级工程师资格 2 人，副高级工程师资格 4 人。河北省第二测绘院被评为河北省高技能人才培育突出贡献单位。

【培训工作】

按照国家测绘局要求，河北省组织邯郸市主管测绘工作的副市长参加国家测绘局举办的数字城市专题研讨班，组织22名测绘资质甲级单位负责人参加国家测绘局举办的2010年甲级测绘资质单位负责人培训班。9月27日~29日，河北省测绘局在承德市举办第一期地方测绘行政管理干部培训班，各市、县（市）国土资源局共210多人参加培训。

对外合作与交流

河北省测绘局积极开展对外技术合作与交流，继续拓宽测绘对外合作领域，加大与瑞典、冰岛、俄罗斯等国的技术交流与合作。2010年组团出访2批次13人，接待来访2批次4人。

启动“利用北欧投资银行贷款建立省级现代化测绘体系建设项目”，利用国外投资银行贷款950万美元及国内配套资金950万美元，开展河北省省级基础测绘设施装备现代化体系建设。该项目已经得到河北省发展和改革委、财政厅和省政府的批准，报国家发展和改革委立项。

党的建设与测绘文化建设

【创先争优活动】

河北省测绘局制定《关于在全局基层党组织和党员中深入开展创先争优活动的实施意见》，在全局基层党组织和党员中深入开展创先争优活动。组织开展“万名党员重温入党誓词”主题教育、“亮牌示范”、“组织创新”、“全面对标、夺旗争星和认真承诺”、党性分析等一系列活动。加大创先争优活动宣传力度，在局网站、简报开设“创先争优活动”专栏，印发活动简报4期。

【干部作风建设活动】

河北省测绘局根据省委、省政府关于深入推进干部作风建设活动的要求和省国土资源厅的部署，认真组织开展干部作风建设活动。局领导深入各地市、生产一线开展调研及“下基层、解难题、送温暖”活动。认真落实公开承诺、首问首办、限时办结、评议考核、追究问责等5项制度，加强行政许可网站审批和效能监察工作，推进干部作风建设活动扎实开展。

【党建工作】

河北省测绘局重视各级领导班子建设，举办局系统处级干部培训班；印发《2010年度河北省测绘局直属机关党委工作要点》，加强对基层党组织的管理；严格党员发展工作，全年审批预备党员6名，党员转正8名。

加强党风廉政教育和制度建设，召开局系统党风廉政建设工作会议，印发《省测绘局2010年党风廉政建设工作要点》；落实党风廉政建设责任制，逐级签订党风廉政建设责任书；加强干部队伍建设，举办纪检监察干部培训班，参加中纪委举办的基层纪检监察干部培训班；抓好机关效能建设和行政权力公开透明运行工作，规范行政许可事项的办理程序，建立处务会纪要制度；定期召开各级领导班子民主生活会，坚持干部任前谈话制度，促进全局各项工作的开展。

【精神文明建设】

河北省测绘局认真抓好思想政治工作，召开2009年度全局总结表彰大会、“七一”党建总结表彰大会；开展精神文明创建活动，河北省基础地理信息中心被评为全国测绘系统先进集体，行业测绘单位中1人被评为全国测绘系统先进工作者；河北省制图院被评为省级文明单位，河北省测绘局机关、河北省第二测绘院、河北省基础地理信息中心评为省直文明单位，局人事处被评为省直文明处（室），河北省第三测绘院遥感一部获省级“青年文明号”称号。

组队参加全国测绘系统首届羽毛球比赛和省直安康杯竞赛等活动；开展一日捐、送温暖活动；严格落实离退休人员政治待遇和生活待遇，坚持联系会制度，加强离退休党支部建设，组织各种活动，丰富离退休人员文化生活。

地方社团工作

【测绘行业协会工作】

经专家评审和河北省测绘局审查，河北省测绘行业协会授予中国石油东方地球物理勘探公司等10家单位河北省测绘行业“十佳单位”称号；授予中国兵器工业北方勘察设计研究院等10家单位河北省测绘行业“优秀测绘单位”称号。经协会推荐，河北省第一测绘院被评为2010年全国实施用户满意先进单位。

【测绘学会工作】

一、重要会议

2月2日，河北省测绘学会召开七届一次常务理事会，会议传达学习全国测绘局长会议精神，研究讨论《河北省测绘学会2010年工作计划（草案）》，讨论河北省测绘学会各专业委员会建设情况，宣布河北省测绘科普教育基地评选结果，并向被确定的科普教育基地颁发荣誉牌匾。

11月18日，河北省测绘学会七届二次理事会在石家庄召开，学会七届理事会理事66人参会。会议审议通过2010年工作报告和2011年工作计划以及河北省测绘学会第七届理事会各专业委员会委员组成名单，增选了名誉理事长和副理事长。

二、开展学术与科技培训

2010年，河北省测绘学会举办2期注册测绘师考前培训班，邀请省内外知名专家和学者，围绕《测绘综合能力》、《测绘管理与法律法规》、《测绘案例分析》3个科目和所涉及到的10大专业内容进行授课，行业单位320多人参加培训。

7月6日~8日，举办测绘技术设计、总结及验收报告编写培训班，聘请专家讲授测绘技术设计、总结及验收报告编写程序，并对参训人员提出的问题现场解答，行业单位170人参加培训。

11月17日，河北省测绘学会2010年学术年会在石家庄召开，会上，各有关专家作学术报告。

三、评奖工作

组织开展2010年河北省优秀测绘成果奖和河北省测绘学会科学技术奖评审工作，全省125个测绘项目申报省优秀测绘成果奖，18个测绘项目申报省测绘学会科学技术奖。经评审，评选出2010年度河北省优秀测绘成果奖96项。其中，河北省制图院完成的《河北省县级行政区域界线详图》、秦皇岛市测绘大队完成的“2008年度秦皇岛市区1:500地形图更新维护项目”等项目获一等奖。评选出河北省测绘学会科学技术奖18项。其中，河北省基础地理信息中心完成的“河北省卫星定位综合服务系统”等项目获河北省测绘学会科学技术一等奖。

四、其他工作

2010年，河北省测绘学会与行业协会共同编辑出版《河北测绘》4期，总发行量2800多册。按照省民政厅和省科学技术协会有关文件要求，完成学会年检工作。

山西省

规划与计划

2010年，根据国家测绘局和山西省政府的统一安排，山西省测绘局认真开展“十一五”测绘规划评估，客观总结“十一五”发展成就，分析存在问题。围绕管理体制、人才工作、数字城市与公共服务平台建设等内容开展“十二五”测绘发展战略研究，召开各市国土资源局分管测绘工作的领导和山西省测绘局机关各处（室）、局属各单位负责人参加的促进山西测绘转型跨越发展研讨会，研究探讨“十二五”期间推进山西测绘转型跨越发展的工作思路、赶超目标和举措。在北京召开“推进山西测绘事业新跨越恳谈会”，邀请国家测绘局领导和有关专家为山西测绘事业发展建言献策。在充分调研的基础上，完成“十二五”测绘事业发展规划和基础测绘、科技、人才、装备建设四个专项规划的初稿草拟工作，初步确定“十二五”时期山西省测绘事业发展的思路与目标。

法制建设

【测绘法规】

2010年，山西省测绘局继续开展矿山测量立法工作，在省人大城建环保工作会上，就《山西省矿山测量管理办法（草案）》的制定情况作了专题汇报。开展地方性法规、政府规章及规范性文件的清理工作，完成《山西省测绘管理条例》的清理；对涉及的政府规章和规范性文件进行摸底、清理，建议保留政府规章2件、规范性文件16件，废止2件。

针对大同市城乡规划局在“三定”方案中拟将1:500地形图测绘工作列为该局管理的情况，向大同市政府、大同市编制办公室发出《关于对大同市1:500比例尺地形图属于“基础测绘”范畴的情况说明》，维护了测绘法的尊严。向各市测绘行政主管部门下发《关于贯彻执行〈关于印发测绘行政执法文书制作规范的通知〉的通知》，统一了全省测绘行政执法文书格式。

【行政审批制度】

2010年，山西省测绘局对省行政审批电子监察系统中的测绘行政审批项目予以完善。5月25日，该局政务公开和行政审批制度改革工作通过省政务公开和行政审批制度改革工作检查组的专项检查。

配合省国土资源厅，对市、县国土资源部门行政许可（核准、备案）事项规范中涉及测绘的行政许可事项进行全面修改，测绘行政许可事项、依据、要求、时限、需提交的材料在全省范围内基本实现统一。

全年共受理行政许可申请513件。其中，测绘资质申请39件，测绘作业证申请5件，地图审核申请21件，基础测绘成果提供使用申请436件，测绘项目登记申请8件，拆迁永久性测量标志或者永久性测量标志失去使用效能的申请3件，因自然因素倒塌或者濒临倒塌又无法修复的基础测量标志拆除申请1件，并全部办结。

【测绘普法】

2010年，山西省测绘局开展“五五”测绘普法工作检查验收，编印“五五”普法总结验收文件资料汇编；评选全国测绘系统“五五”普法先进集体和先进个人，共推荐2个先进集体、4个先进个人。组织开展了“8·29”测绘法宣传日活动，收到良好效果。利用山西省测绘局政府网站组织测绘法律法规知识竞赛，参赛达2400多人，遍及山西、北京、天津、内蒙古、江西、云南、黑龙江、广西、福建等省、自治区、直辖市，涉及测绘、国土、教育、金融、通信、私企、贸易交流等行业，收到很好的宣传效果。

【测绘执法培训】

2010年，山西省测绘局组织参加国家测绘局举办的2期地方测绘管理干部培训班和2010年测绘行政执法培训班，全省共有28人参加培训。组织山西省基础地理信息院、山西省煤炭地质公司等6家甲级测绘单位负责人参加国家测绘局举办的2期甲级测绘单位负责人培训班。

市场监管

【整顿和规范地理信息市场秩序】

2010年，山西省测绘局继续深入开展全省地理信息市场专项整治活动。4月~6月初，组织开展全省地理信息专项整治工作抽查，共抽查11个市、25个县（市、区）和40多家涉及地理信息制作、提供等行为的单位。向全国地理信息专项整治工作领导小组办公室报送了全省地理信息市场专项整治工作总结，组织评选、推荐全国地理信息市场专项整治工作先进集体和先进个人，全省2个集体、5个个人受到表彰。5月18日，组织参加全国地理信息市场专项整治工作总结暨表彰电视电话会议。7月13日，组织召开山西省地理信息市场专项整治工作总结暨表彰大会，总结全省地理信息市场专项整治工作，部署下一步建立长效联合监管机制相关任务，表彰16个先进集体、43个先进个人。

山西省测绘局开展互联网地图和地理信息服务网站专项检查，向8家存在问题的网站下达责令限期整改通知书。

【测绘资质管理】

截至2010年底，山西省共有测绘资质持证单位420家。其中，甲级19家，乙级49家，丙级112家，丁级240家。受国家测绘局的委托，组织人员对河北、内蒙古、贵州、青海四省（区）的36家甲级测绘资质单位复审换证材料进行审查。

2010年，山西省测绘局对太原市勘察测绘研究院等17家甲级测绘单位以及中铁十二局等2家申请甲级测绘资质的单位开展测绘资质管理工作检查考核。8月23日，印发《关于建立测绘单位信用信息档案的通知》，拟在测绘资质单位中建立测绘单位信用信息档案，进一步增强测绘单位及其从业人员的信用意识，提高测绘行业诚信度和服务水平。

【房产测绘管理】

2010年，山西晚报、太原晚报、山西商报、黄河新闻网等媒体记者就百姓关心的房屋公摊面积问题多次向山西省测绘局约稿，先后登载了《商品房公摊面积怎么算》、《公摊面积咋算教你一个口诀》、《购买商品房看清房屋面积中的陷阱》等多篇文章，山西电视台《直播山西》栏目和太原电视台《新闻快车》栏目也分别作了报道。

山西省测绘局房产测绘咨询热线开通多年来，为社会公众和测绘单位提供大量咨询服务，2010年接到咨询电话和接待来访、解答问题共80多人次。现场解决房产测绘纠纷2件。此外，9月，为柳林县房管所进行了房产测绘培训。晋城、太原、晋中、临汾等市开展房产测绘检查，进一步规范了市场行为。

地图管理与成果管理

【地图编制审查】

2010年，山西省测绘局对《山西省地图集》、《山西省及周边地图》、《五台山导游图》等公开出版的21种地图成果进行技术审查。

【涉密测绘成果管理保密培训】

2010年，山西省测绘局对全省11个市级测绘行政管理部门和46家乙级测绘资质单位的涉密测绘成果管理人员进行培训，强化了测绘成果管理人员的保密意识，进一步规范测绘成果保密管理工作。

【测绘成果管理】

年内，山西省测绘局积极推进基础测绘成果的深加工及应用，为满足国土资源管理的需要，开发了山西省矿产资源执法监察遥感动态监测系统和山西省国土资源、生态环境、地质灾害遥感动态监测系统，为地质灾害的防治、动态调查、预警预报等提供了及时有效的地理信息支持。

【测量标志管理】

1月20日，山西省测绘局接收北京军区测绘大队434座GPS三级点，2604份委托保管书，及时下发市、县测绘管理部门，按照属地管理落实测量标志保管职责，纳入统一监督管理。12月，召开全省测量标志管理工作会议，总结推广“沁水经验”，表彰先进集体和先进个人。年内，长治市积极推进测量标志有偿保管，所属各县开展测量标志管理系统升级换代。在长治市试点建设的基础上，山西在全境范围内启动测量标志数据库建库和数据采集工作。全年完成晋城市225座测量标志警示牌埋设工作和晋中市、临汾市31座测量标志维修，大同市21个GPS E级点补测。全年审批拆迁永久性测量标志3件，审批觇标拆除处理1件。

基础测绘

【省级基础测绘】

2010年，山西省财政投入1780万元，省发展和改革委投入1000万元，用于省级基础测绘，争取到国土测绘项目经费4725万元、二调经费1234万元，全年共投入基础测绘和国土测绘经费8739万元。“十一五”规划确定的省级基础地理信息更新目标顺利实现。在市级数据库基本建成的基础上，县级数据库试点已经启动。山西省测绘局与省财政厅联合发文，对贫困县基础测绘和“数字城市”建设实行“以奖代补”政策，对完成基础测绘工作的贫困县奖励30万元，对完成数字城市地理空间框架建设的地级市奖励150万元、县级市奖励90万元，以此加快贫困县基础测绘和“数字城市”建设步伐。

组织实施晋北、原平和临汾测区1:1万基础测绘项目，完成晋北测区1164幅，原平测区1021幅，临汾测区372幅。至年底，晋北测区1164幅“3D”成果已全部交付验收，部分已通过验收。原平测区528幅DOM已提交省综合地理信息中心，493幅DOM仍在作业，1021幅DLG/DEM成果已提交省测绘产品质量监督检验站。临汾测区372幅在作业中。

中央和省财政补助经费的贫困县基础测绘项目按计划实施。其中，平顺县基础测绘项目已完成航摄、控制和水准测量；陵川县基础测绘项目如期进行；永和县基础测绘项目成果已通过验收；左权、榆社、沁水、广灵、右玉等县的基础测绘项目均在实施中。

【数字城市建设】

太原市政府印发《数字太原地理信息公共平台推广应用实施方案》，就推广应用提出明确要求，投资120万元用于数字太原公共平台的软件升级、数据更新维护，并在公安、林业、自来水、煤气天然气、电力、供热等6部门开展推广应用，与18个委、办、局签订平台推广应用协议。数字太原物联网应用示范项目开局良好，为“智能太原”建设迈出了第一步。“数字城市中国行”太原站的大型宣传报道活动收到良好效果，数字晋城项目加快实施，已完成城市三维建模，全市9490平方千米1:1万、重点区域850平方千米1:2000、市区78.5平方千米1:500基础地理数据DLG、DOM数据库建设，以及1:1万DEM数据库建设。“数字晋中”、“数字阳泉”项目设计书通过专家评审，项目建设全面启动。“数字长治”项目已经上报国家测绘局审批，“数字县区”建设在积极推进中。

【地理信息公共服务平台项目】

山西省测绘局按照其与国家测绘局签订的《国家地理信息公共服务平台共建工作目标责任书》，

分别于8月和10月组织完成了山西省级公共地理信息框架数据和太原市基础地理信息数据成果的提供，受到国家测绘局表扬。积极组织山西省公众版地理信息公共服务平台建设工作，5月26日完成平台设计、电子地图切片配图、门户网站建立和网络开通工作，实现了与国家地理信息公共服务平台（天地图）的链接。公众版地理信息公共服务平台建设工作得到国家测绘局的肯定，并在国家测绘局召开的会议上做经验介绍。2010年，该平台已向“山西省公共突发事件信息发布系统”、“山西区划地名网”提供地理信息服务。此外，按国家测绘局的一期规划，完成山西省测绘成果网络分发服务系统平台建设，实现元数据的分发服务，与国家测绘局测绘成果网络分发服务系统主站点连接。

【市级基础测绘】

2010年，太原市投入700万元，开展市域1:2000航空摄影、1:2000数字线划图测制300平方千米，对主城区1:500地形图开展数据入库工作。吕梁市投入240万元，完成全市180平方千米控制网和1:8000、1:3000航空摄影，完成58平方千米的1:2000、1:1000、1:500数字线划地形图测绘等工作。晋城市投入509万元，对市区100平方千米1:500地形图进行补测更新。长治市投入300万元，完成覆盖主城区100平方千米的1:500彩色正射影像图、数字高程模型，更新1:500数字线划图38平方千米、新测28平方千米；完成70平方千米的1:500数字线划图的数据入库。临汾市投入460多万元，完成市级1:1000和1:1万基础地理信息库的建设工作，全市全年测绘生产值达2594万元。

【县级基础测绘】

年内，孝义市、柳林县的基础测绘工作已完成。临县投入100万元建成CORS站并正式投入运行。长治市11个县（市）中，8个县（市）开展了基础测绘工作，共投入经费860多万元，完成1:2000数字正射影像图2000多平方千米，1:2000数字线划图60多平方千米，1:500数字线划图92.6平方千米；建立各等级GPS控制点640多座；联测三、四等水准1300千米等。

质量监督

【质量管理】

5月~11月，山西省测绘局根据国家测绘局《关于开展2010年测绘成果质量监督检查的通知》要求，制定山西省2010年测绘成果质量监督检查工作方案和技术方案，检查范围包括11个甲、乙级测绘单位在2008年~2009年完成的测绘项目。配合国家测绘局质量检查组对2009年度全国重点测绘工程成果质量监督检查不合格单位进行了复查。

【基础测绘项目验收】

2010年，山西省测绘产品质量监督检验站完成山西省2009年现势资料和1:2.5万地形图数字化存档232幅，晋北测区1:1万基础地理信息数据更新845幅像片控制测量，晋北测区1:1万基础地理信息数据更新320幅“3D”成果（I期），原平测区1:1万基础地理信息数据更新1021幅像片调绘，原平测区1:1万基础地理信息数据更新312幅DLG、DEM，长治测区1:1万基础地理信息数据更新307幅“3D”成果，国家1:5万数据库太原测区13幅缩编更新项目，以及阳泉测区1:1万基础地理信息数据更新75幅像片调绘、“3D”成果，原平测区1:1万基础地理信息数据更新528幅正射影像图等16个基础测绘项目的检查验收。

【测绘仪器检定】

2010年，山西省测绘产品质量监督检验站共检定全站仪824台、水准仪619台、GPS 696台、手持测距仪190台、经纬仪53台，共2382台，同比增长32%。其中，全站仪及GPS接收机的检定数量同比增长50%，为全省测绘工作的发展提供了准确的量值保证。

【委托验收】

2010年，山西省测绘产品质量监督检验站完成太原市1:500地形图修补测8000幅、晋中市1:500地形图1008幅、黄万水利枢纽工程库区断面测量等委托验收项目共63个。

重大工程测绘

【山西省国土资源、生态环境、地质灾害卫星遥感动态监测系统建设项目】

该项目是2010年启动的国土测绘项目，由山西省遥感中心承担，项目总经费1782.19万元。其中，省国土资源厅投入982.19万元，国家发展和改革委、省发展和改革委各配套400万元，建设周期2年。项目利用遥感和地理信息等高新技术，全面查清山西省国土资源、生态环境、地质灾害现状，并最终建立稳定可靠、长期运行的动态监测系统。至年底，完成基础地理信息数据和专题基础数据的采集建库工作，达到年度目标。

【山西省矿产资源执法监察遥感监测系统建设项目】

该项目为2009年启动的国土测绘项目，由山西省遥感中心承担，项目总经费1118.5万元，建设周期2年。2010年，完成煤炭资源分布数据库、煤炭资源勘查现状数据库、煤炭资源开发利用数据库及煤炭资源勘查规划数据库等矿产资源专题数据库的建设工作；研发山西省矿产资源执法监察遥感监测系统软件，实现系统的运行并通过省国土资源厅组织的验收。

【山西省汾河主河道流域生态地理环境影像信息系统建设项目】

该项目为2009年启动的国土测绘项目，由山西省测绘工程院承担，项目总经费1350.58万元。2010年，完成项目前期数据采集工作。

【三维激光测量技术应用系统建设项目】

该项目为2009年启动的国土测绘项目，由山西省基础地理信息院承担，项目总经费1316.7万元。项目通过引进车载三维激光扫描系统，研究三维激光扫描的数据获取、数据处理、三维模型重建、三维信息建库及应用推广，可为数字省区、地质灾害治理、矿产资源执法等提供服务保障。2010年，项目已通过验收。

【山西省高精度数字高程模型建设项目】

该项目为2009年启动的国土测绘项目，由山西省测绘工程院承担，项目总经费5030.21万元，建设周期3年。项目综合利用机载激光雷达系统建设全省15.6万平方千米的高精度地面数字高程模型。至年底，已完成8万平方千米的数据采集。

【山西省专题地图数据库建设项目】

该项目为2010年立项的国土测绘项目，由山西省地图集编纂委员会办公室承担，总经费1550.32万元，建设周期3年。2010年底，项目已完成技术方案编写和评审、部分设备购置、数据库平台开发和部分地图数据的录入。

【山西省测绘成果及档案的快速提供项目】

该项目总预算900万元，由山西省测绘资料档案馆承担，建设周期3年。2010年投入300万元，已完成部分设备的采购和第一代全省1:5万地形图（纸质）200幅的数字化建档工作。

【山西省卫星定位接收机、电磁波测距仪基线检定场技术改造】

该项目为2010年启动的国土测绘项目，由山西省测绘产品质量监督检验站承担，项目总经费265万元。2010年，项目已完成检定场场地建设。

【信息化航空摄影测量系统建设项目】

该项目为2010年启动的国土测绘项目，由山西省基础地理信息院承担，总经费1622.1万元，建设周期2年。至年底，项目完成部分设备的采购，有关研究工作已开展。

测绘合作共建

2010年，山西省测绘局与北京军区测绘大队签订测量标志委托保管协议，并与其建立了测绘成果共建共享机制。此外，山西省测绘局作为省军事设施保护委员会的成员之一，全年认真履行了全省军事设施保护的各项职责。

地图编制与出版

【领导工作用图】

2010年，山西省地图集编纂委员会办公室为吕梁市、晋城市、朔州市编制完领导工作用图，积极策划编制沁水等县（市）领导工作用图。为市、县领导宏观决策和市、县直各部门规划管理、日常工作提供了基础地理信息支持。

【《山西省农业地图集》】

为进一步推动农业的科学发展，山西省人民政府启动重编《山西省农业地图集》项目。该图集将系统分析建国以来山西省有关业务部门对农业资源、条件、分区及开发利用情况，调查研究农村经济系列统计数据及大量资料成果，采用地图形式科学编排，完整地阐明山西省农业的优势和有利条件，分析农业生产中存在的问题以及发展潜力。图集所表示的各种信息，将为各级领导、各部门管理和决策及科研人员全面了解省情，准确把握山西省农业发展“脉搏”，进行宏观规划布局，指导农业生产提供极其重要的参考依据。8月，该图集选题通过专家论证，已开展资料收集、汇总和前期设计工作。

【《山西省国土资源地图集》】

《山西省国土资源地图集》是为落实《全国土地利用总体规划纲要》和山西省第二次土地调查以

及国土整治的需要，由山西省测绘局和省国土资源厅联合编纂的大型专题地图集。至年底，该图集已完成总体设计，开始资料收集工作。

【《山西省地图集》】

2010年，山西省地图集编纂委员会办公室编制的《山西省地图集》出版。该图集由序图和区域地理图两个图组组成，综合利用多学科、多专业最新研究成果和统计资料，以全新的地图语言，全面、形象、直观地反映山西县级行政区域自然地理特征和经济社会发展风貌。该图集可为山西省各级政府、科研机构提供翔实的基础地理信息。

【《山西省县（市）级行政区划地图》】

山西省地图集编纂委员会办公室承担该地图编制任务。2010年，完成首批4个市39个县（市、区）的地图编制工作。9月28日，山西省测绘局举行地图移交仪式，向太原、阳泉、晋中、长治4市移交了相关地图。其他市县的行政区划图将按计划陆续编制。

【其他地图编制】

2010年，根据山西省委、省政府提出的“转型发展、跨越发展”以及全省经济建设对地图的需求，山西省地图院先后制作完成《太原市人防系列挂图》（太原城区1:2.7万）、《武警系列挂图》、《山西省传输干线网示意图》、《太原铁路局防洪示意图》、《山西省特高压运行电网模型》等地图。为更好地服务百姓生活，该院编制完成《和顺县地图册》、《长治市地图》、《长治市城区图》，再版了《山西省交通图》、《山西省旅游地图册》、《山西省市县地图册》、《太原市城区图》以及各地市商贸、交通、旅游图等地图。

受大同市交通局委托，山西省综合地理信息中心完成《大同市交通图》编绘印刷任务，共印刷1000份；完成省交通战备办公室委托的全省及11市“十二五”国防公路规划图制作任务，共450幅；完成省水利厅河道管护总站委托的省、市水系图的制图任务，共12个种类450幅；完成《高平市地图》、《芮城县地图》、《芮城县交通网络图》、《汾阳市原城区图》等制图任务。

成果应用与测绘服务

【测绘成果资料提供】

2010年，山西省测绘资料档案馆对外提供各类地形图2599幅，大地控制点1663个，航摄资料共1237片约152GB、文档文件18个约373MB，提供各种测绘档案804件。

山西省地图集编纂委员会办公室为中央和国家领导人赴晋视察提供工作用图750多幅，为各级领导日常工作和全省经济建设提供了可靠的地理信息保障。

【测绘成果应用】

5月，山西省地图院应山西省世博会组委会的要求，及时为上海世博会山西馆制作“山西省地貌模型”；8月，制作的太钢“高炉煤气干法除尘”、“干熄焦项目”等三个沙盘模型参加“2010中国（太原）装备制造博览会”。

山西省综合地理信息中心在完成中国移动山西分公司委托的山西移动电子地图数据处理工作中，利用接近山西省实际情况的电子地图数据加载在山西移动基础数据管理系统中，直观展现山西移动网络建设信息以及对规划设计有意义的社会信息，为工程建设及维护工作的顺利进行提供了有力保障。

【测绘应急保障服务】

青海省玉树县发生地震灾害后，山西省测绘局快速响应，全力支援。4月14日晚，国家测绘局紧急调集4架飞机前往玉树灾区航空摄影，山西省测绘工程院连夜派人将ADS80数字航摄仪送到张家口机场。4月17日21点20分，山西省测绘工程院接到玉树灾区航摄数据后，立即组织技术人员，采用最先进的技术手段连夜对数据进行快速处理，12名技术人员连续10个小时工作，4月18日7点15分完成玉树县正射影像图和数字高程模型制作，随后，紧急将数据报送国家测绘局。6月，山西省测绘工程院完成玉树灾区9600平方千米（实际完成10169平方千米）1:1万影像地形图测制任务。

4月26日~5月30日，山西省测绘工程院完成青川灾后重建2530平方千米1:1万正射影像图制作任务，其中正射影像图105幅、LI数据27条。

2010年，山西省测绘工程院、综合地理信息中心被国家测绘局评为“测绘应急保障先进集体”，有4人被国家测绘局评为“测绘应急保障先进个人”。

科技创新与人才培养

【测绘科技与装备建设】

2010年，山西省测绘局测绘科技工作继续以项目为驱动，加大测绘技术装备投入，先后引进无人机航测系统、Inpho 数字化摄影测量系统、SSK 航测系统等软硬件设备，提升了测绘技术装备水平。强化产学研结合，加快新技术的吸收和推广应用，深化对已有新技术新设备的应用研究，通过与科研院所、大专院校及公司的技术合作，加快了新技术新设备的应用。ADS40/80 数码航测系统、ALS60 机载激光雷达系统、IP－S2 移动测量系统、像素工厂等技术设备已成功应用于测绘生产，初步实现基础地理信息的快速获取、网络自动化处理，测绘生产能力得到大幅提升。在 2008 年建成全国第一家 ADS 数字航空摄影示范基地的基础上，2010 年建成了亚洲第一个移动测量系统示范基地。

【科技奖励】

“数字太原地理空间框架建设项目”获中国地理信息系统协会地理信息科技进步奖二等奖，“山西省河道保护信息系统”获 GIS 优秀工程奖银奖，《太原城区地图》和《省可持续发展地图集》获中国测绘学会 2010 年优秀地图作品裴秀奖银奖。山西省测绘工程院获玉树抗震救灾特殊贡献奖。山西省遥感中心的樊贵平、省综合地理信息中心的卫东分别获 2010 年度山西省科技奉献奖先进个人一、二等奖。

【测绘教育与人才培养】

山西省测绘职业资格管理中心与长安大学联合开设测绘工程专升本函授教育学历班，共招收学员 76 人。2010 年，第一学年的教学任务完成，通过率为 100%。函授班的举办为非专业人员尽快掌握测绘知识、提高专业素质，适应测绘事业的发展提供了平台和支持。为切实提高山西省测绘科技人才队伍的整体水平，多渠道培养高层次专业人才，该中心与武汉大学联合举办测绘工程专业硕士学位研究生课程班。该中心作为省人力资源和社会保障厅工人技术等级岗位考核的定点培训单位，2010 年共考核培训 3 个工种 4 个等级 300 多人，为历年之最。

党的建设与测绘文化建设

【党的建设】

山西省测绘局制定印发《山西省测绘局中心组和党员干部 2010 年理论学习安排意见》，并按期向省直工委上报局党组中心组理论学习开展情况。组织 3 名处、科级干部参加省直机关组织的中青干部培训班，组织 9 名入党积极分子参加省直工委分校组织的培训。开办测绘学习大讲堂，邀请省级以上专家、学者为全局干部作专题辅导讲座。完成 1 个党委、1 个总支部、19 个支部的换届工作。

【创先争优活动】

6 月 29 日，山西省测绘局召开“创先争优活动暨学习型党组织建设工作会议”，印发《推进学习型党组织建设的实施方案》。通过“开好一个动员会，制定好一个工作方案，营造一个浓厚氛围，建立一个包联督查机制，建立一套科学的考评办法”等“五个一”活动，强力推动创先争优活动的扎实开展。组织全局处级以上干部深入右玉县考察学习，与十七大代表、全国劳模、全国绿化状元余晓兰创办的生态绿化有限责任公司开展结对子活动，请余晓兰专程作报告，把学习右玉精神落在实处。《半月谈》杂志 2010 年第 24 期以《围绕中心创先争优，推动测绘事业科学发展》为题，对该局创先争优工作和测绘事业发展进行了报道。

【党风廉政建设】

5 月 13 日，山西省测绘局组织召开全局党风廉政建设工作会议，安排部署 2010 年党风廉政建设和反腐败工作任务。制定印发《中共山西省测绘局党组关于 2010 年党风廉政建设和反腐败工作的实施意见》和《中共山西省测绘局党组关于 2010 年党风廉政建设和反腐败工作任务的分解意见》，把全年党风廉政建设和反腐败工作任务逐项分解到相关领导和有关处（室），责任到位。11 月，组织全局 52 名处级以上党员领导干部参加廉政准则专题知识考试。

根据省纪委和省直工委的安排，该局印发《关于学习贯彻〈廉政准则〉的安排意见》，完成局属单位“小金库”治理自查自纠工作，以及局属单位社会团体“小金库”自查自纠工作。

【文明和谐建设】

山西省测绘局注重文明和谐创建工作，在年初的全省测绘工作会议上，与机关处（室）、直属单位签订工作目标责任书，把文明创建具体指标纳入其中，实行硬化、细化的目标管理。坚持年度申报、考核、推荐机制，坚持年内复查、验收、评选机制，结合工作完成情况，半年组织一次创建工作检查，及时发现和纠正创建工作中出现的偏差和问题，做到各项创建资料完善齐全。局机关连续 4 年保持省直文明和谐单位标兵称号，局属事业单位中有 1 个省级文明和谐单位，1个省直文明和谐标兵单位，7个省直文明和谐单位。府西街生活小区被评为太原市和杏花岭区文明小区。

2010年，山西省测绘局被国家测绘局评为“全国省级测绘行政主管部门贯彻落实科学发展观2010年度测绘工作考评优秀单位”和“全国测绘宣传工作先进集体”。国家测绘局、人力资源和社会保障部授予晋城市国土资源局“全国测绘系统先进集体”称号，授予省测绘工程院胡文元“全国测绘系统先进工作者”称号；国家测绘局授予山西省测绘局“全国测绘宣传工作先进集体”称号，授予杜永刚“全国测绘宣传工作先进个人”称号；国家测绘局、人力资源和社会保障部授予太原市基础地理信息中心卫启云、沁水县国土资源局张建军“测绘奖章”。山西省测绘局被省节能办评为“公共节能工作先进单位”。山西省基础测绘设施保障中心被省总工会、妇联、共青团山西省委、机关事务管理局4部门评为“山西省机关后勤工作先进集体”。山西省测绘局机关张彩娟被省直工委授予省直机关公民道德建设“十佳文明公民”；山西省遥感中心韩兆双、省基础测绘设施保障中心姜云波被省直工委和省直机关劳动竞赛委员会授予“2010年山西省直机关劳动模范”称号。该局与省人力资源和社会保障厅联合召开全省测绘行业先进集体、先进工作者表彰大会，公开表彰“十一五”期间做出突出贡献的先进集体和先进工作者。

2010年，山西省测绘局开展了助残扶贫、联企帮困，为青海玉树、甘肃舟曲灾区捐款等活动，共计捐款79855元。

【测绘文化建设】

2010年，山西省测绘局继续实施“文化强测”战略，明确测绘文化内涵，探索推进测绘文化建设的途径。完成测绘文化战略研究课题项目，制定了《山西省测绘局加强测绘文化建设实施意见》。局机关和局属各单位组织职工赴上海世博会参观学习，举办党的发展历程图片展。完成局政府网站升级改版。以“弘扬测绘精神，构建和谐行业”为主题，利用局政府网站平台举办测绘文化作品展，征集到各类作品640多件，社会影响广泛。

【文体活动】

“三八”妇女节组织女职工参加省直机关组织的保龄球比赛活动；组队参加国家测绘局举办的全国测绘系统首届羽毛球比赛，获得组织奖；参加省直机关工委组织的第三届省直机关职工运动会，桥牌比赛获团体第三名。

地方社团工作

9月，山西省测绘学会参加以“节约能源资源、保护生态环境、保障安全健康”为主题的山西省2010年全国科普日宣传活动。活动中发放测绘宣传资料5000份，发放最新版太原市交通旅游图1000多张，有效地宣传了测绘科技与法律法规知识。为普及测绘科学知识，让地理信息更好地服务于百姓生活，9月19日，以“地理信息惠及百姓生活”为主题，举办测绘学术茶座。省科协、省工程职业技术学院、省煤炭地质局、太原市国土局有关专家共15人参加座谈。年内，山西省测绘学会被山西省科协评为“省级先进学会”。

山西省测绘局拟成立山西省地理信息系统（GIS）学会，筹委会办公室设在山西省测绘职业资格管理中心。年内已完成申报材料的撰写工作。

内蒙古自治区

规划与计划

内蒙古自治区国土资源厅督促各盟市继续做好基础测绘规划和“十一五”测绘事业发展规划编制工作，部署开展旗（县、市）基础测绘中长期规划的编制工作。年内，开展《内蒙古自治区基础测绘规划（2010－2020）》修编工作，《内蒙古自治区测绘事业发展第十二个五年规划》和《内蒙古自治区“十二五”基础测绘规划》的编制工作。

法制建设与市场监管

【法制宣传教育】

内蒙古自治区深入开展测绘法制宣传工作，在“8·29”测绘法宣传日当天，通过撰文登报、制作展板和街头设点等形式广泛开展测绘法律法规宣传活动，推动测绘法制宣传教育工作不断深入。

【市场监管】

2010年，内蒙古自治区继续开展全区地理信息市场专项整治工作。根据内蒙古自治区地理信息市场专项整治工作方案的进度要求，完成落实整改和总结验收两个阶段的工作。

5月18日，自治区地理信息市场专项整治工作领导小组成员，自治区国土资源厅、国家安全厅、工商行政管理局、新闻出版局、国家保密局、通信管理局、测绘事业局、测绘产品质量监督检验站有关人员参加全国地理信息市场专项整治总结暨表彰电视电话会议。锡林郭勒盟国土资源局、乌海市国土资源局被评为全国地理信息市场专项整治工作先进集体，自治区测绘事业局褚根义、自治区国家保密局成学齐、自治区国家安全厅伦少春被评为先进个人。

【测绘资质管理】

2010年，内蒙古自治区国土资源厅组织开展全区测绘资质复审换证工作，对原有的测绘单位和新申请资质单位实行网上审批，严格把关，严格审查认证。

地图管理

5月13日~15日，内蒙古自治区国土资源厅组织测绘事业局和部分甲级测绘单位的地图审核、安全审校和编图人员参加国家测绘局举办的第三期全国地图审核与安全审校人员培训班，进一步加强了测绘行政主管部门的地图审核工作，提高了地图生产服务单位的地图安全审校能力。截至年底，经内蒙古自治区国土资源厅地图审核批准，发放审图号30个。

基础测绘

2010年，内蒙古自治区基础测绘项目经费投入总计7865万元。其中，国家投入965万元，自治区投入6900万元。为提高测绘应急保障能力，自治区投入信息化测绘装备建设经费1750万元。

内蒙古自治区测绘事业局全年完成1∶1万地形图测绘外业1859幅、内业1762幅，更新测绘外业509幅、内业253幅。截止2010年底，全区1∶1万地形图覆盖率达到35.6%，覆盖面积达42.1万平方千米。该局安排自治区东部三等水准测量1000千米，组织实施1∶1万数字地形图更新试生产项目，完成1∶1万数字线划地形图工艺改进项目，其成果已经应用到全局基础测绘生产中。

质量监督

内蒙古自治区国土资源厅加强对测绘行业单位的生产质量管理。加强区测绘产品质量监督检验站的内部建设和管理，完善相关制度；完成呼和浩特市、包头市、鄂尔多斯市、巴彦淖尔市、乌海市、阿拉善盟的部分甲乙级测绘资质单位的测绘产品质量抽检工作，有力地促进了测绘产品质量的提高。

重大工程测绘

【内蒙古自治区基础地理信息公共服务平台建设】

该项目2010年启动，投入经费349万元，计划用3年时间建设完成。

【“数字城市”建设】

2010年，“数字包头”、“数字通辽”地理空间框架建设试点项目按照设计书的要求逐项推进。“数字乌海”、“数字满洲里”、“数字呼和浩特”等数字城市地理空间框架建设推广项目，已着手建立组织机构，编制设计书，安排经费，进入实施阶段。继续安排自治区中部地区全球导航卫星系统（GNSS）连续运行参考站综合服务网项目建设，全年建成参考站8个，至2010年，全区已开通运行的参考站共53个。

【测绘新技术应用】

2010年，内蒙古自治区测绘事业局建设完成利用高分辨率卫星影像建立内蒙古三维影像演示系统；异地测绘资料备份基地完成设备安装调试和测绘成果的备份工作，并投入使用。投入信息化测绘装备建设经费1750万元，用于购置像素工厂、移动三维扫描系统和无人航空摄影飞机等先进仪器设备等。

测绘合作共建

内蒙古自治区测绘事业局大力开展基础地理信息资源共建共享工作，与区公安厅、环保厅等厅局签署了地理信息共建共享协议。大力组织实施测绘项目，不断丰富自治区地理信息数据库，实现全国测绘成果目录分发服务系统内蒙古分站点与国家测绘局的联通。

地图编制与成果应用

【地图编制】

2010 年，内蒙古自治区国土资源厅为自治区党委、政府以及各有关部门领导办公室更新了挂图；为新任自治区领导制作专用分盟市地图，方便领导视察和快速了解区情；投入专项资金更新编制领导工作用图，便于领导多方面了解自治区情况；及时为自治区发展和改革委编制内蒙古地图册，满足国务院调研组到自治区调研的需要；分别为自治区党委常委办、纪检委、接待办、组织部等部门开发制作不同品种的地图成果，满足领导机关不同部门的需要。

【成果应用】

2010 年，内蒙古自治区投入几十万元，为自治区各级党政部门提供各类挂图 400 多幅，各类地图集、地图册 3000 多本，为社会各界提供各种专用地图 1 万多幅。此外，为基础测绘和社会提供各种比例尺地形图 1.7 万多张，提供数字成果 3000 多幅、航摄像片 8000 多张、各等级控制点成果 2.25 万多个。

人才培养

2010 年，内蒙古自治区测绘系统按照《2010 年内蒙古自治区政府直属事业单位公开招聘工作实施方案》要求，组织 2 次公开招聘，共招收测绘专业人员 22 人。内蒙古自治区测绘事业局加强人才管理，制定《内蒙古测绘事业局人才发展五年规划》(2011－2015)。

党的建设与精神文明建设

【深入开展创先争优活动】

根据自治区党委安排，从 6 月开始，内蒙古自治区测绘系统围绕“五个基本要求”、“六个公开环节”，有计划、有步骤地开展创先争优活动。从促进科学发展的需要出发，紧紧围绕“争当测绘先锋，服务科学发展”的主题，结合各项工作实际，坚持把创先争优活动同正在开展的各项工作结合起来，组织开展基层党组织、党员个人公开承诺。

【党建工作】

内蒙古自治区测绘系统加强领导干部党风廉政建设，加强对领导干部的监督，通过民主生活会、述职述廉、廉政警示教育等形式，进一步规范权力运行及资金审批程序。严格执行《中共中央纪委关于严格禁止利用职务上的便利谋取不正当利益的若干规定》，完成《测绘事业局“二整治一改革”专项行动方案》和《测绘事业局“二整治一改革”专项行动阶段工作总结》，组织有关处（室）和单位排查岗位廉政风险点，建立防范体制。

【精神文明建设】

2010 年，内蒙古自治区测绘事业局组织职工开展向青海玉树地震灾区、甘肃舟曲泥石流灾区和内蒙古自治区遭受雪灾的地区献爱心捐助活动。自治区测绘事业局开展歌咏比赛和“潮涌测绘——我的理想我做主”演讲比赛。

【行业表彰】

2010 年，内蒙古自治区测绘事业局被国家测绘局评为“测绘应急保障先进集体”，内蒙古自治区测绘科技档案资料馆张作宁被国家测绘局评为“测绘应急保障先进个人”。

地方社团工作

2010 年，内蒙古测绘学会出版《测绘技术交流》优秀论文集专辑，该论文集被纳入自治区 2010 自然科学学术论文集，共收录论文 45 篇。在全区测绘系统内征集摄影作品，出版《回眸测绘 36 年》，以影像的形式记录内蒙古测绘事业发展历程。由内蒙古测绘事业局出资，内蒙古测绘学会组织编写的《内蒙古自治区志·测绘志》（续志）已完成评审验收和修改完善工作。由自治区测绘事业局和测绘学会组织策划、编制的《内蒙古历史地图集》已完成 50 多幅图的编制。召开内蒙古测绘学会七届四次常务理事会，完成《内蒙古测绘》期刊的编辑出版工作。

按照自治区科协和自治区民间组织管理局的要

求，完成测绘学会年检和财务审计以及各项审核网上申报工作。

年内，《内蒙古自治区志·测绘志》副主编申半芳被评为“全国地方志系统先进工作者”。

辽宁省

规划与计划

2010年，辽宁省测绘局编制《辽宁省基础测绘“十二五”规划》，提出“加强基础测绘、完善测绘法规、理顺管理体制、更新技术装备、发展壮大产业、提高服务水平”为辽宁测绘事业发展总体战略目标。根据该规划要求，“十二五”期间，重点解决体制不完善、机制不灵活、基础测绘投入严重不足、技术装备陈旧落后等制约辽宁测绘事业发展的瓶颈问题，不断提高测绘对经济社会发展的服务保障能力。

法制建设

【依法行政考核】

按照国家测绘局《关于测绘系统依法行政考核工作方案的通知》精神，辽宁省测绘局制订《辽宁省测绘系统依法行政考核工作方案》，组织省、市、县三级测绘行政主管部门开展依法行政工作自查评估。自查评估结果表明，辽宁省各级测绘行政主管部门能够认真贯彻执行《中华人民共和国测绘法》、《中华人民共和国行政许可法》和行政法等法律法规，积极开展地理信息市场整顿，认真查处无证测绘、非法测绘以及违规生产、出版、传播地图等行为，严格按照《测绘资质管理规定》和《测绘资质分级标准》审批测绘资质，做到了依法履职、依法审批、依法监管。

【“五五”普法总结】

辽宁省测绘局全面总结“五五”普法规划的实施情况，重点总结各级领导干部以及测绘执法人员学法用法、依法履行职责、开展法规宣传教育等情况。2006年~2010年，共组织测绘执法人员培训750人次，房产测绘培训600人次，保密培训2200人次。省、市测绘主管部门和各测绘单位在每年的测绘法宣传日活动中，通过设立宣传点、测绘服务咨询台、摆放展板、发放测绘宣传资料、悬挂宣传条幅等形式，宣传测绘法律法规以及近年来的测绘成果，使社会公众更加了解、关心和支持测绘工作。同时，增强了群众的国家版图意识。

市场监管

【行业管理工作会议】

4月7日，辽宁省测绘局组织召开辽宁省测绘管理工作会议，省测绘局副局长柏惠印作《团结一致，真抓实干，共同谋划辽宁测绘事业新发展》的工作报告，全面总结2009年工作，部署2010年测绘工作。各市、县（区）测绘行政主管部门的主管领导参加会议。会议还表彰了测绘管理、测量标志维护先进集体和先进个人。

【测绘资质管理】

2010年，辽宁省测绘局牢牢把住测绘市场准入关，紧密结合全省测绘资质单位和测绘市场的实际情况，制定颁发《辽宁省测绘资质单位质量管理考核细则》。分别在大连、丹东、葫芦岛3市组织全省测绘资质单位复审换证工作培训班，全省600家资质单位派员参加培训。截至年底，全省测绘资质单位复审换证已审批通过130家，办理新申请测绘资质20家。

【测量标志管理】

为加强测绘基础设施建设，辽宁省测绘局积极向省财政厅申请测量标志维修保护经费，2010年落实测量标志普查维修经费120万元。组织实施丹东、营口、盘锦3市测量标志维护项目；针对丹东市与东港市之间水准点破坏严重的情况，安排建立二等水准网项目。年内，丹东市测量标志维护和二等水准点选点埋石工作全部完成，营口、盘锦两市完成测量标志维修并通过检查验收。

整顿和规范地理信息市场秩序

按照国家测绘局等7部门联合部署，辽宁省测绘局在全省开展地理信息市场秩序专项整治工作。3月，在市县自查及省测绘局统一检查的基础上，组织召开全省地理信息市场专项整治工作经验交流会；对在整顿中受到查处的40家单位进行了“回头看”；组织召开专项整治工作总结表彰大会，23家单位和113名个人受到表彰。辽宁省测绘局被国家测绘局等7部门授予“全国整顿和规范地理信息市场秩序工作先进集体”称号。此次专项整治活动，共查处违法行为24起。其中，无证测绘17起，非法编制出版地图2起，无证从事互联网地图服务1起，私人非法收藏军用地图1起，未变更法人名称从事测绘活动3起。查处辽宁省铁道学会、辽沈晚报、电信广告等单位和媒体使用“问题地图”12件。

成果管理与测绘服务

【成果管理】

辽宁省测绘局全年依法受理、审批领取涉密测绘成果252项；审核《辽宁省地图册》4册；受理《沈阳市系列图》、《鞍山市区图》等地图40件，审批通过36件；审批大连市对外提供测绘成果2项。同时，加快数字档案馆建设，完成了大地控制成果分发业务系统、地图分发业务系统和地图检索与样图浏览系统建设任务。

【涉密测绘成果管理】

为确保国家主权、国防安全，辽宁省测绘局严格执行国家测绘保密规定。制定了《辽宁省测绘资质单位档案和保密管理细则》。组织620个测绘单位718人的保密工作培训；对大连、丹东、辽阳等地区测绘单位的档案、计算机保密管理进行执法检查。全年依法受理、审批涉密测绘成果252项。

【测绘保障服务】

辽宁省基础地理信息中心编制完成《辽河流域分布图》。全年为防灾减灾工作和国家领导人视察及省政府领导调研提供地图405份；为省委、省政府等有关部门提供各种地图210件；为各级政府宏观决策、重点区域规划、重点项目建设提供各类比例尺地图3766幅，大地成果1790点，航片700多片。

为加快辽宁省地理信息公共服务平台建设步伐，积极与国家测绘局、省财政厅等部门沟通协调，争取财政资金568万元。对辽宁省测绘局网站进行功能扩展，增加软硬件设备，完成省地理信息公共服务平台建设基础工作，实现了辽宁省地图网与国家“天地图”网站的链接，为社会各界提供权威、可靠的“一站式”在线地理信息服务，全面提升了辽宁省地理信息服务能力和水平。

【应急服务保障】

8月，受强降雨袭击，辽宁省部分地区发生洪水灾害，抚顺市灾情尤为严重，26万人受灾，5000人无家可归。辽宁省测绘局立即组织省基础地理信息中心连夜赶制《抚顺市地图》，及时送到抚顺市防汛指挥部，为省、市领导指挥抗洪抢险工作提供保障。该局应对突发事件高效、快捷的服务能力受到省政府有关部门的肯定。

基础测绘

【数字城市项目】

2010年，辽宁省测绘局将数字城市建设作为重点任务来抓，在国家测绘局的指导下，数字抚顺、数字本溪、数字阜新地理空间框架建设各项工作加速推进。该局作为建设工程的牵头单位，克服人员少、技术难度大等困难，统一协调航空摄影、基础地理信息数据生产、地理信息公共平台建设等工作，多次到抚顺、本溪、阜新三市指导工作，组织项目评审。年内，数字抚顺、数字本溪地理空间框架建设各项工作基本完成，数字阜新建设项目已全面展开。

【省级基础测绘项目】

2010年，辽宁省测绘局完成辽宁东北部地区338幅1∶1万地形图更新项目，覆盖辽宁东北部昌图县、开原市、西丰县、清源县、辽阳县、本溪市等县市。为促进边远少数民族地区经济发展，国家财政投入专项资金安排新宾满族自治县和桓仁满族自治县1∶1万地形图更新。辽宁省积极投入配套资金，精心组织实施，截至年底，共完成186幅1∶1万地形图更新与数据建库工作。

【国家基础测绘项目】

辽宁省测绘局组织完成辽宁省境内国家基础测

绘项目1∶5万地形要素缩编更新任务。该项目自2009年9月开始，至2010年9月结束，共完成36幅1∶5万地形要素缩编更新，成果通过国家基础地理信息中心项目组验收。

受国家测绘局1∶5万更新项目办公室委托，辽宁省测绘局组织省内测绘单位完成29幅1∶5万更新成果野外检查任务，最终成果通过国家基础地理信息中心项目组的验收。

重大测绘工程

2010年，辽宁省测绘局承担国家“927”一期工程项目的辽宁省海岸、海岛大地控制点的勘选、建标任务，组织有关单位，克服不利因素，保质保量按时完成上述任务；承担国家6部委联合建设的国家重点基础工程项目——中国大陆环境构造监测网营口站设备安装调试工作，积极配合国家项目办完成土建工程的质量检查验收以及设备安装和调试工作，并通过国家基础地理信息中心项目组的验收。

质量监督

为确保测绘产品质量，辽宁省测绘局在全省范围内开展“测绘成果质量大检查”活动，对24家测绘资质单位的产品质量进行了抽查检验。完成大连市1∶2000数字线划图、国家1∶5万数据库更新等项目的质量检验。完成大连市1∶500地形图19120幅、1∶2000地形图2587幅、1∶1万地形图592幅以及沈彰新城120平方千米航空摄影成果的检验。全年共检定测绘计量仪器3175台，促进了测绘产品质量的提高。

科技创新与人才培养

辽宁省测绘局积极实施人才强测战略，全面推进科技创新和人才培养工作。认真做好职工继续教育工作，20人参加了武汉大学地理信息系统工程硕士班的学习，65人被武汉大学遥感科学与技术本科班录取。全年全局参加培训人员达148人次。认真做好测绘专业技术职称评审工作，全年评审通过高级工程师29人、工程师99人、助理工程师94人。

组织开展2010年度辽宁省测绘科技进步奖评审工作，评出一等奖17项、二等奖23项、三等奖10项。组织测绘学术论文征集活动，评出优秀作品190篇。出版学术刊物6期9000册。

2010年，辽宁省测绘局自筹资金418.8万元，用于测绘技术装备更新。省地理信息院自筹资金113万元，用于测绘技术装备更新；积极为电子通讯等高端技术领域制作三维电子地图，为网络优化提供基础地理信息数据。辽宁省测绘局在完成辽宁沿海经济带开发项目、水利工程、伊春铁路建设工程、阜新地区基础设施建设等航空摄影测量任务时，使用国际先进的ADS80摄影技术，提高了地图质量和生产效率，缩短了成图周期，促进了测绘生产技术和职工专业技术水平的提高。

政务公开

辽宁省测绘局按照年初提出的“办好网上信息、推进政务公开”的要求，结合电子政务建设，狠抓政务信息发布工作。首先是建立健全政务信息发布制度。拟订了《省测绘局政务公开工作实施方案》、《省测绘局政务公开信息发布程序》，完善了《政务公开信息审批程序》、《政务公开工作总结奖惩制度》。各级工作人员牢记职责、辛勤工作，网站栏目不断更新，内容不断丰富，点击率不断提升，全局的政务及工作信息发布工作逐步走上正轨。其次是信息发布工作取得可喜成绩。全年上网发布政务和工作信息487篇，其中部分信息稿件被中国测绘报和国家测绘局网站、民心网、省政府门户网站登载，为社会公众提供了方便、快捷、多样化的测绘服务信息，为畅通人民群众的诉求渠道提供了平台，有力地促进了辽宁省测绘管理工作的办事公开、公正和权利运行的公开透明。

党的建设与精神文明建设

【开展创先争优活动】

辽宁省测绘局扎实开展创先争优活动，把创先争优活动与提高公务员素质和创建文明机关相结合，在局机关开展了以“推行首问负责制、一次告知制、限时办结制、服务承诺制”为载体的实践活动。全年办理各类行政许可事项299项，办理高、中、初级测绘技术职称评定258项，各事项均按时审批办结。

局直属机关党委组织开展“一先两优”推荐评

选活动，年内表彰8个先进党支部、31名优秀共产党员、10名优秀党务工作者。

【扶贫帮困】

认真做好定点扶贫帮困工作，全年自筹资金22.3万元，为贫困地区群众献爱心。2010年，连续九年被评为省定点扶贫先进单位。按照国家测绘局和省直机关工委的要求，为援助新疆集资捐款30万元，为玉树地震灾区捐款8万元。

【创建学习型党组织】

2010年，辽宁省测绘局党组以提高班子的执政能力和创建文明机关为重点，狠抓局系统各级班子的组织、作风和思想建设，印发《关于在局直属机关开展创建学习型党组织活动的意见》。局党组成员带着问题参加学习、调研、讨论、交流活动，认真作学习笔记、写体会文章，为创建学习型党组织做出了表率。本年度全局组织各类学习教育培训活动42次，有力地促进了干部职工的思想政治理论水平和测绘专业技能的提升。局党组一班人严格遵守领导干部廉洁自律规定，带头执行《廉政准则》，严于律己，以身作则，为全体党员干部作出表率。班子内部充分发扬民主，在基础测绘和测量标志维护项目经费支出、人事安排、涉及职工切身利益等敏感问题上，党组集体讨论决定。2010年，按照省人力资源和社会保障厅考录公务员工作的统一部署，面向社会公开招录2名公务员。

地方社团工作

辽宁省测绘学会积极开展学术交流活动。举办测绘科技发展论坛，特邀我国测绘界4名专家做“全球卫星导航系统的发展与应用”、“数字城市地理空间框架建设”等专题学术报告，对拓宽全省测绘科技工作者视野，激励自主创新起到促进作用。

积极组织中国测绘学会奖项申报工作，2项获中国测绘学会2010年测绘科技进步奖三等奖，2项获优秀地图作品裴秀奖铜奖；向省科协推荐自然科学学术成果16篇，其中9篇获奖；向省科协推荐优秀科技工作者2名，测绘专家30名，其中24名被选入辽宁省高层次科技专家库。

吉林省

规划与计划

10月21日，吉林省测绘局印发《吉林省“十二五”省级基础测绘规划》，明确“十二五”期间吉林省基础测绘工作重点是加强基础测绘生产力建设，逐步实现由数字化测绘向信息化测绘的转变，建设与吉林省经济发展要求相适应的基础测绘生产体系，切实提高测绘应急保障能力。同时，在信息化测绘生产体系的支持下，有计划、有重点、分批次对全省基础测绘成果进行更新，提高测绘成果的数量和质量，满足全省经济快速发展对基础测绘成果的需求，为吉林省经济社会发展提供服务保障。该规划从总体指导思想、目标及意义到具体的工作任务、实施计划及经费预算等方面，对“十二五”期间吉林省级基础测绘工作作了全面、详细的部署。

法制建设与市场监管

【《吉林省测绘成果管理办法》施行】

3月29日，《吉林省测绘成果管理办法》通过吉林省人民政府2010年第3次常务会议审议；4月20日，以吉林省人民政府令第211号公布，自2010年6月1日起施行。

【《吉林省测绘条例》修订】

11月26日，吉林省第十一届人民代表大会常务委员会第二十二次会议决定将《吉林省测绘条例》第二十三条第一款、第二款、第三款中的“备案”修改为“登记备案”；第四十六条中“未向测绘行政主管部门备案的，责令限期备案；逾期不备案的，给予通报批评”，修改为“事前未向测绘行政主管部门登记备案的，由县级以上人民政府测绘行政主管部门责令停止违法行为；暂扣测绘仪器和测绘成果，补办登记手续；逾期不登记备案的，给予年度不予注册和通报批评，并处一万元以上三万元以下的罚款。”修订后的《吉林省测绘条例》于公布之日起施行。

【测绘法制宣传】

8月29日，吉林省在全省范围内开展“8·29”测绘法宣传日活动。吉林省测绘局与通化市政府联合在通化市举行主场活动，展示宣传板、悬挂宣传条幅、发放宣传资料，设立服务咨询台，为群众解答有关测绘方面的问题。其他各市（州）、县（市）也组织测绘单位开展测绘法宣传日活动。省内多家媒体对宣传日活动进行了宣传报道。

【行政审批】

2010年，吉林省测绘局对现行7项行政许可项目、7项非行政许可项目、15个政府规章和规范性文件进行了再清理。吉林省测绘局行政审批项目全部纳入省政府政务大厅公开受理。全年办理测绘成果申请使用审批800多件；完成其他测绘行政审批68件，退办7件，接受咨询40多次。未发生逾期办件、举报、投诉等情况，群众满意率为100%。该局行政审批窗口在2010年第四季度被评为优秀窗口。

【全省测绘工作会议】

3月26日，吉林省召开全省测绘工作会议。吉林省副省长陈晓光，国家测绘局副局长王春峰出席会议并讲话。省、市（州）政府主管测绘工作的领导、测绘行政主管部门负责人、测绘管理办公室负责人、测绘单位负责人共200多人参加会议。会议总结2009年度全省测绘工作，部署2010年工作，要求各级测绘管理部门全面加强测绘能力建设，加强测绘统一监管，加强测绘基础设施和测绘能力建设。

【测绘行政管理人员培训】

7月12日～15日，吉林省测绘局在国家测绘局北戴河培训中心举办吉林省市（州）、县（市）测绘行政管理人员培训班。培训班就推进依法行政、加强政府法制建设、测绘法律法规、测绘科技在数字城市建设中应发挥的作用进行讲解。全省各市（州）、县（市）分管测绘工作的领导、测绘管理办公室主任等有关人员共70多人参加培训。

【第一座景观型永久性测量标志落成】

为更好地向全社会宣传测量标志的重要性，增强公民测量标志保护意识，吉林省测量标志管理站计划在全省县级以上城市分别建立至少一座景观型测量标志。2010年，该项工作在通化、延吉和吉林市开展试点。8月24日，全省第一座景观型永久性测量标志在通化市靖宇陵园落成。景观型测量标志的建立有效拓展了测绘和测绘法的宣传空间，对提升测绘地位，增强公民测量标志保护意识具有深远意义。

【测量标志管理】

2010年，吉林省第二轮测量标志普查和数据更新全面完成，为全省测量标志的管理和使用奠定了基础。8月，吉林省测量标志管理站完成全省高钢标巡查工作。巡查涉及全省20多个乡镇，历时半个月，行程7400多千米，实地巡查高钢标22座。其中，保存完好的10座，处于危险状态的3座，损毁丢失的9座。吉林省测量标志管理站对保存完好的钢标提出维护建议，对处于危险状态的钢标提出拆除意见，并就尽早解决测量标志保管人的待遇事项提出建议，有效地推进了测量标志的保护工作。

【测绘资质管理】

11月，吉林省测绘局完成全省测绘资质单位复审换证工作。通过369家（含12家甲级测绘资质单位）、注销38家；对15家存在问题的资质单位责令限期整改；新审批资质单位16家、升级11家、增项5家，变更法人、地址等有关信息10家。

【机构建设】

2010年，吉林省积极推进测绘管理机构建设。12月27日，公主岭市编办正式下发文件批准公主岭市测绘局成立，这是吉林省第一家挂牌成立的县级测绘局。

【整顿和规范地理信息市场秩序】

2010年，吉林省测绘局会同专项整治成员单位完成吉林省地理信息市场专项整治工作的收尾总结。建立吉林省地理信息市场长效监管机制，完成全省地理信息市场义务监督员聘任工作。在全国地理信息市场专项整治工作总结表彰会上，吉林省测绘局被评为全国地理信息市场专项整治工作先进集体。

【测绘执法】

吉林省测绘局对全省市（州）、县（市）58个政府网站登载的地图进行全面检查，对存在问题的网站做出处理。全年查处非法编制、印刷出版地图案件1件。开展测绘执法检查工作，对违法使用中国示意性地图，错绘国界线，漏绘南海诸岛、钓鱼岛、赤尾屿等重大问题的单位，下发整改通知书并限期整改。与省国家保密局联合对16家涉密测绘成果使用单位开展涉密测绘成果保密检查，与省住房和建设厅开展房地产测绘市场检查收尾工作。

地图管理与成果管理

【地图审核】

吉林省测绘局按照国家版图意识宣传教育和地图市场监管协调指导小组办公室要求及《吉林省测绘局国家版图意识宣传教育和地图市场监管2010年工作要点》精神，对在全省公开出版的地图进行审核。全年受理地图审批36件。其中，核发审图号29个、未批准2件、待批5件。

【成果汇交】

2010年，吉林省测绘局完成吉林省2009年度测绘成果目录（副本）汇交工作，151家测绘单位汇交了测绘成果目录，并在吉林省测绘局网站对外发布。

【测绘成果保密培训】

9月~12月，吉林省测绘局先后在长春举办涉密测绘成果管理人员第二、三、四期培训班，对吉林省测绘资质单位、涉密测绘成果使用单位的涉密测绘成果管理人员就涉密测绘成果管理法律法规、涉密测绘成果管理与使用和当前保密工作新形势等内容进行培训，600多人参加培训。

【测绘成果档案管理】

5月25日，吉林省测绘局开展省级基础测绘成果数据异地存储备份监督检查工作。吉林省测绘档案资料馆对异地存放的省级测绘成果数据存储介质进行更换，将原60盘100GB磁带更新为12盘800GB大容量数据磁带，并存放于密码保险柜中。经检查，异地存储条件未发现安全隐患，符合相关安全规定。

基础测绘与质量监督

【省级基础测绘工作】

2010年，吉林省测绘局加大基础测绘力度，为服务长吉图开发开放先导区建设，优先安排长春测区和图们江测区基础测绘成果更新工作，共完成36202平方千米。

积极推进新农村测绘保障工作，为怀德市、大安市、通榆县、白城市、东丰县、和龙市、扶余县配套资金207万元测制大比例尺基础地图。

“长春市三维地籍管理信息系统”开始建设，已完成数据入库更新子系统、数据交换和质检子系统、数据应用分析子系统、数据产品制作子系统、系统配置维护子系统的开发，建立了海量空间基础地理信息数据库。

【市县基础测绘工作】

通榆县县委、县政府积极落实通榆县基础测绘“十一五”规划，投资实施开通镇城区30平方千米的基础测绘项目，填补了通榆县开通镇城区大比例尺数字地形图的空白。

长春市财政投入500万元开展基础测绘更新；延边州8个县（市）大比例尺地形图更新工作基本完成；白城市筹集资金220万元开展基础测绘工作；白山市完成基础测绘规划编制。为配合新农村建设和“千村示范、万户提升”工程，基础测绘已延伸至村镇，德惠市、榆树市、东丰县开展全境范围大比例尺地图测绘。

【吉林省连续运行卫星定位参考站综合服务系统建设】

1月29日，“吉林省连续运行卫星定位参考站综合服务系统（JLCORS）项目建设总体技术方案和总体实施方案”通过专家组论证。2010年，吉林省财政拨款1854万元开展“吉林省连续运行卫星定位参考站综合服务系统（JLCORS）”一期工程建设。截至年底，已完成项目总体技术方案制定、参考站站址勘选、参考站观测墩土建施工、数控中心改造装修、设备采购、参考站设备安装调试工作。

【吉林省政府应急平台地理信息系统建设】

吉林省政府应急平台综合应用系统是根据《国务院关于全面加强应急管理工作的意见》和国家突发公共事件应急体系建设规划的要求建设的省级政府应急办公工作平台。该平台的地理信息系统是综合应用系统的支撑基础，在整合全省现有数据资源、网络资源、应急联动资源等方面，发挥了有力的保障作用，对构建国家与各级政府及政府应急管理成员单位之间直接联接的指挥平台起到重要作用。6月2日，吉林省政府应急平台地理信息系统通过省政府办公厅验收，正式投入使用。

【坐标系统转换项目验收】

1月29日，吉林省测绘局在长春市召开“吉林省范围内1980西安坐标系至CGCS2000坐标系整体转换系统”项目专家验收会。专家组认为，该项目达到预期目标，具备了地形图图廓坐标转换改正数的计算功能，为“4D”测绘产品的坐标系统转换提供了数据基础，同意该项目通过验收。

【基础测绘图件资料储备调查】

4月20日~5月6日，吉林省测绘局针对全省部分市县基础测绘图件资料储备不足和现势性差等实际问题，对各市（州）、县（市、区）现有基础测绘图件资料进行全面摸底调查。摸底调查的主要对象是大比例尺图件，主要内容是成图时间、比例尺、成图区域和覆盖面积等。此次调查范围从地级市（州）到村镇，比例尺范围从1∶2000到1∶500，图件覆盖面积累计约16284平方千米。

【测绘成果质量检查】

2010年，吉林省测绘局按照国家测绘局有关要求，开展全省测绘成果质量监督检查工作。检查工作采取测绘资质单位自检与测绘主管部门抽检相结合的方式，分三个阶段进行：6月~7月为测绘资质单位自检阶段，8月~10月为测绘主管部门抽检阶段，11月为总结阶段。全省测绘资质单位402家，按时开展自查并提交自查报告、成果目录的有259家，占测绘资质单位总数64.4%。重点抽查9家。其中，合格7家、限期整改1家、不合格1家。

重大工程测绘

【吉林省百镇建设工程测绘】

百镇建设工程是吉林省委、省政府为促进吉林省新型工业化、农业现代化与特色城镇化良性互动、协调发展，加快推进小城镇建设的一项重大战略工程。吉林省测绘局积极参与百镇建设工程，2010年，安排省第二测绘院实施大安市1∶1000地形图测图80平方千米、大安市安广镇1∶1000地形图数字化35平方千米、大安市舍力镇1∶1000地形图数字化15平方千米的测绘工作。4月，吉林省第二测绘院完成上述任务。

【为吉林省西部土地开发整理测绘】

吉林省西部土地开发整理项目是国家增产百亿斤商品粮能力建设总体规划工程项目的重要组成部分，依托引嫩入白、大安灌区和哈达山水利枢纽三大水利工程，开发治理盐碱化土地，改善区域生态环境，增加耕地面积，提高粮食产量。项目分镇赉、大安、松原3个项目区，总面积达到558万亩，总投资约62亿元，是吉林省有史以来规模最大、投资最多的土地开发整理项目。4月，吉林省测绘局引入无人机航摄系统，并应用于灌区建设、改造工程、土地保护和土地整理等重大工程项目中，完成吉林省西部土地开发整理工程大安项目区300多平方千米的盐碱地航摄工作，为吉林省西部土地开发整理工程的实施提供保障。

【丰满水电站大坝测量工程质量检验】

丰满水电站大坝全面治理工程库区264米高程以下测量工程是吉林省重点工程项目，吉林省测绘产品质量监督检查站承担该项目测绘产品的委托检验任务。4月~10月，完成该测量工程的质量检验任务，为吉林省重点工程建设提供了服务保障。

测绘合作共建

根据国家测绘局数字城市地理空间框架建设推广工作的部署和要求，经吉林省测绘局策划协调，吉林省政府推荐和国家测绘局遴选，通化、延吉、九台市被列为国家数字城市建设试点市，成为吉林省首批开展数字城市建设的城市。6月22日，吉林省首批数字城市共建共享合作协议签署仪式在长春举行，国家测绘局、吉林省政府分别与通化、延吉、九台3市人民政府签署合作协议。数字城市建设的经费将由国家测绘局、吉林省测绘局、试点市政府共同投入，项目成果三方共享。

地图编制与出版

2010年，吉林省测绘局加强专题地图编制工作，为各级人民政府、社会各界，抗洪抢险及灾后重建、重大突发公共事件的防范处理等工作提供测绘保障服务。编制了《吉林省地图集》（电子版）、《吉林省、市（州）系列地图》、《长春百姓生活指南图集》。为省防汛抗旱指挥部编制各种比例尺卫星影像图58幅，打印172幅，为省财政厅提供灾后重建所需安图县大蒲柴河镇、红石乡等8个乡镇卫星影像图，为省农业委员会编制喷绘《人参二次创业工程生产加工分布图》30幅。为省发展和改革委编制《长吉一体化专业用图》系列30幅，为吉林油田编制《吉林油田卫星影像图》系列8幅，打印3套。

成果应用与测绘服务

【测绘成果服务】

2010年，吉林省各级测绘部门积极为全省重点工程建设、社会管理、政府决策和人民生活提供测绘保障服务。制作“吉林省能源现状和发展规划地理信息系统”；为省发展和改革委制作《吉林省统筹推进城镇规划示意图》、《“十二五”亿元以上服务业规划图》、《吉林省县县通高速公路及规划图》等；为省“两会”制作《长吉图开发开放先导区专用地图》；为第六届东博会、吉林省科技馆制作长吉图开发开放先导区电子沙盘和三维影像系统，提供吉林省1∶25万公众版电子地图；开发新版“吉林省地理信息公众服务平台”；为石头口门水库管理局编制“石头口门水库地理信息系统”；为九台市政府编制“数字九台项目系统开发”；为吉林省能源局编制“吉林省能源局地理信息系统”。

2010年，吉林省测绘局为各级政府和社会公众提供各种比例尺地形图10156张，提供各类控制成果资料7305点，提供各类通用地图1915幅，图册1303册。全年接待用户1103人次。

【测绘应急保障】

7月~8月，吉林省许多地区遭受百年不遇的暴雨洪水灾害。吉林省测绘局为省政府防汛抗旱指挥部和各地方政府防汛抗旱指挥部提供松花江、鸭绿江、图们江、东西辽河等河流的最新卫星影像图，第一时间向空军抗洪抢险部队提供吉林市丰满区、永吉县等灾区的地理信息数据，为通化市、安图县、敦化市、临江市、龙井市制作了市区影像图，为国家大型企业吉林油田制作卫星影像图，制作吉林省第二松花江堤防工程险工险段位置示意图、吉林省第二松花江近期防洪工程位置示意图等专业防洪工作用图。应省内第二松花江下游市县的要求，提供数字地形图150平方千米，为松花江泄洪疏散和安置群众预案制定提供了科学依据。为各级水利、电力、交通、通讯部门抗洪抢险提供地图1000多幅，向安图县无偿提供1∶1万地形图165幅，向辉南县无偿提供1∶1万地形图126幅、影像挂图2幅。

【服务重点工程】

2010年，吉林省测绘局为政府、铁路、公路、水利、石油、国土、地质等国家级及省市县级30多个重点工程项目提供纸质地形图2902张，DLG数据成果379幅。免费为辽宁省基础地理信息中心基础测绘项目、安图县城乡规划勘测设计院和辉南县水利局水灾后紧急重建项目提供基础测绘数据资料，为吉林省水利水电勘测设计院水毁工程恢复、四平市经济合作局政府公益项目等提供数据成果，累计折算人民币517.5万元。

【服务“东博会”】

9月2日~6日，第六届中国吉林·东北亚投资贸易博览会在长春举行。为了保障展会的顺利开展，吉林省测绘局向展会提供铁路、公路、机场、水利、电力、民生、生态环保和城市公共设施等重要地理信息数据资料，制作立体地形图、电子地图、区域景观电子沙盘等，帮助参观者了解吉林省省情、经济发展战略布局、发展方向及吉林省同东北亚地区的协作发展情况，以及测绘在经济建设、社会发展中发挥的重要作用。

科技创新与人才培养

【科技创新与奖励】

7月20日，吉林省熹光测绘科学技术奖励基金捐赠签字仪式在长春举行。吉林省测绘局局长张立民、拓普康中国总代表邹熹光代表双方在基金捐赠协议书上签字，“吉林省熹光测绘科学技术奖励基金”正式设立，开辟了政府测绘管理部门与企业家共同促进测绘科技发展的新模式。

吉林省测绘局从建立科技管理、科技立项、科技评奖等鼓励、激励机制入手，制定了《吉林省熹光测绘科学技术奖励基金管理办法》、《吉林省测绘科技进步奖实施细则》、《吉林省测绘局科技创新项目管理办法》等制度，逐步建立起测绘科技创新体系。

【机构改革】

吉林省测绘局组建科技与质量监督处，将原国土测绘处更名为基础测绘处，原行业管理处（行政审批办公室）更名为法规与行业管理处（行政审批办公室），原测绘成果管理与应用处（地图管理处）更名为地理信息管理与应用处（地图管理处）。组建吉林省地图技术审核中心、吉林省测绘局管理信息中心、吉林省基础测绘基地管理中心，原吉林省测绘行业特有工种职业技能鉴定站更名为吉林省测绘职业资格管理中心。

【人才培养】

4月2日~30日，吉林省测绘局在全局系统开展干部竞争上岗和轮岗交流工作，14人通过竞争上岗，局机关15人轮岗交流。

年内，举办首届测绘二级职业资格培训班，全省各市（州）、县（市）测绘单位共52人参加培训。开展全省测绘专业职称评审工作，73人通过评审。其中，高级工程师34人、工程师39人。举办全省测绘行业工程测量技术培训班，72人参加培训。与武汉大学联合举办的测绘学科硕士研究生班进行第三次授课。推荐10名技术骨干参加国家测绘局“劳模学历班”。为了吸引人才，与吉林省人力资源和社会保障厅开辟绿色通道，在武汉大学公开招录1名应届毕业生。此外，吉林省测绘局根据所属事业单位测绘业务发展需要和省政府有关部门关于完善事业单位工作人员招聘制度，首次向社会公开招聘专业技术人才22名。

【干部管理】

12月16日~21日，吉林省测绘局组成考核组从党建和精神文明建设、行政事务、财务工作等10个方面对局属事业单位开展目标责任制考核工作，考核2010年度各项工作目标落实完成情况并对领导干部履职情况进行考核，规范了领导干部的行为，进一步促进局系统各项工作的开展。

党的建设与精神文明建设

【党建工作】

6月2日，吉林省测绘局直属机关第六次党员代表大会在长春召开，局机关和局属单位80名党员代表参加会议。会议听取并审议通过局直属机关第五届委员会工作报告，选举产生了第六届委员会和纪律检查委员会。会议提出未来五年全局党的建设总体要求和目标。

【党组理论中心组学习】

吉林省测绘局坚持党组理论中心组学习制度。3月9日，召开党组理论中心组第一次扩大学习会，筹划2010年各项工作和未来发展方向及目标；6月29日，以“解放思想、改革创新、转变方式、科学发展”为主题召开第二次理论中心组扩大学习会，重点研讨如何用工业化思维谋划测绘事业发展问题；10月15日，召开第三次党组理论中心组扩大学习会，邀请专家做专题辅导报告；11月29日，以“数字城市地理空间框架建设”为主题，召开第四次党组理论中心组扩大学习会，举办专题讲座。

【作风建设】

5月5日，吉林省测绘局召开“强素质、作表率、创一流”活动动员暨先进事迹报告会，5名先进典型向大会作个人或集体先进事迹报告。全局党员领导干部，工、青、妇组织负责人及团员青年100多人参加会议。

【创先争优活动】

6月21日，吉林省测绘局召开深入开展创先争优活动动员大会，对全局开展创先争优活动进行动员部署。7月27日，召开局所属单位党委（支部）书记及局机关党支部书记参加的“解放思想、改革创新、转变方式、科学发展”主题教育和“创先争优”两项活动督导会，并从6个方面对下一步深入开展创先争优活动提出要求。10月起，吉林省测绘局利用三个月时间开展“强化工作纪律、树立良好作风”集中教育活动，印发《关于推进创先争优活动 开展“强化工作纪律、树立良好作风”集中教育的实施意见》，成立了活动领导小组，明确局属单位党政一把手和机关各处（室）正职为本单位、本处（室）开展集中教育活动的第一责任人。按照“上级管好下级，正职管好副职，班长管好成员，领导管好属下”的要求逐级抓好落实。

【廉政建设】

3月4日，吉林省测绘局召开全局处级以上领导干部和机关干部廉政建设大会，传达学习胡锦涛总书记在十七届中纪委五次全会上的讲话、《中国共产党党员领导干部廉洁从政准则》等廉政工作文件。会议要求，全局各单位各部门要认真学习贯彻胡锦涛总书记在中纪委五次全会上的重要讲话精神和廉政准则，主要领导要负总责，班子成员要落实“一岗双责”，确保不发生腐败行为。

10月28日，组织70多名处级以上领导干部、机关干部和部分财务人员到吉林省警示教育基地——长春铁北监狱，开展“廉政一日”警示教育活动，使广大干部深受教育。

【群团建设】

6月2日，吉林省测绘局第三次工会会员代表大会在长春召开，会议选举产生了局直属机关第三届工会委员会、工会经费审查委员会，宣布吉林省测绘局妇女工作委员会成立。局机关和局属单位78名工会会员代表参加大会。

【精神文明建设】

2010年，吉林省测绘局加强精神文明建设和测绘文化建设，举办了局第一届职工羽毛球赛、春节联欢会、男子乒乓球联谊赛，参加省直机关纪念“三八”妇女节百年征文活动，参加全国测绘系统职工羽毛球比赛并获得“体育道德风尚奖”，承办吉林省直属机关羽毛球俱乐部并举办首届联赛，丰富了广大职工的精神文化生活。

【帮困扶贫】

1月27日，吉林省测绘局领导带领机关相关部门负责人，走访慰问扶贫结对村大安市查干镇庆平村，为该村149户村民每户送去大米、白面各一袋，并决定为大安市两个镇开展百强镇建设提供基础测绘支持。组织开展创先争优帮扶千户困难群众活动，全局278名在岗党员共捐款1.8万元，扶助7户困难群众。为城乡精神文明共建帮扶点扶余县五家站镇朝阳村捐赠8台电脑，制作两幅影像图，建立了信息网络平台；投入20万元，帮助该村修建排水工程，美化村容村貌。为新农村建设帮扶点东丰县投资72万元，实施全县24个乡镇的大比例尺测图。在吉林省慈善救助“双日捐”工作中，吉林省测绘局505人共捐款8.3万元。全局党员、团员和职工为洪水灾区捐款15.6万元。

地方社团工作

【吉林省测绘与地理信息行业协会】

8月31日，吉林省测绘与地理信息行业协会成立大会召开。国家测绘局副局长宋超智、吉林省政府副省长陈晓光、原吉林省政协常务副主席魏敏学到会并讲话。辽宁省测绘局、黑龙江测绘局，吉林省住建厅、民政厅、总工会、科技厅、教育厅、法制办、国土资源厅等有关厅局领导，各市（州）测绘行政主管部门负责人，以及会员单位代表共270多人参加会议。浙江、河北、内蒙古、江苏、新疆、贵州、福建等10省区测绘行业协会及河北省测绘局向大会发来贺信。吉林省测绘与地理信息行业协会第一届第一次理事会选举产生了常务理事、会长、副会长、秘书长和名誉会长、名誉副会长。

【吉林省测绘学会】

12月15日，吉林省测绘学会第八次会员代表大会暨2010年学术年会召开。会议审议通过第七届理事会工作报告和关于修改学会章程的报告，选举产生第八届理事会，表彰2005～2009年度学会先进集体和先进工作者，7名专家在学术年会上作学术报告。

黑龙江省

规划与计划

黑龙江省发展和改革委发文公布“十二五”省级专项规划目录，黑龙江测绘局申报的《黑龙江省基础测绘“十二五”规划》作为25个专项规划之一，首次被列入省级专项规划序列，实现了基础测绘规划工作的突破。为了编制好该规划，黑龙江测绘局成立规划编制实施小组，制定工作实施方案，开展规划编制相关工作。规划编写组根据国家和黑龙江省基础测绘中长期规划的部署，结合黑龙江省“十二五”发展实际，通过调研、起草、讨论、内部征求意见和反复修改，形成了规划报批初稿。

法制建设与市场监督

【行政许可清理】

2010年，黑龙江测绘局按照黑龙江省政府法制工作部署，依据行政许可法和测绘法律、法规规定，完成了测绘行政许可清理工作。经审查、清理后，基本确定黑龙江测绘局具有行政许可8项、非行政许可审批2项。其中，省级重要地理信息数据公布前审核事项被新增为一项行政许可，由黑龙江测绘局代为省政府实施。清理结果在省政府网站面向社会公布。

【法制宣传教育】

8月29日，黑龙江省各地市地积极组织、统一行动，以多种多样的宣传形式，在全省范围内掀起测绘法宣传高潮。哈尔滨市规划局组织市域内20多家甲、乙级测绘单位集中宣传，哈尔滨电视台、《新晚报》等新闻媒体跟踪采访报道。宣传日前后，哈尔滨市测绘行政主管部门通过“规划公园”网站，开通领导与市民网上对话平台，普及测绘知识，扩大测绘工作影响力。

佳木斯市以“数字城市”为主题，组织市域内的测绘单位集中宣传，并以此为契机推动“数字佳木斯”建设。鸡西市主管测绘工作的副市长朱效利在《鸡西日报》上发表题为《加强基础测绘，推进数字城市建设，提升测绘公共服务水平》的署名文章。七台河市邀请专业播音员录制测绘法的宣传带在繁华街区不间断播放。七台河、鸡西、齐齐哈尔、牡丹江、鹤岗、大庆市测绘管理部门在所辖各区（县）的繁华街道和主要街区设立宣传站、悬挂宣传条幅进行宣传。为扩大宣传范围，哈尔滨、佳木斯、牡丹江、七台河、鸡西市积极与当地的电信部门合作，在宣传日当天，向广大市民发送测绘公益短信。

【测绘资质管理】

2010年，黑龙江测绘局依据新修订的《测绘资质管理规定》和《测绘资质分级标准》，严格履行审批程序，加强对地市测绘管理部门初审工作的指导，积极与测绘单位沟通，并开通咨询电话。结合测绘资质审查工作实际，黑龙江测绘局有针对性地对双鸭山、佳木斯、鸡西、牡丹江的测绘管理人员和测绘单位进行培训。为促进测绘市场健康发展，以便民服务为原则，依法开展测绘资质审批，全省新增测绘资质单位28家，核发测绘作业证件154本，注册测绘作业证件26本。

【测绘统一监管】

黑龙江测绘局进一步加强测绘统一监管，先后到鸡西市和黑河市检查和指导测绘管理工作，分别与两市市长、主管测绘工作的副市长就加强测绘统一监管、解决市级测绘工作难题进行交流。深入牡丹江、大庆、佳木斯、双鸭山、大兴安岭等市（地）开展测绘市场监督检查工作，听取测绘管理工作汇报，与基层测绘管理单位负责人座谈交流。组织开展测绘资质复审换证工作培训，检查了部分乙、丙级测绘单位生产、人员、仪器状况，并对测绘单位提出要求。

【测绘行业管理工作会议】

2月，黑龙江省测绘行业管理工作会议在哈尔滨市召开，全省14个地市测绘行政主管部门负责人，甲、乙及部分丙级测绘单位共200多人参加会议。会议传达李克强副总理的重要批示和全国测绘局长会议精神，表彰2009年度测绘管理工作先进集体和先进个人。14个地市级测绘行政主管部门分别介绍了本地区的测绘管理工作。省局有关部门就2009年测绘管理工作做总结发言。

【测绘资质管理】

截至2010年底，全省共有测绘资质单位499家。其中，甲级单位26家，乙级单位63家，丙级单位190家，丁级单位220家。全省测绘从业人员1万人，创造测绘服务总值90449万元。

地图管理

【地图审核】

2010年，除开展常规依法地图审核和数字佳木斯基础地理信息审核外，根据中国哈尔滨国际经济贸易洽谈会（以下简称哈洽会）用图集中的实际和哈尔滨市道路改造的现实情况，黑龙江测绘局主动服务，对这两类地图审核开辟绿色通道，为哈洽会组委会制作的俄罗斯、黑龙江省和哈尔滨市三种行政区域地图、会刊插图，核发审图号。

【地图市场与互联网地图监管】

黑龙江省各级测绘行政主管部门进一步加强全省党政机关、企事业单位、学校、社团等网站使用国家版图的监管，对书店、商场、电子城和户外广告等集中销售和展示地图的场所开展地图市场测绘执法检查。针对黑龙江农业经济信息中心网、红图网和中国收藏热线网等网站的“问题地图”进行调查处理，责令登载“问题地图”的网站，立即撤销“问题地图”网页，并要求其从国家测绘局网站或黑龙江测绘局网站下载标准地图；对《黑龙江日报》登载的“问题地图”，测绘行政执法部门专门致函，要求该报按照国家相关的法律法规使用正确地图。

【地理信息市场专项整治】

2010年，除继续查处地理信息市场专项整治工作涉密案件外，黑龙江测绘局针对地理信息市场专项整治工作中发现的主要问题，开展非法测绘行为专项治理工作。由黑龙江省国家版图意识宣传教育和地图市场监管协调指导小组成员组成的检查小组对哈尔滨、齐齐哈尔、大庆、绥化、双鸭山等市进行非法测绘行为专项治理检查。鸡西市测绘管理部门制止一起无证从事房产测绘行为。哈尔滨市和牡丹江市的测绘管理部门发现涉嫌无证测绘案件，并开展调查。

成果管理

【测绘成果汇交与提供】

黑龙江测绘局严格履行基础测绘成果审批制度，确保测绘成果资料的安全使用。对内主动满足局直属各单位基础测绘项目所需资料的使用，对外理顺各行业对测绘成果需求的种类，建立顺畅的测绘成果提供通道，满足社会各界的使用需求。全年共出具测绘成果使用证明函近200件，行政审批近350批次，提供各类地形图及数据9000多幅，全省282家测绘单位汇交测绘成果目录和副本1479件。

【涉密测绘成果保密管理】

2010年，黑龙江测绘局举办3期全省涉密测绘成果管理岗位培训班，全省各测绘资质单位、大宗用户共500多人参加培训。培训结束后，组织学员进行测绘成果保密法规知识考试，并向考试合格者颁发由国家测绘局统一印制的涉密测绘成果管理人员岗位培训证书，进一步强化了涉密测绘成果管理人员的保密意识。深入哈尔滨、齐齐哈尔、大庆、绥化、双鸭山等地，对具有地理信息系统测绘资质单位和大宗用户进行涉密测绘成果检查，发现存在的安全隐患，责令其采取措施，防止了泄密事件的发生。

基础测绘

针对交通建设涉及测量标志保护案增多的新情况，2010年，黑龙江测绘局重点开展哈齐高铁沿线国家一等水准测量标志保护情况普查工作，以及哈尔滨市征仪路打通工程测量标志依法迁建和哈尔滨至五常公路扩建测量标志保护处理等工作。

黑龙江测绘局积极谋划，努力争取省政府与国家测绘局的支持和投入。2010年落实省级基础测绘经费3474万元，开展哈大齐工业走廊启动区、三江平原地区的1∶1万地形数据更新和DOM生产工作。截至12月底，已完成像控测量、DOM制作和外业调绘工作。

质量监督

【基础测绘质量管理】

2010年，黑龙江测绘局认真行使测绘技术监督职能，质量、标准、计量管理工作有序开展。在实施指令性任务过程中，通过定期听取汇报、现场走访等形式了解质量状况，召开技术与质量协调会议、制定解决措施，推动问题整改，保证测绘质量问题及时解决。根据任务实施的进展情况，合理安排检验计划，协调生产单位与质检单位适时开展成果质量局级检验工作，全年共下达指令性检验任务90批次。组织开展质量检查员岗位培训工作，共110多人参加培训。组织开展全省重点测绘工程质量监督检查，对10家测绘资质单位完成的10项测绘工程进行质量监督检验。其中，甲级资质单位5项、乙级资质单位4项、丙级资质单位1项。创刊发行《黑龙江测绘局质量通讯》。

【测绘安全生产】

2010年，黑龙江测绘局按照国家测绘局统一部署，结合安全生产形势，制定《测绘安全生产实施方案》，作为指导全局年度安全生产工作的基本制度。进一步落实局直属单位安全生产主体责任，健全并落实安全生产管理各项规章制度，彻底排查治理安全事故隐患，认真解决安全生产管理上存在的突出问题和薄弱环节，加强安全生产全员、全过程、全方位管理，有效防范和坚决遏制了安全事故发生。在外业生产过程中，局、院两级有关负责人深入生产一线，实地进行安全生产督查等工作。不定期地对各生产单位安全监控值班情况进行督查，在国庆、春节等长假前，组织开展安全生产教育检查工作，做到警钟长鸣。

测绘合作共建

【黑龙江省地理信息公共服务平台】

2010年，黑龙江测绘局对黑龙江省地理信息公共服务平台（以下简称省平台）的数据与技术架构、服务与管理模式、运行支持设施等方面进行调整和完善，实现了地理信息公共服务平台国家级－省级－市级的远程异地集成服务，形成了国家、省、市三级联通服务架构。其中，省平台与国家地理信息公共服务平台——“天地图”，以门户网站和服务接口两种形式为用户提供各级、各类地理信息的

二、三维集成服务。省平台的技术体系成功应用于森林防火指挥、林业管护、军队演练等工作中，在伊春、鸡西、黑河、农垦等数字城市建设项目的开发和规划设计工作中得到推广应用。同时，与新疆基础地理信息中心签订平台技术转让协议，为江西数字城市建设提供技术支持，将位置服务平台技术转让给福建省，制作完成辽宁大部沟大型铁矿厂区三维地理信息系统。

【数字齐齐哈尔地理信息公共服务平台】

9月，数字齐齐哈尔地理信息公共服务平台通过国家测绘局组织的专家验收。平台试运行两年多来，为政府便民服务、城市信息化建设，以及各行业应用方面提供了强有力的地理空间信息支撑，实现了地理信息公共服务的关键技术、服务与应用模式的集成创新。

地图编制与出版

【地图出版】

2010年，哈尔滨地图出版社共出版图书284种。其中，地图类图书128种，《中国公路/旅游详查地图集》获中国测绘学会2010年优秀地图作品裴秀奖银奖，《国家高速公路及城乡公路网地图册》获2010年度黑龙江省优秀测绘工程奖铜奖。编制出版《国家高速公路及城乡公路网地图集》、《中国旅游交通地图册》、《中国交通旅游地图册》等多本交通旅游类和地理知识类图集、图册，以及《中学地理复习考试地图册（完全版）》、《区域地理状元笔记学习模板》等深受文科考生欢迎的地理考试图册。为配合哈尔滨市路桥升级改造工程，及时编制出版《哈尔滨市政区图》和《哈尔滨司机行车指南图》等单张图，并根据市政工程建设情况，及时更新《哈尔滨交通指南图》、《哈尔滨交通游览图》、《哈尔滨街区详图》等城市地图，满足了广大读者的需要。

【黑龙江省防汛工程现状图制作】

为满足黑龙江省水利厅防汛抗旱管理工作的需要，黑龙江测绘局利用现有黑龙江省基础地理数据及水利工程标注图，制作5个市区、全省中小河流分布图及全省水库分布图；制作哈尔滨、齐齐哈尔、牡丹江、佳木斯等13个地市、9个城市的防洪工程图；制作黑龙江防洪工程分布图、胖头泡蓄滞洪区总体规划和应急工程布置图、松花江干流防洪工程图（2版）、黑龙江省水库分布图等，为黑龙江省第一次水利普查服务打下了坚实基础。

成果应用与测绘服务

【为政府部门服务】

2010年，黑龙江测绘局利用全省基础地理信息和遥感影像等成果为黑龙江省委、省政府及有关部门制作各类领导工作、规划决策和调研用图共10多版，出图近40多套；协助省发展和改革委编制“延边开发开放经济带”规划图，为黑龙江省争取将延边经济开发规划纳入国家发展战略计划提供基础底图；为黑龙江省安全生产监督管理局编制6版煤矿应急救援图；为黑龙江省防汛抗旱指挥部编制全省及市、县防洪工程图107版，印刷2.4万张；为黑龙江省人口普查办公室整合制作黑龙江省分县市SPOT5影像数据及境界数据，并加载到人口普查专用的系统软件中；为黑龙江省国民经济动员办制作大庆地区的1∶5万框架信息和高分辨率影像，并提供长期技术支持；为黑龙江省无线电管理委员会更新制作黑龙江省边境地区、重点关注区域85幅1∶1万基础地理信息数据及4300平方千米高分辨率影像图。

【黑龙江省森林防火电子沙盘指挥系统】

2010年，国家测绘局黑龙江基础地理信息中心研建的黑龙江省森林防火电子沙盘指挥系统，在省防火办、森林工业总局、森警总队及黑河、双鸭山、佳木斯、牡丹江、七台河等市近40多个防火部门推广使用，安装部署共66台套，对森林防火工作发挥了积极作用。系统已通过由黑龙江省人民政府森林草原防火指挥部组织的项目验收。

【军队信息化建设测绘保障】

2010年，黑龙江测绘局积极推进测绘成果为军队信息化建设服务，参加黑龙江省国防动员委员会及省军区联合举办的“融合2010”军地联合应急演练，将测绘科技成果与军队指挥系统相结合进行实战演练；与省军区作训处联合，共同设计研发基于全时移动测绘保障车的应急服务平台，为军队提供在野外或现场条件下地理信息资源的实时保障；为驻军老虎团研建“军虎一号”、“军虎二号”三维演练系统。

【大兴安岭“6·26”森林火灾应急保障】

2010年，黑龙江测绘局在“6·26”大兴安岭森林火灾扑救行动中利用地形图、卫星影像和数字高程模型等测绘成果，编制喷绘30多版近200张扑火指挥用图，技术人员携带黑龙江省森林防火电子沙盘指挥系统第一时间赶赴扑火指挥现场为省领导和指挥人员、森警等相关部门决策指挥提供技术支持和地理信息服务，发挥了及时高效的测绘应急服务保障作用，得到了黑龙江省委书记吉炳轩的肯定。

科技创新与人才培养

【科技创新及获奖】

2010年，黑龙江测绘局加强科研项目的申报和研发力度，完成科技部基础工作专项“中华舆图志编制及数字展示”、国家“863”项目“网格地理信息系统软件及其重大应用”子课题“黑龙江省级网格地理信息公共服务平台”。参与国家“863”项目“全球地表覆盖遥感制图与关键技术研究”子课题的研究工作。组织实施“基于轻型无人机航摄系统的生产实验和应用研究”等11个局基金项目。“开放式虚拟地球集成共享平台及重大工程应用”获国家科技进步奖二等奖，“国产卫星遥感影像压缩质量评价技术及应用”获国土资源科学技术奖二等奖，《南极内陆导航方法的研究》等7篇论文分别获“地理信息中心杯”论文奖二、三等奖，“惯性导航系统（IMU）在区域网平差中的应用研究”等3个项目获中国测绘学会2010年测绘科技进步奖三等奖。

【人才培养】

2010年，黑龙江测绘局面向全国各大院校公开招聘事业单位工作人员15人。其中，研究生13人，本科生2人。组织完成黑龙江省测绘中、高级专业技术职称评审工作。完成高水平人才选拔和推荐工作，1人入选新世纪百千万人才工程国家级人选，1人当选享受黑龙江省政府特殊津贴。贯彻《国家中长期人才发展规划纲要》精神，对黑龙江测绘局现有人才情况进行梳理与分析，结合“十二五”重点工程项目，制定了《黑龙江测绘局“十二五”人才发展规划》。与黑龙江省人事考试中心联合组织黑龙江省注册测绘师考试工作，并积极做好考试宣传和动员工作。加大测绘继续教育培训力度，采取“走出去，请进来”的方式，选派优秀技术人员赴国内外高校研修；为丰富人才知识结构，培养复合型专业技术人才，以国家测绘局、黑龙江测绘局青年学术和技术带头人为主，组织开展专业技术人员培训和经营管理等方面的专项学习。职工全年参加继续教育、学历教育人数累计5000多人次，其中专业技术人员培训近4000人次。

对外合作与交流

2010年，黑龙江测绘局共派出访团组2个8人次；为1名国外测绘公司项目管理者办理入境邀请，接待多个国外代表团来访，在对外合作与交流方面取得一定进展。

4月，荷兰弗莱福兰省和屯特大学地理信息科学与地球观测学院（ITC）商务代表团到黑龙江测绘局访问，双方就开展地理信息产业领域的合作进行了深入交流。9月，黑龙江测绘局组织代表团参加在上海世博会荷兰国家馆“快乐街”举办的“地理信息及可再生能源”贵宾研讨日活动，与荷兰地理信息产业园探讨双方入园公司进行具体合作的相关事宜。

10月，组织代表团赴比利时及匈牙利等国测绘公司进行考察访问，实地考察欧洲水下测量和航空摄影设备及应用，参观了测绘生产基地，就热能传感技术在环保领域的应用等方面进行了探讨，并就如何加强合作交换意见。

10月，派员随国家测绘局代表团赴德国科隆参加国际测绘技术与设备博览会（INTERGEO 2010），重点推介黑龙江产业园国际服务外包的优势和强项，学习国外成功企业的先进技术和管理经验，了解业界最新动态。

11月，日本电气株式会社（NEC）代表团到黑龙江测绘局参观访问，该公司介绍开发的影像处理系统RealScape系统及其应用领域，了解黑龙江测绘局的服务外包、地理信息应用及遥感软件配置和使用情况。双方相关技术人员进行技术交流，探讨项目合作等。

2010年，根据黑龙江测绘局与美国乔治梅森大学（GMU）续签的合作协议，黑龙江测绘局选派2名专业技术人员作为访问学者赴美开展为期一年的科研工作，主要负责网络地理信息服务的自动收集，分析网络地理信息资源，实现快速的网络搜索、统计、分析、显示等功能。

党的建设与精神文明建设

【党建工作】

2010 年，黑龙江测绘局进一步建立健全党的基层组织，分别为黑龙江第一、二、三测绘工程院和地理信息院配齐专职党委书记，增强了基层党建工作力度。新的基层党委成立后，积极开展党建工作，认真做好群众工作，在强化管理、稳定队伍、关注民生、化解矛盾、促进和谐等方面做了大量工作，受到职工群众好评。同时，黑龙江测绘局及时对机关党支部和各直属党支部组成进行了调整，并通过学习培训、参观考察和主题实践等活动，重点加强了基层党组织书记队伍建设。加强离退休人员党支部管理，为充分发挥离退休党组织的作用，下发《关于加强和改进离退休人员党支部工作的通知》。

【建设学习型党组织】

2010 年初，黑龙江测绘局以深入学习党的十七届四中全会精神为重点，以提高领导班子和领导干部思想理论水平为基本目标，制定《关于推进学习型党组织建设的实施意见》。从完善学习制度和组织机构，提高学习质量和水平方面出发，制定《中共黑龙江测绘局党组中心组 2010 年理论学习计划》。通过召开党组中心组学习扩大会、务虚研讨会等形式，切实增强了各级领导班子和领导干部用科学发展观武装头脑、推动工作的自觉性，提高了用科学理论分析和解决问题的能力和水平。局机关以“争做学习型处室和学习型机关干部”为目标，广泛开展读书活动，局领导和机关全体职工围绕“创建学习型机关我将怎么做”开展研讨交流，激发内在学习需求。

【党风廉政建设】

根据全国测绘系统纪检监察工作会议精神，黑龙江测绘局深入开展《中国共产党党员领导干部廉洁从政若干准则》（以下简称《廉政准则》）学习活动。通过组织观看省纪委拍摄的《廉政准则》52 集系列情景短剧，广大党员干部深受教育；结合局干部调整，对新任职党委书记进行集体任职廉政谈话。

按照黑龙江省直工委有关要求，黑龙江测绘局在处级以上党政领导干部中开展“廉洁从政、执政为民”教育，在重点部门重点岗位党员干部中开展“明确岗位职责、依法行使职权”教育，在新提职干部中开展“增强廉政意识、正确行使权力”教育，在重大项目和重大工程组织参与人员开展“做勤廉干部、建廉洁工程”教育，进一步强化了全局党员领导干部反腐倡廉教育的针对性和有效性。加强纪检监察综合业务交流与培训，组织有关人员参加省直机关纪工委组织的纪检监察工作经验交流会和中央纪委监察部北戴河培训中心组织的第 165 期培训班学习。

【测绘宣传和文化建设】

2010 年，黑龙江测绘局开展走访慰问离休老干部、老工人，庆“十一”演讲和征文比赛、观看爱国主义影片，举行国庆升国旗仪式和为南极科考队员出征送行等一系列活动，激发广大职工爱国爱局之情。在建党 89 周年之际，组织开展“学楷模，做表率，创佳绩”主题实践活动，在大庆铁人纪念馆举行新党员入党宣誓和老党员重温入党誓词活动，在团员青年中开展“假如我是团委书记”主题演讲活动。召开宣传工作会议，部署加强和改进全局测绘宣传工作，要求全局坚持正确导向，把握好政治大局、发展大局、稳定大局和工作大局，将测绘宣传工作与各部门业务工作结合起来。黑龙江测绘局系统 1 人获全国先进工作者、1 个单位获黑龙江省“五一”劳动奖状先进集体，国家测绘局第二大地测量队水准中队获全国测绘系统先进集体称号，罗鹏获全国测绘系统先进工作者称号。

组织娱乐运动会及乒乓球、台球、拔河、职工长跑、羽毛球等比赛活动；积极支持离退休职工的秧歌队、舞蹈队、军鼓队、太极拳队开展活动，丰富离退休职工的文化生活；举办重阳节离退休职工合唱比赛，展现老一辈测绘工作者精神风貌，促进全局和谐和精神文明建设。

测绘援疆援藏工作

2010 年，为落实全国测绘系统援疆工作会议精神，黑龙江测绘局向全省各地市测绘行政主管部门、各级测绘单位发出倡议，号召为新疆测绘事业发展提供支持。全省共提供资金、项目、软件、人才培养等支持折合人民币 610 万元。此外，向新疆维吾尔自治区测绘局捐助 6 辆野外作业用车。

9 月，黑龙江测绘局一行 5 人抵达乌鲁木齐，就援疆工作与新疆维吾尔自治区测绘局会商，并将首批援助资金交付新疆维吾尔自治区测绘局。两局围绕资金援助、项目援建、人才培养和软件捐助等商定了具体落实计划及保障措施，明确了落实时间及责任部门。

12 月，黑龙江测绘局与新疆维吾尔自治区测绘局在哈尔滨就共同推进落实两局工作会商纪要及双方合作协议进行座谈。双方就尽快落实驻疆办事处、干部交流、生产计划安排、生产管理软件提供与技术人员培训等事宜达成共识，两局各直属单位与相关处室负责人就具体合作情况进行了对接。与新疆维吾尔自治区测绘局形成人才援疆计划，积极为其培养和指导专业技术人员。

2010 年，黑龙江测绘局继续承担援藏任务，派遣 1 人赴西藏自治区测绘局工作两年。

地方社团工作

2010 年，由黑龙江省测绘学会编辑出版的《地理信息世界》和《测绘与空间地理信息》，在全国测绘行业产生广泛影响，《测绘与空间地理信息》被评为中国科技核心期刊。3 月 ~7 月，黑龙江省测绘学会评选出 2010 年黑龙江省优秀测绘工程奖；4 月 ~8 月，评选《地理信息世界》优秀论文，获奖论文在 2010 中国地理信息产业发展论坛暨中国 GIS 协会年会上予以表彰。

11 月，黑龙江省测绘学会第八次全省会员代表大会暨 2010 年学术年会召开。中国测绘学会、黑龙江省科学技术协会、吉林省测绘学会、绥化学院等单位领导和测绘管理负责人，各测绘单位的代表共 300 多人参加会议。会议表彰 2005 - 2009 年度学会工作先进集体和先进工作者、学会 2005 - 2009 年度“地理信息中心杯”优秀论文、2010 年度黑龙江省优秀测绘工程奖。会议听取并审议通过《黑龙江省测绘学会第七届理事会工作报告》、《黑龙江省测绘学会关于修改章程的报告》，选举产生 126 人为第八届理事会理事、46 人为第八届常务理事，同时举行纪念黑龙江省测绘学会成立 45 周年活动。

上海市

规划与计划

上海市测绘管理办公室（上海市测绘院）组织“十一五”测绘规划实施情况评估，结合国家和上海经济社会发展对测绘和地理信息的需求开展“十二五”测绘规划调研和编制，审议通过《上海市测绘院测绘事业发展第十二个五年规划纲要》，完成《上海市基础测绘“十二五”规划》送审稿的编制工作。按照集中管理模式，编制报批《2010 年测绘生产和测绘专项生产计划》，组织实施 1:500、1:1000、1:2000 基础地理信息“0512”更新机制，为上海市域城乡规划体系建设、国土资源管理和新城、新市镇、新农村建设提供服务。

法制建设与市场监管

【测绘法制建设】

2010 年，根据上海市政府法规清理工作要求，上海市测绘管理办公室完成《上海市测绘成果管理规定》、《上海市地图编制出版管理若干规定》等测绘领域政府规章和规范性文件的清理，建议将《上海市测绘成果管理规定》、《上海市地图编制出版管理若干规定》等列入年度立法工作计划或立法规划，将《上海市永久性测量标志管理办法》作为规范性文件。修订了《上海市丙、丁级测绘资质标准》、《上海市测绘行政许可审批程序规定》和《上海市测绘成果资料档案管理制度考核标准》，制定了《测绘工作人员安全规范》。对国家测绘局下发的《中华人民共和国测绘法》、《中华人民共和国地图管理条例》以及《城乡规划条例》等法规文件修订版的征求意见稿提出修改意见 41 条。8 月，召开区县测绘管理工作会议，听取对《上海市地下管线跟踪测量测绘管理暂行办法》的意见并及时修改完善。完成上海市工程建设规范《1:500、1:1000、1:2000数字地形测量规范》和《地下管线测绘规范》的修订，并经上海市城乡建设和交通委员会批准发布实施，为上海的数字地形测量、地下管线测绘和基础地理数据库更新提供了最新技术标准。

【测绘法制宣传】

2010 年，按照国家测绘局对网站建设及测评的要求，上海市测绘管理办公室申请并建立独立域名的门户网站，对内容进行重新分类梳理，便于公众了解测绘法律法规、信息公开等内容。

8 月 29 日，上海市测绘管理办公室投入 32.3 万元开展测绘法集中宣传，围绕“推进数字城市建设，提升测绘公共服务水平”的主题，首次与上海市电信部门协作向广大市民发送公益宣传短信 5 万条，近 2000 名网友参与上海地图网、丁丁地图网等网站开展的测绘法知识有奖问答活动。各甲级测绘单位在本单位网站开辟测绘法知识宣传专栏，各区县设立宣传点向市民宣传测绘法规知识。

上海市测绘管理办公室与区县教育局和乡镇街道合作开展版图意识“进校园、到社区”活动，发放宣传资料 3 万多份，主题宣传画 1500 多份，不断提高市民的国家版图意识。针对七宝中学出现的“地图风波”，依照《地图编制出版管理条例》和《地图审核管理办法》的规定，积极应对，先后有人民日报、中央电视台、人民网、上海电视台等多家媒体记者采访报道，给公众上了一堂地图测制方面的普法课，让更多人熟悉、了解地图测制领域的法律法规。

【测绘资质管理】

2010 年 6 月，上海市测绘管理办公室举办测绘资质复审换证培训班，向测绘单位详细解读新修订的《测绘资质管理规定》、《测绘资质分级标准》和换证程序等内容。全年完成 16 家甲级测绘单位复审换证初审和 70 多家乙、丙、丁级测绘单位复审换证工作，占应参加复审换证单位总数的 82.3%。

受理并依法批准 13 家单位的测绘资质申请，依法批准 1 家单位增加业务范围，审核批准 8 家单位更名申请，对 11 家单位进行质量与档案管理体系及保密管理考核。全市有 4 家单位取得互联网地图服务资质。

截至年底，全市共有测绘行业单位 147 家。其中，甲级 16 家，乙级 53 家，丙级 64 家，丁级 14 家。

【测绘行政执法】

2010 年，上海市测绘管理办公室开展测绘行政执法检查 29 次，发现测绘违法违规案件 13 件并对其中的 12 件进行立案查处。对严重违反测绘法律法规的 4 家单位责令改正，并处以警告、罚款等行政处罚，共没收各类违法地图 2.8 万份（册），罚款 5000 元。对违法程度较轻的 2 家单位下发整改通知书，1 家单位下发行政建议书。全年无行政复议和行政诉讼事件发生。

在上海市地理信息市场专项整治工作领导小组的领导下，对 7000 多家网站进行摸底，获取重点从业单位信息，通过宣传动员，联合专项检查、重点执法检查等，查处违法典型案件 5 起，责令 18 家重点从业单位限期整改。在全国地理信息市场专项整治总结暨表彰电视电话会上，上海市 3 个集体和 3 名个人受到表彰。

地图管理与成果管理

【地图管理】

2010 年，上海市测绘管理办公室受理审核各类专题地图 1953 幅，地图册 2 册，网络地图 7 件，审批地图审图号 254 个，解密多种规格涉外地图共 9500 幅。

世博会期间，与国家测绘局地图技术审查中心联合建立绿色审图通道，共审核地图产品 147 批次 549 幅，涉及展馆近 54 个，指出 30 个外国展馆送审的 128 幅地图存在错绘、漏绘等问题，及时纠正中印国界线东段错沿麦克马洪线绘制、中印国界线西段阿克赛钦地区绘制错误等问题。在确保服务世博地图产品快速投放市场的同时，加大对以服务世博会为名无证编制地图和生产地理信息产品的查处力度，有效制止了“问题地图”的发生。

4 月，召开上海市版图意识宣传教育和地图市场监管联席会议，对上海市外事、公安、商务、教育、工商、出版、保密、海关等部门的一线管理人员进行系统的地图管理知识培训。先后组织 2 批次参加全国地图安全审校人员培训班，提高了互联网地图服务运营单位的地图安全审校能力。

联合上海市文化执法总队、上海市公安局文保分局、上海市徐汇区文化执法队，赴上海火车南站等地区现场开展执法检查，对 14 处违规销售地图的场所进行查处，没收违法地图产品，有效维护地图市场秩序。

【成果管理】

2010 年，上海市测绘管理办公室加强地理信息成果汇交、管理和应用服务，制定《地理信息产品目录清单》，完善成果目录发布制度和相关流程，实现成果目录的实时发布。加强安全保密制度的完善和落实，配合涉密网的运行，落实相应的涉密网安全管理规定。所有测绘成果按规定一式两套硬盘异地保存，每2年进行一次机读检验，每4年转存一次并保留原载体，现有硬盘226块，检验率为100%。2010年，全拷贝检查硬盘67块，转存硬盘19块，接收科技档案61卷，文书档案8卷，地图资料25卷，档案借调登记60卷。提供控制点和小比例尺地图等资料11449幅（点），归档数字地形图7.2万幅次，借调数字地形图54.7万幅次，归档遥感影像数据6552幅、正射影像图数据9355幅。

【测量标志管理】

2010年，上海市测绘管理办公室进一步完善测量标志拆迁申请审批、有偿使用等制度，加强对区（县）测量标志管理和维护人员的培训，依法做好测量标志巡查、维护、委托管理等工作，加强测绘标志现场踏勘和法规宣传，做好测量标志信息库的维护工作。按照5年一轮的普查计划，启动全市水准点和水准路线的新一轮全面踏勘、普查和复测工作，实地了解测量标志现状和保护难点，为测量标志数据库动态管理提供依据。全年经审批拆迁测量标志2点，紧急拆除三角钢标1座。12月，为支持部队国防测量工作，接收南京军区委托保管的35个测量标志。其中，卫星大地控制点13个，三等水准点22个。

基础测绘与质量监督

【基础测绘】

2010年，上海市测绘管理办公室加强对基础测绘项目预算编制、项目实施进度控制等管理，组织落实各项年度测绘生产和专项计划。全年完成各类数字地形图更新并完成汇交，主要包括1:500修测两轮共20214幅，1:1000修测12710幅，1:2000修测或缩修共5011幅，航空摄影控制测量及1:2000数字正射影像图制作9355幅；1:1万数字地形图更新160幅，1:5万数字地形图更新建库17幅，上海市区县地图编制18幅。为新郊区新农村规划编制提供基础地理资源保障，完成23个新农村建设试点城镇的航摄影像图及1300多幅1:2000数字地形图的测制或更新。

【质量监督】

2010年，上海市测绘管理办公室根据基础测绘年度生产计划组织上海市测绘产品质量监督检验站及时研究基础测绘检验方法，制定《2010年上海市测绘质量监督检查实施方案》。对29家测绘单位的质量管理体系和30项测绘产品的质量实施监督检查，经查2件产品不合格并发出不合格通知书；完成上海市域内约2000千米地下管线跟踪测量成果的监督检查。

组织上海市测绘产品质量监督检验站联合上海市质量监督检验技术研究院对上海市车载GPS导航产品进行首次质量监督抽查。按照国家测绘局的统一部署，组织上海地区从事测绘计量检定/校准人员参加资格考试。截至年底，共有46人获得测绘仪器计量检定/校准资格。针对松江比长基线场观测墩安装围栏等项目，引进具有自动记录检测数据功能的JT－Ⅲ型钢卷尺检定设备1套。

重大工程测绘

【上海世博会专项测绘服务】

2010年，上海市测绘院积极为上海世博会服务，完成世博园区控制测量、场馆规划监督测量、公共建筑配套设施测量、地下管线测量等6大类510个项目测绘工作；编制出版《上海市地图集》、《园区导览图》等地图；向中共中央办公厅、国务院应急管理办公室和上海警备区司令部、上海世博会安全保卫工作指挥部、上海世博会事务协调局等提供世博会建设、运营、管理所需的基础地理信息；完成世博园区内基础地理信息的动态跟踪和及时更新；完成世博园区5.5平方千米场馆模型、地面模型、地下管线模型的制作等。年内，获“上海世博会GIS服务特殊贡献单位”称号。

【青草沙长江原水过江工程】

2010年，上海市测绘院克服超大深度竖井联系测量、超长距离隧道轴线测量等技术难点，完成长江口青草沙原水过江工程西线隧道贯通测量工作，以及青草沙长兴岛屿段第三方测量工程（贯通精度在5厘米内），并配合施工方做好地面控制网复测、联系测量、地下导线检测、洞门检测工作。

【轨道交通建设与维护测量】

2010年，上海市测绘院完成上海轨道交通3号线改造工程的控制测量及第三方检测、7号线和2

号线东延伸段竣工测量、8号线收敛测量和沉降测量工作、9号线南延伸段控制测量、11号线的控制测量和复测等工作。

测绘合作共建

上海市测绘管理办公室联合江苏省测绘局、浙江省测绘与地理信息局开发并开通国内首个跨省运行的公益性地图网站——“长三角地图网”，实现三省市及所辖地县级城市地图的快速定位、同步显示和漫游，满足社会公众和用户对地理信息的实时在线需求。按照“相互支持、优势互补、实现双赢”的原则，与上海市民防办、水务局、绿化环卫局等部门进行数据共享和数据交换，共同制定数据及应用系统开发规范；合作建设的上海市水务局防汛信息平台、民防办防空防灾应急平台、园林绿化业务工作平台取得阶段性成果，已建立分工维护、合作建设的互动更新机制，推动了公共服务平台的开发和应用，促进了基础地理信息数据在国民经济和社会发展中的应用，加快了数字上海地理空间框架的建设。

地图编制与出版

2010年，上海市测绘院为保障上海世博会顺利举办，及时编制《上海市地图集（中国2010年上海世博会专版）》、《中国2010年上海世博会园区导览图》（6个语种）、《上海市交通指南》、《长三角交通指南》、《2010上海城区道路交通图——世博园区及周边交通示意》等11大类共30多个品种的地图产品，在世博会筹备、试运行阶段和举办期间为上海市政府、世博局、志愿者协会等相关部门和组织提供全方位的服务。其中，《中国2010年上海世博会园区导览图》和《上海市交通指南》、《长三角交通指南》累计发行总量1亿张。全年新编《生活宝典——世博上海旅游精品手册》、《上海市能效地图》、《上海市虹桥商务区地图》等各类实用地图40多种，改版交通类地图（册）9种，面向社会发行近300张。年发行总量较2009年增长30%。

成果应用与测绘服务

2010年，上海市测绘院按照“以丰富的地理信息资源为基础，从被动服务向主动服务转变，从数据服务向应用服务转变，努力提高地理信息服务保障能力”的思路，不断提高测绘与地理信息应用服务能力。在上海世博会开幕前利用基础测绘成果和城市三维建模等技术，及时为中共中央办公厅、国务院应急管理办公室、世博安保工作小组和上海市发展和改革委、市公安局、市城乡建设和交通委员会等部门提供地理信息服务。全年向100多家政府管理部门免费提供、维护和更新服务；为200多家区县政府管理部门提供优惠价和长期更新维护；为2万多家用户提供基础地理信息数据。全年为上海市委、市政府、市人大、市政协的领导编制、绘制和提供更新工作用图143幅，向社会提供各种比例尺地形图15.6万幅，各类控制点成果3216点；为上海市统计局制作专题并提供上海市域范围基础地理数据。协助上海市地名办开展上海市5个区县的地名普查工作，协助市规划和国土资源管理局、市民政局开展村居界线勘界工作，完成上海警备区所属15个区县的营区测绘。

科技创新与人才培养

【科技创新】

上海市测绘院坚持“科技兴测”、“人才强测”方针，形成以科研部门为主，生产部门为辅的科研机制，推进新技术开发应用。2010年向国家测绘局和上海市申报科研项目7项，获上海市科学技术委员会科技立项1项，获省部级科技进步奖4项。此外，组织相关专家举办测绘科技与发展系列讲座。

上海市测绘管理办公室积极推进上海市基础地理信息公共服务平台建设，项目已报送上海市发展和改革委员会评估。上海市科学技术委员会将“上海市地理信息公共服务平台关键技术研究”列入上海市2010年度“科技创新行动计划”社会发展领域的重点科技项目，并组织专家通过开题论证评审。

上海市测绘院借鉴国内外在三维建设方面的先进经验，深入研究三维场景搭建和优化建筑模型效果技术，先后完成虹桥商务功能核心区、世博园区、衡山路历史风貌保护区等部分区域的三维可视化应用，成功签订三维建模商业合同。三维应用在上海规划国土资源系统及其他管理部门中得到有效示范，8月，上海市委常委、常务副市长杨雄在调研期间专门观看三维新技术演示并给予充分肯定；10月，国家测绘局确定在上海开展数字城市三维数据建设试点。

上海市测绘院全力做好基础地理信息数据库、运行支撑环境、网络化服务系统等建设和典型应用开发，完成基础地理数据库“三库合一”改造。开展“隧道自动化控制测量及数据处理应用研究”、“测绘项目质量管理平台研究”等应用研究。高精度陀螺经纬仪地下导线方位角定向等3项技术成功应用于长距离隧道贯通测量。建立分层明确、逐级细化的测绘与地理信息标准管理制度，参与住房和城乡建设部组织的《卫星定位城市测量技术规范》和《城市测量规范》修订工作。依照上海市规划和国土资源管理局制定的《本市规划国土资源管理技术标准体系研究实施方案》要求，完成涉及上海基础测绘管理与社会应用服务的各类测绘技术标准的分类梳理工作，为测绘工作服务于经济建设、国防建设和社会发展提供技术保障。

【人才培养】

上海市职业技能培训中心竞标获得上海市工程测量工职业培训项目开发资格。应行业单位培训需求，及时将原定每期1个班的测绘上岗证培训扩大至每期2个班。全年举办测绘职业技能培训4期6个班，鉴定291人次。对2010年工程测量员技师鉴定严格实施考核，最终通过率48%。上海市测绘院采用多种途径推进青年学术和技术带头人的选拔培养，毛炜青获上海市第九届“上海IT青年十大新锐”提名奖，佘长荣和黄茂华分别获全国测绘系统先进工作者和全国测绘技术能手称号。

党的建设与测绘文化建设

【党风廉政建设】

2010年，上海市测绘院严格执行《中国共产党党员领导干部廉洁从政若干准则》、《关于党员干部参观上海世博会带头遵守纪律的规定》和安全保密等规定，坚持每年举办两次党风廉政教育大会，坚持干部教育培训和理论学习等制度，做到廉政建设和反腐败工作与班子自身建设同步、与测绘业务发展同步、与党员干部队伍建设同步。深入开展以“忠诚事业、忠诚单位”为主题的“遇到苗子找原因、遇到矛盾不上交、遇到难题拿方案、遇到阻碍有措施、遇到失误先自责”的“五遇”专项教育活动，提高干部的责任心、执行力和领导艺术；提出“名利上要有满足感，能力上要有危机感，工作上要有责任感，处事上要有时空感，交友上要有是非感”的“五感”要求，教育引导党员领导干部树立正确的权力观、地位观和利益观。

【测绘文化建设】

2010年，上海市测绘院按照国家测绘局要求，承担《测绘文化发展专题研究》，组织专家对测绘文化发展现状、内涵、特性等进行深入研究，提出测绘文化发展的指导思想、发展目标的总体要求，以及十项重点任务和五大保障机制，对筹建中国测绘博物馆提出明确建议，为测绘文化在全国测绘行业的推广做出了贡献。

该院大力推进测绘文化在上海测绘行业内的建设，制订了成立上海市测绘文化研究会的计划；扎实推进上海市文明单位“十二连冠”和全国文明单位创建工作，推出《测绘五字经（千字文）——上海市测绘院职工行为指南》，完善内部管理制度，推行精细化管理和环境艺术化等工作，深化单位测绘文化建设。该院成为上海市级机关党委系统唯一一家获上海市首批企业文化（行业文化）建设示范基地称号的单位。

该院完成的《精细化管理促进事业科学发展》获中国建设职工政研会工程勘察行业分会优秀论文（成果）二等奖。积极组团参加全国测绘系统职工文艺汇演，受到测绘职工好评。

【队伍建设】

按照培养全面型人才、创新型人才、应用型人才的原则，构建分层分类人才继续教育体系。按照民主、公开、透明的干部选拔机制和《岗位层级管理办法》要求，完成新一轮中层干部换届、机关工作岗位应聘和独立核算部门聘用人员的工作。通过选派干部到党校培训、跨部门挂职锻炼优秀团干部担任村官等举措，提高干部队伍的综合素质。完善引进渠道和培养机制，全年引进各类人才10名，测绘专业技术人员比例总体呈逐年提高趋势。

【宣传工作】

按照“巩固根据地、开拓新阵地”的思想，积极探索测绘行业宣传工作新举措，建成并完善上海市测绘管理办公室网站，完成上海地图网升级。抓住上海举办世博会和上海市测绘院成立60周年的契机，多层次全方位扩大测绘宣传报道，全年发表测绘新闻143则，向国家测绘局、市规划和国土资源局分别报送信息100条和92条。推出《测绘通讯》

48 期，全面展示测绘与地理信息在服务世博、服务民生、服务社会、服务大局中的作用。年内，被评为全国测绘宣传工作先进单位。

【公益活动】

上海市测绘院积极开展公益活动，自 2010 年起，将 1 月 10 日定为每年“一日捐”活动日，首次活动中 428 名职工募捐 5 万多元。“7·19 爱心捐助日”参与募捐 502 人次，捐款 6 万多元。1013 人次参与青海玉树地震和舟曲特大泥石流捐助活动，捐款 12 万多元；测绘援疆活动中一次性援助 10 万元；与奉贤区四团镇龙尖村签订新一轮帮困结对活动；92 名团员青年参与新一轮爱心助学金活动，捐款 9440 元；10 名职工参与社区世博志愿者活动；7 人参加为期一个月的地铁值勤。

上海测绘行业单位积极响应国家测绘局开展的测绘援疆活动，20 多家单位确认捐款捐物，捐款总额达 39.5 万元，捐赠设备总价值 20 多万元。

地方社团工作

1 月，上海市测绘学会召开单位会员（团体会员）代表大会，对获得 2007 年 ~ 2008 年上海市优秀测绘产品（工程）奖的 29 家单位进行表彰，举行了工程测量技术、CORS 系统服务技术、测绘新仪器操作技术等系列讲座。6 月，承办华东六省一市测绘学会第十二次学术交流会，评出论文一等奖 14 篇、二等奖 21 篇、三等奖 35 篇。11 月，组团参加在浙江省金华市举行的第七届长三角科技论坛测绘分论坛，围绕长三角地区连续运行卫星定位综合服务系统（CORS）的建设、运行、服务以及系统联网与数据共享等内容进行交流研讨，10 篇论文获奖。全年学会完成《上海测绘》期刊 4 期。

江苏省

基础测绘规划

为做好“十二五”省级基础测绘规划的编制工作，江苏省测绘局调研组赴浙江省测绘与地理信息局和黑龙江、辽宁省测绘局进行考察调研，学习其他省局基础测绘规划编制工作经验。在规划编制过程中，通过座谈会等形式多次征求省政府办公厅、省发展和改革委、省财政厅等部门和专家的意见和建议，形成了《江苏省“十二五”省级基础测绘规划》（草案）（以下简称《规划》（草案））；召开省级机关基础测绘工作座谈会，听取省应急办、省经济和信息化委员会、省交通厅、省公安厅、省水利厅、省民政厅、省环保厅、省科技厅、省教育厅等 24 个部门（单位）领导、专家的建议，对《规划》（草案）进行完善；召开《规划》（草案）征询意见会，按照省有关部门和专家的意见对规划进行了修改及定稿。12 月 22 日，《江苏省“十二五”省级基础测绘规划》通过江苏省发展和改革委组织的评审。

法制建设

【测绘法规建设】

11 月 8 日，《江苏省测绘市场管理规定》经江苏省人民政府第 55 次常务会议讨论通过，于 11 月 10 日发布，自 2011 年 1 月 1 日起施行。《江苏省测绘成果管理规定》被列入 2011 年省政府规章制定计划，江苏省测绘局开展了立法前期调研。根据新颁布的《中华人民共和国基础测绘条例》，江苏省测绘局对《江苏省基础测绘管理办法》中与上位法不一致的条款提出修改意见，提交省政府常务会议讨论通过。江苏省测绘局对现行规范性文件进行评估、清理，公布了规范性文件目录。其中，需要修订的 3 件、宣布失效的 3 件、继续有效的 19 件。江苏省测绘局修订了《江苏省测绘监理管理办法》。无锡市人大制定颁布了《无锡市测绘管理条例》。

【测绘普法】

江苏省测绘局认真组织开展“8·29”测绘法宣传日活动，围绕“推进数字城市建设，提高测绘公共服务水平”的主题，通过广场宣传、地图分发、有奖竞猜等形式，营造良好的法制宣传氛围。江苏省副省长李小敏亲临测绘法制宣传系列活动现场并讲话，增强了测绘法制宣传效果，扩大了测绘工作的社会影响。各市测绘行政主管部门结合本地实际，围绕宣传主题，采用多种形式，开展宣传活动。通过省、市联动，相互配合，在全省范围营造了良好的宣传氛围，造成较大的声势和影响。江苏省测绘局向国家测绘局推荐全国测绘系统“五五”普法先进单位2家，先进个人4名。

【依法行政】

江苏省测绘局认真落实测绘行政权力网上公开和透明运行的各项工作。开展全省测绘依法行政五年工作考核，在各市测绘行政主管部门自查、省测绘局抽查和省测绘局依法行政领导小组核评的基础上，评选出依法行政工作先进单位并上报国家测绘局。首次组织开展省外测绘单位在江苏从事测绘活动的调查工作，对承担江苏省测绘项目的省外测绘单位规模、构成、资质等情况进行摸底。依法开展测绘执法，根据群众举报、投诉，完成对辖区内违法测绘单位调查、处理。根据各市测绘项目备案和测绘基础设施费征收情况，省物价局、省财政厅核定了测绘基础设施费征收标准。根据《江苏省测绘条例》相关规定，开展测绘项目备案和测绘基础设施费征收工作，全年全省依法备案300多项测绘项目，收取测绘基础设施费约200万元。2010年，江苏省测绘局被省政府法制办评为“省级机关政府法制工作优秀单位”，获省政府法制办颁发的法制工作创新奖。

市场监管

【测绘管理机构建设】

经江苏省编办批准，江苏省测绘局后勤服务中心、物资器材供应站分别更名为江苏省测绘局信息中心和江苏省基础测绘设施技术保障中心，并由副处级升格为正处级。利用新一轮机构改革推进市县测绘管理机构建设，徐州、连云港、淮安、扬州、镇江、宿迁市国土资源局增设了独立的测绘管理机构。

【整顿和规范地理信息市场秩序】

江苏省地理信息市场专项整治工作领导小组制订印发专项整治工作实施方案，联合相关部门下发专项整治通知，开展专项整治宣传、学习、培训，编发专项整治工作简报20多期，指导全省开展专项整治工作。江苏省测绘局对全省地理信息市场进行调查摸底，组织指导各地理信息从业单位开展自查自纠，抽查部分地理信息从业单位。江苏省测绘局等7部门组成苏南、苏中、苏北3个检查小组，对全省13个市进行专项整治执法检查，并在此基础上出台具体的整改工作方案和措施。江苏省的专项整治工作达到了预定要求，江苏省测绘局被评为全国地理信息市场专项整治工作先进单位。江苏省测绘局与省通信管理局、省国家安全厅、省工商行政管理局、省新闻出版局、省国家保密局、省军区司令部等7部门联合召开电视电话会议，对一年来全省地理信息市场专项整治工作进行总结，表彰了在全省地理信息市场专项整治工作中表现突出的先进集体和先进个人。

【测绘信用体系建设】

江苏省是全国测绘市场信用体系建设试点省份。江苏省测绘局扎实开展测绘信用建设，在测绘信用信息网和信用体系管理平台正式启用后，完成测绘行政主管部门和测绘单位的基础数据录入。江苏省测绘行业协会为激励测绘单位依法诚信测绘，印发《江苏省测绘行业“诚信测绘单位”评审暂行办法》，开展“诚信测绘单位”评选，对30家测绘单位的申报材料进行审查公示，合格单位将获得“诚信测绘单位”称号。

【测绘资质管理】

江苏省测绘局指导各市开展测绘资质复审换证工作，制定印发《测绘资质审查有关问题的处理意见》，全面完成全省测绘资质复审换证工作。截至12月31日，江苏省共有测绘单位542家。其中，甲级测绘单位33家，乙级测绘单位82家，丙级测绘单位241家，丁级测绘单位186家。组织苏州数字地图网络服务有限公司和南京测绘院有限公司参加全国互联网地图服务甲级测绘资质证书首发仪式。组织开展测绘监理专业资质审批工作，批准7家单位测绘监理专业资质。

地图管理

江苏省测绘局严格做好地图审核工作，严把审批关，年内共审批各类地图110份，图件10多张。按照国家版图意识宣传和地图市场监管协调指导小组办公室要求和国家8部委《关于加强互联网地图和地理信息服务网站监管的意见》精神，组织对全省各网站地图进行监督检查，共检查网站300多家。之后，江苏省测绘局与省通信管理局召开联席会议，就加强互联网地图和地理信息服务网站监管工作会商并达成共识。加强对新闻、出版、广告、宣传等单位的地图使用管理，加大地图市场的查处力度，全年组织对全省部分市的地图市场进行专题巡查2次。根据举报，查处违法地图案2件（次）。为加强地图市场监管和地图编制审核工作，提高全省地图编制能力，江苏省测绘局组织全省各级地图管理部门的负责人和地图编制单位的有关人员共50多人（次）参加国家测绘局地图审核培训班。

成果管理

【测量标志管理】

江苏省测绘局积极开展测量标志管理与维护工作，全年共发放测量标志保管员津贴近95万元，发放测量标志宣传画约7000份，审批测量标志迁建7座，查处破坏测量标志案1起。全省测量标志完好率达95%以上。

【成果汇交】

江苏省测绘局开展全省测绘成果汇交专项工作，向各市测绘主管部门印发《关于汇交2009年度测绘成果的通知》并提出要求。截至2010年6月底，大部分测绘持证单位能够按要求完成测绘成果汇交任务。江苏省测绘资料档案馆编制了成果目录并对外发布。

【成果提供使用】

江苏省测绘局严格执行测绘成果提供使用审批制度，全年共审批提供测绘成果190批次。其中，控制点8531个，模拟地形图1700幅，喷绘地形图2123幅，“4D”产品25720幅。全年审批南京青奥城建设规划等涉外提供地形图5批次。

【保密检查】

江苏省测绘局开展全省涉密测绘成果管理与使用情况保密检查，重点对全省主要涉密测绘成果生产、保管和大宗用户单位及涉及基础地理信息数据的计算机网络系统的保密工作进行抽查。被检单位涉及交通、水利、电力、地质、农林、海洋、民政、规划、地矿、测绘等10多个行业。从检查情况看，绝大多数单位对国家密级测绘成果管理严格、制度健全、责任明确。同时，也存在少数单位保密意识不强、领导重视不够、资料管理不善等问题。针对存在的问题，江苏省测绘局下发通知，要求相关单位制定整改措施。通过检查，各单位保密安全意识不断提高，全省测绘安全保密状况逐步好转。

基础测绘

【国家基础测绘项目】

江苏省测绘局积极配合国家测绘局“927”工程质量检查组对局承担的项目进行外业检查，该项目通过国家“927”工程项目办组织的验收。编写了“927”一期工程2010年建设任务项目的实施方案，完成了勘选、测试并向项目办上报成果。

【省级基础测绘】

江苏省测绘局编制《连云港、盐城、太湖、沿海滩涂测区1:1万DOM、DLG技术设计书》和《利用LIDAR技术进行省级1:1万DEM、DLG高程更新技术设计书》，有力地指导了作业。全年完成三等水准测量3618千米；测制南京、连云港、太湖、盐城、沿海滩涂等测区1:1万DOM 784幅、DLG 1344幅、DEM 2443幅，江苏1:5万DOM 120幅；完成徐州、淮安、宿迁、连云港、南京1:1万DOM数据入库2281幅；完成太湖、盐城测区航空摄影20552平方千米。基本完成“十一五”省级基础测绘规划任务，建立了以江苏省连续运行卫星定位服务系统（JSCORS）和B、C级GPS网共同构成的大地坐标控制网，以及覆盖全省的二等水准路线9757.5千米、三等水准路线5117.8千米的高程控制网，基本构建了省级现代测绘基准框架；完成覆盖全省1:2万基础航空摄影，基本完成全省及沿海滩涂1:1万DOM、DLG、DEM产品更新及数据建库，初步填补了江苏省沿海滩涂1:1万地形图的空白，为沿海开发、环境保护、资源利用提供了有力的测绘保障。

【市（县）级基础测绘】

7月28日，《无锡市测绘管理条例》经江苏省第十一届人民代表大会常务委员会第十六次会议批准。江苏省测绘局批准南通市采用“1994年南通城市坐标系”。宿迁市基础地理信息系统通过江苏省测绘局组织的验收。常州市基础测绘项目列入市国民经济和社会发展年度计划，经费纳入财政预算并落实到位，基础地理信息平台基本建立。泰州市建成基础地理信息数据库及国土资源综合管理示范系统数据，江都市建成地理信息系统，江阴市和张家港市建成三维基础地理信息系统。南通市完成覆盖港闸、崇川及开发区的三等水准网 680 千米，市区 430 平方千米 1∶1000 数字化地形图修测。盐城、太仓等市进行了地形图修测，宿迁、江阴、张家港、武进、江宁、兴化、海安等市（县、区）进行数字摄影测量。海安县开展 1∶5000 地形图缩编。

【地理空间框架与数字区域建设】

江苏省测绘局积极推进江苏省地理空间信息基础框架建设；江苏省地面沉降监测，江苏省 1∶5 万地理空间信息基础框架采集建库，江苏省 1∶25 万、1∶100万基础数据修测与建库和江苏省基础地理信息系统等项目通过验收；江苏省遥感影像应用服务平台项目通过测试并完善有关功能。

大力推动江苏省数字城市地理空间框架建设。徐州市作为江苏省第一个数字城市试点单位，已完成全市基础测绘工作，建成徐州市数字城市地理空间框架，统一了数据标准，整合了各种数据资源，形成有效的共建共享机制，公共平台已初步建成。中央主要新闻媒体组成的“数字城市中国行”宣传报道组对“数字徐州”的建设成果进行了宣传报道。“数字泰州”项目严格按照相关管理规定和工程设计书的要求推进建设，通过协调会、中期检查、阶段成果演示等方式严格把控项目进度和质量。完成国家测绘局交办的全国“两会”数字城市宣传征稿工作，“数字徐州”、“数字泰州”宣传材料被编入专刊。

质量监督

【测绘质量监督】

根据国家测绘局的统一部署，江苏省测绘局组织开展全省测绘成果质量监督检查工作，检查对象为全省测绘单位 2008 年 1 月 ~2009 年 12 月完成省内的工程测量专业的地形测量项目、精密工程测量项目和海洋测绘专业的水深测量项目。各市县级测绘行政主管部门监督检查比例达到辖区内测绘单位总数的 15% 以上。省级监督抽查项目 14 项，抽查结果批合格率 92.9%。检查结果表明，全省各级测绘质量监督检查总体情况良好。年内，完成对全省测绘单位质量管理体系的考核工作。

江苏省测绘产品质量监督检验站全年共完成测绘仪器计量检定 8642 台（次）。

【测绘标准】

江苏省测绘局参与《精密三角高程测量规范》和《全球导航卫星系统连续运行基准站网运行维护技术规范》的制定工作，与北京天下图数据技术有限公司等企业合作，承担《倾斜数字航空摄影技术规定》、《倾斜数字航摄影像》2 项测绘行业标准的制定工作。

测绘合作共建

江苏省测绘局积极推进基础测绘成果的广泛应用，与省民政厅、省安监局等部门开展地理信息资源共建共享；与南京、徐州、泰州 3 市签订地理信息公共服务平台建设目标责任书；与全省各市国土资源局签订合作共享协议。在沪、苏、浙长三角地区地理信息资源全面整合的基础上，积极推进区域地理信息资源共享与合作建设，开展与共建单位的成果互换工作。

召开省级机关基础地理信息资源共建共享工作座谈会，省应急办、省经济和信息化委员会、省交通厅、省公安厅等 24 个部门的领导专家近 60 人参加座谈，就地理信息数据共建共享工作机制建设、资源整合、数据更新维护、数据安全及平台建设等方面发表了意见。

地图编制

全省测绘单位积极运用现代技术，编制印刷各类普通、专题地图 100 多种。完成 1∶30 万《江苏省政区图》编制和 1∶50 万、1∶70 万、1∶100 万《江苏省政区图》缩编，形成了完整的全省中小比例尺系列地图；编制了《江苏省沿江地区地图》、《江苏省沿海地区地图》、《东陇海铁路沿线地区地图》、《南京都市圈地图》等系列地图；《江苏省沿海开发影像地图册》、《江苏省行政区划地图册》、《江苏省区域界线带状图集》、《江苏公路里程图册》等图集（册）。

成果应用与测绘服务

【地理信息公共服务平台建设】

《江苏省地理信息公共服务平台建设可行性研究报告》通过评审，江苏省地理信息公共服务平台建设进入立项和建设阶段。南京江宁、常州武进开展县级地理信息公共服务平台建设试点工作。

【江苏地图网建设】

江苏省测绘局完成江苏地图网建设工作。8 月 29 日，副省长李小敏出席江苏地图网开通仪式并启动开通按钮。江苏地图网基于江苏省地理信息公共服务平台，是信息化条件下江苏地理信息公众综合服务的主要运行形态与手段。目前，已开通全省最新地理信息数据 13 万多条，并按不同专题进行了详细分类。

【为政府决策服务】

江苏省测绘局基本完成供省级领导使用的江苏省电子地图系统项目建设工作，将分批无偿提供给省市县各有关部门使用。为省“两会”和沿海 3 个省辖市专门编制、印刷《江苏省沿海开发影像地图册》1 万册。为政府公共管理做好地理信息管理系统研发工作，开发了江苏省高效农业地理信息系统、江苏省军地应急指挥系统、丹阳市环保地理信息系统。基本完成江苏海事局综合执法管理信息系统——沿海 GIS 系统。江苏省太湖流域水环境信息共享平台（一期）、江苏省湖泊渔业管理信息系统——太湖试点、省水利地理信息系统（一期）等工程在建设中。

【为国家重点工程、全省基本建设服务】

江苏省测绘资料档案馆为全国人口普查、全国第二次土地调查、京沪高速铁路、西电东输工程和林业资源调查等国家、省重点工程和专项工作提供大量测绘成果资料，全年提供 GPS 点 330 个、三角点 1589 个、水准点 6784 个，航摄相片数据 11721 片，各种比例尺纸质地形图 2240 幅，数字地图 16166 幅。

【防灾减灾与应急保障】

江苏省测绘局紧紧围绕省委、省政府中心工作，为各级政府部门应对突发公共事件提供高效的测绘保障服务。协助调查邳州市河湾村土地真实利用情况，为有关部门快速、依法处理突发事故提供了及时、准确的测绘资料；在南京市燃气爆炸事件发生后，为中央电视台新闻报道和市政府救援工作提供了爆炸地点方圆 5 千米高分辨率影像。

配合江苏省军区完成江苏军地防汛抢险联合演练。承担利用测绘无人机采集和传输 0.1 米分辨率高清影像的任务，在 20 分钟内完成所需区域的地理数据更新，向演习指挥部提供了及时、翔实的影像资料，为指挥调度及决策提供了可靠的依据。协助江苏省军区完成苏北地区抗震救灾军地联合应急指挥信息保障演练，提升了联合应急指挥效能。为江西抚河唱凯堤抗洪抢险提供测绘保障服务，根据江苏省军区要求，在灾区现场指挥信息网络搭建好 1 小时后，完成灾区 1∶2000 卫星影像图制作任务，为救灾人员快速准确抵达现场提供了保障。

【新农村示范项目建设】

江苏省测绘局申报的“江阴市新农村测绘保障服务示范项目”获国家测绘局批准立项，总体方案已上报国家测绘局审批。“海安县新农村建设测绘保障服务示范项目”年内已完成，并进行了局级验收，项目成果为新农村建设发挥了较好的保障服务作用。

科技创新与人才培养

【科技创新】

江苏省测绘局注重产学研相结合，全年投入测绘科技经费 880 多万元，组织开展测绘科技发展和创新关键技术的研究。17 个省级测绘科研项目获准立项资助，15 个科研项目按期通过验收结题。“机载激光雷达测高应用于基础测绘的关键技术研究”和“江苏省基础地理信息系统集成开发关键技术研究”2 个项目通过国家测绘局组织的鉴定。参与国家“863”计划重点项目的“海岛（礁）测绘技术集成与示范”项目、国家测绘局“1∶1 万基础地理信息数据库更新技术方案设计与试验”项目，完成江苏省科技厅下达的江苏省省级基础地理信息公共技术服务中心建设项目和国家基础地理信息中心委托的“基础测绘太湖测区 DMC 航摄并色彩处理”项目。

【科技成果】

2010 年，全省共有 7 个测绘科研项目获国家级测绘科技奖。其中，江苏省行政区划、行政区域界线和地名信息管理系统获中国测绘学会 2010 年测绘科技进步奖三等奖；《中国文物地图集・江苏分册》和《江苏省公路地图册》分别获中国测绘学会 2010 年优秀地图作品裴秀奖银奖和铜奖；江苏省兵要地志信息系统和江苏海事局（长江段）地理信息系统分别获地理信息科技进步奖二等奖和三等奖；江苏省兵要地志信息系统获中国人民解放军科学技术进步奖三等奖；南京市江宁区地价管理信息系统获 GIS 优秀工程奖铜奖。

江苏省测绘局与江苏省科协共同组织 2010 年度

江苏省测绘科技进步奖的申报与评选工作，共评选出获奖项目16项。其中，一等奖3项，二等奖5项，三等奖8项。

江苏省测绘局组织开展2010年度省优秀测绘工程奖评选工作，共受理申报项目80项，评出一等奖6项，二等奖18项，三等奖35项。

【人才队伍管理与教育培训】

2010年，江苏省测绘局公开引进本科以上学历应届毕业生11名，调入急需高科技人才3名。局系统15人通过江苏省地质矿产工程高级专业技术资格评审委员会评审，其中3人具备研究员级高级工程师资格，12人具备高级工程师资格。局系统20人通过江苏省地矿、测绘、国土工程高中级专业技术资格评审委员会评审，具备工程师资格；1人通过江苏省思想政治工作人员高级专业技术资格评审委员会评审，具备高级政工师资格。

江苏省测绘局先后选送13名技术骨干到中国测绘科学研究院、国家测绘局卫星测绘应用中心、武汉大学、南京师范大学等科研院所脱产学习。认真做好国家测绘局管理的3名学术和技术带头人的跟踪服务工作，积极向省“333”高层次人才培养工程等推荐培养人选，截至年底，江苏省测绘局共有5人成为“333”高层次人才培养对象。年内，1人获省政府“有突出贡献的中青年专家”称号。全年举办各类培训班90多个，行业内参加人员达8800多人（次）。全年全省有2866人参加测绘行业特有工种职业技能鉴定，其中2350人顺利通过鉴定。

对外交流与合作

江苏省测绘局与德国汉诺威中国中心、澳大利亚墨尔本大学等境外培训机构初步建立了长期合作关系，与荷兰RTC建立了长期技术合作意向。经省政府批准，2010年，全省测绘系统19名技术骨干和测绘管理人员赴澳大利亚参加现代测绘技术管理与应用培训。局系统14名技术骨干和技术管理人员赴新加坡参加数字城市项目培训，2人赴国外参加短期业务培训。

党的建设与测绘文化建设

【党的建设】

江苏省测绘局以品牌创新（党的自身建设——先锋工程、思想政治工作——凝心工程、学习型组织建设——育人工程、测绘文化建设——铸魂工程）为抓手，不断提高党的建设科学化水平，得到了中共中央组织部调研组的肯定。完成全局系统党组织的换届改选工作。深入开展创先争优活动，抓好思想发动、公开承诺和领导点评等重要环节，省委网站对省测绘局的公开承诺工作进行了刊载。继续在省测绘工程院、省基础地理信息中心等单位开展党建质量体系建设工作，实现了党建工作的系统化、科学化和规范化。强化学习型党组织建设，举办社会主义核心价值体系、《中华人民共和国保密法》、《中华人民共和国侵权责任法》和《中国共产党党和国家机关基层组织工作条例》等专题讲座和培训班。在省级机关开展的建设学习型机关党组织“弘扬社会主义核心价值体系学习讨论和党员箴言征集”主题活动中，江苏省测绘局推荐的11条优秀箴言被省委省级机关工委采用。该局在省级机关干部职工公共管理知识和技能竞赛活动中获集体二等奖，在省级机关第二届“万人学法”竞赛活动中获先进单位称号，局系统1人被评为“省级机关优秀共产党员”。

【精神文明建设】

江苏省测绘局认真总结、科学规划“十二五”精神文明建设，起草了《全省测绘行业精神文明建设十二五规划》。大力开展各类文体活动，组织参加国家测绘局举办的第一届羽毛球比赛、江苏省第十七届运动会职工部羽毛球、乒乓球比赛和测绘系统文艺汇演等。积极响应省委宣传部、省级机关工委等5部门关于开展“送温暖、献爱心”社会捐助活动的号召，向困难群众捐款14万多元，向青海玉树地震灾区捐款6万多元，向甘肃舟曲灾区捐款6万多元。2010年，江苏省测绘工程院摄影测量分院被评为“全国模范职工小家”，信息处理分院测图室被评为省级机关“巾帼文明岗”；江苏省基础地理信息中心被授予“2007－2009年度江苏省文明单位”，被江苏省总工会授予“模范职工之家”称号；江苏省测绘产品质量监督检验站被江苏省总工会授予“江苏省五一劳动奖状”；江苏省测绘局技能鉴定指导中心在国家测绘局年度考核评比中荣获第一名，并获得全国优秀鉴定站称号。江苏省测绘局局系统有5家单位被评为“江苏省工人先锋号”，1人被评为“江苏省十佳文明职工”，2人被省总工会授予“江苏省五一劳动奖章”，2人被评为省级机关

“巾帼建功标兵”。扶贫工作取得新成绩，江苏省测绘局获“2008－2009年度全省脱贫攻坚工作先进单位”称号，1人获“2008－2009年度优秀扶贫工作队员”称号，2人被沭阳县委、县政府、省委驻沭阳县扶贫工作队联合表彰为“脱贫帮扶先进工作者”。

【测绘文化建设】

江苏省测绘局把测绘文化建设作为局系统党的建设四大品牌工程扎实推进，全省机关党建刊物《工作与学习》对其进行了宣传。完善测绘文化核心理念体系，组织开展局系统测绘文化核心理念征集，邀请专家进行修改完善，形成局使命、愿景、组织精神、核心价值观系统体系，并举办了测绘文化核心理念发布会。该局不断创新测绘文化建设手段，把测绘文化建设纳入党建质量管理体系。

地方社团工作

【江苏省测绘学会】

3月18日，江苏省测绘学会召开九届四次常务理事扩大会议，讨论通过学会2010年工作计划，学会常务理事、专业委员会主任共38人出席会议。10月15日，召开九届五次常务理事会，听取2010年学会工作汇报，发展团体会员4家、个人会员50人，明确了对各专业委员会的资助办法。

9月15日，江苏省测绘学会主办，南方测绘南京分公司承办GIS基础应用培训班，全省各地的国土、规划、测绘及相关事业单位共60多人参加培训。10月17日～19日，江苏省测绘学会与南京师范大学虚拟地理环境教育部重点实验室、江苏省遥感与地理信息系统学会共同承办第四届“虚拟现实与地理学——三维GIS与虚拟地理环境系统”研讨会。11月9日～11日，与江苏省测绘局共同承办中国测绘学会2010年学术年会。12月16日～17日，联合省通信学会、省仪器仪表学会、省电子学会等7个省级学会共同主办“地理信息与物联网”论坛暨江苏省测绘学会2010年学术年会，会议举办了“2010年度江苏省测绘科技进步奖”等奖项的颁奖仪式，并邀请专家、学者做学术报告。

江苏省测绘学会指导资助各专业委员会举办研讨交流和比赛。2010年，地籍与房产测量专业委员会联合GIS、制图专业委员会分别举办了地籍与房产测量技术研讨会和2010年度中国苏州GIS、RS高新技术应用研讨会；航测专业委员会举办2010年航测与遥感高新技术应用研讨会；水下与海洋测绘专业委员会举办2010年水下与海洋测量学术研讨会；地下工程测量专业委员会与中国测绘学会矿山与测量专业委员会联合主办中国测绘学会2010年数字矿山与矿山测量学术讨论会；GPS、大地专业委员会联合举办专家特邀报告会；GIS与制图专业委员会联合举办第二届“空间综合人文学与社会科学”论坛；工程测量专业委员会联合省城市建设协会测绘专业委员会召开技术交流会；新技术应用专业委员会举办了2次高校测绘比赛；测绘科普与教育工作委员会举办测绘类本科生优秀毕业论文评选活动和江苏省高校测绘类优秀教材评选活动。

江苏省测绘学会组团赴湖南进行考察交流。与江苏省测绘行业协会联合组成17人代表团参加“第二届苏台地区测绘业未来发展论坛”及其他学术交流活动。

【江苏省测绘行业协会】

11月25日，江苏省测绘行业协会召开二届五次理事大会，总结二届四次理事大会以来的工作，部署下一阶段的主要工作。11月25日～26日，举办第二届“测绘杯”羽毛球比赛，全省13个市、驻南京省部属测绘单位共15支代表队参加比赛。12月25日，组织有关专家召开评审会，评选出江苏省基础地理信息中心等30家为江苏省“诚信测绘单位”。

【江苏省测绘职工思想政治工作研究会】

1月29日，江苏省测绘职工思想政治工作研究会在南京召开第一届十一次常务理事会，总结2009年工作，部署2010年工作任务。

11月18日～19日，召开第一届六次理事会，学习贯彻中央、省委和上级政研会有关精神，总结2010年度工作，部署2011年度任务，表彰优秀成果、先进集体和先进个人，省思想政治工作研究会理事、各市测绘行政主管部门分管局长、测绘管理处长参加会议。

组织近60人（次）到上海市、四川省、重庆市以及南通、常州市等地的测绘单位学习考察。

浙江省

规划与计划

【浙江省测绘与地理信息事业“十二五”发展规划】

2010年，浙江省测绘与地理信息局编制完成《浙江省测绘与地理信息事业“十二五”发展规划》（以下简称《事业规划》）。《事业规划》的总体目标是：2011年~2015年，在全国率先建成信息化测绘体系，地理信息获取、处理、应用、服务能力全面提高，保障服务全省经济社会发展的水平全面提升，测绘与地理信息工作走在全国前列。《事业规划》确定了“十二五”期间全省测绘与地理信息事业发展在测绘依法行政、地理信息资源建设、地理国情监测、数字城市地理空间框架建设、地理空间数据交换和共享平台建设、信息化测绘体系建设、测绘发展方式转变、测绘单位深化改革、加强党的建设等9方面任务。

【浙江省基础测绘“十二五”规划】

浙江省测绘与地理信息局编制《浙江省基础测绘“十二五”规划》　（以下简称《基础测绘规划》）。《基础测绘规划》的总体目标是：2011年~2015年，在全国率先建成信息化测绘体系，地理信息资源建设与集成应用和基础测绘整体实力处于全国领先水平。《基础测绘规划》围绕“基准、资源、利用、服务、监测、科技、产业”提出7项主要任务和10项重点工程，以及创建法制环境、统筹测绘管理、加大投资力度、抓好队伍建设、优化组织结构、保障信息安全等6个方面的保障措施。

【浙江省地籍测绘“十二五”规划】

浙江省测绘与地理信息局编制《浙江省地籍测绘“十二五”规划》　（以下简称《地籍测绘规划》）。《地籍测绘规划》的总体目标是：2011年~2015年，基本构建畅通的沟通机制和业务协调机制；基本建立基于现代测绘技术的较为完善的地籍测绘技术体系；在全省范围内初步建立地籍测绘动态更新机制，探索建立地籍测绘与基础测绘联动更新机制；进一步健全和完善地籍测绘共建共享机制，深化地籍测绘成果的社会化应用，实现地籍测绘事业的可持续发展。《地籍测绘规划》提出了构建畅通的沟通机制和业务协调机制、健全和完善地籍测绘技术体系、深入推进城乡一体化数字地籍测绘、建立地籍测绘数据动态更新机制、提升地籍测绘成果社会化应用水平、加强人才队伍建设等6大任务以及政策、组织、资金、安全等4方面的保障措施。

【浙江省测绘与地理信息科技“十二五”规划】

浙江省测绘与地理信息局编制《浙江省测绘与地理信息科技“十二五”规划》（以下简称《科技规划》）。《科技规划》的总体目标是：2011年~2015年，适应信息化测绘发展的测绘科技创新体系进一步完善，自主创新能力明显增强，技术装备水平快速提升，科技人才结构日趋完善，测绘与地理信息事业发展的关键科学技术难题获突破，地理信息社会化应用程度大幅提高，浙江省经济社会发展和国防建设需要的地理信息生产和测绘服务科技保障体系基本建立。《科技规划》提出了健全信息化测绘科技创新体系、增强测绘与地理信息科技自主创新能力、加快科技创新平台搭建等3项主要任务以及测绘与地理信息基础理论与方法、现代化时空测绘基准框架建设关键技术、基础地理信息快速获取及处理更新关键技术、地理信息公共服务平台关键技术、海洋测绘关键技术、地理国情监测与统计分析技术等7个重点研究方向。

法制建设与市场监管

【测绘立法】

《浙江省地理空间数据交换和共享管理办法》经浙江省人民政府第50次常务会议审议通过，以浙江省人民政府第271号令公布，自2010年7月1日起施行。

《浙江省地理空间数据交换和共享管理办法》共29条，规定了地理空间数据交换和共享的主体及其内容，规定了地理空间数据采集、更新的基准和标准，明确地理信息共享服务方式等。同时，规定测绘与地理信息管理部门要建立应急测绘保障机制，根据县级以上人民政府和有关部门处置突发公共事件的需要，及时提供测绘应急保障服务。该办法是全国首个关于规范地理空间信息交换和共享活动的地方规章。

【测绘与地理信息管理体制建设】

2月11日，浙江省机构编制委员会下发《关于调整省测绘局机构规格等问题的批复》（浙编〔2010〕10号），批复同意浙江省测绘局更名为浙江省测绘与地理信息局，机构规格恢复为正厅级，增加海洋测绘、地理信息产业发展规划和政策制定与引导等职能，增加内设机构及人员编制。浙江省编制委员会办公室下发《关于市县测绘和地理信息机构建设有关事宜的函》（浙编办字〔2010〕125号），要求全省所有市、县履行测绘与地理信息管理职能的部门加挂测绘与地理信息局牌子，在“三定规定”中明确测绘与地理信息的管理职能，要进一步明确测绘与地理信息的执法主体资格，内设测绘与地理信息管理的处（科）室，要配备与管理工作相适应的人员编制。

7月2日，浙江省政府办公厅印发《浙江省测绘与地理信息局主要职责内设机构和人员编制规定的通知》（浙政办发〔2010〕88号），规定了浙江省测绘与地理信息局主管全省测绘与地理信息工作的11项主要职责，根据职责，内设7个职能处室。纪检、监察机构的设置、人员编制和领导职数按有关文件规定执行。

【测绘依法行政】

2010年，浙江省测绘与地理信息局制定了规范测绘行政处罚自由裁量权的实施办法和细化标准。7项省级测绘与地理信息行政许可事项纳入浙江省政府网上办事大厅运行。开展行政规范性文件清理工作，建议保留涉及测绘的省级行政规范性文件3件，废止2件。根据法律法规、规章的变化和机构职能调整情况，对省级测绘与地理信息行政执法责任制的内容进行了调整。

浙江省测绘与地理信息局根据浙江省委、省政府“扩权强县”的精神，在杭州、宁波两市开展依法下放或委托市、县测绘与地理信息管理部门履行7项省级测绘行政许可和管理事项的试点工作，进一步强化市、县测绘与地理信息管理部门的行政管理职能。2010年，举办浙江省公共地理信息服务平台专题研究班、省级事权下放培训班、互联网地图安全审核人员培训班、《浙江省地理空间数据交换和共享管理办法》培训班，组织人员参加国家测绘局举办的甲级测绘资质单位和市级测绘与地理信息管理部门等2个培训班。考核设区市测绘与地理信息管理部门年度工作，嘉兴市城乡规划建设管理委员会、宁波市规划局、温州市规划局、绍兴市规划局、杭州市规划局被评为优秀单位。

【测绘资质管理】

2010年，浙江省测绘与地理信息局组织完成测绘资质复审换证工作，通过复审换证的测绘单位417家，注销46家，新增测绘资质单位24家。至年底，全省共有测绘资质单位455家。

【测绘执法】

浙江省全年共开展测绘执法检查724次，开展重大专项执法行动70项，发现违法行为211起，查处违法案件151件，作出行政处罚22件。没收、销毁违规地图产品6445份（个），罚款5000元。

【国家版图意识宣传教育和地图市场监管】

2010年，浙江省测绘与地理信息局下发《浙江省2010年国家版图意识宣传教育和地图市场监管工作要点》，重点抓好互联网地图监管工作，检查网站300个，发现“问题地图”网站10个并责令其整改，有关部门关闭“问题地图”网站1家。在上海世博会开幕前，对邻近上海地区的地图市场进行专项检查。

质量监督

2010年，浙江省测绘与地理信息局委托浙江省测绘质量监督检验站，依法对浙江省交通规划设计研究院等24家测绘单位实施监督检验，经检查，测绘成果质量合格率为87%，并督促被检测绘成果质量不合格单位进行整改。实施市场委托检验193个批次。联合省住房和城乡建设厅开展房产专项监督检验，抽检全省20家房产测绘单位的成果质量。

地图管理和成果管理

2010年，浙江省测绘与地理信息局审核各类公开地图470批次，并针对网络地图、新型地图（集）

等加强了保密审核，处理测绘成果脱密 8 个批次，数据总量达 647GB。

继续推进浙江省馆藏测绘与地理信息成果和档案数字化建设，做好测绘与地理信息成果资料、数据的接收检查、整理归档和提供应用工作。省测绘与地理信息局全年向社会提供各类大地控制点成果 1903 个，各种比例尺地形图及数字化产品 55339 幅（张）。接收各种比例尺地形图 13380 幅，航片 40007 片，卫片 201 景，库体数据 10 个和 67 个县的高分辨率卫星影像数据。全省各级测绘与地理信息管理部门共向社会提供各种基本比例尺地形图 57 万多幅，大地成果 2500 多点。

基础测绘

2010 年，浙江省各级财政对基础测绘共投入 40513.18 万元，比 2009 年增长 16.40%。其中，省级基础测绘投入 8202.1 万元，市、县级基础测绘投入 27718.3 万元，其他渠道投入 4592.78 万元。省、市、县测绘与地理信息管理部门按计划组织完成各种比例尺地形图测绘 31909 幅。

省级完成 GPS 测量 4205 点，水准测量 2460 千米、组织航空摄影 58919.6 平方千米，获取卫星遥感影像 12.98 万平方千米。

2010 年，全省测绘行业单位完成服务总产值 151315.84 万元，比 2009 年增长 17.15%；全省测绘行业单位从业人员 10295 人，比 2009 年增长 6.29%，人均产值达到 14.70 万元，比 2009 年增长 10.19%。测绘行业单位主要设备包括 GPS 接收机 1426 台、全站仪器 1844 台、计算机 8502 台、服务器 375 台、数字摄影测量系统 145 台、水准仪 1053 台、测距仪 1177 台、测深仪 178 台、作业车辆 663 辆。

4 月 13 日 ~30 日，浙江省测绘与地理信息局会同省发展和改革委、省财政厅组成检查组赴 10 个设区市及部分县（市、区）开展基础测绘工作专项检查，检查后联合下发《关于各市贯彻落实〈基础测绘条例〉检查的通报》。该通报要求进一步加大基础测绘条例宣传落实力度；进一步完善基础测绘计划体制和财政投入机制，逐步增大基础测绘投入；进一步加强基础地理信息资源建设及市、县（市）基础地理信息数据库和数字城市地理空间框架建设等工作。

重大测绘工程

【浙江省地理空间数据交换和共享平台】

2010 年，浙江省地理空间数据交换和共享平台建设工作有序推进。项目资金基本到位，项目预算执行情况良好。数据工程全面深化质量监管和技术指导，完成新一轮数据全省覆盖，数据质量进一步提高。软件工程完成研发和基础软件的招标采购，基本实现面向用户的交换和共享，各类专题地理空间数据可以集成、整合、发布使用，省交换平台测试版已在局内生产网和省电子政务资源共享专网上试用，并提供基于平台的二次开发功能，支持开发专题应用。开展省级部门目录、元数据及样本数据收集工作，已有 26 个省级部门汇交了部分目录和样本数据。

【海洋测绘】

浙江省海洋测绘项目实施方案和技术方案已完成论证工作，项目经费预算通过省财政项目预算审核中心的审定。2010 年，完成陆海统一的大地测量基准框架建设中的 2 个 CORS 站、41 个 C 级 GPS 点、45 个三等水准点的选埋工作，并开展了滩涂地形测量等相关试验。

【数字城市地理空间框架建设】

2010 年，数字丽水、数字温州地理空间框架试点城市已基本建设完成；数字洞头地理空间框架完成年度任务。绍兴、衢州、新昌、德清、乐清等市（县）地理空间框架按计划开展建设工作；舟山市被国家测绘局列为数字城市地理空间框架试点城市，设计书已通过评审。

【馆藏资料数字化项目】

浙江省测绘资料档案馆完成“馆藏资料数字化项目”建设。建成的浙江省测绘资料档案综合管理系统将 2006 年以来的档案资料经数字化后导入该系统，并对保存年限较长的光盘进行了数据迁移。该系统实现了基于空间的测绘资料档案信息管理、基于图形化的虚拟库房管理、基于地理位置主动服务的测绘资料档案更新通知、分布式的地理信息服务集成、异构多源数字化成果的管理和利用，优化了资料档案的“进、管、出”一体化业务流程，为进一步深化数字档案馆建设，提高测绘与地理信息成果资料服务能力奠定基础。

【青川县灾后重建三维影像辅助决策系统】

“青川县灾后重建三维影像辅助决策系统”建

设项目投资220多万元，运用最新的三维GIS技术，集成视频、声音、全景等多种技术，为青川规划重建、应急指挥调度等提供了空间辅助决策的技术手段。9月11日，该系统通过浙江省支援青川县灾后恢复重建工作办公室组织的项目验收，并向青川县政府和浙江省援建青川指挥部交接了项目成果，完成了用户单位的应用培训工作。

测绘合作共建

2010年，浙江省测绘与地理信息局与省军区司令部、省住房与城乡建设厅签订《关于地理信息资源共建共享的协议》，与福建省测绘局签订《关于基础测绘成果共建共享的协议》，与浙江广播电视集团签订《友好合作协议书》，与北京东方道迩信息技术有限责任公司签订《关于开展战略合作的框架协议》，积极开展测绘合作共建。

地图编制与出版

2010年，浙江省测绘与地理信息局直属单位编制《浙江省情地图集》、《浙江省地图册》、《绍兴市地图集》、《浙江省海岸经济发展带研究用图》等图册；编制“一县一图”45幅；编制干线公路图、航道图、交通旅游图、城区图、经济技术开发区图、政区图、运动休闲图、行政区划图、自驾车旅游图等25幅；编制丽水、新昌、德清、文成、景宁等市、县电子地图以及其他各种比例尺电子地图15幅。

成果应用与测绘服务

【服务政府及军事部门】

2010年，浙江省地理空间信息协调委员会的省厅局成员单位扩大到26家，全省所有地级市、部分县（市、区）相继成立了相应的协调机构。完成26个厅局的数据收集汇交工作，数据整合工作有序进行。浙江省电子政务地理信息服务平台的地图数据已全面更新，并在政府有关部门推广应用。浙江省突发事件应急管理地理信息平台和应急地图数据库建成，示范项目——浙江省地质灾害应急保障服务平台已交付省国土资源厅使用。继续与军事有关部门保持密切联系，建立了军地地理信息共享机制，完成测绘成果保密协调等工作。浙江省开展地理空间信息共享和业务协同应用的做法得到工业和信息化部的肯定，被推荐为全国地方电子政务信息和业务系统应用的先进典型。

【服务社会公众】

浙江地图网的二维电子地图、三维浙江频道和卫星影像数据全面更新，全省所有设区市的地图网站建成上线并与浙江地图网实现在线数据共享。浙江地图网的二次开发接口已成功应用到“浙江环保网络地图”、“嘉兴市水资源水监控系统”等项目中。由浙江省测绘与地理信息局主导，沪、苏、浙测绘主管部门共建的长三角基础地理空间信息平台项目启动，先行项目长三角地图网建成并开通。全面完成全省“一县（市）一图”工程。制作浙江省及各设区市地图标准样图，在互联网上发布，免费向用户提供。完成省、市、县统一的测绘成果目录网络发布系统建设，实现了省市县三级测绘成果目录异地上线，统一发布。

【服务新农村建设和国土资源管理】

景宁县新农村建设国家示范项目通过国家测绘局验收。全省测绘与地理信息管理部门为612个村无偿测绘新农村建设所需的大比例尺地形图。浙江省卫星定位连续运行综合服务系统与江苏、上海的同类系统实现信息资源共享，实现了跨省服务。完成国土资源“一张图”综合监管平台建设，初步实现国土规划、审批、查询、浏览等业务系统的一体化，为最终达到国土资源监管“一张图”奠定基础。开展对山体滑坡等地质灾害的监测研究，为预防地质灾害发生、制定应急预案提供决策依据。

【服务领导决策】

浙江省测绘与地理信息局继续为省发展和改革委的省主体功能区规划编制工作提供技术支持。优化完善了浙江省空间规划管理平台，为浙江省“十二五”规划编制提供技术支持。为全省人口普查办公室制作、提供人口普查用图42090幅，并在第六次全国人口普查数据处理工作会上介绍了经验。完成全省部分重要地理信息数据的量算工作，获取了全省陆域面积、陆域表面积、海域面积、高程分级面积、水域面积、主要河流长度和流域面积、主要湖泊面积等数据。经省政府批准，这些数据已依法向社会公众提供或在政府部门内部使用，为省委、省政府和有关部门决策提供科学依据。

测绘转型升级

2010 年，浙江省测绘与地理信息局继续贯彻落实《关于加快测绘发展方式转变、促进测绘服务转型升级的若干意见》（浙测〔2010〕2 号），依法在国家标准的基础上适当提高传统常规测绘的市场准入门槛，鼓励优胜劣汰、兼并重组，提高测绘单位的自我发展能力；适度降低地理信息企业的市场准入条件，引导新兴地理信息产业的发展。全年有 9 家测绘单位进行了重组或合并，成立新的单位，整合了力量，晋升了资质等级。21 家单位新申请地理信息资质，从业单位占测绘资质单位的比例从 8.7% 提高到 14%。宁波市测绘设计研究院调结构、推创新、促转型的经验受到国家测绘局的肯定。浙江省测绘与地理信息局直属生产单位由内外业相分离的传统生产组织方式转变为航测内外业一体化生产组织方式，测绘与地理信息的服务重心逐步转向互联网地图服务应用、专题地理信息和为省级有关部门电子政务、全省“数字城市”建设提供技术服务。

科技创新与人才培养

【科技创新】

2010 年，中国测绘科学研究院浙江分院（浙江省测绘科学技术研究院）开展“基于航摄与遥感影像植被信息提取方法研究”课题研究，形成了一套精细与自动化程度高的植被图斑信息提取工艺流程，为大范围、高效率生产能与数字线划图相互匹配的植被面层数据提供了技术解决方案。进一步从生产、质检等方面明确技术要求，完善了植被数据集提取的工艺流程，为开展大规模试生产奠定基础。建成“基础测绘生产信息与空间数据共享管理系统”和“地物变化监测与更新计划辅助系统”。省第一测绘院自主开发的数字城市地理信息公共服务引擎系统 V1.0map@ line 软件获得国家计算机软件著作权，国家版权局颁发了《计算机软件著作权登记证书》。

数字嘉兴地理信息共享平台获中国测绘学会 2010 年测绘科技进步奖二等奖。

【人才培养】

浙江省测绘与地理信息局通过公开竞争，选拔副处级领导干部 7 人；选派年轻干部 2 人分别到局直属单位、仙居县农村基层任职锻炼；2 人当选国家测绘局青年学术和技术带头人；局直属单位选派青年技术骨干 198 人到大专院校、科研单位和国外进修、培训。2010 年，局系统公开招录本科及以上学历 14 人，其中硕士学历以上 7 人。

【制度建设】

2010 年，浙江省测绘与地理信息局制定《关于规范局系统干部选拔任用工作的若干意见》，重点规范局系统干部选拔任用工作中干部提名、民主推荐、民主测评、民主监督等环节。制定《直属事业单位岗位设置管理实施意见》，规范局直属事业单位岗位设置。在调查研究的基础上修改《局直属单位综合考评办法》，进一步突出完成工作任务和实现经济发展的双重目标，科学、全面地评价局直属单位领导班子和领导干部的工作实绩。

对外合作交流

2010 年，浙江省测绘与地理信息局派员随国家测绘局代表团参加在以色列召开的国际摄影测量与遥感学会会议；局机关 1 人随国家测绘局代表团参加对德国、法国、荷兰的卫星导航定位产业的考察活动。

党的建设

【创先争优活动】

浙江省测绘与地理信息局组织开展“创先争优”系列活动，通过党员、党支部公开承诺践诺、领导点评、民主评议、“闪光言行”评选展示、结对帮扶、“送温暖”惠民大行动等工作，发挥党员在推进局中心工作中的先锋模范作用和各级党组织保障局各项事业科学发展的战斗堡垒作用。2010 年，浙江省测绘与地理信息局在国家测绘局组织的全国省级测绘行政主管部门贯彻落实科学发展观年度测绘工作考评中获第一名，被评为优秀单位；被省委、省政府授予“支援青川恢复重建工作先进集体”称号以及“第六批省农村工作指导员工作先进单位”称号；周友生被人力资源和社会保障部、国家测绘局授予“全国测绘系统先进工作者”称号；陈少勤被中国科协评选为“全国优秀科技工作者”；刘钟生被国家测绘局评为“全国测绘技术能手”，朱野被评为“全国测绘宣传工作先进个人”；景军郎、朱野分别被省直机关工委授予“优秀共产党员”和“优秀党务工作者”称号；葛为燎被浙江省委、省政府评为“省优秀农村工作指导员”，王帮进被浙江省委、省政府授予“支援青川恢复重建工作先进个人”称号。

【基层党组织建设】

浙江省测绘与地理信息局党委制定《关于推进学习型党组织建设的实施意见》，对局系统学习型党组织建设作出部署。全年组织6次中心组学习会和1次局党委务虚会，并开展多种形式的理论、业务培训，在浙江测绘网上开辟“学习型党组织建设”专栏。局属事业单位省第一测绘院航测一分院党支部创建学习型党组织的事迹入选省委宣传部编辑的《浙江省建设学习型党组织100典型案例》，并被省直机关工委授予“省直机关学习型党支部”称号，局机关闵建平被省直机关工委授予“省直机关学习型党员”称号。

【党风廉政建设】

浙江省测绘与地理信息局深入开展反腐倡廉工作，组织党员干部认真学习和领会《中国共产党党员领导干部廉洁从政若干准则》的主要内容，开展贯彻落实廉政准则“七个一”专题活动（即讲授一堂辅导课、组织一次学习大讨论、撰写一篇体会文章、组织一次廉政条规测试、进行一次廉政谈话、签订一份廉政承诺书、开展一次督促检查），出台《局系统党风廉政建设和反腐败工作检查考核标准》，严格执行述职述廉、诫勉谈话、函询和党员领导干部报告个人有关事项等制度，保证各项监督的有效开展。

地方社团工作

【浙江省测绘与地理信息行业协会】

3月5日，浙江省测绘行业协会召开五届二次理事会，推选产生新的协会会长。4月7日，召开五届二次会员大会，会议决定将“浙江省测绘行业协会”更名为“浙江省测绘与地理信息行业协会”，并改选了地理信息系统工程工作委员会和地图产品工作委员会的领导成员。协会开展了省级各部门涉企经营服务性收费自查工作和“小金库”专项自查自纠工作，着重对会费收入、会议费、培训费等进行全面检查清理。严格执行财务管理制度和税收政策，自觉接受审计机关的监督检查，顺利通过了登记机关开展的年度检查工作。协会组织举办了初、中级测绘职称转评人员培训，房产测绘上岗培训，地下管线测量技术培训，南方软件及GIS基础应用培训和全省地图安全审校人员培训，共有1296人参加。与浙江省测绘学会积极开展援疆捐款活动，151家测绘单位共捐款356180元。组织会员58人，分别到河北、西藏等省区进行科技及生产经营管理方面的考察、学习与交流。与测绘行业特有工种职业技能鉴定站联合开展第三届全国测绘技术能手候选人推荐工作。组织第六届测绘职工业余篮球赛，有12支球队参加。

【浙江省测绘学会】

浙江省测绘学会积极开展测绘学术交流与科普工作，参加浙江省科协召开的学会工作会议、中国测绘学会秘书长培训班暨2010年学会工作会议、中国测绘学会十届二次理事会、华东六省一市测绘学会第十二次学术交流会等。5月16日，组织参加由浙江省科协、科技厅、省委宣传部举办的2010年浙江省科技（科普）活动周活动。与浙江省测绘与地理信息协会组成浙江分团到台湾参加“2010年海峡两岸四地GIS发展研讨会”。组织40人赴贵州、宁夏、青海、黑龙江等地开展科技考察活动。召开2010年度浙江省优秀测绘与地理信息工程评审会，评出优秀测绘与地理信息工程奖一等奖6个、二等奖14个、三等奖25个。全年学会共发展个人会员61名，团体会员6个。

3月11日，浙江省测绘学会地图制图与GIS专业委员会召开九届一次全体委员会暨学术研究会；7月22日，地籍测绘与土地信息系统专业委员会召开九届一次全体委员会议；9月10日，测绘标准化专业委员会召开第一次工作会议；12月4日，房产测绘专业委员会召开九届三次会议。

【浙江省测绘职工思想政治工作研究会】

3月25日，浙江省测绘职工思想政治工作研究会召开测绘文化建设座谈会，浙江省第一、第二测绘院，浙江省测绘大队，宁波市测绘设计研究院等单位交流了测绘文化建设工作情况。7月26日，召开第五届理事会暨第十二次年会，交流政研成果和论文30篇，评选出优秀论文11篇。组织16人赴黑龙江、内蒙古调研地理信息产业发展情况。

安徽省

规划与计划

2010 年，安徽省测绘局依据《安徽省基础测绘“十一五”规划》，对列入规划的现代测绘基准体系建设与维护、航空航天遥感资料的获取、基本比例尺地形图测绘与更新、基础地理信息数据库建设与更新、基础测绘成果开发与应用服务、测绘科技创新与标准化建设、基础测绘管理以及重大项目立项等方面情况进行中期评估，督促基础测绘规划、计划的贯彻落实。

法制建设

【法制建设】

2010 年，安徽省测绘法制建设取得一定成绩。安徽省国土资源厅将《安徽省测绘成果管理实施办法（修订）》报省政府审议；与省经济和信息化委员会等 6 部门联合发出《转发国家测绘局等部门关于加强地理信息市场监管工作意见的通知》。制定《安徽省 2010 年测绘系统普法依法治理工作要点》，并印发全省国土资源系统。

【法制宣传教育】

2010 年，在开展地理信息市场专项整治的同时，安徽省国土资源厅进行国家版图意识和网络信息安全宣传教育，强调国家版图的尊严以及互联网出现“问题地图”的危害性。通过印发会议材料、在网站登载测绘法律法规，以及会议、培训等形式大力宣传国家版图意识，强调开展地理信息服务应当注意的问题。

各地根据“五五”普法规划的总体安排，认真开展测绘法制宣传教育活动。“8·29”全国测绘法宣传日，全省国土资源系统及各测绘资质单位的 2800 多名干部职工参加宣传活动，发放测绘法宣传材料 1.1 万多份，进一步促进社会公众对测绘的了解和认识，展示了测绘成果在经济社会发展、国防建设等方面的作用。

市场监管

【整顿和规范地理信息市场秩序】

2010 年，根据全国地理信息市场专项整治工作电视电话会议精神，安徽省成立了由安徽省国土资源厅等 8 部门组成的专项整治工作领导小组。3 月 30 日，专项整治工作领导小组办公室成员会议召开，部署全省整治工作，下发《关于做好我省地理信息市场专项整治组织实施阶段工作的通知》，全面开展地理信息市场专项整治工作。全年共查封或收缴“问题地图”3500 多份，检查网站达 3010 个，对互联网上出现的“问题地图”依法予以处理。

全年，全省共开展地理信息市场专项执法检查 20 多次，查处违法、违规案件 10 多起。重点查处了无测绘资质或超越资质等级许可范围非法从事地理信息生产、加工、处理的行为；查处各种涉密地理信息在提供、使用、生产、出版和传输过程中的泄密、窃密案件和非法提供互联网地图出版行为；查处涉外、涉军非法测绘活动。在地理信息市场专项整治工作结束后，及时上报了总结报告，开展了评选推荐表彰先进工作。安徽省宣城市国土资源局获全国地理信息市场专项整治工作先进集体称号，王箭等 4 人获先进个人称号。

【测绘资质管理】

安徽省国土资源厅认真贯彻测绘市场准入政策，全面开展测绘资质复审换证工作。组织开展资质单位测绘技术质量保证体系、测绘成果资料档案管理的考核，以及部分测绘单位测绘成果质量认可工作。全省共有 384 家测绘资质单位参加复审换证，通过 336 家。截至 2010 年 12 月，全省共有测绘资质单位 412 家。其中，甲级 18 家、乙级 60 家、丙级和丁级 334 家。

成果管理

安徽省国土资源厅政务窗口负责测绘成果统一办理使用审批事项。涉密测绘成果统一由安徽省测绘档案资料馆保管和管理，并由该馆按照审批文件和程序，依法对外提供。安徽省测绘档案资料馆对望江、阜阳测区部分测图资料进行整理归档，共组卷78卷；统计2007年～2009年各种地图、数据使用量及使用单位；完成基础测绘成果拥有情况统计表；完成9621摄区数据备份4403片，收到“4D”产品备份269GB。

安徽省进一步加强测量标志保护工作，将测量标志保护职责落实到县级测绘行政主管部门，并制定检查维护维修计划；开展用地确权发证；执行永久性测量标志拆迁审批制度。利用多种途径开展测量标志保护的宣传教育活动。2010年，安徽省国土资源厅安排测量标志保护专项经费105万元，下发给各市国土资源部门，用于标志普查和测量标志委托保管。

基础测绘

2010年，安徽省共完成省级基础测绘1:1万“3D”产品840幅（DLG、DOM、DEM各280幅），1:5万缩编56幅，测绘各种比例尺地形图4500多幅。“数字黄山”建设工作全面开始，完成各类基础地理数据库建设和专业数据的整理及配图工作，并利用现有软件和矢量数据完成“数字黄山”项目平台搭建工作；马鞍山、淮南、六安被列入国家数字城市建设推广城市。9月28日，安徽省国土资源厅和马鞍山市政府签署《数字马鞍山地理空间框架建设共建共享合作协议》，项目技术方案得到评审专家组的肯定。合肥地理信息政务服务系统、地理信息公众查询系统和应急指挥信息管理系统建设应用示范工作正在加快实施。

质量监督

2010年，安徽省国土资源厅继续加强对全省测绘产品质量的监督检查，组织省测绘产品质量监督检验站对芜湖市勘察测绘设计研究院等15家测绘资质单位的15个项目进行质量监督检验。进一步加强测绘仪器计量检定工作，省测绘仪器计量检定站全年共检定检测各类仪器2000多台。

重大工程测绘

安徽省卫星定位综合服务系统（AHCORS）建设进展顺利，完成卫星定位服务系统的技术测试、网络通信平台搭建等工作，年内AHCORS站已开通并初步投入运行。安徽省测绘局承担铜池枞长三角产业转移示范区、江南产业集中区等地区的数字化测图任务，为省重点工程提供测绘保障服务。安徽省第三测绘院承担中朝鸭绿江新大桥建设测绘项目，完成朝方一侧5平方千米1:500、1:2000数字化地形图实测任务，成果质量优良。

测绘合作共建

安徽省国土资源厅、省测绘局不断开发利用地理信息资源，推进各类地理信息资源共建共享，提高公共服务能力和水平。与安徽省发展和改革委合作的“自然资源和地理空间基础信息库”项目已完成“安徽省基础信息子库”的项目设计书、相关技术文档的编写及示范区的数据整理及建库工作。为满足国防需要，与安徽省军区合作建设安徽兵要地志数据库，并将地理信息系统数据用于国防动员系统，建成安徽省国防动员信息系统。

地图编制与出版

2010年，安徽省有关测绘部门编制出版《安徽省地图集》，包括专题图50幅、区域地理图113幅，17个市、67个县（市、区）城区图84幅。完成《安徽省第二次土地调查成果图集》、《安徽大区划调整图》、《黄山市城区图》、《宿州交通旅游图》、《滁州市城区地名图》、《绩溪县交通旅游图》、《天长市市区图》的编制出版工作。完成安徽蒙城地球物理国家野外科学观测研究站模型、巢湖市水利工程位置沙盘等的制作，编制出版多种水利图、行政区划图、交通旅游图、城区图等地图和图册，满足了社会各界对地图的需求。全年省国土资源厅审查批准并发放审图号的地图16幅（册）。

成果应用与测绘服务

安徽省测绘部门紧密围绕全省经济社会发展大局，全年为国土、地矿、规划、交通、公安等行业部门提供各种比例尺地形图7000多幅、“3D”数据8018幅、大地控制点成果3800多个。加强公益性地图建设和地理信息资源整合，完善测绘成果网上分发服务系统。向安徽省军区提供全省空间地理信息约1TB，向第六次全国人口普查安徽普查部门提供全省1∶1万正射影像图。为皖江城市带开发建设服务，提供“芜马巢”、“安池铜”、“三山片”、“铜池枞”等示范区范围内各种矢量及影像专题图约200幅，提供1∶1万地形图近千幅。为新农村建设和边远贫困地区服务，完成17个市城镇地籍数据汇总、安徽省国有农林场土地利用二级分类和基本农田数据汇总；基本完成省内农村集体所有权发证所需的分村宗地图制作；完成涡阳1∶500测图1492幅；继续实施“一村一图”、“百镇千村测图”等新农村测绘保障工作，完成省内多个村镇的数字化测图。为安徽省第二次土地调查服务，完成2010年土地利用变更调查数据库更新省级试点工作等。

科技创新与人才培养

2010年，“安徽省地图网”项目通过专家组的评审验收，并上线运行。加快NewMap DMP、NewMap Server等软件的研发，为全省数字城市建设做好技术支撑工作。完成安徽省军区“综合指挥平台地理信息系统”开发，为军队决策提供测绘保障。开展2010年度科技进步奖（测绘专业）和项目质量优秀奖的评选活动，积极鼓励测绘科技创新。加大科技投入，引进两套无人机航空摄影系统，提升现代化测绘技术装备水平。

安徽省测绘局加强对干部选拔任用工作制度的学习，深化干部人事制度改革，采取多种形式加强领导班子思想建设和能力建设。制定了《安徽省测绘局事业单位岗位设置管理实施方案》和《安徽省测绘局事业单位岗位设置方案》，已通过相关部门审批，正式实施。安徽省测绘局进一步加强专业技术人员继续教育、职业技能鉴定、考评工作，并完成5年一次的省直机关事业单位测绘工人技术等级的考核，面向社会公开招聘事业单位工作人员15名；完成安徽省第四批援藏工作人员的确定工作和局属事业单位2009年度目标管理考核工作。

对外合作与交流

2010年，安徽省国土资源厅组织人员参加国家测绘局测绘科技和生产管理高级培训班以及灾害管理和测绘新技术发展与应用培训。10月，美国ESRI中国（北京）有限公司副总裁、华东区总经理张乾乾先生携北京总部的技术人员到安徽省基础测绘信息中心开展技术交流，为双方今后更好地进行技术合作奠定了基础。

党的建设与测绘文化建设

【党的建设】

安徽省测绘局坚持以邓小平理论和“三个代表”重要思想为指导，认真学习中纪委十七届五次全会、安徽省纪委八届六次全会精神，按照国家测绘局的部署要求，继续推进领导干部作风建设和廉洁自律工作，建立健全惩治和预防腐败的长效机制，把反腐倡廉工作融入到测绘事业发展的各项工作中。召开专门会议，传达全国测绘系统纪检监察工作会议精神，布置2010年党风廉政建设和反腐败工作，印发《安徽省测绘局2010年党风廉政建设和反腐败工作实施意见》。切实加强领导班子建设，落实领导干部廉洁自律的各项规定。全年未发生违法违纪事件。

【测绘文化建设】

安徽省国土资源厅举办全省国土资源系统春节文艺汇演、厅机关职工运动会，与合肥市国土资源局联合开展登山活动。举办“打造书香机关、提升素质能力”的主题活动，树立持续学习、系统学习、终身学习理念，争做学习型机关。省测绘局组织全局干部职工向青海玉树、甘肃舟曲捐款55640元；加大文明创建工作宣传力度，制作完成安徽省测绘局精神文明建设创建工作宣传片；积极参与以“创优美环境、优良秩序、优质服务，做人民满意的后勤工作者”为主题的省直机关后勤工作6项竞赛活动，获“园林绿化十佳单位”称号，并受到通报表彰；组队参加第六届省直机关运动会和全国测绘系统首届羽毛球赛，展现了安徽测绘职工的良好精神风貌。

地方社团工作

2010年，安徽省测绘学会认真学习实践科学发展观，完成省民间组织管理局、省科协布置的各项工作。充实完善常务理事会和理事会机构，不断完善各项制度，积极引进人才，保证学会队伍的不断壮大和学员素质的提高。组织参加华东6省1市测绘学会学术交流会，共有10篇论文获奖。参加以“普及测绘知识，展示测绘成果”为内容的科普宣传日活动，提高测绘的影响力。组团参加国内外科技交流考察活动，扩大测绘人员视野，提高测绘学术、技术水平。全年完成3期《安徽测绘》杂志的编辑出版工作。

福建省

规划与计划

【福建省“十二五”基础测绘专项规划编制】

福建省测绘局高度重视“十二五”基础测绘专项规划的编制，2009年，成立规划编制工作小组，明确规划编制总体思路，制定《福建省“十二五”基础测绘专项规划编制工作方案》，落实任务分工。2010年1月~6月，召开专家咨询会，发函至9个设区市和13个省直厅局，收集对基础测绘的需求，征求对规划编制的意见和建议，坚持以科学发展、跨越发展为主题，以加快转变经济发展方式为主线，提出规划的目标、任务、重大工程、重要指标、政策措施等，初步确定规划基本框架。6月~11月，邀请9个设区市和省直有关厅局参加基础测绘规划编制工作座谈会，走访国土资源厅、交通与运输厅、海洋与渔业厅、水利厅等省直部门，征求意见并加强与各部门的规划衔接。根据征得的意见及时调整规划框架和文本，形成征求意见稿，并下发9个设区市和18个省直部门。11月13日，组织专家论证。年底，规划文本报送省发展和改革委。

【市、县“十二五”基础测绘规划编制】

福建省测绘局加强对市、县“十二五”基础测绘规划编制工作的指导，下发《关于做好“十二五”基础测绘发展专项规划编制工作的通知》，对“十二五”市、县基础测绘规划的主要任务、编制程序、工作进度等提出指导意见。举办规划编制培训班，指导各地做好专项规划编制、论证、报批工作。2010年，福州、莆田的规划完成专家论证、规划衔接，报市政府审批；漳州、三明、南平完成规划的意见征求；厦门、泉州、龙岩、宁德还在征求对规划的意见。

法制建设

【贯彻落实科学发展观考评】

根据国家测绘局《全国省级测绘行政主管部门贯彻落实科学发展观年度测绘工作考评办法（试行)》要求，福建省测绘局成立科学发展观考评工作领导小组，结合《2010年省政府主要工作任务和措施分解表》中有关要求，统筹协调，进行任务分解，落实责任，每季度定期听取工作汇报，督促检查，有效地推动年度各项工作的开展。

福建省测绘局在总结2009年对市、县测绘工作考核的基础上，结合市、县测绘工作实际，制定并下发《全省设区市国土资源局贯彻落实科学发展观年度测绘工作考评暂行办法》和年度测绘工作考评内容，部署2010年设区市落实科学发展观年度测绘工作的考评。年终考核9个设区市全部达到优秀水平，其中一等奖3个、二等奖4个、三等奖2个。

【依法行政】

根据国家测绘局《测绘依法行政考核评价指标体系（试行)》的要求，制定并下发《2010年福建省测绘系统普法依法治理工作要点》，全面部署2010年全省测绘系统依法行政和法制宣传工作。按照省法制办要求，完成39名行政执法人员换证，为4人新办理行政执法证。开展测绘依法行政教育培训，举办2期市、县测绘资质管理制度培训班，组织11名市、县测绘管理人员参加国家测绘局举办的地方测绘管理干部培训，组织8名甲级测绘资质单位负责人参加国家测绘局举办的甲级测绘资质单位领导培训。

【法制建设】

根据福建省政府办公厅要求，福建省测绘局对《福建省测绘条例》等规章和规范性文件进行全面清理和评估，并及时上报清理评估结果。出台《福建省测绘局规范性文件制定程序规定》、《福建省测绘监理资质管理暂行规定》、《福建省测绘局项目专项经费管理办法》等规范性文件，加强测绘单位信用体系建设、测绘监理、测绘市场和测绘项目的管理。

2010年，福建省市、县测绘行政主管部门，积极推进测绘法制建设。龙岩、南平、宁德三地分别制定《龙岩市测绘管理办法》、《南平市测绘管理规定》、《宁德市测绘管理规定》；三明市努力提高测绘管理工作水平和办事效率，对1995年颁布的《三明市测绘管理暂行规定》重新修订，已上报当地市政府审批。

【机构建设】

福建省地图出版社完成改制转企，成立福建省地图出版有限责任公司，从原地图出版社中分离出公益性地图编制职能，成立福建省制图院，两单位独立运营。福建省基础地理信息中心加挂福建省基础地理遥感影像应用中心牌子，统筹承担全省遥感影像的集中采购、分发服务及相关数据库建设。

泉州市成立国土与地理信息中心，永春县成立测绘管理站和地理信息中心。南平市国土资源局设立测绘管理处，成立国土资源与地理信息中心。福州市测绘管理处转为公务员编制。宁德市国土资源局要求各县（市）加强测绘行政管理职能，落实管理机构、充实人员，成立矿山与测绘执法大队。三明市明溪县建立测绘管理站。

市场监管

【资质管理】

福建省测绘局举办全省测绘资质复审换证培训班，288人次参加培训。年内，通过复审换证159家，注销测绘资质43家。

全年共受理41家单位测绘资质申请，审批通过36家。其中，新申请乙级单位1家、丙级单位4家、丁级单位14家，丙级升乙级单位6家、丁级升丙级单位11家，不予批准单位5家。受理审批测绘单位名称、单位地址、法定代表人、业务范围等信息变更申请共91项。

截至2010年底，全省测绘资质单位共380家。获得资质升级批准17家，增加测绘业务范围35家，削减测绘业务范围30家。

【测绘市场管理】

福建省测绘局贯彻落实《中华人民共和国测绘成果管理条例》、《福建省测绘条例》等测绘法律法规，建立测绘工程项目招投标管理及省外来闽测绘单位登记备案、测绘市场信用管理和测绘资质单位的档案管理制度，对存在严重测绘产品质量问题的测绘单位进行全省通报，对测绘资质单位年度注册情况进行定期公告，促进测绘单位依法测绘、诚信测绘。

联合省通信管理局、信息化局、国家安全厅、工商行政管理局、新闻出版局、国家保密局、省军区司令部等部门下发《关于建立福建省地理信息市场监管部门联合工作机制的意见》。组织有关部门和单位参加全国地理信息市场专项整治工作总结暨表彰电视电话会议福州分会场会议，省通信管理局被评为全国地理信息市场专项整治工作先进集体，省测绘局、省国家安全厅、福州市国土资源局和漳州市国土资源局各1人被评为全国地理信息市场专项整治工作先进个人。召开全省地理信息市场专项整治工作总结暨表彰大会，表彰先进集体21个、先进个人31人。

【地图市场监管】

福建省测绘局会同省公安局、工商行政管理局、新闻出版局严厉打击各种地图侵权、盗版违法违规行为，重点加强对大中型展会、户外广告、刊物等检查，依法查处16件带政治性问题的中国版图展示品，没收销毁存在“问题地图”的广告宣传单1630份。依法没收销毁厦门海关扣留某贸易公司拟出口的6308件“问题地图”。加强互联网地图和地理信息服务网站监督管理，规范互联网及其他公共信息网络上发布的地图、影像以及公众版地图，依法查处中国船员网、中国收藏热线、集美大学政法学院网等网站使用“问题地图”案件。

福州市测绘管理部门积极为“5·18”、“6·18”展会服务，对参展单位绘制的中国版图加强指导，对不规范的地图进行纠正。厦门市测绘管理部门联合有关单位启动“厦门红马甲”行动，对部分车站、码头、旅游景点兜售盗版地图行为进行联合执法。泉州市测绘管理部门加强对辖区内车站、广场、小商品批发市场等公共场所巡查，重点对“泉州商品博览会暨十二届（晋江）国际鞋业博览会”展会用品、产品宣传册等地图产品的检查，没收“问题地图”100多份。

地图管理与成果管理

【地图审查管理】

2010年，福建省受理送审地图送审97项，完成审查91项653幅，做出审核结论90项。其中，合格88项，不合格2项。

【国家版图意识宣传教育】

“8·29”测绘法宣传日，福建各地围绕“推进数字城市建设，提升测绘公共服务水平”主题，开展宣传活动，各级测绘主管部门领导亲临现场参与宣传。厦门市在《厦门日报》、《厦门晚报》开辟专版宣传测绘法，三明市政府分管领导在《三明日报》发表署名文章。

【成果汇交】

2010年，福建省汇交各种比例尺基础测绘成果数据6448幅；共建共享汇交DOM数据4542幅、航片2615片；各地市汇交各种比例尺数据21165幅、航片数据3097幅，数据量共3177GB。接收1:1万DLG数据3个测区共139幅、1:5000 DLG数据4个测区共31幅，模拟档案19批次，合计接收地形图3005幅，图历簿682本，调绘片647幅，控制片237片，文档768本，控制点分布图等158张；接收数据资料80批次，共计光盘81盘，硬盘12块，图幅19192幅，航片4532片，影像153景，专题数据30幅，合计数据49.8TB。

【测量标志管理】

2010年，福建省基本完成全省测量标志调查摸底、相关资料收集分发、测量标志管理信息系统软件研发工作、完善测量标志管理数据库等工作，实现了测量标志保管、使用、维护维修、拆迁审批等工作的自动化管理。厦门市已落实保管和维护永久性测量标志经费，建立了测量标志委托保管责任制度，与属地保管员签订委托保管协议，实现属地管理。龙岩市财政投入17万元开展测量标志普查维修工作，设置永久性测量标志景观点。

基础测绘

【基础测绘建设】

2010年，福建省加大地理信息获取和更新力度，更新1:1万基础地理信息4838平方千米168幅，测制1:5000地形图1450平方千米232幅，获取0.6米分辨率卫星影像数据约3000平方千米。福建省测绘局配置2套无人机航摄系统，10月27日首飞成功，完成既定试验区域的航拍试验；配合国家“927”工程项目建成23座连续运行基准站和1个控制中心，完成秀屿、三沙、北礵3个CORS站的地址勘选；开展现有大地坐标向国家2000大地坐标转换研究。

市、县加大基础测绘投入力度，加快地理信息数据更新。福州市实施2010年度“福州市规划区基础航空摄影与制作数码航测影像数据”项目。厦门市围绕岛内外一体化，完成1:2000航测项目，获取高分辨率卫星影像数据2212平方千米。泉州市完成中心城区航空摄影和台商投资区200平方千米地形图测绘，开展规划区约3000平方千米测量控制网改造；晋江、石狮基本实现辖区内1:500地形图全覆盖。漳州市对市区桥南片区建设中急需大比例尺地形图的重点区域进行测量。莆田市对全市约300平方千米的1:2000地形图数据进行加工整理。三明市继续对建成区已有的测量控制网进行加密，对数字地形图现势已变化部分及未测绘区域进行更新、补测。南平市积极服务武夷新区，完成1:1000全野外数字化测图98.8平方千米。龙岩市完成规划区、高坎培区740平方千米和永定县600平方千米高分辨率数码航拍。宁德市投入经费225万元，完成全市13400多平方千米大地水准面精化工作。

【重大测绘专项】

一、福建省地理信息公共服务平台建设

2010年，福建省地理信息公共服务平台完成电子地图数据规范、地名地址数据规范、平台服务接口规范、平台共享管理办法等标准初稿的编制；完成省级电子地图、实体数据、影像地图、DEM晕渲图和地名地址数据等公共地理空间框架数据的生产和建库，对平台服务功能与管理系统功能进行升级并上线测试运行，完成平台支撑环境的软硬件设备采购计划编制和招投标。福建省地图网完成全省1:100万、1:25万、1:5万及70个主要县（市、区）城区1:1万框架数据、全省中国和巴西共建卫星图及SPOT5卫星影像、中心城区高分辨率影像、全省公交路线和兴趣点数据等的整合改造和三维模型构建，实现搜索、快速定位、分类查询、更新报告等功能，完成公开出版地图资料整理和浏览查询功能升级，实现与国家地理信息服务平台“天地图”网站的链接。

二、数字城市建设

1月7日，数字莆田地理空间框架地理信息公共服务平台通过中期检查。该项目全年投入301万元，完成数据的采集、标准制定、数据库建设等工作。基于该平台开发的莆田市公安局110指挥管理信息系统、莆田市地质灾害综合信息系统、莆田市建设局地下管网综合管理信息系统、莆田市民政局地名地址管理信息系统，得到迅速推广与对接。为进一步推全市动地理空间信息资源整合，莆田市国土资源局与莆田市数字办联合拟订《数字莆田地理空间框架建设成果使用暂行管理办法》。

4月2日，《数字泉州地理空间框架建设工程设计书》通过专家评审，国家测绘局、福建省测绘局、泉州市政府三方共同签署共建《数字泉州地理空间框架建设工程合作协议》。年内，数字泉州地理空间框架建设工程完成部分基础数据整合、基础硬件设施及网络建设，以及典型应用示范系统的前期工作；完成泉州市建城区98平方千米区域范围内的地名地址采集和三维模型构建；完成1∶100万、1∶25万、1∶5万、1∶1万“3D”数据以及影像地图的整合改造和1∶500、1∶2000数据整合改造方案设计；开展数据库管理系统的设计和软件开发；完成泉州市国土资源管理信息系统、泉州市电子地图网两个应用示范项目的系统设计和原型开发；完成公共服务平台支撑软件原型和软件系统原型开发以及软硬件网络环境设备购置方案设计等工作。

质量监督

【质量监督】

2010年，福建省测绘局加强基础测绘、试点小城镇用图、新农村建设用图、原中央苏区地形图以及第二次全国土地调查图件审查项目的质量检验。完成测绘产品检验308项，主要有“福建省海洋灾害监测及预警预报系统”基础建设的沿海重点岸段测量、“龙岩市数字化城市管理系统建设基础数据检验”项目，龙岩、泉州的航片验收项目，厦门1∶2000、1∶5万“3D”产品的检验项目。积极开拓省外市场，中标东莞市区地下综合管线普查二期工程成果质量检查鉴定项目。

莆田市国土资源局出台《关于统一全市测绘系统和测绘基准的通知》、《关于启用测绘成果审核专用章的通知》，要求全市办理规划编制、规划设计、项目报建、土地报批、用地审批等各项相关业务手续中所采用的测绘成果必须经莆田市国土资源局审核盖章后方可使用。漳州市组建56人的测绘成果质量检验志愿者服务队，免费为测绘单位提供测绘成果质量检验服务。

【计量检定】

福建省有关测绘部门全年检定各类仪器3918台（套），比去年同期增长28.3%。其中，全站仪1290台、经纬仪155台、GPS接收机635台（套）、水准仪1060台、手持测距仪713台、钢卷尺65把。福建省开始建立测绘仪器检定管理信息系统，以方便用户更好地服务于福建测绘事业又好又快发展。

重大工程测绘

【福建省海洋灾害监测及预警预报系统】

由福建省测绘院承担的“福建省海洋灾害监测及预警预报系统”基础建设的沿海重点岸段的测量任务，在福建省连续运行卫星定位服务系统参考站（FJCORS）已有站点的基础上，加密建设6个站点。为保护千亩以上的海堤，观测海堤总长1419千米，并绘制海堤纵断面图和1∶1万带状地形图，制作沿海带状区域1∶1万DEM。提取约3万平方千米陆地范围内县、乡镇、港口、码头、居民地、企事业单位等地物要素相关属性信息，对海岸段44685平方千米区域2.5米分辨率遥感影像进行融合、配准。

【沈海高速复线测量】

沈海复线福州境内连江至宁德蕉城段高速公路列入《海峡西岸经济区高速公路网规划》，是福建省高速公路网的重要组成部分，福建省测绘院承担该段线路的扩容工程测量任务，完成沿途1∶2000地形图测量，总测量面积109平方千米。

测绘共建共享

福建省基础地理信息中心与省公安厅治安总队按照有关文件要求，签订资源共建共享合作协议。福建省测绘局与省地震局签署《关于连续卫星定位参考站建设共享的协议》。根据国家发展和改革委及“数字福建”建设规划要求，福建省测绘局和省直有关厅局协作，建设本行业自然资源专题数据库，并实现相关行业自然资源专题库与地理空间基础数据库的数据交换、共享、复用。

地图编制与出版

2010年，福建省测绘局加强地图编制出版工作，制作《海西高速公路发展规划图》、《海西铁路发展规划图》、《海西电力发展规划图》供中央领导来闽视察使用。响应省委八届九次、十次全会要求，积极做好“五大战役”测绘保障服务，制作《武夷新区综合交通图》、《武夷新区发展格局图》等4幅规划专题图；编制平潭综合实验区、环三都澳、闽江口等十大重点发展区域规划位置图和发展布局图。

为上海世博会福建宣传周编制推介海西旅游的《福建省旅游交通图》。根据有关部门要求，编制《中华人民共和国福建海事局辖区示意图》、《福建省司法所业务用房建设动态示意图》、《福建省公安边防支队辖区图》、《武警泉州森林大队防区区划图》等。根据社会需求，新编《厦门一本玩透》、《福建省旅游交通图》（福州、厦门、泉州专版）、《福州周边休闲游》、《龙岩市交通旅游图》等地图。全年销售图书75万册（幅），销售码洋513万元，实洋285万元。

厦门市国土资源与房屋管理局编印《影像厦门》，介绍厦门经济发展和城市建设成就，编制《厦门市行动工作用图》、《厦门岛地图》，修编《厦门市地图》等。省地图出版社编制出版的《福建省情地图集》获中国测绘学会2010年优秀地图作品裴秀奖银奖；泉州市国土资源局、省地图出版社联合编制的《泉州市影像地图集》，福州市勘测院编制的《福州市影像地图集》均获中国测绘学会2010年优秀地图作品裴秀奖铜奖。

成果应用与测绘服务

【成果分发服务】

2010年，福建省测绘局着力做好福建科学发展测绘保障服务，为城市规划、重点工程建设、人口普查、治安管理等工作提供大量测绘成果。全年累计向社会各界提供各种比例尺地形图6334张，“4D”数据成果27014幅，数据总量724GB。各等级大地点成果3636点，专题地理信息应用系统13套，数据总量573.1GB，航片数据12171片，遥感影像83景，专题图120幅，数据处理255幅。档案利用187卷541件。全年累计接待用户2369人次、签订基础地理信息数据使用许可协议206份。

全年，福建省测绘局累计向各级政府、各部门提供地图约7400幅（册），为省委省政府领导、省“两会”代表和市、县政府部门提供《领导工作用图》系列地图。

【成果开发应用】

福建省基础地理信息中心开发省农村公路计划管理系统、省海洋管理三维可视化系统、省治安管理地理信息三维应用系统等20多项专题应用系统；完成地理信息数据深加工处理项目约200项；制作南平市规划区，南平市、武夷新区等10多个市、县专题影像地图99幅。

福建省测绘局深化省际测绘单位间的成果技术转化与交流，与山东省基础地理信息中心签订科技成果转化协议，转让自主研发的测绘成果分发服务系统、目录服务系统、测绘成果标绘系统、大地控制点系统、测绘资料档案管理信息系统。根据新疆维吾尔自治区测绘局需求，结合福建省测绘成果分发服务系统建设优势，开展援疆测绘成果分发服务业务系统项目建设。

【应急保障服务】

2010年，福建省三明、南平、龙岩等地发生“6·13”特大洪灾，应国家防汛抗旱总指挥部的要求，福建省测绘局提供三明、南平等受灾地区2000多幅约5万平方千米的卫星影像数据。按省政府灾后重建部署，及时完成194个灾后安置点1∶500规划用图的测制。完成省国土资源厅委托的7万平方千米灾毁耕地面积核查，为灾后重建提供翔实的基础数据。

各市测绘行政主管部门积极投身应急救灾工作。泉州市测绘管理部门充分利用“泉州市三维地理信息系统”为市政府有关部门提供信息、技术支持，提供近4300平方千米的航拍影像数据或航拍影像图，用于警用地理信息综合系统和人口普查工作。三明市测绘管理部门向社会各界提供1∶500地形图106幅、1∶1000地形图159幅、1∶1万地形图56幅、土地利用现状图93幅，灾后组织9个作业队开展安置点重建测绘。南平市测绘管理部门提供各类图纸、电子图件46幅用于抗洪救灾，派出测绘人员24小时监测险情，灾后及时提供各类地形图115幅、重建用地报批迁建控制点78个，并做好灾后安置点选址测绘工作。

【新农村测绘保障服务】

2010年，福建省测绘局为落实省政府《关于开展小城镇综合改革建设试点的实施意见》，组织编写《福建省小城镇规划建设1∶1000地形图测绘总体技术规定》用于指导省21个“试点小城镇”1∶1万地形图更新和16个乡镇1∶1000数字地形图测制，同时组织队伍施测并及时将测绘成果提交当地政府使用。全年省级财政投入1000万元，完成38个县（市、区）共318个行政村1∶1000地形图的施测工作。

福州市部分县（市）开展新农村用图测制工作，其中，福清、永泰、罗源、闽侯、闽清已开展自测工作。漳州市自筹资金为86个村测制大比例尺地形图。莆田市在“试点小城镇”建设中，扩大测绘范围，新测1∶500地形图50平方千米，为莆田市其他市级小城镇测制1∶500地形图约10平方千米、1∶2000地形图近80平方千米。

科技创新与人才培养

【科技创新和科研开发】

福建省基础地理信息中心完成省科技重点项目“三维地理空间信息网络平台及应用示范关键技术研究”的研发，并通过省科技厅组织的专家组验收和省国土资源厅项目鉴定，获中国测绘学会2010年测绘科技进步奖二等奖；与武夷山市数字武夷建设领导小组办公室共同建设的“数字武夷三维旅游服务平台”获中国测绘学会2010年测绘科技进步奖三等奖；与厦门市国土资源与房产管理局合作建设的“厦门市城市三维地理信息系统”获2010年中国地理信息系统协会GIS优秀工程奖银奖。该中心开展“面向公众的地图服务网的研建”、“福建省治安管理地址标注系统的研究与开发”，以及省科协2010年决策咨询研究课题计划“基于地理信息分析城镇化进程”的研究工作。

【人才队伍建设】

福建省测绘局不断完善青年学术和技术带头人培养选拔制度，全局共有青年学术和技术带头人8名，其中2010年新增选3名。举办2000国家大地坐标系实施及“十二五”规划编制培训班、测绘市场管理制度及资质复审换证培训班、2010年涉密测绘成果管理以及继续教育培训班，共1318人次参加培训。聘任测绘专业教授级高工3人、高工7人、副研究员2人，批准认定福建省测绘局测绘专业高级工程师职务任职资格7人。组织机关、事业单位共190人参加技师、高、中、初级工等岗位升级培训。完成2010年度高、中、初级职称评审的申报工作，共有274名测绘、土地专业技术人员通过资格审核。选派5人参加国家测绘局测绘行业职业技能鉴定质量督导员、考评员资格培训；开展2010年度测绘行业职业技能鉴定工作，共有273人通过资格审核。

对外交流与合作

4月27日，福建省测绘学会与台湾省测量技师公会联合召开闽台测绘技术交流研讨会预备会。10月29日，闽台测绘技术交流研讨会召开，来自海峡两岸的180多位闽台测绘专家、学者、企业家围绕“信息化测绘技术与应用”主题展开讨论和交流。共收到论文48篇，编辑成《闽台测绘技术交流研讨会论文集》。全年福建省测绘局1人赴澳大利亚参加测绘科技和生产管理高级培训班，2人赴美国参加测绘会议，4人赴澳门参加第六届海峡两岸测绘发展研讨会。

党的建设与测绘文化建设

【党的建设】

福建省测绘局加强学习型党组织建设，制定理论学习安排意见和推进学习具体措施，深入学习贯彻党的十七届四中、五中全会和省委八届七次、八次、九次、十次全会精神，深入学习贯彻胡锦涛总书记等中央领导在福建考察时的重要讲话精神和省部级主要领导干部专题研讨班精神，学习中纪委四次、五次全会和中纪委贯彻落实《中国共产党党员领导干部廉洁从政若干准则》电视电话会议精神。加强以完善惩治和预防腐败体系为重点的反腐倡廉建设，建立完善处级党员干部廉政档案，实行一人一档。3月，局党组书记何清和在全国测绘系统纪检监察工作会议上作题为《加强反腐倡廉制度建设，促进测绘事业科学发展》典型交流发言。

深入开展创先争优活动，成立创先争优活动领导小组，强化党建责任意识。做好13个党组织换届选举工作，加强入党积极分子的培养，认真做好组织发展工作，侧重在一线岗位和中青年业务骨干中发展党员。全年发展党员4名、转正党员5名、11名入党积极分子参加入党积极分子培训班学习。

【测绘文化建设】

福建省测绘局成立测绘文化建设领导小组，把测绘文化建设作为测绘事业发展的重要组成部分，列入领导班子和领导干部的目标责任考核内容，制定《福建省测绘局关于加强测绘文化建设的实施意见》。参加全国测绘系统首届羽毛球比赛、“南方测绘杯”书法绘画比赛，举办首届读书节活动等。11月，举办福建省第二届测绘行业运动会，全省9个设区市及38家测绘单位组成队参赛，全省共650多人参加运动会。

加强对机关工青妇工作的领导，组建14支234人参加的志愿服务队伍，开展青年志愿者行动、巾帼志愿活动、人道救助等志愿服务。福建省测绘院被评为全国测绘系统先进集体，福建省测绘局和福建省测绘院获省直机关文明单位称号，福建省测绘院航测内业分院测图二室获省直机关“巾帼示范岗”称号，3人分别获全国测绘系统先进个人、全国测绘技术能手和省“五一劳动奖章”，2人被评为省直机关精神文明建设先进工作者，1人被评为省直机关“三八”红旗手。

开展慰问帮扶活动，走访慰问困难党员、困难群众和老党员53人，特困户1个，走访慰问局定点帮扶村27户困难群众，捐款捐物共计5万多元。向青海玉树地震灾区捐款60953元；开展幸福工程募捐活动，捐款3万元；向福建特大暴雨灾区捐款32785元，向漳浦县象牙小学捐赠图书款2000元；向挂钩村送去扶贫款8万元。

地方社团工作

【福建省测绘学会】

1月26日，省测绘学会大地专业委员会与省地震学会形变测量专业委员会联合召开大地测量、形变测量技术研讨会，来自全省32名代表参加会议。6月14日，福建省测绘学会19名代表参加华东六省一市测绘学会第十二次学术交流会，向大会推荐的论文2篇获一等奖、3篇获二等奖、5篇获三等奖。11月7日，邀请中国科学院院士、中国工程院院士李德仁教授作题为“空天地一体化对地观测”学术报告，130多人参加报告会。11月10日，召开以“提高创新能力，测绘服务民生”为主题的福建省科协第十届学术年会测绘分会场暨2010年测绘学会学术年会，150多人参加，大会表彰了2009年度福建省测绘科学优秀论文9篇。

【福建省测绘与地理信息协会】

1月7日，福建省测绘与地理信息协会三届二次理事扩大会召开，会议学习了有关开展学习实践科学发展观的文件，结合协会工作实际情况，认真开展学习实践第二阶段活动，查找问题，分析原因，明确整改举措。4月28日，协会三届三次理事会召开。

江西省

规划与计划

【基础测绘规划】

江西省测绘局认真做好《江西省地理信息服务体系建设“十二五”规划》的编制工作。该规划是省“十二五”规划体系的11个重点单项规划之一，由省发展和改革委牵头，江西省测绘局为会同编制单位。规划的初稿已编制完成，并通过国家测绘局、省政府应急办组织的咨询论证。修改后的规划文本已正式移交省发展和改革委。

江西省测绘局组织开展“十一五”基础测绘规划编制及执行情况的专项调研，指导、督促市县做好“十二五”基础测绘规划的编制工作。

【基础测绘计划】

江西省测绘局编制2010年度基础测绘年度计划，并做好组织实施工作。积极组织和指导市县测绘行政主管部门做好年度计划的编报工作。综合汇总各地对基础测绘的需求，及时向国家测绘局、省发展和改革委上报全省2011年度基础测绘计划和固定资产投资计划。

法制建设

【测绘法制建设】

江西省测绘局根据省政府法制办《关于做好2009年度行政处罚自由裁量权执行标准细化工作的

通知》，结合江西测绘工作实际对国务院颁发的《基础测绘条例》第三十二条所设的行政处罚项目自由裁量权进行了细化。对13项可以实现网上审批和电子监察的事项进行汇总，重新编制了《江西省测绘局审批事项汇总表》、《江西省审批事项政务公开信息表》、《江西省审批事项办事流程信息表》等。

【测绘法制宣传教育】

江西省测绘局积极开展“8·29”测绘法宣传日活动。承办国家测绘局测绘法宣传日主场活动，国家测绘局局长徐德明，省委常委、省政府副省长陈达恒等亲临活动现场。宣传日期间，向全省各级党委、人大、政府、政协及有关部门的领导、南昌市市民发送测绘法宣传日公益短信100多万条；组织全省测绘行业单位参加国家测绘局、中国测绘宣传中心举办的“苍穹数码杯”测绘行业学法用法征文有奖活动。

市场监管

【测绘执法】

2010年，江西省测绘局依法查处江西美的制冷设备销售有限公司违规使用地图案件，依法查处腾达电器公司广告宣传中出现错误的中国示意图和第五届中博会的宣传网页上出现错误的中国示意图的案件，依法查处吉安市新君山粮油食品厂糯米粉包装袋使用“问题地图”案件、江西省气象局网站使用“问题地图”案件。

【测绘市场管理】

江西省测绘局认真做好测绘资质复审换证工作。2010年全省应参加复审换证单位330家，其中完成300家复审换证工作。协助国家测绘局完成其他省18家甲级测绘单位测绘资质复审换证的初审工作。全年共审批测绘资质单位30家。其中，丙级6家、丁级23家、丙级升乙级1家；办理23家测绘单位资质信息变更工作。

组建江西省测绘与地理信息行业协会，组织召开江西省测绘与地理信息行业协会成立大会暨第一届会员代表大会，全省首批会员单位共340家，359人出席成立大会。大会表决通过章程，产生了协会领导人、领导机构、监事机构及办事机构等。

地图管理

江西省测绘局依法做好地图审核工作，全年受理地图审核32件。

召开全省地图编制资质单位座谈会，对进一步繁荣江西省地图市场提出要求。

成果管理

【测绘成果管理】

江西省测绘局依法做好基础测绘成果资料提供使用的审批工作。全年共受理审批基础测绘成果资料提供事项557件，审批对外提供地形图3项。

【保密管理】

2010年，江西省测绘局组织开展全省测绘成果保密管理年度检查；完成全省涉密测绘成果管理人员的岗位培训工作；抓好涉密计算机网络及涉密载体保密监督管理，开展了对局属单位涉密载体的统一清理工作；继续做好外国人来华测绘监管工作。

【测量标志保护】

2010年，江西省测绘局根据全省近年来A级GPS点拆迁及损毁情况，制定方案，完成全省2100多个重点保护维护的永久性测量标志信息的二次建库工作。

依法查处新余市暨阳房地产开发有限公司破坏永久性测量标志点（A077）案件，向国家测绘局申请迁建该标志点，获得批准。责成上饶市国土资源局依法查处破坏瑞洪A级GPS点（A062）案件。

全面完成向设区市测绘行政主管部门委托管理有关测量标志资料数据的工作。

基础测绘

【基础测绘经费】

2010年，江西省测绘局基础测绘经费实现新突破，争取到省财政厅增补基础测绘经费922万元，用于补助2009、2010年度基础测绘经费的缺口。2010年省级基础测绘经费共落实2905万元。

【基础地理信息数据】

2010年，江西省测绘局组织完成1:1万地形图测制1734幅，1:1万基础地理信息数据建库1458幅，实现了1:1万地形图“3D”产品全省覆盖。启动“一县（市）一图”测制工作，从2010年开始，拟用2年左右时间，实现全省范围内“一县（市）一图”目标，保证每个设区市、县（市）都有一张区划图，在有区划图编制意向的50多个市、县中，

30 个市、县已签订编制合同。组织完成国家测绘局下达的1∶5 万缩编更新项目，组织开展列入国家测绘局老少边穷基础测绘项目的井冈山测区 1∶1 万数字地形图测制更新及建库工作。

【基础设施建设】

2010 年，江西省测绘局组织开展江西省 GPS 基准站网监测系统的运营维护工作，已有近 200 家单位的 300 多台仪器入网试用，每天近 50 个用户在网运行。订购一套固定翼轻型无人机航摄系统，该系统的引入，极大提高了江西省测绘局的快速测绘保障服务能力。

【公共服务平台建设】

江西省政府发出通知，正式成立由省委常委、副省长陈达恒任组长的江西省地理信息公共服务平台建设与应用领导小组，统筹全省地理信息公共服务平台建设及应用服务工作，协调解决建设中的重大问题。

江西省测绘局组织开展省级地理信息公共服务平台的建设。江西省地理信息公共服务平台分为政务版和公众版，政务版原型系统已初步建成，并通过网络专线向省应急领导小组、省政府办公厅等单位提供使用；公众版于 6 月 9 日正式开通，并实现与国家地理信息公共服务平台“天地图”网站的对接服务。

按照国家测绘局要求及时向国家地理信息公共服务平台上交了全省 2008 年前完成的 2978 幅 1∶1 万 DOM、DLG 产品电子地图的生产以及宜春、萍乡数字城市 1∶500、1∶2000 电子地图。申请并组织开展省级平台建设和服务器托管所需设备的采购事宜。

【数字城市建设】

江西省测绘局采取多种有效措施加快推进宜春、萍乡、新余 3 个试点城市的数字城市地理空间框架建设工作；积极组织推广“数字城市”建设立项申报；已立项的“数字城市”积极申请国家航空摄影、平台软件、保密插件等技术支持。

《数字新余地理空间框架建设项目设计书》通过专家组评审；国家测绘局、江西省测绘局、新余市政府共同签署数字新余地理空间框架建设共建共享协议。数字宜春地理空间框架建设试点项目通过预验收评审，成为江西省第一个通过省级预验收的城市。

质量监督

2010 年，江西省测绘局继续加大对重大测绘项目的监督管理力度，出台了《江西省测绘质量监督管理办法》（试行），组织开展全省测绘行业产品质量专项监督检查工作，组织实施全省测绘单位质量管理体系考核，建立了江西省省、市两级测绘质量检验人员数据库。

重大工程测绘

2010 年，江西省测绘局组织完成江西省对口援建阿克陶县城及周边、全县 15 个乡（镇、场）地形图，以及县城拜什坎渠以北 1∶500 地形图共 73 平方千米测绘任务，并向阿克陶县政府和省援疆前方指挥部移交测绘成果，受到省援疆前方指挥部和新疆各级政府的好评。

采用最新航摄资料制作鄱阳湖全区 5.37 万平方千米 0.5 米分辨率 1∶1 万正射影像图 1890 幅、全区范围内 2.5 米分辨率 1∶5 万正射影像图 30 幅。组织完成鄱阳湖 1∶1 万数字“3D”产品 3733 平方千米的制作、34 个鄱阳湖区大断面起始点的埋石与测量、1∶5 万鄱阳湖湿地植被勘测与植被图编绘。该项目的成果资料已顺利上交。

测绘合作共建

江西省测绘局先后与广东省国土资源厅、安徽省测绘局签订《基础测绘成果共建共享协议书》，与省公安厅签订《关于加强地理信息数据资源共享合作的协议书》，进一步推动了测绘成果的共建共享。

地图编制与出版

江西省测绘局组织完成《鄱阳湖生态经济区语音地图》、《鄱阳湖生态经济区区域图》的制作。印制了丝绸版《江西省地图》。

成果应用与测绘服务

【服务鄱阳湖生态经济区建设】

2010 年，江西省测绘局积极促成国家测绘局与江西省政府签署《鄱阳湖生态经济区建设测绘保障服务合作协议书》，争取到国家测绘局 900 多万元专项资金用于鄱阳湖生态经济区 3.8 万平方千米的航空摄影。召开鄱阳湖生态经济区地理信息公共平台建设项目论证会，举办地理信息与鄱阳湖生态经济区建设高层学术论坛，8名测绘界院士对鄱阳湖生态经济区建设建言献策，向省委、省政府提交加强省级地理信息公共服务能力建设的建议书。组织召开鄱阳湖生态经济区测绘成果提供使用座谈会，举行鄱阳湖生态经济区测绘成果发布赠送仪式。制作了鄱阳湖区域多比例尺“3D”数字地图、立体地图、专题地图和语音地图，免费提供给鄱阳湖生态经济区内9个设区市、38个县（市、区）和18个牵头编制鄱阳湖生态经济区专项规划单位。测绘服务鄱阳湖生态经济区建设受到各级领导的关注，专供省委常委阅读的《今日信息汇要》年内5次登载江西省测绘局工作信息。

【测绘应急保障】

2010年，江西第二大河流抚河发生决堤险情。江西省测绘局连夜派人赶赴北京获取灾区地理信息资料，及时向省防汛抗旱总指挥部及时提供灾情核心区60张地形图成果。开发了“抚州市灾情地理信息系统”、“抚州市三维地理信息演示系统”，利用无人机对贵溪、余江、黎川3地灾毁耕地进行航空摄影，为全省灾情分析和调查提供了科学依据。

积极保障省公安消防总队应急救援平台建设，提供所需地理信息数据，受到江西省副省长洪礼和的肯定。

科技创新与人才培养

【人才培养】

江西省测绘局完成全国测绘技术能手和江西省“新世纪千百万人才工程”人选的推荐工作，1人被国家测绘局授予第三届“全国测绘技术能手”称号，1人入选2010年江西省“新世纪百千万人才工程”人选，1人获教授级高级工程师任职资格。

组织开展2010年全省测绘工程专业技术人员高、中、初级资格评审工作。评审通过高级职务任职资格23人、中级职务任职资格25人、初级职务任职资格任职41人。

召开首次注册测绘师资格考试报名工作会议，配合省人力资源和社会保障厅开展注册测绘师考试报名资格审查等工作。

举办2010年度测绘专业工程技术人员继续教育培训班、全省测绘行政管理干部培训班、全局领导干部培训班。与武汉大学共同举办学位研究生课程班第二批通过GCT考试的9名学员的论文专题报告会。组织2次局属事业单位公开招聘人员考试，共招聘研究生7人、本科生13人、大专生2人。

【科技创新】

江西省测绘局完成的“江西省地图集编纂与研究”项目获江西省科技进步奖三等奖，并在省委省政府召开的全省科技奖励大会上获表彰。

举办地理信息与鄱阳湖生态经济区建设高层学术论坛，召开2期地理信息学术论坛，为测绘科技人员提供了学习交流的平台。

开展2010年度优秀测绘工程奖评选活动，共评选出一等奖5个、二等奖10个、三等奖15个。组织完成江西省测绘局2010年度测绘科技论文评选工作，参评论文93篇，共评选出一等奖4篇，二等奖8篇，三等奖10篇，优秀奖17篇。

组织开展国家测绘局下达的“1:5万更新体系设计与试验”科技项目，组织实施2011年度科技推先与科技创新项目。

党的建设与测绘文化建设

江西省测绘局认真开展“创业服务年”、“廉政勤政创优年”活动，进一步改进机关作风、优化发展环境。深入开展“讲党性、重品行、作表率”主题教育。通过以上活动，营造了服务创业的浓厚氛围。

积极开展创先争优活动和加强学习型党组织建设，召开动员大会进行部署，在全局基层党组织和全体党员中开展创先争优公开承诺。

以加强测绘文化建设作为提升测绘软实力的一个重要抓手，着重打造具有江西特色的测绘文化。组队参加全省第三届机关运动会，取得优异成绩。组队参加全国测绘系统首届羽毛球比赛。组织干部职工开展无偿献血和“工资一日捐”等公益性活动。

地方社团工作

江西省测绘学会召开第九次全省会员代表大会，选举产生了新一届理事会理事，修改了学会章程。省测绘学会第九届理事会召开第一次理事会，选举产生了新一届理事会领导。

积极开展学术和信息交流，承办了首届江西省科协学术年会第十八分会暨地理信息与鄱阳湖生态经济高层学术论坛；举办大型年度学术报告会。先后与江西省建设职业技术学院等单位合作举办了初中级工程测量和房产测量技能鉴定工作。认真做好《江西测绘》的出版发行工作，全年共刊发20期，刊登论文400多篇。

山东省

规划与计划

【省级规划】

山东省国土资源厅制定2010年基础测绘计划和重点工作任务，结合目标量和实际情况安排年度工作任务。

山东省“十二五”基础测绘规划编制工作顺利启动，该规划被纳入省政府第一批重点专项规划目录，已完成规划思路编报、规划调研。省国土资源厅印发《关于做好“十二五”基础测绘规划编制工作的通知》，要求重点围绕基础地理信息资源建设、测绘公共服务体系构建等内容展开规划编制工作，并延伸到与信息化测绘体系建设密切相关的基础设施、技术装备、科技创新等领域，突出前瞻性、指导性和操作性。

【市县基础测绘规划】

山东省国土资源厅印发《关于编报2011年基础测绘计划的通知》，安排部署2011年市县基础测绘计划编报工作，要求各市全面分析“十一五”期间各项基础测绘任务完成情况，确保城镇规划区大比例尺地形图测绘与建库、新农村建设乡村用图工程等工作的按期完成。各市在2010年9月20日前将本地区2010年基础测绘计划执行情况总结、2011年基础测绘计划表及编制说明上报省国土资源厅，同时抄送同级发展改革部门。省国土厅统一汇总后连同省级基础测绘计划于10月份报送省发展和改革委。青岛市“十二五”基础测绘规划通过专家论证，淄博市完成了“十二五”规划文本编写，潍坊、济宁、烟台、临沂、枣庄、威海、菏泽等市地均已启动“十二五”规划编制工作。

法制建设

【测绘行政管理体制建设】

2010年，山东省围绕测绘事业发展需要，进一步健全省、市、县三级测绘行政管理体制。强化省级测绘行政管理职能，任命省测绘局局长1名、副局长2名，充实了管理力量。全省17个设区市和140个县（市、区）明确了测绘管理机构，配备了专（兼）职测绘管理人员，做到了有机构管事、有人做事。东营、莱芜、泰安等市国土资源局加挂测绘局牌子，全国第一个市级测绘与地理信息局在临沂市挂牌，临沂市所辖3区9县也全部加挂测绘与地理信息局牌子。充分发挥乡镇国土所的作用，将测绘管理职能延伸到乡镇。逐步形成行政管理机构健全，技术支撑事业队伍完善，与担负的职责任务基本相称的管理体制，为全省测绘事业发展提供了体制保障。

【测绘法制建设】

山东省全面贯彻落实国务院、省政府关于加强测绘工作的意见，积极推进测绘法律法规配套地方性规章制度制定。截至2010年底，全省三分之二的地级市政府出台加强测绘工作的实施意见。同时，加快推进地方测绘管理办法的制修订工作，不断完善基础测绘、成果管理、市场监管等方面的政策规定，及时将制修订的法规、重要规范性文件按要求报送国家测绘局备案。

【依法行政】

山东省国土资源厅印发《山东省国土资源行政主管部门行政执法责任追究办法》，将测绘依法行政工作纳入省国土资源年度工作考核。全面推进政务公开工作。印发《省国土资源厅行政许可手册》，将测绘行政许可审批业务统一纳入到省国土资源厅机关电子政务平台，实现了测绘主要审批流程、管理事项以及收发文的网上操作和正常运转，并向社会公开工作标准、办理时限、办理结果。

【测绘法规宣传】

山东省加强测绘法制宣传工作，充分利用“4·22”地球日、“6·25”土地日、“8·29”测绘法宣传日等主题日活动，围绕“推进数字城市建设，提升测绘公共服务水平”的宣传主题，通过召开座谈会、悬挂横幅、张贴宣传画、摆设宣传展板、提供咨询等形式开展测绘法宣传活动，发放宣传材料近20万份。与中国联通山东分公司合作，向全省公众发送测绘公益宣传短信。在全省测绘行业开展以“增强测绘法制意识，促进测绘事业和地理信息产业健康发展”为主题的征文活动。在山东省分管市（县）长国土资源管理专题研讨班授课期间，为90多名分管国土资源管理的副市（县）长安排了题为“基础地理信息系统在全省经济社会发展中的地位和作用”的讲座，宣讲《中华人民共和国测绘法》、《基础测绘条例》等测绘行政法规，介绍数字城市在促进信息化建设，提高政府科学决策水平，服务人民群众生产生活等发挥的重要作用，并向与会人员赠送“影像山东三维地理信息公共平台”宣传光盘等。

市场监管

【整顿和规范地理信息市场秩序】

2010年，山东省各级测绘行政主管部门严格按照《国务院办公厅转发测绘局等部门关于整顿和规范地理信息市场秩序意见的通知》要求，全面完成地理信息市场专项整治工作。全省各有关部门从涉证、涉密、涉军、涉外、涉网5个方面，围绕获取、提供、使用、生产、出版、传输6个环节开展地理信息市场专项整治，先后对1891家地理信息从业单位和涉密地理信息使用单位进行了检查，对2000多个互联网地图网站、网页进行逐一筛查，对存在问题的单位共下达书面限期整改通知书89件，查处违法案件29件，有力打击了地理信息市场违法违规行为，全省地理信息市场秩序明显好转。主动巩固专项整治成果，出台《关于进一步加强地理信息市场监管工作的意见》，对全省1210多家单位开展“回头看”执法检查；省、市两级共制定地理信息市场监管制度15项，建立部门间联合工作机制81个。省国土资源厅被国家测绘局等七部委评为“全国整顿和规范地理信息市场秩序工作先进集体”。

【市场监管】

2010年，山东省各级测绘行政主管部门采取多种措施加强测绘市场监管。根据全省测绘与地理信息市场的发展情况，适度调整了测绘市场准入政策，出台《山东省测绘资质管理办法》、《山东省测绘资质管理成果及资料档案和质量保证体系考核细则》，进一步规范测绘资质管理。全省实现测绘资质网上申报、在线审批、审批前公示。强化批后的日常动态监管，通过年度注册、质量监督检查、保密检查、复审换证等环节，对不符合资质管理规定和存有违法违规行为的单位依法做出处理。完成全省测绘资质复审换证工作，依法批准新申请测绘资质单位40家，注销测绘资质单位40家。严格执行测绘项目登记制度，杜绝无资质测绘、超资质许可范围测绘等违法行为出现。依法查处了数起违法测绘案件。

地图管理

山东省国土资源厅依法严把编制出版地图审核关，对不符合法定资质条件的地图审核申请不予受理；对内容不符合保密要求的，要求按检定意见改正后才可正式出版、展示。全年共依法核准地图审批业务290项。严厉打击查处“三无”、侵权盗版及存有政治性问题等违法地图产品，先后出动近1000人次定期对全省车站、码头、机场、旅游景点等3800多处公众场所进行拉网式检查，收缴“问题地图”1.8万多份，进一步维护了地图市场秩序。依法查处数起违法编制出版地图案件。全年未发生销售政治性问题地图的事件。组织30多家单位近100名技术人员参加地图审核与互联网地图安全审校人员培训。加强各类电子地图、网络地图的监管，对全省90多家互联网站开展检查，对存在“问题地图”的网站，下发限期整改通知书32份。全年全省10家单位取得互联地图服务资质。

成果管理

【测绘成果管理】

山东省国土资源厅高度重视测绘成果管理，严格执行基础测绘成果提供使用审批制度，建成省级测绘成果目录服务系统，挂接到省国土资源厅门户网站，在全国率先实现基于互联网的基础测绘成果使用网上申请受理。建成临沂市测绘成果目录服务系统，实现国家、省、市数据共享，提高成果目录的发布效率和应用水平。全年共审批基础测绘成果申请300多件，促进测绘成果的高效利用。落实测绘成果使用情况反馈制度，强化批后监管，组织对

2009年提供的测绘成果使用保管情况全面检查。

为进一步落实测绘成果管理与保密有关规定，山东省分期分批举办全省涉密测绘成果管理人员培训班，对全省各资质等级单位800多名涉密测绘成果管理人员进行培训。培训内容涉及国家保密法律法规、测绘成果管理法律法规及涉军测绘相关知识，并在培训后进行了考试。全年全省未发生测绘成果失泄密事件。

【测绘成果汇交】

2010年，山东省国土资源厅加大测绘成果汇交工作力度，将测绘单位执行测绘成果汇交制度的情况与测绘资质升级、年度注册、测绘成果评优、测绘业绩考核等相挂钩，强化测绘成果汇交意识，逐步提高成果汇交率。全年，全省共汇交基础测绘成果标准图幅3472幅，等级控制点11725点，电子数据1695GB，等级水准测量成果22310千米，汇交副本9套。

【测量标志管护】

山东省创新测量标志管理方式，按照分级管理的原则，将测量标志管护职能落实到乡镇国土资源所，将标志完好率纳入年度工作目标考核。制定《测量标志普查维护技术规程》，规范测量标志普查、维修、管护工作。组织实施全省1.2万多座等级以上测量标志普查及管理信息化建设，建成测量标志基础信息和管理数据库，实现省、市、县测绘行政主管部门之间信息的共享与交换。对全省等级以上测绘标志实行特别保护、重点保护和一般保护的分类管理维护制度。省国土资源厅投入近300万元，完成全省一类测量标志维修维护和检查验收约2054个点。通过分类管理维护等各项保护措施，全省测量标志管理水平和测量标志完好率明显提高。

基础测绘

【省级基础测绘】

2010年，山东省全面完成1:1万基础地理信息更新工作。实现了1:1万基础地理信息数据全省陆域覆盖和大比例尺地形图建制镇全覆盖，建成了数据库管理系统，丰富了全省基础地理信息资源。积极探索基础测绘网格化更新，并在烟台等地进行试点。固定翼无人机航摄系统首飞成功；计算机信息系统安全建设集成项目顺利完成；基础测绘设施建设取得重要进展，雪山测绘科研生产基地正式投入使用。

全省GPS连续运行基准站网（SDCORS）建成并投入使用，实现与济南、青岛、淄博、烟台、日照等5市已建站点并网，并网运行总站点数为103个，入网用户184个，在交通、水利、林业等行业得到广泛应用。

完成国家测绘局下达的年度基础测绘计划任务。充分利用全省1:1万基础地理信息数据更新成果，加快推进1:5万地形数据缩编更新、陆态网站建设、海岛（礁）测绘等国家基础测绘任务。海岛（礁）控制点埋石工作顺利通过国家测绘局检查，被评定为优秀。

【“影像山东”三维地理信息系统】

4月，山东省国土测绘院建成的“‘影像山东’——三维地理信息系统”通过由省经济和信息化委员会组织的专家评审。该系统已在全省重大规划决策、突发事件应急管理、海洋利用规划、地质灾害预报预警和矿产资源管理等方面发挥了重要作用。

【地质资料数据中心管理与服务系统（二期）】

山东省国土测绘院开发了“山东省地质资料数据中心管理与服务系统（二期）”。项目在一期基础上完善了数据库中的数据，整合并开发了电子阅览室系统和数据库管理系统，已进入集成测试和收尾阶段。

【城乡建设用地增减挂钩项目动态管理信息系统】

该系统是山东省国土资源厅委托，由山东省国土测绘院研建。系统分为二维系统和三维系统两部分，主要功能包括项目申报审批、综合查询、图表信息统计、统计信息分布、辅助管理信息等。三维部分可以从不同视角、不同高度展现挂钩项目区所处的真实场景，并以飞行浏览方式查看从拆旧区到安置区沿途的地物地貌。系统的建设，为保证挂钩项目的顺利执行、提高全省土地资源变化的动态管理水平提供了保证。

【安全生产】

强化测绘安全生产管理。在全省范围内完善安全生产制度，要求各级严格执行，全年全省未发生一起测绘安全生产事故。

质量监督

2010年，山东省进一步加大测绘成果质量监督管理力度，建立全省测绘质检专家库，组织开展测绘成果质量专项监督检查，对2009年度全省甲、乙级测绘单位承担完成的测绘项目进行专项质量监督检查。省国土资源厅在全省抽检10个项目，各市国土资源局组织开展本市测绘成果质量监督检查，共抽检项目300多个。抽检结果将作为测绘单位资质管理的重要依据。全年全省共检验各类测绘仪器4333台套，检查各种比例尺地形图13819幅。

组织开展2010年山东省优秀测绘工程评选，全省140多个测绘工程项目参加评选。

测绘合作共建

【山东省地理信息公共服务平台】

山东省地理信息公共服务平台建设被列入国家地理信息公共服务平台建设试点，山东省国土资源厅将平台建设作为2010年度全省国土资源管理工作的重点，积极推进。平台的总体技术设计方案、可行性研究报告均通过评审，并经山东省发展和改革委批准立项，政务版平台已上线试运行；市、县级平台建设同步推进，日照市和寿光市信息基地总体技术设计方案编制和评审工作已完成，东营、泰安、莱芜等市级公共服务平台建设进展顺利，垦利县县级公共服务平台建设已全面展开。

【数字城市建设】

“数字临沂”试点项目通过国家验收，被列为全国数字城市建设示范市，在数字城市管理、警用地理信息系统、国土资源管理等应用服务中已见成效，并分别与城市规划、水利、交通、安全、信息化等部门达成共享与合作意向。烟台、威海、聊城数字城市试点项目通过省级预验收。潍坊、东营成功申报国家测绘局数字城市推广项目，日照、寿光被列为国家地理信息公共服务平台信息基地。省国土资源厅积极推动各市和直属测绘单位深入贯彻落实国家测绘局和省厅签订的《国家地理信息公共服务平台共建工作目标责任书》，完成全省1:1万电子地图生产，并向国家测绘局汇交。

地图编制与出版

【图书出版】

2010年，山东省地图出版社共出版地图类图书150多种，印刷完成3.01万个色令，3425千印张。

【“两会”专版地图】

山东省国土资源厅组织山东省地图出版社等单位为省“两会”编制会议专版地图，包括《黄河三角洲高效生态经济区规划图》、《济南城区图》、《山东省交通旅游图》等；为莱芜市“两会”编制《莱芜市地图》。

【专题图编制】

山东省地图出版社为省黄河三角洲高效生态经济区建设办公室编制《黄河三角洲规划图》等20个项目专题图；为山东蓝色半岛经济区建设办公室编制《山东半岛蓝色经济区规划范围图》等10项专题图；为山东省军区编纂的《军事志》制作县、市、区插图450幅；编制完成《菏泽市地图》、《牡丹区地图》、《烟台市地图》、《烟台市城区图》等20个市、县挂图。山东省国土测绘院为济宁市委、市政府编制《济宁市地貌图》。

【市地图集】

2010年，《莱芜市地图集》、《潍坊市地图集》、《滨州市领导工作用图》先后出版发行，图集全面、详尽地反映了各市基本市情，为各级政府宏观决策、规划管理、应急保障等提供参考。

成果应用与测绘服务

【矿业权实地核查数据建库与应用系统开发项目】

矿业权实地核查是国土资源部三项重点基础调查之一，山东省国土测绘院作为山东省矿业权实地核查工作的主要技术支持单位，承担了全省6659个矿业权数据的检查汇总、编制省级矿业权图及矿业权空间数据拼接软件等工作，组织建成了“山东省矿业权实地核查数据库”、研发了“山东省矿业权地理信息系统”。项目成果于2010年通过国土资源部和全国矿山权实地核查项目办的验收，数据成果质量被评定为优秀。

【援疆援川测绘保障】

山东省国土资源厅根据山东省援疆办公室的要求，第一时间组织省国土测绘院技术人员赴新疆维吾尔自治区测绘局、新疆维吾尔自治区国土资源厅、国家基础地理信息中心等单位收集资料，分别编制了19省市对口支援新疆示意图、山东对口支援四县的1:1万、1:5万、1:10万结图表等；制作新疆行政区划图、喀什地区行政区划图、疏勒县地图、英吉沙县地图、岳普湖县地图、麦盖提县地图，并应省援疆办的要求，将成果提供给全省援疆工作领导小组使用，共提供30套。山东省国土测绘院在已有资料的基础上，开发了“援疆地理信息管理系统”，提供有关部门使用。

全国测绘援疆工作座谈会召开后，全省测绘单位积极响应国家测绘局号召，共捐款20万元。山东省国土测绘院被山东省援川指挥部授予“援川工作先进集体”称号。

【服务重大规划战略】

山东省国土测绘院积极服务全省重大规划决策，围绕全省“十二五”发展规划的编制，先后为省发展和改革委设计编制多套（幅）“十二五”规划图件，数据量231MB；主动服务山东半岛蓝色经济区发展战略，为山东半岛蓝色经济区建设办公室设计、制作一系列图件，数据量600MB；为黄河三角洲生态经济区规划及其他专题规划多次制作并提供区域地形图和影像图件，为公安、民政、交通、林权改革、国防动员等重点工作提供地理信息数据和技术支持。

【服务国土资源管理】

由山东省国土测绘院承担研发的矿山开采动态监测项目已扩大到全省基岩裸露区83个县（市、区），发现了较多疑似无证非法采矿图斑；“井下采掘三维定位自动监控系统”已在章丘鑫岳6号煤矿、官庄煤矿、滕州曹庄煤矿等试点运行；承担济宁、淄博、临沂等市的第二次全国土地调查项目。2010年，该院在国土资源项目监理上取得突破，承担邹平县1:500地形图测绘、烟台市开发区国土资源电子政务系统等项目监理。

山东省遥感技术应用中心开展土地利用动态监测，在规定时间内按要求上交了全部监测成果。与厅有关单位共同承担全省140个县（市、区）土地变更调查上报数据的内业核查和部分县（市、区）的外业核查工作。

【2010年度冬小麦种植面积卫星遥感测量】

根据山东省农业厅、财政厅、监察厅关于核定2010年度小麦种植面积的紧急通知精神，省有关部门委托山东省遥感技术应用中心采用卫星遥感测量技术，对部分市、县（市、区）小麦核定面积进行快速监测、同步核查。通过遥感监测结果与各地统计汇总结果比对，确保了小麦种植面积的真实性和准确性。

【新农村建设测绘保障服务】

东营市和泰安市新农村测绘保障服务国家示范项目顺利完成，建设成果已在试点地区政府管理中发挥显著作用。莱芜、潍坊、聊城等地区开展中心村测绘工作，青岛启动乡村用图工程。

山东省国土测绘院为东营、枣庄、泰安等市新农村建设提供测绘成果，开展市县乡镇影像挂图、区域线划图的编绘。

【日常测绘保障服务】

2010年，山东省测绘资料档案管理部门充分发挥资源优势，积极为国土资源管理和各部门、行业提供基础测绘保障服务。全年提供各种比例尺纸质地形图7224幅，数字化测绘成果数据58411幅（数据量16TB），大地控制点成果509点（组），航摄底片拷贝539片，应用服务范围涉及国土、建设、地矿、交通、规划、水利、林业、民政、公安、国家安全、电力以及教育科研单位等20多个系统行业，提供范围和数量较2009年均有大幅增加，其中纸质地形图增长27.59%，数字化成果增长155.3%，基本满足了政府各部门和企事业单位对地理信息的需求。

科技创新与人才培养

【科技奖励】

山东省5项成果获中国测绘学会2010年测绘科技进步奖。其中，由中国测绘科学研究院、山东科技大学、山东省地质测绘院完成的“低空无人飞行器航测遥感系统”获一等奖；由山东科技大学完成的“基于星载GPS的重力卫星精密定轨和地球重力场模型恢复研究”，由昆明市地下管线探测办公室、山东正元地理信息工程有限公司完成的“昆明市地下管线信息管理系统建设”分获二等奖；由日照市城市建设档案馆等单位完成的“日照市地下管线普查与信息化建设”，济南市勘察测绘研究院完成的“全运会地理信息专题服务系统”分获三等奖。获中国测绘学会2010年优秀地图作品裴秀奖5项。其中，由山东省地图出版社出版并申报的《山东省地图集》、《临沂市地图集》分别获得金奖和铜奖；由武汉大学和青岛大学共同编制的《中国性别平等与妇女发展地图集》获金奖；由山东省地图出版社出版的《沧桑巨变看今朝（乌鲁木齐市城区历史变迁）》、《新疆旅游揽胜图（手绘羊皮卷）》获铜奖。

“数字近景摄影测量技术监测工程结构震动变形的应用研究”项目获山东省科学技术科技进步奖一等奖和山东省国土资源科学技术奖一等奖。

【人才培养】

2010年，山东省国土资源厅先后组织300多人参加国家测绘局举办的各类培训班。认真贯彻落实测绘行业特有工种职业技能鉴定工作，积极开展测绘从业人员职业技能培训；组织考评员11人参加国家测绘局职业技能鉴定培训；组织2人参加职业技能大赛国家裁判员的培训；全年共组织5批次、4个等级、2种职业的鉴定，384人通过鉴定。

对外合作与交流

2010年，山东省国土资源厅先后派员随国家测绘局代表团赴以色列参加国际摄影测量师会议，赴澳大利亚参加国家测绘局组织的测绘培训班，学习了解世界测绘科技前沿技术。

11月，应台湾中华地籍测量学会的邀请，山东测绘学会和省测绘行业协会组织15人赴台湾进行考察，就台湾土地登记管理体制、地籍测量等方面进行交流。

党的建设与测绘文化建设

【学习教育】

2010年，山东省国土资源厅认真学习贯彻落实党的十七大和十七届四中、五中全会精神，制订下发厅党组和直属事业单位党委2010年理论学习中心组学习计划和《关于推进学习型党组织建设的实施意见》，对建设中国特色社会主义理论学习进行全面部署，增强了学习的规范性、针对性和系统性。党的十七届五中全会和省委九届十一次会议召开后，厅直属机关党委立即行动，迅速做出学习安排并下发学习材料，组织引导机关各支部和厅直属单位党委（总支、支部）深入学习中央和省委的会议精神，为全面准确地贯彻执行中央和省委的重大方针政策提供思想政治保证。

【创先争优】

山东省国土资源厅认真总结全厅文明创建工作的经验做法，规范厅系统文明创建工作的制度规定，厅机关被评为省级文明机关。根据省直机关党工委《关于在省直机关党组织和党员中深入开展创先争优、争做齐鲁先锋活动的实施意见》，制定了厅机关和事业单位具体实施方案，召开厅创先争优、争做齐鲁先锋活动动员大会，各单位党委（总支、支部）分别进行再动员，制定具体实施意见。开展“城乡文明牵手共建”活动，对成武县工业园区刘庄村开展对口帮扶，先后投资30万元，改善村生活环境，受到当地群众好评。厅党组下发《关于在全省国土资源系统开展向于忠礼学习活动的决定》，号召广大党员干部向于忠礼学习。

【基层建设】

根据工作需要，山东省国土资源厅党组及时调整充实了部分单位党委（总支、支部）和纪委的班子成员；坚持和完善了“三会一课”（定期召开支部党员大会、支部委员会、党小组会，按时上好党课）制度；落实领导班子民主生活会、党员领导干部参加双重组织生活制度，党课质量、民主生活会质量有明显提高；18人参加省直工委举办的入党积极分子学习班；组织庆祝建党89周年活动，积极参加省直机关党员工作委员会组织的党建研究座谈会、理论研讨会，提交的《提高机关党的建设科学化水平，为转方式、调结构提供思想政治保证》获全省机关党建优秀调研成果奖一等奖。

【群团活动】

为贯彻落实省委、省政府关于加强干部职工体育锻炼工作的意见，山东省国土资源厅举办全省国土资源系统“泰山杯”羽毛球比赛。厅机关、直属事业单位和相关市局共18支代表队、126名运动员参赛。在厅机关和直属事业单位开展“巾帼建功、巾帼扶贫”活动和“文明和谐家庭”创建活动，受到省直机关妇委表彰。“三八”妇女节期间，组织召开厅机关和事业单位女职工座谈会。厅团委开展以“争创先进团组织、争当优秀共青团员”、“创新增效、争当岗位能手”和“青年志愿服务”活动，推进了青年人才成长。

【信访维稳工作】

2010年，山东国土资源厅继续把测绘信访工作纳入国土资源信访中统筹安排，层层落实责任，全年全省未发生一起测绘上访事件。

地方社团工作

【组织建设】

3月，山东省测绘学会召开第七次会员代表大会，听取六届理事会工作报告，通过《山东省测绘学会章程》及《山东省测绘学会第七届理事会理事选举办法》，并对学会2003～2009年度先进集体和个人进行表彰。会上选举产生了第七届理事会。

4月，山东省测绘行业协会组织召开第三届会员代表大会，通过了新修订的《山东省测绘行业协会章程》、《山东省测绘行业协会会员公约》、《山东省测绘行业协会会费管理办法》等规章制度，开通省测绘行业协会网站，设立新的办事机构和各市联络处，聘任新的联络处主要负责人，并制定相应的管理制度，保证了协会工作的有序衔接。

【学术交流与科普教育】

6月11日~14日，山东省测绘学会组织省测绘科技工作者15人赴上海市参加华东六省一市测绘学会学术交流会，并向大会提交测绘科技论文10篇。其中，获一等奖2篇，二等奖3篇，三等奖5篇。

山东省测绘学会承办全省“测绘与地理信息新技术”专题培训班，17个地市的测绘行政管理人员及甲、乙级测绘单位主要技术负责人共140多人参加培训。主办2010年“南方测绘杯”山东省第四届大学生测量技能比赛，6所大学的14支代表队参加比赛。举办现代工程测量技术应用研讨会，全省甲、乙级测绘单位的70多名技术人员参加会议。

河南省

规划与计划

【年度计划】

2010年，河南省测绘局围绕河南经济建设的热点和重大工程项目，加快数字河南地理空间框架建设。开展省级基础测绘1∶1万地形图第二轮更新，整合并完善河南省GPS连续运行参考系统。以数字河南地理信息公共服务平台全国试点建设为龙头，认真组织领导工作系列用图、省GPS连续运行参考站网、机载激光扫描试生产与推广等重大测绘项目的建设。抓好郑州、平顶山2个数字城市国家试点项目验收工作，指导漯河、济源2个数字城市国家试点项目启动，推进数字县域、数字乡镇和一镇一图工作的深入开展。筹措资金启动河南省测绘创新基地建设。

【测绘“十二五”规划编制】

2010年，按照国家测绘发展“十二五”规划和河南省国民经济与社会发展“十二五”规划的要求，河南省测绘局经认真调查研究，明确提出河南省未来五年测绘发展的战略、思路、目标和任务，完成省国土资源厅“十二五”规划中“测绘章节”的编制任务，完成河南省测绘发展“十二五”规划纲要的编写工作。

法制建设与市场监管

【制度建设】

2010年，河南省测绘局根据省政府办公厅的要求进行规章、规范性文件清理工作，共废止6个文件，修改5个文件。为规范测绘行政审批行为，进一步推进测绘成果资料档案管理和测绘技术质量管理工作的科学化、规范化，出台《河南省测绘资质审批程序规定》、《河南省测绘成果管理办法（试行）》、《河南省对外提供涉密测绘成果审批程序暂行规定（修订）》、《河南省测绘成果汇交规定（试行）》、《河南省重要地理信息数据审核发布管理暂行规定（修订）》等文件。起草《河南省测绘局执法定期检查制度》、《河南省测绘局重大事项报告制度》、《河南省测绘局测绘资质巡查制度》。

【测绘统一监管】

4月14日，河南省召开第四次全省测绘工作会议，提出2010年工作总体指导思想。国土资源部副部长、国家测绘局局长徐德明，河南省副省长张大卫到会并讲话。8月6日，河南省测绘局在郑州召开2010年上半年全省测绘工作总结汇报会议。11月，组织执法人员参加省法制办举办的执法骨干培训并进行测绘法律专业考试，办理执法监督证和行政执法证20多个。11月，举办测绘标准培训班，全省126家甲、乙级测绘单位有关人员参加培训。

河南省测绘局共有7项行政许可事项，全年受理行政许可申请360起，办结330起。全年省市两级测绘任务备案580项。其中，在省测绘局备案250项，并在河南省测绘局网站进行公示。

【市级测绘管理】

2010年，河南省平顶山、驻马店、洛阳、濮阳、漯河等省辖市相继设立测绘局或测绘管理办公室；信阳、南阳、鹤壁、安阳、商丘、三门峡、许昌等省辖市成立测绘管理科；济源、周口、新乡、开封、焦作等省辖市成立地籍或矿业管理科（测绘管理科）；郑州市开始申报设置测绘局或测绘与地理信息管理办公室。新乡市所辖8县（市）中，有6县（市）成立测绘管理科。南阳市13个县（市、区）中11个县（市、区）国土资源局设立测绘股，2个县设立测绘管理办公室。开封市3个县设立测绘股。

1月，南阳市国土资源局出台《南阳县市区国土资源局测绘管理主要职责的指导意见》，并与市工业和信息化局、南阳军分区、市国家安全局、市工商行政管理局、市文化广电新闻出版局、市国家保密局7部门联合出台《关于建立地理信息市场长效工作机制的意见》。洛阳市出台《洛阳市测绘管理办法》，编制完成《洛阳市“十二五”测绘发展规划纲要》。新乡市、商丘市分别制定测绘应急保障预案，成立市测绘应急保障领导小组，建立测绘应急保障专家库。濮阳市出台《关于贯彻豫政〔2008〕11号文件精神 切实加强测绘工作的意见》，启动濮阳市城区160平方千米1∶1000地形图测绘及建库工作。平顶山市编制完成《平顶山市测绘事业发展“十二五”规划（草案）》。商丘市、焦作市出台《关于进一步加强测绘工作的意见》。平顶山市政府出台《关于进一步加快平顶山市地理空间信息框架公共服务平台建设与应用的若干意见》。开封市修订《开封市测绘管理办法》，制定省外测绘单位测绘备案登记、涉密测绘成果使用等工作规程。鹤壁市印发《关于加强县市测绘工作意见的通知》等。驻马店市出台《关于加强测绘工作的意见》，编制完成《基础测绘“十二五”规划》。信阳市政府出台《关于切实加强测绘工作的意见》。

【测绘法制宣传】

8月29日，河南省测绘局组织全省测绘系统，围绕“推进数字城市建设，提升测绘公共服务水平”的宣传主题，在全省范围内开展测绘法宣传日活动。订购500张宣传画，组织编印5000份附有《中华人民共和国测绘法》和《河南省测绘管理条例》的《河南省交通图》，分发给各省辖市及甲级测绘单位在宣传日活动中发放。郑州、三门峡、南阳、信阳、濮阳、洛阳、焦作、许昌、新乡、平顶山等市均开展了不同形式的宣传活动。其中，三门峡、南阳、平顶山、焦作等市通过发表专刊文章以加大测绘法宣传力度。据统计，全省共设咨询台383个，悬挂宣传横幅1000多条，摆放展板500块，发放宣传资料11万多份，发送公益短信13.7万条，各县市出动流动宣传车300多辆。

【测绘资质管理】

7月5日，河南省测绘局组织开展乙、丙、丁级测绘单位测绘资质复审换证工作，审查通过乙级33家、丙级72家、丁级118家。全年共受理71家单位的测绘资质申请，批准25家，升级6家。截至年底，全省共有测绘资质单位646家。其中，甲级21家、乙级109家、丙级195家、丁级321家。

修订《河南省测绘资质审批程序规定》。在全省举办乙、丙、丁级测绘资质审批在线办理培训班，560多家测绘资质单位参加培训。对全省5家甲级测绘资质单位，60家丙、丁级测绘资质单位进行测绘资质和成果质量抽检。

【市级测绘资质管理】

2010年，郑州、周口、许昌、新乡、商丘、平顶山、南阳、洛阳、开封、焦作、鹤壁、安阳、濮阳、漯河等市先后开展测绘资质复审换证工作。郑州市国土资源局配合省测绘局对2家测绘单位进行测绘资质和测绘质量监督检查。新乡市开展测绘类航空摄影与遥感项目报审和测绘任务备案工作。平顶山市全年测绘项目备案6件。南阳市全年测绘项目备案72件。开封市为测绘单位提供咨询服务400人次，测绘成果认定26次。濮阳市全年测绘项目备案2件；对全市8家乙、丙级测绘单位12项测绘成果质量进行检验。洛阳市为测绘资质单位提供咨询服务50人次，测绘成果认定18次，办理测绘作业证80人。

地图管理与成果管理

【整顿和规范地理信息市场秩序】

5月17日，河南省测绘局印发《关于转发国家测绘局互联网地图服务专业标准的通知》。8月3日，河南省测绘局、省军区司令部、省工业和信息化厅、省国家安全厅、省工商行政管理局、省新闻出版局、省保密局、省通信管理局联合印发《关于建立地理信息市场监管长效工作机制的意见》。11

月7日~8日，河南省测绘局在郑州举办测绘与地理信息国家标准和行业标准培训班，全省甲乙级测绘资质单位技术骨干120多人参加培训。

开展全省地理信息市场专项整治工作，全年清查地图及地理信息产品经营、销售点619家。河南省测绘局和三门峡市国土资源局被全国整顿和规范地理信息市场秩序工作领导小组评为先进集体。

【地理信息公共服务平台】

4月27日，由河南省测绘局主办、河南省地图院承办的新版河南地图网正式开通运行，点击率达到200多万人次。5月31日，“河南省地理信息公共服务平台公众版”正式开通。河南省测绘局完成开封、平顶山、济源、安阳、洛阳5市地图网信息采集工作；完成“应急地理信息系统平台”和“应急态势图标绘模块”的开发工作，并在省应急办安装使用。

【地图市场监管】

2010年，河南省测绘局加强全省地图市场整顿工作，对《大河报》刊用中国示意图而漏绘南海诸岛和钓鱼岛、赤尾屿等重要岛屿问题依法予以处理。

洛阳市在市区火车站、汽车站、书报亭等场所开展地图市场检查工作，共清缴违法、违规地图700多份。新乡市、安阳市在全市范围内开展地图市场检查工作。郑州市国土资源局在市火车站等地开展地图市场专项检查，共查处违法地球仪3件，地图20多张。平顶山市集中开展地图市场检查12次，开展以查处无证测绘为重点的测绘市场检查3次，没收各种违法地图1500多张，对8家错误使用地图的单位现场下达整改通知书。焦作市成立国家版图意识宣传教育和地图市场监管协调指导小组，开展地图市场检查22次，查封、收缴违规地图产品68件。

5月13日~15日，由国家测绘局主办、国家测绘局地图技术审查中心和河南省测绘局共同承办的第三期全国地图审核与安全审校人员培训班在郑州举行，来自全国各测绘行政主管部门和行业人员370多人参加培训。

【成果审批】

2010年，河南省测绘局审核通过地图32幅(册)。其中，展登类地图5幅、内部地图5幅(册)、公开类地图22幅。批准基础测绘成果使用申请332起。其中，省内270起，转函外省申请62起。

【成果管理】

9月，河南省测绘局召开省直测绘成果归口管理工作会议，建立省直有关部门测绘成果归口管理机制。11月，经培训和学习、注册认证，批准27家省直部门为其系统内测绘成果归口管理单位。

平顶山市建立健全测绘单位质量管理体系，成立市测绘成果质量认定专家组，负责乙、丙级测绘资质单位测绘成果质量的检查认定工作，并完成9项测绘成果的质量认定。安阳市国土资源局印发《关于同意报备数据坐标系的通知》。鹤壁市出台《关于全市实行统一测绘基准和坐标系统的通知》。信阳市出台《信阳市人民政府办公室关于在全市实行统一测绘基准和坐标系统的通知》。

【成果汇交与分发】

2010年，河南省测绘局向社会各类用户提供纸质地形图1040张、成果点470个、“4D”成果2699张、数据成果25134MB、E00数据1017幅。

全年为全省各级政府及政府部门用于编制乡镇整体规划、风力发电项目规划、工业园区规划、淇河生态区规划、工业总体规划、泥石流防治规划等项目提供1:1万地形图26幅，数据10幅，1:5万地形图6幅。

全年为政府和有关部门提供基础测绘成果审批332起，提供纸质地形图1119张，数字地形图1539张14.86GB，DEM/DOM 1429张13.03GB，各类控制点514个。

【王屋山高程立碑】

7月28日，河南省测绘局、河南省地图院、济源市国土资源局3家单位在济源市王屋山主峰天坛峰顶为王屋山高程立碑。河南省地图院组织施测的王屋山主峰天坛山最新高程数据为1711.30米。

【测绘成果保密管理】

河南省测绘局加强测绘成果保密管理，全年纠正4起违规行为。

7月，河南省测绘局获悉中国气象局要求信阳市气象部门将国家级地面和高空气象观测站站址参数，即精确到秒的经纬度和精确到厘米的高程数据，报送境外机构世界气象组织（WMO）时，立即上报国家测绘局，国家测绘局与中国气象局协调解决此事，制止了一起可能造成严重泄密的重大案件发生。9月，河南省测绘局对在河南省注册的模板无忧网、河南气象网登载的“问题地图”进行查处。

基础测绘与质量监督

【基础测绘项目】

2010年，河南省测绘局完成安阳、新乡、鹤壁、濮阳、南阳、信阳、驻马店、商丘、开封等市1:1万第二轮基础地理信息数据更新1157幅；“3D”数据库建库1486幅；县市平面图制作及城市信息采集61幅；全省CORS骨干网平面联测、整网平差及大地水准面精化工程等。实行1:1万调绘编辑快速更新机制，完成郑州、平顶山试验项目1:1万快速更新692幅图。全年完成1:1万基础测绘1848幅，完成1:1万DLG调绘160幅、编绘180幅、建库1548幅，1:1万DOM制作1500多幅；完成国家基础地理信息中心1:5万地形图缩编79幅。完成“河南省土地权属界线三维立体信息系统”二调核查任务。

完成平顶山1:5万DLG缩编20多幅，1:1000、1:2000、1:5000、1:1万DLG数据和1:2000、1:1万DOM数据入库。完成南阳市城区D级GPS控制网测量150点、1:1000 DLG测制1172幅、1:2000 DLG测制157幅、1:2000 DEM、DOM制作450幅。完成汝南县1:500全野外地形图测绘23平方千米。完成项城市1:500航测数字DLG 46.3平方千米、1:1000 DOM 186幅。新乡市完成全市8169平方千米的D级GPS控制网和县（市）E级GPS控制网建设，完成D级GPS控制点338个、E级控制点412个；完成大地水准面精化，精度达到3.2厘米；完成市中心区110平方千米1:500数字线划图和数据库建设；完成规划区130平方千米1:1000线划图和数据库建设。

开封市“数字城市”建设及新农村建设测绘保障投入3000多万元。鹤壁市划拨财政资金45万元，用于建立市城区120平方千米1:1000数据库。驻马店市投入187万元用于开展“市域D级GPS三维空间大地控制网建设项目”。“许昌市域D级GPS三维空间大地控制网建设项目”通过许昌市财政投资评审中心评审，预算经费1972万元，项目已上报国家测绘局。鹤壁市投入财政资金45万元用于建设城区120平方千米1:1000数据库。

2010年，河南省测绘局完成老少边穷地区社旗、鲁山、卢氏、伊川等县基础测绘计划任务和经费投入；完成正阳等县追加的相关任务。罗山、光山、淮滨、息县、汝阳等县D级GPS大地基准建设项目获中央财政补助经费78万元；台前县、淅川县大比例尺基础测绘项目获中央财政补助经费72万元。

【测绘质量监督】

6月2日~4日，河南省测绘局对开封市4家丙、丁级测绘单位的资质和成果质量开展检查。全年鉴定各类测绘仪器3350台。

【安全生产】

2010年，河南省测绘局加强测绘安全生产监督管理，对局系统测绘安全生产工作进行全面检查。根据省档案局的工作部署，完成局属各单位生产安全检查和档案安全检查工作，并通过省档案局执法检查组的检查。

重大工程测绘

【数字平顶山地理空间框架建设及应用示范】

8月，“数字平顶山地理空间框架建设及应用示范”项目通过河南省测绘局组织的专家预验收。该项目是国家测绘局数字城市地理空间框架建设试点之一。截至年底，项目完成的基础地理信息资源建设任务包括350平方千米的1:1000、1:2000、1:5000地形图，7882平方千米范围的1:1万、1:5万、1:10万地形图；1:2000和1:1万正射影像数据；主城区范围内三维精细模型数据采集；研发基础地理信息数据库管理软件，建立基础地理信息数据库；扩充城区境界数据和地名地址数据，建立全市统一的地理信息公共服务平台，并在该平台基础上开发了矿产资源管理、教育管理、人防信息查询、地价信息发布等多个应用示范系统。

【南阳数字化地形图测绘】

8月，河南省基础地理信息中心承担完成的“南阳数字化地形图建设测绘”项目“3D”成果，通过河南省测绘产品质量监督站专家组检查验收。该项目完成南阳市中心城区450平方千米1:1000、1:2000全数字航测地形图、数字高程模型、数字正射影像图的数据采集工作，项目成果满足了南阳市城市详细规划和城市管理需求。

【数字济源地理空间框架建设示范】

2月6日，由国家测绘局、河南省测绘局及济源市政府三方共同投资建设的“数字济源地理空间框架建设示范”项目签字仪式在济源市举行。济源市是国家测绘局2009年“数字城市地理空间框架建设”推广计划的6个城市之一，2010年完成1:1000测图30平方千米，完成建库和相关应用系统设计方案制作工作，完成D级网100点和753千米的四等水准测量工作。

国家测绘局在该项目总体设计、航空摄影、公共平台建设、国家基础测绘成果使用及系统集成等方面予以配套支持，河南省测绘局指导项目建设工作，济源市政府负责项目的组织实施和落实项目主要经费。

3月28日，《数字济源地理空间框架建设项目设计书》通过专家评审。

【驻马店市3区2县一体化新农村建设测绘保障服务示范项目实施方案】

9月19日，河南省测绘局召开《驻马店市3区2县一体化新农村建设测绘保障服务示范项目实施方案》专家评审会。该方案总体规划区范围覆盖驻马店市3区2县的13个乡镇，面积1600平方千米，核心区面积160平方千米，国家测绘局支持资金40万元，河南省测绘局扶持资金59.5万元，驻马店市政府财政投入100万元，共投资199.5万元。

【河南省第二次土地调查省级数据库及管理系统建设项目】

6月，河南中化地质测绘院有限公司完成“河南省影像数据库”项目。项目数据量2TB，其中分幅基础影像数据库所用到TIFF格式的标准分幅影像6560幅。标准时点统一更新数据为IMG格式的以县为单位分幅图像188幅。后期针对标准时点统一更新数据影像缺失问题进行以县为单位的数据补充更新41幅。

数字城市建设

【数字城市建设】

2010年，河南省平顶山、郑州、漯河、济源、信阳、邓州6市列入国家测绘局数字城市试点或推广计划。许昌、洛阳、南阳、濮阳4市试点和推广计划已上报国家测绘局待批。完成“数字郑州”1:1万DLG、DEM、DOM 347幅数据处理与入库，1:5万缩编数据处理与建库，以及教育管理、旅游管理系统等应用示范项目开发工作。漯河、济源、信阳、邓州、许昌、洛阳6个城市被列入国家测绘局“数字城市”试点或推广单位。8月9日，商丘市市长批复同意商丘市国土资源局《关于“数字城市”汇报暨“数字商丘”建设的建议》，项目已向国家测绘局申报。焦作市政府下发《关于成立数字焦作建设工作领导小组的通知》。安阳市国土资源局向市政府提交《安阳市“数字城市”建设工作方案》。信阳市成立“数字城市地理空间框架建设”领导小组，开展信阳市数字城市建设工作。

【“数字城镇”建设】

2010年，新郑市薛店镇开展“数字城镇”建设，平顶山市舞钢市6个乡镇和矿建办事处“数字城镇”建设项目已启动，驻马店市泌阳县花园乡已开展“数字城镇”项目建设。

11月11日，河南省测绘局将商城县列入“2010年数字县域地理空间框架建设试点计划”。驻马店市完成4个“数字乡镇”建设，投入187万元启动乡镇D级网项目。

河南省测绘局完成“数字薛店”项目控制、测图和建库，开始进行应用系统开发；完成“数字新集”项目；启动舞阳“数字乡镇”项目。

地图编制与出版

2010年，河南省测绘局建立领导工作用图年度更新机制，完成领导工作用图更新工程，包括《河南省政区图》、《河南省地势图》、《河南省交通图》丝绸图更新印刷，更新再版《河南省地图册》、《河南省实用地图册》。河南省地图院与安徽省第四测绘院合作编制完成《安徽省地图集》，与深圳易图咨询有限公司共同编制完成《港深地图集》。全年编制完成各类地图产品21项323幅。

濮阳市国土资源局印制《濮阳市城区影像图》、《濮阳市城区图》、《濮阳市地图》，为市委市政府领导印制丝绸工作用图。鹤壁市编制完成新版《鹤壁市地图》。

成果应用与测绘服务

2010年，河南省测绘局为政府和有关部门提供基础测绘成果审批332起，为全省30多个领域以及核电项目规划选址、快速铁路与高速公路线路勘察设计等10多个重大工程项目提供测绘成果保障服务。全年累计提供各类地形图1210张，大地成果点514个，数字成果（“4D”产品）2177幅，数据量28619MB，提供数据库E00数据1017幅3959MB，提供遥感影像 9 景 2327MB。

平顶山市向城市规划、城市应急管理、水利等部门提供各种比例尺地形图 6000 多幅，为第二次全国土地调查提供影像图 500 多幅。濮阳市为社会测绘项目提供 D 级 GPS 点成果 14 个。南阳市 56 家测绘单位为农运会场馆等 108 个重点项目提供测绘服务，共施测工程用地 2300 多公顷。信阳市向本地驻军无偿提供 D 级网成果。

科技创新与人才培养

【测绘科技管理】

2010 年，河南省测绘局编制基础测绘“人县年”（1∶1 万调绘更新工作要求 1 人负责 1 个县，1 年内完成）快速更新项目技术方案并开展试验。完成“固定翼轻型无人机航摄系统”操作人员培训工作。组织全省数字城市试点和推广城市的技术支持单位人员参加国家测绘局举办的数字城市建设培训班，10 人通过考试并取得合格证书。河南省遥感测绘院完成“LIDAR 项目”济源试验区 3500 平方千米生产试验。矿山空间信息技术国家测绘局重点实验室通过国家测绘局 2010 年双年度考评。

河南省测绘局出台《河南省测绘科学技术进步奖励办法》和《河南省优质测绘工程（成果）评选办法》。

【测绘科技成果】

9 月，河南省测绘局组织 2010 年度河南省测绘科技奖评审工作，评出 8 项科技奖。开展 2010 年度河南省优质测绘工程（成果）奖评审活动，评出一等奖 30 项、二等奖 56 项、三等奖 42 项。河南省政府办公厅与河南省测绘局合作完成的专题研究成果“河南省政府应急地理信息系统”获河南省发展研究奖二等奖及中国测绘学会 2010 年测绘科技进步奖三等奖。河南省测绘局完成的“AutoCarto 编绘建库一体化信息系统”、“河南地图网”获中国测绘学会 2010 年测绘科技进步奖三等奖。河南省地图院编制的《河南省地图集》获中国测绘学会 2010 年优秀地图作品裴秀奖铜奖。河南省地理信息中心开发研制的“平顶山矿山资源管理系统”获河南省测绘科技进步奖一等奖，开发研制的“数字平顶山大比例尺数据库建设及应用”、“汝南县第二次土地调查数据库建设”获河南省科技进步奖二等奖，承担的“南阳市城区 450 平方千米 1∶1000 比例尺航测数字化（DLG）测绘工程”获河南省测绘优质成果一等奖，编制的《汝南县 1∶500 内外业一体化数字地形图》和《信阳市城区图》获河南省优质测绘工程二等奖。河南省测绘工程院开发研制的“基于影像化的数字高程模型处理软件”通过河南省科技厅组织的专家评审。

安阳市国土资源调查规划与测绘院被河南省科学技术协会评为 2010 年“永煤杯”河南省科技推广十佳示范单位，院有关人员获“河南省十大优秀科技创新人物”和“河南省优秀科技工作者”称号。南阳市开展 2010 年度南阳市优质测绘工程（成果）奖评选工作，评选出一等奖 3 项、二等奖 6 项、三等奖 22 项、优秀奖 10 项。

【人才队伍建设】

2010 年，河南省测绘局轮岗交流处级干部 3 名，考察选拔处级干部 2 名。全年引进硕士研究生 7 名。开展 2010 年度中、初级专业技术职务任职资格评审工作，全省测绘系统工程系列中级职称考核通过 35 人、初级职称考核通过 447 人。开展 2010 年度全省机关事业单位测绘工人技术等级岗位考核工作，并举办工人技术等级培训班，188 人参加培训。开展测绘人才队伍专项统计调查工作。举办全局系统文秘培训班。遴选 10 人为 2010－2011 年度青年技术带头人。

党的建设与精神文明建设

【党建工作】

2010 年，河南省测绘局举办廉政教育党课，组织党员干部开展廉政专项学习。抓好示范教育和警示教育，组织党员观看警示教育片，组织党员干部到监狱参观。开展专家报告会、党建座谈会、青年先进代表演讲会等党建活动。开展廉政文化进机关、进家庭活动，营造廉政文化氛围。

河南省测绘局制定《2010 年党建工作要点》，印发实施《河南省测绘局 2010 年度党风廉政建设责任目标》。修订《河南省测绘局责任追究办法》。3 月 18 日，召开 2010 年党风廉政建设暨加强党的建设工作会议。5 月 18 日，河南省测绘局党委在全局基层组织和共产党员中开展创先争优活动。7 月 1 日，举办庆祝中国共产党成立 89 周年专题学习报告会。

【精神文明建设】

3月25日，河南省测绘局评选出全省30家测绘系统先进集体和60名先进个人。开展“大旱无情人有情测绘青年‘爱心水’”活动，向西南五省特大干旱地区捐特殊团费。组织开展为期一个月的“世界读书日”活动。开展“迎世博·讲文明·树新风”征文活动。年内，河南省测绘局被评为全国测绘系统实践科学发展观年度优秀单位。

【援疆建设】

11月，河南省测绘局将一批价值20万元的绘图仪、制图软件等测绘技术装备交付哈密地区国土资源局；与河南省发展和改革委及哈密地区国土资源局协商，制定测绘技术培训计划，为测绘对口援疆建设做好工作。

【离退休干部工作】

2010年，河南省测绘局重视抓好离退休党支部建设工作，多次召开离退休人员座谈会，局领导多次看望生活困难、长期患病职工，走访慰问参加过抗日战争的离休老干部并送去慰问金和慰问品。组织全局50名离退休人员开展文体活动；组织21名离退休人员赴昆明、大理旅游考察；帮助140名离退休人员办理老年乘车证；组织离退休人员参加健康知识讲座4次，为15名离退休人员申报慢性病医疗；组织离退休人员为玉树地震灾区捐款。

【测绘宣传工作】

2010年，河南省测绘局在《中国测绘报》、《中国测绘》杂志发表稿件85篇，在国家测绘局政府网站发表稿件68篇，接受新闻媒体记者采访或在其他媒体发表稿件60多篇（次）。印发《河南测绘简报》19期。为《大河报》宣传“中原经济区”提供卫星遥感影像图。与郑州市人民政府办公厅联合召开3次新闻发布会，做好中央电视台、人民日报等10家中央媒体“数字城市中国行”郑州站宣传报道采访团前期宣传工作。

编印《河南测绘》4期，完成《中国测绘年鉴》、《河南年鉴·测绘篇》、《河南测绘2009年大事记》、《河南科技年鉴·测绘篇》供稿工作。

地方社团工作

1月31日，河南省测绘学会在郑州召开七届五次常务理事会。8月20日～24日，河南省测绘学会与中国科学院计算技术研究所教育中心在郑州联合举办地理信息系统与地图制图技术高级研修班，测绘科技工作者100多人参加研修班。10月2日～7日，河南省测绘学会与中国测绘学会联合举办注册测绘师资格考试培训班，来自全省的测绘管理人员和测绘科技工作者300多人参加培训。10月10日，举办“数字城市地理信息空间框架建设与应用”研讨会，全省测绘界科技工作者100多人参加研讨会。

2010年，河南省测绘学会发展单位会员5家，个人会员11名。年底，河南省测绘学会团体会员单位增至165个，个人会员达2012人。完成学会社团登记证、税务登记证、组织机构代码证、期刊准印证的审查换证工作。全年编印3期《河南测绘》学术期刊。向中国测绘学会推荐4项测绘科技项目，向省科协推荐3项测绘科技项目。

湖北省

规划与计划

【湖北省基础测绘“十二五”规划】

12月，湖北省测绘局编制完成《湖北省基础测绘“十二五”规划》（征求意见稿）。该规划明确指出，“十二五”末基本建成数字湖北地理空间框架，全面推广数字城市地理空间框架建设，完善信息化测绘体系，努力实现基础测绘全省“一张图、一个网、一个平台”的建设目标。

【湖北省测绘与地理信息发展“十二五”规划】

12月，湖北省测绘局编制完成《湖北省测绘与地理信息发展“十二五”规划》（征求意见稿）。该规划明确了湖北省测绘与地理信息发展“十二五”规划的指导思想、基本原则和主要目标，提出了

“十二五”期间全省测绘地理信息工作要完成的九大任务。

法制建设

【测绘立法】

2010年列入湖北省政府立法计划的《湖北省测绘项目登记管理办法》经多次论证修改，已上报省政府。湖北省测绘局拟定的《湖北省测绘行政执法自由裁量权执行指导标准》已报送省政府。

8月，完成《湖北省基础测绘条例》的前期立法调研工作。按照省政府有关文件，对《湖北省测量标志管理办法》等规章和《湖北省测绘任务登记管理办法》等规范性文件进行清理。其中，提出废止意见的4个，提出继续有效意见的7个，并及时将意见报送省政府。进一步完善和落实行政复议权利告知制度，规范行政执法、行政许可的文书格式文本。

【行政许可】

湖北省测绘局重视行政审批工作，对机关工作人员进行行政许可办理和省级行政审批系统使用培训；加强局行政许可办事服务大厅软件、硬件建设。5月，组织召开行政审批专题工作会议，查找行政审批工作中存在的问题和不足，并及时督促整改；调整行政审批管理主体和办事窗口，明确由省基础地理信息中心具体负责，实现“一个窗口”、“一站式服务”。2010年，湖北省测绘局处理行政审批事项为553项，共办理449项，其中网上办理335项。

【法制宣传教育】

2010年，湖北省测绘局为提高测绘从业人员知法、守法、用法意识与能力，开展全省测绘系统学法用法活动，积极组织行业单位参加国家测绘局举办的“苍穹数码杯”测绘行业学法用法征文活动，向国家测绘局推荐的《我的第一次执法经历》一文获优秀奖。

“8·29”测绘法宣传日当天，局领导及有关处人员赴各市、州指导巡视，并及时对测绘法宣传日活动中成效显著的湖北省第一测绘院、湖北省基础地理信息中心、仙桃市测绘局、武汉市测绘局、黄石市测绘局等5家单位进行了表彰。

在12月4日全国法制宣传日，按照省依法治省领导小组的安排，湖北省测绘局印发《关于开展2010年百家网站“五五”普法法律知识竞赛活动的通知》，组织全省测绘系统干部职工参与百家网站“五五”普法法律知识竞赛活动。

市场监督

【测绘资质管理】

2010年，湖北省测绘局加快测绘资质复审换证工作进程，先后印发《关于加紧进行测绘资质复审换证的通知》和《关于加强乙丙丁级测绘资质复审换证工作的通知》。

5月，召开全省测绘资质复审换证暨测量标志管护工作会议，就各地测绘资质复审换证工作进行安排，明确了复审换证材料受理、初审、审批的要求。举办测绘资质工作座谈会，就2010年复审换证遇到的常见问题进行讨论解答，编写《测绘资质网上申办常见问题解答二》并发给各地。对黄石市测绘局《关于测绘资质管理信息系统使用有关情况的请示》予以批复。对复审换证工作中的问题以及工作进度进行情况通报，提高甲级测绘资质复审换证工作的质量和速度，有效地促进了甲级测绘资质复审换证初审工作的顺利完成。

建立新办测绘资质单位负责人谈话制度，组织新办测绘单位负责人学习法律法规和有关政策，赠送《测绘管理法规文件选编》，提高测绘单位依法测绘意识。

2010年，乙级升甲级资质单位2家，取消甲级资质的单位1家，全省共有甲级单位39家。完成国家测绘局委托，审查其他省份33家甲级测绘资质单位复审换证材料的初审工作。完成乙级以下测绘资质单位换证128家，新申办取得测绘资质证书单位13家，变更单位名称、地址或法人代表等信息的单位58家。

【整顿和规范地理信息市场秩序】

5月24日，湖北省测绘局转发国家测绘局等7部门《关于加强地理信息市场监管工作的意见》，强调加强地理信息市场监管的重要性，明确监管任务和工作方向。6月3日，与省国家安全厅、省国家保密局以及宜昌市相关单位联合召开全省地理信息市场整治工作先进单位、先进个人座谈会，并对地理信息市场监管工作进行探讨和研究，提出新的要求。

按照湖北省行政执法责任制考核办法的要求，湖北省测绘局对2009年全省测绘系统行政执法工作进行评议考核。在各地自查的基础上，湖北省测绘局组成考评小组赴十堰、荆门、潜江等地开展行政执法检查。通过评议考核，武汉、襄阳、宜昌、十堰、荆门、咸宁、仙桃、潜江等8市测绘局为行政执法评议考核优秀单位。

加强测绘日常执法工作。对某软件公司采集涉密区域信息进行查处；对群众反映的测绘市场存在的违规现象进行调查和督办；指导十堰市测绘局对杭州某信息公司未到湖北省测绘局办理测绘项目登记一案进行查处。2010年，湖北省测绘局和湖北省国家安全厅被评为全国整顿和规范地理信息市场秩序工作先进集体；湖北省宜昌市测绘局闫晓被评为先进个人。湖北省查处3名德国公民非法测绘案，被列为国家测绘局2009年全国十大典型测绘案例之首，被国家安全部和国家测绘局评为2009年度优秀涉外测绘执法案件，并获得2009年度优秀涉外测绘案例三等奖。

地图管理与成果管理

【地图审核与网络地图监管】

2010年，湖北省测绘局联合武汉市测绘局等有关部门，要求全省范围内存在“问题地图”的单位进行整改，或通知当地测绘管理部门督促整改。1月，与宜昌市测绘局查处宜昌万达广场户外广告中漏绘南海诸岛、钓鱼岛等重要岛屿的“问题地图”，责成宜昌市测绘局督促相关单位进行整改。分别与武汉市、黄石市测绘局联合对当地地图市场进行检查。加强对互联网地图和地理信息服务网站的监管，对市州基础测绘成果提供使用行为进行规范，有效促进地理信息资源的开发利用。举办湖北省第二期涉密测绘成果管理人员岗位培训班、全省地图管理与互联网地图安全审校人员培训班和省测绘局保密检查技术骨干培训班，强化国家版图意识和保密安全思想，提高了业务水平。先后对武汉、黄石、荆州、宜昌等地涉密测绘成果保密管理与使用情况开展跟踪检查，消除失泄密隐患。

2010年，全省审核批准地图14件，审批基础测绘成果478项，出具涉密基础测绘成果准予使用决定书278项，出具到外省申请使用的国家秘密基础测绘成果证明函197项，审批对外提供襄阳市测绘成果1项。

【成果汇交】

2010年，湖北省加大地理信息资源管理力度，推动测绘成果汇交工作，初步拟定《湖北省地理空间数据交换和共享管理办法（征求意见稿）》。年内，湖北省测绘局接收国家级测绘成果资料6次；接收局内生产单位上交成果47个项目（测区）；接收其他单位测绘资料2次。

【保密管理】

2010年，湖北省测绘局结合测绘保密工作实际，下发《湖北省测绘局关于进一步做好保密工作的通知》，局领导与机关各处、局属单位负责人签订保密工作责任书。11月，举办保密技术骨干培训班，局保密委办公室、局属单位保密办负责人及保密技术骨干共30多人参加培训。开展保密宣传和保密知识竞赛活动，对保密资料进行了销毁，为机关干部职工配发保密存储介质。在局机关和局属单位中开展保密检查，对领导干部保密工作责任制的落实情况、保密委员会建设及发挥作用的情况进行了抽查，对存在问题的单位要求限期整改，通过检查消除了安全隐患，局系统全年未发生失泄密事件。11月，湖北省保密局对省测绘局保密制度、保密承诺书、保密要害部门等工作进行检查，对该局保密工作给予肯定。

【测量标志保护管理】

湖北省测绘局召开全省测量标志管护工作会议，就2010年测量标志维护保管工作进行全面安排。重点组织开展A级、B级及部分C级GPS点的普查及国家一、二等水准点和三角点维护工作。组织编制《湖北省高等级测量标志重点维护技术方案》，并用于实际工作；委托省基础地理信息中心研发的湖北省测量标志管理信息系统正式开通；举办了测量标志重点维护培训班和湖北省测量标志管理信息系统培训班。制止了4起可能损坏测量标志事件，办理测量标志迁建审批10起。

基础测绘与质量监督

2010年，湖北省省级基础测绘共投入3100多万元。湖北省测绘局完成测绘服务总值12269.4万元，同比增长20.3%，超额完成省政府年初制定的增加12%的目标。

【1:1万基础地理信息数据采集与更新】

2010年，湖北省测绘局组织完成约1000平方千米高分辨率航空摄影；完成武汉城市圈、襄阳、随州、黄冈等地区约2万平方千米1:1万数字线划图，武汉城市圈420幅1∶1万数字正射影像图和中央财政补助恩施测区、黄冈测区112幅1∶1万数字线划图等测绘项目。全省基础地理信息数据覆盖率从"十五"末的22%增加到50.1%。实施赤壁市、潜江襄岳公路沿线、鄂州市城乡一体化等新农村建设测图项目，共测制了约160平方千米1∶2000及1∶1000等大比例尺地形图。完成了"百镇千村"测图工程10多个重点乡镇的测绘工作。

【数字城市建设】

2010年，湖北省测绘局大力推进数字城市地理空间框架建设，积极向国家测绘局汇报请示，争取支持；充分利用各种机会和渠道，向各地政府介绍数字城市建设取得的成效，引起政府和部门领导的重视；成立了数字城市技术协调小组，负责协调解决数字城市建设相关工作和技术难题。潜江、鄂州、随州、黄石、襄阳、荆门、十堰、黄冈、武汉、仙桃、咸宁等11个市被列为国家测绘局数字城市试点城市或推广城市。宜昌、荆州、孝感3市已向国家测绘局递交了申报材料。全省约80%城市开展了数字城市建设。10月，人民日报、新华社、光明日报、经济日报、中央电视台、中央人民广播电台、科技日报等10多家中央媒体到湖北潜江市集中采访，对潜江和湖北数字城市建设和应用情况进行了深度报道，在全国引起较大反响。

【数字湖北】

6月，按照湖北省委省政府关于加快推进数字湖北工程建设的要求，湖北省筹备成立了数字湖北工程建设领导小组及办公室、专家咨询组，组织编制了《数字湖北地理空间框架建设总体实施方案》。经多方积极争取，国家测绘局将数字湖北地理空间框架建设列为国家数字省区地理空间框架建设试点。7月，《数字湖北地理空间框架建设总体实施方案》通过由国家测绘局和湖北省政府共同组织的专家评审，国家测绘局和湖北省政府签署了《数字湖北地理空间框架建设合作协议书》，湖北省成为全国第一个数字省区地理空间框架建设试点。省委书记罗清泉出席签字仪式，省长李鸿忠在签字仪式上讲话，副省长段轮一代表省政府在协议上签字。湖北省政府已将数字湖北地理空间框架建设列入省"十二五"发展规划和重点项目，将在经费和政策上给予支持。

【地理信息产业】

10月22日，国务院总理温家宝在湖北省委书记罗清泉、省长李鸿忠的陪同下，到武汉东湖高新技术产业开发区视察湖北地理信息产业自主创新成果展区，对湖北省自主研发的"天地图"核心技术和享有完全自主知识产权、世界领先的实景三维技术移动测量系统给予高度评价，对湖北地理信息产业所取得的成绩给予肯定。

11月2日~6日，由国家测绘局、科技部、中国科学院和湖北省政府主办，湖北省测绘局、武汉东湖新技术开发区等单位承办的第二届武汉国际地球空间信息技术与产业发展论坛在武汉举行。来自澳大利亚、捷克、加拿大等国的专家和我国李德仁、刘经南等院士与政府领导、企业代表出席论坛，探讨地球空间信息领域的新技术、新产品、新理论和新成就。11月4日，罗清泉、李鸿忠等省领导参观了武汉·中国光谷国际光电子博览会的地球空间信息专馆。2010年，湖北省地理信息产业继续增长，年产值达50亿。

【质量监督】

2010年，湖北省测绘局组织对全省测绘单位测绘成果质量进行监督抽查及复查。按照国家测绘局统一部署，组织实施甲级测绘单位成果质量监督抽查工作。全年共检查乙、丙、丁级测绘资质持证单位42家，复检2009年检查中判为不合格项目的单位4家。荆门、黄石等地积极落实对丙、丁级测绘单位质量监督检查工作职责，制订了实施方案，积极开展质量监督检查活动，增强了测绘单位成果质量意识，促进测绘产品质量提高。

重大工程测绘

【三峡库区综合信息空间集成平台工程】

2010年，纳入中央代发地方债投资的延续性项目三峡库区综合信息空间集成平台建设完成，并通过国家测绘局组织的验收，召开了成果发布会。项目建成了三峡库区权威、统一、通用的地理信息公共平台，实现了库区高精度地理信息数据全覆盖，成为库区各区县、各部门之间的信息共享基础。该平台作为国内第一个跨省建设的地理信息公共平台，探索建立了部委、省、市合作推动共建共享的新模式，对于数字区域地理空间框架建设具有重要的借鉴意义。

【湖北省测绘与地理信息发展大厦建设】

由湖北省测绘局自筹1.1亿元建设的湖北省测

绘与地理信息发展大厦建设进展顺利，该大楼建筑面积2.7万平方米，年内已完成95%的土建工程，正在进行内外装修。

【湖北省连续运行卫星定位服务系统工程】

2010年，湖北省连续运行卫星定位服务系统建设已完成，进入试运行阶段。它的建成标志着湖北省已初步形成全省地震监测网络和天气预报网络。

测绘合作共建

7月23日，国家测绘局、湖北省测绘局、武汉市政府共同签署《数字武汉地理空间框架建设示范合作协议书》，共同构建数字武汉地理空间框架。在国家测绘局确定的全国100多个数字城市地理空间框架建设试点城市中，武汉市是全国首个副省级城市试点。

地图编制与出版

4月1日，由湖北省民政厅、湖北省测绘局组织编制，中国地图出版社出版的《湖北省行政区划图集》正式发行。这是建国以来湖北省第一本大型行政区划专题地图集。图集由序图、政区图、附录和地名索引4部分组成，采用最新的行政区划和地名资料、勘界成果及湖北省基础测绘成果编制，具有极强的权威性和实用性。

成果应用与服务

【成果提供】

2010年，湖北省测绘局接待申请使用国家级、省级基础测绘成果数据和测绘成果提供用户约500多次，档案查询用户140多次；借阅档案291件。为水利、地矿、交通、规划等行业提供各种比例尺地形图2051幅，大地控制点4588点；提供DLG、DRG、DEM、DOM 14009幅、数据量171997MB；提供卫星影像数据101景，航片扫描数据15593片，相片5000多片。

【成果服务】

一、为城市管理和新农村建设服务

2010年，湖北省测绘局为武汉城市圈建设提供1:1万“4D”成果1578幅、航片4439片、控制点成果1000个。此外，还为鄂西生态旅游圈等省级旅游投资部门提供大量地形图和航片数据。

为襄阳、荆州、鄂州、随州、荆门、孝感等6个县市新农村建设项目提供大量地形图，其中数字成果1120幅、喷绘图251幅；为仙桃、洪湖2个县市的新农村示范区提供1:2000 DLG 34幅；为“百镇千村”建设提供各时期航片501片。

为数字鄂州提供90幅1:1万DLG数据及覆盖全市的卫星影像数据；为数字随州提供航片3860片；为数字黄石提供航片630片，1:1万DLG数据51幅。

二、为国家重大项目服务

2010年，湖北省测绘局为三峡库区综合信息空间集成平台建设提供本省1:25万、1:5万和1:1万数字成果共1013幅。

为第二次全国土地调查提供本省涉及英山、大悟、神农架等地区的土地调查数据成果及各类建库数据。完成国家测绘局全国1:5万地形图数据更新和湖北省1:5万地形图数据更新513幅，并及时将更新后的数据提交给国家测绘局。

三、为社会经济发展服务

湖北省测绘局为湖北省内河流、湖泊普查项目提供1:1万数字158幅，1:1万喷绘图128幅，1:1万和1:5万印刷图共694幅；为“引江济汉”水利工程项目提供1:1万喷绘图20幅，航片233片；为武汉大学清江流域三维基础平台系统建设提供数字成果1549幅。

为利川至万州公路、316国道随州市厉山至净明段扩建工程、318国道荆州市段改线工程、老河口至谷城高速、通城至界上（鄂湘界）高速公路工程等交通建设项目提供各类地形图200多幅、控制点成果近50个。为全省电力建设和改造工程提供各类地形图150多幅、控制成果近150个。为石油石化部门基础设施建设和改造提供1:1万地形图50多幅。

【地图服务】

2010年，湖北省测绘局向湖北省委、省政府、省人大、省政协领导，湖北省直各厅局和各级人民政府，湖北省重大发展战略、重大工程建设等提供各类地图集（册）、各类挂图、纸图、丝绸地图累计3000多份。累计向社会提供湖北省系列地图册、交通图、旅游图等各种公开版地图产品60多万张（幅、册）。

应急与测绘保障

【为湖北防汛抗洪供图】

3月，为配合全省防汛抗灾工作，湖北省测绘局组织有关人员加班加点，编制出最新版绸布防水的《湖北省地图》，赠送给抗洪指挥人员。该地图详细介绍了湖北省行政区域界线、湖泊、江河、大中型水库、分蓄洪区的准确名称和分布状况，为防汛抗洪提供了准确的专题信息，为抗洪一线的领导科学决策提供了保障服务。同时，还组织编制全省104个分县（市、区）防洪形势图，一并送交湖北省防汛抗洪一线。

【为应急救援演练提供保障服务】

6月，湖北省公安消防总队请求湖北省测绘局调派无人机参加公安部组织的中部地区应急救援演练并提供基础地理信息数据。湖北省航测遥感院出动无人机飞行两架次，飞行3小时，获取数码影像120GB；及时完成演练区域1:1万数字线划图350平方千米、1米分辨率正射影像图556平方千米、0.2米分辨率正射影像图136平方千米的制作任务，为中部地区应急救援演练的顺利进行提供了支持。

科技创新与人才培养

【科技创新】

2010年，湖北省测绘局大力实施“科技兴测”发展战略，依托武汉大学、中国地质大学、华中科技大学等高校，创建有利于发挥人才资源作用的制度环境。完善青年学术技术带头人培养机制，在科技项目的立项、经费等方面给予优先保障。在全省测绘行业开展测绘科技进步奖的评选，积极引进国内外先进技术与设备，不断提高服务保障能力。与武汉大学共同建设精密工程测量与工业测量国家重点实验室，积极开展技术攻关。

湖北省地图院编制的《中华人民共和国省级行政区域界线详图集》获中国测绘学会2010年测绘科技进步奖二等奖。“数字潜江地理信息公共平台”获2010年度湖北省科学技术奖三等奖。由湖北省测绘局张建仁、李建国、李强撰写的《关于加快推进“数字湖北”工程建设的建议》调研成果被湖北省委评为全省优秀调研成果三等奖。《湖北省行政区划图集》获中国测绘学会2010年优秀地图作品裴秀奖银奖。湖北省航测遥感院完成的“沧水数字流域地理信息管理平台”和湖北省测绘成果档案馆、湖北省基础地理信息中心参与完成的“1:25万社会公众版地图试生产”项目获中国地理信息系统协会2010年地理信息科技进步奖三等奖。

【人才培养】

2010年，湖北省测绘局落实“三定”工作，完成局机关各处的职责调整。完成2010年贯彻落实科学发展观年度测绘工作考评自查自评工作，受到国家测绘局考评调研组的肯定。开展事业单位改革调研和前期准备工作，完成局属4个事业单位更名和编制调整工作。加大干部培训力度，制定《2010年湖北省测绘行业教育培训计划》，举办测绘高新技术培训班和全省测绘行政管理干部培训班，安排40人到党校进行学习培训，首次统一组织新招录人员及军转干部岗前培训。按照省委“六个一批”的要求，选派2名机关副处长下派挂职锻炼，从基层选调1人到机关任职，安置了1名军转干部到局机关工作。2010年，湖北省测绘局向社会公开招聘工作人员34人，引进特殊人才2人。

对外合作与交流

1月11日，美国天宝（Trimble）导航公司一行4人应邀到湖北省测绘局进行技术交流，与湖北省测绘局局长张建仁就连续运行卫星定位服务系统建设等方面进行深入交流。

党的建设与测绘文化建设

【党的建设】

2010年，湖北省测绘局按照《省直机关党组（党委）中心组2010年理论学习安排意见》要求，制定了《中共湖北省测绘局党组中心组2010年理论学习安排意见》，做到了中心组学习有专题有内容，有计划有安排。下发《关于召开2010年党员领导干部民主生活会的通知》，明确主题和要求，制定了全局民主生活会日程安排计划。广泛征求群众意见，共收集到包含党建工作、思想观念、作风建设等8个方面的20条建议。6月25日，召开湖北省测绘局第六次党员代表大会，审议通过了第五届直属机关党委工作报告，以无记名投票的方式选举出第六届直属机关党委、团委委员。指导6个局属单位全部完成党组织换届选举工作。下发局部分直属单位党组织更名的通知，及时调整了部分机关支部人员组成。

【开展创先争优活动】

2010年，湖北省测绘局结合工作实际制定了《湖北省测绘局党组关于在全局基层党组织和党员中深入开展创先争优活动的实施方案》。活动持续2年半，包含4个阶段21项具体工作。8月5日，组织召开全局深入开展创先争优活动动员大会，会后督促局属单位党组织分别制定本单位创先争优活动方案、召开动员大会，在全局系统开展公开承诺和争创党员先锋岗活动。

【党风廉政建设】

5月，湖北省测绘局成立监察室，结合局反腐倡廉工作实际，制订了《湖北省测绘局2010年党风廉政建设和纪检监察工作要点》，成立了局反腐倡廉工作领导小组。开展以“学习《廉政准则》，争做勤廉表率”为主题的第十一个党风廉政建设宣传教育月活动。根据湖北省纪委部署，严格实行“一岗双责”。局长与领导班子成员、局领导与分管处负责人层层签订《党风廉政建设责任书》；建立健全《副处级以上廉政档案制度》，形成了“分工明确、责任具体、一级抓一级、层层抓落实”的体系，确保党风廉政建设责任制落到实处。对2008年以来提拔的32名副处级以上的领导干部进行廉政谈话，并邀请有关领导进行专题讲座，增强廉洁从政意识。组织全局干部职工参加省直机关工委举办的反腐倡廉书画比赛和反腐倡廉征集廉政警句格言100句活动；组织184名党员干部参加《廉政准则》知识测试，开展治理商业贿赂专项检查，要求处级以上党员干部填写《廉政档案登记表》，加强了局系统的廉政建设。局机关十几年无违纪案件。

【文化建设】

2010年，湖北省测绘局将文化活动专题写入局党建工作要点，要求局属各单位每年拿出部分经费，用于开展文化活动，并将文体活动作为党建工作评比表彰的重要内容。6月，参加首届全国测绘系统羽毛球比赛，获“体育道德风尚奖”；8月~9月，参加湖北省直机关第二届职工运动会，获团体操比赛二等奖，同时获得组织奖。湖北省航测遥感院组织全院干部职工100多人开展“凝聚力量鼓干劲、共创和谐促发展”主题健身活动；在清明时节组织团员、青年到武汉市洪山施洋烈士陵园缅怀先烈。

地方社团工作

【湖北省测绘学会】

2010年，由湖北测绘学会与湖北省测绘行业协会主办的《地理空间信息》，被收录为中国科技论文统计源期刊。全年共出版6期，合计字数197万，发表论文311篇。其中，基金论文147篇，占已发表的论文的47.3%，比上年提高17%。国内外机构用户总数达到2259个，同比增加10%，海外用户由29个增加到52个，增加79%。在全国19种具有影响力的测绘杂志中，《地理空间信息》排在第11位。

5月，组织全省测绘科技情报站成员单位代表14人参加全国测绘科技信息网中南分网第二十四次学术交流会。共征集论文25篇，经专家评审推荐，3篇获一等奖，5篇获二等奖。11月，与省测绘行业协会共同组织湖北代表团参加在台湾高雄举行的两岸四地GIS研讨会，来自内地、香港、澳门、台湾的专家学者共200多人参加会议。学会向大会报送论文24篇，已收入大会论文集。

12月，与东南亚测绘行业协会在武汉共同主办2010东南亚测绘行业学术研讨会，来自中国、新加坡、马来西亚、印度尼西亚、泰国、文莱、中国台湾等国家和地区的60多名测绘行业专家、学者共同交流测绘技术。湖北省科协副主席徐菊明到会表示祝贺；湖北省测绘局局长、测绘学会理事长张建仁，东南亚测绘行业协会主席蒂娅到会讲话。通过会议，参会各方的测绘科技工作者加深了对湖北测绘工作的了解，扩大了交流范围。

【湖北省测绘行业协会】

1月20日，湖北省测绘行业协会召开第三届会员代表大会，审议通过各项会议文件，表决通过协会章程修订案和协会新一届领导机构等议程。4月、5月，分别召开新一届常务理事会第一次会议和秘书处工作会议。协会2010年新增会员单位11家。截至年底，协会共有会员单位489家、理事单位97家、常务理事单位32家。9月，召开常务理事会座谈会，汇报协会近期工作，交流情况，形成共识，明确下一步工作任务。12月，召开秘书处工作会议，对《省优秀测绘工程奖评选暂行办法》修订事项进行了讨论。

湖南省

规划与计划

湖南省基础测绘计划已列入省国民经济与社会发展年度计划及财政预算，2010年，省级基础测绘投入3900万元，达到历史最高水平。年内完成1:1万地形图更新675幅，建成湖南省卫星定位综合服务系统和省级基础地理信息数据库。

为做好“十二五”基础测绘规划，湖南省国土资源厅成立规划编制领导小组，明确专人负责编制工作。至年底，已完成《湖南省基础测绘“十二五”规划》初稿的编写工作，并与有关省市开展经验交流，学习和借鉴其他省市的先进经验与有益作法。

法制建设

4月，湖南省国土资源厅印发《湖南省国土资源宣传工作要点》，把测绘法律法规宣传作为重要内容，提出具体要求。预算并执行20万元普法经费和80万元宣传经费，专款专用，保证测绘法律法规宣传工作顺利进行。在“8・29”测绘法宣传日期间，组织市县国土资源局和测绘资质单位，通过悬挂气球、横幅，设置咨询服务点，发表专题文章和电视讲话，利用互联网、手机向社会公众发送宣传短信等多种形式大力宣传测绘法律法规，扩大测绘工作的社会影响。厅机关在宣传日当天，召开测绘服务“两型四化”建设座谈会，探讨测绘事业发展新思路、新途径。

测绘资质管理

2010年，湖南省国土资源厅全面推广测绘资质管理信息系统，新办测绘资质证书、资质信息变更、复审换证、作业证审核发放等工作实现在线办理，与国家测绘局测绘资质管理系统互联互通，并能够实时更新。全面完成测绘资质复审换证工作，批准526家测绘资质单位复审换证，注销25家，降级5家。

印发《湖南省测绘质量管理考核办法》、《湖南省测绘成果和资料档案及保密工作考核办法》，组织对全省持证测绘单位开展测绘质量管理、测绘成果资料档案管理及保密工作考核。对通过考核的541家单位，分级由省国土资源厅和市州国土资源局颁发合格证书，对考核不合格的17家单位提出了整改要求并督促其整改，并将考核情况进行通报。

市场监管

2010年，湖南省国土资源厅继续开展地理信息市场专项整治工作，会同省国家安全厅、省工商管理局、省国家保密局等6部门，开展互联网地图和地理信息服务专项整治，强化国家版图意识宣传教育和地图市场监管，依法严肃处理无证测绘、非法编制出版地图、擅自复制涉密地理信息等违法违规行为，净化地理信息市场，促进地理信息产业发展。

地图管理与成果管理

【地图审核】

2010年，湖南省国土资源厅审核地图样图47件。其中，单张地图43幅，地图集（册）2册，书刊插图1幅，电子地图1件。在认真审核、严格把关的同时，指导编制、出版单位自觉执行相关法律法规，确保经审核出版的地图符合国家有关规定。

【测量标志保护】

2010年，湖南省财政预算150万元，启动新一轮测量标志普查维护工作，普查维护方案已通过评审，对全省733个A、B、C级GPS点和3009个一、二、三等水准点开展普查维护。对永久性测量标志，实行严格的行政许可制度，2010年，批准拆迁8个测量标志点。

【成果管理】

2010年，湖南省国土资源厅共受理测绘行政许可事项455件。其中，审批涉密基础测绘使用申请422件，建立相对独立平面坐标系统申请7件，审核地图26件，所有行政许可事项均在规定时间内依法办理完结。全年共提供纸质地形图14760幅、GPS点成果1169个、三角点成果16个、水准点成果6444个、数据地形图21099幅484126MB。

基础测绘

【1:1万地形图更新】

为保证湖南省基础测绘“十一五”规划目标的完成，湖南省国土资源厅认真按照《湖南省基础测绘“十一五”规划》要求，确定了2010年基础测绘的主要任务。2010年，基础测绘主要安排1:1万地形图更新675幅，年内完成该任务，实现了基础测绘“十一五”规划规定的更新1:1万地形图4000幅的目标。

【少数民族地区基础测绘项目】

2010年，国家测绘局安排湖南省老少边穷地区国家基础测绘项目补助资金150万元，湖南省国土资源厅在国家补助资金基础上，按照1:1的原则安排相应的配套资金。湖南省国土资源厅安排少数民族地区湘西自治州、革命老区平江县、贫困地区新田县各100万元基础测绘资金，用于急需的基础测绘项目，年内这批项目进展顺利。

质量监管

2010年，湖南省国土资源厅认真开展测绘质量监督检查，成立监督检查工作领导小组，抽调测绘专业技术人员组成抽检组，抽检衡阳、岳阳、永州、株洲和湘潭5市34家测绘资质单位的测绘项目。经对抽检项目的质量评定，31家单位测绘项目质量批合格，合格率91.2%，与2009年相比有所提高。对质量批不合格的3家单位分别作出注销、降级和整改后复审的处理决定。

组织优秀测绘工程奖评选工作，经评选委员会评定，“长沙县星沙新城350km^{2}地形图测量”等37个项目分别获湖南省优秀测绘工程奖一、二、三等奖。全年省测绘产品质检站检验测绘产品129项，完成测绘仪器计量检定4121台（套）。

重大测绘工程

【湖南省连续运行基准站（HNCORS）综合应用服务系统】

截至2010年底，湖南省连续运行基准站综合应用服务系统已完成93座基准站土建工程，设备购置计划通过湖南省国土资源厅批准，购置经费已落实到位。

【数字城市建设】

2010年，数字长沙地理空间框架项目已通过国家立项，9月4日，国家测绘局、湖南省国土资源厅、长沙市人民政府正式签订数字长沙地理空间框架建设协议，启动数字长沙地理空间框架建设工程。11月24日，“数字郴州”通过预验收。年内，株洲、湘潭、岳阳3市列入国家数字城市地理空间框架建设推广城市。

地图编制与出版

2010年，湖南地图出版社完成转企改制工作，全面完成生产目标任务，全年完成创收2338万元。实现发行码洋1003万元，回笼实洋632万元；出版测绘图书品种240种，其中新出204种，重印36种，总印数227.5万册，总印张6085千印张。

成果应用与服务

2010年，湖南省国土资源厅为省国家安全部门、省政府、省水利部门、省发展和改革委、省武警总队、郴州市公安局亚运安保系统等提供地理信息系统数据服务。湖南省国土资源厅加快基础测绘公共服务平台建设，基本上满足经济建设和社会发展对基础测绘的需要。

科技创新与人才培养

11月，湖南省国土资源厅召开全省市县国土资源部门分管测绘工作的领导和测绘科（股）负责人参加的测绘行政管理培训班，学习国务院颁发的《基础测绘管理条例》。通过学习，参训学员提高了对基础测绘工作内涵的理解和重要性的认识，增强了做好基础测绘工作的责任心和使命感，提高了依法做好基础测绘工作的能力。

5 月 24 日和 5 月 26 日，湖南省国土资源厅举办 2 期涉密测绘成果管理人员岗位培训班，共 430 人参加培训。其中，通过考试并取得涉密测绘成果管理人员岗位培训证书的有 403 人。

广东省

规划与计划

【规划编制】

广东省国土资源厅积极开展基础测绘“十二五”规划编制工作，完成规划编制前期调研和基础测绘成果需求调查，部署开展“十一五”规划执行情况评估，组织完成“十二五”规划编写和论证。11 月 18 日，广东省基础测绘“十二五”规划正式上报省政府。

按照国家测绘局要求，部署开展地市基础测绘“十二五”规划编制工作。转发《惠州市基础测绘中长期规划》，促进各市开展规划编制工作。年内，广州、汕头、惠州、湛江、清远等市已完成“十二五”规划编制工作。

【计划管理】

根据《广东省基础测绘“十一五”规划》和省财政厅 2010 年省级基础测绘专项经费安排，广东省国土资源厅编制下达 2010 年度省级基础测绘项目计划，会同省发展和改革委编制上报 2011 年广东省基础测绘计划，完成 2010 年广东省基础航空摄影二期计划和 2011 年广东省基础航空摄影计划编制上报工作。

法制建设与市场监管

【测绘法规宣传】

广东省国土资源厅与梅州市国土资源局联合举办“8 · 29”测绘法宣传日活动，发放宣传资料 4000 份，接待咨询群众 1 万多人次。全省各市、县国土资源局利用各种媒体开展宣传活动，广东卫视及地方电视台、报纸、网络等媒体对宣传活动进行了集中报道。《珠海特区报》刊登专版，对珠海测绘法宣传日活动进行大篇幅聚焦报道；河源市、中山、揭阳等市国土资源局积极与电信部门联系，在宣传日当天向移动手机用户发送测绘法宣传日公益短信；各市县测绘行政管理部门充分利用单位网站，开设测绘法宣传专栏，进行主题、口号宣传。2010 年，广东省国土资源厅被国家测绘局授予“全国测绘宣传工作先进集体”称号。

【制度建设】

广东省国土资源厅配合省政府法制办做好《广东省测绘管理条例》（修订草案）修改、完善工作，制定《广东省测绘项目登记管理办法》，出台《广东省国土资源厅实施国家基础测绘项目管理办法》等规范性文件，起草《广东省测绘资料汇交管理办法》等管理制度。

【测绘资质管理】

广东省国土资源厅结合测绘质量监督检查工作开展测绘资质单位日常检查，对全省所有测绘资质单位（含外省来粤）实行全面检查，将测绘资质单位的执业合法性、基本架构和人员、仪器设备及检定情况、测绘标准执行与档案管理、质量管理与保证体系建设等 5 个方面作为非成果类检查的内容，并将检查结果与年度注册、增补业务、资质升降、复审换证等工作挂钩。

2010 年，广东省国土资源厅依法批准测绘资质新办证、升级、变更等 65 件，办理外省来粤测绘备案 51 件。根据新颁布实施的《测绘资质管理规定》、《测绘资质分级标准》，全面开展测绘资质复审换证工作，完成近 600 家测绘资质单位的复审换证工作。

【行政审批改革】

按照广东省政府行政审批制度改革等相关要求，广东省国土资源厅下发《关于规范丁级测绘资质行政审批事项的意见》和《关于规范市县级示意性地图审核行政审批事项的意见的通知》，将丁级测绘资质和市县级示意性地图审核行政审批权下放地级以上市国土资源局，进一步强化和充实各市测绘管理工作职权。

【整顿和规范地理信息市场秩序】

按照国家和广东省政府的部署，广东省国土资源厅认真做好全省地理信息市场整顿和规范工作的检查验收和总结上报。经过整顿，全省地理信息市场监管能力显著增强，违法测绘活动和非法提供互联网地图服务行为不断减少，测绘事业、地理信息市场发展环境更为优化。在专项整治工作取得成效的基础上，强化地理信息市场秩序监管联动机制，下发深入开展地理信息市场监管工作的意见，提出建立长效监管机制的要求，促进了地理信息市场的健康有序发展。全年全省共有4个单位、5个个人受到国家表彰，11个单位、8个个人受到省表彰。

【测绘市场信用体系建设】

广东省国土资源厅积极探索建立测绘单位信用管理制度，在连续3年全部检查测绘单位质量状况的基础上，初步建立起测绘市场基本信用体系，包括测绘单位资质情况、年度注册情况、职业合法性情况、质量和档案管理情况、仪器设备情况等内容，并在厅门户网站上向社会公布，提供公众查询。

地图管理与成果管理

【地图市场监管】

广东省国土资源厅联合国家版图意识宣传教育协调成员单位，按照广东省委省政府关于“创先争优迎亚运”要求，下发《关于迎亚运加强国家版图意识宣传教育和地图监管服务工作的通知》，做好亚运地图服务，开辟亚运地图绿色审核通道。组织开展亚运地图市场专项检查，组织成员单位对比赛场馆、服务网点、周边区域、礼品销售、媒体用图以及机场、车站和交通要道等地进行多次巡查和专项执法检查，防止了“问题地图”现象的发生。2010年，受理审核地图111批次，受理审定出版单位地图选题158种，技术审查地图96幅、电子地图7件。

【地图管理培训】

2010年，广东省国土资源厅组织全省地图管理人员和互联网地图服务单位安全审校人员104人参加国家测绘局举办的全国地图安全审校人员培训。同时，结合广东实际，举办了全省地图管理培训班，市、县地图管理人员、地图编制单位和互联网服务单位110多人参加培训。

【成果管理】

广东省国土资源厅认真做好测绘成果汇交工作，2010年，共汇交测绘成果副本28套，成果目录10413条。受理使用基础测绘成果申请266件，依法批准178件。积极开展广东省测绘成果目录服务网站和市县级成果目录服务系统建设，广东省国土资源厅被国家测绘局评为系统建设优秀单位。

【测量标志保护】

广东省国土资源厅加强测量标志保护管理，对全省永久性测量标志实行属地化管理，按照市、县、乡镇三级行政区域进行划分，落实到各乡（镇）国土资源所，由乡（镇）国土资源所负责辖区内测量标志的普查、保护、管理和统计工作。建立广东省测量标志监管数据库，制定测量标志动态巡查、定期汇总的巡查保护机制。

基础测绘与质量监督

【基础测绘】

2010年，广东省国土资源厅积极配合国家测绘局实施广州、阳江摄区以及茂名、江门、清远、潮州、阳江、云浮、韶关、梅州、肇庆、湛江等10个数字城市航空影像航摄工作，已获得茂名、江门、阳江、云浮、肇庆、湛江6市面积为8885平方千米的航摄影像数据；测制更新1∶1万数字线划地形图2648幅、数字高程模型1955幅、正射影像图1339幅；建立GPS大地控制点89点，完成水准测量5093千米、浅海滩涂地形测量380平方千米；完成国家测绘局下达的“927”一期工程任务、1∶5万检验综合判调等国家基础测绘项目任务。

【数字城市建设】

全面推进数字城市地理空间框架建设，经国家测绘局批准，全省21个地级以上市全部列入国家测绘局数字城市地理空间框架建设试点城市和推广应用城市，其中有19个市签订了数字城市地理空间框架共建合作协议，建设设计书均通过专家评审。数字惠州、数字佛山、数字深圳地理空间框架已建成并通过国家测绘局组织的验收，正式向社会提供服务。

【质量监督】

2010年，广东省国土资源厅组织开展测绘质量监督检查。其中，省组织完成150家甲、乙级测绘单位的质量监督检查工作，各市组织完成433家丙、丁级测绘单位的质量监督检查工作。完成基础地理信息数据库 1∶1 万和 1∶5 万“4D”产品 10324 幅、大比例尺数字化地形测量 575 平方千米、工程测量 760 平方千米等多项测绘成果的检查验收。

【征地测量】

广东省国土资源厅积极为国家和省重点建设工程做好测绘服务保障，组织实施了大广、广乐、二广、穗莞深等高速公路以及西气东输等国家和省重点建设工程的征地测量工作。

测绘合作共建

广东省国土资源厅积极推进基础地理信息资源合作共建，与省城乡建设厅、省林业局、省气象局等部门签订了共建共享协议；与各地级以上市签订了《广东省基础地理信息公共服务平台共建共享协议》，省市互相交换基础地理信息数据。

地图编制与出版

2010 年，广东省国土资源厅加强地图编制。全年编制完成《珠三角卫星影像图》、《珠江三角洲地图集》、《丰顺县影像图》等近 10 种公共地图；编制标准地图 117 幅；围绕广州亚运、亚残运会，编制出版《广州亚运专题地图》、《亚运会安全保卫图》、《运动员村公共服务指南地图》等 20 多种专题地图；编制完成惠州、揭阳、东莞、中山、佛山、珠海、花都、顺德、茂名等地的系列基础地图以及《地图常见问题辨析手册》、《国家版图宣传海报》等宣传资料；编制出版《中国·番禺沙湾》等 10 多种乡镇地图，为公安交警、公路、民政、旅游等部门制作专项工作用图。全年编制出版行政区划地图、交通地图、地势图、旅游地图、地图册（集）等公开版地图 95 种，测绘图书 5 种，新版图书 54 种，重版图书 86 种，总印数为 208 万幅/册。编制的《广州市街巷大全地图》、《广东省地图》（盲文版）、《广东省地图》（吸塑版）、《广东改革开放三十周年地图集》分别获中国测绘学会 2010 年优秀地图作品裴秀奖铜奖。

成果应用与服务

2010 年，广东省国土资源厅积极提供测绘服务保障，向社会和有关部门提供各等级水准点、GPS 点共 1177 点，提供各种比例尺图件、数据共 30277 幅，向省领导和省直部门提供各种地图、图书 388 册，为亚运安保、国家“927”工程、广东森林防火系统建设、茂名救灾复产、珠三角地质灾害监测等重大工程项目提供服务保障。积极为广东建设节约集约用地示范省工作提供测绘服务，组织完成“三旧”改造用地标图建库和矿产资源标图建库工作，建立了全省“三旧”改造地块数据库和矿产资源数据库。

科技创新与人才培养

【测绘科技创新】

2010 年，“广东省地理信息公共服务平台”被列为珠江三角洲地区一体化规划的重大项目，列入广东省高端新型电子信息产业发展“十二五”规划。已完成广东省省级和珠江三角洲部分市的政务版电子地图数据保密技术处理，建成广东省公众版地理信息公共服务平台并与国家公众版地理信息公共服务平台实现联通。数字惠州、佛山、深圳地理空间框架建设平台已建成，开展了市级平台的互联、示范系统应用。开发了“土地执法监察动态巡查系统”，承担完成“高分辨率合成孔径雷达卫星影像在广东省土地利用动态监测的应用研究”等 3 个省级项目，并申报广东省科技计划项目奖。广东省连续运行卫星定位服务系统获中国全球定位系统技术应用协会卫星导航定位技术优秀工程和产品奖二等奖，“基于多源控制信息正射影像快速更新研究与应用”项目获中国测绘学会 2010 年测绘科技进步奖一等奖。

【队伍建设】

2010 年，广东省国土资源厅机关新招本科以上学历 6 人，其中硕士研究生 5 人。考核选拔厅党组成员、厅领导 1 人，副巡视员 2 人，提拔处级干部 14 人，调整处级干部 22 人。

【教育培训】

2010 年，广东省国土资源厅先后举办测绘资质管理、地图管理、测绘保密、测绘质量管理培训班，各级测绘管理部门和测绘生产单位 1000 多人参加培训。

对外合作与交流

【对外交流】

广东省国土资源厅组团参加澳门主办的第六届

海峡两岸测绘发展研讨会等活动，派员参加香港卫星定位参考站数据服务启用仪式暨应用工作坊和香港测量师学会2010年周年庆典。

【出国培训】

2010年，派员赴以色列参加国际摄影测量与遥感学会（ISPRS）“核心数据库更新维护与服务学术研讨会”，赴美国参加地理信息公共服务高级研讨班等，广泛开展对外交流。

党的建设和测绘文化建设

【党风廉政建设】

广东省国土资源厅积极推进和落实党风廉政责任制，制定《2010年广东省国土资源系统党风廉政建设工作要点》，修改完善《广东省国土资源系统党风廉政建设责任制考核检查办法》。开展政风行风民主评议和回头看工作，开展规范权力事项运行工作，编制《规范权力运行工作规程》，积极开展“两整治一改革”活动，制定《广东省国土资源厅开展“两整治一改革”专项行动工作任务及责任分工》，全面部署廉政专项行动工作。开展“创先争优”活动，举办“大地清风”先进事迹晚会，受到省委、省政府、省人大、省政协领导和国土资源部领导好评。

【精神文明建设】

广东省国土资源厅认真落实广东省委、省直机关工委工作部署，积极开展“大规模培训干部”、“建设学习型党组织”、“抓落实，促发展”、“创先争优”等主题实践活动，积极做好“规划到户 责任到人”扶贫开发工作，争取扶贫资金290.3万元。积极为受灾地区群众奉献爱心，踊跃捐款，在向青海玉树地震灾区捐款活动、“扶贫济困日”活动、粤西灾区献爱心等活动中，共捐款28.8万元。2010年，厅测绘院被省委、省政府授予“广东省文明单位”称号，厅基础测绘处和测绘管理处被省妇联授予“优秀爱心父母（集体）”称号，省国土资源技术中心胡胜华被省妇联授予“优秀爱心父母（个人）”称号，厅大地测量队被省总工会评为广东省工人先锋号。

【测绘文化建设】

广东省国土资源厅机关工会积极发挥“职工之家”的作用，组织开展形式多样的文体活动，成立了9个文体组，落实了活动经费，安排了活动场所，受到广大干部职工的好评。积极组织干部职工参加国家测绘局举办的各种活动，选送作品参加“南方测绘杯”首届全国测绘职工书法绘画比赛，参加2010年全国测绘系统羽毛球比赛并获团体冠军。积极参加省直机关工委举办的各种文体活动，参加广东省直机关工委、广州市直机关工委联合举办的登山活动并获“优秀组织奖”、省直机关创先争优迎亚运健身操表演“优秀组织奖”。厅测绘院职工、全国五一劳动奖章获得者谭妃仁被省直属机关工委推荐确定为第16届亚运会火炬手。

地方社团工作

【广东省测绘学会】

一、理事换届

6月，广东省测绘学会召开第九次会员代表大会，审议通过八届理事会的工作报告和学会章程，选举产生了第九届理事会、常务理事会及领导集体，完成124名理事、5名分支机构负责人以及24名分支机构副主任委员、4名工作委员会负责人及12名副主任委员的聘任工作，并召开了九届一次理事会。

二、学术交流

5月，广东省测绘学会组织会员参加全国测绘科技信息网中南分网第二十四次学术交流会，提交会议论文28篇，4篇获一等奖。

7月，协助举办粤港澳测量师学术交流活动，来自粤港澳测绘界代表60多人参加活动；与广东省规划协会联合召开城市测量与测量工程学术经验交流会，省内35家城市测绘单位近80名代表参加会议，会议收到交流论文63篇，8篇被评为优秀交流论文；配合国家测绘局举办2010年全国学生定向越野锦标赛活动。

11月，参加中国测绘学会学术年会，广东省共获得11个奖项。其中，获测绘科技进步奖一等奖1个、三等奖5个，优秀地图作品裴秀奖5个。

三、技术培训

受广东省国土资源厅委托，广东省测绘学会举办3期涉密测绘成果管理人员培训班；受国家测绘局委托，举办1期全国互联网地图安全审校人员培训班4期共培训1032人。

【广东省遥感与地理信息系统学会】

一、学术交流

8月，广东省遥感与地理信息系统学会承办省科协第35期院士论坛，邀请王家耀院士作题为“从数字城市到智慧城市”的报告，200多人参加论坛。11月，与澳门科学技术协进会、香港摄影测量与遥感学会共同主办第三届珠江三角洲区域环境遥感论坛研讨会，来自北京、广州、珠海、香港、澳门等地25家单位的70多名代表出席会议。

二、技术培训

6月，广东省遥感与地理信息系统学会、华南农业大学信息学院、ESRI中国（北京）有限公司共同主办了2010年ENVI/IDL遥感培训班，50多人参加培训。

三、科学研究

2010年，广东省遥感与地理信息系统学会加快实施“十一五”国防科工委的“国产卫星遥感数据在多云多雨地区应用及评价研究”项目。1月~3月，组织中山大学、珠江水利委员会水利科研所、北师大珠海分校3单位，就“珠江三角洲大气污染气溶胶遥感研究”、“雷达数据水气延迟作用及其纠正研究”、“国产卫星数据的去云雾技术和珠海城市扩展研究”、“城市扩展引发的水环境污染遥感专题研究”等子课题做好验收前的准备工作。10月，该项目通过国防科工局组织的验收。

广西壮族自治区

规划与计划

【“十二五”基础测绘规划纲要编制】

2010年，广西壮族自治区测绘局（以下简称广西测绘局）完成自治区“十二五”基础测绘规划纲要的编制，9月上报广西壮族自治区发展和改革委员会。

【市、县基础测绘规划编制】

截至12月底，广西全区共有24个县申报开展基础测绘规划编制工作。其中，11个县已完成规划编制工作，4个县签订了规划编制合同。

【2010年度计划实施】

2010年，广西安排自治区级基础测绘计划项目经费1200万元，实际完成2010万元（按成本费用定额计算）。

法制建设与市场监管

【法规与制度建设】

2010年，广西测绘局上报国家测绘局、自治区政府、自治区人大、自治区法制办有关法规修订的征求意见稿6件。在国家测绘局编制的全国测绘行政处罚职权分解的基础上，结合广西的法律法规，增加4项测绘行政处罚职权，由原来的57项增加到61项，并针对新增处罚职权在全区测绘行政管理工作会议及广西全区测绘资质信息系统软件培训班上做了讲解。

【测绘行政体制建设】

广西测绘局按照自治区政府“三定”方案改革要求，加强测绘行政体制建设，全面落实市、县测绘行政管理职能。8月16日，全区测绘行政管理工作布置会在南宁召开，各市国土资源局分管测绘行政管理工作的副局长、测绘行政职能部门的主要负责人参加会议。会议进一步明确了各市测绘行政管理职责，并就广西测绘局制定的《各市国土资源局测绘行政执法工作考核评比内容及标准》（征求意见稿）征求与会人员意见。

【行政执法】

广西测绘局严格执行测绘法律法规，加大测绘市场监管、检查力度，依法查处各类测绘违法案件，促进广西测绘事业的健康有序发展。2010年，开展全区测绘行政执法检查119次，发现违法行为17起，查处违法案件3件，作出行政处罚2件。

【整顿和规范地理信息市场秩序】

2010年，广西测绘局认真贯彻执行国家测绘局等7部门《关于加强地理信息市场监管工作的意见》和《关于开展地理信息市场专项整治工作“回头看”行动的通知》，8月和11月，分别对北海市和桂林市地理信息市场开展专项检查督促工作，督促各市建立地理信息监管长效机制。北海市在全区首先建立地理信息监管长效机制，不定期召开各部门联席会议。桂林市国土资源局召开全市地理信息市场专项整治工作联席会，探讨如何加强涉密测绘成果的监督管理。其他各市的地理信息市场监管长效机制建立工作已开始推进。

广西测绘局认真完成全区地理信息市场专项整治工作总结并上报国家测绘局。认真做好全国地理信息市场专项整治工作先进集体、先进个人的推荐工作，广西壮族自治区国家安全厅获全国地理信息市场专项整治工作先进集体称号，广西测绘局朱小玲等3人获先进个人称号。

【测绘资质管理】

3月~4月，广西测绘局分别在南宁、柳州、百色、梧州4市举办5期测绘资质复审换证工作培训班，共460人参加培训。完成335家单位的复审换证工作，通过复审换证318家，注销资质17家。10月，举办2期测绘管理信息系统软件培训班，440人参加培训，为做好2011年测绘资质网上申报工作奠定基础。

广西测绘局严格执行测绘资质审批程序，严把测绘资质审批准入关。2010年，新增测绘资质单位43家。其中，乙级3家，丙级22家，丁级18家。截至12月底，全区共有测绘资质单位427家。受国家测绘局委托，广西测绘局完成31家外省甲级测绘资质单位复审换证材料的初审工作。

地图管理与成果管理

【地图审核】

2010年，广西测绘局认真开展日常地图审核工作，做好地图国界协审、地图保密审查送审、测绘成果数据保密技术处理等服务工作。全年共受理地图审批申请72件，审核通过69件，正在审核3件。审核地图折合16开本1544幅。

【地图市场监管】

2010年，广西测绘局受中国－东盟博览会、中国－东盟商务与投资峰会指挥中心委托，参与博览会专家审核组，就展出的地图进行现场审核，针对现场查出的9幅“问题地图”，及时向博览会指挥中心提出书面整改意见和建议，确保地图使用的规范性。

【互联网地图管理】

广西测绘局认真贯彻落实国家测绘局《关于加快开展互联网地图服务测绘资质审查发证工作的通知》精神，简化互联网地图服务测绘资质的审查程序，提高审查效率，认真指导从业单位填报互联网地图服务测绘资质申报材料，规范互联网地图管理，加快推进广西区互联网地图服务测绘资质审批工作，促进全区互联网地图市场健康发展。

【成果汇交】

2010年，广西测绘局接收全区测绘生产单位汇交的各类测绘成果资料包括：“4D”产品光盘23张，数据量54.74GB（其中DLG数据2365幅，DOM数据147幅）；航测外业成果资料4个测区光盘4张，图幅1028幅；航空摄影航片成果4个项目，底片28筒，像片6111片，数据8186片，光盘51张，硬盘3个，数据量992.6GB。

【成果管理】

一、涉密测绘人员培训和成果管理

2010年，广西测绘局分3批举办全区第二期涉密测绘成果管理人员岗位培训班，822人获得由国家测绘局统一印制的保密培训证书。

6月，广西测绘局下发《关于开展测绘成果保密管理制度建设工作的通知》，进一步强化涉密测绘成果使用单位的保密意识。

二、测绘档案资料管理

2010年，广西壮族自治区测绘档案资料馆启动磁带库数据分类备份工作，由专管人员按分类数据进行备份，以保证数据的安全管理。截至12月底，共备份硬盘2个，数据量800GB。

该馆完成汇交测绘档案的分类组卷工作。全年组卷数据档案10个项目89卷。其中，数据19卷，文档档案10卷，图历簿及质量跟踪卡60卷。并对入库数据进行认真检查。

该馆对历年接收的数据成果进行检查和备份，已完成154个项目成果的检查和备份，共46617幅（片），硬盘10个，刻录光盘1086张，数据量为10104.2GB。

基础测绘与质量监管

【基础测绘】

2010年，广西壮族自治区完成的基础测绘项目主要包括：1:1万DLG生产2297幅，北部湾测区、田林测区1:1万控制测量1156幅，“一乡一图”影像挂图工程1205幅，CORS系统基准站建设10个，广西

二、三、四等水准网整体平差及沉降模型分析9200千米，1∶1万DOM生产926幅；航摄底片扫描3780片。

【质量监管】

2010年，广西测绘局根据国家测绘局《测绘生产质量管理规定》，结合广西基础测绘生产质量管理实际，制定了《广西壮族自治区测绘局基础测绘产品质量管理规定》。

广西测绘产品质量监督检验站验收自治区级基础测绘生产项目21项，各市、县地方基础测绘工程项目17项，国家重大工程项目测绘1大项（48小项），产品质量全部合格。其中，优级品15项、良级品17项、合格品7项。

广西测绘产品质量监督检验站对广西全区范围内的甲、乙、丙、丁级测绘资质单位进行2010年度定期质量监督检验，检验12家测绘资质单位12个项目。其中，甲级单位5项，乙级单位3项，丙级单位3项，丁级单位1项。项目涉及地形测量7项、地籍测绘2项、房产测量2项、GPS测量1项，产品质量全部合格。

【测绘仪器检定】

2010年，广西测绘产品质量监督检验站共检定测绘仪器3922台。其中，GPS接收机795台、全站仪1235台、手持测距仪592台、经纬仪139台、水准仪1161台。

重大工程测绘

2010年，广西第一测绘院承担实施国家“927”工程相关任务，已完成广西境内7个沿岸陆地大地控制点和5个海岛（礁）大地控制点的选埋。为第二次全国土地调查的城镇地籍调查以及数据库建设服务，完成广西31个县（市）780平方千米1∶500地形测量和316平方千米地籍测量任务。

广西第二测绘院完成第二次全国土地调查的城镇地籍调查以及数据库建设广西22个县（市、区）和广东省2个市的1∶500地形图测绘任务，总计460平方千米。

广西航空遥感测绘院为湘桂铁路扩能改造（宁明至凭祥段）1∶2000带状航测数字化成图113平方千米；测制广西高速公路南宁－钦州、柳州－武宣、荔浦－玉林、贵港－合浦、崇左－靖西、河池－百色等路段1∶2000航测数字化带状图1188平方千米，西南水运出海通道工程（曹渡河口至桥巩段）1∶5000工程测量123平方千米；完成左江崇左至南宁（宋村三江口）Ⅲ级航道工程1∶2000专用地形图测量48.5平方千米；完成中国石油广西销售南宁－柳州成品油管道工程1∶2000带状航测地形图232千米；为桂中农村土地整治测绘1∶2000地形图53平方千米。

广西地图院为广西壮族自治区海洋局“908”项目编制《广西海岸带综合调查、海岛综合调查专题图》556幅、《广西重点生态区综合调查专题图》62幅、《广西重点港湾水深地形海图》82幅、《广西水深地形及沉积类型图集》1册。

广西基础地理信息中心完成广西北部湾经济区地理空间框架数据库建设；数字柳州地理空间框架项目工程设计及地名地址数据采集；国家地理信息公共平台广西电子地图数据采集。

测绘合作共建

1月，广西测绘局与百色市政府签订《数字百色地理空间框架建设与应用协议书》。4月，与国家测绘局、柳州市政府就数字柳州地理空间框架建设签订《数字区域地理空间框架建设示范合作协议书》。12月，与玉林市政府签订《数字玉林地理空间框架建设协议书》。

成果应用与测绘服务

【测绘服务】

2010年，广西基础地理信息中心完成广西省级公众版地理信息公共平台的建设，开始对运行于该平台的数据进行脱密处理。

广西测绘局积极推动CORS系统的应用与服务。截至12月底，注册单位达45家，注册账号181个，平均在线用户30～40家；进一步开拓长基线解算和似大地水准面高程转换等基准传递服务项目；新增2个网络RTK服务系统，包括设置和维护、系统账号管理、系统测试等；协助完成北部湾CORS系统三期系统集成和四期参考站设备招标工作。

广西测绘局积极为广西经济发展做好测绘保障服务，完成广西测绘成果目录服务系统、广西武警总队三维地理信息指挥系统、广西公安厅反恐怖综合信息系统（三期工程）等系统建设；为广西国土资源厅制作了《广西壮族自治区国土资源立体模型》；为自治区党委、政府提供《世界地图》、《中国地图》、《广西壮族自治区地图》等大型工作用挂图153幅；为广西地震局、广西水利厅、南方电网广西分公司等单位编制大量实用地图；为广西军区、南宁警备司令部、广西武警总队等单位编制“反恐维稳综合指挥图”；为桂林靖江王陵文物保护管理处测量1∶500地形图88幅、1∶200地形图20幅；完成广西国土资源厅矿业普查1994个探矿权的内业核查工作和自治区矿业核查数据库建库工作，并编制《广西壮族自治区矿业权分布图》、《广西壮族自治区矿业权和矿产资源分布图综合图》。

【成果应用】

2010年，广西测绘局共接待业务用户1292家（次），接受业务咨询电话1056次，办理《办结通知书》902份，与领用测绘成果单位签订《广西基础测绘成果使用许可协议》620份。

广西测绘局为广西交通、规划、水利、有色、教育科研、石油、环保、林业、冶金等部门提供不同比例尺DLG 293幅、DEM 8621幅、DRG 270幅、DOM 631幅、专题数字成果14幅、航片270片。提供各类比例尺地形图12070幅（张）。

为广西矿权调查、第二次土地利用调查和城市地籍测量等项目提供各等级大地测量成果资料443次，共9940点。为铁路、林业、电力、测绘及高速公路建设项目提供航摄像片3223片。为广西全区各有关测绘单位提供含乡镇界线的1∶1万图6487幅。为广西容县、柳城、龙胜等5个县的林业部门制作1∶1万定向文件TFW 580幅；为用户提供由WGS－84大地高程转换为1985国家高程基准共36次1108点；提供1985高程转换为1956高程286点。利用历史航片资料解决山林、土地纠纷，为用户提供17次共40份航片资料，涉及纠纷土地面积286.47公顷。

2010年，广西测绘成果档案信息网站的点击量达到1万次，用户通过“有问必答”栏目进行咨询，解决了大量测绘成果使用问题。该网站已成为社会各界了解广西测绘成果档案工作的新窗口，能够最大限度地实现广西测绘档案资料信息的共享，更好地满足国民经济建设和社会发展对基础测绘成果的需要。

科技创新与人才培养

【科技创新】

一、科技项目管理

2010年，广西测绘局积极开展测绘科技创新工作。“基于航测法的基础地理数据快速更新系统开发与应用”和“南宁GPS接收机综合检定场建设技术研究”获2010年度广西科学技术进步奖三等奖。“EGM2008地球重力场模型应用研究”、“广西城市电子地图服务平台技术研究”、“北海市2000国家大地坐标系统建设”、“广西北部湾海岛（礁）高程联测技术研究”、“房地产三维信息系统应用技术研究”5个项目被列为广西测绘局2011年科技研发项目。

二、北部湾卫星遥感联合实验室管理

广西测绘局主动联系自治区北部湾规划管理委员会办公室、海洋局、水资源局、气象局、地震局、广西森林防火办公室等部门，依托北部湾卫星遥感联合实验室的成果为其提供现势性测绘服务，在海洋监测、北部湾经济区规划建设等方面发挥了重要作用。

三、无人机航摄系统

广西测绘局组织有关单位技术人员参加国家测绘局举办的“固定翼轻型无人飞机航摄系统培训班”，以及“尖兵之翼——第三届中国无人机大会暨展览会”，并通过全州县、桂林市、永福县等测区的实验生产，掌握了无人机航摄系统在测绘领域的应用技术。10月，该局购买了1套固定翼轻型无人机航测系统；12月首次试飞，成功拍摄了80张遥感影像。在此基础上，进一步研究无人机航摄系统在大比例尺地形图测绘、数字城市建筑物三维建模、救灾应急、城市规划、电力线日常巡查监测等方面的应用。

【人才培养】

2010年，广西测绘局提拔2名青年干部分别担任局属单位的主要领导，进一步改善了直属单位领导班子的年龄结构、知识结构。10月，与广西壮族自治区人力资源与社会保障厅联合举办全区数字区域地理空间框架建设高级研修班，来自广西全区各市的测绘科技人员200人参加为期4天的培训。此外，组织广西测绘局青年学术技术带头人开展技术交流。

广西测绘局选送1名专业技术人员参加国家测绘局劳模班到武汉大学攻读研究生；选送20名处（科）级领导干部分别到自治区党校、广西区直党校参加培训；组织23名公务员参加网络培训，所有参训公务员全部完成规定的培训任务。

【学历教育与技能培训】

2010年，广西测绘职业技术学校与武汉大学联合举办网络大专、函授本科、在职研究生班，学员共509人。积极培养测绘工程中等专业技能人才，至年底，共有学员313人。举办工程测量、房产测量、地籍测绘、大地测量等工种职业技能鉴定培训和测绘新技术培训班12期，培训专业技术人员共867人，其中776人获得职业资格。

党的建设与测绘文化建设

【党建工作】

2010年，广西测绘局深入开展学习实践科学发展观活动，严格落实局党组中心理论学习组学习计划，组织广西测绘局机关、局直属单位副处级以上干部专题理论学习4次，120人（次）参加，9人（次）作专题发言。制定《中共广西壮族自治区测绘局党组深入开展创先争优活动实施方案》和《广西壮族自治区测绘局深入开展创先争优活动领导点评工作方案》，组织相关学习活动共49次800人（次），观看电影电视教育片。广泛开展“结对共建、先锋同行”活动，与南宁市邕宁区蒲庙镇联团村党总支共同探讨结对共建、创先争优工作。广西测绘局9个局属单位全部开展创先争优主题实践活动，280名在岗党员做出郑重承诺，完成率100%。局党组对9个直属单位的党委（支部）以及单位主要领导和机关处室主要领导进行面对面的点评，有效促进了全局各项工作的落实。广西测绘局获国家测绘局组织的2010年科学发展观考评优秀奖，广西第一测绘院获“全国测绘系统先进集体”和“全国测绘应急保障先进集体”称号，广西地图院周国奎获全国测绘奖章。7个单位被评为“十一五”广西测绘系统先进集体，34人被评为“十一五”广西测绘系统先进个人。

【党风廉政建设】

广西测绘局党组认真学习深入贯彻胡锦涛总书记在十七届中央纪委五次全会上的重要讲话精神。3月，召开2010年党风廉政建设暨反腐败工作会议，136名科级以上领导干部参加。5月和10月，分别举办全局纪检监察干部、处级后备干部培训班，学习廉洁从政有关知识。9月，组织131名党员干部参观广西检察机关预防职务犯罪展览；局党组中心理论学习组集中学习《中国共产党党员领导干部廉洁从政若干准则》。11月，局党组书记、局长陈仲怀在全局科级以上领导干部大会上作《认真学习贯彻〈廉政准则〉自觉遵守党的纪律，始终保持党员领导干部职务行为的廉洁性》报告。全局各级层层签订《党风廉政建设目标管理责任书》；局领导班子成员与局直属单位、机关处（室）领导开展廉政谈话51人（次），69名处级领导干部向局党组和所在单位职工作述职述廉报告，党风廉政建设目标管理责任制得到进一步落实。

【测绘文化建设】

广西测绘局重视测绘文化建设和精神文明建设，组织参加2010年全国测绘系统羽毛球比赛，获混合团体第二名；参加全国第四届体育大会定向运动项目比赛，获二等奖4个；参加广西全区国土资源系统首届文化周活动，获一等奖1个、二等奖4个。组织开展广西测绘局庆祝建局50周年“五个一”活动（表彰一批先进集体和个人、筹办好一台文艺晚会、编写好一本图册、征集一些测绘感言和举办一场演讲比赛）以及各类体育活动，协助广西国土资源厅举办机关干部职工定向体验赛和2010年全民健身节广西定向公开赛。

【群团工作】

2010年，广西测绘局组织慰问困难、生病职工125人，发放慰问金5.87万元，募捐“抗旱救灾”款3.47万元，“见义勇为”捐款1万元。表彰广西测绘局“十佳职工”10人，先进基层团组织3个，优秀共青团员10名，优秀共青团干部6名，表彰“五好文明户”839户。广西地图院团支部获广西区直机关优秀基层团组织称号，朱俊琦获广西区直机关优秀共青团干部称号。积极组织妇女干部职工参加广西区直机关“三八”妇女节一百周年系列活动和广西区直机关“贺百年妇运，展巾帼风采”板报比赛活动。

【扶贫工作】

广西测绘局认真贯彻执行自治区党委、自治区人民政府关于定点扶贫的工作部署，在落实整村推进工作中，结合环江毛南族自治县水源镇西里村的实际，制定年度帮扶计划，自筹资金16万元，为驻点村完成水、路、学校、文化等基础实施建设，开展农民种养新技术推广应用培训、基层组织建设等8个帮扶项目的建设。

地方社团工作

【广西测绘学会】

7月，广西测绘学会第九次会员代表大会暨

2010年学术年会召开。大会听取并审议通过广西测绘学会第八届理事会工作报告、《广西测绘学会章程》修改说明、财务工作报告等有关决议，选举产生第九届理事会，表彰了18个先进集体、53名先进个人和24篇优秀学术论文作者。10月，召开广西测绘科学技术奖、广西优质测绘产品（工程）奖评审会，组织专家对申报的19个项目进行评审；召开2010年度广西测绘科学技术奖、广西优质测绘产品（工程）奖奖励委员会全体会议，审议通过2010年广西测绘科学技术奖一等奖1项、二等奖1项、三等奖1项，2010年广西优质测绘产品（工程）金奖3项、银奖5项、铜奖6项。

2010年，广西测绘学会获广西壮族自治区区科协“2008－2009年度先进学会”、“科学普及奖”称号，李建常、李碧荣获“2008－2009年度学会先进工作者”称号。组织会员单位申报的“基于3G手机的高程测量及其信息系统开发与应用”项目获中国测绘学会2010年测绘科技进步奖三等奖，“桂林市城区图（新版）”获中国测绘学会2010年优秀地图作品裴秀奖铜奖，《“数字北海地理空间框架”建设GIS数据与制图一体化建库技术实现》一文获“吉威数源杯”青年优秀论文三等奖。

编辑《发展测绘事业 服务广西经济建设》一书，由广西人民出版社公开出版发行；组织专家对“广西CORS基础设施建设项目”立项评审；组织专家对“广西测绘成果分发服务业务系统”项目进行鉴定；组织会员撰写“首届信息化创新克拉玛依国际学术论坛”论文。2010年，编辑《广西测绘与遥感》2期，发表论文33篇，共印发2900册。

【广西遥感学会】

4月，广西遥感学会编写的《广西“3S”技术应用及发展研究报告》、《地理信息系统应用现状调查及发展对策研究》通过专家评审。承担《北部湾经济区资源环境遥感调查与监测系列图》项目，其中《广西北部湾经济区遥感（CABER－2）影像图（1∶30万）》编制及相关专题图件资料收集整理工作于6月完成。

【广西测绘科技信息站】

3月，广西测绘科技信息站在玉林市召开年会，部署2010年工作任务并开展测绘学科学术技术交流活动。5月，主办全国测绘科技信息网中南分网第二十四次学术信息交流会，来自湖南、广东、湖北、河南、海南、广西等6省区的114名会议代表参加交流会。会议编辑了《全国测绘科技信息网中南分网第二十四次学术信息交流会论文集》，刻录成光盘并赠送与会代表。5月，承办中国测绘学会科技信息网分会第二届理事会筹备工作会议。

【广西定向运动协会】

5月8日，广西定向运动协会协助共青团广西贺州市委举办“广西电网贺州供电局杯”贺州青年城市定向大赛，600人参加比赛。5月15日～19日，派员参加第四届全国体育大会定向赛，获得男子接力赛、女子接力赛三等奖；中距离二等奖1个；短距离二等奖2个，三等奖2个；百米二等奖1个，三等奖一个。9月27日，承办区国土资源厅干部职工公园定向赛。11月20日～21日，协办2010年全民健身节广西定向公开赛，来自广西国土资源系统、广西区直有关单位、各社会团体和部分高校的60支队伍、1300人参加比赛。

海南省

海南国际旅游岛数字地理空间框架建设

【国家测绘局与海南省人民政府签署共建协议书】

3月9日，国家测绘局与海南省人民政府在北京签订《海南国际旅游岛数字地理空间框架建设合作协议书》，共同投资1亿元人民币合作建设海南国际旅游岛数字地理空间框架。海南国际旅游岛数字地理空间框架建设主要是将自然、经济、人文、社会等信息按照地理空间位置进行集成整合，建成地理信息数据库。同时把感知这些信息所需要的浏览、漫游、查询、检索、量算、叠加、分析、辅助决策等工具汇聚于一个服务平台，实现在纵向上与国家、省外城市的互联互通、协同服务，在横向上与省内各厅局的衔接协同，面向政府部门、企事业单位和社会公众，提供在线的地理信息服务。海南国际旅游岛数字地理空间框架是“数字海南”建设的基础地理空间框架。建设内容主要包括数据建设，服务建设、支撑体系和示范应用等，建设成果由国家测绘局和海南省人民政府共享。

【海南国际旅游岛数字地理空间框架建设】

2010 年，海南省政府成立海南国际旅游岛数字地理空间框架建设项目领导小组，海南省副省长李国梁、国家测绘局副局长李维森任组长；领导小组办公室设在海南测绘局，海南测绘局局长王保立任办公室主任。海南测绘局成立海南国际旅游岛数字地理空间框架建设项目实施领导小组，小组下设计划组、执行组和技术组。9 月 10 日，海南测绘局与中国测绘科学研究院在北京签订《海南国际旅游岛数字地理空间框架建设技术合作协议》，共同推进数字海南地理空间框架建设。

年内，海南国际旅游岛数字地理空间框架建设获取 0.2 米分辨率卫星影像 18481 平方千米，完成 1.1 万平方千米的像控测量；完成 2000 平方千米 0.2 米分辨率正射影像生产；获取 300 平方千米 0.1 米分辨率卫星影像，完成 300 平方千米的像控测量。完成地理信息公共平台（公众版）项目设计书编写，进行基础地理底图库数据生产。

测绘行政管理体制建设

【海南省各市县设立测绘局】

4 月，海南省机构编制委员会办公室、海南省国土环境资源厅、海南测绘局联合下发《关于进一步加强市县测绘工作的通知》，要求各市、县加强测绘管理机构落实工作，完善测绘管理体制。要求海南省各市、县国土环境资源局加挂测绘局牌子，主管本行政区域内的测绘工作，明确了市、县测绘管理机构的 10 项主要职责。要求各市、县国土环境资源局明确 1 名局领导负责测绘工作，兼任测绘局局长。各市、县国土环境资源局要加强测绘管理工作人员力量，内设测绘岗位，负责测绘管理工作。其中，海口市、三亚市不少于 2 名，其他市、县不少于 1 名，编制由省机构编制委员会办公室负责调剂解决。要求各市、县测绘管理工作人员配备要严格把关，缺岗人员由海南测绘局统一组织，按有关规定招录。

【海南测绘局加挂海南省测绘局牌子】

为加强部门间的沟通协调，更好履行省政府赋予海南测绘局的工作职责，海南省机构编制委员会办公室同意海南测绘局加挂“海南省测绘局”牌子，进一步理顺全省测绘行政管理体制。

法制建设与市场监管

【专题调研】

为进一步推动测绘工作健康有序开展，发挥测绘在经济社会发展中的基础和保障作用，海南省人大环境资源工作委员会对海口、三亚、儋州、琼海、东方、陵水、保亭、屯昌 8 个市县贯彻实施《中华人民共和国测绘法》和《海南省实施〈中华人民共和国测绘法〉办法》的情况进行专题调研，重点了解基础测绘工作开展、测绘成果应用、测量标志保护、测绘市场管理、测绘行政主管机构落实等有关方面的情况。省人大根据调研结果形成工作报告，建议省政府加大测绘工作力度。

【贯彻《基础测绘条例》】

2010 年，海南测绘局、省发展和改革委、省财政厅、省法制办联合印发《关于宣传贯彻实施〈基础测绘条例〉的通知》，要求各市、县将基础测绘纳入本级政府国民经济和社会发展年度计划，将基础测绘经费纳入本级财政预算，加大对基础测绘的保障力度。

【测绘资质复审换证】

2010 年，海南测绘局完成全省测绘资质复审换证工作。全省通过复审换证单位 90 家，缓期 3 家，注销 4 家。通过复审换证工作，重新审查了海南省测绘单位的技术力量、装备情况以及业务范围，加强了对测绘资质单位的管理。2010 年，海南省共有测绘资质单位 107 家。其中，甲级 5 家、乙级 15 家、丙级 33 家、丁级 54 家。

【地图市场监管】

海南测绘局针对海南日报报业集团《南国都市报》刊载错绘、漏绘中国地图的行为，及时下达通知书，要求其停止违法行为。

9 月 21 日，海南测绘局接到举报海南共好会议展览有限公司在无地图编制测绘资质的情况下，擅自制作《2010第6届中国（海南）秋季旅游房地产博览会海南购房地图》后，对该公司开展执法检查。经检查，该公司制作的地图未送测绘行政主管部门审核，并在地图中标注了涉密内容，违反了地图编制相关规定。海南测绘局没收并销毁“问题地图”，并对该公司做出罚款的行政处罚。

【出台房产测绘等测绘产品收费新标准】

2010年，海南省物价局和海南测绘局联合下发《关于房产测绘等测绘产品收费标准及有关问题的通知》，重新核定、发布海南省房产测绘等测绘产品收费标准。房产测绘等测绘产品收费以规定的收费标准为基准，在上下浮动不超过10%的幅度内，有关双方协商确定具体收费标准。

【测绘法规宣传】

在“8·29”测绘法宣传日期间，海南省各地围绕“推进数字城市建设，提升测绘公共服务水平”的主题，组织开展测绘法宣传日活动。海南测绘局与海口市国土环境资源局联合在海口市区设立宣传日活动主会场，展出系列主题展板，内容有国家版图教育知识、测绘装备、测绘法律法规、地理信息市场专项整治以及测绘成果应用等。海南电视台、海南日报、海口电视台、海口晚报、人民网海南视窗等媒体对测绘法宣传日活动进行现场采访报道。部分市县开展“测绘法宣传进基层”活动，出动宣传车到乡镇开展测绘法宣传。测绘法宣传日当天，全省共发送测绘法宣传资料、地图1万多张，发送公益短信5万条。

地图管理与成果管理

【地图审核】

海南测绘局严格按照规定审查向社会公开的地图，全年共审查送审地图49件，通过审核47件，发放审图号47个。

【测绘成果管理】

海南测绘局开展全省2009年测绘成果目录汇交工作，共有89家测绘资质单位汇交测绘成果目录901项；省级基础测绘项目完成年度测绘成果汇交，共汇交625幅1∶1万DLG、972幅1∶1万DOM。开展全省范围内涉密测绘成果使用单位保密检查，检查对象是2009年～2010年期间向省级测绘行政主管部门申请并获取涉密测绘成果的海南省测绘行业单位，检查内容包括保密管理制度建设情况、保密安全措施落实情况、涉密测绘成果保管和使用情况以及涉密测绘成果管理人员教育培训情况。

成果应用与测绘服务

【测绘成果应用】

海南测绘局组织建设“影像海南”触摸屏互动多媒体系统，为海南省资源的远景规划、合理开发和利用及宏观决策提供地理信息和技术支撑；建设海南省农村信用社联社GIS系统，为海南省银行业实现基于空间地理信息的统一管理、网络查询和网络化分发服务提供地理信息服务；与省公安厅联合共建技侦指挥支持信息系统，为提升警务战斗力、提高决策分析科学性提供了有力支持；建设琼中县“数字林业”地理空间基础平台，为琼中县保护生态资源、促进生态建设提供地理信息保障和支持。

【测绘成果服务】

2010年，海南测绘局向省委、省政府、省直各部门提供各类挂图50多幅，各类地图100多集（册），满足了省领导和有关部门对地图的需求。全年累计对外提供地形图117幅、“4D”产品1309幅、大地控制点成果523个，为“908”专项、琼州海峡跨海工程可行性研究、矿产资源勘查、农业种植规划、公路测量、旅游规划等重大项目提供了大量基础测绘成果。

【测绘应急保障】

10月，海南省遭遇强降雨，引发大面积的洪涝灾害和局部山体滑坡等地质灾害。海南测绘局为海南省防汛抢险救灾工作提供测绘保障，赶制《防汛抢险救灾工作用图》，制作“海南省防汛抢险救灾领导工作用图”（防水布质地图）、《海南省影像图》、《海南省行政区划图》以及陵水、琼海、文昌等受灾较重的市县专题地图等100多幅。其中，紧急制作的吊罗山抢险用图为疏散山体滑坡地区的125名游客提供了救援决策依据。在国家测绘局的支持和有关单位的参与下，10月10日海南测绘局获得海南岛东部受灾较重的市县2.2万平方千米的合成孔径雷达卫星遥感数据，立即组织对雷达卫星遥感数据解译，制作了《海南省强降雨积水区域分布专题地图》，及时送省委常委会供研究部署恢复生产、灾后重建使用。利用无人机对琼海市谭门镇、博鳌镇、万泉河两岸洪水灾区以及陵水吊罗山、香水湾滑坡地区进行航空摄影，获得灾区灾后高分辨率航空影像，及时送省各级防汛救灾指挥部门，为灾情评估、灾后重建提供决策服务。

年内，海南测绘资料信息中心被评为测绘应急保障先进集体，2 人被评为国家测绘局测绘应急保障先进个人。

地图编制与出版

2010 年，海南省相关测绘部门编制出版了《海南省地图册》、《海南省市县级行政区域界线详图集》、《海南交通旅游指南》、《海南国际旅游岛房产图》（2010 年版）、《海南岛多目标区域地球化学图集》、《海南省交通旅游地图》、《海南国际旅游岛旅游图》（中英、中韩、中俄对照）、《海南省政区标准地名图集》、《海南国际旅游岛旅游图》、《国际旅游岛三亚交通旅游图》、《海南国际旅游岛房产图》等地图产品，满足各行业和社会公众对地图产品的需求。

基础测绘

【海南 1:1 万基础地理信息数据库更新】

2010 年，国家测绘局第四航测遥感院、国家测绘局海南测绘资料信息中心等单位完成海南 1:1 万基础地理信息数据库更新项目的像片控制测量、数字正射影像图生产、数字线划图生产各 351 幅。

【少数民族地区连续运行卫星定位综合服务系统】

海南省少数民族地区连续运行卫星定位综合服务系统建设项目由国家测绘局第七地形测量队承担。2010 年，完成该系统总体设计方案评审；在全省勘选 16 个全球卫星导航系统连续运行基准站站址，对其中 7 个进行土建工程建设和观测墩安装；完成该系统数据控制中心的设备购置和服务中心建设。

【高精度琼州海峡跨海高程传递测量】

2010 年，海南测绘局组织完成高精度琼州海峡跨海高程传递测量，从高精度对接国家高程基准。此次长距离跨海高程传递综合采用了 GPS 测量、三角测量和天文测量 3 种测量方法，测量精度达到厘米级。

质量监督

2010 年，海南测绘局组织完成海南省重点测绘工程质量监督检查，检查内容为丙级以上测绘资质单位 2008 年 1 月 ~ 2009 年 12 月完成的海南省内测绘工程项目。项目类别主要涉及控制测量、地形测量、线路测量、变形测量及地理信息系统等。检查结果显示，海南省测绘工程成果质量总体较好，受抽检的测绘工程项目质量全部合格。

科技创新与人才培养

【测绘科技工作】

2010 年，海南测绘局努力做好海岛（礁）测绘技术国家测绘局重点实验室工作，召开实验室学术委员会第一次、第二次工作会议；申报实验室 2010 年度开放基金课题，海南测绘局参与的 6 个课题通过立项。海南测绘局开展 2009 年度科技基金项目的验收和评奖工作，国家测绘局第七地形测量队承担完成的“关于海岛（礁）测绘项目保障实验场建设关键技术探讨”等项目获奖；组织 2010 年度海南测绘局科技基金项目立项工作，“基于 SOA 架构的 RIA - WEB 交通地图服务系统技术探讨”等 7 个项目通过立项。

【人才队伍建设】

2010 年，海南测绘局制定《海南测绘局调任公务员工作方案》、《局机关各处（室）和直属单位工作人员调整工作方案》、《海南测绘局 2010 年干部双向挂职锻炼选派工作方案》，为干部选拔工作做好制度保障。根据海南省委组织部要求，推荐 1 人到市县挂职锻炼，推荐 13 名优秀专业干部作为市县党政领导班子备用人选。1 人被评为 2010 年度政府特殊津贴人选，1 人入选国家测绘局科技领军人才，2 人入选测绘质检专家库，1 人获得全国测绘技术能手称号，1 人获得第九届夏坚白测绘事业创新与科技创新奖。

【教育培训】

海南测绘局大力开展教育培训工作，制定《海南测绘局 2010 年培训计划》，全局教育培训项目共 64 项。直属单位举办培训班 39 个，专业技术人员参加培训达 1000 多人次。

【职称评审和职业技能鉴定】

海南测绘局完成 2010 年度测绘专业技术职称评审工作，全省共评定高级工程师 7 人、工程师 33 人、助理工程师 84 人、技术员 37 人；完成 2010 年度全省测绘行业工人技能鉴定考核工作，共评定工程测量、房产测绘和地图编绘三个工种的高级工 10

人、中级工6人、初级工39人。

对外合作与交流

3月11日～20日，海南测绘局派员随国家测绘局团组赴以色列参加国际摄影测量与遥感学会（ISPRS）“核心数据库更新维护与服务”学术研讨会；4月9日～17日，派员随国家测绘局团组赴澳大利亚参加国际测量师联合会第24届大会；9月11日～21日，国家测绘局海南基础地理信息中心1人赴芬兰国家测绘局就地图数据库建设与维护、数字产品服务等专题开展技术研究；9月22日～10月2日，海南测绘局派员随中国全球定位系统技术应用协会团组赴德国、法国、比利时、荷兰进行卫星导航定位产业考察；10月13日～17日，派员随国家测绘局团组赴澳门参加第六届海峡两岸测绘发展研讨会；10月17日～23日，派员随国家测绘局团组赴新加坡参加第12届全球空间数据基础设施大会；11月3日～10日，派员随中国地理信息系统协会团组赴台湾参加2010年两岸四地GIS发展研讨会；11月14日～12月4日，派员随国家测绘局团组赴荷兰国际对地观测与地理信息科学学院（ITC）进行测绘新技术发展与应用培训。

根据海南测绘局和芬兰大地测量研究所签署的《关于测绘科技合作的会议纪要》计划，6月18日～22日，海南测绘局邀请芬兰大地测量研究所2位专家到海南测绘局进行科技访问；11月15日～21日，海南测绘局组团到芬兰大地测量研究所进行技术交流和考察。

测绘合作共建

2月24日，海南测绘局和海南省国土环境资源厅签署合作协议书，就加强数据共享、推进市县测绘工作等达成一致意见，建立基础地理空间信息与国土资源数据共建共享机制，推动数字海南地理空间框架建设，促进地理信息数据在国土资源管理建设中的应用。协议规定，海南省国土环境资源厅协调各市县国土环境资源局向海南测绘局提供土地利用和规划资料、市县和城镇大比例尺地图成果，用于海南省基础测绘资料的更新和优化；海南测绘局向海南省国土资源厅及各市县国土资源局提供海南省行政区域内基础测绘资料，用于全省环境保护和土地资源、矿产资源等自然资源的规划、管理、保护和合理利用工作。

党的建设与测绘文化建设

【政治理论学习】

2010年，海南测绘局坚持中心组理论学习制度，充分发挥中心组理论学习的示范带头作用，按照《进一步建立健全党组中心组学习制度的规定》的要求，制定《中共海南测绘局党组中心组2010年理论学习计划》，加强对各支部理论学习的指导。举办十七届五中全会专题学习会，各党支部通过集中学习、观看辅导录像、上党课等形式开展学习活动，增强了党员干部用十七届五中全会精神指导实践、推动工作的自觉性和坚定性。

【党建工作】

2010年，海南测绘局成立了党建工作目标管理考核组，以《海南测绘局党建工作目标管理考核办法》、《海南测绘局党建工作目标管理考核评分标准》为标准，对局属各党支部的党建工作目标管理进行考核。召开局直属机关第三次党代会，选举产生中共海南测绘局直属机关第四届委员会和纪律检查委员会；召开局直属机关工会第四次会员代表大会，选举产生新一届工会委员会；召开海南测绘局第三次妇女代表大会，选举产生海南测绘局妇委会第四届委员会。

海南测绘局积极开展纪念建党89周年活动，召开纪念建党89周年暨“两优一先”表彰大会，对2年来表现突出的先进党支部、优秀共产党员和优秀党务工作者进行表彰，并举行新党员入党宣誓仪式。加强对入党积极分子的培养，全年有2名预备党员按期转正，发展7人为预备党员，11名发展对象参加省直机关工委举办的入党积极分子培训班。

【党风廉政建设】

2010年，海南测绘局组织学习《中国共产党党员领导干部廉洁从政若干准则》、《中国共产党巡视工作条例（试行）》、《关于实行党政领导干部问责的暂行规定》等文件，举办廉政准则知识测试活动，开展以“讲党性、重品行、作表率”为主题的反腐倡廉宣传教育月活动，进一步加大反腐倡廉制度宣传教育力度。出台《海南测绘局领导干部民主生活会制度》、《海南测绘局领导干部深入基层的规定》等制度，健全党内民主，加强党内监督。

【测绘文化建设】

2010年，海南测绘局联合省直机关工委举办省直机关测绘科技报告会，邀请李德仁院士作题为《从数字地球到智慧地球》的报告；积极参加以“全民健身、活跃机关、共建国际旅游岛”为主题的省直机关第三届职工运动会，派出110多人组团参加2010年海南全民健身日活动暨省直机关第三届职工运动会的大众广播体操、拔河、篮球、乒乓球等比赛，并赞助“海南测绘杯”篮球赛；举办“读书·成才·担当”青年演讲比赛和“弘扬五四精神、建设和谐团队”体验式户外拓展活动；组织干部职工参加省直机关“七一”党团无偿献血活动。国家测绘局第四航测遥感院被评为省直机关文明单位，海南测绘局谭之明被评为省直机关精神文明建设先进个人。2010年，海南省有1人被人力资源社会保障部和国家测绘局联合授予“全国测绘系统先进工作者”称号；3人被国家测绘局授予“测绘奖章”；1个集体被授予“全国测绘系统先进集体”称号。

【海南测绘局纪念建局20周年活动】

6月22日，海南测绘局建局20周年庆祝大会在海口举行，国土资源部副部长、国家测绘局局长徐德明，海南省副省长李国梁，国家测绘局原局长金祥文，国家测绘局党组成员、办公室主任吴兆琪，中国科学院、中国工程院院士李德仁，海南省政府副秘书长倪健，国家测绘局总工程师胥燕婴出席会议。海南省委、省政府21个部门的有关负责人、部分省级测绘行政主管部门和国家测绘局各直属单位负责人、海南各市县政府领导和测绘行政管理部门负责人、海南测绘局全体干部职工和大部分退休职工以及海南省丙级以上测绘资质单位负责人参加庆祝大会。会议表彰了24名为海南测绘局创建和发展做出贡献的局退休老干部、老职工，徐德明、李国梁等向受表彰人员颁发荣誉证书。

测绘学会工作

【组织建设】

5月28日，海南省测绘学会召开七届二次理事会议，以无记名选举方式选举出新一任学会理事会理事长和秘书长；11月2日，召开学会七届三次常务理事会议，就学会如何完善运行机制进行研究，通过《海南省优秀测绘工程奖评审实施办法》、《海南省测绘学会会费收取和使用规定》等制度。吸收广大科技人员和管理干部加入学会，全年发展新会员76名，会员单位10家。

【学术交流活动】

海南省测绘学会组织学会理事单位的27名代表参加在广西桂林举行的全国科技信息网中南分网第二十四次信息交流会，向会议提交的论文中2篇获一等奖、4篇获二等奖。

重庆市

规划与计划

2010年，重庆市规划局认真谋划测绘发展“十二五”规划，在对“十一五”规划实施情况进行认真总结和评估基础上，编制《重庆市测绘事业暨地理信息基础设施建设第十二个五年专项规划》（初稿）。该规划明确了“十二五”期间重庆市测绘事业发展的指导思想和总体目标，指出“数字重庆”地理空间信息资源体系、地理信息应用服务、信息化测绘基础设施建设、测绘科技创新与标准化四大方面建设项目，提出了保障措施和机制。该规划经征求相关部门意见后，年底已报市发展和改革委审核。

法制建设与市场监督

【《重庆市地理信息公共服务管理办法》】

2010年，《重庆市地理信息公共服务管理办法》列入市政府规章立法年度计划。重庆市规划局组织开展相关调研工作，经征求意见、专家审查等程序，形成了初稿，报市政府法制办审批。

【《重庆市地理空间信息内容及要素代码标准》】

10 月 1 日，重庆市质量技术监督局和重庆市规划局发布实施《重庆市地理空间信息内容及要素代码标准》（DB50/T351－2010）。该标准在吸收基础地质、地籍宗地、地理网格、土地覆盖及遥感影像各专业标准要素分类及代码基础上，结合规划、国土与建设、救灾、环保与生态、交通、社会经济、基础设施等专题分类原则，采用科学的分类体系，从地理对象角度对地理空间信息进行系统而全面的整理、归类与补充，确定类别、等级、关系明确的代码结构，形成重庆市统一的地理空间信息内容及要素代码。

【《依法行政手册》】

2010 年，重庆市规划局在《依法行政手册》（2005 年版）基础上，结合五年来的工作实践及相关法律法规，重新组织编制 2010 年新版手册。该手册根据测绘管理职能的要求，将管理依据、管理事项、工作要求、操作程序及时限等内容予以梳理和明确，公布了测绘资质、地图审核、建立相对独立的平面坐标系统、永久性测量标志拆迁和对外提供测绘成果 5 项测绘行政许可，测绘成果提供使用、汇交和地形图现势性管理 3 项测绘管理制度，测绘产品质量检测和测绘项目备案 2 项监督制度，以及查处测绘违法行为的具体程序。

【规范性文件清理】

2010 年，按照市政府要求，重庆市规划局开展测绘行政处罚自由裁量权梳理工作，对测绘法律法规中涉及省级测绘行政自由裁量的条文明确了处罚原则，细化有关条款，形成草案，正式报市政府法制办。继续开展测绘规范性文件清理工作，对原发布的规范性文件进行补充修订，对规划建设用地形图、广告地图内容、测绘成果质量和成果汇交等相关文件进行修订并发文实施。

【执法监察】

2010 年，重庆市查处地图类违法案件 2 件，工程测量类违法案件 2 件，破坏测量标志类案件 2 件，“问题地图” 20 多件，对规范测绘、地图和地理信息市场起到了促进作用。

地图管理与成果管理

【地图审核】

2010 年，重庆市审核通过《重庆市实用地图册》、《“重庆带路”旅游交通地图》、《重庆经济圈地图》、《重庆两江新区地图》、《重庆印象－爱尚重庆地图》、《重庆市楼市指南图（2010 年秋季版）》、《合川标准地名图》等 37 件地图，涵盖纸质地图、电子地图和互联网地图等多个类别。

【互联网地图安全审校人员培训】

9 月 27 日，重庆市规划局举办第一期互联网地图安全审校人员岗位培训班，内容包括地图编制、国家版图、地图法律法规、地图管理和地图保密安全等方面知识，全市 12 家涉及互联网地图服务单位共 30 人参加培训。经测试，参加培训人员成绩全部合格，获得互联网地图安全审校人员上岗资格。

【测绘成果保密检查】

8 月，重庆市规划局联合市保密局开展测绘成果保密检查，检查重点是 2007 年以来在国家、重庆市规划和测绘档案馆获取涉密测绘成果的大宗用户。检查工作分 3 个组，分别在重庆一小时经济圈、重庆东北和重庆东南三个地区，针对测绘成果的索取、使用和管理三方面，对市县两级国土、环保、建设、规划、林业、交通等行业的 30 多家用户进行检查。通过检查，强化了用户保密意识，加强了测绘成果管理，促进了测绘成果的安全应用。

【测绘成果电子数据备份库】

为保证测绘成果电子数据安全管理，重庆市规划局建设了测绘成果电子数据异地备份库。12 月，备份库通过重庆市保密局保密检查验收。

【测绘成果汇交】

2010 年，重庆市规划局完善测绘成果汇交机制，要求各区县测绘管理部门和测绘单位汇交测绘成果。年内接收 1:8000 航空摄影影像数据 1181.5GB，1:5 万更新成果 68 幅，1:2000 数字线划图和数字高程模型数据 10.3GB，覆盖整个三峡库区 2540 幅 1:1 万数字影像图数据 35.2GB，11451 幅 1:2000数字影像图数据 900GB，长寿区建成区 900 平方千米 1:2000 “3D” 产品数据 72.4GB，1:500 地形管线成果数据约 16.8GB。

【测绘成果分发】

2010 年，重庆市规划和测绘档案馆开通测绘成果互联网申报和分发系统，提供成果目录动态更新，网络查询、申报，实现了网络申报和分发，方便应用单位使用测绘成果。全年该馆提供日常查询服务 1000 多次，完成社会分发 315 次，提供各种比例尺地图 2912 幅、遥感影像数据 2167 平方千米、控制成果 820 点，开通 GPS 综合服务系统应用帐户 70 多个，提供成果服务890次，提供GPS技术支持近800项，为重庆市经济社会发展提供了可靠的测绘与地理信息服务。

基础测绘

【重庆市GPS综合服务系统】

9月，重庆市规划局在重庆东南、重庆东北“两翼”17个区县建设了22个永久性连续运行GPS参考站，完成GPS综合服务系统三期建设。至此，重庆市GPS综合服务系统全部建成。系统共布设35座GPS参考站，构建了覆盖全市域8.2万平方千米的高精度GPS控制网络，形成全市统一的动态测绘平面基准，系统成果应用全面展开。重庆成为继江苏、北京、上海等省市之后拥有省级连续运行卫星导航定位综合服务系统的省区之一。

【水准测量】

2010年，重庆市继续推进现代测绘基准改造，完成4000千米二等水准观测和外业计算，共联测60个B级GPS点、105个C级GPS点和228个水准精化点，内业数据整理准备工作结束。

【基础地理信息数据】

2010年，重庆市规划局组织完成1000平方千米1∶2000数字正射影像图、数字线划图和数字高程模型生产，完成主城区4204千米地下管线普查，更新主城区307平方千米1∶500地形图，组织完成财政部和国家测绘局在云阳、秀山和城口县少数民族、边远地区大比例尺基础测绘支助项目。

【基础地理信息数据库】

2010年，重庆市完成1∶500地形图数据建库二期工程，涉及渝北、江北、南岸、沙坪坝、九龙坡、大渡口、巴南和北碚8区552平方千米，全市已完成主城区1002平方千米数据建库工作，实现了1∶500海量地理空间数据的科学管理以及在线浏览、查询、分发服务和动态更新；完成1∶2000数据库建设，实现了重庆市主城区4000平方千米1∶2000数字线划图、数字正射影像图和数字高程模型数据的“一张图”计划。

【重庆市地理信息公共服务平台】

4月13日，国家测绘局副局长李维森和重庆市副市长凌月明共同启动重庆市地理信息公共服务平台。该平台是国家公共服务平台试点工程之一，是我国第一个建成并投入使用的省级地理信息公共服务平台。2010年下半年，重庆市启动政务地理信息平台建设，更新政务电子地图专题数据，提升平台的服务能力和运营支撑能力，搭建万州区、长寿区和市卫生局、水利局、交通委员会、农业委员会、统计局、港航局等部门服务平台，初步实现全市地理信息交换共享。

质量监督

2010年，重庆市规划局组织开展主城区城乡规划定线测量质量专项检查，明确定线测量检查的方法、内容和工作程序，保证了检查质量。重庆市测绘产品质量监督站完成36个区县451项测绘产品质量检验。其中，1∶500地形图537平方千米，1∶1000地形图10平方千米，1∶2000“3D”数据面积各1908平方千米，管线长度5363千米，检验三峡库区综合信息空间集成平台正射影像图11709幅；配合重庆市矿业权普查，实地核查39个区县基础控制测量成果。

重大工程测绘

【主城区建筑物普查】

2010年，为加强城市精细化管理，重庆市启动主城区建筑物普查工程。重庆市地理信息中心完成大渡口、江北等9个区约600平方千米建成区范围内近20万栋建筑物的普查，获得建筑物的用途、结构、建设年代、楼层数、门牌地址等属性信息，社区界、街道界和拆迁范围线等界线信息，街道和社区人口、年龄结构、基础设施状况等基本情况，为建立建筑物信息数据库打下基础。

【轨道交通六号线二期工程】

重庆市轨道交通六号线二期工程分为南、北两段，全长约42千米。2009年~2010年，重庆市勘测院完成初步设计所需要的测量工作，包括二等GPS点53点，二等水准约185千米，1∶500地形测量约5.8平方千米，1∶2000地形测量约2.75平方千米，管线探测约294千米。

【机场路拓宽改造工程】

2010年，重庆市勘测院承担机场路拓宽改造项目，补测1∶500地形图约2.5平方千米，管线探测长148千米，新埋设四等GPS点14点，联测三等GPS点4点，新埋设一级导线点31点；还完成隧道特殊测量、涵洞剖面测量、路灯箱变位置测量、公路边沟高程测量等。

【朝天门长江大桥变形观测】

重庆朝天门长江大桥全长4.158千米。重庆市勘测院完成主桥主跨钢桁拱桥线形观测20点、主跨上层桥面位移观测6点、主桥桥墩沉降观测16点、主桥桥面挠度观测194点、北岸引桥桥墩沉降观测18点、北岸引桥桥面挠度观测80点、南岸引桥桥墩沉降观测43点、南岸引桥桥面挠度观测94点、引桥桥墩垂直度观测44个、主桥主跨拱桥吊杆垂直度观测8根、主桥与引桥桥面之间伸缩缝量测4条以及全桥132根吊索的索力测试工作。

测绘合作共建

【三峡库区综合信息空间集成平台】

7月2日，国家测绘局副局长李维森、重庆市副市长凌月明和湖北省政府副秘书长彭勇在重庆共同开通三峡库区综合信息空间集成平台。平台建设于2008年12月启动，由国家测绘局、湖北省和重庆市政府共同建设，中国测绘科学研究院、重庆市规划局、湖北省测绘局负责实施，范围覆盖整个三峡库区30个区县，总面积5.67万平方千米。其中，重庆4.47万平方千米，湖北1.2万平方千米。

【数字城市】

2010年，“数字永川”、“数字长寿”地理空间框架建设基本完成。“数字永川”、“数字长寿”是国家测绘局、重庆市规划局和地方政府合作共建项目，已建设完成永川区216平方千米1:500地形数据库、184平方千米1:2000数据库、40平方千米地名地址数据库，长寿区150平方千米1:500地形数据库、699平方千米1:2000数据库、40平方千米地名地址数据库，分别建成永川区、长寿区地理信息公共服务平台，开发了规划、应急、环保等行业的应用示范系统。

地图编制与出版

【一镇（乡）一图】

一镇（乡）一图工程是重庆市贯彻落实国务院加强测绘工作意见精神的重要举措，市政府已将该工程纳入基础测绘计划，确定在2011年底前完成全市近1000个街道、镇和乡地图编制，实现“镇镇有挂图”。2010年，重庆市规划局组织编制完成9个城区和万州、涪陵、黔江等6大中心城市及部分区县共360幅乡镇地图。

【领导机关用图和公益地图】

积极为领导机关提供地图服务，分发《重庆市领导机关工作用图》专用地图集，编制《两江新区地图》系列地图，更新31个区县丝绸地图，为市委市政府提供市域、区县地图和各类专题地图2400多张，为市级部门和区县领导机关提供专用地图6800多幅，有效保障了管理决策需要。为社会公益服务，编制《机场专用重庆市交通旅游图》、《成渝交通示意图》、《绕城高速示意图》、《主城－机场往返交通图》等8种地图，免费赠阅60多万份，提升了测绘行业在社会的影响力。

成果应用与服务

【服务政府防灾应急】

重庆市规划局完善测绘应急体制机制，组织编制《重庆市规划局测绘应急保障预案》，装备仪器设备，完善硬件和软件等，重庆市地理信息应急分队在市地理信息中心挂牌。为市级领导机关制作各类应急专用图18种1867幅，保障了应急决策需要。在“5·6”垫江县、梁平县雷电大风灾害后，紧急提供垫江、梁平受灾区域约100平方千米的影像，服务救灾工作；城口县庙坝镇突发堰塞湖险情，紧急制作堰塞湖应急指挥用图20幅，计算出堰塞湖库容量以及可能淹没区域，从应急制图保障、地理信息参考、三维信息演示等多方面为救灾应急工作提供地理国情信息监测支持。

【服务城乡规划】

重庆市规划局支持市域城乡规划工作，为主城区“二环时代”大型聚居区规划编制、两江新区总体规划编制等10多项重点工作提供1:5万数据19800平方千米，1:1万数据4689平方千米，1:2000数据3903平方千米，遥感数据14685平方千米，综合管线数据390千米。建成城乡规划监察执法信息系统，进一步完善城乡统筹规划管理信息平台，积极推进城市用地遥感解译和总体规划实施评估，启动国家高技术产业化专项资金支持实施的“基于国产卫星遥感的城乡规划与管理监测评价高技术产业化示范工程”建设。开发三维地理信息可视化控规管理平台，通过在三维地形基础上叠加控规数据、红线数据、土地利用数据和地质灾害图等成果数据，实现了三维仿真模型动态可控显示与漫游，道路设计选线与道路模型实时生成等功能，为控制性详细规划管理提供了直观形象决策支撑。

【行业共享应用】

重庆市规划局深化重点部门地理信息共享应用工作，运用重庆市地理信息公共服务平台，保障市应急办公室、交通委员会、农业委员会、环保局、卫生局、水利局、统计局、港航局、交通巡逻警察总队、无线电管理委员会办公室、万州区国土局等政府部门的地理信息应用。启动统计地理信息系统建设，完成统计局经济普查数据空间定位工作，重点推动地理信息在人口普查工作中的应用，提供人口普查单元划分技术支持，制作全市域建筑物专题信息图，为第六次全国人口普查提供地理信息技术服务；完成市水利局专用地理信息数据库建设，保障全市1:1万水利普查工作；通过主城区道路信息数据服务，与市交通委员会建立交通地理信息更新合作模式；主动服务市交通巡逻警察总队，搭建重庆市公安局交通设施管理系统，实现全市交通设施管理一体化；参与全市综合交通信息平台建设，服务交通智能化管理，缓解交通拥堵状况，着力为改善道路交通系统的机动性和安全性方面提供基础地理信息支持。

科技创新

【新技术研究】

在管理方面，重庆市开展2000国家大地坐标系在本市的适应性研究、重庆市地理信息公共服务政策研究、地理国情监测研究和统筹城乡条件下1:5000地形图适应性研究；在新技术方面，重点开展世界主要星载SAR（雷达遥感）在重庆市的应用研究，完成建设部科研课题“山地城市城乡总体规划实施遥感评价方法研究”，完成国家测绘局学科带头人科研项目“服务聚合在地理空间信息共享交换中的应用研究”，开展多基线近景摄影测量系统的应用研究；在生产应用方面，开发航测内业采编质检一体化平台、三维仿真基础平台（VIRTOOLS 5.0）、三维地下管网综合管理平台、大渡口区三维控规规划管理信息系统、三维地理信息平台、引进低空无人机航摄系统等。

【项目获奖情况】

“重庆菜园坝长江大桥工程勘察测量”项目获中国土木工程詹天佑奖，“重庆市地理空间信息共享交换平台”（一期）项目获中国测绘学会2010年测绘科技进步奖二等奖，“重庆地理信息公共服务平台”项目获中国地理信息产业优秀工程奖金奖，“重庆市省级应急平台和城市应急联动建设研发与示范”项目获中国地理信息系统协会地理信息科技进步奖二等奖，《重庆印象》系列地图获中国测绘学会2010年优秀地图作品裴秀奖银奖，《畅通重庆——立体交通图》和“重庆长江鹅公岩大桥变形观测”项目分别获全国优秀城乡规划设计奖——城市勘测工程二等奖。

【专利产品】

重庆市勘测院开发的“山地城市规划建设三维仿真系统 V2.1”、“集景－三维管网基础管理系统”获得重庆市版权局著作权登记，1项专利在接受国家知识产权局专利审查。

人才培养

【人才平台建设】

2010年，重庆市继续推进地理空间信息工程技术研究中心建设，建立健全组织机构、管理模式，制定《工程技术研究中心章程》，购置安装仪器设备，初步形成“开放、流动、联合、竞争”的人才管理机制，为重庆市地理空间信息产、学、研一体化发展奠定了基础。重庆市勘测院、重庆市地理信息中心经重庆市人力资源和社会保障局批准，获准设立市级博士后科研工作站，为全市地理信息科研和人才集聚搭建平台。

【人才培训】

重庆市规划局积极组织地方测绘管理生产和科研人员参加国家测绘局举办的测绘行政管理、地图审核审校、2000国家大地坐标系推广使用等各种专业技术培训；自主举办2000国家大地坐标系暨GPS城市测量培训班，200多人参加培训；完成特有工种职业技能鉴定考评人员队伍建设，举办技能鉴定培训；完成测绘成果保密培训，涉及测绘行政管理人员70多人，大宗用户35家。

党的建设与测绘文化建设

【学习型党组织建设】

2010年，重庆市规划局组织召开学习型党组织建设动员部署会，制定出台全局系统《2010年度建设学习型党组织实施方案》，通过编印简报、制作宣传展板、开设网站专栏，广泛宣传学习党的十七届五中全会、市委三届八次全委会等中央和市委重要会议精神。开展学文件、听讲座、观影片、外出考察等活动，丰富学习型党组织的创建形式。组织党组中心组集中学习 8 次。开展“唱读讲传”活动，通过建局三十周年文艺调演、学习身边先进人物、开展“好书伴我行”读书等活动，形成重学习，强素养的良好风气。

【党建工作】

重庆市规划局大力实施“三增强三提高”行动，引导党员干部增强党的意识，牢记党的宗旨，发挥示范表率作用。组织开展“创先争优”党内专项教育活动，突出测绘实践特色，促进党建工作和业务工作相融相长，培养出一批先进基层党组织和优秀党员。加强基层党组织建设，局系统 70% 以上基层党组织成为“五个好”基层党组织。开展“三进三同”、“大下访”、“结穷亲”等活动，全局系统近百名处以上领导干部和广大党员干部深入基层，帮助解决测绘难题。以党建带群团，工青妇群团活力进一步增强，市地理信息中心被评为市级青年文明号。

【党风廉政建设】

重庆市规划局开展岗位廉政风险点排查防控工作，针对权力相对集中、资金流动量大的岗位强化制度建设、监督制约、做好防控。深化党风廉政建设责任制和领导干部“一岗双责”机制，抓好督促考核，逐层签订廉政承诺书。组织开展“规划测绘业务流程环节过错问责”、“外部监督融入规划测绘内部管理”等专题研讨活动。扎实开展违规收受红包、违规购置使用公务车和领导干部经商办企业“三项治理”活动，营造良好政治氛围。

【测绘宣传】

2010 年，重庆市规划局出台新闻管理办法，建立宣传工作机制。以建局三十周年为契机，在《中国测绘报》刊登宣传专版，展示重庆直辖以来的测绘成就；做好测绘宣传网站建设，在全国测绘系统政府网站评比中进入前 10 名；组织参加“数码苍穹杯”测绘征文比赛；认真开展“8·29”测绘法宣传日活动，在《重庆日报》刊登发展地理信息产业的署名文章，发送短信 10 万条，分发资料 8000 多份，扩大了测绘和地理信息的社会认知面。

地方社团工作

2010 年，重庆市测绘学会被市科学技术协会授予“三星级学会”称号，标志着测绘学会进入重庆市一流学会的行列。该学会加强机构与制度建设，召开常务理事扩大会议 3 次，建立完善学会理事会、学术活动管理、学会资产管理、会计基础工作、会计档案管理等制度。开展学术交流，推广使用新技术，邀请近 10 名测绘与地理信息专家讲授现代化测绘基准体系、无人机飞行器低空航测系统等知识。开展专业技术人员“走出去”活动，考察北京、上海、江苏等地“3S”技术研究及应用情况。接待来自国家测绘局、韩国辅仁大学，以及西安、南京等地学术同行 200 多人。搭建测绘科研平台，积极开展科学技术研究，设立星辰测绘科学研究基金与南方测绘科学研究基金，资助会员单位开展测绘科学研究。组织多种培训和继续教育活动，举办 2000 国家大地坐标系、卫星定位技术、城市测量规范等培训 23 次，参训人次达 3000 多。

四川省

规划与计划

四川测绘局积极开展基础测绘“十二五”规划的制订工作。加强与省发展和改革委的沟通协调，先后两次邀请省发展和改革委专家就全省“十二五”规划思路及规划编制进行专题报告。向省发展和改革委建议将基础测绘“十二五”规划列入全省重点专项规划。严格按照既定时间表开展基础测绘“十二五”规划调研、起草工作。8 月，完成《规划》（草案）的编写；9 月，四川省副省长王宁就全省基础测绘建设和“十二五”工作思路听取专题汇报，《基础测绘规划》正式列入全省重点专项规划，省发展和改革委下达了规划编制专项资金。

进一步加大对市州基础测绘工作的指导，在规划编制、项目论证、技术咨询等方面给予大力支持和帮助。

法制建设

【地方性配套法规制定】

2010年，四川省不断完善地方测绘法制体系，完成《四川省地图管理办法》的起草工作，并赴重庆开展调研，召开市州测管部门和测绘单位，以及专家学者论证会听取意见，面向省级相关部门和全社会征求修改意见。

【规范性文件的清理】

按照四川省政府的要求，四川测绘局完成规范性文件的清理工作，其中20个规范性文件因调整对象、法律依据变化等原因被废止或宣布失效，保留7个继续有效的规范性文件以及2个需要修订的规范性文件。年内新制定《四川省测绘科学技术奖励办法（暂行）》、《四川省测绘科技进步奖评选细则（暂行）》、《四川省优秀测绘工程奖评选细则（暂行）》和《四川省房产测绘实施细则》等规范性文件，均按规定报省政府法制办备案。

【法制宣传】

四川测绘局积极组织做好全省“8·29”测绘法宣传日活动，印制宣传资料5万多份；各市州、各甲级测绘资质单位均开展宣传活动，采取设立展板、发放材料和地图、咨询、座谈、互动交流等形式。活动日当天，全省共发放宣传资料约10万份，设置宣传点约150个，悬挂宣传标语500多幅。

市场监管

【测绘管理体制建设】

2010年，四川测绘局加强与各市州人民政府的协调和沟通，逐步健全测绘管理体制。通过《四川省市州测绘管理工作目标考核办法》对各市州测绘行政主管部门加强督促指导，1月完成2009年市州测绘管理工作目标考核和先进评选工作；3月完成2010年市州测绘管理工作考核目标的调整和下达，并作好业务指导和督促检查工作。在市州机构改革中，7个市州加挂市（州）测绘局牌子。截至年底，全省21个市（州）和140多个县（市、区）全部落实了测绘管理机构、职责和人员。

【资质管理】

2010年，四川测绘局按照《测绘资质管理规定和分级标准》以及四川省的实施意见，认真做好测绘资质的复审换证工作，完成测绘资质复审换证和审批400多件，完成各类资质变更事项85件，办理测绘作业证件950多个；受国家测绘局委托，完成其他省级36家甲级测绘资质的换证审查工作。

【执法检查】

四川测绘局加大监督检查力度，组织开展全省贯彻实施《四川省测绘管理条例》五周年自查总结工作；联合省人大组成检查组赴达州、广安和遂宁3市开展《四川省测绘管理条例》实施五周年执法调研，促进市县级测绘管理机构职能的落实和基础测绘的依法开展。

【执法队伍建设】

6月，四川测绘局组织1期140多人参加的测绘行政执法培训，经考试，全都成绩合格并获得测绘执法证。按照测绘行政执法规范化的要求，规范测绘执法行为和完善执法文书。

开展测绘执法具体行政行为培训，就测绘成果管理、地图管理、测量标志管理以及地理信息市场管理等业务知识对全省市（州）、县测绘行政主管部门的测绘执法人员进行培训。组织甲级单位负责人15人和市县测绘管理干部30多人分5期参加国家局组织的相关培训和学习。

【房产测绘市场管理】

4月，四川测绘局会同省建设厅修订出台《四川省房产测绘实施细则》；组织召开全省房产测绘工作会议。5月~6月，组织完成两期《四川省房产测绘实施细则》宣讲培训会，650多人参加。四川测绘局全年共处理并书面答复房产测绘技术问题45起。

地图及地理信息市场监管

【地图市场监管】

四川测绘局加强互联网地图管理工作，对“数字德阳”电子地图和1:10万四川省公开版地图数据库进行保密审查，对眉山市、乐山市的地图市场进行检查，对《华西都市报》登载“问题地图”一事进行了查处，对成都中联网信科技有限公司网站使用“问题地图”的行为进行了查处。全年完成地图审核72项。

【整顿和规范地理信息市场秩序】

四川测绘局贯彻落实《国务院办公厅转发测绘局等部门关于整顿和规范地理信息市场秩序意见的通知》精神，制订《关于地理信息市场专项整治检查验收及总结工作的通知》和《关于加强地理信息市场监管工作的意见》，并向各市（州）测绘行政主管部门印发，对眉山、乐山、德阳等3市开展的地理信息市场专项整治工作情况进行检查验收；组织召开四川省地理信息市场专项整治工作总结会议并向全国地理信息市场专项工作领导小组报送了总结报告；组织参加全国地理信息市场专项整治工作总结暨表彰电视电话会议。四川省国家保密局、凉山州测绘管理办公室2单位被评为全国整顿和规范地理信息市场秩序工作先进集体，四川测绘局周明、省新闻出版局向辉、泸州市测绘管理办公室赵蜀兰被评为先进个人。

成果管理

【成果资料收集整理】

2010年，四川省测绘资料档案馆到国家基础地理信息中心收集各院社生产用资料15次，收集国家1:5万数据库更新工程资料989幅，自然资源和地理空间信息库建设项目资料4315幅，国家西部1:5万地形图空白区测图工程资料4600幅（景），国家海岛（礁）测绘工程资料72点。接收青川等3个摄区的航摄资料。及时对收集到的资料做数据备份、登记并分发到各生产单位。全年向四川测绘局上交各项生产成果14次。

四川省测绘资料档案馆启动档案信息化建设工作，制定了《测绘科技档案分类标准》、《测绘科技档案属性信息著录规定》等7个业务规定；定制各种档案盒5000个，购置防磁柜5个、除湿机2台、消毒柜1台；对馆藏全部档案进行规范化整理、装盒、入库和信息采集；完成测绘档案管理系统一期工程，构建了集著录、销毁、查询、统计和利用于一体的信息化工作平台，并实现与已经建立的基础地理信息中心OA系统的结合。年内系统已投入运行，全年采集目录信息9.5万条，重新整理组卷2100卷。归档四川省地理空间基础框架建设项目各种比例尺DLG 1786幅、DEM 1786幅、DOM 2000幅、DRG 536幅；归档青川县灾后重建三维影像辅助决策系统、溪洛渡电站水准点复建工程成果、数字德阳成果、四川泥石流抢险救灾测绘成果等；备份数字成果档案120多张硬盘，数据量约15TB；集中整理并向西部测图项目部汇交国家西部1:5万地形图空白区测图工程三江源C区和青藏高原东部C区、塔里木东部A3区归档成果。

【成果保密管理】

2010年，四川测绘局会同省国家保密局向全省通报2009年四川省国家涉密测绘成果保密检查情况，给予2家单位通报批评，8家单位通报批评并处行政罚款，责令存在问题的单位限期30天整改。

对内江、泸州市49家使用国家涉密地形图的单位进行保密检查，对因保管不善造成涉密地形图缺失的19家单位发出督察通知书，要求限期查找；对保密意识不强、管理制度不完善、档案管理设施简陋的7家单位发出整改通知书，要求限期整改；对成都地图出版社、四川省遥感信息测绘院、四川省第一测绘工程院的档案管理设施、制度以及执行国家保密法律法规的情况进行了检查。

【成果审批】

2010年，四川测绘局共受理审批970多项使用国家秘密基础测绘成果的申请。对遂宁市、四川省基础地理信息中心、成都市温江区对外提供测绘成果资料进行了审批。

【成果汇交】

四川测绘局开展2009年度测绘资质单位测绘成果目录汇交工作，全年共有458家测绘单位汇交7170项测绘成果目录。

【测量标志保护】

2010年，四川测绘局检查验收了资阳市、眉山市、宜宾市的测量标志普查成果；安排布置巴中市、绵阳市测绘管理办公室对本区域内测量标志进行普查；对苍溪县公路养护一段、广元市体育局、成都市慧邑城市建设投资有限公司申请拆迁国家水准测量标志的事宜进行了审批。

基础测绘

【四川省地理空间基础框架建设】

该项目是四川省“十一五”重大基础测绘项目，建设期5年。受“5·12”汶川地震影响，该项目与灾后重建专项统筹协调，一并实施。项目进展总体顺利，主体建设工程已完成，大地控制基准建设、影像获取、分发服务系统建设3个子项目已全部完成，地理空间基础数据采集子项目基本完成。

【四川汶川地震灾后恢复重建测绘专项建设】

四川测绘局是该项目的组织实施单位，为确保项目按期完成，积极开展技术创新，组织研发了1:1万地形图建库、制图数据一体化软件IMAP和1:2000测图编辑软件、系列质检软件，开展多源影像的测图试验。

该局印发《四川汶川灾后重建测绘专项工程质量管理办法》，规定了质量管理分级负责原则、管理模式和“两级检查、一级验收”制度，明确了责任单位、实施模式和检查参数等，各建设单位也制定了一系列质量保障措施和管理办法。同时，积极参加项目部组织的技术培训，并开展形式多样的技术培训和质量意识教育，设定质量控制关键点，把好各个生产环节质量关。

该项目建设包括8个子项目，至年底已完成项目总任务的80%，执行预算73%。其中，完成航空摄影3.66万平方千米，采购航摄资料2.5万平方千米；完成中分辨率卫星影像采购约20万平方千米，高分辨率卫星影像采购4.2万平方千米。空间定位基准恢复重建完成全部B、C级GPS点和一、二、三等水准点的普查、选埋工作，完成B、C级GPS点观测工作，完成约80%的一、二、三等水准路线测量工作，完成约70%的GNSS连续运行站选建工作，完成空间定位基准恢复重建。完成1:1万测图像片控制3600幅、内业测图3200幅、DOM生产3300幅、外业调绘2500幅、数据编辑1900幅；1:2000测图外业已完成650平方千米，内业已完成400平方千米；1:5万更新完成DOM制作165幅，完成室内预更新140幅，完成外业调绘65幅。地理信息数据库建设方面已完成数据库设计，开发了相关数据库管理软件，分批对获取的原始影像进行入库；完成灾情监测与评估基础地理信息系统建设及测绘应急保障服务体系建设工作；完成“数字绵阳”、“数字广元”地理信息公共平台建设前期立项工作；原北川县城三维景观模型建立基本完成。

【四川省地理空间信息公共平台建设（一期）项目】

2010年，四川测绘局起草《四川省地理信息公共服务平台建设“十二五”规划（草案）》，向国家测绘局提出将四川省分节点建设纳入国家地理信息公共服务平台建设应用试点的申请，组织到浙江、山西开展地理信息公共服务平台建设调研，积极参加国家测绘局举办的公共服务平台建设培训。

截至年底，已完成该项目全部建设任务，搭建的平台框架系统已在网试运行，为区域经济发展布局、卫生防疫、资源环境监测等20多个领域提供了地理信息服务和技术支撑。示范工程成果已经在四川省办公厅进行部署，并与国家电子政务办公室地理信息系统实现互联互通，平台公众版已布置在互联网上试运行，为公众提供了大量地理信息服务。

质量监督

【质量管理】

2010年，四川测绘局建成测绘质量检验专家库。1月，印发《四川省测绘质量检验专家认定及管理办法》，公布了四川省测绘质量检验专家库首批60名成员名单。3月，组织召开全省测绘质量检验专家会议，向专家颁发了聘书，并与专家签订了保密责任书。

5月，在成都举办1期测绘质量检查人员研讨会，222人参加。10月，举办1期房产测绘质量检查人员培训，155人参加培训。

年内，完成对26家测绘单位复审换证或资质升级中的技术质量管理体系实地考核工作，书面审查100多家测绘资质单位复审换证技术质量管理体系。

四川测绘局加强对国家和省级基础测绘，特别是灾后恢复重建测绘专项建设工程的质量管理。3月，组织检查组到四川省冶金测绘大队检查指导1:1万调绘质量问题整改工作。4月，组织质量监督组赴重庆测绘院1:1万外业调绘测区、四川省第三测绘工程院二等水准观测测区、四川省第一测绘工程院一等水准观测测区进行过程质量检查。6月，组织召开水准点选埋质量问题协调会，对质量问题进行讨论；工作组赴陕西测绘局1:1万外业调绘测区（旺苍）进行质量检查。

【质量抽检】

4月，四川测绘局与省质量技术监督局联合印发《关于开展2010年测绘质量监督检查的通知》，明确了抽检60家测绘资质单位名单。6月，在绵阳市召开绵阳18家测绘单位测绘质量监督抽检动员会。至10月底，完成全部抽检工作，26家测绘单位体系不合格，21家成果质量不合格，对不合格的单位进行查处，并与省质量技术监督局联合发文通报抽检质量情况。

【计量检定】

四川测绘局指导成都金堂标准基线场完成测距仪周期误差检测平台的基建工作，组织完成了周期误差检测平台的安装调试。组织GNSS短基线、中长基线、RTK校准场复测工作。四川省测绘计量检定站全年完成各类测绘仪器检定4800台。

重大工程测量

四川省遥感信息测绘院承担成都市1∶2000市域全数字航空摄影测量项目线划图和国道G317线甘孜至川藏边界高速公路1∶2000地形图、重庆至广安高速公路1∶1万地形图生产，开展了成都市三维城市建模试验、川西监狱应急指挥地理信息系统研发等工作。四川省基础地理信息中心配合西南油气田分公司完善了天然气管道及场站数据管理系统，承担了北外环集输气管道一、二期工程任务（数字化管道建设），完成四川移动2010年电子地图更新等项目。四川省第三测绘工程院开展武汉、天津、苏州及成都金堂地下管线探测，承担厦门1∶2000地形图测图和新疆阿克苏1∶500城市规划测量。

测绘合作共建

2010年，四川测绘局先后与成都军区司令部作战部、泸州市政府、省公安厅签订基础地理信息共享合作协议，与省国土资源厅、省交通厅交换了相关数据，进一步丰富了四川省基础地理信息资源内容。

地图编制与出版

成都地图出版社全年出版图书230种。其中，新出版41种，再版（重印）189种，再版（重印）率50%。出版的《汶川地震灾害地图集》获中国测绘学会2010优秀地图作品裴秀奖金奖，《世界地图》获中国测绘学会2010年优秀地图作品裴秀奖铜奖。《汶川地震灾害地图集》英文版的编制获2011年国家出版基金资助，金额45万元。全年图书发货码洋1600多万元，回款实洋850万元。积极参加全省“馆配图书”、“农家书屋”投标工作，共有14个品种的图书中标。

成果应用与测绘服务

【成果应用】

2010年，四川省测绘资料档案馆为铁路、石油、地矿、水电、交通、林业等各行业提供大量的地形图、控制点、基础地理信息数据、公开版地图等测绘成果。其中，提供各种比例尺地形图7388张；GPS点65点，三角点3151点，水准点1919点；各种比例尺DLG 313幅、DEM 22幅、DRG 938幅；影像数据676景（处）。地图回放362幅，地图缩放、专题图制作等346幅，坐标转换计算107点。共接待用户1000多人次。

【省领导工作用图】

四川测绘局编制出版2010年版《四川省领导工作用图》，受到各级领导的欢迎。围绕省委、省政府工作，组织编制《四川省灾后重建现场会路线图》、《台湾地图》等专题图；为“天府新区”、“成渝经济区”、全省“十二五”规划编制各种专题图，并根据规划需求紧急开展1∶1万地形图测绘108幅，提供1∶5万基础地理信息数据约5000平方千米；提供全省有关地区平均高程信息、省界信息、水域覆盖等地理省情数据及分析成果，受到省领导的肯定。

【应急测绘保障】

2010年，四川省测绘工作者积极开展应急测绘保障服务工作。4月14日，青海玉树州发生7.1级地震，四川测绘局迅速开展抗震救灾测绘保障服务，建立了测绘应急保障服务机制；4月15日，派专人乘飞机将玉树地震灾区DOM和制图数据共149幅送达北京，提供给西部测图工程项目部；利用四川GNSS应急基准站网为玉树抗震救灾提供高精度三维空间位置服务，对距离玉树震区最近的小金、黑水和镇江关等三个基准站进行不间断1秒采样历元同步观测，确保玉树地震灾区数码航摄工作顺利开展。8月10日~14日，甘肃舟曲泥石流灾害发生后，成都地图出版社为甘肃舟曲县紧急加印3367册《甘肃地理》。

8月13日，绵竹、汶川等地因强降雨引发多处大型泥石流、崩塌等地质灾害，清平、龙池、映秀等地灾情尤为严重，四川省各测绘单位积极主动开展测绘保障服务。四川测绘局开展清平、虹口等地泥石流灾区无人飞机低空航摄及应急图件制作，共组织航飞6架次，获取清平乡、映秀、虹口、龙池、文家沟和小岗剑等6处极重灾区60平方千米高分辨率彩色数字航空摄影资料，绘制各种影像图44幅，为抢险救灾提供了重要的资料支持。省交通厅公路规划勘察设计研究院组成绵茂公路踏勘队，从“一把刀”堰塞体出发，穿越多处泥石流灾害体，完成损毁路段实地调查，摸清了损毁情况，为制定灾区公路抢通方案提供了科学支持。省水利水电勘察设计研究院映秀清平应急抢险测绘分队通过岷江绳索桥到达被洪水围困的映秀新镇开展测量，并参与了清平的抢通保通工作。

科技创新与人才培养

【测绘科技工作】

四川测绘局组织开展《四川省测绘科技发展“十二五”规划》的调研起草，开展四川省测绘科技进步奖的评选工作，积极申报国家测绘局2010年度基础测绘科技项目，3个项目获立项，获经费支持80万元。向国家基础地理信息中心报送了2011年~2013年“信息化测绘前沿技术试验”10个项目的研究方案，向国家测绘局报送了2011年基础测绘科技4个项目的建议书。

四川测绘局所属单位开展有针对性的技术研发，“高铁测量数据质量分析处理系统”、“固定翼轻型无人机航摄系统生产技术体系研究”等11个项目作为局级科研项目立项。

【职称评审及技能鉴定工作】

2010年，四川测绘局完成2009年度初、中、高级专业技术职务任职资格评审工作，全省共有专业技术人员430人。其中，初级242人，中级151人，高级37人。开展成绩优异的高级工程师选拔推荐工作，向国家测绘局推荐10名候选人。在全省开展注册测绘师资格考试报名与审核工作。

全年，共组织开展18期工程测量、地籍测量、房产测绘职业技能鉴定工作，鉴定人数2333人。首次在西南科技大学对在读大学生开展鉴定。首次开展工程测量员、地籍测绘员技师鉴定，申报29人，通过23人。测绘行业特有工种职业技能鉴定四川站被国家测绘局授予“优秀鉴定站”称号，四川省遥感信息测绘院阳牧男获得“全国测绘技术能手”称号。

【教育培训】

四川测绘局全年举办各类培训班29期，共3500多人次参加培训。

加强继续教育管理，完成613名技术人员的继续教育证书验证。与武汉大学联合举办的第3期研究生班，共24人参加学习，13人攻读硕士学位，第4期共26人已完成教学课程，送培3人攻读博士学位。承办了全省测绘技术管理干部培训班和地理信息技术培训班。积极做好援疆培训任务，接收新疆维吾尔自治区测绘局1人到四川省遥感信息测绘院学习。派出3名专家赴藏授课。

对外合作与交流

四川测绘局组织青年骨干赴以色列参加国际摄影测量与遥感学会“核心数据库更新维护与服务”学术研讨会，赴澳大利亚参加国际测量师联合会第24届大会，赴荷兰参加测绘新技术发展与应用培训等，全年共25人参加出访。

四川测绘局首次组团参加在德国科隆举办的国际测绘技术与设备博览会及展览，在中国展团的醒目位置用2个展位11块展板，展示了该局基本情况、重大成果、技术力量，国家测绘局局长徐德明和大量外国同行参观了四川测绘局展台，并给予好评。

完成2名巴基斯坦测绘局测绘技术人员在四川测绘局学习培训工作，受到巴方人员好评。

党的建设与测绘文化建设

【创先争优活动】

四川测绘局按照省委和省直机关工委的统一部署，以“深入学习实践科学发展观、奋力推进两个加快、全力提升测绘保障服务能力”为主题，以创建先进基层党组织、争当优秀共产党员为主要内容，在全局基层党组织和党员中深入开展创先争优活动。“七一”前夕，召开全局庆祝建党89周年暨创先争优表彰大会，表彰2008年以来全局先进基层党组织4个、优秀共产党员及优秀党务工作者22名。省直工委表彰该局先进基层党支部1个、优秀共产党员2名、优秀党务工作者2名。四川省第三测绘工程院黄高团被评选为四川省劳动模范，四川省基础地理信息中心胡北、四川省遥感信息测绘院蒋红兵获

"测绘奖章";四川测绘局被外交部、公安部、总参作战部和国家测绘局联合表彰为中越陆地边界勘界工作先进集体,10名职工被表彰为先进个人;80人被国家测绘局评选为中越陆地边界勘界测绘保障立功人员,其中一等功10名、二等功20名、三等功50名。四川省测绘技术服务中心白顺军被授予"四川省灾后恢复重建先进个人"称号;四川省第三测绘工程院职工李显华被授予"四川省直机关灾后恢复重建先进个人"称号;四川省第三测绘工程院被云南省外事办公室授予中越陆地勘界(云南段)先进集体称号;张玉金等26人被广西壮族自治区人民政府、自治区军区联合授予中越陆地勘界(广西段)先进个人称号。

【"挂包帮"活动】

四川测绘局与雅安市雨城区碧峰峡镇八家村结对开展"挂包帮"活动,制定工作方案、工作规划,全年自筹经费13万多元开展有机茶种植、苗圃发展、垃圾池和沼气池修建等工作。此外开展该村活动室前期筹建工作,并测制了正射影像图等用于新农村规划建设。

【学习型党组织活动】

四川测绘局认真执行《中共国家测绘局党组关于推进学习型党组织建设的实施意见》,年内学习了党的十七届四中、五中全会精神、廉政准则、中央和省委经济工作会议精神、全国测绘局长会议精神以及"两会"精神和李克强副总理对测绘工作的重要指示。

【基层党组织建设】

四川测绘局认真学习贯彻《党和国家机关基层组织工作条例》,加强基层党组织建设,指导各直属单位做好换届改选、补充工作。抓好党支部书记的配备和培训,举办了全局党支部书记培训班。抓好离退休党支部建设。加强党员队伍建设,做好党员发展工作,全年全局发展党员11名。在全局开展党建和政研重点课题研究,向国家测绘局推荐政研论文4篇。

【党风廉政建设】

四川测绘局严格执行党风廉政建设责任制,认真抓好责任分解、责任考核、责任追究等环节,印发《关于贯彻落实中央"三重一大"决策制度的规定》。重视制度建设,健全完善财务、国有资产管理制度,加大教育监督力度。开好领导班子民主生活会,坚持领导干部述职述廉制度,坚持开展民主评议党员制度,坚持执行"三项谈话"制度。认真开展自查自纠,全年无一例违法违规事件发生。

【精神文明建设】

四川测绘局制定印发《关于加强测绘文化建设的实施意见》,以建设和谐测绘单位为目标,深入开展群众性精神文明创建活动。开展纪念建局50周年系列活动,举行职工文艺汇演和诗文朗诵会、成果暨书画摄影展、职工运动会、征文比赛和测绘知识答题、劳动竞赛和劳模座谈会,开展专项气排球、羽毛球、乒乓球、小型足球比赛活动,建成四川测绘展示厅。抓好"文明单位"创建活动,四川省遥感信息测绘院被评为省级最佳文明单位。全局干部职工向社会"送温暖、献爱心"捐款32万多元。向玉树地震灾区发送慰问信并捐款5万元。

地方社团工作

12月7日~8日,四川省测绘学会召开第十次会员代表大会,230人参会,会议选举产生了第十届常务理事会和各分支机构。全年发展新会员110名。绵阳和泸州均成立了市测绘学会。

全年共开展学术交流14次。全会10个专委会组织了不同层次、不同规模的学术研讨会。组织学生和测绘单位职工赴广东中山参加全国学生定向越野比赛。抓好《测绘》杂志的编辑和出版发行工作,全年出版6期,共印1.5万册。

贵州省

规划与计划

【规划】

9月2日，贵州省“十二五”测绘发展规划编制工作部署会议在贵阳召开。会议总结了“十一五”期间贵州省测绘取得的成绩，全面部署“十二五”测绘发展规划编制工作。

【计划】

2010年，贵州省基础测绘经费总计达到2000多万元。其中，中央财政安排经费300万元，省财政安排经费900万元，省发展和改革委安排经费600万元，其他经费200多万元。全年安排CORS站建设专项经费1600万元。

法制建设

【测绘行政审批流程调整】

根据《测绘资质管理规定》、《地图审核管理办法》相关规定，贵州省国土资源厅对测绘资质管理、地图审核工作流程进行部分调整。将丙、丁级测绘资质受理权、初审权，时事宣传、展示类地图审图号发放权移至市（州、地）级国土资源局。各申请事项上报后，由市（州、地）国土资源局依照国家测绘局标准对申请人条件进行审查和考核，合格的通过国土资源电子政务系统远程报件进入贵州省国土资源厅电子政务系统程序，并在测绘资质行政审批中增加厅测绘项目处、厅执法局为协办部门。

【制度建设】

3月3日，贵州省国土资源厅召开会议，将测绘资质审批纳入贵州省国土资源厅行政监察重点监督项目中。

【测绘依法行政考核】

按照国家测绘局《关于印发〈测绘系统依法行政考核方案〉的通知》精神，贵州省国土资源厅认真对照《测绘依法行政考核评价指标体系》，就组织和领导情况、政府职能转变情况、履行测绘管理职责情况、行政执法情况、科学民主决策情况、测绘行政监督情况7个大项22个小项进行总结，自查评分为98.5。遵义市国土资源局、惠水县国土资源局被评为全国测绘依法行政先进单位。

【规范性文件清理】

按照国务院办公厅《关于做好规章清理工作有关问题的通知》（国办发〔2010〕28号）和省人民政府办公厅《关于开展规章和规范性文件清理工作的通知》（黔府办发〔2010〕68号）要求，贵州省国土资源厅积极开展规范性文件的清理工作。共清理规范性文件37项，建议作废1项，建议修改4项，建议保留32项。其中，测绘相关3项全部被保留。

【测绘行政执法】

2010年，贵州省将测绘行政执法的主要内容纳入国土资源管理责任目标任务当中，保证了全省测绘行政执法工作的有序进行。据不完全统计，全年全省共开展地图市场检查157次，测绘市场检查181次，地理信息市场检查137次，涉外测绘专项检查45次，测量标志专项检查585次。检查中发现违法行为12起。查处违法案件9起，并对其中2起案件予以行政处罚。

【测绘法制宣传教育】

贵州省国土资源厅充分利用地政、矿政、测绘行政管理三位一体的优势体制，统一部署地政管理、矿政管理、测绘管理法律法规的宣传教育工作。分别在“4·22”地球日、“6·25”土地日，“8·29”测绘法宣传日期间，向社会各界广泛开展相关法律法规的宣传教育。在“8·29”测绘法宣传日期间，各级国土资源部门、部分测绘资质单位通过举办培训班，设立宣传点，悬挂横幅，发放宣传资料，举办有奖问答等多种方式宣传测绘相关法律法规。全年共发放各类宣传资料、地图等1.2万多份。

市场监管

【整顿和规范地理信息市场秩序】

2010年，全国地理信息市场专项整治工作进入总结验收阶段。1月，贵州省国土资源厅联合省国家安全厅、省经济和信息化委员会、省工商行政管理局、省新闻出版局、省军区、省通信管理局、省国家保密局等8部门对全省22个县地理信息专项整治工作进行抽查。3月，贵州省国土资源厅等8部门组成检查验收组对贵阳市、遵义市地理信息专项整治工作进行验收，并对2009年专项检查期间发现的问题单位进行了回头看检查。

5月18日，全国地理信息市场专项整治工作总结暨表彰电视电话会议在北京召开，贵州省国家安全厅被全国地理信息市场专项整治工作领导小组评为先进单位，贵州省国土资源厅汪福亚、贵州省国家保密局刘荣德、贵阳市国土资源局饶晓曦被评为先进个人。

【测绘资质复审换证】

2009年10月~2010年11月，贵州省国土资源厅在全省范围开展测绘资质复审换证工作。通过复审换证的测绘资质单位共326家。其中，甲级10家、乙级57家，丙级97家，丁级162家。按照规定不参加复审换证的单位13家，缓期换证单位7家，注销测绘资质单位23家。

【测绘行业统计】

贵州省国土资源厅按照国家测绘局要求，认真完成2010年度统计工作，贵州省全年测绘服务总产值达5.52亿元，较2009年增加3000万元；测绘从业人员达6787人，较2009年增加629人。

地图管理

【地图审批】

2010年，贵州省认真执行《地图审核管理规定》，按要求开展地图审核工作。共受理地图审图号申请12个，通过并办理地图审图号11个。

【地图编制与出版】

2010年，贵州省地图编制单位新编制的公开版地图有：《贵阳市旅游交通图》、《贵州省重大地质灾害分布图》、《江南造山西南端地质构造特征及其演化》插图、《乌当区旅游交通图》、《汇川区地图》、《中国漂城魅力施秉旅游交通图》、《岩溶石漠化治理地学模式研究》插图、《贵阳小河区（开发区）地方志》插图、《2010贵州省年鉴》插图、《贵州省综合地图册》及国家地理信息公共服务平台——贵州省子节点公众版。

【互联网地图监管】

贵州省将互联网地图检查纳入日常监控范围，定期对政府部门网站、其他有影响力的网站进行检查。检查内容包括编图单位是否依法持有测绘资质证书，网站是否载有错绘、漏绘我国国家版图的地图，网站转载的标准版地图是否标注了地图来源等。2010年，重点对省、市（州、地）、县（区）级政府门户网站进行检查，共检查网站98个，其中登载“问题地图”的网站8个，占8.2%，责令其限期整改。

成果管理

【成果库存】

截至2010年底，贵州省“4D”成果库存DEM 7095幅、DLG 1242幅、DRG 7074幅、DOM 1315幅，各种地形图、挂图、地图集共7719幅（册），航摄像片179603片，测量标志点资料17075个，卫星遥感影像447景。

【测量标志保护】

9月3日，贵州省国土资源厅组织对贵阳市开阳县测量标志产权登记试点工作进行检查验收，专家组一致同意开阳县测量标志产权登记试点通过验收。开阳县测量标志产权登记试点工作摸清了开阳县测量标志的现势情况，与保管人签订了测量标志有偿保管协议，解决了标志用地权属不清的问题，建立了测量标志保护长效机制。

全年贵州省国土资源厅共向各市（州、地）国土资源局、贵州省第一测绘院、贵州省测绘资料档案馆划拨测量标志保护经费66.68万元，用于测量标志委托保管、测量标志重建和测量标志成果提供。

基础测绘

【机构建设】

2010年，贵州省测绘行政管理的体制不断健全、完善。8月4日，遵义市测绘局挂牌成立，国家测绘副局长宋超智出席揭牌仪式。另外，贵阳、六盘水、安顺、毕节、黔东南州、黔西南州都加挂了测绘局牌子。

【似大地水准面精化】

9月31日，贵州省似大地水准面精化项目通过国家测绘局专家组验收。专家组一致认为，贵州省似大地水准面精化项目根据现代大地水准面精化理论、技术与方法，采用严密的数学模型和先进的数据处理方法，精度达±4.2厘米，达到项目设计目标。

【贵州省C级GPS控制网平差】

11月16日，贵州省C级GPS控制网平差项目通过贵州省国土资源厅专家组验收。该项目于2006年开始施测，全网共777个点，由贵州省第一测绘院和国家测绘局第一大地测量队合作完成，可作为贵州省全省的测绘基准。

质量监督

5月~11月，贵州省国土资源厅、省测绘产品质量监督检验站组织对贵州省测绘资质单位的测绘产品进行质量抽查，并对被抽查单位的质量管理体系、质检等各个环节进行检查。此次共检查单位37家。其中，甲级1家、乙级6家、丙级8家、丁级22家。检查项目为2009年~2010年完成的测绘工程项目，涵盖房产、国土、地矿、建设、交通等多个行业。经检查，36家合格、1家不合格，合格率为97.3%。

测绘共享共建

【数字城市建设】

3月20日，国家测绘局批复同意将贵州省遵义市列为数字城市建设试点。9月5日，由遵义市国土资源局与贵州省第三测绘院共同编制的《数字遵义地理空间框架建设项目设计书》通过专家评审。国家测绘局、贵州省国土资源厅、遵义市人民政府签订了《数字遵义地理空间框架建设示范工程合作协议书》。

【国家地理信息公共服务平台——贵州省子节点公众版】

7月19日，由贵州省国土资源厅主办，贵州省测绘资料档案馆承办的“国家地理信息公共服务平台——贵州省子节点公众版”正式运行。该平台利用1:25万数据，对涉密数据进行处理后向公众开放，并提供地理信息相关服务。该平台由贵州省地理信息服务门户站点、贵州省电子地图站点（公众版）、贵州省测绘成果元数据网上发布站点、贵州省测绘成果目录查询站点4个部分组成。平台网站挂靠于贵州省国土资源厅网站，年内向中国电信部门申请独立网站IP地址。

成果应用与测绘服务

【“五个一”工程建设项目】

2010年，贵州省国土资源厅启动“五个一”工程建设，内容包括一张图管地、管矿工程；一个平台建设工程——贵州省基础地理信息公共服务平台建设；一个网建设工程——在国家大地水准面精化项目基础上，加密贵州省平面控制网并进行平差，建成与国家控制网相衔接的测绘控制基准；一个遥感监测系统建设工程；一个GNSS站建设工程。项目实施期5年。其中一张图管地、管矿工程和一个平台建设工程年内基本建成，地政、矿政可在三维基础地理信息平台审批，得到国土资源部以及贵州省领导的好评。

【测绘应急保障】

6月28日，贵州省安顺市关岭县岗乌镇大寨村发生重大泥石流地质灾害，党中央国务院高度重视，国务院总理温家宝、副总理李克强等分别作出批示。面对受灾地区地形复杂，且存在安全隐患，全站仪、GPS等传统测量方式无法对受灾区域地形进行测绘的情况，贵州国土资源厅启动应急预案，紧急调用2架无人机赶往灾区，对受灾区域及周边10平方千米实施航摄，获取影像447张，为救援行动、灾情分析、险情排查以及灾后重建及时提供了资料。

【成果服务】

2010年，贵州省国土资源厅向测绘单位提供DEM 533幅、DLG 373幅，DRG 477幅、DOM 622幅，提供各种地形图、挂图、地图集共3525幅19943张，航摄成果图6272片，测量标志点资料2773个、卫星遥感资料117景。

科技创新与人才培养

【高铁CPⅢ控制网测量新技术】

2010年，贵州省中铁五局（集团）有限公司在高速铁路基本控制网CPIII测量领域取得重大突破，运用此项技术完成哈大（哈尔滨至大连）客运专线和石武（石家庄至武汉）客运专线共67.93千米的CPIII建网测量，项目均已通过业主组织的专家组验收。

【学历教育】

2010年，贵州省国土资源厅联合贵州大学开办国土资源系统在职研究生班，为国土资源系统培养国土资源与规划、地质工程、“3S”技术与应用等专业人才，全省共有200多名35岁以下年轻职工干部参加考试。

【获奖情况】

2010年，贵州省第一测绘院被人力资源和社会保障部与国家测绘局联合授予“全国测绘系统先进单位”称号；贵州省第三测绘院被国家测绘局授予“测绘应急保障先进单位”称号。

贵州省第二测绘院叶玮被人力资源和社会保障部与国家测绘局评为“全国测绘系统先进工作者”；贵州省第三测绘院王国洲被国家测绘局评为“测绘应急保障先进个人”；贵州省第三测绘院申朝勇、贵州省测绘资料档案馆罗军被国家测绘局授予“测绘奖章”。

党的建设与测绘文化建设

【党建工作】

贵州省国土资源厅将2010年定为“服务基层年”。在系统内开展“转变作风、增强执行力、服务基层”为主题的活动，取得良好效果。

7月1日，贵州省国土资源厅在贵阳召开机关党员大会，纪念中国共产党成立八十九周年。会上，9名新党员进行了入党宣誓。

【科学发展观考核】

按照国家测绘局《关于开展2010年度全国省级测绘行政主管部门贯彻落实科学发展观年度测绘工作考评的通知》，贵州省对2010年测绘工作的组织领导、测绘法制建设、基础测绘管理、测绘成果管理、测绘市场监管、测绘依法行政、测绘科技创新、测绘文化及人才队伍建设情况共7个大项42个小项进行了认真梳理，深入总结，按时向国家测绘局上报自查报告。经国家测绘局审核，贵州省国土资源厅在2010年全国省级测绘行政主管部门贯彻落实科学发展观年度测绘工作考评中为优秀等级。

【测绘文化建设】

9月，贵州省国土资源厅、贵州省地矿局、贵州省煤田地质局、贵州省有色和核工业地质局在贵阳联合举办全省国土资源系统首届职工体育节。体育节以“开展体育运动，增强职工体质，共建和谐家园”为主题，来自“一厅三局”的500多名运动员和文艺节目演员参加开幕式。贵州省国土资源厅机关获得大众广播体操比赛第二名，厅羽毛球队获得团体第二名，男子篮球队获亚军，女子篮球队获季军。

【测绘援疆】

贵州省国土资源厅贯彻落实全国测绘援疆工作座谈会精神，组织部分测绘行业单位向新疆维吾尔自治区测绘局开展捐赠援助活动，共募集资金5万元。

地方社团工作

【贵州省测绘学会】

3月12日，贵州省测绘学会会同贵州省测绘行业协会、南方测绘贵阳分公司联合举办“2010年度测绘学会测绘新产品新技术交流大会”，省内测绘单位300多人参加。

10月14日~16日，贵州省测绘学会组织部分会员单位赴澳门参加第六届海峡两岸测绘发展研讨会，了解测绘新技术方面的相关资讯。

在中国测绘学会的支持下，贵州省测绘学会与贵州省测绘行业协会共同举办1期全国注册测绘师培训班，来自全省各测绘单位的132人参加培训。

【贵州省测绘行业协会】

6月，贵州省测绘行业协会面向丙级以上测绘资质单位开展2007-2009年度全省优秀测绘工程奖评选活动。33个项目参加评审。其中，6个获一等奖，14个获二等奖，6个获三等奖。获奖项目涵盖工程测量、地籍测绘、水利测量等专业。

11月6日，贵州省测绘行业协会召开测绘规划编制单位推荐评审会，经评审后具有编制测绘规划实力的单位推荐给各级测绘行政主管部门。全省共有22个测绘资质单位报名参加评审，其中19个单位达到要求。

12月30日，贵州省测绘行业协会召开2010年年会，省国土资源厅副厅长王赤兵参加会议。会议传达了国务院副总理李克强的重要批示和全国测绘局长会议精神，总结了2010年测绘行业协会工作，研究召开测绘行业协会第五次会员代表大会筹备、换届等有关事项。

云南省

规划与计划

2010年，云南省测绘局组织开展“十二五”测绘规划编制工作，在开展基础测绘需求调研、完成9个“十二五”测绘重大课题研究的基础上，编制完成《云南省测绘事业发展第十二个五年规划纲要》和《云南省基础测绘“十二五”规划》初稿。同时，积极推进州、市基础测绘规划编制工作，全省16个州市中10个完成本级基础测绘规划编制，丽江、怒江已启动基础测绘规划编制工作。

云南省测绘局抢抓云南省建设桥头堡战略这一重大机遇，拟定《云南省建设中国向西南开放桥头堡测绘服务保障行动计划建议方案》，上报云南省政府和国家测绘局，积极争取“云南省1∶1万基础地理空间数据资源建设”、“云南省综合卫星定位服务系统”、“云南省桥头堡建设综合地理信息服务平台”和“云南省地理信息产业园”等重大项目立项。上述项目已列入云南省发展和改革委向国家发展和改革委申报的“中国向西南开放云南桥头堡建设前期研究项目”中，并被纳入云南省国土资源“十二五”工作规划。

法制建设

【健全法制体系】

2009年新修订的《云南省测绘成果管理办法》于2010年3月1日起正式施行。

2010年，云南省测绘局制定《云南省国家秘密基础测绘成果提供使用办法》（以下简称《使用办法》），为贯彻落实《云南省测绘成果管理办法》提供详细的业务操作规范。

云南省测绘局针对23种测绘违法行为，结合违法的事实、性质、情节及危害程度，量化了行政处罚标准，建立了自由裁量权基准制度。对《云南省测量标志保护规定》、《云南省地图编制出版管理规定》和《云南省测绘成果管理办法》3个规章进行了清理。对规范性文件作出保留8件（其中单件进行修改）、废止5件的决定。

【测绘法宣传活动】

8月29日，云南各级测绘行政主管部门围绕“推进数字城市建设，提升测绘公共服务水平”主题，采取多种形式开展测绘法宣传日活动。德宏州国土资源局与潞西市国土资源局联合设立测绘法宣传咨询点，邀请州电视台、报社记者宣传报道，全州共出动测绘法宣传车10辆，悬挂横幅标语35条，制作板报10期，发放宣传资料6000份。曲靖市国土资源局通过市委宣传部向全市移动手机用户发送宣传短信200多万条，全市共设咨询点26个，悬挂横幅60条，发放宣传资料6000份。陆良县国土资源局印制带有测量标志知识的日历1000份并向群众发送。楚雄州双柏县国土资源局要求各乡（镇）国土所在集镇设立咨询点、发放宣传资料、悬挂横幅标语，全县共发放宣传资料300多份，制作黑板报8期，营造了良好的宣传氛围。临沧市各县开展形式多样的宣传活动，临翔区电视台就测绘法宣传日活动进行专题报道。

测绘统一监管

【测绘监管新突破】

2010年，云南省政府印发《云南省人民政府关于加强卫星定位连续运行参考站网建设与使用管理的通知》，要求各地卫星参考站网建设必须按建设相对独立坐标系的规定逐级审查报批，由云南省测绘行政主管部门批准后方可进行建设，并由省测绘行政主管部门牵头对站网建设、项目验收、成果汇交、系统运行、数据使用制定管理办法。

针对无人机等航拍活动日益频繁，航摄计划审批行政许可难以落实的情况，云南省测绘局积极汇报、多方协商，省政府行文明确“从事以测绘为目的的航空摄影或者航空遥感活动，应当报省人民政府测绘行政主管部门审批，经批准后有关部门方可办理航空摄影或者航空遥感飞行手续。”云南省驻地空军空管部门明确凡在云南省境内从事测绘航空摄影活动的单位，必须事先取得省测绘行政主管部门的审批同意，否则空军空管部门不予受理其空域飞行申请。在省政府和部队的支持下，云南省测绘航摄的事前审批行政许可得到初步落实，从源头上使云南测绘航空摄影活动得到有效监管。

【统一监管】

3 月 10 日～11 日，云南召开全省测绘管理工作会议，传达贯彻全国测绘局长会议精神，总结 2009 年测绘工作，部署 2010 年测绘工作。全省 16 个州、市国土资源局及测绘行政管理部门领导、局直属各单位、局机关各处（室）及全省甲级、部分乙级测绘单位主要负责人共 100 多人参加会议。

云南省地理信息市场专项整治工作顺利结束。通过学习培训、自查自纠、检查抽查、落实整改、总结验收 5 个阶段的工作，地理信息产业单位保密制度进一步健全，各种失泄密隐患得到消除，市场秩序大幅好转；建立起较稳定的多部门参与的联席会议制度、重大事项联合执法检查机制、重大案件联合查处制度和信息互通共享等联合监管机制。一批单位和个人获全国整顿和规范地理信息市场秩序工作先进集体和个人称号。

云南省测绘局召开 2 次测绘资质复审换证工作会议，完成 349 家单位测绘资质复审换证工作。深入推进测绘交验证登记制度，备案率明显提高。认真做好测量标志保护工作，全年共审批测量标志拆迁 9 起。开展大理州漾濞县和保山市腾冲县测量标志普查，完成大理州巍山、南涧、弥渡、鹤庆和曲靖市测量标志普查和资料汇交工作。

12 月 7 日～31 日，云南省测绘局组成 4 个考核组赴云南 16 个州市开展考核工作。通过实地听汇报、查工作、看材料、听取各方意见，顺利完成年度考核任务。

云南各州市测绘管理体制改革取得新进展。曲靖市国土部门内设测绘管理机构得到较好落实，全市 9 个县国土资源局有 7 个经当地机构编制委员会下发文件，设立测绘管理科（股），落实编制 1～2 人。玉溪市国土资源局印发《关于认真履行测绘行政管理职责的通知》，进一步明确市、县（区）测绘行政管理职能。临沧、保山、楚雄等地抓住机构改革机遇，积极争取在州（市）国土资源局中单独设立测绘管理科，其中临沧市已获批准。

地图管理与出版

全年，云南省测绘行政主管部门受理审核地图 49 件。全省各测绘单位新编制出版的地图有《新昆明新交通图》、《昆明主城楼盘建设图》、《云南省交通图》、《蒙自市行政区划图》、《昆明市主要旅游资源分布图》、《云南省旅游交通图》、《云南省行政交通区域图》等。

2010 年，云南省测绘行政主管部门依法查处 3 起违法编制地图案件，销毁违法地图 3000 多幅；查处 1 起超越测绘资质等级许可范围进行测绘活动的案件，并处以 7000 元的行政处罚；依法查处 6 起擅自复制、转借 1∶5 万、1∶10 万涉密测绘成果案件，涉及违法单位 12 家，结案 4 起，其余 2 起进入处罚程序。

成果管理与质量监督

【成果管理岗位培训】

为强化测绘成果保密管理，7 月和 12 月，云南省测绘行政主管部门继续举办 2 期培训，近 350 人参加培训，均通过考试取得《涉密测绘成果管理人员岗位培训证书》。

【州市成果管理工作】

云南各地测绘行政主管部门以第二次全国土地调查工作为契机，进一步对市、县、乡镇的坐标系开展清理和规范统一工作，曲靖市规划部门向国土部门移交了 1420 平方千米的“98 曲靖坐标系”成果资料，实现了成果监管新突破。

【成果质量监督】

5 月～12 月，云南省测绘局根据国家测绘局《关于开展 2010 年测绘成果质量监督检查的通知》要求，组织开展测绘成果质量监督检查工作，成立检查领导小组，制定抽检方案。按照统筹兼顾、逐步覆盖的原则，对近 3 年来云南甲、乙级测绘单位完成的 14 个项目进行检查。经检查，批合格 11 项，批不合格 3 项。此次检查结果表明，绝大部分测绘资质单位能按照有关规范、规程及各测绘项目的技术设计书进行测绘，成果质量相对较好。针对抽查中批不合格的测绘项目，责令生产单位进行整改，检查组将对测绘成果质量跟踪抽查。

基础测绘

【基础图件测制】

2010年，云南省测绘局加速推进基础测绘。全年共完成1:1万测图1244幅，完成1:1万建库1825幅，完成国家西部1:5万空白区内业测图25幅。完成“一乡一图”工程1305个乡（镇）图的编制。建成云南省行政区国界、省界、县界、乡界数据库。完成保山、昭通和田林摄区基础航空摄影。“德宏傣族景颇族自治州潞西、瑞丽、陇川1:5000测图项目”全面完成，并通过专家组验收。启动“红河州卫星定位连续运行参考站网系统建设和大地水准面精化”项目。

【州市基础测绘】

红河州以国家边远、少数民族基础测绘专项补助项目“红河州哈尼族彝族自治州蒙自1:500测图项目”为牵引，实现基础测绘大投入、大发展。在红河州蒙自1:500测图项目中，中央财政投入300万，省、州财政分别投入200万和217万。以此为契机，红河州政府投入1700多万元，启动红河州连续运行卫星定位服务系统、城市区域似大地水准面精化、全州十县（市）数字化测图和低空数码无人机航摄等一批重大基础测绘项目，实现了基础测绘投资8倍增幅。玉溪市财政拨款2068多万元，全力支持实施“数字玉溪”建设。曲靖市除宣威市外，各县都启动了县级首级控制网建设。2010年度国家边远少数民族地区基础测绘专项经费补助项目——“文山州卫星连续运行基准站系统项目”获得批准。西双版纳州、德宏州继续争取新的补助项目。

重大测绘工程

【数字玉溪】

2009年12月，国家测绘局批复将云南省玉溪市列入国家测绘局2009年数字地理空间框架建设试点；2010年5月12日，由国家测绘局、云南省测绘局、玉溪市政府三方共同投资的数字玉溪地理空间框架建设合作协议在玉溪签订，之前项目设计书通过专家评审。这是继“数字安宁”试点项目后云南省第二个数字城市试点项目，也是云南省首个地级市数字城市试点项目。数字玉溪地理空间框架建设项目包括4个方面：基础地理信息建设、地理信息公共平台建设、应用示范建设及支持环境建设。2010年工作任务已完成。

【“兴地睦边”农田整治工程】

云南省“兴地睦边”农田整治重大工程是云南中低产田改造的重要组成部分，工程建设规模323万亩，共420个项目，计划5年完成。为保证工程顺利实施，云南省国土资源厅召开“兴地睦边”农田整治专题会议，决定由云南省测绘局负责“兴地睦边”农田整治重大工程项目的航空摄影和1:2000地形图测制任务。云南省测绘局成立“兴地睦边”农田整治工程航拍测图工作领导小组，负责统一领导和组织协调工作，采用低空无人机航摄。9月，该局组织3家测绘资质单位利用无人机航拍系统实施低空航拍和影像处理，安排6家测绘资质单位实施1:2000地形图测制。截至年底，第一批56个项目的航摄和正射影像图制作任务全部完成，成果范围涉及云南8个州（市）25个边疆县（市）、109个片区共484平方千米。

【云南首个州级基础测绘项目】

7月，云南省首个州级基础测绘项目“德宏傣族景颇族自治州潞西、瑞丽、陇川1:5000测图项目”完成，并通过专家组验收。该项目是国家边远地区少数民族地区基础测绘专项经费补助项目。项目施测单位云南省航测遥感信息院采用卫星遥感测图技术，利用WorldView 0.5米分辨率卫星影像数据测制1:5000数字地图，解决了边境地区无法实施航空摄影问题。项目完成后所获得的554幅1:5000数字地图成果，将为把德宏州建设成为中国向西南开放桥头堡的黄金口岸提供基础地理信息保障服务。

【云南省似大地水准面精化项目】

云南省似大地水准面精化项目历时3年，2010年由云南省测绘局和陕西测绘局共同完成。该项目选埋国家B级GPS点30个，联测二等水准547.2千米，选埋、观测、利用C级GPS点402个，并联测三等水准路线3533.7千米。项目建立了云南省39.4万平方千米区域的高精度似大地水准面模型，精度高于云南省山区大地水准面精化的设计指标，可满足大比例尺测图对高程基准的要求，对完成我国西南地区地形复杂区域的大地水准面精化具有重要的示范和借鉴作用。

成果应用与测绘服务

【成果应用】

2010年，云南省测绘行政主管部门完成一系列供图任务。全年为中央领导来滇视察工作提供视察路线图9次共1130份。测绘成果分发服务部门共向社会提供各种比例尺地形图1万多张、各类控制点成果1.8万多个、成果数据974GB，保障了第二次全国土地调查、矿业权实地核查，以及昆玉铁路改造、昆明新机场建设、地震应急系统建设、农村路网改造等16个国家级和省级重点项目的建设需要。

【测绘应急保障】

2010年，云南省遭遇严重旱灾，云南省测绘部门先后为省森林防火指挥部提供最新版全省范围1∶25万电子地图，向云南省抗旱救灾地下找水行动指挥部提供《云南省1∶75万行政区划图》数据，为昆明市五华区水务局提供1∶1万地形图，满足防火决策、打井布局、引水施工等需要。利用新装配的低空无人机航拍系统对8月18日发生的云南贡山特大山洪泥石流灾害发生地实施航拍，成功获取7000平方千米0.3米高分辨率灾后影像图，为查清泥石流爆发源头、受灾面积等情况及时提供资料，得到了国土资源部、云南省委省政府的肯定。云南省测绘行政主管部门进一步完善应急保障体系建设，拟定了《云南省突发公共事件应急测绘保障预案》（草案），筹措资金购买无人机航拍系统，多方争取应急测绘保障经费投入，加强应急队伍业务演练，开展应急保障人才引进和培训工作，不断加强测绘应急保障能力建设。

重要测绘活动

【测绘专家西部行】

12月，2010年测绘专家西部行活动在云南举行。宁津生、张祖勋等6位测绘专家为云南省测绘行业技术人员和管理人员作学术讲座，内容包括现代测绘与经济社会发展、地理信息在政府规划管理决策中的应用、摄影测量技术与更新体系等，受到云南省广大测绘技术人员和测绘行政管理部门的欢迎。

【西南地区测绘工作交流会】

9月15日～18日，2010年西南地区测绘工作交流会在云南腾冲召开。来自四川、重庆、贵州、西藏、广西、云南测绘行政主管部门及单位的有关领导和专家50多人参加。与会代表分别从贯彻落实《国务院关于加强测绘工作的意见》、提高测绘服务保障能力、促进测绘事业全面协调可持续发展、数字城市建设、“十一五”测绘工作情况以及“十二五”测绘规划等方面进行了交流。

科技创新与人才培养

【科技创新】

云南省测绘行政主管部门积极推进科技创新工作，成立科技奖励委员会，积极开展新技术应用，利用机载激光雷达（LIDAR）技术实施景洪市200平方千米的航拍，利用数码调绘系统新技术探索建设野外调绘作业新模式。

【人才队伍建设】

云南省测绘局认真贯彻落实全国人才工作会议精神，成立人才工作领导小组，统一指导人才队伍建设工作。组织开展局机关副处级领导职位竞争上岗。组织参加全国测绘技术能手评选，1人获全国测绘技术能手称号。加强领导干部履职能力培训，加大专业技术人员继续教育培训力度，2010年共举办各类专业技术培训班19个，参加人数达532人次。

党的建设和测绘文化建设

【党建工作】

云南省测绘局深入开展创先争优活动，在全局范围内开展党组织和党员公开承诺活动，进一步加强和改进党建工作。认真做好局直属机关党委换届准备工作。表彰2008年～2009年先进基层党组织、优秀党员和优秀党务工作者。2人分别获得云南省省直机关工委授予的优秀共产党员和优秀党务工作者称号。举办第四期入党积极分子培训班。进一步开展党风廉政建设工作，贯彻落实厉行节约八项要求，认真做好信访工作。

【精神文明建设】

云南省测绘局组织完成全省推荐全国测绘系统先进集体和先进工作者评选工作，云南省测绘局被省政府评为“中越陆地边界云南段勘界先进集体”，2人分别记三等功和获得嘉奖。云南省测绘局对在“8·18”云南贡山特大山洪泥石流灾害测绘应急保障服务工作中做出突出贡献的人员进行表彰奖励；开展“爱读书、读好书、善读书”活动，在局机关公务员中组织开展“七个一”活动和“忠诚教育”活动，不断提高干部职工思想素质和职业道德水平；

面对云南省遭遇严重旱灾，先后组织广大干部职工开展捐款献爱心活动和共产党员抗旱救灾特别捐款活动，共募集资金27万多元支援重灾区；积极支持局挂钩扶贫乡——大理州弥渡县牛街彝族乡，抗旱救灾，帮助打井、购置水泵、实施引水工程，被云南省委、省政府授予“2009年度社会扶贫先进集体”称号；组织职工排演具有云南民族特色的哈尼舞蹈并参加测绘系统文艺汇演；组织参加国家测绘局举办的羽毛球比赛和云南省省直机关工会举办的乒乓球比赛。

地方社团工作

【学会建设】

云南省测绘学会利用人才和技术优势，做好测绘科技咨询和服务工作，设立基础测绘规划编写组，组织人员开展调研，编制完成西双版纳州和怒江州基础测绘规划。认真筹划学术年会，做好大会交流和优秀论文评奖工作。办好《云南测绘》刊物，做好学术论文编辑出版和发行工作，与54家国家核心测绘期刊、各省区测绘期刊进行交换，为云南测绘科技工作者搭建学术交流和技术推广平台。组织参加2010年全国学生定向越野锦标赛暨“四维测绘杯”第六届全国测绘职工定向越野赛。

【学术交流】

2010年，云南省测绘学会组团参加第39次、第40次东南亚测绘协会理事会会议，就测绘教育合作、注册测绘师资格相互认证等问题达成共识。参加第五届印度尼西亚国家空间地理信息大会，考察印尼大地水准验潮站。组织参加第六届海峡两岸土地测量学术会议，就信息化测绘与产业发展、大地测量与导航、地理信息公共服务等专题进行探讨和交流。

组织会员单位的技术负责人参加东方道尔公司举办的激光雷达技术学术交流活动，组织400多名测绘技术人员、大专院校测绘专业师生参加国家测绘局在昆明举办的测绘专家西部行活动。

【科技奖励】

云南省测绘学会面向全省测绘行业设立“云南省测绘学会测绘科技进步奖”、“云南省测绘学会优秀测绘工程奖”和“云南省测绘学会优秀地图奖”。积极组织推荐各测绘单位参加中国测绘学会各测绘奖项评选。“昆明市地下管线信息管理系统建设”、“运用WorldView卫星数据进行边境地区立体测图的研究”2个项目分获中国测绘学会2010年测绘科技进步奖二、三等奖，《滇池流域入湖河道分布系列地图》、《昆明市影像地图集》等作品分获中国测绘学会2010年优秀地图作品裴秀奖银奖和铜奖。

西藏自治区

规划与计划

西藏自治区测绘局认真开展区“十二五”基础测绘规划编制工作，抽调专人组成编制小组，以函件形式对区交通运输厅、水利厅、民政厅、建设厅、旅游局、林业局、政府应急办、地勘局、测绘院、水电勘测设计院等23家厅局级单位及10家甲乙级测绘资质单位开展基础测绘保障服务需求调研，根据调研情况和“十一五”基础测绘工作总结，编制完成《西藏自治区基础测绘“十二五”规划》征求意见稿。召开《西藏自治区基础测绘“十二五”规划》审查会，听取政府办公厅、发展和改革委、财政厅、国土资源厅等12家部门的意见和建议，并邀请国家测绘局专家对该规划进行修改完善。

法制建设

【法制建设】

9月，《西藏自治区测绘条例（草案）》（以下简称《条例（草案）》）经自治区人民政府第九次常务会议审议通过；同月，自治区第九届人大常委会第十八次会议对《条例（草案）》进行初次审议。根据审议意见，西藏自治区测绘局会同区人大法制委员会到广东省和广西壮族自治区进行立法调研，并根据调研情况修订完善了《条例（草案）》。11月26日，西藏自治区第九届人大常委会第十九次会议审议通过《西藏自治区测绘条例》（以下简称《条例》），2011年1月1日起施行。《条例》共11章92条，是一部综合性的地方法规。《条例》的颁布实行推进了西藏测绘法制建设，为营造良好的执法环境奠定了基础。

【测绘法制宣传教育】

西藏自治区测绘局积极开展"8·29"测绘法宣传日活动。宣传日当天，设立了固定宣传展位，发放测绘法制宣传材料2000多份，赠送测量标志保护宣传画和地图产品330张。全区28家测绘资质单位在单位办公地点悬挂宣传横幅，张贴宣传海报，设立宣传展板，积极开展测绘法宣传，增强了宣传效果。

在"12·4"法制宣传活动中，西藏自治区测绘局大力宣传地图知识以及与地图有关的法律法规知识，提高了群众对国家版图重要性的认识，在社会上形成了正确使用地图的良好氛围。

在"4·22"地球日、"5·12"防灾减灾日、"6·25"土地日等宣传活动中，西藏自治区测绘局有组织地开展了相关宣传活动，在主要街巷悬挂宣传标语、张贴宣传挂图，营造测绘法制宣传教育的良好氛围。

【测绘普法】

8月，西藏自治区测绘局举办首期涉密测绘成果管理人员岗位培训班，邀请国家测绘局、国家基础地理信息中心、西藏自治区国家保密局等单位的领导、专家，为参训人员讲解当前国家保密形势和特点及国家有关保密法律法规等内容。全区65家测绘资质单位和涉密测绘成果使用单位的领导及有关人员共100多人参加培训。

9月17日~18日，西藏自治区测绘局协助国家测绘局在拉萨举办2010年第二期地方测绘行政管理干部培训班，西藏及周边省份的测绘管理干部约80人参加培训。培训班讲授了《测绘行业依法行政的实践与探索》、《测绘法制建设》、《面向政府管理与决策的地理信息服务》、《涉外测绘违法案件查处理论与实践》等内容，播放了全国地理信息市场专项整治工作专题片——《维护地理信息市场的一方"净土"》。通过培训，学员的法律意识和依法行政水平得到提高。

市场监管

【测绘资质管理】

5月12日，西藏自治区测绘局在拉萨举办测绘资质复审换证培训班，主要讲解国家测绘局新修订的《测绘资质管理规定》和《测绘资质分级标准》，并开展测绘资质管理软件操作培训，为做好测绘资质复审换证工作打下基础。

西藏自治区测绘局向国家测绘局报送了《关于西藏自治区调整测绘资质分级标准的请示》。经国家测绘局批复同意，确立了符合西藏现实水平的测绘资质分级标准。新标准对丙、丁级考核标准中的注册资金、专业技术人员数量进行相应调整。其中，注册资金调整为丙级不低于80万元，丁级不低于40万元；专业技术人员数量调整为乙级专业技术人员数量为18人，包括高级工程师2名、中级工程师6名；丙级专业技术人员数量为6人，包括中级工程师2名。

2010年，西藏自治区测绘局采用在线申报、受理、审核的方式对全区32家测绘资质单位开展复审换证工作。其中，通过14家，限期整改、发放短期测绘资质证书12家，注销5家，1家单位未参加复审换证。

【测绘市场监管】

2010年，西藏全区认真开展地理信息市场专项整治总结验收阶段工作，为期1年半的地理信息市场专项整治工作圆满结束，地理信息市场秩序得到规范。在全国地理信息市场专项整治工作总结暨表彰电视电话会议上，西藏自治区测绘局、西藏自治区那曲地区国土资源局获先进集体称号，3人被评为先进个人。

成果管理

【测绘成果管理】

西藏自治区测绘局积极推进测绘成果贮存、管理、分发、服务系统建设，投入196万元加强档案馆基础设施建设，完成密集架的安装、档案馆部分专业设备的招投标工作。对库存40多年的各类测绘成果、资料、档案进行清查、整理、登记，将70多万幅国家秘密级、机密级、绝密级地形图和其他各类成果、资料、档案搬迁入库，整理上架各类比例尺测绘成果2797幅、414383张，实现全区测绘成果、数据、资料、档案的微机查询。对全区2400多幅1:5万、1:10万地形图进行数字化扫描，做到一种成果两份贮藏。

【测绘资料领取】

2010年，西藏自治区测绘局加强与国家测绘局、国家基础地理信息中心、西部测图工程项目办的沟通与联系，领取了全区1954系、1980系、2000系三角点成果，西藏辖区内B级GPS点成果，水准点成果及点之记，西藏CQG2000成果，1:25万公众版地形图数据及处理软件，拉萨测区和12个县城数码影像数据以及54个县城高分辨率卫星影像数据及处理软件。

【制度建设】

西藏自治区测绘局积极加强测绘资料成果管理制度建设，修订了《测绘成果、资料档案管理制度》、《测绘成果及数据提供使用管理办法》、《测绘档案资料保密细则》、《库房安全管理制度》、《涉密测绘成果、资料、档案管理规定》等规章制度，确保测绘成果、资料档案的安全。制定《测绘成果提供服务规范》、《国家涉密基础测绘成果提供使用审批流程》，提高成果提供服务效率。印发《西藏自治区测绘资质单位测绘成果及资料档案管理考核办法（试行）》，促进全区各测绘资质单位测绘成果及资料档案管理工作水平的提高。

基础测绘

【基础测绘管理】

2010年，《中共中央、国务院关于推进西藏跨越式发展和长治久安的意见》（中发〔2010〕4号）、《关于支持西藏经济社会发展若干政策和重大项目意见的通知》（国办函〔2010〕62号）等文件，明确提出要加大西藏自治区基础测绘力度，西藏基础测绘工作首次被写入中央文件。8月4日，西藏自治区政府办公厅印发《关于协助做好基础测绘和永久性测量标志保护工作的通知》，要求各地（市）政府要协助做好基础测绘工作，组织好本行政区域内永久性测量标志的选点、埋设、托管和保护工作。

2010年，西藏自治区落实边远地区、少数民族地区测绘专项经费200万元。

【基础测绘项目】

一、西藏重点地区C级GPS网及三等水准测量（二期工程）

西藏自治区测绘局继续推进西藏重点地区C级GPS网及三等水准测量项目建设，完成项目二期工程（仁布－拉萨、曲水－加查－八一镇、拉萨－工布江达－八一镇），选埋GPS点100个、三等水准点170个。

二、西藏重点地区1:1万基础地理数据采集及成图（一期工程）

5月，西藏自治区测绘局在获取拉萨测区3000多平方千米的航空数码影像资料后，正式实施西藏重点地区1:1万基础地理数据采集及成图一期工程（拉孜－仁布），完成外业调绘和内业自然要素的数据采集工作。

重大工程测绘

2010年，西藏自治区测绘局完成西藏自治区矿业权实地核查工作。4月，项目在西安通过验收，项目成果提交国土资源部。承担完成西藏自治区矿业权实地核查数据整理入库项目，4月通过部级验收，所提交成果符合全国矿业权实地核查数据库建设要求。

测绘合作共建

【西藏自治区突发事件应急处置地理信息平台】

西藏自治区测绘局与中国测绘科学研究院合作完成西藏自治区突发事件应急处置地理信息平台项目主体工程建设。该平台系统已在自治区应急办、信息办、公安厅、水利厅、交通厅、国土资源厅、卫生厅、气象局、地震局、边防总队等部门安装试运行。

【第五届全国少数民族自治区测绘工作经验交流】

9月4日～7日，由西藏自治区测绘局承办的第五届全国少数民族自治区测绘工作经验交流会在拉萨召开。内蒙古自治区测绘事业局、广西壮族自治区测绘局、宁夏回族自治区国土资源厅、新疆维吾尔自治区测绘局、西藏自治区测绘局和特邀单位云南省测绘局的领导及有关部门、单位负责人共50多人参加会议。会议围绕贯彻落实《国务院关于加强测绘工作的意见》取得的成效、单位发展现状等方面工作进行深入交流，各单位介绍创新工作新思路、工作方式等方面的经验和做法，共同探讨测绘发展“十二五”规划编制工作。

地图编制与出版

【领导机关工作用图编制】

2010年，西藏自治区测绘局完成供领导机关使用的拉萨、日喀则、那曲3地（市）行政区划图、地形图的二次检查和林芝、山南、阿里、昌都四地区行政区划图、地形图1次检查。

【编制《西藏自治区地图集》】

西藏自治区测绘局继续做好《西藏自治区地图集》编制工作，完成总体设计编绘工作量的97%。在收集到高分辨率卫星影像数据后，增编了74个县级以上城镇平面图，丰富了图集内容。

成果应用与测绘服务

【测绘成果提供】

2010年，西藏自治区测绘局共向社会提供各种资料210次，其中公开版地图3771幅，地图册644本，内部版地图619幅，地形图979幅，三角点、水准点、GPS点成果504点，数据成果429幅。免费向自治区政府、党委、人大及区属各厅局、地区、县和武警、公安、安全部门赠送各种地形图、内部版、公开版地图及电子地图和数据成果3620幅。

【服务保障】

2010年，黑龙江测绘局在西藏林芝、昌都区域开展国家1:5万基础地理信息数据库更新工程。西藏测绘局按照国家测绘局有关文件精神，及时与自治区政府办公厅沟通汇报，下发《关于支持国家测绘局在我区开展2010年度1:5万基础地理信息数据库更新工作的函》。及时为黑龙江测绘局进藏队伍提供作业区域的地图资料，协助办理边境通行证，向相关地区行政公署出具公函，做好进藏测绘队伍的保障工作。

人才培养

【人才培养】

西藏自治区测绘局积极加强专业人才培养，选送1名藏族技术干部参加国家测绘局与武汉大学联合举办的测绘系统劳模班（工程硕士班）学习深造。继续加强人员再教育工作，全年20多人次参加各类业务培训，组织到陕西测绘局、四川测绘局考察学习。

【人才援藏】

3月25日，国家测绘局第六批援藏干部抵达拉萨，开始新一轮的测绘人才援藏工作。此次援藏人员共4人，并首次将1人纳入中组部援藏干部计划，援藏期限延长至3年。

党的建设与测绘文化建设

【效能建设年活动】

4月~12月，西藏自治区测绘局开展效能建设年活动，局机关和自治区测绘院全体人员参加。西藏自治区测绘局以贯彻落实中央第五次西藏工作座谈会精神为核心，以自治区党委要求解决的“六个突出问题”（少数党员干部党的观念淡薄、党员意识不强的问题；少数党员干部事业心和责任感不强、工作效率低下的问题；少数党员干部宗旨意识不强、群众观念淡薄的问题；少数党员领导干部在工程建设领域乱插手、滥插手的问题；少数党员干部参与赌博、大操大办等问题；反腐倡廉制度不健全、执行不得力的问题）及自治区国土资源厅党组要求重点解决的“三个方面的问题”（少数党员干部执行力不强的问题；少数党员干部思想认识问题；个别党员干部工作质量不高、效率低下的问题）为目标，准确把握活动要点、丰富细化活动措施、不断创新工作方法、认真落实活动要求，坚持边学习边工作、边研究边改进，顺利完成“四个阶段十二个环节”任务，有力地促进了西藏自治区测绘局的发展、改革和稳定。

【党建工作】

西藏自治区测绘局以“五个好、五带头”为标准，积极开展创先争优活动。创新工作思路和手段，将“创先争优活动”与“党员密切联系群众实践活动”、“推进学习型党组织建设活动”、“创文明机关、争当好公仆”等活动紧密结合，拓展活动载体，丰富活动内容和内涵，不断把活动引向深入。

6月11日，西藏自治区测绘局完成新一届党总支委换届选举工作，产生新一届党总支委员。

【党风廉政建设】

西藏自治区测绘局严格执行中共西藏自治区国土资源厅党组关于实行党风廉政建设责任制的实施办法，加强党风廉政建设，签订《西藏自治区国土资源厅党风廉政建设（2010－2011）责任书》，认真落实领导责任制。开展廉政文化进机关活动，加强廉政教育理论学习，认真执行《中国共产党党员领导干部廉洁从政若干准则》等、中央有关文件和自治区纪委七届四次全会精神，严格遵守自治区纪委提出的“十个决不允许”和“十个不准”，做到廉洁自律，廉洁从政。

【测绘文化建设】

2010 年，西藏自治区测绘局选送《多彩的哈达》节目参加国家测绘局在北京举办的首次全国测绘系统职工文艺汇演。“五一”劳动节、“五四”青年节，组织全体干部职工开展拔河比赛、篮球比赛。坚持每周五下午利用业余时间请专业老师教授藏族传统民间舞蹈——锅庄舞。通过一系列文体活动，有力地促进了全局民族团结和单位和谐建设。

地方社团工作

2010 年，西藏自治区测绘学会积极开展学术交流、技术培训、科学知识普及、科技咨询与服务，促进西藏测绘工作者之间相互沟通和技术合作，促进测绘科学知识的普及和推广。积极参与和完成中国测绘学会、自治区科协、区测绘局交办的各项任务；遵照自治区科协的要求，努力做好各项服务。

陕西省

规划与计划

【全省测绘发展规划】

陕西测绘局组织召开全省测绘发展“十二五”规划编制工作会议。基本完成《陕西省测绘和地理信息发展“十二五”规划纲要》（征求意见稿），以及测绘人才、测绘科技和基本建设专项规划编制，明确“十二五”期间陕西测绘事业发展的指导思想、总体目标和重点任务，指导全省测绘行业工作。

【省级基础测绘规划】

2010 年，陕西省政府下发《关于全省国民经济和社会发展第十二个五年规划编制工作的意见》，《陕西省基础测绘“十二五”规划》首次被列入全省 42 个专项规划中，由陕西测绘局牵头组织编制。6 月，《陕西省“十二五”基础测绘规划（草案）》送陕西省发展和改革委与陕西省总体规划进行衔接。

法制建设

【测绘法规体系建设】

2010 年，陕西测绘局完成《陕西省测绘条例》和《陕西省测绘成果管理条例》2 部地方性测绘法规的清理工作；完成《陕西省测量标志保护管理规定》和近几年出台的规范性文件的清理工作；对全局行政许可项目进行了清理。完成五年测绘依法行政、“五五”普法工作总结和全省测绘普法依法治理工作年度计划制定工作。

【健全市县级测管机构】

陕西测绘局召开咸阳市、杨凌高新农业示范区测绘行政管理协调会，将咸阳市代管的测绘行政管理职能调整到杨凌示范区规划局，将测绘行政监管职能纳入杨凌示范区行政管理体系。在新一轮地方政府机构改革中，榆林市落实市级测绘管理机构，明确县级统一监管归口部门及职责；延安市 6 个县（区）设立独立测绘管理机构；安康市明确测绘管理机构、人员和职责；渭南市测绘管理机构人员得到加强；商洛市明确各县城乡建设局为县级测绘行政管理部门；汉中市南郑县设立测绘管理办公室，加挂南郑县城乡建设队牌子，成为陕西省继延安市后第二个设立县级测绘管理机构的地市。

【测绘法制宣传教育】

在“8·29”测绘法宣传日活动中，陕西测绘局统一部署各设区市测绘行政主管部门和甲、乙级测绘资质单位开展测绘法宣传。陕西测绘局在大雁塔北广场设立宣传站，讲解测绘法律法规和政策，解答市民疑问。编印 1000 册《国家版图知识》宣传册，分发至全省 10 个设区市和杨凌示范区测绘行政主管部门，在测绘法宣传日活动中免费向社会公众发放。宝鸡、咸阳等10个设区市测绘行政主管部门分别开展了形式多样的宣传活动，促进了测绘法宣传日活动的深入开展。陕西省90多家甲、乙级测绘资质单位分别在办公地点悬挂宣传横幅，积极宣传测绘法。全省共编制发放宣传材料2.2万份，增强公众对测绘事业和测绘法律法规的了解。

【测绘执法能力建设】

2月2日，陕西省测绘工作会议在西安召开，全省10个设区市人民政府和杨凌示范区分管测绘工作的领导以及部分甲级测绘单位的主要负责人共90多人参加会议。国家测绘局副局长宋超智、陕西省副省长郑小明出席会议并讲话。会上，陕西测绘局依据《市级测绘管理机构年度目标责任考核办法》，公布对各地测绘行政主管部门2009年目标责任考核结果，并对考核结果为优秀和良好的测绘管理部门给予奖励；与全省各设区市、杨凌示范区测绘管理部门签订《2010年测绘行政主管部门目标考核责任书》。全年，陕西测绘局组织7个设区市测绘行政主管部门17人分别参加4期全国测绘行政管理与执法培训班的学习。

市场监管

【测绘市场监督检查】

陕西测绘局按照国家测绘局统一部署，完成陕西省地理信息市场整顿工作。在全国地理信息市场专项整治工作总结暨表彰电视电话会议上，陕西省榆林市测绘处、咸阳市住房和城乡建设规划局获全国整顿和规范地理信息市场秩序工作先进集体称号；康元方、姜晓霞、马燕等3人获全国整顿和规范地理信息市场秩序工作先进个人称号。2010年，陕西测绘局先后派出工作人员赴延安、宝鸡、咸阳、渭南、汉中、商洛等设区市及杨凌示范区测绘行政工作执法检查，共执法检查81次。其中，重大专项执法行动9次，制止违法行为5起，查处违法案件2件。与省国家安全、保密等部门形成长期联动机制，进一步加强涉外违法测绘案件的查处工作，查处宝鸡市1起涉外违法测绘案件，责令涉案人员立即停止非法活动，没收相关违法测绘工具。

【测绘资质管理】

陕西测绘局制定2010年测绘资质复审换证工作方案，指导和督促各设区市、杨凌示范区测绘行政主管部门开展复审换证工作，各设区市均实现测绘资质管理信息系统网上报审。按计划完成全省11市、区测绘资质五年复审换证工作，全省测绘资质单位由“十五”末的223家增加到286家。全年新审批乙级以下测绘资质单位34家，升级2家；办理单位名称、法人、业务范围变更51家；办理测绘作业证238个。组织开展全省测绘资质单位质量认可工作，共有4家乙级、7家丙级、1家丁级测绘资质单位因测绘成果质量不合格被注销测绘资质。按照政府信息公开规定，将年度测绘资质注册结果在陕西测绘局政府网站和《陕西日报》上向社会公布。

地图管理与成果管理

【地图管理】

2010年，陕西测绘局完成全省公开展示、出版的各类纸质及电子地图的受理审查工作，全年共受理审核、审批各种地图41件。组织执法人员对车站等场所的地图市场进行执法检查50多次。对中国移动陕西分公司制作的宣传广告牌存在中国地图图形使用错误的问题，责令限期拆除，并制止其他违法使用地图行为5起。各设区市测绘行政主管部门组织开展了本市地图市场检查工作。陕西测绘局与国家测绘局陕西基础地理信息中心联合开展全省互联网地图网站实时技术监测，及时通报互联网地图网站违法违规行为，规范全省互联网地图市场。

【测绘成果汇交和审批】

2010年，陕西测绘局开展全省2010年测绘成果目录统一汇交工作，宝鸡、咸阳、铜川、渭南、延安、榆林、汉中、商洛等市267家单位汇交测绘成果1740项，甲、乙级测绘资质单位汇交率达97%。34家涉密测绘成果归口管理单位通过审核并建立信誉档案。依法开展基础测绘成果资料提供、使用审批和永久性测量标志拆迁审批等测绘成果行政许可审批工作。接待申购国家涉密基础测绘成果资料1390次，审批涉密测绘成果归口管理56家；完成涉密测绘成果提供使用行政审批1109项。其中，陕西省涉密测绘成果使用审批834项，省外涉密测绘成果使用转函审批275项。

【测绘保密管理】

2010年，陕西测绘局对10家主要测绘成果使用单位进行保密现场检查，并下达限期整改通知书。按照国家测绘局统一部署，陕西测绘局开展机关及局属各涉密单位文书档案和计算机网络保密自查；

开展全局涉密载体清理工作，检查对象包括在岗、近3年内已离岗人员。加强局所属各单位涉密测绘成果数据保密防护工作，购置 IP – guard 保密监控软件、“神盾”保密监控系统等软件系统。举办2期涉密测绘成果管理人员岗位培训班，全省测绘资质单位、测绘成果使用单位共180人参加培训并取得由国家测绘局统一印制的《涉密测绘成果管理人员岗位培训证书》。5月，按照省委保密委员会部署，开展“保密宣传月”活动，通过播放警示教育片、开展保密知识答题竞赛、发放《保密技术防范常识》（图文本）、召开涉密数据安全系统建设技术交流会等方式，普及保密知识，提高干部职工的保密意识。陕西测绘局王小茹被中共陕西省保密委员会、省国家保密局评为陕西省“五五”保密法制宣传教育先进个人。

基础测绘

【省级基础测绘】

2010年，陕西省政府共投入基础测绘经费1000万元。陕西测绘局组织编写了《1∶1万更新生产技术规定》等规范，修订了《陕西测绘局安全生产应急预案》，保障省级基础测绘顺利开展。组织实施基础测绘动态更新实验、陕北能源化工基地和《关中 – 天水经济区发展规划》测图工作；开展县级以下行政区划代码收集整理、水系代码编制、地方字库构建、陕西省1∶1万数据坐标转换软件开发等工作；开展基于1∶1万地形图的 PDA 更新试验、立体影像及平面影像的判调和快速更新试验；完成榆林测区正射影像数据生产、延安数字航空摄影、延安三维地理信息系统影像图制作；组织实施商洛、渭南、杨凌、安康等测区正射影像数据生产，秦岭北麓、凤翔、大荔、安塞、杨凌等测区矢量地形数据生产与更新。

【市场测绘项目】

2010年，陕西测绘局各测绘生产单位开展韩城电厂形变监测、延长油田 GPS 测量、第二次全国土地调查、杭州市似大地水准面精化等120多项市场测绘项目，服务地方经济建设。

质量监督

【测绘质量行政管理】

2010年，陕西测绘局开展全省测绘资质单位成果质量检查工作，对全省84家甲、乙级资质单位报送的成果材料进行集中检查、认可，指导设区市测绘管理部门完成对丙、丁级资质单位的质量认可工作。开展全省测绘成果质量监督检查，重点抽检了18个甲、乙级测绘资质单位承担的涉及国计民生和公共基础设施建设的测量项目。出台《陕西省测绘质量检验专家认定及管理办法》，确定王文胜等36人为全省测绘质量监督检验专家库首批成员，并与入选专家签订保密协议，颁发聘书。举办2期全省测绘成果质量检验人员培训班，177人通过考核取得测绘成果质检员任职资格证书。按照国家测绘局部署，组织测绘计量检验员资格考试，3人通过考核取得资格证书。

【测绘质量监管】

2010年，陕西测绘局对国家西部1∶5万地形图空白区测图工程、1∶5万基础地理信息数据库更新、“927”工程、汶川地震陕西灾后恢复重建测绘保障项目等50多个国家和省级重点测绘项目进行质量管理，加强技术标准的审核，及时跟踪生产项目的检查验收，检验完成2008、2009年延续的18个项目，2010年的39个项目。其中，陕西测绘局完成的基础测绘项目及陕西测绘局统管测绘项目成果优良率达94.2%。

重大工程测绘

【省级基础地理信息数据库二期建设】

9月，陕西省基础地理信息数据库二期建设全部完成，并通过陕西测绘局组织的专家验收。该项目建设历时3年，主要完成陕西省基础地理信息数据库升级与维护、应用数据库建设、电子地图制作及发布、三维地理信息应用平台建设、数据库管理系统升级和完善等工作，实现了基础地理信息网络化服务，提升了陕西省基础地理信息数据库的应用水平，为政府及综合管理部门开展信息化和“数字陕西”地理空间信息平台建设奠定基础。

【《陕西省地图集》】

为做好《陕西省地图集》编纂工作，陕西省政府成立由省长赵正永为主任、副省长郑小明为副主任、28个省级部门和10个设区市主要领导为委员的《陕西省地图集》编纂委员会，编纂委员会办公室设在陕西测绘局，负责图集的编纂工作。截至年底，该局已完成图集的编纂工作。新版《陕西省地图集》由序图组、自然资源与环境图组、经济与社会图组、县市区域地理图组4部分组成，是建国以来陕西省第一部公开出版的大型综合性地图集。

测绘合作共建

【公共服务平台建设】

2010年，陕西测绘局认真落实国家测绘局关于构建全国统一共享的“一网一图一平台”规划，与陕西省工业和信息化厅合作开展陕西省地理信息公共服务平台主体框架项目建设，初步完成全省地理信息公共服务框架数据库建设。编制《陕西省地理信息公共服务平台建设工作组织实施计划》、《陕西省地理信息公共服务平台总体设计》，完成陕西省地理信息公共服务平台公众版和电子政务版电子地图的开发。6月，陕西省地理信息公共服务平台（公众版）在陕西测绘局网站上线运行，初步实现全省地理信息服务“一张图”，并与国家测绘局地理信息公共服务平台主站点互联互通。这是陕西省首个由测绘行政主管部门发布的权威电子地图服务网站，标志着陕西省地理信息服务方式已从向用户提供数据转变为在线服务公众。

【应急地理信息平台建设】

2010年，陕西测绘局与省应急管理办公室合作开展陕西省应急体系建设“十一五”规划重点建设项目——陕西省应急地理信息平台建设（一期），完成基础数据采集、整理和更新，研发了应急辅助决策、数据维护、运维管理等子系统。9月，陕西省应急地理信息平台在陕西省应急管理办公室主控机房部署并上线试运行。

地图编制与出版

2010年，西安地图出版社共出版测绘图书及地图230种。其中，新版地图66种，再版地图70种，总印数约238.4万册，全年销售约152.5万册。主要地图品种包括《陕西省地图集》、《西安市城区图》、《中国汽车自驾导航地图集》等。其中，《陕西省地图集》获2010年度陕西省优质测绘成果奖，《陕西省领导用图》获中国测绘学会2010年优秀地图作品裴秀奖银奖，《西安市户外休闲旅游详图》、《甘肃省地图集》、《太原城区图》、《中国文物图集·辽宁分册》等获中国测绘学会2010年优秀地图作品裴秀奖铜奖。

成果应用与测绘服务

【成果查询与提供】

2010年，国家测绘局陕西测绘资料档案馆共接待社会各界用户1390多家，向土地、规划、水利、环保、交通等30多个行业和部门提供“4D”数字产品9067幅。其中，DEM 988幅、DLG 5414幅、DOM 1969幅、DRG 696幅。提供各种比例尺地形图7292幅、航摄成果16898片、大地成果2566点、卫星遥感影像255景211114平方千米，发挥了基础测绘成果的保障作用。启动测绘成果资料档案数据实体整理工作，完成约60TB的“4D”、专题、航片扫描数据、遥感影像数据的分析、比较和鉴定，实现了数据实体规范化、标准化管理，确保海量数据安全、高效存储与提供。

【测绘保障】

2010年，陕西测绘局分别为省委和省政府制作陕西省地势三维立体模型、陕西省政区交通立体模型；开发省长专业电子地图、陕西省公路出行信息服务示范系统等；为省“十二五”规划编制和关中-天水经济区、西咸一体化建设规划提供测绘保障服务。玉树地震发生后，陕西测绘局迅速启动应急预案，调运2套无人机航摄系统到地震灾区开展测绘工作，并为省政府及有关部门赶制玉树抗震救灾各种专题地图。开展玉树灾后重建所需的8个临时GPS连续运行站建设和青海省308省道玉树县至曲麻莱二级公路改建工程测绘工作。为陕南抗洪救灾提供多类型地图，完成渭南市防汛指挥地理信息系统建设，为陕西省防汛和救灾工作提供保障。年内，陕西测绘局被陕西省政府评为应急管理工作先进单位。

财务与装备

【测绘统计】

2010年，陕西测绘局完成国家、地方基础测绘项目11653.8万元，市场测绘项目11209万元，地图出版、发行、印刷等约2226.4万元，测绘生产能力持续增强。完成2009年度陕西省267个测绘资质单位15个专项内容的综合统计、分析报告等工作；完成2009年度政府采购统计、国有资产统计及2010

年测绘事业单位专项统计工作。

【财务管理】

按照国家测绘局部署，陕西测绘局开展局机关及局属各单位“小金库”专项治理工作，成立“小金库”专项治理工作领导小组，对局机关各处（室）及所属各单位2007年以来各项财务收支及银行账户的真实性和库存现金进行彻底清查、核实。对西安华测航摄遥感有限公司等3家公司和省测绘学会进行“小金库”专项审计。对规范津贴补贴实施情况进行自查自纠，制定《陕西测绘局预算单位公务卡管理暂行办法》，规范津补贴发放和公务卡使用。7月，组织召开全局2010年加强财务审计培训会议，规范财务管理及政府采购、招投标行为。

【基础设施建设】

陕西测绘局完成全国第一个用于陀螺全站仪检测的陕西真北基准检测场建设工作；完成陕西测绘局大院6号住宅楼、国家测绘局西安外业基地甲1号楼基础建设拆除工程；完成测绘科技大厦A座、B座外墙面装饰改造工程；完成陕西测绘仪器厂地下管道改造、国家测绘局西安外业基地变配电改造工程；完成仪器厂供水系统改造，解决仪器厂职工用水困难。

【测绘装备建设】

2010年，在国家测绘局支持下，陕西测绘局加强原始数据信息获取、快速自动处理、网络化应用服务等方面的装备建设，投入资金127.5万元，引进2套4架固定翼轻型无人机航摄系统；投入资金820万元，引进法国像素工厂影像数据快速处理系统、奥西彩浪新型丽珠精粉影像快速输出系统、德国DMT陀螺经纬仪等高新装备；投入资金266万元，对全局1994年～2003年所购置的41台（套）阿什泰克GPS接收机进行全面升级；完成GPS跟踪站数据处理服务器系统、存储系统和影像处理系统软件升级工作。认真贯彻《国家测绘局关于加强测绘援疆工作的意见》，为新疆维吾尔自治区测绘局捐赠越野汽车、全站仪以及摄影测量与建库和制图数据编辑一体化系统、省级基础地理信息数据坐标转换软件等软硬件测绘技术装备，价值444万元。

监察审计

2010年，陕西测绘局实施主要行政领导离任经济责任审计制度，对审计发现的问题进行局内通报，提出整改要求。配合国家测绘局审计组，完成陕西测绘局原局长白贵霞任职期间经济责任审计。完成对局属单位执行预算管理、国库集中收付、“收支两条线”等规定执行情况，以及国家西部1∶5万地形图空白区测图工程2006年～2010年专项经费的审计检查工作；进行局1、2、3号住宅楼，西区外网工程、局办公大楼灾后加固维修等重大建设项目工程竣工结算和大宗设备采购项目审计48项，审计金额11045.63万元，审减金额1455.25万元。对11名新提拔的干部进行自下而上的廉政考察和廉政鉴定。4月，在全局开展“学习贯彻反腐倡廉制度宣传教育月”活动，组织全局党员观看党风廉政教育示范影片和反腐倡廉警示教育片，开展干部讲廉政党课17次。局党组召开“贯彻《廉政准则》，切实加强领导干部作风建设”民主生活会。举办2009年～2010年新任处级干部廉政培训班，全局32名新任处级干部参加培训；304名科级以上党员干部参加廉政准则知识测试。

科技创新与人才培养

【科技创新项目】

2010年，陕西测绘局科技创新投入200多万元。组织开展2011年～2013年信息化测绘前沿技术试验项目整体规划，形成17个项目的可行性研究报告。设立“基于InSAR技术及多种测量技术集成的地表沉降监测应用技术研究”、“基于CGCS2000下独立坐标系的改造与建立方法研究”、“摄影测量在飞机机体制造质量监控中的应用研究”、“4D测绘成果生产质量控制平台的研究与开发”等6项2010年测绘科技项目。完成与武汉大学合作承担的国家“863”项目“国家基础地理信息本体原型研究”；参与国家“863”项目“海岛（礁）测绘关键技术与示范应用”中的子课题“陆海高程基准统一技术”，“陆海大地水准面精化与无缝垂直基准构建技术”中的子课题“地球观测与导航技术领域海岛（礁）测绘技术集成项目”；参与“全球地表覆盖遥感制图与关键技术研究”重点项目申报及实施方案编写工作。“制图与建库数据生产与管理的一体化技术体系研究”、“大地测量外业记簿软件及内业数据处理集成”、“我国参心坐标系测绘成果向地心坐标系转换研究”等5项科技创新项目通过国家测绘局组织的验收。“国家地理格网编码方案研究”和

“HDS三维激光扫描技术在文物保护中的应用研究”通过陕西测绘局中期评审。

【科技交流与合作】

2010年，由陕西测绘局和同济大学联合成立的现代工程测量国家测绘局重点实验室通过国家测绘局组织的实验室评估，“三维激光扫描在应急测绘保障中的关键技术研究”、“中国大陆精密水准测量海潮负荷改正技术研究”和“重力垂直梯度对绝对重力测量的影响分析”3个项目获得实验室资助。开展国家测绘局大地测量数据处理中心和西安科技大学联合成立的大地测量学与测量工程学研究生培养基地，以及国家测绘局第一航测遥感院和西安科技大学联合成立的摄影测量与遥感学科研究生联合培养基地和摄影测量与遥感学科实训基地的联合培养工作，西安科技大学1名研究生、11名本科生分别在国家测绘局大地测量数据处理中心和国家测绘局第一航测遥感院进行生产实践和研究。由陕西测绘局和武汉大学联合成立的国家测绘局地理空间信息与数字技术工程研究中心各项工作进展顺利，开展VR Eagle三维软件平台和“数字城市”城市管理移动服务平台的深层次开发，举办“高分辨率遥感影像数据处理技巧”研讨会和“数字工程技术与开发”高级研修班。

【科技创新成果】

2010年，陕西省测绘行业有9个科技创新项目获奖。其中，“基础地理信息数据库建设基础性系列标准制定”和“《测绘标准体系》研制”获中国测绘学会2010年测绘科技进步奖三等奖；陕西测绘局与中国测绘科学研究院、国家测绘局卫星测绘应用中心合作完成的“基础地理信息时空数据库技术”、与国家基础地理信息中心和黑龙江测绘局合作完成的“国家基础地理信息数据库质量控制体系建立与工程化应用”获中国地理信息系统学会2010年地理信息科技进步奖一等奖；国家测绘局陕西基础地理中心开发的“陕西省测绘成果资料档案管理信息平台”、国家测绘局第一航测遥感院与长安大学合作完成的“制图与建库数据生产与管理的一体化技术体系研究”、国家测绘局标准化研究所与国家基础地理信息中心合作完成的“国家标准数字地形图产品基本要求GB/T17278－2009”、国家测绘局第一地形测量队与中国测绘科学院共同完成的“基于DOM的数码调绘系统”等项目获中国地理信息系统协会2010年地理信息科技进步奖三等奖。

【人才培养】

2010年，陕西测绘局开展全省测绘行业职业技能培训和鉴定工作，共鉴定5个批次、4个职业工种418人；开展全省测绘专业高、中级技术职务评审认定工作，48人通过高级资格认定，81人通过中级资格认定，23人取得高级任职资格，77人取得中级任职资格。国家测绘局大地测量数据处理中心郭春喜入选国家测绘局科技领军人才。开展局级青年学术和技术带头人推选工作，10人当选陕西测绘局青年学术和技术带头人。国家测绘局第一大地测量队高付才被评为“全国技术能手”，陕西省测绘产品质量监督检验站车秋锋被评为“全国测绘技术能手”。完成局属事业单位公开招聘工作，共招聘博士研究生3人，硕士研究生29人，本科生13人。陕西测绘局4名局级干部参加中央党校、国家行政学院的培训；8名新任处级干部参加省政府机关新任处级干部培训。与武汉大学联合举办测绘工程硕士课程班，举办各类新技术讲座和管理培训班20多期。全年，共举办党政人才培训班41期，培训743人次；举办管理人才教育培训班122期，培训1103人次；各类专业技术培训班302期，培训4899人次。完成博士后科研工作站申报工作。

对外合作与交流

【对外交流】

2010年，陕西测绘局积极开展对外合作交流工作，全年因公出国（境）14次。其中，参加国家测绘局团组11次，参加国家行政学院、外交部、中国地震局等团组3次，累计30人次赴美国、以色列、澳大利亚、德国等13个国家（地区）出席国际会议和交流活动。首次派员参加在德国召开的国际测绘技术与设备博览会（INTERGEO），并设置展台，重点介绍陕西测绘局的基本情况、软硬件设备、重大项目、国际交流、科技创新成果等内容。

【国际测绘市场项目合作】

2010年，国家测绘局第一航测遥感院承担并完成日本NAA1∶2500二维采编、日本KOTO区1∶1000正射影像制作、罗马尼亚DTM、日本CY区1∶2500砂防采集等国际市场项目。机械工业勘察设计研究院承担并完成柬埔寨、老挝、东帝汶等9个亚非国家的机场、水电站、火电站、社会住房、体育设施、医疗设施等工程测量项目26个，编制了埃及风电项目、摩尔多瓦供水管线、安哥拉大面积水田农场等10多个工程测量项目技术方案。

党的建设与测绘文化建设

【党的建设】

2010年，陕西测绘局按照国家测绘局党组和陕西省委部署，组织开展“创先争优”活动，建立活动领导机构，开展学习动员、公开承诺、树立典型、创争点评等活动，印发《创先争优简报》13期。局机关党委开展“服务中心、建设队伍、改进作风、争做表率”为主题的创先争优活动。财政部经济建设司党支部和国家测绘局第一大地测量队党委签订创先争优共建协议，交流创先争优活动经验，深入开展共建活动。完善局党组中心组学习制度，制定年度中心组学习计划和个人自学计划。开展创建学习型党组织活动，举办学习党的十七届五中全会精神研讨班、党支部书记学习班、入党积极分子培训班、职工代表培训班。安排机关党员参加省直工委党校培训11人次，组织参加国家测绘局党委书记培训班。完成局机关及局属单位党组织换届工作。陕西测绘局在全国省级测绘行政主管部门贯彻落实科学发展观2010年度测绘工作考评中获优秀等次。国家测绘局第一大地测量队被人力资源和社会保障部、国家测绘局评为全国测绘系统先进集体，国家测绘局第一大地测量队张建华被评为全国测绘系统先进工作者，国家测绘局第一地形测量队张长安当选西安市劳模。春节前夕，局直属机关党委组织慰问全局23名老党员、23名生活困难党员，发放慰问金29900元。

【测绘文化建设】

2010年，陕西测绘局印发《关于加强测绘文化建设的实施意见》，深入开展测绘文化建设活动。组织开展正月十五闹元宵、金秋文化活动月等传统活动；组织青年成长报告会、城墙健步走、青年职工摄影展等“五四”青年节系列庆祝活动；参加国家测绘局职工文艺汇演、职工书画摄影展、乒乓球和首届羽毛球比赛；参加省直机关干部登城墙、读书日等活动。组织全局干部、职工向地震和洪涝灾区捐款近12万元。配合省、市、区文明办完成精神文明建设先进单位复检工作。

【测绘宣传工作】

2010年，陕西测绘局认真贯彻执行《政府信息公开条例》，加大测绘政务信息公开力度，通过门户网站发布政府信息和各类工作信息近800条，图片220张，发布行政许可类公示10条，新提供表格下载10条，收到并回复有效留言66条；出台《陕西测绘局宣传工作管理办法》，建立全省测绘宣传通讯员队伍，举办第一届全省测绘宣传通讯员培训班。复刊《测绘青年》杂志，面向全省测绘行业征稿、发行。

地方社团工作

2010年，陕西省测绘学会召开八届六次、七次常务理事会和八届四次理事大会，审定通过省测绘学会《科学技术奖励办法》、《科技进步奖评选实施细则》、《优质工程奖评选细则》等，启动省测绘科技进步奖的评审工作，设立陕西省测绘学会科技进步奖奖励基金。增补和变更常务理事，调整5个专业委员会主任、副主任。发展39名个人会员，9家团体会员。组织大地测量新技术、伽利略卫星导航系统、重力测量、激光扫描技术等学术报告会。参加省科协第十八届“科技之春”宣传月活动和“学术金秋”科普日活动，在长安大学等高校举办测绘科技大讲堂。举办不同大地基准之间成果转换与数据处理、房产与地籍测量等培训班12期，585人次参加培训。出版《测绘技术装备》期刊4期。开展《陕西省志·测绘志》编写工作。会同西北测绘职工培训中心开展4期测绘技术工人执业技能培训考核和鉴定工作。

甘肃省

规划与计划

【“十二五”基础测绘规划编制】

2010年，甘肃省测绘局按照《甘肃省“十二五”省级重点专项规划编制工作方案》，紧密结合省委、省政府提出的“中心带动、两翼齐飞、组团发展、整体推进”的区域发展战略和实现经济社会跨越式发展对基础测绘的需求，提出基础测绘规划总体要求，在广泛调研及多次讨论修改初稿的基础上，邀请省发展和改革委、省国土资源厅、省财政厅等单位的领导和专家座谈，形成征求意见稿后，向全省20个厅局、14个市州征求意见和建议，并与《甘肃省国民经济和社会发展“十二五”规划》、《全国基础测绘“十二五”规划》和部门专项规划衔接，12月16日通过省级专家论证。

【省级基础测绘年度计划】

2010年，甘肃省紧紧围绕经济社会发展和灾后恢复重建、防灾减灾、国土资源等对测绘保障的实际需求，安排省级基础测绘生产计划和灾后恢复重建专项测绘。在计划编制上与上年度工作及灾后恢复重建测绘专项规划予以衔接。年度计划安排的主要项目有：一、航空摄影项目。申请国家测绘局结转安排陇南、甘南灾区剩余1.7万平方千米区域的航空摄影，申请国家测绘局安排兰白测区2.5万平方千米区域的彩色航空摄影。二、像片控制连测及电算加密。安排陇南、甘南灾区像片控制连测1.7万平方千米643幅、电算加密2.3万平方千米914幅，平庆测区电算加密5200平方千米204幅，兰白测区像片控制连测和电算加密2.5万平方千米1000幅。三、1∶1万数字化生产。安排陇南、甘南灾区1∶1万DEM、DOM生产1.6万平方千米643幅，1∶1万DLG生产18975平方千米746幅；安排平庆测区1∶1万“3D”生产3000平方千米121幅，1∶1万“2D”生产2100平方千米83幅，1∶1万“2D”转“3D”生产15922平方千米613幅。四、1∶5万缩编及修测。安排陇南、甘南灾区1∶1万缩编为1∶5万地形图21252平方千米52幅，1∶5万地形图修测43712平方千米105幅。五、地理信息数据库及平台建设。开展甘肃省基础地理信息数据库、甘肃省政务地理信息平台建设。抓好数字白银地理信息公共平台及应用示范系统建设，做好预验收及国家验收准备工作。六、边远少数民族地区补助专项。结转安排甘南黄河补给与生态保护项目，加快甘南沿黄重点区域1∶1万航空摄影及测绘进度；安排张掖市肃南裕固族自治县首期基础测绘项目的航空摄影和1∶1万数字化地图测绘。

【市县基础测绘规划】

甘肃省测绘局认真贯彻落实《基础测绘计划管理办法》，会同省发改委联合下发《关于编报2011年基础测绘计划有关事项的通知》。截至年底，全省98%的市县落实了2011年基础测绘计划。

【甘肃省舟曲灾区恢复重建测绘保障计划】

8月8日，甘肃省舟曲县发生特大泥石流灾害后，甘肃省测绘局紧急响应，在全力做好测绘应急保障的同时，按照省发展和改革委制定的《舟曲特大山洪泥石流灾后重建规划工作方案》，及时编制了《甘肃省舟曲灾区恢复重建测绘保障计划》，安排灾后恢复重建测绘保障工作。

法制建设与市场监管

【地方规章】

2010年，甘肃省测绘局进一步完善《甘肃省测绘管理条例》有关配套的规章制度。

1月14日，《甘肃省测绘成果管理办法》经省人民政府第48次常务会议讨论通过，以省政府第65号令公布，自2010年3月1日起施行，起草了《甘肃省基础测绘管理办法》修订稿，在广泛征求意见的基础上，形成上报稿。庆阳市政府出台《庆阳市测绘管理办法》，这是甘肃省第一个出台测绘管理办法的市州。

甘肃省审改办重新对省测绘局行政许可项目进

行审定，保留行政许可项目9项，新增非行政许可审批项目1项。甘肃省测绘局对29项行政处罚项目裁量权进行细化，制定了《甘肃省测绘行政处罚自由裁量权实施办法》（试行），并报省政府法制办审核发布实施。

【测绘资质管理】

2010年，甘肃省测绘局举办测绘资质持证单位领导和部分市州测绘管理人员参加的测绘资质复审换证培训班，220多人参加培训。经复审，163家单位通过复审换证，25家被吊销测绘资质证，8家缓期换证。按照国家测绘局的安排，对全省地理信息从业单位无资质测绘及超资质范围测绘进行清理整顿，及时纠正了违法测绘行为，规范了测绘市场。

【测绘特有工种职业技能鉴定】

甘肃省进一步规范测绘行业特有工种职业技能鉴定工作，全年共开展5批测绘行业特有工种职业技能培训考核，871人参加培训和鉴定考试，合格率95%，分批报国家测绘局审批发证并在甘肃测绘网上进行公布。

地图管理和成果管理

【地图编制审核】

为进一步规范地图编制、出版行为，甘肃省测绘局加大地图编制、出版前的审核力度，重点从编图资质、编图内容等方面进行严格把关，全年共审核编制地图、地图册（集）30项，核发审图号30个。

【地图市场监管】

甘肃省国家版图意识宣传教育和地图市场监管工作扎实推进，省市测绘行政主管部门与有关部门联合开展全省互联网地图和地理信息服务网站监管工作，依法查处互联网用户上传、标注涉密地理信息的行为，依法限制和查处地图有偿标载的行为，共查处各类地图违法案件40多起。“兰洽会”期间，共查处各类“问题地图”20多幅。嘉峪关市委宣传部、市工商局、市国土局等6部门联合开展地图市场检查，查处2起测绘违法案件。庆阳市开展全市互联网地图和地图市场检查，检查网站54个，责令2家网站及时删除登载的“问题地图”。

【测绘成果汇交】

甘肃省测绘局完善测绘成果目录汇交制度，2009年度测绘成果目录汇交工作圆满完成，共汇交测绘成果目录2643项，遴选920项在甘肃测绘网发布，供社会查询。

【成果保密管理】

2010年初，甘肃省测绘局与省国家保密局联合下发《关于开展2010年保密测绘成果检查的通知》，对检查工作做出具体安排。全省各级测绘行政主管部门和保密局联合对省内测绘成果使用量较大的单位进行保密检查，共检查各类地图3486幅。从检查结果看，大多数单位保密意识较强、制度较健全、管理较规范，但也存在少数单位领导不重视、管理制度不健全等问题。对检查中发现的问题，检查组提出限期整改意见。甘肃省测绘局加快测绘成果脱密处理的技术政策和方法研究，在全省开展基础地理信息数据安全管理与使用检查，动态跟踪监督成果应用和流向情况，确保了基础测绘成果和数据安全。

甘肃省测绘局不断加大测量标志保护力度，引起市、州高度重视。庆阳、酒泉等市将测量标志保护延伸到乡镇，并与专人签订了责任书，建立起动态巡查、定期汇总的巡查保护机制。

基础测绘与质量监督

【省级基础测绘】

2010年，甘肃省测绘局着眼全局，围绕重点项目的落实，在确保舟曲特大山洪泥石流灾害应急和舟曲灾后恢复重建测绘保障的同时，全面落实甘肃省“十一五”基础测绘规划，全省基础测绘保障能力和水平明显提高。全年完成舟曲灾区1:1万数字地形图测绘53.3平方千米，1:1000地形图测绘25.33平方千米；三等水准测量43.6千米，E级GPS控制点23个；完成平庆测区1:1万数字化地形图测绘923幅；汶川地震甘肃灾区恢复重建测绘专项规划任务自2008年实施以来，完成航空摄影74143平方千米、1:1万地形图测绘69300平方千米、1:5万地形图缩编67000平方千米；完成防灾减灾基础地理信息数据库及平台建设；完成两当、秦安、陇西3县县域基础地理信息数据库及平台建设。测绘保障专项规划的实施，使甘肃南部成为全省测绘成果现势性最好的区域，成果已广泛应用于灾区恢复重建各项规划的制定及各大工程建设中。

【市县基础测绘】

甘肃省测绘局深入市县进行督导，促动市县基础测绘规划的实施。各市州测绘行政主管部门结合市县经济建设对基础测绘的需求，加大基础测绘规划的实施力度，庆阳、白银、张掖等市县城市规划区基础测绘项目的实施，带动了全省市县基础测绘规划的全面实施。基础测绘成果已广泛应用于第二次全国土地调查、城市规划、基础设施建设等项目中，市县测绘保障服务水平进一步提升。

【质量监督】

甘肃省测绘局加强对测绘单位测绘产品质量的监管，与省质量监督局联合部署测绘成果质量监督检查工作。从6月起，对兰州市2009年未检查的11家乙级测绘单位和天水市、庆阳市、临夏回族自治州9家乙级测绘单位2008年~2009年完成的测绘工程项目进行现场检查。联合检查结束后，两局及时召开质量反馈会议，通报了存在的问题和改进意见。

此外，甘肃省测绘局直属各测绘单位进一步完善质量管理制度，加强质量监督，强化生产过程质量监控力度，数据生产、入库的质量监督和检验体系进一步得到完善，职工质量意识普遍得到增强。

重大测绘项目

【西部测图项目】

甘肃省测绘局按照年度实施方案，认真组织西部测图项目地貌地物测绘和地图制印，塔里木东区地图已印刷出图，青藏高原西区1:5万地形图测绘成果已交付质检。16个县城1:1万影像图已制作完成，并通过预验收。1:5万数据库更新工程已完成2009年度数据汇交。至此，历时四年，甘肃省测绘局承担的省内6.32万平方千米1:5万数据库更新任务全部完成，数据汇交及时，受到好评。

【边远地区少数民族地区基础测绘项目】

甘肃省边远地区少数民族地区基础测绘专项补助经费项目进展顺利，张掖市肃南裕固族自治县首期基础测绘项目已完成航空摄影和像控点连测，甘南黄河补给与生态保护地理信息系统建设项目数据生产和平台搭建已完成，庆阳老区地理空间信息数据库及平台建设基础测绘项目前期准备工作基本完成。

测绘合作共建

【甘肃政务地理信息数据库和平台建设】

甘肃省测绘局先后与甘肃省抗旱防汛指挥部办公室、省地矿局等单位开展共建共享工作，签订《地理信息数据使用与协作协议书》，促进基础地理空间信息数据的应用，统筹规划基础测绘和地理信息资源的整合应用，满足各部门信息化建设工作需要。

甘肃省基础地理信息数据库及政务地理信息平台建设已基本完成，并开始试运行。石羊河流域综合治理信息系统建设完成80%的任务。两当、秦安2县县域平台项目建设成果已验收并移交，陇西县县域平台项目成果已通过验收。甘肃南部地理信息数据库及平台建设一期任务完成80%，二期任务完成30%。按照国家测绘局建设“天地图”工作要求，按期向国家基础地理信息中心提交了省级电子地图数据，实现了与公众版国家地理信息服务平台的链接，开通了甘肃省公众版地图服务。“数字白银”地理空间框架建设项目通过省级预验收。

地图编制与出版

【市州系列地图集编辑出版】

甘肃省测绘局继续开展市州地图集编制工作，编制完成《嘉峪关市地图集》，协助兰州、定西和陇南3市国土资源部门完成《兰州市地图集》、《定西市地图集》、《陇南市地图集》印刷出版工作。截至年底，全省已出版9市州地图集。

【专题地图编制出版】

甘肃省基础地理信息中心编制完成《甘肃省贯彻落实〈国务院办公厅关于进一步支持加快甘肃经济社会发展若干意见〉重要任务分解方案参考图集》、甘肃省政府门户网站《甘肃省减灾防灾系列地图》，以及1:50万《甘肃省矿业权实地核查省级成果图》和《甘肃省国土资源综合利用规划》系列图。完成肃南裕固族自治县、临泽县等市县行政区划图的编制和印刷。此外，该中心立足应用，结合需求，编制开发了一批专题地图、电子地图及公共地图产品，促进了地图市场的繁荣和发展。

成果应用与测绘服务

【测绘成果应用和服务】

2010年，甘肃省测绘成果应用向多部门、多领域、深层次发展，全年为国土、建设、地矿、交通、水利等500多个部门、单位提供1:1万、1:5万等基本比例尺地形图5172幅、大地成果点1021个，为

41家单位提供数字地图1748幅。局所属各单位在完成基础测绘、救灾应急和灾后恢复重建及国家西部测图等重点项目的同时，围绕重大工程建设、国土资源调查、资源开发、城市规划、土地整理、生态环境监测保护、防灾减灾、文物保护等方面提供了及时服务，进一步提升了全省测绘服务保障能力和水平。

全年全省测绘行业完成服务产值45614.86万元，为全省经济社会发展做出积极贡献。

【舟曲特大山洪泥石流灾害应急测绘保障】

舟曲特大山洪泥石流灾害发生后，甘肃省测绘局快速反应，及时为省应急办、抢险救灾指挥部、交通等部门提供灾区及周边大量地形图，确定了救灾飞机降落点的准确位置和坐标，为抢险救灾赢得时间。局内实行24小时应急值班制，确保及时提供抢险救灾各种用图。抽调主要技术人员组成救援队伍，携无人机航摄系统奔赴灾区，利用高分辨率大比例尺影像对灾区灾前、灾后地理信息成果进行比对分析，准确计算出三眼峪沟和罗家峪沟地质灾害体的淤积量，及时将这些成果提供给抢险救灾现场指挥部和国土资源部领导，为科学决策清淤及灾后重建提供了可靠保障。灾后恢复重建阶段，省测绘局完成灾区灾后基础控制和1∶1万、1∶1000数字地形图测制，并将成果先后提供给重建办及建设、国土、交通等部门，为科学制定舟曲灾后恢复重建规划和开展重建工作提供保障。据不完全统计，此次抢险救灾中，该局先后为国土资源部、省政府应急办等部门提供各种地图、三维影像15批次、30多种、1200多张，1∶5万地形图94幅，为了解灾情、决策指挥、抢险救灾、灾后重建提供了有力支持。制作的《舟曲县灾前灾后三维对比影像图》在甘肃电视台滚动播出后社会反响强烈。

【为国土资源提供测绘保障】

2010年，甘肃省测绘局按照省国土资源厅倡导的“行业意识，系统观念”，全力服务县区第二次农村土地调查数据核查工作。积极组织省基础地理信息中心为张掖市三维基础地理信息平台建设进行第二次全国土地调查卫星影像数据和省级基础测绘成果的加工处理和整合，满足了该市国土资源管理部门的特殊应用需求。在两当、秦安、陇西3个县域平台建设过程中，从经费、技术、成果提供、系统搭建和应用培训等多方面提供了支持和保障。

科技创新与人才培养

【测绘科技成果】

2010年，甘肃省测绘局积极参与省部级科技立项，带动了全系统科技进步和创新；积极开展与院校、高新技术企业的协作，完成一批科技含量高、科技水平领先的科技成果。省地图院完成的“面向信息化测绘的摄影测量生产技术体系研究”、省基础地理信息中心完成的“甘肃测绘基准体系向2000国家大地坐标系转换的关键技术研究”均获中国测绘学会2010年测绘科技进步奖二等奖；省基础地理信息中心完成的“现代测绘技术在长城资源调查中的应用技术研究”获2010年度甘肃省科技进步奖三等奖，编制的《甘肃省地图集》、《天水市地图》获中国测绘学会2010年优秀地图作品裴秀奖银奖，《张掖市地图集》获铜奖。

甘肃省国土资源规划院完成的“国家石油储备基地工程土地勘测定界”、天水市规划局完成的“天水市地下管线控制测量工程”、兰州军区测绘信息中心完成的“酒泉千万千瓦级风电场基础控制测量与风机放样”等成果均获甘肃省测绘学会科学技术奖。兰州市建成的全球导航卫星连续运行参考站通过省科技厅的技术鉴定，满足了兰州市不同行业用户的精密定位、实时定位及移动目标导航要求，为城市规划、国土资源调查、城乡建设等领域提供服务。

【事业单位改革与人才培养】

甘肃省测绘局继续贯彻《甘肃省事业单位实行聘用合同制管理办法》，推进事业单位人事制度改革。全局事业单位首次岗位聘任工作年内全部完成，5个事业单位全部审定了岗位结构比例，全部在岗人员按省人力资源和社会保障厅标准合同样式签订聘用合同，办理了岗位聘任证书。继续推进人才派遣工作，对短聘人员管理不断进行规范。组织完成事业单位公开招聘工作，招聘高校毕业生31人。其中，硕士研究生7人，本科毕业生24人。局系统共举办各种专题讲座和培训15场（次）。局系统现有国家测绘局青年学术和技术带头人2人，甘肃省“555”人才工程队1人，省测绘局科技带头人9人。

党的建设与测绘文明建设

【创先争优活动】

甘肃省测绘局按照中央和甘肃省委的统一部署

和要求，在全系统积极开展“创先争优”活动。通过开展活动，全局干部职工全面协调可持续发展的思想认识更加深化，贯彻落实科学发展观的自觉性、坚定性明显增强。

【组织建设】

甘肃省测绘局健全局党委领导班子，两名副局级领导到岗任职。选拔充实了部分机关处室领导岗位和非领导岗位工作人员。加强基层党组织建设，党组织的凝聚力和战斗力进一步加强。在舟曲特大山洪泥石流抢险救灾应急阶段，各级党组织充分发挥核心保证作用，顺利完成测绘保障任务。在国家测绘局召开的测绘应急保障表彰大会上，局系统有2家单位获先进集体称号，8人获先进个人称号；在省委、省政府举行的舟曲抢险救灾总结表彰大会上，1人获抢险救灾模范称号。1人获得人力资源和社会保障部、国家测绘局联合表彰的全国测绘系统先进工作者称号，在全省劳动模范和先进工作者表彰大会上1人获先进工作者称号。

【党风廉政建设】

甘肃省测绘局党委不断加强廉政建设，印发《党风廉政建设责任制实施细则》、《党风廉政建设责任制考核办法》、《党风廉政建设责任制报告制度》、《党风廉政建设责任追究办法》、《纪检监察信访制度》、《领导干部个人重大事项报告制度》、《关于对新任用领导干部进行党风廉政教育谈话的制度》等文件，初步建立局党风廉政建设制度体系，为全局反腐倡廉提供制度保证。

【测绘文化建设】

甘肃省测绘局积极开展全局精神文明建设活动，组团参加全国测绘系统首届羽毛球比赛、甘肃省直机关干部职工体育竞技比赛等。春节前夕，举办甘肃测绘工作者新春文艺联欢晚会。开展向青海玉树地震灾区和舟曲泥石流灾区献爱心捐款活动。局团委、局妇委按照规定程序公开、公正选举产生了新一届共青团甘肃省测绘局委员会和妇女工作委员会。局工会被评为2008－2009年度省直机关先进工会，3名职工分别被评为工会先进工作者和工会积极分子、知识型标兵、优秀妇女工作者。

【测绘宣传工作】

甘肃省测绘局通过各种媒体开展新闻宣传工作，先后组织局院宣传栏8期，298篇报道、专稿被国家测绘局网站、中国测绘报、《甘肃国土资源》杂志、甘肃地质矿产报等媒体选用。在舟曲特大山洪泥石流灾害测绘应急保障专项宣传中，共制作《舟曲县特大泥石流灾害测绘应急保障专报》7期，该局应急测绘保障工作被中央电视台、省政府网站和甘肃日报等媒体报道。

地方社团工作

【科学技术奖评审工作】

甘肃省测绘学会进一步完善科学技术奖的评选办法，规范评审程序，组成评审专家委员会，对全省测绘单位申报的91项测绘成果进行评审。其中，“面向信息化测绘的摄影测量生产技术体系研究”等9个项目获一等奖、“‘QuickBird’影像在西藏怒江流域快速测图技术应用研究”等13个项目获二等奖，“基于移动通讯技术的数字测图模式的研究与建立”等12个项目获三等奖。

积极参加中国测绘学会测绘科技进步奖和优秀地图作品裴秀奖及甘肃省科学技术奖的推荐评审工作。其中，3个项目获中国测绘学会2010年测绘科技进步奖，3个项目获优秀地图作品裴秀奖；1个项目获甘肃省科技进步奖。

【测绘学术交流】

2010年初，甘肃省测绘学会召开甘肃省测绘学会七届八次理事会议。会议总结2009年工作，部署2010年学会活动计划，通报2009年度甘肃省测绘学会科学技术奖的申报、评审等工作。组织召开2010年甘肃省测绘学会学术年会，邀请有关专家做学术报告。学会地图学与GIS专业委员会举办地图学与GIS学术报告会，邀请有关专家做报告。积极参加西北五省（区）举办的“西北地区第十五届测绘学术与科技信息交流会”和中国测绘学会科技信息网分会二届一次理事会工作会议。组织会员参加中国测绘学会2010年学术年会。组织召开兰州市测绘院完成的“兰州市卫星定位连续参考站系统与似大地水准面精化技术的研究与应用”项目鉴定会。年内，被省科协评为A级学会。

青海省

测绘服务保障

【测绘应急保障】

4 月 14 日，青海玉树发生强烈地震，在国家测绘局的支持下，青海省测绘局紧急启动测绘应急预案，在玉树灾区无 1∶5 万及大比例尺基础测绘资料的情况下，根据灾区需求，及时调整生产布局，快速获取影像，紧急测制地图及供图，为省政府抗震救灾、灾情评估、灾后重建规划第一批 10 个重点落地建设项目和第二批 148 个建设项目的顺利进行提供测绘保障。

4 月 22 日，派出近 500 人的测绘队伍紧急测制玉树地区 6 县城、10 镇、35 乡、258 个村庄共 299 平方千米的 1∶500、1∶1000 和 1∶2000 地形图；完成玉树县 9600 平方千米 1∶1 万影像图、结古镇 1∶500 和 1∶2000 影像图的编绘和制作；针对震后测绘设施的损毁状况，配合国家测绘局完成 15 个临时全球卫星定位连续运行基准站建设、灾区高精度似大地水准面解算、灾区 195 幅 1∶1 万影像地图测制、灾后重建地理信息服务平台和多尺度基础地理信息数据库建设等工作，实现了为灾区重建规划提供基础地理信息的快速查询、分析和分发服务。

【测绘成果服务】

2010 年，青海省测绘局围绕全省抗震救灾工作及省内生态保护建设、地质、土地调查、农牧业综合开发、黄河流域水利水电开发等工程项目，提供纸质地形图 5000 多幅，数字化成果 207.27GB。向省内有关部门和领导分别赠送《中国公路网地图集》和《地图见证青海发展 60 年》各 1000 多册。

基础测绘工作

【1∶1 万基础测绘任务】

青海省测绘局积极组织实施边远地区、少数民族地区基础测绘专项补助经费项目，完成更新、新测 1∶1 万地形图 912 幅。

【国家 1∶5 万西部测图工程】

根据国家测绘局西部测图工程项目部安排，完成三江源实验区 D 区 14 幅图的印刷、成果汇交工作；青藏高原东部区域 F 区、G 区 1∶5 万地形图印刷及青藏高原西部区域 B3 区 35 幅的制图、验收及印刷等工作；组织协调青藏高原西部 F 区 27 幅、G 区 26 幅的内业测图、检查、验收等工作。

【空间地理信息基础框架建设】

数字青海空间地理基础设施建设项目、“三江源区生态环境遥感动态监测及预警地理信息系统”和“柴达木循环经济试验区地理信息系统”项目进展顺利，进入系统试运行阶段。

【基础航空摄影项目】

2010 年，向国家测绘局申请使用约 32960 平方千米的基础航空摄影资料。完成青海省黄河源 - 龙羊峡摄区约 50% 的航空摄影工作和三江源摄区约 40% 的航空摄影工作。

法制建设与市场监管

【测绘市场监管】

8 月，青海省测绘局与省旅游局联合印发《关于规范使用地图的通知》。全年共开展测绘行政执法 2 次，发现测绘违规行为 10 起，下发责令整改通知书 9 份，相关单位接到通知书后，均按要求进行了整改；实施行政处罚案 1 起。

【测绘资质管理】

截至 2010 年底，全省共有 85 家测绘资质单位。其中，甲级 8 家，乙级 21 家，丙级 39 家，丁级 17 家。年内，新申请测绘资质单位 8 家。其中，乙级 2 家，丙级 5 家，丁级 1 家。5 家单位被注销测绘资质。其中，丙级 4 家，丁级 1 家。

【测绘法宣传】

8 月 29 日，青海省测绘局组织开展测绘法宣传日活动。活动以“推进数字城市建设，提升测绘公共服务水平”为主题，围绕测绘事业发展新局面，结合推进数字城市建设、打造互联网地理信息服务品牌、发展地理信息产业、服务抗震救灾等内容，重点宣传测绘在服务城市发展、方便人民生活、应急保障服务等方面发挥的重要作用，大力宣传《中华人民共和国测绘法》、《基础测绘条例》等测绘法律法规。省内各州（地、市）也在当地开展了多种形式的宣传活动，收到良好的宣传效果。

地图管理与成果管理

【地图审核】

青海省测绘局全年共审核地图33幅，核发审图号24个；受理地图立项申请6件，地图再版申请2件，使用他人版权地图申请1件。

【地图编制】

2010年，青海省有关测绘部门完成《西宁之窗》、“青海省电网地理信息系统”电子地图、《中国公路网地图集》、《青海省公路图》、《青海省地图册》等多种电子、纸质地图（集）的编制工作。

【测绘成果管理】

2010年，全省测绘行业单位共汇交测绘成果目录287个，测绘成果副本7个。测绘行政主管部门共办理测绘成果使用申请324份，提供各种比例尺地形图17845幅，各类控制点1647个。

测绘保密与安全生产

【测绘保密工作】

青海省测绘局严格执行各项保密制度，对涉密计算机和涉密移动设备进行统一编号、统一标识、统一管理，做到防火、防盗、防病毒。对涉密网与非涉密网实行物理隔离，严禁涉密计算机或存储数据计算机上网。对内业数据进行备份和统一保管，按照保密要求审批涉密成果资料的使用申请。成立保密工作专项检查小组，在全局范围内开展保密检查工作。对涉密计算机、非涉密计算机、移动存储介质、办公网络进行全面检查和整改。2010年未发生失泄密事件。

【测绘安全生产】

在节假日之前，青海省测绘局组织有关人员对局属各单位的防火防盗设施、计算机网络、车辆管理、安全防护、仪器设备管理、档案资料管理以及各单位制定的各项安全生产规章制度进行全面检查，进一步加强对财务室、微机室、档案室等重点部位的安全管理，并将涉密计算机、密级测绘成果的存放场所等作为重点检查对象。

人才队伍建设

2010年，青海省测绘局公开招聘事业单位工作人员14名，公开考录公务员1名。积极选派科技骨干参加各种专业技术和管理方面的培训，全年353人次参加培训，全局人才队伍建设得到进一步加强。

党的建设与精神文明建设

【党风廉政建设】

2010年初，青海省测绘局党委与局属各单位签订2010年度《青海省测绘局经济目标责任书》、《党风廉政建设目标责任书》、《安全生产和社会治安综合治理目标责任书》、《保密目标责任书》，进一步推动全局目标责任管理体系及党风廉政建设工作的贯彻落实。加强专项资金的财务监管，做好抗震救灾资金、物资的使用管理，确保专项资金的安全使用和抗震救灾工作的高效开展。进一步规范测绘资质审批程序，修改完善《青海省测绘资质审批程序规定》；制定《2010年全省测绘资质持证单位年度测绘工作考评内容及标准》、《2010年对全省州、地、市级测绘行政主管部门年度测绘行政管理工作考评内容及标准》，对全省测绘行政管理部门和测绘资质单位进行年度考核。

青海省测绘局配合省国土资源厅开展“抗震救灾彰显作风，反腐倡廉狠抓落实”廉政文化宣传巡展活动；组织全局副处级以上干部签订“党风廉政建设承诺书”；组织全体党员开展学习贯彻廉政准则知识测试工作。

【精神文明建设】

2010年，青海省测绘局举办第十五届“测绘文化周”活动，丰富职工精神文化生活，增强全局职工的凝聚力和战斗力。2月，组织测绘职工自编自导自演的歌伴舞——《美丽的青海》，代表青海省测绘局参加全国测绘系统文艺汇演，展示了青海测绘人的精神风貌。

测绘社团工作

2010年，青海省测绘学会积极组织会员单位与省内外测绘工作者开展学术交流、技术合作等活动。建立青海省测绘学会专家库。召开常务理事会，讨论通过《青海省测绘学会优秀测绘科技奖 优秀测绘工程奖评选办法》，修订了《优秀测绘论文评选办法》。举办注册测绘师考前培训班，省内各测绘行业单位150多人参加培训。12月15日，在西宁召开第十一次会员代表大会，选举产生第十一届理事会，表彰首批青海省测绘学会优秀测绘科技奖、优秀测绘工程奖项目及单位，表彰先进集体、先进个人以及优秀论文获奖者。

宁夏回族自治区

规划与计划

5月3日，宁夏回族自治区国土资源厅（以下简称宁夏国土资源厅）印发《宁夏国土资源厅关于做好宁夏基础测绘发展“十二五”规划编制工作的通知》，部署宁夏基础测绘“十二五”规划编制工作。6月3日，在银川召开全区基础测绘“十二五”规划工作会议。

法制建设

5月23日，宁夏国土资源厅与自治区政府法制办联合举办为期4天的测绘行政管理执法培训班，各市、县（区）主管局长、测绘管理科长（股、站长）、执法监察队长共108人参加培训。

8月9日，印发《关于开展测绘法宣传日活动的通知》。8月29日，宁夏国土资源厅在银川组织开展测绘法宣传日活动，共发放各类宣传材料近万份，宁夏电视台、宁夏日报等多家媒体对宣传活动进行了报道。

8月16日，宁夏国土资源厅向各市、县（区）国土资源局下发《关于开展全区测绘依法行政考核工作的通知》。

9月1日，《宁夏回族自治区测绘成果管理办法》经自治区人民政府第75次常务会议研究通过，以宁夏回族自治区人民政府令第24号予以公布，自2010年10月1日起实施。

市场监管

【测绘资质管理】

宁夏国土资源厅开展2010年测绘资质单位复审换证工作。截至12月31日，全区共有66家测绘资质单位通过复审换证，缓期2家，注销资质17家，另有6家新取得测绘资质。

【整顿和规范地理信息市场秩序】

2010年，宁夏国土资源厅组织完成为期一年的全区地理信息市场专项整治工作，组织专项检查28次，涉及80多家地理信息从业单位；宁夏国土资源厅被评为全国地理信息市场专项整治工作先进集体，系统内3人被评为先进个人。

8月31日，宁夏国土资源厅、经济和信息化委员会、国家安全厅、工商行政管理局、新闻出版局、国家保密局、通信管理局、宁夏军区司令部8部门联合印发《关于加强全区地理信息市场监管工作的意见》。

【测量标志管理】

11月15日，宁夏国土资源厅印发《关于印发宁夏测量标志保护管理普查试点工作实施方案的通知》，确定在永宁县、西吉县开展测量标志保护管理普查试点工作。

【地图管理】

12月，根据国家测绘局《关于加快开展互联网地图服务测绘资质审查发证工作的通知》要求，宁夏国土资源厅对全区范围内互联网地图服务网站进行排查，取消2家未取得互联网地图服务测绘资质网站的地图链接服务。

2010年，宁夏国土资源厅依法共处理4起违规登载地图案；受理审核各类地图110幅。

基础测绘与质量监督

【基础测绘】

1月27日，宁夏国土资源厅编制的《宁夏基础测绘1∶1万地形图测制、基础地理信息数据建设可行性研究报告》通过自治区发展和改革委组织的专家论证。

2010年，国家核拨边远地区、少数民族地区基础测绘补助项目经费200万元。完成吴忠市36平方千米1∶500地形图测绘及GPS E级85点的测量工作。

完成宁夏基础测绘三期彭阳测区230幅1∶1万地形图更新工作，成果包括数字线划图、数字高程模型、数字正摄影像；完成卫宁测区、牛首山测区、石嘴山测区220幅入库数据修改工作；继续开展全区1∶1万基础地理信息数据库建设，完成459幅1∶1万地形图数据入库工作。

完成宁夏全区62个B级GPS点、1153千米二等水准测量和高精度似大地水准面精化工作，并通过宁夏国土资源厅组织的有关专家验收。似大地水准面精度优于±3厘米。

完成宁夏银北摄区1∶3.2万航空摄影23527平方千米；完成吴忠市308平方千米1∶4000数码摄影，影像分辨率为0.1米。

【质量监督】

2010年，宁夏国土资源厅向全区测绘资质单位下发《关于开展2010年测绘成果质量监督检查的通知》，对全区13家乙级测绘资质单位、6家丙级测绘单位在2007年～2009年完成的区内测绘项目成果进行监督检查，其中10家单位检验合格，存在问题的9家被检单位经整改后达到合格要求。

重大工程测绘

2010年，宁夏国土资源厅完成宁夏重点项目中北部土地整理约1300平方千米，石嘴山市惠农区、红寺堡太阳山工业区地质灾害预防点55平方千米，固原市（何家湾水库、原州区、须弥山）81平方千米，彭阳县30平方千米，西吉县25平方千米的无人机航摄工作，为土地整理、地质灾害预防和科学规划提供依据。

4月30日，宁夏国土资源厅与吴忠市人民政府联合申报的数字吴忠地理空间框架建设获国家测绘局批准。12月14日，“数字吴忠地理空间框架建设设计书”项目评审会在吴忠市召开，国家测绘局、宁夏国土资源厅、吴忠市政府三方签订“数字吴忠”共建共享协议书。吴忠成为宁夏全区第一家“数字城市”建设试点。

2010年，宁夏国土资源厅利用0.5米（县城以上区域）、2.5米（全区范围）、10米分辨率卫星影像集成叠加宁夏全境的1∶5万DEM、DLG，以此数据为基础完成“影像宁夏——政务服务系统”。该系统集查询、定位、统计等功能为一体，可从三维可视化场景中获取宁夏全区地理、地貌现状，以及土地利用、规划方面的信息。

测绘合作共建

1月25日，国家测绘局局长徐德明与宁夏国土资源厅厅长刘卉在北京签订国家地理信息公共服务平台共建工作目标责任书。12月，宁夏国土资源厅向国家测绘局“天地图”网站提供宁夏境内影像数据和电子地图数据。

地图编制与出版

2010年，宁夏有关测绘部门完成《宁夏回族自治区领导工作用图》的编制并印刷5000份；完成《宁夏回族自治区地图册》的编辑并印刷5000份；完成22个市、县挂图的编制和1000份印刷工作。

成果应用与服务

2010年，宁夏国土资源厅向社会提供大地成果891点、各类挂图116幅、航摄像片346张、各类比例尺地形图2480幅、1∶5万DLG数据172幅，借出航摄底片476张。

11月26日，印发《宁夏回族自治区测绘应急保障预案》。11月成立宁夏测绘应急保障领导小组。12月，厅基础测绘处被国家测绘局评为应急测绘保障先进集体，国土资源地理信息中心张建宁、国土测绘院仇生泉被评为先进个人。

党的建设与测绘文化建设

【党的建设】

3月起，宁夏国土资源厅围绕加强机关精神文明建设，以“四推进”（推进服务高效化、目标责任化、管理规范化、监督多样化）活动为载体，全面开展文明机关（单位）和文明处（室）创建活动。

举办“阅读·思考·进步”读书征文和读书心得交流会，开展厅直属机关提高党的建设科学化水平征文活动和党建研讨会；对新任职党支部书记进行集中培训；及时向有关部门上报党建及精神文明创建工作信息，全年共向区直工委上报各类信息133条。

宁夏国土资源厅深入开展创先争优活动，印发《全区国土资源系统“树正气讲团结比奉献”岗位建功活动方案》。10月8日，举行全区国土资源系统创先争优英模报告会，邀请国家测绘局第一大地测量队和驻宁68612部队英模给全系统干部职工作报告。

【测绘文化建设】

2010年，宁夏国土资源厅与长城中路街道紫园社区结对共建，联合举办“创先争优 结对同行 我为国土资源添光彩”书画展，3幅作品参展并获奖；开展建设“职工之家”活动，建立完善图书室、阅览室、乒乓球室、健身房等场所，为女职工开办瑜伽训练班，以制度形式开展工间操和周末一小时等健身活动；组织全国土地日专场文艺晚会暨“清凉宁夏”广场演出；参加宁夏区直机关第六届“体彩杯”运动会、趣味运动会、自治区第十三届运动会；举办宁夏国土资源系统“资源杯”职工运动会。

地方社团工作

12月，宁夏测绘学会开展学会会员换届登记工作。向各市、县（区）国土资源局，各测绘资质单位及有关单位印发《关于宁夏测绘学会会员换届登记的通知》和《关于报送宁夏测绘学会团体会员类型及会费标准的通知》。

新疆维吾尔自治区

法制建设与市场监管

【法制建设】

3月，新疆维吾尔自治区测绘局（以下简称新疆测绘局）调整“五五”普法领导小组成员，与自治区人民政府签订2010年立法工作责任书，有针对性地安排局系统2010年度普法工作。

编制的《自治区实施〈测绘成果管理条例〉办法》列入自治区2010年立法计划。开展立法后评估工作，在局系统、哈密地区、和田地区、塔城地区、博尔塔拉蒙古自治州等测绘行政主管部门征求《自治区实施〈测绘法〉办法》修订意见。制定下发《自治区测绘系统依法行政第二个五年规划》。

完成自治区地方性测绘法规规章和规范性文件清理，保留12件规范性文件，废止6件。清理结果报自治区人民政府法制办备案并向社会公示。全年报自治区人民政府备案规范性文件9项。

【法制宣传教育】

3月24日，新疆测绘局召开“五五”普法和依法行政领导小组会议，向各地州市测绘行政管理部门下发2010年普法、立法计划和《关于开展第七个“宪法、法律宣传月”活动的通知》；开展全疆测绘系统“五五”普法工作检查及网上普法总结展评，并在法治新疆网发布新疆测绘局“五五”普法宣传材料；向国家测绘局推荐的乌鲁木齐市国土资源局、和田市国土资源局被评为全国测绘系统“五五”普法先进集体。

8月29日，新疆测绘局及各地州市测绘行政主管部门开展以“推进数字城市建设，提升测绘公共服务水平”为主题的测绘法宣传日活动，通过有奖竞猜、文艺演出、LED屏幕滚动播放等形式开展宣传。测绘法宣传日当天，全疆设立咨询台75个，展板273块，悬挂横幅268条，出动宣传车51辆，发放地图宣传品1万份、地图册3000本、宣传单10万份。新华社新疆分社、新疆日报、新疆经济报等媒体对活动进行了采访报道。此外，还开展了“12·4”全国法制宣传日等活动。

新疆测绘局组织测绘行政执法人员参加自治区立法、法律法规知识培训。向国家测绘局推荐的阿勒泰地区国土资源局（测绘局）、伊宁市国土资源局被评为为全国测绘系统依法行政先进集体。

【市场监管】

2010年，新疆维吾尔自治区历时两年完成地理信息市场专项整治工作，新疆测绘局、新疆国家安全厅、阿克苏地区测绘局被评为全国地理信息市场专项整治工作先进集体。自治区专项整治工作领导小组印发《关于建立地理信息市场监管工作机制的意见》。

4月20日，新疆测绘局、教育厅、科技厅、公安厅、国家安全厅、文化厅、外事办公室、体育局、旅游局、文物局联合下发《关于进一步加强外国的组织或个人来疆开展科技文化、旅游、体育等活动中涉外测绘监管的通知》。新疆测绘局、新疆维吾尔自治区国家安全厅、和田地区测绘局联合查处的7名俄罗斯公民、1名韩国公民在新疆非法测绘案，被国家安全部、国家测绘局评为2009年度全国优秀涉外测绘执法案件三等奖。

全年审批通过12个县市建立相对独立平面坐标系统的申请，编发地理信息专项整治工作简报12期。

新疆测绘局被评为自治区人民政府2009年度行政执法责任制工作先进单位。

【资质管理】

2010年，新疆测绘局向各地州市国土资源局转发国家测绘局《关于进一步贯彻执行〈测绘资质管理规定〉和〈测绘资质分级标准〉的通知》，编印《测绘资质复审换证工作的文件汇编》，积极做好全区复审换证工作。3月2日~5日，在乌鲁木齐市召开2010年自治区测绘资质复审换证工作会议；3月18日~19日，举办自治区测绘资质复审换证培训班，各地州市140多人参加。

全年共审批全疆285家测绘单位的复审换证申请，批准测绘资质申请25家，资质升级、增加业务24家，测绘资质证书内容变更36家。批准互联网地图服务资质申请1家。至年底，全疆共有测绘资质持证单位310家。其中，甲级12家，乙级44家，丙级82家，丁级172家。

举办第2期测绘行业特有工种职业技能培训，各地州市测绘技术人员、技术工人及在校生333人参加，262人通过鉴定。其中，获高级职业资格证书12人，中级167人、初级83人。8名技术工人通过晋级。

地图管理与成果管理

【地图市场监管】

8月3日~9月5日，新疆测绘局对第十九届乌鲁木齐对外经济贸易洽谈会参展单位制作的印有地图的印刷品、广告牌及墙体广告等进行依法检查，检查展位1550个，室外展场3000平方米。

2010年，新疆测绘局在全疆开展执法检查439次。其中，地图市场116次，测绘市场96次，地理信息市场44次，涉外测绘51次，测量标志121次，其他执法检查11次。开展重大专项执法行动35项。其中，地图市场9项，测绘市场5项，地理信息市场11项，涉外测绘1项，测量标志8项，其它重大专项执法行动1项。发现违法行为21起。其中，地图市场16起，测绘市场1起，涉外测绘2起，损坏测量标志2起。全年查处违法案20起。其中，地图市场15起，测绘市场1起，破坏测量标志2起，对2起涉外测绘案作出行政处罚。没收“问题地图”1万张。

此外，在局网站发布最新修订的《新疆维吾尔自治区地图标准画法示意图》和部分《县市地图标准画法示意图》，供社会各界下载使用。

【地图审核】

5月12日，新疆测绘局派地图审核人员参加国家测绘局举办的第三期全国地图审核与安全审校人员培训班，受训人员均取得地图审核上岗证。

全年新疆测绘局审核公开出版、公开展示的地图或地图插图等260幅，编发地图审图号62个。

【成果管理】

12月，新疆测绘局在乌鲁木齐市举办自治区第一期涉密测绘成果管理人员岗位培训班，各地州市甲、乙级测绘资质单位成果保密主管领导、涉密测绘成果和计算机信息系统管理人员共105人参加培训，并向经考试合格受训人员颁发国家测绘局统一印制的《涉密测绘成果管理人员岗位培训证书》。

全年新疆测绘局完成16个地区253家测绘单位9类1935项测绘成果目录的汇交、整理、编纂工作，并在局网站发布汇交目录。搜集、汇交自治区高等院校测绘成果资料48条。完成档案馆馆藏测绘成果目录核查。全年测绘科技档案组卷395卷。其中，基础测绘资料17个测区292卷，测量标志警示设置17卷，2009年发图审批清单82卷，2009年现势资料及资料目录4卷。

【测量标志保护】

2010 年，新疆维吾尔自治区测量标志警示标志设置工作历时三年完成，全疆共设置测量标志警示标志 3365 个，建造宣传墙（碑）82 座，用汉文和少数民族文字喷涂保护测量标志的宣传标语 1203 条。塔城地区、阿勒泰地区、巴音郭楞蒙古自治州、伊犁哈萨克自治州开展测量标志用地确权登记工作，办理 1208 个测量标志合法用地手续。年内，依法批准 5 个测量标志的拆迁申请。

阿克苏地区温宿县国土资源局（测绘局）查处的一起损坏测量标志案，被国家测绘局评为 2009 年全国十大测绘违法典型案件。

【测绘行政统一管理】

2010 年，新疆测绘局逐步落实各地州市测绘行政统一管理工作，协调解决各地州市测绘机构建立和人员编制问题。年内，伊犁哈萨克自治州察布查尔锡伯自治县、伊宁县、昭苏县、巩留县国土资源局加挂测绘局牌子，增设测绘管理办公室。截至 12 月 31 日，全疆共有 10 个地州市、55 个县市在国土资源局基础上加挂测绘局牌子。

组织各地州市测绘管理干部 40 人次参加国家测绘局举办的第一、二期地方测绘行政管理干部培训班。全年审核换发 48 个测绘行政执法证。

基础测绘与质量监督

【基础测绘】

2010 年，新疆测绘局分别与 10 个地州市签订自治区 2010 年 1∶1 万基础测绘协议，测区分布在乌鲁木齐市、伊犁哈萨克自治州、巴音郭楞蒙古自治州及和田、喀什、塔城、阿克苏、哈密、吐鲁番、阿勒泰地区，覆盖面积 4 万平方千米。至年底，已完成全部外业工作及过程质量检查。

2010 年，新疆财政下达 1∶1 万基础测绘经费 2700 万元。新疆测绘局制作完成基础测绘数字线划图（DLG）3599 幅，数据量 26336 MB。其中，1∶1 万 1347 幅，1∶5000 172 幅，1∶2000 156 幅，1∶500 1026 幅。数字高程模型（DEM）1525 幅，数据量 25386 MB。1∶1 万 1322 幅。数字正射影像图 1536 幅，数据量 39535 MB，航摄影像图 644 幅。

【安全生产】

1 月，新疆测绘局制定《2010 年安全生产目标管理责任书》，局党组与所属各事业单位签订安全生产协议。承担国家测绘局西部测图工程项目部新疆区域应急联动小组工作。建立安全生产检查制度，实时监控西部测图项目的人员、车辆、设备情况。

【质量监督检验】

4 月 26 日，新疆测绘局和新疆维吾尔自治区质量技术监督局在《新疆日报》发布《2009 年新疆维吾尔自治区测绘成果质量定期监督检验公告》，通报 151 家单位的定检情况，其中 42 家测绘单位成果质量不合格。

全年完成 1∶1 万基础测绘项目验收（含复检）64 批次，年度定期检验 120 批次，委托检验、检查 14 批次，对甲级资质单位监督检验 12 批次，完成国家西部 1∶5 万地形图空白区测图工程 50 幅内业验收、236 幅外业验收。完成国家 1∶5 万数据库更新工程综合判调外业 210 幅图成果验收。全年校准（检定）各类仪器 930 多台套。

重大工程测绘

【国家测绘项目】

一、西部 1∶5 万地形图空白区测图工程

2010 年，新疆测绘局完成国家西部 1∶5 万地形图空白区测图工程塔里木东部区域 A4、A5 测区 100 幅地形图的印刷，及基础地理信息入库数据制作和成果归档。完成青藏高原西部区域 B4、B5 测区数字线划图、数字高程模型图、数字正射影像图、土地覆盖图（LC）、制图数据生产各 68 幅，覆盖面积 2.8 万平方千米。完成塔里木西部区域 A 测区 1∶3000 土地覆盖图调绘片制作及土地覆盖图、地形图调绘各 34 幅。

二、边远地区少数民族地区测绘项目

2010 年，财政部与国家测绘局为新疆边远地区少数民族地区基础测绘下达专项补助经费 300 万元。年内，新疆测绘局完成奎屯－独山子石化工业园区建设 83.89 平方千米测绘项目，计 1∶1000 地形图 336 幅。

开展阿克苏地区温宿县 1∶1000 地形图测绘项目 120 幅，测区覆盖面积 30 平方千米。完成 E 级 GPS 点选埋 29 点，观测计算 33 点；四等水准测量 80 千米，布设像控点地面标志点 34 个。其中，标准点 25 个、检查点 9 个。检测 15 个地标点平面精度，布设等外水准路线 28 千米，检测地标点高程精度 14 个。截至年底，完成控制、调绘、补测所有外业工作和成果资料的整理。

12 月，完成巴音郭楞蒙古自治州库尔勒市经济技术开发区 1:500 地形图航空摄影数字测量内外业工作。工程覆盖面积 80 平方千米，制作 1:500 数字线划图 1280 幅，空中三角测量 3660 幅；制作 1:2000数字正射影像图、数字高程模型元数据各 80 幅。

启动昌吉州吉木萨尔县准东五彩湾煤电煤化工产业带 30 平方千米测绘项目，计 1:500 地形图 480 幅。

三、1:5 万地形数据更新

截至 5 月，新疆测绘局共完成国家 1:5 万地形要素数据缩编更新 235 幅，并通过国家测绘局的验收。7 月，成果汇交国家基础地理信息中心。

四、第二次全国土地调查

10 月，新疆测绘局完成第二次全国农村土地调查项目乌鲁木齐市、奎屯市、和田地区、喀什地区共 12 个县市的“一张图”工程、土地变更调查、标准时点统一更新、城镇土地调查数据汇总和整改。编制标准分幅土地利用现状图 1705 幅。其中，1:1 万 1527 幅，1:5 万 178 幅。编制县、乡、村各种比例尺土地利用现状图、基本农田图、坡耕图、图幅结合表 1445 幅。完成第二次全国农村土地调查数据库建设自治区与新疆生产建设兵团合库工作，完成和田、喀什、阿克苏地区、克孜勒苏柯尔克孜州、巴音郭楞蒙古自治州 43 个县市第二次全国农村土地调查项目全程质量监理。年底该项目通过自治区验收并汇交成果。

五、全球卫星导航系统

12 月，新疆测绘局完成全球导航卫星系统（GNSS）乌鲁木齐、克拉玛依、布尔津、伊宁、鄯善、且末、叶城基准站的不间断电源和防雷等设备的安装。完成乌鲁木齐 GPS 红山跟踪站数据自动收发管理、软硬件设备维护。

5 月 12 日，“乌鲁木齐 CORS 站网系统”通过自治区验收。

六、新农村建设测绘服务保障项目

2010 年，新疆测绘局完成“阜康市九运街镇和滋泥泉子镇农业综合服务基础地理信息平台”系统建设，建成两镇新农村建设 1:1 万基础矢量数据库、1:2000 专题数据库、阜康市高分辨率遥感影像数据库。将联合单位建成的新疆区域 1:25 万和 1:100 万基础矢量数据库纳入该平台。

七、数字城市建设

2010 年，新疆测绘局完成“数字奎屯”市区 30 平方千米的三维场景建设，集成二、三维信息并实现联动；搭建基础地理空间信息平台；完成 148 平方千米市辖区 1:1000 677 幅图，以及市区 1:500 数字线划图、高程数字模型、数字正射影像图共 687 幅图的数据制作与入库。

新疆测绘局完成“数字石河子”1:1000 189 幅数字线划图数据库建设，覆盖面积 47 平方千米，1:1000数字正射影像图 400 幅的数据制作；完成石河子市 1:25 万、1:5 万、1:1 万、1:1000 共 38 幅基础地理信息数据加工；完成“数字石河子”基础地理信息系统软件开发以及地理信息公共服务平台的搭建，年底进入系统软件测试阶段。开展石河子市建成区 53 平方千米 1:500 817 幅地形数据的整理加工。

2010 年，完成“数字库尔勒”基础地理信息管理系统开发。10 月，国家测绘局将“伊宁市数字城市地理空间框架建设项目”列为 2010 年国家数字城市推广项目。

八、新疆似大地水准面精化项目

9 月 30 日 ~12 月，新疆测绘局完成该项目外业工作，埋设二等水准标石 33 个，观测 GPS 框架点 10 个、B 级 GPS 点 203 个。联测二等水准线路 231 千米，检测二等水准线路 181 千米。

【自治区测绘项目】

一、航空摄影

4 月，国家测绘局向新疆测绘局下拨 4 架数码固定翼无人机，主要用于小面积大比例尺成图航摄。10 月，新疆测绘局在伊犁哈萨克自治州伊宁市、察布察尔县区域首飞航摄，获取覆盖面积 24 平方千米、分辨率为 10 厘米的全色数字航摄影像。

7 月，新疆测绘局编制完成援疆建设项目伊宁、喀什、乌鲁木齐、吐鲁番、阿克苏、博乐、乌苏和和田市等 8 市 1:1 万基础测绘 2550 平方千米的航空摄影计划，并报送有关部门。年内完成博乐市和乌苏市航空摄影 145 平方千米，约占援疆航摄计划的 5.7%。

二、基础地理信息数据库建设

3 月，新疆测绘局研究开发的新疆 1:1 万基础地理信息数据库通过自治区验收。该项目于 2009 年 3 月 19 日启动，建成 1:1 万数字线划图 2106 幅、数字高程模型 1633 幅、数字影像图 2036 幅、元数据

2081 幅的数据库。覆盖面积约 5.3 万平方千米。

三、基础地理信息应用平台建设

2010 年，新疆测绘局完成自治区应急平台体系基础地理信息平台建设。主要建设内容包括突发事件应急子系统、地震灾害应急示范应用子系统，以及与应急基础地理信息服务平台的集成。该项目是新疆维吾尔自治区“十一五”重点项目之一，建成的数据库在 7 月库车县大龙池景区特大洪水灾害的紧急救援中发挥作用。

完成新疆地理信息公共服务平台（公众版）项目的系统开发。截至年底，完成各种比例尺地理框架数据、卫星影像数据、专题图数据的加工整理。

年内，新疆测绘局更新了“新疆概况”多媒体演示系统中的专题地图、文字、统计数据，并配制相应的统计专题图。

完成新疆无线电管理地理信息系统基础地理数据制作。完成乌鲁木齐市红十字急救中心 120 电子地图制作，实现矢量图与相应高分辨率卫星影像图联动使用。

四、土地开发建设和地籍测绘

6 月 17 日，新疆测绘局启动新疆伊犁河谷地土地开发整理工程测绘工作。至年底，完成察布察尔锡伯自治县大河灌区测绘项目 1∶5000 166 幅内、外业工作。

10 月 13 日，新疆测绘局编制完成《新疆维吾尔自治区村庄和非县城建制镇地籍调查底图试点区域测绘实施方案》，协助自治区国土资源厅确定项目的试点区域，覆盖面积约 722.75 平方千米。至年底，完成试点区域地籍调查资料收集。

地图编制出版

【地图编制】

1 月，《新疆维吾尔自治区资源经济地图集》总体设计通过新疆维吾尔自治区专家评审，并成立图集编委会。5 月，新疆测绘局召开《新疆维吾尔自治区资源经济地图集》第一次编委会议，启动图集编纂工作。至年底，完成地图集资料收集，编制地图 44 幅。

2010 年，新疆测绘局为公安机关编制《乌鲁木齐市城区图》，为全国 19 个省市编制对口援疆示意图及《对口援疆领导工作用图》。编制完成汉文、维吾尔文的《新疆维吾尔自治区行政区划图》，编制完成《新疆灌溉用水定额分区图》、《新疆灌溉用水定额分区图典型县位置图》、《新疆文物图集》、《天山天池风景名胜区旅游示意图》、《乌鲁木齐户外休闲旅游度假详图（涤绸版）》等地图。编制《新疆通志·地名志》附图以及喀什、和田、博尔塔拉等地州的地图。修编再版《新疆维吾尔自治区地图册》、《新疆观赏石分布图》、《新疆维吾尔自治区行政区划图》、《新疆维吾尔自治区旅游交通图》及中英文版《新疆旅游》、《魅力新疆》、《乌鲁木齐旅游交通图》、《新疆维吾尔自治区地貌交通图》。

【立体地图模型制作】

2010 年，新疆测绘局完成《喀纳斯景区全景模型》、《红光山生态园模型》、《乌鲁木齐工务段模型》等立体地图模型制作。

成果应用与服务产值

【测绘保障服务】

2010 年，新疆测绘局向党政机关、全国援疆工作自治区重点工程及经济开发建设提供各种比例尺地形图 35508 幅。其中，纸质地形图 17039 幅、地形图数据 18469 幅、控制成果 16516 点、图集图册 1177 本、挂图 474 套（1153 张），提供测绘成果总量数据 2068 GB，总价值 271 万元。

为对口援疆省市区免费提供南疆地区 24 个县市 242 万元的测绘成果资料，为环保局、发展和改革委、水利厅、交通厅等区直机关和部队无偿提供 700 多幅图的基础测绘成果数据。

【援疆工作】

8 月 19 日，全国测绘援疆工作座谈会在乌鲁木齐召开，国家测绘局、各省市区测绘主管部门、全国测绘行业 100 多人参加会议。国土资源部副部长、国家测绘局局长徐德明与新疆维吾尔自治区党委常委努尔兰·阿不都满金分别代表全国测绘系统、新疆维吾尔自治区交接捐助资金、物资 1.7 亿元的意向书。新疆测绘局分别与中国测绘科学研究院、国家基础地理信息中心签订共建协议，全国 35 家测绘单位和企业提出援疆捐赠意向。至年底，新疆测绘局收到全国测绘行业、对口援疆单位捐赠款 760 万元，收到 46 家测绘单位捐赠的无人机、测绘仪器、软硬件设备、影像数据资料，价值近亿元。

【服务产值】

2010 年，新疆测绘局完成测绘服务总值 9411.6

万元。其中，测绘生产服务总值4839万元，向社会及各行各业提供测绘成果937万元，测绘应用软件及系统开发130.6万元，测绘产品质量监督检验、测绘仪器检定308.6万元，其他3196.4万元。

科技创新与人才培养

【技术人才培养】

2010年，新疆测绘局2人入选国家测绘局青年科技带头人，5人入选自治区测绘局青年科技带头人。1人参加武汉大学新疆少数民族技术骨干两年制特殊培养。推荐6名在职技术人员报考国家测绘局与武汉大学联合举办的劳模学历班。全年评审通过全区测绘行业高级工程师30名、工程师22名、助理工程师27名的任职资格。

【技术开发应用】

2010年，新疆测绘局完成“控制测量数据自动化处理系统”、“国家基本比例尺地形图工程数据处理软件系统”的研发，并用于测绘生产。

【科技奖励】

2010年，新疆测绘局编制的2幅地图获中国测绘学会2010年优秀地图作品裴秀奖铜奖，2个项目分获2010中国地理信息系统协会优秀工程奖银奖和铜奖；2个项目分获2008－2009年度自治区测绘行业优秀测绘工程（项目）一、二等奖，2个项目获2010年度自治区科协与新疆测绘学会优秀测绘工程（项目）奖三等奖，1个项目获2009年度自治区档案科学技术研究优秀成果三等奖。4篇论文获2010年度全国测绘科技信息网西北分网第十五届优秀学术论文奖。

党的建设与精神文明建设

【党建工作】

2010年，新疆测绘局制定《自治区测绘局开展“讲党性、重品行、作表率”活动的实施方案》、《关于在自治区测绘局系统基层党组织和党员中深入开展创先争优活动的实施方案》、《自治区测绘局与社区共建活动实施方案》。坚持党员承诺书上墙、“三会一课”制度，以及机关党支部下社区。表彰11位优秀共产党员、8位优秀党务工作者。全年发展6名党员，办党建活动期刊12期。

【干部队伍建设】

新疆测绘局制定《自治区测绘局后备干部选拔工作方案》，严格执行《干部任用条例》，建立局处级后备干部库，首批纳入19名储备干部。全年提拔11名处级干部，12名干部在局系统轮岗。选派2人分别到国家测绘局和浙江省测绘与地理信息局挂职锻炼，2人到和田地区国土资源局（测绘局）挂职，1人到塔城地区国土资源局锻炼。

【党风廉政建设】

新疆测绘局出台《自治区测绘局2010年党风廉政建设责任书》并与局属各单位签订履行协议。组织党员干部学习中央、自治区政府有关文件、参观反腐倡廉基地，开展党风廉正教育。参加自治区党风廉政知识考试，按自治区统一部署开展纠风检查考核。

【精神文明】

2010年，新疆测绘局印发《关于进一步加强精神文明建设工作的通知》等文件，局党组与各处（室）签订精神文明建设工作责任书，并列入各处（室）年终目标考核。举办民族团结演讲比赛，开展文明处（室）评选奖励活动和“热爱伟大祖国 建设美好家园”主题教育活动。

积极为局系统职工解决住房问题，成立基建领导小组，制定方案，多方协调。至年底，乌鲁木齐市和昌吉市4个集资建房项目获新疆维吾尔自治区和昌吉州政府批准立项。

2010年，新疆测绘局连续第9年获新疆维吾尔自治区级文明单位称号。被国家测绘局评为2010年度全国测绘宣传工作先进集体、全国省级测绘行政主管部门贯彻落实科学发展观2010年度测绘工作考评优秀单位。国家人力资源和社会保障部、国家测绘局联合授予新疆维吾尔自治区第二测绘院全国测绘系统先进集体称号。

新疆测绘局系统基层单位1家创建、4家保持自治区级“巾帼文明岗”称号，3家保持“青年文明号”称号，1人被评为全国测绘技术能手，1人被评为测绘应急保障先进个人，6人被评为自治区先进工作者。

【公益活动】

11月14日，新疆测绘局派专人到对口扶贫单位岳普湖县艾西曼镇恰卡村慰问“四老”人员和爱国宗教人士，为该村30户贫困家庭发放粮油和1.2万元慰问金，为艾西曼镇恰卡村2010年续建防渗渠工程筹资10万元。组织干部党员向抗旱救灾、贫困地区中小学及青海省玉树地震灾区捐款55620元；

基层团组织常年开展济困助学爱心捐款活动。

【文化建设】

2010年，新疆测绘局出台《加强测绘文化建设的意见》。策划出版《在那遥远的地平线上》、《胡杨秋韵》两本文集，内容涉及测绘、建设、法学等，并向全国测绘系统和新疆维吾尔自治区单位赠送近3000册。

全年新疆测绘局组织参加全国、全区文化活动，获第二十届中国新闻报纸副刊作品初评暨2009年全国报纸副刊作品年赛个人铜奖1项，获首届“南方测绘杯”书法绘画展个人一等奖2项，二等奖1项。参加2010年全国测绘法宣传日“苍穹数码杯”测绘行业学法用法征文活动，获二等奖1项、优秀奖1项。

【宣传工作】

6月12日，新疆测绘局与新疆人民广播电台《929城市广播》栏目续办一年《新疆测绘之声》节目，播报测绘法律法规等方面的内容。开展全区测绘行业2009年度好新闻和优秀通讯员评选活动，共有18篇新闻和37名优秀通讯员获奖。

全年新疆测绘局在区内外主要媒体共播发测绘新闻500多篇，报送政务信息78条。

地方社团工作

2010年，新疆维吾尔自治区科技馆“测绘科普地理信息展厅”年均参观人数超过30万人次。

4月1日，新疆维吾尔自治区测绘行业协会组织广州“南方测绘”新技术考察学习，测绘管理部门16人参加。8月15日，组织参加2010年度全国测绘行业协会年会。

4月26日~29日，新疆测绘局在乌鲁木齐市主办首届自治区测绘行业职业技能竞赛，全疆14个地州市及10家甲级测绘资质单位的76名技术人员参赛，获一、二、三等奖的17名人员被授予“自治区测绘职业技术能手”称号。

新疆生产建设兵团

规划与计划

2010年，新疆生产建设兵团（以下简称兵团）国土资源局根据兵团实际，启动了兵团基础测绘“十二五”规划编制工作，并积极与兵团发展和改革委配合，制定了兵团2011年基础测绘计划。

法制宣传与成果服务

【测绘法制宣传】

8月8日，兵团国土资源局下发《关于开展测绘法宣传日活动的通知》，要求各师测绘主管部门结合实际，组织开展测绘法宣传日活动。8月29日，兵团国土资源局和兵团勘测规划设计研究院测绘分院共同开展测绘法宣传日活动，设立宣传站5处、制作宣传板报58块、悬挂宣传横幅81条、散发宣传材料1.6万多份，取得良好的宣传效果。

【成果服务】

2010年，兵团国土资源局按照国家测绘局和新疆维吾尔自治区测绘局提供使用基础测绘成果的有关规定，共审核和办理业务25项，向兵团各行业提供基本比例尺地形图602幅，数字地图314幅，各类控制成果点256个。

基础测绘

2010年，兵团国土资源局共完成高程控制测量四等水准1200千米，平面控制测量C、D级GPS控制点150点。地理空间信息基础设施建设完成大地控制数据库建设300点，完成航空摄影70平方千米。

重大工程测绘

兵团地理信息系统基础建设项目为边远地区、少数民族地区基础测绘项目，共分三期，自2007年开始实施，2010年7月26日，该项目通过初步验收；11月5日，兵团国土资源局组织专家进行最终验收，验收结果为合格。

完成伊犁庆华煤化工工程 1∶5000、1∶1000、1∶500地形测量，以及施工控制网测量，土地勘界测量任务；完成农六师 C、D 级 GPS 控制网建设项目共 600 点。

人才培养

2010 年，兵团勘测规划设计研究院测绘分院共派出 22 人次参加培训学习，学习内容涉及基础测绘信息公共服务、精化大地水准面技术及应用、低空遥感、涉密测绘成果管理、遥感影像处理、数据库建设等测绘新知识、新技术。

截至 2010 年底，全院共有测绘从业人员 93 人。其中，高级职称 10 人，中级职称 38 人，初级职称 39 人。

党的建设与精神文明建设

【党建与思想政治工作】

2010 年，兵团国土资源局认真贯彻落实党的十七届四中、五中全会和中央新疆工作座谈会以及兵团党委六届四次、五次全委（扩大）会议精神，深入开展创先争优、“热爱伟大祖国、建设美好家园”和解放思想大学习大讨论等主题教育活动。制定《兵团国土资源局 2010 年党建工作计划》和《兵团国土资源局党总支 2010 年工作计划安排》，建立党员学习制度的长效机制，全年组织各类学习活动 25 次，召开全体党员大会 8 次，进一步提高了各级干部的思想政治素质。11 月，根据兵团直属机关工作委员会要求，经各党支部推荐，局党总支审定，3 人被评为全局优秀党员，3 人被评为全局优秀党务工作者，第四、第二党支部被评为先进党支部。

【精神文明建设】

2010 年，兵团国土资源局成立了以局党组书记、局长张新荣任组长，党组成员为副组长，各处（室）负责人为成员的领导小组，下设办公室，具体负责日常工作，深入推进文明部局创建活动的开展。制定考核办法，将日常考核与年终考核相结合，在局机关开展文明处室评选活动；印发《进一步加强兵团国土资源新闻宣传工作的意见》，建立兵团国土资源新闻宣传奖励机制，全年全系统在各大媒体共发表稿件近 20 篇，刊稿媒体的级别与刊稿数量较往年均有明显提高。7 月，举办“双保工程杯”乒乓球赛；从政策、项目、资金上对挂钩扶贫单位 137 团重点扶持，帮助 137 团脱贫致富；组织全局人员为重病职工捐款 2 万多元。

【党风廉政建设】

兵团国土资源局高度重视党风廉政建设工作，2010 年出台《兵团国土资源局“三重一大”补充规定》、《兵团国土资源局财务管理办法》等制度。局领导班子认真学习廉政准则和干部提拔任用监督 4 项规定，召开专题民主生活会，开展批评与自我批评，增强班子的向心力和凝聚力。认真落实党风廉政建设责任制，制定《局党组关于 2010 年党风廉政建设和反腐败工作任务的分工意见》，成立局党风廉政建设责任制工作领导小组，逐级签订党风廉政建设责任书。加强干部轮岗交流力度，要求在同一地方任职 8 年以上的分局长进行干部交流，对激发干部工作活力，预防腐败发挥了积极作用。

青岛市

规划与计划

【青岛市“十一五”基础测绘规划】

2010 年，青岛市国土资源和房屋管理局（以下简称青岛市国土房管局）积极争取市本级基础测绘经费投入，落实“十一五”基础测绘规划项目资金 4000 多万元，用于实施市区 1∶2000 道路路网测量、1∶1 万地形图更新测量、地理信息系统建设、城市三维仿真系统建设、市区 1∶500 及 1∶2000 地形图测量、社会主义新农村建设和全市行政地图（册、集）编制等 15 个项目。

【青岛市“十二五”基础测绘规划】

2010 年，经青岛市政府批准，青岛市“十二五”基础测绘规划列入青岛市“十二五”专项规划

（第二批）编制体系。8月，成立规划编制小组，在现状调查和需求分析，对基础测绘实施比较成功的省市调研的基础上，构建规划框架，编制规划文本，征求相关部门意见，通过专家论证，形成规划送审稿。

法制建设与市场管理

【法制宣传教育】

2010年，青岛市国土房管局组织5市7区国土资源（分）局和全市80家测绘资质单位围绕“推进数字城市建设，提升测绘公共服务水平”宣传主题，开展测绘法宣传日活动。全市共设立宣传点10个，悬挂宣传横幅220多条，发放测绘法律法规宣传材料8600多份，发送公益短信3000多条。宣传日当天，全市参加活动工作人员达500多人，接待市民1600多人次，提供咨询服务200多人次。

【整顿和规范地理信息市场秩序】

根据国家测绘局和山东省国土资源厅工作部署，按照青岛市地理信息市场专项整治工作实施方案，青岛市国土房管、工商、保密等7部门高度重视、密切配合，重点从涉证、涉密、涉军、涉外、涉网5方面，围绕地理信息获取、提供、使用、生产、出版、传输6个环节，利用检索工商注册信息、网络搜索、举报及查询涉密地理信息用户等形式，实施地理信息市场监管。通过检查，全市共发现15家涉嫌违法单位，主要存在无测绘资质开展地理信息系统开发业务、领取的涉密地形图下落不明和无测绘资质在网络发布三维虚拟地图等，针对发现的问题，已由涉嫌违法单位所在地测绘行政主管部门配合执法监察支队进行查处。3月，青岛市地理信息市场专项整治工作通过山东省地理信息市场专项整治工作领导小组的检查验收。

【测绘资质管理】

一、测绘资质复审换证

2010年，青岛市需要进行复审换证的测绘单位共有80家（不含3家甲级测绘单位）。各区、市（县）国土资源（分）局对辖区所属测绘单位的仪器设备进行实地核查，对测绘专业技术人员进行网上核查，市局通过《测绘资质管理信息系统》对测绘单位提报的材料进行初审，经山东省国土资源厅审核批准，75家通过换证，5家被注销测绘资质。青岛房地资源网公布了2010年度复审换证结果。

二、测绘资质审批

2010年，青岛市有5家单位通过山东省国土资源厅的审查取得测绘资质，3家单位资质升级。截至年底，青岛市共有测绘资质单位83家。

成果管理

【成果汇交】

青岛市国土房管局全年办理测绘成果汇交12项，包括大地测量、工程测量、房产测绘、海洋测绘等项目成果；办理测绘项目登记15项。

【测量标志管理】

青岛市市内4区测量标志保护管理工作由青岛市国土房管局委托青岛市勘察测绘研究院具体组织实施，并签订《青岛市测量标志保护管理责任状》。县级测量标志保护管理责任单位为各区、市国土资源（分）局，由市国土房管局与各区、市国土资源（分）局签订《青岛市测量标志保护管理责任状》。各区、市国土资源（分）局与辖区内国土资源所签订责任状，落实测量标志保护任务。

为推进测量标志管护工作的科学化、标准化和规范化，青岛市国土房管局印发《青岛市测量标志维护实施细则》，对全市列入一类管护范围的286座测量标志统一制作防护栏、保护井、指示标石，标注举报电话，6月通过省级验收。12月，各区、市完成全市四等以上测量标志维护1001座，全部按一类管护标准执行，通过市级验收。

质量监督

【测绘成果质量监督检查】

为加强对测绘成果质量的监督管理，提高测绘成果质量水平，青岛市国土房管局开展乙、丙、丁级测绘资质单位测绘成果质量监督检查工作。乙级以上测绘资质单位测绘成果委托省级质检机构检验，丙、丁级测绘资质单位测绘成果由青岛市国土房管局组织检验，主要检查2010年独立完成并已交付用户使用的测绘成果。从检查情况看，绝大多数单位测绘成果资料齐全、真实，符合质量保证体系和测绘成果档案管理要求，无违反测绘法律、法规现象。对监督检查中发现的少数不符合测绘质量和档案管理等问题的单位，责成限期整改。

【测绘工程监理】

青岛市国土房管局为保证基础测绘项目良好运行，及时掌握项目质量和进度，在基础测绘项目中引入测绘工程监理机制，从测绘项目设计、生产实施、过程质量控制和成果交付等阶段进行监督和协调管理，确保项目顺利实施。

基础测绘

【基础测绘完成情况】

2010 年是《青岛市“十一五”基础测绘规划》实施的关键年，全年全市基础测绘投资 4685 万元，其中市本级投入 4051 万元，开展了市区 1∶2000 道路网测量、1∶1 万地形图更新、地理信息系统建设、城市三维仿真系统建设、社会主义新农村建设和全市行政区划图（册、集）编制等 15 个项目。

【卫星影像数据购置】

为建设青岛市卫星影像数据库，青岛市国土房管局开展卫星影像数据购置项目。截至 12 月底，已完成覆盖青岛市域范围 2.5 米分辨率和覆盖市内四区及环胶州湾区域 0.6 米分辨率卫星影像数据的购置任务。2.5 米分辨率卫星影像数据面积为 1.1 万平方千米，拍摄时间为 2008 年 9 月、2010 年 4 月的影像数据各一套；0.6 米分辨率卫星影像数据面积为 950 平方千米，拍摄时间为 2008 年 9 月、2010 年 4 月影像数据各一套。对遥感影像数据进行数据调色、正射校正、融合、镶嵌、分幅、加注、保密处理等，并研制了有保密功能的卫星影像浏览器，满足了政府及企事业单位对图像空间信息的需求。

【社会主义新农村建设项目】

2010 年，青岛市国土房管局组织编制即墨、胶州、胶南、莱西、平度 5 个县级市所辖 77 个乡镇地图及电子影像地图。乡镇地图利用已有 1∶5000、1∶1万地形图等资料编制，图幅规格为 10 分米 × 8 分米，采用喷绘方式出图。电子影像地图利用已有 2.5 米分辨率卫星影像进行裁剪，标注乡镇政府、行政村、主要道路、水系以及重要地理信息等，免费提供。截至 12 月底，已完成工作量的 80%。

重大工程测绘

2010 年，青岛市勘察测绘研究院受青岛市地下铁道公司委托，完成青岛市地铁一期工程（2 号线、3 号线）沿线 1∶500、1∶2000 地形图测绘及综合管线普查，设立精密导线点 115 个，GPS 点 43 个，控制网控制范围覆盖轨道全线，测量精度满足地铁施工需求。

成果应用与服务

青岛市国土房管局认真贯彻执行有关法律法规，加强测绘成果的社会化应用服务，做好基础测绘成果、数据的保管和提供工作，全年对外提供各种比例尺地形图 2005 幅，各等级控制点成果 162 点。

科技成果

青岛市国土房管局积极推荐青岛市优秀测绘科研项目参加山东省国土资源厅组织的山东省优秀测绘工程奖评选活动，4 个项目获一等奖、5 个项目获二等奖、9 个项目获三等奖。

党的建设与测绘文化建设

2010 年，青岛市国土房管局为加强和改进机关作风建设，开展“治庸治懒”活动，从规范行政行为、健全监督体系、明确奖惩措施等方面，解决干部队伍中存在的慵懒行为；积极推进创先争优活动，统一目标，明确要求，定期召开会议对创先争优活动进行督促调度；做好党建品牌创建工作，将品牌理念融入党建工作，渗透到每个岗位、每项工作，有力地促进了机关建设。

大连市

规划与计划

【《大连市“十二五”基础测绘规划》】

2010年，为进一步提高大连市测绘保障能力，适应“十二五”社会经济发展和信息化建设的需要，在广泛调研、分析、研究全市基础测绘现状的基础上，大连市规划局编制了《大连市“十二五”基础测绘规划》。“十二五”基础测绘规划在“十一五”基础测绘的基础上，进一步扩大地形图、控制网的覆盖范围，更新“十一五”基础测绘基础地理空间数据，维护现代测绘基准体系、基础地理空间信息数据库及数据库管理平台，建立应急测绘保障机制，完善法规、标准建设，加强队伍建设与人才培养，进一步提升全市基础测绘保障服务水平。

法制建设

【《大连市测绘管理办法（试行）》】

大连市规划局完成《大连市测绘管理办法》的编制工作，11月上报大连市人民政府法制办公室。

【制定基础测绘地图成果分发程序】

11月，大连市制定了基础测绘成果分发指南、快捷流程等规定，使基础测绘成果应用更加安全、高效和合理。

市场监管

2010年，大连市规划局完成测绘资质复审换证工作。其中，资质升级4家，资质降级3家；新增单位8家，注销资质3家。截至年底，全市共有测绘资质单位94家。其中，甲级4家、乙级20家、丙级54家、丁级16家。

成果管理

【测量标志维护保护】

2010年，大连市规划局组织完成37个B级GPS点、266个一、二等水准点的普查工作。

【基础地理数据管理】

2010年，大连市规划局建立大连市基础地理信息数据管理平台，对数字线划图（1:1万、1:2000、1:1000和1:500）、正射影像图（分辨率包括10米、5米、0.5米和0.2米）、数字高程模型（格网间距包括5米和2.5米）以及控制测量相关数据等“十一五”基础测绘各项成果数据实行入库管理。

基础测绘

【航空摄影】

5月，大连市测绘院完成0.06米分辨率的大连保税区二十里堡约330平方千米ADS40航飞任务。

【信息化空间数据采集】

8月，1:500数字线划图生产项目全部完成，标志着大连市“十一五”基础测绘数据生产项目全部结束。该项目完成重点城区和花园口地区1:500 DLG 1300平方千米，金州以南和花园口地区1:2000 DLG 2900平方千米，大连市域及部分海岛1:1万DLG 14.5万平方千米、200个新农村建设试点1:1000 DLG 270平方千米；完成金州以南和花园口地区0.2米分辨率DOM、大连市域0.5米分辨率DOM数据制作以及金州以南和花园口地区2.5米格网间距DEM、大连市域5米格网间距DEM数据制作。

【信息化空间数据标准建设】

大连市建立共享平台数据更新机制，完成相关保密法律、法规及《大连市地理空间数据共享服务平台——共享服务管理办法》的制定。

质量监督

【成果检查】

大连市测绘院以测绘数据在各生产环节转换的顺序为路线，研发了专题检查工具，对各阶段成果数据质量进行检查，从而确保了各环节的数据的质量。

2010 年，沈阳军区测绘大队完成的大连金州以南、瓦房店市及海岛部分的 1∶1000 数字化地形图通过辽宁省测绘产品质量监督检验站的检查验收。

【检查验收】

2010 年，大连市规划局协助辽宁省测绘产品质量监督检验站完成大连市测绘院承担的大连市连续运行参考站（DLCORS）、大连市域 0.5 米、0.2 米正摄影像图，辽宁经纬测绘规划建设有限公司、大连市勘察测绘院研究院有限公司承担的大连市 1∶2000数字线划图，中国人民解放军 65015 部队、大连九成测绘信息有限公司承担的大连市 1∶1 万数字线划图，大连九成测绘信息有限公司、大连市勘察测绘院研究院有限公司等单位承担的大连市1∶500 数字化线划图，大连九成测绘信息有限公司承担的普兰店市区修测项目、长兴岛临港工业区 1∶500 和 1∶2000地形图整理建库、大连市花园口经济区 1∶2000数字线划图、大连普湾新区 1∶2000 数字化线划图（DLG）生产项目，辽宁水文地质工程地质勘察院承担的大连开发区青云河生态治理工程 1∶500 地形图等项目的检查验收。

重大工程测绘

【大连市独立坐标系统建设】

大连市规划局完成基于2000 国家大地坐标系下建立大连市独立坐标系统的技术设计和可行性专家论证工作，以及建立大连市独立坐标系统的申请工作。9 月 21 日，大连市政府批复同意；11 月 12 日，辽宁省测绘局批复同意；12 月 10 日，国家测绘局批复同意建立大连市独立坐标系统。

【大连市现代测绘基准体系建设项目】

大连市规划局组织完成大连市现代测绘基准体系建设项目，项目包括大连市 B 级 GPS 框架网，大连市一、二等水准网与加密重力测量，大连市似大地水准面精化，大连市连续运行基准站综合服务系统（DLCORS）和大连市独立坐标系统等内容。12 月 9 日，项目通过由辽宁省科学技术厅组织、大连市科学技术局主持的科技成果鉴定。

【保税区汽车物流城三等 GPS 控制网】

2010 年，大连市测绘院完成保税区汽车物流城三等 GPS 控制网测量，控制面积约 200 平方千米。全网共由 24 点组成。其中，二等 GPS 点 3 个、三等 GPS 点 21 个。水平方向精度优于 1 厘米，高程方向精度优于 3 厘米。

测绘合作共建

【城建专题数据的制作及统计】

受大连市城市建设管理局的委托，大连市测绘院承担完成大连市约 300 平方千米城建专题数据制作和统计工作。测区位于大连市建城区内，涵盖中山区、西岗区和沙河口区的全部区域、甘井子区部分区域。大连市测绘院按照市城市建设局要求的标准，应用 2009 年 1∶500 数字线划图数据、2008 年 10 月 0.5 米分辨率的正射影像数据以及 2009 年制作的城建用地数据，制作最新的各类用地的专题数据，建成大连市城建专题数据库。

【东北路树木信息普查】

受大连市城市建设管理局委托，大连市测绘院采用航测、外业实测、调绘等测绘技术手段普查大连市东北路（约 10 千米）两侧（道路边线外扩 10 米）树木的数量、位置、树种等信息，向委托方提供了电子地图数据和相关电子文档。

地图编制与出版

2010 年，大连市测绘院编制了《大连市地图册》、《大连市城区图》、《大连市地图》、《大连市地势图》、《大连市交通图》、《中山区地图》、《西岗区地图》、《沙河口区地图》、《甘井子区地图》、《旅顺口区地图》、《金州区地图》、《瓦房店市地图》、《普兰店市地图》、《庄河市地图》等地图，为各级政府宏观决策、规划布局、合理开发等工作提供可靠、详实的依据。

成果应用与测绘服务

【为“7·16”漏油事故提供应急测绘保障】

在大连市“7·16”漏油事故发生后，大连市测绘院联合北京超图软件公司为大连市环境保护局提供应急测绘技术服务，紧急制作《7·16 事故清污任务分工示意图》，该示意图是以事故污染区域的地图为基础，附加环保方面的专题数据图层，再以统计表格为辅助，表达受到污染的海岸带清污任务分工情况，为油污治理工作提供空间信息支持。

【大连市现代测绘基准体系应用】

大连市现代测绘基准体系成果广泛服务于城市地铁、轻轨、跨海大桥、港口码头等重大建设工程，并在大连普湾新区管理委员会、大连长兴岛经济技术开发区管理委员会、大连花园口经济区管理委员会、大连市城市建设管理局、大连市环境保护局、大连市气象局、大连市勘察测绘研究院有限公司、中交一航局第三工程有限公司等多家单位投入使用。

科技创新与人才培养

【获奖情况】

由大连市测绘院组织、中国科学院遥感应用研究所实施的“大连市（金州以南）0.2 米分辨率 ADS40 数字航空摄影测量”获辽宁省测绘科学技术进步奖一等奖；由大连市测绘院开发的“大连市城市建设综合管理信息系统”获辽宁省测绘科学技术进步奖二等奖。

【业务培训】

2010 年，大连市规划局组织 9 人参加国家测绘局举办的基础地理信息数据生产标准培训班；组织 43 人参加辽宁省测绘局举办的测绘产品质量检验员培训班，并通过统一考试，取得辽宁省测绘局颁发的测绘产品质量检验员证书；组织 9 人参加辽宁省测绘局、测绘行业特有工种职业技能鉴定辽宁站和省测绘产品质量监督检验站联合举办的高级（三级）房产测量员职业技能鉴定培训班，组织 82 人参加中级（四级）房产测量员职业技能鉴定培训班，并通过统一考试，取得了国家测绘局颁发的职业资格证书；组织 103 人参加辽宁省测绘局举办的全省测绘资质单位保密工作培训班。

测绘文化建设

【文化建设】

2010 年，在大连市规划系统文艺汇演中，大连市规划局获优秀组织奖，大连市测绘院获二等奖。

大连市规划局冯艳玲获全国测绘系统测绘奖章，大连市测绘院获全国测绘系统先进集体称号。

【援藏援疆工作】

6 月，大连市委、市政府选派第六批援藏干部到西藏那曲地区索县进行为期三年的援藏工作。经大连市规划局党委研究推荐，市委组织部考核批准，大连市测绘院副院长孙道明成为援藏干部之一，担任那曲地区索县城建局局长。

大连市规划局积极响应国家测绘局、辽宁省测绘局关于开展测绘援疆活动的号召，组织全市 4 家甲级测绘单位、20 家乙级测绘单位开展爱心捐款行动，共捐款 7.55 万元。

宁波市

规划与计划

【《宁波市基础测绘“十二五”规划》】

宁波市基础测绘“十二五”规划是宁波市“十二五”规划中 16 个专项规划之一，该规划由市规划局会同市发展和改革委、市财政局等有关部门联合编制。为编制宁波市“十二五”基础测绘规划，市发展和改革委和市规划局联合下发文件，成立了规划编制领导小组，并起草了宁波市“十二五”基础测绘规划编制方案。至 2010 年底，已形成规划评审稿。

【2011 年基础测绘年度计划】

根据《宁波市基础测绘“十一五”规划》，9 月 ~ 10 月，宁波市发展和改革委会同市规划局编制了宁波市 2011 年度基础测绘计划，该计划安排等级平面控制测量 300 点、等级水准测量 3438 千米、系列比例尺地形图测制与更新 3984 平方千米、航空摄影 1100 平方千米。全市拟投入资金 5729 万元，其中市本级拟投入 2350 万元。

法制建设与市场监管

【完善测绘法规标准】

为进一步加强行业管理，规范测绘行为，2010 年，宁波市规划局制定《宁波市连续运行卫星定位服务系统使用管理规定》和《宁波市测绘项目备案管理实施细则》等规范性文件；联合市质量技术监督局对原有3个地方标准进行修订，出台《宁波市1:500 1:1000 1:2000基础地理信息数字产品测量技术规程》和《宁波市1:500 1:1000 1:2000基础地理信息数据规程》。

【行政审批】

2010年，宁波市规划局共受理、审核测绘资质申请51件；核发测绘项目竣工验收合格证7件；核发测绘项目备案285件；核发建设工程验线合格证80件；办理测量标志拆迁4件；核发测绘成果使用许可证1700多件，提供地形图1.8万多幅；对2家测绘单位进行行政处罚，并在宁波测绘网上公示。根据浙江省测绘局“关于开展测绘与地理信息行政管理事权下放试点工作的通知”要求，对测绘资质审批、资质注册、成果使用审批、地图审核、测绘作业证核发等进行了事权下放的试点管理。

【测绘法宣传】

8月29日，宁波市规划局开展测绘法宣传日活动，共展出12块主题展板，发放《浙江省交通旅游图》和《宁波市交通图》等宣传资料8000多份，接待市民2500多人次，提供咨询服务300多人次。8月25日～9月5日，市各级测绘行政管理部门和测绘资质单位在驻地开展测绘法宣传，共张贴宣传画300多张，悬挂宣传横幅280多条。

宁波测绘网是宁波测绘的门户网站，是市规划局宣传测绘法律法规，建设服务型政府、提高行政能力，推动和谐社会发展的窗口。2010年初，宁波测绘网完成改版工作，上线后运行平稳，赢得用户好评，并在2010年全国测绘网站测评中取得好成绩，宁波市规划局被国家测绘局授予“测绘系统政府网站建设先进集体”称号。

【测绘资质复审换证】

2010年，宁波市规划局认真做好测绘资质复审换证工作，召开测绘资质复审换证工作动员会，并对测绘单位负责人进行培训；对丙、丁级测绘单位测绘成果、资料档案、保密工作以及质量保证体系进行考核；受理并核实测绘单位申报的测绘资质复审换证材料，对部分测绘单位进行了抽查，主要抽查该单位测绘技术人员、仪器设备、管理制度和办公用房等情况。年内共完成全市57家乙、丙、丁级测绘单位的复审换证工作，其中52家通过换证，5家被注销测绘资质。

【测绘质量监督检查】

2010年，宁波市规划局开展测绘质量监督检查工作，要求各测绘单位做好自查自纠，并及时报送相关材料。检查内容主要是2009年7月～2010年7月完成的测绘项目质量情况、测绘标准及规范的执行情况、测绘质量管理体系的运行情况，以及仪器、设备的检定情况等。根据测绘单位的自查报告，市规划局对20多家测绘单位进行实地抽查，对监督检查中发现存在不符合测绘质量和档案管理规定等问题的单位发出整改告知单7份，限期2个月整改。

【测绘资质和测绘市场监督检查】

2010年，宁波市规划局开展测绘资质和测绘市场监督检查工作，要求各测绘单位做好自查自纠，并及时报送相关材料。根据测绘单位自查报告，市规划局对各单位进行了实地抽查。对监督检查中发现存在不符合测绘资质、测绘市场要求等问题的单位发出整改告知单20多份，限期2个月整改，并对整改单位进行复查。

地图管理与成果管理

【地图市场监督检查】

为提高市民国家版图意识，促进地图市场健康发展，宁波市规划局与市文化广播新闻出版局等部门联合成立检查小组，分别于4月底和11月底对市内主要书店、商场、批发市场等场所销售的地图集（册）、交通旅游图、挂图、拼图、插图，以及各种地球仪等地图产品进行检查，并对市内的车站、码头、机场和公交车站等公共场所进行检查。共检查180多家单位及场所，开具责令停止违法行为通知书2份、地图产品技术鉴定意见书6份，收缴各类盗版地图150多份。

【测绘成果目录汇交】

2010年，宁波市规划局在全市范围内开展测绘成果目录整理和汇交工作，要求各县（市）、区规划局（分局）对本辖区已完成的基本地形图和控制测量测绘成果目录按统一格式进行全面整理，并及时汇交。

【测量标志保护】

2010年，宁波市规划局组织全市测量标志检查工作，对新增测量标志做好委托保管，对市辖区二等和城区三、四等测量标志发放委托保管津贴，发放标准为每个控制点200元，共发放9.97万元。为使测量标志更好地服务城市建设，市规划局及时更新测量标志管理信息系统，对新增测量标志和已破坏或拆迁的测量标志进行动态更新。

基础测绘与质量监督

【基础测绘】

2010 年是宁波市基础测绘“十一五”规划实施的最后一年，各地根据规划要求，结合年度基础测绘计划，认真组织实施，全市共完成等级水准测量 3520 千米、等级平面控制测量 187 点、系列比例尺地形图测制 4704 幅、三维数字地图测制 59 平方千米、卫星影像订购 1200 平方千米。全年全市基础测绘投资 4073 万元，其中市本级投资 1600 万元。具体实施项目包括全市似大地水准面精化（二期）、宁波市区地面沉降水准网监测（十期）、宁波市规划区 1:1 万数字地形图修测、宁波市区大比例尺地形图及管线数据动态更新、城市三维建模和宁波市综合地图集编制等 60 多个。

【宁波市区地面沉降水准网监测（十期）】

2010 年，宁波市规划局组织宁波市区地面沉降监测（十期），补埋地面监测点 15 座，施测一等水准点 266 个、336.78 千米，施测二等水准点 302 个、290.29 千米。通过监测数据分析，发现市区年沉降量基本稳定，沉降量较明显的区域主要是城市建设速度较快区域。

【全市似大地水准面精化（二期）】

宁波市似大地水准精化工作共分两期。2009 年完成项目设计、控制点选埋和设计方案的论证等工作为一期；2010 年完成项目的外业观测、数据处理工作为二期。项目二期外业测量工作主要是建立高程异常控制网，进行 GPS 网（14 个参考站和 151 个 C 级 GPS 点组成）、水准网（二等水准 2044.60 千米，一等水准 229.85 千米）观测。至年底，项目处于数据精处理和精度检测阶段。

【基础地理信息动态更新】

2010 年，宁波市规划局实施市区大比例尺地形图动态更新工作。该项目以季度为动态更新周期，进行变化信息的采集、处理，每季度末提交数据，每年底进行全面的项目验收；动态更新范围以 2009 年修测范围为基础，逐步扩大；更新内容以 1:500 数字地形图、管线数据为主，同步更新 1:2000 地形图，并更新 1:500、1:2000 基础地理信息数据库。全年修测面积共 53 平方千米，年更新要素量 13%。

【质量监督】

为加强测绘产品质量监督，宁波市要求所有使用财政资金的测绘项目必须委托测绘质检机构进行检验。2010 年，全市共有控制测量、地形测量、地籍测绘和地下管线普查等 40 批次测绘产品委托浙江省测绘产品质量监督检验站进行检查验收。经检验，测绘产品质量良好，报验产品均一次性通过验收。

重大工程测绘

【宁波市轨道交通建设】

2010 年，宁波市测绘设计研究院受宁波市轨道交通工程建设指挥部委托，继续为市轨道交通工程建设提供测绘保障。年内，主要完成宁波轨道交通 2 号线（一期）全线 1:500 带状地形图的测绘和长管线探测；完成基础控制单位和测量控制中心的招投标工作，并施测了首级基础控制网和地面加密控制网。其中，首级基础控制网共选埋、施测 28 个轨道交通一等 GPS 控制点和 12 个一等深桩水准点；加密控制网共施测 67 个四等导线点和 68 个二等墙角水准点。

【杭甬高速连接线工程】

2010 年，宁波市测绘设计研究院承担杭甬高速复线宁波段一期工程及杭州湾跨海大桥杭甬高速连接线工程的测量工作。该院采用航空摄影测量技术完成 1:2000 带状地形图测绘，线路总长 76 千米，面积 75 平方千米；在运动状态下利用网络 RTK 进行高程精度测试，测试结果表明，运动状态下的网络 RTK 高程精度优于 5 厘米，满足高程注记点精度要求。

【宁波市工程性地面沉降监测】

2010 年，宁波市地质环境监测站委托宁波市测绘设计研究院在原工程性地面沉降监测（一期）工作的基础上，实施二期建网和水准连测工作。该项目二期建网共选埋监测点 62 个，连同一期建网成果，形成了具有 121 个点位的工程性地面沉降监测网络。监测点主要集中在宁波市鄞州新城区、东部新城区、高新区、东钱湖旅游度假区和部分重点建设的大型工程周边，初步形成了工程性地面沉降监测网络。结合宁波市地面沉降监测项目，宁波市测绘设计研究院联测工程性地面沉降监测点，联测精度一等水准路线 81.5 千米、二等水准路线 126.5 千米。

测绘共建共享

2010年，宁波市规划局与多家单位签订共建共享协议。继续推进宁波市地理信息框架建设工作，整理局现有基础地理信息资料，查清了各类数据库；到市政府各委（办、局）调研，获取各部门对该项目的建设需求；征集项目建设方案，并组织专家论证；在充分调研、分析的基础上，编写了《市自然资源和空间地理基础数据库（一期）可行性研究报告》。至年底，项目（一期）已获市发展和改革委正式批复，拟投资580万元，计划于2011年完成地理信息公共服务平台建设及软硬件采购。

地图编制与出版

【地图出版】

2010年，宁波市有关测绘部门编制出版电子政务地图、交通旅游图、生活地图、街巷地名图、公交购物观光导游图、房产交易指南图和商贸旅游图等各种图件20多种，为市民和游客提供方便。

【宁波市地图集】

为全面反映宁波市近年来人口、资源、环境、社会经济以及城市发展等方面的变化和成就，2010年，宁波市规划局启动《宁波市地图集》编制工作，开展项目调研、方案策划等前期准备工作，通过多次方案评审，已初步确定了图集的主题内容、表现形式等。该图集将由《印象宁波》、《漫步宁波》、《认知宁波》、《展望宁波》4本分册组成，全书以4册盒装形式为主，辅以分册单列形式。

【印象宁波网站】

2010年，印象宁波网站（WWW.86NB.COM）完成升级改造工作，进一步丰富了基础数据信息。采集主要街道的全景影像数据，为用户提供全新的地图服务体验；建立杭州湾跨海大桥专题图、宁波假日生活地图、三维仿真地图等特色模块，为百姓出行提供信息咨询和位置查询服务；利用最新基础地理信息资源更新地图内容，保证数据的现势性和权威性，并展示近年来公开发行的地图产品。

成果应用与测绘服务

2010年，宁波市规划局积极推动政府职能部门GIS成果应用和开发工作，为市发展和改革委、国土资源局、建设局、城管局、公安局、水利局、气象局、安监局和海洋与渔业局等部门，以及市电力、电讯、煤气和自来水公司等单位提供大量基础地理数据和遥感资料，为全市宏观决策和行政管理提供帮助。

此外，为市轨道交通（轻轨）、象山港大桥、北仑港码头、绕城高速（东段）和北仑电厂等重大工程建设项目提供测绘保障，为城市工程建设项目提供各种比例尺地形图1.8万多张，各级控制点成果398点。

科技创新与人才培养

【城市精细三维数字地图】

该项目已纳入宁波市基础测绘计划体系。2010年，宁波市完成建成区160平方千米范围三维数字地图制作工作，并利用竣工测量数据及时更新三维数据库。进一步完善三维数据库体系，制作了现实三维数据库（现状）、虚拟三维数据库（规划）、项目三维数据库（建设方案）和实景影像数据库。

【测绘产业转型升级】

2010年，宁波市规划局在原有基础测绘“4D”产品的基础上，提出开发测绘新“3D”系列产品（包括2.5维、3维数字地图和可量测实景影像）的目标，并拓展和挖掘三维地图在各相关部门的应用，积极推进其在城市规划、建设、管理和公共安全等领域的应用。

【市连续运行卫星定位服务系统】

2010年，宁波市连续运行卫星定位服务系统建立了用户服务平台；提供网络RTK和DGPS数据服务、在线三维坐标转换等服务；进行NBCORS的主要功能指标和定位指标的测试；建立了NBCORS数据中心与市气象局GPS/MAT中心的通信链路，加快了卫星观测数据在气象预报应用方面的研究；编制了NBCORS网络RTK城市测量技术规程、NBCORS技术服务协议、应用暂行规定、使用说明书等；建立了NBCORS的运营、管理、维护等规章制度。

【激光雷达测量技术应用】

2010年，宁波市测绘设计研究院利用激光雷达技术对宁波市500kV胜岩、胜苍、宁浦和海浦4条输电线路进行高精度激光雷达数字扫描，辅助建立三维地理信息系统，实现输电线路三维可视化管理、自动定位和交叉跨越安全距离自动监测，为输电隐患预警发挥积极作用。

【人才培养】

2010 年，宁波市规划局与武汉大学联合举办测绘工程研究生班，40 名测绘技术人员参加学习。9 月，与市人事局联合开展助理测绘工程师资格考试，130 人参加考试，67 人获得助理测绘工程师资格。全年全市引进测绘专业博士生 1 名、研究生 8 名，本、专科生 30 多名。

为有序推进测绘技术新标准的贯彻执行，促进测绘成果共享，宁波市在组织实施基础测绘项目和进行建设工程竣工测量时，严格按照新技术标准执行。宁波市规划局积极推荐测绘单位参加国家、省和市优秀测绘成果评选活动，共有 2 个测绘项目分获中国测绘学会 2010 年测绘科技进步奖二、三等奖，11 个项目获省优秀测绘成果奖，15 个项目获市优秀测绘成果奖。

党的建设与精神文明建设

宁波市规划局认真开展思想政治工作，印发《2010 年度党建和思想政治工作要点》、《关于推进学习型党组织建设的实施意见》、《关于扎实开展“深化作风建设年”活动工作方案》、《关于深入开展“创建基层先进党组织、争当优秀共产党员”活动的实施意见》等文件，召开动员会议进行专题部署，并加强检查督促、跟踪指导。把“创先争优”活动与推进学习型党组织建设、“深化作风建设年”活动、服务重大工程项目建设和民主评议机关等工作有机结合，推动“创先争优”活动深入开展。按照市委、市政府关于深入开展改革突破、创新提升“两个年”活动的部署和要求，宁波市规划局逐一核准各分局和局属各事业单位 2010 年度工作考核目标责任，坚持把“规划三进”活动与业务工作、年度目标绩效考核相结合，做到责任到人、到具体单位，以提高服务效率，提升服务能力，切实加强机关自身建设，坚持把机关自身的思想、组织、业务和作风建设作为重中之重。通过抓学习，不断提高机关干部的文字表达能力和工作协调等能力；通过抓信念，提高机关干部敢于吃苦和敢于负责的政治信念，增强政治头脑、政治观念；通过抓作风，培养务实严谨的工作作风，充分发挥机关的职能作用。

地方社团工作

2010 年，宁波市测绘学会共发展团体会员 1 个，个人会员 152 名，并制定了新的学会会费收缴办法和学会专家库管理办法。全年共举办测绘技术、测绘标准和测绘项目验收、规划面积核实测量等专题内容培训班 3 次，来自全市各测管部门和测绘单位共 250 人次参加培训；全年举办 1 次学术交流活动，120 多人参加。出版 2 期《宁波测绘》，编印 1 本《论文集》，评选出年度优秀论文 21 篇。举办第二届“测绘杯”羽毛球比赛，来自规划、国土、房产、水利等部门的 9 支队伍 65 人参加比赛。

深圳市

规划与计划

【测绘发展“十二五”规划】

2010 年，深圳市启动测绘发展“十二五”规划编制工作。深圳市规划和国土资源委员会（以下简称深圳市规划国土委）组织成立规划编制领导小组和规划编制课题组，在对“十一五”测绘发展规划实施情况进行评估的基础上，结合深圳市测绘事业和经济社会发展实际需求，年底前完成深圳市测绘发展“十二五”规划初稿的编制工作。

【2010 年度计划】

深圳市基础测绘纳入年度测绘工程专项计划，由深圳市政府财政具体落实测绘项目经费投入。2010 年，严格按照年度计划组织实施测绘项目。其中，新建项目包括“数字深圳地理空间框架研究”、“深圳市启用 CGCS2000 国家大地坐标系的转换与应用”、《深圳市地理信息技术成果汇编》等，续建项目包括“2008－2010年深圳市1:1000地形图动态修补测”、“公众版测绘成果产品开发与服务”、“基础测绘成果网络化与服务系统建设”等。

法制建设

【测绘立法】

2010年，深圳市规划国土委完成《深圳市测绘成果管理办法》的起草、征求意见及论证工作。该办法对深圳市测绘成果使用管理现状和社会需求进行了调研和分析后，进一步细化和规范测绘成果汇交、保管、保密、利用程序。

【依法行政工作】

按照国务院、国家测绘局关于推进依法行政工作的要求，深圳市规划国土委建立了依法行政年度考核机制；推行政务公开，向社会公布相关测绘法律法规、审批信息、工作动态、办事规程、办事指南等便民服务信息；组织编纂《依法行政手册》工作规程，进一步完善测绘行政审批流程，规范测绘行政办理程序。

【法制宣传】

2010年，深圳市规划国土委制定年度法制宣传计划，并将普法经费列入年度测绘专项计划中。认真开展测绘法宣传日活动，围绕“推进数字城市建设，提升测绘公共服务水平”宣传主题，通过悬挂横幅、摆放展板、播放宣传短片等多种形式，宣传国家测绘法律法规、测绘相关的基础知识及深圳市测绘法制建设成果。同时，通过GPS导航仪、电子地图、互联网地图等实物展示以及专业人员讲解，向市民展示深圳市在数字城市建设、服务公众等方面所取得的成就。向市民发放深圳市地图、测绘知识折页等资料和印有宣传口号的雨伞、环保袋、扇子、卡通笔等礼品1万份。

基础测绘

【地形图动态修补测】

2010年，深圳市规划国土委组织完成地形图修补测工程。其中，特区内1:1000数字化地形图修测30.812平方千米，市政道路地下管网补测609.801千米；龙岗片区地形图修补测66.259平方千米，市政地下管线补测849.886千米，E级GPS点测量110个，水准测量128.31千米。结合深圳市地形图动态修补测工作的实际需要，组织开展“动态修补测管理和质检体系建立”项目研究，对动态修补测管理模式进行完善，对竣工测量技术标准及入库流程进行修订和规范，并开展地形外业测量数据入库技术研发，提高地形图动态修补测工作效率。年内，该项目按计划顺利推进。

【深圳市1:5000航测项目】

2010年，深圳市规划国土委组织完成深圳市1:5000航测项目的招标工作，计划于2011年度上半年开展实施。

【基础遥感数据库建设】

深圳市将年度卫星遥感影像购置列入2010年度测绘专项计划。年内，深圳市规划国土委严格按计划开展航摄招投标和遥感影像采购工作，分2批次完成2.5米，覆盖全市范围SPOT5卫星影像数据购置工作；4月、10月购置0.6米覆盖全市范围卫星影像数据；开展龙华、大运、光明、坪山4个新城的低空航空摄影及正射影像图制作。

【深圳市连续运行卫星定位服务系统建设】

2010年，深圳市连续运行卫星定位服务系统（SZCORS）在东部龙岗区大鹏街道新建参考站，陆地覆盖率达到100%。全年新发放GPRS专用卡50张。截至年底，SZCORS系统的实时用户数达150家。

【国家大地坐标系转换】

深圳市规划国土委组织实施“深圳市启用CGCS2000国家大地坐标系转换与应用”项目。研究建立了深圳独立坐标系、1954北京坐标系、1980西安坐标系、WGS84坐标、ITRF97坐标、ITRF2005框架等与CGCS2000国家大地坐标之间的转换关系。2010年，完成全市6个国家级开发区数据库的坐标转换、“深圳市土地利用总体规划空间数据库”整体坐标转换、平安国际金融中心和深圳机场新增跑道的主要界址点的坐标转换等。

【房产测绘】

2010年，深圳市规划国土委组织完成房屋建筑面积测绘（包括预售、竣工、分割）3157.93万平方米。积极配合国家标准《房产测量规范》的修订，提出标准修订建议，部分建议条款已被采纳。

重大测绘工程

深圳市规划国土委向深圳市人民政府就数字深

圳地理空间框架建设事项提出请示，并上报省国土资源厅推荐为2010年数字城市地理空间框架建设试点城市。7月，国家测绘局、广东省国土资源厅、深圳市政府三方共同签署“数字深圳地理空间框架建设”合作协议。9月，国家测绘局批准同意将深圳市列为2010年“数字城市”建设试点城市，并明确项目建设的主要目标为建立深圳市数字地理空间框架，形成深圳市权威、唯一和通用的地理信息公共平台，实现地理空间资源开发与共建共享。11月，数字深圳地理空间框架建设项目设计书及数字深圳空间基础信息平台建设项目通过专家评审。

地图编制与出版

2010年，深圳市规划国土委基本完成《深圳·香港地图集》的编制。3月，完成深港地图编制前期准备工作。7月，该图集编制、印刷出版项目在深圳市政府采购中心完成公开招标，聘请地图编制技术顾问和法律顾问，向香港特别行政区地政总署购买了香港地区数码地图。截至2010年底，完成该图集结构设计及主体部分编绘，并送中国地图出版集团出版审核。

深圳市规划国土委为在深圳召开的第26届世界大学生夏季运动会做准备，5月启动《深圳交通旅游图》编制项目，完成地图编制前期工作。年底，完成该图编制的公开招标工作。

成果管理与应用

【测绘档案管理】

2010年，深圳市规划国土房产信息中心对测绘档案管理制度进行修订，重点完善测绘成果档案整理规范，并对各测绘业务部门档案资料的形成、积累、整理、立卷和移交归档工作进行全程指导和监督。

该中心全年接收归档文本档案764册（地形文本54册，地下管线文本710册）；图纸2826幅（地形图纸1473幅、地下管线1353幅）；光盘数据47件（地形光盘数据24件，管线光盘数据23件）。整理历史文本档案2191册（地形文本1981册，地下管线文本117册，地图制图文本93册）；整理地形图纸26185幅，普通地图145幅，影像图2074幅，光盘90件。全年地形图查询服务39人次、214幅。

【测绘成果资料提供】

2010年，深圳市规划国土房产信息中心为深圳市经济发展和城市建设提供210批次测绘成果，包括地形图4.4万幅，管线资料2.71万千米，航空、卫星影像图1532幅，专题图20幅。地形图重复利用率641%，地下管线重复利用率116%，影像数据重复利用率366%。

【测量标志管理】

深圳市规划国土委组织开展2010年等级控制点普查。成立深圳市测量标志普查技术小组，对全市8个区的四等以上的平面点、水准点、重力点进行实地详查，掌握了全市测量标志的基本情况和现状。此次等级控制点普查完成全市707个平面等级控制点、494个高程水准点的普查工作，建立了完整的控制点普查成果档案。

市场监管

【测绘资质管理】

5月，深圳市规划国土委按照广东省国土资源厅《关于开展测绘资质复审换证工作的通知》要求，认真组织开展测绘资质复审换证工作。成立工作小组，召开测绘资质复审换证动员大会，并对全市测绘单位负责人进行测绘资质复审换证工作培训；对丙、丁级测绘单位的测绘成果、资料档案和保密工作、质量保证体系进行考核；完成全市22家单位资质复审换证的初审工作。

认真组织举办测绘资质管理培训，对全市测绘单位开展《测绘资质管理规定》和《测绘资质分级标准》及测绘资质申请程序的培训和指导。全年完成12家乙、丙级测绘单位资质申请的初审工作。截至年底，深圳市共有测绘资质单位37家。其中，甲级10家、乙级11家、丙级15家、丁级1家。

【测绘质量监督检查】

9月~10月，深圳市规划国土委成立测绘质量监督工作组，配合广东省国土资源厅检查组完成深圳市甲、乙级测绘资质单位和部分丙级测绘资质单位测绘质量监督检查工作。至12月底，测绘质量监督工作组完成16家丙、丁级测绘单位产品类和非产品类的检查工作，并将年度测绘质量监督检验及资质审查结果上报广东省国土资源厅。此外，在检查工作中，对涉密测绘资料进行了保密检查。

【测绘执法】

5月，深圳市规划国土委配合市规划国土监察支队，对月光论坛网站未经批准非法展示地图的行为进行查处，并协助中央电视台《焦点访谈》栏目完成相关宣传报道工作；10月，完成腾讯网及68商业网登载“问题地图”的违法违规行为的调查取证工作。

【测绘信用体系建设】

为贯彻国家测绘局《关于加快测绘市场信用体系建设的通知》精神，深圳市于2010年立项开展“深圳市测绘行业诚信体系管理制度建设与系统开发”项目。截至年底，初步构建了深圳市测绘行业诚信体系的总体框架，建立了测绘行业信用评价、考核机制和测绘信用管理系统平台及全市测绘企业信用信息数据库。

科技创新与人才培养

【测绘科技工作】

2010年，深圳市规划国土委大力推进测绘科技创新。深圳市规划国土房产信息中心与武汉大学合作的“自适应空间数据处理与动态地图集系统”项目、与北京海澄华图科技有限公司合作开展的“智能地址编码与匹配技术”项目、与上海数慧系统技术有限公司合作的“深圳市规划决策支持系统”项目分别获中国地理信息系统协会2010年地理信息科技进步奖二等奖、地理信息科技进步奖三等奖、中国地理信息系统协会GIS优秀工程奖银奖。深圳市勘查研究院主要承担的“深圳市轨道交通四号线二期GPS测量”项目和“空间数据挖掘在深圳市法定图则编制中的应用研究”分别获中国全球定位系统技术应用协会2010年卫星导航定位科学技术奖三等奖、中国测绘学会2010年测绘科技进步奖三等奖。

【人才队伍管理与培养】

深圳市规划国土委根据国家测绘局有关要求，组织对全市36家测绘资质单位开展测绘人才调查工作。经审核统计，深圳市共有测绘人员1615人。其中，高级职称143人，中级职称342人，初级职称504人，其他测绘技术人员626人。

地方社团工作

2010年，深圳市测绘学会结合深圳市规划国土委举办“2010能力提升年”系列主题活动，加强组织建设，在学术交流、对外合作交流、业务培训、测绘文化建设方面取得较好的成绩。5月，组织召开第三届四次常务理事会和第四次会员代表大会，选举产生新一届理事和常务理事。6月，组织协办第六届海峡两岸测绘发展研讨会指导委员会第二次会议，国家测绘局副局长、中国测绘学会理事长李维森及来自内地、台湾、香港和澳门的指导委员会成员参加会议。11月，承办全国测绘科技与外事工作会议，国家测绘局副局长李维森、国家测绘局有关司（室）、各省测绘主管部门领导等出席会议。会议回顾了“十一五”期间测绘科技、标准与外事工作取得的主要成绩，分析了测绘科技与外事工作面临的机遇和挑战，提出了“十二五”测绘科技与外事工作的主要任务。

2010年，深圳市测绘学会组织全市测绘单位参加国家测绘局举办的地图审核与互联网地图安全审校人员培训2次，共培训53人；邀请两院院士李德仁作《从数字地球到智慧地球》的专题讲座；做好青年学术和技术带头人的选拔培养工作，向国家测绘局推荐青年学术带头人3名。

厦门市

规划与计划

【厦门市基础测绘“十一五”发展规划】

2010年是贯彻落实厦门市基础测绘“十一五”发展规划的最后一年。厦门市有关测绘部门完成厦门市1:2000“3D”生产及空间数据库建设项目，获取覆盖厦门全市1:2000“3D”数据，更新了1:5000“3D”数据；基础测绘向厦门岛外新区域倾斜，完成同安区、翔安区等29.5平方千米1:500地籍数字图测绘项目；卫星定位参考站建成并试运行；启动厦门市控制网改造项目；编制各类公益用图，提供领导决策使用和公众查询。全年共投入基础测绘经费680万元。

【厦门市测绘“十二五”发展规划】

2010年，厦门市国土资源与房产管理局（以下简称厦门市国土房产局）启动厦门市测绘“十二五”发展规划的编制工作。4月2日，下发《关于编制〈厦门市测绘“十二五”发展规划〉的工作意见》，成立由厦门市发展和改革委和厦门市国土房产局联合组成的厦门市基础测绘“十二五”发展规划项目组，启动规划编制工作。项目组内设6个工作小组，年内完成规划纲要制定和资料搜集等工作，以及规划文本的编写，经向30多家政府部门和测绘企事业单位征求意见并修改后，上报福建省测绘局初审。

法制建设与市场监管

【测绘资质复审换证工作】

2010年，厦门市国土房产局认真落实国家测绘局和福建省测绘局要求，开展辖区内测绘资质单位复审换证工作。组织本市测绘资质单位参加省测绘局组织的复审换证培训班，换证申请工作实现网上统一办理。截至12月31日，全市7家甲级单位已通过国家测绘局审核；25家乙级及以下测绘资质单位已有20家完成换证，2家续办，3家未参加换证。

【测绘单位规范化管理】

2010年，厦门市国土房产局将测绘质量管理、测绘成果档案管理、保密管理与测绘资质复审换证工作结合在一起，对丙、丁级单位开展办公场所检查，对档案、保密、测绘质量管理情况分项考核、评分，对达不到资质要求的责令限期整改，促进了测绘单位的科学化、规范化管理。

【测绘宣传】

厦门市国土房产局围绕2010年测绘法宣传日主题，利用多种方式开展宣传活动。一是撰写刊发宣传文章。8月29日，分别在《厦门日报》和《厦门晚报》刊登1个专版共6篇文章，重点宣传测绘在服务经济发展和城市建设、保障人民生活等方面的重要作用，增强公民的测绘法律意识和安全保密意识。二是悬挂横幅开展宣传。测绘法宣传日活动期间，在城市重要街区、局办公大楼、各分局办公地点以及辖区测绘单位的办公地点等20多处悬挂宣传横幅，并在局宣传橱窗展出测绘宣传专版进行宣传。三是利用街道广告展板宣传。在厦门市闹市区屋顶和路边广告牌上登载“推动数字城市建设，提升测绘公共服务水平”等内容，强化宣传效果。四是发送宣传短信。通过市国土房产局短信平台向分管市领导和全局系统干部职工发送200多条测绘宣传短信。五是印发宣传版地图。印制1.3万张正面印有《厦门市测绘管理办法》相关内容和测绘公共服务等相关规定，背面印有《厦门岛地图》的宣传夹页，通过《厦门晚报》于8月29日当天免费发送给公众。六是制作网站专题。在市国土房产局政务信息网站设立专栏，刊登2010年测绘法宣传主题、口号以及宣传文章。

地图管理与成果管理

【启动“厦门红马甲”行动】

4月2日，厦门市国土房产局、福建省地图出版社等14家单位联合启动“厦门红马甲”行动，对部分车站、码头、旅游景点兜售盗版地图的行为开展联合执法。首批20名正版地图销售员穿着印有“福建省地图出版社厦门办事处”字样的红马甲，正式上岗，宣传和引导消费者购买正版地图。

【整顿和规范地理信息市场秩序】

2010年，厦门市地理信息市场专项整治工作领导小组组织检查“4·8”台交会展会用图，参与第十三届全国“9·8”国际投资贸易洽谈会联合执法行动，督促15家参展商整改错误使用的示意性中国地图。4月和8月，厦门市国土房产局会同福建省测绘局对厦门市地图市场进行检查，重点检查全市户外广告用图及火车站、轮渡等地游贩兜售盗版地图等行为，共收缴盗版地图200多张。厦门市国土房产局对厦门市联合猎才网错误使用示意性中国地图的行为责令整改。对登载电子地图且在本市注册的重要网站（单位）进行摸底调查，对13家存在“问题地图”的网站（单位）发出整改通知，督促其提交自查和整改报告。与市工商行政管理局达成共识，凡广告公司送审的户外广告涉及地图的，由厦门国土房产局先行审查，进一步加大厦门市地理信息市场监管力度。

9月，配合福建省测绘局对厦门市消费网、E

都市两个载有厦门地图的网站进行检查，责令限期整改；9月，对厦门亿力吉奥科技有限公司、银据科技有限公司进行保密检查。会同市工商行政管理局对厦门市从事地理信息相关产业单位情况进行摸底调查，向有关单位发出79份自查表，部署自查工作。

基础测绘和质量监督

【厦门市1:2000航测项目】

2010年，厦门市1:2000航测项目在2008年实施的厦门市1:2000测图（航测）项目Ⅰ期“3D”产品试验区基础上，通过公开招标引入3家甲级测绘资质单位在全市1500多平方千米范围展开作业，项目完成外业控制测量、内业测图、外业调绘和内业编辑等工作。首次引入专业质量监理单位，对该项目的3个标段不同作业单位的作业进度、作业标准、数据格式、作业精度进行全程质量跟踪监督。7月，项目承担单位提交了全部合同约定产品，包括1:2000和1:5000数字线划图、正射影像图、数字高程模型、数字栅格地图等数据，并通过福建省测绘产品质量监督检验站的验收，被评为优良工程。

【厦门市连续运行卫星定位服务系统项目】

厦门市连续运行卫星定位服务系统项目于2009年启动，在全省统一布网建设的基础上，厦门市增建6个参考站点。2010年，厦门市完成6个站点的基建土建和主要设备安装工作，并完成通电联测，6月投入试运行。厦门市连续运行卫星定位服务系统可在城市区域内向广大用户同时提供高精度、实时、准确、高效的定位信息，提供全自动、全天候高精度空间和时间信息。

【厦门市首级控制网改造项目】

厦门市首级控制网于1992年建成使用，经过近20年的城市发展建设，原有的平面、高程控制点已被严重破坏，2010年实施的厦门市首级控制网改造项目主要是完善、补充厦门市首级控制网，项目完成后厦门全市平面首级控制点将达到68个（国家二、三等点），水准点达到73个（其中跨海9个），该项目计划于2011年8月完成。年内完成厦门市地方坐标和国家2000坐标的解算参数，获取1954、1980、1984、2000、厦门1992坐标共5套坐标成果及换算参数，并将成果运用于厦门市连续卫星地面运行参考站项目。

地图编制与出版

【遥感影像挂图制作】

2010年，厦门市国土房产局利用国土资源部下发厦门市全境卫星影像数据，进行色彩融合处理，制作了厦门全市和各区卫星影像挂图，为厦门市领导和部门用图提供保障。

【地图编制】

2010年，厦门市国土房产局完成《影像厦门》的编印工作，共印刷8000册，发往有关单位、部门共5500多册；修编厦门市1:5万《厦门市地图》（大挂图）、1:14万《厦门市地图》并制作布质版600幅，分发政府部门使用；定制2009年底卫星影像图挂图400幅，赠送市委、市政府、规划局、建设局等部门，供决策参考使用。8月，编印宣传版《厦门岛地图》1.3万份，其中1万份发放给市民。此外，保障了市委、市志办、区志办、公交集团等20多家单位的地图使用需求。

【《厦门国土工作图》】

厦门市首部集测绘、土地、规划、地质灾害管理等业务工作用图于一体的《厦门市国土工作用图》（2010年版）于2010年底编印完成。该图册收录2010年最新的海峡西岸经济区域图，厦门市、区地图，基准地价图，土地利用现状图，基本农田保护区图，土地利用总体规划图和地质灾害分布图共12幅，共印2500本，分发给厦门市人大代表和政协委员。

成果应用与测绘服务

【测绘保障】

2010年，厦门市测绘与基础地理信息中心积极提供测绘服务保障，较好地满足厦门市重点建设项目的需求。全年累计出动1200多人次、360多台套仪器设备为集美新城、湖里万达广场、汀溪小城镇综合配套改革、航空物流园区、后埔枋湖片区等省市重点工程提供测绘保障122件（次）；全年累计完成拨地测量、建筑物放样、坐标测量等日常工程测量1843件，建设工程竣工规划条件核实测量393件，涉及建筑物1249栋、总建筑面积1026万平方米。

【数据库和地理信息系统建设与应用】

厦门市国土房产局继续推进基础地理信息数据

库的建设与更新，集中统一的国土房产数据资源平台建设取得重大进展。至年底，1∶500、1∶1000、1∶5000全要素地形图数据库、1∶1万、1∶2万、1∶5万、1∶10万系列比例尺电子地图数据库、厦门岛三维城市数据库、道路房屋水系地名门牌专题数据库、多时相1∶5000正射卫星影像数据库等一批地理信息数据库全面建设完成，成果已在民政、规划、交通等部门得到应用。继续推进城市基础地理信息系统的建立和完善，完成4级行政区划、地名、建筑物、道路、水系、绿地等6个基础专题数据库建设，完成基础地形数据库建库及2008年、2009年数据更新入库，完成测区管理和应用、数字线划地形图数据动态更新维护、测绘业务管理和数据库运行维护管理等6个子系统的开发与集成，构建了完整的数据库标准体系和业务操作规程。

党的建设与精神文明建设

【党风廉政建设】

2010年，厦门市国土房产局重点学习贯彻《中国共产党党员领导干部廉洁从政若干准则》等文件精神，部署开展“两整治一改革”专项行动，在全系统开展党风廉政宣传教育月活动，进一步增强廉政意识。开展廉政风险评估管理工作，全系统查找出152个风险点、563个潜在风险表现，制定了防范性措施812条，有效地预防腐败行为发生。

【精神文明建设】

2010年，厦门市国土房产局推进文明单位和青年文明号申报创建活动，新申报各级文明单位11家、各级青年文明号11家，覆盖范围不断扩大。开展“阅读进机关”活动，该局被市委文明办确定为全市阅读示范点；局机关举办经典诵读比赛，形成了“读书好、读好书、好读书”的氛围。举办第三届职工体育运动会，18支代表队、1012名运动员、3087人次参加比赛。组建10支志愿者服务队，分6批次、480人次完成59天志愿服务。启动“青年文明号”与“李四光中队”联创活动，开展“国土房产知识进校园”系列活动。组织“慈善一日捐”、“万人献爱心”捐款活动，共捐款127318元；开展向玉树地震灾区募捐活动，募捐款项135516元；向南平水灾捐款73690元。

【政风行风建设】

2010年，厦门市国土房产局在全系统开展“深化行风效能建设大讨论”和“加强作风建设月”活动。通过出台政策和集体会审，解决了20多个历史遗留项目产权办证难题，帮助200多家企业解决了开工建设中遇到的有关问题。该局被评为厦门市政风行风建设先进单位，行风评议在全市35家行政职能部门中总分排名第一。

行业单位测绘工作

北京市

北京世纪国源科技发展有限公司

【概况】

北京世纪国源科技发展有限公司成立于2005年，法人代表董利成，拥有甲级测绘资质、土地登记代理资质、土地利用总体规划编制资质，共有技术人员55人。业务范围包括地理信息系统工程、摄影测量与遥感。

【业务】

2010年，北京世纪国源科技发展有限公司在地理信息系统工程方面完成“第二次全国土地调查甘肃省级数据库管理系统建设工程项目”、“河南省第二次土地调查省级汇总项目数据库建设”、“湖北省第二次土地调查省级数据库及管理系统建设项目”等3个省级项目数据库建设。

2009年~2010年，完成第二次全国土地调查统一时点底图生产，湖北省、湖南省、青海省、四川省、内蒙古自治区5地的底图生产与动态监测。年内，完成内蒙古自治区扎兰屯市、鄂温克旗、正蓝旗、扎赉特旗、海拉尔等地的外业地籍测绘工作，测绘面积约5.8万平方千米。

【获奖情况】

2010年，公司完成的“扎赉特旗1:1万土地利用现状调查土地利用数据库建库”项目获内蒙古自治区测绘科技进步奖铜奖。

北京爱地地质勘察基础工程公司

【概况】

北京爱地地质勘察基础工程公司成立于1984年，法人代表韩国峰，拥有甲级测绘资质，共有技术人员57人。业务范围包括控制、地形、变形（沉降）观测、形变、线路工程、矿山、建筑工程、市政工程、精密工程测量。

【业务】

2010年，北京爱地地质勘察基础工程公司主要完成测量项目66项，其中大型及复杂测量项目23项。测绘成果质量优良，全年无质量事故发生。

承担首钢京唐钢铁联合有限责任公司一期主要建筑物及地面沉降测量，对厂区地面及各高炉、热风炉、连铸机、轧制线、焦炉、煤气柜、烟囱、沉淀池、管道支架、主厂房等进行了连续3年的沉降监测，2010年全部完成。该工程观测点多，覆盖面大，精度要求高，北京爱地地质勘察基础工程公司提供的监测数据准确，数据反馈及时，为后期工程开展及生产运营提供了准确的参考数据。

承担承德新新钒钛股份有限公司易地改造工程沉降及位移测量，对烧结机、泵房、配电室、办公楼等建、构筑物进行沉降测量，对边坡、挡墙进行水平位移测量及沉降测量；工程监测质量优良，成果数据反馈及时，为工程的顺利实施提供了参考数据。

承担完成首钢鲁家山生物质能源项目D等GPS

控制测量及四等水准测量，首钢长治钢铁厂填平补齐项目1∶500地形测量及地下管线探测，首钢京唐钢铁联合有限责任公司地上管网测量。

完成首钢长治钢铁厂填平补齐项目勘察、施工测量；首黔公司焦化项目勘察、施工测量等。主要工作内容包括放测，定测各类孔位、桩位、开挖边线，施测地物、地形点高程，指示非开挖钻机的地下掘进方向等。

【获奖情况】

2010年，北京爱地地质勘察基础工程公司完成的“首钢京唐公司一期高炉热风炉、自备电站主厂房灌注桩及原水处理抗拔桩工程”获2010年全国冶金行业优秀工程勘察奖一等奖，“首钢京唐公司海水取水泵房基坑护坡、降水及土方工程”获2010年全国冶金行业优秀工程勘察奖二等奖。

北京华星勘查新技术公司

【概况】

北京华星勘查新技术公司成立于1993年，法人代表李峰，拥有甲级测绘资质，共有技术人员51人。业务范围包括工程测量：控制、地形、城乡用地、日照、市政工程、水利工程、建筑工程、精密工程、线路工程、地下管线、矿山、变形（沉降）观测、形变、竣工测量；地籍测绘；房产测绘。

【业务】

全年共开展100多项工程。完成的主要项目有：盱眙县第二次土地地籍调查项目、辽宁省本溪市南芬区二次地籍调查项目、大屯路24号住宅及商业项目规划监督及沉降观测项目、远洋新天地沉降观测项目、广安门规划监督测量项目、北京嘉州阳光苑C区沉降观测项目、太阳新城C区沉降观测项目、奥林匹克公园房产预测及实测项目、公元1872房产预测及实测项目、华贸城房产预测及实测项目、河南信阳鸡公山文化旅游综合开发区数字地形测量项目、首都机场除冰坪工程测量项目、首都机场E3滑改造工程测量项目、河南信阳工业城数字地形测量项目等。

【获奖情况】

“北京首都国际机场T3航站楼面积测绘”获中国建材工程建设优秀工程勘察奖一等奖。

北京勘察技术工程有限公司

【概况】

北京勘察技术工程有限公司成立于1987年，法人代表罗壮伟，拥有甲级测绘资质和国家技术监督局颁发的CMA计量认证证书，共有技术人员71人。业务范围包括地籍测绘；摄影测量与遥感（外业）；工程测量：控制、地形、线路工程、变形（沉降）观测、形变、竣工测量；大地测量：卫星定位、水准、重力测量。主要开展国内外资源开发、勘察设计、城建规划、国土整治、房产地籍、市政管理、公路交通行业等工程测量、数字摄影测量、三维景观模型建立、地理信息系统建设等专业技术服务。

【业务】

一、全数字地面成像方法重力近区地形改正试验

该项目利用美国宇航局火星探测车（Mars Exploration Rover - MER）地形测绘技术，研制基于摄影测量自动相关技术的实用化重力近区地形改正系统，取代传统的简易测量方法，以提高重力近区地形改正的精度，其核心是基于全数字近景摄影测量的全景相机地形测绘技术。2010年，项目进展顺利。

二、精密单点定位技术应用研究

2010年，北京勘察技术工程有限公司首次将精密单点定位技术在地球物理勘探工作中推广应用，大幅提高地球物理勘探中测地工作质量和测量精度，对促进我国青藏高原控制点稀少地区地球物理勘探工作意义重大。

三、三维景观平台技术

北京勘察技术工程有限公司研发的三维景观平台技术，可全方位展示城市的详细信息。该平台可用于房地产开发小区外观展示，规划部门在网上公布实景效果规划图，公安和户籍管理部门进行户籍管理，旅游管理局进行景区展示及特色介绍。

此外，完成“贵州省三穗至天柱高速公路带状航测地形图”项目。

高德软件有限公司

【概况】

高德软件有限公司是数字地图内容、导航和位置服务解决方案提供商，拥有甲级测绘资质。该公司成立于2001年，共有技术人员51人，法人代表滕刚。业务范围包括导航电子地图制作；地图编制：电子地图、真三维地图、其他专用地图；摄影测量与遥感（内业）；地理信息系统工程；互联网地图服务。2010年7月，公司在美国纳斯达克股票市场成功上市，实现了公司发展历史性跨越。

截至2010年底，高德在汽车导航方面为奥迪、宝马、通用、本田、比亚迪等著名品牌汽车的100多个车型提供导航数据产品和服务；在后装PND产品方面，为新科、万利达、铁将军等客户提供包括导航数据在内的一体化解决方案；在政府和企业应用方面，为土地规划等项目提供航空摄影数据，为行业及企业用户在车辆监控、资产管理和物流配送等方面提供基于位置服务的解决方案；在无线/互联网位置服务应用方面，为谷歌、新浪、阿里巴巴、微软必应等6500多家网站提供基础地图服务和地图API服务。公司自主开发的手机地图软件——迷你地图TM使用用户量超过1250万。

【业务】

2010年，高德软件有限公司在地理信息数据全国（含香港、澳门）精细覆盖的基础上，有计划地持续更新。截至年底，道路总里程达310万千米，POI总数达1250万个，覆盖40个城市6000平方千米的精细街区图，道路路口实景图片达8000张；深度POI达到10万条；公交产品数据覆盖全国228个城市；三维模型数据覆盖20个城市的主要区域；开通13个城市的交通信息服务。

作为上海世博会导航地图及其应用项目赞助商，承建并完成世博园区二、三维基础地图服务平台，上海世博会官网地图，上海世博交通出行网等多个项目。

为海南国际旅游岛数字地理空间框架建设项目获取0.2米分辨率影像1.8万平方千米；完成0.2米分辨率正射影像9210平方千米、0.1米分辨率正射影像240平方千米；拍摄三维纹理数据60平方千米；生产三维数据10平方千米。

【其他】

一、科技创新

高德软件有限公司推出了自主研发并拥有全部知识产权的AnGeo二、三维地理信息系统软件；为企业用户提供以位置为基础，展示企业信息的企业地标服务；为中国农业银行提供报警联网监控系统；为中信银行客服中心开发了位置服务系统。

二、获奖情况

2010年，高德软件有限公司获上海世博会组织委员会及上海世博会执行委员会颁发的荣誉证书和荣誉纪念奖盘，被中国地理信息系统协会评为“上海世博会GIS服务特殊贡献单位”，获中国地理信息系统协会2010年地理信息科技进步奖，被评为“2010年德勤高科技、高成长中国50强”，被中国全球定位系统技术应用协会评为“2010年度全国卫星导航定位产业社会责任先进单位”及“突出贡献单位”。高德软件客户服务中心被授予2010年度金耳唛“中国最佳呼叫中心－技术支持”奖。

北京东方新星石化工程股份有限公司

【概况】

北京东方新星石化工程股份有限公司成立于1952年，是从事工程承包与工程项目管理的综合性工程公司。该公司持有工程勘察（综合类）甲级、工程测量甲级、地基与基础施工专业承包一级资质证书，共有技术人员63人，法人代表陈会利。业务范围包括工程测量：控制、地形、市政工程、水利工程、建筑工程、精密工程、线路工程、地下管线、桥梁、隧道、变形（沉降）观测、形变、竣工测量。先后完成石油化工企业厂址规划的地形测量、建设阶段施工测量、建筑方格网测量、石化企业现状图测量、地下管线探测、长距离输油气管道带状地形图测量、大型油罐基础的稳定性监测等测绘工作。

【业务】

2010年，北京东方新星石化工程股份有限公司完成以下工程测绘项目：湛江国家石油储备地下水封洞库项目，测绘1∶500地形图1.3平方千米；茂名炼油厂地形图测绘及地下管线探测项目，1∶500地形图测绘5.2平方千米；南疆－唐山成品油管道工程测量，线路长60千米，并测绘1∶2000地形图；神宁集团宁东煤化工基地拟建项目选址测绘1∶1000地形图10.7平方千米；镇海炼化乙烯东区测绘1∶500地形图1.3平方千米，探测地下管线110千米；中科合资炼油化工一体化项目测绘1∶500地形图6.5平方千米；湛江－廉江原油管线测量95千米。

【获奖情况】

2010年，北京东方新星石化工程股份有限公司完成的“珠三角成品油管道及油库配套设施工程”、“金嘉湖成品油管道及配套油库工程”、“西南成品油管道工程”分别获中国石油化工集团公司优质工程奖。该公司获中国质量评价协会“科技创新企业奖”，北京企业评价协会“创新型企业奖”。

北京新兴华安测绘有限公司

【概况】

北京新兴华安测绘有限公司成立于1999年，法人代表瞿敏伟，拥有甲级测绘资质，共有技术人员90人。业务范围包括房产测绘；地籍测绘；工程测量：控制、地形、市政工程、建筑工程、地下管线、变形（沉降）观测、形变、矿山测量、竣工测量。

【工程测量项目】

2010年，北京新兴华安测绘有限公司共完成工程测量项目444个。其中，规划测量88个，地籍测量247个（含勘测定界），市政测量18个，普通测量59个（含地形测绘及工程放线等），沉降及变形监测32个（含地铁监测1个）。合同额约1500万元。重点项目包括北京市平谷新城滨河森林公园工程建设项目1:500专题地形图及土地勘测定界测绘；自主研发树木测量数据处理软件；北京市门头沟棚户区改造工程石门营项目的基坑第三方监测及建筑变形测量；北京市丰台区南苑棚户区改造项目一期、二期、三期项目树木测量及勘测定界；开展清华大学综合科研楼、百年会堂等项目的建设工程测量、土方测量、基坑第三方监测、建筑沉降等测量项目，承接清华大学医学院二期外网、图书馆北楼周边、清华附属中学周边等的地形、树木测量及综合管线探测项目。

【房产测量项目】

2010年，北京新兴华安测绘有限公司共完成房产测量项目240个。其中，实测项目130个，面积约700万平方米；预测项目70个，面积约600万平方米；变更项目40个，面积150万平方米；小证制证共4.4万户。完成合同总额约1600万元。

【地籍测量】

2010年，北京新兴华安测绘有限公司完成地籍类测绘项目14个。其中，城镇地籍3个，农村地籍调查5个，农村土地变更调查5个，城镇土地变更调查1个。

科菱航睿空间信息技术有限公司

【概况】

科菱航睿空间信息技术有限公司拥有甲级测绘资质，是以“3S”产品为核心，集地图生产、软件研发、系统集成为一体的高科技企业。该公司成立于2005年，法人代表陈小军，共有技术人员125人。业务范围包括导航电子地图制作；互联网地图服务。

【业务】

2010年，该公司继续对导航电子地图数据进行更新，数据范围已扩展到全国31个省、自治区、直辖市（港澳台除外），337个地级以上行政区划单位，2859个县级行政区划单位，道路总里程数达240万千米，POI数量突破1000万个，基本实现村村通的导航要求。

【其他】

科菱航睿空间信息技术有限公司不断完善数据规格与制图工艺，不断研发新数据产品。2010年，实现9个城市的实时交通数据接入，并有汽车4S店、麓园等多款专题导航电子地图进入市场。公司成功搭建LBS服务平台，宠物定位、老人定位等多项定位服务运营顺畅。

年内，“科菱航睿导航电子地图”获中国测绘学会2010年优秀地图作品裴秀奖铜奖。

北京城建勘测设计研究院有限责任公司

【概况】

北京城建勘测设计研究院有限责任公司成立于1958年，法人代表金淮，拥有甲级测绘资质，共有技术人员51人。业务范围包括工程测量：控制、地形、市政工程、线路工程、变形（沉降）观测、形变、精密工程、隧道、建筑工程、竣工测量。

【业务】

2010年，北京城建勘测设计研究院有限责任公司在轨道交通方面，承揽了全国多条地铁线路的工程测量、第三方监测等任务，包括北京市的13条线路，广州、天津、杭州、西安等10多个城市的轨道交通测量和部分海外市场的测绘任务。

完成的重大测绘工程项目包括北京轨道交通昌平线工程铺轨基标测量和规划竣工测量；北京轨道

交通6、8、9、10号线工程控制网复测、施工测量检测、第三方监测；北京中低速磁悬浮轨道交通工程S1线控制网测量；北京轨道交通首都机场线、13号线基标补充测量；广州轨道交通3号线工程北延段、5号线、6号线、广佛线工程施工测量检测和第三方监测；天津轨道交通2号线工程施工测量检测；杭州轨道交通2号线工程施工测量检测和第三方监测；宁波轨道交通1号线工程施工测量检测和第三方监测；西安轨道交通2号线工程施工测量检测；伊朗德黑兰轨道交通1号工程线延长段铺轨基标测量。

【其他】

一、科技创新

2010年，北京城建勘测设计研究院有限责任公司将第三方监测技术作为工程测量的扩展和延伸，普遍运用到城市轨道交通建设中，为在建线路提供准确详实的数据支持和现有线路的运营安全。该院在轨道交通工程测量中广泛运用GPS RTK技术、数字化测图技术、高精度陀螺自动定向技术、激光准直仪和扫平仪、全站仪自动数据采集及计算机数据处理系统等技术，降低了劳动强度，提高了工作效率。加大科技创新力度，自主研发频监测系统等一批软件并在实践中应用，收到良好效果。

二、获奖情况

2010年，北京城建勘测设计研究院有限责任公司完成的“北京地铁十号线（含奥运支线）工程测量”获中国勘察设计协会2009年度全国优秀工程勘察设计行业奖二等奖；“测量机器人在地铁工程中的应用”获城建集团科技进步奖三等奖；“特大异型工程精密测量与重构技术研究及应用”获2010年国家科技进步奖二等奖。

中测新图（北京）遥感技术有限责任公司

【概况】

中测新图（北京）遥感技术有限责任公司（以下简称中测新图）成立于2005年，法人代表张双占，拥有甲级测绘资质，共有技术人员59人。业务范围包括测绘航空摄影；地籍测绘；摄影测量与遥感；地理信息系统工程；大地测量：卫星定位、水准、大地测量数据处理；地图编制：地形图、省级及以下政区地图、电子地图、真三维地图、其他专用地图；工程测量：控制、地形、城乡规划定线、城乡用地、规划检测、日照、市政工程、建筑工程、线路工程、地下管线、桥梁、隧道、竣工测量。

【业务】

2010年，中测新图签定航摄项目7个，中标金额达1910万元，完成摄区面积4.5万平方千米。完成的临河－长春项目成果质量达到优秀。

完成38套固定翼轻型无人机航摄系统的组装、人员培训、技术支持、应用示范以及标准制定工作，系统装备到四川、陕西、黑龙江、西藏等17个省级测绘部门，并为河北省廊坊国土资源局、四川省成都市国土资源地籍事务中心各装备了1套系统。

为保证我国西部1∶5万空白区无图区测图工程的顺利完成，积极协调各方力量，到青藏高原进行作业，获取西藏墨脱、巴青，青海囊谦，云南德钦，四川九龙等21个县镇区域的航空摄影，这是我国首次采用无人机航摄系统获取高海拔地区航空影像，中央电视台对此作了专题报道。

承担2010年全国土地利用变更调查遥感监测项目，完成全国一张图工程建设监理项目、第二次全国土地调查信息核查项目、内蒙古自治区第二次土地调查正射影像加工项目监理、宁城县和准格尔旗第二次土地调查中农村土地调查及数据库项目、全国一张图工程建设西藏生产项目、国家土地督察系统建设项目、广州市第二次土地调查（农村部分）监理项目等项目。

【其他】

一、科技创新

中测新图承担的“十一五”科技支撑项目“基于局域网的海量影像快速浏览系统开发”通过验收。

“神州遨游”三维地理信息平台软件的研发和社会化应用进一步深化。通过在国家土地督察上海局、内蒙自治区测绘事业局、文化艺术科技研究所、宁城县、三江县等单位和地区推广应用以及在相关方面取得的技术突破，基本形成基于影像特征的网络化三维地理信息系统标准化平台。

主持制定的《框幅式数字航空摄影》、《推扫式数字航空摄影》、《IMU/GPS辅助航空摄影技术规范》3个国家标准通过国家测绘局测绘标准化工作委员会组织的技术审查。

主持制定的CH/Z 3003－2010《低空数字航空摄影测量内业规范》、CH/Z 3004－2010《低空数字航空摄影测量外业规范》、CH/Z 3005－2010《低空数字航空摄影规范》3 项测绘行业标准已经国家测绘局颁布自 2010 年 10 月 1 日起实施。

制定的测绘行业标准《海岛（礁）稀少（无）控制数字航空摄影测量技术规程》、《海岛（礁）数字航空摄影技术规定》，已经国家测绘局发布实施，为“927”工程提供了规范化保障。

二、获奖情况

2010 年，中测新图被国家测绘局评为“应急测绘保障先进集体”；被中国地理信息产业协会授予“国庆六十周年 GIS 服务特殊贡献单位”称号；1 个项目获 2010 年中国 GIS 优秀工程奖银奖；李英成被中国科协评为“2010 年度优秀科技工作者”。

三、应急测绘保障

6 月 22 日，针对江西第二大河流抚河干流唱凯堤发生决口的重大险情，中测新图连夜组织构建“抚州市临川区洪水淹没区三维系统”，实现了受灾地区的范围计算、地形分析、受灾居民地统计、受灾人口和经济统计、三维可视化等服务功能，为国家防汛抗旱总指挥部提供决策支持。

2010 年，积极为青海玉树地震，甘肃舟曲特大山洪泥石流，四川绵竹、汶川、都江堰泥石流等重大自然灾害，及时组织无人机组赶赴灾区开展应急测绘服务，为科学救灾、灾情评估提供保障。

中国电力工程顾问集团华北电力设计院工程有限公司

【概况】

中国电力工程顾问集团华北电力设计院工程有限公司成立于 1953 年，法人代表刘朝安，拥有甲级测绘资质，共有技术人员 71 人。业务范围包括摄影测量与遥感（外业）；工程测量：控制、地形、线路工程、建筑工程、变形（沉降）观测、形变、市政工程、水利工程测量。2010 年，中国电力工程顾问集团华北电力设计院工程有限公司承担测绘工程 20 多项，取得了良好的经济效益和社会效益。12 月 8 日，该公司顺利通过中国电力企业联合会（北京）认证中心对公司的质量、环境、职业健康安全管理体系的审核。

【其他】

一、科技创新

中国电力工程顾问集团华北电力设计院工程有限公司进一步加大技术人才培养和经费投入力度，积极引进新的测绘技术和设备，坚持产学研相结合，提升了整体技术水平，增强了核心竞争力。2010 年，完成“电力工程（勘测）GIS 信息系统”、“利用卫片结合 1∶5 万地形图进行线路工程选线的研究”、“水准测量自动记录及数据处理”等 3 个项目的研究，并顺利通过验收。此外，4 个测量软件通过验收。其中，“华北电力设计院有限公司线路测量野外数据编码技术”、“华北电力设计院有限公司发电厂沉降观测曲线与报表处理软件”被中国电力规划设计协会批准为 2010 年公司专有技术成果。

二、获奖情况

QC 项目“提高管线纵断面的成图效率”获 2010 年度全国 QC 成果一等奖，“线路测量数据处理系统的开发和应用”获中国测绘学会 2010 年测绘科技进步奖三等奖。

2010 年，中国电力工程顾问集团华北电力设计院工程有限公司交付甲方的产品，优良品率达 100%，得到用户的认可。其中，“云南至广东 ±800kV直流输电线路工程”终勘测量获 2010 年度中国电力规划设计协会优秀勘测工程奖一等奖，“汗海 - 沽源 - 平安城 500kV 线路工程”终勘测量获 2010 年度中国电力规划设计协会优秀勘测工程奖二等奖，“宁夏大坝发电厂三期扩建测量工程”获 2010 年度中国电力规划设计协会优秀勘测工程奖三等奖。

中国科学院地理科学与资源研究所

【概况】

中国科学院地理科学与资源研究所成立于 1999 年，法人代表刘毅，拥有甲级测绘资质，共有技术人员 85 人。业务范围包括地理信息系统工程：外业采集的地理信息数据处理、地图数字化、建立数据库、建立基础地理信息系统、建立专业地理信息系统。

【业务】

2010 年，中国科学院地理科学与资源研究所完成“空间数据认知模式与海量空间数据库知识发现”、“高可信地理空间数据库管理系统及其重大应用”、“基于物理模型的定量遥感数据融合关键技术”、“人口普查与调查信息空间统计管理与分析系统”、“经济普查与基本单位统计遥感应用系统”、

“海岸带时空演变遥感信息精确提取与分析关键技术”、“国家生态恢复重建监测评估的综合信息提取与验证”、“国家尺度生态系统本底综合监测评估核心技术集成”、“区域空间信息资源共享与服务关键技术研究与集成”、“汶川地震灾区水土资源承载力评估与土地利用布局”、“基于环境一号等国产卫星的宏观生态环境遥感监测应用技术与软件研发”、“重大自然灾害风险损失等级评估与风险制图技术”、“北部湾环境综合评价与监测”、“环境与灾害监测预报小卫星星座应用系统软件工程（第九标段：生态环境遥感应用分系统）”等项目，编制了《玉树地震区域生态环境图集》和《中华人民共和国人口与环境变迁地图集》。

【其他】

一、科技创新

2010 年，中国科学院地理科学与资源研究所在国家“973”、“863”、科技支撑计划、国家自然科学基金、中科院知识创新工程等项目的资助下，围绕地理空间分析与系统模拟、核心地理信息技术与应用、遥感地学分析与计算、国家大地图集与地图网络发布、资源环境数据集成与信息共享等方面开展持续的研究工作，取得重要进展。

（一）地理空间分析与系统模拟

中国科学院地理科学与资源研究所开展了高精度高速度曲面建模方法研究、复杂时空点集模式分解理论、地理探测器和自然灾害风险评价模型、基于地表动态反馈模式的平缓区土壤属性定量、时空流数据与个体时空活动模式挖掘、黄河三角洲水盐动态模拟研究。

（二）核心地理信息技术与应用

年内开展海洋地理信息网格研究、全国土壤污染状况调查数据库与集成应用分析系统、太湖流域基础数据库建设与水质目标管理信息系统、中国生物质能源发展潜力评估等研究工作。

（三）遥感地学分析与计算

年内开展地表蒸散发遥感定量反演、土壤水分热红外遥感定量反演、遥感地学信息提取和不确定性度量、地表灾害遥感监测与过程模型研究、基于环境一号等国产卫星的宏观生态环境遥感监测应用技术等研究工作。

（四）国家大地图集与地图网络发布

年内开展人口普查区域划分与制图、网络专题地图制作与发布平台等研究。

（五）资源环境数据集成与地学信息共享

中国科学院地理科学与资源研究所完成国家电子政务资源环境科学分中心建设、科技部“973”计划资源环境领域项目数据汇交管理中心建设、人地系统主题数据库与数据网格建设、高性能计算环境下的模型共享、地学科研信息化环境研究及其应用示范等。

二、获奖情况

2010 年，中国科学院地理科学与资源研究所获得授权专利 10 项。此外，“中国陆地碳收支评估的生态系统碳通量联网观测与模型模拟系统”和“大洋金枪鱼资源开发关键技术及应用”获国家科技进步奖二等奖。

中交宇科（北京）空间信息技术有限公司

【概况】

中交宇科（北京）空间信息技术有限公司成立于 2008 年，法人代表郭力，拥有甲级测绘资质，共有技术人员 54 人。业务范围包括工程测量：控制、地形、隧道、城乡规划定线、城乡用地、规划检测、日照、市政工程、建筑工程、精密工程、线路工程、桥梁、变形（沉降）观测、形变、竣工测量。2010 年，该公司完成公路勘测里程约 2000 千米，航空摄影飞行 65 架次，作业飞行时间近 280 小时。

【其他】

一、科技创新

中交宇科（北京）空间信息技术有限公司在西藏使用车载 LiDAR 系统进行公路改扩建测量，创造了车载 LiDAR 系统在公路测量中首次完整实施项目的记录。

该公司承担四川汶川地震灾区的灾后重建项目，面对作业区处于深山无人区、国家等级控制点全部被破坏、传统测量无法实施的情况，把机载 LiDAR 技术、地面 LiDAR 技术和大地水准面精化技术有机结合，顺利完成项目建设任务。

该公司开展真三维道路设计、建设管理、路政管理及养护等系统的研发。其中，真三维道路智能设计系统融入专业道路软件的设计风格，增强人机互动效果，实现了与专业道路设计软件的数据交换。在 LiDAR 数据处理方面，自主研发一系列模块，实现数据处理自动化，提高了效率。

二、测绘仪器设备

5月，中交宇科（北京）空间信息技术有限公司从加拿大引进 Orion M200 型机载 LiDAR 设备；12月，从美国引进 Ultracam - LP 型数码相机。

建设综合勘察研究设计院有限公司

【概况】

建设综合勘察研究设计院有限公司成立于 1952 年，法人代表单昶，拥有甲级测绘资质，共有技术人员 67 人。业务范围包括地籍测绘；房产测绘；地理信息系统工程；摄影测量与遥感；工程测量：控制、地形、市政工程、竣工、线路工程、变形（沉降）观测、形变、精密工程、隧道、建筑工程、桥梁测量。

【业务】

2010 年，建设综合勘察研究设计院有限公司充分发挥多专业技术互补优势，在变形观测、数据采集和信息系统建设、地图编制等方面取得较好成绩。

完成“华能玉环电厂 2010 年度建筑物变形观测”、“中关村甲 3 号项目基坑周围建筑物沉降测量”、“北京八大处冠景新城 B 区 1、5 ~ 7、11 ~ 15、18 号楼沉降观测”、“太阳宫燃气热电冷联供工程运行期间沉降观测”等变形观测类项目。

在数据采集和信息系统建设方面，完成“安阳市数字化城市管理系统”、“天津市数字化城市管理系统城市部件普查监理项目”等项目。在影像地图编制方面，完成“历史影像资料编撰出版项目”、“利用北京市历史像片制作影像图工程”等项目。在房产测量、规划监督测量、地形测量等方面，完成“安福（中国华电）大厦房产面积测量”、“北京太阳宫燃气热电冷联供工程房产面积实测和产权登记测绘”、“平房乡姚家园新村（农民房部分）G2 组团规划监督测量”、“武警特种警察学院（新址）1∶2000 地形图测绘”等项目。

【其他】

一、科技创新

2010 年，建设综合勘察研究设计院有限公司完成国家科技支撑计划课题“城市空间信息基础设施共享关键技术研究与示范”，并顺利通过验收。

综合运用 GPS、数字近景摄影测量等多种现代测绘技术，完成“十一五”规划的重点文物保护项目“和田片区基础文物信息采集”。

二、获奖情况

2010 年，建设综合勘察研究设计院有限公司主编的“建筑变形测量规范（JGJ8 - 2007）”获 2010 年度华夏建设科学技术奖二等奖，“郑州市数字化城市管理数据建设及共享策略研究”获河南省工业和信息化科技成果奖一等奖。

中航勘察设计研究院有限公司

【概况】

中航勘察设计研究院有限公司成立于 1952 年，法人代表刘宁，拥有甲级测绘资质，隶属于中国航空工业集团公司，共有技术人员 55 人。业务范围包括地籍测绘；房产测绘；工程测量：控制、地形、线路工程、竣工、变形（沉降）观测、形变、水利工程、精密工程、隧道、建筑工程测量。

【业务】

2010 年，中航勘察设计研究院有限公司测绘业务总产值达 2000 万元，完成的主要业务包括北京地铁大兴线控制网建立、施工检测、贯通测量、设备安装测量、铺轨基标测设、竣工测量及北京地铁亦庄线和 14 号线第三方监测；高速公路的初测、定测；大型场馆建筑的施工测量、规划监督测量、安装测量；基坑和建筑物变形监测；地下管线探测及建库、房产测量及地籍测绘等。以上测绘项目的策划、实施及质量审核均通过“测绘管理信息平台”实现信息化管理运行，提高了管理效率，提升了质量控制力度。

年内，获得航空工业（部级）优秀工程一等奖、二等奖各 1 项。

北京城际高科信息技术有限公司

【概况】

北京城际高科信息技术有限公司成立于 2000 年，法人代表杨志远，拥有甲级测绘资质，公司共有技术人员 141 人，业务范围包括导航电子地图制作和互联网地图服务。

【业务】

2010 年，北京城际高科信息技术有限公司主要完成广东、江苏、北京、天津、河北、河南、新疆、黑龙江、吉林、辽宁、海南、重庆等省市区电子地图数据采集与更新制作，新增里程 13.7 万千米、新增POI信息点83.5万个，新增高速公路7500多千米，高速公路里程达到7.3万千米。制作发行多个版本的“城际通导航电子地图2010”，以配合城际通导航引擎软件，应用于“城际通”系列导航仪产品中。

此外，完成河北烟草系统车辆安全监控及配送线路优化电子地图、河南省警用基础电子地图等重要测绘工程。

【产品开发】

北京城际高科信息技术有限公司独立研发具有车联网终端功能的T－Car全智能驾车载信息服务系统，在保证安全的前提下，提供车辆监控、雷达测速、可视倒车无缝语音导航、通话、上网、道路救援、车辆位置信息互传、防盗、生活信息、娱乐等多项服务，其运用的技术已被国家知识产权局授予多项专利证书。

北京市信息资源管理中心

【概况】

北京市信息资源管理中心成立于2001年，主要提供互联网地图服务。该中心共有技术人员21人，法人代表彭凯。2010年，该中心取得国家测绘局颁发的互联网地图服务甲级测绘资质证书，全年在互联网地图建设、应用方面，开展了大量工作。

【业务】

2010年，在地理信息数据建设与更新方面，开展全市范围政府部门的政务地理空间信息资源目录调研工作，走访40多个委办局，梳理出公众服务图层592类，明确了各类图层的公开属性、更新责任部门、更新周期、更新方式。对背景电子地图（共83层）进行年度更新以及部分区域的不定期动态更新，并对地图的配色方案进行优化。此外，完成28类POI数据的建设与应用服务工作，进一步提高服务质量。

在地理信息应用方面，基于“北京市地理信息公众服务平台”提供的API，已支撑市园林绿化局、市卫生局、东城区等20个政府部门互联网地图子网站的建设，取得较好的成绩。

北京四维空间数码科技有限公司

【概况】

北京四维空间数码科技有限公司成立于2001年，法人代表徐保龙，拥有甲级测绘资质，共有技术人员65人。业务范围包括地理信息系统工程：地图数字化、建立数据库、建立基础地理信息系统、建立专业地理信息系统。

【业务】

一、航空摄影

2010年，北京四维空间数码科技有限公司航空摄影业务有较大拓展，完成航摄任务6项，航摄面积12457平方千米，选线1590千米，飞行30架次。完成国家基础航空摄影招标葫芦岛项目航摄飞行任务；完成内蒙古自治区海拉尔、集宁、丰镇、凉城航摄任务；完成铁路选线800平方千米、轻轨选线500平方千米、东胜351平方千米、内蒙古土地整理任务350平方千米的航摄任务。

二、遥感数据生产

北京四维空间数码科技有限公司完成多项航空航天遥感数据生产，主要有全国一张图项目第2分包和第8分包任务；土库曼斯坦境外测图项目，首次采用卫星影像立体像对自由网区域网平差技术，在无控制点的条件下，利用WorldView立体像对数据，完成1300平方千米DEM、DLG数据制作；通过流程优化、自动化工具开发，完成西藏自治区农村土地调查项目8973幅标准分幅图文件制作，制作全区73个县级农村土地利用挂图，8个地区级农村土地利用挂图及全区农村土地利用挂图。

三、土地业务

北京四维空间数码科技有限公司开展勘测定界、规划修编、变更调查、土地整理等工作，全面掌握土地业务各流程工作内容，为地政服务奠定基础。

四、软件工程

北京四维空间数码科技有限公司完成河北省公共服务平台、土地资源和建设用地综合决策分析平台（二期）、三峡发布平台、数字沙盘、矿产资源系统、工程测绘数据建库与数据整理入库等项目，开辟三维开发和嵌入式开发新技术领域2个，为进一步挖掘测绘数据的潜力提供支持；形成软件成果15个，申请软件著作权3项，为测绘数据的高质量、科学管理和高度规范化做出贡献。部分数据成果部署到互联网上，为政府部门决策提供辅助。

【获奖情况】

“湖南省基础地理信息数据库建设”项目获2010年中国GIS优秀工程奖银奖；“面向奥运的残障人士导航信息服务终端系统研究与示范”项目获

中国地理信息系统协会2010年地理信息科技进步奖三等奖。公司6名员工获“2009年北京软件企业高级人才奖”。

易图通科技（北京）有限公司

【概况】

易图通科技（北京）有限公司是中国最早制作导航电子地图的专业供应商之一，是首批由国家测绘局批准的导航电子地图编制甲级测绘资质单位。该公司成立于2004年，法人代表王志勋，共有技术人员123人。业务范围包括导航电子地图制作；互联网地图服务；地理信息系统工程：外业采集的地理信息数据处理、地图数字化、建立数据库、建立专业地理信息系统；地图编制：电子地图制作。

截至2010年，易图通科技（北京）有限公司的车厂用户主要有上海大众、一汽大众、东风标致、东风裕隆、上海通用、克莱斯勒（吉普全系）、比亚迪汽车等；手持导航仪用户主要有车灵通、橡果国际、城际在线、上海文广SMG/点点通以及多普达、iPhone、三星等手机厂商；地图用户主要有工商银行、中国移动M2M运营中心、北京联通、浙江电信、内蒙古联通、黑龙江联通等。

【业务】

一、导航数据生产

易图通科技（北京）有限公司拥有自主开发、功能完善的全套导航电子地图制作技术，制作的导航电子地图覆盖中国大陆及港澳全境，通达全国近120万个村，可通车道路总里程达440万千米，是业内同类产品的2倍。该公司在国内首创动态三维导航地图。实现季度发布更新版数据。

二、国际图商联盟组织

国际图商联盟组织是易图通科技（北京）有限公司与国外的区域性图商共同发起成立的。截至2010年底，国际图商联盟组织的地图已经覆盖全球40多个国家和地区，20多亿人口。

【获奖情况】

2010年，易图通科技（北京）有限公司积极参与“测绘援疆”等社会公益活动，并获得“社会责任先进单位”称号。该公司制作的生产编辑系统被评为科技部国家遥感中心表彰软件。

天津市

铁道第三勘察设计院集团有限公司

【概况】

铁道第三勘察设计院集团有限公司成立于1953年，法人代表王洪宇，拥有甲级测绘资质，共有技术人员51人。业务范围包括地理信息系统工程；摄影测量与遥感；大地测量：卫星定位测量、三角测量、水准测量、大地测量数据处理；工程测量：控制、地形、市政工程、建筑工程、精密工程、线路工程、地下管线、桥梁、隧道、变形（沉降）观测、形变、竣工测量。

【业务】

一、长春至白城铁路扩能改造工程初测阶段工程测量

2月21日~4月15日，铁道第三勘察设计院集团有限公司完成该项目。线路全长329.4千米，测绘内容有控制测量、1:2000地形图测绘、既有线测量、管线测量等。

二、北京至沈阳铁路客运专线北京枢纽定测阶段工程测量

3月17日~5月3日，该公司完成北京至沈阳铁路客运专线北京枢纽定测阶段工程测量。线路全长225千米，测绘内容包括控制测量、新线中线放样、管线测量。

三、哈尔滨至佳木斯铁路定测阶段工程测量

5月10日~6月30日，该公司完成哈尔滨至佳木斯铁路定测阶段工程测量。线路全长340.8千米，测绘内容包括中线放样、管线测量等。

四、东胜至乌海铁路增建二线定测阶段工程测量

9月25日~10月20日，该公司完成东胜至乌海铁路增建二线定测阶段工程测量，线路全长276.2千米，测绘内容包括控制测量、中线放样、管线测量等。

五、天津机场铁路定测阶段工程测量

2月21日~4月15日，该公司完成天津机场铁路定测阶段工程测量。线路全长22.5千米，测绘内容包括控制测量、中线放样、管线测量等。

六、津秦铁路客运专线区域地面沉降监测

1月5日~11月30日，该公司完成津秦铁路客运专线区域地面沉降监测。线路全长140千米。

七、滨海站综合交通枢纽工程初定测阶段工程测量

9月15日~11月25日，该公司完成滨海站综合交通枢纽工程初定测阶段工程测量。线路全长12千米，测绘内容包括控制测量、中线放样、管线测量等。

【其他】

一、科学创新

2010年，铁道第三勘察设计院集团有限公司完成高速铁路精密测量控制技术研究、机载激光雷达技术在铁路勘察设计中的应用研究等部级重大专项课题；完成高速铁路无砟轨道竣工验收运营检测方法研究；对ERDAS和ArcGIS系统进行研究应用；开展利用高分辨率的卫星立体像对制作DLG、DEM和利用卫星影像制作影像平面图及其在铁路选线中的应用研究。

二、获奖情况

铁道第三勘察设计院集团有限公司完成的“京津城际精密工程控制测量”获铁道部优秀勘察奖一等奖、国家级优秀勘察金奖；“京津城际精密工程控制测量技术与方法的研究”获铁道学会科学技术奖二等奖。

中铁隧道勘察设计院有限公司

【概况】

中铁隧道勘察设计院有限公司成立于1978年，法人代表张先锋，拥有甲级测绘资质，共有技术人员77人。业务范围包括工程测量：控制、地形、日照、市政工程、建筑工程、精密工程、线路工程、地下管线、桥梁、矿山、隧道、变形（沉降）观测、形变、竣工测量。

【业务】

一、西安市城市快速轨道交通二号线一期工程铁路北客站至长延堡段第三方监测服务项目JCFW－1标段

中铁隧道勘察设计院有限公司承揽西安市城市快速轨道交通2号线1期工程，包括铁路北客站（含）至长延堡站（含）正线工程（总长20.555千米）、车辆段与综合基地、张家堡与长延堡主变电站、地铁与铁路联络线等工程。JCFW－1标段为铁路北客站（含站后配线）、南门站（不含试验段及南门站）及张家堡主变电站。该段共设11个车站，10个区间，7个暗挖竖井。年内，顺利完成监测任务。

二、广州地铁六号线盾构隧道下穿一号线黄沙站自动变形监测

因地铁1号处于运营状态，该项目采用实时、动态、自动监测来进行。年内，该项目顺利完成并获天津市优秀测绘成果奖三等奖。

天津海事局海测大队

【概况】

天津海事局海测大队成立于1955年，拥有甲级测绘资质，主要提供海洋测绘服务。该公司共有技术人员50人，法人代表孙洪志。

【业务】

一、环渤海水域超大型船舶航路探测

3月，辽宁海事局、营口港务集团、天津海事局在“老铁山水道警戒区至仙人岛疏浚航道入口灯浮标”进行“辽东湾满载VLCC（巨型油轮）推荐航路”探测，研究渤海辽东湾通航海域的水深条件，规划设计辽东湾满载VLCC（巨型油轮）推荐航路。相关测绘工作由天津海事局海测大队负责组织实施。6月1日~7月25日，完成工程的外业工作。采用多波束测深系统对测区进行扫海测量，摸清了制约VLCC（巨型油轮）航行的浅区分布情况，得出了预定推荐航路及附近的海底地貌、海洋潮汐、海洋声速等基础信息。

二、应急抢险测量

天津海事局海测大队完成成山头附近“世纪之光”沉船水域扫测，烟台莱州芙蓉岛附近“泰长鑫机218”轮沉船扫测，天津港大沽口南锚地“皖爱江06”沉船探测，老铁山水道附近“HAI JUNG”

沉船水域扫测，山东石岛附近“强闽1”沉船扫测，营口“辽瓦渔25432”沉船搜寻，营口港“中泰鑫55”沉船搜寻等25项应急抢险工作。其中，“世纪之光”沉船搜救行动受到山东省海上搜救中心的通报表彰。

【其他】

一、科技创新

天津海事局海测大队与西安大地测绘工程有限责任公司合作，开展无人机低空遥感技术更新海岸、港口地形图研究：采用西安大地测绘工程有限责任公司自主设计的微型无人机低空摄影系统、MAP－AT影像处理软件并结合现有海图的技术标准，在山东滨州套尔河及沿岸区域约195平方千米范围进行试验，并按照相关标准检测航飞数据的质量，对无人机在海事测绘的应用前景进行分析研究。

二、获奖情况

天津海事局海测大队完成的“北方海区GPS控制网建设”项目和“唐山港曹妃甸港区规划锚地声呐扫海测量”项目分获天津市优秀测绘工程奖一等奖和三等奖。《天津港系列海图》和《老铁山水道及附近系列图》被中国测绘学会分别评为2010年优秀地图作品裴秀奖金奖和铜奖。“天津新港航道测量周期研究”被中国航海学会评为2010年度中国航海科技奖三等奖。

中交天津港航勘察设计研究院有限公司

【概况】

中交天津港航勘察设计研究院有限公司成立于1979年，法人代表刘树东，拥有甲级测绘资质，共有技术人员58人。业务范围包括地籍测绘；海洋测绘；工程测量：控制、地形、市政工程、建筑工程、精密工程、线路工程、桥梁、变形（沉降）观测、形变、竣工测量。

【业务】

2010年，中交天津港航勘察设计研究院有限公司完成天津港25万吨级航道疏浚工程测量。采用先进的多波束测深设备，应用自主研发的多波束测深技术、长距离LRK定位技术以及RTK无验潮水深测量技术，共完成测量面积28.29千米。

2009年7月～2010年6月，该公司完成“RTK三维水深测量应用研究项目”，证明了RTK三维水深测量各项测量精度均能满足《水运工程测量规范》水深测量精度要求。

【其他】

2月，中国港湾工程有限责任公司和中交天津港航勘察设计研究院有限公司共同研发的“多波束换能器安装升降装置”获国家知识产权局颁发的实用新型专利证书。

天津市市政工程设计研究院

【概况】

天津市市政工程设计研究院成立于1949年，法人代表邱志明。拥有甲级测绘资质，共有技术人员52人。业务范围包括工程测量：控制、地形、市政工程、建筑工程、精密工程、线路工程、地下管线、桥梁、隧道、变形（沉降）观测、形变、竣工测量。

【天津大道工程】

天津市市政工程设计研究院承担天津大道工程的勘察设计任务。天津大道全长36.745千米，测绘任务包括路线控制测量、地形图测量、路线中桩放样、中平测量、纵横断面测量、路线交叉路口、交叉河沟调查测量及交叉高压线调查、施工交桩等工作。

【天津市文化中心交通枢纽工程第三方监控测量】

天津市文化中心交通枢纽工程包括地面交通枢纽场站、轨道交通M5、M10、Z1线及其相邻的地下商业及停车库等，总平面面积约113700平方米。天津市市政工程设计研究院承担该工程围护结构、主体结构、工程水文地质、地下管线、地面道路、周围建筑物等项目的独立第三方监控量测工作，布设测试点、安装测试仪器。其中，测斜管136根，墙顶位移、沉降点各126个，围护结构内力40组，基底回弹36处，支撑应力36组，立柱、顶板沉降各44个，土/水压力各6组，水位孔共计50处，地面沉降点共284个，天津博物馆沉降点共39个，自动化墙体位移监测孔3处。

天津港湾水运工程有限公司

【概况】

天津港湾水运工程有限公司成立于1998年，法人代表赵斌，拥有甲级测绘资质，共有技术人员55人。业务范围包括海洋测绘；工程测量：控制、地形、市政工程、建筑工程、线路工程、桥梁、竣工测量。

【业务】

2010年，天津港湾水运工程有限公司自主研发海上导管架安装无人定位系统，结合卫星导航定位系统和光机测量系统以及无线数据传输系统，实现了不用人和设备就可以保证精度的海上结构安装无风险快捷定位作业。至年底，该系统处于进一步的研发与产业化试应用阶段，被天津市科学技术委员会列为2010年天津市科技计划项目。

【其他】

天津港湾水运工程有限公司完成的“HZ25-3/1油田开发项目——海底管线铺设”项目获天津市2010年优秀测绘工程奖三等奖。“月东油田开发项目平台安装与海底管线铺设地球物理勘察与工程地质勘察”项目获2010年度天津市“海河杯”优秀工程勘察设计奖一等奖。

天津市地质工程勘察院

【概况】

天津市地质工程勘察院成立于1987年，法人代表郑依依，拥有甲级测绘资质，共有技术人员52人。业务范围包括工程测量：控制、地形、市政工程、水利工程、建筑工程、精密工程、线路工程、地下管线、桥梁、隧道、变形（沉降）观测、形变、竣工测量。

【业务】

京沪高速铁路天津西站站房工程基坑监测是国家级重点工程，天津市地质工程勘察院承担该工程的监测任务，为天津西站站房工程的安全施工提供保障。

天津市地质工程勘察院应用数字地图制图技术、电子地图与多媒体技术和WEBGIS技术，为天津滨海新区建设提供地质信息服务。2010年，编制《天津滨海新区地质资料二次开发成果图集》纸介质版和网络电子版，开发“天津滨海新区地质成果信息系统”，形成滨海新区地质成果信息快速获取与综合利用平台。

天津市陆海测绘有限公司

【概况】

天津市陆海测绘有限公司成立于2005年，法人代表熊野，拥有乙级测绘资质，业务范围包括工程测量、海洋测绘、地理信息系统（GIS）工程、地籍测绘、房产测绘。

【业务】

一、山西黄河小浪底航运建设工程重点航道测量

2009年12月15日~2010年1月14日，天津市陆海测绘有限公司完成山西黄河小浪底航运建设工程重点航道测量任务，向山西省地方海事局提供1:2000（面积为8平方千米）水深图2幅。

二、天津西站贵宾候车楼抬升及平移过程中变形监测

2009年9月19日~2010年8月18日，天津市陆海测绘有限公司采用无基准点静力水准沉降监测技术完成天津西站贵宾候车楼抬升及平移过程中变形监测任务。

三、辽东湾满载VLCC（巨型油轮）推荐航路扫测

6月1日~9月15日，天津市陆海测绘有限公司运用多波束技术对辽东湾满载VLCC（巨型油轮）推荐航路水域进行多波束全覆盖扫测，测量面积51平方千米，绘图比例尺为1:5000，提交扫测水深图3幅。

【其他】

天津市陆海测绘有限公司完成的“红沿河核电一期工程重件码头工程海域扫海测量”获天津市优秀测绘项目工程奖二等奖。“天津和黄·地铁广场基坑监测”项目获天津市优秀测绘项目工程奖三等奖。公司被评为“天津市优秀测绘工程奖评选工作（2010年度）先进组织单位”。

中交第一航务工程勘察设计院有限公司

【概况】

中交第一航务工程勘察设计院有限公司成立于1958年，法人代表冯仲武，拥有甲级测绘资质，共有技术人员50人。业务范围包括海洋测绘；工程测量：控制、地形、市政工程、水利工程、建筑工程、精密工程、线路工程、地下管线、桥梁、矿山、隧道、变形（沉降）观测、形变、竣工测量。

【业务】

一、江苏南通洋口港金牛挖入式港区工程测量

2010年，中交第一航务工程勘察设计院有限公司承担“江苏南通洋口港金牛挖入式港区工程方案区域”测量工程任务，测量面积约2100平方千米。项目包括陆域测量约100平方千米，海域测量约2000平方千米，布设9个水位站，通过运用多水位站数据处理软件进行水位控制。

二、南通港洋口港区LNG项目港池及码头等工程水域定期测量

中交第一航务工程勘察设计院有限公司对洋口港区LNG项目连接水域、港池、码头前沿、内锚地、栈桥沿线、西太阳沙及人工岛周边，以及重件和工作船码头等水域进行第六次定期测量，总测量面积为57.1平方千米。4月30日，完成全部外业工作；5月30日，完成资料计算、检查、编写报告、资料整理等内业工作。

三、江苏LNG项目接收站配套码头及栈桥工程

中交第一航务工程勘察设计院有限公司承揽江苏LNG项目接收站配套码头及栈桥工程，主要采用多波束测深设备进行水深测量。7月12日～30日，中交第一航务工程勘察设计院有限公司测量队完成全部外业工作；8月30日，完成资料计算、检查、编写报告、资料整理等内业工作。

中国地震局第一监测中心

【概况】

中国地震局第一监测中心成立于1968年，法人代表章思亚，拥有甲级测绘资质，共有技术人员52人。业务范围包括大地测量；工程测量：控制、地形、市政工程、建筑工程、精密工程、线路工程、地下管线、桥梁、隧道、变形（沉降）观测、形变、竣工测量。

【业务】

长江三峡工程诱发地震监测系统——三峡库区垂直形变监测项目由中国地震局地震研究所委托中国地震局第一监测中心实施。项目内容为首期和第三期三峡库区垂直形变监测。首期任务施测一等水准826.8千米，每千米水准测量的偶然中误差M△ = ±0.34mm。第三期任务共施测11条水准路线，计845.6千米，每千米水准测量的偶然中误差M△ = ±0.38mm。

【其他】

9月，中国地震局第一监测中心研制发明的“水准仪夜视照明系统”，取得国家产权局颁发的“实用新型专利”证书。

完成的“长江三峡工程诱发地震监测系统——三峡库区垂直形变监测”项目获天津市优秀测绘工程奖一等奖。“京津城际高速铁路轨道沉降监测”项目获2010年天津市测绘产品质量监督检验优秀成果、天津市优秀测绘工程奖二等奖。

天津市环境地质研究所

受天津市控制地面沉降工作办公室委托，天津市环境地质研究所承担天津市武清区北二等水准测量任务。天津市地面沉降武清区二等水准测量范围为武清区中心城区以北的主要区域，完成水准路线340.3千米、测线25条、测段94个，共10个闭合环的测量。外业施测时间为9月1日～10月18日，并在10月25日前将外业资料及成果全部检查完并上交控制地面沉降工作办公室。

GeoSurv是由天津市环境地质研究所、中国地质环境监测院及中国地质调查局发展研究中心等单位开发的地质灾害调查野外数据采集系统。研发时间2005年～2010年，2010年的版本是1.0。

天津市勘察院

【概况】

天津市勘察院成立于1979年，法人代表李文春，拥有甲级测绘资质，共有技术人员60人。业务范围包括工程测量：控制、地形、城乡规划定线、城乡用地、规划检测、日照、市政工程、水利工程、建筑工程、精密工程、线路工程、地下管线、变形（沉降）观测、形变、竣工测量。

【其他】

2010年，天津市勘察院黄恩兴被国家测绘局评为全国测绘系统先进工作者，邢卫民被国家测绘局评为测绘应急保障先进个人。

2010年，天津市勘察院星际公司获得软件著作权8项，分别为星际土方量计算系统、星际卫生局监督管理地理信息系统、星际法人代表经济管理地理信息系统、星际综合管线管理系统、星际规划业务审批管理系统、星际土地整理储备管理信息系统、星际三维模型处理软件、星际土地整理储备财务管理系统。承担的“天津武清新城地形图测绘及建立数据库”项目获2010年度天津市“海河杯”优秀工程勘察设计奖三等奖。

山西省

中国冶金地质总局第三地质勘查院

【概况】

中国冶金地质总局第三地质勘查院成立于1994年，法人代表张新利，拥有甲级测绘资质，共有技术人员82人。业务范围包括地籍测绘；工程测量：控制、地形、城乡规划定线、城乡用地、市政工程、建筑工程、线路工程、地下管线、桥梁、矿山、隧道、变形（沉降）观测、形变、竣工测量。

【业务】

2010年，中国冶金地质总局第三地质勘查院先后完成山西省古交市土地整理项目1:2000地形测量和山西省古交市、山西省阳泉市郊区土地变更调查；完成内蒙古新巴尔虎右旗达斯呼都格铜多金属矿资源大调查、山西省矿业权价款、自主矿权地质勘查等44个项目的控制测量、地形地质及剖面测量；完成山西省大同市、阳泉市、古交市、乡宁县、阳曲县等地100多座煤、非煤矿山的采掘现状实测工作。其中，山西省交口县蒲依铝土矿Ⅱ矿带详查项目1:5000地形测量被山西省测绘产品质量监督检验站认定为合格；山西省阳泉市郊区第二次土地调查项目被山西省国土资源厅和阳泉市国土资源局评为优级产品，获阳泉市第二次土地调查项目第一名。

中铁十二局集团有限公司

【概况】

中铁十二局集团有限公司成立于1984年，法人代表史道泉，拥有甲级测绘资质，共有技术人员58人。业务范围包括工程测量：控制、地形、城乡用地、日照、市政工程、线路工程、建筑工程、精密工程、桥梁、隧道、矿山、变形（沉降）观测、形变、竣工测量。

2010年，中铁十二局集团有限公司承揽任务达到543.7亿元。截至年底，该集团先后承建10千米以上特长隧道26座，建成隧道889千米；建成桥梁930千米；承建时速250千米、350千米高速铁路1532千米。全年完成施工产值435.8亿元。

【业务】

中铁十二局集团有限公司全年完成沪杭客运专线、宜万铁路、包西铁路、太中银铁路、喀和铁路、临吉高速及忻阜高速公路等一大批重点项目施工测量任务，保证了按期通车运营。完成临吉高速公路壶口特大桥（主墩高达146米）百米以上高墩线形控制测量任务，桥梁控制测量、线形控制、墩台沉降等控制测量技术取得突破；完成公路路面、高层建筑、城市轨道、“四电”等方面的施工测量任务。

【其他】

该公司有8项科技成果通过省级成果鉴定，其中3项达到国际领先水平。取得国家专利授权38项，其中发明专利2项。获国家级科技进步奖2项，詹天佑大奖3项，省部级科技进步奖14项。在质量创优方面，获鲁班奖1项，国家优质工程奖1项，省部级优质工程奖19项，全国建设系统优秀QC小组4个。其中，京沪高速铁路定远梁场“CRTS II型轨道板制板检测系统的研制”获中国铁道建筑总公司2010年科学技术进步奖三等奖。

阳泉新宇岩土工程有限责任公司

【概况】

阳泉新宇岩土工程有限责任公司成立于1952年，法人代表石晓红，拥有甲级测绘资质，共有技术人员58人。业务范围包括工程测量：控制、地形、市政工程、建筑工程、精密工程、线路工程、桥梁、矿山、隧道、变形（沉降）观测、形变、竣工测量。该公司

【业务】

2010年，阳泉新宇岩土工程有限责任公司先后承担“阳煤集团矿区GPS控制网工程”、“五矿8303工作面采煤沉陷观测站测量工程”、“晋南分公司15

个整合煤矿工业广场地形图测量工程”、“五矿420水平——赵家分区12千米特大皮带巷贯通工程”等20多项阳煤集团测绘重点项目，主要测绘业务包括矿山测量、工程测量、地籍测绘、施工测量、地图编制，应用领域涉及测绘、采掘、勘察、地籍等多个行业。

应山西省政府关于加快推进煤矿整合步伐的要求，该公司派出技术人员对整合煤矿的巷道、地面建筑等进行测量，并赶制相关图纸，为阳煤煤矿整合小组评估提供依据。此外，该公司承担了由阳煤集团投资兴建的120万吨氧化铝厂区建（构）筑物的日常沉降观测工作。

由该公司承担的“阳煤集团矿区GPS控制网”项目，从2009年8月开始实施，至2010年10月完成，在阳煤集团矿区范围内布设的GPS控制网主要位于山西省中东部，覆盖阳泉市平定县、盂县，晋中市寿阳县、榆次区、昔阳县、和顺县、左权县等地，面积约2500平方千米。

辽宁省

大连九成测绘信息有限公司

【概况】

大连九成测绘信息有限公司成立于2004年，法人代表杜明成，拥有甲级测绘资质，共有技术人员85人。业务范围包括工程测量；海洋测绘；摄影测量与遥感；地籍测绘；地理信息系统工程；房产测绘；行政区域界线测绘。2010年，大连九成测绘信息有限公司完成的主要测绘项目有工程测量，海洋测绘，房产测绘，地理信息系统工程。

【业务】

一、控制测量

全年完成的控制测量项目包括：大连长兴岛疏港高速公路控制测量、大连普湾新区控制测量、大连长海县跨海大桥施工控制测量、辽宁红沿河核电厂二期工程首级控制网测量、普兰店市皮口镇规划区控制测量，共完成控制面积3000多平方千米，水准测量800多千米。

二、地形图测绘

2010年，大连九成测绘信息有限公司采用全野外数据采集和航空摄影测量等方法，完成主要项目20多项。主要包括大连花园口300平方千米1:2000地形图测绘及入库数据生产、大连长兴岛临港工业区96平方千米1:500地形图测绘、大连普湾新区297平方千米1:500和368平方千米1:2000地形图测绘、庄河市沿海乡镇135平方千米1:500地形图测绘、庄河市各园区285平方千米地形图测绘、庄河市域273平方千米1:500地形图测绘等。

三、海洋测绘

大连九成测绘信息有限公司完成的海洋测绘项目有：大连临空产业区52平方千米水下地形图测绘、太平湾海域373平方千米水下地形图测绘、庄河市海域432平方千米水下地形图测绘、大连普湾新区18平方千米水下地形图测绘、庄河市521千米200万吨级重焦沥青码头海域浅剖测量、唐山市滦南县46宗海域和庄河市830宗海域的海籍测量。

四、房产测量

大连九成测绘信息有限公司全年完成大连花园口经济区260771平方米、大连长兴岛临港工业区1817224平方米、庄河市2062129平方米的房屋面积测量。

五、地理信息系统工程

大连九成测绘信息有限公司完成大连长兴岛临港工业区163平方千米1:500、252平方千米1:2000、197平方千米1:1000基础地理空间数据库建设，并在基础地理空间数据库的基础上建立GPS控制网、道路网、地名、建筑物的专题数据库；本溪市79平方千米1:500基础地理空间数据库建设；抚顺市96平方千米1:2000基础地理空间数据库建设。

吉林省

吉林省第一测绘院

【概况】

吉林省第一测绘院成立于1965年，法人代表陈庆华，拥有甲级测绘资质，共有技术人员55人。业务范围包括摄影测量与遥感；工程测量；地籍测量；行政区域界线测绘；房产测绘。

【业务】

2010年，吉林省第一测绘院完成吉林省基础测绘项目10项，市场测绘项目15项。其中，吉林省基础测绘项目包括白城市1∶1万数据采编（含DEM制作）284幅，白城市1∶1万全野外高程采集210幅，白城测区1∶1万全野外高程注记点采集，长岭市1∶1万野外控制385幅，图们江测区1∶1万采编132幅，图们江测区1∶1万调绘132幅，图们江测区1∶1万控制132幅，怀德镇1∶500、1∶1000数字化测图50幅，蛟河空白区1∶1万符号化272幅，江源空白区1∶1万符号化64幅。

完成吉林省第二次土地调查农村城镇地籍测量6200平方千米。

吉林省第二测绘院

【概况】

吉林省第二测绘院成立于1979年，法人代表高佩华，拥有甲级测绘资质，共有技术人员58人。业务范围包括摄影测量与遥感（外业）；地籍测绘；房产测绘；行政区域界线测绘；工程测量：控制、地形、市政工程、建筑工程、水利工程、线路工程、地下管线测量。

【业务】

2010年，吉林省第二测绘院完成吉林省基础测绘项目9项，市场测绘项目11项。其中，吉林省基础测绘项目包括白城测区1∶1万地形图数据采集（含DEM）制作354幅，白城测区1∶1万地形图全野外高程采集354幅，长岭测区1∶1万地形图外业控制400幅，蛟河、珲春空白区1∶1万地形图符号化343幅，图们江测区1∶1万地形图外业控制、调绘141幅，图们江测区1∶1万地形图数据采编141幅，大安市1∶1000地形图测图（航测法成图）80平方千米，通榆县开通镇城区1∶1000地形图数字化测绘30平方千米，扶余县乡镇1∶1000地形图数字化测绘63.5平方千米。

为吉林省重点工程百强镇建设提供大安市舍力、安广镇1∶1000地形图数字化测绘50平方千米，为吉林省查干湖49.5兆瓦风电场项目提供1∶2000地形图数字化测绘33平方千米。

吉林省地理信息工程院

【概况】

吉林省地理信息工程院成立于1973年，法人代表安辛克，拥有甲级测绘资质，共有技术人员79人。业务范围包括摄影测量与遥感；地理信息系统工程：外业地理信息数据采集、建立专业地理信息系统、地图数字化、外业采集的地理信息数据处理、空间遥感地理信息数据处理、摄影测量数据处理；地图编制：其他专用地图、真三维地图、电子地图、地形图；工程测量：控制、地形、城乡用地、市政工程、地下管线测量。

【业务】

2010年，吉林省地理信息工程院完成吉林省基础测绘项目11项，市场测绘项目18项。其中，吉林省基础测绘项目包括长岭测区1∶1万空三测量，蛟河测区1∶1万地形图符号化，更新、编制全省交通图、行政区划图，吉林省测绘局网站标准地图服务，白城测区1∶1万1236幅空中三维测量，图们江测区1∶1万野外调绘，图们江测区1∶1万野外控制，图们江测区1∶1万数据采集，白城测区1∶1万野外调绘，白城测区1∶1万全野外高程采集，白城测区1∶1万数据采集（含DEM）。

配合吉林省“数字城市”项目建设，完成数字九台地理信息空间框架建设；为第六届中国吉林·东北亚投资贸易博览会研建影像演示系统；为吉林省发展和改革委制作吉林省“十二五”规划专用地图《吉林省统筹推进城镇规划示意图》、《“十二五”亿元以上服务业规划图》、《吉林省县县通高速公路及规划图》。

【其他】

一、科技创新

2010 年，吉林省地理信息工程院研制完成《长春百姓生活指南图集》、吉林省省情三维地理信息系统《吉林省地图集》电子版、吉林省能源现状和发展规划地理信息系统。

二、获奖情况

2010 年，吉林省地理信息工程院完成的《吉林省地图集》荣获中国测绘学会 2010 年优秀地图作品裴秀奖银奖。

吉林省基础地理信息中心（吉林省测绘档案资料馆）

【概况】

吉林省基础地理信息中心成立于2000年，法人代表欧仁和，拥有甲级测绘资质，共有技术人员 50 人。业务范围包括地理信息系统工程；地籍测绘；行政区域界线测绘；互联网地图服务；工程测量：竣工、隧道、地下管线、线路工程、建筑工程、市政工程、规划检测、城乡用地、城乡规划定线、地形测量。

【业务】

2010 年，吉林省基础地理信息中心完成吉林省基础测绘项目 8 项，主要包括全省乡镇境界坐标系统转换项目，长岭地区似大地水准面建设项目，吉林省 1∶5 万 DLG 坐标系转换项目，扶余县五家站镇影像挂图项目，抗洪抢险应急保障制图项目，中石化东北油气分公司地理信息管理系统开发项目，图们江测区 1∶1 万测绘项目，CGCS2000 坐标三、四等控制点换算项目。

配合吉林省“数字城市”项目建设，完成数字通化地理信息空间框架建设；完成吉林省基础地理信息数据库建设；完成吉林省卫星连续运行参考站网初步建设。在全省抗洪抢险救灾工作中，按照省防汛抗旱总指挥部的要求，及时向空军抗洪抢险部队提供吉林市丰满区、永吉县等灾区的地理信息数据，快速编制了松花江、鸭绿江、图们江等多个江河流域，新立城、净月潭、石头口门等 5 个水库，安图县、敦化市、临江市、龙井市等县市和吉林油田的卫星影像图，《吉林省第二松花江堤防工程险工险段位置示意图》、《吉林省第二松花江近期防洪工程位置示意图等专业防洪资料图》，为松花江泄洪疏散等工作提供科学依据。

【其他】

2010 年，吉林省基础地理信息中心在吉林省地理信息公众服务平台的基础上，完成吉林省政府应急平台项目的建设工作，开发吉林省政府应急平台地理信息系统，并获得吉林省测绘科技进步奖一等奖。开展 CQG2000 似大地水准面精化在吉林省西部地区应用研究项目，为统一测绘基准，规范坐标系统使用提供技术保障，并获得吉林省测绘科技进步奖一等奖。研发吉林省坐标系统整体转换系统，解决了 1980 西安坐标系向 CGCS2000 坐标系的转换问题。

吉林省水利水电勘测设计研究院

【概况】

吉林省水利水电勘测设计研究院成立于 1958 年，法人代表宋继林，拥有甲级测绘资质，共有技术人员 55 人。业务范围包括摄影测量与遥感（外业）；地籍测绘；工程测量：控制、地形、城乡规划定线、城乡用地、规划检测、市政工程、建筑工程、精密工程、线路工程、地下管线、桥梁、隧道、变形（沉降）观测、形变、竣工测量；地理信息系统工程。

【业务】

2010 年，吉林省水利水电勘测设计研究院完成主要测绘项目 8 项，包括吉林省松原灌区可行性研究中哈达山水利枢纽暨松原灌区航空激光雷达扫描项目；松原灌区土地一期整理工程的控制网和 1∶5000地形图测绘；哈达山水利枢纽工程（一期）施工图设计工程的控制、断面、地形图测量；吉林市第二松花江温德河防洪工程的控制、断面、地形图测量；吉林省集安市鸭绿江防洪工程的控制、断面、地形图测量；吉林省中部城市引松供水工程的控制、断面、地形图测量；吉林省中西部地区旱田节水高效农业建设乾安示范区工程的控制、断面、地形图测量；长岭县城市引松供水工程的控制、断面、地形图测量。

完成哈达山水利枢纽暨松原灌区航空激光雷达扫描项目，测制1:5000数字高程模型、数字正射影像图，使用激光扫描探测系统对松原市前郭县和乾安县的指定区域约3680平方千米进行遥感数据采集，并生产相应范围的高分辨率DEM、DOM 795幅。

【获奖情况】

2010年，吉林省水利水电勘测设计研究院完成的长白山民用机场工程测量项目获全国优秀工程勘察设计奖三等奖。

长春市测绘院

【概况】

长春市测绘院成立于1953年，拥有甲级测绘资质，主要提供摄影测量与遥感、地籍测绘等服务。该院共有技术人员59人，法人代表沈阔。

【业务】

2010年，长春市测绘院完成主要测绘项目5项，包括长春市航空摄影350平方千米、长春市1:2000航测成图76平方千米、长春市1:500地形图实测83.2平方千米、长春市1:500地形图修测156平方千米、完成长春市GPS固定参考站网系统一期建设。

为长春市轻轨三期工程基础控制测量复测二等水准31千米、二等GPS点26个、精密导线点18个，为长春市管网普查测量四等水准107千米，二级导线点160个。

【其他】

一 科技创新

2010年，长春市测绘院完成长春市地理信息公共服务平台研制、长春市新民大街历史街区三维建模数据制作。

二 获奖情况

2010年，长春市测绘院研建的生产流程管理系统获中国城市规划协会优秀工程奖三等奖；城市雕塑三维信息管理平台获吉林省测绘科技进步奖二等奖；基于GIS的城市宜居评价系统研发项目获吉林省科技厅青年科研基金。

黑龙江省

国家测绘局第二大地测量队（黑龙江第一测绘工程院）

【概况】

国家测绘局第二大地测量队成立于1975年，法人代表马林波，拥有甲级测绘资质，共有技术人员67人。业务范围包括摄影测量与遥感；工程测量；地籍测绘；房产测绘；行政区域界线测绘；地理信息系统工程；大地测量：卫星定位、三角、水准、天文、大地测量数据处理。

【业务】

一 主要测绘项目

2010年，国家测绘局第二大地测量队完成国家西部1:5万地形图空白区测图工程2009年度结转部分的改则、措勤GPS连续运行参考站建站工作；完成在横断山脉和塔里木西部地区2座临时GPS连续运行参考站运行工作；1项入库数据制作技术支持工作。

完成“927”项目一期工程，沿岸陆地卫星定位连续运行站网9条水准联测标石选埋，沿岸陆地大地控制点24条水准联测标石选埋和58座海岛（礁）大地控制点埋石。

完成“927”项目一期工程（2010年部分）沿岸陆地卫星定位连续运行站二等水准联测529千米，二等水准路线检测90千米；完成沿岸陆地大地控制点卫星定位观测43点，三等水准联测4267千米，三等水准检测731千米；观测海岛（礁）GPS B级点25点、C级点14点；完成海岛（礁）跨海高程传递2处及一部分多媒体数据库建设工作。

完成国家1:5万基础地理信息数据库更新二期工程（2009年度结转部分）更新生产33幅。

完成哈大齐1:1万更新项目齐齐哈尔地区的前

期生产和技术准备工作。

二 重大测绘工程

国家测绘局第二大地测量队完成“包西铁路基桩控制网测量及轨道精调测量工程”内蒙古自治区和陕西省测区精密控制测量130千米；完成“昌九城际铁路轨道控制网（CPIII）复测工程”江西省境内精密控制测量93.1千米；完成“宁安铁路芜湖至铜陵段工程施工控制网复测工程”安徽省境内CPⅠ复测26点、CPⅡ复测316点、二等水准测量225千米；完成“宁安铁路南京至马鞍山段工程施工控制网复测工程”，江苏、安徽两省CPⅠ复测16点、CPⅡ复测178点、二等水准测量167千米；完成“宁安铁路池州至安庆段工程施工控制网复测工程”安徽省境内CPⅠ复测16点、CPⅡ复测201点、二等水准测量160千米；完成“邹平县镇驻地1:500数字化地形图测绘工程”1:500地形测量85.1平方千米；完成“天津市地面沉降精密水准测量”一等水准175.2千米，二等水准3517.1千米；完成“北京市顺义区、昌平区1:10000地形图更新测绘工程”1:1万地形图更新98幅。

【其他】

一 科技创新

国家测绘局第二大地测量队完成技术创新信息数据库创建工作，实现系统平台功能模块的分类。

1人参加第27次南极科学考察队，完成的科考任务主要有：埃默里冰架的航空摄影任务、安装极地环境无线传感器网络观测平台、海冰厚度测量、海水表层温度观测。

作为第一批参加海上技术试验外业现场测试工作的实施单位，参与了基础控制点布测、像片控制点布设工作、海岛（礁）大地基准构建控制点布设及观测，长距离海岛（礁）高程基准传递水准联测、低空无人机海岛（礁）测绘遥感系统的实验等工作。

二 获奖情况

国家测绘局第二大地测量队承揽的“福厦铁路精密控制网加强测量”项目获黑龙江省优秀测绘工程奖金奖。

国家测绘局第三地形测量队

【概况】

国家测绘局第三地形测量队（以下简称国测三队）是国家首批甲级测绘资质单位之一，并通过ISO9001:2000质量管理体系认证。该队成立于1975年，法人代表刘亚东，共有技术人员57人。业务范围包括摄影测量与遥感；地籍测绘；房产测绘；行政区域界线测绘；地理信息系统工程；工程测量：控制、地形、城乡规划定线、城乡用地、规划检测、日照、市政工程、建筑工程、线路工程、桥梁、隧道、竣工测量；大地测量：卫星定位、三角、水准测量。

【业务】

2010年，完成的重大测绘工程及主要测绘项目包括汶川地震灾后恢复重建测绘专项建设工程、国家1:5万基础地理信息数据库更新二期工程、哈大齐工业走廊1:1万地形图更新建库项目、中山市基础地理信息系统建设1:2000测绘数据生产（试验区）、第二次全国土地调查统一时点外业调查和2009年度土地利用动态遥感监测（北京通州区）等。

【其他】

一 科技创新

2010年，国测三队完成1项黑龙江测绘局科技发展基金项目“全站仪、GPS接收机数据传输设备的升级”。11月17日，该项目顺利通过黑龙江测绘局组织的验收。项目成果全站仪蓝牙数据传输系统已申请专利，项目成果已在本单位范围内推广应用。

二 获奖情况

在2010年黑龙江省优秀测绘工程奖评选中，国测三队完成的“黑瞎子岛测绘工程”被授予金奖，“青岛市电力管网测绘工程”、“江西省福安测区、吉安测区1:1万数字航空摄影测量”被评为银奖，“北京市六环范围1:2000地形图更新测绘”被评为铜奖。

哈尔滨地图出版社

【概况】

哈尔滨地图出版社是我国东北地区唯一一家地图出版机构，主要编制出版各种地图和交通、旅游、测绘、农林、地理等类别图书，并承担国家基础测绘生产任务。该社成立于1985年，法人代表董学，拥有甲级测绘资质，共有技术人员61人。业务范围主要为地图编制：地形图、世界政区地图、全国政区地图、省级及以下政区地图、电子地图、真三维地图、其他专用地图。

【业务】

2010 年，哈尔滨地图出版社承担国家 1∶5 万数据库更新二期工程中 1870 幅地形图制图数据生产任务。

全年出版《中学地理复习考试地图册（完全版）》、《区域地理状元笔记学习模板》等教辅类图册；《伊春市街区图》、《哈尔滨市政区图》、《道外区政区图》、《道外区街区图》4 幅民政图；新版单张图《哈尔滨司机行车指南图》；为 2011 年第 21 届全国图书交易博览会设计制作新版图册、单张图共 4 种，包括《黑龙江省交通旅游图》、《黑龙江省旅游地图册》、《游玩哈尔滨》以及第 21 届全国图书交易博览会专用图；出版了《中国知识地图册》、《中国交通旅游地图册》。

【其他】

一、科技创新

哈尔滨地图出版社承担黑龙江测绘局科技发展基金项目“用 Adobe InDesign 软件组地图印刷版的应用研究”，并在生产中推广应用。

二、获奖情况

哈尔滨地图出版社完成的《中国公路/旅游详查地图集》获中国测绘学会 2010 年优秀地图作品裴秀奖银奖，《国家高速公路及城乡公路网地图册》获中国测绘学会 2010 年优秀地图作品裴秀奖铜奖。

黑龙江地理信息工程院

【概况】

黑龙江地理信息工程院成立于 1963 年，法人代表李全，共有技术人员 75 人。该院是国家级基础地理信息数据生产基地，是进行航空摄影测量及遥感测绘的专业部门，具有甲级测绘资质，并通过了 ISO9001∶2008 质量管理体系认证。该院业务范围包括摄影测量与遥感；地理信息系统工程；地籍测绘；房产测绘；工程测量：控制、地形、城乡规划定线、城乡用地、规划检测、日照、市政工程、水利工程、建筑工程、线路工程、地下管线、桥梁、矿山、隧道、竣工测量。

【业务】

2010 年，黑龙江地理信息工程院主要承担国家 1∶5 万基础地理信息数据库更新二期工程中 1∶5 万地形数据综合判调更新、缩编更新，1∶5 万更新数据整合建库，1∶5 万正射影像数据生产等任务；广东、山东、福建、新疆、江西、杭州、西安等地“4D”产品制作等国内市场项目；继续与美国、欧洲多国、日本、墨西哥、加拿大、非洲等地的测绘公司保持良好合作关系，完成大量国外测绘项目，并进行定期的互访、交流。

【其他】

2010 年，黑龙江地理信息工程院开发升级“地理信息数据加工辅助管理系统”、“城市地下管线管理系统”、“灾害救助可视化指挥系统”、“黑龙江测绘局机关工作管理系统”（财务预算管理）、“黑龙江测绘局机关工作管理系统”（科技成果管理）等 GIS 应用系统。

黑龙江省地质矿产局测绘院

【概况】

黑龙江省地质矿产局测绘院成立于 1993 年，法人代表单久库，拥有甲级测绘资质，共有技术人员 50 人。业务范围包括地籍测绘；房产测绘；工程测量：控制、地形、城乡规划定线、城乡用地、规划检测、日照、市政工程、建筑工程、精密工程、线路工程、地下管线、桥梁、矿山、隧道、变形（沉降）观测、形变、竣工测量。

【业务】

2010 年，黑龙江省地质矿产局测绘院完成七台河西部矿区矿产资源利用现状调查；黑龙江省资源潜力评价数据库建设；哈尔滨市松北区、牡丹江市阳明区、大庆市萨尔图区、海林市、绥芬河市、东宁县 1∶500 城镇地籍调查；鸡西市、海林市、汤原县、黑河市瑷辉区第二次土地调查及数据库建设；七台河市矿业权实地核查；东宁县矿山储量动态监测；林口县、穆棱县、鸡东县矿山储量动态监测；大庆至哈尔滨、大庆至齐齐哈尔天然气输气管道工程测量；新建五大连池民用机场工勘设计阶段工程测量；哈尔滨市城市地质二等水准测量；黑龙江省 1∶20 万地质图数据库建设等测绘任务。

【其他】

一、获奖情况

2010 年，黑龙江省地质矿产局测绘院完成的“绥芬河市 1∶500 地籍测量”、“大庆至齐齐哈尔输气管道工程测量”、“双城油田 1∶5000 地形测量”获黑龙江省优秀测绘工程奖。

二、人才培养

2010年，黑龙江省地质矿产局测绘院通过多种渠道引进专业人才20人，其中硕士研究生7人。组织职工业务培训3次，参加培训人员达400人次。

黑龙江省国土资源勘测规划院

【概况】

黑龙江省国土资源勘测规划院成立于1955年，法人代表刘群利，拥有甲级测绘资质，共有技术人员63人。业务范围包括摄影测量与遥感（外业）；地籍测绘；工程测量：控制、地形、城乡规划定线、城乡用地、市政工程、建筑工程测量。

【业务】

2010年，黑龙江省国土资源勘测规划院围绕全省国土资源管理中心工作，主要承担第二次全国土地调查和土地勘测定界工作，全面参与全省第二次土地调查组织实施、技术指导与检查验收工作，承担编制《黑龙江省城镇土地调查实施细则》、《黑龙江省城镇土地调查检查验收办法》等一系列技术规范。围绕全省重点建设项目，积极开展土地勘测定界技术服务，先后承担并完成交通、水利、能源等100多个重点建设项目的土地勘测定界工作，测绘总面积近2万公顷，为重点项目的开展提供了保障。

承担第二次全国土地调查统一时点底图生产、外业调查，黑瞎子岛土地调查和地形测量，大唐东升水电站工程农用地转用和土地征收调查，2010年度全省城镇土地利用现状调查数据汇总，土地利用动态遥感监测信息提取精度评价（黑龙江省样区）等工作。

【获奖情况】

年内，黑龙江省国土资源勘测规划院被评为全国国土资源管理系统先进集体。承担的黑瞎子岛测绘工程、鲁能宝清朝阳露天煤矿土地调查、铁通公路尚志至五常陈香店段土地调查测绘项目，分别获黑龙江省优秀测绘工程奖金、银、铜奖。

黑龙江省航道局

【概况】

黑龙江省航道局成立于1949年，拥有甲级测绘资质，主要提供海洋测绘服务（仅限内水测量）。该公司共有技术人员54人，法人代表段世忠。

【业务】

一、内河、界河航道养护工程及中俄航行例会测量项目

（一）内河航道养护测量工程

2010年，黑龙江省航道局主要完成松花江依兰－佳木斯区段400千米～406千米等3个区段水深平面图测绘；松花江佳木斯－同江区段569千米～696千米的水深平面图、河床地形图测绘及水文测验；松花江哈尔滨至三岔河河床图测绘；松花江上游23千米～松花江下游70千米比降测量，主要建筑物、航标测量及水深图编绘；肇源港、佳木斯船坞浚前、浚后测量。

（二）界河航道养护测量工程

主要完成黑龙江中游272千米～878千米航道水深测量工程；黑河、同江船舶卧泊基地和开库康、欧浦、名山、抚远等船舶卧泊点水深平面图测绘工程。

（三）中俄例会测量工程

主要完成黑龙江上游796千米～791千米、778千米～768千米等14个区段的水深平面图测绘工程；黑龙江中游878千米～872千米、840千米～835千米等3个区段的水深平面图测绘工程；漠河、下地营子两个船坞测量；完成抚远乌苏大桥疏浚挖槽的竣前、竣后等测量工程。

二、编制《黑龙江省航道图》（内部使用）

黑龙江省航道局利用现有的图纸资料和航道资料，重新编制了《黑龙江省航道图》。该图细化了抚远三角洲（黑瞎子岛），补绘了黑龙江下游（自俄罗斯哈巴罗夫斯克至鄂霍次克海），图上航道要素基本涵盖了所有航道信息，是黑龙江省最完整的航道用图，满足了该局航道管理及服务需要，填补了黑龙江省航道图的空白。项目已申报黑龙江省航运系统科技创新奖。

【其他】

黑龙江省航道局应用18马力摩托艇配备GPS和数字化测深仪进行水深测量，节约了燃料，提高了测量效率；使用钻埋设图根级埋石点，解决了北方地区冻土挖坑埋点困难的问题，提高了工作效率，减小了劳动强度。

黑龙江省林业设计研究院

【概况】

黑龙江省林业设计研究院是以设计、科研、开发为一体的国家级大型综合甲级勘察设计咨询单位，下设测绘院、地质勘察设计院、交通勘察设计院、总体规划设计院、林产工业设计院、热电规划设计院等14个生产经营单位及天林房地产开发有限公司等7个开发单位，并在北京、广州等地设有分院或办事处。拥有工程测绘、工程勘察、农林行业、公路行业、市政公用行业、建筑行业、工程监理、工程咨询等9个行业甲级资质及电力行业、城市规划乙级资质等。拥有各类工程技术人员588人，高级职称379人（研究员级57人）。拥有全国设计大师1人、全国勘察大师1人，注册测绘师1人，享受国家政府津贴10人。

【业务】

2010年，完成的主要工程项目包括通北林业局地形测量，面积3平方千米；绥棱林业局地形测量，面积12平方千米；迎春林业局地形测量，面积4平方千米；东方红林业局汽运处中桥工程测量，全长60米；桃山林业局跃进至南河通场公路工程测量，全长9.8千米；山河屯林业局棚户区改造工程地形测量补测，面积2平方千米；牡丹江红旗、海浪风电场道路工程测量，全长95千米；北安市热网改造工程带状地形测绘补测，全长2千米；群力新区道路测量检测服务项目，全长303.18千米。

黑龙江省煤田地质物测队

【概况】

黑龙江省煤田地质物测队是我国建制最早的专门从事矿区测绘、地球物理勘探的专业地勘队伍，具有甲级测绘资质，甲级勘查资质，通过了ISO9001:2000质量管理体系认证。该队成立于1952年，法人代表屈绍忠，共有技术人员52人。业务范围包括地籍测绘；工程测量：控制、地形、城乡用地、市政工程、矿山、建筑工程、变形（沉降）观测、形变、精密工程、桥梁、竣工测量。

2010年，该物测队测绘产品、地质勘探、地震勘探、综合物探、管线非开挖总产值超过1.5亿元，其中测绘产值2000万元。

【业务】

一、地籍测量项目

2010年，黑龙江省煤田地质物测队完成哈尔滨市城镇（乡）土地调查道外区2号区项目、黑河市爱辉区城镇土地调查、七台河市桃山区城镇土地调查项目共3个地籍测量项目。

二、煤田地质调查项目工程测量

年内，完成虎林盆地、绥滨盆地、方正、兴凯湖盆地煤田地质调查项目的测量工作。

三、市场项目

年内，完成西山煤电集团公司马兰矿南八采区三维地震勘探、西山煤电集团公司屯兰矿南六采区三维地震勘探、山西晋煤集团沁水胡底煤业公司三维地震测量项目、内蒙古扎鲁特旗巨目旦石墨矿二维地震勘探测量项目、龙煤公司双鸭山分公司东荣二矿和新疆鄯善县沙西煤矿露天矿三维地震勘探测量项目、龙煤集团双鸭三维地震勘探、山分公司双阳煤矿西采区三维地震勘探测量项目。

黑龙江省双鸭山市国土资源勘测规划院

【概况】

黑龙江省双鸭山市国土资源勘测规划院隶属于双鸭山市国土资源局，具有测绘甲级、地质勘查乙级、土地规划乙级、勘查丙级等项资质，并通过ISO9001:2008质量管理体系认证。该院成立于1987年，法人代表徐仁广，共有技术人员53人。业务范围包括地籍测绘；工程测量：控制、地形、城乡规划定线、城乡用地、规划检测、日照、市政工程、水利工程、建筑工程、线路工程、隧道、桥梁、矿山、竣工测量。

【业务】

年内，黑龙江省双鸭山市国土资源勘测规划院对双鸭山市150多家矿山每季度进行一次井下实地监测，监测率100%，为加强矿政管理提供了可靠的依据。其工作经验被国土资源部命名为黑龙江矿政管理“双鸭山模式”在全国进行推广。开展了全省矿业权实地核查、矿产资源利用现状调查、废弃矿井治理规划编制项目的实施工作。市本级、集贤、友谊、饶河矿业权核查技术成果顺利通过省级验收，评定为优秀成果。双桦、二站西沟、岭东、四方台、公立和寒葱沟6个矿区的矿产资源利用现状调查成果在全省承担该项目的单位中质量最好。开展的双鸭山市区第二次农村土地调查和城镇地籍调查工作通过省级验收，成果优秀。为全市大项目进行征拨供地勘测600多公顷，得到市政府和用地用矿企业的一致好评。为国土资源部门进行土地测量460多公顷，保障了国土资源管理工作的顺利开展。

【其他】

2010 年，黑龙江省双鸭山市国土资源勘测规划院被评为全国国土资源管理系统先进集体、黑龙江省测绘行业先进集体和省测绘学会先进集体。

哈尔滨测量高等专科学校测量工程公司

【概况】

哈尔滨测量高等专科学校测量工程公司成立于1993 年，法人代表高树江，拥有甲级测绘资质，共有技术人员 56 人。业务范围包括摄影测量与遥感（外业）；地籍测绘；房产测绘；工程测量：控制、地形、建筑工程、线路工程、地下管线、精密工程、变形（沉降）观测、形变测量。

【业务】

2010 年，哈尔滨测量高等专科学校测量工程公司完成的主要测绘工程包括天津津安热电公司热力管横过地铁洞体上方施工监测项目，胶济客运专线工程精密工程控制网（CPⅢ）复测项目，青岛、烟台、临沂车务段管内专用线测绘项目，哈尔滨市本级农村宅基地土地调查（1:500 地籍测绘、权属调查及数据库建设项目）37.3 平方千米，松原市第二次农村土地调查县级成果市级复核及市级调查成果汇总项目 2.2 万平方千米，哈尔滨西客站Ⅲ标段控制点加密，天津市区至滨海新区快速轨道交通工程中山门西段调线调坡测绘工程。为黑龙江工程学院测绘专业 205 名学生提供生产实习岗位。

哈尔滨市国土资源勘测规划院

【概况】

哈尔滨市国土资源勘测规划院具有国家甲级测绘资质、乙级规划资质、丙级地质勘查资质、地质灾害评估资质和黑龙江省土地调查 A 级资质，并通过 ISO9001:2000 质量管理体系认证。该院成立于1988 年，法人代表卞学哲，业务范围包括工程测量：控制、地形、城乡规划定线、城乡用地、规划检测、日照、市政工程、线路工程、建筑工程、桥梁、隧道、竣工测量；地籍测绘；房产测绘。

哈尔滨市国土资源勘测规划院共有职工 102 人，其中工程技术人员占职工总数的 70%。拥有 GPS 接收机、全站仪、高精度测距仪、大幅面彩色绘图仪、高清晰度扫描仪等各类仪器设备 200 多台（套）。

【业务】

2010 年，哈尔滨市国土资源勘测规划院在大项目建设中累计完成勘测面积约 116 平方千米，道路征地、扩宽改造延长线长度共约 184 千米。其中，重点建设项目包括松北区 2010 年北跃项目约 28 平方千米，哈尔滨航空及汽车产业城项目（南拓）约27 平方千米，哈尔滨市市政道路拓宽改造土地勘测约 42 条路、100 千米，马家沟、信义沟、何家沟改造土地勘测约 54 千米，哈尔滨市本级棚户区改造项目约 10 平方千米，松北防洪、灌排体系改扩建工程约 16 平方千米，哈齐高速铁路征地项目约 30 千米，群力新区土地勘测项目约 5 平方千米，松北水城建设项目约 30 平方千米。

【其他】

2010 年，“依兰航电枢纽工程土地征转前期调查”项目获黑龙江省优秀测绘工程奖铜奖。

佳木斯市勘察测绘研究院

【概况】

佳木斯市勘察测绘研究院具有摄影测量与遥感、工程测量、地籍测绘、房产测绘、地理信息系统工程专业国家甲级测绘资质，具有大地测量、地图编制、互联网地图服务专业国家乙级测绘资质。通过 ISO9001:2008 质量管理体系认证，下设测绘一所、测绘二所、测绘三所、遥感所、地理信息研究所等 5 个生产科研部门。该院成立于 1956 年，法人代表刘忠强，共有技术人员 61 人。业务范围包括摄影测量与遥感；房产测绘；地理信息系统工程；地籍测绘；工程测量：控制、地形、城乡规划定线、城乡用地、规划检测、日照、市政工程、建筑工程、精密工程、线路工程、地下管线、桥梁、隧道、变形（沉降）观测、形变、竣工测量。

【业务】

2010 年，佳木斯市勘察测绘研究院完成佳木斯市三等水准网的建设，测设水准点 139 个，水准路线 864 千米；完成佳木斯市卫星定位连续运行基准站升级改造工作，由单星系统升级到双星系统；完成千兆光纤局域网的建设；完成佳木斯市基础地理信息系统的升级改造工作，地物编码、图式版本升级到了最新的国家标准；完成数字佳木斯市地理空间框架的建设；组织完成佳木斯市地下管线的普查探测工作和综合管线信息系统的建设工作；完成了佳木斯市规划区500平方千米风貌规划所需地形图和影像图的编绘和制作工作；完成“两区、四城、六镇”建设，38条道路、22座桥梁的新建改造，156.5万平方米棚户区改造及各类管线铺设等18项配套工程建设的测绘保障工作；完成鸡西市2000平方千米1∶1000数字正射影像图、1000平方千米1∶1000数字线划图的测绘任务。

【其他】

哈尔滨市国土资源勘测规划院研制开发出适合于领导使用的数字正射影像图应用系统，为政府决策、应急指挥、防灾减灾提供支持；制作互联网地图，并依法完成地图审核工作；研制开发出城乡规划管理信息系统，实现了规划管理工作的信息化；完成门户网站的设计、开发和备案工作；在涉密网络中安装部署了移动存储介质管理系统，并购进了图纸加密软件，成果保密工作得到加强。

齐齐哈尔市国土资源勘测规划设计院

【概况】

齐齐哈尔市国土资源勘测规划设计院成立于2004年，法人代表刘国柱，拥有甲级测绘资质，共有技术人员68人。业务范围包括摄影测量与遥感；工程测量：控制、地形、城乡规划定线、城乡用地、规划检测、市政工程、水利工程、建筑工程、线路工程、矿山、隧道、竣工测量；地籍测绘：面积测算、地籍图测绘、其他地籍要素调查与测量、界址测量、平面控制测量。

【业务】

2010年，齐齐哈尔市国土资源勘测规划设计院共实现产值2250万元，主要工作涉及地籍测绘、航空摄影测量、数字城市建设等。其中，重大测绘工程及主要测绘项目包括齐齐哈尔市1∶500城镇地籍测量（面积220.87平方千米，宗地总数129654宗），齐齐哈尔市所属的18个乡镇（26.97平方千米）、16个土地整理项目区（541.12平方千米）航空数字摄影测量，齐齐哈尔市数字城市建设（面积7平方千米）以及龙江县、泰来县、梅里斯区和富拉该尔基区等4个土地整治项目的勘测、可行性研究、设计和预算工作。

为保障齐齐哈尔市域经济发展，保证大型工程项目的顺利进行，齐齐哈尔市国土资源勘测规划设计院按时保质保量完成“新能源汽车”、“洛阳－拖工业园”、“华鹤木业”、“汽贸城”、“卜奎大街南扩”、“联通大道改造”、“污水管网扩建”、“齐扎千米改扩建”及“哈齐客运专线”等市政府交办的重大项目勘测报件及征地补偿勘测工作。同时，在卫星遥感监测检查及国家土地督察部门对齐齐哈尔市的督察中，实地勘测变化图斑，提供各种图件及数据，使该项工作顺利进行。

【其他】

齐齐哈尔市国土资源勘测规划设计院实施的“拜泉县县属第二次土地调查农村土地调查”获2010年黑龙江省优秀测绘工程奖银奖，“依安县县属第二次土地调查农村土地调查”和“黑龙江省第二次土地调查工作底图制作项目（标段二）外业GPS控制测量”获2010年黑龙江省优秀测绘工程奖铜奖。2010年，该院被评为黑龙江省“守合同重信誉”单位。

齐齐哈尔市水利勘测设计研究院

【概况】

齐齐哈尔市水利勘测设计研究院成立于1957年，法人代表李兴春，拥有甲级测绘资质，共有技术人员51人。业务范围包括工程测量：控制、地形、城乡规划定线、城乡用地、规划检测、日照、市政工程、水利工程、建筑工程、精密工程、线路工程、变形（沉降）观测、形变、桥梁、隧道、竣工测量。

【业务】

2010年，齐齐哈尔市水利勘测设计研究院完成的测绘工作主要包括卫星运河灌区、音河灌区、江东灌区、富西灌区、兴旺灌区、富南灌区、永安灌区等灌区工程测量；宁姜泵站、托力河泵站、汤池泵站等泵站工程测量；齐齐哈尔市城防、南湖水库堤防、齐富堤防等堤防工程测量；甘南县全胜水库、碾子山区猴石山水库、依安县团结水库等水库工程测量；中俄原油管道大庆－漠河段工程管线穿越公路、铁路、河流1∶500地形图测绘。

上海市

上海市城市建设设计研究院

【概况】

上海市城市建设设计研究院是以市政公用为主行业的综合勘察设计研究院，已通过上海市科学技术委员会的“高新技术企业”认定，具有市政公用行业、公路行业（公路）、水利行业（城市防洪）、建筑行业（建筑工程）甲级工程设计以及甲级岩土工程勘察设计、甲级工程测量、国家工程勘察综合甲级等方面的资质。该院成立于1963年，法人代表王炯，共有技术人员62人。业务范围包括工程测量：桥梁、地下管线、精密工程、形变、变形（沉降）观测、建筑工程、市政工程、地形、控制测量。

【业务】

2010年，上海市城市建设设计研究院完成的主要工程包括轨道交通11号线南段工程、浦东张江有轨电车项目一期工程、苏州河污水截流工程、虹梅南路通道及越江工程、长湖申线（上海段）航道整治工程、上海汽车博览公园试车场工程、嘉闵高架及地面道路工程（徐径中路－北翟路）、龙耀路隧道工程等。

上海市岩土工程检测中心

【概况】

上海市岩土工程检测中心成立于1995年，法人代表巫虹，拥有甲级测绘资质，共有技术人员58人。业务范围主要为工程测量：线路工程、控制、地形、市政工程、水利工程、变形（沉降）观测、形变、地下管线测量。

【业务】

2010年，上海市岩土工程检测中心积极参与上海市基础工程建设，完成工程测量项目25个、基坑监测项目12个，出具工程测量报告52份，基坑监测报告13份。

一、中国商用飞机有限责任公司浦东基地工程测量

2010年，上海市岩土工程检测中心开展中国商用飞机有限责任公司总装制造中心浦东基地工程测量，完成平面控制测量（GPS）20点，高程控制测量15千米，高程散点测量5151点，断面测量（50米间距），测设找平桩，场地平整区块土方测量，面积约2.64平方千米。

二、上海元代水闸遗址博物馆工程信息化监测

2010年，受上海市文物管理委员会委托，该中心对上海元代水闸遗址博物馆遗址发掘、地基加固处理和博物馆土建施工期间进行信息化监测，包括古石墙（驳岸）、古河道古石闸沉降监测，古石闸倾斜、土体分层沉降、基坑外地下水、古遗址土体地表沉降的监测。

三、上海陆家嘴塘东总部基地中块地下空间基坑监测

2010年，该中心完成上海陆家嘴塘东总部基地中块地下空间基坑监测工作。该项目基坑监测点（孔）布置为同剖面布设各周边地下管线、地表垂直位移、基坑围护墙顶位移、土层分层沉降，同点对称、同断面布设第一至第三道支撑轴力监测点，累计布设监测点（孔）1483个。监测的基地中块地下空间开发项目基坑呈长方形，基坑总面积约46240平方米，围护总长度约957米，基坑地下三层。

四、复旦大学附属中山医院综合楼基础施工监测

2010年，受复旦大学附属中山医院委托，上海市岩土工程检测中心对中山医院肝肿瘤及心血管病综合楼基础施工期间周边环境及基坑自身稳定进行信息化变形监测，地下管线沉降及水平位移监测280点、建筑物沉降监测143点、围护墙体侧向位移监测19孔、土体侧向位移监测9孔、基坑外地下水监测14孔、围护墙顶沉降及水平位移监测39点、立柱沉降监测54点、结构梁板内力监测36点等。

五、长兴、横沙二岛给水二期工程（水厂工程）监测及检测

2010年，受上海市自来水市北有限公司委托，完成长兴、横沙二岛给水二期工程（水厂工程）监测和工程检测工作。

【其他】

2010年，上海市岩土工程检测中心实施测绘科研课题2项，包括“上海地区非开挖管道施工对城市道路沉降的影响分析与对策”和“新型框架逆作法条件下基坑围护体系和周边环境监测技术研究”。

上海市岩土工程检测中心与外单位合作研发并生产“浅层地热能综合测试装置”4台（套），应用于上海市规划和国土资源管理局实施的浅层地热能调查评价工作，年内完成83个调查孔的测井、测斜、测温和热响应测试工作。该浅层地热能综合测试装置获得国家实用新型专利。

上海市地质调查研究院

【概况】

上海市地质调查研究院成立于1999年，法人代表魏子新，拥有甲级测绘资质，共有技术人员50人。业务范围主要为工程测量：控制、地形、市政工程、建筑工程、精密工程、水利工程、线路工程、地下管线、桥梁、隧道、变形（沉降）观测、形变测量。该院长期承担上海市地面沉降监测与防治研究工作，通过全面的地面沉降及生命线工程预警监测，及时掌握全市地面沉降的发展规律和趋势，提出地面沉降防治工作建议和措施，保障城市安全。该院积极开展新技术的应用研究和技术标准的编制工作，“信息施工监测技术在上海世博工程中的应用研究”获中国测绘学会2010年测绘科技进步奖二等奖。

【业务】

一、地面沉降监测

2010年，地面沉降监测面积约900平方千米。高程控制以一等水准网作为首级控制，由16个水准闭合环组成，浦东浦西高程控制网之间由5条一等水准线路相联。水准测量一等线路46条，二等线路100条，线路总长733千米，完成一、二等水准点观测1745点。11月~12月，完成55个一级GPS监测点和165个二级GPS监测点的联测工作。

二、生命线工程沉降监测

2010年，上海市地质调查研究院共完成轨道交通230千米、城市高架120千米、黄浦江防汛墙及一线海塘150千米以及高压天然气管网200千米的沉降监测工作，为生命线工程日常运营及管理提供数据支持。

三、加强世博区域地面沉降监测

根据上海市迎世博600天行动城市管理指挥部的统一部署及有关要求，上海市地质调查研究院编制完成《世博期间地面沉降测量应急工作方案》。世博会期间，通过对世博、塘桥、南浦大桥浦西、南浦大桥浦东4座地面沉降监测站、世博园及其周边地区10个地下水位监测孔以及周边轨道交通线的实时监测，实现了世博园区及周边重点地区地面沉降动态监测和预警，为世博运营提供安全保障。

四、信息施工监测技术在上海世博工程中的应用研究

该课题详细分析了世博工程施工的特点和难点，开展了综合监测的自动化和信息化技术研究，建立了服务世博工程的轨道交通安全预警体系。系统整合了适宜于世博工程的传统监测技术方法；开展静力水准自动化监测、光纤光栅自动化监测等技术在世博附近的轨道交通线路的监测研究；自主研发了综合监测信息管理系统和轨道交通监护管理系统。该课题获中国测绘学会2010年测绘科技进步奖二等奖。

五、《地面沉降测量规范》

受国土资源部委托，上海市地质调查研究院承担《地面沉降测量规范》编制工作，10月20日，该规范编制完成。

上海京海工程技术有限公司

【概况】

上海京海工程技术有限公司成立于1993年，法人代表徐丽娟，拥有甲级测绘资质，共有技术人员66人。通过了ISO9001质量管理体系认证，取得上海市技术监督局颁发的《计量认证合格书》。业务范围主要为工程测量：控制、地形、市政工程、线路工程、地下管线、建筑工程、变形（沉降）观测、形变测量。

【业务】

2010年，完成的主要工程测量业务包括上海市轨道交通11号线、12号线、13号线的工程监测工作及11号线一期工程线路轴线检测、14号线工程物探Ⅱ标工程、上海长江隧桥结构健康监测系统隧道设计及监测。

该公司与上海市轨道交通运营公司共同研发“隧道断面自动监测方法技术”，获得国家专利。

江苏省

江苏省测绘工程院

【概况】

江苏省测绘工程院成立于1976年，法人代表徐地保，拥有甲级测绘资质，共有技术人员108人。业务范围包括互联网地图服务；摄影测量与遥感；工程测量；地籍测绘；房产测绘；行政区域界线测绘；地理信息系统工程；大地测量：卫星定位、三角、水准测量、大地测量数据处理。

【业务】

2010年，江苏省测绘工程院完成南京测区、连云港测区和太湖测区1:1万像控测量及像控点入库1143幅；完成南京测区、连云港测区和太湖测区1:1万DLG和DOM生产1052幅；完成沿海滩涂1:1万DLG生产329幅，完成全省1:5万DOM生产320幅；完成太湖测区DMC航测并进行色彩处理。

根据已移交的LIDAR航摄数据，完成LIDAR数据的高程碎部点采集，碎部点密度为图上每千米格网15点以上，单幅400~500个点。完成1:1万数字高程模型（DEM）生产约3600幅。

完成三等水准联测3000千米，观测资料全部整理完毕；完成105个B级GPS点、187个C级GPS点外业观测，收集南京新集基线场10个观测墩24小时的数据。

完成国土资源部土地调查内业核查项目、水利部水利普查工作底图制作项目、江苏省环保厅委托的太湖流域水环境信息共享平台一期建设、江阴市乡镇426平方千米1:500地形图测绘项目、江宁区1573平方千米1:2000地形图测绘项目和兴化市400平方千米1:1000地形图测绘项目等重大测绘项目。

【其他】

一、科技创新

2010年，江苏省测绘工程院主要完成1:1万基础地理信息数据库更新技术方案设计与试验；全球导航卫星系统连续运行基准站运营维护技术规范编写；“十一五”基础测绘数据库出图技术的研究；基于JSCORS的地理信息快速更新系统方案研究；高精度GPS大地高快速获取的关键技术研究；江苏省现代化测绘基准建立与维护关键技术研究；CORS维护技术规程编写；研建江苏省海事局综合执法管理信息系统——沿海GIS；研建江苏省军地应急指挥系统；网络化数字调查技术示范应用（江苏）；“927”工程-海岛（礁）大比例尺地形图测绘试验和CORS基准站点勘选；国家GNSS连续运行基准站勘选；综合地理信息显示系统等等。

二、获奖情况

2010年，江苏省测绘工程院完成的“江苏省兵要地志信息系统”获2010年地理信息科技进步奖二等奖，“江苏海事局（长江段）地理信息系统”获地理信息科技进步奖三等奖；“南京市江宁区地价管理信息系统”获中国地理信息系统协会2010年GIS优秀工程奖铜奖。

“江阴市规划建设用地1:500比例尺数字化地形图全覆盖”、“镇江市D级GPS基础控制网建设工程”获江苏省优质工程奖一等奖，“江苏省地面沉降监测”、“丰县第二次土地调查工程1:500城镇土地调查和1:500、1:1000基础测绘项目”、“邳州市城区1:500地籍调查”、《金陵神韵·八百景图集（中英文版）》获江苏省优质工程奖二等奖，“国家基础航空摄影——太湖摄区”和“江苏省基础测绘徐州测区1:1万DLG更新”获江苏省优质工程奖三等奖。“GPS高程测量技术研究与应用”、“机载激光扫描测高技术在江苏省基础测绘中的应用研究”、“JSCORS系统在工程测量中的应用研究”分别获江苏省测绘学会科技进步奖一、二、三等奖。

江苏省基础地理信息中心

【概况】

江苏省基础地理信息中心成立于2000年，法人代表李明巨，拥有甲级测绘资质，共有技术人员102人。业务范围包括摄影测量与遥感；工程测量；

控制、地形、地下管线、竣工测量；地籍测绘；地理信息系统工程；导航电子地图制作（外业）；地图编制：地形图、电子地图、省级及以下政区地图、真三维地图、其它专用地图。

【业务】

一、基础测绘项目

江苏省基础地理信息中心完成宿迁、南京测区1:1万DLG、DOM数据制作611幅、像控点594幅并入库；完成常泰测区、苏通测区1:1万DOM入库832幅；完成“省基础地理信息公共服务平台”项目8个子系统的软件开发工作，并进入试运行；完成1:5万地理空间信息基础框架采集建库，1:25万、1:100万基础数据修测与建库；完成“省基础地理信息系统建设”中“省基础地理信息系统集成开发关键技术研究”项目并通过专家组鉴定。

二、其他测绘项目

江苏省基础地理信息中心为国土系统提供测绘服务，开展连云港（市区）、淮安、灌南、宝应、海安、如东等6个市县区的“土地利用总体规划数据库建设”项目。对近年承担的12个县（市、区）土地调查（农村部分）进行基本农田补划。参加江苏省国土资源厅组织的对各测区第二次土地调查工作的外业核查，针对国土资源部和省国土资源厅提出的核查意见，对内外业成果分别进行修改。

完成“宿迁市基础地理信息系统”、“安徽五河县土地整理项目全野外测图”、“江都市地理信息系统”、“省公安厅警务地理信息平台”、“省交通地理信息服务平台”等项目。

三、地图编制和地理信息系统建设

江苏省基础地理信息中心为江苏省“两会”制作《沿海开发影像地图册》1万册，为省委办公厅制作《省情手册》1.3万册；为省领导建成“触摸屏电子地图多媒体系统”；完成《1:70万、1:100万江苏省政区图》、《沿江、沿海、沿东陇海区域地图》和《南京、苏锡常、徐州都市圈地图》等项目；建设完成“省地图库系统”并通过验收；正式建成开通“地图公众网络平台——江苏地图网”。

完成“南京江宁台湾农民创业园1:1000航测数字化地形图”项目、“海安县新农村建设测绘保障服务示范项目”县城区1:1000航测地形图测绘和1:5000地形图缩编工作，印制《江苏国土资源手册2010年版》、《苏沪浙地图册》、《江苏公路里程图册》、《省行政区划地图册》、《江苏省情手册2010年版》、《南京高新产业分布图》、《丹阳市交通旅游图》、《测绘学会宣传图》等近15种专题地图。

【其他】

一、科技创新

江苏省基础地理信息中心先后完成“江苏省省级基础地理信息公共技术服务中心”课题、“泰州城市立体模型粗建模”和“分布式异构地理信息空间数据管理技术研究”等项目，积极组织“二、三维集成GIS的应用技术研究”的项目建设。

二、获奖情况

2010年，江苏省基础地理信息中心朱周华被评为“江苏省十佳文明职工”，耿俊获江苏省五一劳动奖章，钱郭锋被评为全省测绘行业优秀思想政治工作者，孙振江被评为省测绘政研会优秀工作者，范明华当选省级机关“巾帼建功”标兵。

江苏省基础地理信息中心被表彰为“全省测绘行业思想政治工作先进集体”、获“模范职工之家”称号，遥感影像部、信息集成部二室被评为“江苏省工人先锋号”，信息集成部团支部被表彰为“省级机关五四红旗团支部”。

完成的《中国文物图集·江苏分册》、《省公路地图册》分别获中国测绘学会2010年优秀地图作品裴秀奖银奖、铜奖。

“省行政区划、行政区域界线和地名信息管理系统”、“省大地数据库建设”分别获江苏省测绘科技进步奖二等奖、三等奖；《“十一五”省级基础测绘系列地图编制》获江苏省优秀测绘工程奖一等奖，《江苏沿海开发影像地图册》、“海安县新农村建设测绘保障服务示范项目”、“扬州市基础控制测量”获江苏省优秀测绘工程奖二等奖，“新沂市城镇1:1000比例尺地形图全野外数据采集（A、B、D标段）”、“1:50000地理空间信息基础框架采集建库——数字线划地图（DLG）制作”、“淮安市第二次土地调查——1:500淮阴区土地调查（地籍测量）项目”获江苏省优秀测绘工程奖三等奖。

南京市国土资源信息中心

【概况】

南京市国土资源信息中心是南京市国土资源局的直属事业单位，具有地籍测绘和地理信息系统工程甲级测绘资质，主要负责全市国土资源管理信息化建设，并受行政机关委托负责土地登记发证、土地评价等工作。该中心成立于1990年，法人代表丁华，共有技术人员58人，业务范围包括地籍测绘；地理信息系统工程：外业地理信息数据采集、建立专业地理信息系统、建立基础地理信息系统、建立数据库、地图数字化、外业采集的地理信息数据处理、空间遥感地理信息数据处理。

【业务】

2010年，南京市国土资源信息中心大力推进南京市“一张图”监管平台建设。拟定《“一张图”数据库建设方案》，完成全市图形数据坐标转换，完成全市第二次土地调查、征供建设用地、江南八区及新三区地价与土地等级等数据的入库。“一张图”监管平台，具有征供建设用地查询与统计、补偿安置与供后跟踪监管、卫片执法数据统计汇总等功能，实现了与相关业务系统的数据关联，初步建立起数据更新机制。

完成京沪高铁、地铁3号线、幕燕滨江风貌区、雨花台西善桥经济适用房等126个重点工程的用地测绘服务，完成全市12.1平方千米新增地形图修测任务。

协助开展地质灾害气象预报预警及灾害评估课题研究，在地质灾害调查监测方面，提供测绘服务保障。

【获奖情况】

南京市国土资源信息中心承担的南京市国土GPS连续运行参考站项目获江苏省测绘科技进步奖三等奖。南京市国土资源信息中心获方圆认证集团ISO9001质量管理体系认证优秀组织奖。

江苏苏州地质工程勘察院

【概况】

江苏苏州地质工程勘察院成立于1986年，法人代表王彬，拥有甲级测绘资质，共有技术人员51人。业务范围包括地籍测绘；工程测量：控制、地形、城乡规划定线、城乡用地、规划检测、市政工程、水利工程、建筑工程、精密工程、线路工程、地下管线、桥梁、隧道、变形（沉降）观测、形变、竣工测量。

【业务】

2010年，江苏苏州地质工程勘察院主要开展了苏州城市轨道交通工程，城市道路、区乡道路、农村道路的新建和改建，矿山整治，水利工程，以及老街巷整治和岩土工程监测检测等的测绘任务。包括苏州市轨道交通2号线、4号线工程，苏州西部生态城新建道路网、京沪高铁苏州站配套工程路网、东太湖湖滨新城道路网，苏州市机动车考验场改（扩）建工程，吴江市乡镇农村公路改建，苏州西部矿山开采宕口整治，京杭大运河苏州段整治，苏州市金阊区平江区老街巷整治的勘测；苏州工业园区综合性多功能超大型公共建筑“东方之门”（地上76层，地下5层）沉降观测；东吴证券大楼及圆融星座（地下4层）基坑监测。

【获奖情况】

2010年，江苏苏州地质工程勘察院继续保持全国和江苏省“工程勘察与岩土行业诚信单位”称号，并被江苏省测绘行业协会授予江苏省测绘行业“诚信测绘单位”称号。在江苏省地矿系统事业单位工程测量技能竞赛活动中获个人第2名，团体第3名的成绩。

苏州市测绘院有限公司

【概况】

苏州市测绘院有限公司成立于1998年，法人代表王建辉，拥有甲级测绘资质，共有技术人员57人。业务范围包括摄影测量与遥感；互联网地图服务；地籍测绘；工程测量：控制、地形、城乡规划定线、市政工程、线路工程、地下管线、桥梁、变形（沉降）观测、形变、竣工测量。

【业务】

2010年，苏州市测绘院有限公司“市区城市部件测定与建库”项目，完成苏州中心城区80平方千米范围内城市部件的测定工作。完成现场数据采集与录入，共测定城市部件106万个。

承担“苏州市政府实施项目修测、补测和1:1000地形图修测、补测”项目，内容包括地形测量、地形图动态更新、地形图现势性实地巡视和1:1000地形图修补测。

承担“城市控制点标志维护”项目，完成苏州市区范围内523个高等级城市控制点标志现场查勘，对遭到破坏的35个城市控制点标志进行恢复，对原有控制网进行加密与扩展，新增控制点12个。

承担“城区三维模型数据更新与扩展项目之三维模型数据制作”项目，完成2009年7月~2010年6月之间测量的608个竣工测量项目三维模型数据的更新，共制作竣工建筑物模型约3658个。

承担“苏州市轨道交通2号线延伸线、4号线及支线工程控制网测量”项目，共选埋GPS控制点（观测墩）72个、二等水准点（混凝土普通水准标石）98个、精密导线点163个，完成GPS控制测量96点，精密导线测量235点，一等水准测量298千米，二等水准测量600千米，精密水准测量160千米。

【其他】

一 科技创新

苏州市测绘院有限公司开发了“苏州市测绘院建筑面积核算系统”、“苏测院道路纵横断面数据处理系统”等应用软件，实现了数据标准录入与自动计算，减少人为错误，提高生产效率。

二 获奖情况

苏州市测绘院有限公司完成的“市区城市部件测定与建库”项目获2010年江苏省优秀测绘工程奖一等奖。

南通市测绘院有限公司

【概况】

南通市测绘院有限公司成立于1974年，法人代表黄向阳，拥有甲级测绘资质，共有技术人员53人。业务范围包括地籍测绘；房产测绘；工程测量：控制、地形、城乡规划定线、城乡用地、规划检测、日照、市政工程、水利工程、建筑工程、精密工程、线路工程、地下管线、桥梁、变形（沉降）观测、形变、竣工测量。

【业务】

2010年，南通市测绘院有限公司为南通市十字街改造工程提供150多次基坑监测服务，为工程改造提供测量保障。

完成南通市城市规划数据采集和建库五期工程，面积约46平方千米。与中新苏通科技产业园开展测绘合作，完成地形、道路、土方、放线、管线、竣工等各项测绘工程240多项。编制公开出版地图和专题地图13版。其中，为配合2010上海世博会，出版《2010南通市旅游交通图（中英文版）》。

【其他】

一 科技创新

南通市测绘院有限公司完成南通市崇川区规划管理信息系统、港闸区雨污水管线GIS系统和南通边防检查站GIS系统开发，实现GIS技术发展新突破。首次采用水准测量的方法，对南通全境进行地面沉降监测大型工程，范围覆盖南通辖区6县市，面积约8000平方千米，共施测一等水准580千米、二等水准1337千米。

二 获奖情况

南通市测绘院有限公司编制的《南通市区城市规划卫星影像地图集》获中国测绘学会2010年优秀地图作品裴秀奖铜奖。“大跨度空间钢结构精密工程测量技术方案研究”获中国测绘学会2010年测绘科技进步奖二等奖和江苏省测绘科技进步奖一等奖。

南通市测绘院有限公司获“江苏省测绘行业思想政治工作先进集体”称号。

淮安市水利勘测设计研究院有限公司

【概况】

淮安市水利勘测设计研究院有限公司成立于1990年，法人代表吴昌新，拥有甲级测绘资质，共有技术人员61人。业务范围包括地籍测绘；工程测量：控制、地形、城乡规划定线、城乡用地、规划检测、日照、市政工程、水利工程、建筑工程、精密工程、线路工程、地下管线、桥梁、隧道、变形（沉降）观测、形变、竣工测量。

【业务】

2010年，淮安市水利勘测设计研究院有限公司完成测绘项目160多项，涉及水利、电力、交通等多个领域。主要测绘项目包括淮阴区小型农田水利重点工程、里运河防洪控制工程、名祖陵旅游公路工程、淮安市古黄河水利枢纽工程、沭阳柴米河整治工程、金宝航道配套及影响工程、清水坝灌区续建配套与节水改造工程、淮河出海航道高良涧船闸扩容工程、老三河整治工程、运南灌区（泗阳）2010年度改造工程、白马湖环湖公路工程、220kV电厂至朱桥出线改造工程等，为淮安城市建设发展提供测绘成果保障。

【获奖情况】

淮安市水利勘测设计研究院有限公司完成的“南水北调一期工程泗洪站工程测量”获江苏省优秀测绘工程奖二等奖。6项测绘工程获淮安市优秀测绘工程一、二、三等奖。

镇江市勘察测绘研究院

【概况】

镇江市勘察测绘院成立于1974年，法人代表李明，拥有甲级测绘资质，共有技术人员54人。业务范围包括摄影测量与遥感；工程测量：控制、地形、城乡规划定线、城乡用地、规划检测、日照、市政工程、建筑工程、精密工程、线路工程、地下管线、桥梁、隧道、变形（沉降）观测、形变、竣工测量；地籍测绘；房产测绘。

【业务】

2010年，镇江市勘察测绘院完成高资、石马和荣炳区域的1:1000图测绘任务，共150平方千米；对镇江规划区内约800平方千米1:1000地形图进行更新，确保现势性，并完成规划放线、验线、竣工测量等规划测绘任务1000多项。利用2009年10月拍摄的航片制作正射影像地图集，并公开出版发行。

【获状情况】

镇江市勘察测绘院完成的“镇江主城区1:1000数字地形图编绘”获城乡建设系统优秀勘察设计工程测量与城市测量三等奖；“城市基础地理信息管理与服务平台的研究与建立”获江苏省测绘科技进步奖三等奖；“句容市城市规划区北部片区1:1000比例尺全数字航测地形图”获江苏省优秀测绘工程奖三等奖。

福建省

福建省测绘院

【概况】

福建省测绘院成立于2004年，法人代表姜建慧，拥有甲级测绘资质，共有技术人员117人。业务范围包括摄影测量与遥感；地理信息系统工程；工程测量；地籍测绘；房产测绘；行政区域界线测绘；大地测量：卫星定位、三角、水准测量。

【业务】

一　基础测绘项目

2010年，福建省测绘院承担福建省连续运行卫星定位服务系统（FJCORS）项目的建设任务，完成FJCORS系统的选点、测图、施工、设备安装、控制点普查、对全省47个站点进行坐标联测及系统测试等工作；完成全省革命老区1:1000地形图测制；承担1:5万基础地理信息地形要素数据缩编更新、省小城镇综合改革建设试点1:1000测图等测绘项目。

福建省测绘院完成1:1万数据更新148幅、1:1万数字线划图测制20幅；1:5000数字线划图测制311幅；完成新农村建设用图保障项目198个行政村的1:1000数字地形图施测；开展边远地区少数民族地区3个县市22个行政村的测图等工作。

此外，福建省测绘院完成南平、南靖、古田三个C级GPS点搬迁工作。

二　重大工程测绘

（一）晋江市（晋西片）1:500航测数字化测绘工程

为满足晋江市城市建设总体规划的需要，福建省测绘院承担晋江市晋西片区1:500航测成图测绘项目，总面积为306.2平方千米。其中，东石片区的50.875平方千米的测绘成果质量评定为优秀。

（二）福建省海洋灾害监测及预警

福建省测绘院承担福建省海洋灾害监测及预警预报系统基础建设之沿海重点岸段的测量任务（简称海堤测量），为了满足海堤高程测量的需要，年内在福建省连续运行卫星定位服务系统参考站（FJCORS）已有站点的基础上，加密建设6个站点；为保护千亩以上的海堤观测1419千米、绘制海堤纵断面图和1:1万带状地形图、制作沿海带状区域1:1万DEM；提取约3万平方千米陆地范围内县、乡镇、居民地、港口、码头、企事业单位等地物要素相关属性数据信息；对海岸段44685平方千米区域2.5米分辨率遥感影像进行融合、配准。

（三）国家海岛（礁）“927”工程项目

福建省测绘院完成“927”一期工程在福建省区域内的11个陆地卫星定位大地控制点的选建和6

个海岛（礁）卫星定位大地控制点的选建任务，项目内业成果评定为优秀。完成位于莆田秀屿和霞浦三沙2个沿岸陆地卫星定位连续运行站和位于霞浦北礵岛1个海岛卫星定位连续运行站站址勘选测绘任务。

（四）沈海高速复线测量

福建省测绘院承担沈海高速复线福州境内福州连江至宁德蕉城段高速公路的扩容工程测量任务，完成沿途1:2000地形图测绘，总面积约109平方千米。

（五）泉州市规划区航空摄影与航测成图、修测成图工程

受泉州市城乡规划局委托，福建省测绘院与厦门银据空间地理信息有限公司共同承担指定区域1:500航测成图、修测成图项目。该项目完成C级、D级和E级GPS控制点的测量；生成规划区980平方千米的区域似大地水准面精化成果；对387平方千米1:500航测数字图进行修测；完成1:500航测成图121平方千米；制作了1:2000数字正射影像图和数字高程模型。

（六）龙岩市规划区航测成图工程

受龙岩市国土资源局委托，福建省测绘院承担龙岩市规划区（A标段）481平方千米的1:1000与1:2000航测成图工程，制作了DOM、DEM、DLG等产品。

【其他】

一、科技创新

2010年，福建省测绘院基于生产需求开发了福建省测绘院质量管理系统，以项目为主线，实现查询和质量情况、年度人员等统计功能。

2010年，与龙岩市国土资源局合作开发了“龙岩市影像管理系统”，实现对龙岩市区及开发区的海量航空正射影像的快速浏览、查询、分析，数据编辑标注，矢量叠加分析等。

二、获奖情况

福建省测绘院积极推动创建文明单位，获省直机关第十届（2006－2008）文明单位称号和全国测绘系统先进集体称号，1人获得五一劳动奖章，1人被评为全国测绘技术能手，1个班组获福建省直机关2008－2009年度“巾帼文明岗”，1人获省直机关2008－2009年度“三八”红旗手称号。

三、应急保障

2010年，福建省测绘院利用遥感影像对南平、三明、龙岩市及古田县遭受严重水灾的灾毁耕地情况进行核查，提取灾情遥感数据5.92万平方千米；对永泰县城关可能滑坡区域进行7天7夜不间断变形观测，确保群众与施工队伍安全。

福建省制图院

【概况】

福建省制图院成立于1980年，法人代表张智勇，拥有甲级测绘资质，共有技术人员52人。业务范围主要为地图编制：地形图、全国政区地图、电子地图、真三维地图、其他专用地图。

【业务】

2010年，福建省制图院积极为省政府和各职能部门提供地图服务，编制《中华人民共和国福建海事局辖区示意图》、《福建省司法所业务用房建设动态示意图》、《福建省公安边防支队辖区图》、《武警泉州森林大队防区区划图》等。开发地图新品种，推出《厦门一本玩透》、《福建省旅游交通图》（福州、厦门、泉州专版）、《福州周边休闲游》、《龙岩市交通旅游图》等地图。

福建省制图院完成泉州市78个乡镇、漳州市22个乡镇新农村建设用图的生产任务；完成公开版地图数据库建设项目。

【其他】

一、科技创新

2010年，福建省制图院自主研发的“制图院内部管理系统”、“基于Coreldraw应用软件的生产批处理模块”等成果已投入应用，有效地加强生产管理和提高生产效率。地图网站建设研究、公开版地图数据库研究、居民地密度与选取指标研究取得阶段性成果。

二、应急保障

2010年，福建省制图院累计向社会提供地图7376幅（册）；主要完成《海西高速公路发展规划图》、《海西铁路发展规划图》和《海西电力发展规划图》等海西发展战略规划图的编制，《武夷新区综合交通图》、《武夷新区发展格局图》等规划专题图的编制；平潭综合实验区、湄洲湾区域、环三都澳区域等10个重点区域规划的位置图和发展布局图等的编制。

福建省地质测绘院

【概况】

福建省地质测绘院成立于1958年，法人代表林

希，拥有甲级测绘资质，共有技术人员 92 人。业务范围包括摄影测量与遥感；工程测量：控制、地形、线路工程、地下管线、矿山、建筑工程、变形（沉降）观测、形变、竣工测量；地籍测绘；地理信息系统工程：摄影测量数据处理、地图数字化、建立数据库、建立专业地理信息系统。

【业务】

2010 年，福建省地质测绘院先后完成福建省古田、龙田、龙门、水头、兴田、赛岐、角美、白沙等 8 个小城镇规划建设 1∶1000 数字地形图测绘共 72.31 平方千米；惠安县城市总体规划扩大修编 1∶1000数字地形图测绘项目 86.5 平方千米；厦门市 1∶500 全野外数字化测图 11.6 平方千米；漳州市、宁德市等 10 个县（市、区）新农村建设用图保障工程 1∶1000 数字测图 45.89 平方千米；福州至广州（莆田、漳州段）、沈阳至海南复线（泉州段）、北京至台湾（福州段）等高速公路定测；龙文、芗城、常山、马尾、闽清、泰宁、清流、新罗、永春、城厢、长汀等 11 个县（市、区）农用地分等更新与产能核算项目；厦门6 个区，泉州 3 个区，漳州 2 个区，平和、闽清、寿宁、柘荣、泰宁、石狮、武夷山、南安、连江、建瓯等21 个县（市、区）标准时点土地变更调查建库及成果整改。

福建省地质测绘院完成晋江市（晋西磁灶片区）1∶500航测数字化测绘工程 99.19 平方千米；武夷新区（闽北新兴发展区域启动区）1∶1000 数字地形图测绘 98.8 平方千米；龙岩市规划区和高坎培地区（B 标段）1∶1000 航测成图 123.5 平方千米，1∶1000 DOM、DEM 制作 157 平方千米，1∶2000 DOM、DEM 制作 89.5 平方千米；厦门至沙县（三明段及泉州段）、莆田至永春（泉州段）、漳州金山至龙岩红坊扩建工程、明溪联络线、三明中心城市快速通道、漳州古雷至龙岩武平等多项高速公路 1∶2000 航测项目约1200 平方千米；负责福建省矿业权实地核查 3523 个的技术指导、监督、协调、数据汇总统计、相关报告的编写和成果验收，完成 1682 个有效矿业权的实地核查工作，成果被全国矿业权实地核查项目办公室评定为优秀。

【科技创新】

年内，福建省地质测绘院完成 LIDAR 激光数据处理技术研究、矿区大比例尺地质图件自动成图系统、福建省地质测绘管理系统、1980 西安坐标系与 2000 国家大地坐标系转换方法研究等工作。

福建省基础地理信息中心（福建省基础地理遥感影像应用中心）

【概况】

福建省基础地理信息中心成立于2001 年，法人代表简灿良，拥有甲级测绘资质，共有技术人员 50 人。业务范围包括地理信息系统工程：空间遥感地理信息数据处理、摄影测量数据处理、外业采集的地理信息数据处理、地图数字化、建立数据库、建立专业地理信息系统、建立基础地理信息系统；互联网地图服务。

2010 年，经中共福建省委机构编制委员会办公室批准，福建省基础地理信息中心加挂福建省基础地理遥感影像应用中心牌子，在承担原职责的基础上，增加全省基础地理遥感信息影像集中采购与分发服务及相关数据库建设工作职责。按照互联网地图服务资质要求进行申报，成为首批通过国家测绘局互联网地图服务甲级测绘资质认证单位。

【业务】

2010 年，福建省基础地理信息中心承担的福建省地理信息公共服务平台、“天地图”（福建）、数字泉州地理空间框架、福建省自然资源与地理基础空间信息库等国家测绘局试点项目和省级基础测绘重点项目全面按计划推进。

【其他】

一、科技创新人才培养

2010 年，福建省基础地理信息中心完成的“三维地理空间信息网络平台及应用示范关键技术研究”、“数字武夷三维旅游服务平台”分别获中国测绘学会 2010 年测绘科技进步奖二等奖、三等奖；“厦门市城市三维地理信息系统”获 2010 年中国地理信息系统协会 GIS 优秀工程奖银奖。2 个科研项目获福建省测绘局科技发展基金资助。完成福建省科学技术协会 2010 年决策咨询研究课题 1 项。

全年 2 人通过国家测绘局青年学术和技术带头人考评；2 人通过福建省测绘局青年学术和技术带头人考评，2 人增选为福建省测绘局青年学术和技术带头人。此外，该中心被福建省信息化局授予 2010 年福建省企事业信息化应用先进单位称号。

二、应急保障

福建省基础地理信息中心印发《福建省基础地理信息中心测绘应急保障预案》，建立健全测绘应急保障机制，加强测绘应急保障工作。为边防部门世博海上安保应急指挥紧急制作多比例尺彩色《福建省无居民岛屿分布图集》以及任务区域海上安保、管防等专题图集4册、专题地图36幅。根据国家防汛抗旱总指挥部紧急用图要求，及时完成所需地图；为闽西北防汛救灾及时提供有效的测绘保障服务。开发的福建省国土资源厅应急系统，在2010年闽西北部发生严重水灾以及台风登陆期间，为省国土资源厅提供7天24小时地图服务。2010年，该中心被国家测绘局授予测绘应急保障先进集体称号。

福建省港航管理局勘测中心

【概况】

福建省港航管理局勘测中心成立于1955年，法人代表曾昭辉，拥有甲级测绘资质，共有技术人员59人，主要提供海洋测绘服务。

【业务】

2010年，福建省港航管理局勘测中心完成福建莆田平海湾海上风电场世行示范项目一期工程海图测量。完成江阴国电码头测量，莆田平海湾海上风电场海图测绘，鸿山热电厂煤码头锚地、航道、回旋水域及港池多波束扫海测量，厦门嵩屿电厂煤码头水深测量等风能电力建设项目测量。完成大东石化码头扫海测量，莆田进港航道LNG海底管道区多波束扫测，漳州港古雷港区一德石化码头水深测量及水文测验工程等石化建设工程。完成东海救助局湄州湾基地工程、湄州岛救助局码头水深地形测量；厦门海事局东山海事工作船码头补充测量；做好莆田秀涂3万吨级航道工程水深测量的技术服务。完成海西宁德工业区长腰岛控制测量、宁德三都澳港区白马作业区坪岗－白碴岸线利用规划测量；福州海峡国际会展中心游艇码头工程扫海测量；闽江南港河道水深测量、闽江南港航道整治疏浚工程及北港局部航道水深测量；湄州湾航道三期工程新设港内3号、4号锚地扫测；湄州湾新设40万吨级船舶候潮锚地多波束扫测；泉洲湾规划1号、2号锚地附近海域水深测量以及漳州港古雷港口陆域和加工物流区填海造地工程服务工作。

福州市勘测院

【概况】

福州市勘测院成立于1952年，法人代表高学珑，拥有甲级测绘资质，共有技术人员93人。业务范围包括摄影测量与遥感；地理信息系统工程；工程测量：线路工程、形变、竣工、隧道、桥梁、地下管线、变形（沉降）观测、市政工程、城乡规划定线、城乡用地、地形、控制、精密工程、日照、规划检测、建筑工程测量。

【业务】

2010年，福州市勘测院主要承担福州市规划区规划监督测量、主要新建项目的道路定线测量、基础测绘、航摄拆迁测量、市政工程测量、地下管线探测、GIS开发、地理信息系统工程建设等。

福州市勘测院建立了9个连续运行参考站的城市GNSS综合服务系统，完成福州市2000平方千米似大地水准面精化、福州地铁1号线平面高程控制测量及2号线工程可行性阶段勘测工作、平潭全区域首级平面高程控制测量和370平方千米的1∶500地形图测绘、三环东北段B标段等市政道路勘测、福建省人口普查地图标绘与数据库建设、福州市建设工程电子招投标平台一期等项目。

福州市勘测院承担福州市75条内河整治截污工程测量、福州市地下管线数据库建设、泉州南安海域调查等项目。

【获奖情况】

2010年，福州市勘测院取得地下管线开盖设备2项实用新型专利和7个软件著作权。

完成的“福建省交通地理信息系统”获2009年度全国城市勘测优秀测绘工程奖一等奖、2010年GIS优秀工程奖银奖；《福州市影像图集》获中国测绘学会2010年优秀地图作品裴秀奖铜奖；福州市勘测院参与编制的《卫星定位城市测量规范》获2010卫星导航定位科学技术奖三等奖；“福州市浦上大桥及接线工程勘察”获2009年度全国城市勘测优秀勘察工程奖一等奖；“福建省营运车辆卫星定位安全服务系统多元空间信息整合建库项目”获2009年度全国工程勘察设计行业优秀工程勘察设计奖二等奖；“福建省营运车辆卫星定位安全服务系统”获福建省2009年度科学技术奖一等奖；“基于3S的公安警用指挥系统关键技术研究”获福州市2010年度科学技术进步奖三等奖；

厦门市测绘与基础地理信息中心

【概况】

厦门市测绘与基础地理信息中心成立于1955

年，法人代表刘恩信，拥有甲级测绘资质，共有技术人员60人。业务范围主要为工程测量：控制、地形、城乡规划定线、城乡用地、市政工程、线路工程、地下管线、变形（沉降）观测、形变、建筑工程、竣工测量。

【业务】

一、厦门市连续运行卫星参考站系统

2010年6月，厦门市连续运行卫星参考站系统建设完成，并投入试运行。该系统于2009年9月开工，先后完成基站分布设计、踏勘选址、墩标建设、仪器设备安装、测试等工作。

截至2010年12月31日，厦门市已有9家测绘单位申请开通使用专网，21台流动站服务于建设领域。通过该系统实现了单人单机的工作模式，减少了人员、仪器、培训的投入，降低了作业难度，提升了基础测绘工作效率。

二、《厦门市房产面积测算细则》（2011年版）

11月16日，《厦门市房产面积测算细则》（2011年版）正式发布，于2011年1月1日在厦门市施行。

【其他】

自厦门市“五大战役”项目实施以来，厦门市测绘与基础地理信息中心累计为“五大战役”项目提供测绘保障46件（次），完成建筑物放样、坐标测量等日常工程测量741件，建设工程竣工规划条件核实测量186件，涉及建筑物340栋、总建筑面积426万平方米。做好岛外新城、小城镇综合配套改革项目的服务保障，针对集美新城、翔安新城、汀溪镇小城镇综合配套改革项目，对建设过程中的测绘需要开通绿色通道，累计为岛外新城及小城镇综合配套改革项目提供各种比例图791幅，制作用地红线图、蓝线图、示意图、勘测图等各种专题图件2032份。

漳州市测绘设计研究院

【概况】

漳州市测绘设计研究院成立于1979年，法人代表郑金水，拥有甲级测绘资质，共有技术人员56人。业务范围包括工程测量：控制、地形、城乡规划定线、城乡用地、规划检测、日照、地下管线、市政工程、建筑工程、线路工程、隧道、竣工测量；房产测绘。

【业务】

2010年，漳州市测绘设计研究院成为漳州市首家工程测量与房屋测绘甲级、海洋测绘丙级资质单位。

全年该院主要完成建筑物放样与核样437幢；建筑物竣工测量130幢；竣工面积核算120万平方米；地下管网竣工等零星测绘项目222件；为中国城市规划设计研究院修编《漳州市城市总体规划（2000－2020）》和《漳州市域城镇体系规划（2000－2020）》提供中心城区1:2000地形图和1:1万规划区地形图。完成漳州市城投公司、芗城区城市建设开发总公司、市土地收储中心、龙文城建中心等承担的碧湖生态园建设等“五大战役”项目的测绘保障；完成福建省2010年新农村建设用图保障工程漳州市区10个行政村的地形测量任务。

为漳州市国土资源局及平和、东山、南靖等县国土资源局制订《基础测绘十二五规划》。2010年，营业收入比2009年增长16%，全年固定资产投资、办公楼更新改造、测绘技术投资共110万元。

【其他】

2010年，漳州市测绘设计研究院参与实施的福建省第一个设区市城市地理信息综合应用平台项目——漳州市城市地理信息综合平台，被列为住房和城乡建设部科技示范项目，并顺利通过验收。此外，漳州地理空间数据构建与应用研究项目被列入漳州市2010年科技计划；龙文区1:500航测数字化图测绘工程获全国优秀城市勘测工程奖三等奖。该院被评为福建省住房和城乡建设系统2007－2010年度先进集体；在漳州测绘行业年度考评中获得“2010年测绘规范化建设年活动先进单位”、“漳州市测绘学会2006－2009年度先进集体”等称号。

山东省

山东省国土测绘院

【概况】

山东省国土测绘院成立于2001年，法人代表董同玉，拥有甲级测绘资质，技术人员共217人。业务范围包括摄影测控与遥感；控制、地形、城乡规划定线、城乡用地、规划检测、日照、市政工程、建筑工程、线路工程、桥梁、矿山、隧道、竣工测量等工程测量；地籍测绘；房产测绘；行政区域界线测绘；地理信息系统工程；互联网地图服务。

【业务】

2010年，山东省国土测绘院完成覆盖全省的1:1万、1:5000省级三维影像数据库的更新，实现了首轮1:1万基础地理信息数据全省覆盖。基本建成全省卫星定位连续运行综合服务系统，完成与济南、青岛、淄博、烟台、日照5个地市的专线连接，在交通、水利、林业等行业得到广泛应用。固定翼无人机航摄系统首飞成功。计算机信息系统安全建设集成项目顺利完成。海岛（礁）工程选点埋石工作通过国家级检查验收。完成1:5000 DOM、1:5万应用版等数据向2000国家大地坐标系的转换，完成1:5万地形数据缩编更新任务。测绘基础设施建设取得重要进展，雪山测绘生产科研基地正式投入使用。

【其他】

一、获奖情况

2010年，山东省国土测绘院团总支被授予“省直优秀团支部”称号，1人被授予“省直青年技术能手”称号。

二、测绘保障

山东省国土测绘院积极服务山东省援川、援疆工作部署，广泛搜集山东省援疆地区的测绘资料，组织制作各类专题图，开发地理信息管理系统；服务国土资源管理，承担全省矿业权核查的主要技术支持工作并开发“山东省矿业权实地核查数据建库与应用系统”，顺利通过国土资源部验收；开发“省城乡建设用地增减挂钩项目管理信息系统”、“省基本农田保护管理信息系统数据处理”以及“全省地质资料数据中心管理与服务系统”等；建成山东省测绘成果网络分发服务系统并上线试运行，有效提高了地理信息共享能力，实现了测绘成果目录信息的及时更新与联动维护。

山东正元地理信息工程有限责任公司

【概况】

山东正元地理信息工程有限责任公司成立于1999年，法人代表郑明坤，拥甲级测绘资质，共有技术人员155人。业务范围包括摄影测量与遥感、工程测量、地籍测绘、房产测绘、地理信息系统工程、互联网地图服务。

2010年，该公司重点加强与数字城市建设有关的技术开发工作，完成基础地理信息共享平台开发；开展了无人机航测业务；投资兴建山东正元地理信息产业园，组建了控股子公司——山东正元数字城市建设有限公司。年内取得互联网地图服务甲级、海洋测绘乙级资质。

【业务】

一、传统测绘工程

山东正元地理信息工程有限责任公司共完成各类传统测绘工程78项，包括全野外数据采集的DLG生产、城镇地籍调查、城市地下管线探测以及建筑物变形监测等。完成的“云南省兴地睦边农田整治1:2000 DLG测绘”项目、“山东平度市城区外围1:500地形测量”项目、“无锡市地下管线普查及管线管理系统建设”项目、“威海市地下管线普查（二期）工程”等均已通过验收。参与完成的昆明市地下管线信息管理系统建设、“日照市地下管线普查与信息化建设”项目分别获得中国测绘学会2010年测绘科技进步奖二等奖和三等奖；参与完成的“绍兴市基础地理信息系统建设”项目获2010年

GIS优秀工程奖金奖。完成的“荣成市石岛管理区1:500地籍调查及信息系统建设”项目获山东省测绘行业协会优秀工程奖一等奖。

二、数字航测与海洋测绘

山东正元地理信息工程有限责任公司承担云南省红河州蒙自县全数字航测项目，完成1:500 DLG、DOM、DEM生产以及1:2000 DLG缩编和数据库建设等工作，成果通过验收；完成呼和浩特市外围1:1000航测项目。购置2架LT-150型无人飞机及相关软、硬件设备，完成云南红河地区9个县驻地无人机航摄任务和其中3个县的1:2000 DOM制作。购置多波束测深系统、水下侧扫浅层剖面仪等海洋测绘仪器设备，完成莱阳市五龙河入海口水下地形测绘等项目。

【其他】

山东正元地理信息工程有限责任公司组建了山东正元数字城市建设有限公司（控股子公司），在烟台市高新区投资兴建山东正元地理信息产业园，11月2日举行开工典礼。完成数字城市基础地理信息共享平台、县（市）级县长辅助决策系统、城市公安指挥调度系统、数字城管系统等多个信息系统的开发建设，在山东省胶南市、邹平县等县市得到应用。“正元国土资源电子政务服务平台V1.0”等15项软件取得著作权登记证书。完成的“基于数字航测的平坦地区空间数据获取关键技术研究”、“基于GIS的天然气长输管道事故应急指挥辅助决策系统”项目获中国地理信息系统协会2010年地理信息科技进步奖三等奖。

山东省地图出版社

【概况】

山东省地图出版社成立于1981年，法人代表刘奇志，拥有甲级测绘资质，技术人员共63人。业务范围包括地形图、全国政区地图、省级及以下政区地图、电子地图、真三维地图、其他专用地图编制；互联网地图服务。

【业务】

一、地图编制

2010年，由山东省国土资源厅组织，山东省地图出版社承担的《山东省财政直管县经济地图集》（系列丛书）共包括20册，年内已完成20个县的资料收集和《安丘市经济地图册》样书编制工作。制作完成《京杭运河山东段地图》样图，为领导决策提供参考资料。为省委、省政府及各厅局提供大幅面多尺度挂图100多幅，为济南市精神文明办赠送地图100份，为省人大、省政协提供单张图100多份，并为省“两会”编制专版地图。为山东省黄河三角洲高效生态经济区建设办公室编制《黄河三角洲规划图》等20项专题图，为山东蓝色半岛经济区建设办公室编制《山东半岛蓝色经济区规划范围图》等10项专题图，为山东省军区编纂《军事志》制作县市区插图450幅，为莱芜市“两会”编制《莱芜市地图》，为烟台市民政局编制《烟台市地图》、《烟台市城区图》。

二、地图服务

2010年，山东省地图出版社为省国土资源厅编制《山东省矿产资源储量报告编制指南》和《山东省测量标志地图集》，其中《山东省矿产资源储量报告编制指南》已经印刷出版。

加强对地市国土资源管理工作的服务力度，编制《莱芜市地图集》、《潍坊市地图集》等多部地市地图集并出版发行。《淄博市地图集》的编制工作进展顺利。全年为地市国土资源局提供挂图约300幅，图书200多本。

受各县（市、区）国土资源局委托，编制完成《菏泽市地图》、《牡丹区地图》等近20个市县挂图，部分已经出版。受昌邑市国土资源局委托，开展《昌邑市领导工作用图》编制工作。

此外，山东省地图出版社编制出版16开本《山东省地图集》等图书。积极参与“农家书屋”建设，参与公共文化服务体系建设，提高公共服务水平。

【获奖情况】

山东省地图出版社编制的《山东省地图集》、《临沂市地图集》分别获中国测绘学会2010年优秀地图作品裴秀奖金奖、铜奖。

通过了ISO9000质量管理体系认证，完成了甲级测绘资质复审换证和互联网地图服务甲级资质的申报工作。

山东省地质测绘院

【概况】

山东省地质测绘院成立于1958年，法人代表赵玉祥，拥有甲级测绘资质，技术人员共70人。业务范围包括摄影测量与遥感；地籍测绘；控制、地形、市政工程、建筑工程、线路工程、地下管线、桥梁、隧道、矿山、变形（沉降）观测、形变等工程测量；摄影测量数据处理、外业采集的地理信息数据处理、地图数字化、建立数据库、建立专业地理信息系统等地理信息系统工程。

【业务】

2010 年，山东省地质测绘院签订测绘项目合同额 6200 多万元，完成并通过验收的测绘项目共 35 个，合同额为 5210 多万元。项目涉及省内的地籍测绘、城市规划测量、公路与铁路工程测量、房产测量、土地勘界、矿山勘界、风电工程测量、土地规划、沉降观测、基坑监测、管线测量等 90 多个；省外的有江苏徐州、铜山等地区测绘项目，合同额达 1000 多万元。同时，积极参与四川汶川地震灾区重建测绘工程。

【其他】

一、科技创新与获奖情况

2010 年，山东省地质测绘院成立研发部门，跟踪产业发展的前沿动态，加快科技创新和新技术、新方法应用研究，引导生产作业方式转变。通过“输油管线管理信息系统建设”、“三维激光扫描仪应用研究”等科技攻关项目实施，带动全院科技发展。参与完成的“低空无人飞行器航测遥感系统”获中国测绘学会 2010 年测绘科技进步奖一等奖。此外，获山东省第五届国土资源科学技术奖一等奖 2 项、二等奖 1 项；获山东省测绘行业协会优秀测绘成果奖一等奖 4 项、二等奖 1 项；获山东省优秀测绘工程奖一等奖 2 项、二等奖 3 项；获山东省建设厅优秀 QC 成果一等奖 1 项、二等奖 1 项；第二次土地调查 QC 小组获“2010 年度国家工程建设优秀 QC 小组”称号。该院被授予山东省地矿局“全面质量管理先进单位”称号。

二、测绘装备

2010 年，山东省地质测绘院购置三维激光扫描仪、0.5 秒全站仪、海洋测绘等设备，测绘技术装备达到国内先进水平，为提高工作效率和工作质量提供了保障。

山东中煤物探测量总公司

【概况】

山东中煤物探测量总公司成立于 1956 年，法人代表刘太忠，拥有甲级测绘资质，技术人员共 59 人。业务范围包括地籍测绘；控制、地形、市政工程、建筑工程、线路工程、矿山、隧道、变形（沉降）观测、形变、地下管线等工程测量。

【业务】

2010 年，山东中煤物探测量总公司完成邹平县全境范围内 D 级 GPS 控制网布设和三、四等水准测量；金乡县建制镇第二次土地调查约 8 平方千米；邹城市旧城区东片区、中心片区地形图测绘及数据库建设约 60 平方千米；滨海基础地理信息数据库建设 63 平方千米；新泰市公安局应急指挥中心沉降观测；在新疆、内蒙、河南、山西、山东等地完成地震工程测量项目 138 个，完成物理点放样 13.2 万多个。

【其他】

一、获奖情况

2010 年，山东中煤物探测量总公司完成的测绘项目中有 3 项分获山东省测绘行业协会一、二、三等奖，2 项获山东省煤田地质局科技进步奖三等奖，山东中煤物探测量总公司测绘院获 2010 年度山东省煤田地质局先进经济实体称号。

二、科技创新

2010 年，山东中煤物探测量总公司承担泰安市南开发区和临沂市费县经济开发区低空航测项目，通过项目带动作业人员，实现了大比例航测地形图测绘新突破。完成滨海经济开发区地形数据库建库工作。与天津、南京等有关测绘单位合作完成大量的三维建模工程。

山东省城乡建设勘察院

【概况】

山东省城乡建设勘察院成立于 1958 年，法人代表付宪章，拥有甲级测绘资质，技术人员共 57 人。业务范围包括地籍测绘；控制、地形、城乡规划定线、城乡用地、规划检测、日照、市政工程、建筑工程、精密工程、线路工程、地下管线、桥梁、变形（沉降）观测、形变、竣工测量等工程测量；外业地理信息数据采集、建立专业地理信息系统、建立基础地理信息系统、建立数据库、地图数字化、外业采集的地理信息数据处理等地理信息系统工程。

2010 年，该院完成测绘施工产值 1100 万元，签订合同约 120 份（包括协议）。在原有工程测量甲级测绘资质的基础上，申办地籍测绘及地理信息系统工程甲级资质。支持国家西部开发和建设，参与边疆部分地区援建工作。测绘安全生产管理措施落实到位，全年未发生安全生产责任事故。

【业务】

山东省城乡建设勘察院完成济南市第二次土地调查项目1、2、20标段测量工作；龙口市第二次城镇土地调查及信息系统建设；邹平市第二次城镇土地调查工作；曲阜市土地调查；西部边疆地区援建测量；省内部分地市施工工程的变形观测和基坑监测项目等。

【其他】

山东省城乡建设勘察院积极开展质量管理，建立健全质量保证体系，逐步实现质量管理规范化、标准化、程序化，承担的各项测绘项目均能按照规范要求及施工方案进行施测。承揽的第二次全国土地调查项目已接近尾声，处于提交验收的阶段。其中，3项工程通过省国土资源厅预检，1项工程通过省测绘质量检验站验收并出具验收证明，1项工程获省级优质工程奖一等奖。

山东省水利勘测设计院

【概况】

山东省水利勘测设计院成立于1956年，法人代表刘长余，拥有甲级测绘资质，技术人员共54人。业务范围包括控制、地形、市政工程、线路工程、形变、变形（沉降）观测、水利工程、精密工程、隧道、桥梁、建筑工程等工程测量；地籍测绘。

【业务】

2010年，山东省水利勘测设计院完成测绘项目41项，主要有：南水北调东线第一期工程济南至引黄济青段工程济南市区段补充控制测量、南水北调东线一期工程鲁北段灌区影响处理工程补充测量、潍坊市白浪河蓄水工程可行性研究测量、济南市卧虎山水库坝顶加宽工程测量、临清市城南及张官屯水库工程测量、邹城市因利河治理工程测量、胶东调水改线测量、新泰市东周水库溢洪闸除险加固工程测量、沭河上游治理工程可行性研究阶段工程测量、诸城市石泉水库项目建议书阶段工程测量、临朐县冶源水库灌区续建配套与节水改造工程实施方案测量、泗河泗水段生态开发整治工程测量、莱芜市钢城区辛庄河治理工程初步设计工程测量、南水北调东线一期工程二级坝泵站工程引水渠、导流工程测量、南水北调一期胶东干线济南至引黄济青段工程陈庄输水线路设计单元工程测量、济青段高青陈庄遗址移民迁站测量、滕州市马河水库库区淹没影响处理工程测量、南四湖湖东堤郗山－韩庄段堤防加固工程（三期）测量、济青段小清河分洪道子槽测量、设计院农场1:500地形及地籍测量、莱芜雪野岭东水库工程测量，汶上泉河、济宁、陈垓灌区工程测量，栖霞市黄燕底水库除险加固测量、大屯水库补充控制测量、胶东调水平度改线测量、泗河兖州段生态河道治理工程测量、西藏年楚河干流防洪二期及日喀则橡胶坝工程测量、滨州徒骇河工程测量、龙潭沟移民迁站测量、沭河莒县移民迁站测量、南水北调一期胶东干线济南至引黄济青段工程明渠段输水桥梁和倒虹补充测量工程、湖东堤移民迁站测量，南水北调东线一期工程南四湖至东平湖输水与航运结合工程、济南至引黄济青段工程、鲁北段工程控制网恢复测量，潍坊滨海经济开发区海河路节制闸工程测量、小清河干流防洪除涝可行性研究工程测量、南水北调东线一期工程胶东干线济南至引黄济青段工程陈庄输水线路设计单元工程测量、泗河生态河道治理工程可行性研究阶段测量、汶上县大汶河生态旅游综合项目可行性研究阶段测量、峡山水库水源地湿地水质净化处理工程测量、南水北调东线第一期工程微山县截污导流工程导用工程初步设计工程测量、章丘市大站水库出险加固工程初步设计工程测量。

中国石化集团胜利石油管理局

【概况】

中国石化集团胜利石油管理局成立于1987年，法人代表王立新，拥有甲级测绘资质，技术人员共52人。业务范围包括地籍测绘；控制、地形、建筑工程、线路工程等工程测量。

【业务】

2010年，中国石化集团胜利石油管理局完成8个测绘项目的生产任务，其中山东胜利石油探区三维地震勘探测绘项目5项，实测面积共1883.32平方千米，新疆柴达木、银川中卫、东北登娄库－永安地区二维地震勘探测量各1项，共实测物探测线5046.31千米，测量成果合格率100%。全年服务总值达409万元。

【其他】

一、技术培训交流

中国石化集团胜利石油管理局对员工进行质量体系培训，将培训内容贯彻到实际工作中，保证了质量管理体系持续有效地运行。积极组织技术培训，以新仪器、新技术、新方法等为主要培训内容，邀请专家或厂家技术人员授课，不断提升职工业务素质。2010年，举办各类培训班12期，共476人次参加。召开项目组交流会，总结经验，促进各项目组生产组织与施工能力不断提高。采取“走出去，请进来”的方法，开展与地震队之间的沟通与交流。

二、科技创新与获奖情况

中国石化集团胜利石油管理局承担的登娄库－永安地区二维地震勘探测量项目获山东省2010年优秀测绘工程奖二等奖。2010年，中国石化集团胜利石油管理局地球物理勘探开发公司测绘中心被评为物探公司优质工程部，滨一二、商河2010、青东北3个项目组被评为物探公司优质班组。测绘中心工作人员撰写的《海量动态数据文件时间分割系统的设计与研发》获物探公司科研进步奖一等奖。

该局地球物理勘探开发公司注重科研成果与生产应用的双向转化机制，将高分辨率遥感图像在地震勘探中的应用成果投入生产，组织技术组人员利用高分辨率遥感图像技术，对城镇、工厂等特殊地形物理点进行提前偏移设计，准确指导野外测量合理放样，减少二次测量点数。2010年，该成果获得华东6省1市测绘学术交流会三等奖。

淄博市勘察测绘研究院有限公司

【概况】

淄博市勘察测绘研究院有限公司成立于1956年，法人代表吕战军，拥有甲级测绘资质，技术人员共71人。业务范围包括控制、地形、城乡规划定线、城乡用地、规划检测、日照、市政工程、建筑工程、精密工程、线路工程、桥梁、隧道、变形（沉降）观测、形变、竣工测量等工程测量。

【业务】

2010年初，淄博市勘察测绘研究院有限公司成立精密测量部，配备了高精度的仪器、车辆等设备。全年公司测绘部完成文昌湖规划区地形图、邹平地籍修补测、文登候家地形图、乳山地形图、双岛湾正射影像图等44项测绘任务；精密测量部完成40项工程项目；市政部完成全市建设放线工程和竣工测量任务353件；技术开发部完成公路局、市公安局等16项测绘任务。

【其他】

一、科技创新

淄博市勘察测绘研究院不断提高技术质量，引进GPS CORS系统技术软件，提高了生产效率；引进管理探测技术设备，开展地下管线探测业务；购买水深测深仪，开展水下测量；开展南方系统软件及浙江大学WALK数据库软件培训。测绘工程产品优良品率达到93%。大型工程合同履行率达100%。

加大人才引进力度，年内引进本科以上学历人才5名。

二、综合质量

该院完成优秀工程项目2个。11月，威海工业新区1:500数字地图测绘（西部）工程获山东省国土资源厅优秀工程奖一等奖，沂源县旅游开发区1:1000航测数字地图测绘工程获山东省国土资源厅优秀工程奖二等奖。全年评选出突出贡献个人6人，先进个人20人，在各类刊物发表论文9篇。年底该公司通过了ISO9000质量管理体系的外部审核。

山东省经纬工程测绘勘察院

【概况】

淄博市勘察测绘研究院有限公司成立于1995年，法人代表刘传富，拥有甲级测绘资质，技术人员共76人。业务范围包括地籍测绘；控制、地形、线路工程、地下管线、变形（沉降）观测、形变、水利工程、矿山、桥梁、日照、城乡用地、城乡规划定线、市政工程、隧道、建筑工程、竣工测量等工程测量。

【业务】

2010年，山东省经纬工程测绘勘察院共开展项目72个，主要包括邹城二调建制镇部分、文登二调农村部分，京沪高铁平原段、大连万达长白山滑雪度假村索道工程、济南站南货场职工住宅基坑监测，黄河北岸下游防洪工程等测量工作及黄山、天子山等四条索道的检测和34条索道的勘测工作。编制了青岛、烟台机场飞行手册附图，临沂、潍坊净空图，完成烟台潮水机场净空障碍物测量并编制净空图，烟台潮水机场导航台（站）地形地物遮蔽角测绘；完成青海省矿产资源储量核查数据库建设（部分）、莱芜矿产资源储量利用现状调查数据库建设、郓城县城镇地籍数据库建设、地质钻孔数据库建设试点（山东）、山东省第二次土地调查地籍管理信息系统建设等项目。

【其他】

山东省经纬工程测绘勘察院各项测绘工作均严格按照测绘规范、图式和 ISO9001 质量标准要求进行。新购置 GPS RTK 设备、高精度电子全站仪、水准仪等测绘设备，进一步提高生产效率。

全年该院有 4 个项目分获山东省优秀测绘成果一、二等奖。

此外，该院严抓安全生产，全年未发生一起安全生产事故。

青岛海大工程勘察设计开发院有限公司

【概况】

青岛海大工程勘察设计开发院有限公司成立于 1997 年，前身是中国海洋大学工程勘察设计开发院，2010 年改制更名，法人代表赵军，拥有甲级测绘资质，技术人员共 58 人。业务范围包括控制、水深、水文、扫海、海洋磁力、底质、浮泥、水下障碍物探测、浅地层剖面、水下管线、海岸滩涂地形、海域界线、港口与航道工程、海域使用面积测量等海洋测绘。

【业务】

2010 年，累计完成海洋测绘项目 106 个，其中有 96 个为海籍测量项目，完成合同额 600 多万元。主要项目包括港务储运部泊位水深测量及航道疏浚土方量计算、镇海炼化算山码头 2 号 ~7 号泊位海域水深测量、5 万吨级船舶北侧进港航道水深测量、舟山小干岛南侧航道前期外业勘察、台州港临海（头门）港区疏港公路大竹山跨海大桥桥区航道工程第 SH1 标段施工项目、温州港大/小门岛港区 30 万吨级航道试挖槽工程监测项目、海洋石油工程（青岛）有限公司港池/航道水深地形测量、青岛高新区防潮坝工程宗海界址测绘技术服务等。

【其他】

青岛海大工程勘察设计开发院有限公司加强测绘高层次创新型科技人才培养，建设创新型科技人才队伍，并成立了以院长为组长、总工为副组长的院科技工作领导小组，组建了测绘创新技术小组。开展海底障碍物探测创新技术研究，根据理论模型及数据背景资料的结合，实现了复杂环境下海底障碍物探测工作，受到业主的好评。承担的“舟山港大长途工程区域水深和扫海测量”项目获 2010 年山东省优秀测绘工程奖二等奖。

广东省

广东省测绘技术公司

【概况】

广东省测绘技术公司成立于 1981 年，法人代表柳广杰，拥有甲级测绘资质，技术人员共 53 人。业务范围包括地籍测绘；房产测绘；控制、地形、城乡规划定线、城乡用地、市政工程、建筑工程、线路工程、桥梁、隧道、变形（沉降）观测、形变、竣工测量等工程测量。

【业务】

2010 年，广东省测绘技术公司承担广乐、肇花 2 条高速公路的征地测量工作，承担广州市萝岗区房产测量和中新知识产业园征地测量工作。

该公司承担第二次全国土地调查工作，所参与的标段任务均完成且成果已进入检查验收阶段。产品质量受到业主单位的好评。

8 月，该公司中标广州番禺亚运村的房产测量项目，完成运动员村、技术官员村共 61 栋房屋的实测、预算测量工作，为广州亚运会的顺利举办做出贡献。

【其他】

2010 年，广东省测绘技术公司通过 ISO9001：2008 新标准的复评工作及甲级测绘资质复审换证，为公司的质量管理提供了有效保障和依据。全年无产品质量事故或顾客投诉。

2010年，公司派员参加各类技术培训班30多人次，多次邀请测绘专家和培训机构上门授课。公司内部组织岗位技能、生产安全等培训，全面提高员工素质。

广东省地质测绘院

【概况】

广东省地质测绘院成立于1958年，法人代表张杏清，拥有甲级测绘资质，技术人员共57人。业务范围包括地籍测绘；房产测绘；地理信息系统工程；控制、地形、市政工程、线路工程、地下管线、变形（沉降）观测、形变、矿山、隧道、建筑等工程测量；控制、港口与航道工程测量等海洋测绘。

【业务】

2010年，广东省地质测绘院开展省财政公益性项目——珠江三角洲及周边地区地面沉降地质灾害监测工作的设计、实施工作；完成广东省矿业权核查项目、75幅广东省南岭成矿带和武夷成矿带1:2.5万地质地理底图编制；完成阳江、蕉岭、台山、肇庆、花都、白云等10多个市县区年度土地变更调查；完成广州、梅州、清远、雷州、遂溪、江门、惠州、腾县、怀集、阳春等20多个县市第二次土地调查（农村土地调查）和其中10多个市县的城镇地籍测量及权属调查工作；完成梅州市、阳东县、三水区、广宁县等大比例尺数字化地形测量100平方千米；完成南海区、三水区地图、街道图等编制工作；完成怀集市、阳春市、白云区等地的“三旧”改造项目；完成高明区1:2000数字航空摄影测绘项目900平方千米；完成阳春市、罗定市、高明区土地开发补充耕地项目1:2000地形测量与规划设计，清新县后备资源调查，高明区、阳春市、蕉岭县、罗定市土地开发整理项目。完成西江引水工程测量，奥体中心立交工程测量，新光快速路放线测量，广州天河林和村改造工程测量，深基坑监测，广园路、内环路变形监测，亚运场馆建设施工测量。此外，在安徽合肥成立安徽分院，承接合肥市房产测绘业务。

【其他】

2010年，广东省地质测绘院顺利通过测绘甲级资质证书复审换证，获得广东省土地规划乙级资质和广东省政府采购定点印刷单位资质。承担完成的“佛山市国土资源局南海分局建设基础地理数据库（1:500－1:2000地形图缩编项目）”被评为2010年中国GIS优秀工程奖铜奖。该院先后获“广东省守合同重信用企业”、“花都区文明单位”、“省地质局保密工作先进单位”称号；该院制图分院获“全国能源化学系统女职工建功立业标兵岗”称号。

深圳市凯立德科技股份有限公司

【概况】

深圳市凯立德科技股份有限公司（以下简称凯立德公司）成立于1997年，法人代表张文星，拥有甲级测绘资质，技术人员共108人。业务范围包括摄影测量数据处理、空间遥感地理信息数据处理、外业采集的地理信息数据处理、地图数字化、建立数据库、建立专业地理信息系统、外业地理信息数据采集等地理信息系统工程；导航电子地图制作；互联网地图服务。

凯立德公司是专业从事导航软件开发、导航电子地图制作、新一代地理信息系统、电子政务等平台软件、系统软件和应用软件开发的国家级高新技术企业，并致力于向基于移动互联网及GPS导航与LBS（移动位置服务）相结合的新兴行业领域延伸。

【业务】

2010年，凯立德公司先后发布C－Car2010春季版、iPhone版导航系统、2010秋季系列C－Car 3D版、iPhone版地铁大全等。参加大连第八届中国国际软件和信息服务交易会、郑州第七届中国汽车用品交易会、深圳市规划和国土资源委员组织举办的第十八个测绘法宣传日的宣传活动，在全国范围内开展“选正版，更安全”为主题的正版推广活动，进一步扩大公司的知名度。

公司先后获得广东省知识产权优势企业、卫星导航定位优秀工程和产品奖二等奖等奖项。

深圳市勘察测绘院有限公司

【概况】

深圳市勘察测绘院有限公司成立于1981年，法人代表田玉山，拥有甲级测绘资质，技术人员共76人。业务范围包括控制、地形、城乡规划定线、城乡用地、规划检测、日照、市政工程、水利工程、建筑工程、精密工程、线路工程、地下管线、桥梁、隧道、变形（沉降）观测、形变、竣工测量等工程测量；地籍测绘；房产测绘；地理信息系统工程；互联网地图服务。

【业务】

2010 年，深圳市勘察测绘院有限公司累计完成建设项目拔地钉桩、建筑工程定点放样、建设项目竣工测量、GIS 工程等 320 项，合格率 100%，优良率 100%，全面完成年初提出的考核目标。

【其他】

一、获奖情况

深圳市勘察测绘院有限公司共获得 7 项奖励。其中，“深圳市丹平快速路一期工程地形与地下管线测量”获 2009 年度全国优秀工程勘察设计行业奖工程勘察二等奖，“深圳市 2007 年建筑普查外业调查（特区内）”项目获 2009 年度全国城乡规划设计奖二等奖。全年发表论文 7 篇。

二、人才培养

深圳市勘察测绘院有限公司利用多种形式积极引进专业技术人才，招聘测绘专业大中专毕业生 10 名。

积极派员参加各种数字化测绘培训，加强横向管理与技术交流。全年有 5 人获得高级职称、2 人获得中级职称、1 人获得初级职称，1 人取得国家注册安全工程师资格。积极开展公司内部培训，培训人数达 100 多人次。

海南省

国家测绘局第七地形测量队（海南省测绘院）

【概况】

国家测绘局第七地形测量队（海南省测绘院）成立于 1990 年，法人代表麦照秋，拥有甲级测绘资质，技术人员共 73 人。业务范围包括摄影测量与遥感（外业）；地籍测绘；行政区域界线测绘；卫星定位、三角、水准测量、大地测量数据处理等大地测量；控制、地形、城乡规划定线、城乡用地、规划检测、日照、市政工程、水利工程、建筑工程、线路工程、桥梁、隧道、竣工测量等工程测量；海洋测绘。

【业务】

2010 年，国家测绘局第七地形测量队主要承担和完成的重大测绘项目包括国家“927”一期工程；海南省少数民族地区连续运行卫星定位服务系统建设项目；琼州海峡跨海高程传递试验项目；数字儋州项目；儋州市第二次全国土地调查城镇地籍测量项目；上海 1:500、1:1000 数字地形测绘；中国科学院海南发射场原点及定向标杆放样测量项目；海口地区地形形变和地面不均匀沉降监测扩建项目；东方市八所镇小岭村芦荟基地 1:1000 数字地形图测量项目；湖南省高速公路电子地图测绘工程项目；湖南省十二五公路规划项目；湖南省公路水路地理信息管理系统二期项目；湖南省公路水路地理信息管理系统调查版项目；湖南省公路水路地理信息管理系统高速公路管理子系统项目；海南国际旅游岛数字地理空间框架建设影像获取项目 1:2000 正射影像像控点测量。

【获奖情况】

国家测绘局第七地形测量队研发的“利用三维GIS 系统更新公路管理行业地理数据的技术探讨”获海南测绘局 2010 年科技进步奖三等奖；“关于海岛（礁）测绘项目保障实验场建设关键技术探讨”获海南测绘局 2010 年科技进步奖二等奖；欧小善被国家测绘局评为“全国测绘技术能手”；火才三被人力资源和社会保障部与国家测绘局评为“全国测绘系统先进工作者”。

国家测绘局第四航测遥感院

【概况】

国家测绘局第四航测遥感院成立于 1994 年，法人代表阳胜秋，拥有甲级测绘资质，技术人员共 54 人。业务范围包括摄影测量与遥感，地理信息系统工程。

【业务】

2010 年，国家测绘局第四航测遥感院承担和完成多项国家基础测绘项目。完成1∶5万地形要素综合判调更新121幅（广西、贵州、海南等测区）、1∶5万地形要素数字化更新生产114幅（广西测区）、1∶5万正射影像图制作191幅（广东、广西、贵州、海南岛等测区）以及1∶5万DLG综合判调更新修改入库工作。完成国家西部1∶5万地形图空白区测图工程青藏高原东部50幅DOM、DEM、DLG、地表覆盖图制作、地图制图数据的制作，以及青藏高原西部104幅DOM、DEM、DLG、地表覆盖图数据、地图制图数据的制作。

完成海南1∶1万基础地理信息数据更新项目琼北测区DLG生产111幅。完成多项市场项目，包括海南省乐东县九所30平方千米无人机航飞及1∶1000正射影像图制作，海南金华林业120平方千米无人机航飞及1∶5000正射影像图制作，海南省乐东县莺歌海180平方千米无人机航飞及1∶5000地形图测绘，海南省约130平方千米无人机航摄救灾应急服务，海口市1985年彩红外正射影像制作以及居民点采集，海口市约3平方千米第二次土地调查（城镇部分），海南省保亭县六弓乡14.1平方千米1∶1000地形图测绘。

【获奖情况】

完成的“第二次全国土地调查1∶1万比例尺航空遥感调查底图”获海南省优秀测绘工程奖一等奖，“海口市土地利用更新调查”获海南省优秀测绘工程奖二等奖。

国家测绘局海南测绘资料信息中心

【概况】

国家测绘局海南测绘资料信息中心成立于1990年，法人代表赵书轩，拥有甲级测绘资质，技术人员共56人。业务范围包括空间遥感地理信息数据处理、外业采集的地理信息数据处理、地图数字化、建立数据库、建立基础地理信息系统、外业地理信息数据采集等地理信息系统工程；地形图、省级及以下政区地图、电子地图、真三维地图、其他专用地图等地图编制。

【业务】

2010年，国家测绘局海南测绘资料信息中心参与海南国际旅游岛数字地理空间框架建设项目申报和立项相关技术文件的编制工作；研制数字海南三维影像原型系统；编制世界、中国、海南多媒体电子地图系统；开展1∶25万公众版地理信息数据与导航电子地图数据融合试验；开展“影像海南”地理信息系统的前期工作等。部分成果已在公安、武警、安全、食品与药品、海洋等部门试运行。

该中心对测绘成果资料档案数据进行全面整理，形成“一套在线数据、一套热备份数据、一套光盘冷备份数据”的管理机制。开展自然资源和地理空间基础信息数据库建设（测绘数据分中心），对1∶5万、1∶100万和部分1∶400万矢量数据进行整合；完成海口市水土流失调查数据采集、昌江县和儋州市植被数据采集；完成海南岛周边1∶1万地理信息成果与海岸线调查成果坐标系统转换和数据整合等。

完成琼海乐城至轻轨万泉河两岸、临高武莲港1∶5000地形图测绘，以及琼海中原镇万泉河1∶1000地形图测绘、三亚市赤岭1∶500地形图测绘、屯昌公路路边线和导线测量等工作。编制完成《海口市交通旅游指南》、《海南市交通旅游指南》、《陵水县交通旅游图》、《澄迈县交通旅游图》、《文昌市交通旅游图》等地图。为海南省编制“十二五”规划纲要做好专题地图制作保障工作。

【获奖情况】

2010年，国家测绘局海南测绘资料信息中心被国家测绘局评为应急测绘保障先进集体；1人被评为国家测绘局应急测绘保障先进个人。该中心地图编制部被海南省妇女联合会授予“三八红旗集体”称号。该中心编制的《新版三亚三维仿真导游图》获中国测绘学会2010年优秀地图作品裴秀奖铜奖。

国家测绘局海南基础地理信息中心

【概况】

国家测绘局海南基础地理信息中心成立于1996年，法人代表金玉平，拥有甲级测绘资质，技术人员共51人。业务范围包括摄影测量与遥感（内业）；摄影测量数据处理、空间遥感地理信息数据处理、外业采集的地理信息数据处理、地图数字化、建立数据库、建立基础地理信息系统、建立专业地理信息数据处理等地理信息系统工程；地形图、省级及以下政区地图、电子地图、真三维地图、其他专用地图等地图编制。

【业务】

2010 年，国家测绘局海南基础地理信息中心共承担测绘项目 60 多项，包括国家 1∶5 万基础地理信息数据库更新二期工程、基础地理信息系统网络运行与维护系统建设、信息化测绘前沿技术试验以及省级项目海南 1∶1 万基础地理信息数据更新等。作为海南国际旅游岛数字地理空间框架建设的实施单位，该中心完成方案编写、平台初审，部分数据准备、加工，部分地图编制等工作。

全年完成市场项目 60 多个，除继续完成各市县地名数据库建设外，还开展了多种形式的地名公共服务，建设市县地名网站，开通地名短信服务，开发地名公共查询系统。承担第二次全国地名普查试点城市（文昌）的技术支持与数据库建库工作。完成地图编制 20 多项，包括《海南省地图册》、《海南省海岛分布地图册》、《海南省标准地名地图集》、《三亚清水湾专版地图》、《海南旅游房产商务图》、《博鳌镇地名规划总图》、《平海·逸龙湾区域图》、《文昌市行政区划图》、《新浪网专版图》等。

2010 年，组织申报海南测绘局科研项目 2 个，分别是“RIA 技术在 WebGIS 中的应用研究”和“海南省领导用图选题及编制方案研究”。王小军获第九届夏坚白测绘事业创业创新与科技创新奖。

重庆市

重庆市土地勘测规划院（重庆市房屋勘测院）

【概况】

重庆市土地勘测规划院（重庆市房屋勘测院）成立于 1983 年，法人代表张孝成，拥有甲级测绘资质，技术人员共 68 人。业务范围包括地籍测绘；房产测绘；地理信息系统工程；行政区域界线测绘；控制、地形、城乡规划定线、城乡用地、规划检测、日照、市政工程、建筑工程、线路工程、桥梁、隧道、竣工测量等工程测量。

【业务】

重庆市土地勘测规划院紧紧围绕为重庆市国土房管事业提供强有力的技术支撑和服务保障这一工作中心，不断推动各项工作进展。

地籍房产测量方面，完成初始地籍测量 62 平方千米、国土整治测量 38 平方千米，外业勘测 65 平方千米，内业绘图 13.56 万宗、面积 50 平方千米。完成房产测绘 3370 万平方米，并积极开展公共租赁房建设的预测工作。

土地调查方面，开展调查评价类项目 10 个，审查 668 个土地开发整理项目测绘成果。组织开展重庆市第二次土地调查城镇预检工作，全市1∶500城镇地籍测绘成果近 900 平方千米，并积极探索基于第二次土地调查成果应用和管理的新机制、新模式，构建与区县合作的技术支撑项目。完成 2009 年重庆市 10 个区县农用地定级估价试点工作，编制完成《中国耕地质量等级调查与评定（重庆卷）》，由中国大地出版社出版。

遥感监测方面，开展遥感监测类项目 25 个。完成国家下发的 54 个区县 46 景遥感数据覆盖区域监测，面积 12.6 万平方千米；完成全市 39 个区县“一张图”工作质量检查，全市卫片执法检查技术工作；完成三峡库区生态地质环境要素遥感影像解译；采用无人飞行器遥感监测系统在城口县庙坝镇、四川省汉源县万工乡、四川绵竹市清平乡地质灾害抢险中进行航摄，为各级抢险救灾指挥部及时提供地质灾害资料。

【其他】

一、科技创新

2010 年，重庆市土地勘测规划院成功申报“十二五”国家科技支撑计划重点项目农村集体土地流转示范与监测；与中国航空物探遥感中心和广东省国土资源厅共同申报部级公益性科研项目“基于无人飞行器和 CORS 系统的三峡滑坡地质灾害监测技术研究”并获批准；组织申报局级科技项目、前期项目和调研项目 8 项。编制完成《重庆市区域性中心城市房地产发展调研》和《重庆市镇级国土整治理论与实践研究》。该院被批准为重庆市首批博士后科研工作站。

二、获奖情况

该院承担的“重庆市三峡库区土地开发整理移土培肥工程专项规划”获重庆市科学技术奖三等奖，“璧山县大路镇国土整治规划”获国土资源科技奖二等奖。此外，该院当选重庆市2009－2010年“守合同重信用”单位，荣获市国土资源和房屋管理局2010年度先进集体和好班子称号，党总支获系统“五个好”基层党组织称号，院工会获“先进基层工作组织”。

贵州省

贵州省第一测绘院

【概况】

贵州省第一测绘院成立于1979年，法人代表车德伦，拥有甲级测绘资质，技术人员共74人。业务范围包括摄影测量与遥感（外业），工程测量，地籍测绘，房产测绘，地理信息系统工程，行政区域界线测绘。

【业务】

2010年，贵州省第一测绘院完成的重大测绘工程项目有：贵州省C级GPS控制网的建设及大地水准面精化工程；贵州省瓮安县、三都县、万山特区、兴义市等23个县市第二次全国土地调查农村部分数据库建设。

【其他】

一、获奖情况

贵州省第一测绘院完成的“贵州省C级GPS控制网及大地水准面精化工程”获贵州省国土资源厅2007－2009年度测绘一等奖；“贵阳环城高速公路南环线勘测定界”、“铜仁大兴机场飞行区扩建工程项目测量”获贵州省国土资源厅2007－2009年度测绘二等奖。

二、科技创新

贵州省第一测绘院加大科技创新力度，研发了“贵阳市小河区数字三维城市试点建设”、“勘测定界数据处理系统2010”、“高斯投影正返算及换带计算程序”、“国家基本比例尺图号换算及查询程序”、“第二次土地调查农村部分数据流向分析统计程序”、“土地开发整理竣工图测量地块批量填色程序”等软件产品。

此外，完成《贵阳市小河区数字城市地理空间信息内容及要素代码标准》、《贵阳市小河区国土资源管理综合监管平台概要设计说明书》、《贵阳市小河区地籍管理系统详细设计方案》等技术成果文件的编制。

贵州省第三测绘院

【概况】

贵州省第三测绘院成立于1970年，法人代表戴恒勇，拥有甲级测绘资质，技术人员共50人。业务范围包括控制、地形、城乡规划定线、城乡用地、规划检测、日照、市政工程、建筑工程、线路工程、桥梁、隧道、竣工测量等工程测量；地籍测绘；行政区域界线测绘；地形图、省级及以下政区地图、电子地图、真三维地图、其他专用地图等地图编制；地理信息系统工程。

【业务】

2010年，贵州省第三测绘院承担的重大测绘工程项目有：贵州省黔中水利枢纽工程测量工程测量、仁怀石漠化治理、遵义东北环线控制测量及1:2000地形图测制、新蒲新区1:2000地形图及正射影像测制、航测“3D”数字内外业一体化生产与建库、无人机低空遥感技术航拍贵州万亩大坝耕地并制作正射影像、1:75万《贵州省地图》编制、“数字城市”建设试点工作等。

【获奖情况】

2010年，贵州省第三测绘院被国家测绘局评为测绘应急保障先进集体，王国洲被国家测绘局评为测绘应急保障先进个人，申朝永获全国测绘系统“测绘奖章”。

在贵州省国土资源厅2007－2009年度优秀测绘产品评选活动中，该院完成的《贵阳市综合地图册》获一等奖，“贵州省测绘成果目录查询系统”、《贵阳市主城区图》、“贵州省农用地分等地图集”获二等奖。年内该院被中国检验认证集团贵州有限公司评为管理体系认证优秀企业。

中国水电顾问集团贵阳勘测设计研究院

【概况】

中国水电顾问集团贵阳勘测设计研究院成立于1958年，法人代表潘继录，拥有甲级测绘资质，技术人员共61人。业务范围包括控制、地形、水利工程、建筑工程、线路工程、地下管线、精密工程、变形（沉降）观测、形变、竣工测量等工程测量；地籍测绘。

【业务】

2010年，中国水电顾问集团贵阳勘测设计研究院完成的重大测绘工程项目有：四川省乐山市犍为县境内的龙溪口航运水电项目1∶2000地形测量87平方千米、库区移民征地界桩测定埋设约3870个桩、1∶1000坝址区地形测量8.5平方千米；完成西藏自治区雅鲁藏布江中游巴玉水电站坝址区1∶2000地形测量16.6平方千米、库区1∶1万地形测量70平方千米、库区河道纵横断面测量50千米；贵州省威宁韭菜坪、乌江源风电场1∶2000地形测量177平方千米，1∶5000地形测量81平方千米；南盘江天生桥一级水电站变形监测网复测、北盘江马马崖一级水电站施工控制网建网及初测、金沙江阿海水电站边坡变形监测、乌江沙沱水电站变形监测基准网建网及初测；澜沧江西藏段卡贡、侧格、约龙、班达、如美水电站河道纵横断面测量、公路测量、料场地形测量、坝址地形测量等。

【获奖情况】

中国水电顾问集团贵阳勘测设计研究院承担完成的“大渡河瀑布沟水电站地表变形监测网建网及初测”、“金沙江观音岩水电站一期施工控制网建网及观测”分别获贵州省2010年度优秀工程勘察设计一等奖、二等奖。

贵州地矿测绘院

【概况】

贵州地矿测绘院成立于1985年，法人代表罗斐，拥有甲级测绘资质，技术人员共58人。业务范围包括控制、地形、线路工程、地下管线、矿山测量等工程测量；地籍测绘；摄影测量与遥感（外业）。

【业务】

2010年，贵州地矿测绘院完成开阳县、石阡县、息烽县、道真县、大方县、乌当区的第二次全国土地调查（城镇部分）外业数据采集和地籍数据库建库工作，总面积65平方千米；完成威宁县、赫章县、风岗县、务川县、石阡县、道真县土地利用规划县级规划编制工作；完成湄潭县周边1∶500数字地形测量45平方千米；完成贵阳市变电工程土地勘测定界测量12平方千米。

【获奖情况】

2010年，贵州地矿测绘院获贵州省地矿局2010年度目标责任考核二等奖；“贵州思南县乌江三桥首级控制测量”2个项目获贵州省优秀测绘工程奖二等奖。

贵州黔美测绘工程院

【概况】

贵州黔美测绘工程院成立于1964年，法人代表王朝强，拥有甲级测绘资质，技术人员共64人。业务范围包括控制、地形、建筑工程、线路工程、地下管线、变形（沉降）观测、形变、矿山、精密工程、隧道测量等工程测量；摄影测量与遥感。

【业务】

2010年，贵州黔美测绘工程院完成服务总产值1280万元，主要任务包括安顺市西秀区、安顺市紫云苗族自治县等城镇地籍测绘、地形图测绘（1∶500、1∶1000）、房产测绘、煤矿井上井下对照图及勘测定界测量等。完成的“龙里谷冰1∶2000地形图测量”项目获贵州省2010年优秀测绘工程奖三等奖。

贵州省有色地质工程勘察院

【概况】

贵州省有色地质工程勘察院成立于1985年，法人代表李勇刚，拥有甲级测绘资质，技术人员共52人。业务范围包括控制、地形、市政工程、线路工程、建筑工程、地下管线、水利工程、变形（沉降）观测、形变、矿山、精密工程等工程测量；地籍测绘。

【业务】

2010 年，贵州省有色地质工程勘察院完成的主要测绘业务工作包括：清镇市物流园区 3 号路测绘、桐梓新桥水库勘界测量、石阡乡镇测量、中八强制隔离戒毒所勘界测量、沿河县谯家及县城补测1:500 地形图测绘、沿河县滨江生态工业区二期工程1:500 地形图测绘、沿河县勘测定界测量、中铝贵州分公司菠渡河矿区坑内开采工程 1:1000 地形图测绘、息烽县养龙司乡全国妇女教育基地 1:2000 地形图测绘、中铝贵州分公司曹关赤泥堆场干法增容改造项目测量、中铝贵州分公司燕垅矿区坑内开采项目地形测量、清镇市物流园区 3 号道路工程勘测定界、剑河南明 1:2000 测图、凯里市东部部分地区地形测量、贵铝二矿临时用地勘界测量。

中铁五局（集团）有限公司

【概况】

中铁五局（集团）有限公司成立于 1954 年，法人代表罗立生，拥有甲级测绘资质，技术人员共 57 人。业务范围包括控制、地形、市政工程、建筑工程、线路工程、隧道、桥梁、变形（沉降）观测、形变等工程测量。

【业务】

2010 年，中铁五局（集团）有限公司承担多项国家重点工程的测绘任务，主要包括：贵广（贵阳至广州）高速铁路 GGTJ－3 标地表 GPS 控制测量；贵开线（贵阳至开阳）地表 GPS 控制测量和二等水准测量，其中水准线路总长 160 千米；沪昆线长沙－昆明段（贵州）站前工程 CKGZTF－8 标地表 GPS 控制测量和二等水准测量，其中水准线路总长 86 千米；渝利线（重庆至利川）第 VI 标地表 GPS 测量和隧道（洞内）控制测量；沪昆高铁壁板坡隧道地表 GPS 控制测量；沪昆（上海至昆明）高速铁路 HKJX－2 标 CPICPII 测量和二等水准测量；沪昆（上海至昆明）高速铁路 HKJX－5 标 CPICPII 测量和二等水准测量；国际项目（老挝－泰国）湄公河特大桥控制测量；哈大（哈尔滨至大连）客运专线 TJ－1 标 CPIII 建网测量及复测；石武（石家庄至武汉）客运专线 TJ－4 标 CPIII 建网测量及复测。

云南省

云南省测绘工程院

【概况】

云南省测绘工程院成立于 1975 年，法人代表孙继祥，拥有甲级测绘资质，技术人员共 103 人。业务范围包括摄影测量与遥感；地籍测绘；行政区域界线测绘；控制、地形、日照、市政工程、建筑工程、精密工程、线路工程、地下管线、隧道、变形（沉降）观测、形变、竣工测量等工程测量；卫星定位、三角、水准测量、大地测量数据处理等大地测量。

【业务】

2010 年，云南省测绘工程院完成国家西部 1:5 万地形图空白区测图工程内业测图 25 幅；完成建水测区 1:1 万航测数字化“3D”入库数据 278 幅；完成香格里拉测区 1:1 万航测外业调绘 480 幅。

完成香格里拉县、德钦县、临沧县（城镇部分）土地利用外业调查及内业建库工作，面积约 26.6 平方千米。完成香格里拉县、会泽县（农村部分）土地调查，面积约 3298 平方千米。

完成红河哈尼族彝族自治州城市区域似大地水准面精化及地方坐标系建设，面积约 1596 平方千米。

完成富源县 D 级 GPS 控制测量 90 点，师宗县 D 级 GPS 控制测量 70 点；完成云南省、州（市）土地利用现状数据库建设及 1:5 万图编制（第四标段）11.69 万平方千米；完成建水县官厅镇数字化地形图测量、瑞丽市 1:500 数字化地形图测绘、彝良县松林水库 1:1 万地形图测量、富源县规划区 1:500数字化地形图测量、建水县规划区 1:500 数字化地形图测绘，砚山县平远镇差黑村、稼依镇店房新寨土地开发整理项目，罗平县规划修编等工作。

完成南昆铁路线铁路1∶1000用地图测量，全省10个机场1∶500管网图测量，云南师范大学呈贡校区第三期管网测量，东寺塔形变测量。

云南省地图院

【概况】

云南省地图院成立于1979年，法人代表杨勇，拥有甲级测绘资质，技术人员共52人。业务范围包括地形图、省级及以下政区地图、电子地图、真三维地图、其他专用地图等地图编制。

【业务】

2010年，云南省地图院完成“一乡（镇）一图”项目云南省新农村建设用图533幅任务；更新、印刷32开本《云南省地图册》作为云南省领导干部工作用图，提供1000册；完成云南省行政界线数据库建设；完成92幅1∶1万成图数字化；完成云南省1∶50万、1∶75万、1∶100万、1∶130万、1∶250万、1∶400万系列比例尺标准地理底图更新；完成红河州开远市、绿春县城市28平方千米1∶500数字化地形图图测量工作。

完成云南省“兴地睦边”重大农田整治工程绿春县、河口县、金平县3个县55.6平方千米1∶2000地形图测量工作。

7月，由于云南省地图院在全省抗旱救灾工作中的突出表现，云南省省委、省政府授予该院云南省抗旱救灾先进集体称号。

云南省地震局形变测量中心

【概况】

云南省地震局形变测量中心成立于2002年，法人代表邵德盛，拥有甲级测绘资质，技术人员共57人。业务范围为大地测量。

【业务】

一、重大测绘工程

中国大陆构造环境监测网络项目是国家发展和改革委在“十一五”期间列入国家高技术产业发展重大科技基础设施建设项目。云南省地震局形变测量中心完成该项目的下关、中甸、永胜、云龙、施甸、临沧、思茅、新平、弥勒等9个基准站、1个连续重力站及其他部委的18个基准站、2个连续重力站仪器设备安装、调试工作，8月26日，所有站点正式进入试运行。

完成云南境内弥勒、新平、思茅、施甸、临沧、云龙、中甸、永胜、丽江、会泽、东川、元谋、大姚13个GNSS基准站水准联测工作，共施测180千米。

二、流动观测

云南省地震局形变量测中心完成云南跨断层短基线、短水准监测12个场地观测6期；流动重力监测110测段，观测2期；流动地磁监测98个测点，观测2期。流动地磁监测获2009年度全国监测资料质量评比第二名。

三、云南省人民政府“十项措施”项目

“云南省跨断层形变观测场地观测”是云南省政府全面加强预防和处置地震灾害能力建设十项重大措施监测预报项目之一，该中心完成对大哨、功山、三岔路等13个跨断层形变观测场地（66个点）2期红外测距观测。完成云南省东部地区流动重力观测墩选埋项目，勘建重力点34个。其中，新建点位7个，利用已有点27个。

四、建筑物沉降观测

2009年9月～2010年6月，实施对昆明市城建投资开发有限责任公司弥勒寺公园建设项目基坑及周边房屋和地面进行变形观测，共施测810期；2009年11月～2010年12月，对云南中渝置地发展有限公司中渝·云都国际基坑及周围建筑进行变形监测，共施测476期；2005年11月～2010年12月，对国电宣威发电有限责任公司七期脱硫工程建筑物基础进行沉降观测，共施测86期；2009年9月～2010年3月，对昆明北部客运站综合楼建筑物基础沉降观测，共施测23期；2009年12月～2010年12月，对石林县石林财富中心主体及周围建筑物基础进行沉降观测，共施测51期；2009年11月～2010年12月，对弥勒县巨人财富中心建筑物基础进行沉降观测，共施测33期；2009年6月～2010年11月，对云南印象92～109栋建筑物基础进行沉降观测，共施测141期；2009年4月～2010年7月，对景洪市西双版纳普洱茶文化博览园建筑物基础进行沉降观测，共施测102期；2008年12月～2010年9月，对昆明溪麓南郡项目一期工程建筑物基础进行沉降观测，共施测102期。

【其他】

完成合作项目“青藏高原东缘地区地磁场变化加密观测研究”第4测区144个野外地磁测点选建、地磁三分量测量；按中国地震局安排，完成青海玉树地震科考15个地磁点测量；承担“中国地震科学台阵探测－南北地震带南段项目地磁剖面野外流动地磁测量”，对孟连－澜沧－思茅－江城－华宁－弥勒－泸西一线共96点进行地磁三分量及磁场总强度测量。

开展“小江断裂带中长期地震潜势定量研究”，对金源、樊家坪子、松茅棚、蒲草塘、大革勒5个跨断层红外测边场地进行3期野外观测，对小江断裂带上3条GPS剖面21个点进行1期观测（每点进行96小时GPS观测）。

开展“川滇地区高分辨率运动及形变场与强震地点确定”项目研究，完成89个点1期观测（每点观测60个小时）。

云南省航测遥感信息院

【概况】

云南省航测遥感信息院成立于1988年，法人代表韩明，拥有甲级测绘资质，技术人员共73人。业务范围包括摄影测量与遥感；地理信息系统工程；控制、地形、城乡规划定线、城乡用地、规划检测、市政工程、建筑工程、线路工程、桥梁、隧道、竣工测量等测量工程。

【业务】

2010年，云南省航测遥感信息院承担云南安宁、思茅、续宁蒗、玉溪1:1万内外业一体化测图项目643幅以及2009年跨年度的文山、红河、宁蒗1:1万内外业一体化测图项目392幅。截至年底，已完成文山、红河、宁蒗、安宁、思茅680幅1:1万“3D”数据入库工作，其他项目正在收尾。

3月～12月，云南省航测遥感信息院运用卫星摄影测量技术、网络RTK测量等技术手段完成“数字安宁”地理空间框架建设项目48幅和“数字玉溪”地理空间框架建设项目144幅1:1万“3D”入库数据的生产，为安宁、玉溪数字城市建设提供基础地理信息数据支撑。10月～12月，承担西双版纳州、普洱市13个云南省“兴地睦边”农田整治重大工程项目共200平方千米1:2000地形图测制任务，为云南省“兴地睦边”农田整治项目顺利进行提供测绘保障。

【其他】

云南省航测遥感信息院和中国测绘科学研究院合作开展的“运用WorldView卫星数据进行边境地区立体测图的研究”项目获中国测绘学会2010年测绘科技进步奖三等奖。2007年6月～2010年12月，云南省航测遥感信息院开展云南省测绘局2007年度科学技术项目——“数字线划图缩编系统开发研究”。

云南省水利水电勘测设计研究院

【概况】

云南省水利水电勘测设计研究院成立于1964年，法人代表王建春，拥有甲级测绘资质，技术人员共56人。业务范围包括控制、地形、市政工程、水利工程、建筑工程、精密工程、线路工程、地下管线、桥梁、隧道、变形（沉降）观测、形变、竣工测量等工程测量。

【业务】

一、滇中引水工程

滇中引水工程位于云南省中北部，地处金沙江、南盘江、澜沧江、红河四大水系分水岭地带，对云南省经济发展具有重要作用。5月～10月，云南省水利水电勘测设计研究院完成GPS C、D级点、V等控制点测量及1:2000带状地形图测绘等工作。

二、双江南等水库

双江南等水库位于临沧地区双江县境内，坝高89米，总库容5148.8立方米，水库径流控制面积约179平方千米。配套灌区由总干渠、勐库干渠、东干渠、西干渠4条渠道组成，渠道总长116千米。5月～7月，受双江县水利局委托，云南省水利水电勘测设计研究院完成GPS D级控制网、四等水准、渠道定线测量及1:2000带状地形图测绘等工作。

三、大桥电站

大桥水电站位于红河州开远市、弥勒县与文山州邱北县交界的南盘江干流上，为低水头、大流量的坝后式电站。3月～5月，受中国国电集团公司云南公司委托，云南省水利水电勘测设计研究院完成了国家控制点联测、坝址V等控制测量及坝址1:500地形图、库区1:2000地形图测绘等工作。

【其他】

动态GPS RTK在滇中引水工程地形测量中全面

应用，避免了全站仪长距离转站给测量带来的麻烦，也避免了山林测区全站仪无法施测或架站太多的难度。

该院申报的“牛栏江－滇池补水工程施工控制网”获2010年度云南省优秀勘察奖三等奖。

中国有色金属工业昆明勘察设计研究院

【概况】

中国有色金属工业昆明勘察设计研究院成立于1953年，法人代表陆增建，拥有甲级测绘资质。业务范围包括地籍测绘；控制、地形、日照、市政工程、水利工程、建筑工程、精密工程、线路工程、地下管线、矿山、隧道、变形（沉降）观测、形变、竣工测量等工程测量。主要承担工程测绘，工程地质勘察，建筑、规划设计，冶金工程设计，地基与基础工程施工，地质矿产勘查，化验、检测等。

该院共有在职职工566人。其中，各类专业技术人员384人，国家工程勘察大师1人，云南工程勘察大师2人，有色金属行业大师2人，在职教授级高工7人，在职副高55人（其中测绘高工7人，工程师20人，助工19人，技术员9人，测绘相关专业技术人员17人），享受政府特殊津贴专家7人，省有突出贡献专业技术人才3人，省技术创新人才2人，获昆明市青年科技奖1人。

【业务】

2010年，中国有色金属工业昆明勘察设计研究院完成数字化地形图测绘、公路测量、滑坡监测、沉降观测、管线测量、机场测量、勘测定界测量、基坑综合监测等13种类型的测绘业务，主要包括：

1:500～1:2000数字化地形图测绘166.40平方千米；1:500方格网图测绘15.21平方千米；公路测量399.98千米；220kV迪庆变电站附近山体滑坡监测6377点/次；沉降观测16622点/次；管线测量44.8千米；老挝川圹机场、琅勃拉邦机场控制测量及地形图测绘；老挝15座贝雷桥梁及其桥头接线引道项目测量；建设用地勘测定界测量9.52平方千米；昆明市工人文化宫迁建项目基坑及周边建筑物工程监测等。

承担滇中调水工程大理段数字化地形图测绘、昆明市工人文化宫迁建项目基坑及周边建筑物工程监测等重大测绘工程。

【其他】

一、科技创新

11月，中国有色金属工业昆明勘察设计研究院使用无人机航摄新技术完成武定－禄劝高速公路1:2000数字化地形图36.8平方千米，推动测绘新技术在测绘工程中的应用与发展。

二、获奖情况

2010年，中国有色金属工业昆明勘察设计研究院因在云南省抗旱救灾工作中表现突出，被国土资源部评为“国土资源系统抗旱救灾找水打井工作先进单位”；被中国勘察设计协会评为“西南五省抗旱救灾做出突出贡献的先进单位”、“抗旱救灾先进单位”；被云南省国土资源厅评为“抗旱救灾地下找水突击行动先进单位”；中国有色金属工业昆明勘察设计研究院刘文连获“春城人才奖”；赖正发获“云南省技术创新人才”称号；邹国富入选“云南省技术创新人才”培养对象。

承担的“老挝琅勃拉邦国际机场改造项目工程勘察”获2010年云南省优秀工程勘察奖二等奖；承担的“220kV迪庆变电站附近山体滑坡岩土治理”获2010年云南省优秀工程勘察奖三等奖。

中国水电顾问集团昆明勘测设计研究院

【概况】

中国水电顾问集团昆明勘测设计研究院成立于1957年，法人代表冯峻林，拥有甲级测绘资质，技术人员共84人。业务范围包括地籍测绘；摄影测量与遥感（外业）；控制、地形、市政工程、水利工程、建筑工程、精密工程、线路工程、地下管线、桥梁、隧道、变形（沉降）观测、形变、竣工测量等工程测量。

【业务】

2010年，中国水电顾问集团昆明勘测设计研究院开展的测绘业务涉及水电、水利、风电、太阳能发电、市政、国外水电等工程的测绘项目。

完成澜沧江黄登水电站16.28平方千米，糯扎渡水电站80.71平方千米，橄榄坝水电站39.24平方千米，澜沧江支流小黑江子罗山水电站39.52平方千米，回龙山水电站23.99平方千米；红河大湾水电站9.04平方千米，戛洒江一级水电站1.3平方千米，桥头水电站3.01平方千米；阿墨江忠爱桥水电站3.07平方千米；大盈江二级水电站1.8平方千米的测量任务。

完成昆明牛栏江引水工程9.6平方千米，清水海原水输水隧洞工程39.26平方千米，清水海二期工程34.85平方千米，红河流域元江县城段防洪堤工程6.8平方千米，滇中引水工程147.42平方千米的测量任务。

完成泸西县李子箐风电场60.43平方千米，东华风电场28.9平方千米，东山风电场20.96平方千米；洱源县马鞍山风电场9.65平方千米，罗平山风电场45.45平方千米；宁蒗县牦牛坪风电场60.52平方千米；曲靖市朗目山风电场44.18平方千米；骑龙山风电场39.26平方千米；红石岩风电场14.2平方千米；火木梁风电场4.47平方千米；骑马岭风电场10.19平方千米；丰乐风电场35.25平方千米；金源风电场63.19平方千米的测量任务。

继续开展昆明新机场飞行区变形监测工作。

承担老挝水电工程测绘项目，包括湄公河支流南乌江1~7级等梯级水电站测绘40.18平方千米，南芒水电站测绘12.14平方千米，南椰Ⅱ水电站测绘102.83平方千米。

承担缅甸水电工程测绘项目，包括萨尔温江支流楠马河曼栋水电站269.88平方千米，南卡江水电站14.42平方千米；恩梅开江支流诺昌卡河蓝典桥水电站66.24平方千米，同心桥水电站37.29平方千米；迈立开江腊撒水电站12.6平方千米；萨尔温江瑙帕、育瓦迪、塔桑等水电站的规划测量工作。

【获奖情况】

完成的“澜沧江小湾水电站水库淹没影响区建设用地勘测定界”获云南省优秀工程勘察奖二等奖。该院测绘大队经纬QC小组获全国优秀“QC小组”质量活动成果奖。

昆明市测绘研究院

【概况】

昆明市测绘研究院成立于1952年，法人代表侯至群，拥有甲级测绘资质，技术人员共67人。业务范围包括地籍测绘；摄影测量与遥感（外业）；控制、地形、城乡规划定线、城乡用地、市政工程、建筑工程、精密工程、线路工程、地下管线、隧道、变形（沉降）观测、形变、竣工测量等工程测量。

【业务】

一、主要测绘项目

昆明市测绘研究院完成昆明市主城区1:500数字化地形图修测330.03平方千米；完成黄马高速公路、金融集聚区等1:2000数字化地形图152.2平方千米；倘甸工业园区1:1万数字化成图1845.9平方千米；石林彝族自治县1:1万数字化成图900平方千米。完成昆明市轨道交通建设1号线C级控制网测量17点，D级控制网11点，二级精密导线控制测量53点。

编制出版《2010昆明楼盘投资指南图》、《昆明跨越式发展图》、《新昆明·新交通》、《昆明主城五大客运站乘车指南图》、《昆明·曼谷·万象·琅勃拉邦交通旅游图》、《昆明主城楼盘建设图》、《呈贡新区规划发展图》等。

在新机场、呈贡新区、滇池旅游度假区、五华区科技产业园、官渡工业园等园区建设中，完成四等GPS测量14点，1:500~1:2000数字化地形图165平方千米。

为滇池湖滨生态带“四退三环一护”建设等政府工程项目提供1:500数字化地形图174平方千米；完成昆明主城区污水处理厂再生水就地就近使用工程及主城雨污分流次干管、支干管配套建设工程1:500数字化地形图5.2平方千米。完成滇中引水工程项目1:2000数字化地形图测制13.61平方千米。

二、测绘服务与应用

昆明市测绘研究院为阳宗海风景名胜区规划建设编绘数字化地形图及0.6米QuickBird卫星影像图546平方千米；完成石林彝族自治县1:2000新农村地形图工程影像纠正604.5平方千米；为倘甸片区、板桥镇、大可乡、鹿阜镇等地区提供影像图4200平方千米；为“草海片区城市设计”等规划项目提供影像数据816平方千米；通过遥感影像数据对昆明主城建筑物和道路现状进行影像提取，完成建筑物道路信息普查及信息数据提取644平方千米。

2010年，为“昆明市三维地理信息平台”完成主城150平方千米和石林县20平方千米的城市精细化建模，开展70项规划三维辅助审批工作，并将平台逐步应用到数字社区管理、三维公安、森林消防、精细化农业等领域中。

【获奖情况】

昆明市测绘研究院编制的《昆明跨越式发展

图》、《昆明市影像地图集》获中国测绘学会2010年优秀地图作品裴秀奖铜奖；“基于LIDAR的真三维数字昆明数据库建设”获云南省职工技术创新成果奖三等奖。

西藏自治区

西藏自治区测绘院

【概况】

西藏自治区测绘院成立于1996年，法人代表高斌，拥有甲级测绘资质，技术人员共24人。业务范围包括地籍测绘；房产测绘；行政区域界线测绘；控制、地形、城乡规划定线、城乡用地、水利工程、建筑工程、线路工程、地下管线、矿山测量等工程测量。

【业务】

2010年，西藏自治区测绘院首次承担自治区基础测绘项目——拉萨至林芝C级GPS网及三等水准测量，完成C级GPS点观测33个点，三等水准测量500千米。继续开展西藏自治区突发事件应急处置地理信息平台建设，完成拉萨、日喀则、昌都3市三层以上（含三层）建筑物的纹理拍摄。完成那曲地区1∶500地形图修测任务，成果已交付使用单位。应用户要求安排人员编制拉萨市城关区区划图、定日县应急指挥用图。那曲地区3县第二次土地调查城镇与农村地籍测绘工作的测绘成果通过西藏自治区第二次土地调查领导小组办公室的验收，总体质量被评定为优秀接西藏自治区农村宅基地确权登记发证工作。

陕西省

国家测绘局第一大地测量队（陕西省第一测绘工程院）

【概况】

国家测绘局第一大地测量队（以下简称国测一大队）成立于1954年，法人代表肖学年，拥有甲级测绘资质，技术人员共63人。业务范围包括大地测量，工程测量，地籍测绘，行政区域界线测绘，摄影测量与遥感。

【业务】

2010年，国测一大队共承担“927”一期工程、西部测图工程、全国比长基线场检定、绝对重力仪测量与维护、汶川地震灾后测绘基准恢复重建等7项国家基础测绘项目和专项测绘工程。完成杭州市似大地水准面精化水准和GPS观测、厦门市现代测绘基准体系建设、琼州海峡跨海高程传递、陆态网络重力测量、陕北延长油田采油厂GPS控制网测量等多项市场测绘项目。

一、“927”一期工程

在“927”一期工程中，国测一大队首次实施长距离跨海高程传递测量、海岛相对重力测量、海岛高精度GPS观测，顺利完成“927”一期工程2010年测绘任务。

二、琼州海峡跨海高程传递测量

琼州海峡跨海高程传递测量是国测一大队完成的跨距最长的水准测量任务，也是我国当前采用同等方法、精度进行精密高程传递中最长距离的跨海水准测量，两处海面跨距达23千米，成果精度达到毫米级。

三、玉树地震灾后重建测绘保障工程

国测一大队积极参加国家测绘局支援玉树地震灾后重建测绘保障工程，完成玉树地区8个应急

GPS连续运行基准站建站工作。与中国地震局合作完成玉树、西宁、西昌、咱姑等4点的震后应急绝对重力测量任务。

【其他】

一、科技创新与产品开发

2010年，国测一大队承担由中国测绘科学研究院、武汉大学、国家基础地理信息中心、陕西测绘局共同实施的国家“863”课题“海岛（礁）精确测量集成应用技术研究”中子课题“高精度跨海高程传递测量关键技术研究”，年内进展顺利。承担的“大地测量外业记薄软件及内业数据处理集成”通过国家测绘局组织的验收。

二、获奖情况

2010年，国测一大队被人力资源和社会保障部、国家测绘局评为全国测绘系统先进集体，张建华被评为全国测绘系统先进工作者。

国家测绘局第二地形测量队（陕西省第三测绘工程院）

【概况】

国家测绘局第二地形测量队成立于1965年，法人代表刘云峰，拥有甲级测绘资质，技术人员共82人。业务范围包括摄影测量与遥感；地籍测绘；房产测绘；行政区域界线测绘；地理信息系统工程；控制、地形、城乡规划定线、城乡用地、规划检测、日照、市政工程、建筑工程、线路工程、桥梁、隧道、竣工测量等工程测量。

【业务】

2010年，国家测绘局第二地形测量队承担完成国家1∶5万数据库更新项目中青海、四川、云南测区外业控制和调绘以及青海、云黔桂测区内业数据生产任务。完成国家西部1∶5万空白区测图工程横断山脉测区雷达影像调绘片制作、野外调绘、影像解译、检测点测量任务。承担国家“927”工程二等水准测量项目。在省级1∶1万基础测绘项目中，承担商洛、渭南测区外业控制测量和数字正射影像生产任务；完成大荔测区1∶1万矢量数据更新外业任务；渭南地区机载雷达影像像片控制、野外调绘、影像处理试生产。在汶川地震灾后恢复重建测绘专项工程中，完成陕西陈仓、四川旺苍灾后重建1∶1万地形图测绘项目阶段任务。开展陕西省长安县凤栖塬考古现场实地三维精确扫描和近景摄影测量项目。完成法门寺景区无人机航摄影像图挂图制作工作。

【其他】

一、科技创新

国家测绘局第二地形测量队开展无人机航摄系统试生产、基础地理信息动态更新研究、地面雷达在文物保护和形变监测中的应用等科技创新项目。参与1∶5万数据库道路更新方案研究等生产性试验。自主研发野外数据采集与导航系统，在测绘援疆、青海测区像控导航中发挥作用。

二、获奖情况

国家测绘局第二地形测量队承担的陕西省明长城测量项目获2010年中国GIS优秀工程奖银奖；《凌源至绥中高速公路兴城支线1∶2000地形图》获陕西测绘局优质测绘成果奖。

三、应急测绘保障

国家测绘局第二地形测量队编制完成大型专项图册《安康市抗洪抢险工作用图》、《汉中市镇巴县7·24灾毁耕地和基本农田调查工作底图》等，为政府职能部门快速了解和掌握灾情、指挥抗洪救灾和灾后重建提供测绘保障服务。2010年，该队获国家测绘局“测绘应急保障先进集体”称号。

国家测绘局大地测量数据处理中心（陕西省第四测绘工程院）

【概况】

国家测绘局大地测量数据处理中心成立于1990年，法人代表郭春喜，拥有甲级测绘资质，技术人员共64人。业务范围包括大地测量数据处理；控制、地形等工程测量；地籍测绘。

【业务】

2010年，国家测绘局大地测量数据处理中心承担地心坐标系推广应用、西部测图工程像控点数据处理、“927”一期工程、陕西地震灾区测绘基准恢复、四川空间定位基准恢复重建数据处理及陕西省1∶1万省级地理信息数据库转换软件研制等6项国家重大基础测绘项目和省级基础测绘项目。先后完成山东、浙江、兰州、大连、南昌、合肥、宝鸡、泉州等10多个省、市的基础控制网数据处理及大地水准面精化工作；为西气东输二线管道工程控制点坐标转换提供服务；完成宁德市高精度三维控制网的建立及似大地水准面精化项目内外业一体化作业；配合全国矿业权实地核查工作，相继为陕西、甘肃、四川、重庆、西藏、新疆等省、自治区、直辖市近千个矿区提供控制数据处理与坐标转换服务。

【其他】

一、科技创新

2010年，国家测绘局大地测量数据处理中心完成现代工程测量国家重点实验室开放基金课题“川滇地区GPS网数据处理方法研究”及陕西测绘局科技创新基金资助课题“区域似大地水准面拟合技术研究”。“我国参心坐标系测绘成果向地心坐标系转换研究”项目通过国家测绘局组织的专家验收，项目成果已广泛应用于西部测图工程、西气东输二线管道工程控制点转换、省级基础地理信息数据转换、大连市现代测绘基准体系建设等项目。成功申报地理空间信息工程国家测绘局重点实验室开放基金课题“中国大陆精密水准测量海潮负荷改正技术研究”及陕西测绘局科技创新基金资助课题“基于CGCS2000下独立坐标系的改造与建立方法研究”。在《测绘学报》等刊物发表学术论文15篇。

二、获奖情况

“贵州省似大地水准面精化”和“大连市现代测绘基准体系（静态）建设内业项目”分别获陕西测绘局优质测绘成果奖和评优表彰成果奖。1篇论文获陕西省第十一届自然科学优秀学术论文奖二等奖。该中心获“陕西省测绘行业先进集体”称号。

国家测绘局第一航测遥感院（陕西省第五测绘工程院）

【概况】

国家测绘局第一航测遥感院成立于1956年，法人代表赵力彬，拥有甲级测绘资质，技术人员共101人。业务范围包括摄影测量与遥感；地籍测绘；地理信息系统工程；行政区域界线测绘。

【业务】

2010年，国家测绘局第一航测遥感院共承担测绘生产项目45项，其中基础测绘项目24项。积极开拓测绘市场，先后承揽泾惠渠地理信息管理系统、成都市市域全数字航空摄影测量项目DLG生产、榆神煤化工园区规划区1∶2000航测数字化测图工程等国内市场项目以及日本三维数据采编等国际市场协作项目21项。

一、西部测图工程

国家测绘局第一航测遥感院制作完成国家西部1∶5万测图工程三江源、青东、塔东区域的影像地形图、晕渲地形图488幅，青西B、C1区域DLG、DEM、DOM、LC、制图数据、影像地形图和晕渲地形图2626幅，塔西B区DLG、DOM、DEM、LC、制图数据1262幅，横断C1、C2区域DLG、DOM、DEM、LC、制图数据、影像地形图624幅，横断C1、C2区域星载及机载雷达影像生产DLG、DOM、DEM、LC 384幅。

二、国家1∶5万地形数据库更新工程

国家测绘局第一航测遥感院承担国家1∶5万地形数据库更新工程，完成2009年结转和2010年数字正射影像图生产1550幅，2010年数字正射影像图卫星影像粗纠正506幅，完成结转的2008年和2009年综合判调510幅，2010年综合判调生产326幅。

三、省级1∶1万基础地理信息数据生产

国家测绘局第一航测遥感院完成榆林DOM、秦岭DOM、杨凌测区DOM和DLG生产共1870幅。

四、灾后重建测绘保障

国家测绘局第一航测遥感院承担四川、陕西灾后恢复重建测绘保障，生产提供“3D”产品1145幅。

【其他】

一、科技创新

国家测绘局第一航测遥感院完成地理空间信息工程国家测绘局重点实验室“1∶5万基础测绘成果质量评定软件研究与开发”项目。加快推进信息化测绘体系建设，引进法国像素工厂系统（Pixel Factory）和高分辨率遥感影像数据一体化测图系统（PixelGrid），应用于1∶5万DOM生产、三峡库区SPOT数据处理，并为西安某区域土地利用变化监测提供服务。

二、获奖情况

国家测绘局第一航测遥感院完成的“制图与建库数据生产与管理的一体化技术体系研究”获中国地理信息系统协会2010年地理信息科技进步奖三等奖。“榆林测区1∶1万数字正射影像数据生产”获2010年度陕西测绘局优质测绘成果奖。

西安地图出版社（陕西省第六测绘工程院）

【概况】

西安地图出版社成立于1985年，法人代表陈向阳，拥有甲级测绘资质，技术人员共101人。业务范围主要为地图编制。

【业务】

2010年，西安地图出版社完成国家西部1:5万测图工程青西C1区地形图编制401幅，经陕西测绘局验收，质量等级为优秀；完成塔西区98幅地形图编制、198幅地形要素更新制图任务；完成三江源、青东、塔东3个测区413幅地形图印刷。完成《陕西省地图集》的编纂；为陕西省委、省政府分别制作《陕西省地势三维立体图》、《陕西省特种立体图》；与陕西省相关厅局联合完成《陕西省巩固退耕还林成果专项规划概览》、《陕西省自然保护区图集》、《西安市产品油体系十二五发展规划图》等地方制图项目。

【获奖情况】

2010年，西安地图出版社共出版图书180个品种，其中《陕西省领导用图》获中国测绘学会2010年优秀地图作品裴秀奖银奖，《西安户外休闲旅游详图》等5个项目获铜奖。《中国文物地图集·辽宁分册》获国家新闻出版总署第三届中华优秀出版物图书奖。《陕西省地图集》、《西部测图·三江源·塔东·青东测区地形图印刷品》获陕西测绘局优质测绘成果奖。

国家测绘局陕西基础地理信息中心（国家测绘局陕西测绘资料档案馆）

【概况】

国家测绘局陕西基础地理信息中心成立于1983年，法人代表李祥武，拥有甲级测绘资质，技术人员共58人。业务范围包括地理信息系统工程；互联网地图服务；地图编制：地形图、电子地图、其他专用地图等地图编制。

【业务】

2010年，国家测绘局陕西基础地理信息中心承担国家西部测图工程、自然资源和地理空间基础信息库多尺度矢量数据整合改造等基础测绘和专项测绘任务20项，市场测绘项目29项。其中，省级基础测绘和专项测绘项目主要包括：陕西抗震救灾地理信息系统建设、凤翔县新农村建设测绘保障服务示范、陕西省基础地理信息数据库建设、陕西省地震灾区灾情分析与服务地理信息系统建设、陕西省基础地理信息数据库（二期）等。完成的市场测绘项目主要包括：西安市三维指挥系统（二期）、陕西省防洪区域地图制作、延安市三维地理信息系统、华东电网输电线路状态监测系统GIS平台、渭南市防汛指挥地理信息系统、咸阳市城镇地籍调查数据库建设，以及陕西公路电子地图管理系统更新维护、新疆阿勒泰地区富蕴县喀姆斯特引水工程、陆地国界数据检验等。

一、国家西部1:5万地形图空白区测图工程

国家测绘局陕西基础地理信息中心完成三江源地区数据、青东地区数据检查及入库数据制作工作；完成自然资源和地理空间基础信息库多尺度矢量数据整合改造项目数据整合工作。

二、测绘应急保障服务

国家测绘局陕西基础地理信息中心编制完成《陕西省支援青海玉树抗震救灾行车交通图》、《玉树县规划图》等多种专题地图，为陕西省支援青海抗震救灾提供测绘保障。利用最新高分辨率卫星遥感影像和基础地理信息，赶制安康地区及市区抗洪救灾影像图、陕西省系列防洪预案图、陕西省电力公司供电营业区图集、陕西省综合交通体系示意图，为有关部门应对自然灾害和公共事件提供测绘服务。

三、地理信息平台建设

国家测绘局陕西基础地理信息中心组织陕西省地理信息公共服务平台、陕西省应急体系地理信息平台（一期工程）建设。6月，陕西省地理信息公共服务平台（陕西省公众版电子地图）在互联网上线运行；9月，该平台内网版在陕西省电子政务中心机房部署并上线试运行。陕西省应急体系地理信息平台在陕西省应急管理办公室主控机房部署并上线试运行。

【其他】

一、获奖情况

国家测绘局陕西基础地理信息中心参与完成的“基础地理信息时空数据库技术”获中国地理信息系统协会2010年地理信息科技进步奖二等奖；完成的“陕西省测绘成果资料档案管理信息平台”获中国地理信息系统协会2010年地理信息科技进步奖三等奖。该中心被国家测绘局评为测绘应急保障先进集体，被陕西省人力资源和社会保障厅、陕西省测绘局评为陕西省测绘行业先进集体。

二、测绘成果提供

2010年，国家测绘局陕西测绘资料档案馆共接待社会各界用户945家，提供1:1万地形图9693

幅、1∶5 万地形图 1899 幅，其他比例尺地形图 141 幅，各类成果数据 10868 幅，卫星影像 885 景，数据量约 254GB，大地控制成果 1845 点，航片扫描数据 8173 片，各类成果资料档案咨询服务 200 多人次，调阅档案 324 卷。

陕西天润科技有限责任公司

【概况】

陕西天润科技有限责任公司成立于 1999 年，法人代表陈利，拥有甲级测绘资质，技术人员共 111 人。业务范围包括摄影测量与遥感；控制、地形、城乡规划定线、市政工程、线路等工程测量；地籍测绘；地图数字化、建立数据库、建立专业地理信息系统等地理信息系统工程。

【业务】

2010 年，陕西天润科技有限责任公司完成全国土地利用变更调查成果的内业核查、陕西省 2010 年度土地利用现状变更调查及遥感监测、新疆红山口 - 石人子沟古代游牧民族大型聚落遗址群考古与保护 1∶2000 全数字航空摄影测量、2010 年杭州市基础空间数据库更新、青岛市内 4 区 1∶2000 道路路网测量、上海市 1∶2000 数字地形图航测综合法修测、合肥市城镇土地变更调查等多项测绘工程。

【其他】

一、科技创新

2010 年，陕西天润科技有限责任公司为中国测绘学会捐赠测绘科技进步奖奖励基金 50 万元。自主研发的全数字摄影测量系统 TR - IPS 通过省级成果鉴定。无人机应用技术、网络化工程管理技术、采集编辑入库一体化作业技术等技术的开发与应用取得突破性进展。

二、获奖项目

陕西天润科技有限责任公司完成的“南京 1∶2000数字地形图航空摄影测量”获江苏省优秀测绘工程奖三等奖。

中煤西安设计工程有限责任公司

【概况】

中煤西安设计工程有限责任公司成立于 1954 年，法人代表朱杰利，拥有甲级测绘资质，技术人员共 57 人。业务范围包括控制、地形、线路工程、隧道、桥梁等工程测量。

【业务】

2010 年，中煤西安设计工程有限责任公司完成 30 多项建设项目的前期控制、测图任务和现场服务工作。主要包括陕西府谷县沙沟岔煤矿主副井及选煤厂、西安天峻能源公司马福川矿井、陕西南梁煤矿有限公司南梁煤矿、延安禾草沟煤矿、大海则煤矿、山西华晋焦煤王家岭选煤厂等项目的测绘工作。承担鄂尔多斯新型能源基地门克庆煤矿及选煤厂、母杜柴登矿井及选煤厂、纳林河二号井及选煤厂的测图任务。完成西安天峻能源投资公司毛家川矿井场地测量、志丹 - 吴起公路的刘坪至前牛沟段二级公路测量以及陕西省府谷沙沟岔煤矿场地测量的质量检查工作。

陕西省水利电力勘测设计研究院

【概况】

陕西省水利电力勘测设计研究院成立于 1956 年，法人代表王建杰，拥有甲级测绘资质，技术人员共 54 人。业务范围包括控制、地形、水利工程、建筑工程、精密工程、隧道、桥梁、变形（沉降）观测、形变等工程测量。

【业务】

2010 年，陕西省水利电力勘测设计研究院完成陕西省榆林市王圪堵水库输水工程初设阶段测量、西安市黑河引水工程金盆水利枢纽安全监测网复测、咸阳市黑河亭口水库工程测量、陕西省延安市南沟门水利枢纽工程测量、陕西省引汉济渭工程可行性研究阶段测量、蒲城清洁能源化工年产 60 万吨烯烃项目供水工程可行性研究阶段测量、甘肃省嘉峪关市讨赖河市区段生态环境治理一期工程测量、靖边能源化工综合利用产业园区供水工程初步设计阶段测量、甘肃省天水市麦积区渭河城区段生态环境治理工程测量、西安市辋川河引水李家河水库工程地下洞室贯通施工控制监测、咸阳市亭口水库工程中塬沟水库反调节工程施工控制测量、宝钛输变电扩建工程 35kV 送电线路测量、新疆巴戈泽子电站可行性研究阶段测量、西安市黑河引水管线复线工程可研阶段测量、乾县城乡供水工程可研阶段测量、西安市黑河引水工程输水暗渠建筑物安全监测测量、西安市黑河引水灌区续建配套工程测量等测绘任务。

西安大地测绘工程有限责任公司

【概况】

西安大地测绘工程有限责任公司成立于1994年，法人代表王小平，拥有甲级测绘资质，技术人员共60人。业务范围包括摄影测量与遥感（外业）；控制、地形、城乡规划定线、城乡用地、市政工程、水利工程、建筑工程、线路工程、地下管线、变形（沉降）观测、形变、矿山测量等工程测量；地籍测绘。

【业务】

一、高速公路勘察设计测量

2010年，西安大地测绘工程有限责任公司完成山西神池至河曲高速公路150平方千米1:2000航空摄影测量、广西靖西至那坡高速公路65千米定线测量、广西马山至平果高速公路80千米定线测量、陕西省渭南市韦庄至罗敷高速公路102平方千米1:2000带状图测量等高速公路勘测项目。

二、地籍调查及第二次全国土地调查监测项目

西安大地测绘工程有限责任公司完成广西第二次土地调查19个县城建成区150平方千米城镇调查监理、江苏省东台市10.2万宗1:1000村庄地籍调查及数据建库、西安国际港务区44平方千米城镇地籍调查及拆迁摸底调查、陕西省西安市2010年度9983平方千米土地变更调查及遥感检测等项目。

三、微型无人机低空摄影测量技术推广应用

西安大地测绘工程有限责任公司完成陕西省榆林市薛庙滩煤矿1:2000地形数据测量、杭州良渚遗址考古基础地理信息数据采集1:2000航空摄影测量、西安市纺织城综合发展区无人机航空摄影、陕西省铜川市南寨子遗址考古基础地理信息数据采集、龙峰矿区1:2000地形数据航空摄影测量、湖北浠水核电和安徽省芜湖核电初级测量控制网建立及三维地形测量、陕西省神木县主要地区高分辨率影像采集和高家堡镇石峁遗址地形测量、西安市涝峪河1:1万及1:2000数据采集、西安市浐灞生态区2010年遥感监测及摸底调查等航摄测量任务。

四、应急测绘保障

西安大地测绘工程有限责任公司完成民政部委托的安康市汉滨区6平方千米滑坡泥石流灾害航摄任务。协助四维航空遥感有限公司完成甘肃省舟曲县特大泥石流灾害10平方千米航摄数据和正射影像图制作任务。

五、其他测绘项目

西安大地测绘工程有限责任公司承担“2011西安世界园艺博览会”园区38平方千米基础控制测绘、地形图测量、土方测量、施工放样、工程质量检测等建设测量任务。完成新疆农二师建设兵团19平方千米（1.7万宗）城镇地籍数据建库、陕西勉县15平方千米（9000宗）城镇地籍数据建库、国营陕西朝邑农场20平方千米土地整理项目1:2000土地利用现状图测绘。

【其他】

一、科技创新

西安大地测绘工程有限责任公司利用无人机低空遥感技术开展天津东风港港口航道图更新应用研究，利用低空无人机数字摄影测量技术进行水电工程测绘实验研究。

二、获奖情况

西安大地测绘工程有限责任公司与西安科技大学测绘科学与技术学院、武汉大学测绘遥感信息工程国家重点实验室联合研究的“微型无人机低空摄影系统的研发与推广应用”项目获中国测绘学会2010年测绘科技进步奖三等奖。王小平被国家测绘局评为测绘应急保障先进个人。

西安煤航信息产业有限公司

【业务】

一、主要测绘工作

西安煤航信息产业有限公司承担完成渤海湾北部、庙岛群岛等国家基础航空摄影18506平方千米，累计飞行30架次、127小时，获取有效像片16560张。承担完成第二次全国土地调查底图生产和北京市、广州市约2.53万平方千米调查底图的监理工作。完成平朔、重庆、贵阳、广州、淮北、庙哈孤、成都、兰州、呼和浩特等测区1:2000、1:1000、1:500地形图制作约3600平方千米。承担平凉中心城市城区820千米地下管线普查探测及地下管网信息系统建设项目。完成内蒙古自治区正蓝旗至张家口铁路、集宁市至二连浩特市铁路项目共680平方千米航摄任务。为北京、上海、廊坊、梧州等城市提供数字正射影像图10801平方千米。

二、地图制印

西安煤航信息产业有限公司完成《长江流域生物多样性格局与保护图集》、《多目标地球化学图集地理底图》、《中国百万湖泊分布图集》、《长江上游水土保持与生态安全图集》、《全国矿业权核查图》、《矿产资源开发多目标遥感调查与监测图集》等大型专题地图编制项目17项；完成《中华人民共和国人口环境与变迁图集》、《上海城市地质图集》、《贵阳市综合地图册》、《淮河流域系列图》、《广州市数字影像地图集》、《玉树地震区域生态环境图集》、《玉树地震灾区基础地质资料图集》、《南北极地图集》等图集的编印工作。

三、重大测绘工程

2010年，西安煤航信息产业有限公司完成港珠澳大桥GPS参考站建立和首级控制网复测工程。该工程跨越35千米海域，测绘任务包括一、二等水准测量、长距离跨海水准及高等级GPS连续观测等大地测量项目，项目总工期6年。

【其他】

一、科技创新

西安煤航信息产业有限公司完成“无人飞行器测绘研究”科研课题前期技术准备工作；完成“MAS - Microstation V8 煤航制图系统延伸研究(MAS2.0)”科研项目的开发集成；完成“GPS - PPP技术在大比例尺航空摄影测量工作中应用研究”课题1∶2000成图试验；取得“国家863高效能航空SAR制图”课题阶段性成果；完成国家高技术产业化专项“高分辨率卫星图像应用系统”项目研究；继续完善E鸟系列自主品牌产品，在硬件上研发了三防机型，在软件上对各功能模块进行封装，形成商品化软件，并在石油、电力、电信等行业推广应用。

二、获奖项目

西安煤航信息产业有限公司与煤航（香港）有限公司合作实施的“广深港高速铁路（香港段）地形测量与航空测量工程”获中国测绘学会2010年测绘科技进步奖三等奖。西安煤航信息产业有限公司完成的“专业信息系统成果出版可视化技术与一体化数字地图集出版研究”获2010年中国煤炭地质总局科技进步奖二等奖；《1∶100万中华人民共和国地貌图集》获2010年中国政府出版奖印刷复制提名奖；《华北平原地下水可持续利用图集》、《中国南方构造层序 - 岩相古地理图集（震旦纪 - 新近纪）》、《南北极地图集》、《中国妇女与性别平等地图集》获中国测绘学会2010年优秀地图作品裴秀奖金奖，《中国高等教育发展地图集》、《甘肃省地图集》获银奖，《中国文物地图集辽宁分册》、《地图见证青海发展60年》、《昆明市影像地图集》、《阿拉善盟综合地图集》、《张掖市地图集》获铜奖。申报并被受理发明专利2项、实用新型专利4项。其中“非规则网DEM数据采集综合取舍系统”、“土地利用变化动态预测的方法”2项新型专利已获准授权。申请计算机软件著作权9项并全部获准。

西安市勘察测绘院

【概况】

西安市勘察测绘院成立于1950年，法人代表张明谦，拥有甲级测绘资质，技术人员共170人。业务范围包括卫星定位、三角、水准、大地测量数据处理等大地测量；控制、地形、城乡规划定线、城乡用地、规划检测、日照、市政工程、建筑工程、精密工程、线路工程、地下管线、桥梁、隧道、变形（沉降）观测、形变、竣工测量等工程测量；地籍测绘；房产测绘。

【业务】

2010年，西安市勘察测绘院共完成测绘产值5100多万元，主要测绘业务涉及大地测量、工程测量、房产测绘、地籍测绘、摄影测量与遥感、地理信息系统工程和地图编制等7个测绘专业。主要完成沣渭新区200平方千米1∶1000航测数字化成图和影像图制作；西安秦华天然气公司天然气管线探测53千米及全市821千米地下管线探测监理；西安地铁2号线南延伸段43千米一等水准复测，地铁3号线147千米二等水准测量和69个C级GPS点测量，地铁4号线28千米管线图测绘及地铁1号线二期（后围寨至森林公园）12千米管线测量；西安曲江新区970千米管线测量。

【其他】

一、科技创新

西安市勘察测绘院参与西安连续运行卫星定位参考站系统（XACORS）建设，完成覆盖西安地区约8000平方千米的大地水准面精化工程项目，并全面投入应用。全面建成院生产与档案管理系统，实现内部生产管理的信息化和档案数据化。

二、获奖项目

西安市勘察测绘院完成的“城市工程测量一体化集成应用平台”项目获中国测绘学会2010年测绘科技进步奖三等奖和西安市科技进步奖三等奖；

"西安市空间地理数据发布平台"项目获中国城市规划协会优秀工程奖二等奖；"西安地铁2号线地面控制测量"项目获中国城市规划协会优秀工程奖三等奖。

咸阳市勘察测绘院

【概况】

咸阳市勘察测绘院成立于1956年，法人代表王煜，拥有甲级测绘资质，技术人员共55人。业务范围包括控制、地形、城乡规划定线、城乡用地、规划检测、市政工程、建筑工程、精密工程、线路工程、桥梁、隧道、变形（沉降）观测、形变、竣工测量等工程测量。

【业务】

2010年，咸阳市勘察测绘院启动城市模拟三维景观制作系统建设；开发了沉降观测平差计算和成果表计算及曲线绘制软件。12月14日，与西安市勘察测绘院共同完成的西安咸阳连续运行卫星定位参考站系统（XXCORS）顺利通过专家组的鉴定。该项目在西安、咸阳范围内建立了临潼、阎良、蓝田、户县、陕西师范大学、泾阳和礼泉7个连续运行GNSS参考站，并在西安市勘察测绘院、咸阳市勘察测绘院建立了2个数据中心，为西安、咸阳"数字城市"建设提供高精度动态空间定位信息服务，项目成果已广泛应用于测绘生产实际，取得良好的社会效益和经济效益。

【获奖情况】

2010年，咸阳市勘察测绘院承担的"咸阳汉都国际广场Ⅰ区高层项目沉降观测"、"美景江南·园林社区岩土工程勘察"获国家级城市勘测三等奖；"中国工商银行咸阳市分行城西支行综合楼岩土工程勘察"获中国城市规划协会颁发的城市勘测工程测绘类三等奖、勘测类三等奖。

机械工业勘察设计研究院

【概况】

机械工业勘察设计研究院成立于1952年，法人代表张炜，拥有甲级测绘资质，技术人员共50人。业务范围包括控制、地形、市政工程、水利工程、建筑工程、精密工程、线路工程、地下管线、桥梁、隧道、变形（沉降）观测、形变测量等工程测量。

【业务】

2010年，机械工业勘察设计研究院共完成各种工程测量项目92项。

一、国外工程

2010年，机械工业勘察设计研究院在柬埔寨、老挝、东帝汶、安哥拉、喀麦隆、赞比亚、利比亚、几内亚比绍、毛里塔尼亚9个亚非国家完成机场、水电站、火电站、社会住房、体育设施、医疗设施等工程测量项目26个；编制了埃及风电项目、摩尔多瓦供水管线，安哥拉大面积水田农场等工程测量项目技术方案10多个。

二、高速铁路工程

机械工业勘察设计研究院对兰新铁路甘青（兰州至张掖）段395千米路基、桥梁、隧道沉降观测进行评估及平行观测。对新建设计时速350千米西安至宝鸡客运专线的杨陵至宝鸡段78千米线路开展沉降观测评估工作。

三、服务城市建设

机械工业勘察设计研究院为陕西省华阴市和韩城市分别建立和整合平面和高程控制网。共实测GPS点132个、三等水准51千米、四等水准142千米、1∶1000地形图29平方千米，补测165平方千米范围内的高速公路、高压输电线路等基础设施。对西安地铁1号线后围寨到北大街段实施第三方监测。完成古建筑和现代建筑的变形测量，提交变形测量报告27份。完成竣工总图测量、大比例尺地形图测量、水下地形测量、地下管线探测、岩土工程施工测量、建筑方格网测量等工程39项。

【科技成果】

机械工业勘察设计研究院开发的"机勘沉降预测软件"和"机勘高铁沉降观测数据处理软件"取得国家版权局计算机软件著作权登记证书。

西安华测航摄遥感有限公司

【概况】

西安华测航摄遥感有限公司成立于2003年，法人代表杜彤，拥有甲级测绘资质，技术人员共60人。业务范围包括测绘航空摄影；摄影测量与遥感；房产测绘；地籍测绘；控制、地形、线路工程、地下管线等工程测量。

【业务】

2010年，西安华测航摄遥感有限公司共承担生产项目22项。其中，航摄项目12项，工程测绘项目10项，合同总额1398万元。主要完成陕西省1:1万基础测绘项目安塞摄区2843平方千米、延安市300平方千米、黑龙江牡丹江市2977平方千米数字航空摄影项目；宁夏中卫－贵州贵阳输油管线（中卫－青川段）650千米1:8000、浙江省级航空摄影项目（嘉兴摄区）7000平方千米航空摄影任务；陕西山阳地质公园100平方千米1:5000航空摄影等。

【科技创新】

西安华测航摄遥感有限公司设立了POS数据后处理试验、定位定姿POS系统与国产数码相机SWDC－4的集成应用试验2个科技创新研究课题，填补了POS系统与国产数码相机联合使用的技术应用空白，使国产数码相机SWDC－4能够应用IMU/DGPS辅助航空摄影技术，拓宽了国产数码相机SWDC－4和POS AV 510系统的应用空间。

中交第一公路勘察设计研究院有限公司

【概况】

中交第一公路勘察设计研究院有限公司成立于1952年，法人代表霍明，拥有甲级测绘资质，技术人员共54人。业务范围包括控制、地形、线路工程、隧道、桥梁、建筑工程等工程测量。

【业务】

2010年，中交第一公路勘察设计研究院有限公司完成京港澳高速公路河北省段改扩建、内蒙古包头至呼和浩特高速公路改扩建、广西百色至河池高速公路建设等20多个项目的公路勘测工作，测绘产值近2000万元。

【其他】

一、科技创新

在京港澳高速公路河北省段改扩建工程、内蒙古包头至呼和浩特高速公路改扩建工程中，中交第一公路勘察设计研究院首次成功应用车载LiDAR高精度海量数据自动化采集与LiDAR点云数字断面自动生成和地理特征自动提取技术，极大地提高了公路勘测的效率和安全性。

二、获奖项目

中交第一公路勘察设计研究院编制的《公路勘测规范》（JTG C10－2007）获中国公路学会科学技术奖一等奖；“航空LiDAR扫描技术在公路勘测中的应用研究”获陕西省科学技术奖二等奖。

中国水利水电第三工程局有限公司测量总队

【概况】

中国水利水电第三工程局有限公司成立于1956年，法人代表章运礼，拥有甲级测绘资质，技术人员共70人。业务范围包括控制、地形、市政工程、水利工程、建筑工程、精密工程、线路工程、隧道、桥梁、变形（沉降）观测、形变等工程测量。

【业务】

中国水利水电第三工程局有限公司测量总队完成京沪高速铁路CⅢ标段测量、二等水准沉降观测和全线施工放线以及CPⅢ控制测量任务；山西大同至陕西西安高速客运铁路专线二标段50千米施工测量和二等水准网复测以及CPⅠ、CPⅡ平面控制网的阶段复测任务；组建云南省丽江市金沙江流域阿海水电站阿海施工局大坝标段测量队、四川省宜宾市柏溪县金沙江流域向家坝水电站向家坝施工局坝后厂房标测量队、南水北调中线干线工程陶岔至沙河南段项目部测量队，复测施工控制网和原始地形，完成项目施工期间的工程测量任务，确保施工项目正常进行。

【其他】

一、科技创新

中国水利水电第三工程局有限公司测量总队引进地质雷达并开展在隧道及路基工程地质超前预报的研究与应用；开展陆地摄影技术在工程测量中应用研究。

二、获奖项目

中国水利水电第三工程局有限公司测量总队被陕西省人力资源和社会保障厅、陕西省测绘局评为陕西省测绘行业先进集体。阿海项目测量队获中国水利水电第三工程局有限公司先进集体称号。

中铁第一勘察设计院集团有限公司

【概况】

中铁第一勘察设计院集团有限公司成立于1953年，法人代表王争鸣，拥有甲级测绘资质，技术人员共117人。业务范围包括摄影测量与遥感；控制、地形、市政工程、水利工程、建筑工程、精密工程、线路工程、桥梁、隧道、变形（沉降）观测、形变、竣工测量等工程测量；地籍测绘。

【业务】

2010 年，中铁第一勘察设计院集团有限公司完成安康枢纽配套工程环评遥感制图、西安地铁三号线环评遥感制图等遥感测量项目 2 项；完成新建铁路大同至西安客运专线西安至运城段、新建铁路西安至成都客运专线西安至汉中段、新建铁路宝鸡至兰州、包西铁路通道延安至张桥段 CPIII 精密工程测量项目 4 项；完成库格线、敦格线、拉日线、阳安线、大西客专、西成客专、包西线、黄大线、黄韩侯线、宝中线、黔张常铁路、银西线等工程测量项目 33 个，累计完成初测 2980 千米，定测 2732 千米，补充定测 754 千米。

【科技创新】

一、科技创新

中铁第一勘察设计院集团有限公司开发的“CRTSⅡ型板式无砟轨道布板设计与定位测量系统”通过铁道部评审，获得在高铁施工中推广应用的资格；科研项目“关角特长隧道整体贯通前先期铺设无砟轨道关键技术研究”通过路内评审。完成铁道部标准《铁路工程卫星定位测量规范》制定并获颁实施；完成《铁路工程卫星定位测量规范》（英文版）制定；参与完成铁道部标准《铁路工程摄影测量规范》编写并获颁实施。

二、获奖项目

“郑西客运专线（省界至咸阳西段）无碴轨道工程控制网测量”获中国勘察设计协会 2009 年度全国优秀工程勘察设计奖一等奖；“新建铁路兰州至重庆线（兰州至广元段）精密工程控制测量”获中国铁道建筑总公司 2010 年优秀工程勘察奖三等奖。

国家测绘局第一地形测量队（陕西省第二测绘工程院）

【概况】

国家测绘局第一地形测量队成立于 1956 年，法人代表赵龙，拥有甲级测绘资质，技术人员共 83 人。业务范围包括摄影测量与遥感；工程测量；地籍测绘；房产测绘；行政区域界线测绘；地理信息系统工程。

【业务】

2010 年，国家测绘局第一地形测量队承担完成的主要测绘项目有：国家西部 1∶5 万测图工程塔里木西部 B 区和横断山脉 C2 区的内业生产；国家 1∶5 万基础地理信息数据库更新项目新疆测区、蒙陕豫测区、云黔桂测区综合判调内外业生产；国家“927”一期工程二等水准观测；陕西灾后恢复重建测绘保障项目宁略测区 1∶1 万基础地图生产控制测量与外业调绘；汶川地震陕西灾后恢复重建测绘保障 1∶2000 数字高程模型数据生产。在省级基础测绘项目中，承担完成榆林测区 1∶1 万数字正射影像数据生产控制测量、凤翔测区 1∶1 万矢量数据更新生产及动态更新试验、延安测区 115 幅 1∶1 万矢量地形要素数据更新生产任务、商洛－渭南测区 1∶1 万矢量地形要素数据更新生产等项目。承担完成的市场测绘项目主要包括新疆维吾尔自治区 1∶1 万地形图基础测绘、乌鲁木齐绕城高速公路工程测量、包西铁路复线包头－鄂尔多斯段精密控制测量等。

【其他】

一、科技创新

国家测绘局第一地形测量队参与 1∶1 万 PDA 数码调绘系统的研制、基于 InSAR 技术及多种测量技术集成的地表沉降监测、“927”工程“4D”生产规程编写等 3 个省部级项目；完成“带有 IMU/DGPS 的野外像控点的布设”、“测绘生产中队管理软件”、“电子数据自动备份软件”、“基于 CASS2008 的大比例尺成图软件”和“大气折光对航测高程精度的影响”等院级科研课题任务。

二、获奖情况

国家测绘局第一地形测量队完成的“基于 DOM 的数码调绘系统”获中国地理信息系统协会 2010 年地理信息科技进步奖三等奖。承担的新疆阿克苏西－5 团场测区基础控制项目获陕西测绘局优秀测绘成果奖。张长安获“西安市劳动模范”称号、焦利国获 2009 年度“全国技术能手”称号、刘兴平获国家测绘局“测绘应急保障先进个人”称号。

三、应急测绘保障

国家测绘局第一地形测量队承担完成青海玉树灾区 308、309、312 线三条省道的改扩建测绘任务，为保障灾区道路畅通，开展灾后恢复重建提供了高效优质的测绘保障。

甘肃省

甘肃省基础地理信息中心

【概况】

甘肃省基础地理信息中心成立于1984年，法人代表王有登，拥有甲级测绘资质，技术人员共59人。业务范围包括摄影测量与遥感；地理信息系统工程；互联网地图服务。

【业务】

2010年，甘肃省基础地理信息中心完成甘肃省政务地理信息平台建设及应用项目。该项目构建了全省“一张图、一平台、多应用”的一站式政务地理信息服务体系，项目成果应用于甘肃省主体功能区规划、舟曲特大山洪泥石流地质灾害应急、石羊河流域重点治理等方面。

完成陇西、秦安、两当3县地理空间信息平台及应用项目。该项目实现了多源、多分辨率地理空间数据资源的整合，建立了县域地理空间框架数据库，为开展电子政务和信息化建设提供了示范和地理信息数据支撑。

完成《陇南市地图集》的出版发行工作。该图集展示了陇南市自然环境、社会经济、市县基本情况、汶川地震陇南市综合灾情、灾后恢复重建、城市发展建设等方面内容。

完成石羊河流域（武威段）重点治理地理信息系统建设项目，建成石羊河流域地理信息平台和石羊河流域重点治理地理信息系统，是全国首个反映石羊河流域重点治理的地理信息系统，为省委、省政府，武威市委、市政府进行石羊河流域重点治理管理提供基础地理信息支撑。

【获奖情况】

2010年，甘肃省基础地理信息中心承担完成的“甘肃测绘基准体系向2000国家大地坐标系整体转换关键技术研究”获中国测绘学会2010年测绘科技进步奖二等奖；《甘肃省地图集》、《天水市地图》获中国测绘学会2010年优秀地图作品裴秀奖银奖，《张掖市地图集》获铜奖；“甘肃省主体功能区规划管理平台”获2010年度甘肃省测绘科学技术奖（科技进步）二等奖；“敦煌莫高窟窟顶沙丘移动监测分析”获2010年度甘肃省测绘科学技术奖（优秀工程）铜奖。

甘肃省测绘工程院

【概况】

甘肃省测绘工程院成立于1974年，法人代表邵力，拥有甲级测绘资质，技术人员共55人。业务范围包括摄影测量与遥感（外业）；控制、地形、线路工程、地下管线、竣工测量等工程测量；地籍测绘；行政区域界线测绘。

【业务】

白银市数字城市地理信息空间框架建设是由国家测绘局、甘肃省测绘局、白银市政府共同投资建设的甘肃省第一批列入国家“数字城市”建设试点的项目，甘肃省测绘工程院承担相关建设任务，开发了白银市矿产资源管理系统、综合市情查询系统、地价管理信息系统等。项目成果于6月2日通过国家测绘局组织的验收。

承担边远地区少数民族地区基础测绘补助经费项目专项，开展甘南沿黄重点区域1:1万像片控制测量，生产DEM和DOM 330幅。完成张掖市肃南裕固族自治县数字航空摄影500平方千米；1:1万像片控制测量150幅3855平方千米。

8月8日，舟曲县发生特大山洪泥石流灾害。8月9日，该院首批应急分队奉命赶赴灾区，为灾区进行无人机航空摄影，为灾情评估及救灾决策提供资料依据。在灾后恢复重建中完成1:1万、1:1000像控点连测、城区坐标系统建立及灾后重建规划备选用地1:1000地形图测绘。

在汶川地震灾后恢复重建中，开展甘肃南部测区重点区域武都区城区，天水市秦州区、麦积区，秦安县城区，定西市城区，陇西县城区，夏河县城区数字航空摄影400平方千米。

完成平凉至武都地方高速公路平凉至天水段、金昌至武威高速公路基础控制测量与航测成图项目数字航空摄影500平方千米，DTM、DOM数据制作400平方千米。

承担宁正矿区地形航测工程，开展数字航空摄影600平方千米，1∶2000地形图测绘、DOM、DTM数据生产、1∶5000、1∶1万影像挂图制作500平方千米。

该院参与完成的甘肃省矿业权实地核查成果，通过省、部级验收。

承担嘉峪关市城区1∶2000地形图测绘及数据库建设项目，完成数字航空摄影360平方千米、地形图测绘、航空影像图制作等工作。

完成的酒泉钢铁（集团）有限责任公司基础地理空间数据库、厂区管网可视化三维信息系统通过业主验收。

【科技创新】

甘肃省测绘工程院委托武汉大学测绘遥感信息工程国家重点实验室研究开发“基于影像的基础地理数据快速更新关键技术”，并应用于宁正矿区地形航测工程项目；与超图公司合作开发基础地理信息数据库管理系统；与南方公司合作开发CASS甘肃省测绘工程院专版软件；与中国地质大学联合开发“酒钢三维管网信息系统”；承担局级科技项目“困难地区像控点测量方法研究”。

甘肃省地质矿产勘查开发局测绘勘查院

【概况】

甘肃省地质矿产勘查开发局测绘勘查院成立于1958年，法人代表张长江，拥有甲级测绘资质，技术人员共71人。业务范围包括摄影测量与遥感；控制、地形、水利工程、建筑工程、线路工程、桥梁、矿山、隧道、变形（沉降）观测、形变等工程测量；地籍测绘。

【业务】

2010年，甘肃省地质矿产勘查开发局测绘勘查院完成的测绘项目有：甘肃南部地震灾害重建项目1∶5万地形图修测更新11幅；甘肃省地质灾害可视化管理信息系统研究开发；永靖县城区、靖远县城区、广东省蕉岭县、云南景洪市基诺乡旅游度假区等测区1∶500数字化地形测量，白银市白银区四龙镇、卓尼县景区、云南省景洪市猴山、海口市云龙等测区1∶1000数字化地形测量，舟曲县羊里尾沟矿区、阿克塞县化石沟铜矿、合作市岗岔金矿、云南省德钦县佛山托罗铅锌矿等矿区1∶2000数字化地形测量及地质勘探工程测量；兰州市西固区农村宅基地宗地权属调查及地籍测绘；兰州市城关区朝阳一小家属院、深圳市福永凤凰社区等房产测绘；完成正宁县、宁县、张家川回族自治县、徽县和兰州市西固区等5县（区）县级土地利用规划修编及其数据库建设。

【科技创新】

一、科技创新

2010年，甘肃省地质矿产勘查开发局测绘勘查院完成甘肃省地质灾害可视化管理信息系统的研究与开发应用。该系统基于MapGIS平台，整合已有的全省基础地理空间数据和地质灾害数据，开发出4个功能模块，是具有基础地理信息、地质灾害数据库管理、监测数据库、数据快速更新等功能于一体的信息化平台，主要用于实现三维环境下全省地质灾害应急、预案、群测群防、防治规划、防治工程的一体化管理。

二、获奖情况

甘肃省地质矿产勘查开发局测绘勘查院测绘工程分院获甘肃省总工会颁发的“五一劳动奖状”。完成的“云南省兰坪县矿业权实地核查及数据库建设”项目获2009年度甘肃省测绘科学技术奖（优秀工程）金奖，“白银区第二次土地调查及数据库建设”项目获2009年度甘肃省测绘科学技术奖（优秀工程）铜奖。

甘肃省国土资源规划研究院

【概况】

甘肃省国土资源规划研究院成立于1989年，法人代表白生会，拥有甲级测绘资质，技术人员共54人。业务范围包括地籍测绘；控制、地形、城乡规划定线、城乡用地、规划检测、市政工程、线路工程、竣工测量等工程测量。

【业务】

为测定新建铁路兰州至乌鲁木齐第二双线（甘肃段）建设项目永久性用地的地类、权属、界址、面积，受兰新铁路甘青有限公司委托，甘肃省国土资源规划研究院完成该项目建设用地勘测定界。经调查，该铁路在甘肃省境内共涉及土地利用类型一级类12个，二级类35个；涉及7个市（州）、13个县（区）、38个乡（镇）、123个行政村。

勘测定界外业工作完成平面控制建立、放样界址点、埋设界标、测量界址点等任务。内业中，勘测定界图的绘制以初步设计电子版用地图为工作底图，纸质图采用A3幅面，比例尺为1∶2000，出图共1107张。经计算汇总，该项目用地总面积为3961.0664公顷。

2010年9月，项目组将勘测定界最终产品10套提供给委托方。

甘肃煤田地质局综合普查队

【概况】

甘肃煤田地质局综合普查队成立于1976年，法人代表尹俊清，拥有甲级测绘资质，技术人员共65人。业务范围包括摄影测量与遥感（外业）；地籍测绘；控制、地形、城乡规划定线、城乡用地、规划检测、市政工程、建筑工程、线路工程、桥梁、矿山、隧道、竣工测量等工程测量。

【业务】

2010年，甘肃煤田地质局综合普查队承担福建省泉州市南安市水头镇航测外业项目，完成泉州市南安市水头镇测区340幅1∶1000和331幅1∶500地形图野外调绘任务，施测像控点110个、E级GPS控制点43个、四等水准72千米；承担甘肃省宁县罗川东部煤炭资源普查项目，完成宁县罗川测区150平方千米E级GPS点控制测量任务，施测控制点80个；承担甘肃省合水东－宁县北煤炭资源普查项目，完成合水东－宁县北测区490平方千米E级GPS点控制测量任务，实测控制点131个；承担包头市1∶1000数字化成图航测外业项目，完成包头测区720幅1∶1000地形图野外调绘任务，施测像控点271个；完成贵阳市白云测区85幅1∶2000地形图野外调绘任务，施测像控点145个，图根控制点380个；承担甘肃省陇南市两当县土地利用总体规划修编工作，完成全县及12个乡镇1408平方千米土地利用总体规划编制任务；承担武汉市武昌区房产修测任务，采用全站仪碎部测量等方法进行修补测，完成1∶2000房产调查图90幅，补测1∶2000房产调查图10幅。以上项目成果质量均为优良。

完成的“天祝县城区坐标系统改造项目”获甘肃省测绘科学技术（优质工程）奖铜奖。

兰州市城市建设设计院

【概况】

兰州市城市建设设计院成立于1959年，法人代表张建新，拥有甲级测绘资质，技术人员共53人。业务范围包括控制、地形、城乡规划定线、规划检测、市政工程、建筑工程、线路工程、桥梁、隧道、竣工测量等工程测量。

【业务】

2010年度，兰州市城市建设设计院主要完成兰州城市交通Ⅶ标段BRT、白银市平川区向阳路道路拓建工程、白银市新建西出口道路工程、兰州市北环路（安宁－109国道段）、兰州市彭家坪道路工程、兰州市西行线改造工程－沿河道路等30多项，完成测绘面积12.3平方千米，道路定测136.302千米，布设GPS控制点553个，四等水准测量197.453千米，RTK道路定测136.302千米，完成产值约千万多元。

8月3日，兰州市十一届七次全委（扩大）会议提出实施“再造兰州”战略，兰州市城市建设设计院高度重视，为兰州新区建设提供测绘服务保障，先后完成兰州新区纬一路东延段道路工程、兰州新区纬三路东延段道路工程、兰州新区经济适用房工程、兰州新区新城大道道路工程、兰州古镇、北秦线等重大工程的测绘任务，共进行道路定测79.6千米，完成1∶500地形测绘面积7.5平方千米。

2010年，兰州市城市建设设计院不断探索测绘新技术在工程实践中的推广应用，通过对重点工程的技术攻关和对职工创新意识的培养，推进测绘技术创新。完成的“兰州市大沙坪北出口综合整治工程测量”获2010年度甘肃省优秀工程勘察设计奖三等奖；该院被共青团兰州市委、兰州市国资委、兰州市人力资源和社会保障局联合授予“兰州市青年文明号”称号，1人入选“甘肃省科技领军人才”，1人被授予“兰州市青年岗位能手”称号。

天水三和数码测绘院

【概况】

天水三和数码测绘院成立于1965年，法人代表陈重奎，拥有甲级测绘资质，技术人员共57人。业务范围包括控制、地形、市政工程、线路工程、地下管线、矿山等工程测量；地籍测绘；房产测绘。

【业务】

一、地形测量

2010 年，天水三和数码测绘院完成通渭县姜家滩 1.8 平方千米 1∶1000 地形测绘，张家川 12.5 平方千米 1∶1000 地形测绘，白银市白银区涝池沟矿区 1.2 平方千米 1∶2000 石灰岩地形地质测量，通渭县 1 平方千米 1∶1000 地形测绘，临洮县 5 个项目约 28 平方千米 1∶500 地形测绘，漳县 1.5 平方千米 1∶2000矿山测量，临洮县滨河东路马家窑文化遗址区 7.5 个平方千米 1∶500 带状地形图测绘，嘉峪关豁硌河矿区 1.5 个平方千米的 1∶2000 地形地质测量。

二、土地调查

天水三和数码测绘院完成甘肃省 10 个县区城镇地籍调查项目验收工作及资料打印装订工作。完成 14 个县区农村土地调查项目验收工作及资料打印装订工作。

完成山西介休地籍调查项目、陇西县首阳镇潜力调查、安徽肥西县山南镇和高刘镇建制镇调查、安徽省淮北市相山区渠沟镇农村宅基地发证等工作。

三、土地规划

完成甘肃省 12 个县区农用地分等定级更新调查及产能核算项目工作；完成渭源县路园镇三合口村、西和县土地开发整理项目，渭源县渭河流域、临洮县中铺镇土地开发整理可研项目；完成甘肃省定西地区、平凉地区、陇南地区多个县的土地利用总体规划修编工作；完成青海省果洛州久治县、甘德县、达日县等土地利用总体规划修编；完成定西地区临洮县、渭源县、陇西县、安定区、通渭县耕地自主开发整理项目，庄浪县云崖寺丹霞地貌地质公园规划及庄浪县矿产资源总体规划；完成甘肃省通渭县、陇南市、宕昌县等县（市）“十二五”基础测绘规划编制工作。

此外，完成天水地区和平凉市静宁县矿业权核查项目。启动“数字成县”建设项目。

【其他】

一、获奖情况

天水三和数码测绘院完成的“天水市秦州区城区地籍测量”项目获2009 年度甘肃省测绘科技（优秀工程）奖银奖；“天水市秦州区第二次土地调查农村土地调查”、“西和县第二次土地调查城镇地籍调查”、“临洮县城区规划区 1∶500 地形测量”项目获中国建材工程建设优秀工程勘察奖二等奖，“张家川回族自治县第二次土地调查农村土地调查”项目奖三等奖。

二、论文发表情况

全年该院在《测绘通报》等期刊上发表《基于 AutoCAD 的多边形间的间隙核查》、《AutoCAD 中利用区域计算实现多边形的重叠与空间检查》、《“8”字多边形的自动处理》、《试论 GPS 在房地产测量中的应用》、《工程测量新技术的应用》等多篇论文。

甘肃有色工程勘察设计研究院

【概况】

甘肃有色工程勘察设计研究院成立于 1985 年，法人代表魏余广，拥有甲级测绘资质，技术人员共 64 人。业务范围包括控制、地形、建筑工程、线路工程、地下管线、桥梁、隧道、竣工测量等工程测量。

【业务】

甘肃有色工程勘察设计研究院隶属于甘肃省有色金属地质勘查局，主要业务范围包括测绘工程、地质灾害防治规划、勘查、设计、监理、地质灾害危险性评估等多个领域。拥有各类专业高级工程师 26 人（教授级高工 3 人）、工程师 44 人。拥有固定资产 2260 多万元，拥有包括天宝、各种类型级别的索佳、拓普康全站仪、高精度电子水准仪等 40 多台套。

2010 年，该院完成的甘肃省临夏州 8 个县（市）的城镇地籍测量，临夏州 6 个县（市）的农村土地调查，8 个城镇地籍管理系统和 6 个县农村土地管理系统数据库建设工作并通过验收。

2010 年，完成的金川集团三厂区、选冶化厂控制测量工程获 2009 年度甘肃省测绘科学技术奖（优秀工程）铜奖。与金川集团公司镍钴研究院合作完成西藏达布矿区控制地形测量工程，首次在高原高海拔无人区进行测量工作。该项目获 2009 年度甘肃省测绘科学技术奖（优秀工程）铜奖。

宁夏回族自治区

宁夏回族自治区基础测绘院

【概况】

宁夏回族自治区基础测绘院成立于1975年，法人代表孙武军，拥有甲级测绘资质，技术人员共64人。业务范围包括地籍测绘；房产测绘；行政区域界线测绘；摄影测量与遥感（外业）；控制、地形、城乡规划定线、城乡用地、规划检测、日照、市政工程、建筑工程、精密工程、线路工程、桥梁、矿山、隧道、变形（沉降）观测、形变、竣工测量等工程测量。

【业务】

2010年，宁夏回族自治区基础测绘院完成宁夏中北部土地开发整理项目149个E级GPS控制点测量；完成盐池县、同心县、红寺堡区1:2000设计用图150多平方千米；完成吴忠扁担沟片区、盐池花马池片区、中宁大战场片区、红寺堡谭庄子片区、石炭沟片区、同心王团片区、海原高崖片区航空摄影测量532平方千米。

完成宁夏灵武市、贺兰县、同心县、海原县、原州区第二次全国土地调查农村部分基本农田验收的意见修改；完成第二次土地调查农村部分五县区的土地利用现状图、基本农田图的分幅图、乡图、县图；完成第二次土地调查城镇部分中固原市、贺兰县71平方千米数据采集、权属调查工作：完成海原新区、同心县城城镇地籍测图全部外业工作。

完成吴忠市太阳山矿山环境监测，惠农区地质沉降区环境监测，固原市长城梁和古雁岭片区、须弥山片区、青石峡水库片区、西吉县城片区、彭阳县城片区自然资源航空摄影测量项目。

宁夏回族自治区国土测绘院

【概况】

宁夏回族自治区国土测绘院成立于1976年，法人代表闫子忠，拥有甲级测绘资质，技术人员共50人。业务范围包括互联网地图服务；摄影测量与遥感（内业）；地形图、省级以下政区地图、电子地图制作、真三维地图、其他专用地图等地图编制。

【业务】

2010年，宁夏回族自治区国土测绘院完成第二次土地调查城镇部分中卫市、吴忠市利通区的测量工作；完成宁夏银川市、石嘴山市、吴忠市、固原市、中卫市矿业权核查野外实测验收工作；完成吴忠利通区35.41平方千米1:2000地形图测绘。

新疆维吾尔自治区

新疆维吾尔自治区第一测绘院

【概况】

新疆维吾尔自治区第一测绘院（以下简称新疆第一测绘院）成立于1975年，法人代表马洪斌，拥有甲级测绘资质，技术人员共122人。业务范围包括摄影测量与遥感；地籍测绘；行政区域界线测绘；卫星定位、三角、水准、大地测量数据处理等大地测量；控制、地形、城乡规划定线、城乡用地、规划检测、市政工程、建筑工程、线路工程、地下管线、桥梁、隧道、竣工测量等工程测量。

【业务】

一、基础测绘项目和市场任务

2010年，新疆第一测绘院完成伊犁哈萨克自治州、巴音郭楞蒙古自治州、塔城地区、昌吉回族自治州共695幅1:1万地形图航测外业生产任务。完成2009年阿勒泰地区、喀什地区、和田地区、塔城地区、昌吉回族自治州955幅1:1万地形图航测内业生产工作。完成2009年伊犁哈萨克自治州、昌吉回族自治州测区1:5万地形图要素缩编更新43幅图整改工作。

新疆维吾尔自治区第一测绘院积极拓展测绘市场，完成伊宁市东郊15平方千米1:500地形图测绘，且末县机场迁建、工业园建设28平方千米1:1万地形图测绘，国电准东煤基多联产化学工业园15平方千米1:1000地形图测绘任务，连霍（连云港至霍尔果斯）国家高速公路乌苏至赛里木湖段一级改高速公路项目约100千米公路测量，省道S303线约265千米公路测量，省道S228线约240千米公路测量及改建测量，奇台县城－准东大井服务区约100千米公路测量等测绘工程，为新疆基础设施建设和各级政府部门管理决策提供地理信息数据服务。

二、重大工程测绘

2010年，新疆维吾尔自治区第一测绘院承担新农村建设测绘服务保障项目。完成阜康市九运街镇和滋泥泉子镇农业综合服务基础地理信息平台建设项目1:1万地形图修补测约900平方千米、1:2000地形图测绘26.73平方千米、1:2000地籍图测绘21.65平方千米；完成D、E级GPS控制点布设74点、埋石72点，联测等外水准495.07千米；完成调查、编绘地籍宗地10033个；建立两镇1:1万基础矢量数据库、1:2000地籍数据库、阜康市高分辨率遥感影像数据库和两镇的农业综合信息专题数据库。

3月，新疆第一测绘院完成2007年西部测图工程塔里木东部A5区10幅图的印刷工作。10月，完成2009年塔里木西部A区34幅图的生产工作。11月，完成青藏高原西部B4区34幅图检验意见的整改工作。

9月30日，新疆第一测绘院启动新疆维吾尔自治区似大地水准面精化项目，完成A、B级GPS点和二等水准点的选埋及全部外业观测任务。其中，观测GPS框架点10个，B级GPS点203个，新埋设二等水准标石33个，联测二等水准路线231千米，检测二等水准路线181千米。

1月~2月，完成新疆维吾尔自治区和田地区皮山、墨玉2个县市2009年度数据库零点变更工作；5月~6月，完成和田地区皮山、墨玉2个县市国家数据库意见整改工作；12月，完成和田地区8个县市、喀什地区12个县市2010年度数据库零点变更工作。完成阿克苏地区9个县市、巴音郭楞蒙古自治州10个县市、克孜勒苏柯尔克孜自治区州4个县市的第二次农村土地调查全程质量控制工作。

【其他】

一、科技创新与获奖情况

2010年，新疆第一测绘院向新疆测绘局申报立项建议书3项，确立院级科技兴测项目2项。完成自主立项实施的“新版昌吉回族自治州行政区划图制作”项目和“提高基础测绘成果高程精度的方法研究项目”。申报的“控制测量数据自动化处理系统研发”项目、“国家基本比例尺地形图工程数据处理软件系统研发”项目获2010年度新疆维吾尔自治区科协与新疆测绘学会优秀测绘工程（项目）奖三等奖，该院职工撰写的《GPS PPK技术在基础测绘像片控制测量中的应用》、《INPHO在建库影像匀光匀色方面的应用》获2010年度全国测绘科技信息网西北分网优秀学术论文奖。

新疆第一测绘院获新疆首届测绘行业职业技能竞赛团体一等奖；薛维刚、海青获“新疆维吾尔自治区测绘技术能手”称号。海青、张禹当选新疆维吾尔自治区测绘局青年科技带头人。

二、成果应用与服务

5月14日，新疆第一测绘院开展江西对口单位援疆项目“阿克陶县城区及周边14个乡政府驻地规划1:1000地形图测绘”。6月，完成11个乡镇的测图工作，施测面积23.7平方千米。

8月1日，制作完成《昌吉回族自治州行政区划图》，向昌吉州政府、昌吉市政府等单位提供120份。

新疆维吾尔自治区第二测绘院

【概况】

新疆维吾尔自治区第二测绘院（以下简称新疆第二测绘院）成立于1979年，法人代表刘涛，拥有甲级测绘资质，技术人员共125人。业务范围包括地籍测绘；行政区域界线测绘；地理信息系统工程；摄影测量与遥感；控制、地形、城乡规划定线、城乡用地、市政工程、建筑工程、线路工程、桥梁、隧道、竣工测量等工程测量；地形图、省级及以下政区地图、电子地图、真三维地图、其他专用地图等地图编制。

【业务】

一、基础测绘项目

2010年，新疆第二测绘院承担完成自治区1∶1万基础测绘塔城市、新和、木垒、沙尔湖、三岔口、哈密南、精河南、温宿东等测区共1016幅图的内业资料整理汇交工作；完成哈密西测区1∶1万100幅图的内外业任务；完成托里－庙尔沟、富蕴测区1∶1万共332幅图的外业任务；完成538幅克拉玛依市2010年1∶1万内外业任务。完成新疆伊犁河谷地土地开发整理工程察布察尔县大河灌区1∶5000土地整理项目166幅图的内外业任务。

二、重大测绘工程

新疆第二测绘院完成国家西部1∶5万空白区测图工程塔里木东部A4、A5区域100幅图的DLG、EPS、DEM、DOM、LC数据资料整理汇交工作。完成青藏高原西部B5测区36幅DLG、EPS、DEM、DOM、LC数据编辑工作。

完成和田市、奎屯市、乌鲁木齐市第二次农村土地调查基本农田图制作、数据库合库、建库及整改工作，累计编制1∶1万标准分幅图683幅，1∶5万标准分幅图24幅，编制土地利用现状图、基本农田图、坡耕地图等专题挂图共386幅。完成喀什地区、和田地区及图木舒克市20个县市的农村土地调查全程质量监理工作。

承担的奎屯市地理信息公共服务平台建设及应用示范项目已交付奎屯市政府试运行。完成石河子市数字城市地理空间框架建设1∶1000地形图189幅内外业数据生产。

【其他】

一、获奖情况

2010年，新疆第二测绘院编制的《沧桑巨变看今朝（乌鲁木齐市城区历史变迁）》和《新疆旅游揽胜图（手绘羊皮卷）》获中国测绘学会2010年优秀地图作品裴秀奖铜奖；完成的“轻型机载GPS辅助数码摄影测量技术在新疆边远数字城市建设中的应用”项目获2010年中国GIS优秀工程奖铜奖；完成的“数码航空摄影技术在准东煤电煤化工基地建设的研究应用”项目获2008－2009年度自治区测绘行业优秀测绘工程（项目）奖二等奖。

该院被人力资源和社会保障部、国家测绘局评为全国测绘系统先进集体。白友兵被国家测绘局评为测绘应急保障先进个人。

二、测绘成果保障服务

新疆第二测绘院积极服务自治区各级党政领导决策和维稳工作，为自治区各级党政领导及相关部门制作安装了《新疆维吾尔自治区卫星影像图》、《乌鲁木齐卫星影像图》；为江西、浙江、广东、山西、湖北、山东、辽宁等援疆省市提供对口支援地州的地图册、挂图及电子版地图等测绘成果资料。全年向党政机关各部门提供各类地图产品9376幅（集、册）。

新疆维吾尔自治区基础地理信息中心（新疆维吾尔自治区测绘档案资料馆）

【概况】

新疆维吾尔自治区基础地理信息中心（新疆维吾尔自治区测绘档案资料馆，以下简称新疆基础地理信息中心）成立于1986年，法人代表刘斌，拥有甲级测绘资质，技术人员共35人。业务范围包括摄影测量数据处理、空间遥感地理信息数据处理、外业采集的地理信息数据处理、地图数字化、建立数据库、建立基础地理信息系统、建立专业地理信息系统等地理信息系统工程；地形图、电子地图、其他专用地图等地图编制。

【业务】

3月，新疆基础地理信息中心研建的新疆1∶1万基础地理信息数据库建设项目通过自治区级验收，建成新疆区域范围昌吉、乌鲁木齐、克拉玛依、乌苏、沙湾、石河子等测区2106幅1∶1万基础地理信息数据库。

完成自治区应急平台体系基础地理信息平台项目信息标准规范与运行机制建设；突发事件应急基础地理信息平台的联调测试、试运行、系统功能完善；地震灾害应急示范应用子系统建设；基础地理信息应急服务平台与应急数据库集成及测试工作。年底进行项目验收准备。

10月，启动新疆地理信息公众服务平台建设项目，年内完成系统开发、软件平台安装，制作完成全疆1∶25万公众版公共地理框架数据152幅、30米分辨率卫星影像数据109景，收集并制作完成全疆各县市行政区划图及9城市交通旅游专题图。

完成数字库尔勒项目基础地理信息管理系统开发及测试，完成数字石河子项目石河子市基础地理信息系统软件的开发、地理信息公共服务平台的搭建。

完成新疆区域1:5万地形要素数据缩编更新69幅，并于6月通过国家基础地理信息中心验收。

【其他】

一、科技创新与获奖情况

新疆基础地理信息中心已完成“乌鲁木齐市小区GIS辅助房产销售系统”、“乌鲁木齐电子地图公众发布系统”研发。研制的“新疆大地测量成果信息管理系统”获2009年新疆维吾尔自治区档案科学技术研究优秀成果奖三等奖。“新疆维吾尔自治区1:1万基础地理信息数据库建设”项目获2010年中国GIS优秀工程奖银奖及2008－2009年度自治区测绘行业优秀测绘工程（项目）奖一等奖。

该中心被国家测绘局授予测绘应急保障先进集体称号，葛洪涛被授予测绘应急保障先进个人称号。

二、测绘保障服务

新疆基础地理信息中心更新制作《新疆基础测绘1:1万、1:5万比例尺地形图成图范围分布图》，编制14个地州成图范围分布图。为自治区发改委、环保、水利、交通等政府部门和部队无偿提供基础测绘成果数据700幅。向自治区党委、政府、各厅局、中央驻疆单位、对口援疆的19省市党政领导、有关部门及全国测绘援疆工作座谈会参会代表，提供更新的《新疆概况》光盘共384张。

水利部新疆维吾尔自治区水利水电勘测设计研究院测绘工程院

【概况】

水利部新疆维吾尔自治区水利水电勘测设计研究院测绘工程院（以下简称水电院）成立于1955年，法人代表于海鸣，拥有甲级测绘资质，技术人员共57人。业务范围包括地籍测绘；控制、地形、城乡规划定线、城乡用地、规划检测、日照、市政工程、水利工程、建筑工程、精密工程、线路工程、桥梁、隧道、变形（沉降）观测、形变、竣工测量等工程测量。

【业务】

2009年12月～2010年1月，水电院承担博湖东泵站变形观测项目，完成B级GPS点观测55个、一等水准测量3千米、二等水准测量5千米、二等三角点观测8个。2009年12月～2010年1月，承担克孜尔水库水下地形图测绘，完成1:5000地形图23.5平方千米、1:2000横断面测量35千米、1:1000水下地形图测绘45.7平方千米、1:5000纵断面测量8千米。

年内，承担新疆玛纳斯河河谷水源地工程测量，完成1:1000地形图3平方千米；承担若羌河流域规划项目，完成D级GPS点观测13个、三等水准测量73千米、四等水准测量60千米、1:1万地形图65平方千米；承担新疆和田玉龙喀什河达克曲克水电站地形测量，完成1:2000地形图3.8平方千米、1:500地形图0.7平方千米、1:2000河道横断面测量3.46千米；承担新疆阿克牙孜河森木塔斯水电站工程测量，完成E级GPS点观测28个、五等水准测量43.4千米、1:2000带状地形图13.19平方千米、1:500地形图2.63平方千米、河道1:1000断面测量约18千米、渠线1:1000断面测量37.6千米；承担新疆巩乃斯河左岸水电梯级开发控制测量，完成D级GPS点测量24个、E级GPS点测量27个、四等水准测量75千米、1:1万带状地形图405平方千米、1:2000地形图约5平方千米；承担叶尔羌河干流克勒青河汇合口－大同水电站河段水利规划，完成E级GPS点观测15个、1:1万地形图715平方千米；承担努尔加水电站施工控制网测量，完成B级GPS点观测8个、C级GPS点观测14个、二等水准测量11.4千米、三等水准测量18.7千米；承担新疆克拉玛依市白杨河水库及黄羊泉水库水下地形测量，完成E级GPS点观测20个、五等水准测量30.6千米、二级导线30千米、1:2000水下地形图12.74平方千米；承担塔什萨依河1:1万地形测量，完成D级GPS点观测20个、三等水准测量49.6千米、四等水准测量41.7千米、1:1万地形图75平方千米；承担石门子水库大坝变形监测项目，完成B级GPS点测量36个、二等水准测量8千米。

【其他】

一、获奖情况

水电院承担完成的新疆特克斯山口变形监测基准网测量获新疆测绘行业2008－2009年度优秀测绘工程（项目）奖三等奖。

二、人才培养

水电院组织19人参加水利部举办的水利工程质量检测员（量测类）培训班，8人通过考试取得水利工程质量检测人员（量测类）从业资格证。组织4人参加由水利部组织的水利行业实验室资质认定评审准则宣贯培训班，均通过考核取得水利行业内审员资格证。组织参加2010年第一期全国甲级测绘单位负责人培训班。组织2人参加由国家测绘局继续教育中心举办的基于低空遥感平台三维测量系统培训班及精密工程测量与变形监测新技术、新方法及应用培训班，并通过考核取得结业证书。

新疆公路规划勘察设计研究院

【概况】

新疆公路规划勘察设计研究院成立于1961年，法人代表陈发明，拥有甲级测绘资质，技术人员共54人。业务范围包括控制、地形、城乡规划定线、城乡用地、规划检测、市政工程、建筑工程、线路工程、桥梁、隧道、竣工测量等工程测量。

【业务】

2010年，新疆公路规划勘察设计研究院承担完成43项公路工程测绘任务，其中大型工程7项。

一、省道215线三岔口－莎车高速公路建设项目

承担完成该项目公路施工平面控制测量、高程控制测量任务。布设平面控制GPS A级点428个，四等水准测量300千米。

二、连霍国家高速公路吐鲁番－小草湖段一级改高速公路工程

承担完成该项目施工平面控制测量、高程控制测量和1:2000带状图测绘。布设平面控制GPS A级点85个，四等水准测量60千米和1:2000带状地形图测绘60千米。

三、G312线乌鲁木齐－昌吉西延工程

承担完成该项目公路测量任务，布设平面控制GPS A级控制点47个，完成1:2000带状地形图测绘27千米，四等水准测量55千米。

四、S315线乔尔玛至巴依托海公路改建工程

承担完成该项目施工平面控制测量、高程控制测量任务，布设A级GPS点380个，完成五等水准测量260千米。

五、温宿县托乎拉乡－恰格拉克乡公路建设工程

承担完成该项目公路测量任务，布设A级GPS控制点37个，1:2000带状地形图测绘25千米，四等水准测量50千米。

六、河岔口－温泉边防公路

承担完成全长142.37千米国防公路河岔口－温泉边防公路的施工控制测量、五等水准测量和地形测量。布设A级GPS控制点199个，五等水准测量143千米，1:2000带状地形图测绘143千米。

七、乌鲁木齐市绕城高速西线工程

承担完成该项目施工控制测量和四等水准测量任务，布设A级GPS控制点80个，四等水准测量70千米。

新疆电力设计院

【概况】

新疆电力设计院成立于1958年，法人代表邹宗宪，拥有甲级测绘资质，技术人员共51人。业务范围包括控制、地形、城乡规划定线、城乡用地、规划检测、日照、市政工程、建筑工程、精密工程、线路工程、桥梁、隧道、变形（沉降）观测、形变、竣工测量等工程测量。

【业务】

2010年，新疆电力设计院共完成220kV线路1500千米、110kV线路1000千米、750kV线路600千米、220kV变电站21个、110kV变电站10个、750kV变电站4个、巴基斯坦变电站2个、吉尔吉斯斯坦变电站2个、吉尔吉斯斯坦220kV线路400千米、热电厂工程7个、太阳能光伏发电厂工程2个、燃气电站工程2个的相关测量工作。

承担的750kV送电线路工程包括如下几项：750kV乌鲁木齐北－吐鲁番－哈密送电线路工程为双回路架设，总长1200千米，是新疆电网第一条西电东送超高压线路，新疆电力设计院完成400千米的测量任务；750kV吐鲁番－巴州送电线路为单回路架设，共400千米，新疆电力设计院完成100千米的测量任务；750kV凤凰－乌苏－伊犁送电线路为单回路架设，共800千米，新疆电力设计院完成100千米。其中，750kV乌鲁木齐北－吐鲁番－哈密送电线路及750kV吐鲁番－巴州送电线路在年底前均已成功投入运行。

【其他】

2010年，新疆电力设计院主要完成院控科技项目“国外输电线路坐标系统的选择方案”及“送电线路塔基断面自动成图计算程序”的研发工作。

新疆电力设计院完成的“220kV金鹿－莎车送电线路”获新疆维吾尔自治区测绘行业优秀测绘工程奖三等奖；“220kV吉林台－皇宫送电线路”、“新疆阜康发电厂一期”获新疆维吾尔自治区第十届优秀工程勘察奖二等奖，“新疆玛纳斯电厂三期扩建”获三等奖。

乌鲁木齐市国土资源勘测规划院

【概况】

乌鲁木齐市国土资源勘测规划院成立于2000年，法人代表李伟风，拥有甲级测绘资质，技术人员共56人。业务范围包括地籍测绘；控制、地形、城乡规划定线、城乡用地、规划检测、日照、市政工程、水利工程、建筑工程、线路工程、桥梁、竣工测量等工程测量。

【业务】

一、主要测绘工作

2010年，乌鲁木齐市国土资源勘测规划院完成乌鲁木齐市2010年地籍（变更）测量工作，累计完成地籍（变更）测量项目4400多件，勘测面积224平方千米；承担完成乌鲁木齐市2009年时点更新调查、年度变更调查、城镇调查数据汇总、“一张图”工程工作，涉及全市513个图斑；完成2009年746个新增建设用地图斑卫片执法检查工作。组织完成乌准铁路平改立项目及乌鲁木齐市重点道路勘测定界工作等。

二、重大测绘工程

（一）乌鲁木齐市全球导航卫星连续运行参考站系统

5月，乌鲁木齐市国土资源勘测规划院承担的该项目通过新疆维吾尔自治区测绘局组织的专家验收。该系统采用VRS技术进行建设，覆盖乌鲁木齐市和昌吉地区约1.5万平方千米。

（二）土地变更调查工作

2010年，乌鲁木齐市国土资源勘测规划院完成乌鲁木齐市7区1县3674块监测图斑的变更调查工作。

（三）甘泉堡工业区四至范围勘界

受乌鲁木齐市国土资源局委托，6月，乌鲁木齐市国土资源勘测规划院完成乌鲁木齐市甘泉堡工业区368.6平方千米四至范围勘界。

新疆地矿测绘院

【概况】

新疆地矿测绘院成立于1956年，法人代表哈尔肯·阿力木汗，拥有甲级测绘资质，技术人员共66人。业务范围包括摄影测量与遥感；大地测量数据处理、卫星定位测量等大地测量；控制、地形、隧道、桥梁、线路工程、建筑工程、市政工程、日照、规划检测、城乡用地、城乡规划定线等工程测量；地籍测绘。

【业务】

一、基础测绘项目

2010年，新疆地矿测绘院完成的1∶1万基础测绘项目包括吐鲁番地区鄯善测区187幅、西煤东运煤炭基地大南湖测区132幅、阿勒泰地区杜热测区102幅。

二、军地测绘协作项目

2010年，新疆地矿测绘院与兰州军区某测绘大队共同完成库尔勒测区1∶1万数字化成图任务96幅。

三、数字化测图项目

2010年，新疆地矿测绘院先后完成伊宁市合作区、工业园区及伊宁口岸地形图测绘、疏附县重工业园区地形测量、阿克苏地区温宿县规划区数字化地形图测绘、伊宁市合作区新增工贸区地形图测绘、乌鲁木齐县五一农场、乌鲁木齐西山农场、石河子农场等测区1∶1000数字化成图任务。

四、其他测绘项目

2010年，新疆地矿测绘院完成750kV乌鲁木齐-吐鲁番-哈密输变电工程建设用地勘测定界技术服务。

五、印刷制版业务

2010年，新疆地矿测绘院下属单位新疆地矿彩印厂签订合同500多个，实现收入450万元。完成各类书刊印刷260多万册，精装书刊8万多册。在2010年抽检中有4个品种为优级品，6个为良级品。

新疆国土资源规划研究院

【概况】

新疆国土资源规划研究院成立于1984年，法人代表茹刚，拥有甲级测绘资质，技术人员共50人。业务范围包括地藉测绘；控制、地形、城乡规划定线、城乡用地、规划检测、市政工程、建筑工程、线路工程等工程测量。

【业务】

一、自治区第二次土地调查工作

2010年，新疆国土资源规划研究院完成北疆片区39个县（市）标准时点统一更新成果的全程质量控制检查；完成呼图壁县第二次土地调查工作，编制土地利用现状图及农田分布图447幅，通过自治区级验收成果评定为优秀，并通过国家级核查；完成吐鲁番地区第二次土地调查工作并通过自治区级验收。

二、土地权属勘界工作

2010年，新疆国土资源规划研究院完成近900千米的土地权属勘界工作，包括G045线果子沟至霍尔果斯公路、G218线清水河至伊宁高速公路、奎屯至赛里木湖高等级公路、GZ045线博乐岔口至赛里木湖公路、G312线小地窝堡－奎屯公路改建工程、沙雅至阿拉尔公路、2009年塔河油田滚动开发（304宗地）等项目，编制土地权属勘测定界图483幅；完成新源至库尔勒公路（A、B、C段）、南岸干渠、奎北铁路、2010年塔河油田滚动开发等项目近600千米，238宗地的外业勘界工作。

三、建设用地报批工作

2010年，新疆国土资源规划研究院完成1623千米、约280多幅图的高速公路、铁路等建设用地报批工作。包括国道314线库车至阿克苏高速公路、哈密至罗布泊铁路、西气东输二线管道工程（48宗地）等上报国土资源部项目；S238线下涝坝至红山口公路、S310线麦盖提至岳普湖县巴依阿瓦提乡公路、库车西至俄霍布拉克铁路、库尔勒至阿克苏铁路二线（库尔勒－野云沟段、野云沟－轮台段、轮台至库车段、库车－特尔希克段、特尔希克－喀拉玉尔滚段、喀拉玉尔滚－阿克苏段）、乌准铁路（乌北－小黄山段）、兰新铁路乌鲁木齐西至阿拉山口段电气化改造等报自治区项目，成果均通过自治区级验收，已上报国土资源部和自治区人民政府。

乌鲁木齐市城市勘察测绘院

【概况】

乌鲁木齐市城市勘察测绘院成立于1993年，法人代表李群林，拥有甲级测绘资质，技术人员共53人。业务范围包括控制、地形、城乡规划定线、城乡用地、规划检测、市政工程、线路工程、地下管线、建筑工程等工程测量。

【业务】

一、规划测量

2010年，乌鲁木齐市城市勘察测绘院完成乌鲁木齐市市域内规划零星补图、坐标征地蓝线、坐标定验线、竣工测量等城市规划测量业务2714件，合计1∶500地形图测绘150平方千米。

二、基础测绘

4月～5月，乌鲁木齐市城市勘察测绘院完成乌鲁木齐市规划区内20平方千米1∶500地形图测绘；8月～11月，完成规划区内300平方千米1∶1000地形图测绘；10月～11月，完成规划区内30平方千米1∶2000地形图测绘。

三、信息测绘

4月～6月，乌鲁木齐市城市勘察测绘院完成乌鲁木齐市数字化城市管理系统数据库60平方千米市政设施的普查更新。6月～8月，完成新疆昌吉市数字化城市管理系统40平方千米信息普查及数据建库工作。11月～12月，完成新疆库尔勒市数字化城市管理系统信息18平方千米普查及数据建库工作。

四、航空摄影

10月，乌鲁木齐市城市勘察测绘院完成乌鲁木齐市市域1400平方千米数码航空摄影工作。

【获奖情况】

2010年，乌鲁木齐市城市勘察测绘院承担的“乌鲁木齐连续运行卫星定位综合服务系统”获乌鲁木齐市2010年度科技进步奖一等奖、新疆维吾尔自治区科技进步奖三等奖、中国测绘学会2010年测绘科技进步奖三等奖。“乌鲁木齐市‘数字城管’信息普查及建库”获新疆维吾尔自治区第十届优秀工程勘察奖二等奖。

新疆油田勘察设计研究院（有限公司）

【概况】

新疆石油勘察设计研究院（有限公司）成立于2000年，法人代表骆伟，拥有甲级测绘资质，技术人员共57人。业务范围包括地籍测绘；控制、地形、市政工程、线路工程、地下管线、建筑工程等工程测量。

【业务】

2010年，新疆石油勘察设计研究院（有限公司）全年共完成测绘项目360多项。其中，承担的重点项目包括准噶尔盆地中西部油区精化似大地水准面构建项目（面积13万平方千米，是新疆完成的首个0.1米精度的区域性精化大地水准面成果）；供水、供电、通信公司地理信息系统数据采集（2010年）；克拉玛依石化工业地下管网数据更新工程；山西省三交地区三交－碛口区块煤层气总体开发方案。

此外，承担了风城110kV变电所及系统配套工程、塔里木油田公路大修改造工程（2010年）、火烧山－彩南油田公路改造工程、克拉玛依热电联产供热管网及系统配套工程、克拉玛依物业管理公司3个住宅小区地形图测绘工程、西气东输轮南支线管道工程、新疆和甘肃区域油气管道伴行道路工程、乌鲁木齐石化－王家沟成品油管道复线工程、呼图壁地下储气库建设工程、头屯工业园区燃气输配工程、塔石化阿克苏大化肥项目等多项重点工程的测量工作。

【获奖情况】

新疆石油勘察设计研究院（有限公司）完成的“陆梁油田地面工程测绘及数据建设工程”、“油气田新区产能建设地面工程数字化（2008年）工程”获中国石油天然气集团公司2010年工程优秀勘察奖三等奖；新疆油田勘察设计研究院勘察分院测绘工程部荣获中国石油天然气集团公司2009年度石油工业用户满意服务班组称号；“油气田新区产能建设地面工程数字化技术研究与应用”获中国测绘学会2010年测绘科技进步奖三等奖；“迪那2气田迪那1井区中央处理厂测绘工程”获2010年新疆维吾尔自治区第十届优秀工程勘察奖三等奖；“彩－石－克输气管道扩能改造工程测绘工程”获2010年新疆维吾尔自治区第十届优秀工程勘察奖表扬奖。

测绘社团工作

中国测绘学会

组织建设

【第十届理事会换届】

1 月，中国测绘学会完成第十届理事会 149 名理事、18 名分支机构负责人以及 161 名分支机构副主任委员的聘任工作，为全面开展学会工作提供了组织保障。3 月，召开中国测绘学会十届理事会第一次理事长会议，制定了学会 2010 年工作要点，确定了学会正副秘书长职责分工，研究探讨了新形势下加快学会发展的思路、对策与建议，进一步明确了学会工作重点。

【民主办会】

中国测绘学会坚持重大事项由常务理事会、理事会讨论决定的原则，全年召开 1 次全体理事会议、1 次理事长会议、3 次常务理事会议和 4 次秘书长会议。为保障会议的效果和质量，进一步严格会议纪律，规定常务理事每年出席会议不少于 2 次，3 次不到会提出警告，委派代表出席最多不超过 2 次。对被警告者，第二年度两次未到会者，取消其常务理事资格，同时在下届学会换届改选时，不予考虑该单位人选。

【分支机构管理】

中国测绘学会进一步规范分支机构管理，研究确定各分支机构的规模、分支机构负责人的称谓以及人数，要求分支机构负责人交叉任职数不得超过 2 个，避免了相关负责人多处任职的不良影响。完成向中国科协和民政部的各项备案、报批、换证、刻章等工作，建立并完善了相应的管理制度和程序。

印发《关于分支机构当前有关工作的通知》和《中国测绘学会 2010 年会议和重点活动计划》。指导省级学会开展增选换届、学术交流、科学普及等工作。建立了学会领导联系省级学会的分工制度，健全了联系通报机制，及时了解学会及分支机构和省级学会的工作动态。全年编发内部情况通报 12 期。

学术交流

【中国测绘学会年会】

11 月 9 日 ~11 日，中国测绘学会 2010 年学术年会在江苏省南京市召开。国家测绘局局长徐德明、江苏省副省长李小敏出席会议并讲话，500 多人参加年会。大会以“提升能力、服务民生”为主题，举办报告会和测绘新产品新技术发布会等，开展专题讲座、成果展览以及论文评选等活动，搭建测绘学术交流平台，实现了年会举办模式和内容形式的新突破。

【学术论坛】

11 月 1 日 ~ 6 日，中国测绘学会与中国工程院、武汉大学共同主办“现代测绘科学技术与信息化社会的可持续发展”高层论坛。国内著名测绘专家、学者和广大科技工作者围绕“现代测绘科学技术与信息化社会的可持续发展”主题，交流了国内外地球空间信息技术，深入探讨了现代测绘科学技术在可持续发展方面的学术、技术、管理以及政策等问题。论坛的召开，对于推进学科的交叉、融合与相互渗透具有积极作用。

【对外学术交流】

2010 年，中国测绘学会协助国家测绘局组团赴澳大利亚参加国际测量师联合会（FIG）大会，赴德国参加国际测绘技术与设备中国展团招展工作，协调参加国际摄影测量与遥感学会（ISPRS）成立百年庆典和第6届海峡两岸测绘发展研讨会等活动。贯彻落实国家测绘局“走出去”战略，组织测绘企业参加国际测绘会展活动，积极开展民间测绘对外学术交流。根据我国测绘专家在国际行业协会和组织任职的情况，完成《关于国际民间科技组织后备队工作的情况报告》。

【《测绘学报》】

中国测绘学会指导《测绘学报》建立作者、审稿人、编辑、读者四位一体的期刊队伍，建立完善期刊数字平台，实现了期刊的数字化、信息化、智能化、国际化，保持了期刊数据资料的完整性，增加了科技论文共享性。《测绘学报》继续得到中国科协实施的“精品期刊工程”资助。

【学术交流】

中国测绘学会加强与中国科协的联系，完善了重要活动联动机制。积极参加第十二届中国科协学术年会及31场学术交流分论坛、第十届21世纪继续教育论坛和学会秘书长沙龙等活动。举办2010年国际组织任职及后备人员培训班，为学员介绍我国积极参与国际摄影测量与遥感学会（ISPRS）各项活动，以及中国测绘专家在国际学术组织高层任职等情况，受到与会代表的好评。

科技咨询

中国测绘学会积极服务测绘发展战略研究。学会专业委员会的有关院士、专家紧紧围绕测绘事业发展的重大问题、热点问题和突出问题，在深入调查研究的基础上，为国家测绘局承担的测绘发展战略研究工作提出针对性强、可操作的意见和建议，为国家测绘局进一步把握研究方向，明确研究内容，确保研究成果的高质量提供帮助。

组织完成国家重大工程项目评估。受国家测绘局委托，该学会组成“国家西部1∶5万地形图空白区测图工程”项目中期检查组，分赴甘肃、新疆等地对西部测图工程的各项管理工作和三江源、青藏高原东部、塔里木东部1230幅成果数据和地形图的质量进行深入调查、研究和评估，顺利完成项目中期检查评估工作，为西部测图项目后期工作顺利开展提出建议。

由中国测绘学会、教育部学生体协联合秘书处、中国定向运动协会共同起草的《中国定向运动地图规范》课题，通过国家测绘局的验收，标志着我国有了统一的国家定向运动地图规范。《中国定向运动地图规范》由国家行政及标准部门正式颁布，在国际定向界尚属首次。

为深入贯彻落实全国对口支援新疆工作会议、全国测绘支援新疆工作座谈会精神，中国测绘学会充分利用团体会员资源，积极开展测绘支援新疆工作，向团体会员单位印发《关于援疆工作的通知》，要求团体会员单位积极为新疆测绘工作提供资金及设备援助。学会有关团体会员单位向新疆捐赠了价值超过3000万元的设备、系统软件和遥感影像等。

针对我国无人机测绘遥感高级技术人员紧缺的现实情况，中国测绘学会举办无人机测绘技术高级研修班，并得到人力资源和社会保障部、中国科协的大力支持。培训班创新了无人机测绘技术人员的培训模式，对高级技术人员培训有良好的推动作用。

科技奖励

2010年，中国测绘学会完善测绘科学技术奖励制度，调整中国测绘学会科技奖励委员会人员以及测绘科技进步奖、优秀地图作品裴秀奖评审委员会人员，调研了测绘科学技术奖励基金管理的有关制度办法，并及时召开奖励委主任会议和奖励委工作会议，研究测绘科技奖励工作，完善测绘科学技术奖励有关制度。

该学会在测绘科技奖励基金管理工作专项调研的基础上，加强与会员单位的沟通和协商，积极争取有关单位对测绘科学奖励工作的支持。2010年，测绘科技进步奖得到中测新图（北京）遥感技术有限责任公司、陕西天润科技有限责任公司和拓普康（北京）科技有限公司捐赠的奖励资金，为测绘科技进步奖奖励工作的开展提供了资金保障。

组织开展中国测绘学会2010年测绘科技进步奖和优秀地图作品裴秀奖的评选工作，对申报测绘科技进步奖的124个项目和申报优秀地图作品裴秀奖的111件作品进行评审。评选出测绘科技进步奖获奖项目84项。其中，一等奖9项、二等奖25项、三等奖50项。评选出优秀地图作品裴秀奖获奖项目87项。其中，金奖15项、银奖25项、铜奖47项。

测绘科普

【举办比赛情况】

中国测绘学会主办2010年全国学生定向越野锦标赛暨“四维测绘杯”第六届全国测绘职工定向越野大奖赛，106所高校、154所中学、23家测绘单位共283支队伍参赛，参赛单位涉及26个省市。比赛决出成年男子组、成年女子组、青年男子组、青年女子组、教师组等5个级别的前6名获奖者。该项活动影响逐步扩大，已成为各有关部门认识测绘作用、了解测绘功能的有效平台。

【全国科普教育基地】

2010年，在国家测绘局和中国科协的支持下，由中国测绘学会申请立项的中国测绘科技馆全国科普教育基地正式成立，国家测绘局局长徐德明和中国科协书记处书记程东红共同为其揭牌。中国测绘科技馆成为全社会认识了解测绘基础知识和地图悠久文化的窗口。截至2010年底，中国测绘科技馆已累计接待省部级以上领导约350人次、社会各界人士5000多人。

【全国科普日活动】

2010年，在全国科普日活动中，中国测绘学会突出展示GIS技术在节能减排、科学规划、合理利用资源等方面的实例，通过科普画册发放、科普知识问答和心愿贴板互动等形式，向观众展示“坚持科学发展，走近低碳生活”的科普日主题，达到了普及科学知识、弘扬科学精神、传播科学思想和科学方法的目的。活动共接待参与科普互动人员约2600人，发放奖品1500份、《漫游GIS世界》科普画册900份、《GIS时代》杂志1000本。

行业服务

【会员机制建设】

2010年，中国测绘学会完善了会员沟通服务制度。建立会员建议呈报制度等，完善会员联系、沟通和交流机制，积极主动听取会员意见和建议。修订个人会员管理办法，完成个人会员的登记、发证、建库和发展会员工作。以“全国会员活动日”为契机，通过各种方式联系和帮助会员，加强与政府相关部门、企业和其他社会机构的沟通，建立健全广大会员对经济社会发展和重大科技问题的建言献策制度，及时准确反映会员意见和建议。印发《关于中国测绘学会发展团体会员的通知》，至2010年底，团体会员单位已达279个。

【测绘企业家座谈会】

2010年，中国测绘学会召开测绘企业家座谈会。国家测绘局局长徐德明，副局长、学会理事长李维森出席会议并讲话，30多名企业家参加会议，其中15位企业家作大会发言。会议就应对国际金融危机，积极探索参与国际化竞争进行座谈。会后，学会将企业家们的意见和建议汇总梳理为3个方面29条，并提出了相关解决办法和建议，上报国家测绘局。

【专业技术职务资格评审认定工作】

为解决非公有制测绘单位专业技术人员的技术职务资格评审问题，落实中央促进非公有制经济发展的要求，中国测绘学会在对中国农业学会、光学学会等已开展相关工作的学会进行充分调研的基础上，起草《关于开展测绘专业技术职务任职资格评审认定工作的通知》和《测绘专业技术职务资格评审认定办法》，加快推动测绘专业技术职务资格评审认定工作，为企业吸引人才、留住人才、激励人才创造条件。

【团体会员工作会议】

2010年，中国测绘学会召开全体会员工作会议，就学会搭建学术交流平台、促进科技进步、做好会员服务等方面与会员们进行讨论，增强了学会与会员、会员与会员之间的友谊，受到团体会员单位的欢迎。

【举办全国测绘仪器展览会】

2010年，中国测绘学会组织国际著名测绘仪器品牌和国内全部测绘仪器制造商约130家企业，举办全国测绘仪器展览会，展示国内外最新测绘仪器产品和技术，展览面积超过6000平方米。期间，举办了主题为“新测绘装备发展前瞻”的第七届测绘仪器发展高端论坛和测绘仪器新产品发布会。

【支持企业活动】

2010年，中国测绘学会积极支持企业举办的大型活动，支持中地数码集团主办主题为“地理空间信息彰显城市智慧”的“智慧地球、智慧城市”研讨会，探讨将空间地理信息技术融入智慧城市建设的主要思路。学会主要负责人参加广州中海达测绘仪器有限公司、北京东方道迩信息技术有限责任公司、广州奥格智能科技有限公司、北京灵图软件技术有限公司等举办的产品发布会、用户大会、论坛等重要活动。

中国地理信息系统协会

主要业务

【概况】

2010年，中国地理信息系统协会（以下简称GIS协会）根据国家测绘局党组部署，贯彻落实中央领导讲话精神和国家测绘局关于大力发展地理信息产业的指示，以“服务、自律、协调、维权”为己任，大力倡导大产业、大市场、大服务、大和谐发展观，在地理信息科技进步奖设立和为企业协调、维权工作上取得突破。逐步加强组织机构建设，建立规范有序的工作机制，各方面工作进展顺利。

【产业论坛】

10月27日～31日，2010年度中国地理信息产业论坛暨中国GIS协会年会在西安召开。国土资源部副部长、国家测绘局局长徐德明到会并讲话，陕西省副省长郑小明，国家测绘局党组成员吴兆琪，陕西省政府副秘书长孟建国及陕西测绘局、中煤航测遥感局有关领导出席会议。大会由中国GIS协会会长陈军主持，中国GIS协会秘书长丛远东作2010年中国地理信息产业报告。

会议表彰了中国GIS服务特殊贡献单位，首次颁发地理信息科技进步奖、2010中国GIS优秀工程奖、2010青年优秀论文奖、2010《地理信息世界》创新论文奖，并为中国GIS协会资源环境培训中心授牌。在2010中国GIS成果展上，陕西测绘局以及42家地理信息企业展示了近年来取得的GIS成果。会议收到169篇论文。举办了地理信息产业园建设，国土信息化论坛、新技术新产品发布与移动GIS应用论坛等活动及地理信息产业就业招聘洽谈会。

【设立地理信息科学技术奖】

经科技部、国家科学技术奖励工作办公室和国家测绘局批准，自2010年起，在中国地理信息系统协会设立地理信息科学技术奖。奖项设地理信息科技进步奖和地理信息科技专项奖两大类。

2010年，地理信息科技进步奖申报项目97个，共评选出获奖项目62项。其中，一等奖4项、二等奖16项、三等奖42项。此外，“基础地理信息时空数据库技术”获2010年国家科技进步奖二等奖。

【为企业维权】

9月8日，财政部发出《财政部行政处罚事项告知书》；10月11日，国家税务部门发出《税务行政处罚告知书》，对第二次全国土地调查延伸审计的14家企业处以“三年内禁止参加政府采购活动”和“加倍罚税款”的处理。应企业请求，10月25日，中国GIS协会致函国家审计署，请求宽容处理被处罚的14家地理信息企业。经研究，国家审计署、财政部、税务总局免去对14家企业的处罚，避免企业遭受巨大损失。

【产业发展】

2010年，全国地理信息业产值达1000亿元。9家企业成功上市，全国在建的国家、省、地市级地理信息产业园达16家，面积近240公顷。

【增补成员】

2010年，中国GIS协会增补1人为中国地理信息系统协会第四届副会长，增补16人为常务理事。

【工作会议】

3月30日，中国GIS协会工作会议在北京召开。协会各分支机构、直属机构汇报2009年工作，研究落实2010年工作任务。来自协会14个工作委员会和《地理信息世界》编辑部、协会GIS所、就业指导中心的负责人参加会议。

分支机构工作

【城市工作委员会】

6月17日，中国GIS协会城市工作委员会工作会议在上海召开，来自上海、北京、重庆、武汉、黑龙江等地的专家交流GIS产业服务理念，并就技术和管理服务模式进行深入探讨。

8月11日～12日，城市工作委员会年会在黑龙江省黑河市召开，来自全国各地的60多名专家学者参加会议，探讨我国城市发展新模式，交换城市发展新经验。

【理论与方法工作委员会】

9 月 27 日～29 日，中国 GIS 协会理论与方法工作委员会主办的中国地理信息系统理论与方法学术研讨会在上海召开。会议围绕“GIS 让生活更美好”主题，对地理信息科学、空间数据处理、GIS 工程、地理信息服务、GIS 新技术应用及遥感应用前沿理论和技术问题进行深入交流研讨。

【标准化与质量控制工作委员会】

10 月 29 日，中国 GIS 协会标准化与质量控制工作委员会主办的 2010 年度中国 GIS 标准化论坛在西安举行。论坛就我国基础地理信息数据质量控制、GIS 标准一致性、导航电子地图质量检测规范标准等议题进行研讨。

【空间数据工作委员会】

10 月 29 日，中国 GIS 协会空间数据工作委员会主办的 2010 年度中国空间数据服务与技术创新论坛在西安举行。会议就空间数据的获取、服务和应用等热门话题进行讨论交流，对促进我国空间数据的研究与发展起到了积极作用。

【教育与科普工作委员会】

11 月 20 日～21 日，中国 GIS 协会教育与科普工作委员会主办的第四届全国地理信息系统博士生论坛在南京举行。论坛共设 4 个分会场，在地理信息系统与遥感理论、技术、方法、服务、应用等多方面进行了研讨。

【GIS 工程应用工作委员会】

3 月～10 月，中国 GIS 协会 GIS 工程应用工作委员会受中国地理信息系统协会委托，组织开展 2010 年中国 GIS 优秀工程评选活动。

【公共安全工作委员会】

为满足地理信息产业在国家特殊领域的发展需要，中国 GIS 协会成立公共安全工作委员会，并与 9 月 8 日召开成立大会。该委员会主要面向国防公安安全领域，由相关政府机关、企事业单位、研究机构、高等院校的专家、代表组成，挂靠北京山海经纬信息技术有限公司。

直属机构工作

2010 年，中国 GIS 协会 GIS 所承担数字城市工程硕士班的教学和日常管理工作。

中国 GIS 协会会刊《地理信息世界》编辑部完成全年的编辑出版和经营业务，共出版 6 期。

2 月 5 日，中国地理信息系统协会就业指导中心正式成立。中国 GIS 协会就业指导中心为中国 GIS 协会的直属机构，具体职能是按照国家政策，代表中国 GIS 协会全面开展毕业生就业、国内外人才交流、就业宣传筹划等工作，举办就业招聘会，开展咨询、服务和指导育人，为用人单位做好服务。

10 月 28 日，中国 GIS 协会资环培训中心挂牌成立，以中科宇图天下科技有限公司为依托开展工作。中国 GIS 协会资环培训中心是中国 GIS 协会直属机构，为非营利性单位，实行自收自支、自负盈亏的经营管理模式，接受中国 GIS 协会的领导。

评奖活动

【中国 GIS 优秀工程评选活动】

4 月 15 日～10 月 28 日，中国 GIS 协会组织开展 2010 年中国 GIS 优秀工程评选活动。共评出 2010 年中国 GIS 优秀工程奖金奖 14 项、银奖 39 项、铜奖 21 项。

【数字城市地理信息公共平台国产软件测评】

3 月 17 日～4 月 20 日，中国 GIS 协会组织专家对数字城市地理信息公共平台国产软件进行测评。共有 42 套软件申报参评，经预审、测评、审定，共评出“新图软件 3.0”等 8 套优秀软件，“经信通地理信息公共服务平台 V3.0”等 6 套合格软件。“优秀软件”和“合格软件”被列入国家测绘局年度优秀测绘产品推荐目录，并作为进入数字城市建设的准入条件之一。

【国产空间信息系统软件测评】

9 月 6 日～26 日，中国 GIS 协会委托软件分会组织开展 2010 年国产空间信息系统软件测评。参加年度测评的软件共有 44 个，涉及 30 家软件开发单位，其中 9 家开发单位是第一次参加测评，占 30%；44 个参测软件中有 24 个软件是第一次参加测评，占 55%。经核查、核定评审，37 个软件通过测评，其中 21 个软件获得表彰。

【特殊贡献单位评选】

10 月 28 日，中国 GIS 协会对上海城市发展信息研究中心、高德软件有限公司、上海市测绘院、北京四维图新科技股份有限公司、北京世纪高通科技有限公司、上海数慧系统技术有限公司等单位进行嘉奖表彰，授予“上海世博会 GIS 服务特殊贡献单位”称号。

授予国家基础地理信息中心、中国测绘科学研究院、东方道迩信息技术有限责任公司、青海省基础地理信息中心等 9 家单位“玉树抗震救灾 GIS 服务特殊贡献单位”称号。

授予北京山海经纬信息技术有限公司、北京市信息资源管理中心、中测新图（北京）遥感技术有限责任公司等 6 家单位“北京国庆六十周年 GIS 服务特殊贡献单位”称号。

【青年优秀论文评选】

为激励青年科技创新，推动 GIS 技术普及，中国 GIS 协会开展 2010 年度“中地杯”青年（40 周岁以下）优秀论文评选活动，从 2008 年 ~ 2010 年的所有论文中评选出一等奖 1 篇、二等奖 2 篇、三等奖 4 篇。

【《地理信息世界》创新论文评选】

为鼓励广大地理信息从业者科技创新，推进《地理信息世界》的建设与发展，中国 GIS 协会开展 2010 年度“苍穹杯”《地理信息世界》创新论文评选活动，评出一等奖 1 篇、二等奖 3 篇、三等奖5 篇。

【公益活动贡献单位评选】

为推进我国地理信息产业和谐创新发展，鼓励 GIS 从业单位为产业发展贡献力量，12 月，中国地理信息系统协会授予陕西测绘局、中煤航测遥感局、广东省东莞市城乡规划局等 17 家单位“2010’中国 GIS 公益活动贡献单位”称号。

其他工作

【中国 GIS 协会网站建设】

2010 年，中国 GIS 协会新版网站开通。版面经过调整，18 个栏目共刊登新闻稿 657 篇，点击浏览约 157.3 万人次，获得社会各界的良好反响。

【《中国 GIS 快讯》】

2010 年，《中国 GIS 快讯》共发刊 7 期，集中反映地理信息产业的热点、难点和焦点问题，为领导机关和有关方面提供产业发展的重要资讯。

【“数字城市”培训】

7 月 8 日 ~ 22 日，中国 GIS 协会、武汉大学联合举办“数字城市”工程硕士班，在青海西宁开展了 15 天的集中学习培训；11 月 5 日，该硕士班学员在武汉大学进行了 20 天的集中学习培训。

产业创新活动

2010 年，中国 GIS 协会支持北京超图软件股份有限公司举办了系列自主创新与应用研讨会。

9 月 14 日，由中国 GIS 协会支持的第九届 ESRI 中国用户大会在北京举行，3000 名代表参加大会。

10 月 29 日，由中国 GIS 协会主办，北京苍穹数码测绘有限公司承办的国土信息化论坛在西安举行，300 多名与会代表针对 7 个专题进行研讨，并签订了合作项目。同时，由中国 GIS 协会主办，北京合众思壮科技股份有限公司承办的新技术新产品发布与移动 GIS 应用论坛在西安举行，论坛上开展的项目合作取得实质性进展。

11 月 20 日，由中国 GIS 协会主办，中国 GIS 协会就业指导中心承办的中国地理信息产业招聘会在武汉举行，来自南京大学、浙江大学、华东理工大学、中南大学、武汉大学等近百所高校的 1 万多名地理信息类专业毕业生参加招聘会。

由中国 GIS 协会主办，ESRI 中国（北京）有限公司承办的“2010ESRI 杯中国大学生 GIS 软件开发竞赛”历时 9 个月于 11 月 28 日在北京结束。竞赛评出一等奖 1 名、二等奖 3 名、三等奖 6 名。

对外交流

2 月 2 日，在中瑞建交 60 周年之际，以瑞典耶夫勒堡省省长巴勃鲁·洪白易女士为首的 FPX 高层访华团一行 17 人访问国家测绘局和中国 GIS 协会。国土资源部副部长、国家测绘局局长徐德明在中国测绘创新基地会见了代表团全体成员和瑞典驻华使馆商务参赞。

6 月 10 日 ~21 日，应瑞典、德国 GIS 协会的邀请，经国家测绘局批准，中国 GIS 协会代表团一行 10 人访问瑞典、德国 GIS 协会和相关 GIS 单位。

10 月 27 日 ~29 日，瑞典 GIS 协会代表团一行 7 人参加在西安召开的 2010 年度中国地理信息产业论坛暨协会年会，并在大会上作主题报告，展示其 GIS 成果。

11 月，中国 GIS 协会组成 107 人代表团参加在台湾举行的第六届海峡两岸 GIS 发展研讨会。来自香港、澳门、台湾和大陆的 200 多名专家、学者、企业家和有关政府官员共同交流 GIS 发展经验，研讨 GIS 发展战略。大会共收到论文 142 篇；举办专题论坛 9 个，报告 53 场。协会代表团团长丛远东在大会作大陆 GIS 产业发展主报告，中国科学院、中国工程院院士李德仁等在大会上作专题报告。大会商定 2012 年第七届海峡两岸 GIS 发展研讨会由大陆承办。代表团参观访问了台湾的有关 GIS 院校和企事业单位，并达成有关合作意向。

【年检工作】

5 月，按照国家测绘局、民政部要求，根据《社会团体登记管理条例》、《民间非营利组织会计制度》等有关规定，中国 GIS 协会向民政部民间组织管理局提交《中国地理信息系统协会 2009 年度工作报告书》，如期通过年检。

5 月，《地理信息世界》通过北京市新闻出版局组织的年检。

中国全球定位系统技术应用协会

主要业务工作

【卫星导航定位科学技术奖评奖】

为进一步调动广大科技人员积极性和创造性，加速推进我国卫星导航产业的发展，2010 年 6 月，经科技部批准中国全球定位系统技术应用协会（以下简称中国 GPS 协会）设立卫星导航定位科学技术奖，包括卫星导航定位科技进步奖、卫星导航定位优秀工程和产品奖两个奖项。中国 GPS 协会研究并制定了《卫星导航定位科学技术奖励办法》和《卫星导航定位科学技术奖实施细则》，在国家测绘局和科技部的指导下，共评出 2010 年获奖项目 36 项。其中，卫星导航定位科技进步奖获奖项目 11 项，包括一等奖 1 项，二等奖 4 项，三等奖 6 项；卫星导航定位优秀工程和产品奖获奖项目 25 项，包括一等奖 1 项，二等奖 9 项，三等奖 15 项。

【评选社会责任先进单位】

中国 GPS 协会在自荐和推荐的基础上，共评选出易图通科技（北京）有限公司、北京四维图新科技股份有限公司、深圳市赛格导航科技股份有限公司、深圳市伊爱高新技术开发有限公司等 2010 年度社会责任先进单位 7 个。

【科学家企业家恳谈会】

6 月 4 日～5 日，中国 GPS 协会在广州举办首届科学家企业家恳谈会。与会的 20 多名科学家、企业家围绕我国“十二五”期间卫星导航定位产业技术进步与创新的方向、一批卫星导航企业上市对行业内其他企业发展可能产生的影响、加快推进北斗系统的市场应用规模等问题进行了交流和讨论。陈俊勇、宁津生院士参会并作报告，广东省 40 多家卫星导航单位的代表应邀参加会议。国家测绘局、广东省国土资源厅、广东省经济和信息化委员会的有关领导出席会议。

【评选表彰活动】

为纪念协会成立 15 周年，中国 GPS 协会组织评选为我国卫星导航产业发展和协会工作做出突出贡献单位和个人。在自荐和推荐的基础上，评选出中国石油集团东方地球物理勘探有限责任公司、国家基础地理信息中心、中国测绘科学研究院等突出贡献单位 15 个。评选出王志刚、黄云康、王丽等为中国卫星导航定位产业发展和协会事业做出突出贡献的个人。

【卫星导航科普知识竞赛活动】

2010 年，中国 GPS 协会联合中国科协青少年中心、中国科技馆共同主办，利用新浪网科技频道面向全国开展卫星导航科普知识竞赛活动。截至 9 月 4 日，收回有效答卷 20.3 万份，参与答题的人员几乎覆盖全国所有省份。通过竞赛活动网页，关注此次活动的社会公众超过 100 万人。活动共抽出一等奖 40 名、二等奖 80 名、三等奖 120 名、纪念奖 200 名。

【贯彻“走出去”战略】

为贯彻国务院办公厅《关于加快推进行业协会商会改革和发展的若干意见》，9 月 22 日～10 月 3 日，中国 GPS 协会组织由企事业单位领导为主体的 10 人考察团，对德国的博世集团、荷兰的 Mapscape

公司和法国的标志雪铁龙集团，以及 NAVTEQ 公司等进行考察和技术交流。通过交流，增进了对受访企业车载导航前装市场技术标准及生产流程、质量控制与市场体系和先进导航技术方向的了解，探讨了今后加强合作的可行性。

【中国 GPS 协会 2010 年会暨“十二五”卫星导航定位产业面临的机遇与挑战专家论坛】

12 月 8 日 ~10 日，中国 GPS 协会 2010 年会暨“十二五”卫星导航定位产业面临的机遇与挑战专家论坛在北京召开。此次年会的主题是“抓机遇、促发展，为推进‘十二五’中国卫星导航定位产业发展做贡献”。全国政协原副主席王文元，国土资源部副部长、国家测绘局局长徐德明，国家测绘局副局长闵宜仁，总参测绘局副局长范艺华，中国地震局副局长阴朝民，国防科工局系统一司副司长卞志刚及中国卫星导航工程中心主任冉承其等有关部门的领导出席会议。全球定位系统业内专家、学者、企业、院校代表等社会各界人士 400 多人出席开幕式。刘经南、张祖勋、刘先林等院士专家出席会议并作专题报告。会议包括专家高端论坛、GNSS 高精度导航定位综合应用与服务分论坛和卫星导航定位产业链的整合与发展分论坛，举办了新技术、新产品及应用成果展示交流会，表彰了为中国卫星导航事业和协会工作做出贡献的单位和个人，颁发了“卫星导航定位科技进步奖”、社会责任先进单位和“易图通杯”优秀论文奖等多个奖项。

【《卫星导航定位产业机遇与挑战》论文征集】

中国 GPS 协会围绕卫星导航定位产业发展的关键技术、核心部件、产业政策、技术应用、市场推广等，在行业内广泛征集论文并聘请专家对征集的论文进行评选，评选出一等奖 1 名、二等奖 5 名、三等奖 6 名。

法律法规

法　律

中华人民共和国测绘法

2002 年 8 月 29 日第九届全国人民代表大会常务委员会第二十九次会议通过修订，自 2002 年 12 月 1 日起施行

第一章　总　则

第一条　为了加强测绘管理，促进测绘事业发展，保障测绘事业为国家经济建设、国防建设和社会发展服务，制定本法。

第二条　在中华人民共和国领域和管辖的其他海域从事测绘活动，应当遵守本法。

本法所称测绘，是指对自然地理要素或者地表人工设施的形状、大小、空间位置及其属性等进行测定、采集、表述以及对获取的数据、信息、成果进行处理和提供的活动。

第三条　测绘事业是经济建设、国防建设、社会发展的基础性事业。各级人民政府应当加强对测绘工作的领导。

第四条　国务院测绘行政主管部门负责全国测绘工作的统一监督管理。国务院其他有关部门按照国务院规定的职责分工，负责本部门有关的测绘工作。

县级以上地方人民政府负责管理测绘工作的行政部门（以下简称测绘行政主管部门）负责本行政区域测绘工作的统一监督管理。县级以上地方人民政府其他有关部门按照本级人民政府规定的职责分工，负责本部门有关的测绘工作。

军队测绘主管部门负责管理军事部门的测绘工作，并按照国务院、中央军事委员会规定的职责分工负责管理海洋基础测绘工作。

第五条　从事测绘活动，应当使用国家规定的测绘基准和测绘系统，执行国家规定的测绘技术规范和标准。

第六条　国家鼓励测绘科学技术的创新和进步，采用先进的技术和设备，提高测绘水平。

对在测绘科学技术进步中做出重要贡献的单位和个人，按照国家有关规定给予奖励。

第七条　外国的组织或者个人在中华人民共和国领域和管辖的其他海域从事测绘活动，必须经国务院测绘行政主管部门会同军队测绘主管部门批准，并遵守中华人民共和国的有关法律、行政法规的规定。

外国的组织或者个人在中华人民共和国领域从事测绘活动，必须与中华人民共和国有关部门或者单位依法采取合资、合作的形式进行，并不得涉及国家秘密和危害国家安全。

第二章　测绘基准和测绘系统

第八条　国家设立和采用全国统一的大地基准、

高程基准、深度基准和重力基准，其数据由国务院测绘行政主管部门审核，并与国务院其他有关部门、军队测绘主管部门会商后，报国务院批准。

第九条　国家建立全国统一的大地坐标系统、平面坐标系统、高程系统、地心坐标系统和重力测量系统，确定国家大地测量等级和精度以及国家基本比例尺地图的系列和基本精度。具体规范和要求由国务院测绘行政主管部门会同国务院其他有关部门、军队测绘主管部门制定。

在不妨碍国家安全的情况下，确有必要采用国际坐标系统的，必须经国务院测绘行政主管部门会同军队测绘主管部门批准。

第十条　因建设、城市规划和科学研究的需要，大城市和国家重大工程项目确需建立相对独立的平面坐标系统的，由国务院测绘行政主管部门批准；其他确需建立相对独立的平面坐标系统的，由省、自治区、直辖市人民政府测绘行政主管部门批准。

建立相对独立的平面坐标系统，应当与国家坐标系统相联系。

第三章　基础测绘

第十一条　基础测绘是公益性事业。国家对基础测绘实行分级管理。

本法所称基础测绘，是指建立全国统一的测绘基准和测绘系统，进行基础航空摄影，获取基础地理信息的遥感资料，测制和更新国家基本比例尺地图、影像图和数字化产品，建立、更新基础地理信息系统。

第十二条　国务院测绘行政主管部门会同国务院其他有关部门、军队测绘主管部门组织编制全国基础测绘规划，报国务院批准后组织实施。

县级以上地方人民政府测绘行政主管部门会同本级人民政府其他有关部门根据国家和上一级人民政府的基础测绘规划和本行政区域内的实际情况，组织编制本行政区域的基础测绘规划，报本级人民政府批准，并报上一级测绘行政主管部门备案后组织实施。

第十三条　军队测绘主管部门负责编制军事测绘规划，按照国务院、中央军事委员会规定的职责分工负责编制海洋基础测绘规划，并组织实施。

第十四条　县级以上人民政府应当将基础测绘纳入本级国民经济和社会发展年度计划及财政预算。

国务院发展计划主管部门会同国务院测绘行政主管部门，根据全国基础测绘规划，编制全国基础测绘年度计划。

县级以上地方人民政府发展计划主管部门会同同级测绘行政主管部门，根据本行政区域的基础测绘规划，编制本行政区域的基础测绘年度计划，并分别报上一级主管部门备案。

国家对边远地区、少数民族地区的基础测绘给予财政支持。

第十五条　基础测绘成果应当定期进行更新，国民经济、国防建设和社会发展急需的基础测绘成果应当及时更新。

基础测绘成果的更新周期根据不同地区国民经济和社会发展的需要确定。

第四章　界线测绘和其他测绘

第十六条　中华人民共和国国界线的测绘，按照中华人民共和国与相邻国家缔结的边界条约或者协定执行。中华人民共和国地图的国界线标准样图，由外交部和国务院测绘行政主管部门拟订，报国务院批准后公布。

第十七条　行政区域界线的测绘，按照国务院有关规定执行。省、自治区、直辖市和自治州、县、自治县、市行政区域界线的标准画法图，由国务院民政部门和国务院测绘行政主管部门拟订，报国务院批准后公布。

第十八条　国务院测绘行政主管部门会同国务院土地行政主管部门编制全国地籍测绘规划。县级以上地方人民政府测绘行政主管部门会同同级土地行政主管部门编制本行政区域的地籍测绘规划。

县级以上人民政府测绘行政主管部门按照地籍测绘规划，组织管理地籍测绘。

第十九条　测量土地、建筑物、构筑物和地面其他附着物的权属界址线，应当按照县级以上人民政府确定的权属界线的界址点、界址线或者提供的有关登记资料和附图进行。权属界址线发生变化时，有关当事人应当及时进行变更测绘。

第二十条　城市建设领域的工程测量活动，与房屋产权、产籍相关的房屋面积的测量，应当执行由国务院建设行政主管部门、国务院测绘行政主管部门负责组织编制的测量技术规范。

水利、能源、交通、通信、资源开发和其他领域的工程测量活动，应当按照国家有关的工程测量技术规范进行。

第二十一条 建立地理信息系统，必须采用符合国家标准的基础地理信息数据。

第五章 测绘资质资格

第二十二条 国家对从事测绘活动的单位实行测绘资质管理制度。

从事测绘活动的单位应当具备下列条件，并依法取得相应等级的测绘资质证书后，方可从事测绘活动：

（一）有与其从事的测绘活动相适应的专业技术人员；

（二）有与其从事的测绘活动相适应的技术装备和设施；

（三）有健全的技术、质量保证体系和测绘成果及资料档案管理制度；

（四）具备国务院测绘行政主管部门规定的其他条件。

第二十三条 国务院测绘行政主管部门和省、自治区、直辖市人民政府测绘行政主管部门按照各自的职责负责测绘资质审查、发放资质证书，具体办法由国务院测绘行政主管部门商国务院其他有关部门规定。

军队测绘主管部门负责军事测绘单位的测绘资质审查。

第二十四条 测绘单位不得超越其资质等级许可的范围从事测绘活动或者以其他测绘单位的名义从事测绘活动，并不得允许其他单位以本单位的名义从事测绘活动。

测绘项目实行承发包的，测绘项目的发包单位不得向不具有相应测绘资质等级的单位发包或者迫使测绘单位以低于测绘成本承包。

测绘单位不得将承包的测绘项目转包。

第二十五条 从事测绘活动的专业技术人员应当具备相应的执业资格条件，具体办法由国务院测绘行政主管部门会同国务院人事行政主管部门规定。

第二十六条 测绘人员进行测绘活动时，应当持有测绘作业证件。

任何单位和个人不得妨碍、阻挠测绘人员依法进行测绘活动。

第二十七条 测绘单位的资质证书、测绘专业技术人员的执业证书和测绘人员的测绘作业证件的式样，由国务院测绘行政主管部门统一规定。

第六章 测绘成果

第二十八条 国家实行测绘成果汇交制度。

测绘项目完成后，测绘项目出资人或者承担国家投资的测绘项目的单位，应当向国务院测绘行政主管部门或者省、自治区、直辖市人民政府测绘行政主管部门汇交测绘成果资料。属于基础测绘项目的，应当汇交测绘成果副本；属于非基础测绘项目的，应当汇交测绘成果目录。负责接收测绘成果副本和目录的测绘行政主管部门应当出具测绘成果汇交凭证，并及时将测绘成果副本和目录移交给保管单位。测绘成果汇交的具体办法由国务院规定。

国务院测绘行政主管部门和省、自治区、直辖市人民政府测绘行政主管部门应当定期编制测绘成果目录，向社会公布。

第二十九条 测绘成果保管单位应当采取措施保障测绘成果的完整和安全，并按照国家有关规定向社会公开和提供利用。

测绘成果属于国家秘密的，适用国家保密法律、行政法规的规定；需要对外提供的，按照国务院和中央军事委员会规定的审批程序执行。

第三十条 使用财政资金的测绘项目和使用财政资金的建设工程测绘项目，有关部门在批准立项前应当征求本级人民政府测绘行政主管部门的意见，有适宜测绘成果的，应当充分利用已有的测绘成果，避免重复测绘。

第三十一条 基础测绘成果和国家投资完成的其他测绘成果，用于国家机关决策和社会公益性事业的，应当无偿提供。

前款规定之外的，依法实行有偿使用制度；但是，政府及其有关部门和军队因防灾、减灾、国防建设等公共利益的需要，可以无偿使用。

测绘成果使用的具体办法由国务院规定。

第三十二条 中华人民共和国领域和管辖的其他海域的位置、高程、深度、面积、长度等重要地理信息数据，由国务院测绘行政主管部门审核，并与国务院其他有关部门、军队测绘主管部门会商后，报国务院批准，由国务院或者国务院授权的部门公布。

第三十三条 各级人民政府应当加强对编制、印刷、出版、展示、登载地图的管理，保证地图质量，维护国家主权、安全和利益。具体办法由国务院规定。

各级人民政府应当加强对国家版图意识的宣传教育，增强公民的国家版图意识。

第三十四条 测绘单位应当对其完成的测绘成果质量负责。县级以上人民政府测绘行政主管部门应当加强对测绘成果质量的监督管理。

第七章 测量标志保护

第三十五条 任何单位和个人不得损毁或者擅自移动永久性测量标志和正在使用中的临时性测量标志，不得侵占永久性测量标志用地，不得在永久性测量标志安全控制范围内从事危害测量标志安全和使用效能的活动。

本法所称永久性测量标志，是指各等级的三角点、基线点、导线点、军用控制点、重力点、天文点、水准点和卫星定位点的木质觇标、钢质觇标和标石标志，以及用于地形测图、工程测量和形变测量的固定标志和海底大地点设施。

第三十六条 永久性测量标志的建设单位应当对永久性测量标志设立明显标记，并委托当地有关单位指派专人负责保管。

第三十七条 进行工程建设，应当避开永久性测量标志；确实无法避开，需要拆迁永久性测量标志或者使永久性测量标志失去效能的，应当经国务院测绘行政主管部门或者省、自治区、直辖市人民政府测绘行政主管部门批准；涉及军用控制点的，应当征得军队测绘主管部门的同意。所需迁建费用由工程建设单位承担。

第三十八条 测绘人员使用永久性测量标志，必须持有测绘作业证件，并保证测量标志的完好。

保管测量标志的人员应当查验测量标志使用后的完好状况。

第三十九条 县级以上人民政府应当采取有效措施加强测量标志的保护工作。

县级以上人民政府测绘行政主管部门应当按照规定检查、维护永久性测量标志。

乡级人民政府应当做好本行政区域内的测量标志保护工作。

第八章 法律责任

第四十条 违反本法规定，有下列行为之一的，给予警告，责令改正，可以并处十万元以下的罚款；对负有直接责任的主管人员和其他直接责任人员，依法给予行政处分：

（一）未经批准，擅自建立相对独立的平面坐标系统的；

（二）建立地理信息系统，采用不符合国家标准的基础地理信息数据的。

第四十一条 违反本法规定，有下列行为之一的，给予警告，责令改正，可以并处十万元以下的罚款；构成犯罪的，依法追究刑事责任；尚不够刑事处罚的，对负有直接责任的主管人员和其他直接责任人员，依法给予行政处分：

（一）未经批准，在测绘活动中擅自采用国际坐标系统的；

（二）擅自发布中华人民共和国领域和管辖的其他海域的重要地理信息数据的。

第四十二条 违反本法规定，未取得测绘资质证书，擅自从事测绘活动的，责令停止违法行为，没收违法所得和测绘成果，并处测绘约定报酬一倍以上二倍以下的罚款。

以欺骗手段取得测绘资质证书从事测绘活动的，吊销测绘资质证书，没收违法所得和测绘成果，并处测绘约定报酬一倍以上二倍以下的罚款。

第四十三条 违反本法规定，测绘单位有下列行为之一的，责令停止违法行为，没收违法所得和测绘成果，处测绘约定报酬一倍以上二倍以下的罚款，并可以责令停业整顿或者降低资质等级；情节严重的，吊销测绘资质证书：

（一）超越资质等级许可的范围从事测绘活动的；

（二）以其他测绘单位的名义从事测绘活动的；

（三）允许其他单位以本单位的名义从事测绘活动的。

第四十四条 违反本法规定，测绘项目的发包单位将测绘项目发包给不具有相应资质等级的测绘单位或者迫使测绘单位以低于测绘成本承包的，责令改正，可以处测绘约定报酬二倍以下的罚款。发包单位的工作人员利用职务上的便利，索取他人财物或者非法收受他人财物，为他人谋取利益，构成犯罪的，依法追究刑事责任；尚不够刑事处罚的，依法给予行政处分。

第四十五条 违反本法规定，测绘单位将测绘项目转包的，责令改正，没收违法所得，处测绘约定报酬一倍以上二倍以下的罚款，并可以责令停业整顿或者降低资质等级；情节严重的，吊销测绘资质证书。

第四十六条 违反本法规定，未取得测绘执业资格，擅自从事测绘活动的，责令停止违法行为，没收违法所得，可以并处违法所得二倍以下的罚款；造成损失的，依法承担赔偿责任。

第四十七条 违反本法规定，不汇交测绘成果资料的，责令限期汇交；逾期不汇交的，对测绘项目出资人处以重测所需费用一倍以上二倍以下的罚款；对承担国家投资的测绘项目的单位处一万元以上五万元以下的罚款，暂扣测绘资质证书，自暂扣测绘资质证书之日起六个月内仍不汇交测绘成果资料的，吊销测绘资质证书，并对负有直接责任的主管人员和其他直接责任人员依法给予行政处分。

第四十八条 违反本法规定，测绘成果质量不合格的，责令测绘单位补测或者重测；情节严重的，责令停业整顿，降低资质等级直至吊销测绘资质证书；给用户造成损失的，依法承担赔偿责任。

第四十九条 违反本法规定，编制、印刷、出版、展示、登载的地图发生错绘、漏绘、泄密，危害国家主权或者安全，损害国家利益，构成犯罪的，依法追究刑事责任；尚不够刑事处罚的，依法给予行政处罚或者行政处分。

第五十条 违反本法规定，有下列行为之一的，给予警告，责令改正，可以并处五万元以下的罚款；造成损失的，依法承担赔偿责任；构成犯罪的，依法追究刑事责任；尚不够刑事处罚的，对负有直接责任的主管人员和其他直接责任人员，依法给予行政处分：

（一）损毁或者擅自移动永久性测量标志和正在使用中的临时性测量标志的；

（二）侵占永久性测量标志用地的；

（三）在永久性测量标志安全控制范围内从事危害测量标志安全和使用效能的活动的；

（四）在测量标志占地范围内，建设影响测量标志使用效能的建筑物的；

（五）擅自拆除永久性测量标志或者使永久性测量标志失去使用效能，或者拒绝支付迁建费用的；

（六）违反操作规程使用永久性测量标志，造成永久性测量标志毁损的。

第五十一条 违反本法规定，有下列行为之一的，责令停止违法行为，没收测绘成果和测绘工具，并处一万元以上十万元以下的罚款；情节严重的，并处十万元以上五十万元以下的罚款，责令限期离境；所获取的测绘成果属于国家秘密，构成犯罪的，依法追究刑事责任：

（一）外国的组织或者个人未经批准，擅自在中华人民共和国领域和管辖的其他海域从事测绘活动的；

（二）外国的组织或者个人未与中华人民共和国有关部门或者单位合资、合作，擅自在中华人民共和国领域从事测绘活动的。

第五十二条 本法规定的降低资质等级、暂扣测绘资质证书、吊销测绘资质证书的行政处罚，由颁发资质证书的部门决定；其他行政处罚由县级以上人民政府测绘行政主管部门决定。

本法第五十一条规定的责令限期离境由公安机关决定。

第五十三条 违反本法规定，县级以上人民政府测绘行政主管部门工作人员利用职务上的便利收受他人财物、其他好处或者玩忽职守，对不符合法定条件的单位核发测绘资质证书，不依法履行监督管理职责，或者发现违法行为不予查处，造成严重后果，构成犯罪的，依法追究刑事责任；尚不够刑事处罚的，对负有直接责任的主管人员和其他直接责任人员，依法给予行政处分。

第九章　附　则

第五十四条 军事测绘管理办法由中央军事委员会根据本法规定。

第五十五条 本法自2002年12月1日起施行。

行政法规

基础测绘条例

2009 年 5 月 6 日国务院第 62 次常务会议通过，2009 年 5 月 12 日
中华人民共和国国务院令第 556 号公布，自 2009 年 8 月 1 日起施行

第一章　总　则

第一条　为了加强基础测绘管理，规范基础测绘活动，保障基础测绘事业为国家经济建设、国防建设和社会发展服务，根据《中华人民共和国测绘法》，制定本条例。

第二条　在中华人民共和国领域和中华人民共和国管辖的其他海域从事基础测绘活动，适用本条例。

本条例所称基础测绘，是指建立全国统一的测绘基准和测绘系统，进行基础航空摄影，获取基础地理信息的遥感资料，测制和更新国家基本比例尺地图、影像图和数字化产品，建立、更新基础地理信息系统。

在中华人民共和国领海、中华人民共和国领海基线向陆地一侧至海岸线的海域和中华人民共和国管辖的其他海域从事海洋基础测绘活动，按照国务院、中央军事委员会的有关规定执行。

第三条　基础测绘是公益性事业。

县级以上人民政府应当加强对基础测绘工作的领导，将基础测绘纳入本级国民经济和社会发展规划及年度计划，所需经费列入本级财政预算。

国家对边远地区和少数民族地区的基础测绘给予财政支持。具体办法由财政部门会同同级测绘行政主管部门制定。

第四条　基础测绘工作应当遵循统筹规划、分级管理、定期更新、保障安全的原则。

第五条　国务院测绘行政主管部门负责全国基础测绘工作的统一监督管理。

县级以上地方人民政府负责管理测绘工作的行政部门（以下简称测绘行政主管部门）负责本行政区域基础测绘工作的统一监督管理。

第六条　国家鼓励在基础测绘活动中采用先进科学技术和先进设备，加强基础研究和信息化测绘体系建设，建立统一的基础地理信息公共服务平台，实现基础地理信息资源共享，提高基础测绘保障服务能力。

第二章　基础测绘规划

第七条　国务院测绘行政主管部门会同国务院其他有关部门、军队测绘主管部门，组织编制全国基础测绘规划，报国务院批准后组织实施。

县级以上地方人民政府测绘行政主管部门会同本级人民政府其他有关部门，根据国家和上一级人民政府的基础测绘规划和本行政区域的实际情况，组织编制本行政区域的基础测绘规划，报本级人民政府批准，并报上一级测绘行政主管部门备案后组织实施。

第八条　基础测绘规划报送审批前，组织编制机关应当组织专家进行论证，并征求有关部门和单位的意见。其中，地方的基础测绘规划，涉及军事禁区、军事管理区或者作战工程的，还应当征求军事机关的意见。

基础测绘规划报送审批文件中应当附具意见采纳情况及理由。

第九条　组织编制机关应当依法公布经批准的基础测绘规划。

经批准的基础测绘规划是开展基础测绘工作的依据，未经法定程序不得修改；确需修改的，应当按照本条例规定的原审批程序报送审批。

第十条　国务院发展改革部门会同国务院测绘

行政主管部门，编制全国基础测绘年度计划。

县级以上地方人民政府发展改革部门会同同级测绘行政主管部门，编制本行政区域的基础测绘年度计划，并分别报上一级主管部门备案。

第十一条 县级以上人民政府测绘行政主管部门应当根据应对自然灾害等突发事件的需要，制定相应的基础测绘应急保障预案。

基础测绘应急保障预案的内容应当包括：应急保障组织体系，应急装备和器材配备，应急响应，基础地理信息数据的应急测制和更新等应急保障措施。

第三章 基础测绘项目的组织实施

第十二条 下列基础测绘项目，由国务院测绘行政主管部门组织实施：

（一）建立全国统一的测绘基准和测绘系统；

（二）建立和更新国家基础地理信息系统；

（三）组织实施国家基础航空摄影；

（四）获取国家基础地理信息遥感资料；

（五）测制和更新全国 1∶100 万至 1∶2.5 万国家基本比例尺地图、影像图和数字化产品；

（六）国家急需的其他基础测绘项目。

第十三条 下列基础测绘项目，由省、自治区、直辖市人民政府测绘行政主管部门组织实施：

（一）建立本行政区域内与国家测绘系统相统一的大地控制网和高程控制网；

（二）建立和更新地方基础地理信息系统；

（三）组织实施地方基础航空摄影；

（四）获取地方基础地理信息遥感资料；

（五）测制和更新本行政区域 1∶1 万至 1∶5000 国家基本比例尺地图、影像图和数字化产品。

第十四条 设区的市、县级人民政府依法组织实施 1∶2000 至 1∶500 比例尺地图、影像图和数字化产品的测制和更新以及地方性法规、地方政府规章确定由其组织实施的基础测绘项目。

第十五条 组织实施基础测绘项目，应当依据基础测绘规划和基础测绘年度计划，依法确定基础测绘项目承担单位。

第十六条 基础测绘项目承担单位应当具有与所承担的基础测绘项目相应等级的测绘资质，并不得超越其资质等级许可的范围从事基础测绘活动。

基础测绘项目承担单位应当具备健全的保密制度和完善的保密设施，严格执行有关保守国家秘密法律、法规的规定。

第十七条 从事基础测绘活动，应当使用全国统一的大地基准、高程基准、深度基准、重力基准，以及全国统一的大地坐标系统、平面坐标系统、高程系统、地心坐标系统、重力测量系统，执行国家规定的测绘技术规范和标准。

因建设、城市规划和科学研究的需要，确需建立相对独立的平面坐标系统的，应当与国家坐标系统相联系。

第十八条 县级以上人民政府及其有关部门应当遵循科学规划、合理布局、有效利用、兼顾当前与长远需要的原则，加强基础测绘设施建设，避免重复投资。

国家安排基础测绘设施建设资金，应当优先考虑航空摄影测量、卫星遥感、数据传输以及基础测绘应急保障的需要。

第十九条 国家依法保护基础测绘设施。

任何单位和个人不得侵占、损毁、拆除或者擅自移动基础测绘设施。基础测绘设施遭受破坏的，县级以上地方人民政府测绘行政主管部门应当及时采取措施，组织力量修复，确保基础测绘活动正常进行。

第二十条 县级以上人民政府测绘行政主管部门应当加强基础航空摄影和用于测绘的高分辨率卫星影像获取与分发的统筹协调，做好基础测绘应急保障工作，配备相应的装备和器材，组织开展培训和演练，不断提高基础测绘应急保障服务能力。

自然灾害等突发事件发生后，县级以上人民政府测绘行政主管部门应当立即启动基础测绘应急保障预案，采取有效措施，开展基础地理信息数据的应急测制和更新工作。

第四章 基础测绘成果的更新与利用

第二十一条 国家实行基础测绘成果定期更新制度。

基础测绘成果更新周期应当根据不同地区国民经济和社会发展的需要、测绘科学技术水平和测绘生产能力、基础地理信息变化情况等因素确定。其中，1∶100 万至 1∶5000 国家基本比例尺地图、影像图和数字化产品至少 5 年更新一次；自然灾害多发地区以及国民经济、国防建设和社会发展急需的基础测绘成果应当及时更新。

基础测绘成果更新周期确定的具体办法，由国务院测绘行政主管部门会同军队测绘主管部门和国务院其他有关部门制定。

第二十二条 县级以上人民政府测绘行政主管部门应当及时收集有关行政区域界线、地名、水系、交通、居民点、植被等地理信息的变化情况，定期更新基础测绘成果。

县级以上人民政府其他有关部门和单位应当对测绘行政主管部门的信息收集工作予以支持和配合。

第二十三条 按照国家规定需要有关部门批准或者核准的测绘项目，有关部门在批准或者核准前应当书面征求同级测绘行政主管部门的意见，有适宜基础测绘成果的，应当充分利用已有的基础测绘成果，避免重复测绘。

第二十四条 县级以上人民政府测绘行政主管部门应当采取措施，加强对基础地理信息测制、加工、处理、提供的监督管理，确保基础测绘成果质量。

第二十五条 基础测绘项目承担单位应当建立健全基础测绘成果质量管理制度，严格执行国家规定的测绘技术规范和标准，对其完成的基础测绘成果质量负责。

第二十六条 基础测绘成果的利用，按照国务院有关规定执行。

第五章 法律责任

第二十七条 违反本条例规定，县级以上人民政府测绘行政主管部门和其他有关主管部门将基础测绘项目确定由不具有测绘资质或者不具有相应等级测绘资质的单位承担的，责令限期改正，对负有直接责任的主管人员和其他直接责任人员，依法给予处分。

第二十八条 违反本条例规定，县级以上人民政府测绘行政主管部门和其他有关主管部门的工作人员利用职务上的便利收受他人财物、其他好处，或者玩忽职守，不依法履行监督管理职责，或者发现违法行为不予查处，造成严重后果，构成犯罪的，依法追究刑事责任；尚不构成犯罪的，依法给予处分。

第二十九条 违反本条例规定，未取得测绘资质证书从事基础测绘活动的，责令停止违法行为，没收违法所得和测绘成果，并处测绘约定报酬1倍以上2倍以下的罚款。

第三十条 违反本条例规定，基础测绘项目承担单位超越资质等级许可的范围从事基础测绘活动的，责令停止违法行为，没收违法所得和测绘成果，处测绘约定报酬1倍以上2倍以下的罚款，并可以责令停业整顿或者降低资质等级；情节严重的，吊销测绘资质证书。

第三十一条 违反本条例规定，实施基础测绘项目，不使用全国统一的测绘基准和测绘系统或者不执行国家规定的测绘技术规范和标准的，责令限期改正，给予警告，可以并处10万元以下罚款；对负有直接责任的主管人员和其他直接责任人员，依法给予处分。

第三十二条 违反本条例规定，侵占、损毁、拆除或者擅自移动基础测绘设施的，责令限期改正，给予警告，可以并处5万元以下罚款；造成损失的，依法承担赔偿责任；构成犯罪的，依法追究刑事责任；尚不构成犯罪的，对负有直接责任的主管人员和其他直接责任人员，依法给予处分。

第三十三条 违反本条例规定，基础测绘成果质量不合格的，责令基础测绘项目承担单位补测或者重测；情节严重的，责令停业整顿，降低资质等级直至吊销测绘资质证书；给用户造成损失的，依法承担赔偿责任。

第三十四条 本条例规定的降低资质等级、吊销测绘资质证书的行政处罚，由颁发资质证书的部门决定；其他行政处罚由县级以上人民政府测绘行政主管部门决定。

第六章 附 则

第三十五条 本条例自2009年8月1日起施行。

中华人民共和国测绘成果管理条例

2006年5月17日国务院第136次会议通过，2006年5月27日
中华人民共和国国务院第469号令公布，自2006年9月1日起实施

第一章 总 则

第一条 为了加强对测绘成果的管理，维护国家安全，促进测绘成果的利用，满足经济建设、国防建设和社会发展的需要，根据《中华人民共和国测绘法》，制定本条例。

第二条 测绘成果的汇交、保管、利用和重要地理信息数据的审核与公布，适用本条例。

本条例所称测绘成果，是指通过测绘形成的数据、信息、图件以及相关的技术资料。测绘成果分为基础测绘成果和非基础测绘成果。

第三条 国务院测绘行政主管部门负责全国测绘成果工作的统一监督管理。国务院其他有关部门按照职责分工，负责本部门有关的测绘成果工作。

县级以上地方人民政府负责管理测绘工作的部门（以下称测绘行政主管部门）负责本行政区域测绘成果工作的统一监督管理。县级以上地方人民政府其他有关部门按照职责分工，负责本部门有关的测绘成果工作。

第四条 汇交、保管、公布、利用、销毁测绘成果应当遵守有关保密法律、法规的规定，采取必要的保密措施，保障测绘成果的安全。

第五条 对在测绘成果管理工作中作出突出贡献的单位和个人，由有关人民政府或者部门给予表彰和奖励。

第二章 汇交与保管

第六条 中央财政投资完成的测绘项目，由承担测绘项目的单位向国务院测绘行政主管部门汇交测绘成果资料；地方财政投资完成的测绘项目，由承担测绘项目的单位向测绘项目所在地的省、自治区、直辖市人民政府测绘行政主管部门汇交测绘成果资料；使用其他资金完成的测绘项目，由测绘项目出资人向测绘项目所在地的省、自治区、直辖市人民政府测绘行政主管部门汇交测绘成果资料。

第七条 测绘成果属于基础测绘成果的，应当汇交副本；属于非基础测绘成果的，应当汇交目录。测绘成果的副本和目录实行无偿汇交。

下列测绘成果为基础测绘成果：

（一）为建立全国统一的测绘基准和测绘系统进行的天文测量、三角测量、水准测量、卫星大地测量、重力测量所获取的数据、图件；

（二）基础航空摄影所获取的数据、影像资料；

（三）遥感卫星和其他航天飞行器对地观测所获取的基础地理信息遥感资料；

（四）国家基本比例尺地图、影像图及其数字化产品；

（五）基础地理信息系统的数据、信息等。

第八条 外国的组织或者个人依法与中华人民共和国有关部门或者单位合资、合作，经批准在中华人民共和国领域内从事测绘活动的，测绘成果归中方部门或者单位所有，并由中方部门或者单位向国务院测绘行政主管部门汇交测绘成果副本。

外国的组织或者个人依法在中华人民共和国管辖的其他海域从事测绘活动的，由其按照国务院测绘行政主管部门的规定汇交测绘成果副本或者目录。

第九条 测绘项目出资人或者承担国家投资的测绘项目的单位应当自测绘项目验收完成之日起3个月内，向测绘行政主管部门汇交测绘成果副本或者目录。测绘行政主管部门应当在收到汇交的测绘成果副本或者目录后，出具汇交凭证。

汇交测绘成果资料的范围由国务院测绘行政主管部门商国务院有关部门制定并公布。

第十条 测绘行政主管部门自收到汇交的测绘成果副本或者目录之日起10个工作日内，应当将其移交给测绘成果保管单位。

国务院测绘行政主管部门和省、自治区、直辖市人民政府测绘行政主管部门应当定期编制测绘成果资料目录，向社会公布。

第十一条 测绘成果保管单位应当建立健全测绘成果资料的保管制度，配备必要的设施，确保测绘成果资料的安全，并对基础测绘成果资料实行异地备份存放制度。

测绘成果资料的存放设施与条件，应当符合国家保密、消防及档案管理的有关规定和要求。

第十二条 测绘成果保管单位应当按照规定保管测绘成果资料，不得损毁、散失、转让。

第十三条 测绘项目的出资人或者承担测绘项目的单位，应当采取必要的措施，确保其获取的测绘成果的安全。

第三章 利 用

第十四条 县级以上人民政府测绘行政主管部门应当积极推进公众版测绘成果的加工和编制工作，并鼓励公众版测绘成果的开发利用，促进测绘成果的社会化应用。

第十五条 使用财政资金的测绘项目和使用财政资金的建设工程测绘项目，有关部门在批准立项前应当书面征求本级人民政府测绘行政主管部门的意见。测绘行政主管部门应当自收到征求意见材料之日起10日内，向征求意见的部门反馈意见。有适宜测绘成果的，应当充分利用已有的测绘成果，避免重复测绘。

第十六条 国家保密工作部门、国务院测绘行政主管部门应当商军队测绘主管部门，依照有关保密法律、行政法规的规定，确定测绘成果的秘密范围和秘密等级。

利用涉及国家秘密的测绘成果开发生产的产品，未经国务院测绘行政主管部门或者省、自治区、直辖市人民政府测绘行政主管部门进行保密技术处理的，其秘密等级不得低于所用测绘成果的秘密等级。

第十七条 法人或者其他组织需要利用属于国家秘密的基础测绘成果的，应当提出明确的利用目的和范围，报测绘成果所在地的测绘行政主管部门审批。

测绘行政主管部门审查同意的，应当以书面形式告知测绘成果的秘密等级、保密要求以及相关著作权保护要求。

第十八条 对外提供属于国家秘密的测绘成果，应当按照国务院和中央军事委员会规定的审批程序，报国务院测绘行政主管部门或者省、自治区、直辖市人民政府测绘行政主管部门审批；测绘行政主管部门在审批前，应当征求军队有关部门的意见。

第十九条 基础测绘成果和财政投资完成的其他测绘成果，用于国家机关决策和社会公益性事业的，应当无偿提供。

除前款规定外，测绘成果依法实行有偿使用制度。但是，各级人民政府及其有关部门和军队因防灾、减灾、国防建设等公共利益的需要，可以无偿使用测绘成果。

依法有偿使用测绘成果的，使用人与测绘项目出资人应当签订书面协议，明确双方的权利和义务。

第二十条 测绘成果涉及著作权保护和管理的，依照有关法律、行政法规的规定执行。

第二十一条 建立以地理信息数据为基础的信息系统，应当利用符合国家标准的基础地理信息数据。

第四章 重要地理信息数据的审核与公布

第二十二条 国家对重要地理信息数据实行统一审核与公布制度。

任何单位和个人不得擅自公布重要地理信息数据。

第二十三条 重要地理信息数据包括：

（一）国界、国家海岸线长度；

（二）领土、领海、毗连区、专属经济区面积；

（三）国家海岸滩涂面积、岛礁数量和面积；

（四）国家版图的重要特征点，地势、地貌分区位置；

（五）国务院测绘行政主管部门商国务院其他有关部门确定的其他重要自然和人文地理实体的位置、高程、深度、面积、长度等地理信息数据。

第二十四条 提出公布重要地理信息数据建议的单位或者个人，应当向国务院测绘行政主管部门或者省、自治区、直辖市人民政府测绘行政主管部门报送建议材料。

对需要公布的重要地理信息数据，国务院测绘行政主管部门应当提出审核意见，并与国务院其他有关部门、军队测绘主管部门会商后，报国务院批准。具体办法由国务院测绘行政主管部门制定。

第二十五条 国务院批准公布的重要地理信息数据，由国务院或者国务院授权的部门以公告形式公布。

在行政管理、新闻传播、对外交流、教学等对社会公众有影响的活动中，需要使用重要地理信息数据的，应当使用依法公布的重要地理信息数据。

第五章 法律责任

第二十六条 违反本条例规定，县级以上人民政府测绘行政主管部门有下列行为之一的，由本级人民政府或者上级人民政府测绘行政主管部门责令改正，通报批评；对直接负责的主管人员和其他直接责任人员，依法给予处分：

（一）接收汇交的测绘成果副本或者目录，未依法出具汇交凭证的；

（二）未及时向测绘成果保管单位移交测绘成果资料的；

（三）未依法编制和公布测绘成果资料目录的；

（四）发现违法行为或者接到对违法行为的举报后，不及时进行处理的；

（五）不依法履行监督管理职责的其他行为。

第二十七条 违反本条例规定，未汇交测绘成果资料的，依照《中华人民共和国测绘法》第四十七条的规定进行处罚。

第二十八条 违反本条例规定，测绘成果保管单位有下列行为之一的，由测绘行政主管部门给予警告，责令改正；有违法所得的，没收违法所得；造成损失的，依法承担赔偿责任；对直接负责的主管人员和其他直接责任人员，依法给予处分：

（一）未按照测绘成果资料的保管制度管理测绘成果资料，造成测绘成果资料损毁、散失的；

（二））擅自转让汇交的测绘成果资料的；

（三）未依法向测绘成果的使用人提供测绘成果资料的。

第二十九条 违反本条例规定，有下列行为之一的，由测绘行政主管部门或者其他有关部门依据职责责令改正，给予警告，可以处10万元以下的罚款；对直接负责的主管人员和其他直接责任人员，依法给予处分：

（一）建立以地理信息数据为基础的信息系统，利用不符合国家标准的基础地理信息数据的；

（二）擅自公布重要地理信息数据的；

（三）在对社会公众有影响的活动中使用未经依法公布的重要地理信息数据的。

第六章 附 则

第三十条 法律、行政法规对编制出版地图的管理另有规定的，从其规定。

第三十一条 军事测绘成果的管理，按照中央军事委员会的有关规定执行。

第三十二条 本条例自2006年9月1日起施行。1989年3月21日国务院发布的《中华人民共和国测绘成果管理规定》同时废止。

中华人民共和国地图编制出版管理条例

1995年7月10日中华人民共和国国务院令第180号发布，
自1995年10月1日起施行

第一章 总 则

第一条 为了加强地图编制出版管理，保证地图编制出版质量，维护国家的主权、安全和利益，为经济建设、社会发展和人民生活服务，制定本条例。

第二条 本条例适用于各种公开的普通地图和专题地图的编制和出版。

第三条 编制出版地图，必须遵守保密法律、法规。

公开地图不得表示任何国家秘密和内部事项。

第四条 国务院测绘行政主管部门主管全国的地图编制工作。国务院其他有关部门按照国务院规定的职责分工，负责管理本部门专题地图的编制工作。国务院出版行政管理部门商国务院测绘行政主管部门，负责管理全国的地图出版工作。

省、自治区、直辖市人民政府负责管理地图编制出版工作的部门及其职责，由省、自治区、直辖市人民政府规定。

军用地图和海图的编制管理，按照国务院、中央军事委员会的规定执行。

第二章　地图编制管理

第五条　编制普通地图的，依照《中华人民共和国测绘法》的规定，必须取得相应的测绘资格。

编制专题地图，需要直接进行测绘的，依照《中华人民共和国测绘法》的规定，必须取得相应的测绘资格。

第六条　在地图上绘制中华人民共和国国界、中国历史疆界、世界各国国界，应当遵守下列规定：

（一）中华人民共和国国界，按照中华人民共和国同有关邻国签订的边界条约、协定、议定书及其附图绘制；中华人民共和国尚未同有关邻国签订边界条约的界段，按照中华人民共和国地图的国界线标准样图绘制；

（二）中国历史疆界，1840 年至中华人民共和国成立期间的，按照中国历史疆界标准样图绘制；1840 年以前的，依据有关历史资料，按照实际历史疆界绘制。

（三）世界各国国界，按照世界各国间边界标准样图绘制；世界各国间的历史疆界，依据有关历史资料，按照实际历史疆界绘制。

中华人民共和国地图的国界线标准样图、中国历史疆界标准样图、世界各国间边界标准样图，由外交部和国务院测绘行政主管部门制定，报国务院批准发布。

第七条　在地图上绘制中华人民共和国省、自治区、直辖市行政区域界线，应当遵守下列规定：

（一）国务院已经划定界线的，或者相邻省、自治区、直辖市人民政府已经协商确定界线的，按照有关文件或者协议确定的界线画法绘制；

（二）相邻省、自治区、直辖市人民政府虽未就界线划分签订协议，但是双方地图上界线绘制一致，并且无争议的，按照双方地图上绘制一致的界线画法绘制；

（三）相邻省、自治区、直辖市人民政府对界线划分有争议，并且双方地图上界线绘制不一致的，按照国务院测绘行政主管部门和国务院民政部门制定并报国务院批准发布的省、自治区、直辖市行政区域界线标准画法图绘制。

第八条　编制地图，应当遵守国家有关地图内容表示的规定。

第九条　编制地图，应当符合下列要求：

（一）选用最新地图资料作为编制基础，并及时补充或者更改现势变化的内容；

（二）正确反映各要素的地理位置、形态、名称及相互关系；

（三）具备符合地图使用目的的有关数据和专业内容；

（四）地图的比例尺符合国家规定。

第三章　地图出版管理

第十条　普通地图应当由专门地图出版社出版，其他出版社不得出版。

设立专门地图出版社或者调整已设立的专门地图出版社的地图出版范围的，应当按照规定程序报国务院出版行政管理部门审批。国务院出版行政管理部门在办理审批手续前，应当征求国务院测绘行政主管部门的意见。

第十一条　中央级专门地图出版社，按照国务院出版行政管理部门批准的地图出版范围，可以出版各种地图。

地方专门地图出版社，按照国务院出版行政管理部门批准的地图出版范围，可以出版除世界性地图、全国性地图以外的各种地图。

第十二条　中央级专业出版社，具备出版地图的专业技术条件的，按照国务院出版行政管理部门批准的地图出版范围，可以出版本专业的专题地图。

地方专业出版社，具备出版地图的专业技术条件的，按照国务院出版行政管理部门批准的地图出版范围，可以出版本专业的地方性专题地图。

第十三条　专业出版社从事旅游图、交通图以及时事宣传图出版业务的，应当具备相应的地图编制专业技术人员、设备和技术条件，向所在地的省、自治区、直辖市人民政府出版行政管理部门提出地图出版申请，经审核同意，并报国务院出版行政管理部门审核批准，方可按照批准的地图出版范围出版。

省、自治区、直辖市人民政府出版行政管理部门在依照前款规定审核地图出版申请时，应当按照国家有关规定征求国务院测绘行政主管部门或者省、自治区、直辖市人民政府负责管理测绘工作的部门的意见。

第十四条 全国性中、小学教学地图，由国务院教育行政管理部门会同国务院测绘行政主管部门和外交部组织审定；地方性中、小学教学地图，可以由省、自治区、直辖市人民政府教育行政管理部门会同省、自治区、直辖市人民政府负责管理测绘工作的部门组织审定。

任何出版单位不得出版未经审定的中、小学教学地图。

第十五条 中、小学教学地图，由中央级专门地图出版社按照国务院出版行政管理部门批准的地图出版范围出版；其他中央级出版社出版中、小学教学地图，以及地方出版社出版地方性中、小学教学地图的，应当经国务院出版行政管理部门商国务院测绘行政主管部门审核批准，方可按照批准的地图出版范围出版。但是，中、小学教科书中的插附地图除外。

第十六条 各出版社、报社、杂志社可以根据需要，在图书、报刊中插附地图。

第十七条 出版或者展示未出版的绘有国界线或者省、自治区、直辖市行政区域界线地图（含图书、报刊插图、示意图）的，在地图印刷或者展示前，应当依照下列规定送审试制样图一式两份：

（一）绘有国界线的地图，跨省、自治区、直辖市行政区域的地图，以及台湾、香港、澳门地区地图，报国务院测绘行政主管部门审核；

（二）省、自治区、直辖市行政区域范围内的地方性地图，报有关省、自治区、直辖市人民政府负责管理测绘工作的部门或者国务院测绘行政主管部门审核；

（三）历史地图、世界地图和时事宣传图，报外交部和国务院测绘行政主管部门审核。

第十八条 出版或者展示未出版的全国性和地方性专题地图的，在地图印刷或者展示前，其试制样图的专业内容应当分别报国务院有关行政主管部门或者省、自治区、直辖市人民政府有关行政主管部门审核。

第十九条 依照本条例第十七条、第十八条的规定负责审核的部门，应当自收到试制样图之日起30日内，将审核决定通知送审单位；逾期未通知的，视为同意出版或者展示。

第二十条 保密地图和内部地图不得以任何形式公开出版、发行或者展示。

第二十一条 地图出版物发行前，有关的中央级出版社和地方出版社应当按照国家有关规定向有关部门和单位送交样本，并将样本一式两份报国务院测绘行政主管部门或者省、自治区、直辖市人民政府负责管理测绘工作的部门备案。

第二十二条 地图的著作权受法律保护。未经地图著作权人许可，任何单位和个人不得以复制、发行、改编、翻译、编辑等方式使用其地图；但是，著作权法律、行政法规另有规定的除外。

第二十三条 出版地图，应当注明地图上国界线画法的依据资料及其来源；广告、商标、宣传画、电影电视画面中的示意地图除外。

第四章 法律责任

第二十四条 违反本条例规定，未取得相应测绘资格，擅自编制地图的，由国务院测绘行政主管部门或者其授权的部门，或者省、自治区、直辖市人民政府负责管理测绘工作的部门或者其授权的部门，依据职责责令停止编制活动，没收违法所得，可以并处违法所得一倍以下的罚款。

第二十五条 违反本条例规定，有下列行为之一的，由国务院测绘行政主管部门或者省、自治区、直辖市人民政府负责管理测绘工作的部门责令停止发行、销售、展示，对有关地图出版社处以300元以上10000元以下的罚款；情节严重的，由出版行政管理部门注销有关地图出版社的地图出版资格：

（一）地图印刷或者展示前未按照规定将试制样图报送国务院测绘行政主管部门或者省、自治区、直辖市人民政府负责管理测绘工作的部门审核的；

（二）专题地图在印刷或者展示前未按照规定将试制样图报有关行政主管部门审核的；

（三）地图上国界线或者省、自治区、直辖市行政区域界线的绘制不符合国家有关规定而出版的；

（四）地图内容的表示不符合国家有关规定，造成严重错误的。

有前款第（三）项、第（四）项所列行为之一的，还应当没收全部地图及违法所得。

第二十六条 违反本条例规定，未经批准，擅自从事地图出版活动或者超越经批准的地图出版范围出版地图的，由出版行政管理部门责令停止违法活动，没收全部非法地图出版物和违法所得，可以并处违法所得5倍以上15倍以下的罚款。

第二十七条 侵犯地图著作权的，依照著作权法律、行政法规的规定处理。

第二十八条 违反本条例规定，公开地图泄露国家秘密，或者产生危害国家主权或者安全、损害国家利益的其他后果的，对负有直接责任的主管人员和其他直接责任人员依法给予行政处分；构成犯罪的，依法追究刑事责任。

第二十九条 地图编制、出版行政工作人员弄虚作假、玩忽职守、徇私舞弊，构成犯罪的，依法追究刑事责任；尚不构成犯罪的，依法给予行政处分。

第五章 附 则

第三十条 本条例自1995年10月1日起实行。

中华人民共和国测量标志保护条例

1996年9月4日中华人民共和国国务院令第203号发布，
自1997年1月1日起实施

第一条 为了加强测量标志的保护和管理，根据《中华人民共和国测绘法》，制定本条例。

第二条 本条例适用于在中华人民共和国领域内和中华人民共和国管辖的其他海域设置的测量标志。

第三条 测量标志属于国家所有，是国家经济建设和科学研究的基础设施。

第四条 本条例所称测量标志，是指：

（一）建设在地上、地下或者建筑物上的各种等级的三角点、基线点、导线点、军用控制点、重力点、天文点、水准点的木质觇标、钢质觇标和标石标志，全球卫星定位控制点，以及用于地形测图、工程测量和形变测量的固定标志和海底大地点设施等永久性测量标志；

（二）测量中正在使用的临时性测量标志。

第五条 国务院测绘行政主管部门主管全国的测量标志保护工作。国务院其他有关部门按照国务院规定的职责分工，负责管理本部门专用的测量标志保护工作。

县级以上地方人民政府管理测绘工作的部门负责本行政区域内的测量标志保护工作。

军队测绘主管部门负责管理军事部门测量标志保护工作，并按照国务院、中央军事委员会规定的职责分工负责管理海洋基础测量标志保护工作。

第六条 县级以上人民政府应当加强对测量标志保护工作的领导，增强公民依法保护测量标志的意识。

乡级人民政府应当做好本行政区域内的测量标志保护管理工作。

第七条 对在保护永久性测量标志工作中做出显著成绩的单位和个人，给予奖励。

第八条 建设永久性测量标志，应当符合下列要求：

（一）使用国家规定的测绘基准和测绘标准；

（二）选择有利于测量标志长期保护和管理的点位；

（三）符合法律、法规规定的其他要求。

第九条 设置永久性测量标志的，应当对永久性测量标志设立明显标记；设置基础性测量标志的，还应当设立由国务院测绘行政主管部门统一监制的专门标牌。

第十条 建设永久性测量标志需要占用土地的，地面标志占用土地的范围为36－100平方米，地下标志占用土地的范围为16－36平方米。

第十一条 设置永久性测量标志，需要依法使用土地或者在建筑物上建设永久性测量标志的，有关单位和个人不得干扰和阻挠。

第十二条 国家对测量标志实行义务保管制度。

设置永久性测量标志的部门应当将永久性测量标志委托测量标志设置地的有关单位或者人员负责保管，签订测量标志委托保管书，明确委托方和被委托方的权利和义务，并由委托方将委托保管书抄送乡级人民政府和县级以上人民政府管理测绘工作的部门备案。

第十三条 负责保管测量标志的单位和人员，应当对其所保管的测量标志经常进行检查；发现测量标志有被移动或者损毁的情况时，应当及时报告当地乡级人民政府，并由乡级人民政府报告县级以上地方人民政府管理测绘工作的部门。

第十四条 负责保管测量标志的单位和人员有权制止、检举和控告移动、损毁、盗窃测量标志的行为，任何单位或者个人不得阻止和打击报复。

第十五条 国家对测量标志实行有偿使用；但是，使用测量标志从事军事测绘任务的除外。测量标志有偿使用的收入应当用于测量标志的维护、维修，不得挪作他用。具体办法由国务院测绘行政主管部门会同国务院物价行政主管部门规定。

第十六条 测绘人员使用永久性测量标志，应当持有测绘工作证件，并接受县级以上人民政府管理测绘工作的部门的监督和负责保管测量标志的单位和人员的查询，确保测量标志完好。

第十七条 测量标志保护工作应当执行维修规划和计划。

全国测量标志维修规划，由国务院测绘行政主管部门会同国务院其他有关部门制定。

省、自治区、直辖市人民政府管理测绘工作的部门应当组织同级有关部门，根据全国测量标志维修规划，制定本行政区域内的测量标志维修计划，并组织协调有关部门和单位统一实施。

第十八条 设置永久性测量标志的部门应当按照国家有关的测量标志维修规程，对永久性测量标志定期组织维修，保证测量标志正常使用。

第十九条 进行工程建设，应当避开永久性测量标志；确实无法避开，需要拆迁永久性测量标志或者使永久性测量标志失去使用效能的，工程建设单位应当履行下列批准手续：

（一）拆迁基础性测量标志或者使基础性测量标志失去使用效能的，由国务院测绘行政主管部门或者省、自治区、直辖市人民政府管理测绘工作的部门批准。

（二）拆迁部门专用的永久性测量标志或者使部门专用的永久性测量标志失去使用效能的，应当经设置测量标志的部门同意，并经省、自治区、直辖市人民政府管理测绘工作的部门批准。

拆迁永久性测量标志，还应当通知负责保管测量标志的有关单位和人员。

第二十条 经批准拆迁基础性测量标志或者使基础性测量标志失去使用效能的，工程建设单位应当按照国家有关规定向省、自治区、直辖市人民政府管理测绘工作的部门支付迁建费用。

经批准拆迁部门专用的测量标志或者使部门专用的测量标志失去使用效能的，工程建设单位应当按照国家有关规定向设置测量标志的部门支付迁建费用；设置部门专用的测量标志的部门查找不到的，工程建设单位应当按照国家有关规定向省、自治区、直辖市人民政府管理测绘工作的部门支付迁建费用。

第二十一条 永久性测量标志的重建工作，由收取测量标志迁建费用的部门组织实施。

第二十二条 测量标志受国家保护，禁止下列有损测量标志安全和使测量标志失去使用效能的行为：

（一）损毁或者擅自移动地下或者地上的永久性测量标志以及使用中的临时性测量标志的；

（二）在测量标志占地范围内烧荒、耕作、取土、挖沙或者侵占永久性测量标志用地的；

（三）在距永久性测量标志 50 米范围内采石、爆破、射击、架设高压电线的；

（四）在测量标志的占地范围内，建设影响测量标志使用效能的建筑物的；

（五）在测量标志上架设通讯设施、设置观望台、搭帐篷、拴牲畜或者设置其他有可能损毁测量标志的附着物的；

（六）擅自拆除设有测量标志的建筑物或者拆除建筑物上的测量标志的。

（七）其他有损测量标志安全和使用效能的。

第二十三条 有本条例第二十二条禁止的行为之一，或者有下列行为之一的，由县级以上人民政府管理测绘工作的部门责令限期改正，给予警告，并可以根据情节处以 5 万元以下的罚款；对负有直接责任的主管人员和其他直接责任人员，依法给予行政处分；造成损失的，应当依法承担赔偿责任：

（一）干扰或者阻挠测量标志建设单位依法使用土地或者在建筑物上建设永久性测量标志的；

（二）工程建设单位未经批准擅自拆迁永久性测量标志或者使永久性测量标志失去使用效能的，或者拒绝按照国家有关规定支付迁建费用的；

（三）违反测绘操作规程进行测绘，使永久性测量标志受到损坏的；

（四）无证使用永久性测量标志并且拒绝县级以上人民政府管理测绘工作的部门监督和负责保管

测量标志的单位和人员查询的。

第二十四条　管理测绘工作的部门的工作人员玩忽职守、滥用职权、徇私舞弊的、依法给予行政处分。

第二十五条　违反本条例规定，应当给予治安管理处罚的，依照治安管理处罚条例的有关规定给予处罚；构成犯罪的，依法追究刑事责任。

第二十六条　本条例自1997年1月1日起施行。1984年1月7日国务院发布的《测量标志保护条例》同时废止。

部门规章

测绘行政处罚程序规定

2000年1月4日国家测绘局令第6号发布，根据2010年11月30日国土资源部令第50号《国土资源部关于修改〈测绘行政处罚程序规定〉的决定》修正。

第一章　总　则

第一条　为规范和保证各级测绘主管部门依法行使职权，正确实施行政处罚，维护测绘行政执法相对人的合法权益，依照《中华人民共和国行政处罚法》、《中华人民共和国测绘法》及有关行政法规的规定，制定本规定。

第二条　公民、法人和其他组织违反测绘法律、法规或者规章，依法由测绘主管部门给予行政处罚的，适用本规定。

第三条　测绘主管部门实施行政处罚，必须遵循以下原则：

（一）公正、公开地行使法律、法规和规章赋予的行政职权；

（二）实施行政处罚必须有法律、法规和规章依据，没有依据的，不得给予行政处罚；

（三）实施行政处罚，应当事实清楚、证据确凿，给予违法行为人的行政处罚应当与其违法行为的事实、性质、情节以及社会危害程度相当；

（四）坚持处罚与教育相结合的原则，教育公民、法人和其他组织自觉守法。

第二章　管　辖

第四条　测绘行政处罚由违法行为发生地的县级以上测绘主管部门管辖，法律、法规和规章另有规定的依规定。

第五条　下列行政处罚案件由国务院测绘行政主管部门管辖：

（一）取消甲级测绘资格；

（二）全国范围内的重大测绘行政处罚案件。

第六条　下列行政处罚案件由违法行为发生地的省级管理测绘工作的部门负责管辖：

（一）取消乙级以下测绘资格；

（二）法律法规规定由省级管理测绘工作的部门管辖的测绘行政处罚案件。

第七条　省级以下管理测绘工作的部门根据省、自治区、直辖市人民政府的法规规定管辖本行政区域内的测绘行政处罚案件。

第八条　对管辖有争议的，报请争议双方共同的上一级测绘主管部门指定管辖。

第三章　简易程序

第九条　适用简易程序当场进行测绘行政处罚必须同时符合以下条件：

（一）违法行为轻微，事实清楚、证据确凿并且有给予行政处罚的法定依据；

（二）给予的行政处罚是警告，或者是对公民处以五十元以下、对法人或者其他组织处以一千元以下的罚款。

第十条 适用简易程序当场查处违法行为，执法人员应当向当事人出示国务院测绘行政主管部门或省级政府法制部门颁发的行政执法证件，了解违法事实，作出笔录，收集必要的证据，填写格式化的行政处罚决定书。

格式化的行政处罚决定书应当载明当事人的违法事实、处罚依据、罚款的数额、告知当事人有陈述权和申辩权、处罚时间、地点、行政机关名称及印章，并由执法人员签名或者盖章。

第十一条 上条中的行政处罚决定书应当当场交付当事人并由当事人签字或者盖章。

第十二条 适用简易程序查处案件的有关材料，应当在七日内报执法人员所在地测绘主管部门。

第四章 一般程序

第十三条 测绘主管部门对本辖区内的测绘违法行为依法应当给予行政处罚的，除适用简易程序的外，必须首先立案。每一案件至少有两名承办人，并确定一名案件负责人。

第十四条 承办人与案件有直接利害关系的，应当回避。

第十五条 对已经立案的测绘违法案件，应当进行全面、客观、公正的调查。

调查案件时，执法人员不得少于两人，并应当向当事人或有关人员出示国务院测绘行政主管部门或者省级政府法制部门颁发的执法证件。

第十六条 调查案件可以采取以下方式：询问当事人、证人和其他有关人员；查阅有关材料；向国家机关、企业、事业单位、人民团体调取、收集书面证据材料；对专门性问题进行鉴定；必要时由有关人员协助进行现场勘验、检查；法律、法规许可的其他方式。

第十七条 询问当事人、证人和其他有关人员，应当进行笔录，并由被询问人核对无误后签字。

查阅有关材料，对可以用作证据的部分，应当进行复制或摘抄。

向国家机关、企业、事业单位、人民团体调取、收集的书面证据材料，必须由提供人署名，并加盖单位印章。

对专门性问题进行鉴定，应当写出鉴定结论，并由鉴定人签名。

进行现场勘验、检查，应当将勘验、检查的情况写成笔录，并由被勘验、检查人或者见证人签名。

第十八条 调查终结，应当由案件承办人写出调查报告。根据调查结果和有关法律、法规和规章的规定提出处理意见，报实施行政处罚的测绘主管部门负责人审批。

第十九条 测绘主管部门负责人应当对违法事实是否清楚、证据是否充分、程序是否合法、适用法律、法规和规章是否准确等进行审查并签署意见。

第二十条 对于情节复杂、疑难的案件，应当由测绘主管部门负责人集体讨论作出处理决定。

第二十一条 在作出行政处罚决定之前，案件负责人应当告知当事人作出行政处罚的事实、理由及依据，并告知当事人有权进行陈述和申辩。

案件负责人应当充分听取当事人的意见，并把当事人的意见记录在案。对当事人提出的事实、理由和证据应当进行复核，当事人提出的事实、理由和证据成立的，应当采纳。

第二十二条 案件经过测绘主管部门负责人审批或者集体讨论，根据不同情况，分别作出如下决定：

（一）应受行政处罚的，根据情节轻重及具体情况，作出具体行政处罚决定；

（二）违法行为轻微，依法可以不予行政处罚的，不予行政处罚；

（三）违法事实不能成立的，不得给予行政处罚；

（四）违法行为已构成犯罪的，移送有关司法机关；

（五）不属于本部门管辖的，移送到有管辖权的部门。

第二十三条 测绘主管部门按照本规定第二十二条的规定实施行政处罚，应当按照《测绘行政处罚决定书格式规定》（见附件）制作行政处罚决定书，由做出行政处罚决定的测绘主管部门负责人签发。

第二十四条 对违法行为轻微，依法不予行政处罚或者违法事实不成立，不得给予行政处罚的，由案件负责人制作书面的不予行政处罚决定书，并由做出决定的测绘主管部门负责人签发。

对违法行为已构成犯罪，需要移送司法机关的，制作移送司法机关的决定书，连同案件的有关材料一并移送司法机关处理。

对无管辖权应当移送到其他有管辖权部门的案件，必须制作移送决定书，连同案件的有关材料一并移送有关部门处理。

第二十五条 案件处理完毕，应当将案件的所有材料整理归档。

第五章 听证程序

第二十六条 测绘主管部门在作出下列行政处罚决定之前，应当告知当事人有要求举行听证的权利，当事人要求听证的，作出行政处罚决定的测绘主管部门应当依照法律法规的规定组织听证：

（一）取消测绘资格；

（二）停止测绘活动、停止地图编制活动；

（三）没收违法所得、没收测绘成果；

（四）对公民处以一千元以上罚款、对法人处以一万元以上罚款，省级人民政府或者省级人民政府法制部门对罚款数额另有规定的，也可以依规定进行。

第二十七条 当事人要求听证的，应当在测绘主管部门告知后三日内提出。

第二十八条 测绘主管部门应当在听证的七日前，通知当事人举行听证的时间、地点。

除涉及国家秘密、商业秘密或者个人隐私外，听证公开举行。

第二十九条 听证由测绘主管部门指定的其他非本案调查人员主持。测绘主管部门设有法制工作机构的，应当指定其法制工作机构主持听证。

第三十条 当事人认为主持人与本案有直接利害关系的，有权申请其回避。

申请回避必须在听证结束前提出，由当事人口头或者书面向测绘主管部门提出。

测绘主管部门认为主持人没有回避事由不需要回避的，书面告知申请人。

第三十一条 听证按下列顺序进行：

（一）案件承办人员提出当事人违法的事实、证据、拟作出的行政处罚及其依据；

（二）当事人及其委托代理人进行陈述和申辩，并可以提出相应的证据；

（三）互相质证、辩论；

（四）听证主持人按照案件承办人员、当事人的先后顺序征询双方最后意见。

第三十二条 听证的过程应当有专人负责笔录，听证结束后，案件承办人员及当事人应当在笔录上签字。

第三十三条 听证结束后，由测绘主管部门负责人集体讨论后按照本规定第二十二条、第二十三条作出处理决定。

第三十四条 听证笔录应当一并归档。

第六章 送 达

第三十五条 测绘行政处罚决定书应当在作出行政处罚决定后七日内送达被处罚人。

第三十六条 测绘主管部门送达行政处罚决定书，应当直接送交被处罚人；被处罚人是法人或者其他组织的，交其收发部门签收；本人不在的，交其同住的成年家属或者所在单位签收；本人已经指定代收人的，交代收人签收。

第三十七条 被处罚人拒绝接受行政处罚决定书的，送达人应当邀请有关人员到场，说明情况，在送达回证上记明拒收事由和日期，由送达人和见证人签名，把行政处罚决定书留在收发部门或者被处罚人的住处，即视为送达。

第三十八条 在直接送达有困难的情况下，测绘行政主管部门也可以采取邮寄的方式送达测绘行政处罚决定书。通过邮局用挂号的方式将行政处罚决定书和送达回证邮寄被处罚人，送达时间以被处罚人在送达回证上注明的收件日期为送达日期；挂号信回执上注明的收件日期与送达回证上注明的日期不一致的，或者送达回证没有寄回的，以挂号信回执上的收件日期为送达日期。

第三十九条 当事人对测绘行政处罚不服的，可在接到行政处罚决定书之日起，六十日内向上一级测绘主管部门申请复议；当事人也可在接到处罚决定书之日起，三个月内直接向有管辖权的人民法院起诉。当事人逾期不申请复议，也不向人民法院起诉，又不履行行政处罚决定的，由作出处罚决定的测绘主管部门申请人民法院强制执行。

第七章 附 则

第四十条 实施测绘行政处罚可选择适用本规定或者本省、自治区、直辖市人民政府行政处罚程序规定。

第四十一条 本规定由国家测绘局负责解释。

第四十二条 《测绘行政处罚决定书格式规定》与本规定共同发布，有同等效力。

第四十三条 本规定自发布之日起实施。

附件：1.《测绘行政处罚决定书格式规定》

2.《测绘行政处罚决定书》参考文本（略）

测绘行政处罚决定书格式规定

第一条 为贯彻《中华人民共和国行政处罚法》，规范测绘行政处罚的实施，保障和监督测绘主管部门依法行政，维护公民、法人和其他组织的合法权益，根据《中华人民共和国测绘法》和《中华人民共和国行政处罚法》以及有关法律、法规，制定本规定。

第二条 测绘主管部门在依据有关法律、法规和规章给予公民、法人和其他组织行政处罚时，必须制作行政处罚决定书。

第三条 测绘行政处罚决定书应当由作出行政处罚决定的测绘主管部门进行统一编号。

第四条 测绘行政处罚决定书应当写明被处罚人的基本情况。被处罚人为公民的，其基本情况包括：被处罚人姓名、性别、年龄、职业、所在单位、单位地址、家庭住址；被处罚人为法人或者其他组织的，其基本情况包括：单位名称、性质、地址、电话、法定代表人的姓名和职务。

第五条 测绘行政处罚决定书应当写明被处罚人违反法律、法规和规章的主要事实和证据。

违反法律、法规和规章的主要事实包括：时间、地点、具体违法行为和造成的损害结果。

违反法律、法规和规章的证据，在测绘行政处罚决定书中可以只写明证据的种类和名称。

第六条 依法经过听证程序的，应当在测绘行政处罚决定书中写明有关听证的情况。包括：举行听证的时间、地点、主持人、参加人、听证结论等。

第七条 测绘行政处罚决定书应当确认并写明违法行为的性质、损害结果及应给予被处罚人何种行政处罚，所依据的法律、法规和规章的名称以及具体条款。

第八条 测绘行政处罚决定书应当规定上述行政处罚执行的方式和执行的期限。

第九条 测绘行政处罚决定书应当明确告知被处罚人不服该行政处罚可以申请行政复议或者提起行政诉讼的具体途径和期限。

法律、法规和规章有规定的依照法律、法规和规章的规定写明。

法律、法规和规章没有明确规定的，应当告知被处罚人可采取下列两种方式：（一）当事人对行政处罚决定不服的，可以在接到测绘行政处罚决定书之日起六十日内，向作出处罚决定的机关的上一级机关申请复议；（二）当事人也可以在接到测绘行政处罚决定书之日起三个月内直接向有管辖权的人民法院起诉。

第十条 测绘行政处罚决定书应当由测绘主管部门负责人签发，写明作出行政处罚的测绘主管部门的名称和日期，并加盖测绘主管部门的印章。

第十一条 省、自治区、直辖市管理测绘工作的部门也可以按照当地省、自治区、直辖市人民政府或政府法制部门颁发的有关行政处罚决定书格式的规定制作测绘行政处罚决定书。

第十二条 本规定自发布之日起实施。

重要规范性文件

关于印发国家测绘应急保障工作流程（Ⅰ级）的通知

国测办发〔2010〕6号　2010年6月30日

中国地图出版社、中国测绘科学研究院、国家基础地理信息中心、中国测绘宣传中心、管理信息中心，机关有关司（室）：

《国家测绘应急保障工作流程（Ⅰ级）》已经6月13日局务会议审议通过，现印发给你们，请遵照执行。

国家测绘应急保障工作流程（Ⅰ级）

为进一步规范测绘应急保障工作程序，提高测绘应急保障反应速度，现根据《国家突发公共事件总体应急预案》、《国家测绘应急保障预案》，制订国家测绘应急保障工作流程（Ⅰ级）如下：

一、自然灾害国家测绘应急保障

（一）抗震救灾测绘应急保障流程

1. 启动国家测绘应急保障预案

徐德明局长宣布启动测绘应急保障Ⅰ级响应→应急办通知有关司（室）和单位。

2. 已有成果提供

行政区划图准备（50份省区市行政区划图和图册，3小时送达局应急办，中国地图出版社负责人：赵晓明，协调员：徐根才，执行人：吴秦杰）、基础地理信息图件和数据准备（20份地震严重影响区1∶5万地形图、省区市影像地图和已有县行政区划图或县影像图，20份1∶25万公众版地图，3小时完成，国家基础地理信息中心负责人：李志刚，协调员：彭震中，执行人：赵勇）→向中办、国办和国土资源部值班室各提供5份（局司室负责人：吴兆琪，协调员：刘宇）、向指挥部门和有关单位提供（局司室负责人：李永雄，协调员：翟义青）、向地震严重影响省（区、市）政府提供（局司室负责人：李永雄，协调员：翟义青）。

3. 实地监测

航空摄影或地面实测计划启动（方案编写、实施单位调度和与空中管制部门协调，3小时实施。局司室负责人：张燕平，协调员：杨和平）→航空应急执行（运输或飞行到事发地、航摄，前线指挥：张燕平，卫星测绘应用中心或航摄公司承担，8小时到达）。

（1）数据生产（相关数据收集、数据批处理，8小时完成，局司室负责人：张燕平，协调员：田海波）→向成果保管单位提供（国家基础地理信息中心负责人：李志刚，协调员：彭震中，执行人：赵勇）→35份影像地图输出、数据刻盘（国家基础地理信息中心负责人：李志刚，协调员：彭震中，执行人：赵勇）→向中办、国办和国土资源部值班室各提供5份（局司室负责人：吴兆琪，协调员：刘宇）、向指挥部门和有关单位提供（局司室负责人：李永雄，协调员：翟义青）、向地震严重影响省（区、市）政府提供（局司室负责人：李永雄，协调员：翟义青）。

（2）地震灾区大比例尺航空影像地图制作（相关数据收集、数据处理，5天内完成。局司室负责人：张燕平，协调员：田海波）→影像地图数据向成果保管单位交接（国家基础地理信息中心负责人：李志刚，协调员：彭震中，执行人：赵勇）→25份影像地图输出（输出设备组织，局司室负责人：李永雄，协调员：翟义青。成果整理，国家基础地理信息中心负责人：李志刚，协调员：彭震中，执行人：赵勇）→向国土资源部值班室提供（局司室负责人：吴兆琪，协调员：刘宇）、向指挥部门和有关单位提供（局司室负责人：李永雄，协调员：翟义青）、向地震严重影响省（区、市）政府提供（局司室负责人：李永雄，协调员：翟义青）。

4. 专题地图制作

有关数据协调（各公司和部门数据协调，4小时完成，局司室负责人：李永雄，协调员：翟义青）→24小时跟踪震后国外卫星遥感数据获取并处理（国家基础地理信息中心负责人：李志刚，协调员：彭震中，执行人：赵勇）→地震前、后专题地图制作（1. 50份灾区行政区划图制作，8小时完成，中国地图出版社负责人：赵晓明，协调员：徐根才，执行人：陈洪玲。2. 50份事发前、后影像地图制作，影像获取4小时后完成，国家基础地理信息中心负责人：李志刚，协调员：彭震中，执行人：赵勇）→向中办、国办和部值班室各提供5份（局司室负责人：吴兆琪，协调员：刘宇）、向指挥部门和有关单位提供（局司室负责人：李永雄，协调员：翟义青）、向地震影响严重省（区、市）政府提供（局司室负责人：李永雄，协调员：翟义青）。

5. 信息系统服务

开通三维演示系统和地理信息服务平台，向中央电视台提供三维演示系统和24小时服务（国家基础地理信息中心负责人：李志刚，协调员：彭震中，执行人：赵勇）、开通遥感解译分析评估系统（中国测绘科学研究院负责人：张继贤，协调员：燕琴，执行人：刘纪平）→三维演示系统和遥感解译分析评估系统向国务院应急办提供（局司室负责人：李永雄，协调员：翟义青）、向指挥部门和有关单位提供（局司室负责人：李永雄，协调员：翟义青）、向地震严重影响省（区、市）政府提供（局司室负责人：李永雄，协调员：翟义青）。

6. 遥感影像解译与灾情分析评估

数据准备（地震前、后影像数据刻盘，国家基础地理信息中心负责人：李志刚，协调员：彭震中，执行人：赵勇）→数据协调（局司室负责人：李永雄，协调员：翟义青）→遥感影像解译（影像自动解译，组织专家灾情分析评估，3天完成，中国测绘科学研究院负责人：张继贤，协调员：燕琴）→“一表一图一报告”成果输出（中国测绘科学研究院负责人：张继贤，协调员：燕琴）→向部值班室提供“一表一图一报告”成果（局司室负责人：吴兆琪，协调员：刘宇）、向指挥部门提供（局司室负责人：李永雄，协调员：翟义青）。

7. 信息发布

（1）信息报送

测绘应急保障情况汇总（局司室负责人：李永雄，协调员：翟义青）→编印测绘应急保障情况日报，报部值班室；视情况编印专报、信息，报党中央、国务院或国务院抗震救灾总指挥部（局司室负责人：吴兆琪，执行人：寇京伟）。

（2）新闻宣传

安排文字、摄影、摄像记者对测绘抗震救灾保障工作进行全程跟踪报道（中国测绘宣传中心负责人：牛靖，协调人：王增宁）→与中央电视台、新华社等单位主动联系，为报道提供协助（中国测绘宣传中心负责人：牛靖，协调人：吴江）。

（3）网络发布

在局门户网站制作专题，刊发有关报道（管理信息中心负责人：王起民，执行人：张亮）→在局门户网站发布最新地震前后测绘应急成果提供信息和图件（管理信息中心负责人：王起民，执行人：张亮）→在局门户网站转载各主要新闻媒体对测绘应急保障工作的报道（管理信息中心负责人：王起民，执行人：张亮）。

8. 组织捐助等活动

制定向地震灾区捐助活动方案（局司室负责人：易树柏，执行人：王咏梅）→组织局机关和在京单位向地震灾区捐助活动，指导系统做好捐助工作（局司室负责人：易树柏，执行人：王咏梅）。

9. 督促检查

对流程执行情况进行督促检查，并以一定形式通报（局司室负责人：吴兆琪，执行人：刘宇）。

（二）抗洪救灾测绘应急保障流程

1. 启动国家测绘应急保障预案

徐德明局长宣布启动测绘应急保障Ⅰ级响应→应急办通知有关司室和单位。

2. 已有成果提供

行政区划图和重点城市地图准备（50份省区市行政区划图和图册，已有重点城市地图，3小时送达局应急办。中国地图出版社负责人：赵晓明，协调员：徐根才，执行人：吴秦杰）、基础地理信息图件和数据准备（20份流域影像地图、流域1∶25万公众版地图，3小时完成，国家基础地理信息中心负责人：李志刚，协调员：彭震中，执行人：赵勇）→向中办、国办和国土资源部值班室各提供5份（局司室负责人：吴兆琪，协调员：刘宇）、向指挥部门和有关单位提供（局司室负责人：李永雄，协调员：翟义青）、向受洪水严重影响省（区、市）政府提供（局司室负责人：李永雄，协调员：翟义青）。

3. 实地监测

航空摄影或地面实测计划启动（方案编写、实施单位调度和与空中管制部门协调，3 小时实施。局司室负责人：张燕平，协调员：杨和平）→航空应急执行（运输或飞行到洪区航摄，前线指挥：张燕平，卫星测绘应用中心或航摄公司承担，8 小时到达）。

（1）数据生产（相关数据收集、数据批处理，8 小时完成。局司室负责人：张燕平，协调员：田海波）→向成果保管单位提供（国家基础地理信息中心负责人：李志刚，协调员：彭震中，执行人：赵勇）→35 份影像地图输出、数据刻盘（国家基础地理信息中心负责人：李志刚，协调员：彭震中，执行人：赵勇）→向中办、国办和国土资源部值班室各提供 5 份（局司室负责人：吴兆琪，协调员：刘宇）、向指挥部门和有关单位提供（局司室负责人：李永雄，协调员：翟义青）、向受洪水严重影响省（区、市）政府提供（局司室负责人：李永雄，协调员：翟义青）。

（2）洪区大比例尺航空影像地图制作（相关数据收集、数据处理，5 天内完成。局司室负责人：张燕平，协调员：田海波）→影像地图数据向成果保管单位交接（国家基础地理信息中心负责人：李志刚，协调员：彭震中，执行人：赵勇）→35 份影像地图输出（输出设备组织，局司室负责人：李永雄，协调员：翟义青。成果整理，国家基础地理信息中心负责人：李志刚，协调员：彭震中，执行人：赵勇）→向国土资源部值班室提供（局司室负责人：吴兆琪，协调员：刘宇）、向指挥部门和有关单位提供（局司室负责人：李永雄，协调员：翟义青）、向受洪水严重影响省（区、市）政府提供（局司室负责人：李永雄，协调员：翟义青）。

4. 专题地图制作

有关数据协调（各公司和部门数据协调，4 小时完成，局司室负责人：李永雄，协调员：翟义青）→24 小时跟踪洪水后国外卫星遥感数据获取并处理（国家基础地理信息中心负责人：李志刚，协调员：彭震中，执行人：赵勇）→洪水前、后专题地图制作（1. 50 份灾区行政区划图制作，8 小时完成；中国地图出版社负责人：赵晓明，协调员：徐根才，执行人：陈洪玲。2. 50 份洪水前、后影像地图制作，影像获取后 4 小时完成。国家基础地理信息中心负责人：李志刚，协调员：彭震中，执行人：赵勇）→向中办、国办和部值班室各提供 5 份（局司室负责人：吴兆琪，协调员：刘宇）、向指挥部门和有关单位提供（局司室负责人：李永雄，协调员：翟义青）、向受洪水影响严重省（区、市）政府提供（局司室负责人：李永雄，协调员：翟义青）。

5. 信息系统服务

开通三维演示系统和地理信息服务平台，向中央电视台提供三维演示系统和 24 小时服务（国家基础地理信息中心负责人：李志刚，协调员：彭震中，执行人：赵勇）、开通遥感解译分析评估系统（中国测绘科学研究院负责人：张继贤，协调员：燕琴，执行人：刘纪平）→三维演示系统和遥感解译分析评估系统向国务院应急办提供（局司室负责人：李永雄，协调员：翟义青）、向指挥部门和有关单位提供（局司室负责人：李永雄，协调员：翟义青）、向洪水严重影响省（区、市）政府提供（局司室负责人：李永雄，协调员：翟义青）。

6. 遥感影像解译与灾情分析评估

数据准备（洪水前、后影像数据刻盘，国家基础地理信息中心负责人：李志刚，协调员：彭震中，执行人：赵勇）→数据协调（局司室负责人：李永雄，协调员：翟义青）→遥感影像解译（影像自动解译，组织专家灾情分析评估，3 天完成，中国测绘科学研究院负责人：张继贤，协调员：燕琴）→“一表一图一报告”成果输出（中国测绘科学研究院负责人：张继贤，协调员：燕琴）→向部值班室提供“一表一图一报告”成果（局司室负责人：吴兆琪，协调员：刘宇）、向指挥部门提供（局司室负责人：李永雄，协调员：翟义青）。

7. 信息发布

（1）信息报送

测绘应急保障情况汇总（局司室负责人：李永雄，协调员：翟义青）→编印测绘应急保障情况日报，报部值班室；视情况编印专报、信息，报党中央、国务院或国家防汛抗旱总指挥部（局司室负责人：吴兆琪，执行人：寇京伟）。

（2）新闻宣传

安排文字、摄影、摄像记者对测绘抗洪救灾保障工作进行全程跟踪报道（中国测绘宣传中心负责人：牛靖，协调人：王增宁）→与中央电视台、新华社等单位主动联系，为报道提供协助（中国测绘宣传中心负责人：牛靖，协调人：吴江）。

（3）网络发布

在局门户网站制作专题，刊发有关报道（管理信息中心负责人：王起民，执行人：张亮）→在局门户网站发布最新洪水前后测绘应急成果提供信息和图件（管理信息中心负责人：王起民，执行人：张亮）→在局门户网站转载各主要新闻媒体对测绘应急保障工作的报道（管理信息中心负责人：王起民，执行人：张亮）。

8. 组织捐助等活动

制定向洪水灾区捐助活动方案（局司室负责人：易树柏，执行人：王咏梅）→组织局机关和在京单位向洪水灾区捐助活动，指导系统做好捐助工作（局司室负责人：易树柏，执行人：王咏梅）。

9. 督促检查

对流程执行情况进行督促检查，并以一定形式通报（局司室负责人：吴兆琪，执行人：刘宇）。

（三）重特大地质灾害测绘应急保障流程

1. 启动国家测绘应急保障预案

徐德明局长宣布启动测绘应急保障Ⅰ级响应→应急办通知有关司（室）和单位。

2. 已有成果提供

行政区划图准备（50 份省区市行政区划图和图册，地质灾害发生地（市）行政区划图，3 小时送达局应急办，中国地图出版社负责人：赵晓明，协调员：徐根才，执行人：吴秦杰）、与有关部门协调数据（3 小时完成，局司室负责人：李永雄，协调员：翟义青）、基础地理信息图件和数据准备（20 份地质灾害发生地 1∶5 万地形图、高分辨率影像地图、1∶25 万公众版地图，5 小时完成，国家基础地理信息中心负责人：李志刚，协调员：彭震中，执行人：赵勇）→向中办、国办和国土资源部值班室各提供 5 份（局司室负责人：吴兆琪，协调员：刘宇）、向指挥部门和有关单位提供（局司室负责人：李永雄，协调员：翟义青）、向地质灾害影响省（区、市）政府提供（局司室负责人：李永雄，协调员：翟义青）。

3. 实地监测

航空摄影计划启动（方案编写、实施单位调度和与空中管制部门协调，3 小时实施，局司室负责人：张燕平，协调员：杨和平）→航空应急执行（运输或飞行到事发地、航摄，前线指挥：张燕平，卫星测绘应用中心或航摄公司承担，8 小时到达）→数据生产（相关数据收集、数据批处理，8 小时完成，局司室负责人：张燕平，协调员：田海波）→影像地图数据向成果保管单位交接（国家基础地理信息中心负责人：李志刚，协调员：彭震中，执行人：赵勇）→35 份影像地图输出、数据刻盘（国家基础地理信息中心负责人：李志刚，协调员：彭震中，执行人：赵勇）→向中办、国办和国土资源部值班室各提供 5 份（局司室负责人：吴兆琪，协调员：刘宇）、向指挥部门和有关单位提供（局司室负责人：李永雄，协调员：翟义青）、向地质灾害影响省（区、市）政府提供（局司室负责人：李永雄，协调员：翟义青）。

4. 专题地图制作

有关数据协调（各公司和部门数据协调，4 小时完成，局司室负责人：李永雄，协调员：翟义青）→24 小时跟踪灾后国外卫星遥感数据获取并处理（国家基础地理信息中心负责人：李志刚，协调员：彭震中，执行人：赵勇）→地质灾害前、后专题地图制作（1. 50 份灾区行政区划图制作，8 小时完成，中国地图出版社负责人：赵晓明，协调员：徐根才，执行人：陈洪玲。2. 50 份地质灾害前、后影像地图制作，4 小时完成，国家基础地理信息中心负责人：李志刚，协调员：彭震中，执行人：赵勇）→向中办、国办和部值班室各提供 5 份（局司室负责人：吴兆琪，协调员：刘宇）、向指挥部门和有关单位提供（局司室负责人：李永雄，协调员：翟义青）、向地质灾害影响严重省（区、市）政府提供（局司室负责人：李永雄，协调员：翟义青）。

5. 信息系统服务

开通三维演示系统和地理信息服务平台，视情况向中央电视台提供信息系统服务（国家基础地理信息中心负责人：李志刚，协调员：彭震中，执行人：赵勇）→将三维演示系统和地理信息服务平台向国务院应急办、国土资源部和受地质灾害严重影响省（区、市）政府提供（局司室负责人：李永雄，协调员：翟义青）。

6. 信息发布

（1）信息报送

测绘应急保障情况汇总（局司室负责人：李永雄，协调员：翟义青）→编印测绘应急保障情况日报，报部值班室；视情况编印专报、信息，报党中央、国务院（局司室负责人：吴兆琪，执行人：寇京伟）。

（2）新闻宣传

安排文字、摄影、摄像记者对处置地质灾害测绘保障工作进行全程跟踪报道（中国测绘宣传中心负责人：牛靖，协调人：王增宁）→与中央电视台、新华社等单位主动联系，为报道提供协助（中国测绘宣传中心负责人：牛靖，协调人：吴江）。

（3）网络发布

在局门户网站制作专题，刊发有关报道（管理信息中心负责人：王起民，执行人：张亮）→在局门户网站发布最新地质灾害前后测绘应急成果提供信息和图件（管理信息中心负责人：王起民，执行人：张亮）→在局门户网站转载各主要新闻媒体对测绘应急保障工作的报道（管理信息中心负责人：王起民，执行人：张亮）。

7. 督促检查

对流程执行情况进行督促检查，并以一定形式通报（局司室负责人：吴兆琪，执行人：刘宇）。

（四）重特大气象灾害测绘应急保障流程

1. 启动国家测绘应急保障预案

徐德明局长宣布启动测绘应急保障Ⅰ级响应→应急办通知有关司（室）和单位。

2. 已有成果提供

行政区划图和重点城市地图准备（50 份省区市行政区划图和图册，已有重点城市及周边地图，3 小时送达局应急办，中国地图出版社负责人：赵晓明，协调员：徐根才，执行人：吴秦杰）、基础地理信息图件和数据准备（20 份气象灾害区域重点城市及周边影像地图、1∶25 万公众版地图，3 小时完成，国家基础地理信息中心负责人：李志刚，协调员：彭震中，执行人：赵勇）→向中办、国办和国土资源部值班室各提供 5 份（局司室负责人：吴兆琪，协调员：刘宇）、向指挥部门和有关单位提供（局司室负责人：李永雄，协调员：翟义青）、向气象灾害影响省（区、市）政府提供（局司室负责人：李永雄，协调员：翟义青）。

3. 信息发布

（1）信息报送

测绘应急保障情况汇总（局司室负责人：李永雄，协调员：翟义青）→编印测绘应急保障情况日报，报部值班室；视情况编印专报、信息，报党中央、国务院或国家防汛抗旱总指挥部（局司室负责人：吴兆琪，执行人：寇京伟）。

（2）新闻宣传

安排文字、摄影、摄像记者对应对重大气象灾害测绘保障工作进行全程跟踪报道（中国测绘宣传中心负责人：牛靖，协调人：王增宁）→与中央电视台、新华社等单位主动联系，为报道提供协助（中国测绘宣传中心负责人：牛靖，协调人：吴江）。

（3）网络发布

在局门户网站制作专题，刊发有关报道（管理信息中心负责人：王起民，执行人：张亮）→在局门户网站转载各主要新闻媒体对测绘应急保障工作的报道（管理信息中心负责人：王起民，执行人：张亮）。

4. 督促检查

对流程执行情况进行督促检查，并以一定形式通报（局司室负责人：吴兆琪，执行人：刘宇）。

（五）重特大森林草原火灾测绘应急保障流程

1. 启动国家测绘应急保障预案

徐德明局长宣布启动测绘应急保障Ⅰ级响应→应急办通知有关司（室）和单位。

2. 已有成果提供

行政区划图（50 份省区市行政区划图和图册，火灾发生地（市）行政区划图，3 小时送达局应急办，中国地图出版社负责人：赵晓明，协调员：徐根才，执行人：吴秦杰）、与有关部门协调数据（4 小时完成，局司室负责人：李永雄，协调员：翟义青）、基础地理信息图件和数据准备（20 份林区草原影像地图、1∶25 万公众版地图，3 小时完成，国家基础地理信息中心负责人：李志刚，协调员：彭震中，执行人：赵勇）→向中办、国办和国土资源部值班室各提供 5 份（局司室负责人：吴兆琪，协调员：刘宇）、向指挥部门和有关单位提供（局司室负责人：李永雄，协调员：翟义青）、向森林草原火灾影响严重影响省（区、市）政府提供（局司室负责人：李永雄，协调员：翟义青）。

3. 实地监测

航空摄影计划启动（方案编写、实施单位调度和与空中管制部门协调，3 小时实施。局司室负责人：张燕平，协调员：杨和平）→航空应急执行（运输或飞行到事发地、航摄，前线指挥：张燕平，卫星测绘应用中心或航摄公司承担，8 小时到达）→数据生产（相关数据收集、数据批处理，8 小时完成。局司室负责人：张燕平，协调员：田海波）→影像地图数据向成果保管单位交接（国家基础地理信息中心负责人：李志刚，协调员：彭震中，执行人：赵勇）→35份影像地图输出（输出设备组织，局司室负责人：李永雄，协调员：翟义青。成果整理刻盘，国家基础地理信息中心负责人：李志刚，协调员：彭震中，执行人：赵勇）→向中办、国办和国土资源部值班室各提供5份（局司室负责人：吴兆琪，协调员：刘宇）、向指挥部门和有关单位提供（局司室负责人：李永雄，协调员：翟义青）、向森林草原火灾影响省（区、市）政府提供（局司室负责人：李永雄，协调员：翟义青）。

4. 专题地图制作

有关数据协调（各公司和部门数据协调，4小时完成，局司室负责人：李永雄，协调员：翟义青）→24小时跟踪火灾发生后国外卫星遥感数据获取并处理（国家基础地理信息中心负责人：李志刚，协调员：彭震中，执行人：赵勇）→过火前、后专题地图制作（50份过火前影像地图制作，4小时完成。50份过火后影像地图制作，每24小时更新，形成火场态势影像。国家基础地理信息中心负责人：李志刚，协调员：彭震中，执行人：赵勇）→向中办、国办和部值班室各提供5份（局司室负责人：吴兆琪，协调员：刘宇）、向指挥部门和有关单位提供（局司室负责人：李永雄，协调员：翟义青）、向森林草原火灾影响省（区、市）政府提供（局司室负责人：李永雄，协调员：翟义青）。

5. 信息系统服务

开通三维演示系统和地理信息服务平台，视情况向中央电视台提供24小时服务（国家基础地理信息中心负责人：李志刚，协调员：彭震中，执行人：赵勇）、开通遥感解译分析评估系统（中国测绘科学研究院负责人：张继贤，协调员：燕琴，执行人：刘纪平）→三维演示系统和遥感解译分析评估系统向国务院应急办提供（局司室负责人：李永雄，协调员：翟义青）、向指挥部门和有关单位提供（局司室负责人：李永雄，协调员：翟义青）、向森林草原火灾影响省（区、市）政府提供（局司室负责人：李永雄，协调员：翟义青）。

6. 遥感影像解译与灾情分析评估

数据准备（火灾前、后影像数据刻盘，国家基础地理信息中心负责人：李志刚，协调员：彭震中，执行人：赵勇）→数据协调（局司室负责人：李永雄，协调员：翟义青）→遥感影像解译（影像自动解译，组织专家灾情分析评估，3天完成，中国测绘科学研究院负责人：张继贤，协调员：燕琴）→“一表一图一报告”成果输出（中国测绘科学研究院负责人：张继贤，协调员：燕琴）→部值班室提供“一表一图一报告”成果（局司室负责人：吴兆琪，协调员：刘宇）、向指挥部门提供（局司室负责人：李永雄，协调员：翟义青）。

7. 信息发布

（1）信息报送

测绘应急保障情况汇总（局司室负责人：李永雄，协调员：翟义青）→编印测绘应急保障情况日报，报部值班室；视情况编印专报、信息，报党中央、国务院（局司室负责人：吴兆琪，执行人：寇京伟）

（2）新闻宣传

安排文字、摄影、摄像记者对森林草原扑火测绘保障工作进行全程跟踪报道（中国测绘宣传中心负责人：牛靖，协调人：王增宁）→与中央电视台、新华社等单位主动联系，为报道提供协助（中国测绘宣传中心负责人：牛靖，协调人：吴江）

（3）网络发布

在局门户网站制作专题，刊发有关报道（管理信息中心负责人：王起民，执行人：张亮）→在局门户网站发布最新火灾前后测绘应急成果提供信息和图件（管理信息中心负责人：王起民，执行人：张亮）→在局门户网站转载各主要新闻媒体对测绘应急保障工作的报道（管理信息中心负责人：王起民，执行人：张亮）

8. 督促检查

对流程执行情况进行督促检查，并以一定形式通报（局司室负责人：吴兆琪，执行人：刘宇）

二、事故灾害国家测绘应急保障

（六）突发环境事件测绘应急保障流程

1. 启动国家测绘应急保障预案

徐德明局长宣布启动测绘应急保障Ⅰ级响应→应急办通知有关司（室）和单位。

2. 已有成果提供

行政区划图（50份省区市行政区划图和图册，已有重点城市地图，3小时送达局应急办，中国地图出版社负责人：赵晓明，协调员：徐根才，执行人：吴秦杰）、与有关部门协调数据（3小时完成，局司室负责人：李永雄，协调员：翟义青）、基础地理信息图件和数据准备（重点城市高分辨率影像地图，5小时完成，国家基础地理信息中心负责人：李志刚，协调员：彭震中，执行人：赵勇）→向中办、国办和国土资源部值班室各提供5份（局司室负责人：吴兆琪，协调员：刘宇）、向指挥部门和有关单位提供（局司室负责人：李永雄，协调员：翟义青）、向受突发环境事件影响省（区、市）政府提供（局司室负责人：李永雄，协调员：翟义青）。

3. 专题地图制作

数据准备（重点区域、城市影像、1∶5万数据刻盘，国家基础地理信息中心负责人：李志刚，协调员：彭震中，执行人：赵勇）→与环保等部门协调数据（局司室负责人：李永雄，协调员：翟义青）→编印专题图（根据最新发布情况更新，国家基础地理信息中心负责人：李志刚，协调员：彭震中，执行人：赵勇）→向中办、国办和部值班室各提供5份（局司室负责人：吴兆琪，协调员：刘宇）、向指挥部门和有关单位提供（局司室负责人：李永雄，协调员：翟义青）、向突发环境事件影响省（区、市）政府提供（局司室负责人：李永雄，协调员：翟义青）。

4. 信息系统服务

视情况开通突发环境事件地理信息服务平台（国家基础地理信息中心负责人：李志刚，协调员：彭震中，执行人：赵勇）→地理信息服务平台向国务院应急办及受突发环境事件影响省（区、市）政府提供（局司室负责人：李永雄，协调员：翟义青）。

5. 信息发布

（1）信息报送

测绘应急保障情况汇总（局司室负责人：李永雄，协调员：翟义青）→编印测绘应急保障情况日报，报部值班室；视情况编印专报、信息，报党中央、国务院（局司室负责人：吴兆琪，执行人：寇京伟）。

（2）新闻宣传

安排文字、摄影、摄像记者对处置突发环境事件测绘保障工作进行全程跟踪报道（中国测绘宣传中心负责人：牛靖，协调人：王增宁）→与中央电视台、新华社等单位主动联系，为报道提供协助（中国测绘宣传中心负责人：牛靖，协调人：吴江）。

（3）网络发布

在局门户网站制作专题，刊发有关报道（管理信息中心负责人：王起民，执行人：张亮）→在局门户网站转载各主要新闻媒体对测绘应急保障工作的报道（管理信息中心负责人：王起民，执行人：张亮）。

6. 督促检查

对流程执行情况进行督促检查，并以一定形式通报（局司室负责人：吴兆琪，执行人：刘宇）

三、公共卫生事件国家测绘应急保障

（七）突发公共卫生事件测绘应急保障流程

1. 启动国家测绘应急保障预案

徐德明局长宣布启动测绘应急保障Ⅰ级响应→应急办通知有关司（室）和单位。

2. 已有成果提供

行政区划图（50份省区市行政区划图和图册，已有重点城市地图，3小时送达局应急办，中国地图出版社负责人：赵晓明，协调员：徐根才，执行人：吴秦杰）、与有关部门协调数据（3小时完成，局司室负责人：李永雄，协调员：翟义青）、基础地理信息图件和数据准备（重点城市高分辨率影像地图，5小时完成，国家基础地理信息中心负责人：李志刚，协调员：彭震中，执行人：赵勇）→向中办、国办和国土资源部值班室各提供5份（局司室负责人：吴兆琪，协调员：刘宇）、向指挥部门和有关单位提供（局司室负责人：李永雄，协调员：翟义青）、向受公共卫生事件影响省（区、市）政府提供（局司室负责人：李永雄，协调员：翟义青）。

3. 专题地图制作

数据准备（重点区域、城市影像数据刻盘，国家基础地理信息中心负责人：李志刚，协调员：彭震中，执行人：赵勇）→与卫生部门协调数据（局司室负责人：李永雄，协调员：翟义青）→编印专题图（根据最新发布情况更新，国家基础地理信息中心负责人：李志刚，协调员：彭震中，执行人：赵勇）→向中办、国办和部值班室各提供5份（局司室负责人：吴兆琪，协调员：刘宇）、向指挥部门和有关单位提供（局司室负责人：李永雄，协调员：翟义青）、向公共卫生事件影响省（区、市）政府提供（局司室负责人：李永雄，协调员：翟义青）。

4. 信息系统服务

视情况开通突发公共卫生事件地理信息服务平台（国家基础地理信息中心负责人：李志刚，协调员：彭震中，执行人：赵勇）→地理信息服务平台向国务院应急办及受公共卫生事件影响省（区、市）政府提供（局司室负责人：李永雄，协调员：翟义青）。

5. 信息发布

（1）信息报送

测绘应急保障情况汇总（局司室负责人：李永雄，协调员：翟义青）→编印测绘应急保障情况日报，报部值班室；视情况编印专报、信息，报党中央、国务院（局司室负责人：吴兆琪，执行人：寇京伟）。

（2）新闻宣传

安排文字、摄影、摄像记者对处置公共卫生事件测绘保障工作进行全程跟踪报道（中国测绘宣传中心负责人：牛靖，协调人：王增宁）→与中央电视台、新华社等单位主动联系，为报道提供协助（中国测绘宣传中心负责人：牛靖，协调人：吴江）。

（3）网络发布

在局门户网站制作专题，刊发有关报道（管理信息中心负责人：王起民，执行人：张亮）→在局门户网站转载各主要新闻媒体对测绘应急保障工作的报道（管理信息中心负责人：王起民，执行人：张亮）。

6. 督促检查

对流程执行情况进行督促检查，并以一定形式通报（局司室负责人：吴兆琪，执行人：刘宇）。

四、社会安全事件国家测绘应急保障

（八）突发群体性事件测绘应急保障流程

1. 启动国家测绘应急保障预案

徐德明局长宣布启动测绘应急保障Ⅰ级响应→应急办通知有关司（室）和单位。

2. 已有成果提供

行政区划图（50份省区市行政区划图和图册，已有重点城市地图，3小时送达局应急办。中国地图出版社负责人：赵晓明，协调员：徐根才，执行人：吴秦杰）、与有关部门协调数据（3小时完成，局司室负责人：李永雄，协调员：翟义青）、基础地理信息图件和数据准备（重点城市高分辨率影像地图，5小时完成。国家基础地理信息中心负责人：李志刚，协调员：彭震中，执行人：赵勇）→向中办、国办和国土资源部值班室各提供5份（局司室负责人：吴兆琪，协调员：刘宇）、向指挥部门和有关单位提供（局司室负责人：李永雄，协调员：翟义青）、向受突发群体性事件影响省（区、市）政府提供（局司室负责人：李永雄，协调员：翟义青）。

3. 专题地图制作

数据准备（重点区域、城市影像数据刻盘，国家基础地理信息中心负责人：李志刚，协调员：彭震中，执行人：赵勇）→与有关部门协调数据（局司室负责人：李永雄，协调员：翟义青）→编印专题图（根据最新发布情况更新，国家基础地理信息中心负责人：李志刚，协调员：彭震中，执行人：赵勇）→向中办、国办和部值班室各提供5份（局司室负责人：吴兆琪，协调员：刘宇）、向指挥部门和有关单位提供（局司室负责人：李永雄，协调员：翟义青）、向突发群体性事件影响省（区、市）政府提供（局司室负责人：李永雄，协调员：翟义青）。

4. 信息系统服务

视情况开通突发群体性事件地理信息服务平台和城市三维实景地理信息服务平台（国家基础地理信息中心负责人：李志刚，协调员：彭震中，执行人：赵勇）或协调数字城市平台（局司室负责人：张燕平，协调员：严荣华）→地理信息服务平台向国务院应急办、公安部及受突发群体性事件影响省（区、市）政府提供（局司室负责人：李永雄，协调员：翟义青）。

5. 信息发布

（1）信息报送

测绘应急保障情况汇总（局司室负责人：李永雄，协调员：翟义青）→编印测绘应急保障情况日报，报部值班室；视情况编印专报、信息，报党中央、国务院（局司室负责人：吴兆琪，执行人：寇京伟）。

（2）新闻宣传

安排文字、摄影、摄像记者对处置突发群体性事件测绘保障工作进行全程跟踪报道（中国测绘宣传中心负责人：牛靖，协调人：王增宁）→与中央电视台、新华社等单位主动联系，为报道提供协助（中国测绘宣传中心负责人：牛靖，协调人：吴江）。

（3）网络发布

在局门户网站制作专题，刊发有关报道（管理信息中心负责人：王起民，执行人：张亮）→在局门户网站转载各主要新闻媒体对测绘应急保障工作的报道（管理信息中心负责人：王起民，执行人：张亮）。

6. 督促检查

对流程执行情况进行督促检查，并以一定形式通报（局司室负责人：吴兆琪，执行人：刘宇）。

国家测绘应急保障工作流程中责任人、协调员、执行人发生变动时，相关单位要将情况及时报国家测绘应急保障领导小组办公室和国家测绘局办公室，及时对流程图进行更新。相关责任人、协调员、执行人出差、脱产学习等短期不在岗时各单位、各部门要安排相应岗位职务的替代人员，切实做到不空岗不空人。

附件：1. 抗震救灾测绘应急保障流程图（略）

2. 抗洪救灾测绘应急保障流程图（略）

3. 重特大地质灾害测绘应急保障流程图（略）

4. 重特大气象灾害测绘应急保障流程图（略）

5. 重特大森林草原火灾测绘应急保障流程图（略）

6. 突发环境事件测绘应急保障流程图（略）

7. 突发公共卫生事件测绘应急保障流程图（略）

8. 突发群体性事件测绘应急保障流程图（略）

关于印发《国家测绘局督促检查工作管理办法》的通知

国测办发〔2010〕14号 2010年11月3日

局所属各单位、机关各司（室）：

为切实贯彻《国务院办公厅关于进一步加强督促检查 切实抓好工作落实的意见》（国办发〔2008〕120号）文件精神，围绕重大决策和重要工作部署，进一步加大督促检查工作力度，促进机关和所属单位改进作风，提高效率，确保政令畅通，抓好各项工作的落实，办公室对《国家测绘局督促检查工作管理办法》进行了修订，已经局务会议审议通过，现印发给你们，请遵照执行。原《办法》自本《办法》印发之日起停止执行。

国家测绘局督促检查工作管理办法

第一条 为深入贯彻落实科学发展观，大力发扬求真务实的工作作风，进一步加强督促检查工作，保障国家测绘局政务工作有序、高效运行，提高行政执行力，确保党中央、国务院重大决策部署的贯彻落实和国土资源部交办任务、局各项工作目标的顺利实现，根据《国务院办公厅关于进一步加强督促检查 切实抓好工作落实的意见》（国办发〔2008〕120号），制定本办法。

第二条 督促检查工作的基本原则

（一）坚持实事求是。从实际出发，全面准确了解情况，客观办理督促检查事项，立足及时有效地解决问题，着眼推进决策部署的贯彻落实。切实转变工作作风，注重实际效果，杜绝形式主义和弄虚作假。

（二）坚持突出重点。以服务大局、服务社会、服务民生为宗旨，围绕中心工作，分清轻重缓急，突出重点督促检查内容，狠抓各项工作落实，有计划、分步骤、高效率完成督促检查任务。

（三）坚持分流承办。按照有关职责分工，对督促检查的事项及时进行任务分解，下达相关单位具体承办。局领导、各司（室）、各单位按照职责分工分别承担督办责任和承办任务。

第三条 督促检查工作的主要内容

（一）国务院、国务院办公厅文件中明确要求报告贯彻落实情况的事项、国务院会议决定中需要我局落实的工作。

（二）党中央、国务院领导同志批示需要我局办理落实的事项。

（三）国土资源部重要工作部署和交办的任务。

（四）年度测绘工作会议确定的重点工作任务

和局机关工作确定的重要事项。

（五）局党组会、局务会、局长办公会、局领导碰头会以及其他重要会议议定的需要落实的事项。

（六）局领导讲话、批示和交办的事项，调研、会晤需督促检查的事项。

（七）全国人大代表建议和政协委员提案中需要办理落实的事项。

（八）中央国家机关各部委限时办理的有关公文。

（九）单位、部门负责人出差（出访）请假制度执行情况。

（十）其它需要督促检查的事项。

第四条 督促检查工作的职责和分工

局长、副局长、党组成员按照工作分工，负责分管部门（单位）、分管工作的督促检查。

办公室承担督促检查工作的日常组织、协调和监督检查，负责督促检查事项的分解下达、督办落实、情况反馈和相关指导工作。

机关各司（室）、局属各单位负责具体落实本部门、本单位承办的督促检查事项，采取各种得力措施，保证优质高效完成承办的任务。

督促检查事项涉及 2 个以上部门（单位）的，按职能分工或经局领导同意，明确其中 1 个为主办部门（单位）。主办部门（单位）负责牵头落实承办事项，反馈落实结果，协办部门（单位）应积极配合，严格按要求和时限完成任务。意见不同时，由部门（单位）主要负责人协商，协商仍不能统一时，应及时向局领导报告，由局领导组织协调。

第五条 督促检查工作的程序

（一）确定督促检查事项。办公室负责对督促检查事项进行登记、编号，按照督促检查工作内容，提出督促检查工作意见，落实承办部门（单位）。

（二）下达督促检查通知。经局领导同意后，办公室下达《督促检查通知单》。非涉密事项，具备条件的部门（单位）通过局管理信息系统下达，不具备条件的部门（单位）和涉密事项采用纸质下达。督促检查通知中应明确具体任务、办结时限和相关要求。

（三）办理督促检查事项。接到《督促检查通知单》后，承办部门（单位）应及时组织力量落实有关事项。对督查检查事项或办结时限有异议的，应及时说明理由并向办公室进行反馈。对落实中遇到的新情况、新问题，应及时提出处置意见并向局领导报告。对因特殊情况需延期办结的，应以签报或报告形式说明原因并提出延期期限，报局领导批准后送办公室备案。

（四）督促承办事项落实。对逾期未办结而事先又没有报告的督促检查事项，办公室向承办部门（单位）下达《督促检查催办单》，要求承办部门（单位）说明原因，重新确定办结时限，制定加快办理措施，限期办结。

（五）反馈督促检查落实情况。承办部门（单位）落实督促检查事项后，应及时向办公室反馈情况。办公室负责向有关局领导汇报督促检查结果。

第六条 督促检查工作的时限

纳入督促检查的事项，必须明确具体办结时限要求，并严格按规定时限进行督查和办结。

对党中央、国务院领导同志和国土资源部、局领导批示的事项，有时限要求的，严格按时限要求办结并报告；没有时限要求的，党中央、国务院领导批示的事项应在 30 个工作日内办结并报告，部、局领导批示的事项应在 10 个工作日内办结并报告。

对年度测绘工作会议确定的全年重点工作，以任务分解时要求完成的时段为督查时限，并按季度定期进行督促检查。

对党组会、局务会、局长办公会等会议确定的事项，有时限要求的，严格按规定时限办结；没有具体时限要求的，应做到即办事项即时办结，一般事项 10 个工作日内办结，重大事项 30 个工作日内办结。

对其它督促检查的事项，应根据实际情况确定办结的时限。

第七条 加强督促检查工作的措施

做好督促检查工作，重在制度建设和责任落实。

（一）落实领导负责制度。按照“谁主管、谁负责”的原则，各部门（单位）主要负责同志为督促检查工作第一责任人，负责组织落实承办事项，确定具体承办处室和承办人员，落实岗位责任制，使督促检查工作真正落到实处，一抓到底，抓出实效，坚决克服各种官僚主义和形式主义。

（二）建立工作协商制度。各部门（单位）应根据有关职责分工规定，认真履行职责。对涉及 2 个以上部门（单位）的督促检查事项，承办部门（单位）应从大局出发，加强沟通协调，建立职责明确、运转协调、政令畅通、优质高效的工作机制，杜绝推诿扯皮、揽功推过、敷衍塞责现象的发生。

（三）强化工作考核制度。办公室应定期对各承办部门（单位）落实督促检查事项情况进行检查、总结，及时向局领导汇报，并进行通报。人事部门要将落实督促检查工作情况纳入年终目标考核。

第八条 本办法由办公室负责解释，自印发之日起执行。

附件：1. 督促检查通知单（略）

2. 督促检查催办单（略）

国家测绘局关于印发《测绘部门财政预算执行进度管理（暂行）规定》的通知

国测财发〔2010〕3号 2010年2月26日

局所属预算单位：

为加强测绘部门财政预算执行进度管理，按照财政部构建科学精细化财政资金支出体系，做好国家测绘局所属单位的预算执行工作，进一步提高财政资金支出的均衡性和财政资金使用效益，国家测绘局制定了《测绘部门财政预算执行进度管理（暂行）规定》，现印发给你们，请遵照执行。

测绘部门财政预算执行进度管理（暂行）规定

第一条 为加强测绘部门财政预算执行进度管理，构建科学精细化财政资金支出体系，根据财政部关于预算管理和执行的有关规定，结合测绘部门实际情况，制定本规定。

第二条 本规定适用于国家测绘局（以下简称：国家局）部门预算编制范围的所有预算单位。

第三条 纳入本规定管理的年度财政预算资金为纳入国库集中支付范围的财政资金。即年度部门预算安排的中央财政预算资金、预算执行中因预算调整安排的中央财政预算资金、上年度结转和结余的财政资金。

第四条 财政预算支出执行进度管理包括：

（一）基本支出预算的执行进度管理

基本支出预算按照序时进度的原则执行。

遇追加基本支出预算的，应尽量在当年支出，当年确实无法支出的，除另有规定外，须在下年度3月底前执行完毕。

（二）项目支出预算的执行进度管理

国家局项目管理部门应与部门年度预算一并下达项目年度计划，项目支出预算执行进度按计划执行，具体规定如下：

1. 由预算单位承担的项目支出预算的执行进度管理

项目平均执行率6月底要达到50%、7月底达到55%、8月底达到65%、9月底达到75%、10月底达到80%、11月底达到90%。1—5月份的分月支出计划，由各单位根据实际情况合理制定支出比例，但要确保不影响6月底支付比例的实现。

遇追加项目支出预算的，应尽量在当年支出，当年确实无法支出的，除另有规定外，须在下一年度5月份之前执行完毕。

2. 由非预算单位承担的项目支出预算的执行进度管理

项目管理部门应在年度计划下达后，10个工作日内通知项目承担单位向国家局规划财务司办理请款手续，规划财务司在收到项目承担单位的请款书后，10个工作日内办理国库集中支付手续，确保5月底之前将项目资金拨付到项目承担单位。

3. 政府采购项目支出预算的执行进度管理

实行结算制的航空摄影、装备购置等采购项目经费据实结算。其中装备购置支出必须在8月底之前结算支付完毕；航空摄影项目除比照基础测绘项目经费支出进度外，最后一个月的支出必须在11月底之前完成结算支付手续。

遇追加年度采购项目预算的，从追加的次月起3个月内支出完毕。当年确实无法支出的，除另有规定外，须在下一年度3月底之前执行完毕。

第五条 建立预算执行通报和奖罚机制。

国家局将按基本支出和项目支出对每个单位当月预算执行实际进度进行跟踪统计，并按月进行通报。

国家局在安排下一年度预算时，对预算执行好的单位，予以优先考虑，重点保障；对预算执行不好的单位，结合执行进度严格控制，压缩下一年度预算。

第六条 各单位应按照以上预算支出进度管理的要求，统筹计划安排好本单位各项工作任务，明确每个项目执行需履行的程序及支出的时间表，合理编制用款计划，并建立规划财务部门与项目管理部门、项目执行单位的定期沟通机制，确保达到以上预算执行进度管理的规定。

要建立责任制度和奖罚制度。成立以各单位负责财务工作的领导为组长，财务、装备、生产（业务）、行政（后勤）负责人参加的预算执行工作领导小组，负责本单位项目预算执行计划编制和项目预算执行管理等工作要建立预算执行的奖罚制度，确保年度预算的顺利完成。

第七条 要严格遵守财务规章制度，防止违规违纪现象发生。在预算支出中，各单位要严格履行各项程序，严禁突击花钱，严禁擅自提高开支标准和扩大开支范围，严禁转移资金虚列支出。

第八条 各预算单位应按照本规定要求，编制本单位的预算项目实施进度计划和项目资金支出计划的细化时间表，于每年的1月底之前报国家局。

第九条 本规定自印发之日实行，各单位在执行过程中遇有问题和建议，请及时向国家局反馈。

国家测绘局关于印发《测绘外业生产备用金管理暂行规定》的通知

国测财发〔2010〕17号 2010年7月30日

局所属各有关单位：

为进一步加强测绘外业生产备用金的监督管理，有效控制资金风险，规范备用金的使用，特制定《测绘外业生产备用金管理暂行规定》，现印发给你们，请认真遵照执行。各单位在执行过程中如遇到问题，请及时反馈我局规划财务司。

附件：1.《测绘外业生产备用金管理暂行规定》

2. 外业测绘生产备用金使用流程参考图（略）

测绘外业生产备用金管理暂行规定

第一条 为了加强测绘外业生产备用金的监督管理，有效控制资金风险，规范备用金的使用，根据《会计法》和《测绘事业单位会计制度》，制定本规定。

第二条 备用金是测绘生产单位在开展外业测绘业务时，由工作人员借用的资金。备用金的使用应做到专款专用，严禁侵占、挪用。

第三条 备用金的主要用途为：测绘作业期间发生的外业作业人员生活费用、材料及日常物品采购、零星开支的杂项费用等直接支出。主要开支范围包括：劳务费（含雇工费）、伙食费、住宿费、交通费、差旅费、邮电费、通讯费、水电费、青苗补偿费、租赁费、办公用品费、业务招待费及其他费用等。

备用金不得用于支付人员工资、津贴和奖金。

第四条 备用金的经管人员，由单位审核确定。备用金经管人员因工作调整，应首先办理备用金清理手续。备用金的借用额度应根据生产项目实施的需要合理确定，应与单位业务开展的实际情况相符合，备用金单次借用额度最高不得超过30万元。

第五条 备用金须存放在经过单位认定和备案的专用银行卡上，由专人保管、实行定期检查。严禁将备用金与个人资金混存混用，严禁将备用金转入与工作无关的任何账户。备用金使用批准、经管和使用人员原则上应分设。

第六条 因生产需要借用备用金时，备用金经管人员应按规定的格式和内容，填写备用金借款单，经业务部门负责人和财务部门负责人共同审核，报单位主管领导批准后方可办理借用手续。

第七条 备用金经管人员必须妥善保存备用金支付的各种单据、发票以及其他原始凭证，并认真登记备用金辅助账，详细记录支出事项。

第八条 备用金经管人员应及时报账，在规定期限内未办理报账手续者，停止继续借用备用金。备用金经管人员要按月对发生的费用根据支出内容分别进行汇总，填报经费报销单，与原始凭证定期寄（送）业务部门、财务部门审核。

第九条 单位财务部门应定期与备用金办卡银行、备用金经管人员及时进行对账。项目结束后或年度终了，单位财务部门要对该项目备用金使用情况进行清理，并对备用金余额进行认真核查，备用金余额及备用金产生的利息应全部上缴单位财务部门，利息纳入单位预算管理。

第十条 要切实加强备用金的管理，建立健全内控管理制度，确保备用金的安全。各生产单位可结合本规定，制定实施细则。

第十一条 本规定由国家测绘局负责解释。

第十二条 本规定自发布之日起实行。

关于印发《基础地理信息公开表示内容的规定（试行）》的通知

国测成发〔2010〕8号 2010年9月21日

各省、自治区、直辖市、计划单列市测绘行政主管部门，新疆生产建设兵团测绘主管部门，局所属各单位，机关各司（室）：

为加强地理信息安全管理，维护国家安全和利益，满足人民群众对地理信息日益增长的需求，促进地理信息产业的健康发展，依据《中华人民共和国测绘法》和《中华人民共和国测绘成果管理条例》等国家有关法律法规，国家测绘局会同有关部门研究制定了《基础地理信息公开表示内容的规定（试行）》，现予以印发，请遵照执行。

基础地理信息公开表示内容的规定（试行）

第一条 为了维护国家安全和利益，满足人民群众对地理信息日益增长的需求，促进地理信息产业的健康发展，依据《中华人民共和国测绘法》和《中华人民共和国测绘成果管理条例》等国家有关法律法规，制定本规定。

第二条 公开地图及地理信息生产制作、发布使用，网络地图内容选取与地理信息标注等活动，必须遵守本规定：

（一）可公开基础地理信息及相关要素须按本规定附录中所列范围及限制条件或内容执行；

（二）本规定附录中未涵盖而又确需公开的地理信息内容，须遵守国家有关规定；

（三）地理信息公开使用前须按国家有关审核规定进行审查。

第三条 基础地理信息及相关要素的空间位置精度保密要求须遵守国家有关规定。

第四条 本规定由国家测绘局负责解释。

第五条 本规定自发布之日起施行。

附录 基础地理信息公开表示内容分层表（略）

关于印发《中共国家测绘局党组关于在直属机关基层党组织和党员中深入开展创先争优活动的实施意见》的通知

国测党发〔2010〕17号 2010年6月7日

局所属各单位党组（党委、总支、支部），局机关各司（室）党支部：

现将《中共国家测绘局党组关于在直属机关基层党组织和党员中深入开展创先争优活动的实施意见

见》印发给你们，请结合实际，认真贯彻执行。

中共国家测绘局党组关于在直属机关基层党组织和党员中深入开展创先争优活动的实施意见

根据《中共中央办公厅转发〈中央组织部、中央宣传部关于在党的基层组织和党员中深入开展创先争优活动的意见〉的通知》（中办发〔2010〕12号）和中央国家机关工委《关于在中央国家机关基层党组织和党员中深入开展创先争优活动的实施意见》（国工发〔2010〕14号）要求，紧密结合国家测绘局实际，现就在局直属机关基层党组织和党员中深入开展创先争优活动提出如下实施意见。

一、重要意义

在局直属机关的各级党组织和党员中深入开展创建先进基层党组织、争当优秀共产党员活动，是巩固和拓展深入学习实践科学发展观活动成果的重要举措，是党的建设一项重要的经常性工作。组织开展这项活动，对于进一步抓好学习实践活动整改落实工作、完善长效机制、推动学习实践科学发展观向深度和广度发展，对于激发各级党组织和广大党员生机活力、提高党的执政能力、保持和发展党的先进性，对于促进各级党组织和广大党员更好地联系和服务群众、始终保持党同人民群众血肉联系，对于推动党建工作更好地围绕中心、服务大局、推动测绘事业更好更快发展，都具有十分重要的意义。

二、总体要求

要认真贯彻落实党的十七大和十七届三中、四中全会精神，以邓小平理论和“三个代表”重要思想为指导，以深入学习实践科学发展观为主题，坚持从本单位本部门实际出发，改革创新，务求实效，统筹推进党的建设其他经常性工作，充分发挥基层党组织的战斗堡垒作用和共产党员的先锋模范作用，在推动科学发展、促进社会和谐、服务人民群众、加强基层组织的实践中建功立业。

（一）推动科学发展。就是要求各级党组织认真履行职责，紧密结合测绘事业发展实际和本单位本部门工作实际，切实贯彻党的路线方针政策，按照“构建数字中国、丰富地理信息，搭建共享平台、保障社会需求，完善体制机制、强化统一监管，创建和谐测绘、推动科学发展”的工作思路，切实加快数字中国建设速度，切实推动地理信息产业发展，切实提高测绘服务保障水平，切实改善测绘技术装备条件，切实加强科技自主创新力度，切实谋划好“十二五”测绘工作，切实强化测绘人才队伍建设，切实营造事业发展良好环境，推动测绘事业更好更快发展。党员要认真履行职责，以模范行动影响和带领广大群众努力完成本职工作，做贯彻落实科学发展观的实践者和推动者。

（二）促进社会和谐。就是要求各级党组织和党员及时了解职工群众的思想动态，有针对性地做好引导工作，积极践行社会主义核心价值体系，推动形成良好社会风气；主动了解职工群众关注的理论热点、改革难点和社会焦点问题，掌握中央决策部署在本单位本部门贯彻落实的实际效果，做好释疑解惑和化解矛盾的工作；在急难险重任务和重大突发事件面前，立场坚定、旗帜鲜明，迎难而上、敢于负责，坚决捍卫国家和人民的利益，自觉维护改革发展稳定大局。

（三）服务人民群众。就是要求各级党组织和党员牢固树立为人民服务的宗旨意识，弘扬密切联系群众的优良作风，充分尊重群众，紧紧依靠群众，注重调查研究，倾听群众呼声，反映群众意愿，帮助群众解决工作生活中遇到的实际困难。积极参加党员志愿服务，多为群众办实事、办好事。

（四）加强基层组织。就是要求各级党组织优化基层组织设置，实现党的组织和党的工作全覆盖，选好配强基层党组织负责人，创新活动内容和方式，积极推进学习型党组织建设，增强党员队伍的生机活力，造就高素质的基层党组织带头人队伍，充分发挥基层党组织的战斗堡垒作用。通过基层党组织建设，带动工青妇等其他基层组织建设。

三、主要内容

创先争优活动，以创建先进基层党组织、争当优秀共产党员为主要内容。

（一）先进基层党组织的基本要求。

学习型党组织建设成效明显，出色完成党章规定的基本任务，努力做到“五个好”：

一是领导班子好。领导班子深入学习实践科学发展观，坚决贯彻党的路线方针政策，认真执行民主集中制，凡是重大决策、重要干部任免、重大项目安排和大额资金的使用，都能严格执行议事规则和程序。班子成员之间能够相互尊重，和谐共事，求真务实，勤政廉洁，有较强的创造力、凝聚力、战斗力和执行力。

二是党员队伍好。党员思想政治素质好，宗旨意识强，具有过硬的本领和优良的作风，时时处处都能发挥表率作用。在承担急难险重的任务中，能够团结一致，快速反应，冲得上去，豁得出来，充分发挥先锋模范作用。

三是工作机制好。规章制度完善，措施到位，管理规范，工作运行顺畅有序，工作效率高，形成用制度管权、按制度办事、靠制度选人的工作机制，形成党员受教育、永葆先进性的长效机制。

四是工作业绩好。自觉围绕中心、服务大局，思路清晰、措施有力，在服务大局、服务社会、服务民生工作成绩显著，在完成上级党组织交给的任务、推动测绘事业更好更快发展中事迹突出。

五是群众反映好。党组织在群众中具有影响力，党员在群众中具有示范和引领作用，威信较高，党群干群关系密切；主动服务的意识强，态度好，办法多，能够不断满足人民对地理信息产品的旺盛需求，在服务对象中口碑好。

（二）优秀共产党员的基本要求。

模范履行党章规定的义务，努力做到“五带头”：

一是带头学习提高。认真学习实践科学发展观，自觉坚定理想信念；积极参加各种教育、学习、培训活动，在创建学习型党组织中能够发挥引领和带头作用，认真学习测绘业务和政治、经济、文化、科技、管理等方面的知识，成为本职工作的行家里手。

二是带头争创佳绩。具有强烈的事业心和责任感，带头弘扬“热爱祖国，忠诚事业，艰苦奋斗，无私奉献”的测绘精神，勤奋敬业，淡泊名利，勇于攻坚克难，善于开拓创新，在本职岗位上做出显著成绩。

三是带头服务群众。坚持开展调查研究，密切联系群众，主动深入基层查实情，听民意，积极为基层、为群众办实事、做好事、解难事，自觉维护群众正当权益。善于带着感情去做群众工作，能够主动化解矛盾，协调关系。

四是带头遵纪守法。自觉遵守党纪政纪，模范遵守国家的法律法规，认真执行上级党组织的决定决议，切实做到讲政治、听招呼、守规矩，令行禁止。

五是带头弘扬正气。积极发扬社会主义新风尚，敢于同不良风气、违纪违法行为作斗争，是测绘文化建设的自觉实践者和和谐测绘建设的积极促进者。

各级党组织在坚持以上基本要求的前提下，要结合本单位本部门实际情况和党员所在的岗位特点，进一步明确先进基层党组织和优秀共产党员的具体条件。

四、活动载体

各级党组织要根据本单位本部门的实际情况和党员的岗位特点，精心设计特色鲜明、务实管用的载体，分类开展创先争优活动。

（一）局机关党支部要以“作表率、当楷模、创五型机关”为主题开展创先争优活动。要将创先争优活动与创建学习型、创新型、服务型、务实型、和谐型机关活动紧密结合，引导党员干部崇尚读书学习、提高思维力，崇尚改革创新、提高创造力，崇尚周到服务、提高亲和力，崇尚求真务实、提高执行力，崇尚和谐共事、提高凝聚力，做“五崇尚、五提高”的表率，当“五崇尚、五提高”的楷模。要通过设立公务员公示牌、建立党员先锋岗、评选表彰“五型司（处）”等活动，真正发挥共产党员的先锋模范作用，切实加强机关作风建设，提高机关效能。

（二）直属单位各级党组织要以“争当测绘先锋，服务科学发展”为主题开展创先争优活动。要将创先争优活动与解决改革发展中的重点、难点问题紧密结合，引导共产党员作勇挑重担的先锋、攻坚克难的先锋、改革创新的先锋。要通过创建课题攻关、科技创新、重大测绘项目实施党员先锋团队，开展“改革·创新·发展”大讨论、为本单位科学发展建言献策等活动，不断统一思想，凝心聚力，切实提高测绘保障服务能力，为国家调整经济结构、转变经济发展方式等重大战略部署做出贡献。

（三）局管社团组织党支部要以“增强服务意识、发挥桥梁作用”为主题开展创先争优活动。要将创先争优活动与充分发挥社团组织的作用紧密结合，引导共产党员强化组织观念和党员意识，找准位、定好位、做到位，充分做好服务与协调的工作。要通过开展“立足岗位比奉献、我为组织添光彩”、“党旗在我心中”等主题教育活动，切实把党组织和党员的作用发挥出来，确保社团组织沿着正确方向健康发展，为在局机关与企事业单位之间发挥好桥梁和纽带作用做出努力。

五、方法步骤

创先争优活动的领导关系按照党组织隶属关系确定。国家测绘局机关创先争优活动从2010年5月开始，2012年底完成。党的组织关系隶属于局机关的各所属单位（含北戴河休养院）原则上与局机关同步开展创先争优活动。党的组织关系在地方的陕西、黑龙江、四川、海南测绘局和重庆测绘院等单位的创先争优活动，由地方党委领导。

局直属机关创先争优活动总体上分为三个阶段：

（一）动员部署（2010年5月下旬-6月上旬）

1. 制定方案。5月下旬，制定关于在国家测绘局直属机关基层党组织和党员中开展创先争优活动的实施方案，并成立领导机构和办事机构。

2. 集中动员。2010年6月初，召开党员干部大会，对创先争优活动进行集中动员，做出总体安排部署。各单位党委（总支、支部）要结合实际制定创先争优活动实施方案，并进行进一步动员。

3. 组织学习。6月，各级党组织和广大党员要认真学习中央有关文件和局领导重要讲话精神，统一思想，提高认识，积极投入到创先争优活动中来。

（二）全面争创（2010年6月上旬-2011年6月底）

1. 公开承诺。6月份，各单位要以支部为单位，要求每个党员提出参加创先争优活动的具体安排，并集中报上一级党组织备案。各单位要将开展创先争优活动的实施方案与党员参加争创活动的具体安排作为公开承诺的重要内容，一并在本单位内网上进行公布，接受群众监督。

2. 组织创新。以开展创先争优活动为契机，进一步落实党建工作责任制，推进党建工作科学化。根据中央国家机关工委2010年、2011年、2012年分别以“积极投身创优活动”、“迎接建党90周年”、“向党的十八大献礼”为主题开展创先争优活动的情况，各级党组织要结合自身实际，不断丰富内容、创新形式，将创先争优活动与学习型党组织创建、主题党日、党课教育、组织生活、演讲比赛等日常活动有机结合，相互促进，使创先争优活动有活力、有实效。

3. 领导点评。2011年5月，局党组成员对分管司（室）党支部、各单位党组织和党员开展创先争优活动的情况进行点评，实事求是地肯定成绩，指出不足，提出努力方向。直属党委（总支）负责对本单位党支部开展创先争优活动的情况进行点评。

4. 群众评议。2011年6月，各单位要组织党员和群众对本单位党组织开展创先争优活动的情况进行评议。

5. 评选表彰。局直属机关党委要在两年一度的“两优一先”评选表彰活动的基础上，组织开展“五个好”先进基层党组织和“五带头”优秀共产党员推荐评选工作，并于2011年“七一”前夕进行表彰，为工委的评选表彰活动做好准备。

（三）总结提高（2011年7月-2012年12月底）

1. 典型示范。经过一年多的创先争优活动，树立和宣传一批基层党组织和共产党员的先进典型，通过组织召开先进事迹报告会、座谈交流会等形式，引导各级党组织和全体党员学典型、找差距、赶先进，营造比学赶超的浓厚氛围。

2. 展示成果。通过举办图片展、召开经验交流会、汇编材料等形式，及时总结本单位本部门开展创先争优活动情况，集中展示创先争优活动成果。

3. 巩固提高。对开展创先争优活动中行之有效的做法以制度的形式固定下来，形成长效机制。

六、组织领导

（一）落实领导责任。国家测绘局党组对局创先争优活动负总责。为了保证创先争优活动组织有力，实施有序，国家测绘局成立创先争优活动领导小组，负责整个活动的组织实施和统筹协调。领导小组办公室（领导小组及办公室成员名单附后）设在直属机关党委，负责创先争优活动的日常工作。各单位各部门的党组织主要负责人要对本单位本部门的创先争优活动负总责，并确立一名联络员报直属机关党委。各级党组织要切实加强领导，落实责任，精心组织，务求实效。

（二）加强统筹指导。要将创先争优活动与推进本单位本部门重点工作结合起来，与推进学习型党组织建设结合起来，与“五型机关”创建活动结合起来，统筹安排，共同推进。领导小组要及时了解各单位各部门开展创先争优活动的进展情况和遇到的问题，切实加强统筹协调和督促指导。

（三）加大宣传力度。要充分发挥测绘网站、报刊等媒体的作用，开辟创先争优活动专栏，大力宣传开展创先争优活动的必要性和重要性，大力宣传各单位各部门开展争优活动的经验做法和实际效果，大力宣传先进基层党组织和优秀共产党员的典型事迹，努力形成学习先进、崇尚先进、争当先进的良好风气。

请各单位将开展创先争优活动实施方案和工作进展情况，及时报局创先争优活动领导小组。

附件：

国家测绘局直属机关创先争优活动领导小组及办公室成员名单

领导小组组长：徐德明　国家测绘局党组书记、局长

副组长：张荣久　国家测绘局党组成员、纪检组长、直属机关党委书记

成　员：李赤一　国家测绘局人事司司长

易树柏　国家测绘局直属机关党委专职副书记

周远波　国家测绘局办公室副主任，巡视员

李新权　国家测绘局直属机关党委副书记、纪委书记，纪检监察审计室主任，巡视员

雷德容　中国测绘宣传中心（中国测绘报社）副主任（副社长）

办公室主任：易树柏（兼）

成　员：王咏梅　国家测绘局直属机关党委办公室主任

林振中　国家测绘局直属机关党委（纪检监察审计室）纪委办公室（监察审计处）主任

任振宇　国家测绘局人事司事业处处长

寇京伟　国家测绘局办公室政策研究与新闻处副调研员

关于印发《国家测绘局行政复议和行政应诉办法》的通知

国测法发〔2010〕8号　2010年12月23日

各省、自治区、直辖市、计划单列市测绘行政主管部门，新疆生产建设兵团测绘主管部门，局所属各单位，机关各司（室）：

为规范测绘行政复议和行政应诉工作，保护公民、法人和其他组织的合法权益，推进测绘系统依法行政，国家测绘局根据《中华人民共和国行政复议法》、《中华人民共和国行政诉讼法》和《中华人民共和国行政复议法实施条例》，修订了《国家测绘局行政复议和行政应诉办法》。现印发给你们，请遵照执行。执行过程中，如遇到新的问题和情况，请及时向我局法规与行业管理司反映。

国家测绘局行政复议和行政应诉办法

第一章　总　则

第一条　为规范国家测绘局的行政复议和行政应诉工作，保证正确、及时的办理行政复议和行政应诉事项，根据《中华人民共和国行政复议法》、《中华人民共和国行政诉讼法》和《中华人民共和国行政复议法实施条例》等法律法规，制定本办法。

第二条　国家测绘局办理行政复议和行政应诉案件，适用本办法。

国家测绘局对全国测绘行政复议和行政应诉工作进行指导和监督。

上级测绘行政主管部门对下级测绘行政主管部门的行政复议和行政应诉工作进行指导和监督。

第三条 国家测绘局行政复议和行政应诉机构设在法规与行业管理司（以下简称“行政复议应诉机构”），具体履行下列职责：

（一）受理行政复议申请；

（二）就受理的行政复议案件向有关组织和人员调查取证，查阅文件和资料；

（三）组织审理行政复议案件，提出处理建议，拟订行政复议决定；

（四）处理或者转送《中华人民共和国行政复议法》第七条所列有关规定的审查申请；

（五）督促行政复议决定的履行；

（六）办理《中华人民共和国行政复议法》第二十九条规定的行政赔偿等事项；

（七）研究行政复议工作中发现的问题，及时向有关机关或部门提出改进建议，重大问题及时向国家测绘局报告；

（八）组织办理行政应诉事项；

（九）指导和监督下级测绘行政主管部门的行政复议和行政应诉工作；

（十）做好行政复议、行政应诉案件统计和重大行政复议决定备案事项；

（十一）其他行政复议及行政应诉事项。

第四条 国家测绘局机关各司（室）配合行政复议应诉机构办理本司（室）职责范围内的行政复议和行政应诉案件，按规定向行政复议应诉机构提交行政复议书面答复书，并提交作出具体行政行为的有关材料；协助进行调查取证；及时履行行政复议决定；协助起草行政应诉答辩状以及办理相关行政应诉事项。

第五条 从事行政复议和行政应诉工作的人员应当具备与履行职责相适应的品行、专业知识和业务能力。

审理行政复议案件，应当由 2 名以上行政复议人员参加。

第二章 行政复议

第六条 向国家测绘局提起行政复议的，由行政复议应诉机构统一受理。行政复议应诉机构应当对收到的行政复议申请进行登记。申请人口头申请行政复议的，行政复议应诉机构工作人员应当制作行政复议申请记录，并由申请人签字确认。

国家测绘局其他司（室）收到书面行政复议申请的，应当即时转送行政复议应诉机构。

第七条 行政复议应诉机构应当自国家测绘局收到行政复议申请后 5 个工作日内，进行审查，并分别作出如下处理：

（一）对符合《中华人民共和国行政复议法》规定、属于行政复议受理范围且提交材料齐全的行政复议申请，自行政复议应诉机构收到行政复议申请之日起即为受理；

（二）对行政复议申请材料不齐全或者表述不清楚的，制作并送达《补正行政复议申请通知书》，告之申请人一次性需要补正的材料及补正期限；

（三）对不符合《中华人民共和国行政复议法》规定的行政复议申请，提出不予受理的意见，报主管局领导批准后，制作《不予受理行政复议申请决定书》，送达申请人；

（四）对符合《中华人民共和国行政复议法》规定，但是不属于本机关受理的行政复议申请，应当制作《行政复议告知书》，告知申请人向有关行政复议机关提出。

第八条 行政复议期间具体行政行为不停止执行；但按照《中华人民共和国行政复议法》的规定，需要停止执行具体行政行为的，由行政复议应诉机构提出意见，报主管局领导批准后，制作《停止执行具体行政行为通知书》，送达被申请人，并抄送申请人、第三人。

第九条 行政复议应诉机构应当自受理行政复议申请之日起 7 个工作日内，制作《行政复议答复通知书》，与行政复议申请书副本或者行政复议申请笔录复印件一并发送被申请人。国家测绘局为被申请人的，发送原作出具体行政行为的司（室）。

被申请人及国家测绘局原作出具体行政行为的司（室），应当在收到行政复议申请书副本或者行政复议申请笔录复印件之日起 10 日内，向行政复议应诉机构提交书面答复书，并提交当初作出具体行政行为的证据、依据和其他有关材料。其中，国家测绘局原作出具体行政行为的司（室）提交的书面答复书，应当经主管局领导审签。

具体行政行为是由国家测绘局两个以上司（室）共同作出的，共同作出具体行政行为的司（室）应当协商一致后，按前款规定提出书面答复；协商不成的，由国家测绘局局长指定其中一个司（室），按前款规定提出书面答复。

第十条 申请人在申请行政复议时，要求国家测绘局一并对具体行政行为所依据的有关规定进行审查的或者行政复议应诉机构在对被申请人作出的具体行政行为进行审查时，认为其依据不合法，国家测绘局有权处理的，应当在30日内提出撤销或修改的处理意见；无权处理的，应当在7个工作日内制作《规范性文件转送函》，经主管局领导批准后，按照法定程序转送有权处理的行政机关依法处理。

处理期间，中止对具体行政行为的审查，制作《中止行政复议通知书》，经主管局领导批准后送达申请人，并抄送被申请人和第三人。

第十一条 行政复议应诉机构应当依法对被申请人作出的具体行政行为进行审查，提出处理建议，报请国家测绘局局长审批。

重大、复杂的行政复议案件，应当召开局长办公会审议。国家测绘局为被申请人的，由原作出具体行政行为的司（室）在会议上作出说明，其他行政复议案件由行政复议应诉机构在会议上作出说明。

第十二条 行政复议决定应当自受理行政复议申请之日起60日内作出。情况复杂需要延长法定期限的，应当经行政复议应诉机构的主管局领导批准，并告知申请人和被申请人，延长期限最多不超过30日。经批准延长的，行政复议应诉机构应当制作《延期审理通知书》，送达当事人。

第十三条 根据国家测绘局局长审批意见或者会议决议，行政复议应诉机构依法制作《行政复议决定书》，经国家测绘局局长签批后，送达当事人。

行政复议决定一经送达，即发生法律效力。

第十四条 国家测绘局为被申请人的，行政复议案件由原作出具体行政行为的司（室）负责履行行政复议决定。

第十五条 按照自愿、合法的原则，行政复议应诉机构可以组织对以下情形的行政复议案件进行调解：

（一）公民、法人或者其他组织对测绘行政主管部门行使法律、法规规定的自由裁量权作出的具体行政行为不服，申请行政复议的；

（二）测绘行政主管部门作出的具体行政行为引发的行政赔偿或者行政补偿纠纷。

当事人经调解达成协议的，行政复议应诉机构提出行政复议调解意见，报经国家测绘局局长同意后，制作《行政复议调解书》，加盖行政复议机关印章。《行政复议调解书》经双方当事人签字，即具有法律效力。

调解未达成协议或者调解书生效前一方反悔的，国家测绘局应当及时作出行政复议决定。

第三章 行政应诉

第十六条 人民法院送达的起诉状副本由行政复议应诉机构统一接收。国家测绘局公文收发部门或者其他部门收到人民法院送达的起诉状副本的，应当即时转送行政复议应诉机构。

第十七条 行政复议应诉机构对起诉状副本进行登记后，即组织原作出具体行政行为的司（室）起草答辩意见。

第十八条 行政复议应诉机构自收到起诉状副本之日起10日内，形成答辩状，报国家测绘局局长审定后，连同作出具体行政行为的证据、依据和其他有关材料一并提交人民法院。

对重大、复杂的行政应诉案件的答辩意见，应当召开局长办公会审议。

第十九条 行政复议应诉机构就国家测绘局行政应诉的诉讼代理人提出建议，报国家测绘局局长或局务会决定。必要时，可以委托律师担任诉讼代理人。

行政复议应诉机构负责为诉讼代理人办理授权委托书等事宜。

第四章 执行和监督检查

第二十条 省、自治区、直辖市测绘行政主管部门无正当理由不予受理公民、法人或者其他组织依法提出行政复议申请的，国家测绘局行政复议应诉机构应当依法提出处理意见，经主管局领导批准后，制作《责令受理通知书》，责令其在法定期限内受理。

第二十一条 被申请人不履行或无正当理由拖延履行行政复议决定的，由国家测绘局行政复议应诉机构提出处理意见，经主管局领导批准后，制作《责令履行行政复议决定通知书》，送达被申请人。

被申请人应当及时将履行情况报送国家测绘局。

第二十二条 国家测绘局行政复议应诉机构在行政复议过程中发现下级测绘行政主管部门相关行政行为违法或者需要做好善后工作的，可以提出处理意见，经主管局领导批准后，制作《行政复议意见书》。有关机关收到《行政复议意见书》后，应当认真研究处理，并在60日内将处理结果报国家测绘局。

国家测绘局行政复议应诉机构在行政复议过程中，发现法律、法规、规章实施中带有普遍性的问题，可以制作《行政复议建议书》，经主管局领导批准后，向有关机关提出完善制度和改进行政执法的建议。

第二十三条 省、自治区、直辖市测绘行政主管部门对其作出的重大测绘行政复议决定、被责令受理案件的测绘行政复议决定、被提起行政诉讼的测绘行政复议决定，应当在结案后20日内报国家测绘局备案。

第二十四条 不履行行政复议决定，或者在收到行政复议意见书之日起60日内未将纠正相关行政违法行为的情况报送国家测绘局的，国家测绘局予以通报批评。

第二十五条 办结的行政复议案件和行政应诉案件应当一案一档，由承办人员将案件的有关材料立卷归档。

第五章 附 则

第二十六条 本办法未规定的事项，适用《中华人民共和国行政复议法》、《中华人民共和国行政诉讼法》、《中华人民共和国行政复议法实施条例》和其他有关法律、法规的规定。

第二十七条 本办法关于行政复议和行政应诉期间的规定，除明确为工作日外，其他均为自然日。自然日期间的最后一天是星期日或者其他法定休假日的，以实际休假日的次日为期间的最后一天。

第二十八条 省、自治区、直辖市测绘行政主管部门办理本级行政复议和行政应诉事项时，可参照本办法执行或依据本办法制定本级测绘行政复议和行政应诉的相关规定，并报国家测绘局备案。

第二十九条 国家测绘局行政复议文书格式依照《国务院法制办公室关于印发行政复议法律文书示范文本的通知》（国法函〔2008〕196号）执行。

第三十条 本办法自发布之日起施行。1993年4月9日国家测绘局发布的《国家测绘局行政复议和行政应诉办法》（国测发〔1993〕011号）同时废止。

关于印发互联网地图服务专业标准的通知

国测管发〔2010〕14号 2010年5月10日

各省、自治区、直辖市、计划单列市测绘行政主管部门：

为了加强互联网地图服务资质管理，促进互联网地图服务健康有序发展，提升测绘与地理信息产业服务大局、服务社会、服务民生的能力和水平，根据《中华人民共和国测绘法》的规定，我局对2009年颁布的《测绘资质分级标准》中互联网地图服务专业标准进行了修订，现予印发，请遵照执行。我局2009年颁布的《测绘资质分级标准》中互联网地图服务专业标准同时废止。

互联网地图服务专业标准

<table>
<tr><th rowspan="2">专精范围</th><th rowspan="2">考核指标</th><th rowspan="2">考核内容</th><th colspan="2">考核标准</th><th rowspan="2">备　注</th></tr>
<tr><th>甲组</th><th>乙组</th></tr>
<tr><td rowspan="8">1. 地图搜索、位置服务
2. 地理信息标注服务
3. 地图下载、复制服务
4. 地图发送、引用服务</td><td>主体资格</td><td>主体资格</td><td colspan="2">事业单位法人或企业法人</td><td rowspan="8">1. 互联网地图，是指登载在互联网上或者通过互联网发送的基于服务器地理信息数据库形成的具有实时生成、交互控制、数据搜索、属性标注等特性的电子地图。
2. 通过无线互联网络调用的地图属互联网地图管理范畴。</td></tr>
<tr><td>人员规模</td><td>地图制图或计算机类专业技术人员</td><td>20人（中级以上专业技术人员5人，地图安全审校人员5人）</td><td>12人（中级以上专业技术人员2人，地图安全审校人员2人）</td></tr>
<tr><td rowspan="2">仪器设备</td><td>服务器</td><td colspan="2">存放地图数据的服务器设在中华人民共和国境内，提供服务器公网IP地址</td></tr>
<tr><td>专用软件</td><td>有独立地图引擎</td><td>无要求</td></tr>
<tr><td>作业限额</td><td>作业限额</td><td>无限额限制</td><td>专业范围3、4不得承担</td></tr>
<tr><td rowspan="3">保密管理</td><td>地图安全审校人员</td><td>经国家测绘局考核合格</td><td>经省级以上测绘行政主管部门考核合格</td></tr>
<tr><td>地图数据</td><td colspan="2">使用经省级以上测绘行政主管部门审核批准的地图数据</td></tr>
<tr><td>保密制度</td><td colspan="2">建立地图数据安全管理制度，配备安全保障技术设施。</td></tr>
<tr><td rowspan="4"></td><td rowspan="4">质量管理</td><td>质量管理机构</td><td colspan="2">配备了质量技术人员</td><td rowspan="4"></td></tr>
<tr><td>质量岗位责任制建立情况</td><td colspan="2">单位有明确的质量方针、目标，建立了互联网地图服务质量责任制</td></tr>
<tr><td>质量意识教育和技术培训</td><td colspan="2">从事互联网地图服务的质检人员，经过质量技术培训</td></tr>
<tr><td>质量管理制度建立情况</td><td colspan="2">制定了质量管理规定，建立了用户质量信息反馈及跟踪服务制度</td></tr>
</table>

续表

专精范围	考核指标	考核内容	考核标准		备　注
			甲组	乙组	
	档案管理	档案管理人员	具有专（兼）职档案管理人员，制定了档案人员岗位责任制		3. 保密制度、质量管理、档案管理需通过省级以上测绘行政主管部门的考核
		档案管理制度	单位建立登记、入库、审核、复制、删除等档案工作制度，地图数据实行统一管理		
		组织领导	有领导分管档案工作，经常组织检查档案工作		
		档案装备	配备资料档案计算机，建立数据库		
		分类方案	有数据分类管理方案，查询快捷方便		
		档案保管安全	近3年内未出现档案失、泄密事件 不存在非法持有、擅自复制秘密测绘资料档案的行为 计算机不存在擅自复制刻录、未设置开机口令的行为 不存在擅自向任何组织、机构和人员提供密级测绘资料档案的行为		
		档案删除管理	制定了互联网地图服务资料档案的删除程序并严格执行		

关于印发《测绘统计报表制度》的通知

国测规发〔2010〕7号　2011年1月20日

各省、自治区、直辖市、计划单列市测绘行政主管部门，新疆生产建设兵团测绘主管部门，局所属各单位，机关各司（室）：

为了更好地适应和满足新形势下的测绘行政管理需要，我局组织对《测绘统计报表制度》（以下简称《报表制度》）进行了全面修订。修订后的《报表制度》已经国家统计局批准，现印发给你们，并就有关事项通知如下：

一、新《报表制度》是在紧紧围绕测绘事业发展的全局性工作，对原《报表制度》中的统计指标和报表进行了较大幅度修改和完善后形成的，各单位各部门一定要充分认识到贯彻执行新《报表制度》的重要性和艰巨性，加强组织领导，认真部署落实。

二、各单位各部门要认真贯彻执行《统计法》和《测绘统计管理办法》，高度重视统计数据质量，坚持实事求是、依法统计，对报送的统计数据要做到逐级审核，分级负责，严格把关，确保统计数据的真实性、准确性。

三、各级测绘行政主管部门要根据本地区情况，认真组织辖区测绘资质单位学习《报表制度》，督促各单位落实统计工作责任人，按照《报表制度》的要求，如实填报统计数据，按时报送统计年报等统计资料。

四、国家测绘局管理信息中心作为我局统计机构，统筹安排《报表制度》的业务培训和具体实施工作，及时解决《报表制度》执行中问题，确保《报表制度》的顺利执行。

各单位各部门在执行《报表制度》过程中，如有意见和建议，请及时反馈国家测绘局管理信息中心。

附件：测绘统计报表制度（略）

关于印发《测绘成果质量监督抽查管理办法》的通知

国测国发〔2010〕9号　2010年3月24日

各省、自治区、直辖市、计划单列市测绘行政主管部门，新疆生产建设兵团测绘主管部门，局所属各单位，机关各司（室）：

为规范测绘成果质量监督抽查工作，强化测绘质量监督管理，根据《中华人民共和国测绘法》等有关法律、法规，国家测绘局修订了《测绘成果质量监督抽查管理办法》，并经局务会审议通过。现予印发，请遵照执行。

测绘成果质量监督抽查管理办法

第一章　总　则

第一条　为规范测绘成果质量监督抽查（以下简称“质量监督抽查”）工作，加强测绘质量的监督管理，根据《中华人民共和国测绘法》等有关法律、法规，制定本办法。

第二条　质量监督抽查的计划与方案制定、监督检验、异议受理、结果处理等，适用本办法。

第三条　国家测绘局负责组织实施全国质量监督抽查工作。县级以上地方人民政府测绘行政主管部门负责组织实施本行政区域内质量监督抽查工作。

第四条　质量监督抽查工作必须遵循合法、公正、公平、公开的原则。

第二章　计划与方案制定

第五条　国家测绘局按年度制定全国质量监督抽查计划，重点组织实施重大测绘项目、重点工程测绘项目以及与人民群众生活密切相关、影响面广的其他测绘项目成果的质量监督抽查。

县级以上地方人民政府测绘行政主管部门结合上级质量监督抽查计划制定本级质量监督抽查计划，并报上一级测绘行政主管部门备案，重点组织实施本行政区域内测绘项目成果的质量监督抽查。

测绘行政主管部门不应对同一测绘项目或者同一批次测绘成果重复抽查。

第六条　测绘行政主管部门应当专项列支质量监督抽查工作经费，并专款专用。

第七条　测绘行政主管部门组织实施质量监督抽查时，应当制定工作方案，发布通告，开具通知单，审批技术方案。

第八条　质量监督抽查的质量判定依据是国家法律法规、国家标准、行业标准、地方标准，以及测绘单位明示的企业标准、项目设计文件和合同约定的各项内容。

当企业标准、项目设计文件和合同约定的质量指标低于国家法律法规、强制性标准或者推荐性标准的强制性条款时，以国家法律法规、强制性标准或者推荐性标准的强制性条款作为质量判定依据。

第九条　监督抽查的主要内容是：

（一）项目技术文件的完整性和符合性；

（二）项目中使用的仪器、设备等的检定情况及其精度指标与项目设计文件的符合性；

（三）引用起始成果、资料的合法性、正确性和可靠性；

（四）相应测绘成果各项质量指标的符合性；

（五）成果资料的完整性和规范性；

（六）法律、法规及有关标准规定的其他内容。

第三章　监督检验

第十条　质量监督抽查工作中需要进行的技术检验、鉴定、检测等监督检验活动，测绘行政主管部门委托具备从事测绘成果质量监督检验工作条件和能力的测绘成果质量检验单位（以下简称“检验单位”）承担。

第十一条　检验单位应当制定技术方案，技术方案经测绘行政主管部门批准后，检验单位组织具备相应专业知识和技术能力的检验人员，开展检验工作。

第十二条　检验人员必须遵守法律法规，遵守工作纪律，恪守职业道德，保守受检测绘成果涉及的技术秘密、商业秘密，履行检验过程的保密职责。

与受检单位或者受检项目有直接利害关系、可能影响检验公正的人员不得参加检验工作。

第十三条　检验开始时，检验单位应当组织召开首次会，向受检单位出示测绘行政主管部门开具的监督抽查通知单，并告知检验依据、方法、程序等。

检验过程中，检验单位应当按照技术方案规定的程序，开展检验工作。检验单位可根据需要，向测绘项目出资人、设计单位、施测单位、质检单位等调查、了解项目相关情况，实施现场检验。

检验完成后，检验单位应当组织召开末次会，通报检验中发现的问题，提出改进意见和建议。

第十四条　受检单位应当配合监督检验工作，提供与受检项目相关的合同、质量文件、成果资料、仪器检定资料等，对检验所需的仪器、设备等给予配合和协助。

第十五条　对依法进行的测绘成果质量监督检验，受检单位不得拒绝。拒绝接受监督检验的，受检的测绘项目成果质量按照“批不合格”处理。

第十六条　检验单位必须按照国家有关规定和技术标准，客观、公正地作出检验结论，并于全部检验工作结束后三十个工作日内将检验报告及检验结论寄（交）达受检单位。

第四章　异议受理

第十七条　受检单位对监督检验结论有异议的，可以自收到检验结论之日起十五个工作日内向组织实施质量监督抽查的测绘行政主管部门提出书面异议报告，并抄送检验单位。逾期未提出异议的，视为认可检验结论。

第十八条　检验单位应当自收到受检单位书面异议报告之日起十个工作日内作出复验结论，并报组织实施质量监督抽查的测绘行政主管部门。

第十九条　组织实施质量监督抽查的测绘行政主管部门收到受检单位书面异议报告，需要进行复检的，应当按原技术方案、原样本组织。

复检一般由原检验单位进行，特殊情况下由组织实施监督抽查的测绘行政主管部门指定其他检验单位进行。复检结论与原结论不一致的，复检费用由原检验单位承担。

第二十条　监督检验工作完成后，检验单位应当在规定时间内将监督检验报告、检验结论及有关资料报送组织实施监督抽查的测绘行政主管部门。

第五章　结果处理

第二十一条　测绘行政主管部门负责审定检验结论，依法向社会公布质量监督抽查结果，确属不宜向社会公布的，应当依法抄告有关行政主管部门、有关权利人和利害相关人。

第二十二条　县级以上地方人民政府测绘行政主管部门应当将质量监督抽查结果及工作总结报上一级测绘行政主管部门备案。对非本行政区域内测绘单位的质量监督抽查结果应当抄告其测绘资质审批和注册机关。

第二十三条　质量监督抽查不合格的测绘单位，组织实施质量监督抽查的测绘行政主管部门应当向其下达整改通知书，责令其自整改通知书下发之日起三个月内进行整改，并按原技术方案组织复查。

测绘单位整改完成后，必须向组织实施抽查的测绘行政主管部门报送整改情况，申请监督复查。逾期未整改或者未如期提出复查申请的，由实施抽查的测绘行政主管部门组织进行强制复查。

测绘成果质量监督抽查不合格的，或复查仍不合格的，测绘行政主管部门依照《中华人民共和国测绘法》及有关法律、法规的规定予以处理。

第六章 附 则

第二十四条 本办法由国家测绘局负责解释。

第二十五条 本办法自印发之日起施行。国家测绘局1990年2月发布的《测绘产品质量监督抽检管理办法（试行）》同时废止。

关于印发《国家测绘局直属单位干部选拔任用工作“一报告两评议”实施办法（试行）》《国家测绘局直属单位主要负责人履行干部选拔任用工作职责离任检查实施办法（试行）》的通知

国测人发〔2010〕31号 2010年6月30日

局所属各单位：

《国家测绘局直属单位干部选拔任用工作“一报告两评议”实施办法（试行）》、《国家测绘局直属单位主要负责人履行干部选拔任用工作职责离任检查实施办法（试行）》已经2010年6月21日局党组会议审议通过，现予印发，请遵照执行。

国家测绘局直属单位干部选拔任用工作“一报告两评议”实施办法（试行）

第一条 为加强对局直属单位干部选拔任用工作的民主监督，提高选人用人公信度，参照《地方党委常委会向全委会报告干部选拔任用工作并接受民主评议办法（试行）》，制定本实施办法。

第二条 本实施办法所称“一报告两评议”是指：结合局直属单位领导班子及成员年度考核工作，各单位领导班子要专题报告本单位年度干部选拔任用工作情况，并在一定范围内接受对本单位干部选拔任用工作和新选拔任用领导干部的民主评议。

第三条 领导班子主要负责同志代表本单位报告干部选拔任用工作。干部选拔任用工作专题报告可作为单独的报告，也可作为本单位领导班子年度工作总结的一个专项内容。报告一般包括下列内容：

（一）选拔任用干部的总体情况；

（二）贯彻执行党的干部路线方针政策的情况；

（三）创新选人用人措施和办法，建立健全干部选拔任用和监督机制的情况；

（四）整治用人上不正之风的情况（包括上年度评议整改措施落实情况）；

（五）存在的主要问题和改进的措施；

（六）其他需要报告的情况。

第四条 参加民主评议人员采取无记名方式填写《干部选拔任用工作民主评议表》和《新选拔任用干部民主评议表》，人员范围与参加领导班子及成员年度考核测评人员范围相同。新选拔任用干部民主评议的对象包括近一年内选拔任用的下列人员：

（一）直属单位内设机构正职领导干部（含主持工作的副职）；

（二）陕西、黑龙江、四川、海南测绘局所属单位正职领导干部（含主持工作的副职）；

（三）破格提拔（含越级提拔）的由本单位领导班子管理的领导干部；

（四）其他提拔担任重要岗位领导职务的干部（具体评议对象由局人事司根据实际情况确定）。

第五条 局人事司受党组委派，会同各直属单位领导班子组织实施“一报告两评议”。民主评议表的收集、统计由局人事司负责，各直属单位人事部门配合做好有关工作。如局相关部门本年度已对该单位干部选拔任用工作进行过检查和民主评议，经报局党组同意后可不进行民主评议。

第六条 “一报告两评议”结束后，局人事司负责将民主评议结果报局党组审阅，并按党组统一安排及时反馈民主评议结果。各单位应当对民主评议结果进行认真研究，分析干部任用工作取得的经验和存在的问题，提出加强和改进工作的措施，并采取适当方式在一定范围内通报干部选拔任用工作民主评议结果和有关整改措施。

第七条 根据民主评议结果，局党组采取适当方式对民主评议满意度高、工作成绩突出的单位予以表扬；对民主测评满意度明显偏低、干部职工反映强烈的单位，经考核认定后，按照规定追究有关责任人的责任，并督促进行整改。

对民主评议满意度明显偏低、干部职工意见集中的干部，各单位应当对其选拔任用情况作出说明，并进行相应的教育和处理。

第八条 开展“一报告两评议”应当严格遵守纪律。不准弄虚作假、隐瞒真实情况，不准干扰参加评议人员表达真实看法，不准更改、伪造民主评议结果，不得以征求意见等方式代替民主评议。

第九条 陕西、黑龙江、四川、海南测绘局参照本实施办法，开展所属单位干部选拔任用工作的“一报告两评议”。

第十条 本实施办法由国家测绘局人事司负责解释。

第十一条 本实施办法自发布之日起施行。

附件：1. 干部选拔任用工作民主评议表（样表）（略）

2. 新选拔任用干部民主评议表（样表）（略）

国家测绘局直属单位主要领导履行干部选拔任用工作职责离任检查实施办法（试行）

第一条 为促进局直属单位主要领导认真履行干部选拔任用工作职责，提高选人用人质量，参照《市县党委书记履行干部选拔任用工作职责离任检查办法（试行）》，制定本实施办法。

第二条 直属单位主要领导履行干部选拔任用工作职责离任检查，是指直属单位主要领导因平级交流、到龄退休及在局管干部范围内提拔使用等原因即将离任时，由局党组对其任职期间履行干部选拔任用工作职责的情况进行检查。

第三条 本实施办法所称直属单位主要领导指设立党委（党组）单位的党委（党组）书记、未设立党委（党组）单位的领导班子中主管干部工作的主要负责人。

第四条 对因拟在局管干部范围内提拔使用即将离任的直属单位主要领导的检查，一般结合干部考察进行，由局党组派出的干部考察组负责实施。

第五条 对因平级交流、到龄退休等原因即将离任的直属单位主要领导的检查，由局人事司受党组委托负责组织实施。

第六条 对即将离任的直属单位主要领导履行干部选拔任用工作职责的情况，重点检查下列内容：

（一）任职期间贯彻执行党的干部路线方针政策的情况；

（二）任职期间本单位选拔任用的干部的情况；

（三）任职期间本单位用人风气的情况；

（四）任职期间遵守干部人事纪律的情况特别是离任前有无突击提拔调整干部的情况；

（五）任职期间加强干部监督管理工作的情况；

（六）其他应当检查的情况。

第七条 离任检查一般按下列程序进行：

（一）即将离任的直属单位主要领导报告任职期间第六条所列情况；

（二）在一定范围内对即将离任的直属单位主要领导任职期间履行干部选拔任用工作职责情况和本单位近期新任用的干部进行民主评议；

（三）通过个别访谈、召开座谈会、受理举报等方式听取干部群众意见；

（四）查阅干部任免相关材料；

（五）向局党组报告检查情况；

（六）向被检查的直属单位主要领导反馈检查结果。

第八条 参加民主评议人员范围为：

（一）本单位领导班子成员；

（二）本单位内设机构和所属单位领导干部；

（三）其他需要参加的人员。

根据单位工作性质，人员范围可扩大到高级专业技术人员；本单位人数较少的，应扩大到全体工作人员。

第九条 检查结果作为评价、使用直属单位主要领导的重要依据。对民主评议中履行干部选拔任用工作职责总体评价“满意”、“基本满意”两项比率合计不足三分之二，或者用人风气总体评价

"好"、"较好"两项比率合计不足三分之二的人员，经组织考核认定，采取相应的组织处理措施，其中拟提拔使用的，取消其资格。

拟提拔使用干部的考察材料中应当反映检查情况和民主评议结果。

第十条 检查发现即将离任的直属单位主要领导任职期间存在严重违反干部选拔任用工作规定问题的，以及在干部选拔任用工作中不履行或者不正确履行职责导致用人失察失误、造成严重后果或者恶劣影响的，要进行调查核实。经调查属实的，根据有关规定追究其责任，给予相应的组织处理或者纪律处分，对于拟提拔使用的，先取消其提拔资格，再视情况作进一步处理。

对于在新任用的干部民主评议中满意度明显偏低的干部，直属单位主要领导应当就其任用情况作出说明。考察组或者检查组应当对其任用过程进行调查了解。

第十一条 对因拟提拔担任局管干部即将离任的陕西、黑龙江、四川、海南测绘局所属单位主管干部工作的主要领导的检查，一般结合干部考察进行，由局党组派出的干部考察组参照本实施办法负责实施。

第十二条 陕西、黑龙江、四川、海南测绘局参照本实施办法开展所属单位主要领导的离任检查。

第十三条 本实施办法由国家测绘局人事司负责解释。

第十四条 本实施办法自发布之日起施行。

附件：1. 直属单位主要领导履行干部选拔任用工作职责情况民主评议表（样表）（略）

2. 直属单位近期新任用干部民主评议表（样表）（略）

3. 直属单位领导班子管理的干部违纪违法受处理情况表（样表）（略）

关于印发《国家测绘局干部因私出国（境）管理暂行办法》的通知

国测人发〔2010〕34号　2010年7月20日

局所属各单位，机关各司（室）：

《国家测绘局干部因私出国（境）管理暂行办法》已经局党组会议审议通过，现予印发，请遵照执行。

国家测绘局干部因私出国（境）管理暂行办法

第一条 为进一步加强和规范我局干部因私出国（境）管理审批工作，根据国家有关规定制定本办法。

第二条 干部因私出国（境）仅限于自费旅游、探亲和处理其他个人事务。

第三条 国家测绘局机关、局所属各单位工作人员及离退休人员因私出国（境），须按干部管理权限审批后方可办理出国（境）手续。

第四条 中央管理的干部因私出国（境）审批办法：

中央管理的在职副部级干部（包括从领导岗位上退下来但尚未办理离休、退休手续的干部）因私出国（境），由中央组织部审批；中央管理的在职厅局级干部因私出国（境），由局党组研究提出意见后，报中央组织部审批。

中央管理的离退休干部申请因私出国（境），由局党组审批后报中央组织部备案。

第五条 国家测绘局管理的干部因私出国（境）须由本人提出申请，填报因私出国（境）审批表，所在部门（单位）提出意见，按规定的权限办理审批手续。

（一）局总工程师因私出国（境），经人事司、纪检监察部门审核后，报局长审批。

（二）局机关各司（室）、局所属各单位主要负责人因私出国（境），由所在部门（单位）研究提出意见，经人事司、纪检监察部门审核后，报分管局领导、局长审批。

（三）局机关其他司级干部及各司（室）内设处（室）的处长（主任）、局所属单位其他局级干部及处级单位的其他班子成员因私出国（境），由所在部门（单位）提出意见，经人事司、纪检监察部门审核后，报分管局领导审批。

（四）局机关其他干部因私出国（境），由所在部门提出意见，经纪检监察部门审核后，报人事司审批。

（五）局机关及局所属单位离退休司局级干部因私出国（境），由局离退休干部处（所在单位）提出意见，经人事司、纪检监察部门审核后，报分管离退休干部工作的局领导审批。

（六）局机关其他离退休人员因私出国（境），由局离退休干部处提出意见，经纪检监察部门审核后，报人事司审批。

第六条 局所属各单位其他工作人员因私出国（境），由本单位根据国家有关规定进行审批。

第七条 在审批干部因私出国（境）时，对领导干部和涉及管理人、财、物，机要档案等重要岗位以及配偶子女均已移居国（境）外的其他工作人员，要严格审查，着重审查近期政治表现和廉政情况。对法律规定不准出境和涉嫌严重违纪的人员，不得批准其出国（境）。

第八条 各单位在职处级及以上干部、离退休厅局级及以上干部和涉及国家安全、国有资产安全、行业机密等人员（以下简称登记备案人员），须向所在地公安机关出入境管理部门登记备案。

京内单位的登记备案工作由局人事司负责；京外单位的登记备案工作由所在单位党委（党组）负责。

第九条 登记备案人员的因私出国（境）证件由所在单位人事部门集中保管。因私出国（境）前，凭因私出国（境）审批表到人事部门领取因私出国（境）证件。回国（境）后10天内，将所持因私出国（境）证件交回所在单位人事部门。

第十条 非登记备案人员申领因私出国（境）证件后，应及时将证件的有关信息向所在单位人事部门报告登记。

第十一条 各单位要严格履行审批程序，加强对已申领出入境证件人员的管理，因私出国（境）人员在境外要遵守外事纪律，未经批准不得逾期滞留。

第十二条 本办法由人事司负责解释。

第十三条 本办法自印发之日起施行。

关于印发《国家测绘局直属事业单位职工工资性收入管理暂行办法（试行）》的通知

国测人发〔2010〕49号 2010年9月21日

局所属各单位：

《国家测绘局直属事业单位职工工资性收入管理暂行办法（试行）》已经2010年9月21日局党组会议审议通过，现予印发，请结合实际认真贯彻执行。

国家测绘局直属事业单位职工工资性收入管理暂行办法（试行）

第一章 总 则

第一条 为进一步加强局直属事业单位职工的工资性收入管理，规范事业单位内部收入分配秩序，完善收入分配激励约束机制，根据国家相关政策规定，结合局直属事业单位实际，制定本办法。

第二条 本办法适用于局直属事业单位职工（含合同制聘用人员）工资性收入管理。

第三条 工资性收入管理遵循的原则：

（一）坚持按劳分配，处理好效率与公平的关系。

（二）坚持将收入水平的提高与单位效益水平相挂钩，使职工的收入与本人的岗位、业绩紧密联系。

（三）坚持对职工工资性收入实行总额控制，结合不同事业单位类型和单位实际实行总量调控，逐步缩小同类单位间的收入差距。

（四）坚持合理调控职工收入差距，健全领导干部与普通职工工资性收入协调增长机制。

第二章　工资制度与收入构成

第四条　局直属事业单位实行岗位绩效工资制度。岗位绩效工资由岗位工资、薪级工资、绩效工资和津贴补贴四部分组成。

第五条　本办法中职工的年工资性收入是指纳入本单位年度工资总额计划的各项收入之和。工资总额的计算原则应以直接支付给职工的全部劳动报酬为依据。

第三章　工资性收入管理

第六条　局直属事业单位实行工资总额控制，防止工资总量过快增长。每年年初，局直属事业单位要根据相关规定科学测算本年度工资总额计划，报局人事司汇总审核后上报人力资源和社会保障部审批。待全局工资总额计划下达后，由局人事司分解下达各单位工资总额计划。

第七条　工资总额计划为单位本年度发放全部职工工资性收入的上限，局直属事业单位要在下达的工资总额计划内，严格按照国家收入分配政策发放职工工资性收入。

第八条　局直属事业单位职工工资性收入的经费来源渠道必须合法合规。

第九条　除国家另有规定外，工资总额计划不得跨年度使用、不得突破。确有特殊情况需追加工资总额计划的，须及时向局人事司提出书面申请，详细说明追加理由，经局审批后执行。

第十条　局直属事业单位应将直接支付给职工的全部劳动报酬纳入工资总额，不得再以其他形式在工资总额外提取和列支任何工资性项目。

第十一条　局直属事业单位要加强工资性收入支付管理。发放给职工的工资性收入要一律纳入专门账簿核算，不得帐外列支。工资性收入一律要发放到职工个人工资银行账户，不得发放现金。

第十二条　局直属事业单位制定的阶段性、一次性和年终奖金、科研项目提成收入等分配办法或分配方案必须符合国家有关政策规定并履行民主程序，要充分发挥单位职工大会或职工代表大会的作用。分配办法或方案确定后，须报局核准后执行。

第四章　局管干部工资性收入水平确定

第十三条　局管干部年工资性收入主要根据本单位事业发展情况和收入分配改革等情况，按照本单位职工年平均工资性收入的一定比例掌握，实际标准需报局核准后执行。

第十四条　单位职工当年平均工资性收入下降（不含政策性因素）的，局管干部当年工资性收入应按本单位职工平均水平降低幅度同比例减少。

第十五条　局管干部工资性收入的管理方式为先报批年度工资性收入控制标准，后备案年度工资性收入执行情况。

第十六条　局管干部的年度工资性收入标准及其工资内收入部分的工资套改、晋升、调标及津贴补贴标准，须由所在单位报局批准后执行。其中：

（一）基本工资调整按照原审批方式和程序进行审批或备案。

（二）局管干部的年度工资性收入标准，由各单位填报《国家测绘局局管干部年度工资性收入审批表》（附件 1），于当年 2 月底前报局党组审批。

第十七条　局管干部工资性收入情况实行年度备案制度。局管干部年度工资性收入情况，由本单位如实填写《国家测绘局局管干部年度工资性收入报告表》（附件 2），于次年 2 月底前报局党组。

第十八条　局管干部的工资性收入水平确定应遵循以下规定：

（一）本单位不得擅自确定和提高局管干部年工资性收入实际标准。

（二）局管干部多岗不得多薪。

（三）局管干部兼职不得另取薪酬。

第五章　监督检查

第十九条　局直属事业单位应逐步完善职工特别是领导干部工资性收入管理的民主监督和制约机制，领导干部的工资性收入情况应主动接受职代会、干部大会和职工的民主监督。

第二十条　局党组不定期组织由人事、纪检监察、审计、财务等部门人员组成的检查组，对各单位职工工资性收入分配情况进行专项检查。

第二十一条　领导干部工资性收入情况将作为

领导干部考核的重要指标，各单位要在年终对单位领导干部的收入情况进行公示。凡自行决定的分配收入在本单位获得最高水平的单位负责人（除上级给予的奖励外），职务晋升时一律不予考虑。

第二十二条 对违反国家工资政策及工资性收入管理相关规定的局直属事业单位，将区别不同情况予以处理：

（一）对擅自新设立津贴补贴、奖金项目的，提高现有津贴补贴、奖金标准和水平的，或以现金及其他任何形式违规发放新福利的，将根据国家相关政策对单位主要领导和相关责任人进行严肃处理。

（二）对在国家政策规定的工资性收入列支渠道外，直接或变相发放津贴、补贴或奖金的，责令单位收回违法违规发放部分，并视情节轻重追究单位主要领导和相关责任人的责任。

（三）对上报的工资性收入信息弄虚作假的，故意隐瞒职工特别是领导干部实际工资性收入项目及收入水平等情况的，或未按规定程序报批局管干部工资性收入情况的，视情节轻重追究单位主要领导和相关责任人的责任。

（四）对违反核准的分配办法（方案）或超过核准的局管干部工资性收入标准、单位工资总额计划发放工资的，责令单位收回违规或超标准（计划）发放部分，视情节轻重追究单位主要领导和相关责任人的责任。

第六章 附 则

第二十三条 陕西、黑龙江、四川、海南测绘局机关公务员工资性收入参照本办法管理要求，严格执行公务员工资制度，不得擅自出台和变通工资政策。局管干部按照本办法要求报送年度工资性收入情况。

第二十四条 陕西、黑龙江、四川、海南测绘局所属事业单位的职工工资性收入管理参照本办法执行。

第二十五条 局所属相关单位要加强对所办企业工作人员特别是领导干部工资性收入的管理。企业领导干部的年总收入主要根据企业绩效考核结果、职工整体收入水平等情况情定，实际标准需报企业主办单位核准后执行，并报局备案。

局所属单位领导干部在企业兼职，必须严格履行审批程序，兼职领导干部不得从企业领取任何报酬。

第二十六条 本办法由国家测绘局人事司负责解释。

第二十七条 本办法自发布之日起施行。

附件：1. 国家测绘局局管干部年度工资性收入审批表（略）

2. 国家测绘局局管干部年度工资性收入报告表（略）

地方法规、规章

河北省基础测绘管理办法

2007 年 4 月 9 日修订通过，2007 年 4 月 22 日省人民政府令〔2007〕第 5 号公布；
2010 年 11 月 30 日修订通过，2010 年 11 月 30 日省政府令〔2010〕第 10 号公布

第一章 总 则

第一条 为促进和保障全省基础测绘工作开展，适应国民经济和社会发展对基础地理信息的需求，根据《中华人民共和国测绘法》和《河北省实施〈中华人民共和国测绘法〉办法》的有关规定，结合本省实际，制定本办法。

第二条 本办法所称的基础测绘，是指建立全国统一的测绘基准和测绘系统，进行基础航空摄影，获取基础地理信息的遥感资料，测制和更新国家基

本比例尺地形图、影像图和数字化产品，建立、更新基础地理信息系统。

第三条 在本省行政区域内从事基础测绘活动，必须遵守本办法。

第四条 县级以上人民政府测绘行政主管部门负责本行政区域内基础测绘工作的监督管理。

第五条 基础测绘是为各级人民政府的行政管理决策、经济建设和人民生活服务的一项基础性、公益性事业。

各级人民政府应当加强对基础测绘工作的领导，将基础测绘工作纳入国民经济和社会发展计划及财政预算。

第六条 各级测绘行政主管部门应当根据当地的经济建设和社会发展需要，会同同级计划、财政等有关部门编制基础测绘规划和年度计划，并按规定程序审批后组织实施。

基础测绘规划和年度计划经批准后，应当分别报上级测绘行政主管部门和发展和改革部门备案。

第七条 进行基础测绘设施的新建、改建和扩建，测绘行政主管部门应当按照基本建设程序，报同级发展和改革部门批准并下达年度投资计划后组织实施。

基础测绘设施的日常维护费由同级财政部门核拨。

第八条 各级财政部门应当根据基础测绘年度计划、预算编制原则以及国务院测绘行政主管部门和其他有关部门制定的测绘生产成本费用定额，将基础测绘经费纳入同级财政预算。

第九条 县级以上人民政府测绘行政主管部门应当加强基础测绘应急保障工作，制定本级公共突发事件应急测绘保障预案，配备相应的装备和器材，提高基础测绘应急保障服务能力。

第十条 下列基础测绘项目由省测绘行政主管部门负责组织实施：

（一）全省统一的平面控制网、高程控制网和空间定位网的建立及复测；

（二）属于省测绘行政主管部门分管的1:5000、1:1万基本比例尺地形图的测制和相应尺度的基础地理信息数据的采集；

（三）全省性基础地理信息系统的建立和完善；

（四）获取基础地理信息的航空摄影和遥感测绘；

（五）全省性地图的基础地理底图的编制；

（六）建立和维护省基础测绘设施；

（七）国务院测绘行政主管部门和省人民政府规定的其他基础测绘项目。

第十一条 下列基础测绘项目由设区市、县（市）测绘行政主管部门负责组织实施：

（一）本行政区域的平面控制网、高程控制网和空间定位网的建立及复测；

（二）属于设区市、县（市）测绘行政主管部门分管的1:500、1:1000、1:2000基本比例尺地形图的测制和相应尺度的基础地理信息数据的采集；

（三）本行政区域基础地理信息系统的建立和完善；

（四）省测绘行政主管部门和本级人民政府规定的其他基础测绘项目。

第十二条 县级以上人民政府应当对基础测绘成果定期更新，经济建设、社会发展和公共应急需要的基础测绘成果应当及时更新。基础测绘成果更新周期按下列规定执行：

（一）平面控制网、高程控制网和空间定位网更新周期不超过10年；

（二）1:5000、1:1万基本比例尺地形图、影像图和数字化产品更新周期不超过五年；

（三）1:500、1:1000、1:2000基本比例尺地形图、影像图和数字化产品更新周期不超过五年；

（四）基础地理信息数据库应当适时更新。

第十三条 基础测绘项目的实施应当实行项目法人责任制，并依照《中华人民共和国招标投标法》等有关法律、法规的规定进行招投标。

基础测绘项目应当发包给依法取得测绘资质证书的单位。

第十四条 基础测绘项目的承包人必须遵守下列规定：

（一）不得转包或者非法分包基础测绘项目；

（二）在施测前应当告知测绘项目所在地的测绘行政主管部门；

（三）建立健全各项规章制度和质量管理体系，按照设计文件和国务院测绘行政主管部门制定的测绘技术标准、技术规范的规定施测，保证基础测绘成果的质量。

第十五条 基础测绘成果由测绘行政主管部门委托并经质量技术监督部门授权的测绘产品质量监督检验机构负责验收。

基础测绘成果未经验收或者验收不合格的，不得提供给他人使用。

第十六条 基础测绘任务完成后，承担基础测绘项目的单位必须自验收合格之日起 90 日内，向组织实施基础测绘项目的测绘行政主管部门提交全部基础测绘成果。

第十七条 未经测绘成果所有权人同意，任何单位或者个人不得擅自复制、转让或者转借基础测绘成果。确需复制保密测绘成果的，应当按原密级管理”。

第十八条 国家机关进行规划、决策、行政管理和进行国防建设、社会公益事业建设所需的基础测绘成果应当无偿提供，经营性单位所需的基础测绘成果应当有偿使用。有偿使用的具体管理办法由测绘行政主管部门会同财政、物价部门制定。

第十九条 违反本办法第十五条第二款和第十七条规定的，由测绘行政主管部门予以警告，责令限期改正，并可分别情况对有违法所得的，处以违法所得一倍以上三倍以下的罚款，但是最高不得超过三万元；对没有违法所得或者违法所得不能计算的，处以一千元以上一万元以下的罚款。

第二十条 本办法自 2010 年 11 月 30 日起施行。

河北省测量标志保护办法

1997 年 12 月 18 日省政府第 78 次常务会议通过，2002 年 7 月 11 日省政府第 54 次常务会议修订，自 2002 年 9 月 24 日起施行；2010 年 11 月 30 日修订通过，2010 年 11 月 30 日省政府令〔2010〕第 10 号公布

第一章 总 则

第一条 为加强测量标志的保护和管理，保障测绘工作和科学研究的顺利进行，根据《中华人民共和国测量标志保护条例》和《河北省实施〈中华人民共和国测绘法〉办法》等有关法律、法规的规定，结合本省实际，制定本办法。

第二条 本办法适用于在本省行政区域内设置的测量标志。

第三条 本办法所称测量标志，是指各等级的三角点、基线点、导线点、军用控制点、重力点、天文点、水准点和卫星定位点的木质觇标、钢质觇标和标石标志，以及用于地形测图、工程测量和形变测量的固定标志和海底大地点设施等永久性测量标志，以及测量中正在使用的临时性测量标志。

第四条 测量标志属于国家所有，是国家经济建设、国防建设和科学研究的基础设施。

第五条 各级人民政府应当加强对测量标志保护工作的领导。各级测绘行政主管部门和有关部门应当进行测量标志保护的宣传教育工作，增强公民的法制观念和保护测量标志的意识。

第六条 测量标志保护工作，应当遵循测绘行政主管部门、当地人民政府和人民群众管理相结合，宣传教育和依法惩处相结合，加强保护与定期建设相结合的原则。

第七条 任何单位和个人都有保护测量标志不受损坏和保障测量标志正常使用的义务，发现危害测量标志的行为以及测量标志因自然灾害或者其他原因遭受损坏时，应当及时报告或者采取制止和安全保护措施，并有权向当地人民政府及其测绘行政主管部门检举、揭发破坏测量标志的行为。

第二章 保护职责

第八条 省人民政府测绘行政主管部门主管全省的测量标志保护工作。其主要职责是：

（一）组织贯彻实施有关测量标志保护的法律、法规和规章；

（二）参与制定或者制定测量标志保护的法规、规章和规范性文件；

（三）负责国家和本省统一设置的四等以上三角点、水准点和 D 级以上全球卫星定位控制点的测量标志的迁建审批工作；

（四）制定全省测量标志维修和建设计划；

（五）组织建立测量标志档案；

（六）组织实施测量标志的检查、维修和管理工作。

第九条 设区的市和县（市）人民政府测绘行

政主管部门主管本行政区域内的测量标志保护工作。其主要职责是：

（一）组织贯彻实施有关测量标志保护的法律、法规、规章和规范性文件；

（二）负责本市、县（市）设置的测量标志的迁建审批工作；

（三）建立和修订测量标志档案；

（四）负责测量标志的检查、维修和管理工作；

（五）负责测量标志的统计、报告工作；

（六）处理测量标志损毁事件以及因测量标志损坏造成的事故；

（七）查处违反测量标志保护有关法律、法规和规章的行为。

第十条 测量标志所在地的乡（镇）人民政府在测量标志保护工作中的主要职责是：

（一）宣传贯彻测量标志保护的法律、法规、规章和规范性文件；

（二）确定测量标志的管理单位或者人员，并对其保管责任的落实情况进行监督检查；

（三）根据测绘行政主管部门委托，办理测量标志委托保管手续；

（四）负责测量标志的日常检查，制止损毁测量标志的行为，并定期向当地管理测绘工作的部门报告测量标志保护情况。

第十一条 有关专业部门和军队测绘主管部门负责本部门设置的专用测量标志的保护工作。

第十二条 测量标志所在地的公安、住房和城乡建设等有关部门以及测量标志所在地的村民（居民）委员会应当协助测绘行政主管部门和测量标志保管单位或者人员，实施测量标志的保护和管理工作。

第三章 保护措施

第十三条 进行工程建设，应当避开永久性测量标志。确实无法避开，需要拆迁永久性测量标志或者使永久性测量标志失去使用效能的，工程建设单位必须向测绘行政主管部门办理迁建审批手续，并按照国家规定的标准支付测量标志迁建费用。

第十四条 使用永久性测量标志，必须持有测绘工作证件，遵守测绘操作规程，并保证测量标志完好无损。

第十五条 设置永久性测量标志的部门、单位应当与当地的有关单位或者人员签订委托保管书，并将委托保管书报乡（镇）人民政府和测绘行政主管部门备案。

保管永久性测量标志的单位或者人员发生变化时，乡（镇）人民政府应当重新确定保管单位或者人员，办理委托保管手续，并报当地测绘行政主管部门备案。

第十六条 测绘行政主管部门应当建立健全测量标志档案。

测量标志档案的内容包括：测量标志的分布图、点之记、委托保管书、委托保管登记表和卡片，以及测量标志的损毁情况和普查维修情况等有关资料。

第十七条 负责保管测量标志的单位或者人员应当按照下列要求实施测量标志保护工作：

（一）依照国家和本省的有关规定以及委托保管书的约定，进行测量标志的日常检查和维修工作；

（二）对测量标志的使用情况进行监督；

（三）制止移动或者损毁测量标志的行为，并定期报告测量标志的保护情况。

第十八条 测量标志所在地的乡（镇）人民政府对保管测量标志的人员，可以减免义务工或者其他方式予以补贴。

第十九条 测量标志受国家保护，禁止下列有损测量标志安全或者使测量标志失去使用效能的行为：

（一）损毁、擅自移动地下或者地上的永久性测量标志以及使用中的临时性测量标志；

（二）在测量标志占地范围内烧荒、耕作、取土、挖沙或者侵占永久性测量标志用地；

（三）在距永久性测量标志五十米范围内采石、爆破、射击或者架设高压电线；

（四）在测量标志的占地范围内建造影响测量标志使用效能的建筑物；

（五）在测量标志上架设通信设施、设置瞭望台、搭帐蓬、拴牲畜或者设置其他有可能损毁测量标志的附着物；

（六）擅自拆除设有测量标志的建筑物或者拆除建筑物上的测量标志；

（七）其他有损测量标志安全和使用效能的行为。

第四章 普查维修

第二十条 省测绘行政主管部门应当根据国家

测量标志维修和本省测量标志保护情况，制定全省测量标志维修计划，并组织设区的市和县（市）人民政府测绘行政主管部门和有关专业部门实施。

第二十一条 省测绘行政主管部门负责组织全省四等以上三角点、水准点和D级以上全球卫星定位控制点的测量标志的普查维修工作，普查周期为五年。测量标志的更新与建设根据我省国民经济建设和社会发展需要确定。

设区的市和县（市）测绘行政主管部门负责组织实施本行政区域内测量标志的普查维修工作。

永久性测量标志的保管、维护经费，由县级以上人员政府财政部门审核拨付。

第二十二条 有关专业部门和军队测绘主管部门为本部门需要所设的测量标志，由设置单位负责维修。

第五章 奖励与处罚

第二十三条 对在保护永久性测量标志工作中做出显著成绩的单位和个人，由县级以上人民政府或者测绘行政主管部门和有关专业部门、军队测绘主管部门给予表彰、奖励。

第二十四条 有本办法第十九条禁止行为或者有下列行为之一的，由县级以上人民政府测绘行政主管部门责令限期改正，给予予警告，并可以根据情节处以五万元以下的罚款；对负有直接责任的主管人员和其他直接责任人员，依法给予行政处分；造成损失的应当依法承担赔偿责任：

（一）建设单位或个人未经批准擅自拆除永久性测量标志或者使永久性测量标志失去使用效能的，以及拒绝按照国家有关规定支付迁建费用的；

（二）违反测绘操作规程进行测绘，使永久性测量标志受到损坏的；

（三）无证使用永久性测量标志，并拒绝县级以上人民政府测绘行政主管部门监督和负责保管测量标志的单位或者人员查询的。

第二十五条 违反本办法，应当给予治安管理处罚的，由公安机关依照《中华人民共和国治安管理处罚法》的有关规定给予处罚；构成犯罪的，依法追究刑事责任。

第六章 附 则

第二十六条 本办法自2010年11月30日起施行。

吉林省测绘条例

2005年1月20日吉林省第十届人民代表大会常务委员会第十八次会议通过，
2010年11月26日吉林省第十一届人民代表大会常务委员会第二十二次会议修订通过

第一章 总 则

第一条 为了加强测绘管理，促进测绘事业发展，保障测绘事业为经济建设、国防建设和社会发展服务，根据《中华人民共和国测绘法》及其他有关法律、行政法规，结合本省实际，制定本条例。

第二条 凡在本省行政区域内从事测绘活动的单位和个人，均须遵守本条例。

第三条 省测绘局是省人民政府测绘行政主管部门，负责全省测绘工作的统一监督管理。

市、州，县（市、区）人民政府负责管理测绘工作的行政主管部门负责本行政区域内测绘工作的统一监督管理。

县级以上人民政府其他有关部门按照法定职责分工，负责本部门有关的测绘工作。

第四条 县级以上人民政府应当支持测绘事业的发展，鼓励测绘科学技术的创新和进步，推广使用先进技术和设备，促进测绘科学技术水平的提高。

对在测绘科学技术进步研究和成果转化中做出重要贡献的单位和个人，各级人民政府应当给予表彰和奖励。

第五条 任何单位和个人不得妨碍、阻挠测绘人员依法进行测绘活动。

第二章 测绘基准和测绘系统

第六条 在本省行政区域内实施的测绘项目，应当采用全国统一的测绘基准和测绘系统。

本条例实施前未采用全国统一的测绘基准和测绘系统的测绘成果提供使用时，提供单位应当对所采用的测绘基准和测绘系统予以说明。

第七条　测绘项目确有必要采用国际坐标系统的，须经省人民政府测绘行政主管部门转报国务院测绘行政主管部门会同军队测绘主管部门批准。转报应在接到申请材料之日起10日内完成。

第八条　因建设、城市规划和科学研究的需要，大城市和国家重大工程建设项目确需建立相对独立平面坐标系统的，须经省人民政府测绘行政主管部门转报国务院测绘行政主管部门批准。转报应在接到申请材料之日起10日内完成。

省内中等以下城市和地方建设项目确需建立相对独立平面坐标系统的，须经所在地市、州人民政府测绘行政主管部门自接到申请材料之日起10日内转报省人民政府测绘行政主管部门批准。省人民政府测绘行政主管部门接到建立相对独立平面坐标系统的申请后，应在10日内做出决定。

建立相对独立的平面坐标系统，应当与国家坐标系统相联系。

第三章　基础测绘

第九条　基础测绘是公益性事业。县级以上人民政府应当将基础测绘纳入本级国民经济和社会发展年度计划及财政预算。

县级以上人民政府测绘行政主管部门会同有关部门依法做好本行政区域内基础测绘规划和年度计划的编制工作。

第十条　基础测绘按照下列规定进行定期更新：

（一）基础地理信息应当及时补充现势性资料；

（二）全省统一布设的平面控制网、高程控制网和空间定位网复测改造周期不超过10年；

（三）经济发达地区基本地形图更新周期不超过5年，其他地区不超过15年；

（四）县级以上人民政府确定的局部重点地区，根据需要及时更新。

第十一条　省人民政府测绘行政主管部门应当会同有关部门编制以测绘为目的的全省卫星遥感资料购置与航空摄影计划，并组织实施。

未列入计划并使用财政资金购置卫星遥感资料或者进行航空摄影的部门和单位，应当事先征求省人民政府测绘行政主管部门意见，并充分利用现有测绘成果，避免重复测绘。

第十二条　建立数字吉林、数字城市、数字区域等全省或者区域性地理信息系统，必须采用符合国家标准的基础地理信息数据。

地理信息系统的建设单位和使用单位，应当做好数据资料的保密和安全工作。

第十三条　使用已经完成的国家或者省基础地理信息数据的单位，不得擅自利用基础测绘资料生成地理信息数据。

第四章　界线测绘和其他测绘

第十四条　全省行政区域界线的测绘，按照国务院有关规定执行。

第十五条　县级以上人民政府测绘行政主管部门按照地籍测绘规划，组织管理本行政区域内的地籍测绘工作。

第十六条　房屋产权、产籍证书所附的土地权属界址线图或者房地产图和房屋面积测算数据，必须按照国家测绘技术规范和省有关规定实施测绘。

第五章　测绘资质资格与测绘市场

第十七条　从事以空间定位技术、航空航天遥感技术、计算机和网络通讯技术等为主要手段，进行地理信息数据采集、处理、加工提供服务等测绘活动的单位，必须具有相应的测绘资质。

第十八条　省人民政府测绘行政主管部门依照职权负责测绘资质的审查、发证和监督管理工作，并向社会公告。

测绘单位申请办理测绘资质的申报材料，经市、州人民政府测绘行政主管部门确认完整后，可由市、州人民政府测绘行政主管部门转报，也可由申请人直接向省人民政府测绘行政主管部门申报。

第十九条　取得测绘资质的单位不得超越其资质等级许可的业务范围和作业限额从事测绘活动。

测绘资质证书不得伪造、变造、转借或者转让。

第二十条　具有测绘资质的单位申请升级或者变更测绘业务范围的，应当按照有关规定重新办理资质审批手续。

测绘单位合并、分立的，应当按照有关规定重新办理测绘资质证书。

测绘单位变更名称、地址、法定代表人的，应当按照有关规定办理变更手续。

测绘单位终止测绘业务，应当报告所在地测绘行政主管部门并交回测绘资质证书。

第二十一条 从事测绘活动的专业技术人员，应当按照国家有关规定取得相应的执业资格。

从事测绘活动的技术工种人员，必须按照国家有关规定取得相应的职业资格后，方可上岗。

测绘人员进行测绘活动时，应当持有省人民政府测绘行政主管部门颁发的国家统一制作的测绘作业证件。

第二十二条 测绘单位实施测绘时，必须使用经法定或者依法授权的测绘仪器计量检定机构定期检验合格的测绘仪器和设备。

第二十三条 省内测绘单位应当在测绘项目实施前，向项目所在地县级以上人民政府测绘行政主管部门登记备案。

省外测绘单位进入本省承担测绘项目的，实施测绘前应当向省人民政府测绘行政主管部门登记备案。

经国家批准的外国组织和个人在本省行政区域内从事测绘活动的，在实施测绘前应当向省人民政府测绘行政主管部门登记备案。

第二十四条 实行招标、投标的测绘项目，在组织招标、投标活动过程中，必须接受县级以上人民政府测绘行政主管部门和其他有关部门的监督。

重点测绘项目，应当按照国家有关规定实行项目监理。

第二十五条 全省测绘工作年终统计实行统一管理、分级负责制度。市、州人民政府测绘行政主管部门应当及时将本行政区域测绘单位的统计结果报送省人民政府测绘行政主管部门。

第六章 测绘成果管理

第二十六条 全省对测绘成果实行统一管理、分级汇交制度。

测绘项目出资人或者承担各级财政投资测绘项目的单位，应当向测绘项目所在地测绘行政主管部门汇交测绘成果副本或者目录。测绘行政主管部门要及时将汇交的测绘成果副本和目录逐级上报省人民政府测绘行政主管部门。

省人民政府测绘行政主管部门应当定期编制成果目录，向社会公布。

第二十七条 县级以上人民政府测绘行政主管部门应当加强对本行政区域内测绘成果质量的监督管理。

完成的基础测绘项目、使用财政资金的建设工程测绘项目以及省级重点工程项目的测绘成果，应当由国家或者省级质量技术监督部门认证并授权的测绘产品质量监督检验机构进行检验。

第二十八条 测绘成果受法律保护。通过有偿方式取得测绘成果使用权的单位和个人，不得擅自复制、转让或者转借测绘成果。

第二十九条 需要对外提供未公开测绘成果或者携带未公开测绘成果出境的，必须报省人民政府测绘行政主管部门批准，省人民政府测绘行政主管部门应在接到申请后 3 日内给予答复；属于国家秘密的，依法办理审批手续。

第三十条 除依法应由国家审核公布的重要地理信息数据之外的其他地理信息数据，经由省人民政府测绘行政主管部门对其准确性及是否可以公开等情况进行审核，并与其他有关部门会商后，报省人民政府批准，由省人民政府或者其授权的部门予以公布。

第七章 测量标志保护

第三十一条 县级以上人民政府应当采取措施，加强测量标志保护工作，并将测量标志维护经费纳入本级财政预算。

第三十二条 省人民政府测绘行政主管部门应当编制本行政区域内测量标志年度维护计划。市、州，县（市、区）人民政府测绘行政主管部门应当根据省测量标志年度维护计划编制本行政区域内测量标志具体维护方案，并组织实施。

第三十三条 任何单位和个人不得损毁或者擅自移动测量标志。负责管理测量标志的单位和人员，发现危害测量标志安全和使用效能的行为，应当制止并及时报告标志所在地人民政府或者测绘行政主管部门。

第八章 地图管理

第三十四条 县级以上人民政府应当加强对编制、印刷、出版、展示、登载地图的管理，保证地图质量，维护国家主权、安全和利益。

第三十五条 从事地图编制的单位，必须符合法定条件，并依法取得相应的资质后方可从事地图编制工作。

承印保密地图和内部地图的印刷单位，必须具备国家规定的保密条件。

第三十六条 编制、出版地方性中、小学教学地图，应由省人民政府教育行政主管部门会同省人民政府测绘行政主管部门对地图表示内容是否正确进行审定。

第三十七条 印刷、出版、展示、登载、发送各种地图或者制作地图产品前，必须将试制样图或者地图产品报相应测绘行政主管部门审核。

相关测绘行政主管部门在接到送审材料后，各种地图应在20日内审核完毕，并予以公告；各种产品附带的地图图形应在3日内审核完毕。

第三十八条 使用地理底图和基础地理信息数据编制出版地图，应当征得底图和信息数据权属单位的同意，并按照著作权法的有关规定办理。

第三十九条 县级以上人民政府测绘、工商、新闻出版等有关部门，应当按照各自职责，加强对地图市场及地图产品的监督管理。

第四十条 严禁生产、销售、登载、展示和发送有损国家主权的地图和地图产品。

第四十一条 任何单位和个人不得擅自印刷、出版、展示、登载和发送未经测绘行政主管部门审核批准的地图及地图产品。

第四十二条 广告、宣传品和各种产品上使用的中国示意地图图形，必须以国务院测绘行政主管部门公布的标准图形为准。

第九章 法律责任

第四十三条 违反本条例第十七条规定，未取得相应的测绘资质，擅自从事测绘活动的，责令停止违法行为，没收违法所得和测绘成果，并处测绘约定报酬一倍以上两倍以下的罚款，没有约定报酬的，按照国家规定的测绘成本计算报酬。

第四十四条 违反本条例第十九条规定，有下列行为之一的，责令停止违法行为，没收违法所得和测绘成果，处以测绘约定报酬一倍以上两倍以下的罚款，没有约定报酬的，按照国家规定的测绘成本计算报酬，并可以责令停业整顿或者降低资质等级，情节严重的，吊销测绘资质证书：

（一）测绘单位超越其测绘资质等级所允许的业务范围和作业限额从事测绘活动的；

（二）转借或者转让测绘资质证书给他人从事测绘活动的。

第四十五条 违反本条例第二十一条第一款规定，个人未取得测绘执业资格擅自从事测绘活动的，责令停止违法行为，没收违法所得，可以并处违法所得一倍以上二倍以下的罚款，没有违法所得的，处一千元以上五千元以下的罚款。造成损失的，依法承担赔偿责任。

第四十六条 违反本条例第二十三条规定，事前未向测绘行政主管部门登记备案的，由县级以上人民政府测绘行政主管部门责令停止违法行为；暂扣测绘仪器和测绘成果，补办登记手续；逾期不登记备案的，给予年度不予注册和通报批评，并处一万元以上三万元以下的罚款。

第四十七条 违反本条例第二十八条规定，擅自复制、转让或者转借测绘成果的，责令停止违法行为；拒不停止违法行为的，处以一万元以上三万元以下的罚款。

第四十八条 违反本条例第三十七条第一款规定，印刷、出版、展示、登载、发送各种地图及地图产品前，未报相应测绘行政主管部门审核的，责令停止违法行为，给予警告，没收违法所得；拒不停止违法行为的，处二千元以上一万元以下的罚款。

第四十九条 本条例规定的降低资质等级、吊销测绘资质证书的行政处罚，由发放测绘资质证书部门决定；其他行政处罚由县级以上人民政府测绘行政主管部门决定。

第五十条 县级以上人民政府测绘行政主管部门工作人员滥用职权、以权谋私、玩忽职守、徇私舞弊的，依法给予行政处分；构成犯罪的，依法追究刑事责任。

第十章 附 则

第五十一条 本条例所指的地图，包括纸质地图，地球仪图片和数字、多媒体、网络等电子地图；报纸、期刊、图书、宣传画、光盘等出版物上附的地图插图；影视、广告、标牌、橱窗、壁画、宣传背景、票证以及文化用品、玩具、工艺品、纪念品等上展示和使用的各种地图图形。

第五十二条 本条例自2005年3月1日起施行。1994年4月29日吉林省第八届人大常委会第九次会议通过的《吉林省测绘管理条例》同时废止。

吉林省测绘成果管理办法

2010 年 3 月 29 日吉林省人民政府第 3 次常务会议审议通过，
2010 年 4 月 20 日吉林省人民政府令第 211 号公布，自 2010 年 6 月 1 日起施行

第一章 总 则

第一条 为加强对测绘成果管理，维护国家安全，促进测绘成果的利用，满足经济建设、国防建设和社会发展的需要，根据《中华人民共和国测绘法》、《中华人民共和国测绘成果管理条例》、《吉林省测绘条例》等有关法律、法规的规定，结合本省实际，制定本办法。

第二条 在本省行政区域内测绘成果的汇交、保管、利用、保密管理和重要地理信息数据的审核与公布，适用本办法。

第三条 本办法所称的测绘成果，是指通过测绘形成的数据、信息、图件以及相关的技术资料。测绘成果分为基础测绘成果和非基础测绘成果。

下列测绘成果为基础测绘成果：

（一）为建立全国统一的测绘基准和测绘系统所进行的天文测量、三角测量、水准测量、卫星大地测量、重力测量所获取的数据和图件；

（二）基础航空摄影所获取的数据和影像资料；

（三）遥感卫星和其他航天飞行器对地观测所获取的基础地理信息遥感资料；

（四）国家基本比例尺地形图、影像图及其数字化产品；

（五）省内城市相对独立平面坐标系统和高程控制系统的相关数据和图件；

（六）基础地理信息系统的数据和信息；

（七）全省性地图的基础地理底图的数据和信息。

城市地下管线信息系统的数据资料，参照基础测绘成果管理。

非基础测绘成果是指除基础测绘成果以外的测绘成果。

第四条 省人民政府测绘行政主管部门负责全省测绘成果工作的统一监督管理。市（州）、县（市、区）人民政府测绘行政主管部门负责本行政区域内测绘成果工作的统一监督管理。

县级以上人民政府其他有关部门按照职责分工，负责与本部门有关的测绘成果管理工作。

第五条 县级以上测绘成果保管单位由同级测绘行政主管部门建立或确定。测绘成果保管单位负责测绘成果资料及档案的收集、整理、保管以及为利用基础测绘成果资料提供服务。

第六条 保管或持有属于国家秘密测绘成果的，应当严格遵守有关保密法律、法规的规定，保障国家秘密的安全。

第七条 县级以上人民政府应当鼓励和支持测绘成果的开发利用。具体工作由测绘行政主管部门会同有关部门组织实施。

第二章 汇交与保管

第八条 测绘成果实行无偿汇交制度。属于基础测绘成果的应当汇交副本。财政投资完成的可重复利用的非基础测绘成果应当汇交副本。其他非基础测绘成果应当汇交目录及相关说明。

财政投资完成的测绘成果，包括使用财政资金完成的建设工程中的测绘成果资料。

第九条 省财政投资完成的测绘项目，由承担该项目的单位向省人民政府测绘行政主管部门汇交测绘成果资料。

市（州）、县（市、区）财政投资完成的测绘项目，由承担该项目的单位向省人民政府测绘行政主管部门委托的项目所在地的测绘行政主管部门汇交测绘成果资料。

使用其他资金投资完成的测绘项目，由测绘项目出资人，按规定向项目所在地测绘行政主管部门汇交测绘成果资料。

第十条 测绘范围跨省或者市（州）行政区域的，向省人民政府测绘行政主管部门汇交测绘成果资料。

测绘范围跨县（市、区）行政区域的，向项目所在地市（州）人民政府测绘行政主管部门汇交测

绘成果资料。

第十一条 测绘成果应当在测绘项目验收完成之日起 3 个月内，向测绘行政主管部门汇交。测绘行政主管部门应当在收到汇交的测绘成果资料后，出具汇交凭证。

县（市、区）人民政府测绘行政主管部门应当于每年 3 月底以前向市（州）人民政府测绘行政主管部门汇交本行政区域上一年度的测绘成果资料；市（州）人民政府测绘行政主管部门汇总本行政区域内测绘成果资料后，应当于每年 4 月底以前向省人民政府测绘行政主管部门汇交本行政区域上一年度的测绘成果资料。

第十二条 测绘成果副本包括：测绘技术设计、技术总结、质量检查验收报告及项目的具体成果和数据使用说明。数字化成果应含元数据。

测绘成果目录或相关说明包括：项目名称、测绘技术设计、概要及质量检查验收报告。

第十三条 外国的组织和个人依法与中方合资、合作，在本省行政区域内完成的测绘成果，中方有关部门或者单位在向国务院测绘行政主管部门汇交测绘成果副本时，应当同时向省人民政府测绘行政主管部门备案。

第十四条 测绘行政主管部门应当自收到汇交的测绘成果副本或目录之日起，10 个工作日内将其移交给测绘成果保管单位。

省人民政府测绘行政主管部门应当定期编制全省测绘成果资料目录并向社会公布。

第十五条 测绘成果保管单位不得将测绘行政主管部门委托其保管的测绘成果擅自开发、利用或者向第三方提供。

第十六条 测绘成果使用和保管单位应当明确使用、保管责任，建立健全各项使用保管制度，配备必要的设施，采取有效的防盗、防潮、防有害生物、防磁化等措施，保障测绘成果资料的安全。

测绘成果的存放设施与条件，应当符合国家保密、消防及档案管理的有关规定。

基础测绘成果应当实行异地备份存放制度。

第十七条 测绘行政主管部门对测绘成果资料档案管理单位应当进行定期考核。

第三章 提供与利用

第十八条 县级以上人民政府测绘行政主管部门应当会同发展改革、财政等有关部门编制测绘成果开发利用规划，积极组织公众版测绘成果的加工和编制工作，促进测绘成果的社会化应用。

第十九条 基础测绘成果和财政投资完成的其他测绘成果，用于国家机关决策和社会公益性事业的，应当无偿提供。

除前款规定外，测绘成果依法实行有偿使用制度。但是，各级人民政府及其有关部门和军队因防灾、减灾、国防建设等公共利益的需要，可以无偿使用测绘成果。

依法有偿使用测绘成果的，使用人与测绘项目出资人应当签订书面协议，明确双方的权利和义务。

第二十条 无偿提供或使用测绘成果的，使用期限至完成项目时止。使用单位应当将所提供的测绘成果及其利用情况向提供部门返还和备案。

第二十一条 县级以上人民政府应当将基础测绘成果用于公益性事业所需要的费用列入本级财政预算。

第二十二条 县级以上人民政府测绘行政主管部门应当会同有关部门组织建立地理信息资源共享和数据交换机制，对地理信息资源进行统一管理和交换，并提供公共服务。

省人民政府测绘行政主管部门应当会同有关部门制定全省测绘成果和地理信息资源共享的相关政策和技术规程，统一数据格式。

第二十三条 对于需要使用财政资金完成的测绘项目，有关部门在批准立项之前，或者财政部门在审核预算支出之前，应当书面征求同级测绘行政主管部门的意见。测绘行政主管部门应当自收到征求意见材料之日起 10 日内提出反馈意见。已有适宜测绘成果的，应当充分利用。

第二十四条 县级以上人民政府和有关部门应当支持、配合本级人民政府测绘行政主管部门做好基础地理信息数据库和系统的维护与更新工作。

各级政府有关部门和单位建立地理信息系统或者建立使用基础地理信息数据的其他专业信息系统，应当以测绘行政主管部门组织建立的基础地理信息系统为共享平台。

第二十五条 测绘单位应当对其所完成的测绘成果质量负责。

任何单位和个人不得篡改、伪造测绘成果。

第四章 保密管理

第二十六条 法人或者其他组织需要利用本省属于国家秘密基础测绘成果的，应当提出明确的利用目的和范围，按照省、市（州）、县（市、区）审批职责，报相应的测绘行政主管部门审批。

省外法人或者其他组织需要使用我省属于国家秘密基础测绘成果的，应当提交其所在地的省人民政府测绘行政主管部门出具的使用国家秘密基础测绘成果证明函。

第二十七条 测绘行政主管部门审查同意利用涉密测绘成果的，应当以书面形式告知测绘成果的秘密等级、保密要求以及相关著作权保护要求。

第二十八条 法人或者其他组织申请利用本省属于国家秘密基础测绘成果的，应当向测绘行政主管部门提交下列材料：

（一）涉密基础测绘成果使用申请表；

（二）法人或者其他组织有效身份证明材料（首次申请）；

（三）经办人员有效身份证件；

（四）组织机构代码证或者法定代表人证书（首次申请）。

向省人民政府测绘行政主管部门提出申请利用省级属于国家秘密基础测绘成果的，应当提交单位所在地测绘行政主管部门出具的证明函。

第二十九条 省人民政府测绘行政主管部门负责下列属于国家秘密基础测绘成果利用的审批：

（一）本省行政区域内统一的四等以上平面、高程控制网及D级以上空间定位网的成果；

（二）本省行政区域内1:5000、1:1万国家基本比例尺地形图、影像图及其数字化产品；

（三）本省行政区域内基础航空摄影所获取的数据、影像等资料，以及获取基础地理信息的遥感资料；

（四）本省行政区域内省级基础地理信息数据；

（五）国务院测绘行政主管部门委托省人民政府测绘行政主管部门负责审批的其他属于国家秘密的基础测绘成果；

（六）其他应当由省人民政府测绘行政主管部门审批的基础测绘成果。

第三十条 市（州）、县（市、区）人民政府测绘行政主管部门负责下列属于国家秘密的基础测绘成果利用的审批：

（一）本行政区域内国家四等（不含四等）以下平面、高程控制网及D级（不含D级）以下空间定位网的成果；

（二）本行政区域内1:500、1:1000、1:2000国家基本比例尺地形图、影像图及其数字化产品；

（三）本行政区域内基础航空摄影所获取的数据、影像等资料，以及获取基础地理信息的遥感资料；

（四）本行政区域市、县级基础地理信息数据；

（五）省人民政府测绘行政主管部门委托市（州）、县（市、区）人民政府测绘行政主管部门负责审批的其他属于国家秘密的基础测绘成果；

（六）其他应当由市（州）、县（市、区）人民政府测绘行政主管部门审批的基础测绘成果和基础地理信息数据。

第三十一条 测绘行政主管部门应当自受理申请材料之日起15个工作日内作出是否准予提供利用的决定；作出不予提供利用决定的，应当以书面形式告知，并说明理由。

第三十二条 需对外国组织或者个人提供属于国家秘密测绘成果或让外国人接触未公开的测绘成果资料的，应当按照国务院和中央军事委员会规定的审批程序，报省人民政府测绘行政主管部门审批；审批前，测绘行政主管部门应当征求军事主管部门的意见。

携带、传递属于国家秘密测绘成果出境的，应当依照国家保密法律、法规的有关规定执行。

第三十三条 测绘成果保管单位，应当按照测绘行政主管部门批准提供利用的测绘成果资料内容，及时向被许可使用人提供测绘成果资料。

第三十四条 被许可使用人利用属于国家秘密测绘成果的，应当遵守下列规定：

（一）属于国家秘密基础测绘成果的，按照国家有关保密法律、法规的要求使用，并采取有效的保密措施；

（二）严格按照批准的目的、范围和内容使用，不得扩展到所属系统或者其他单位；

（三）应在利用基础测绘成果衍生新成果的显著位置注明基础测绘成果版权的所有者；

（四）被许可使用人主体资格发生变化时，应当向原受理审批的测绘行政主管部门重新提出使用申请；

（五）被许可使用人委托第三方开发的测绘项

目完成后，应当收回或监督其委托的第三方销毁相应测绘成果；

（六）被许可使用人委托开发测绘项目的第三方为外国组织或者个人以及中外合资、合作企业的，应当按照本办法第三十二条的规定履行审批程序。

第三十五条 任何单位和个人不得擅自复制、转让或者转借涉密测绘成果资料。

确需复制属于国家秘密测绘成果资料的，依照保密法律、法规的规定执行。

经批准利用涉及国家秘密测绘成果开发生产的产品，未按有关规定进行保密技术处理的，其秘密等级不得低于原测绘成果的秘密等级。

第三十六条 涉密测绘成果的保管和使用单位应当建立国家秘密测绘成果保密制度，明确规定获取、登记、归档、使用、审批、销毁国家秘密测绘成果的手续，并配备具有相应的保守国家秘密知识和技能的人员负责保密管理工作。储存国家秘密测绘成果的库房设施应当符合保密要求。

第三十七条 发生国家秘密测绘成果丢失、泄密事故的，相关部门应当及时报告事件发生地的测绘行政主管部门和保密等有关部门。有关部门应当采取应急措施进行处理，并报上级主管部门。

第三十八条 存储、处理、传递涉及国家秘密测绘成果的计算机及其信息系统，应当实行物理隔离，不得直接或者间接地与国际互联网或者其他公共信息网络相连接，并遵守涉密计算机信息系统有关保密管理的规定。

计算机存储介质涉密的应当明确标注秘密等级，并按照有关保密规定进行管理。

第三十九条 测绘成果保管单位销毁属于涉及国家秘密的测绘成果及其存储介质的，应当经其单位主管领导批准，按规定登记、造册、监销；使用单位自行销毁涉密测绘成果的，应当报所在地测绘行政主管部门监销、备案。

第四十条 县级以上人民政府测绘行政主管部门应当会同同级人民政府保密工作部门定期对本行政区域内测绘成果保管单位的保密工作进行考核、监督。

第五章 重要地理信息数据的审核与公布

第四十一条 本省的重要地理信息数据实行统一审核与公布制度。

需要公布的重要地理信息数据由省人民政府测绘行政主管部门进行审核，提出审核意见，并与有关部门会商后，报省人民政府批准。

经批准公布的重要地理信息数据，由省人民政府或者其授权的部门向社会公布。

第四十二条 本省的重要地理信息数据包括：

（一）各市（州）、县（市、区）行政区域界线长度、位置及行政区域面积；

（二）全省主要河流长度、源头的位置和范围、主要湖泊（水库）面积、深度；

（三）全省陆域、耕地、森林的面积；

（四）吉林省版图重要特征点，地势、地貌分区位置等；

（五）省人民政府测绘行政主管部门会同有关部门确定的其他重要自然和人文地理实体的位置、高程、深度、面积、数量、长度等；

（六）其他冠以省级行政区域名称的重要地理信息数据。

第四十三条 单位或个人（以下称建议人）要求省人民政府或其授权的部门公布地理信息数据的，应当向省人民政府测绘行政主管部门提交下列材料：

（一）建议人的基本情况；

（二）获取重要地理信息数据的技术方案、措施和成果资料；

（三）对重要地理信息数据验收评估的有关资料。

第四十四条 任何单位或个人均不得擅自公布重要地理信息数据。

在行政管理、新闻传播、对外交流、教学等对社会公众有影响的活动中，需要使用本省的重要地理信息数据的，应当使用依法公布的重要地理信息数据。

第四十五条 本省的重要地理信息数据同时属于国家重要地理信息数据的，按国家有关规定执行。

第六章 法律责任

第四十六条 违反本办法第二十五条第二款、第三十二条第一款、第三十五条第一款规定，测绘成果使用单位有下列行为之一的，由测绘行政主管部门责令其停止违法行为，属于非经营性行为的处1000元罚款；属于经营性行为的处1万元以上3万元以下罚款；构成犯罪的，移交司法机关追究刑事责任：

（一）篡改或者伪造测绘成果的；

（二）擅自向境外组织、个人提供属于国家秘密和未公开测绘成果的；

（三）擅自转让或者转借涉密测绘成果资料的。

第四十七条 违反本办法第三十四条规定，有下列行为之一的，由测绘行政主管部门予以警告，属于非经营性行为的处500元以上1000元以下的罚款；属于经营性行为的处5000元以上2万元以下罚款。

（一）基础测绘成果使用单位未按照批准的目的、范围和内容使用的；

（二）基础测绘成果使用单位主体资格发生变化时，未及时向原受理审批的测绘行政主管部门重新提出使用申请的；

（三）基础测绘成果使用单位委托第三方开发的测绘项目完成后，未及时收回或监督其销毁相应测绘成果的。

第四十八条 违反本办法第四十四条规定，未经批准，擅自发布本省的重要地理信息数据的，由测绘行政主管部门或者其他有关部门依据职责给予警告，并处1万元以上2万元以下罚款；对直接负责的主管人员和其他直接责任人员依法给予行政处分。

第四十九条 违反本办法规定的其他违法行为，按照有关法律、法规的规定予以处罚。

第七章 附 则

第五十条 本办法自2010年6月1日起施行。

江苏省测绘市场管理规定

2010年11月8日经省人民政府第55次常务会议讨论通过，
2010年11月10日以江苏省人民政府令第67号令发布，自2011年1月1日起施行

第一章 总 则

第一条 为了加强测绘市场统一监管，规范测绘市场秩序，维护测绘市场主体合法权益，发展地理信息产业，推进测绘事业科学发展，根据《中华人民共和国测绘法》、《江苏省测绘条例》等有关法律、法规，结合本省实际，制定本规定。

第二条 在本省行政区域内从事测绘（含地理信息应用开发、测绘监理）市场活动和监督管理，应当遵守本规定。

本规定所称测绘市场活动，是指从事测绘项目的委托、承揽以及提供相关服务的经营行为。

本规定所称地理信息应用开发，是指在测绘活动中利用计算机、网络和空间定位等技术对各种地理信息及其数据进行加工处理，向公众传播或者提供相关服务的行为。

第三条 从事测绘市场活动，应当遵循诚实守信、平等互利、公平竞争、协商自愿的原则，不得分割、封锁、垄断测绘市场。

第四条 县级以上地方人民政府管理测绘工作的部门（以下简称测绘行政主管部门）负责本行政区域内测绘市场的统一监督管理。

县级以上地方人民政府其他有关部门按照职责分工，负责本部门有关的测绘市场工作。

第五条 任何单位和个人有权向测绘行政主管部门投诉或者举报测绘市场活动中的违法行为。

测绘行政主管部门应当会同政府有关部门及时对测绘市场活动的投诉或者举报进行调查、核实和查处。

第二章 市场主体

第六条 从事测绘活动的单位（以下简称测绘单位），应当依法取得相应的测绘资质证书，并在测绘资质等级许可的范围内从事测绘活动。

第七条 从事测绘活动的专业技术人员应当具备相应的执业资格条件。未取得测绘执业资格证书的，应当通过测绘职业技能鉴定。

禁止出借、转让、出卖测绘以及相关专业技术人员执业资格材料。

第八条 测绘单位在注册地外设立分支机构应当依法办理营业和税务登记手续，持分支机构营业

执照和测绘单位测绘资质证书到所在地测绘行政主管部门进行备案。

分支机构应当在测绘单位的测绘资质等级许可范围内从事测绘活动，并具有与承揽测绘项目相当的专业技术人员、测绘仪器设备条件。

第九条 测绘单位承揽本省行政区域内的测绘项目，应当按照本规定到测绘项目所在地测绘行政主管部门进行备案。使用测量标志的，应当缴纳测绘基础设施费后方可实施测绘。

第十条 外国的组织或者个人在本省行政区域内从事测绘活动的，依照《中华人民共和国测绘法》等法律、法规的规定执行。

第三章 项目承发包

第十一条 依法实行测绘项目招标投标制度。下列测绘项目，应当以公开招标或者邀请招标方式发包：

（一）投资超过五十万元的基础测绘项目；

（二）使用国有资金超过五十万元的其他测绘项目；

（三）使用国有资金的建设工程中用于测绘的投资超过五十万元的测绘项目；

（四）法律、法规规定的其他应当招标的测绘项目。

经测绘项目所在地的测绘行政主管部门批准，下列测绘项目可以不实行招标：

（一）经国家安全部门或者保密部门认定，涉及国家安全和国家秘密的测绘项目；

（二）抢险救灾的测绘项目；

（三）处置突发事件急需的测绘项目；

（四）法律、法规规定的其他不适宜招标的测绘项目。

发包单位不得将依法应当进行招标的测绘项目化整为零或者以其他任何方式规避招标。

第十二条 招标单位应当按照与测绘项目规模和技术要求相当的测绘资质等级条件，设定投标单位的最低测绘资质等级。

第十三条 依法应当招标的测绘项目，招标单位应当在招标文件发出之日起五个工作日内，将测绘项目招标时间、地点、方式、招标文件等报所在地的测绘行政主管部门备案。

第十四条 招标项目评标由招标单位依法组建的评标委员会负责。评标委员会组成人数为五人以上单数，其中测绘专家不得少于百分之五十，评标委员会中的测绘专家应当从省测绘行政主管部门设立的评标专家库中随机抽取确定。

测绘专家应当具备以下条件：

（一）从事测绘工作满八年并具有高级专业技术职称或者同等专业水平；

（二）熟悉有关招标投标的法律、法规；

（三）能够认真、公正、诚实、廉洁地履行职责，遵守职业道德。

第十五条 测绘项目招标一般采用综合评估法。最大限度地满足招标文件中规定的各项综合评价标准的投标单位，应当推荐为中标候选单位。

综合评估法的指标应当包含下列主要内容：

（一）投标单位的测绘资质等级条件；

（二）投标单位完成的测绘项目业绩；

（三）测绘项目技术设计方案；

（四）测绘项目质量保证措施；

（五）投标单位的市场信用情况；

（六）投标单位的测绘项目报价；

（七）投标单位的服务承诺；

（八）其他应当依法纳入评估的指标。

第十六条 测绘项目发包单位不得迫使测绘单位以低于测绘生产成本的价格承包。测绘项目招标投标的中标价格低于测绘生产成本的，中标无效，应当依法从其余投标人中重新确定中标人或者重新进行招标。

第十七条 测绘项目承发包应当以国务院财政部门和测绘行政主管部门发布的《测绘生产成本费用定额》为定价依据。测绘项目有地区类别差异的，可以在测绘生产成本费用定额标准上下百分之十五范围内进行价格浮动。

使用测量标志的测绘项目，发包单位应当将测绘基础设施费纳入测绘生产成本。

第十八条 测绘项目发包单位与承包单位依法使用测绘合同示范文本签订合同，明确双方的权利和义务。测绘合同示范文本由国家或者省测绘行政主管部门统一制定。

测绘项目承发包双方签订合同应当注明利用的已有测绘成果来源，不得损害国家安全、社会公共利益或者他人的合法权益。

第十九条 测绘项目承包单位根据招标投标文件，可以将测绘项目的非主体、非关键性工程分包给其他测绘单位，但分包量不得超过测绘项目总承包量的百分之四十，分包价格不得低于分包部分的测绘生产成本。

接受分包的测绘单位应当具备相应的测绘资质，并不得再次分包。

第二十条 依法应当招标的测绘项目实行监理制度。

测绘项目发包单位应当委托具有相应测绘监理专业资质等级的测绘单位进行监理。

具有测绘监理专业资质的测绘单位不得对本单位承揽的测绘项目进行监理。

第二十一条 测绘监理单位、测绘监理工程师不得与测绘单位或者其他单位以及个人串通，弄虚作假，损害国家安全、社会公共利益或者他人的合法权益。

测绘单位对其完成的测绘项目成果质量负责，测绘监理单位对其监理的测绘项目成果质量负有相应责任。

第四章 地理信息应用开发

第二十二条 测绘行政主管部门负责制定地理信息产业发展政策，建立地理信息数据共建共享机制，建设地理信息公共服务平台，引导和鼓励地理信息开发利用。

第二十三条 从事地理信息应用开发的单位在获取、保管、加工、提供、销毁涉密地理信息以及涉密地理信息产品时，应当遵守保密法律、法规的规定，采取必要的保密措施，保障涉密地理信息安全。

任何单位和个人不得非法获取和提供涉密地理信息。确需向外国的组织或者个人以及境内外商投资企业提供的，应当报国务院测绘行政主管部门或者省测绘行政主管部门会同军队测绘主管部门批准，并按照有关规定进行技术处理，删除涉及泄露国家秘密的信息。

第二十四条 测绘行政主管部门应当加强地图市场统一监管。地图编制、印刷、出版、展示、登载和提供使用前，相关单位应当按照规定报送测绘行政主管部门审核，依法取得地图审图号。

任何单位和个人不得出售未经测绘行政主管部门审核的地图以及其他地图产品。

第二十五条 互联网网站在线登载地图或者提供网上地图下载服务的，应当取得省级新闻出版行政部门颁发的互联网出版许可证，并在登载前将地图和地图的制作依据报所在地省级测绘行政主管部门备案。

任何单位和个人不得在互联网上登载或者传播危害国家主权、安全和利益的地理信息。

第五章 市场信用

第二十六条 测绘行政主管部门应当加强测绘市场信用监管，建立测绘市场信用平台，依法向社会发布测绘单位的资质、业绩、测绘成果质量、市场信用等信息。

第二十七条 省测绘行政主管部门可以授权相关机构负责在本省行政区域内从事测绘市场活动的单位和个人的信用信息采集工作，提供信用信息查询服务。

设区的市、县（市）测绘行政主管部门应当及时向省测绘行政主管部门报送对本行政区域内测绘市场活动监管的信用信息。

第二十八条 省测绘行政主管部门负责建立科学、客观、公正的测绘信用评价体系，指导相关机构开展测绘单位信用评定工作，按照国家和省有关规定出具测绘单位信用报告。

第二十九条 测绘行业协会应当协助测绘行政主管部门做好测绘市场信用监管工作，完善行业内部监督协调机制，加强行业自律，提高测绘单位及其从业人员的市场信用意识。

第三十条 测绘单位应当诚实守信经营，依法开展测绘活动，积极参与测绘市场信用建设，及时报送测绘信用信息，举报违法测绘行为。

测绘单位承揽测绘项目应当主动出示本单位有效的信用报告。

第六章 市场监管

第三十一条 测绘行政主管部门应当会同有关行政管理部门，通过检查、稽察、现场监督等方式对本行政区域内测绘项目招标投标活动进行监督管理。

测绘行政主管部门对测绘项目技术要求、投标单位测绘资质和市场信用、测绘专家评委资格、评标方法和中标价格等进行监督。

第三十二条 测绘单位承揽本省行政区域内单项合同金额在五万元以上的或者建设工程项目中测绘投资在五万元以上的测绘项目，应当在合同签订之日起十五个工作日内，将本单位测绘资质证书、项目技术设计书、合同文本的复印件报测绘项目所在地测绘行政主管部门备案。承揽跨行政区域的测绘项目，应当向共同的上一级测绘行政主管部门备案。

第三十三条 测绘行政主管部门实施测绘项目备案应当审查下列内容：

（一）测绘单位的测绘资质条件；

（二）测绘项目已有测绘成果情况；

（三）测绘项目的承揽价格；

（四）测绘项目所采用的坐标系统和技术标准。

违反法律、法规规定的测绘项目，测绘行政主管部门应当要求相关部门和单位进行改正。

第三十四条 使用财政资金的测绘项目和使用财政资金的建设工程测绘项目，批准立项的有关部门在批准立项前应当征求同级测绘行政主管部门的意见。

测绘行政主管部门提出已有适宜测绘成果可供利用，不需要进行重复测绘的，批准立项的有关部门不得批准立项，财政部门不得安排预算支出。

第三十五条 测绘行政主管部门与国家安全、保密、新闻出版、工商、通信、海关等部门应当建立联席会议制度，按照各自职责分工，组织开展地图和地理信息市场监督检查，相互通报监管情况。

第三十六条 测绘行政主管部门应当建立测绘市场动态巡查制度，对涉及民生测绘项目和重大工程测绘项目实行跟踪管理，定期发布测绘市场监管信息。

参与测绘市场活动的单位和个人不得拒绝测绘行政主管部门依法组织的监督检查。

第三十七条 测绘行政主管部门应当建立行政执法监督制度，公开举报或者投诉受理方式，依法查处违法测绘案件，维护测绘市场秩序。

测绘行政主管部门进行测绘市场监督检查时，可以行使下列职权：

（一）询问当事人或者有关人员，并要求其提供与涉嫌违法行为有关的资料；

（二）查询、核对、复制与涉嫌违法行为有关的账簿、单据、凭证、文件以及其他资料；

（三）检查与涉嫌违法行为有关的财物，在证据可能灭失或者以后难以取得的情况下，可以依法先行登记保存，当事人或者有关人员不得拒绝、转移、隐匿或者销毁。

第三十八条 测绘行政主管部门负责本行政区域内的测绘统计管理工作，按照规定程序发布测绘工作统计信息。

测绘单位应当依照《中华人民共和国统计法》和国家有关规定，真实、准确、完整、及时地提供统计调查所需的资料，不得提供不真实或者不完整的统计资料，不得迟报、拒报统计资料。

第七章 法律责任

第三十九条 违反本规定第十一条的规定，应当招标的测绘项目不采取招标方式发包或者规避招标的，由测绘行政主管部门责令限期改正，可以处项目合同金额千分之五以上千分之十以下罚款；对全部或者部分使用财政资金的测绘项目，相关部门可以暂停财政资金拨付；对测绘项目发包单位直接负责的主管人员和其他直接责任人员依法给予处分。

第四十条 违反本规定第十七条第一款的规定，测绘单位以低于测绘生产成本费用定额标准百分之八十五的价格承揽测绘项目的，由测绘行政主管部门责令限期改正；拒不改正的，可以处测绘约定报酬一倍以下罚款。

第四十一条 违反本规定第三十二条的规定，测绘单位不按照规定进行测绘项目备案的，由测绘行政主管部门责令限期改正；拒不改正的，测绘资质年度注册时予以缓期注册。

第四十二条 测绘单位有下列行为之一的，由测绘行政主管部门予以通报，录入单位信用档案；情节严重的，两年之内不得参加本省行政区域内的测绘项目投标活动：

（一）在测绘项目投标中提供虚假资料的；

（二）测绘项目中标后无正当理由拒绝签订正式合同的；

（三）单方面不履行测绘项目合同义务的；

（四）不履行法定义务被行政主管部门处理的。

第四十三条 违反本规定第三十八条第二款的规定，由县级以上地方人民政府统计机构依法查处，并由测绘行政 主管部门依照本规定第四十二条予以处理。

第四十四条 违反本规定，测绘行政主管部门的工作人员不依法履行测绘市场监督管理职责的，由其所在单位或者上级机关予以通报批评；对直接负责的主管人员和其他直接责任人员，依法给予行政处分。

第八章 附 则

第四十五条 本规定自2011年1月1日起施行。《江苏省测绘管理规定》同时废止。

浙江省地理空间数据交换和共享管理办法

浙江省人民政府第50次常务会议审议通过，自2010年7月1日起施行

第一条 为了加强地理空间信息资源管理，规范地理空间数据交换和共享行为，促进地理空间信息资源开发和利用，提高经济社会信息化水平，根据《中华人民共和国测绘法》、《浙江省测绘管理条例》和其他有关法律、法规，结合本省实际，制定本办法。

第二条 在本省行政区域内开展地理空间数据交换和共享及相关活动，应当遵守本办法。

第三条 本办法所称的地理空间数据，是指以数字形式表示的与地理空间位置及其时态有关的自然、经济、社会等信息。

第四条 政府有关部门、有关国有企业事业单位在履行公共管理和公共服务职责过程中或者由政府为主投入产生的地理空间数据，应当实行交换和共享。

前款规定的部门、单位（以下简称有关部门和单位）应当充分利用已有适宜的地理空间数据，避免重复投入。

鼓励其他单位将合法拥有的地理空间数据参与交换和共享。

第五条 县级以上人民政府应当加强对地理空间数据交换和共享工作的领导和协调，建立地理空间信息资源共建共享机制，加强相关基础设施建设，促进地理空间信息资源的开发和利用，提高地理空间信息资源的共享水平。

第六条 省测绘与地理信息管理部门主管全省地理空间数据交换和共享工作，负责组织采集和更新基础地理空间数据，会同有关部门制定全省地理空间数据交换和共享规划，建设、管理省地理空间数据交换和共享平台（以下简称共享平台），指导市、县共享平台建设。

市、县测绘与地理信息管理部门主管本行政区域内地理空间数据交换和共享工作，负责组织采集和更新基础地理空间数据，会同有关部门根据全省地理空间数据交换和共享规划以及本地区经济社会发展需要，建设、管理本地区的共享平台。

县级以上人民政府其他有关部门负责组织采集、更新和管理与履行公共管理及公共服务职责有关的专题地理空间数据，做好地理空间数据交换和共享相关的工作。

第七条 省、市、县测绘与地理信息管理部门承担测绘成果管理服务工作的机构（以下简称服务机构）负责有关部门和单位提交的地理空间数据的处理、集成、整合、管理，以及共享平台的运行、维护和其他相关服务工作。

第八条 共享平台应当具备以下功能：

（一）联通政府及有关部门和单位的相关信息系统和上、下级共享平台；

（二）处理、集成、整合有关部门和单位提交的地理空间数据；

（三）通过政务专网或者互联网提供在线服务；

（四）共享平台建设方案确定的其他功能。

第九条 省、市、县共享平台建设纳入基础测绘项目，并按照全省地理空间数据交换和共享规划及省测绘与地理信息管理部门制定的总体设计要求组织实施。

第十条 有关部门和单位应当按照本办法所附《浙江省地理空间数据交换和共享目录》的要求，向相应的服务机构提交地理空间数据（包括目录、元数据和相关资料，下同）；依法应当保密或者按照规定限制使用的，应当注明。具体提交办法由省测绘与地理信息管理部门会同省有关部门和单位规定。

《浙江省地理空间数据交换和共享目录》的具体范围和内容需要调整的，由省测绘与地理信息管理部门商省有关部门和单位提出调整意见，报省人

民政府批准。

第十一条 有关部门和单位提交的地理空间数据的内容因建设、管理和专项工作或者自然作用等发生变化的，应当及时更新，并将更新后的数据按季度向相应服务机构提交。

第十二条 采集和更新地理空间数据应当使用国家规定的定位基准，执行国家和省规定的地理空间数据标准。

省地理空间数据标准由省测绘与地理信息管理部门会同有关部门和单位组织起草，经省质量技术监督主管部门审批后发布实施。

省测绘与地理信息管理部门根据工作需要可以会同有关部门和单位依法制定相应的地理空间数据交换技术规范。

第十三条 有关部门和单位提交的地理空间数据应当合法、准确、规范。

服务机构应当对有关部门和单位提交的地理空间数据进行核查，对不符合质量要求的，可以退回并要求修改、补充后重新提交。

第十四条 省服务机构应当在收到符合规定的地理空间数据之日起2个月内，以1∶1万（城市规划区1∶5000）及以小比例尺地理空间框架数据为基础，完成省有关部门和单位提交的地理空间数据的集成、整合工作。

市、县服务机构应当在收到符合规定的地理空间数据之日起2个月内，以1∶500至1∶2000及以小比例尺地理空间框架数据为基础，完成市、县有关部门和单位提交的地理空间数据的集成及整合工作。

服务机构因特殊情况不能在规定期限内完成地理空间数据的集成、整合工作的，经本级测绘与地理信息管理部门同意，可以适当延长工作期限，但最长不得超过1个月。

第十五条 服务机构应当加强对地理空间数据的存储管理和档案建设，保障数据资料安全。

第十六条 测绘与地理信息管理部门应当会同有关部门和单位，加强地理空间信息历史资料的收集、整理、加工、保护和开发利用。

第十七条 服务机构应当在测绘与地理信息管理部门的门户网站公布地理空间数据目录、元数据和其他依法应当公开的地理空间数据，以及用户权限、获取途径等事项，供用户浏览、查询，并按规定提供下载服务。

服务机构应当建立公众地图网，并通过互联网提供公益性地图服务。

第十八条 服务机构对用户提出的地理空间数据共享需求，应当及时给予响应和回复。

地理空间数据的提供，按照国家和省有关测绘成果管理的规定执行。

第十九条 服务机构应当自有关部门和单位提交的地理空间数据集成、整合工作完成之日起30日内，向有关部门和单位返回其所需要的地理空间数据。

第二十条 有关部门和单位开发应用地理空间数据中需要服务机构提供相关技术支持的，服务机构应当予以支持。

第二十一条 测绘与地理信息管理部门应当会同有关部门建立应急测绘保障机制，根据处置突发公共事件的需要，及时组织整合或者采集地理空间数据并提供相应的技术服务。

第二十二条 依法应当予以保密的地理空间数据的传输、处理、提供、利用和管理，按照有关法律、法规、规章的规定执行。

第二十三条 服务机构不得利用有关部门和单位提交的地理空间数据以及经集成、整合后的地理空间数据从事经营性活动。

第二十四条 测绘与地理信息管理部门应当会同有关部门建立完善地理空间数据交换和共享的运行机制，加强对服务机构的管理和监督，确保共享平台稳定、安全、有效运行。

服务机构应当建立健全工作规范、服务标准和管理制度，按规定做好数据处理、集成、整合、管理，以及共享平台的运行、维护和相关服务工作。

第二十五条 省测绘与地理信息管理部门应当会同有关部门定期对全省地理空间数据交换和共享情况进行检查、评估，督促、指导相关部门和单位做好地理空间数据交换和共享工作。

第二十六条 服务机构及其工作人员违反本办法规定，有下列情形之一的，由测绘与地理信息管理部门责令改正，通报批评；情节严重的，对负有直接责任的主管人员和其他直接责任人员依法给予处分：

（一）未采取有效的安全和保密措施，致使地理空间数据丢失、损坏或者失密泄密的；

（二）未按规定完成地理空间数据集成、整合、更新的；

（三）未按规定公布信息、提供服务的；

（四）利用地理空间数据及其相关资料从事经

营性活动的；

（五）对用户提出的共享需求未及时给予响应和回复的；

（六）其他依法应当给予处分的情形。

第二十七条 有关部门和单位及其工作人员违反本办法规定，有下列情形之一的，由测绘与地理信息管理部门责令改正；拒不改正的，暂停向其提供地理空间数据；情节严重的，由有权机关对负有直接责任的主管人员和其他直接责任人员依法给予处分：

（一）未按规定的时间和范围提交地理空间数据，影响共享的；

（二）未按规定组织采集、更新专题地理空间数据的；

（三）未使用国家规定的定位基准或者未执行国家和省规定的标准采集和更新地理空间数据的；

（四）将获得的地理空间数据用于履行公共管理、公共服务职责以外的活动的；

（五）其他依法应当给予处分的情形。

第二十八条 测绘与地理信息管理部门及其工作人员违反本办法规定，不依法组织采集和更新基础地理空间数据，或者不履行监督管理职责，造成严重后果的，由有权机关对负有直接责任的主管人员和其他直接责任人员依法给予处分。

第二十九条 本办法自 2010 年 7 月 1 日起施行。

四川省房产测绘实施细则

四川省住房和城乡建设厅、四川测绘局2010年4月发布

目 录

第一章 总 则

1.1 目的

为加强房产测绘管理，规范四川省房产测绘行为，统一房屋建筑面积的计算规则，制定本细则。

1.2 适用范围

在四川省行政区域内从事房产测绘工作应当遵守《房产测量规范》和本实施细则。

1.3 依据和标准

《中华人民共和国测绘法》

《中华人民共和国城市房地产管理法》

《中华人民共和国城市规划法》

《四川省测绘管理条例》

《房产测绘管理办法》

《房产测量规范》第1单元：房产测量规定 GB/T 17986.1－2000

《房产测量规范》第2单元：房产图图式 GB/T 17986.2－2000

《关于房屋建筑面积计算与房屋权属登记有关问题的通知》（建住房〔2002〕74号）

《转发建设部〈关于房屋建筑面积计算与房屋权属登记有关问题的通知〉的通知》（川建厅房〔2002〕104号）

1.4 房产面积精度要求

房产面积的精度分为三级，各级面积的限差和中误差不超过表1－1计算的结果。

表1－1 房产面积的精度要求（S为房产面积，平方米）

精度等级	限差（平方米）	中误差（平方米）
一级	$0.02\sqrt{S}+0.0006S$	$0.01\sqrt{S}+0.0003S$
二级	$0.04\sqrt{S}+0.0002S$	$0.02\sqrt{S}+0.001S$
三级	$0.08\sqrt{S}+0.0006S$	$0.04\sqrt{S}+0.003S$

各级房产面积的精度适用范围如表 1 –2。

表 1 –2 房产面积精度测算等级的要求

精度等级	不同房屋选用的等级
一级	特殊房屋或产权人要求的房屋
二级	商品房或进入房地产市场的房屋
三级	其它房屋

第二章 房产平面控制测量

2.1 房产平面控制网点的布设原则

房产平面控制点的布设，应遵循从整体到局部、从高级到低级、分级布网的原则，也可越级布网。控制测量前，应充分收集测区已有的控制成果和资料，按现行《房产测量规范》（GB/T 17986.1 –2000）的规定和要求进行比较和分析，凡符合要求的已有控制点成果，都应充分利用；对达不到要求的控制网点，也应尽量利用其点位，并对有关点进行联测。

2.2 房产平面控制点的内容

房产平面控制点包括二、三、四等平面控制点和一、二、三级平面控制点。房产平面控制点均应埋设固定标志。

2.3 房产平面控制点的密度

建筑物密集区的控制点平均间距 100 米左右，建筑物稀疏区的控制点平均间距 200 米左右。

2.4 房产平面控制测量的方法

房产平面控制测量可选用：三角测量、三边测量、导线测量、GPS 定位测量等方法。

2.5 主要技术指标

房产平面控制测量的各主要技术指标按现行《房产测量规范》（GB/T 17986.1 –2000）的规定执行。

第三章 房产图绘制

房产图是房产产权、产籍管理的重要资料。按房产管理的需要可分为：房产分幅平面图（以下简称分幅图）、房产分丘平面图（以下简称分丘图）、房屋座落分布示意图（以下简称座落图）、房产分层平面图（以下简称分层图）和房产分户平面图（以下简称分户图）。

3.1 分幅图、分丘图的绘制按《房产测量规范》执行。

3.2 座落图的绘制可参照《四川省房产测绘示范文本（1）》。

3.3 分层图的绘制

3.3.1 分层图应标注比例尺，一栋房屋的各层平面图宜采用同一个比例尺，并标注指北方向。

3.3.2 各层图形应注明第 x 层或地下室、夹层、平台层等层次名称；夹层须注明第 x 层的夹层。

3.3.3 房屋的阳台、外走道、室外楼梯等，其线条粗细、虚实都应按《房产测量规范》要求绘制在各分层图上。

3.3.4 一般从下至上绘制房屋的一层到顶层的分层图。如果一张不够，可用多张绘制，然后一起装订。如果有几层的外围形状大小及数据完全相同，可只绘低层图形，并注明“x –x 层”。

3.3.5 分层图的绘制可参照《四川省房产测绘示范文本（1）》。

3.4 分户图的绘制

3.4.1 分户图是在分层图的基础上绘制的细部图，以一户产权人为单位，表示该套房屋的平面尺寸及周围关系，以明确异产毗连房屋的权利界线，供核发房屋所有权证的附图使用。

3.4.2 以户为单位绘制分户图（当第 i 至 n 各层分户户形完全相同时，第 i +1 至 n 各层分户图以第 i 层代替，并在第 i 层后简注（第 i +1 至 n 层同）（i =1、2、3…n）。

3.4.3 跃层、复式房屋的分户图应在同一张图纸上绘制。

3.4.4 房屋内有层高低于 2.20 米的部位，应以虚线区分其范围，注记边长，且在其范围内注记“层高小于 2.20 米”。

3.4.5 分户图的其它图形规格技术要求按《房产测量规范》执行。

3.4.6 分户图的绘制可参照《四川省房产测绘示范文本（1）》。

第四章 建筑面积计算规则

4.1 计算建筑面积的条件

能够计算建筑面积的房屋一般应具备以下普遍性的条件：

1）应具有永久性上盖。

2）应有围护结构。

3）结构牢固，属永久性的建筑物。

4）层高在2.20米以上（含2.20米，以下同）。

5）可作为人们生产或生活的场所。

4.2 计算全部建筑面积的范围

4.2.1 永久性结构的单层房屋，按一层计算建筑面积；多层房屋按各层建筑面积的总和计算建筑面积。

4.2.2 房屋内的夹层、插层、技术层、结构转换层及其梯间、电梯间等高度在2.20米以上部位计算建筑面积。

4.2.3 穿过房屋的通道，房屋内的门厅、大厅，均按一层计算建筑面积。门厅、大厅内的回廊部分，层高在2.20米以上的，按其水平投影计算建筑面积。

4.2.4 室内楼梯、楼梯间、电梯（含观光梯）井、提物井、垃圾道、管道井、通风井、排气井等均按房屋自然层计算建筑面积。

4.2.5 房屋天面上，属永久性建筑，层高在2.20米以上的楼梯间、水箱间、电梯机房、设备用房及其附属用房、斜面结构屋顶高度在2.20米以上的部位以及经主管部门批准的有明确使用功能的非装饰性建筑空间，按其外围水平投影计算建筑面积。

4.2.6 挑楼、封闭的挑廊、封闭的阳台按其外围水平投影计算建筑面积。

4.2.7 属永久性结构有上盖的室外楼梯，按各层水平投影计算建筑面积。

4.2.8 与房屋相连的有柱走廊（剪力墙视为有柱），两房屋间有上盖和非单排柱的走廊，均按其柱的外围水平投影计算建筑面积。

4.2.9 房屋间永久性的封闭的架空通廊，按外围水平投影计算建筑面积。

4.2.10 地下室、半地下室及其相应出入口，层高在2.20米以上的，按其外墙（不包括采光井、防潮层及保护墙）外围水平投影计算建筑面积。

4.2.11 与房屋相连属永久性的且有非独立柱或有围护结构的门廊、门斗按其柱或围护结构的外围水平投影计算建筑面积。有柱又有围护结构的门斗按围护结构的外围水平投影计算建筑面积。

4.2.12 玻璃幕墙、金属幕墙以及其它材料幕墙等作为房屋外墙的，按其外围水平投影计算建筑面积。同一楼层外墙，既有主墙，又有玻璃幕墙，以主墙为准计算建筑面积。

4.2.13 属永久性建筑有非单排柱的车棚、货棚等按柱的外围水平投影计算建筑面积。

4.2.14 依坡地建筑的房屋，利用吊脚做架空层，有围护结构的，按其高度在2.20米以上部位的外围水平投影计算建筑面积。

4.2.15 与室内任意一边相通，具备房屋的一般条件，并能正常利用的伸缩缝、沉降缝应计算建筑面积。

4.2.16 图书馆的书库，其层高在2.20米以上的，均按一层计算建筑面积。

4.2.17 有围护结构的舞台灯光控制室，按其围护结构外围水平投影计算建筑面积。

4.2.18 室内体育馆按实际层数计算建筑面积。体育馆（场）看台下方空间加以利用的，净高在2.10米以上（含2.10米，以下同）的部位，按其外围水平投影计算建筑面积（多层的按多层计）。

4.2.19 房屋的飘窗，其窗台台面结构板不高于房屋地面、具有房屋同等使用功能、净高在2.10米以上，按外墙的外边线与飘窗围护之间范围内的水平投影计算建筑面积。

4.2.20 层高在2.20米以上的架空层，按柱外围水平投影计算建筑面积。

4.3 计算一半建筑面积的范围

4.3.1 与房屋相连有上盖无柱的走廊、檐廊，按其围护结构外围水平投影面积的一半计算建筑面积。

4.3.2 未封闭的阳台、入户花园、庭院、空中花园等（不论其是否有柱），未封闭的挑廊，按其围护结构内上盖水平投影面积的一半计算建筑面积。

4.3.3 独立柱、单排柱的门廊、车棚、货棚等属永久性建筑的，按其上盖水平投影面积的一半计算建筑面积。

4.3.4 无上盖的室外楼梯按各层水平投影面积的一半计算建筑面积。

4.3.5 有上盖不封闭的永久性的架空通廊，按外围水平投影面积的一半计算建筑面积。

4.3.6 有上盖、具有围护结构、独户使用的平台，上盖在围护结构内水平连续投影面积大于或等于其二分之一的，不论其是否有柱，按其围护结构内上盖水平投影面积的一半计算建筑面积。

4.4 不计算建筑面积的范围

4.4.1 层高低于2.20米的房屋、架空层、楼梯间、电梯间、水箱间、走廊、檐廊、阳台、挑廊、地下室、半地下室、架空通廊等。

4.4.2 突出房屋墙面的构件、配件、装饰柱、装饰性的幕墙、垛、勒脚、台阶、无柱雨篷等。

4.4.3 阳台、挑廊、入户花园、庭院、空中花园、雨篷、外走廊、檐廊、架空通廊、穿过建筑物的通道等，以下情况视为无上盖：阳台、挑廊、入户花园、庭院、空中花园等与其上盖相距超过一个自然层的；雨篷、外走廊、檐廊、架空通廊、穿过建筑物的通道与其上盖超过二个自然层的；阳台、挑廊、入户花园、庭院、空中花园等的上盖在围护结构内水平连续投影面积小于其二分之一的。

4.4.4 房屋的天面、挑台、露台，天面上的花园、泳池。

4.4.5 建筑物内的操作平台、上料平台及利用建筑物的空间安置箱、罐的平台。

4.4.6 骑楼、过街楼的底层用作道路街巷通行的部分。

4.4.7 利用引桥、高架路、高架桥、斜坡道、桥面作为上盖建造的建筑空间。

4.4.8 活动房屋、临时房屋、简易房屋。

4.4.9 检修、消防等用途的室外爬梯。

4.4.10 独立烟囱、亭、廊、塔、罐、池和地下人防干、支线等。

4.4.11 与房屋室内不相通的伸缩缝、沉降缝。

4.4.12 与室内不相通的类似阳台、挑廊、檐廊等的建筑。

4.4.13 楼梯已计算建筑面积的，其下方空间不论是否利用的部分。

4.4.14 宽度大于 0.30 米的楼梯梯段水平间隙。

4.4.15 宽度大于 0.40 米的自动扶梯安全间隙。

4.4.16 窗台台面结构板高于房屋地面的飘窗。

4.4.17 上层阳台在公共晒台、露台上的投影部分。

4.4.18 室外台阶、走廊外的台阶踏步、底层室内楼梯延伸出室外的部分。

4.4.19 跃层式房屋上层挑空部位（含外墙体）。

4.4.20 斜坡式人行或车行通道等无永久性上盖的建筑。

4.5　特殊情况下的建筑面积计算

4.5.1 复式、跃层式房屋预留的楼梯间，根据主管部门许可的设计图纸，按自然层计算建筑面积。

4.5.2 阳台、挑廊、入户花园、庭院、空中花园、架空通廊等的外围水平投影超过其底板外沿的，按底板水平投影计算建筑面积。

4.5.3 未封闭的阳台、挑廊、入户花园、庭院、空中花园等，其上盖在围护结构内水平连续投影面积大于或等于其面积二分之一的，按上盖在围护结构内水平投影面积的一半计算建筑面积。

4.5.4 屋顶为斜面结构的房屋，外墙高度小于 2.20 米时不计算外墙面积。

4.5.5 对倾斜、弧状等非垂直墙体房屋，外墙体向内倾斜的，净高在 2.10 米以上的部位计算建筑面积。房屋墙体向外倾斜，超出底板外沿的，以底板水平投影计算建筑面积。

4.5.6 上层室外楼梯水平投影能覆盖下层室外楼梯，下层室外楼梯视为有上盖，按有上盖的室外楼梯计算建筑面积。

4.5.7 雨篷仅有一边与墙相连，由墙支撑着的雨篷为悬挑雨篷，不计算建筑面积；一边与墙相连，另一边由一根柱子支撑的为独立柱雨篷，按上盖水平投影面积的一半计算建筑面积；一边与墙相连，另一边由两根或两根以上柱子支撑的为有柱雨篷，按柱外围计算建筑面积。

当雨篷由两面墙支撑的（如图 4－1），不计算建筑面积；当雨篷除由两面墙支撑外，还设置有一根柱子支撑（如图 4－2），则以柱外围向墙作垂线并与墙围成的矩形面积的一半计算建筑面积。

当雨篷由三面墙支撑，其建筑面积按如下情况（如图 4－3）计算：雨篷外边线与左、右两面墙相交的，按上盖水平投影面积的一半计算建筑面积；雨篷凸出左、右两面墙而使其外边线悬空的，按左、右两面墙最外处的盖板支撑点（P1 与 P2）连线与墙围成部分的盖板水平投影面积的一半计算建筑面积（即悬空部分不计算面积）。

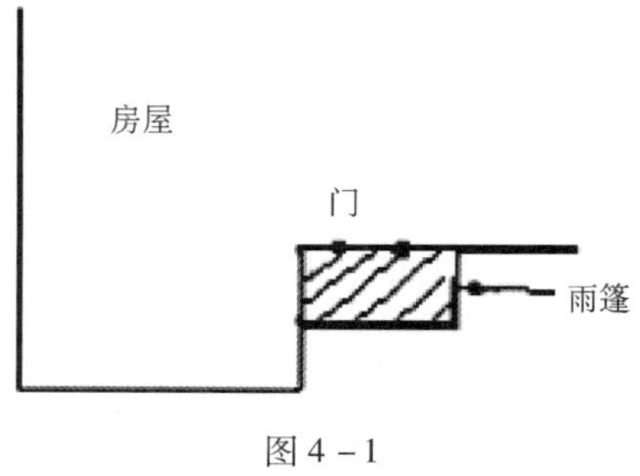

图 4－1

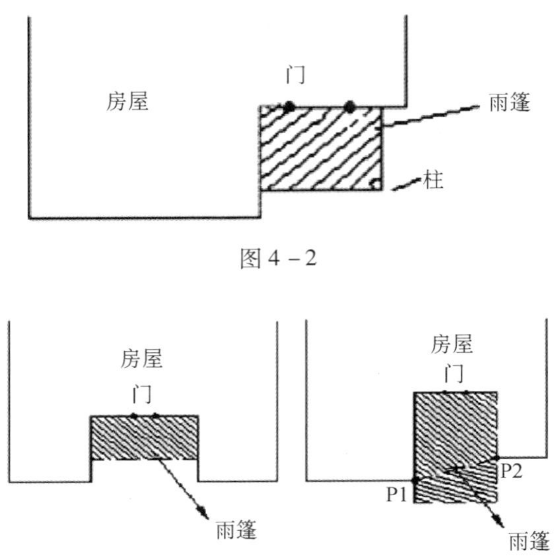

图4－2

图4－3

4.5.8 建于坡地的建筑物利用吊脚楼空间设置架空层或对深基础地下空间加以利用的，当架空层的地面为斜面且四周有围护结构（如图4－4），围护结构内、净高在2.10米以上的计算建筑面积；当架空层的地面修整成平地时，不论有无围护结构，其层高在2.20米以上的，按柱外围水平投影计算建筑面积；当架空层的地面一部分为平地，另一部分为坡地的，平地部分的面积按柱外围和坡地交界线计算（如图4－5）。

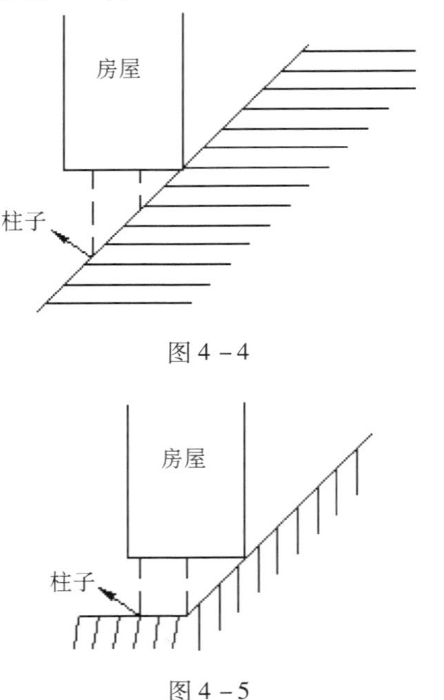

图4－4

图4－5

4.5.9 建筑物第一层的出入口设于凹进的外墙且其顶部为上层建筑所盖（如图4－6）。凹进部分的进深a等于或大于其长度b者，凹进部分计全部建筑面积，若其顶部高度大于一楼层时，仍按一层计算建筑面积；当上述凹进部分的进深小于其长度时，按有盖无柱外走廊、檐廊情况处理。

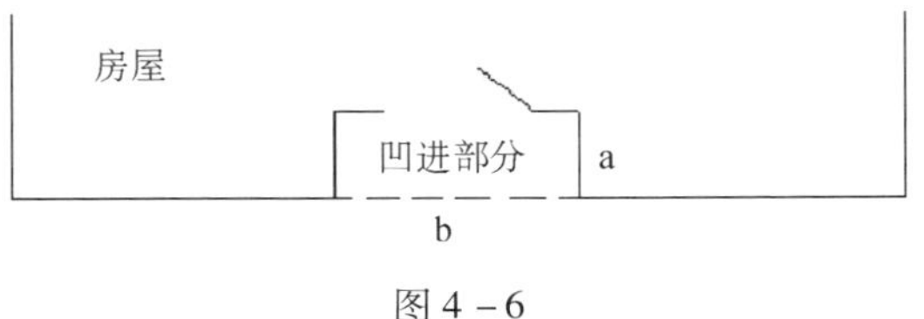

图4－6

4.5.10 房屋的有盖无柱外走廊、檐廊，其两端由非剪力墙所封闭、正面无围护结构的（如图4－7），按上盖水平投影面积的一半计算建筑面积。

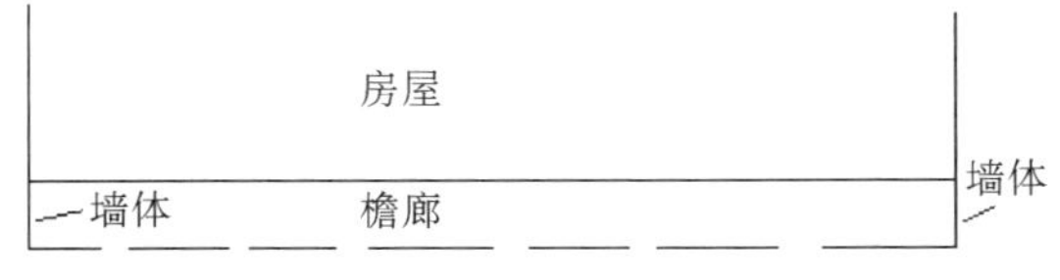

图4－7

4.5.11 室外楼梯与台阶

室外楼梯须同时满足以下两个条件：

a）室外楼梯的起点（地面）至终点（进门）的高差（高度）应不小于一个楼层的高度。

b）室外楼梯的下面不是与山坡连成一体的实体，而是室外楼梯的水平投影范围内可形成一个建筑空间。

如图4－8所示，该建筑的下部分利用山坡建成台阶，而上部分架空后进房屋门而形成的桥，则不应作为室外楼梯处理。但如图4－9所示，该建筑的下部分紧靠山坡，且其最低部分属人工砌填而形成实体，其余不足一楼层高度部分为架空，则该建筑仍作为室外楼梯处理。

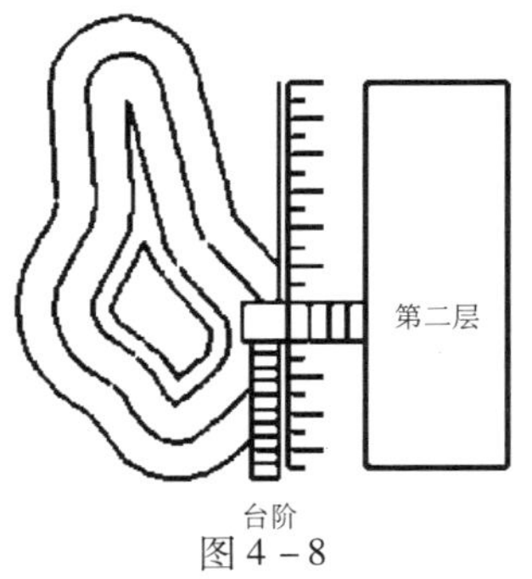

图4－8

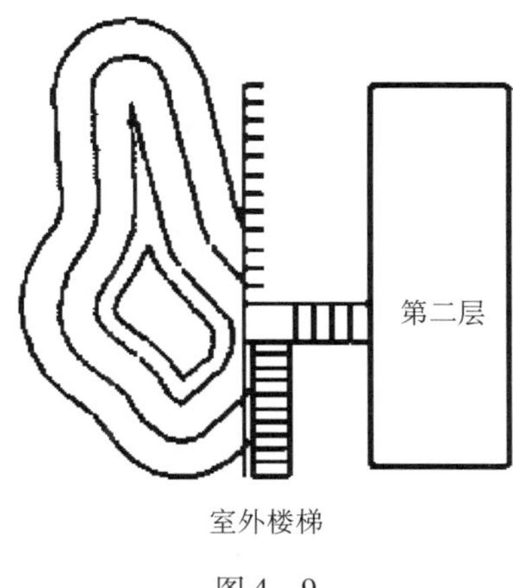

室外楼梯

图 4 - 9

4.5.12 室外楼梯和室内楼梯

4.5.12.1 室外楼梯：

a）设置于建筑物主体结构以外、仅有扶手栏杆、没有墙体封闭的楼梯视为室外楼梯。

b）设置于建筑物外墙之外的有墙体封闭的专用楼梯为室外楼梯。

c）直通顶层的观光电梯视为室外专用电梯。

4.5.12.2 室内楼梯：

a）设置于建筑物主体结构以内的楼梯、电梯视为室内楼梯。

b）设置于建筑物外墙之外的有墙体封闭的非专用楼梯视为室内楼梯。

c）各层使用兼向外观光的电梯，视为室内电梯。

4.5.13 通风井、烟道的面积计算

4.5.13.1 地下室或半地下室使用的通风井、烟道，地下部分按其通过的地下室或半地下室的楼层数计算建筑面积；独立于建筑之外的地面部分，有围护结构或柱和上盖，且高度在 2.20 米以上的，按围护结构或柱外围水平投影面积计算，并计入地下室或半地下室的建筑面积中；在地面且位于建筑物内部或附着于建筑物外墙时，按以下情况分别计算建筑面积：

a）若通风井、烟道的高度在 2.20 米以上，地面部分按一层计算建筑面积，并计入地下室或半地下室的建筑面积中，其通过的地面以上各层应除去该部分的面积值；

b）若通风井、烟道的高度小于 2.20 米，则不计算其建筑面积，其所占用的建筑面积从所在地面建筑空间的建筑面积中扣除。

4.5.13.2 烟道按其通过的使用层的层数计算建筑面积，通过的其它不使用楼层，不计算建筑面积。

4.5.13.3 一户专用的内置烟道计入该户的套内建筑面积，一户专用的外置烟道计入该户的分摊建筑面积，层内多户共用的烟道列为其服务范围的共有建筑面积。

4.5.14 多排柱的车棚、货棚、站台等，若柱为斜柱（如图 4 - 10）。以柱外侧离地面 2.20 米处（垂距）的连线水平投影范围内（虚线范围）有盖部分计算全面积（斜线部分）。

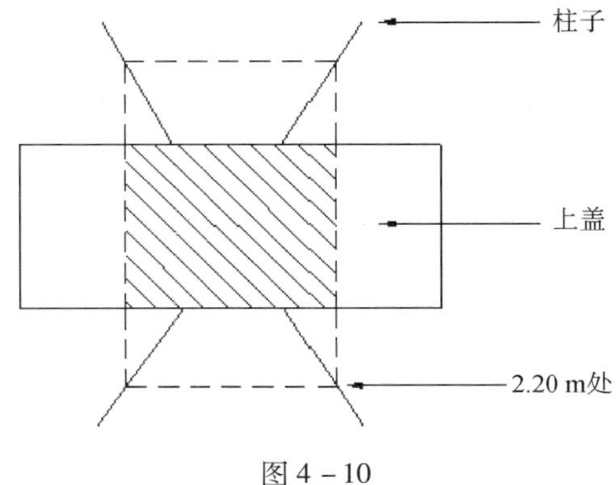

图 4 - 10

4.5.15 没有结构层的立体车库，以传动式的机械设备作为停车位，在车库的中间部位未设固定停车位或多个汽车进出口的，该建筑按一层计算建筑面积（如图 4 - 11 所示）。

以传动式的机械设备作为汽车载体并在车库中间部位设置多层（结构层）固定停车位的，或使用传动式机械设备间使汽车垂直升降到达多层停车库的，该设备间按立体车库层数计算建筑面积（立体车库层高在 2.20 米以上）（如图 4 - 12 所示）。

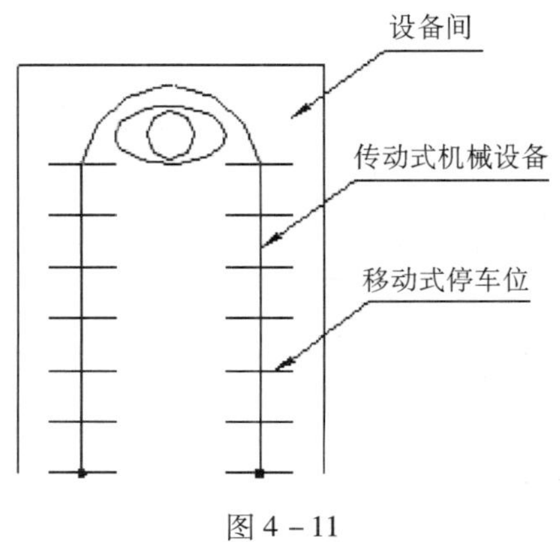

图 4 - 11

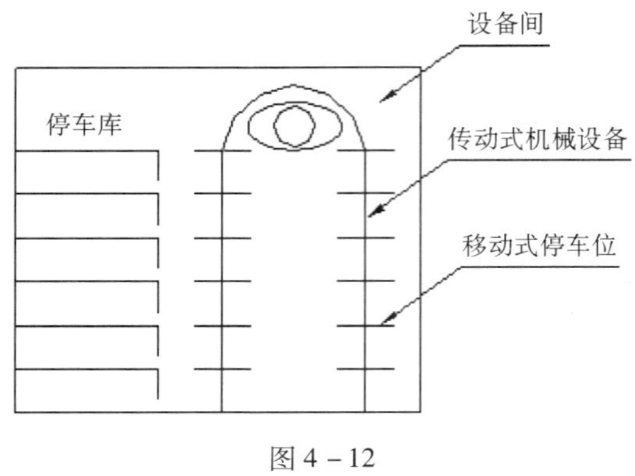

图 4－12

4.5.16 一栋建筑物围合形成的院子，其闭合走廊为非独立柱时，均属一条有柱走廊（如图4－13）。

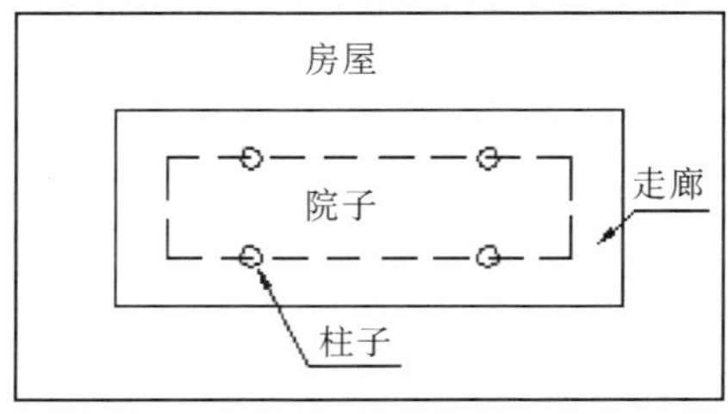

图 4－13

当房屋设有外走廊或檐廊时，则非独立柱部分按有柱走廊计算，其余部分按无柱走廊或檐廊计算。走廊两端有剪力墙的，视为走廊的柱，按有柱走廊计算。一栋独立房屋的四面设有外走廊或檐廊时，也按此原则处理。如图 4－14 所示，房屋的长边一面有柱，两柱之间按有柱走廊计算，其余部分为无柱走廊；若图中柱立于走廊的 A、B 处，则长、短边的外走廊均为有柱走廊。

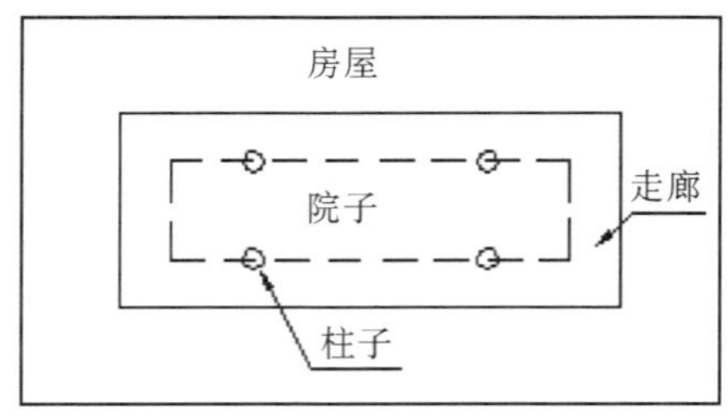

图 4－14

4.5.17 骑楼底层与临街走廊

4.5.17.1 骑楼底层的柱子立于该房用地红线之外，且其底层为道路街巷通行的，骑楼底层不计算建筑面积（如图 4－15）。

4.5.17.2 建设用地范围内的临街走廊不计算建筑面积（如图 4－16）。

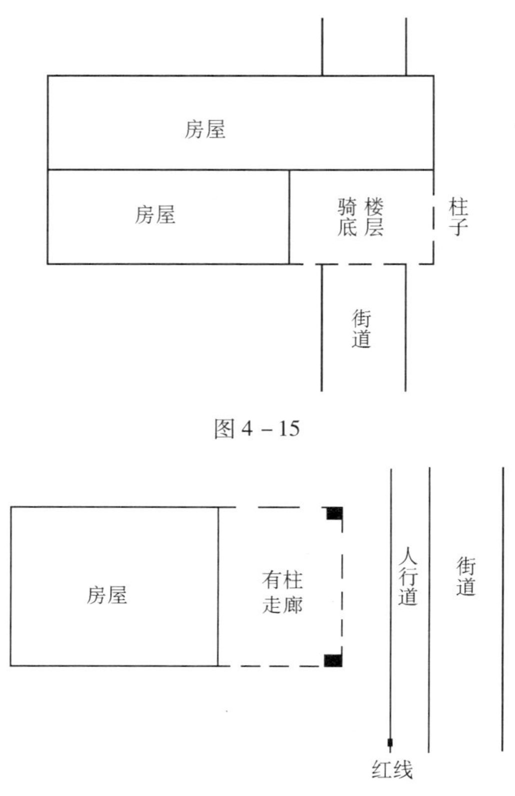

图 4－15

图 4－16

4.5.18 穿越建筑的公共通道

4.5.18.1 穿越建筑的公共通道属于市政道路的一部分时，该通道不计算建筑面积。

4.5.18.2 穿越建筑的公共通道高度不超过两个自然层且不属于市政道路时，则通道应计算全部建筑面积。

4.5.19 屋面上的建筑空间

房屋天面上未经主管部门批准的以及装饰性建筑空间等不计算建筑面积。

4.5.20 楼梯、电梯前室计算全部建筑面积。

第五章 房屋建筑面积测算

房屋建筑面积测算系指水平投影面积测算，主要包括：房屋栋、层、户的划分，房屋面积数据的采集，房屋面积的计算等。

房屋建筑面积以栋为基本单元进行测算。

5.1 房屋面积测算的内容

房屋面积测算包括房屋套内建筑面积、共有建筑面积、产权面积和使用面积等测算。

5.2 房屋栋、层、户的划分

5.2.1 房屋栋的划分

栋是一座独立的，包括不同结构和不同层次的房屋。栋以主管部门批准的栋数为依据进行划分（规划许可证及规划总平面图）。

主管部门没有明确规定的，按以下方式进行划分：

1）独立建筑的房屋为一栋。

2）一栋建筑由多个塔楼和裙楼组成，在各塔楼及其相应裙楼之间有两边不相通的伸缩缝或隔墙为明显界线，且各部分之间无共有面积的，则各塔楼及其相应裙楼可按多栋建筑物处理，否则应视为一栋建筑。

3）本身为独立的楼房，为了利用楼房间的间隙地，底层（或多层）以不相通裙楼的形式连成一片的房屋，其独立的楼房和裙楼分别分栋。

4）地面有多座独立的建筑，仅由一个地下室相连通（共用一个大地下室），地面建筑为多栋，地下室视为一栋。

5）以通廊相连的房屋，视为多栋。

5.2.2 房屋层的划分和层次的编立

房屋的总层数指房屋的自然层数和地下层数的总和，房屋的假层、夹层、插层、阁楼、装饰性塔楼，以及突出屋面的楼梯间、水箱间、电梯机房等不计房屋自然层数。

1）房屋的自然层数按室内地平线以上计算，每一自然层各划分为一层，其编号从室内地平线开始向上按1、2、3、……编号。

2）房屋室内地平线以下的为地下室，其编号从室内地平线开始向下按－1、－2、－3、……编号。

3）错层房屋的层数按自然层数来划分。

4）层高在2.20米以上的架空层计入房屋自然层数。

5）跃层住宅是套内空间跨跃两楼层及以上的住宅。顶层为跃式住宅时，最上跃层部分不计层数，其它计自然层数。

5.2.3 户的划分

户指房屋各权属单元的权界线所围成的范围。

1）成套住宅，一般以一套划分为一户。

2）独立使用和出售的商业用房、库房按其权界线分户。

3）一栋（或多栋）房屋为同一产权人的，一栋（或多栋）房屋可划分为一户。

4）独立使用的地下室按其权界线分户。

5）不被分摊的公共部分应视为一户。

6）权利人房屋产权范围为某一区域（如：一个单元、一个楼层等），可按一个区域分为一户。

7）无分隔墙体的商铺、摊位、车位等，当有明确的界址线，且界址点埋设有界桩、施工图纸上界线清楚的可按其界址线分户。

5.2.4 分户房屋权界线的确定

分户房屋权界线的确定应以产权来源为依据。有合法协议约定的，以协议为准确定；无合法协议约定的，按如下要求确定：

1）成套房屋的分户权界线取其分户隔墙和外墙的中线。

2）商业铺位、车位等分户权界线取分隔墙中线，无分隔墙时取界址点点间连线，门面临街部位取其外墙的中线。

3）整层为一户时，分户权界线为该层外墙中线。

4）整单元为一户时，分户权界线为单元间共墙的中线和外墙中线。

5.2.5 分户编号

实地有编号的以实地编号为准。实地无编号的，按下列方法编号：

1）成套住宅按单元号、层次、户号编号。

单元号编立时，面向门洞方向将各门洞从左至右依次编为一单元、二单元、……、N单元。层次编号按5.2.2条规定编立。户号编立时，在各单元各层内，按顺时针方向依次编立为（1）、（2）、……、（N）号。

2）车位、商业铺位按层次、户号编立。

层次编号同前。车位、商业铺位编号时，可面向街道门牌号方向呈“S”或反“S”先分块，再对分户顺序编号。

3）按区域分户的户号按栋编立，编立时，从下层至上层对各户顺序编号，当一户房屋跨层时，该户各层房屋编同一户号。

5.3 房屋面积数据的采集

房屋面积数据采集主要指房屋的边长采集，也可直接采集房角点的坐标。边长或坐标数据是计算房屋面积的主要依据，根据房屋数据来源的不同，将其计算所得的面积分为“预测面积”和“实测面积”两类。

5.3.1 基本规定

1）测量过程应遵循先整体、后局部，先外后内的原则。

2）测点两端应选取房屋的相同参考点，测点位置一般应位于墙体 1.00 ±0.20 米高处。

3）分层

逐户实量，在测量草图上注记实测边长、墙体厚度。边长单位为米，取位至0.001米。

4）测量时，测量仪器或钢尺两端均应处于水平状态，测量边长、坐标均要独立测量两次，两次测量读数较差的限差应符合以下精度要求：

a）钢卷尺两次测量读数之差△D应满足：

|△D| ≤0.001 +0.0005D（当D小于10米时，以10米计）。

b）测距仪两次测量读数之差△D应满足：|△D| ≤0.005米。

5）为校核测量数据的正确性，提高测量结果的准确度，施测时应有多余观测。

6）参与计算房屋面积的边长数据要进行平差处理，相关数据之间不能相互矛盾。

5.3.3 预测面积的房屋数据采集

房屋面积预测系指房屋竣工前，房产测绘单位根据房屋规划设计图纸和资料，按照国家有关法律、法规和房产测绘技术标准，计算出房屋面积。

1）房屋数据采集的资料来源

a）房屋建筑设计图纸。

b）房屋销售方案说明。

c）建设单位提供的其它资料。

2）房屋数据采集的方法

a）图纸尺寸可以直接采集。

b）局部位置无标注尺寸并无法通过其他相关数据计算得出的，可以通过图解法采集。

c）房屋的拐角无特殊注明或说明的，一般视为直角。其组成的房屋按矩形采集边长并计算面积。

5.3.4 实测面积的房屋数据采集

实测面积指房屋竣工后，对房屋实地测算而得出的面积。

1）整栋房屋外围测量

a）当房屋外围是矩形结构时，应测量房屋外围边长。测量时，房屋矩形的四条边均应测量。当边长无法直接测量时，应测量房角点坐标，解析出房屋边长值。

b）当房屋外围不是矩形结构时，应测量所有外围房角点和特征点或拐点的点位坐标，通过坐标解析法计算房屋面积。测量时，可采用任意坐标系，并布设闭合导线、附合导线、支导线或引点等，保证测站点处于同一坐标系。

2）房屋内部测量

a）根据权界线分层逐户进行边长数据采集，公用建筑面积边长数据分层采集。

b）矩形房屋应测量矩形的四条边，当房屋小于10平方米时，可测量矩形的长、宽两条边。

c）当房屋为非矩形时，应根据实际情况将房屋划分成圆形、椭圆形、扇形、弓形、梯形、三角形、菱形等规则形状，并根据计算面积的需要进行边长、高、半径、直径等测量。

d）对于超过钢尺或测距仪测程的组合边长，应保持各测段处于一条直线上。

e）房屋分为层高在2.20米以上和以下两部分时，应分别测量两部分的边长数值并辅以略图说明。层高低于2.20米的部位，以虚线区分其范围，并在其范围内注记“层高小于2.20米”。

3）墙体厚度的确定及测量

a）房屋勒脚以上的外墙体厚度不包括粉刷层（抹灰层）、贴面等外墙保护层、外墙保温层、凸出外墙面的结构柱、装饰柱或装饰性的幕墙。

b）成套房屋的架空楼层、局部架空等无墙体的外围，包括底层楼梯入口处、店面或车库的卷帘门或铁栅门等，其墙体厚度可参照本层其它外墙或承重墙的实体厚度确定，本层无可参照的可套用上层外墙体厚度确定。

c）地下室外围墙厚可按审定的设计图纸确定。

d）墙体归属分为自（有）墙、共（有）墙和借（他）墙三类。

e）成套房屋的外墙（包括山墙），各套之间的分隔墙、套与公共建筑空间的分隔墙以及归属不同功能区的公共建筑空间之间的分隔墙均为共有墙。共有墙的权属线绘于共有墙中线处，其墙体面积以权属线为界各自归入相关建筑面积中。房屋的外半墙面积归入共有建筑面积。

f）玻璃幕墙作为房屋外墙的，结构板外沿至玻璃幕墙外墙面的间距在0.20米以内的以实际间距确定外墙体厚度；超过0.20米以0.20米确定外墙体厚度。同一楼层外墙，既有主墙，又有玻璃幕墙的，以主墙为准计算建筑面积，墙厚按主墙厚度计算。栏杆等维护结构不视为主墙。

金属幕墙及其它材料幕墙，参照玻璃幕墙确定。

g）当墙体厚度变化大于0.02米时，应在不同的部位进行墙厚测量。

h）墙体的抹灰层、外墙装饰帖面的厚度实测确有困难时，可按照规划部门批准的结构设计总说明和图件资料中规定的设计尺寸来确定。无法获得时，抹灰层、外墙装饰帖面的厚度按下表规定取值：

序号	类型	普通抹灰	中级抹灰	高级抹灰	外墙装饰帖面
1	内墙	0.018米	0.020米	0.025米	
2	外墙	0.020米			0.025米
3	石墙	0.030米			
备注	未注抹灰等级的，按普通抹灰层厚度。				

4）数据记录规则

a）测量记录必须在测量草图上实地完成，不得依据事后回忆标注。

b）记录必须使用钢笔（碳素或蓝黑墨水）、H型号的铅笔，禁止使用圆珠笔。

c）记录字体要规整、清晰，测错、记错的数据划改应能辨别，严禁连环涂改、擦改、就字改字等违规行为。

d）测量草图上应标注边长实测测线位置，观测数值平行于该实测测线注记，并紧靠该测线。

e）边长较短，观测数值不能在该边范围内注记时，应采用引出线方式注记。

f）通过坐标解析法测量边长时，应采用记录表的形式进行记录，图上只注记房角编号；同时应保持图上编号与记录表上编号的一致性。

g）测量记录应注记：测量员、记录员、测绘日期、使用仪器名称与型号、编号等基本信息。

h）房屋面积测绘记录应按附录二：房屋面积测绘记录手簿的要求进行。

i）各种测量记录、测量草图、表格等应随工程项目归档。

5.4 房屋面积计算

外业测量数据经整理配赋后进行面积计算。房屋面积计算就是根据采集的房屋边长数据或房角点坐标数据，计算出各类面积。内业计算方法包括几何图形解析法和坐标解析法两种。

5.4.1 基本规定

1）外业测量数据必须经过平差处理。

2）数据处理中的边长数据取位至0.001米；面积计算采用的边长数据取位至0.01米，面积取位至0.01平方米；数据取位按“四舍五入”的原则。

5.4.2 数据平差处理

1）在《房屋基本情况记录表》中分层逐户绘制房屋权界线示意图并对房角进行编号，将观测边长按边号填入《测量数据平差处理表》。

2）当一条边的两次测量值符合限差要求时，取其中数作为边长观测值。

3）当一条边由多组观测边长组成时，则将多组边长的中数值与自有墙墙厚（含抹灰层）求和，得到边长观测值。

4）测量的房屋外廓全长（含抹灰层和外墙装饰贴面）与室内分段丈量之和（含共墙和抹灰层）的较差在表2限差内时，应以房屋外廓数据为准，分段丈量的数据按比例配赋得到边长平差值；超限必须进行复量。

表2 测量边长限差规定

等级	边长限差（米）	备注
一级	0.01+0.0003D	D为房屋边长，单位米。当D小于10时，以10米计。
二级	0.02+0.001D	
三级	0.04+0.003D	

5）将边长平差值按边号填入《测量数据平差处理表》。

6）按照边号将墙厚（含抹灰层）填入《测量数据平差处理表》。

5.4.3 实测边长计算

1）计算房产面积的实测边长应为边长平差值加（减）墙厚（含抹灰层），将实测边长值按边号填入《测量数据平差处理表》。

2）当实测边长与批准的设计边长尺寸较差绝对值不超过0.03米时，按设计边长尺寸计算房产面积；否则，采用实测边长计算房产面积，并在房产测绘报告中作出说明。

3）《测量数据平差处理表》中应说明：

a）确定抹灰层、外墙装饰贴面的厚度。

b）房屋外廓边长与分段丈量边长平差计算

说明。

5.4.4 几何图形法计算面积

根据房屋水平投影的形状分割成若干几何图形，由几何图形面积计算公式，即可计算出各类面积的数值。

5.4.5 坐标解析法计算面积

利用采集的房角点的坐标值，根据《房产测量规范》GB/T 17986.1 - 2000 中的 8.4.1 的公式计算。

5.5 房屋面积测绘报告

房产测绘完成后，房屋建筑面积和计算结果应形成包括封面、文字说明、数据表和平面图的《房屋面积测绘报告》。

《房屋面积测绘报告》可按照《四川省房产测绘示范文本（1)》的要求编写。

第六章　共有建筑面积分摊规则

异产毗连房屋权属分割清晰，不存在共有共用部位的，各户面积在各自范围内单独计算；异产毗连房屋存在有无法分割的共有共用部位的应进行共有建筑面积分摊计算。

6.1　公用建筑面积的分类

公用建筑面积分为被分摊的公用建筑面积和不被分摊的公用建筑面积。被分摊的公用建筑面积又称为共有建筑面积。

6.1.1 不被分摊的公用建筑面积

1）地下室或半地下室中设计作为人防工程及中高层以上建筑的消防避难层（室）、屋面上计算面积的消防通道的建筑空间的建筑面积。

2）独立使用的地下室、半地下室，地下室或半地下室中独立的车位、车库（包含自行车库）、杂物间等的建筑面积。

3）建在栋内，为他栋或多栋服务的设备用房、值班警卫室、管理用房、附属配套设施用房、市政设施用房、为社区服务的公用房屋及通道等公共配套房屋的建筑面积。

4）按规划批建，层高在 2.20 米以上的技术（结构）转换层，架空层中用作停放车辆、公共休憩、绿化等公共开放空间的建筑面积。

5）建设、开发单位自留、自用房屋的建筑面积。

6）用作公共休憩的亭、走廊、绿化等建筑物的建筑面积。

6.1.2 共有建筑面积

1）栋内共有的楼梯间、电梯间、电梯井、观光井（梯）、提物井、管道井、垃圾道、室外楼梯等垂直通道的建筑面积。

2）栋内共有的门厅、大厅、过（走）道、门廊、门斗等水平通道的建筑面积。

3）栋内共有的突出屋面有围护结构的水箱间、电梯机房、楼梯间、设备用房及其附属用房、工具间等的建筑面积。

4）仅为本栋服务且设在本栋地下或地上的变（配）电室、消防控制室、水泵房、设备间、工具间、值班警卫室、管理用房等的建筑面积。

5）套与公共建筑之间的分隔墙墙体面积的一半、外半墙水平投影面积。

6.2　共有建筑面积的分摊原则

1）共有建筑面积的分摊，应以栋为单位进行。非本栋的共有建筑面积不在本栋分摊，本栋共有建筑面积不分摊到他栋。

2）产权各方有合法权属分割文件或协议的，按文件或协议规定执行。

3）无产权分割文件或协议的，根据相关房屋的套（单元）内建筑面积按比例进行分摊。

4）共有建筑面积分摊后，不划分各产权人在共有建筑面积上的产权界。

6.3 共有建筑面积分类

根据共有建筑面积的使用功能及服务范围可划分为：

1）整栋共有建筑面积：指为整栋服务的共有共用的建筑面积，此类共有建筑面积由整栋进行分摊。

2）功能区共有建筑面积：指专为某一功能区服务的共有共用的建筑面积，例如某栋楼内，专为某一商业区，或办公区服务的警卫值班室、卫生间、管理用房等。这一类专为某一功能区服务的共有建筑面积，应由该功能区分摊。

3）层共有建筑面积：当各层的共有建筑不同时，应区分各层的共有建筑面积，由各层分别进行分摊。例如各层的卫生间、公共走道等各不相同时，按层各自分别进行分摊。

4）其他共有建筑面积。

6.4　共有建筑面积计算及分摊的若干细则

6.4.1 列为不被分摊的公用建筑应视为一个产权单元，并参与分摊该栋相应的共有建筑面积。

6.4.2 设在栋内的会所、储蓄所、娱乐活动室、健身房、阅览室、托儿所、老人活动中心以及居委会、派出所等独立使用的房屋，应为一个产权单元，参与分摊该栋相应的共有建筑面积。

6.4.3 有附属层（结构转换层、技术层、避难层、架空层等层高在2.20米以上）的房屋，附属层应划分为独立的功能区。

6.4.4 一栋由裙楼相连的、有多个塔楼的房屋，裙楼、各塔楼应划分为不同功能区。

6.4.5 单一功能房屋存在多个单元时，按单元划分功能区。

6.4.6 地下室通道的建筑面积处理

1）建在地面楼栋内的地下室出入口，按以下方式处理：

a）当地面楼和地下室为一栋房屋时，若该出入口仅为地下室服务，列为地下室应分摊的共有建筑面积；若该出入口同时为地面楼和地下室服务，列为其服务范围应分摊的共有建筑面积。

b）地面多栋楼共用一个地下室时，若该出入口仅为地下室服务，列为地面楼不被分摊的公用建筑面积；若该出入口同时为地面楼和地下室服务，列为地面楼应分摊的共有建筑面积。

2）建在地面楼栋外的地下室出入口，列为地下室应分摊的共有建筑面积。

3）车道和专门服务于车位的其它公共走道面积，由地下室各车位分摊。

4）地下室功能用房和服务于本功能用房的专用走道，由使用该功能用房的各户进行分摊。

6.4.7 室外楼梯处理

1）仅供一户使用的，全部计入该户分摊建筑面积。

2）为不同功能区服务的，其面积列为相应功能区的共有建筑面积；为同一功能区服务的，计入该功能区共有建筑面积。

6.4.8 室内楼梯处理

1）为整栋服务的楼梯或电梯，整栋分摊（在个别楼层或部分楼层有门不开的，不影响整栋分摊）。

2）共有的屋顶楼梯间列为整栋的共有建筑面积。

3）因各层用途不同，在不同位置设置高、低不同的楼梯，但各楼梯之间所在某一层互通的，如图6-1中的1梯至3梯，这些楼梯的梯间共有面积可合并为区间共有面积。如果某一层还设有专用梯，则按室内专用梯处理。如图6-2的第4层。

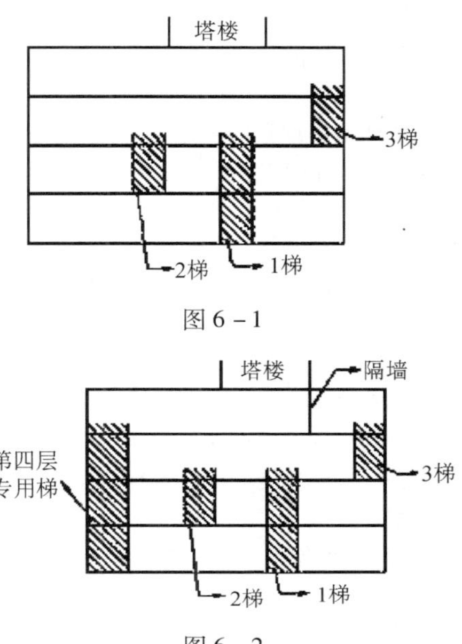

图6-1

图6-2

4）室内专用梯（楼梯、电梯），其通过“不使用”建筑的梯间共有面积，列为“不使用”和“使用”两部分建筑的区间共有面积；通过“使用”建筑的梯间共有面积为“使用”部分建筑的区内共有面积。

6.4.9 穿过房屋的通道处理

若此通道只为本栋服务，则列为本栋应分摊的共有建筑面积；否则，列为不被分摊的公用建筑面积。

6.4.10 走廊的处理

1）房屋除第一层（地面）外的其他各层的内、外走廊，列为本层的共有建筑面积。

2）位于建筑物第一层（地面）、计算建筑面积的内、外走廊，列为其服务范围的共有建筑面积。

6.4.11 当商场需要分割成通道和若干铺位时，通道的建筑面积由各相关铺位按其建筑面积比例分摊。

6.4.12 架空通廊

1）两栋独立建筑物之间的架空通廊列为不被分摊的公用建筑面积。

2）塔楼之间的架空通廊建筑面积列为相关功能区应分摊的共用建筑面积。

6.4.13 门廊、雨蓬

1）为一户独立设置的门廊、雨蓬，计算建筑面积的，其建筑面积计入该户的分摊建筑面积中。

2）设置于公共大门口或楼梯口等处的门廊、雨蓬，计算建筑面积的，建筑面积列为共有建筑面积。

6.5 共有建筑面积确认

在一栋建筑的计算数据进入计算系统之前，可按如下步骤对公用建筑面积进行分析确定：

1）确定一栋房屋中所有公用建筑面积的范围和名称。

2）将公用建筑面积划分成应分摊的和不分摊的两类。

3）分析每一部分的应分摊公用建筑的服务范围，并按共有建筑服务范围确定其服务功能区。仅服务于某一功能区的共有建筑面积为区内共有建筑面积；服务于多个功能区的共有建筑面积为区间共有建筑面积。

4）将区间共有建筑面积分摊后各区所得的分摊面积，分别加到相应的区内共有建筑面积中，然后按本区内的套内建筑面积的比例进行分摊。即，先将从高级别分摊得到的共有建筑面积加到低级别的共有建筑面积中，分别计算分摊系数，逐级分摊。

6.6 共有建筑面积分摊

6.6.1 分摊公式

按相关建筑面积进行共有建筑面积分摊，按下式计算：

&Si = K × Si

K = ∑&Si/∑Si

式中：K—为面积的分摊系数，分摊系数取位至0.000001；

Si——为各单元参加分摊的套内建筑面积；

&Si——为各单元分摊所得的共有建筑面积；

∑&Si——为需要被分摊的共有建筑面积总和；

∑Si——为参加分摊的各单元套内建筑面积总和。

6.6.2 分摊方法

1）整体分摊

使用功能单一、各户对共有建筑面积共有共用情况基本一致的房屋适用于整体分摊的方法。

分户分摊的共有建筑面积 = 共有建筑面积分摊系数 × 套内建筑面积

共有建筑面积分摊系数 = 共有建筑面积 ÷ 套内建筑面积之和

2）多级分摊

不适用于整体分摊的房屋采用多级分摊。多级分摊应遵循从整体到局部，从大到小逐级分摊的原则。

a）第一级分摊。根据房屋的使用功能和各共有建筑部位的服务范围划分若干功能区，一般按住宅、办公、商业、地下车库、仓库等不同的使用功能或共有部位不相同的区域进行划分。各功能区间共有建筑面积，即栋共有建筑面积，按各功能区范围内的自有建筑面积依比例分摊至各功能区。

功能区分摊的共有建筑面积 = 第一级分摊系数 × 该功能区自有建筑面积

第一级分摊系数 = 功能区间共有建筑面积 ÷ 各功能区自有建筑面积之和

各功能区自有建筑面积为功能区内各层外围水平投影面积之和减去作为第一级分摊的功能区间共有建筑面积部分。

b）第二级分摊。某一功能区通过第一级分摊得到的共有建筑面积加上本功能区内各层之间的共有建筑面积，即为该功能区的共有建筑面积，依照第一级分摊的方法，按各层套内的建筑面积依比例分摊至各层。

层分摊共有建筑面积 = 第二级分摊系数 × 该层套内建筑面积

第二级分摊系数 = （第一级分摊得到的共有建筑面积 + 层间共有建筑面积） ÷ 各层套内建筑面积之和

层套内建筑面积为各层外围水平投影面积减去层内的层间共有建筑面积和作为第一级分摊的功能区间共有建筑面积部分。

c）第三级分摊。第二级分摊得到的共有建筑面积加上各层的层内共有建筑面积，按层内各套房屋的套内建筑面积依比例分摊至各套。

分套分摊共有建筑面积 = 第三级分摊系数 × 该套内建筑面积

第三级分摊系数 = （第二级分摊得到的共有建筑面积 + 层内共有建筑面积） ÷ 各套内建筑面积之和

3）其它分摊

a）房屋需要进一步分割时，参照上述方法在上一级分摊的基础上再进行分摊计算。

b）非成套房屋中的厅堂、壁柜、厨房、卫生间等由部分房屋产权人共同使用的部位，有协议的，以协议为准进行分摊，无协议的，参照上述方法按建筑面积依比例分摊。

第七章 房产变更测量

7.1 在房屋发生买卖、交换、继承、拆迁、新建、改建、扩建、重建、拆除、改制等涉及权界调整和面积增减变化时应进行房产变更测量。

7.2 房产变更测量的方法

7.2.1 现状变更测量。

1）变更范围小，可根据图上原有房屋或设置的测线，采用钢卷尺定点测量。

2）变更范围大，可采用测线图定点测量或平板仪测量。

3）采用解析法测量或全野外数字采集系统时，应在实地布设好足够的平面控制点，设站逐点进行现场数据采集。

7.2.2 权属变更测量

进行权属变更测量，必须依据变更登记申请书标示的房产及其用地位置草图、权利证明文件、约定日期，通知申请人到现场指界，实施分户测绘。

1）现有的平面控制点、界址点、房角点都可以作为变更测量的基准点。

2）采用图解法进行权属变更测量，应按实测数据计算面积后，再定出分界点在图上的位置。

3）变更测量之后，应对现有房产、原有资料进行修正和处理。

7.3 变更测量精度

变更后的分幅、分丘图图上精度，新补测的界址点的精度都应符合规范的规定。

7.3.1 按现行《房产测量规范》模拟方法测绘的房产分幅平面图上的地物点，相对于邻近控制点的点位中误差不超过图上 ±0.50 毫米。

7.3.2 对全野外采集数据或野外解析测量等方法所测的房产要素和地物点，相对于邻近控制点的点位中误差不超过 ±0.05 米。

7.4 丘号、栋号、界址点号的调整

丘号、丘支号、栋号、界址点号、房角点号、房产权号、房屋共有权号都不能重号。其中房产权号、房屋共有权号除了整栋房屋拆除须注销权号，一般不预调整。

7.4.1 丘合并时，须重新编立丘号，新增丘号沿房产分区或房地产分幅平面图内最大丘号续编。

7.4.2 用地合并时，四周外围界址点维持原点号；用地分割或扩大，新增界址点沿房地产分幅平面图内最大界址点续编。

7.4.3 用地单元中房屋被部分拆除或扩建，仍保留原栋号；新建和改建房屋沿丘内最大编号续编。

第八章 成果资料的检查验收和整理

8.1 一般规定

房地产测绘成果实行二级检查，一级验收和审核备案制度。

8.1.1 一级检查是在全面自检、互查的基础上，由作业小组的专职或兼职检查人员承担的过程检查。检查量外业巡视 100%，主要数据抽查 30%；内业检查 100%。一级检查质量合格后，方能进入下一工序。

8.1.2 二级检查是在一级检查的基础上，由房产测绘单位的质量检查机构或专职检查人员所进行的最终检查。检查量外业巡视 30%，内业检查 100%。

8.1.3 验收工作是由测绘工作的委托方组织实施的对测绘单位所提交测绘产品的验收。

8.1.4 审核备案是房产管理部门对用于房产管理的成果资料进行审核备案的工作。经验收合格的房产测绘成果需经房产管理部门备案后方可用于房产管理。

8.1.5 各级检查验收中发现的问题，必须做好记录，并提出处理意见；二级检查、验收工作完成后，应分别编写检查、验收报告。

8.2 上（提）交成果资料内容

1）合同或委托书。

2）技术报告或技术说明。

3）验收报告。

4）图形数据成果。

5）《房屋面积测绘报告》。

8.3 检查、验收项目及内容

8.3.1 平面控制测量

1）平面控制网的布设和点位是否符合要求。

2）各种观测手簿的记录和计算是否正确。

3）各类控制点的测定方法、扩展次数及各种限差、成果精度是否符合要求。

4）起算数据和计算方法是否正确，平差后的成果精度是否满足要求。

8.3.2 房产调查

1）房产要素权属界线、墙体归属调查的内容是否齐全、正确。

2）用地略图、用房界线反映是否明确，有关说明、符号是否一致。

8.3.3 分幅平面图测绘

1）图廓点、方格网、各级控制点、界址点的展绘有无遗漏，位置是否准确。

2）分幅图和界址点的施测方法以及各项限差是否在规定的要求之内。

3）房屋及其用地的各种要素是否齐全，丘、栋的编号是否正确。

4）与房地产管理有关的地形要素取舍是否合理。

5）图幅接边是否在限差内，误差配赋是否合理，房屋形状表示是否正确，线状地物接边有否明显变形。

6）图上各种注记是否正确，取舍和注记位置是否恰当。

8.3.4 分丘平面图测绘

1）与分幅图对比，相应要素是否一致。

2）用地范围、权属界址线及房屋的四面墙体归属的表示是否正确，位置与产权来源是否相符。

3）权属有争议的注记表示是否正确。

8.3.5 房屋面积计算

1）房屋外边长测量部位是否正确，分户房屋权界线划分是否正确。

2）建筑面积测算、取舍是否正确，计算成果精度是否符合要求。

3）共有建筑面积确认是否正确，分摊方法选用是否合理，分摊计算成果是否正确。

4）分层、分户图比例尺选用是否合理，表述内容是否齐全，注记位置是否恰当，图面是否清洁美观。

5）各种记录计算图表资料是否有责任者签名，整饰是否符合要求。

8.3.6 变更测量

1）变更测量的方法、测量基准、测绘精度等是否符合要求。

2）变更后房地产要素编号的调整与处理是否正确。

8.4 成果质量的评定

1）成果质量实行优级品、良级品和合格品三级评定。

2）成果质量由专职或兼职检验人员评定。

3）成果质量的评定标准，可参照《测绘成果质量检查与验收》GB/T24356－2009 执行。

8.5 资料整理归档

8.5.1 上交资料内容按顺序装订成册，归入房产档案。

8.5.2 测绘单位应将下列资料归档

1）测绘合同或任务委托书。

2）房地产测量技术设计书。

3）成果资料索引及说明。

4）控制测量成果资料。

5）房屋及房屋用地调查表。

6）房屋座落示意图。

7）界址点坐标成果表及面积测算资料。

8）图形数据成果和房产原图。

9）《房屋面积测绘报告》。

10）房地产测量技术报告。

11）检查验收报告。

12）相应文本、图、表的电子文档（光盘）。

8.5.3 技术报告应包括以下内容

1）工程概况。

2）引用技术标准。

3）测量的方法及精度说明。

4）检查结论及说明。

5）调查收集的资料及说明。

8.5.4 检查验收报告编写要求

1）检查验收的组织形式。

2）测量工程的基本情况。

3）检查验收的依据。

4）检查验收的方法。

5）检查验收存在的问题及处理情况。

6）检查验收的结论。

第九章 附 则

9.1 本细则于2010年6月1日起施行。2006年8月3日印发的《四川省房产测绘实施细则（试行）》和2008年2月14日印发的《四川省房产测绘实施细则（试行）》补充规定（房产面积实测规定）同时废止。

9.2 本细则实施过程中的具体问题，由四川省测绘局会同四川省住房和城乡建设厅解释。

西藏自治区测绘条例

西藏自治区第九届人民代表大会常务委员会第十九次会议于2010年11月26日修订通过，自2011年1月1日施行

第一章 总 则

第一条 为了规范测绘活动，促进测绘事业发展，保障测绘事业为经济建设、国防建设和社会发展服务，根据《中华人民共和国测绘法》及有关法律、法规，结合自治区实际，制定本条例。

第二条 自治区行政区域内的测绘活动，适用本条例。

第三条 自治区人民政府应当加强对测绘工作的领导，逐步建立健全测绘管理机构，注重测绘专业人才队伍建设，使测绘事业发展与经济和社会发展相适应。

第四条 县级以上人民政府应当将基础测绘纳入本级国民经济和社会发展规划及年度计划。

县级以上人民政府应当加大对测绘事业的资金投入，将基础测绘和测量标志保护所需经费列入本级年度财政预算。

第五条 县级以上人民政府测绘主管部门负责本行政区域内测绘工作的统一监督管理。

县级以上人民政府安全、工业和信息化、保密、工商行政管理、新闻出版等有关部门按照各自职责，协助测绘主管部门做好测绘工作的监督管理。

第六条 从事测绘活动的单位和个人应当遵守保密法律、法规，履行保守国家秘密的义务。

第七条 从事测绘活动涉及军事设施的，应当遵守与军事设施保护相关的法律、法规。

第八条 县级以上人民政府及其有关部门应当加强对测绘法律、法规的宣传，增强公民保护测绘设施、设备的意识。

第九条 自治区鼓励测绘科学技术的创新和进步，采用先进技术和设备，提高测绘水平。

对在测绘科学技术创新和进步中作出重要贡献的单位和个人，按照国家和自治区的有关规定给予表彰、奖励。

第十条 外国组织或者个人在自治区行政区域内从事测绘活动的，应当经国务院测绘主管部门会同军队测绘主管部门批准，并报自治区人民政府测绘主管部门备案后，方可在批准的区域和范围内从事测绘活动。

第二章 测绘标准和测绘系统

第十一条 从事测绘活动应当使用国家统一的测绘基准和测绘系统，并执行国家规定的测绘标准和技术规范。

自治区人民政府测绘主管部门根据自治区测绘事业发展的需要，可以制定自治区的地方标准和技术规范。

第十二条 自治区人民政府测绘主管部门应当根据国家规定的测绘基准和测绘系统，建立与国家坐标系统相统一的自治区级大地控制网。

市（地）、县级人民政府测绘主管部门应当在自治区级大地控制网的基础上建立市（地）、县级大地控制网。

第十三条 因建设、城市规划和科学研究的需要，城市和自治区大型重点工程建设项目确需建立相对独立平面坐标系统的，应当经自治区人民政府测绘主管部门批准。

第十四条 申请建立相对独立平面坐标系统的，应当提交下列材料：

（一）论证报告；

（二）技术方案；

（三）与国家统一坐标系统相联系的方式。

同一城市或者局部地区只能建立一个相对独立的平面坐标系统。

第十五条 自治区人民政府测绘主管部门应当自受理建立相对独立平面坐标系统的申请之日起20个工作日内，作出是否准予建立的决定。符合要求的，应当准予建立，并告知相关部门；不符合要求的，应当书面通知申请人，并说明理由。

第三章　基础测绘和应急保障

第十六条　自治区人民政府测绘主管部门应当会同同级发展和改革部门以及有关部门，根据国家基础测绘规划和本行政区域的实际情况，组织编制本行政区域的基础测绘规划，报本级人民政府批准，并报国务院测绘主管部门备案后组织实施。

市（地）、县级人民政府根据自治区的基础测绘规划，结合实际，制定本行政区域的基础测绘规划。

第十七条　市（地）、县级人民政府发展和改革部门应当会同同级测绘主管部门，根据自治区的基础测绘年度计划和本级基础测绘规划，编制本行政区域基础测绘年度计划，并分别报上一级主管部门备案。

第十八条　下列基础测绘项目由自治区人民政府测绘主管部门组织实施：

（一）建立、更新和维护自治区行政区域内与国家测绘系统相统一的大地控制网和高程控制网；

（二）建立和更新自治区级基础地理信息系统；

（三）组织实施自治区基础测绘航空摄影；

（四）获取自治区基础地理信息的遥感资料；

（五）测制和更新自治区 1∶1 万、1∶5000 基本比例尺地形图、影像图和数字化产品；

（六）组织编制自治区基础地理底图、普通地图（集、册）和自治区级综合地图集。

第十九条　县级以上人民政府应当定期更新基础测绘成果。更新周期按照国家有关规定执行。

第二十条　县级以上人民政府及其有关部门应当根据基础测绘规划和年度计划，加强基础测绘设施建设、管理和保护，确保基础测绘设施的正常运行。

第二十一条　县级以上人民政府测绘主管部门应当根据应对自然灾害、事故灾难、公共卫生事件、社会安全事件等突发事件的需要，制定相应的基础测绘应急保障预案。

基础测绘应急保障预案的内容应当包括：应急保障组织体系、应急装备和器材配备、应急响应、基础地理信息数据的应急测制和更新等应急保障措施。

第二十二条　县级以上人民政府测绘主管部门应当根据基础测绘应急保障预案，配备相应的装备和器材，组织培训和演练，完善突发事件应急处置基础地理信息系统，做好基础测绘应急保障工作，提高基础测绘应急保障服务能力。

突发事件发生后，县级以上人民政府测绘主管部门应当立即启动基础测绘应急保障预案，采取有效措施，开展基础地理信息数据的应急测制和更新工作，配合相关部门依法处置突发事件。

第四章　界线测绘和其他测绘

第二十三条　行政区域界线的测绘和县级以上行政区域界线的标准画法图，按照国家有关规定执行。

乡（镇）行政区划界线的标准画法图，由自治区人民政府民政部门会同测绘主管部门拟定，报自治区人民政府批准后公布。

第二十四条　自治区人民政府测绘主管部门会同国土部门编制自治区地籍测绘规划，并由自治区人民政府测绘主管部门按照地籍测绘规划，组织管理地籍测绘。

市（地）、县级人民政府测绘主管部门会同同级国土部门编制本行政区域的地籍测绘规划，分别报上一级主管部门备案后，由市（地）、县级人民政府测绘主管部门按照地籍测绘规划，组织管理地籍测绘。

第二十五条　测量土地、建筑物、构筑物和地面其他附着物的权属界址线，应当按照县级以上人民政府确定的权属界线的界址点、界址线或者提供的有关登记资料和附图进行。权属界址线发生变化时，有关当事人应当及时申请变更测绘。

向单位和个人发放的土地权属证书或者房屋权属证书所采用的数据和附图，应当由具备相应测绘资质的单位按照国家规定的技术规范进行测制。

第二十六条　自治区人民政府测绘主管部门应当加强基础地理信息系统建设和管理，建立统一的基础地理信息公共服务平台，促进基础地理信息资源的共建共享。

使用财政资金建设的基于地理位置的信息系统，应当采用测绘主管部门提供的基础地理信息公共服务平台。

第五章　测绘资质资格

第二十七条　从事测绘活动的单位，应当依法取得相应等级的测绘资质证书，并在资质等级许可的范围内从事测绘活动。

第二十八条 测绘资质分为甲、乙、丙、丁四级。

申请测绘资质的，应当向自治区人民政府测绘主管部门提出。自治区人民政府测绘主管部门应当依照国家有关测绘资质管理的规定办理。

第二十九条 自治区人民政府测绘主管部门应当将测绘资质审批结果及时向社会公布。公布的信息包括：测绘资质单位名称、法定代表人、资质等级、业务范围等。

第三十条 测绘单位变更名称、地址、法定代表人或者业务范围的，应当办理变更手续。

测绘单位合并、分立的，应当重新办理测绘资质证书。

测绘单位终止测绘业务的，应当办理注销手续，并向发证机关交回测绘资质证书。

任何单位和个人不得伪造、变造、转借或者转让测绘资质证书。

第三十一条 测绘项目承发包的，测绘项目的发包单位不得向不具备相应测绘资质等级的单位发包或者迫使测绘单位以低于测绘成本承包。

测绘单位不得将承包的测绘项目转包。

第三十二条 从事测绘活动的人员，应当持有测绘作业证件。

从事测绘活动的专业技术人员应当具备执业资格条件。从事测绘活动的技术工种人员应当取得职业资格。

第三十三条 任何单位和个人不得妨碍、阻挠测绘人员依法开展测绘活动。

第三十四条 区外测绘单位在本行政区域内开展测绘活动的，应当自测绘项目开始测绘前10个工作日内，持测绘资质证书、测绘作业证件和测绘合同文本等有关材料，向自治区人民政府测绘主管部门备案。

第六章 测绘成果

第三十五条 测绘单位应当建立健全技术质量保证体系，并对其完成的测绘成果质量负责。

第三十六条 测绘成果实行汇交制度。

基础测绘成果和财政投资测绘项目的测绘成果应当汇交副本，其他测绘成果应当汇交目录。

第三十七条 测绘项目出资人或者承担国家投资的测绘项目的测绘单位，应当自测绘成果验收完成之日起90日内，向自治区人民政府测绘主管部门汇交测绘成果副本或者目录。

第三十八条 自治区人民政府测绘主管部门应当自收到汇交的测绘成果副本或者目录之日起10个工作日内，将测绘成果副本或者目录移交测绘成果保管单位。

自治区人民政府测绘主管部门应当编制全区测绘成果资料目录，并向社会公布。

第三十九条 测绘成果保管单位应当建立健全保管制度，明确测绘成果保管责任，配备必要的设施，对基础测绘成果资料实行异地备份存放，采取有效的防火、防盗、防潮、防腐蚀、防有害生物、防磁化、防病毒、防泄密等措施，保障测绘成果资料的安全。

第四十条 法人或者其他组织可以申请利用测绘成果保管单位保管的基础测绘成果和财政投资的其他测绘成果。

第四十一条 自治区实行测绘成果有偿使用制度。

测绘成果有偿使用的价格，由自治区人民政府物价部门会同测绘部门制定。

第四十二条 基础测绘成果和财政投资完成的其他测绘成果，用于国家机关决策和社会公益事业的，测绘成果保管单位应当无偿提供。

各级人民政府及其有关部门和军队因防灾、减灾、国防建设等公共利益的需要利用测绘成果的，成果持有人应当无偿提供。

第四十三条 法人或者其他组织需要利用基础测绘成果和国家财政投资的其他测绘成果的，应当向自治区人民政府测绘主管部门提出申请。

第四十四条 自治区人民政府测绘主管部门应当对申请人提交的利用测绘成果的申请材料进行审查，自受理申请之日起7个工作日内，作出是否准予利用的决定。符合要求的，应当准予利用；不符合要求的，应当书面通知申请人，并说明理由。

第四十五条 对市（地）人民政府测绘主管部门保管的基础测绘成果和国家财政投资的属于国家秘密的其他测绘成果的利用，可以由自治区人民政府测绘主管部门委托市（地）人民政府测绘主管部门审查。

第四十六条 自治区人民政府测绘主管部门应

当将利用涉及国家秘密的测绘成果的情况，及时以书面形式告知自治区保密部门。

第四十七条 县级以上人民政府测绘主管部门审查同意法人或者其他组织利用涉及国家秘密的测绘成果的，应当以书面形式告知测绘成果的秘密等级、保密要求以及相关著作权保护要求。

第四十八条 法人或者其他组织利用涉及国家秘密的测绘成果的，应当签订保密协议，按照有关保密法律、法规的规定和保密协议，做好测绘成果的保密管理工作。

第四十九条 使用财政资金开展测绘项目、建设工程测绘项目和购置航空航天遥感测绘资料的，有关部门应当在批准立项前，书面征求自治区人民政府测绘主管部门的意见。

自治区人民政府测绘主管部门应当按照充分利用已有测绘成果的原则，提出书面意见，避免重复测绘或者重复购买。

第五十条 自治区行政区域内的重要地理实体的位置、高程、深度、面积、长度等地理信息数据，属于国家批准、公布的，由自治区人民政府报国务院审批；属于自治区批准、公布的，由自治区人民政府测绘主管部门审核，并与有关部门会商后，报自治区人民政府批准、公布。

第七章 地图和地图产品

第五十一条 自治区人民政府应当加强地图编制、出版、展示、登载、销售等活动的管理，保证地图质量，维护国家主权、安全和利益。

各级人民政府应当加强国家版图意识的宣传教育，增强公民的国家版图意识。

第五十二条 县级以上人民政府测绘主管部门应当规范公开编制、出版、印刷、登载、展示、销售地图的活动。

第五十三条 编制地图的法人或者其他组织应当依法取得《测绘资质证书》，在地图编制业务范围内开展地图编制活动。

第五十四条 地图内容表示应当遵守国家有关地图内容表示规定。图内地名应当按照标准化地名标注；图内国界应当按照国界标准画法样图绘制，其他行政区域界线应当按照行政区域界线标准画法图绘制，并确保地图内容的现势性和准确性。

第五十五条 编制出版的公开版地图，地图制图主区面积不得低于地图图幅面积的三分之二。

第五十六条 编制公开发行的交通、旅游等专题地图，在标载国家机关、医院、学校、图书馆、车站、民用机场等公共地理信息时，不得收取费用。

第五十七条 本自治区编印的中、小学教学地图和附有地图的教材、教学资料、教学用品，由自治区人民政府教育主管部门会同自治区人民政府测绘主管部门组织审定。

第五十八条 出版、展示、登载地图或者制作地图产品的单位或者个人在出版、展示、登载前，应当将试制样图或者样品报送自治区人民政府测绘主管部门审核。

第五十九条 自治区人民政府测绘主管部门应当自收到地图样图或者样品审核申请之日起 20 个工作日内，完成对地图样图或者样品的审核。符合要求的，应当予以批准；不符合要求的，应当书面通知申请人，并说明理由。

第六十条 经自治区人民政府测绘主管部门审核批准用于出版、展示、登载的地图或者地图产品，应当在图内载明自治区人民政府测绘主管部门核发的地图审图号。

第六十一条 经审核批准的地图和附有地图的产品，送审单位应当在出版、展示、登载前将样图或者样品报送审批部门备案。

第六十二条 经审核批准的地图或者地图产品的内容或者形式发生变化，需要再次出版、展示、登载的，应当重新办理审核、备案手续。

未经审核批准的地图和地图产品，任何单位和个人不得出版、展示、登载或者制作、销售。

第八章 测量标志设置和保护

第六十三条 各级人民政府应当采取有效措施，加强对测量标志的保护工作。

乡（镇）人民政府应当指派有关单位或者专人负责本行政区域内测量标志的保护和管理。

第六十四条 县级以上人民政府测绘主管部门应当编制测量标志年度维护计划，并组织实施。

第六十五条 有关部门设置永久性测量标志，应当符合国家规定的技术标准，设立明显标记，并向当地测绘主管部门备案。

第六十六条 测量标志应当科学布点，合理设置。

永久性测量标志需要使用土地或者建筑物的，设置单位应当依法办理相关手续，需要补偿的，依照自治区人民政府有关规定给予补偿。

第六十七条　工程建设影响永久性测量标志的，应当避开永久性测量标志。无法避开需要拆迁或者使其失去效能的，工程建设单位应当报自治区人民政府测绘主管部门批准。

经批准迁建永久性测量标志的，迁建费用由工程建设单位承担。

第六十八条　任何单位和个人不得实施下列行为：

（一）擅自移动、损毁永久性测量标志以及使用中的临时性测量标志；

（二）在测量标志占地范围内烧荒、耕作、取土、挖沙或者侵占永久性测量标志用地；

（三）在距永久性测量标志50米范围内采石、爆破、射击、架设高压电线；

（四）在测量标志的占地范围内建设影响测量标志使用效能的建筑物；

（五）在测量标志上架设通讯设施、设置观望台、搭帐篷、拴牲畜或者设置其他有可能损毁测量标志的附着物；

（六）擅自拆除设有测量标志的建筑物或者拆除建筑物上的测量标志；

（七）其他损坏测量标志安全和使用效能的。

第六十九条　任何单位或者个人发现永久性测量标志被移动、损毁的，应当及时报当地乡（镇）人民政府，并由乡（镇）人民政府及时报县级以上人民政府测绘主管部门。

第九章　监督检查

第七十条　县级以上人民政府应当加强对测绘资质、标准、质量以及测绘成果提供和使用等方面的统一监督管理。

第七十一条　县级以上人民政府测绘主管部门应当定期对测绘单位的测绘活动、测绘成果的汇交、测绘成果的质量等情况进行监督检查，建立测绘单位信用档案，并向社会公布。

第七十二条　县级以上人民政府测绘主管部门应当对涉及国家秘密的测绘成果的保管、利用情况进行监督检查。

第七十三条　县级以上人民政府测绘主管部门应当对测量标志的管理和维护情况进行检查，对发现已经被移动、损毁的测量标志，应当责成有关部门进行维修或者重新设置，保证测量标志的正常使用。

第七十四条　县级以上人民政府测绘主管部门应当会同同级安全、工业和信息化、保密、工商行政管理、新闻出版等部门做好地理信息市场的监督检查。

第七十五条　县级以上人民政府测绘主管部门开展执法检查时，应当有2名以上具有行政执法资格的人员。执法人员开展执法活动，应当出示执法证件，文明执法。

第七十六条　县级以上人民政府测绘主管部门应当对测绘单位在测绘活动中的违法行为，依法进行查处，并书面告知相关部门。

第七十七条　有关单位和个人应当配合县级以上人民政府测绘主管部门的执法检查工作，如实报告情况；需要提供相关材料的，应当提供真实完整的材料。

第七十八条　县级以上人民政府测绘主管部门应当建立举报制度，设立举报信箱和举报电话，并向社会公布。

县级以上人民政府测绘主管部门接到举报后，应当及时受理并查处。

第十章　法律责任

第七十九条　违反本条例规定，未经批准，擅自建立相对独立的平面坐标系统的，由县级以上人民政府测绘主管部门给予警告，责令限期改正，可以并处3万元以上8万元以下的罚款；对直接负责的主管人员和其他直接责任人员，依法给予行政处分。

第八十条　违反本条例规定，未取得测绘资质证书，擅自从事测绘活动的，责令停止违法行为，有违法所得和测绘成果的，没收违法所得和测绘成果，并处测绘约定报酬一倍以上二倍以下的罚款。

以欺骗手段取得测绘资质证书从事测绘活动的，吊销测绘资质证书，有违法所得和测绘成果的，没收违法所得和测绘成果，并处测绘约定报酬一倍以上二倍以下的罚款。

第八十一条　违反本条例规定，未取得测绘执业资格，擅自从事测绘活动的，责令停止违法行为，有违法所得的，没收违法所得，可以并处违法所得一倍以上二倍以下的罚款；造成损失的，依法承担赔偿责任。

第八十二条 违反本条例规定，测绘单位未向自治区人民政府测绘主管部门备案的，由县级以上人民政府测绘主管部门责令限期改正；逾期不改正的，处以5000元罚款。

第八十三条 违反本条例规定，测绘成果保管单位未按照测绘成果资料的保管制度管理测绘成果资料，造成测绘成果资料损毁、散失或者未依法向测绘成果的使用人提供测绘成果资料的，由县级以上人民政府测绘主管部门给予警告，责令改正；有违法所得的，没收违法所得；造成损失的，依法承担赔偿责任；对直接负责的主管人员和其他直接责任人员，依法给予行政处分。

第八十四条 违反本条例规定，擅自公布重要地理信息数据的，由县级以上人民政府测绘主管部门或者其他有关部门责令改正，给予警告，可以并处3万元以上8万元以下的罚款；对直接负责的主管人员和其他直接责任人员，依法给予行政处分。

第八十五条 违反本条例规定有下列行为之一的，由县级以上人民政府测绘主管部门责令限期改正，有违法所得的，没收违法所得；逾期未改正的，处以1万元以上3万元以下的罚款：

（一）地图制图主区面积低于地图图幅面积的三分之二的；

（二）在地图或者地图产品标载国家机关、医院、学校、图书馆、车站、民用机场等公共地理信息收取费用的；

（三）经审核批准用于出版、展示、登载的地图或者地图产品样图或者样品未报送备案的。

第八十六条 违反本条例规定，有下列行为之一的，由自治区人民政府测绘主管部门责令停止展示、发行、销售，对有关地图出版社处以3000元以上1万元以下的罚款，没收地图，有违法所得的，没收违法所得；情节严重的，由出版行政管理部门注销有关地图出版社的地图出版资格，由工商行政管理部门变更其经营范围：

（一）地图印刷或者展示前未按照规定将试制样图报送自治区人民政府测绘主管部门审核的；

（二）地图上国界线或者自治区行政区域界线的绘制不符合国家有关规定而出版的；

（三）地图内容的表示不符合国家有关规定，造成严重错误的。

第八十七条 违反本条例规定，展示、登载、销售未经审核批准的地图及地图产品的，由县级以上人民政府测绘主管部门对单位处以1万元以上5万元以下的罚款；对个人处以500元以上1000元以下的罚款；有违法所得的，没收违法所得。

第八十八条 违反本条例规定，有下列行为之一的，由自治区人民政府测绘主管部门责令限期改正，并处以5000元以上2万元以下的罚款：

（一）未在地图上载明测绘主管部门核发的审图号的；

（二）经审核批准的地图，未按照规定报送备案样图或者样品的。

第八十九条 县级以上人民政府测绘主管部门工作人员在测绘管理工作中，滥用职权、弄虚作假、玩忽职守、徇私舞弊的，对直接负责的主管人员和其他直接责任人员依法给予行政处分。

第九十条 违反本条例规定的行为，有关法律、法规另有处罚、处分规定的，从其规定。

第十一章 附 则

第九十一条 军事测绘单位在本行政区域范围内从事非军事测绘任务的，应当遵守本条例的规定。

第九十二条 本条例自2011年1月1日起施行。1997年5月10日西藏自治区第六届人民代表大会常务委员会第二十四次会议通过的《西藏自治区实施〈中华人民共和国测绘法〉办法》同时废止。

公　告

国家测绘局公告

国家测绘局公告

（第 1 号　2010 年 4 月 21 日）

为贯彻落实《中华人民共和国测绘成果管理条例》和《国务院关于加强测绘工作的意见》，满足国民经济和社会发展对测绘成果的需求，国家测绘局组织开展了 1∶25 万比例尺公众版地图的研发工作。在国家保密局和总参测绘局的支持下，完成了覆盖全国范围的 816 幅 1∶25 万公众版地图成果及相关规范，并通过了专家验收。

经商有关部门，国家测绘局决定启用 1∶25 万公众版地图成果并向社会提供使用。

特此公告。

国家测绘局公告

（第 2 号　2010 年 4 月 30 日）

为加快实施人才强测战略，建设高素质的测绘人才队伍，国家测绘局制订了《国家测绘局科技领军人才管理暂行办法》（详见附件），并决定从 2010 年开始面向国内外选拔科技领军人才。现将 2010 年选拔工作有关事项公告如下：

一、目标任务

根据提高核心技术水平、增强自主创新能力的要求，到“十二五”末期，选拔、引进 20 名左右创新能力强、发展潜力大的科技领军人才，通过承担重大测绘项目等方式，培养造就一批一流测绘专家。

二、选拔对象

国内外高等院校、科研机构、企事业单位从事测绘相关工作人员。

三、选拔条件

（一）具有战略眼光和创新思维，学术技术水平高、引领作用强、发展潜力大、贡献突出，并在本行业、本领域得到广泛认同。

（二）原则上应具有博士学位，具有高级专业技术职务，年龄一般不超过 55 周岁（1955 年 1 月 1 日后出生）。

（三）同时符合下列条件中至少二项：

1. 近5年内获得过国家自然科学奖、技术发明奖、科学技术进步奖或省部级科学技术一等奖（国家级一等奖排名前五，国家级二等奖、省部级一等奖排名前三）。

2. 作为技术负责人，近5年内主持完成过国家或省部级重大科研或工程项目，并在学术技术方面发挥主要作用。

3. 取得的科研成果或发明专利达到国际先进或国内领先，对提升测绘技术水平、促进地理信息产业升级具有显著作用。

4. 作为第一作者，近5年内在国际重要核心期刊上发表过有影响的学术论文，并被SCI（科学引文索引）、EI（工程索引）收录。

（四）长期在国外工作的，按照与上述条件相当的原则掌握。同时，一般应有在国外著名高校、科研机构担任相当于教授以上职务的经历，并有同行公认的学术技术成就。

四、选拔程序

（一）申报人须填写《国家测绘局科技领军人才申报表》，并通过单位推荐、社团推荐、同行专家举荐、个人自荐等任一方式，向国家测绘局人事司提出申请。

推荐单位、社团和专家需对申报人的道德素质、学术和技术水平、团队建设等情况有充分的了解，撰写推荐意见并对相关信息的真实性负责。

（二）国家测绘局人事司组织召开专家委员会，对申报人员进行评审，并提出科技领军人才候选人。

（三）国家测绘局对候选人进行审定，经公示无异议后，确认为科技领军人才，并颁发证书，纳入科技领军人才培养计划。

五、申报材料

（一）各申报人于2010年6月30日前将申报材料及相关证明材料一式三份（附光盘）报送国家测绘局人事司，逾期不予受理，报送材料时务必注明联系人及电话。

（二）申报材料包括：

1.《国家测绘局科技领军人才申报表》（可从国家测绘局网站http：//www. sbsm. gov. cn/下载）。

2. 申报人的身份证件、学历（学位）证书及获奖情况、业绩贡献、代表论著等有关的证明材料；外文证明材料需同时提供中文翻译件。

3. 单位和社团推荐的须有单位或社团出具的推荐函（写明人选产生及决定的过程）。

六、其他

对国家测绘局科技领军人才的培养、资助、考核、管理等具体措施，详见《国家测绘局科技领军人才管理暂行办法》。

联系人：田青

联系电话：010－63882002、63882005（传真）

电子邮箱：jyrc@ sbsm. gov. cn

材料报送地址：北京市海淀区莲花池西路28号国家测绘局人事司教育人才处

邮编：100830

特此公告。

附件：国家测绘局科技领军人才管理暂行办法

附件：

国家测绘局科技领军人才管理暂行办法

第一章　总　则

第一条　为贯彻落实党和国家人才工作方针政策，加快实施人才强测战略，建设高素质的测绘人才队伍，根据《中共中央国务院关于进一步加强人才工作的决定》和国家测绘局党组《关于加强测绘“十一五”人才工作的意见》，制定本办法。

第二条　科技领军人才工作要坚持以邓小平理论和“三个代表”重要思想为指导，深入贯彻落实科学发展观，牢固树立人才资源是第一资源的战略思想，根据提高核心技术水平、增强自主创新能力的要求，创新人才工作体制机制，着力培养高层次的科技人才，为测绘事业又好又快发展提供强有力的人才支撑。

第三条　到“十二五”末期，选拔、培养和引进20名左右创新能力强、发展潜力大的科技领军人才，并力争有2至3人达到国内一流科学家的水平，努力造就一支德才兼备、开拓创新、结构合理、优势明显的科技领军人才队伍，逐步形成以青年学术和技术带头人、科技领军人才、两院院士为主体的测绘科技骨干人才梯队。

第二章　基本条件

第四条　科技领军人才必须具有战略眼光和创新思维，学术技术水平高、引领作用强、发展潜力大、贡献突出，并在本行业、本领域得到广泛认同。

第五条　科技领军人才原则上应具有博士学位，具有高级专业技术职务，年龄一般不超过55周岁。

第六条　申报科技领军人才应同时符合下列条件中至少二项：

（一）近5年内获得过国家自然科学奖、技术发明奖、科学技术进步奖或省部级科学技术一等奖（国家级一等奖排名前五，国家级二等奖、省部级一等奖排名前三）。

（二）作为技术负责人，近5年内主持完成过国家或省部级重大科研或工程项目，并在学术技术方面发挥主要作用。

（三）取得的科研成果或发明专利达到国际先进或国内领先，对提升测绘技术水平、促进地理信息产业升级具有显著作用。

（四）作为第一作者，近5年内在国际重要核心期刊上发表过有影响的学术论文，并被SCI（科学引文索引）、EI（工程索引）收录。

第七条　长期在国外工作的，按照与上述条件相当的原则掌握。同时，一般应有在国外著名高校、科研机构担任相当于教授以上职务的经历，并有同行公认的学术技术成就。

第三章　推荐选拔

第八条　国家测绘局面向国内外公开选拔科技领军人才，选拔范围涵盖测绘各专业领域。

第九条　符合科技领军人才基本条件人员，可填写《国家测绘局科技领军人才申报表》（附件1略），并通过单位推荐、社会团体推荐、同行专家举荐、个人自荐等方式，向国家测绘局人事司提出申请。

第十条　国家测绘局人事司组织成立专家委员会进行评审，提出科技领军人才候选人，报国家测绘局人才工作领导小组审定，经公示后确定，并颁发证书。

第四章　培养措施

第十一条　有计划、有重点地选送科技领军人才到境内外著名研究机构、高等院校、企事业单位研修深造，开展科研合作，参加学术技术交流。鼓励科技领军人才在国内外学术技术团体中任职、发挥作用。

第十二条　鼓励和支持科技领军人才申报承担国家或地方、部门的重大科研及工程项目，国家测绘局的重大科研和工程项目优先由科技领军人才领衔或担任技术负责人。鼓励和引导科技领军人才根据测绘事业发展的需要，积极开展创新性自主研究，有关部门和科技领军人才所在单位要给予支持。

第十三条　依托国家测绘局所属重点科研机构、重点生产单位、重点实验室、工程研究中心和博士后科研工作站等，为科技领军人才的科技活动创造条件，搭建平台；新成立的重点实验室、工程中心等负责人可优先从科技领军人才中选拔。鼓励科技领军人才自主组建团队，在团队人员配备、设备配置、经费使用等方面给予科技领军人才自主权。

第五章　资助计划

第十四条　设立科技资助专项资金，对科技领军人才从事科技活动进行资助。

第十五条　资助经费主要用于：

（一）开展创新性自主研究；

（二）重大科研或工程项目、关键技术选题研究；

（三）重大科研或工程项目产学研对接；

（四）组织申报国家级重大（重点）科研或工程项目；

（五）收集文献资料、发表学术论文、出版学术专著、申请知识产权等；

（六）组织或参加国内外学术交流、研讨、培训等形式的主题活动；

（七）其他与科研工作有关的事宜。

第十六条　科技资助专项资金的资助以年度为单位，由科技领军人才提出申请，经所在单位审核同意后，报国家测绘局人事司。国家测绘局人事司组织专家委员会进行评议，并报国家测绘局人才工作领导小组研究后确定资助金额。科技领军人才所在单位也应按照不低于1∶1的比例提供配套经费。

第十七条　资助经费原则上由科技领军人才所在单位管理，科技领军人才在规定范围内对资助经费自主支配。

第六章　考　核

第十八条　建立动态考核管理机制，每两年对科技领军人才考核一次，考核重点是项目完成情况、科技创新能力、创新成果业绩、领衔作用发挥等。

第十九条　国家测绘局人事司负责科技领军人才的考核工作。科技领军人才应填写《国家测绘局科技领军人才考核表》（附件2略），并向国家测绘局人事司提交两年来的总结报告。

第二十条　考核结果作为动态管理的依据，对业绩突出的科技领军人才，可在各方面给予更大的支持；对考核不合格的，将不再按照科技领军人才进行管理。

第七章　管　理

第二十一条　对外部引进的科技领军人才，根据工作需要由国家测绘局统一安排单位和岗位，在政策允许的范围内优先解决住房，并协助解决家属安置等有关问题。对内部产生的科技领军人才，在条件允许的前提下为其提供更加优越的工作和生活环境。

第二十二条　建立多层面的科技领军人才联系制度，采取多种方式了解科技领军人才思想状况、工作情况和发展需求，及时解决工作、学习和生活等方面的困难。为科技领军人才学术休假、医疗保健等方面服务创造条件。

第二十三条　加强对科技领军人才的宣传，充分利用各种媒体，大力宣传科技领军人才的先进事迹，弘扬科技领军人才的创业创新精神，推广科技领军人才的优秀成果。

第八章　附　则

第二十四条　本办法由国家测绘局人事司负责解释。

第二十五条　本办法自发布之日起施行。

国家测绘局公告

（第3号　2010年8月13日）

为贯彻落实《中华人民共和国测绘法》第二十一条“建立地理信息系统，必须采用符合国家标准的基础地理信息数据”的规定，依据强制性国家标准《基础地理信息标准数据基本规定》等技术标准，经国家测绘局组织认定，“2000国家重力基本网数据”等24项国家级基础地理信息数据符合国家标准要求，准予在建立地理信息系统时采用。

特此公告。

附件：

符合国家标准的基础地理信息数据目录（国家级第一批）

序号	数据名称	数据范围	尺度/等级	数学基础	数据内容	生产年代	数据保管单位
1	2000国家重力基本网数据	全国	基准点、基本点	2000国家重力基准	基准点21点的重力值；基本点126点、基本点引点112点的重力值。	1998～2003年	国家基础地理信息中心、国家测绘局大地测量数据处理中心
2	全国一、二等天文点数据	全国	一、二等	FK4星表系统、IAU1964天文常数系统、JYD1968.0系统	1476个一等天文点、732个二等天文点的经纬度及方位角。	1988年以前	国家基础地理信息中心、国家测绘局大地测量数据处理中心
3	1985国家重力控制网数据	全国	基准点、基本点、一等重力点	1985国家重力基准	6个基准点的重力值；46个基本点、5个基本点引点的重力值；163个一等重力点、26个一等重力点引点的重力值。	1982～1992年	国家基础地理信息中心、国家测绘局大地测量数据处理中心

序号	数据名称	数据范围	尺度/等级	数学基础	数据内容	生产年代	数据保管单位
4	全国天文经度基本网数据	全国	基本点	FK5 星表系统、1976 天文常数系统、JYD1968. 0 地极系统	7 个基本点天文经度值。	1984 ~ 1995 年	国家基础地理信息中心、国家测绘局大地测量数据处理中心
5	全国加密重力点数据	全国	加密点	2000 国家重力基准、1985 国家重力基准、1957 国家重力基准	464850 个重力加密点的重力值。	2002 年	国家基础地理信息中心
6	全国天文大地网整体平差数据	全国	一、二、三等三角；一、二、三等导线。	1954 年北京坐标系、1980 西安坐标系	一等三角锁、网 5206 点；二等三角网（锁）、新二等三角基本锁 17906 点；二等三角基本锁 1423 点；新二等三角补充网 7647 点；三等三角网（锁）8854 点；二等三角补充网 6502 点；藏北一等导线 104 点；青藏一等导线 208 点；青藏二等导线 199 点；青藏三等导线 384 点；所有控制网点的位置、属性及点之记。	1978 ~ 1991 年	国家基础地理信息中心、国家测绘局大地测量数据处理中心
7	全国旧二等三角网改造数据	荷泽、冀津唐、佳木斯、延寿、达县区域	二等	佳木斯区域：1980 西安坐标系其他区域：1954 年北京坐标系、1980 西安坐标系	二等三角点 2222 点的位置、属性及点之记。	1982 ~ 1998 年	国家基础地理信息中心、国家测绘局大地测量数据处理中心

序号	数据名称	数据范围	尺度/等级	数学基础	数据内容	生产年代	数据保管单位
8	2000 国家 GPS 大地控制网数据	全国	国家级	ITRF97、2000.0（历元）	控制网点 2524 点的位置、属性及点之记。	1991～2003 年	国家基础地理信息中心、国家测绘局大地测量数据处理中心
9	我国天文大地网与高精度 GPS2000 网联合平差数据	全国	国家级	2000 国家大地坐标系	地面网点 48583 点、空间网点 336 点的位置、属性及点之记。	2002～2004 年	国家基础地理信息中心、国家测绘局大地测量数据处理中心
10	国家第二期一、二等水准网数据	全国	一、二等	1985 国家高程基准	国家一、二等水准点 63770 点的高程、属性及点之记。	1958～2003 年	国家基础地理信息中心、国家测绘局大地测量数据处理中心
11	CQG2000 似大地水准面模型	全国	国家级	1985 国家高程基准、ITRF93、2000 国家重力基准	15′×15′分辨率似大地水准面模型；5′×5′的平均空间、平均布格、平均均衡重力异常值。	2000 年	国家基础地理信息中心
12	AA 级卫星定位控制点数据	北京、武汉、海口、西宁、哈尔滨、拉萨、咸阳、乌鲁木齐	AA 级	2000 国家大地坐标系、ITRF2000、1985 国家高程基准	卫星定位控制点 40 点（国内 29 点，包括测绘系统 8 个跟踪站，中国地壳运动观测网络工程 21 个基准站；国外周边 IGS 跟踪站 11 个）的位置及属性。	2001 年至今	国家基础地理信息中心
13	国家大地原点数据	国家大地原点	国家级	1980 西安坐标系、1985 国家高程基准	位置及属性	1976～1978 年	国家测绘局大地测量数据处理中心
14	国家水准原点数据	国家水准原点	国家级	1956 年黄海高程系、1985 国家高程基准	高程及属性	1960～1990 年	国家测绘局大地测量数据处理中心

序号	数据名称	数据范围	尺度/等级	数学基础	数据内容	生产年代	数据保管单位
15	国家一等水准点数据	全国	一等	1985 国家高程基准	13371 个国家一等水准点的高程、属性及点之记。	1991～1998 年	国家基础地理信息中心、国家测绘局大地测量数据处理中心
16	精化区域大地水准面试点项目（福建、江西、浙江）成果数据	福建省、江西省、浙江省	省级	1954 年北京坐标系、1980 西安坐标系、2000 国家大地坐标系、1985 国家高程基准、2000 国家重力基准	GPS 控制点 1656 点的位置及属性；GPS/水准点成果 902 点的位置及属性；2.5′×2.5′分辨率似大地水准面模型。	2002～2004 年	国家基础地理信息中心、国家测绘局大地测量数据处理中心
17	华北地区水准面精化项目成果数据	北京市、天津市、河北省、山西省	省级	1980 西安坐标系、2000 国家大地坐标系、1985 国家高程基准、2000 国家重力基准	GPS 控制点 1674 点的位置及属性；GPS/水准点成果 1287 点的位置及属性；2.5′×2.5′分辨率似大地水准面模型。	2004～2006 年	国家基础地理信息中心、国家测绘局大地测量数据处理中心
18	华东、华中区域似大地水准面精化成果数据	华东、华中地区	省级	1980 西安坐标系、2000 国家大地坐标系、1985 国家高程基准、2000 国家重力基准	GPS A、B 级点 757 点的位置及属性；GPS C 级点 5377 点的位置及属性；GPS/水准点成果 4222 点的位置及属性；2.5′×2.5′分辨率似大地水准面模型。	2005～2007 年	国家基础地理信息中心
19	全球 1∶100 万地理底图	全球	1∶100 万	WGS 84、高程基准面为平均海平面	包括以下 6 部分：①亚洲；②非洲；③欧洲；④北美洲；⑤南美洲；⑥大洋洲和南极洲。	1998～2009 年	国家基础地理信息中心

序号	数据名称	数据范围	尺度/等级	数学基础	数据内容	生产年代	数据保管单位
20	1:250000基础地理信息数据(2003年版,包含DLG、DOM、DEM数据)	全国(包括中国岛屿在内的全部陆地)	1:250000	平面坐标系:1980西安坐标系高程系:1956年黄海高程系比例尺:1:250000地图投影方式:高斯-克吕格投影,6°分带分幅及编号:按GB/T 13989-92执行	DLG、DOM、DEM各816幅。	2001~2003年	国家基础地理信息中心
21	1:250000基础地理信息数据(2008年版,包含DLG、DOM、DEM数据)	全国(包括中国岛屿在内的全部陆地)	1:250000	平面坐标系:1980西安坐标系高程系:1956年黄海高程系比例尺:1:250000地图投影方式:高斯-克吕格投影,6°分带分幅及编号:按GB/T 13989-92执行	DLG、DOM、DEM各816幅。	2008~2010年	国家基础地理信息中心
22	1:50000基础地理信息数据(包含DLG、DOM、DEM、DRG数据,其中DLG为核心要素数据)	全国	1:50000(1:100000)	平面坐标系:1980西安坐标系,地理坐标系统高程系:1985国家高程基准比例尺:1:50000地图投影方式:高斯-克吕格投影,6°分带分幅及编号:按GB/T 13989-92执行	5万分幅DLG、DEM、DOM 21098幅,5万分幅DRG 20058幅,10万分幅DRG 1040幅(西部无图区为1:100000数据)。	1999~2006年	国家基础地理信息中心

序号	数据名称	数据范围	尺度/等级	数学基础	数据内容	生产年代	数据保管单位
23	1:1000000基础地理信息数据(包含DLG、DEM数据)	全国（除南海诸岛）	1:1000000	平面坐标系：1954年北京坐标系高程系：1956年黄海高程系比例尺：1:1000000地图投影方式：采用边纬与中纬变形绝对值相等的正轴等角圆锥投影分幅及编号：按GB/T 13989－92执行	DLG、DEM数据各77幅。	1984～1994年	国家基础地理信息中心
24	全国骨干交通网数据	全国	1:250000	平面坐标系：1980西安坐标系，地理坐标系统高程系：1985国家高程基准比例尺：1:250000地图投影方式：高斯－克吕格投影	按1:250000分幅，共612幅。包括高速公路、国道、省道道路及附属设施的位置及属性。	2002～2005年	国家基础地理信息中心

国家测绘局公告

（第4号 2010年11月18日）

根据《国家测绘局科技领军人才管理暂行办法》，经层层选拔推荐、专家委员会评审、国家测绘局人才工作领导小组审定，山东科技大学测绘科学与工程学院院长卢秀山、国家基础地理信息中心总工程师陈军、中国测绘科学研究院地图学与地理信息系统研究所所长李成名、武汉大学测绘学院院长李建成、中国测绘科学研究院院长张继贤、国家测绘局大地测量数据处理中心主任郭春喜和武汉大学测绘与遥感信息工程国家重点实验室主任龚健雅（排名按姓氏笔画为序）等7名同志当选为首批国家测绘局科技领军人才。希望当选的同志珍惜荣誉，再接再厉，努力取得新的更大成绩。

广大测绘科研、生产和技术人员要以国家测绘局科技领军人才为榜样，大力弘扬求真务实、勇于创新的科学精神，不畏艰险、勇攀高峰的探索精神，团结协作、服务大局的团队精神，热爱祖国、忠诚事业、艰苦奋斗、无私奉献的测绘精神，积极进取，努力拼搏，不断取得一流的科研成就和工作业绩，为测绘事业的科学发展作出积极贡献。

重大测绘科技成果公告

项　目　名　称：时空数据挖掘关键技术与应用

项　目　编　号：J－252－2－02

获奖类别及等级：国家科学技术进步奖二等奖

完　成　单　位：武汉大学、中国测绘科学研究院、中国土地勘测规划院、中国矿业大学

主 要 完 成 者：刘耀林　唐新明　李宪文　艾廷华　汪云甲
邬国锋　何建华　焦利民　汪汇兵　唐　旭

一、项目简介

在国家信息化建设过程中，我国已经通过航天、航空、地面调查、模型模拟和数字化建库获取了大量时空数据。随着国民经济建设和社会发展对地理空间信息需求进一步提高，空间数据正呈爆炸式增长。如何同化、整合集成海量空间数据并从中提取有用信息和知识是我国乃至全世界面临的重大问题和技术难题。

从海量时空数据中提取有用的地理空间信息是空间数据挖掘的核心。项目针对我国资源与环境数据库应用的若干重大问题展开研究，发展了时空数据挖掘理论与方法，突破了时空数据同化、整合与挖掘中的重大关键技术，解决了国家重大工程中数据同化整合和挖掘技术的难题，开发了时空数据挖掘平台，实现了工程化应用。

二、主要技术内容

1. 全面发展了时空数据挖掘理论，提出了面向数据挖掘的空间知识分类体系，创建了“地理空间数据场”，建立了基于地理空间数据场的数据同化新模型，拓展了时空数据同化理论。

2. 建立了面向知识提取的时空数据整合技术方法，提出并实现了时空数据整合的空间变换、尺度变换、语义转换、关系变换和分类同化等方法，解决了时空数据时空断裂、尺度不一等数据整合技术难题，在时空数据整合技术上有重大突破。

3. 提出了新的面向知识类型的时空数据挖掘技术，实现了分类知识、结构知识、空间演变知识和空间分区知识挖掘技术，建立新型高维特征空间非线性规则挖掘模型，开发了相应算法。

4. 针对全国地形数据库、全国国土资源库等国家大型空间数据库，开展了国家重大工程应用中所急需的地形结构特征分析、土地质量分析、土地利用规划布局、水环境分析和矿山应急等空间数据挖掘，创新了资源环境分析、评价与规划技术方法。

5. 自主研制了我国第一个资源环境时空数据挖掘平台，实现了面向资源环境数据库应用的时空数据挖掘技术集成，填补了国内空白。

6. 编制了资源环境数据整合标准规范。

三、主要技术指标

1. 面向知识提取数据整合技术，数据动态整合和管理能力达 TB 级。

2. 时空数据挖掘技术整体技术流程自动化程度达 90%，知识挖掘精度提高 10%－15%。

3. 自主研发时空数据挖掘平台，提高效率 5 倍以上。

4. 构建了实用时空数据挖掘作业模式和工艺流程。

四、成果推广

应用于全国 1∶5 万地图更新工程、全国土地质量分析工程、全国土地利用规划工程等。全国 500 多县市土地质量分析，实现土地质量自动化程度 90%，知识挖掘精度提高 15%；全国 200 多省市县乡多级别土地利用规划，实现分区自动化程度 92%，提高效率 6 倍；广东、广西、湖北等地 5000 多幅多尺度第二次土地

调查和城市地区编制，提高工作效率5倍，节约成本20%；平顶山、皖北等矿山评价、采矿空间优化和安全预警信息挖掘，知识挖掘精度提高10%。

五、主要创新点

1. 提出了面向时空数据挖掘的地理空间数据场，发展了时空数据挖掘理论。提出了面向数据挖掘的知识分类体系，基于地理学第一定律对空间现象关联特征，创建了地理空间数据场，发展了基于空间数据场的同化新模型，奠定了资源环境时空数据挖掘理论和方法基础。

2. 创建了面向知识提取的时空数据整合技术方法，奠定了时空数据库知识挖掘数据基础。创建了一套时空数据整合技术方法，突破了市局的时空整合、尺度转换、语义匹配等重大关键技术，解决了时空数据时空断裂、尺度不一、语义异构等问题，实现了面向知识提取的时空数据集成整合。

3. 提出了面向知识类型的时空数据挖掘技术，为时空数据挖掘应用提供了方法基础。提出了面向知识类型的时空数据挖掘技术，建立了分类知识、结构知识、空间演变知识和空间分区知识挖掘技术，丰富了时空数据挖掘模型与算子。

4. 建立了面向应用的资源环境时空数据挖掘集成技术，奠定了资源环境时空数据挖掘应用基础。面向全国多尺度地形数据库、全国国土资源数据库等海量数据库，提出了针对地形结构特征分析、土地资源质量分析、土地利用规划、水环境分析和矿山应急等应用工程的资源环境时空数据集成技术，创新了资源环境分析、评价、规划的技术方法。

5. 自主研制了资源环境时空数据挖掘系统平台。面向国家地形特征分析和全国资源环境调查、评价、规划、矿山安全应急等任务需求，自主研制了我国首个资源环境时空数据挖掘系统平台，构建了资源环境时空数据挖掘工程技术流程，实现了面向应用的资源环境时空数据挖掘技术集成。

6. 制定了相关标准规范，探索了工程化应用组织管理创新模式，实施了资源环境时空数据挖掘工程化应用。开展了相关规范标准研究和技术成果的工程化应用，构建了“关键技术研发－试点示范－相关标准规范编制－工程化应用－社会化服务”的资源环境时空数据挖掘应用组织管理创新模式。

项　目　名　称：开放式虚拟地球集成共享平台及重大工程应用
项　目　编　号：J－252－2－08
获奖类别及等级：国家科学技术进步奖二等奖
完　成　单　位：武汉大学、国家基础地理信息中心、武大吉奥信息技术有限公司、国家测绘局黑龙江基础地理信息中心
主 要 完 成 者：龚健雅　李志刚　徐开明　陈　静　向隆刚
熊汉江　吴华意　王艳东　高文秀　宋爱红

一、项目简介

以高分辨率遥感影像为特征构建的网络三维虚拟地球既是国家地理信息公共服务的基础平台，又是国防军事指挥系统的信息集成平台，是国家地理信息产业发展与国防信息化建设的核心技术。如何管理覆盖全球多尺度PB级海量地理信息，构建三维虚拟地球，并进行高效传输与实时可视化以及与专业GIS的集成是我国空间信息技术面临的巨大挑战。本项目重点突破多源、多尺度、多时相、海量地理信息管理、网络传输、共享集成与可视化的理论、方法与关键技术，研发开放式虚拟地球集成共享平台软件GeoGlobe，并成功应用于国家、省、市多级地理信息共享服务系统和军事指挥系统，获得了重大社会经济效益和军事效益。

二、主要科技内容

1. 创立了全球无缝多级格网递归剖分与异构虚拟地球协同服务理论，提出了时空一体化编码方法，首次建立了时空一体化异构虚拟地球数据模型，使之具有全球无缝多源、多尺度、多时相PB级海量空间数据

管理能力和多种虚拟地球数据的整合能力，满足国家级大型空间数据库管理与共享服务的要求；

2. 提出广域网、局域网、本机缓存一体化索引机制与协同调度方法，突破大规模用户并发访问海量数据高效检索的瓶颈问题，使 P2P 环境下的空间数据调度效率提高了 110 倍；

3. 发明了矢量与栅格数据自适应渐进传输方法和静动态结合的多细节层次（LOD）三维模型快速可视化方法，漫游帧率 35 帧/秒以上，解决了有限网络带宽条件下海量空间信息与三维城市模型高效传输与实时可视化难题；

4. 提出语义导航的分布式空间信息及处理服务注册、发现和聚合方法，实现多种虚拟地球信息整合以及与专业 GIS 的无缝集成，解决了当前虚拟地球和专业 GIS 的信息孤岛问题；

5. 研制了具有自主知识产权的开放式虚拟地球集成共享平台软件 GeoGlobe，使之不仅具有通用虚拟地球高效管理和浏览全球海量空间数据的能力，而且具有多种异构虚拟地球数据共享、与专用 GIS 互操作、与网络服务软件聚合等重要创新特色。

三、成果推广

自 2006 年产品发布以来，GeoGlobe 在国防、测绘、国土和电力等领域得到广泛应用，建立了 100 多个应用系统，实现了产业化，直接与间接经济效益 3 亿多元。基于 GeoGlobe 建立了目前中国数据量最大的两个国家级地理信息系统："国家地理信息公共服务系统"和"全国国土资源第二次调查空间数据管理与三维可视化系统"，彻底改变了过去我国国家级地理信息系统必须依赖国外软件的局面；基于 GeoGlobe 还开发了军事应用系统："**作战三维数字化战场环境系统"和"**全球目标信息系统"等；省级应用系统：黑龙江省地理信息公共服务平台、福建电力 GIS 应用系统等；市级应用系统：南京市城市规划信息系统、齐齐哈尔地理信息公共服务等系统。

四、主要创新点：

1. 创立了全球无缝多级格网递归剖分与异构虚拟地球协同服务理论，提出了时空一体化编码方法，首次建立了时空一体的多源、多尺度全球数据模型，为全球无缝海量空间数据分布式管理与高效调度奠定了理论与技术基础。

2. 提出广域网、局域网、本机缓存一体化索引机制与协同调度方法，突破大规模用户并发访问海量数据高效检索的瓶颈问题，为分布式海量空间信息高效服务奠定了技术基础。

3. 发明了矢量与栅格数据自适应渐进传输方法和静动态结合的多细节层次（LOD）三维模型快速可视化方法，解决了有限网络带宽条件下多源空间信息与三维城市模型实时可视化的难题。

4. 提出语义导航的空间信息服务注册、发现和聚合方法，建立了地理信息服务语义与信息模型对象间的映射关系，实现了空间数据与处理功能的一体化聚合服务，解决了虚拟地球与专业 GIS 的无缝集成的难题。

5. 研制了具有自主知识产权的开放式虚拟地球集成共享平台软件 GeoGlobe，提出了多级地理信息公共服务平台体系构架，为建立国家、省、市地理信息公共服务体系奠定了坚实的技术基础。

测绘与地理信息标准公告

国家标准

2010 年，国家标准化管理委员会以国家标准批准发布公告形式，发布了以下 6 项测绘与地理信息国家标准：

1. GB/T 25528－2010《地理信息 数据产品规范》，自 2011 年 3 月 1 日起实施；
2. GB/T 25529－2010《地理信息分类与编码规则》，自 2011 年 3 月 1 日起实施；
3. GB/T 25530－2010《地理信息 服务》，自 2011 年 3 月 1 日起实施；
4. GB/T 25597－2010《地理信息 万维网地图服务接口》，自 2011 年 3 月 1 日起实施；
5. GB/T 25597－2010《地理信息 目录服务规范》，自 2011 年 3 月 1 日起实施；
6. GB/T 25599－2010《地理信息 注册服务规范》，自 2011 年 3 月 1 日起实施。

行业标准

1. 2010 年 3 月 31 日，国家测绘局以"国测科发〔2010〕2 号"文批准发布了以下 4 项测绘行业标准，自 2010 年 5 月 1 日起实施。

《基础地理信息数字产品更新规范》，编号为 CH/T 9006－2010；

《全球定位系统实时动态测量（RTK）技术规范》，编号为 CH/T 2009－2010；

《导航电子地图检测规范》，编号为 CH/T 1019－2010；

《基础地理信息数据库测试规程》，编号为 CH/T 9007－2010。

2. 2010 年 6 月 7 日，国家测绘局以"国测科发〔2010〕3 号"文批准发布了以下 7 项测绘行业标准，自 2010 年 7 月 1 日起实施。

《基础地理信息数字成果 1∶500 1∶1000 1∶2000 数字线划图》，编号为 CH/T 9008. 1－2010；

《基础地理信息数字成果 1∶500 1∶1000 1∶2000 数字高程模型》，编号为 CH/T 9008. 2－2010；

《基础地理信息数字成果 1∶500 1∶1000 1∶2000 数字正射影像图》，编号为 CH/T 9008. 3－2010；

《基础地理信息数字成果 1∶500 1∶1000 1∶2000 数字栅格地图》，编号为 CH/T 9008. 4－2010；

《基础地理信息数字成果 1∶5000 1∶10000 1∶25000 1∶50000 1∶100000 数字高程模型》，编号为 CH/T 9009. 2－2010；

《基础地理信息数字成果 1∶5000 1∶10000 1∶25000 1∶50000 1∶100000 数字正射影像图》，编号为 CH/T 9009. 3－2010；

《基础地理信息数字成果 1∶5000 1∶10000 1∶25000 1∶50000 1∶100000 数字栅格地图》，编号为 CH/T 9009. 4－2010。

3. 2010 年 8 月 24 日，国家测绘局以"国测科发〔2010〕5 号"文批准发布了以下 6 项测绘行业标准，自 2010 年 10 月 1 日起实施。

《数字航摄仪检定规程》，编号为 CH/T 8021－2010；

《无人机航摄安全作业基本要求》，编号为 CH/Z 3001－2010；

《无人机航摄系统技术要求》，编号为 CH/Z 3002－2010；

《低空数字航空摄影测量内业规范》，编号为 CH/Z 3003－2010；

《低空数字航空摄影测量外业规范》，编号为 CH/Z 3004－2010；

《低空数字航空摄影规范》，编号为 CH/Z 3005－2010。

4. 2010 年 11 月 26 日，国家测绘局以"国测科发〔2010〕6 号"文批准发布了以下 5 项测绘行业标准，自 2011 年 1 月 1 日起实施。

《1∶500 1∶1000 1∶2000 地形图质量检验技术规程》，编号为 CH/T 1020－2010；

《高程控制测量成果质量检验技术规程》，编号为 CH/T 1021－2010；

《平面控制测量成果质量检验技术规程》，编号为 CH/T 1022－2010；

《陀螺经纬仪检定规程》，编号为 CH/T 8022－2010；

《定向运动地图规范》，编号为 CH/T 4016－2010。

大 事 记

一月

【1日】《中国测绘报》评出2009年中国测绘十大新闻。分别是：胡锦涛总书记4月在山东考察期间，视察地理信息企业北京东方道迩数字数据技术有限公司济南分公司，并作重要讲话；中国测绘创新基地落成；中组部组织20多家中央新闻媒体对国测一大队先进事迹进行集中宣传报道；地理信息产业发展势头强劲；国家测绘局及各地测绘部门以多种形式庆祝新中国成立60周年；测绘法制建设取得进展；地理信息市场专项整顿工作取得阶段性成果；数字城市建设力度不断加大；明长城资源调查最新数据公布；全国首届测绘职工职业技能竞赛成功举办。

【6日】青岛市"十一五"基础测绘规划项目经费经青岛市第十四届人民政府第41次市长办公会议通过，确定项目经费8000多万元。

【8日】国家创业风险投资注资北京天下图数据技术有限公司签约仪式在中国测绘创新基地举行。国土资源部副部长、国家测绘局局长徐德明，国家发展和改革委、财政部、科技部、国家统计局、中国科学院、国防科工局、国家测绘局、北京市政府等部门有关负责人出席签约仪式。

【8日】国家地理信息公共服务平台建设试点启动会在北京召开。

【11日】国家测绘局第一期无人机航测培训班毕业典礼在中国测绘创新基地举行。国家测绘局副局长李维森出席会议并讲话。

【11日】中共中央、国务院在北京召开国家科学技术奖励大会。国家测绘局推荐的"国家系列比例尺地形图保密处理技术"获国家技术发明奖二等奖，"遥感测图业务平台研制及重大工程应用"获国家科技进步奖二等奖。

【11日】中国测绘科学研究院张力获第十一届中国青年科技奖。

【11日~12日】测绘发展战略研究专题报告暨研讨会在北京召开。国家测绘局党组副书记、副局长、测绘发展战略研究课题组组长王春峰出席会议并讲话。中国工程院院士、测绘发展战略研究课题组副组长、专家咨询委员会副主任刘先林，国土资源战略研究指导小组办公室成员、国土资源部调控和监测司副司长吴太平出席报告会。国家测绘局总工程师、测绘发展战略研究课题组执行组长胥燕婴主持会议。

【13日~15日】中共中央政治局委员、新疆维吾尔自治区党委书记王乐泉在乌鲁木齐会见国土资源部副部长、国家测绘局局长徐德明以及国家测绘局党组成员、办公室主任吴兆琪一行。

【14日】甘肃省人民政府第48次常务会议审议通过《甘肃省测绘成果管理办法》。

【14日】"测绘部门预算项目库管理系统"通过专家验收。

【14日】重庆测绘院获"2009年度交通建设系统工会工作先进集体"称号。

【15日】第二十六次南极测绘科考首次测出南极格罗夫山局部地区冰下地形，首次测定格罗夫山最高峰高程为2365米。

【15日】浙江省军区高幼苏参谋长率司令部作训处、情报处、通信处和自动化工作站一行7人访问浙江省测绘局，并就军地双方测绘合作、地理信息资源共建共享等事宜座谈交流。

【18日】中共中央政治局常委、国务院副总理李克强对进一步做好测绘工作作出重要批示：2009年，测绘系统认真贯彻中央的决策部署，大力推进测绘基础研究和能力建设，测绘保障服务成效显著，各项工作取得很大成绩。谨致祝贺。希望你们在新的一年，深入贯彻落实科学发展观，继续推进数字中国建设，加快构建地理信息公共服务平台，提升现代化测绘技术装备水平，促进地理信息产业健康发展，进一步提高保障和服务水平，为推动经济社会全面协调可持续发展作出新的更大贡献。

【18 日】国家测绘局召开会议，传达学习十七届中央纪委五次全会和胡锦涛总书记重要讲话精神。国家测绘局党组书记、局长徐德明主持会议并讲话。局党组成员、纪检组组长张荣久传达十七届中央纪委五次全会和胡锦涛总书记重要讲话精神。局党组副书记、副局长王春峰，党组成员、副局长李维森、宋超智、闵宜仁，总工程师胥燕婴出席会议。局机关各司（室）负责人参加会议。

【21 日～22 日】总参测绘局在太原召开 2010 年度军事测绘导航工作会议。

【22 日】国家测绘局副局长李维森出席《南北极地图集》首发式。

【22 日】江苏省测绘局向参加江苏省十一届人大三次会议、江苏省政协十届三次会议的省人大代表、政协委员赠送最新版《江苏沿海开发影像地图册》。

【24 日～25 日】全国测绘局长会议在北京召开。国土资源部部长、党组书记，国家土地总督察徐绍史出席会议并讲话，国土资源部副部长，国家测绘局党组书记、局长徐德明作工作报告。中央纪委、中央组织部、中央宣传部、中央编制委员会办公室、国务院办公厅、国家发展和改革委、科技部、工业与信息化部、财政部、国土资源部、审计署、国务院法制办、国防科工局、国家保密局、总参测绘局等中央国务院部委和军队有关部门负责人出席会议。

【25 日～31 日】中老边界第一次联合检查测图专家组第二次会议在老挝首都万象举行。

【27 日】国土资源部副部长，国家测绘局党组书记、局长徐德明，局党组副书记、副局长王春峰，党组成员、副局长李维森、宋超智、闵宜仁，党组成员、纪检组组长张荣久出席全国国土资源厅局长会议。

【28 日】全国测绘资质证书复审换证工作会议在哈尔滨召开。来自全国 31 个省、自治区、直辖市测绘行政主管部门的行业管理负责人参会。

【28 日】沈阳军区参谋长侯继振中将到军区某测绘信息中心视察工作，并慰问全体官兵。

【29 日】“吉林省连续运行卫星定位参考站综合服务系统（JLCORS）项目建设总体技术方案和总体实施方案”专家论证会在长春召开，方案通过专家论证。JLCORS 项目建设正式启动。

▲广西壮族自治区测绘局联合国家安全部门查处北海鹰飞凌天经贸有限公司非法测绘案件，中央电视台新闻频道和《焦点访谈》栏目分别对该案件进行了报道，引起社会强烈反响。

▲江西省测绘局机关、省第一测绘院、省第二测绘院、省第三测绘院、省基础地理信息中心、省测绘产品质量监督检验站、省测绘发展研究中心获 2009 年度省直文明单位称号。

二月

【1 日】总参测绘局与国家测绘局举行新春座谈会。

【1 日】广西壮族自治区人民政府副主席林念修到自治区测绘局看望慰问干部职工，接见自治区测绘局劳动模范、先进工作者、学术技术带头人和干部职工代表，并听取该局工作汇报。

【1 日】由中国地图出版社出版的《中国性别平等与妇女发展地图集》在北京举行首发式。来自全国妇联、中华女子学院、中国社会科学院和北京师范大学的领导专家出席首发式，新华社、中国新闻社、人民日报、光明日报、中国新闻出版报和图书商报等 10 多家新闻媒体记者参加首发式采访报道。

【1 日】总参测绘局局长袁树友少将和国家测绘局局长徐德明在北京举行工作会商。双方通报了 2009 年重大工作情况，对于深化军地测绘部门合作、统筹军地测绘成果保密应用等方面交换了意见。

【1 日】北京军区司令员房峰辉中将、政治委员刘福连中将、参谋长张宝书中将视察军区某测绘大队，并看望大队官兵。副参谋长李振军少将一同视察。

【2 日】瑞典耶夫勒堡省省长巴勃鲁·洪白易女士（Barbro Holmberg）率领瑞典地理信息系统协会代表团访问中国测绘创新基地，国土资源部副部长、国家测绘局局长徐德明会见瑞典代表团，国家测绘局副局长闵宜仁参加会见。

【2 日】国家测绘局召开党外人士代表新春座谈会，农工、民盟、民建、致公党、“九三”学社的民主党派人士以及无党派高级知识分子代表参加座谈。

【2 日】陕西省测绘工作会议在西安召开，陕西省副省长郑小明、国家测绘局副局长宋超智出席会议并讲话。

【3 日】外交部、公安部、总参作战部和国家

测绘局联合在北京召开中越陆地边界勘界工作表彰大会，国务委员戴秉国，外交部副部长武大伟，公安部副部长孟宏伟，总参作战部副部长王津，国土资源部副部长、国家测绘局局长徐德明出席会议，中越陆地边界勘界工作先进集体代表、先进个人和有关人员共80多人参加会议。四川测绘局等单位获先进集体称号，14名测绘工作者获先进个人称号。

【3日】黑龙江测绘局举办首期涉密测绘成果管理岗位培训班，邀请国家测绘局、总参测绘局和黑龙江省国家保密局的专家授课。各地（市）测绘主管部门，甲、乙级测绘资质单位及测绘成果大宗用户的负责人共120人参加培训。

【3日~8日】中老边界第一次联合检查委员会第一次会议在老挝占巴赛省巴色市举行。总参测绘局副局长薛贵江作为中方联合检查委员会成员参加会议。

【5日】国家测绘局印发《2010年测绘工作要点》。

【8日】黑龙江省副省长于莎燕、副秘书长师伟杰到黑龙江测绘局看望慰问测绘生产一线职工。

【9日】国家测绘局、江西省测绘局、新余市人民政府在新余市签署数字新余地理空间框架共建共享协议。

【9日】中国测绘科学研究院党亚民、张力入选2009年“新世纪百千万人才工程”国家级人选。

【11日】浙江省机构编制委员会下发《关于调整省测绘局机构规格等问题的批复》（浙编〔2010〕10号），批复浙江省测绘局更名为浙江省测绘与地理信息局，机构规格恢复正厅级。

【22日】国家测绘局印发《2010年测绘系统普法依法治理工作要点》。

【24日】国家测绘局党组书记、局长徐德明主持召开党组会议，传达学习中央贯彻实施《中国共产党党员领导干部廉洁从政若干准则》电视电话会议和中共中央政治局常委、中央纪委书记贺国强重要讲话精神，要求测绘系统各单位和广大党员领导干部切实把思想和行动统一到中央对领导干部廉洁从政的部署和要求上来，努力推动测绘系统党风廉政建设和反腐败工作。国家测绘局党组副书记、副局长王春峰，党组成员、副局长宋超智、闵宜仁，党组成员、纪检组组长张荣久，党组成员、办公室主任吴兆琪出席会议。局总工程师胥燕婴及机关有关司（室）负责人列席会议。

【24日】国家测绘局印发《2010年测绘宣传工作要点》。

【24日】海南测绘局和海南省国土环境资源厅签署合作协议书，在加强市县基础测绘工作、测绘成果管理、测绘产品质量监督等方面加强合作。

【25日~26日】测绘发展战略专题研讨会在北京召开。国家测绘局党组副书记、副局长、测绘发展战略研究课题组组长王春峰出席会议并讲话。国家测绘局总工程师、测绘发展战略研究执行组长胥燕婴主持会议。中国工程院院士、测绘发展战略研究课题组副组长刘先林参加会议。

【26日】总参测绘局在北京召开国际维和测绘导航工作座谈会。总参测绘局局长袁树友少将到会并讲话。

【26日】江苏省测绘局获“2008－2009年度全省脱贫攻坚工作先进单位”称号。陈路荣获“2008－2009年度优秀扶贫工作队员”称号。

【28日~31日】总参测绘局局长袁树友少将率工作组赴广州军区进行军事测绘导航建设“十二五”规划制订工作调研。

▲宁波市政府发文确定全市“十二五”规划工作方案，《宁波市基础测绘“十二五”规划》被列入市“十二五”专项规划。

▲江西省测绘局李新梅被授予江西省“三八红旗手”称号。

▲江西省人民政府办公厅印发《关于印发江西省“十二五”规划编制工作方案的通知》。“江西省地理空间信息应用服务体系建设”被列入省“十二五”规划重大单项规划，由江西省发展和改革委会同江西省测绘局完成规划的编制工作。

▲海南测绘局、海南省发展和改革委、海南省财政厅、海南省法制办公室联合印发《关于宣传贯彻实施〈基础测绘条例〉的通知》。

▲云南省测绘局被云南省人民政府评为“中越陆地边界云南段勘界先进集体”，周益民获三等功，任兴获嘉奖。

三月

【1日】甘肃省委决定缪树德任甘肃省测绘局党委书记。

【1日】云南省测绘局新修订的《云南省测绘成果管理办法》正式施行。

【2 日】吉林省地理信息工程院谢岩获“吉林省五一巾帼标兵”称号。

【3 日 ~6 日】国家测绘局副局长闵宜仁列席全国政协十一届三次会议政协联组会。

【3 日 ~13 日】国土资源部副部长、国家测绘局局长徐德明出席在北京召开的全国政协十一届三次会议。

【4 日】国土资源部副部长、国家测绘局局长徐德明在中国测绘创新基地与广西壮族自治区副主席林念修举行会谈。双方就进一步提高广西测绘工作水平，为保持广西发展良好势头提供更好的服务进行交流，并达成共识。国家测绘局党组成员、纪检组组长张荣久参加会谈。

【5 日】中国地图出版社世界地图编辑部被国土资源部评为“巾帼建功”先进集体。

【8 日】由国家测绘局配备的两套固定翼轻型无人机航摄系统运抵黑龙江省地理信息产业园，安装调试完毕。

【8 日】由中国测绘科学研究院承担的科技部“863”目标导向类课题海岛（礁）精确测量集成应用技术通过验收。

【9 日】国家测绘局党组副书记、副局长王春峰列席全国政协十一届三次会议第三次全体会议。

【9 日】国家测绘局和海南省政府在北京签订《海南国际旅游岛数字地理空间框架建设合作协议书》。国土资源部副部长、国家测绘局局长徐德明和海南省委副书记、省长罗保铭出席签约仪式并讲话。海南省副省长李国梁，国家测绘局副局长李维森，国家测绘局党组成员、办公室主任吴兆琪，海南省政府副秘书长倪健等出席签约仪式，国家测绘局副局长闵宜仁主持仪式。

【9 日】国家测绘局副局长宋超智到搜狐公司、高德公司调研，了解互联网地图服务企业的需求，听取企业对行业主管部门工作的意见和建议。

【10 日】国家测绘局副局长宋超智列席全国政协十一届三次会议第四次全体会议。

【10 日】青岛市召开全市测绘管理工作会议，传达贯彻全国测绘局长会议精神，总结 2009 年测绘管理工作，部署 2010 年重点工作目标，全市测绘管理部门和测绘单位共 100 多人参加会议。

【11 日】四川省测绘工作会议在成都召开，国家测绘局党组副书记、副局长王春峰，四川省人民政府副省长王宁出席会议并讲话。

【11 日】国家“863”计划重点项目——全球地表覆盖遥感制图与关键技术研究启动会在中国测绘创新基地召开。科技部徐冠华院士、国家测绘局副局长李维森出席会议并讲话。

【12 日】总参测绘局在北京召开战场测绘导航设施建设“十一五”中期调整任务部署会。

【12 日】“数字西城”地理空间框架建设项目设计书通过专家评审。国家测绘局、北京市规划委员会和北京市西城区人民政府在北京签署《数字西城地理空间框架建设项目合作协议书》。

【12 日】测绘与地理信息软件测评领导小组暨专家组会议在北京召开。国家测绘局副局长李维森出席会议并讲话。这次会议的召开标志着数字城市地理信息公共平台软件测评工作正式启动。

【13 日】国家测绘局党组成员、副局长李维森列席全国政协十一届三次会议闭幕式。

【15 日】国家测绘局召开学习贯彻全国“两会”精神干部大会。局党组书记、局长徐德明传达十一届全国人大三次会议和全国政协十一届三次会议精神，并对测绘系统学习贯彻“两会”精神提出明确要求。国家测绘局领导班子全体成员，局机关全体干部和国家测绘局在京直属单位负责人参加会议。

【16 日】全国基础测绘“十二五”规划编制工作部门联席会议在中国测绘创新基地召开。国家测绘局党组副书记、副局长王春峰出席会议并讲话。来自国家发展和改革委、民政部、财政部、国土资源部、交通运输部、水利部、国防科工局、总参测绘局等部门的有关领导参加会议。

【16 日】山西省测绘工作会议在太原召开。会议的主要任务是贯彻全国测绘局长会议和全省国土资源工作会议精神，总结 2009 年工作，部署 2010 年任务。省政府副秘书长韩和平、省国土资源厅厅长李建功出席会议并讲话。省国土资源厅副厅长、省测绘局局长牛来有出席会议并做工作报告。会议通报了各市、局属各单位 2009 年度工作目标完成情况和局机关 2009 年度工作情况，并分别与各市和局属各单位签订了 2010 年测绘管理工作目标责任书和“三五一工程”暨工作目标责任书。

【18 日】由国家测绘局和武汉大学共同主办，广东省国土资源厅、深圳市规划与国土资源委员会承办的 2010 年第一期甲级测绘单位负责人培训班在深圳举办。国家测绘局副局长宋超智出席开班典礼

并为学员作《转变经济发展方式，促进地理信息产业发展》的专题辅导报告。

【18 日】江苏省副省长李小敏在南京会见国土资源部副部长、国家测绘局局长徐德明一行，双方就江苏测绘工作及与省测绘局合作有关事宜交换了意见。

【18 日】云南省测绘局接到云南省委常委办公室紧急通知，要求为中央领导视察云南灾情提供专题地图。云南省测绘局紧急组织云南省地图院，完成 120 幅《视察路线图》并及时交付有关部门，保障了中央领导指导抗旱救灾工作的用图需要。

【19 日】江苏省召开测绘工作会议，国土资源部副部长、国家测绘局局长徐德明和江苏省副省长曹卫星出席会议并讲话。江苏省政府副秘书长于利中主持会议。

【19 日】甘肃省人民政府决定缪树德任甘肃省测绘局局长，免去其甘肃省地质矿产勘查开发局副局长职务。

【19 日 ~20 日】陕西测绘局会同有关部门在宝鸡市查处一起外国人在陕西省境内非法测绘案件，责令涉案人员立即停止非法测绘活动，没收相关违法测绘工具，当事人被当地公安机关限期离境。

【20 日】国家测绘局副局长宋超智到广东瑞图万方科技股份有限公司进行调研。

【21 日 ~22 日】总参测绘局在北京召开 2010 年度军队科技进步奖军事测绘导航科技成果评审会。会议决定推荐上报军队科技进步奖一等奖 6 项、二等奖 10 项。

【22 日】云南省测绘局被云南省委、省政府授予“2009 年度社会扶贫先进集体”称号。

【22 日 ~23 日】江西省测绘工作会议在南昌召开。江西省委常委、副省长陈达恒，国家测绘局副局长闵宜仁出席会议并讲话。

【23 日】国家测绘局局长徐德明参加国务院第三次廉政工作会议。

【23 日】湖北省测绘工作会议在武汉召开。湖北省副省长段轮一、国家测绘局副局长宋超智出席会议并讲话，湖北省政府副秘书长彭勇主持会议。

【24 日】国家测绘局党组书记、局长徐德明主持召开局党组扩大会议，学习传达国务院第三次廉政工作会议精神。国家测绘局党组副书记、副局长王春峰，党组成员、副局长李维森、闵宜仁，党组成员、办公室主任吴兆琪出席会议。国家测绘局各司（室）负责人列席会议。

【25 日 ~26 日】全国测绘系统纪检监察工作会议在长沙召开。国家测绘局党组书记、局长徐德明出席会议并讲话，湖南省委常委、纪委书记许云昭致辞，中央纪委四室纪检监察专员刘钧出席会议，国家测绘局党组成员、纪检组组长张荣久做工作报告，国家测绘局党组成员、办公室主任吴兆琪主持会议。

【26 日】吉林省召开全省测绘工作会议，吉林省副省长陈晓光、国家测绘局副局长王春峰出席会议并讲话。

【26 日】广东省国土资源厅召开全省测绘工作会议，厅长招玉芳出席会议并讲话，地级以上市国土资源局分管测绘的副局长、测绘科长，省直测绘单位的班子成员、有关处（室）负责人近 100 人参加会议。

【29 日 ~30 日】全国测绘统计制度建设座谈会暨统计业务培训会在江苏省苏州市举行。

【30 日】国土资源部副部长、国家测绘局局长徐德明，国家测绘局副局长李维森会见武汉大学顾海良校长一行。

【30 日】国家测绘局党组成员、纪检组组长张荣久参加全国国土资源系统党风廉政工作会议。

【30 日】国家测绘局 2009 年政府信息公开工作年度报告公布。

【30 日】《中国测绘报》2009 年度好新闻评选共评出消息 16 件、通讯 14 件、言论 2 件、新闻摄影 3 件、副刊作品 18 件、版面 8 件，共 6 类 61 件。其中，一等奖 6 件、二等奖 9 件、三等奖 4 件。《中国测绘》杂志评出优秀作品 11 件。其中，特别奖 2 件、一等奖 2 件、二等奖 3 件、三等奖 4 件。

【31 日】北京军区司令员房峰辉中将、政治委员刘福连中将签发通令，给北京军区某测绘大队记集体二等功。

【31 日】由中国测绘科学研究院主办、英国泰勒 - 弗朗西斯（Taylor&Francis）出版集团出版发行的专业国际期刊——《影像和数据融合》，在中国测绘创新基地举行首发式。国土资源部副部长、国家测绘局局长徐德明出席首发式并为首发刊剪彩，国家测绘局副局长李维森在首发式上讲话。

【31 日】《基础地理信息数字产品 1∶500 1∶1000 1∶2000 数字线划图》等 9 项新制修订的数字测绘产品行业标准和国家标准通过审查。

▲中国测绘科学研究院地图学与地理信息系统研究所副研究员印洁被评为国土资源部直属机关“巾帼建功”标兵。

四月

【1日】首部《湖北省行政区划图集》正式出版。

【1日~2日】全国数字城市建设工作培训会在福州举行，国家测绘局副局长李维森、福建省政府副秘书长林依标到会讲话，省测绘局党组书记何清和、局长陈跃进出席会议。来自全国各省、自治区、直辖市测绘行政主管部门和有关测绘单位代表共160多人参加培训。

【2日】中央军委委员、总装备部部长常万全上将视察上海世博会执行安保任务部队，并慰问海军水下扫测部队一线官兵。

【2日】济南军区参谋长赵宗歧中将到军区某测绘信息中心野外驻训地视察综合演练训练情况。

【2日】由国家测绘局、福建省测绘局、泉州市政府三方共同投资建设的数字泉州地理空间框架建设合作协议签署仪式在福建省泉州市举行。国家测绘局副局长李维森出席签署仪式。

【6日】国土资源部副部长、国家测绘局局长徐德明在北京参加全党深入学习实践科学发展观活动总结大会。

【7日】兰州军区司令员王国生中将、政治委员李长才中将签发通令，给兰州军区某测绘信息中心记集体二等功。

【7日】青海省测绘局向省内各州、地、市测绘局（国土资源局）下发《关于编制基础测绘“十二五”规划的通知》，要求各单位于2010年7月底前完成规划编制工作。

【9日】北京天下图数据技术有限公司与美国PICTOMETRY公司举行引进倾斜摄影技术签约仪式。国家测绘局副局长李维森出席签约仪式并讲话。

【9日】山东省国土资源厅印发《关于做好“十二五”基础测绘规划编制工作的通知》（鲁国土资字〔2010〕309号），全面部署“十二五”基础测绘规划编制工作。

【12日】国家测绘局副局长闵宜仁会见美国数字地球（DG）公司高级副总裁一行。

【12日~15日】四川省人大常委会副主任张东升率四川省人大城市环境资源委员会和四川省测绘局有关负责人赴达州、广安、遂宁等市开展《四川省测绘管理条例》执法调研。

【13日】由国家测绘局、重庆市政府和湖北省政府三方合作建设的“三峡库区综合信息空间集成平台”项目第三次领导小组会议在重庆召开。国家测绘局副局长李维森、湖北省政府副秘书长彭勇、重庆市政府副秘书长徐建国出席会议。

【13日】重庆市地理信息公共服务平台开通仪式在重庆举行。重庆市副市长凌月明和国家测绘局副局长李维森共同启动重庆市地理信息公共服务平台。

【14日】青海省玉树藏族自治州玉树县发生7.1级地震后，国家测绘局高度重视，国家测绘局局长徐德明立即组织召开党组会议研究部署抗震救灾测绘保障工作，并按照国土资源部部长徐绍史的指示，紧急调集4架航空摄影飞机前往灾区，获取灾区震后高分辨率航空摄影影像，及时提供抗震救灾使用。

【14日】河南召开全省测绘工作会议。国土资源部副部长、国家测绘局局长徐德明，河南省副省长张大卫出席会议并讲话。河南省政府副秘书长张庆义主持会议。会上，河南省测绘局、省人力资源和社会保障厅对30个先进集体和60名先进个人进行了表彰。

【14日】国家测绘局在柳州市召开数字柳州地理空间框架建设工程设计书评审会，会议同意该工程设计书通过评审。之后，国家测绘局、广西壮族自治区测绘局、柳州市政府三方签署合作协议。国家测绘局副局长李维森、柳州市市长郑俊康出席评审会及签字仪式。

【14日】7点49分，青海省玉树藏族自治州发生里氏7.1级地震。青海省测绘局在第一时间为省应急办提供玉树州挂图、玉树县挂图、卫星影像图、结古镇0.6米分辨率影像地图；紧急制作玉树麦拉秀乡2.5米分辨率卫星图、玉树州结古镇1:2000线划图和玉树州三维地理信息系统提供有关部门使用。

【14日】由国家基础地理信息中心牵头并承担的“十一五”国家科技支撑计划“信息化测绘技术服务体系关键技术研发与应用”项目中的“基础地理信息动态变化监测系统开发”、“基于自主产权的基础地理信息集成管理系统”、“基础地理信息分发服务系统研究与开发”3个课题通过验收。

【14日~18日】青海省玉树藏族自治州发生地

震灾害后，山西省测绘局快速响应，全力支援。4月14日晚，国家测绘局紧急调集4架飞机前往玉树灾区航空摄影，省测绘工程院连夜派人将ADS80数字航摄仪送到张家口机场。4月17日21点20分，省测绘工程院接到数据后，立即组织技术人员对数据进行快速处理。经过12名技术人员连续10个小时工作，4月18日7点15分，顺利完成玉树县正射影像图和数字高程模型制作，并立即将数据报送国家测绘局。

【15日】国家测绘局在中国测绘创新基地举行固定翼轻型无人机航摄系统交接仪式，来自16个省、自治区、直辖市测绘单位的代表接收17套印有“中国测绘”的国产无人机航摄系统，标志着该系统推广应用工作进入新阶段。国土资源部副部长、国家测绘局局长徐德明，国家测绘局党组副书记、副局长王春峰，党组成员、副局长李维森、宋超智、闵宜仁，党组成员、纪检组组长张荣久，党组成员、办公室主任吴兆琪，总工程师胥燕婴出席交接仪式并颁发系统装备移交证书。

【15日】国家测绘局印发《中共国家测绘局党组关于推进学习型党组织建设的实施意见》。

【15日】甘肃省测绘管理工作会议在兰州召开，省测绘局党委成员及各处（室）负责人，全省各市州国土资源局主管局长、测绘管理办公室主任，省测绘局直属事业单位领导等共150多人参加会议。会议总结了2009年测绘管理工作，对2010年工作作了部署，对2009年全省测绘管理工作中表现突出的先进集体和先进工作者给予表彰奖励。

【15日】青海省测绘局紧急为省抗震救灾指挥部、省应急办、省军区、救灾部队、地震局等部门提供玉树县结古镇城区政府机关及企事业单位详细分布数据、多数据源三维地理信息系统、震区各种比例尺地形图、玉树县地震烈度图、玉树州各乡镇区划图、影像图、平面图、交通图、地籍图以及电子数据等测绘资料。

【15日~16日】四川省测绘局派专人乘飞机将玉树地震灾区DOM和制图数据共149幅送达北京，提供给西部测图工程项目部用于抢险救灾，并利用四川GNSS应急基准站网为玉树抗震救灾提供高精度三维空间位置服务。

【16日】陕西测绘局为省领导和有关部门赶制出第一批青海玉树抗震救灾用图：《陕西省支援青海玉树抗震救灾行车交通图》、《青海省影像地图》、《玉树县结古镇影像地图》、《玉树县规划图》、《玉树州影像地图》等。

【16日】重庆测绘院派员将41幅1:5万地形图数据紧急送往北京，用于青海省玉树抗震救灾工作。

【16日~17日】总参测绘局在济南军区组织全军测绘部（分）队按纲施训集训。总参测绘局局长袁树友少将，济南军区参谋长赵宗岐中将、副参谋长马秋星少将等领导参加集训并讲话。各军区、军兵种，总部有关部门和直属单位的代表共125人参加。

【17日】国家测绘局派出的航空摄影飞机对玉树灾区进行航空摄影，获取玉树灾区0.15米分辨率的数字影像数据和灾区的雷达数据。

【17日~18日】总参测绘局在济南组织开展全军测绘信息中心业务建设研讨活动。各军区、军兵种和总部有关单位代表共60多人参加研讨。总参测绘局副局长申慧群参加活动并做总结讲话。

【20日】总参测绘局局长袁树友少将与国家质量监督检验检疫总局副局长蒲长城就推进我国时间频率体系建设进行会商并达成共识。

【20日】吉林省人民政府令第211号公布《吉林省测绘成果管理办法》，自2010年6月1日起施行。

【20日】安徽省军区熊安东参谋长一行到安徽省测绘局调研，了解安徽省基础地理信息数据库建设情况，并就如何实现军地地理空间信息资源共享进行探讨。

【21日】为推动《中华人民共和国地图管理条例》修订工作，国务院法制办副主任郜风涛一行到中国地图出版社调研，了解地图管理现状及需要解决的问题。国家测绘局副局长宋超智陪同调研。

【21日】国家测绘局局长徐德明在海口会见海南省省长罗保铭。

【21日~25日】华东、东北测绘档案管理经验交流会在安徽省黄山市召开，8省1市的测绘档案部门主要负责人参加会议。

【22日】国家测绘局党组副书记、副局长王春峰在成都出席第二十一届全国地图出版社联席会。

【22日】中非测绘合作座谈会在坦桑尼亚首都达累斯萨拉姆开幕。国家测绘局副局长李维森在开幕式上讲话，并代表国家测绘局向与会的非洲国家测绘主管部门捐赠具有我国自主知识产权的测绘与地理信息软硬件产品，并签署《中非测绘合作座谈

会会议纪要》。中国驻坦桑尼亚大使刘昕生、坦桑尼亚测绘局局长玛云珈博士分别致辞。

【23 日】国家测绘局、总参测绘局在北京举行“十二五”规划协调会。两局“十二五”规划工作班子有关人员参加会议。

【23 日】南京军区副政治委员高武生中将一行 7 人到军区某测绘大队进行政法和纪检工作调研。

【26 日】国土资源部副部长、国家测绘局局长徐德明出席国土资源系统全国劳动模范（先进工作者）座谈会。

【27 日】国家测绘局党组书记、局长徐德明在北京出席 2010 年全国劳动模范和先进工作者表彰大会。中国测绘科学研究院刘纪平、黑龙江基础地理信息中心徐开明获“全国先进工作者”称号。

【28 日】吉林省第二测绘院王德喜获“吉林省五一劳动奖章”。

【28 日】四川省测绘局为省委省政府召开全省灾后重建现场会紧急制作专题图，受到常务副省长魏宏的表扬。

【29 日】国家测绘局召开玉树抗震救灾测绘保障宣传工作座谈会，国家测绘局副局长宋超智主持座谈会，部分中央新闻媒体记者出席会议。据统计，截至 29 日，人民日报、新华社、光明日报、经济日报、中央电视台、中央人民广播电台、人民网、新华网、光明网等中央新闻媒体刊（播）发测绘抗震救灾相关新闻近 80 条，各地方媒体转载 150 多条，各大网站转载上千条，测绘报刊、网站也刊发了大量新闻。

【29 日】总参测绘局在北京组织中国人民解放军标准时间发播仪式。副总参谋长章沁生中将出席仪式并讲话。

【30 日】国土资源部副部长、国家测绘局局长徐德明，国家测绘局副局长王春峰参加上海世界博览会开幕式。

▲江苏省测绘产品质量监督检验站被江苏省总工会授予“江苏省五一劳动奖状”。

▲朱周华被评为“江苏省十佳文明职工”。

▲朱建军、耿俊被江苏省总工会授予“江苏省五一劳动奖章”。

▲江苏省测绘工程院被评为“普及定向运动江苏省先进单位”。

▲江苏省测绘工程院摄影测量分院被评为“全国模范职工小家”。

▲海南测绘局与海南省机构编制委员会办公室、海南省国土环境资源厅联合下发《关于进一步加强市县测绘工作的通知》，要求市、县落实测绘管理机构，完善测绘管理体制。

五月

【1 日】经总参谋部批准，《中国人民解放军军用地图和成果表管理规定》正式施行。

【4 日】浙江省人民政府颁布《浙江省地理空间数据交换和共享管理办法》。

【6 日】国家测绘局直属机关第六届杰出（优秀）青年表彰大会暨“信念·责任·青年力量”测绘青年论坛启动仪式在北京举行。国家测绘局党组书记、局长徐德明出席会议并讲话，国家测绘局党组成员、纪检组组长张荣久出席会议。中央国家机关团工委书记吴海英在会上讲话。

【6 日 ~7 日】国家测绘局在海南省琼海市召开全国测绘发展“十二五”规划编制工作会议。国家测绘局党组副书记、副局长王春峰出席会议并讲话。

【9 日 ~11 日】沪苏浙地理信息共建共享联席会议在上海举行。

【11 日】新中国军事测绘 60 年回顾展望暨先进模范表彰大会在北京举行。中央军委委员、总参谋长陈炳德发贺信祝贺。解放军副总参谋长章沁生出席会议并讲话。总参谋长助理戚建国宣读总参谋长陈炳德的贺信。国土资源部副部长、国家测绘局局长徐德明，外交部部长助理程国平分别致贺词。总参测绘局局长袁树友做工作报告。国家测绘局副局长王春峰、总工程师胥燕婴出席会议。

【11 日】国家测绘局在成都举行中越陆地边界勘界测绘保障工作表彰大会，96 名在勘界工作中做出突出贡献的测绘工作者受到表彰。国家测绘局副局长李维森、闵宜仁出席大会。

【11 日】四川汶川地震灾后恢复重建测绘专项建设工程中期工作会议在成都召开，国家测绘局副局长李维森出席并讲话。

【11 日】中国人民解放军测绘史馆在北京落成并开馆。副总参谋长章沁生中将、总参谋长助理戚建国少将为史馆揭幕。

【12 日】国家测绘局在北京召开互联网地图服务专业资质工作会议，国家测绘局副局长宋超智出席会议并讲话。各省、自治区、直辖市测绘行政主管部门负责测绘资质管理的部门负责人参加会议。

【12 日】总参测绘局在北京召开新中国军事测绘 60 周年学术研讨会。总参测绘局局长袁树友少将到会并讲话，全军测绘部队、科研院所的 100 多位代表参加会议。

【12 日】由国家测绘局、云南省测绘局、玉溪市政府三方共同投资的数字玉溪地理空间框架建设合作协议签订仪式在玉溪举行。国家测绘局副局长李维森、云南省测绘局局长耿弘、玉溪市市长高劲松出席签字仪式。

【13 日】海军副司令员徐洪猛中将视察海军大连舰艇学院海洋测绘科学与工程系。

【14 日】浙江省省长吕祖善在省政府秘书长张鸿铭、省国土资源厅厅长楼小东等陪同下，视察浙江省测绘与地理信息局。吕祖善听取了浙江省测绘与地理信息局局长陈建国的工作汇报，充分肯定测绘为全省经济社会发展作出的贡献。

【17 日】国家测绘局党组书记、局长徐德明参加中央新疆工作座谈会。

【17 日】我国西部 1∶5 万地形图空白区测图工程第一幅地形图在西安地图出版社正式印刷，这标志着国家西部测图工程的地形图成果正式产生，这也是我国首批采用 2000 国家大地坐标系的地形图。

【17 日】国家测绘局公布 2009 年十大测绘违法典型案件。

【18 日】国家测绘局、工业和信息化部、国家安全部、工商行政管理总局、新闻出版总署、国家保密局、总参测绘局 7 部门联合召开全国地理信息市场专项整治总结暨表彰电视电话会议，全国地理信息市场专项整治工作领导小组组长、国土资源部副部长、国家测绘局局长徐德明代表领导小组做总结讲话。国家安全部副部长邱进、工商行政管理总局副局长钟攸平、新闻出版总署副署长孙寿山、国家保密局副局长梁建生、总参测绘局副局长范艺华出席会议并讲话。全国地理信息市场专项整治领导小组办公室主任、国家测绘局副局长宋超智主持会议。会议表彰了全国地理信息市场专项整治工作先进集体和先进个人。

【18 日】北京四维图新科技股份有限公司在深圳股票交易所中小企业板挂牌上市（深圳股票代码：002405），成为中国首家 A 股上市的导航电子地图厂商。

【19 日】浙江省测绘与地理信息局与浙江省军区司令部签订《关于地理信息资源共建共享的协议》。

【20 日】国土资源部副部长、国家测绘局局长徐德明，国家测绘局副局长宋超智在北京会见黑龙江省副省长于莎燕一行。

【21 日】测绘发展战略研究阶段成果评估会在中国测绘创新基地召开。国土资源部副部长、国家测绘局局长徐德明，国家测绘局党组副书记、副局长王春峰出席会议。李德仁、刘先林、刘经南、杨元喜 4 位院士以及国家发展和改革委、公安部、国土资源部、国务院发展研究中心、总参测绘局等部门和单位的 10 多位专家出席会议。

【21 日】亚太地理信息基础设施常设委员会（PCGIAP）执行局会议在伊朗首都德黑兰举行。国家测绘局副局长李维森作为 PCGIAP 主席出席并主持会议。

【22 日】浙江省德清县举行数字德清地理空间框架工程设计书评审暨共建共享合作协议签署仪式。国家测绘局、浙江省测绘与地理信息局、德清县政府共同签订《数字德清地理空间框架建设推广合作协议书》，标志着国家测绘局首个县级数字城市地理空间框架建设推广项目正式启动。国家测绘局总工程师胥燕婴出席会议并签署协议。

【24 日】江西省测绘局在南昌举行鄱阳湖生态经济区测绘成果发布、赠送仪式暨无人飞行器作业演示。省委常委、副省长陈达恒为鄱阳湖生态经济区测绘成果揭幕。

【25 日】国土资源部党组书记、部长、国家土地总督察徐绍史赴青海玉树地震灾区调研灾后重建工作，国家测绘局副局长闵宜仁及国土资源部有关司（局）负责人陪同调研。

【27 日】副总参谋长侯树森中将视察总参某测绘研究所并调研基层建设情况，听取该所党委关于基层建设情况汇报，观摩重大成果演示，察看测绘导航重点实验室，并作重要指示。

【27 日】广州军区司令部在广州召开战区首届 5 省（区）军地测绘气象水文联合保障联席会议。军区司令部与 5 省（区）测绘、气象、水文部门 18 个单位分专业签署《军地测绘气象水文联合保障实施办法》。

【28 日】国土资源部副部长、国家测绘局局长徐德明出席中央国家机关第三届职工运动会开幕式。国家测绘局获广播操比赛二等奖。

【29 日】国家测绘局副局长李维森在中国测绘

创新基地会见尼日利亚边界委员会主任迪基一行。

【31 日～6 月 3 日】总参测绘局派员参加在乌鲁木齐举行的中国、塔吉克斯坦、阿富汗关于确定三国国界交界点的专家组磋商会议。

▲山西省测绘局全面启动“十二五”规划编制工作，主要内容包括 1 个总体规划和 4 个专项规划。

▲江苏省测绘工程院信息工程分院，江苏省基础地理信息中心遥感影像部、信息集成部二室分别被评为“江苏省工人先锋号”。

▲江苏省基础地理信息中心信息集成部团支部被省级机关团工委表彰为“省级机关五四红旗团支部”。

▲江苏省测绘局宫雪峰被评为“江苏省优秀团干部”，李晓华被评为“省级机关优秀团员”。

▲福建省测绘院测绘工程分院李祖勤获福建省“五一劳动奖章”。

▲海南省机构编制委员会正式批准海南测绘局加挂“海南省测绘局”牌子。

▲中国地图出版社第十次获“中央国家机关文明单位”称号。

六月

【1 日】国家测绘局在北京召开 2010 年“小金库”治理工作会议。国家测绘局党组成员、纪检组组长张荣久出席会议并讲话。

【2 日】国家测绘局党组副书记、副局长王春峰出席中国南海地图专项工作启动会。

【2 日】国家测绘局支援玉树地震灾后重建测绘保障工程启动仪式在西宁举行。国家测绘局副局长李维森、青海省副省长马顺清出席并讲话，国家测绘局总工程师胥燕婴主持仪式。

【2 日】中国在西昌卫星发射中心用“长征三号丙”运载火箭，将第四颗北斗导航卫星成功送入太空预定轨道，标志着北斗卫星导航系统组网建设迈出重要一步。

【6 日】玉树地震灾区第一个应急卫星连续运行基准站正式开通运行。

【6 日～11 日】国家测绘局与中国航空学会等单位在北京联合举办尖兵之翼的第三届中国无人机大会暨展览会。国家测绘局总工程师胥燕婴出席展览会开幕剪彩仪式。

【7 日】国土资源部副部长、局长徐德明在人民大会堂出席两院院士大会开幕式。

【7 日】国家测绘局和国家文物局组织专家在北京召开明长城测量成果验收会，验收组一致同意明长城测量成果通过验收。

【7 日】国家测绘局、国家文物局加强战略合作协议签字仪式在中国测绘创新基地举行。国土资源部副部长、国家测绘局局长徐德明，国家文物局局长单霁翔分别代表两局在协议书上签字并讲话。国家测绘局副局长李维森出席签字仪式。

【7 日】明长城沿线 1∶1 万数字正射影像图、数字高程模型、数字线划地图、专题影像地图共 10043 幅测量成果通过专家验收。

【8 日】河北省测绘局、河北省文物局、秦皇岛市政府联合在山海关老龙头举办明长城入海处地理信息标志揭幕仪式。经科学测量，明长城入海口位于东经 119 度 47 分，北纬 39 度 58 分，海拔 6.3 米。

【8 日】广州军区副司令员吕丁文中将在副参谋长韩林枝少将陪同下视察军区某地图仓库。

【8 日～9 日】广西壮族自治区来宾市良江镇吉利村发生地质灾害，广西壮族自治区测绘局启动测绘应急预案，召开会议布置任务，派出 6 个测量分队连夜赶赴灾区，在两天时间内完成灾区新址施测任务，受到自治区领导好评。

【8 日～10 日】全国测绘系统首届羽毛球比赛在河北省秦皇岛市举办。

【9 日】江西省地理信息公共服务平台（公众版）正式开通。

【9 日～12 日】国家测绘局在江苏省苏州市举办 2010 年第一期地方测绘管理干部培训班，来自全国各地的测绘管理干部近 190 人参加培训。国家测绘局副局长宋超智出席培训班开班式，并为学员作题为《当前测绘工作面临的形势与任务》专题报告。

【10 日～11 日】2010 年度军队科技进步奖作战保障组评审会在西安召开，总参测绘局推荐军事测绘项目一等奖 2 项、二等奖 6 项。

【11 日】海军副政治委员徐建中中将视察海军大连舰艇学院海洋测绘工程实验室。

【11 日】数字榆林地理空间框架建设工程设计书在陕西省榆林市通过国家测绘局组织的专家评审。国家测绘局、陕西测绘局、榆林市政府三方签订合作协议书，共同推进数字榆林地理空间框架建设。国家测绘局副局长李维森出席签字仪式并讲话。

【13 日】由陕西测绘局、陕西省工业和信息化厅监制，国家测绘局陕西基础地理信息中心承建的陕西省公众版地理信息公共服务平台正式上线运行。这是陕西省首个由测绘行政主管部门发布的权威电子地图服务网站。

【15 日】由中华全国新闻工作者协会和中国报纸副刊研究会共同举办的第十二届中国新闻奖报纸副刊作品初评暨 2009 年全国报纸副刊年赛评选揭晓，《中国测绘报》4 件作品获奖。

【15 日】广州军区司令员徐粉林中将视察军区某测绘信息中心。

【17 日】国土资源部副部长、国家测绘局局长徐德明在中国测绘创新基地会见芬兰国家测绘局局长拉蒂亚一行。

【17 日】北京市测绘设计研究院 55 周年院庆暨首届用户大会在中国测绘创新基地举行。国土资源部副部长、国家测绘局局长徐德明，北京市副市长陈刚到会祝贺并共同为国家地理信息公共服务平台节点的北京市地理信息共享服务平台揭牌。国家测绘局副局长宋超智以及总参测绘局、北京市规划委员会、北京市国土资源局等单位的领导出席会议，各界用户 400 多人参加了大会。

【18 日】浙江省政协副主席斯鑫良到省测绘与地理信息局调研，了解办理省政协重点提案《关于开展海洋测绘，推进海洋经济发展带建设的建议》的情况。

【19 日】国土资源部副部长、国家测绘局局长徐德明在中国测绘创新基地会见新疆维吾尔自治区党委常委努尔兰·阿不都满金一行。

【21 日】江西第二大河流抚河唱凯堤发生决堤险情。当晚，江西省基础地理信息中心派出 2 名技术人员赶往省政府应急指挥中心，对“江西省地理信息公共服务平台（政务版）”进行现场技术支持，为省委省政府领导提供受灾地区形象直观的二维、三维电子地图，影像地图。

【22 日】吉林省首批数字城市共建共享合作协议签署仪式在长春举行。国家测绘局、吉林省政府分别与通化、延吉、九台 3 市政府签署数字城市地理空间框架共建共享合作协议。吉林省副省长陈晓光，国家测绘局副局长李维森出席仪式并讲话。

【22 日】江西省基础地理信息中心向省防汛抗旱总指挥部紧急提供以抚州市抚河唱凯段为中心的 1:1 万纸质地形图 30 幅，共 60 张。

【22 日】国家测绘局、广东省国土资源厅、珠海市政府共同签订《数字珠海地理空间框架建设示范工程协议书》，国家测绘局副局长李维森出席签字仪式并讲话。

【22 日】海南省政府在海口召开全省测绘工作会议，国土资源部副部长、国家测绘局局长徐德明和海南省副省长李国梁出席会议并讲话。会议由海南省政府副秘书长倪健主持。

【22 日】由中国测绘科学研究院承担、北京四维远见信息技术有限公司实施的西部测图工程子项目——西藏自治区安多、那曲高分辨率数字摄影测图试验通过北京市测绘产品质量检验中心的质量检验，标志着由我国自主研发的轻型航空摄影测量仪首次在高原获取航空摄影取得成功。

【22 日】国家基础地理信息中心利用正在开发的专题图快速制图系统，为江西抗洪救提供应急测绘保障服务。

【25 日】第二期全军北斗应用参谋培训班在解放军信息工程大学测绘学院结业，总参测绘局副局长范艺华出席结业仪式并讲话。

【25 日】江苏省测绘局、省通信管理局、省国家安全厅、省工商行政管理局、省新闻出版局、省国家保密局、省军区司令部 7 部门联合召开电视电话会议，总结地理信息市场专项整治工作，表彰先进集体和先进个人。省地理信息市场专项整治工作领导小组及办公室人员，各部门有关领导，先进集体、先进个人，省测绘局机关全体人员、局直属单位有关人员，南京市测绘行政管理人员，省甲乙级测绘资质单位和地理信息产业单位负责人共 200 多人参加南京主会场会议。

【28 日】甘肃省两当县地理空间信息平台及应用发布会在陇南市两当县举行，这是甘肃省首个县级地理空间信息平台。省测绘局局长缪树德出席发布会并讲话。

【30 日】国家测绘局召开局机关上半年总结会。国家测绘局党组书记、局长徐德明，党组副书记、副局长王春峰，党组成员、副局长李维森、宋超智、闵宜仁，党组成员、纪检组组长、直属机关党委书记张荣久，党组成员、办公室主任吴兆琪出席会议。

▲黑龙江测绘局极地测绘工程中心被科技部、中宣部和中国科协联合授予“全国科普工作先进集体”称号，吴文会被授予“全国科普工作先进工作

者”称号。

▲浙江省测绘局和重庆测绘院共同编写的《全球定位系统实时动态（RTK）技术规范》正式发布。该规范的编写，填补了我国测绘领域在 GPS 动态应用方面的空白，对指导测绘生产起到一定推动作用。

▲江西省测绘局向省防汛抗旱总指挥部主动提供江西省 1∶100 万 DEM 地形图，抚州市 1∶25 万 DLG、DEM 等多类型专题地图，为支援抚州市抗洪救灾开展测绘保障。

七月

【1 日】高德控股有限公司（AutoNavi Holdings Limited）在美国纳斯达克全球精选市场上市（股票代码为 AMAP）。

【2 日】由国家测绘局、湖北省政府和重庆市政府共同建设的“三峡库区综合信息空间集成平台”在重庆通过专家验收并正式开通运行。这是我国首次大规模获取三峡库区高精度地理空间数据，将为三峡库区后续规划的实施和库区发展提供全面的地理空间信息支撑。国家测绘局副局长李维森、重庆市副市长凌月明、湖北省政府副秘书长彭勇出席平台成果发布会，并共同开通平台。

【2 日】国家测绘局、重庆市规划局、重庆市长寿区政府三方签订合作协议书。国家测绘局副局长李维森出席签字仪式并讲话。

【3 日～6 日】总参测绘局局长袁树友少将率中国人民解放军测绘代表团出访匈牙利。

【3 日～8 日】国际摄影测量与遥感学会（ISPRS）百年庆典（Centenary Celebrations）暨第七技术委员会中期学术研讨会（ISPRS Technical Commission VII Symposium）在奥地利维也纳召开，中国测绘科学研究院院长张继贤率 14 人代表团参加会议。

【5 日】国土资源部副部长、国家测绘局局长徐德明，国家测绘局副局长李维森在北京参加西部大开发工作会议第一次全体会议。

【5 日～8 日】总参测绘局、成都军区某测绘大队派员参加在老挝万象举行的中老边界第一次联合检查委员会第一次会议。

【7 日】国土资源部副部长、国家测绘局局长徐德明在呼和浩特会见内蒙古自治区副主席赵双连。国家测绘局副局长王春峰、李维森、闵宜仁，国家测绘局党组成员、纪检组组长张荣久，党组成员、办公室主任吴兆琪参加会见。

【7 日～8 日】全国测绘局长座谈会在呼和浩特召开。国土资源部副部长、国家测绘局局长徐德明出席会议并讲话，内蒙古自治区副主席赵双连出席会议并致辞，国家测绘局党组副书记、副局长王春峰主持会议，国家测绘局党组成员、副局长李维森、闵宜仁，党组成员、纪检组组长张荣久，国家测绘局党组成员、办公室主任吴兆琪出席会议。各省、自治区、直辖市、计划单列市测绘行政主管部门和国家测绘局所属各单位、机关各司（室）负责人参加会议。

【12 日】国家测绘局和英国诺丁汉大学共同主办的第二届中英测绘技术与产业发展高级研讨班在诺丁汉大学开班。国家测绘局副局长宋超智出席开班式并作题为《促进交流，加强合作》的主题报告，诺丁汉大学常务副校长阿兰·多德森教授出席开班式并讲话。

【13 日】国土资源部副部长、国家测绘局局长徐德明在北京参加全国教育工作会议。

【13 日】山西省测绘局、省军区作训处、省通讯管理局、省国家安全厅、省工商行政管理局、省新闻出版局、省国家保密局联合召开山西省地理信息市场专项整治工作总结暨表彰大会。会议表彰了专项整治工作先进集体和先进个人，省地理信息市场专项整治工作领导组组长、省国土资源厅副厅长、省测绘局局长牛来有代表领导组做总结报告。

【14 日】国家测绘局副局长宋超智访问德国下萨克森州，会见该州内政部常务副部长卡拉伊登博士，并同内政部所属的下萨克森州测绘与地理信息局局长德拉肯举行会谈。

【14 日～19 日】总参测绘局局长袁树友少将率中国人民解放军测绘代表团出访朝鲜。

【15 日】第一届全国激光雷达对地观测高级学术研讨会在北京召开，来自国内外近 100 个单位的 300 多位激光雷达领域学者、企业家和管理专家参加开幕式。

【16 日】国家测绘局支援青海玉树地震灾后重建测绘保障工程成果交接仪式在中国测绘创新基地举行。国土资源部副部长、国家测绘局局长徐德明，青海玉树地震灾后重建现场指挥部副指挥长、青海省副省长张建民出席交接仪式并讲话。交接仪式由国家测绘局副局长李维森主持。

【16 日】第三届全国测绘技术能手评选结果揭

晓，马雷等 19 人被授予“全国测绘技术能手”称号。

【22 日】国家测绘局、广东省国土资源厅、珠海市政府共同签署《数字珠海地理空间框架建设项目共建共享合作协议》。国家测绘局副局长李维森出席签字仪式。

【23 日】数字石家庄地理空间框架建设项目设计评审会暨共建共享合作协议签署仪式在石家庄举行。国家测绘局、河北省测绘局、石家庄市政府签署数字区域地理空间框架建设示范合作协议书，共同推动数字石家庄地理空间框架工程建设，数字石家庄地理空间框架建设试点项目全面启动。

【23 日】上海市测绘院获首批上海市企业文化（行业文化）建设示范基地称号。

【24 日】国家测绘局和湖北省政府在武汉签订《数字湖北地理空间框架建设合作协议书》，湖北省委书记、省人大常委会主任罗清泉，省委副书记、省长李鸿忠，国土资源部副部长、国家测绘局局长徐德明出席签字仪式。签字仪式由湖北省委常委、省政府秘书长尹汉宁主持。国家测绘局副局长李维森、湖北省副省长段轮一分别代表国家测绘局、湖北省政府签约。

【25 日～30 日】中老边界第一次联合检查测图专家组第三次会议在老挝琅勃拉邦举行。

【27 日】中国测绘科技馆新装开馆，正式对外开放。中国测绘科技馆是我国首家以测绘为主题的国家级专门类展馆，入选全国科普教育基地，对于更好地发挥测绘科普教育功能意义重大。国家测绘局局长徐德明和中国科协书记处书记程东红共同为“中国测绘科技馆——全国科普教育基地”揭牌。

【28 日】总参测绘局和国家测绘局在北京举行局长级工作会商。总参测绘局局长袁树友少将和国家测绘局局长徐德明出席会议，两局司（处）以上领导参加会商。

【28 日】青海省第一测绘院为格尔木温泉水库抗洪抢险提供应急测绘保障服务，为泄洪渠开挖提供实时测量数据，对水库坝体进行变形监测。

【29 日】国家测绘局与中国航天科技集团公司签署战略合作框架协议，决定共同推进“资源三号”卫星及后续星、重力卫星、干涉雷达卫星、激光测高卫星等测绘系列卫星的发射，合作建立业务化运行的国家卫星测绘应用体系，形成我国自主的卫星测绘技术体系。国土资源部副部长、国家测绘局局长徐德明，中国航天科技集团公司总经理马兴瑞出席签字仪式并讲话。国家测绘局副局长王春峰、中国航天科技集团公司副总经理芮晓武代表双方在协议书上签字。国家测绘局总工程师胥燕婴主持签字仪式。

▲山西省地理信息公众服务平台正式开通试运行。

▲黑龙江省委书记吉炳轩对黑龙江测绘部门在“6·26”大兴安岭扑火战役中的快速响应和保障能力给予肯定。他指出，测绘是我们的眼睛，一定要把测绘工作搞好，要把全省的地形地貌测得更清楚、更详细、更准确。不但在今后的防火工作中辅助科学地决策，同样也要在抗洪抢险等各种突发性事件、应急事件的处理过程中发挥重要作用。

▲国家测绘局第四航测遥感院获 2008－2010 年度海南省直机关文明单位称号，海南测绘局谭之明获省直机关精神文明先进工作者称号。

八月

【1 日】5 时 30 分，我国在西昌卫星发射中心用“长征三号甲”运载火箭，成功发射第五颗北斗导航卫星，并将卫星送入太空预定转移轨道。这是一颗倾斜地球同步轨道卫星，是我国 2010 年连续发射的第三颗北斗导航系统组网卫星。

【1 日】中央军委主席胡锦涛签署命令，给在“2000 中国大地坐标系”研制建设中完成任务突出的总参某测绘研究所记集体二等功。

【1 日】《中国测绘报》5 篇作品获由中国产业报协会组织的第二十四届（2009 年度）中国产经新闻奖。其中，二等奖 1 篇、三等奖 4 篇。

【3 日】江西省委常委、副省长陈达恒到江西省测绘局视察工作。

【4 日】贵州省遵义市测绘局挂牌成立。国家测绘局副局长宋超智、遵义市委书记慕德贵为遵义市测绘局揭牌。

【4 日】江苏省军区司令部庞士勇参谋长到江苏省测绘局考察测绘工作，观看数字化测绘生产基地和军地应急指挥系统演示。双方围绕加强军地信息化建设合作进行座谈。

【5 日】新疆跨越式发展测绘保障工程项目建议书在北京通过国家测绘局和新疆维吾尔自治区政府共同组织的专家评审。国家测绘局副局长李维森、新疆维吾尔自治区党委副秘书长孙昌华参加评审会

并讲话。

【6日】福建省副省长张志南主持召开专题会议，在听取福建省测绘局有关工作情况汇报后指出，“十一五”期间，福建省测绘局坚持以科学发展观为指导，围绕中心，突出重点，基础测绘建设步伐不断加快，测绘工作整体水平明显提高，在服务福建发展、保障海西建设等方面做出大量卓有成效的工作。

【8日】甘肃南部舟曲县突发特大山洪泥石流灾害，国家测绘局高度重视，立即启动应急预案。紧急调动航空摄影飞机赶往灾区，以最快的速度获取灾区高分辨率航空摄影影像，为抢险救灾及时提供测绘保障。

【8日】总参测绘局紧急组织舟曲灾区应急测绘生产，制作完成舟曲灾后航空影像图和各类专题成果。

【8日】中国测绘科学研究院参与完成的“国家土地资源遥感监测关键技术及重大工程应用”、“时空数据挖掘关键技术与应用”获2010年国家科学技术进步奖二等奖。

【9日】由江西省测绘局主持完成的“江西省地图集编纂与研究”项目获江西省科学技术进步奖三等奖。

【10日】四川省测绘局与成都军区司令部作战部签订地理信息数据资源共享与合作协议，总参测绘局局长袁树友出席签字仪式并讲话。

【12日】国家测绘局卫星测绘应用中心与澳大利亚联邦科学与工业研究组织在中国测绘创新基地签署谅解备忘录，双方将开展卫星测绘应用合作。国家测绘局卫星测绘应用中心主任李朋德、澳大利亚联邦科学与工业研究组织布莱恩·基廷代表双方在备忘录上签字。

【17日】海军副司令员徐洪猛中将到海军出版社视察工作。

【18日】新疆维吾尔自治区党委书记张春贤在乌鲁木齐会见国土资源部副部长、国家测绘局局长徐德明。新疆维吾尔自治区党委常委努尔兰·阿不都满金，国家测绘局党组副书记、副局长王春峰，党组成员、副局长李维森，党组成员、办公室主任吴兆琪参加会见。

【19日】国家测绘局在乌鲁木齐召开全国测绘援疆工作座谈会。国土资源部副部长、国家测绘局局长徐德明，新疆维吾尔自治区党委常委努尔兰·阿不都满金出席会议并讲话。国家测绘局党组副书记、副局长王春峰在会上通报测绘援疆的主要举措，国家测绘局副局长李维森主持会议。

【19日】云南怒江傈僳族自治州贡山独龙族怒族自治县普拉底乡突发特大泥石流灾害。云南省测绘局积极作出应急响应，组织相关技术人员首次应用无人机对灾区进行航拍，及时向云南省委、省政府及国土资源部提供灾区0.3米分辨率影像图，用于指挥抗洪救灾。

【19日】中共中央、国务院和中央军委在西宁举行全国抗震救灾总结表彰大会，中国测绘科学研究院黄国满、青海省第一测绘院窦超获青海玉树“全国抗震救灾模范”称号。

【19日】大连市规划局召开《大连市测绘管理办法》（讨论稿）座谈会，区市县测绘行政主管部门领导，甲、乙级测绘资质单位领导及测绘行业专家20多人参加座谈会。

【19日~20日】总参测绘局在南京军区召开军用数字地图数字水印系统启用工作第一次会议。

【20日】总参测绘局与国家测绘局就1∶5万数据库更新和西部测图工程等重大合作项目建设进展情况进行工作会商。

【20日】2010年北京市勘察设计测绘行业工作会暨首届城市规划设计论坛在国家会议中心召开。北京市副市长陈刚、住房城乡建设部副部长仇保兴、北京市规划委员会主任黄艳到会并讲话。会议表彰了在抗震救灾援建工作、城市轨道工程建设中做出突出贡献的单位。全市1000多家勘察设计测绘行业代表参加大会。

【20日】浙江省对口支援新疆阿克苏地区测绘工作座谈会在阿克苏召开。浙江省测绘与地理信息局局长陈建国和浙江援建阿克苏地区指挥部党委副书记、副指挥长朱鑫杰分别在会上讲话。座谈会由新疆维吾尔自治区测绘局局长李全战主持。

【23日~27日】总参测绘局在江西井冈山举办第一期全军测绘部队业务处长集训。各军区、军兵种和总参直属测绘部队的43名代表参加集训。

【26日】福建省地理信息市场专项整治工作总结暨表彰会议在福州召开，会议总结全省地理信息市场专项整治工作成效和经验，表彰先进集体和先进个人，对下一阶段的工作做出部署。

【27日】国土资源部副部长、国家测绘局局长徐德明在中国测绘创新基地会见联合国统计司司长

张保罗一行。国家测绘局副局长李维森参加会见。

【29日】国家测绘局与江西省人民政府在南昌联合举办全国第十八个测绘法宣传日主场活动。国土资源部副部长、国家测绘局局长徐德明，江西省委常委、副省长陈达恒，省人大副主任蒋如铭，省政协副主席陈清华，国家测绘局党组成员、办公室主任吴兆琪出席宣传活动。此次活动的主题是“推进数字城市建设，提升测绘公共服务水平”。

【29日】国家测绘局与江西省政府在南昌共同签署《鄱阳湖生态经济区建设测绘保障服务协议》。在协议签字仪式上，陈俊勇、刘先林、宁津生、刘经南、张祖勋、杨元喜等6位院士向江西省委、省政府主要领导和分管领导递交了《关于加强省级地理信息公共服务能力建设的建议》，江西省委书记苏荣在院士建议书上批示：“感谢6位院士付出的辛勤劳动。具体事宜请省政府决定。”江西省省长吴新雄批示：“请达恒副省长就院士建议召集有关部门研究提出可行的方案。”

【29日】江苏省副省长李小敏到江苏省测绘局测绘法宣传日系列活动现场视察指导。

【29日】由江苏省测绘局主办，江苏省基础地理信息中心承建的“江苏地图网”正式开通。江苏省副省长李小敏出席开通仪式并启动地图网开通按钮。

【30日】国家测绘局直属机关工会干部培训班在河北省北戴河举行。国家测绘局党组成员、纪检组组长张荣久出席开班式。

【30日】在中国出版工作者协会第九届输出版、引进版优秀图书评选中，中国地图出版社出版的《打开地图看世界》获引进版科技类图书优秀图书奖；《伟大的探索》获引进版社科类图书优秀图书奖。

【31日】吉林省测绘与地理信息行业协会成立大会在长春市举行。国家测绘局副局长宋超智、吉林省副省长陈晓光、省政协原常务副主席魏敏学出席会议并讲话，省政府副秘书长李建华主持大会。

▲江西省基础地理信息中心总工程师欧立业入选2010年江西省“新世纪百千万人才工程”人选。

▲四川省测绘局在遭受特大山洪泥石流灾害的清平乡、映秀、虹口、龙池、文家沟和小岗剑等重灾区开展航空摄影，获取极重灾区高分辨率彩色数字航空摄影资料60平方千米，绘制各种影像图44幅，为抢险救灾提供了有力支持。

▲舟曲特大泥石流灾害发生后，甘肃省测绘局立即启动测绘应急预案，投入抢险救灾测绘保障工作，及时为省应急办、抢险救灾指挥部、交通等部门提供了灾区及周边地区大量地形图，为抢险救灾赢得了时间。据不完全统计，此次抢险救灾中，省测绘局先后为国土资源部、省政府应急办等部门提供各种地图、三维影像15批次、30多种1200多张，其中1∶5万地形图94幅，为了解灾情、决策指挥、抢险救灾、灾后重建提供了有力的支持。

九月

【2日】数字齐齐哈尔地理信息公共服务平台建设成果发布暨推广会议在黑龙江省齐齐哈尔市举行。国家测绘局副局长李维森、黑龙江省政府副秘书长师伟杰、齐齐哈尔市副市长赵万山共同开通数字齐齐哈尔地理信息公共服务平台。黑龙江测绘局局长王宝民主持会议。

【2日】国家测绘局副局长闵宜仁会见美国 Digital Globe 公司创始人兼首席技术官沃尔特一行。

【2日】国家测绘局总工程师胥燕婴在中国测绘创新基地会见美国天宝导航有限公司基础设施全球总经理皮埃尔一行。

【3日~4日】西北地区测绘学术与科技信息交流会在西安召开。

【6日】北京军区某测绘大队与山西省测绘局在太原签订军地共建协议。

【8日】国家测绘局召开互联网地图服务甲级测绘资质单位座谈会，向31家互联网地图服务单位颁发互联网地图服务甲级测绘资质证书。国土资源部副部长、国家测绘局局长徐德明出席座谈会并讲话。国家测绘局副局长宋超智主持会议。

【9日】江西省委书记苏荣对做好全省测绘工作作出指示，要求测绘系统在鄱阳湖生态经济区建设保障服务方面发挥重要作用。

【9日】全国几何量长度计量技术委员会测绘仪器分技术委员会成立暨第一次全体会议在中国测绘创新基地召开。国家质量监督检验检疫总局、国家测绘局、全国几何量长度计量技术委员会、中国测绘科学研究院等单位有关领导出席会议，全国几何量长度计量技术委员会测绘仪器分技术委员会全体委员及有关专家共20多人出席会议。

【10日】国家测绘局召开“数字城市中国行”新闻媒体座谈会。国家测绘局副局长李维森出席会

议并讲话，国家测绘局副局长宋超智主持会议并对活动提出希望和要求。

【10日】海南测绘局和中国测绘科学研究院签署海南国际旅游岛数字地理空间框架建设技术合作协议书。国家测绘局副局长李维森出席签字仪式并讲话。

【10日】国家测绘局组织编纂的《中国测绘年鉴》(2010年卷）正式出版发行。

【10日~11日】总参测绘局局长袁树友少将、解放军信息工程大学测绘学院院长王小同少将一行赴总参某训练大队检查指导第四期全军测绘士官集训工作。

【11日】黑龙江省代省长王宪魁到黑龙江省地理信息产业园考察调研。

【13日】数字临沂地理信息公共平台正式建成开通。国土资源部副部长、国家测绘局局长徐德明，山东省政府副省长才利民，临沂市市委书记连承敏共同开通数字临沂地理信息公共平台。国家测绘局副局长李维森主持开通仪式。

【13日】河北省副省长张杰辉带领省政府副秘书长于万魁一行到河北省测绘局调研测绘工作。

【13日】四川省副省长王宁听取四川测绘局基础测绘工作专题汇报，对“十二五”基础测绘工作提出要求。

【13日~17日】国家测绘局承办的第三期市(地）领导测绘工作专题研究班在山东省临沂市举办。国土资源部副部长、国家测绘局局长徐德明出席开班式并讲话，山东省副省长才利民，中共中央组织部中国浦东、井冈山、延安干部学院理事会秘书处副秘书长董万章出席开班式并致辞。中共中央组织部教育局有关人员，国家测绘局党组成员、副局长李维森，山东省国土资源厅厅长徐景颜，临沂市市委书记连承敏、市长张少军出席开班式。开班式由国家测绘局党组成员、纪检组组长张荣久主持。

【14日】“数字城市中国行”宣传报道活动启动仪式在山东省临沂市举行。国土资源部副部长、国家测绘局局长徐德明，国家测绘局党组成员、纪检组组长张荣久，山东省国土资源厅厅长徐景颜，山东省测绘局局长吴玉海，临沂市市委书记连承敏、市长张少军等领导出席启动仪式。徐德明在会上讲话，徐景颜、张少军致辞，新华社记者吴晶晶代表记者发言。启动仪式由国家测绘局副局长、数字城市中国行宣传报道活动办公室主任宋超智主持。

【14日】国家测绘局、湖南省国土资源厅、长沙市政府三方共同签署《数字长沙地理空间框架建设合作协议》，国家测绘局副局长李维森出席签字仪式。

【14日】江西省委常委、省委政法委书记、省公安厅厅长舒晓琴到江西省测绘局调研。

【16日】总参测绘局、国家测绘局在内蒙古自治区满洲里市召开军地测绘建设发展规划联合工作小组第二次会议。总参测绘局副局长孙刚，国家测绘局副局长王春峰及两局联合工作小组有关成员参加。

【16日】中国测绘科学研究院与军事科学院在中国测绘创新基地举行项目合作签约仪式。国家测绘局副局长闵宜仁出席仪式并讲话。

【17日~18日】国家测绘局在拉萨举办2010年第二期地方测绘管理干部培训班。

【18日】参加“和平使命-2010”联合反恐军事演习的副总参谋长马晓天上将在北京军区副司令员李少军中将的陪同下，到哈萨克斯坦训练场看望参加联合反恐军事演习测绘保障的北京军区某测绘信息中心官兵。

【20日】国家测绘局副局长王春峰、上海市人大常委会副主席杨定华、上海市副市长沈骏、上海市政协副主席钱景林出席长三角地图网开通仪式暨上海市测绘院建院六十周年庆典活动。

【21日】国家测绘局副局长李维森在中国测绘创新基地会见荷兰弗雷佛兰省省长菲比克一行。

【25日】国土资源部副部长、国家测绘局局长徐德明出席北京北斗星通导航技术股份有限公司召开的十年成果展暨产业发展研讨会。出席会议的还有总装电子信息基础部副部长杨长风，总参测绘局局长袁树友，国家测绘局党组成员、办公室主任吴兆琪，北斗卫星导航系统总设计师孙家栋院士，中国工程院院士刘经南、许其凤、杨元喜等。

【25日】国家测绘产品质量检验测试中心挂牌仪式在中国测绘创新基地举行。国家测绘局党组书记、局长徐德明发表讲话并为中心揭牌，局党组副书记、副局长王春峰主持揭牌仪式，局党组成员、纪检组组长张荣久宣读国家测绘局《关于成立国家测绘产品质量检验测试中心的通知》，局党组成员、副局长李维森、宋超智、闵宜仁，局党组成员、办公室主任吴兆琪，局总工程师胥燕婴出席揭牌仪式。

【25日~29日】中老边界第一次联合检查测图

专家组第五次会议在成都举行。双方签署了《中老边界第一次联合检查大地联测成果交接书》。

【26 日】国家测绘局在中国测绘创新基地召开测绘发展战略研究专家咨询会。国土资源部副部长、国家测绘局局长徐德明出席会议并讲话，国家测绘局党组副书记、副局长、测绘发展战略研究课题组组长王春峰主持会议。

【26 日】河南省测绘局举办测绘高新技术装备演示汇报活动，河南省副省长张大卫出席活动并讲话。

【26 日】国家测绘局、浙江省测绘与地理信息局、舟山市政府签订《数字舟山地理空间框架建设试点合作协议书》。

【26 日～28 日】国家测绘局在成都首次举办所属单位基层党建工作培训研讨班。国家测绘局直属机关党委书记张荣久出席开班式并讲话。

【27 日】江苏省测绘局在南京召开省级机关基础地理信息资源共建共享工作座谈会。江苏省应急办、省经济和信息化委员会，省交通厅、公安厅、水利厅、民政厅、环保厅、科技厅、教育厅等 24 个部门领导专家近 60 人参加座谈。

【27 日～29 日】河北省首期市县测绘管理干部培训班在河北省承德市举行。省国土资源厅副厅长、省测绘局局长高献计出席开班仪式并讲话，全省各市、县国土资源局主管测绘工作的领导共 210 多人参加培训。

【28 日】中国地图出版集团组建成立大会在中国测绘创新基地举行。

【28 日】浙江省测绘与地理信息局和福建省测绘局签订《关于基础测绘成果共建共享的协议》。

【28 日】总参某测绘研究所与中国东方红卫星股份有限公司在北京签订联合组建西安卫星应用基地合作协议。总参测绘局局长袁树友少将、副局长范艺华，总参某测绘研究所所长薛贵江，航天科技集团和东方红卫星股份有限公司等单位代表共 60 多人参加。

【29 日】数字德阳地理信息公共平台建设成果发布暨推广会召开，国家测绘局副局长李维森出席会议并讲话。

【30 日】国土资源部部长、党组书记、国家土地总督察徐绍史，在国土资源部副部长、国家测绘局局长徐德明和国家测绘局领导班子全体成员的陪同下，到中国测绘创新基地看望慰问测绘干部职工。

【30 日】吉林省测绘局被吉林省委、省政府授予“2010 年吉林省防汛抗洪抢险救灾先进集体”称号。

【30 日】国家测绘局第一航测遥感院利用海南测绘局无人机拍摄的 906 张相片制作的数字正射影像图交付琼海市有关部门，为海南抗洪救灾提供应急测绘保障。

▲山西省地图院重新制作完成《山西省全貌》沙盘模型，并交付使用。该沙盘陈列于山西省政府 5 号楼大厅，长 8.1 米，宽 4.9 米，比例尺为 1∶10 万。内容包括山西行政区划、地势地貌、交通网络、文物旅游、林场草地、矿产资源、水利电网等。

▲江西省第二测绘院团支部被团省委命名为“2008－2009 年度省级青年文明号”。

▲江西省测绘局熊美琴获九三学社中央委员会授予的“优秀社员”称号。

▲全国首家市级测绘与地理信息局——临沂市测绘与地理信息局成立。国土资源部副部长、国家测绘局局长徐德明，省国土资源厅厅长徐景颜，市委书记连承敏，市长张少军出席仪式并揭牌，国家测绘局副局长宋超智讲话，国家测绘局纪检组组长张荣久、“数字城市中国行”采访团成员等出席揭牌仪式。

▲中国地图出版社团委被中央国家机关团工委授予“中央国家机关五四红旗团组织创建单位”称号。

十月

【3 日】海南测绘局制作专题图，为吊罗山抢险救灾提供测绘保障服务。

【6 日】国土资源部副部长、国家测绘局局长徐德明在德国科隆出席国际测绘技术与设备博览会中国日活动并在当日举办的中国测绘发展论坛上致辞，呼吁加强测绘国际合作，促进地理信息产业的大繁荣、大发展，为世界的可持续发展服务，为全人类的福祉作贡献。

【7 日～8 日】国土资源部副部长、国家测绘局局长徐德明率代表团访问德国和芬兰，分别与德国联邦测绘局局长格伦莱西、芬兰国家测绘局局长拉蒂亚、芬兰大地测量研究所所长奎蒂宁就双边测绘合作举行会谈。

【10 日】海南测绘局采用合成孔径雷达卫星遥

感数据制作完成《海南省强降雨积水区域分布专题地图》，服务省委省政府抢险救灾指挥决策。

【10 日】地理信息科技进步奖首次评出一等奖 4 项，二等奖 16 项，三等奖 42 项。

【11 日】为保障海军亚丁湾护航第七批“蓝盾行动”任务顺利完成，总参测绘局向海军某部配发 6 套“亚丁湾地区地理影像保障系统”。

【12 日】国家测绘局副局长宋超智在中国测绘创新基地会见英国诺丁汉大学副校长克里斯·拉得一行。

【12 日～13 日】空军副司令员赵忠新中将率工作组在空军某航测团参加城固机场军民合用调研会议。

【13 日】国土资源部副部长、国家测绘局局长徐德明分别在香港和澳门会见香港特别行政区政府地政总署副署长黄仲衡及澳门特别行政区政府运输工务司司长刘仕尧。

【14 日】第六届海峡两岸测绘发展研讨会在澳门开幕。国土资源部副部长、国家测绘局局长徐德明出席开幕式并致辞。澳门特别行政区政府运输工务司司长刘仕尧出席开幕式。澳门特别行政区政府地图绘制暨地籍局局长陈汉平、香港理工大学土地测量及地理资讯学系主任丁晓利、台湾地籍测量学会理事长吴万顺分别在开幕式上致辞。研讨会主题是“测绘发展面对的机遇和挑战”，两岸四地的测绘工作者近 300 人参加交流和研讨活动。

【18 日】国家测绘局在北京召开西部测图工程服务 6 省区的地理信息公共平台建设情况交流会。国家测绘局副局长、西部测图工程实施领导小组组长李维森出席会议并讲话。

【21 日】国家地理信息公共服务平台（公众版）——“天地图”开通仪式在中国测绘创新基地举行。国土资源部部长、党组书记、国家土地总督察徐绍史，国土资源部副部长、国家测绘局局长徐德明，总参测绘局局长袁树友，新华社副社长、常务副总编辑兼新华网总裁周锡生，国家保密局副局长梁建生，武警总部副参谋长周爱民等出席开通仪式，并共同开通“天地图”门户网站。徐德明发表讲话，周锡生致辞，国家测绘局在京党组成员出席开通仪式。开通仪式由国家测绘局副局长闵宜仁主持。

【21 日】由总参测绘局、国家测绘局、新疆外事办公室共同完成的“中国陆地国界信息管理系统”在北京通过验收。外交部、科技部、财政部、总参测绘局、国家测绘局和新疆外事办公室的专家、技术人员共 37 人参加验收。

【21 日】沈阳军区政治委员黄献中上将、参谋长侯继振中将视察军区某测绘信息中心。

【21 日～23 日】国家测绘局在湖北省宜昌市举办 2010 年第三期地方测绘行政管理干部培训班，全国各地测绘管理干部共 150 多人参加培训。国家测绘局副局长宋超智出席培训班开班典礼，并作专题报告。

【22 日】北京市测绘设计研究院承办的 2010 年华北地区测绘工作交流会在北京召开。国家测绘局副局长宋超智出席会议并讲话。来自北京市测绘设计研究院、天津市测绘院、河北省测绘局、山西省测绘局、内蒙古自治区测绘事业局和 66240 部队的代表共 70 多人参加会议。

【22 日～23 日】国务院总理温家宝视察湖北地理信息产业。

【23 日】由国家测绘局主办，中国测绘宣传中心承办，中央主要新闻媒体提供支持的“数字城市中国行”大型采访活动圆满结束。

【25 日】国土资源部副部长、国家测绘局局长徐德明与浙江省常务副省长陈敏尔进行会谈。

【25 日】国家测绘局青年学术和技术带头人培训班在成都举办，国家测绘局党组成员、纪检组组长张荣久出席开班式并讲话。

【26 日】全国测绘宣传工作会议在杭州召开。国土资源部副部长、国家测绘局局长徐德明出席会议并讲话，浙江省政府副秘书长俞仲达出席会议并致辞，国家测绘局副局长宋超智做工作报告，国家测绘局党组成员、办公室主任吴兆琪宣读表彰决定。

【28 日】数字西安建设成果发布暨推广会在西安召开。国土资源部副部长、国家测绘局局长徐德明，陕西省副省长郑小明出席会议并讲话，国家测绘局副局长李维森，国家测绘局党组成员、办公室主任吴兆琪，西安市副市长黄省身出席会议。徐德明、郑小明、黄省身共同启动数字西安地理信息公共平台，徐德明授予西安市全国数字城市建设示范市铭牌，李维森宣读国家测绘局关于授予陕西省西安市全国数字城市建设示范市称号的决定。

【28 日】2010 中国地理信息产业论坛暨协会年会在西安召开。国土资源部副部长、国家测绘局局长徐德明出席会议并讲话，陕西省副省长郑小明，

国家测绘局党组成员、办公室主任吴兆琪，陕西省政府副秘书长孟建国出席会议。

【29 日】南方测绘十万台全站仪下线暨成为世界产量最大庆典仪式在北京举行。国土资源部副部长、国家测绘局局长徐德明出席仪式并讲话。

【29 日】闽台测绘技术交流研讨会在台湾基隆市召开，来自海峡两岸的 180 多位闽台测绘专家、学者、企业家围绕“信息化测绘技术与应用”的主题展开讨论。

【29 日 ~31 日】总参测绘局在云南省保山市组织召开军事摄影测量与遥感发展技术研讨会。各军区、军兵种及总参直属测绘部队的 38 名摄影测量与遥感专家参加会议，副局长孙刚到会并讲话。

▲江苏省基础地理信息中心被江苏省总工会授予“模范职工之家”称号。

十一月

【2 日】国家测绘局、科技部、中国科学院和湖北省政府共同主办的第二届武汉国际地球空间信息技术与产业发展论坛举行开幕仪式。湖北省副省长段轮一、国家测绘局副局长李维森出席开幕式并致辞。

【3 日】国家测绘局副局长王春峰出席国际地球观测组织 2010 年全会和部长级峰会。

【3 日】国家测绘局副局长李维森在中国测绘创新基地会见意大利航天局副局长爱兹奥·巴索莱迪教授一行。

【4 日】国家测绘局副局长李维森参加国务院第一次全国水利普查领导小组第一次全体会议。

【4 日】海军副司令员丁一平中将在海军副参谋长肖新年少将陪同下，视察并慰问担负亚运安保扫测任务的海军测量部队。

【4 日】湖北省省委书记罗清泉，省长李鸿忠在湖北省测绘局局长张建仁的陪同下，参观第七届武汉·中国光谷国际光电子博览会的地球空间信息专馆。

【5 日】数字惠州地理空间框架建设试点项目验收会和成果推广发布会在广东省惠州市召开。国家测绘局副局长李维森出席会议并讲话。

【7 日】国家测绘局主持召开“江苏省基础地理信息系统集成开发关键技术研究”成果鉴定。

【8 日】中国地图出版基地奠基仪式在北京举行。国土资源部副部长、国家测绘局局长徐德明，局党组副书记、副局长王春峰，党组成员、副局长宋超智、闵宜仁，党组成员、纪检组组长张荣久，党组成员、办公室主任吴兆琪，总工程师胥燕婴出席。

【8 日】《江苏省测绘市场管理规定》经江苏省人民政府第 55 次常务会议讨论通过，自 2011 年 1 月 1 日起施行。

【8 日】江西测绘与地理信息成果展在南昌举办。江西省委常委、副省长陈达恒，中国科学院、工程院院士李德仁为成果展揭幕。展览以“推进地理信息社会化应用，为江西经济社会发展服务”为主题，全方位展示江西测绘行业取得的成就。

【9 日】中国测绘学会 2010 年学术年会在南京召开。国土资源部副部长、国家测绘局局长徐德明，江苏省副省长李小敏，国家测绘局副局长、中国测绘学会理事长李维森出席开幕式并讲话。

【10 日】全国测绘科技与外事工作会议在深圳开幕。国家测绘局副局长李维森出席开幕式并讲话。国家测绘局总工程师胥燕婴、深圳市政府副秘书长黄锦奎出席开幕式。

【11 日】济南军区参谋长赵宗岐中将到军区某测绘大队视察工作。

【11 日】广东省深圳市政府举办“数字深圳空间基础信息平台”开通仪式。国家测绘局副局长李维森、广东省国土资源厅副厅长李俊祥、深圳市副市长唐杰等出席开通仪式并共同启动“数字深圳空间基础信息平台”。

【12 日】“两江新区三维地理信息平台”开通仪式暨重庆市勘测院建院 60 周年纪念大会召开，国家测绘局副局长闵宜仁出席大会并讲话。李维森并与重庆市委常委、两江新区党工委书记、管委会主任翁杰明共同启动“两江新区三维地理信息平台”。

【13 日】《福建省“十二五”基础测绘专项规划》通过专家组评审。

【15 日 ~24 日】国家测绘局副局长闵宜仁率代表团访问日本和韩国，出席中日测绘科技合作第 8 次联合工作组会议和中韩测绘科技合作 2010 年联合工作组会议，商讨并制定国家测绘局与日本地理信息局，与韩国国家地理信息院 2011 年双边合作计划。

【16 日】国土资源部副部长、国家测绘局局长徐德明，北京市副市长苟仲文，国家测绘局党组副书记、副局长王春峰出席国家测绘局、北京市政府

战略合作框架协议签约仪式。

【16 日】《安徽省地图集》通过安徽省国土资源厅审批，正式出版发行。

【17 日】国家测绘局在太原召开完善测绘行政管理体制座谈会。会议期间，山西省委常委、常务副省长李小鹏会见国家测绘局副局长宋超智，就山西省测绘事业发展和完善测绘管理体制等事宜交换意见。

【18 日】四川省灾后重建测绘保障总结表彰大会在成都举行。国土资源部副部长、国家测绘局局长徐德明，四川省人大常委会副主任张东升、副省长王宁出席会议。国家测绘局第三航测遥感院等 20 个先进集体、奉光泽等 30 名先进个人受到表彰。

【22 日】沈阳军区司令员张又侠中将在军区副参谋长李文纲少将、周汉江少将陪同下视察军区某测绘信息中心。

【23 日】陕西测绘局获 2009 - 2010 年度陕西省应急管理工作先进单位称号。

【24 日 ~25 日】总参测绘局局长袁树友少将赴海军海洋测绘研究所参加主题为“海洋军事测绘导航与深蓝战略”的首届海洋测绘博士生论坛，并就海洋测绘建设工作提出要求。

【25 日 ~26 日】中共国家测绘局党组在北京召开务虚会，深入学习贯彻党的十七届五中全会精神，总结工作，分析形势，研究问题，谋划“十二五”时期及 2011 年的测绘重点工作。国家测绘局党组书记、局长徐德明在会上讲话。党组副书记、副局长王春峰主持会议，党组全体成员出席会议并发言。部分地方测绘行政主管部门的负责人、国家测绘局所属单位和机关各司（室）的主要负责人参加会议并发言。

【26 日】北京军区副司令员李少军中将在副参谋长陈建少将陪同下到军区某测绘大队教导队视察工作，并就单位管理和教导队作用发挥提出要求。

【26 日】吉林省第十一届人民代表大会常务委员会第二十二次会议通过修订后的《吉林省测绘条例》。

【28 日】国土资源部、北京市政府、国家测绘局和顺义区政府共同举办国家地理信息科技产业园奠基仪式。中共中央政治局委员、北京市委书记刘淇，国土资源部部长、党组书记、国家土地总督察徐绍史，国土资源部副部长、国家测绘局局长徐德明，国家测绘局党组副书记、副局长王春峰，国家测绘局副局长李维森、宋超智、闵宜仁，纪检组组长张荣久，党组成员吴兆琪，北京市委副书记、市长郭金龙，副书记王安顺，市委常委、市委秘书长李士祥，副市长苟仲文等出席奠基仪式。徐绍史、郭金龙发表讲话，北京顺义区委副书记、代区长王刚致辞。徐德明主持奠基仪式。

【28 日】国家地理信息科技产业园首批入园单位签约仪式在中国测绘创新基地举行。国家测绘局、北京市顺义区政府、汇宝投资集团以及 25 家入园单位共同签署协议。

【29 日】国家测绘局在福建省厦门市召开注册测绘师考试工作会议，研究部署注册测绘师考试工作。国家测绘局副局长宋超智出席会议并讲话，对首次注册测绘师考试工作提出要求。

【29 日】总参测绘局组织编写的《中国人民解放军测绘历史资料》（内部）在全军党史军史工作会议上被评为全军党史军史研究优秀成果三等奖。

▲《地理空间信息》杂志被中国科学技术信息研究所收录为中国科技论文统计源期刊。

十二月

【1 日】测绘系统网站建设暨业务培训会议在重庆召开。国家测绘局副局长宋超智出席会议并作题为《加强测绘系统网站建设 更好服务测绘事业发展》的讲话。

【1 日】黑龙江测绘局与新疆维吾尔自治区测绘局在哈尔滨就共同推进落实两局工作会商纪要及双方合作协议进行座谈。

【2 日】国土资源部副部长、国家测绘局局长徐德明在中国测绘创新基地接见参观中国测绘科技馆的全国各地 109 个贫困村的大学生村官。

【2 日】2010 年测绘专家西部行活动在昆明举行。国家测绘局党组成员、纪检组组长张荣久出席活动启动仪式并讲话。

【3 日】中关村科学城第二批建设项目签约大会在北京举行，国家测绘局与北京市签订建设中国测绘科学研究院测绘科技创新园协议。北京市委常委、常务副市长吉林出席大会并为第二批建设项目揭牌，北京市委常委、海淀区委书记赵凤桐主持会议。国家测绘局党组副书记、副局长王春峰出席会议。

【4 日】数字阳泉地理空间框架建设工程设计书评审暨共建共享合作协议签署仪式在山西省阳泉

市举行。国家测绘局副局长李维森，山西省测绘局局长牛来有，阳泉市常务副市长王旭明、市政府副秘书长于秉富出席会议并讲话。

【4日】“数字晋中”建设工程设计书评审暨共建共享合作协议签署仪式在山西省晋中市举行。国家测绘局副局长李维森，山西省测绘局局长牛来有，晋中市常务副市长刘志宏出席会议并讲话。国家测绘局、山西省测绘局、晋中市政府三方签署数字晋中共建共享合作协议。

【6日】国家测绘局党组副书记、副局长王春峰参加全国防汛抗旱暨舟曲救灾总结表彰大会。

【7日】国家测绘局在重庆召开加强测绘公共服务、促进地理信息产业发展研讨会。国家测绘局党组副书记、副局长王春峰出席会议并讲话。

【7日】国家测绘局召开参加中央国家机关第三届运动会总结表彰会。会上，国家测绘局直属机关党委为刘文利等14名运动员及广播体操团体项目组颁发荣誉证书，为中国地图出版集团颁发优秀组织奖，为中国测绘科学研究院等4个活动组织单位颁发特别贡献奖，为杨忆兰等4名活动组织者颁发优秀组织者奖。国家测绘局党组成员、纪检组组长张荣久参加会议并讲话。

【7日~8日】山西省测绘局在山西省长治市召开全省测量标志管理工作会议。会议总结近年来学习沁水经验以来取得的成绩，表彰测量标志管理工作先进集体和先进个人，观摩长治市县两级测量标志管理系统成果演示，安排部署下一阶段工作。各市国土资源局测绘科科长及长治市各县（市、区）国土资源局测绘股股长等40多人出席会议。

【8日】由中国社会科学院信息化研究中心与国脉互联政府网站评测研究中心联合主办的2010年（第二届）中国政府网站绩效评估与第五届中国特色政府网站评选活动中，国家测绘局网站获“服务创新奖”称号。

【9日】中国全球定位系统技术应用协会2010年年会暨“十二五”卫星导航定位产业面临的机遇与挑战专家论坛召开，国土资源部副部长、国家测绘局局长徐德明出席会议并讲话。会议表彰了为我国卫星导航产业和协会事业发展作出突出贡献的单位和个人、2010年度社会责任先进单位，颁发了2010年卫星导航定位科技进步奖、2010年卫星导航定位优秀工程和产品奖、“易图通杯”优秀论文奖，举办了卫星导航新技术、新产品展示交流会。

【9日】国家测绘局在北京召开测绘信用体系建设试点工作研讨会，国家测绘局副局长宋超智出席会议并讲话。

【9日~10日】2010年度四川省测绘管理工作会议在四川省乐山市召开。全省测绘行政主管部门、测绘资质单位近100人参加会议。

【10日】国家测绘局批准大连市规划局建设大连市独立坐标系统。

【11日】国家测绘局副局长闵宜仁出席第七届数字中国发展高层论坛暨信息主管峰会。

【13日】“南方测绘杯”首届全国测绘职工书法绘画展开幕式在中国测绘创新基地举行。

【13日】国家测绘局副局长宋超智在中国测绘创新基地会见印度尼西亚立法机构地方代表理事会自然资源委员会议员代表团一行。

【13日】人力资源和社会保障部、国家测绘局、中国科学技术协会在中国测绘创新基地联合举办无人机测绘技术高级研修班。国家测绘局总工程师胥燕婴出席开班仪式并讲话。

【13日】上海市测绘院基础地理信息中心总工程师毛炜青获上海市第九届“上海IT青年十大新锐”提名奖。

【13日】四川省测绘局测绘技术服务中心白顺军获“四川省灾后恢复重建先进个人”称号。

【14日】国家测绘局副局长宋超智出席北京市测绘工作会议。

【15日~16日】国土资源部副部长、国家测绘局局长徐德明到黑龙江调研。期间，分别会见了黑龙江省委书记吉炳轩，省长王宪魁，副省长于莎燕。

【15日~17日】国家测绘局党组副书记、副局长王春峰出席军地测绘建设发展规划联合工作小组会议。

【16日】国家测绘局直属机关工青妇组织报送的以“五年又五年，测绘有我更精彩”为主题的党群共建创先争优实践活动设计方案被评为国土资源部创先争优实践活动“十佳设计方案”。

【16日】由中国软件评测中心、人民网、腾讯网联合组织实施的第九届（2010）中国政府网站绩效评估结果发布暨经验交流会在人民大会堂召开。国家测绘局网站综合排名在14个部委管理国家局中位列第2名，在73个部委网站中位列第17名。

【16日】安徽省国土资源厅印发《安徽省地图审核程序规定》。

【17 日】国家测绘局党组成员、纪检组组长张荣久参加全国组织部长会议。

【18 日】中央军委委员、海军司令员吴胜利上将在广州视察并慰问担负第 16 届亚运安保扫测任务的海军测绘官兵。

【18 日】由国家基础地理信息中心牵头的“十一五”国家科技支撑计划“信息化测绘技术服务体系关键技术研发与应用”项目通过验收。

【19 日】国家测绘局在海口举办 2010 年全国测绘行政执法岗位培训班。国家测绘局副局长宋超智出席培训班开班典礼，并作题为《当前测绘工作面临的形势与任务》的专题报告。

【20 日】全国测绘局长会议开幕前夕，中共中央政治局常委、国务院副总理李克强对测绘工作作出重要批示。批示全文如下：2010 年，广大测绘干部职工紧密围绕经济社会发展需要，开拓进取，测绘事业取得新成绩，为突发事件应急处置和抢险救灾提供了有力支持。希望你们在新的一年里，深入贯彻落实科学发展观，加强基础测绘和地理国情监测，着力开发利用地理信息资源，丰富测绘产品和服务，提高测绘生产力水平，更好地发挥服务大局、服务社会、服务民生的作用，为推动经济发展方式转变、全面建设小康社会作出新贡献。

【21 日】国家测绘局首批科技领军人才颁证大会在北京召开。国家测绘局党组书记、局长徐德明出席颁证大会并讲话，局党组副书记、副局长王春峰主持大会，局党组成员、副局长宋超智、闵宜仁，局党组成员、办公室主任吴兆琪，局总工程师胥燕婴，中国科学院陈俊勇院士，中国工程院刘先林院士，山东科技大学副校长靳奉祥，武汉大学人事部部长赵雪梅出席会议。局党组成员、纪检组组长张荣久在会上宣读国家测绘局科技领军人才当选公告，出席会议的局领导为首批当选的 7 名国家测绘局科技领军人才颁发证书和科技资助专项资金。

【21 日】国家测绘局召开互联网地图安全监管系统培训会，国家测绘局副局长闵宜仁出席会议并讲话。

【23 日】中共中央组织部副部长、中央创先争优活动领导小组成员、中央和国家机关创先争优活动指导组组长李建华到中国测绘创新基地调研指导国家测绘局创先争优活动。国家测绘局党组书记、局长徐德明介绍了国家测绘局开展创先争优活动有关情况。局党组副书记、副局长王春峰，党组成员、副局长李维森、宋超智、闵宜仁，党组成员、纪检组组长张荣久，党组成员、办公室主任吴兆琪参加调研座谈。

【23 日】经总参测绘局批准，军事测绘导航科学技术委员会正式成立。第一届科学技术委员会由 36 名专家组成，中国科学院院士杨元喜任主任委员。

【23 日 ~24 日】总参测绘局在北京召开首卷《中国军事测绘年鉴》编纂工作总结表彰大会，局长袁树友到会并做总结讲话。年鉴各参编单位通讯编辑和特邀编辑共 76 人参加会议。

【24 日】国家测绘局、总参测绘局联合在北京召开纪念陈外欧诞辰 100 周年座谈会。国家测绘局党组书记、局长徐德明，总参测绘局局长袁树友出席会议并讲话，国家测绘局党组副书记、副局长王春峰主持会议。国家测绘局党组成员、副局长宋超智、闵宜仁，党组成员、纪检组组长张荣久，党组成员、办公室主任吴兆琪，总参测绘局副局长申慧群、孙刚出席会议。会上，原国家测绘总局党组成员侯万金，中国测绘学会秘书长马赟，中共茶陵县委常委、组织部长谢志军，解放军信息工程大学测绘学院院长王小同分别发言，共同纪念陈外欧。

【24 日】四川省第三测绘工程院李显华被授予“四川省直机关灾后恢复重建先进个人”称号。

【24 日】甘肃省委、省政府在兰州举行舟曲抢险救灾总结表彰大会。甘肃省测绘局副局长苗天宝获抢险救灾模范称号。

【25 日】全国测绘局长会议在中国测绘创新基地召开。国土资源部部长、党组书记、国家土地总督察徐绍史出席会议并讲话，国家测绘局党组书记、局长徐德明作工作报告，人力资源和社会保障部副部长、国家公务员局党组书记杨士秋宣读人力资源和社会保障部、国家测绘局联合表彰全国测绘系统先进集体、先进工作者的决定。国家测绘局领导班子成员、局总工程师和国家测绘局原主要领导参加会议，中纪委、中组部、中宣部，国务院办公厅、国家发展和改革委、科技部、工业与信息化部、民政部、财政部、人力资源和社会保障部、国土资源部、交通运输部、审计署，国务院机关事务管理局、国务院法制办、国防科工局、国家保密局、总参测绘局等中央国务院部委有关负责人出席会议。

【27 日】西部测图工程项目部、国家测绘档案资料馆和四川省测绘局在成都举行西部测图工程首

批地形图交接仪式，这是我国首批可向社会提供的采用2000国家大地坐标系的地形图。

【27日】公主岭市编制委员会办公室正式下发文件批准公主岭市测绘局成立，这是吉林省成立的第一家县级测绘局。

【29日】山西省人力资源和社会保障厅、省测绘局联合召开全省测绘行业先进集体、先进工作者表彰大会，表彰“十一五”期间在推进山西省测绘事业又好又快发展、为全省经济社会发展提供测绘保障等方面做出突出贡献的先进集体和先进工作者。

【29日】《中共浙江省委 浙江省人民政府关于表彰浙江省对口支援青川灾后恢复重建工作先进集体和先进个人的通报》（浙委〔2010〕101号）下发，浙江省测绘与地理信息局被评为对口支援青川县灾后恢复重建先进单位，王帮进被评为对口支援青川县灾后恢复重建先进个人。

【30日】国土资源部、海军司令部在北京举行地质调查与海洋测绘合作年度工作座谈会。国土资源部副部长汪民、海军副司令员丁一平中将出席会议。

【30日】吉林省地理信息工程院杨宏伟被吉林省总工会授予“吉林省经济技术创新标兵”称号，并获“吉林省五一劳动奖章”。吉林省地理信息工程院王子臣、吉林省基础地理信息中心刘振宇被吉林省总工会授予“吉林省经济技术创新能手”称号。

【31日】国家测绘局召开机关总结大会。国家测绘局党组书记、局长徐德明，国家测绘局党组副书记、副局长王春峰，国家测绘局党组成员、副局长李维森、宋超智、闵宜仁，党组成员、纪检组组长张荣久，党组成员、办公室主任吴兆琪出席会议。

▲由山西省地图集编纂委员会办公室编制完成的新版《山西省地图集》正式出版发行。该图集是一部全面反映山西省自然地理特征和经济社会发展状况的大型综合性地图集，由序图、资源环境、区域详图3个部分组成，共有地图276幅，照片50多帧，文字约15万。

▲上海市测绘院杨晨获中共上海市市委、上海市政府授予的“上海世博工作优秀个人”称号。

▲范明华、王训霞被授予江苏省级机关“巾帼建功标兵”称号。

▲江苏省测绘工程院信息处理分院测图室被评为江苏省级机关“巾帼文明岗”。

▲东南亚测绘行业学术研讨会在武汉召开。

▲中国地图出版集团倪庆华、徐根才、芦仲进、周敏等4人被评为全国新闻出版行业第二批领军人才。

▲在中国出版工作者协会2010全国出版业网站评选中，中国地图出版社网站获“最佳服务网站”称号。

国家测绘局卫星测绘应用中心

卫星测绘应用中心主要职责：

受国家测绘局委托，国家测绘局卫星测绘应用中心承担测绘卫星、卫星测绘应用发展规划起草及卫星测绘相关数据政策和技术标准的拟订工作；负责卫星测绘应用系统的建设、管理、运行和保障及卫星测绘产品生产，组织完成测绘卫星在轨测试和业务测控工作；负责统筹建设并维护卫星地面检校场，开展卫星传感器几何和辐射标定等工作；负责卫星测绘产品的分发和技术服务，组织开展测绘卫星的推广应用；承担卫星测绘应用相关研究开发工作；开展卫星测绘领域国家合作与交流，推进测绘卫星数据、产品与相关技术的共建共享；承担卫星测绘应急保障相关工作，快速获取和处理应对突发公共事件所需地理信息并提供应急测绘服务；承办国家测绘局交办的其他工作。

国家测绘局卫星测绘应用中心揭牌

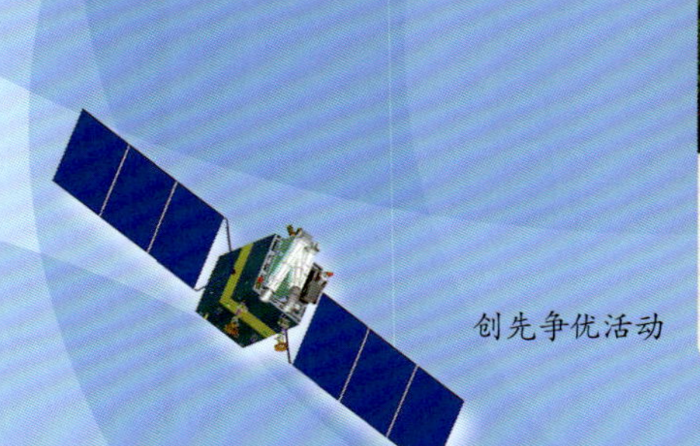

创先争优活动

中国测绘学会

中国测绘学会理事长李维森

中国测绘学会秘书长马赟

中国测绘学会正式成立于1959年2月19日，由全国测绘地理信息科技工作者和企事业单位以及相关学术团体依法自愿组成，是具有独立法人资格和社会公益性质的全国性、行业性、学术性、科普性社会团体。主要业务是开展测绘地理信息科技学术交流，普及测绘地理信息科学知识，搭建服务测绘地理信息科技工作者和企事业单位的平台，开展科技奖励和举荐工作，举办继续教育和业务培训，建设测绘地理信息科技思想库，咨询或评估国家中大型项目工程。

中国测绘学会内设综合处、学术交流处（技术咨询与培训处）、科学技术普及处（国际联络处），下设大地测量、摄影测量与遥感、地图制图与地理信息系统、工程测量、测绘仪器、海洋测绘、矿山测量、测绘经济与管理、地籍测绘与土地信息系统、测绘教育、科学普及、咨询、测绘名词审定、测绘史志编辑、《测绘学报》编辑、科技信息网、注册测绘师、影像获取等18个专业（工作）委员会。

序号	重要活动名称	时间
1	测绘企业家座谈会暨新春联谊会	1月
2	中国测绘学会理事长会议	2月
3	全国测绘学会秘书长工作会议	3月
4	中国测绘学会团体会员工作会议	4月
5	测绘地理信息相关前沿技术高层论坛	6月
6	全国学生定向越野锦标赛暨全国测绘职工定向越野大奖赛	7月
7	全国优秀测绘工程奖和全国优秀地图作品裴秀奖评审	8月
8	测绘科技进步奖评审	9月
9	全国科普日活动	9月
10	中国测绘学会学术年会	11月
11	全国测绘地理信息技术装备展览会	11月
12	中国测绘学会常务理事会议	3月、6月、10月
13	组团参加IAG、ISPRS、ICA、FIG等国际测绘地理信息学术团体会议，以及其他国际民间交流活动	全年

国家测绘工程技术研究中心

2010 年 12 月 3 日，中关村科学城第二批建设项目签约大会在北京举行，签订了北京市人民政府支持中国测绘科学研究院建设测绘科技创新园协议

无人飞行器航测遥感系统部—北京测科空间信息技术有限公司代表在国家测绘局基于低空无人飞行器的航测遥感系统汇报演示会现场合影留念

遥感数据处理与应用部—北京四维空间数码科技有限公司的快速建模三维数字城市数据，可用于数字城市、电子地图网站、政府行业部门的专业基础地理信息系统等平台，也适用于三维电子地图导航等终端业务

国家测绘工程技术研究中心于 2009 年 10 月 30 日经科技部批准组建，其依托单位为中国测绘科学研究院，主管部门是国家测绘局。

国家测绘工程技术研究中心采用管理委员会领导下的主任负责制。中心的管理机构为管理委员会和工程技术委员会。管理委员会由国家测绘局、中国测绘科学研究院和参建单位领导组成，工程技术委员会由测绘行业技术权威人士和中国测绘科学研究院、各参建单位主要工程技术骨干组成。根据中心的组建模式和业务发展定位，下设市场与项目管理、财务、办公室与行政等业务及职能管理部门，同时按照中心业务发展体系设立研究开发部、技术工程部、成果转化部、技术培训部等业务部门。

国家测绘工程技术研究中心作为国家测绘科技创新体系和科技基础条件平台的重要组成部分，对推动测绘科技成果转化，促进测绘科技与经济的有效结合，推动地理信息产业技术进步与测绘新兴企业崛起，培养一流测绘科技产业人才，发挥了重要作用。

为充分发挥国家测绘工程技术研究中心在测绘行业和空间信息产业共性关键技术及成果转化和产业化方面的作用，2010 年 12 月 3 日，北京市人民政府与国家测绘局签订了北京市人民政府支持中国测绘科学研究院建设测绘科技创新园协议，测绘科技创新园作为第二批项目入驻中关村自主创新示范区科学城。

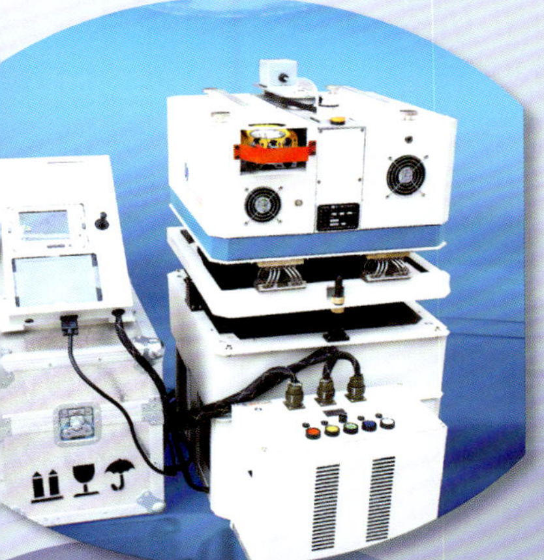

数字测绘仪器开发部—北京四维远见信息技术有限公司研制的 SWDC 数字航空摄影仪是我国第一款完全自主设计生产、满足数字化测绘应用要求的关键技术设备

航空遥感数据获取部—中测新图（北京）遥感技术有限责任公司的“神州遨游”，在汶川大地震抗震救灾过程中，开创了三维地理信息服务电视媒体直播的先河

高德软件有限公司

构建虚拟世界 服务真实生活

高德是中国领先的数字地图内容、导航和位置服务解决方案提供商。2010年7月1日成功登陆美国纳斯达克全球精选市场，交易代码为AMAP。高德地图数据覆盖全国33个省市(含港澳)、337个地级市、2856个区县级行政单位；310万公里道路里程，100%实地调查采集；1700万POI兴趣点；10万深度信息。

移动互联网位置服务应用

从2006年开始，高德与中国移动合作为其位置服务平台提供地图数据，并在服务内容和应用方面不断深化合作。在互联网地图服务方面，高德目前为包括谷歌(Google)、新浪(Sina)、阿里巴巴(Alibaba)、微软必应(bing)等著名网站在内的8000多家网站提供基础地图服务和地图API服务；并与三星、摩托罗拉、HTC、联想等众多手机终端厂商合作，为其提供手机预装导航数据和软件。截止2010年底，公司自主开发的手机地图软件-高德地图"Amap"(原迷你地图"MiniMap")，使用用户量已达千万，受到用户的广泛好评。

汽车导航

高德为包括奥迪、宝马、奔驰、通用、本田、大众等著名品牌汽车的100多个车型提供导航数据产品和服务。在后装PND产品方面，为新科、万利达、铁将军等客户提供包括导航数据在内的一体化解决方案。

政府和企业应用

在政府和企业应用领域，高德为第二次国土调查、土地规划和其它项目提供航空摄影数据。高德开发出的三维数字城市模型和地理信息系统，通过在三维虚拟环境中进行搜索、制图、测量和分析帮助政府提高城市管理和执行效率。除此之外，也为行业及企业用户在车辆监控、资产管理和物流配送等方面提供基于位置服务的解决方案。

AutoNavi 高德软件有限公司

地址：北京市海淀区苏州街3号大恒科技大厦南座18层　电话：010-59859999　传真：010-59859901　邮编：100080

北京灵图软件技术有限公司

地图服务大众 ——New map,New life

二、产品简介

“我要地图”网站是国内最全面的线上地图服务网。主要提供地图搜索、驾驶导航、公交换乘等电子地图查询服务，免费开放地图服务接口 API，为其他网站或应用程序（MSN、博客、社区、邮件等）在本地实现直接调用 51ditu 的基本服务。同时，为移动终端用户提供便捷的在线地图服务。

NOKIA
诺基亚
"Mobile Challenge"
通讯类应用：
Communication Category:
一等奖："天行者"电子地图
Golden Award: "Smart Inhand" Electronic Map
开发商：北京灵图软件技术有限公司
Developer: Beijing Lingtu Software Co., Ltd.
金奖

灵图天行者是一款安装在智能手机、车载导航仪、手持导航设备（PND）、PC 或上网本等设备上的嵌入式导航软件。灵图天行者 V.10 在秉承天行者系列安全、简约、快捷等特点的同时，全新推出位置共享导航功能，帮助随时了解同伴位置。

VRMap 三维地理信息系统是灵图公司自行研发的大型三维地理信息系统平台软件。该软件将地理信息系统与虚拟现实技术相结合，提供从底层引擎到专业应用的全面解决方案，具备海量数据处理能力，实现三维空间数据的网络发布、浏览、分析等功能。该软件产品主要应用于政府、规划、航运、水利、勘测、能源等行业。

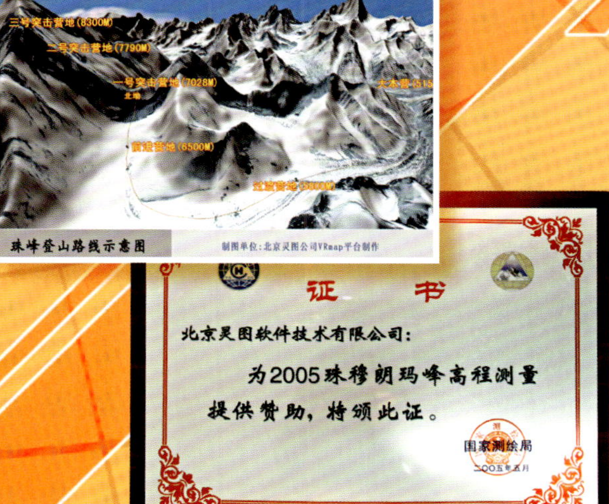

天津市测绘院

天津市测绘院隶属天津市规划局，是专业从事基础测绘、工程测绘和地理信息服务的事业单位，拥有甲级测绘资质，并取得 ISO9001:2008 质量管理体系认证。

自建院以来，天津市测绘院顺利完成国家、天津市政府和市规划局下达的各项城乡规划和国土管理项目的基础测绘和工程测绘工作，其中包括数百个重点项目。完成的“引滦入津工程测量”、“天津市地铁一号线工程”、“新农村建设基础测绘”、“天津市地面沉降动态监测”、“第二次土地调查”、“GPS 卫星综合服务系统研究”等 74 项项目获省部级以上优秀成果奖。

多年来，天津市测绘院按照“以人为本、科技兴院”的发展理念和“科技兴院、管理立院、人才强院、文化塑院”的发展战略，以改革创新和科技进步为动力，坚持“科学管理、精心测绘、技术创新、满意服务”的质量方针，为政府部门和广大用户提供了高质量、高水平的测绘成果。该院先后获天津市“九五”和“十五”立功先进单位、测绘教育培训先进单位、天津市科技兴城建突出贡献奖、国家基础测绘设施项目建设通报嘉奖单位等荣誉。

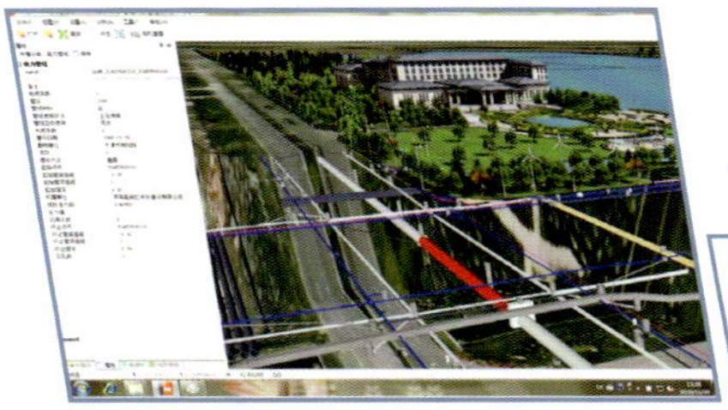

◀ 地上地下空间一体化管理系统

三维可视化化系统 ▶

服务地铁重点工程

天津市地理信息综合服务平－专业平台

无人机技术

用户大会展示成果

天津市勘察院

TIANJIN INSTITUTE OF GEOTECHNICAL INVESTIGATION & SURVEYING

天津市勘察院是以岩土工程勘察、工程测量、建筑与岩土工程设计和桩基施工、工程测试为主的大型综合勘测设计研究单位之一。拥有甲级测绘、综合甲级工程勘察、一级岩土工程承包、甲级建筑设计等资质。拥有国家勘察大师 1 人，国务院特殊津贴专家 3 人，高级工程师以上职称 122 人，各类注册资质人员 102 人。先后获国家级科技进步奖 1 项、部级科技进步奖 5 项、市级科技进步奖 18 项；国家级优秀工程奖 15 项、部级优秀工程奖 30 项、市级优秀工程奖 58 项。

该院测绘专业以工程测量为基础，以航空摄影、激光雷达、遥感技术为依托，集空间数据获取和加工、三维数字城市建设、精密工程测量与地理信息软件开发为一体，具有丰富的数据采集、加工、建库、开发经验。

该院是国内首家同时拥有机载 ALTM Gemini、车载 Lynx 激光雷达扫描系统的单位，是国内第一家采用激光雷达扫描技术进行大规模、高精细三维数字城市建设的单位，具有集成机载和车载激光雷达扫描技术的综合技术服务能力，能够为客户提供全天候、全方位、多角度的地理信息数据。已完成天津市 1.2 万平方千米的机载雷达扫描，天津、长春、海口城区 5000 千米道路、青藏 109 国道 700 千米道路车载雷达扫描的数据获取与加工。

拥有自主知识产权的三维软件平台 VRStar，具有为城市规划、城市建设、国土资源管理及城市应急减灾等领域提供三维数字城市一体化建设的能力。已成功建立天津市区、武清城区 400 平方千米的三维精细模型，并纳入城市规划管理应用。

天津市勘察院始终坚持团结、拼搏、求实、创新的企业精神，致力于管理创新、科技创新、优化服务、提升品牌，通过全方位的专业技术服务为国内外客户提供更优良的服务。

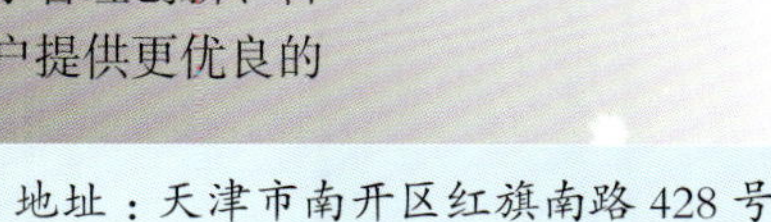

地址：天津市南开区红旗南路 428 号
邮编：300191
电话 / 传真：022-23679610
网址：www.tigis.com.cn

中冀兵北工程勘察设计有限公司

总经理：陈国成

中冀兵北工程勘察设计有限公司拥有甲级测绘资质和勘察综合类甲级勘察资质，通过了 ISO9001 质量管理体系认证和河北省测绘局甲级测绘单位成果资料档案及保密管理制度考核，取得了相关证书。主要从事岩土工程勘察、工程测绘等业务。

公司现有职工 185 人，包括注册工程师 10 人，高级职称人员 32 人，中级职称人员 38 人，初级职称人员 26 人。公司采取灵活多样的形式，不断培养和引进高素质技术人才和管理人才，为公司发展奠定人才基础。

公司工程技术设备齐全，拥有绘图仪、晒图仪等测绘设备，拥有 GPS 定位系统 22 台套、全站仪 18 台套、精密水准仪 15 台套。公司建立了局域网和办公自动化平台，实现了办公自动化。

近年来，公司在石油化工、核电、水利水电、工业与民用建筑、港口等领域提供多项服务，先后完成国内大型输油（气）管道勘察测量工程、物探工程、大型油库和站场及炼化工程，积累了丰富的线路、穿跨越、油库站场勘测经验，得到了业主、设计、监理等相关单位的认可和肯定。多项线路、油库测绘项目获省级优秀测绘成果奖。

公司严格遵循“诚实守信、顾客满意、科学管理、打造精品”的质量方针，秉承“公平、互惠、诚信”的经营思想，坚持“用户第一、质量第一、信誉至上”的服务宗旨，使企业的经济效益和社会效益同步发展。

单位地址：河北省保定市天鹅西路 518 号
联系电话：0312-3122015

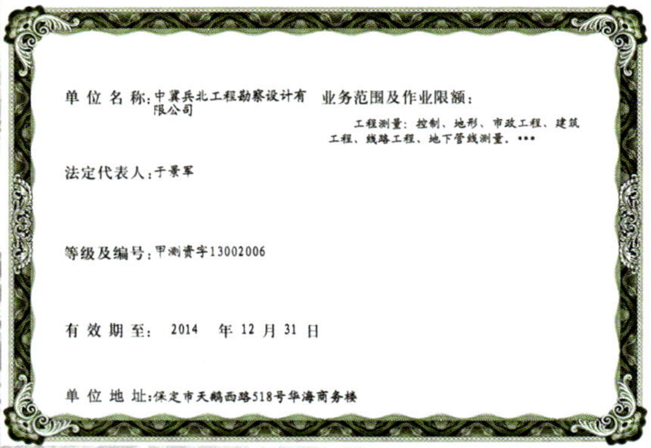

单位名称：中冀兵北工程勘察设计有限公司
业务范围及作业限额：
工程测量：控制、地形、市政工程、建筑工程、线路工程、地下管线测量。•••
法定代表人：于景军
等级及编号：甲测资字13002006
有效期至：2014 年 12 月 31 日
单位地址：保定市天鹅西路518号华海商务楼

测绘资质证书

测绘现场

邯郸市恒达地理信息工程有限责任公司

董事长：吴建才

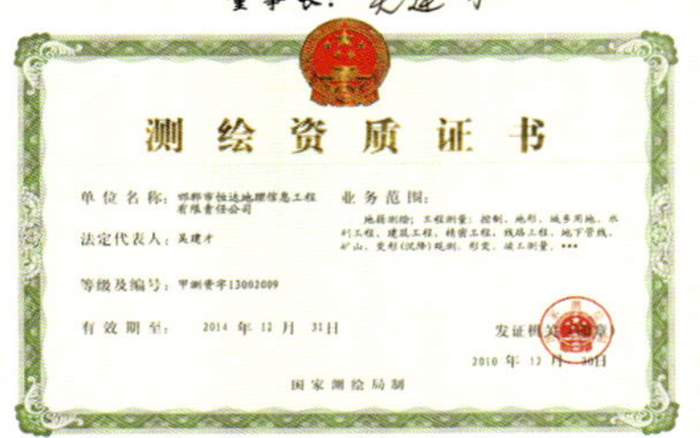
测绘资质证书

单位名称：邯郸市恒达地理信息工程有限责任公司

业务范围：

法定代表人：吴建才

等级及编号：甲测资字13002009

有效期至：2014年12月31日

发证机关

国家测绘局制

邯郸市恒达地理信息工程有限责任公司，位于河北省邯郸市高新技术开发区，甲级测绘资质,注册资金600万元，办公面积4000多平方米。通过了“三标一体”管理体系认证，是河北省测绘学会、河北省测绘行业协会、中国测绘学会团体会员单位，荣获河北省测绘学会2002-2009年度学会工作“先进集体”,河北省测绘行业协会2008-2009年度“优秀测绘单位”。现有员工157人，技术人员121人，其中高级工程师11人。拥有各类专业测量仪器设备200多台套。

经营范围包括：工程测量、地籍测绘、地理信息系统工程、房产测绘、行政区域界线测绘、土地勘测定界、土地利用规划、土地评估、土地开发整理等。公司多年来始终坚持“诚信、务实、严细、高效”的经营理念，本着求真务实的工作态度，严谨细致的工作作风，严格遵循国家测量法律、法规，以雄厚的技术力量，健全的信息系统，规范的操作程序，为广大客户提供快速、完善、优质的服务。测绘成果多次获得河北省优秀成果一等奖、科技进步二等奖和科技进步三等奖等。

农村土地调查

土地整治规划

基本农田保护规划

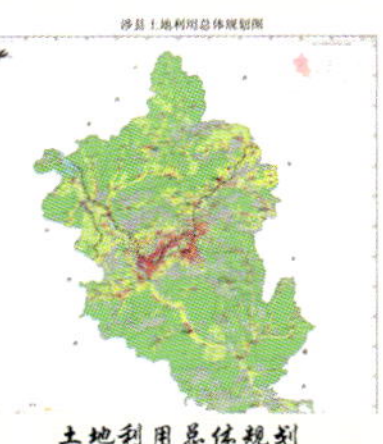
土地利用总体规划

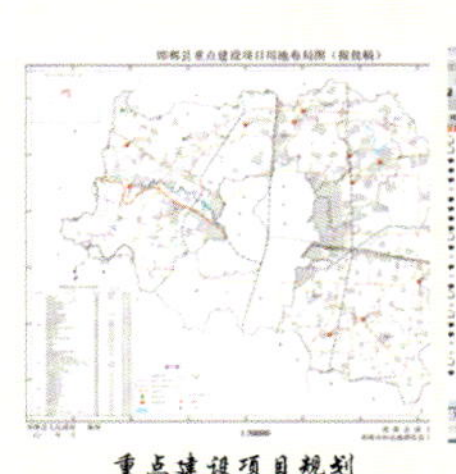
重点建设项目规划

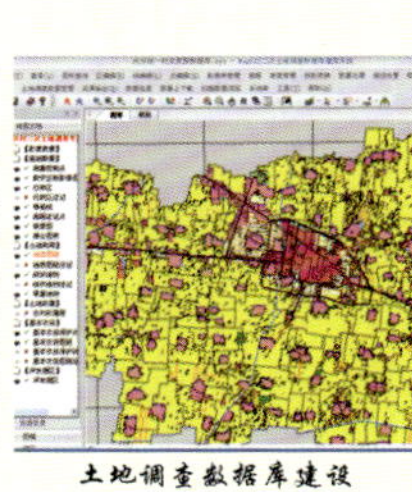
土地调查数据库建设

城镇地籍数据库建设

地形测量

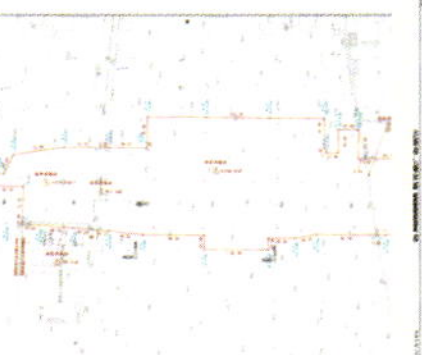
土地勘测定界

地籍测绘

土地开发整理

新民居建设

地址：邯郸开发区联纺东路588号总部基地3号楼 电话：0310-5516222 传真：0310-3012370 邮箱：hdchgs@126.com

长春市测绘院

长春市真彩色影像地图集

长春市测绘院成立于1953年，1990年正式建院，隶属于长春市规划局。拥有工程测量、摄影测量与遥感、地理信息系统、地籍测绘等甲级资质，通过了ISO质量体系认证。在职职工130人，包括注册测绘师3人、正高6人、副高12人、工程师40人。

该院主要负责长春市城乡现代测绘基准体系建设与基础测绘工作及各类地理空间信息的获取、管理、开发、应用；建立基础地理信息数据库及地理信息公共服务平台，为城市规划、建设、管理、经济社会发展、抢险救灾应急响应提供空间地理信息保障，为宜居城市建设及市民生活提供地理信息服务；建设数字长春地理空间框架。

该院先后获得吉林省建设科技创新工作先进单位、全国城市勘测工作先进单位称号，赵先泉被人事部、建设部评为全国建设系统劳动模范，沈阔被国家测绘局授予“测绘奖章”。“长春市大比例尺地形图数据库建设工程”获建设部部级优秀工程一等奖、全国第八届优秀工程勘察项目铜奖；“基于因特网和GPRS技术的GPS固定参考站系统”获中国测绘学会测绘科技进步三等奖；长春市城市地理信息系统获吉林省科技进步三等奖。

该院按照“以人为本、服务社会、开拓创新、持续发展”的理念，积极开展城市基础测绘工作及其他地理信息获取工作，并承担长春市地铁控制测量和地理信息公共服务平台建设。在未来的发展中，愿与社会各界携手合作，共创未来！

长春市测绘院地理信息平台

长春规划区范围基础地理信息数据

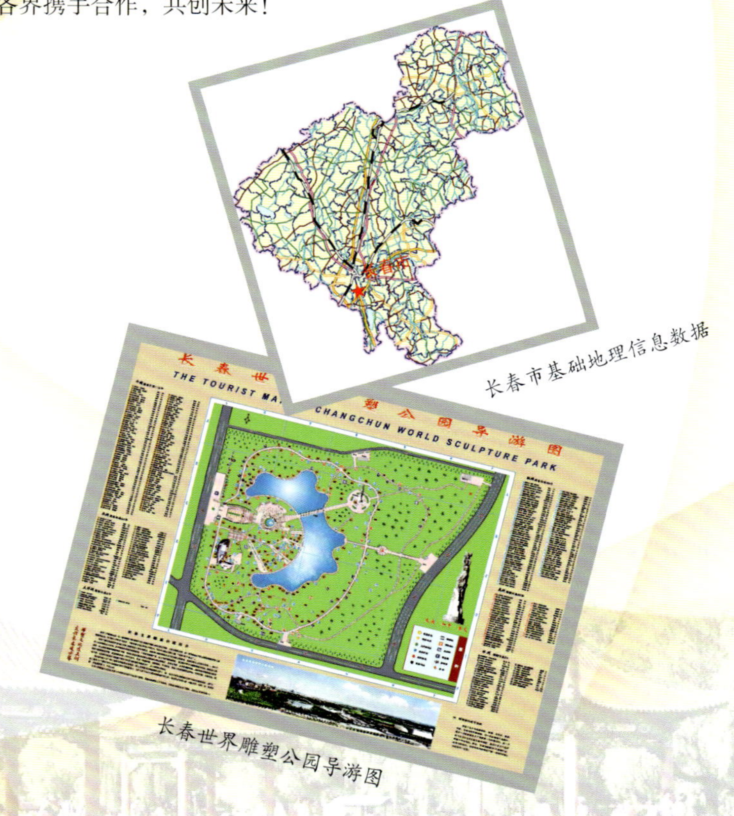

长春市基础地理信息数据

长春世界雕塑公园导游图

江苏省基础测绘设施技术保障中心

江苏省基础测绘设施技术保障中心成立于1990年，前身为江苏省测绘局物资器材供应站，是江苏省测绘局直属事业单位。该中心拥有在职职工15人，其中高级工程师2人，工程师4人；下设江苏省测绘新技术开发应用中心、设施保障科和技术服务科。

该中心的主要职能和任务是：承担基础测绘设施的检测、维修（护）工作；负责省级测量控制点标志的维护；负责配备省测绘应急保障预案要求的装备和器材，并进行管理；承担测绘资质许可的基础测绘任务；推广应用测绘新技术等。

多年来，该中心认真履行工作职责，坚持以市场为导向，以研发为支撑，以测绘新设备、新技术为主导，为全省测绘行业及相关单位提供测绘软、硬件设备及测绘新技术服务，主要包括：测绘仪器及器材的销售、检测与维修；测绘软件的开发、应用和推广；省级测量控制点标志的维护等，为推动江苏测绘事业的发展做出贡献。

为基础测绘服务、为科技发展服务、为全省测绘行业服务是该中心的主要职责，诚实守信、开拓进取、求真务实、优质服务是该中心的不懈追求。

浙江华东建设工程有限公司工程测绘院

浙江华东建设工程有限公司是中国水电顾问集团华东勘测设计研究院的改制公司，注册资金为2100万元，拥有国家工程测量甲级资质、地籍测量乙级资质，主要经营业务和专业技术产品均纳入质量/环境/职业健康安全“三合一”管理体系。公司连续多年被杭州市工商行政管理局评为“重合同守信用”单位，企业信用等级为AAA级，是全国首批工程勘察及岩土行业“诚信单位”。

技术力量：浙江华东建设工程有限公司工程测绘院有技术管理人员63名，其中教授级高工2人，高级专业技术职称10人，中级专业技术职称22人，初级专业技术职称29人。

业务范围：控制、地形、城乡规划定线、城乡用地、规划检测、日照、市政工程、水利工程、建筑工程、精密工程、线路工程、地下管线、桥梁、隧道、变形(沉降)观测、形变、竣工测量、地籍测量等。

仪器设备：拥有莱卡TCA2003测量机器人1台、TOPCON电子全站仪数15台、尼康电子全站仪2台、诺瓦泰GPS静态接收机4台套、南方GPS静态接收机12台套、Topcon GPS双频接收机6台套、南方RTK 15套30台、Trimble DINI精密电子水准仪2台套、普通水准仪3台套、普通测深仪2台套共70多套测绘类仪器。

近年内项目：完成白鹤滩水电站地形地类测量、广东台山风电场测绘、江苏东台风电场测绘、内蒙古国华风电场测绘等项目；承接华电半山发电有限公司建筑物沉降观测、庆春东路越江隧道施工控制网测量(盾构施工)、杭州市半山隧道及南北接线工程测量等各类市政测量项目；形成了工程测量业务领域内的专业优势。实施的监测项目杭州六和塔沉降监测为西湖申遗工作提供了可靠的科学依据。

该院坚持“团结、求实、创新、卓越”的企业精神，遵循“负责守信，优质高效，以先进的技术和完善的服务持续满足顾客和社会的期望”的服务理念，全力打造一流的甲级测绘院品牌，为社会各界提供优质服务。

单　位：浙江华东建设工程有限公司
地　址：杭州市古墩路997号
联系人：江培武（院长）　电话：0571-56737906

福建省测绘院

Fujian Surveying and Mapping Institute

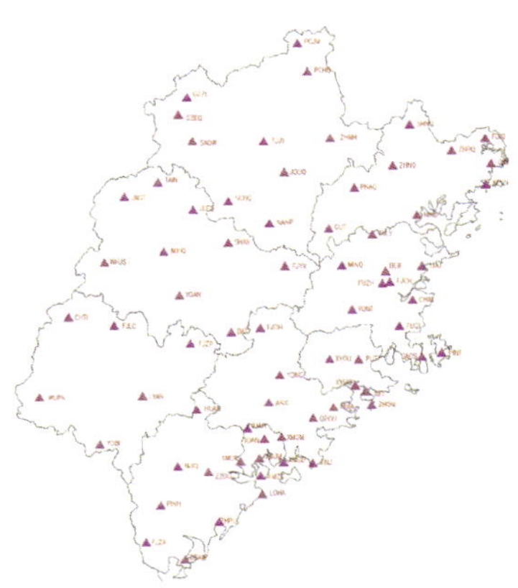

FJCORS 站点分布图

福建省测绘院是福建省测绘局直属事业单位，是综合性甲级测绘单位，是福建省测绘局基础测绘及数字产品规模化生产中心。全院下设 7 个科室、6 个分院及 1 个经济实体；拥有大地、航空、遥感、地理信息、计算机应用等各类专业技术人才 200 多人，其中教授级高工 3 人、高级工程师 31 人；配备有先进的数字地图生产设备和多种国内外主流数字化测图、影像处理、GIS 系统应用开发等软件；服务领域涉及大地测量、航空摄影测量与遥感、工程测量、地籍测量、房地产测量、海洋测量、土地利用变更调查、土地规划修编、数据库建设和地理信息系统应用开发及其他测绘工程等。

近年来，福建省测绘院依托人才、技术、装备等优势，承担了多项国家重点测绘项目和大量福建省、市级基础测绘任务及重点工程项目，同时积极开拓测绘市场，在全省多个地市设立了分院或办事处，承担的市场项目质量都得到客户的肯定，并多次为福建省灾毁地区的灾后重建和地质灾害监测等提供测绘应急保障服务，为海西经济建设和社会发展做出贡献。福建省测绘院先后获全国测绘质量表彰单位、福建省测绘系统先进集体、国家测绘局“十五”测绘科技工作先进集体、福建省直机关第十届文明单位、全国测绘系统先进集体等称号。研制、开发的多个项目获国家和省科技进步奖。

地　址：福州市华林路 205 号测绘大厦
电　话：0591- 87859631，87858100
传　真：0591-87851056
网　址：www.fjschy.com

丰富多采的文化活动

全国测绘系统
先进集体
人力资源和社会保障部
国家测绘局
二〇一〇年十二月

全国测绘系统先进集体

94816 部队航管处
福建省测绘院 军民共建签约仪式

军民共建签约仪式

张志南副省长莅临测绘院

福建省海洋灾害监测及预警预报系统基础地理信息数据获取（海堤点观测）

漳州市测绘设计研究院

漳州市测绘设计研究院（以下简称漳州院）是漳州市城乡规划局直属事业单位，经过30多年的发展，已逐步成为漳州市从事测绘、地理信息数据加工、地理信息系统应用开发的综合性生产科研单位，是漳州市地理信息产业支柱单位，在2010年成为漳州市首家甲级测绘资质单位，并取得海洋测绘资质。

2010年，漳州院完成建筑物放样与核样437幢；建筑物竣工测量130幢；竣工面积核算120万平方米；地下管网竣工等零星测绘项目222件；为中规院修编《漳州市城市总体规划（2000-2020）》和《漳州市域城镇体系规划（2000-2020）》提供中心城区1:2000地形图和1:1万规划区地形图；完成碧湖生态园等“五大战役”的测绘保障服务；完成福建省2010年新农村建设用图保障工程10个行政村的地形测量任务；为漳州市国土局以及平和、东山、南靖等县国土资源局制订《基础测绘十二五规划》。年营业收入比上年增长16%；利税总额增长5%；员工福利待遇增长15%；全年固定资产投资、办公楼更新改造、测绘技术投资共计110万元，取得良好的社会效益和经济效益。

2010年，漳州院参与实施的福建省第一个设区市城市地理信息综合应用平台项目——漳州市城市地理信息综合应用平台被列为住房和城乡建设部科技示范项目并顺利通过验收，为建设数字漳州打下了坚实基础。完成的龙文区1:500航测数字化图测绘工程获全国优秀城市勘测工程三等奖；该院被评为福建省住房和城乡建设系统2007-2010年度先进集体。

江西省测绘局

抓住机遇 找准定位 测绘事业发展创辉煌

2010年，江西省测绘事业发展环境得到前所未有的优化。省委书记苏荣、省长吴新雄多次听取全省测绘工作专题汇报，分别作出重要批示，对江西省测绘局工作给予充分肯定。

5月24日，鄱阳湖生态经济区测绘成果赠送仪式暨无人飞行器作业演示会

服务鄱阳湖生态经济区建设。江西省测绘局促成省政府与国家测绘局签署《鄱阳湖生态经济区建设测绘保障服务合作协议书》，举办地理信息与鄱阳湖生态经济区建设高层学术论坛；向鄱阳湖生态经济区有关单位免费提供鄱阳湖区域多比例尺、多种类数字地图、立体地图、专题地图和语音地图；制定《加强省级地理信息公共服务能力建设实施方案》；完成鄱阳湖生态经济区基础地理信息测量项目。

2010年全国测绘法宣传日主场活动江西南昌举办

保障经济社会发展。为江西省抗洪救灾赶制最新九江地区地形图和堤坝高程数据，开发"抚州市灾情地理信息系统"、"抚州市三维地理信息演示系统"，利用无人机对贵溪、余江、黎川灾毁耕地进行航空摄影，为全省洪水灾情分析和调查提供依据。顺利完成江西援疆测绘任务，是全国第一个进疆，第一个完成援疆项目，第一个移交测绘成果的单位。为江西抗旱工作提供航摄影像资料约20平方千米。实现第二代1:1万地形图全省覆盖，稳步推进宜春、萍乡、新余、吉安4个全国"数字城市"试点工作。建成开通全省公众版和政务版地理信息公共服务平台。加强军地融合，与武警江西总队、南京军区司令部作战部、省公安厅签订了地理信息数据共建共享协议书。

测绘统一监管。测绘行政管理体制不断完善，江西省测绘局内设处室由副处级调整为正处级。省测绘局获全国地理信息市场专项整治工作先进集体称号。江西省政府与国家测绘局在南昌联合举办全国测绘法宣传日主场活动，受到国家测绘局局长徐德明的肯定。

推动测绘行业发展。省测绘与地理信息行业协会成立，并召开第一届会员代表大会，共有340家单位加入协会。"江西省地图集编纂与研究"项目获省科学技术进步奖三等奖。江西省测绘局在2010年度全国测绘系统年度工作考核中被评为先进单位，获全国测绘宣传工作先进集体、全省"五五"普法先进单位、全省综合治理、扶贫工作先进单位等称号。省测绘局机关、局属7个事业单位获2010年度省直文明单位称号。

江西省委常委、副省长陈达恒观看测绘与地理信息成果展

国家测绘局与江西省政府签署鄱阳湖生态经济区建设测绘保障服务协议

江西省人大副主任胡振鹏（中）在省测绘局局长高振华（右二）的陪同下视察鄱阳湖基础地理测量工作

临沂市国土资源局

成立全国首家市级测绘与地理信息局

强化国土资源管理 保障社会经济发展

山东省临沂市国土资源局是临沂市主管土地、矿产等自然资源规划、管理、保护与合理利用，以及测绘行政管理的政府部门。

近年来，该局坚持以科学发展观为统领，按照“保护资源、保障发展、维护权益、服务社会”的工作思路，正确处理资源保护与保障发展的关系，努力构建保障科学发展新机制，国土资源各项工作取得明显成效。大力推进资源节约集约利用，优化土地利用结构，加强土地市场建设，严查土地违法违规行为，土地管理秩序明显好转。强化矿产资源开发秩序整顿规范，大力实施矿产资源整合，累计压减矿山465个，矿产资源集约化、规模化开采水平进一步提高。推进地质遗迹保护，沂蒙山国家地质公园、沂蒙钻石国家矿山公园、平邑归来庄金矿国家矿山公园均获批准并顺利开园。成功申报“中国地热城”，临沂市成为全国第二个，华东第一个获此称号的城市。加快“数字临沂”建设，开发了11个示范应用项目，在全省率先建成“数字临沂地图网”，率先开通了数字临沂地理信息公共平台，成立了全国首个市级测绘与地理信息局，临沂市被授予“全国数字城市建设示范市”称号。国土资源信息化水平不断提升，局门户网站在全国市级国土资源部门政务信息网上公开情况检查中连续三年位居第一。

全国数字城市建设专题研究班在临沂举办

该局先后被授予为全国测绘工作先进集体、全国地质灾害防治先进单位、全国国土资源政务信息网上公开示范单位、全国土地执法百日行动成效显著单位、全国国土资源系统推进依法行政先进单位、全国基本农田保护先进单位、全国保增长保红线成效显著单位、省级文明机关等称号。

2008年8月8日，临沂市成功申报“中国地热城”

2010年9月，临沂市被授予“全国数字城市建设示范市”

2006年被授予全国测绘系统先进集体

湖北省测绘成果档案馆
（湖北省基础地理信息中心）

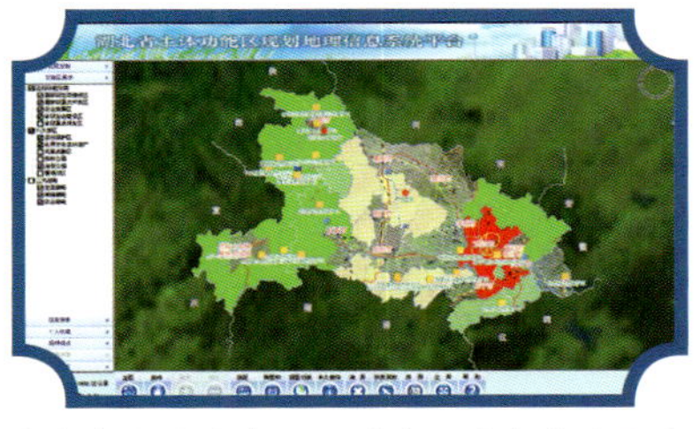
湖北省主体功能区规划地理信息系统平台

湖北省测绘成果档案馆（湖北省基础地理信息中心）是湖北省测绘局直属事业单位，具有甲级测绘资质。

湖北省测绘成果档案馆是湖北地区测绘成果管理和分发中心，馆藏的湖北省模拟和数字测绘档案资料包括：各种系列比例尺地形图、系列比例尺数字产品及其文档资料、航空摄影底片及数据、卫星影像数据、各类测量控制点成果以及专题地图等。

湖北省基础地理信息中心负责省级基础地理信息数据库的建立、维护、更新及应用开发，负责建立省级地理信息资源共享交换系统，为国家、省、市、县各级基础地理信息系统与政府专业地理信息系统互联互通提供技术支持。近年来，承担了“湖北省电子政务基础地理信息系统”、“湖北省长江堤防管理信息系统”、“数字潜江”、“三峡库区公共信息平台”、“第二次土地调查”等重大项目，多项成果获国家、省级测绘科技进步奖。

湖北省测绘成果档案馆（湖北省基础地理信息中心）将继续整合、开发基础地理数据资源，为经济社会发展、领导科学决策、重点工程、提高人民生活质量做好服务保障。

湖北省测量标志普查系统 (1)

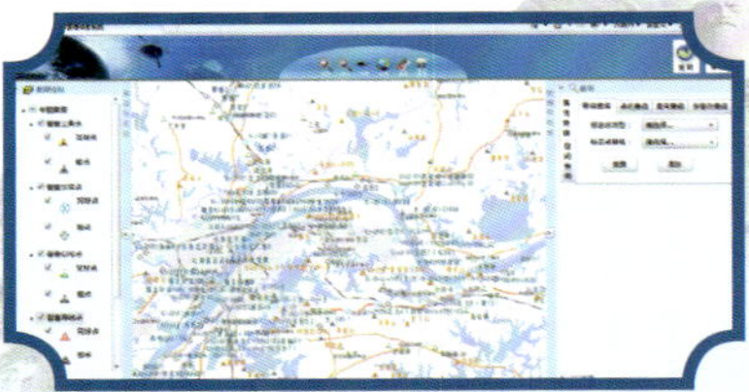
湖北省测量标志普查系统 (2)

三峡库区综合信息空间集成平台 － 登陆页面

数字潜江地理空间信息公共平台
建设项目竣工验收会

长江堤防工程管理信息系统鉴定会

行政许可服务窗口

河南省测绘局

局长、党委书记贾志伟

“十一五”期间，河南省测绘事业坚持以科学发展观为指导，以满足经济社会发展需求为出发点，围绕中心、服务大局，大力搞好各方面统筹协调，积极整合多方面可利用资源，集中解决影响和制约全省测绘事业发展的突出问题，使测绘事业取得新发展，实现新跨越，作用大彰显，影响大提升。5 年来，河南省基础测绘投入力度持续加大，现代测绘基础体系初步建成，基础地理信息资源覆盖面不断扩大，地理信息产业快速发展，测绘统一监管有效加强。截至 2010 年底，全省从事地理信息服务的资质单位已达 660 多家，从业人员 1.2 万多人。18 个省辖市均设立了测绘管理机构，一个由多部门分工协作、齐抓共管的测绘市场监管体系初步形成。

国家测绘局局长徐德明视察河南省测绘局

河南省测绘成果应用开

河南省副省长张大卫参观测绘新技术展示

测绘法宣传活动

河南省测绘局

发和服务保障能力获得显著提升，测绘为辅助各级政府管理决策、加强和改善宏观调控、实施重要经济战略与重大工程、防灾减灾、应对和处置突发事件提供大量数据支持，开发多个地理信息应用系统和电子地图，为经济社会发展做出重要贡献。

“十二五”期间，河南省将以胡锦涛总书记“七一”重要讲话和李克强副总理视察中国测绘创新基地的讲话精神为指导，认清测绘工作面临的新形势和新任务，明确方向，把握主题，围绕中原经济区战略和经济社会发展方式转变，确立“创新、开放、务实”理念，进一步加强“管理、服务、执行力”建设，强力推进数字河南省市县乡四级联动、地理国情监测、公共服务平台、地理信息产业协调发展，强化基础装备、发展转型、体制机制、统一监管，营造发展的良好氛围，努力开创全省“十二五”期间测绘工作新局面。

开测仪式

数字平顶山项目签字仪式

红歌献给党

湖南省第一测绘院

湖南省第一测绘院拥有甲级测绘资质和甲级土地规划资质。2010 年，除承担基础测绘任务外，还承担第二次全国土地调查、航测大比例尺成图、土地整理、土地规划修编、数字城市建设等测绘项目。

2010 年，主要承担修铜、攸县、邵阳、宁远等测区 1:1 万地形图更新等基础测绘项目；参与完成“环洞庭湖基本农田建设重大工程”（第一、二期）乡镇测绘和规划设计任务；承担的“数字郴州”地理空间框架建设项目于 11 月通过省级预检；12 月，该院成为“数字株洲”建设项目唯一技术支持单位。

承担的 11 个农村第二次土地调查项目和 23 个城镇地籍调查与建库项目全部通过省级验收，其中长沙县（城镇部分）、道县（农村部分）第二次土地调查分获湖南省优秀测绘工程奖二、三等奖；在湖南、广东、广西等地完成土地规划设计、整理开发和总体规划修编项目 80 多个；完成长沙市大河西先导区地籍测量、建库等。长沙县星沙新城 1:1000 地形图测量、郴州市似大地水准面精化项目分获省优秀测绘工程奖一、二等奖。9 月，该院开发的“车载三维激光扫描系统”通过专家评审，进入采购阶段。

2010 年，该院先后获国家测绘局“测绘应急保障”和“五五普法”先进集体、省直机关思想政治工作“十佳”单位、2008–2009 年度省直机关工会工作先进集体、档案工作规范化管理省特级单位等称号。

该院承担完成的长沙县城镇“二调”项目在全省率先通过省级验收

2010 年 9 月，该院计划引进的“车载三维激光扫描测量应用系统”通过可行性评审

2010 年 12 月，该院被授予档案规范化管理“省特级”单位称号

2010 年 11 月，“数字郴州”地理空间框架建设通过省级初验收

该院航测内外业一体化成图内业作业现场

2010 年 12 月，该院成为“数字株洲”唯一技术支持单位

广东省国土资源技术中心
（广东省基础地理信息中心）

广东省国土资源技术中心（广东省基础地理信息中心）是广东省国土资源厅直属事业单位，成立于1975年，拥有甲级测绘资质，并通过ISO9001质量管理体系认证。主要负责全省基础测绘、地理空间数据的获取、处理、管理、更新与开发应用；承担土地资源、矿产资源利用情况、变化趋势的动态监测；负责建立、管理省级基础地理空间数据库和土地、矿产资源数据库；承担全省国土资源信息化建设的技术工作。

中心拥有教授级高工3人，高级工程师17人，拥有全数字摄影测量系统、编辑制图软件、数字摄影测量网格DPGrid系统等先进设备，是一支业务技术过硬、装备先进的高素质、能战斗的队伍。

近年来，技术中心承担大量测绘、信息化项目，主要完成广东省1:1万基础地理信息数据采集、更新，建成全省统一的基础地理信息数据库，建成省土地利用信息动态监测系统，参与省第二次土地调查、数字城市建设等工作，所承担的项目多次获得国家、省部级科技奖励。

广东省国土资源厅厅长招玉芳在广东省国土资源技术中心观看广东省矿业权信息查询系统现场演示

广东省国土资源技术中心政风行风"回头查"工作情况汇报会

举办网络安全和保密教育培训学习班

副主任贺显震向2009年度"巾帼建功先进个人"颁发荣誉证书和奖金

2009年年终总结暨表彰大会

海南测绘局

海南测绘局不断加强市县测绘管理，为测绘统一监管工作奠定了坚实的基础。

2010 年 4 月，海南省机构编制委员会办公室、海南省国土环境资源厅、海南测绘局联合下发《关于进一步加强市、县测绘工作的通知》，明确市、县国土环境资源局（国土资源局）要加挂“测绘局”牌子，对外名称统一为“×× 市（县）测绘局”，主管本行政区域的测绘工作。通知明确了市、县测绘管理机构的 10 项主要职责，确定各市、县国土环境资源局（国土资源局）应明确 1 名局领导负责测绘工作，兼任测绘局长。该通知的下发，标志着海南省市、县测绘管理机构与职能的进一步加强。

为进一步加强测绘统一监管，提高测绘公共服务能力，海南省机构编制委员会正式批准海南测绘局加挂“海南省测绘局”牌子。

2011 年 4 月 9 日，海南省机构编制委员会发出《关于海南省测绘局更名为海南省测绘地理信息局的通知》，同意海南省测绘局更名为海南省测绘地理信息局，相应增加监督管理地理信息获取和应用、组织协调地理信息安全监管职责，进一步强化海南省测绘行政主管部门对地理信息资源的监管责任，提升海南省测绘地理信息局作为地理信息活动主管部门的权威性，更好地统筹协调地理信息资源建设与开发利用，促进地理信息产业发展。

海南省测绘地理信息局加快推进市县测绘局更名为测绘地理信息局的步伐，以完善海南省测绘地理信息管理体制机制，推动全省各市县基础测绘与地理信息工作的跨越性发展，为海南国际旅游岛建设提供测绘地理信息支撑和保障。

海南省副省长李秀领为海南省测绘地理信息局揭牌

徐德明局长参加海南省测绘工作会议

▲海口市测绘局挂牌

►屯昌县测绘局挂牌

测绘法宣传日宣传无人机航摄系统应用

参加省直机关运动会

海南测绘局与省国土资源厅签署合作协议

国家测绘局海南基础地理信息中心

主任：金玉平

国家测绘局海南基础地理信息中心专业从事地理信息系统建设与开发应用，拥有甲级测绘资质，是2010年海南国际旅游岛数字地理空间框架项目建设牵头和实施单位，通过了ISO9001:2000质量管理体系认证。

该中心以地理信息系统建设为基础，形成了涵盖系统开发和应用、数据加工、数字产品生产、地图编制出版、电子地图制作、工程测量、地籍测绘、航空摄影测量与遥感测绘等的综合性体系。

该中心加强人才队伍建设和先进设备的购置。拥有在岗职工65人，各类专业技术人员59人，包括省级优秀专家、教授级高工2人，享受政府特殊津贴专家1人，国家注册测绘师2人，高级工程师7人，工程师12人，助工、技术员30多人；博士2人，硕士6人，本科学历30人，专科学历20多人。拥有高端服务器、大型扫描仪、计算机工作站、全球卫星定位系统（RTK、GPS）、全站仪、图形编辑工作站、彩色喷墨绘图仪等仪器装备，拥有ArcGIS、MapGIS、ERDAS、Oracle和CASS等多种软件。

该中心植根海南、放眼全国，坚持严谨、务实、高效、创新的理念，以一流的技术、一流的产品和一流的服务，为海南国际旅游岛建设提供强有力的测绘保障服务。

中心机房

地图产品

数字产品

数字海南地理空间框架建设

负责人：
金玉平（主　任）电话：0898-65229900
65314659
王小军（副主任）电话：0898-65220176
莫瑞开（副主任）电话：0898-65314659
地　址：海口市白龙南路53号测绘大厦7楼
邮　编：570203

国家测绘局第四航测遥感院

国家测绘局第四航测遥感院隶属于海南测绘局（海南省测绘地理信息局），是国家数字化测绘生产基地之一，拥有甲级测绘资质，已通过 ISO9001:2000 质量管理体系认证。多年来，该院作为国家空间数据基础设施的组成部分和高科技信息产业队伍，以“3S”技术为支撑，围绕“4D”产品生产，积极为国家经济建设和社会各行业提供优质的地理信息产品和测绘保障服务。

该院坚持以科学发展为第一要务，注重人才培养，拥有一支能积极面对测绘事业机遇和挑战，积极进取、大胆创新、具有开拓精神的队伍。

主要项目成果：

●2006 年 ~2010 年国家 1:5 万数据库更新工程项目；

●国家西部 1:5 万地形图空白区测图工程项目；

●海南省 1:1 万基础地理信息数据库建设项目；

●海南省海口市、陵水县、乐东县、东方市、临高县、昌江县、三亚市等多个市县区域内 1:1000、1:2000、1:1 万数字测图项目；

●浙江省部分等地区的 1:1000、1:2000、1:5000 数字测图项目；

●海南东环铁路、西环铁路 1:2000 数字测图项目；

●海口市第二次土地调查（农村部分）、海口市龙华区（城镇部分），海南第二次土地调查底图的生产项目；

●无人机航摄救灾应急服务；

●海南省乐东县无人机航飞及 1:1000 正射影像图制作；

●海南金华林业无人机航飞及 1:5000 正射影像图制作；

●海南省乐东县莺歌海无人机航飞及 1:5000 地形图测绘；

●海口市土地整治项目南渡江片区无人机航摄及 1:2000 正射影像图制作。

无人机航飞成果

立体测图测图成果

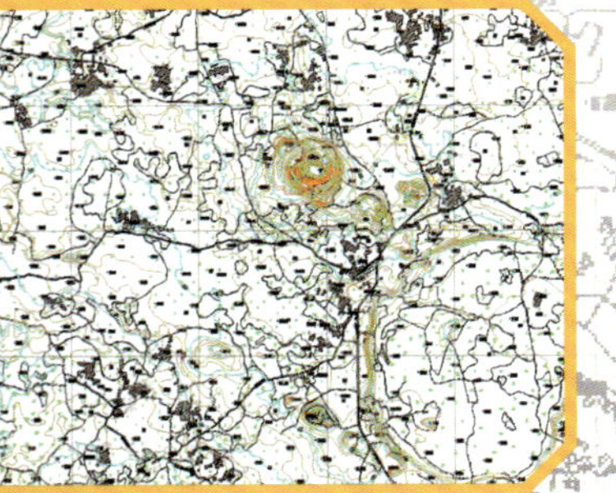

荣誉证书

授予 国家测绘局第四航测遥感院（海口）3S开发部

全国三八红旗集体荣誉称号

重庆市勘测院（重庆市地图编制中心）

重庆市勘测院成立于 1950 年，隶属于重庆市规划局，是为城市规划、建设、管理服务的科研事业单位。拥有综合勘察甲级、测绘甲级、地质灾害防治工程勘查甲级、地质灾害危险性评估甲级、司法鉴定、市政桥梁评估、检测、市政设计以及计算机信息系统集成等资质。先后主编或参编多项行业标准，是国家自然科学基金依托单位，科技部航空遥感数据获取与服务技术创新联盟成员，重庆市首批博士后科研工作站。先后获国家级、省部级科技进步奖、优秀工程奖数十项，多次被评为住房和城乡建设部、国家测绘局、重庆市先进单位，连续十多年获重庆市“重合同守信用单位”称号，2010 年获重庆市“五一劳动奖状”。

重庆市勘测院主要从事测绘工程、岩土工程、信息工程、市政工程设计、工程检测 5 大专业，为重庆城市规划、建设、管理和社会经济发展提供基础性服务。承担了江北国际机场，轻轨线路，渝黔、渝陵等高速公路建设，两江、北碚新区等重大工程的勘测工作。近年来，该院致力于高新技术开发应用，尤其在全球卫星定位、航空航天遥感和地理信息系统研发应用方面成效显著，成为重庆市城市信息化建设重要的基础保障单位和基础地理信息服务单位。

重庆市勘测院下设 5 个分院和 10 个外驻勘测室。全院在岗职工 700 多人，拥有注册岩土工程师、注册测绘师、国务院政府特殊津贴专家、重庆市勘察设计大师、全国测绘技术能手、国家一级注册结构工程师、国家注册监理工程师、国家注册咨询工程师等一大批工程专业技术人员。拥有智能型全站仪、GPS 接收机、航空摄影测量系统、探地雷达、钻机、绘图仪、无人机等软硬件设施几百台套。

2007 年 12 月，经重庆市编制委员会办公室批准，重庆市勘测院加挂重庆市地图编制中心牌子，主要承担为政府部门和社会提供地图服务的职能。

重庆市勘测院（重庆市地图编制中心）愿与社会各界广泛合作，积极提供勘察、测绘、地理信息、市政工程设计及检测、地图编制等方面的服务。

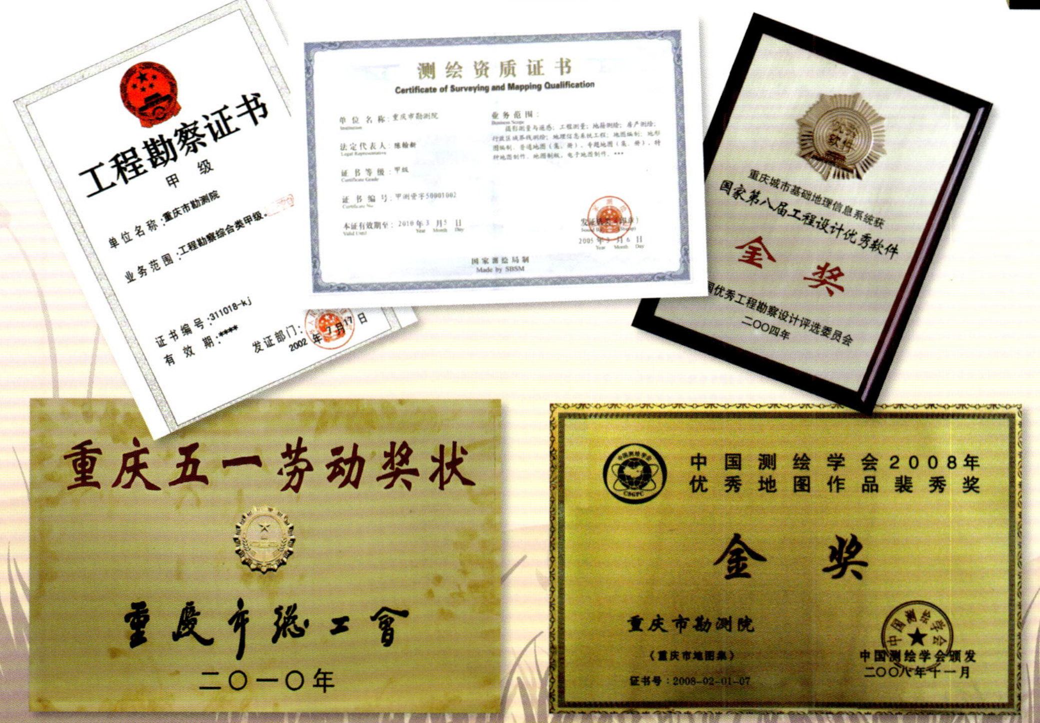

四川省冶金地质勘查局六〇一大队

单位法定代表人、大队长：谢戈军

四川省冶金地质勘查局六〇一大队成立于1995年，原名冶金工业部西南地质勘察局六〇一队，2001年3月，随主管局四川省冶金地质勘查局划归四川省人民政府管理，并更改为现名。大队下设六〇一测绘队、六〇一地勘院、四川蜀通岩土总公司一分公司等9个专业二级实体，拥有国体矿产勘查甲级、地质灾害治理勘查甲级、地质环境影响评价甲级、地质灾害治理施工甲级、甲级地质灾害危险性评估单位、液体矿产勘查乙级、工程测量乙级等资质。

六〇一测绘队拥有测绘工程技术人员67人，其中高级工程师7人，工程师21人，其他技术人员39人，工程技术人员占测绘队职工人数的86%。拥有各类设备和测绘仪器40多台套。其中，动态GPS（1+2）2套、静态GPS 10套、全站仪27台、精密水准仪3套、普通水准仪8台、经纬仪15台、手持测距仪8台、微机25台。

六〇一测绘队严格执行《中华人民共和国测绘法》及测绘行业的其他法律法规，主要在攀西地区及省内开展控制测量、地形测量以及各类工程测量等，近年来，承担了二滩水电站变形观测、攀枝花市飞机场变形观测、攀枝花市石板箐500千伏变电站变形监测、会东城区道路控制网测绘、攀枝花市仁和区南山工业项目区（大龙潭）1:500数字化地形测量、米易县电冶化工集中区二次地形测量、德胜集团钒钛磁铁矿综合利用项目选址方案1:500地形测量等项目。所提交的各类测绘成果用户满意率达100%，其中，攀枝花市机场东侧、西侧及道面变形观测项目获四川省优秀测绘工程奖银奖。

职工代表大会

攀枝花市机场水准观测

灾后重建应急测绘

西南抗旱打井

石板箐变电站变形监测

四川空间信息产业发展有限公司

企业使命

——创造价值、激活爱心、成就梦想

企业精神

——亮　剑、独　特、快　乐、感　恩

公司董事长和川大获奖同学合影　公司在四川大学设立奖学金　领导团队支援灾区　青海玉树震灾捐款现场

四川空间信息产业发展有限公司成立于1997年，是一家在国土、测绘和地理信息、卫星定位、遥感等领域提供服务的高科技公司。公司通过了ISO9001质量管理体系认证，具有乙级测绘资质、甲级土地规划资质及土地利用现状调查和数据库建库资质。拥有员工580人，其中高级职称15人，中级职称37人，初级职称270人，是一支从事“3S”策划、软件开发、系统集成，数字城市建设，遥感影像解译，正射影像制作，土地利用调查，地籍地形测量，数据库建设的专业队伍。此外，具有土地利用规划设计、土地开发整理规划设计、规划数据库建设等实力。

公司将“3S”技术的产业化应用和数字城市建设作为战略发展重点，在项目实施中不断积累工程管理、质量保证和项目服务支持经验。公司以为各行业的“3S”综合应用和数字城市建设提供战略规划、总体设计、研发集成、运营管理等一体化服务为发展目标，完成数字新场气田、数字洛带气田、成都市青羊区招商地理信息系统、成都市森林火灾监控扑救指挥系统等重大项目，获得管线管理GIS、招商地理信息系统软件、数字乡镇、空间房产测绘系统和空间协同办公系统的软件著作权。

西安地图出版社

西安地图出版社成立于1985年，是国家测绘局直属事业单位，其前身是成立于1957年的国家测绘总局西安分局制图队（加挂陕西省第六测绘工程院牌子），拥有甲级测绘资质。2000年通过ISO9001版质量贯标认证，2006年升级为ISO9002版并通过质量贯标认证，业务涉及地图、地理、地学及相关的自然科学类图书出版和测绘工程，范围遍及全国。

该社拥有国家测绘局学术与技术带头人1人，省级测绘学术带头人1人，测绘高级技术人员20人（含学术带头人），中级专业技术人员33人，初级专业技术人员33人。

该社配备了精良的编辑出版印刷设备系统和基础地理信息数据采集、加工、存储设备系统，实现办公自动化，产品开发、设计、制作全部实现系统化、网络化。地图产品开发从设计、编辑、制作、印刷到发行自成体系，为社会提供专业化服务。特别是在电子地图、车载导航、数据加工、网络地图及地理信息系统开发等方面已形成特色，建立了从设计、开发、数据采集、数据加工到数据库建库一套完整的现代测绘生产技术体系。

西安地图出版社将不断强化创新意识，依托地理信息数据平台，大力实施精品战略，服务大局、服务社会、服务民生，满足各界需求，繁荣地图市场。

地址：西安市友谊东路334号
电话：029-87604179
传真：029-87604179
邮编：710054

国家测绘局陕西测绘产品质量监督检验站

国家测绘局陕西测绘产品质量监督检验站成立于1988年12月30日，是陕西省唯一经过陕西省质量技术监督局计量认证和授权的测绘产品质量监督检验机构。业务上受陕西省质量技术监督局、陕西省测绘局指导和监督，业务范围覆盖大地测量、工程测量、航空摄影与遥感测量、地理信息、地图制图与地图印刷等专业。下设综合办公室、第一检验室、第二检验室和监督检验办公室。

该质检站拥有员工21人，其中高级工程师9人，工程师3人；硕士学历2人，大学本科学历10人。拥有先进的测绘产品检验仪器和软件，具有符合计量认证和实验室授权的质量管理体系等。

陕西测绘产品质量监督检验站不断提升测绘成果检测能力，承担大量国家和省级基础测绘项目的监理和检验工作，承担省内监督检验和定期检验任务及客户委托的检验业务。组织研发了具有自主知识产权的4D Checker数字测绘产品质量检验软件、4D Mapper地理信息空间数据处理及质检一体化软件和XBChecker 1:5万地形图数据生产质量检查软件，解决了数字测绘产品检查验收的瓶颈问题，为基础地理信息矢量数据的生产加工、质量检验提供科学、高效、规范的手段和解决方案，在国内多家测绘生产和质量检验单位广泛使用。

陕西测绘产品质量监督检验站将进一步为国家、地方和广大客户提供“科学、公正、准确、满意”的服务。

国家测绘局测绘标准化研究所

国家测绘局测绘标准化研究所成立于1984年，是我国唯一从事测绘标准化研究的科研机构。主要职责是：开展测绘标准化研究；开展测绘生产和地理信息产业相关标准研究；进行测绘科技发展研究和政策建议；开展测绘标准咨询、宣贯。国家测绘局测绘标准化工作委员会的秘书处设于该所，秘书处主要负责组织研究、制订和完善测绘标准体系，承担测绘标准的统筹、协调、指导、咨询等工作。

该研究所拥有在岗职工33人，其中，高级工程师7人，工程师10人；国家测绘局学术与技术带头人1人，陕西测绘局学术与技术带头人2人，国家测绘局成绩优异高级工程师2人，国家测绘局首批注册测绘师1人。通过多年来的努力，研究所的事业不断发展，在全国测绘行业具有一定的权威性和影响力。1996年被评为国家测绘局“八五”测绘科技工作先进集体，先后有143人次获省部级和局级科技进步奖39项。

自成立以来，该研究所紧跟测绘生产需要，承担大量测绘相关技术标准的研究和制（修）订工作，涉及大地测量、工程测量、摄影测量与遥感、地图制图等多专业、多学科。共制（修）订国家标准194项，其中，国家标准74项、行业标准50项。承担国家测绘局“七五”、“八五”、“九五”、“十五”科技攻关项目总计26项。“十一五”期间，该所将工作重心由传统测绘向信息化测绘转移，紧紧围绕信息化测绘的发展方向及构建“数字中国”地理空间基础框架建设的目标，制定和修订了一大批新的测绘技术标准，有效地解决了测绘各方面的急需，并为国家1:5万基础地理信息数据库建库和更新、西部测图等重大工程及时提供了标准化保障支撑服务，推动了重大工程的开展。

中国煤炭地质总局航测遥感局

领导班子

数据生产

中国煤炭地质总局航测遥感局[中煤地航测遥感局有限公司]隶属于国务院国资委管理的中国煤炭地质总局，是我国从事空间地球信息技术研究、开发与应用的高科技单位，具有完整的从数据采集、数据处理、数据分析、数据提取、信息系统研建、软件开发到信息发布的产业链，广泛服务于数字煤炭、数字石油、数字水利、数字交通、数字城市，是国家科学技术部批准的国家西部“3S”空间信息产业化基地，陕西省地理信息空间信息工程技术研究中心依托单位，并建有中国煤炭地质系统首家博士后研究工作站，是第21届国际摄影测量与遥感大会的金牌赞助商，获得了国家“AAA”企业信用等级认定。“煤航ARSC”已经成为国内外有重要影响力的品牌。

产业链完整：数据采集、数据处理、系统开发、制印输出，全产业链生产服务能力

设备技术先进：国际先进水平高档设备仪器1000余台（套），地理信息自主创新知识产权66项

专家人才云集：聚集各类技术人才1300余人，高级技术人员、教授级高工，享受政府特殊津贴、省部级突出贡献专家、国家百千万人才、部级拔尖人才180多人。

服务领域广泛：航空摄影、数字测绘、遥感应用、地理信息系统、地下管网、GPS导航定位。

市场成果丰硕：承担国家863、973、高技术产业专项等国家级重大科研项目10余项，完成全国95%煤炭矿区测绘，国内数十个大中城市基础测绘、土地管理等项目，参与全球十余个国家和地区的“数字地球”工程和国际合作。

地址：陕西省西安市建西街3号　邮编：710054
电话：029-87850478
传真：029-87850285-319
网址：http://www.arscmh.com
邮箱：mhyxc@arscmh.com

Is09001体系认证　　3A信用认证

甲级测绘资质证书

固体矿产遥感勘查资质

计算机系统集成资质

高新企业证书

甘肃省基础地理信息中心

中心主任　王有弢

甘肃省基础地理信息中心是隶属于甘肃省测绘局的全国甲级测绘资质单位，其职责和业务范围是：管理全省基础测绘、航摄遥感和测绘科技档案资料；建立和更新基础地理信息数据库，向政府部门和全社会提供基础地理信息数据；组织全省测绘成果编目、现势资料分析、测绘资料提供和分发、深加工服务；承担涉密基础测绘资料的加密解密技术处理、涉密测绘成果的跟踪监督工作；承担政府地理信息系统和全省重大地理信息系统专题的开发服务；承担全省行政挂图、专题地图、各类公开版地图的编制；承担地图和地理信息系统技术培训，开展测绘工程技术服务。

多年来，为各行业提供了大量大地测量成果、地形图、地图（集）、航空摄影资料以及基础地理信息数据，取得了明显的社会效益；同时积极应用测绘成果开发研制电子地图和专题地图产品、地理信息系统以及互联网地图服务，开展测绘工程技术服务。近年完成的项目先后获得省部级科技进步二等奖2项、三等奖4项，中国测绘学会优秀工程银奖1项，甘肃省测绘学会科技进步一、二、三等奖多项。

甘肃省基础地理信息中心以为国家经济发展提供测绘保障和地理信息服务为宗旨，坚持“精湛技术、精美地图、精细管理、精心服务”的质量方针，开拓创新，主动服务，努力为促进全省经济社会又快又好发展做出新贡献。

甘肃省政务地理信息平台

地图集产品

甘肃省基础地理信息数据库系统

甘南黄河水源补给与生态保护地理信息系统

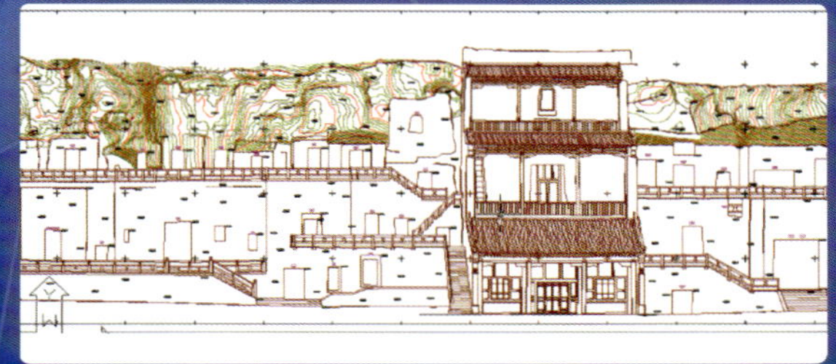

敦煌莫高窟文物保护测绘工程

统 计 资 料

一、综合

表1　2002－2010年测绘产值（服

单　位	2002年		2003年		2004年		2005年	
	产　值（万元）	生产率（元/人）	服务总值（万元）	生产率（元/人）	服务总值（万元）	生产率（元/人）	服务总值（万元）	生产率（元/人）
合计/平均值	**167418**	**83454**	**188786**	**92461**	**224789**	**110023**	**244631**	**116214**
北　京	14933	190715	7836	96502	11000	132850	11826	140786
天　津	5020	104149	9177	155017	10190	172128	8437	168068
河　北	2812	42477	3483	51908	4001	59186	4438	66437
山　西	2503	43007	2944	53625	3940	72828	4468	84461
内蒙古	1879	33494	2091	34677	1992	32026	2588	41408
辽　宁	3096	49299	3442	54205	4576	67195	5561	79557
吉　林	2750	37263	2673	36171	2568	34516	4327	58631
黑龙江	9618	75613	11128	86734	14008	96143	17461	112870
上　海	5862	138255	6535	157091	6763	168234	6998	175388
江　苏	3378	39052	4300	50234	4963	84983	5660	96918
浙　江	4007	75461	4738	90593	5062	97534	5485	109046
安　徽	1356	28133	1885	39189	2528	51697	3115	63701
福　建	2517	44866	3515	63106	4623	88225	4976	111320
江　西	899	16495	1687	30785	2123	38670	2638	49125
山　东	1847	26161	1868	26496	2235	32916	4647	71273
河　南	2012	32609	2900	47541	3233	53704	4445	73472
湖　北	1852	40614	2502	54156	3219	69226	3795	100132
湖　南	2974	41021	4235	56693	5110	69336	6120	79173
广　东	5971	83745	7456	82387	7261	78075	6075	67276
广　西	3432	44921	4614	59844	5817	74974	7022	90959
海　南	975	65000	1108	55678	1633	72257	1869	74167
重　庆	3700	178744	5346	253365	5960	273394	6300	283784
四　川	10238	83644	11053	91498	12718	104161	14374	116483
贵　州	1188	19069	1492	23910	1768	37005	2096	34026
云　南	2556	49922	2593	55406	2818	64338	3041	65539
西　藏	209	50976	183	48158	97	26944	54	15000
陕　西	9240	60274	11447	72726	12276	78592	13447	65467
甘　肃	1378	28412	1313	26633	1962	40123	3118	64156
青　海	1412	38685	2088	44903	2258	47738	2427	53458
宁　夏	1127	40540	551	21274	350	13410	680	25955
新　疆	1606	28425	1821	32518	2129	37615	2435	42056
重庆测绘院								
中国地图出版集团	45000	933610	47525	996331	55295	1130777	63281	1315613
地图出版社	45000	933610	47525	996331	55295	1130777	63281	1315613
测绘出版社								
中华地图学社								
测绘研究院	4479	196447	6062	255781	6854	243050	2844	99094
地理信息中心	2103	159318	3888	277714	3595	247931	4274	296806
卫星应用中心								

注：1. 2002年执行国家测绘局印发的《测绘统计指标体系》中测绘产值核算方法，2003年及以后执行国家测绘局批准的测绘服务总值核算方法。2. 2002－2006年生产率是指按年末职工总数计算的人均测绘产值（服务总值），2007－2010年

情况

务总值）及劳动生产率情况

2006 年		2007 年		2008 年		2009 年		2010 年	
服务总值（万元）	生产率（元/人）	服务总值（万元）	生产率（元/人）	服务总值（万元）	生产率（元/人）	服务总值（万元）	生产率（元/人）	服务总值（万元）	生产率（元/人）
278516	**132500**	**309284**	**131415**	**367734**	**154816**	**450701**	**187207**	**507412**	**212191**
16000	188235	20000	233918	21967	255728	24000	278746	25200	284104
8799	176687	9408	177177	9607	188376	16638	271419	17470	278183
5635	85121	6048	91641	7652	116293	10115	153018	12975	199303
4377	77606	4805	80486	7906	126292	12666	187096	15853	226144
4090	60503	5280	80239	5979	88966	10425	154437	9031	133596
6404	96156	4878	71837	4638	66448	3347	47809	3331	47928
4153	56890	5302	77510	6996	103187	11474	175436	17300	269897
20277	137007	25018	109200	28287	127649	25892	117744	26447	118489
10878	276794	8931	228412	12254	317448	14006	374492	15060	402679
7436	109838	8296	145544	9799	170424	11359	201039	11904	213341
6456	131220	7063	109339	9814	139597	11914	164787	16305	215676
4025	81313	4110	75135	5533	106813	6554	116204	9427	162541
5264	120183	5537	99594	7255	134592	8435	194346	10351	249422
3137	57140	4406	82655	5638	105970	6158	112777	7781	137477
6657	127529	10056	110868	7239	110183	10416	159998	14173	269954
5755	91204	6391	101936	7041	83924	8287	101681	9022	127612
4447	95841	5852	127499	8165	166301	10198	203966	12270	288033
7181	96132	9748	115225	10270	127897	12083	161107	13400	181323
7843	84606	7603	82549	9071	107985	9773	108705	9179	126787
7542	100159	9590	88220	12650	103266	17721	155176	16986	153161
2179	83808	2645	96872	3905	126385	4324	146091	4548	144834
10830	347107	10480	183538	13030	234353	18711	262426	20700	270942
13798	129925	16458	104295	18649	109572	22845	140846	25700	156041
3079	39324	2952	54359	4497	64986	10510	146372	12047	150961
4320	90000	4937	99340	5585	109721	7299	143687	8915	172443
73	19211	641	173243	455	108310	1475	342977	199	40510
15975	76509	17974	96685	21676	119890	27746	140698	25443	127152
3204	65656	5169	104432	6325	140560	8854	189186	7839	170039
3948	96293	5589	134682	6946	179015	6221	130426	9533	211375
400	15326	812	30875	1181	43415	2087	81851	2599	109662
2575	44397	3332	58150	5112	86355	5520	91701	9412	161158
2507	124726	3268	100248	4508	125571	6009	166917	6710	167750
56030	1234141	44750	898594	55241	1074728	63145	1221373	63083	1188006
56030	1234141	44750	898594	55241	1074728	58600	1422330	57343	1362067
						2008	299701	3038	427887
						2537	667553	2702	692846
6551	218367	11167	267146	13027	336618	15250	408850	21003	549822
3252	225833	4959	344375	3375	228041	6712	453541	6961	480076
								1473	350714

生产率是指按年平均从业人员总数计算的人均测绘服务总值，2008－2010 年北京、天津、内蒙古、安徽、山东、湖南、广东、重庆、贵州未包括厅（局、委）机关人员数，2010 年宁夏未包括厅机关人员数。

表2 1991－2010年测绘生产完成情况

年份	测图总数（幅）	地图数字化（幅）	地图编制（幅）		航空摄影（平方公里）
			地形图	专题地图	
1991	23049		1818	7437	189148
1992	32584		711	3201	260832
1993	42385		943	9966	696513
1994	62777		3098	2957	343130
1995	80430	9919	1139	1691	278988
1996	89151	17101	380	3194	136037
1997	55419	25314	2999	－	8487
1998	29549	32826	1671	225	489292
1999	85756	69408	6138	1391914	573733
2000	121840	78560	4104	1243775	369250
2001	128816	60459	2867	3327	829220
2002	173816	91434	8980	3568	497795
2003	228913	59137	2731	2443	730368
2004	293358	65970	15179	2858	1198351
2005	492554	47272	4185	2530	600044
2006	399330	19906	12626	2845	977441
2007	581000	20664	17203	3960	791088
2008	542059	38114	10213	4110	1060159
2009	908401	22847	14852	5312	1145482
2010	771571	36539	38345	43556	952250
“八五”时期	**241225**	**－**	**7709**	**25252**	**1768611**
“九五”时期	**381715**	**223209**	**15292**	**－**	**1576799**
“十五”时期	**1317457**	**324272**	**33942**	**14726**	**3855778**
“十一五”时期	**3202361**	**138070**	**93239**	**59783**	**4926420**

表 3　1974－2010 年测绘成果提供情况

年　份	地形图（万张）	大地成果（万点）	航摄成果（万片）
1974	33.0	4.6	2.0
1975	71.7	10.4	5.9
1976	109.5	14.5	23.1
1977	108.3	35.4	47.1
1978	207.8	29.4	68.1
1979	349.4	35.8	122.8
1980	215.1	58.6	172.7
1981	189.6	73.2	142.7
1982	284.8	56.0	150.1
1983	238.7	86.6	134.4
1984	211.8	46.1	149.9
1985	165.9	32.1	84.4
1986	291.2	17.5	71.9
1987	131.7	15.6	71.6
1988	132.3	27.0	72.0
1989	120.2	10.2	59.4
1990	122.3	9.2	40.8
1991	118.1	9.0	40.7
1992	160.2	9.0	25.7
1993	130.1	5.4	6.8
1994	58.1	4.1	5.2
1995	58.3	3.9	6.9
1996	62.4	3.6	6.3
1997	62.4	4.5	10.1
1998	43.1	5.6	15.6
1999	69.2	4.7	10.1
2000	102.4	5.4	12.8
2001	80.7	5.4	37.2
2002	69.6	6.6	30.3
2003	69.4	14.8	44.7
2004	79.6	10.1	37.8
2005	65.9	7.1	35.2
2006	61.4	15.2	52.5
2007	62.9	15.3	36.2
2008	52.3	17.8	46.1
2009	46.5	28.3	70.4
2010	39.5	26.0	63.2
“七五”时期	**797.7**	**79.5**	**315.7**
“八五”时期	**524.8**	**31.4**	**85.3**
“九五”时期	**339.5**	**23.8**	**54.9**
“十五”时期	**365.2**	**44.0**	**185.2**
“十一五”时期	**262.6**	**102.6**	**268.4**

注：1997、1998 年航摄成果含像片图。

表4　1974－2010年地图、测绘图书出版情况

年份	品种（种）	总印数（万幅/万册）	总定价（万元）
1974	47	3242	563
1975	65	4753	599
1976	76	2690	633
1977	75	2829	818
1978	80	5553	894
1979	117	5171	1566
1980	178	4373	1277
1981	256	4073	1748
1982	211	4069	1692
1983	189	4625	1946
1984	254	5957	3028
1985	262	7895	5274
1986	257	6450	3294
1987	269	8180	4143
1988	364	7877	5305
1989	369	7844	7038
1990	426	10655	9938
1991	611	12543	11119
1992	699	18340	19778
1993	936	16969	23209
1994	970	16712	26992
1995	1027	19793	41708
1996	1264	28718	62149
1997	1429	27602	66819
1998	1584	27914	84501
1999	1847	28604	87377
2000	1621	14800	62453
2001	1586	10818	57996
2002	1947	18432	68063
2003	2040	12587	70093
2004	2297	16241	84872
2005	2266	17657	93139
2006	2433	14963	79591
2007	2331	13199	67724
2008	2291	14297	70730
2009	2519	14626	85427
2010	2917	13762	84090
“七五”时期	**1685**	**40934**	**29718**
“八五”时期	**4243**	**84357**	**122806**
“九五”时期	**7745**	**127638**	**363299**
“十五”时期	**10136**	**75735**	**374163**
“十一五”时期	**12491**	**70847**	**387562**

表5　1974－2010年测绘事业费、固定资产情况

计量单位：万元

年　份	事业费预　算	事业费支　出	#测　绘事业费	#教　育事业费	#科　学事业费	预算外收　入	固定资产原　　值
1974		873.1	757.7	85.4	30.0		801.5
1975	2405.0	2187.6	2014.2	124.0	49.4	6.8	5182.1
1976	3682.5	3549.8	3323.1	153.0	73.7	14.8	9675.2
1977	4148.9	3801.0	3538.4	154.6	108.0	21.3	10511.0
1978	4750.5	4291.6	3923.0	243.9	124.7	41.5	12903.7
1979	5330.3	5170.7	4643.8	338.8	188.3	155.5	17289.2
1980	5770.7	5400.3	4809.0	341.3	250.0	706.3	19975.9
1981	5615.5	5406.6	4772.7	433.1	200.7	800.1	21647.7
1982	5926.2	5517.5	4853.0	444.4	220.1	1012.9	23710.0
1983	6688.9	6341.2	5510.2	593.0	238.0	1189.9	27245.0
1984	7073.5	7110.5	6144.3	582.1	384.1	1856.6	25929.5
1985	9525.4	9871.2	8641.3	679.6	550.3	3025.1	26024.9
1986	8012.7	9946.0	9044.9	778.3	122.8	1382.5	42639.5
1987	9773.9	10047.9	9188.8	714.1	145.0	4271.5	45005.1
1988	12837.4	12286.1	11282.1	859.0	145.0	4740.0	46754.0
1989	14288.3	14014.5	12928.7	892.8	193.0	5393.0	49717.2
1990	13793.5	14084.2	12816.4	1047.4	220.4	6670.8	57038.3
1991	14754.3	15887.0	14588.0	1050.3	246.0	6926.2	61954.2
1992	18359.0	16470.0	14784.0	1409.0	277.0	12254.0	67331.9
1993	19321.0	29026.0	26270.0	1710.0	1046.0	19519.0	80029.0
1994	29052.5	43189.2	39540.2	2570.0	1079.0	22546.4	88903.8
1995	29718.0	42573.0	38930.0	2703.3	940.0	22910.0	90060.5
1996	36368	38769	34064	3224	1481	40178	109581
1997	43618	64583	55833	6799	1951	36543	97119
1998	106330	98085	86824	9348	1913	3092（中央财政）	144191
1999	121677	118960	104818	12639	1503	4137（中央财政）	167167
2000	119879	110859	102385		4138	1098（行政单位预算外资金）	151529
2001	146178	139722	129976		4533	3063	172047
2002	206412	199246	184073		5212	59（中央财政）	189078
2003	195828	190137	173548		7904	462（中央财政）	222907
2004	227936	220367	203534		9985	5044	234932
2005	83162（中央财政）	84338（中央财政）	69043（中央财政）		8154（中央财政）	–	248268
2006	296654	287732	271999		7618	–	267458
2007	394790	368689	114960		7544		277991
2008	475260	432025	134760		8871		298127
2009	666284	584043	213944		18197		341041
2010	599580	562044	149474		14908		371572
“八五”时期	**111205**	**147145**	**134112**	**9445**	**3588**	**84156**	–
“九五”时期	–	–	**383924**	**32010**	**10986**	–	–
“十五”时期	–	–	–	–	–	–	
“十一五”时期	**2432568**	**2234533**	**885137**	–	**57138**	–	–

注：1. 1974－1983年、1988－1989年的预算外收入只包括省、自治区、直辖市测绘局（院）。2. 1987年以前的资料不包括国家局机关。3. 1997年固定资产原值缺测绘科大和各出版单位，1998－2002年固定资产原值缺各新闻出版单位。4. 1998－2010年事业费预算均指收入合计，事业费支出均指事业支出合计。

表6 1975－2010年仪

年 份	设 备 总金额 （万元）	大地测量仪器（台/套）			
		总 数	#经纬仪	#水准仪	#测距仪
1975	4470.5		2124	2583	6
1976	6307.4		2606	3235	9
1977	7844.8		2963	3608	17
1978	9339.1		3177	3775	29
1979	10460.3		3198	3695	58
1980	11359.2		3080	3395	69
1981	12044.1		3015	3148	83
1982	12673.4		3149	3053	89
1983	15291.5		3190	2874	109
1984	13547.8		2721	2449	137
1985	16586.4		2996	2538	185
1986			3426	2670	316
1987	27348.0	7611	3215	2532	328
1988	29397.2	7787	3304	2463	362
1989	31444.4	7814	3262	2432	395
1990	35786.5	7596	3143	2355	408
1991	36332.0	11892	3065	2280	454
1992	37941.0	12441	2977	2190	508
1993	42622.7	12830	2771	2102	551
1994	49277.1	11123	2826	2102	609
1995	55482.1	9351	2843	2070	642
1996	61376.1	9241	2736	2039	632
1997	72399.3	9394	2764	2046	635
1998	83424.4	9010	2608	1989	638
1999	94664.9	8869	2510	1946	1196
2000	100473.6	9058	2558	1966	615
2001	96443.2	5738	1291	1070	375
2002	116794.7	5713	1157	1031	356
2003	129079.5	6000	1185	1061	367
2004	141793.8	5932	1090	1078	452
2005	151876.0	6182	1024	1168	478
2006	169858.4	6201	915	1150	541
2007	180879.3	5694	694	1076	559
2008	197647.1	5974	571	1122	587
2009	218035.9	6307	510	1196	708
2010	243714.1	6933	472	1332	962

注：1997－2010年计算机的数量为数字电子计算机的数量。

器、设备拥有情况

航测光谱遥感仪器（台/套）			印刷设备（台/套）			汽车（辆）	计算机（台）
总数	#精密测图仪	#解析测图仪	总数	#平版印刷机	#复照仪		
	38			19	17	366	
	74			32	29	609	
	96			39	37	754	
	107			43	40	922	
	134			51	46	1128	
	149			49	49	1200	
	161			53	49	1253	
	175			57	49	1246	
	192			60	50	1240	79
	180			52	37	1065	105
	214			60	46	1219	134
	224			61	43	1369	131
1259	225	16	529	81	46	1183	305
1268	233	18	572	87	48	1210	333
1261	241	25	596	97	51	1198	467
1187	241	38	773	90	57	1200	500
1586	245	44	1408	93	60	1212	654
1753	229	53	1592	95	64	1192	800
1782	218	60	1609	98	66	1159	1223
1460	247	61	1252	114	58	1126	1861
1479	258	61	1253	109	56	1095	2512
1574	254	64	1270	111	55	1074	3181
1624	249	69	1277	112	50	1185	4449
1574	201	90	1236	118	50	1099	6582
1687	191	87	1092	224	46	1161	8057
1741	183	91	1070	224	45	1164	9296
716	90	60	629	138	14	940	9758
678	70	57	598	137	10	1045	12623
575	70	44	592	137	8	1183	14750
521	64	48	547	129	7	1257	17187
449	59	44	523	122	5	1425	19125
393	49	43	517	120	4	1582	21907
354	42	28	405	96	1	1633	24528
254	8	14	406	94	1	1742	27669
287	8	10	349	76	10	1837	30569
371	21	11	304	58	2	1913	33585

表 7 1974 -2010 年从业人员情况

年份	从业人员			
	年末数（人）		年平均数（人）	
	数量	较上年增减%	数量	较上年增减%
1974	6786		3240	
1975	17051	151.3	9512	193.6
1976	20358	19.4	17769	86.8
1977	21513	5.7	20286	14.2
1978	23174	7.7	21707	7.0
1979	24609	6.2	24364	12.2
1980	25337	3.0	25246	3.6
1981	25872	2.1	25732	1.9
1982	26620	2.9	26471	2.9
1983	26920	1.1	26850	1.4
1984	26867	-0.2	26841	-0.03
1985	26772	-0.4	26781	-0.2
1986	27483	2.7	27481	2.6
1987	27511	0.1	27335	-0.5
1988	27299	0.8	27283	-0.2
1989	27114	-0.7	27122	-0.6
1990	27125	0.1	27040	-0.3
1991	26923	-0.7	26827	-0.8
1992	26968	0.2	26823	0.0
1993	26179	-2.9	26272	-2.1
1994	26288	0.4	26252	-0.1
1995	25449	-3.2	25808	-1.7
1996	25732	1.1	25681	-0.5
1997	25149	-2.3	25335	-1.3
1998	24116	-4.1	24291	-4.1
1999	24216	0.4	24169	-0.5
2000	21023	-13.2	21239	-12.1
2001	21000	-0.1	20974	-1.2
2002	21758	3.6	21756	3.7
2003	21829	0.3	22020	1.2
2004	22393	0.3	22398	1.7
2005	22455	0.3	22525	0.6
2006	23209	3.4	23032	2.3
2007	23913	3.0	23788	3.3
2008	24521	2.5	24339	2.3
2009	24726	0.8	24719	1.6
2010	25076	1.4	24971	1.0

注：1. 1974 -1983 年的统计数字未包括国家局机关的数字。2. 1998、1999 年贵州省测绘局未报，2000 年湖南省测绘局未报。

二、测绘生产

表 8 2010 年大地测量情况

单 位	GPS 测量（点）	三角测量（点）	导线测量（点）	基线测量（条）	水准测量（公里）	重力测量（点）
总 计	**47019**	**280**	**14139**	**23**	**158384**	**133**
北 京	1586		156		3227	
天 津	3121				5435	
河 北	4468				2988	
山 西	968				1380	
内蒙古					1000	
辽 宁	1200				2040	
吉 林					100	
黑龙江	449				8934	
上 海						
江 苏	60				4627	
浙 江	4205				2460	
安 徽	7680				2560	
福 建	342				2085	
江 西	1009				2022	
山 东	1064				2336	
河 南	3907				59200	
湖 北	2085				7270	
湖 南	695				3000	
广 东	99				5093	
广 西	3475				1238	
海 南	1010				1800	
重 庆	214				2122	
四 川	925				18133	
贵 州	1988	280	13535		265	
云 南	358				1536	
西 藏	33				520	
陕 西	1486			23	8919	133
甘 肃	426				1058	
青 海	1006				704	
宁 夏	665		30		410	
新 疆	1425		418		3838	
重庆测绘院	918				1668	
中国地图出版集团						
地图出版社						
测绘出版社						
中华地图学社						
测绘研究院	112				416	
地理信息中心	40					
卫星应用中心						

表 9　2010 年数字

单　位	数字线划地图（DLG）							数字	
		#1:5 万	#1:1 万	#1:5000	#1:2000	#1:1000	#1:500		1:5 万
总　计	**402125**	**14396**	**54383**	**2121**	**69956**	**41746**	**105582**	**83967**	**1442**
北　京	19599				3442	448	15709		
天　津	14222				6252		7970		
河　北	16876		1946	70	193	1081	13586	10606	
山　西	7326	50	2431		2165		2680	3821	
内蒙古	1779		1305	62	255	157		1611	
辽　宁	18555	24	2637	324	7963	1491	6116	9121	
吉　林	4343	372	2473	32	124	1342		870	
黑龙江	131157	6079	3255		5863	1713	4624	22368	114
上　海	39321	17	160		6060	12710	20374		
江　苏	5774		1344		216	1798	2416	2443	
浙　江	7363		1819	141	1625		3778	1566	
安　徽	16181	47	562	332	3276	9389	974	955	
福　建	499	20	168	311					
江　西	5784	3	1993		917	2558	312	2305	
山　东	7566		73	35	567	1100	5791		
河　南	8315	20	3386	146	211	3167	1380	728	
湖　北	4937		931		1616	1210	1180	1248	
湖　南	9109	86	2989	8	1881	920	2955	1589	
广　东	8617		3636		47		4934	2582	
广　西	4692		2521	17	2154				
海　南	2187	62	105					36	
重　庆	16268	68			16200			2804	
四　川	10810	665	5623	214	2106		2202	9589	188
贵　州	2428		521	150	77		1680	720	
云　南	1965	23	1270	7			624	1267	23
西　藏	55						55		
陕　西	22423	6063	9718	68	3861	1458	977	2103	769
甘　肃	1849	200	1614		35			2773	86
青　海	569		101			468		101	
宁　夏	1034		326		160		448	326	
新　疆	3599	203	1347	172	695	156	1026	1525	203
重庆测绘院	4056	393	77		1850	36	1700	199	59
中国地图出版集团									
地图出版社									
测绘出版社									
中华地图学社									
测绘研究院	2867	1	52	32	145	544	2091	711	
地理信息中心									
卫星应用中心									

成果生产情况

计量单位：幅

高程模型（DEM）					数字正射影像（DOM）				
#1:1万	#1:5000	#1:2000	#1:1000	#1:500		航片	#1:1万	卫片	#1:1万
32402	**253**	**16919**	**2533**	**8937**	**184396**	**148365**	**28175**	**36031**	**10650**
					12808	12808			
2139				8467	10666	10666	2139		
3821					5860	5860	2218		
1611					1305	1305	1305		
806		8229	86		8839	5464	524	3375	
870					616			616	616
573		290			49812	48624	865	1188	288
2443					2681	2561	784	120	
1332	125	109			2885	2885	1320		
562		100	203		1741	1741	562		
					1195	1195			
1993				312	2305	2305	1993		
124		604			2864	1176	74	1688	300
788		140	320		1467	1467	937		
667		922			5277	5277	3013		
2582					1339	1339	1339		
					2129	2129	926		
36					853	779	223	74	
		2804			15274	15274			
5623	128	3650			11157	6053	2262	5104	3661
660		60			731	674	464	57	57
1244					1293	1293	1270		
183			1034	117	9611	7801	1553	1810	
2467			220		3272	3182	2467	90	
101					176	123	48	53	53
326					747	575	575	172	
1322					1536	1233	1233	303	100
77		11	11	41	1201	1093	77	108	
52			659		24756	3483	4	21273	5575

表 10 2010 年非数字摄影测量情况

计量单位：幅

单位	地形图						正射影像图				
		#1:5 万	#1:1 万	#1:2000	#1:1000	#1:500		#1:5 万	#1:1 万	#1:500	#1:2000
总 计	**72640**	**1530**	**4325**	**5156**	**20961**	**39950**	**28443**	**2302**	**4669**		**20383**
北 京	313			40	45	228					
天 津	2678			1045		1633	26		1		25
河 北	751			69	28	654	865		865		
山 西	150			30		120					
内蒙古											
辽 宁	748				60	688					
吉 林	2294		1268		756	270					
黑龙江							2				
上 海	35617			2533	12710	20374					
江 苏											
浙 江	1469	67				1402	21565		1819		19746
安 徽	6342			20	3830	1972	160				
福 建	3644			188		3456					
江 西											
山 东							1791		1621		
河 南	2279		32	54	1800	393					
湖 北											
湖 南	51				21	30	610				610
广 东											
广 西	4943				95	4848					
海 南	1000				500	500					
重 庆											
四 川	944		944								
贵 州	1941			145	220	1576	300		300		
云 南	755	50	705								
西 藏	55					55					
陕 西	3549	1413	1376	653		107	2216	2214			2
甘 肃											
青 海	2682			145	896	1443					
宁 夏											
新 疆											
重庆测绘院	435			234		201	151	88	63		
中国地图出版集团											
中国地图社											
测绘出版社											
中华地图学社											
测绘研究院							756				
地理信息中心											
卫星应用中心							1				

表 11 2010 年地图编制情况

单 位	地 形 图 （幅）							专题地图		地图集（册）
		#1:5 万	#1:1 万	#1:5000	#1:2000	#1:1000	#1:500	幅	册	
总 计	**38345**	**1784**	**6429**	**646**	**17237**	**3168**	**7292**	**42302**	**119**	**541**
北 京								118		8
天 津	12676		687		11989			47	3	
河 北								607		2
山 西								183		2
内蒙古	850		30	100	720			25		3
辽 宁	6201	120	2067	93	59	431	3431	2011		1
吉 林	195		195					136		1
黑龙江	80						80	386	1	3
上 海	3704	17	160		3527			18		1
江 苏	49			49				14		3
浙 江								25071		5
安 徽								66		1
福 建	100							276		3
江 西	58	58						66		1
山 东								276	14	14
河 南	4097		1062	181	616	1893	345	156		9
湖 北										18
湖 南	3912	44		51	170	844	2533	2042	40	184
广 东								61		30
广 西	277				63		214	1667		6
海 南	201							270		2
重 庆								1757		6
四 川	944		944					562	7	78
贵 州								138		6
云 南	1677	464						882	1	1
西 藏								20		
陕 西	499	499						103	49	13
甘 肃	177	126	16		35			4205		3
青 海	53		53					113		2
宁 夏	165						165	28	1	1
新 疆	1932	169	1064	172			524	43	3	3
重庆测绘院	430	221	151		58			500		1
中国地图出版集团	2							135		128
地图出版社	2							135		78
测绘出版社										40
中华地图学社										10
测绘研究院	66	66						120		
地理信息中心								200		2
卫星应用中心										

表 12　2010 年地图数字化情况

计量单位：幅

单位	数字线划地图（DLG）			数字高程模型（DEM）			数字栅格地图（DRG）		
		#1:5 万	#1:1 万		#1:5 万	#1:1 万		#1:5 万	#1:1 万
总　计	**23573**	**1088**	**4366**	**1270**		**790**	**11696**	**3071**	**8625**
北　京	250								
天　津	12676		687						
河　北									
山　西							250	250	
内蒙古									
辽　宁	576		576				1876		1876
吉　林									
黑龙江							695	695	
上　海									
江　苏									
浙　江									
安　徽									
福　建									
江　西	4013		566	566		566			
山　东									
河　南	3443		1125	554		74			
湖　北									
湖　南									
广　东							6599		6599
广　西	195		195						
海　南	963	6	957						
重　庆	79								
四　川									
贵　州	120		120						
云　南	140		140	140		140	140		140
西　藏									
陕　西	1099	1063					2126	2126	
甘　肃									
青　海									
宁　夏									
新　疆									
重庆测绘院	19	19		10		10	10		10
中国地图出版集团									
地图出版社									
测绘出版社									
中华地图学社									
测绘研究院									
地理信息中心									
卫星应用中心									

表 13 2010 年专题数字产品及数据库建库情况

单 位	专题数字产品		数据库建库			
			新建数据库		更新数据库	
	图幅数（幅）	数据量（MB）	图幅数（幅）	数据量（MB）	图幅数（幅）	数据量（MB）
总 计	**43530**	**4213391**	**168967**	**13825700**	**148312**	**31161667**
北 京	800	250			12870	7710
天 津			687	2040	11989	14000
河 北	1207	1720370	8058	372245	9598	27519385
山 西			788	2000	641	256400
内蒙古			4055	54767	661	365
辽 宁	142	39044	1092	911	333	1998
吉 林	155	5470			5127	60498
黑龙江	9	465	4611	295936		
上 海					48674	39321
江 苏			1800	77411	3244	180627
浙 江	278	15775	1277	3831	8033	420458
安 徽			4621	29937	7729	31786
福 建	20	16000	231	2310	168	5880
江 西	15	2999	2946	40000		
山 东	12	480	9340	1561502	596	10940
河 南	161	890	11091	22320	1548	12384
湖 北			449	4253	298	4099
湖 南	452	6360	5234	104625	3473	39160
广 东	18083	854300	26796	42170	7505	378440
广 西	994	120249	6894	140141		
海 南	125	16346	625	3553		
重 庆			18963	66096	9165	36660
四 川	5342	92476	10119	349674	154	3080
贵 州	361	1340	1602	4889		
云 南	28	200	4629	167961		
西 藏						
陕 西	752	5295	1626	31186	480	51246
甘 肃	4315	20519	5768	159666	384	31872
青 海	1213	290838	1492	152124	2990	548358
宁 夏	28	840	537	11064		
新 疆	65	2885	1547	1100		
重庆测绘院			464	117185	334	6680
中国地图出版集团						
地图出版社						
测绘出版社						
中华地图学社						
测绘研究院	8973	1000000	6625	4803	318	320
地理信息中心			25000	10000000	12000	1500000
卫星应用中心						

表 14 2010 年航空摄影情况

单位	航摄面积（平方公里）				**服务总值（万元）
	总数	黑白	*彩色	彩红外	
总计	**952250**	**388769**	**463481**	**228132**	**23105.8**
北京					
天津	12000		12000		2000.0
河北	912		912		151.6
山西	67186	876	66310		1545.0
内蒙古					
辽宁	1816	1816			151.4
吉林					
黑龙江	52218	47888	4330		1085.0
上海					
江苏					
浙江	58920		58920		1045.6
安徽	300		300		60.0
福建					
江西					
山东	682	187	495		108.5
河南	1138		1138		296.0
湖北	1850		1850		120.0
湖南	200		200		100.0
广东					
广西					
海南	223		223		98.0
重庆	4495		4495		1800.0
四川					
贵州					
云南	1490		1490		332.5
西藏					
陕西	20986	5339	15647		489.6
甘肃	6175		6175		292.6
青海	110		110		35.0
宁夏	28338	28030	308		25.0
新疆					
重庆测绘院	460		460		129.0
中国地图出版集团					
地图出版社					
测绘出版社					
中华地图学社					
测绘研究院	45668	18900	26768		5458.3
地理信息中心					
卫星应用中心					
***其他	710063	342809	267254	228132	9577.0

* 彩色包括真彩色、假彩色。 **经由国家统计局核算司确认的航摄服务总值核算原则为：以当年实际完成的航摄项目所对应的经费结算额度核计航摄服务总值。 ***其他指由国家测绘局组织实施完成的航摄项目，其他项中的面积总数为实测国土面积，黑白、彩色和彩红外中的重叠区域面积不重复计算，同时将机载雷达航摄面积计算在内。

表 15 2010 年界线测绘和工程测量情况

单位	界线测绘				工程测量			
	地籍测绘	房产测绘	境界测绘		图幅数（幅）	测量长度（公里）	面积（平方公里）	点数（点）
	面积（平方公里）	面积（万平方米）	测量长度（公里）	点数（点）				
总计	**53603.7**	**8825.8**	**3584.9**	**2120**	**72545**	**43516.5**	**46528.4**	**379293**
北京		114.3						
天津	261.0				1224	4494.0	80.6	8941
河北	3149.3				617	574.0	3291.6	
山西	28.0				2236	270.0	835.0	180
内蒙古	52.0				5076	1368.0	958.0	661
辽宁	369.5			5	1766	1414.4	150.0	10
吉林	140.9							
黑龙江	2298.7	169.8			6687	1511.1	2318.2	165097
上海								
江苏	10010.7				40	40.0	32.0	141
浙江	205.6						59.5	
安徽	99.0	420.0	195.4	110		30.0		23
福建	18.7	797.9				3659.7	4027.9	260
江西	3070.0				1272	1837.0	433.8	814
山东	347.4	1.1			3224	609.0	646.6	1002
河南	66.2				5965	139.0	62.0	172
湖北	25.0	355.0			300	850.0	95.0	50
湖南	555.0	3375.0	360.0	1690	1700	2270.0	986.6	1800
广东	85.0	170.0	200.0	15	1500	520.0	154.0	30800
广西	518.9	1075.2			2434	143.0	454.5	1068
海南	191.8	30.0	504.5		2730	1687.5	275.0	100
重庆		1500.0			18960	5374.0	780.0	
四川	1731.8	183.4	210.0		3298	10113.3	1051.3	
贵州	293.5	100.0	1795.0	300	1000	783.5	159.7	2800
云南	42.9				1782	236.9	1431.8	
西藏								
陕西	29710.0				2545	867.0	25522.0	2789
甘肃					540	298.5	1056.3	571
青海	130.3	430.2	320.0		3996	3202.6	1095.0	612
宁夏	120.0	100.0			165		145.0	90
新疆	50.5				2688	807.0	342.0	300
重庆测绘院	32.0	4.0			800	417.0	85.0	161012
中国地图出版集团								
地图出版社								
测绘出版社								
中华地图学社								
测绘研究院								
地理信息中心								
卫星应用中心								

表 16 2010 年软件和应用系统开发情况

单位	项目数量（项）					服务总值（万元）
		按服务对象分				
		政府机关	事业单位	企业单位	社会公众	
总计	**314**	**132**	**129**	**17**	**36**	**28384.5**
北京						
天津						
河北	3	3				85.0
山西	5	4	1			2100.0
内蒙古						
辽宁						
吉林	8	2	6			473.5
黑龙江	29	3	20	3	3	1816.9
上海	9	1	5		3	679.2
江苏	10	8	2			413.5
浙江	30	10	17		3	3717.6
安徽						
福建	12	7	4		1	650.0
江西	1		1			80.0
山东	9	8	1			1206.0
河南	16	7	4		5	226.0
湖北	19	3	14		2	1576.1
湖南	5	3			2	126.7
广东	4	4				272.4
广西	11	8	3			1171.8
海南	6	4	1		1	197.0
重庆	3		3			250.0
四川	21	8	11	1	1	1324.0
贵州	6	2	4			285.6
云南	9	4	1	4		768.4
西藏						
陕西	16	6	6	1	3	1424.4
甘肃	8	7	1			635.7
青海	8	2	4		2	205.0
宁夏	1		1			363.0
新疆	5	2	2		1	130.6
重庆测绘院	4	2	2			72.0
中国地图出版集团						
地图出版社						
测绘出版社						
中华地图学社						
测绘研究院	49	24	11	8	6	7161.1
地理信息中心						
卫星应用中心	7		4		3	973.0

表 17　2010 年实际完成测绘服务总值情况

计量单位：万元

单 位	总计	总计：完成投资总值	总计：完成投资总值：中央投资	总计：完成投资总值：地方投资	总计：完成经营总值	生产	生产：完成投资总值	生产：完成投资总值：中央投资	生产：完成投资总值：地方投资	生产：完成经营总值
总　计	**507412.4**	**356799.2**	**78878.0**	**277921.2**	**150613.2**	**341871.8**	**286031.0**	**54799.5**	**231231.5**	**55840.8**
北　京	25200.0	18360.0	2872.4	15487.6	6840.0	24521.5	17681.5	2872.4	14809.1	6840.0
天　津	17469.9	11006.0		11006.0	6463.9	15039.9	9006.0		9006.0	6033.9
河　北	12974.6	12974.6		12974.6		11946.0	11946.0		11946.0	
山　西	15852.7	14289.7	550.0	13739.7	1563.0	11729.2	10226.2	150.0	10076.2	1503.0
内蒙古	9031.1	9031.1	212.0	8819.1		8677.5	8677.5	212.0	8465.5	
辽　宁	3331.0	2627.2	283.1	2344.1	703.8	2918.3	2394.5	255.8	2138.7	523.8
吉　林	17300.4	17300.4	200.0	17100.4		16505.3	16505.3	200.0	16305.3	
黑龙江	26446.8	23331.1	12060.9	11270.2	3115.7	22432.7	20325.5	10763.8	9561.7	2107.2
上　海	15060.2	5295.0		5295.0	9765.2	11700.9	4643.0		4643.0	7057.9
江　苏	11904.4	11071.6	746.0	10325.6	832.8	10380.7	9982.1	746.0	9236.1	398.6
浙　江	16305.1	14965.8		14965.8	1339.3	9443.4	8814.1		8814.1	629.3
安　徽	9427.4	9265.9	46.6	9219.3	161.5	8236.5	8236.5	46.6	8189.9	
福　建	10351.0	8635.9	263.2	8372.7	1715.1	7463.9	6665.8	158.6	6507.2	798.1
江　西	7781.2	7374.9	252.0	7122.9	406.3	7242.7	6856.4	240.0	6616.4	386.3
山　东	14172.6	11746.7	266.3	11480.4	2425.9	9393.1	9184.2	266.3	8917.9	208.9
河　南	9022.2	6728.6	165.0	6563.6	2293.6	7931.0	5637.4	140.0	5497.4	2293.6
湖　北	12270.2	11844.6	720.9	11123.7	425.6	9947.3	9551.7	660.9	8890.8	395.6
湖　南	13399.8	11516.1	893.3	10622.8	1883.7	10562.3	9698.1	893.3	8804.8	864.2
广　东	9179.4	7619.4	328.0	7291.4	1560.0	7033.4	5848.4	323.0	5525.4	1185.0
广　西	16985.5	14068.9	284.1	13784.8	2916.6	14327.4	12371.8	284.1	12087.7	1955.6
海　南	4547.8	2978.9	1430.3	1548.6	1568.9	4089.9	2679.9	1259.1	1420.8	1410.0
重　庆	20700.0	4780.0		4780.0	15920.0	14560.0	3780.0		3780.0	10780.0
四　川	25700.0	22368.1	13507.9	8860.2	3331.9	22462.8	20760.9	12098.7	8662.2	1701.9
贵　州	12046.7	12046.7		12046.7		11103.4	11103.4		11103.4	
云　南	8915.3	7748.3	239.2	7509.1	1167.0	6387.2	6135.1	91.2	6043.9	252.1
西　藏	198.5	116.0		116.0	82.5	150.0	116.0		116.0	34.0
陕　西	25443.1	20241.9	13798.1	6443.8	5201.2	20752.2	19631.0	13326.7	6304.3	1121.2
甘　肃	7838.8	7548.3	577.9	6970.4	290.5	6311.2	6020.7	338.9	5681.8	290.5
青　海	9533.0	5880.7	1092.4	4788.3	3652.3	9104.2	5451.9	1053.4	4398.5	3652.3
宁　夏	2599.0	2106.0		2106.0	493.0	2198.0	1705.0		1705.0	493.0
新　疆	9411.6	9360.8	552.4	8808.4	50.8	4839.0	4788.2	332.8	4455.4	50.8
重庆测绘院	6710.0	3835.0	2314.0	1521.0	2875.0	6509.0	3835.0	2314.0	1521.0	2674.0
中国地图出版集团	63083.1				63083.1					
地图出版社	57343.0				57343.0					
测绘出版社	3038.0				3038.0					
中华地图学社	2702.1				2702.1					
测绘研究院	21003.2	13184.3	9671.3	3513.0	7818.9					
地理信息中心	6961.1	6303.0	6303.0		658.1	5971.9	5771.9	5771.9		200.0
卫星应用中心	1473.0	1465.0	1465.0		8.0					
*其　他	9577.0	9577.0	9577.0							

* 其他指由国家测绘局组织实施完成的航摄项目。

2010 年实际完成测绘服务总值情况（续一）

计量单位：万元

单位	印刷					航摄				
		完成投资总值			完成经营总值		完成投资总值			完成经营总值
			中央投资	地方投资				中央投资	地方投资	
总计	**3479.2**	**1225.2**	**373.0**	**852.2**	**2254.0**	**23105.8**	**21145.7**	**12607.3**	**8538.4**	**1960.1**
北京										
天津						2000.0	2000.0		2000.0	
河北	195.0	195.0		195.0		151.6	151.6		151.6	
山西						1545.0	1495.0		1495.0	50.0
内蒙古										
辽宁						151.4	151.4		151.4	
吉林										
黑龙江						1085.0	1085.0	545.0	540.0	
上海	1105.2	198.1		198.1	907.1					
江苏	108.2				108.2					
浙江						1045.6	1045.6		1045.6	
安徽						60.0	60.0		60.0	
福建										
江西										
山东	249.0	208.0		208.0	41.0	108.5	108.5		108.5	
河南	96.0	96.0		96.0		296.0	296.0		296.0	
湖北	60.0	60.0	60.0			120.0	90.0		90.0	30.0
湖南	36.7				36.7	100.0	100.0		100.0	
广东										
广西	160.0				160.0					
海南						98.0				98.0
重庆						1800.0	600.0		600.0	1200.0
四川	200.0	200.0	200.0							
贵州	90.0	90.0		90.0						
云南	76.8	65.1		65.1	11.7	332.5	332.5		332.5	
西藏										
陕西	1102.3	113.0	113.0		989.3	489.6	139.5		139.5	350.1
甘肃						292.6	292.6	145.0	147.6	
青海						35.0	35.0		35.0	
宁夏						25.0	25.0		25.0	
新疆										
重庆测绘院						129.0				129.0
中国地图出版集团										
地图出版社										
测绘出版社										
中华地图学社										
测绘研究院						5458.3	5355.3	4134.6	1220.7	103.0
地理信息中心										
卫星应用中心										
*其他						9577.0	9577.0	9577.0		

* 其他指由国家测绘局组织实施完成的航摄项目。

2010 年实际完成测绘服务总值情况（续二）

计量单位：万元

单 位	成果提供					软件和应用系统开发				
		完成投资总值			完成经营总值		完成投资总值			完成经营总值
			中央投资	地方投资				中央投资	地方投资	
总 计	**11013.9**	**7293.0**	**347.4**	**6945.6**	**3720.9**	**28384.5**	**21626.7**	**6568.7**	**15058.0**	**6757.8**
北 京	619.4	619.4		619.4						
天 津	430.0				430.0					
河 北	370.2	370.2		370.2		85.0	85.0		85.0	
山 西	115.0	115.0		115.0		2100.0	2100.0	400.0	1700.0	
内蒙古	193.6	193.6		193.6						
辽 宁	21.0				21.0					
吉 林	220.5	220.5		220.5		473.5	473.5		473.5	
黑龙江	103.7	103.7	103.7			1816.9	1816.9	648.4	1168.5	
上 海	918.2	257.1		257.1	661.1	679.2	63.8		63.8	615.4
江 苏	371.0	371.0		371.0		413.5	413.5		413.5	
浙 江	409.7	409.7		409.7		3717.6	3717.6		3717.6	
安 徽	475.0	475.0		475.0						
福 建	407.0	407.0		407.0		650.0	263.0		263.0	387.0
江 西	20.0				20.0	80.0	80.0		80.0	
山 东	100.0	100.0		100.0		1206.0	1206.0		1206.0	
河 南	473.2	473.2		473.2		226.0	226.0	25.0	201.0	
湖 北	139.4	139.4		139.4		1576.1	1576.1		1576.1	
湖 南	1120.0	802.0		802.0	318.0	126.7	126.7		126.7	
广 东	107.6	107.6	5.0	102.6		272.4	272.4		272.4	
广 西	513.9	235.6		235.6	278.3	1171.8	1171.8		1171.8	
海 南	5.5	5.5	5.5			197.0	161.5	38.5	123.0	35.5
重 庆	1190.0				1190.0	250.0				250.0
四 川	83.2	83.2	83.2			1324.0	1324.0	1126.0	198.0	
贵 州	226.1	226.1		226.1		285.6	285.6		285.6	
云 南	240.1	170.0		170.0	70.1	768.4	545.2	144.0	401.2	223.2
西 藏	48.5				48.5					
陕 西	225.8				225.8	1424.4	308.4	308.4		1116.0
甘 肃	258.2	258.2		258.2		635.7	635.7		635.7	
青 海	50.0	50.0		50.0		205.0	205.0		205.0	
宁 夏	13.0	13.0		13.0		363.0	363.0		363.0	
新 疆	937.0	937.0		937.0		130.6	130.6	100.6	30.0	
重庆测绘院						72.0				72.0
中国地图出版集团										
地图出版社										
测绘出版社										
中华地图学社										
测绘研究院						7161.1	3110.4	2812.8	297.6	4050.7
地理信息中心	608.1	150.0	150.0		458.1					
卫星应用中心						973.0	965.0	965.0		8.0

2010 年实际完成测绘服务总值情况（续三）

计量单位：万元

单位	质量监督检验					地图图书出版				
		完成投资总值			完成经营总值		完成投资总值			完成经营总值
			中央投资	地方投资				中央投资	地方投资	
总计	**5287.0**	**4334.0**	**1460.4**	**2873.6**	**953.0**	**69517.3**	**1313.4**		**1313.4**	**68203.9**
北京	47.8	47.8		47.8						
天津										
河北	186.8	186.8		186.8						
山西	150.0	150.0		150.0						
内蒙古	10.0	10.0		10.0						
辽宁	27.3	27.3	27.3							
吉林	78.6	78.6		78.6						
黑龙江						816.5				816.5
上海	348.5	96.5		96.5	252.0					
江苏	39.0	39.0		39.0						
浙江	860.0	265.0		265.0	595.0					
安徽	304.6	206.6		206.6	98.0					
福建	326.3	326.3		326.3		530.0				530.0
江西	352.5	352.5	12.0	340.5						
山东	100.0	100.0		100.0		1857.0				1857.0
河南										
湖北	49.0	49.0		49.0						
湖南	30.0	30.0		30.0		697.9	209.4		209.4	488.5
广东	75.0	75.0		75.0		1479.0	1104.0		1104.0	375.0
广西	5.0	5.0		5.0						
海南	88.4	88.4	83.6	4.8						
重庆						1100.0				1100.0
四川						750.0				750.0
贵州	126.3	126.3		126.3						
云南	110.0	102.0		102.0	8.0					
西藏										
陕西						980.8				980.8
甘肃	202.9	202.9	94.0	108.9						
青海	108.8	108.8	39.0	69.8						
宁夏										
新疆	308.6	308.6	47.0	261.6						
重庆测绘院										
中国地图出版集团						61306.1				61306.1
地图出版社						57343.0				57343.0
测绘出版社						1261.0				1261.0
中华地图学社						2702.1				2702.1
测绘研究院	1351.6	1351.6	1157.5	194.1						
地理信息中心										
卫星应用中心										

2010年实际完成测绘服务总值情况（续四）

计量单位：万元

单位	测绘仪器检定					其他				
		完成投资总值			完成经营总值		完成投资总值			完成经营总值
			中央投资	地方投资				中央投资	地方投资	
总计	**3809.3**	**2616.7**	**13.0**	**2603.7**	**1192.6**	**20943.6**	**11213.5**	**2708.7**	**8504.8**	**9730.1**
北京	11.3	11.3		11.3						
天津										
河北	40.0	40.0		40.0						
山西	90.0	90.0		90.0		123.5	113.5		113.5	10.0
内蒙古	150.0	150.0		150.0						
辽宁						213.0	54.0		54.0	159.0
吉林	22.5	22.5		22.5						
黑龙江	192.0				192.0					
上海	308.2	36.5		36.5	271.7					
江苏	266.0	266.0		266.0		326.0				326.0
浙江	268.0	244.0		244.0	24.0	560.8	469.8		469.8	91.0
安徽	145.0	145.0		145.0		206.3	142.8		142.8	63.5
福建	223.2	223.2		223.2		750.6	750.6	104.6	646.0	
江西	65.0	65.0		65.0		21.0	21.0		21.0	
山东	180.0	180.0		180.0		979.0	660.0		660.0	319.0
河南										
湖北	231.9	231.9		231.9		146.5	146.5		146.5	
湖南	171.8				171.8	554.4	549.9		549.9	4.5
广东	171.0	171.0		171.0		41.0	41.0		41.0	
广西	303.0	284.7		284.7	18.3	504.4				504.4
海南	13.0	13.0	13.0			56.0	30.6	30.6		25.4
重庆						1800.0	400.0		400.0	1400.0
四川						880.0				880.0
贵州	165.3	165.3		165.3		50.0	50.0		50.0	
云南	192.0	180.0		180.0	12.0	808.3	218.4	4.0	214.4	589.9
西藏										
陕西						468.0	50.0	50.0		418.0
甘肃	67.3	67.3		67.3		70.9	70.9		70.9	
青海	30.0	30.0		30.0						
宁夏										
新疆						3196.4	3196.4	72.0	3124.4	
重庆测绘院										
中国地图出版集团						1777.0				1777.0
地图出版社										
测绘出版社						1777.0				1777.0
中华地图学社										
测绘研究院	502.8				502.8	6529.4	3367.0	1566.4	1800.6	3162.4
地理信息中心						381.1	381.1	381.1		
卫星应用中心						500.0	500.0	500.0		

表 18　2010 年公开版地

出版单位	品　种（种）					总印张（千印张）				
	地　图			图　书	电　子地　图	地　图			图　书	电　子地　图
		新版	重版				新版	重版		
合　　计	**2009**	**608**	**1401**	**752**	**78**	**378968.9**	**40178.3**	**338790.6**	**34961.3**	
黑龙江	105	56	49	54		6569.4	2800.1	3769.3	2430.3	
福　　建	50	47	3	6		37.8	35.8	2.0	3.5	
山　　东	89	42	47	62		4743.0	1218.0	3525.0	2790.0	
湖　　南	144	40	104			700.0	194.0	506.0		
广　　东	91	8	83	5	4	6979.1	99.0	6880.1	10.3	
四　　川	204	37	167			6395.0	1150.0	5245.0		
陕　　西	136	66	70	94		6439.4	2154.9	4284.5	2079.4	
中国地图出版集团	1190	312	878	531	74	347105.2	32526.5	314578.7	27647.8	
地图出版社	1043	256	787	380	74	334463.3	27832.5	306630.8	21120.8	
测绘出版社	40	20	20	151		3203.0	2023.0	1180.0	6527.0	
中华地图学社	107	36	71			9438.9	2671.0	6767.9		

图、测绘图书出版情况

总印数（万幅/万册）				总定价（万元）				
	地 图		图 书		地 图		图 书	电 子 地 图
	新版	重版			新版	重版		
12988.4	**2547.8**	**10440.6**	**773.4**	**73639.2**	**13728.4**	**59910.8**	**10450.9**	
253.6	193.1	60.5	71.0	2248.5	1519.9	728.6	294.2	
1251.8	1181.0	70.8	95.0	592.2	552.2	40.0	78.0	
268.0	87.0	181.0	81.0	2724.0	609.0	2115.0	2480.0	
115.0	32.0	83.0		2000.0	555.0	1445.0		
202.7	8.0	194.7	4.3	4287.7	29.7	4258.0	1.2	
261.0	47.0	214.0		1913.0	125.0	1788.0		
223.4	100.8	122.6	15.1	3138.9	1687.7	1451.2	1122.3	
10412.9	898.9	9514	507	56734.9	8649.9	48085	6475.2	
10119.7	809.4	9310.3	349.0	52735.9	6468.2	46267.7	4607.2	
57.0	22.0	35.0	158.0	1167.0	699.0	468.0	1868.0	
236.2	67.5	168.7		2832.0	1482.7	1349.3		

表19　2010年测绘生产主要经济技术指标

单　位	测绘服务总值（万元）	*年平均从业人员（人）	全员劳动生产率（元/人）
总计/平均值	**507412.4**	**23986**	**211545**
北　京	25200.0	887	284104
天　津	17469.9	628	278183
河　北	12974.6	651	199303
山　西	15852.7	701	226144
内蒙古	9031.1	676	133596
辽　宁	3331.0	695	47928
吉　林	17300.4	641	269897
黑龙江	26446.8	2232	118489
上　海	15060.2	374	402679
江　苏	11904.4	558	213341
浙　江	16305.1	756	215676
安　徽	9427.4	580	162541
福　建	10351.0	415	249422
江　西	7781.2	566	137477
山　东	14172.6	525	269954
河　南	9022.2	707	127612
湖　北	12270.2	499	245896
湖　南	13399.8	739	181323
广　东	9179.4	724	126787
广　西	16985.5	1109	153161
海　南	4547.8	314	144834
重　庆	20700.0	764	270942
四　川	25700.0	1647	156041
贵　州	12046.7	798	150961
云　南	8915.3	517	172443
西　藏	198.5	49	40510
陕　西	25443.1	2001	127152
甘　肃	7838.8	461	170039
青　海	9533.0	451	211375
宁　夏	2599.0	237	109662
新　疆	9411.6	584	161158
重庆测绘院	6710.0	400	167750
中国地图出版集团	63083.1	531	1188006
地图出版社	57343.0	421	1362067
测绘出版社	3038.0	71	427887
中华地图学社	2702.1	39	692846
测绘研究院	21003.2	382	549822
地理信息中心	6961.1	145	480076
卫星应用中心	1473.0	42	350714

*该统计数据以各单位上报的《2010年测绘系统劳动工资统计年报》E01表的年平均从业人员总数为准，其中北京、天津、内蒙古、安徽、山东、湖南、广东、重庆、贵州、宁夏未包括厅（局、委）机关人员数。

三、测绘科技

表 20　2010 年测绘系统测绘科技研究情况

科技活动	研究项目数（项）		完成项目数（项）		经费内部支出（千元）	项目人员（人）		
		#新开项目数		#新开项目数		总数	#科学家和工程师	#客座人员
按活动类型　合计	**563**	**324**	**284**	**148**	**132142**	**2303**	**1748**	**205**
其中：								
测绘基础研究	50	33	24	8	10437	118	95	20
测绘应用研究	296	172	150	74	82423	1340	990	73
测绘技术开发	203	109	102	61	38266	781	605	109
测绘软科学研究	14	10	8	5	1016	64	58	3
按计划类型　合计	**563**	**324**	**284**	**148**	**132142**	**2303**	**1748**	**205**
其中：								
国家计划	78	34	22	3	31140	316	210	40
部门计划	149	61	46	25	25132	645	538	70
#国家测绘局计划	91	38	26	9	18646	421	347	38
地方计划	91	46	49	27	44695	398	314	32
单位计划	208	162	144	76	28549	748	565	51
其他计划	37	21	23	17	2626	196	121	12

表 21　2010 年直属单位测绘科技研究情况

科技活动	研究项目数（项）	#新开项目数	完成项目数（项）	#新开项目数	经费内部支出（千元）	项目人员（人）总数	#科学家和工程师	#客座人员
按活动类型　合计	**384**	**205**	**145**	**61**	**68413**	**1432**	**996**	**171**
其中：								
测绘基础研究	34	22	14	2	7741	67	47	20
测绘应用研究	216	120	82	36	39563	849	563	63
测绘技术开发	129	61	46	22	20553	490	366	85
测绘软科学研究	5	2	3	1	556	26	20	3
按计划类型　合计	**384**	**205**	**145**	**61**	**68413**	**1432**	**996**	**171**
其中：								
国家计划	78	34	22	3	31140	316	210	40
部门计划	120	43	25	9	22367	464	357	61
#国家测绘局计划	80	35	21	7	17481	361	287	29
地方计划	35	13	12	5	3025	86	61	7
单位计划	117	97	67	30	9996	391	268	51
其他计划	34	18	19	14	1885	175	100	12

表 22 2010 年测绘系统测绘科技成果情况

项 目	完成成果（项）	成果登记（项）	已应用成果数（项）	发表论文（篇）			出版科技著作（种）	技术转让收入（万元）	科技成果转化（项）
					国 内	国 际			
数 量	199	46	151	1514	1429	85	9	30	38

续表

项 目	专利申请受理（项）	专利授权（项）			成果获奖（项）					
			发明专利	国外授权	总数	国际科技奖	国家科技奖	部级科技奖	省级科技奖	社会科技奖
数 量	14	2	2		180		3	55	29	93

表 23 2010 年直属单位测绘科技成果情况

项 目	完成成果（项）	成果登记（项）	已应用成果数（项）	发表论文（篇）			出版科技著作（种）	技术转让收入（万元）	科技成果转化（项）
					国 内	国 际			
数 量	103	26	78	411	335	76	7	30	14

续表

项 目	专利申请受理（项）	专利授权（项）			成果获奖（项）					
			发明专利	国外授权	总数	国际科技奖	国家科技奖	部级科技奖	省级科技奖	社会科技奖
数 量	13	2	2		78		3	36	13	26

四、人员

表24 2010年从业人员和

直属单位	单位个数	从业人员年末人数					
			#女性	在岗职工			其他从业人员
					长期职工	临时职工	
合　计	**66**	**7966**	**2308**	**7749**	**6679**	**1070**	**217**
陕西测绘局	17	2031	708	1849	1780	69	182
黑龙江测绘局	15	2235	497	2235	1357	878	
四川测绘局	11	1577	446	1577	1541	36	
海南测绘局	7	317	108	316	314	2	1
重庆测绘院	1	400	59	400	400		
北戴河休养院	1	31	3	31	19	12	
中国地图出版集团	3	548	249	531	514	17	17
地图出版社	1	433	197	424	416	8	9
测绘出版社	1	76	35	72	63	9	4
中华地图学社	1	39	17	35	35		4
测绘研究院	1	383	121	369	330	39	14
地理信息中心	1	144		144	144		
卫星应用中心	1	42	14	42	42		
测绘宣传中心	1	37	22	37	37		
管理信息中心	1	19	9	18	18		1
地图审查中心	1	21	11	21	21		
发展研究中心	1	20	10	20	20		
技能鉴定中心	1	19	11	19	19		
测绘学会	1	14		14	11	3	
机关服务中心	1	37	9	35	21	14	2
国家测绘局机关	1	91	31	91	91		

情况

离退休人员情况（直属）

计量单位：人

年末在编职工总数		从业人员年平均人数					年末累计离退休退职人数		
	#不在岗职工			在岗职工		其他从业人员		#离休人数	#退休人数
				临时职工	长期职工				
5530	**573**	**7980**	**7762**	**6617**	**1145**	**218**	**3763**	**184**	**3534**
1546	286	2001	1819	1675	144	182	1257	65	1152
1429	72	2232	2232	1355	877		848	23	825
1039	158	1647	1647	1625	22		741	28	710
119		314	313	311	2	1	23		23
210		400	400	400			179	4	174
16		31	31	21	10		18		18
437	29	531	513	494	19	18	363	24	339
368	29	421	410	400	10	11	353	24	329
54		71	68	59	9	3			
15		39	35	35		4	10		10
310	28	382	368	312	56	14	185	16	169
144		145	145	145			67	2	64
42		42	42	42					
37		37	37	37					
18		19	18	18		1	2		2
21		21	21	21					
20		19	19	19					
19		19	19	19					
11		15	15	14	1		7		7
21		37	35	21	14	2	1		1
91		88	88	88			72	22	50

表 25　2010 年从业人员和

地方单位	单位个数	从业人员年末人数					
			#女性	在岗职工			其他从业人员
					长期职工	临时职工	
合　计	**183**	**17110**	**4662**	**16895**	**15860**	**1035**	**215**
北　京	1	919	264	883	883		36
天　津	1	647	153	647	452	195	
河　北	9	651	176	651	651		
山　西	13	704	285	704	704		
内蒙古	6	704	244	704	704		
辽　宁	8	695	281	695	695		
吉　林	12	633	169	633	633		
上　海	1	376	79	376	376		
江　苏	10	562	123	562	562		
浙　江	7	771	170	682	680	2	89
安　徽	10	590	155	590	421	169	
福　建	6	417	93	417	417		
江　西	8	570	169	570	570		
山　东	4	778	151	778	643	135	
河　南	10	708	206	707	707		1
湖　北	8	516	182	516	515	1	
湖　南	9	768	156	705	680	25	63
广　东	6	1039	276	1034	1034		5
广　西	10	1112	319	1111	1111		1
重　庆	3	810	141	810	384	426	
贵　州	6	811	214	809	749	60	2
云　南	10	525	188	519	510	9	6
西　藏	2	49	11	49	43	6	
甘　肃	6	463	105	463	459	4	
青　海	5	451	141	444	441	3	7
宁　夏	5	262	36	257	257		5
新　疆	7	579	175	579	579		

离退休人员情况（地方）

计量单位：人

年末在编职工总数		从业人员年平均人数					年末累计离退休退职人数		
	#不在岗职工		在岗职工	在岗职工：临时职工	在岗职工：长期职工	其他从业人员		#离休人数	#退休人数
14427	**237**	**16991**	**16798**	**15928**	**870**	**193**	**8276**	**296**	**7893**
887	4	887	865	865		22	545	13	531
452		636	636	457	179		295	1	294
651		651	651	651			335	21	313
704		701	701	701			428	10	418
567		676	676	676			368	19	348
695		695	695	695			395	26	369
633		641	641	641			317	19	298
376		374	374	374			287	4	283
562		558	558	558			332	15	317
491	35	756	672	670	2	84	233	19	214
483	62	580	580	416	164		177	5	172
417		415	415	415			377	8	368
570		566	566	566			147	5	142
643		779	779	643	136		328	12	316
568		707	706	706		1	295	11	284
494		499	499	498	1		359	7	352
678	2	781	721	702	19	60	536	10	515
721	15	1046	1041	1041		5	456	25	431
661		1109	1108	1108		1	367	8	359
289		794	794	507	287		94	1	93
667	118	814	812	752	60	2	190	3	187
510		517	511	502	9	6	452	12	370
43		49	49	43	6		13		13
459		461	461	459	2		265	15	250
369		451	444	441	3	7	358	9	349
258	1	264	259	257	2	5	70	5	65
579		584	584	584			257	13	242

表 26 2010 年机关、事业单位在编在岗职工分类情况（直属）

计量单位：人

直属单位	机关工作人员			事业单位工作人员					
		公务员及其他行政人员	工人		管理人员	专业技术人员	技术工人	普通工人	学徒期、熟练期工人
合　计	**271**	**270**	**1**	**4686**	**713**	**3226**	**727**	**20**	
陕西测绘局	55	54	1	1205	183	826	195	1	
黑龙江测绘局	45	45		1312	86	986	236	4	
四川测绘局	51	51		830	144	546	140		
海南测绘局	29	29		90	20	49	18	3	
重庆测绘院				210	33	151	26		
北戴河休养院				16	9		7		
中国地图出版集团				408	92	239	76	1	
地图出版社				339	73	193	73		
测绘出版社				54	13	40	1		
中华地图学社				15	6	6	2	1	
测绘研究院				282	32	237	13		
地理信息中心				144	39	93	12		
卫星应用中心				42	10	30		2	
测绘宣传中心				37	10	18		9	
管理信息中心				18	9	9			
地图审查中心				21	7	14			
发展研究中心				20	6	14			
技能鉴定中心				19	7	12			
测绘学会				11	9	2			
机关服务中心				21	17		4		
国家测绘局机关	91	91							

表 27 2010 年机关、事业单位在编在岗职工分类情况（地方）

计量单位：人

地方单位	机关工作人员			事业单位工作人员					
		公务员及其他行政人员	工人		管理人员	专业技术人员	技术工人	普通工人	学徒期、熟练期工人
合 计	**993**	**939**	**54**	**13183**	**1358**	**8517**	**3258**	**50**	
北 京				883	82	385	404	12	
天 津	5	5		447	28	287	132		
河 北	48	41	7	603	43	348	212		
山 西	37	37		667	114	399	154		
内蒙古				567	56	278	230	3	
辽 宁	32	29	3	663	56	538	69		
吉 林	44	40	4	589	53	389	139	8	
上 海				376	54	219	103		
江 苏	60	57	3	502	39	340	123		
浙 江	44	40	4	412	51	275	86		
安 徽	30	26	4	391	32	326	33		
福 建	37	32	5	380	27	270	81	2	
江 西	43	34	9	527	77	328	122		
山 东	127	127		516	48	426	42		
河 南	37	33	4	531	36	326	169		
湖 北	48	46	2	446	31	325	87	3	
湖 南	21	21		655	65	387	203		
广 东	136	136		570	100	351	115	4	
广 西	28	28		633	82	383	167	1	
重 庆	15	15		274	7	173	94		
贵 州	16	16		533	50	318	161	4	
云 南	29	29		467	50	380	37		
西 藏	21	15	6	22		18	4		
甘 肃	35	35		424	36	282	106		
青 海	29	26	3	340	35	284	21		
宁 夏	27	27		230	48	142	40		
新 疆	44	44		535	58	340	124	13	

表 28　2010 年从业人员增减变动情况（直属）

计量单位：人

直属单位	年末从业人员	新增和调入的从业人员							减少和调出的从业人员						
			#从农村招聘人员	#从城镇招聘人员	#录用复员转业军人	#录用大学毕业生	#录用中专、技校毕业生	#由其他单位调入		#离休	#退休	#除名、开除、辞退	#终止和解除劳动合同	#死亡	#调到其他单位
合　　计	**7966**	**796**	**73**	**51**	**4**	**169**	**25**	**135**	**596**		**125**		**161**	**6**	**121**
陕西测绘局	2031	207		1	1	45	5	22	159		45		33		29
黑龙江测绘局	2235	150	40	1		25		47	117		21		8	4	20
四川测绘局	1577	171	33	28	1	26	1	8	169		20		99	2	34
海南测绘局	317	42		1		15	19	6	20		2				6
重庆测绘院	400	50				8		2	10		6		3		1
北戴河休养院	31	2		2					2		2				
中国地图出版集团	548	78		1		28		1	54		16		1		1
地图出版社	433	57				20		1	43		16				1
测绘出版社	76	19				8			10						
中华地图学社	39	2		1					1				1		
测绘研究院	383	17		7		8		2	35		9		14		12
地理信息中心	144	4		2				1	6		3				2
卫星应用中心	42	42		1	1	9		26							
测绘宣传中心	37	3				1		2	2						2
管理信息中心	19	1						1	1						1
地图审查中心	21	1				1			2						1
发展研究中心	20	4				2		2	1						
技能鉴定中心	19	1				1									
测绘学会	14	2		2					6						4
机关服务中心	37	6		5	1				3				3		
国家测绘局机关	91	15						15	9		1				8

表 29　2010 年从业人员增减变动情况（地方）

计量单位：人

地方单位	年末从业人员	新增和调入的从业人员							减少和调出的从业人员						
			#从农村招聘人员	#从城镇招聘人员	#录用复员转业军人	#录用大学毕业生	#录用中专、技校毕业生	#由其他单位调入		#离休	#退休	#除名、开除、辞退	#终止和解除劳动合同	#死亡	#调到其他单位
合　计	**17110**	**1184**	**15**	**71**	**41**	**339**	**16**	**252**	**1034**		**468**		**233**	**16**	**139**
北　京	919	127			2	23		76	73		26		46	1	
天　津	647	44				8		5	29		25		1		1
河　北	651	16			4	5		6	25		22				3
山　西	704	30		5	5	12		8	5		2				3
内蒙古	704	38		5	5	24	1	3	18		10		3	1	4
辽　宁	695	11			2	3		6	11		3			1	4
吉　林	633	48		1	2	7		38	70		31			1	38
上　海	376	10				10			7		6				
江　苏	562	30			3	11		8	30		20				8
浙　江	771	79		7		31	2	7	59		7		14		4
安　徽	590	42			2	15		10	24		8				11
福　建	417	14		1	1	9		3	30		24				2
江　西	570	39			2	10		12	15		11				3
山　东	778	15				15			15		14				1
河　南	708	35		1	1	2	5	3	119		17			2	3
湖　北	516	69		3	2	31	1	12	58		14		26	1	12
湖　南	768	49		11	1	26		4	83		59		18	1	4
广　东	1039	61	15	20	1	10	7	4	62		28		26	1	5
广　西	1112	111		12	2	2		3	98		47		34		2
重　庆	810	110		5	1	19		4	43		10		31		
贵　州	811	92				7		1	15		10			2	2
云　南	525	22			2	14		4	7		2		1		2
西　藏	49	8							2		1				1
甘　肃	463	34				30		3	39		36			1	2
青　海	451	19			2	12		5	53		10		33	2	8
宁　夏	262	29			1	3		25	22		8				14
新　疆	579	2						2	22		17			2	2

表30 2010年机关党政人才和事业单位管理人才、专业技术人才情况

计量单位：人

单位	机关党政人才	事业单位管理人才、专业技术人才	
		管理人才	专业技术人才
合计	**270**	**964**	**3250**
国家测绘局机关	91		
在京单位：		**305**	**622**
事业单位			
测绘研究院		55	217
地理信息中心		39	94
卫星应用中心		11	29
测绘宣传中心		10	18
管理信息中心		9	9
地图审查中心		7	14
发展研究中心		6	14
技能鉴定中心		7	12
测绘学会		9	2
机关服务中心		17	
企业			
中国地图出版集团		135	213
京外单位：	**179**	**659**	**2628**
陕西测绘局	54	198	943
黑龙江测绘局	45	149	918
四川测绘局	51	216	599
海南测绘局	29	53	17
重庆测绘院		33	151
北戴河休养院		10	

五、专业人才

表 31　2010 年测绘系统专业技术人员情况

计量单位：人

类别 \ 年龄	合计	30 岁以下	30 - 35	36 - 40	41 - 45	46 - 50	51 - 55	56 - 60	60 岁以上
总　数	**13706**	**3571**	**2467**	**2049**	**1877**	**1676**	**1419**	**632**	**15**
高　级	**2292**	1	158	555	641	529	256	138	14
#教授、研究员	**204**		1	5	56	80	42	16	4
中　级	**4901**	410	1290	960	762	625	597	256	1
初　级	**5714**	2553	956	518	453	491	529	214	
其　他	**799**	607	63	16	21	31	37	24	

续表

类别 \ 学历	合计	博　士研究生	硕　士研究生	本科	大专	中专	中专以下
总　数	**13706**	**140**	**1266**	**6200**	**3529**	**1462**	**1109**
高　级	**2292**	89	345	1553	280	18	7
#教授、研究员	**204**	32	41	122	9		
中　级	**4901**	34	395	2187	1623	460	202
初　级	**5714**		389	2176	1465	869	815
其　他	**799**	17	137	284	161	115	85

表 32　2010 年直属单位专业技术人员情况

计量单位：人

类别＼年龄	合计	30 岁以下	30－35	36－40	41－45	46－50	51－55	56－60	60 岁以上
总　数	**4292**	**910**	**658**	**713**	**632**	**646**	**476**	**250**	**7**
高　级	**840**		63	198	224	211	87	51	6
#教授、研究员	**72**		1	4	18	32	12	2	3
中　级	**1685**	143	383	337	248	229	223	121	1
初　级	**1525**	564	196	173	156	198	163	75	
其　他	**242**	203	16	5	4	8	3	3	

续表

类别＼学历	合计	博　士研究生	硕　士研究生	本科	大专	中专	中专以下
总　数	**4292**	**105**	**533**	**1761**	**1002**	**478**	**413**
高　级	**840**	65	167	543	60	4	1
#教授、研究员	**72**	22	18	32			
中　级	**1685**	26	158	677	536	197	91
初　级	**1525**		154	465	370	239	297
其　他	**242**	14	54	76	36	38	24

表 33 2010 年西部地区专业技术人员情况

计量单位：人

类别＼年龄	合计	30 岁以下	30－35	36－40	41－45	46－50	51－55	56－60	60 岁以上
总 数	**4591**	**960**	**783**	**683**	**663**	**684**	**610**	**205**	**3**
高 级	**635**	1	25	126	195	159	98	29	2
#教授、研究员	**37**				9	13	13	2	
中 级	**1740**	92	347	352	292	274	277	105	1
初 级	**1939**	662	384	200	172	237	221	63	
其 他	**277**	205	27	5	4	14	14	8	

续表

类别＼学历	合计	博 士 研究生	硕 士 研究生	本科	大专	中专	中专以下
总 数	**4591**	**19**	**337**	**1869**	**1316**	**548**	**502**
高 级	**635**	12	96	409	111	3	4
#教授、研究员	**37**	1	2	28	6		
中 级	**1740**	5	100	669	652	222	92
初 级	**1939**		122	708	489	253	367
其 他	**277**	2	19	83	64	70	39

表 34 2010 年测绘系统专家情况

计量单位：人

年龄 类别	合计	30 岁以下	30－35	36－40	41－45	46－50	51－55	56－60	61－65	65 岁以上
总　数	**271**		**5**	**33**	**44**	**27**	**17**	**7**	**4**	**134**
院　士	**2**									2
享受政府特殊津贴专家	**193**			3	13	18	15	6	4	134
有突出贡献专家	**17**				3	4	1	2		7
省部级专家	**92**		5	33	38	10	5	1		
#国家测绘局	**76**		4	33	33	4	1	1		

续表

学历 类别	合计	博　士研究生	硕　士研究生	本科	大专	中专	中专以下
总　数	**271**	**36**	**53**	**159**	**11**	**11**	**1**
院　士	**2**	1		1			
享受政府特殊津贴专家	**193**	20	20	132	9	11	1
有突出贡献专家	**17**	1	6	10			
省部级专家	**92**	23	37	30	2		
#国家测绘局	**76**	21	30	23	2		

表 35　2010 年直属单位专家情况

计量单位：人

类别＼年龄	合计	30 岁以下	30－35	36－40	41－45	46－50	51－55	56－60	61－65	65 岁以上
总　数	**195**			**12**	**26**	**17**	**9**	**3**	**3**	**125**
院　士	**2**									2
享受政府特殊津贴专家	**164**			3	10	13	7	3	3	125
有突出贡献专家	**11**				1	1	1	1		7
省部级专家	**43**			12	22	6	3			
#国家测绘局	**38**			12	22	3	1			

续表

类别＼学历	合计	博　士研究生	硕　士研究生	本科	大专	中专	中专以下
总　数	**195**	**26**	**30**	**119**	**10**	**9**	**1**
院　士	**2**	1		1			
享受政府特殊津贴专家	**164**	17	18	110	9	9	1
有突出贡献专家	**11**	1	3	7			
省部级专家	**43**	16	16	10	1		
#国家测绘局	**38**	16	12	9	1		

表 36　2010 年西部地区专家情况

计量单位：人

类别＼年龄	合计	30 岁以下	30－35	36－40	41－45	46－50	51－55	56－60	61－65	65 岁以上
总　数	79			12	13	8	7	1		38
院　士										
享受政府特殊津贴专家	53				4	6	5	1		37
有突出贡献专家	1									1
省部级专家	31			12	11	4	4			
#国家测绘局	24			12	10	1	1			

续表

类别＼学历	合计	博　士研究生	硕　士研究生	本科	大专	中专	中专以下
总　数	79	8	11	40	6	6	
院　士							
享受政府特殊津贴专家	53	4	1	38	4	6	
有突出贡献专家	1			1			
省部级专家	31	5	13	11	2		
#国家测绘局	24	5	10	7	2		

六、测绘成果管理与应用

表 37　2010 年测绘成果提供情况（按部门分）

部　门	地形图（张）			大地成果（点）	航摄成果（片）	挂图（张）	地图集（册）
	总数	#1:1 万	#1:5 万				
合　计	**395088**	**143753**	**74417**	**259973**	**631831**	**53064**	**6185**
测　绘	204526	31212	13068	189090	560187	40127	1590
地　矿	28530	14393	10443	22234	3683	114	20
地　震	1557	186	1085	166		37	35
通　讯	22	2	20	11		69	35
林　业	12336	10615	1362	848	345	62	4
交　通	20659	15659	4005	2616	4804	35	82
水　利	22271	11293	9673	6963	2267	81	121
电　力	13933	8892	4210	2269	959	44	24
民　政	2252	1457	734	71		58	671
科　教	3647	1266	1462	333	9482	967	39
军　事	3839	2772	891	5587	43520	188	18
农　业	2667	555	867	46		6	1
规　划	4518	3063	1292	1559	1507	2327	534
建　设	3506	3250	205	1015	51	67	124
冶　金	574	256	266	433		15	3
环　保	4811	927	3794	33		78	1
海　洋	918	903	15	66	186		5
土　地	10163	7430	1823	9579	605	231	50
煤　炭	6086	2558	3185	3026		37	2
石　油	11206	5155	5002	3077	50	7	3
有　色	4280	2351	1899	1496			
气　象	169	10	143	157		11	4
航空航天	2326	1079	787	329		53	50
其　他	30292	18469	8186	8969	4185	8450	2769

表 38　2010 年测绘成果提供情况（按地区分）

地　区	地形图（张）			大地成果（点）	航摄成果（片）	挂图（张）	地图集（册）
	总数	#1:1 万	#1:5 万				
合　计	**395088**	**143753**	**74417**	**259973**	**631831**	**53064**	**6185**
北　京	15607	214		14734			
天　津	3			177			
河　北	2301	1882	406	2295	2655		
山　西	3054	2665	389				
内蒙古	18864	1953	15256	17572	18123		
辽　宁	4166	3284	509	1790	701	601	377
吉　林	10156	7154	2483	7395	13212	7911	1350
黑龙江	9206	5288	2710	13397	109445	10	2
上　海	144064	2313	751	3216			
江　苏	2240	1896	303	8703	11721	749	60
浙　江	4093	3161	863	1703	105		
安　徽	7685	7129	537	3989	18100		
福　建	6834	5487	1134	3767	14532		
江　西	5543	4441	1028	31121	5329		
山　东	12131	11287	721	2447	1926		
河　南	1210	918	161	514	9	33130	
湖　北	2272	1690	564	4588	17857	100	224
湖　南	14760	12996	1366	7629	7123		
广　东	5749	4767	445	1120	6575		
广　西	7483	5571	1559	9939	3510		
海　南	120	112		1129	6	960	297
重　庆	5368	4420	682	838	30	3062	1800
四　川	16644	9250	5192	5207	8787		
贵　州	19943	15645	3905	2906	6284	8	
云　南	9943	6169	3294	18979	13430	163	6
西　藏	1131	79	261	626	137	4489	531
陕　西	13397	11179	2068	2566	16898		
甘　肃	7262	3895	2819	1536	324		
青　海	4019	534	2270	3173	2027	659	350
宁　夏	1966	1580	323	1126	822		
新　疆	17466	6794	7963	20166	12343	1222	1188
地理信息中心	20408		14455	65625	339820		

表 39　2010 年数字测绘成果提供情况（按部门分）

计量单位：幅，GB

部门	数字线划地图（DLG）						数字栅格地图（DRG）					
	合计		#1:1 万		#1:5 万		合计		#1:1 万		#1:5 万	
	图幅数	数据量	图幅数	数据量	图幅数	数据量	图幅数	数据量	图幅数	数据量	图幅数	数据量
合　计	**585082**	**3298.1**	**96590**	**1341.8**	**163205**	**1573.2**	**55293**	**572.7**	**10585**	**146.6**	**36247**	**400.2**
测　绘	408922	2185.7	38126	754.6	76100	1138.0	28650	388.7	4742	56.7	15509	306.7
地　矿	2444	16.9	1588	11.1	797	5.1	256	10.7	168	10.4	80	0.3
地　震	1138	7.6	307	3.7	780	3.5	6	0.5			6	0.5
通　讯	6205	31.3	1518	3.7	4534	25.9						
林　业	17566	196.7	13988	187.8	1452	6.1	908	9.7	892	9.7	16	0.1
交　通	27537	46.4	2900	15.2	24542	30.3	503	5.8	374	4.1	129	1.7
水　利	8236	92.0	5561	76.1	1702	8.7	253	2.7	220	2.3	33	0.4
电　力	5828	16.4	4983	13.8	826	2.5	739	9.5	622	7.9	117	1.6
民　政	4246	79.5	4211	79.2	18	0.1	5	0.1	5	0.1		
科　教	3226	25.3	511	5.7	549	4.6	130	1.2	84	0.7	46	0.4
军　事	33576	272.8	11868	78.1	16428	163.8	8713	31.8	11	0.6	8688	30.8
农　业	675	2.3	649	2.2	26	0.1	232	2.3	39	0.4	183	1.8
规　划	26432	61.0	10351	39.5	914	9.2	747	7.0	357	4.3	389	2.6
建　设	621	4.8	410	3.4	82	1.0	1034	18.3	1016	18.0	18	0.3
冶　金	47	0.2	3	0.02	44	0.2	3	0.01			3	0.01
环　保	696	5.5	62	0.6	389	4.0	106	3.6	22	0.3	84	3.3
海　洋	1922	7.9	211	0.2								
土　地	10838	46.0	10049	38.9	713	5.1	288	2.8	232	2.4	56	0.4
煤　炭	322	2.8	135	1.8	35	0.3	47	0.5	33	0.5	14	0.04
石　油	574	8.1	484	6.8	90	1.4	828	14.7	534	9.7	294	4.9
有　色	25	0.9	9	0.04	16	0.8	8	0.6	8	0.6		
气　象	298	0.3	85	0.1	213	0.2						
航空航天	200	0.9	64	0.2	136	0.7	52	0.4	7	0.1	45	0.3
其　他	46575	186.6	10218	19.2	34166	161.4	11873	61.8	1227	17.7	10617	44.0

2010 年数字测绘成果提供情况（按部门分）续

计量单位：幅，GB

部门	数字正射影像（DOM）						数字高程模型（DEM）					
	合计		#1:1万		#1:5万		合计		#1:1万		#1:5万	
	图幅数	数据量	图幅数	数据量	图幅数	数据量	图幅数	数据量	图幅数	数据量	图幅数	数据量
合　　计	**248789**	**43504.1**	**45886**	**4059.6**	**54103**	**20364.9**	**111308**	**594.7**	**34437**	**263.6**	**50964**	**214.5**
测　　绘	144997	16180.8	30956	2259.4	26238	9193.4	44013	228.6	8092	78.4	19103	79.9
地　　矿	209	12.2	203	9.8	6	2.5	1928	18.7	890	12.5	1026	6.2
地　　震	265	27.1	38	20.0	5	2.0	944	6.1	216	3.7	677	2.3
通　　讯												
林　　业	15408	4431.4	929	75.6	11214	4281.3	8528	46.5	6977	37.5	1481	8.6
交　　通	703	72.3	459	41.4	244	30.9	178	2.3	121	2.1	57	0.3
水　　利	5995	1653.1	901	89.4	39	14.1	8604	46.3	174	2.4	832	3.4
电　　力	402	90.4	59	2.0	339	88.1	400	5.9	387	5.8	10	0.03
民　　政	339	88.2	5	0.2	334	88.1						
科　　教	1572	59.7	1504	39.8	41	12.4	929	9.8	876	9.2	43	0.1
军　　事	18611	4247.8	4343	203.9	4525	1168.4	6828	39.5	2188	18.0	4630	20.8
农　　业	1	0.2			1	0.2	71	1.2	4	0.04	67	1.1
规　　划	22088	1908.9	6021	919.1	424	106.4	6255	43.5	5123	35.0	1092	8.5
建　　设	786	233.1	87	9.7			3	0.03	3	0.03		
冶　　金	2	0.2	2	0.2								
环　　保	222	5.1					49	0.2	33	0.2		
海　　洋	163	51.0	12	1.0	151	50.0	1005	2.2	44	0.2	145	0.1
土　　地	5118	351.8	4906	286.8	190	62.9	12424	49.0	11821	46.5	332	2.1
煤　　炭	48	12.8	6	0.2	2	0.4	947	14.0	731	12.4	24	0.1
石　　油												
有　　色	2	0.1	2	0.1								
气　　象							166	2.8			166	2.8
航空航天							72	0.2			72	0.2
其　　他	41187	14078.0	3237	101.2	11895	5263.9	21360	77.9			21360	77.9

表40 2010年数字测绘成果提供情况（按地区分）

计量单位：幅，GB

地区	数字线划地图（DLG）						数字栅格地图（DRG）					
	合计		#1:1万		#1:5万		合计		#1:1万		#1:5万	
	图幅数	数据量	图幅数	数据量	图幅数	数据量	图幅数	数据量	图幅数	数据量	图幅数	数据量
合计	**585082**	**3298.1**	**96590**	**1341.8**	**163205**	**1573.2**	**55293**	**572.7**	**10585**	**146.6**	**36247**	**400.2**
北京	2286	2.6	73	0.2								
天津	29695	20.3	1511	3.4								
河北	4666	30.5	4233	26.5	388	3.6	38	3.5	13	1.3	25	2.2
山西	2257	30.5	2151	29.5	100	0.9	5	0.1	5	0.1		
内蒙古	2586	8.2	2358	7.4	212	0.8	227	0.6			227	0.6
辽宁	341	2.1	305	2.0	36	0.1	471	1.6			471	1.6
吉林	3116	13.3	2478	9.5	609	3.7						
黑龙江	32234	324.8	2427	26.7	13029	130.3	14949	56.6	455	0.9	6105	30.5
上海	252562	89.7										
江苏	4343	27.7	4013	20.2	322	7.5	4	0.02			4	0.02
浙江	5922	40.8	4247	35.7	301	1.7	1725	23.3	1493	19.5	232	3.7
安徽	1243	7.9	832	4.7	392	3.0	384	4.9	347	4.2	37	0.7
福建	20651	293.9	13551	274.0	529	12.5	20	0.2	20	0.2		
江西	5164	13.0	4702	10.9	441	1.6	2752	27.5	2246	22.5	506	5.1
山东	9873	331.4	5300	322.2	4491	8.8	210	0.6			210	0.6
河南	1544	15.3	1456	14.4	83	0.8	4	0.01			4	0.01
湖北	5800	38.9	4150	22.4	1105	11.0	3463	34.6	3297	33.0	166	1.7
湖南	14554	79.7	12018	62.7	845	8.4	167	1.7	164	1.6	3	0.1
广东	11504	132.2	11407	131.4	97	0.8	6	0.04			6	0.04
广西	293	3.4	258	2.6	1	0.01	270	2.8	246	2.3	24	0.5
海南	2245	5.6	2075	3.7	121	1.6	140	0.8	140	0.8		
重庆	1920	17.2	1702	15.6			192	0.8	189	0.8	3	0.01
四川	1931	112.7	1765	109.6	160	2.1	2305	109.3	695	16.5	1609	92.7
贵州	373	7.5	160	3.2	179	3.6	477	35.9	329	32.9	148	3.0
云南	1847	15.5	1163	11.4	640	3.6	30	0.1			30	0.1
西藏	105	1.1			1	0.01	4	0.02			2	0.01
陕西	5414	158.2	4191	134.6	596	20.2	696	2.1	686	2.1	10	0.05
甘肃	586	12.9	284	8.8	248	3.3	306	3.9	112	3.1	194	0.8
青海	1912	11.5	50	0.4	1712	10.8	456	9.3	148	4.8	255	3.9
宁夏	172	10.4			172	10.4						
新疆	14212	134.1	7730	48.1	5506	78.8	177	0.7			161	0.6
地理信息中心	143731	1305.4			130889	1243.2	25815	251.7			25815	251.7

2010 年数字测绘成果提供情况（按地区分）续

计量单位：幅，GB

地区	数字正射影像（DOM）						数字高程模型（DEM）					
	合计		#1:1万		#1:5万		合计		#1:1万		#1:5万	
	图幅数	数据量	图幅数	数据量	图幅数	数据量	图幅数	数据量	图幅数	数据量	图幅数	数据量
合计	**248789**	**43504.1**	**45886**	**4059.6**	**54103**	**20364.9**	**111308**	**594.7**	**34437**	**263.6**	**50964**	**214.5**
北京												
天津	15603	879.6					40	0.1				
河北	3638	90.5	3638	90.5			472	4.2	269	3.6	203	0.6
山西	20	0.7	19	0.7	1	0.01	35	0.2	25	0.1	10	0.04
内蒙古	256	6.6	256	6.6			211	1.9	157	1.7	54	0.2
辽宁							25	0.1			25	0.1
吉林	8674	100.0	8674	100.0			757	2.3	120	0.4	608	1.9
黑龙江	5854	873.5	1246	37.4	414	207.0	15788	47.4			3204	9.6
上海	69148	2210.8										
江苏	6282	1668.7	4115	1359.3	320	153.6	4288	23.0	3944	21.9	344	1.1
浙江	4590	1389.7	4144	944.8	334	441.2	3865	60.2	3444	58.3	333	1.1
安徽	236	13.0	236	13.0			934	5.8	541	2.7	393	3.1
福建	1529	383.5	1490	366.0	39	17.5	4814	47.1	49	0.1		
江西	6659	665.9	5395	539.5	216	21.6	4902	83.3	3986	67.8	916	15.6
山东	45256	14850.3	24	2.0	456	98.7	7252	28.6	723	3.8	583	1.7
河南	1160	11.5	1160	11.5			269	1.9	228	1.7	41	0.2
湖北	2726	27.3	2726	27.3			2021	22.6	1489	16.2	532	6.4
湖南	4439	251.5	3559	170.4	19	9.5	1125	5.5	921	3.7	171	1.7
广东	2441	95.9	2441	95.9			8063	43.4	7807	42.6	256	0.8
广西	631	50.5	631	50.5			8621	21.2	8621	21.2		
海南	53	1.5	53	1.5			33	0.1	33	0.1		
重庆	26	0.8	26	0.8			48	0.4	48	0.4		
四川	509	432.4	14	3.4	483	422.9	260	18.8	65	0.2	195	18.6
贵州	662	22.6	640	18.2	22	4.4	533	5.3	512	5.1	21	0.2
云南	1096	45.1	1096	45.1			359	3.6	254	3.2	105	0.4
西藏							1	0.003				
陕西	1969	163.8	445	11.4	128	52.5	988	4.8	322	2.3	383	1.1
甘肃	980	20.2	980	20.2			80	0.9	30	0.1	50	0.8
青海	1136	38.0	26	12.4			1330	5.4			1260	4.9
宁夏												
新疆	2876	103.3	2738	70.4	138	32.8	999	6.9	849	6.5	149	0.4
地理信息中心	60340	19107.0	114	60.9	51533	18903.2	43195	149.8			41128	143.9

表 41 2010 年测绘成果汇交和地图审核情况

地 区	成果汇交		受理审核地图数量（件）	
	汇交目录（条）	汇交副本（套）	合计	#通过审核
合 计	**64054**	**22137**	**4340**	**4011**
北 京	23704	21491	54	50
天 津	15	15	8	8
河 北	27	1	42	42
山 西			28	25
内蒙古	37			
辽 宁	37	3	47	40
吉 林	1301		37	35
黑龙江	1451	28	59	58
上 海			248	248
江 苏	5388		127	122
浙 江	151		470	470
安 徽	465		16	16
福 建	18	45	100	98
江 西	122	58	32	32
山 东		9	301	300
河 南	15		32	32
湖 北		51	34	34
湖 南	3325	3	47	47
广 东	10413	28	111	85
广 西			69	67
海 南	1668	2	64	62
重 庆	1524	8	37	37
四 川	7214		76	76
贵 州	542	8	14	13
云 南		9	49	49
西 藏			84	84
陕 西	1740	6	41	41
甘 肃	2643		30	27
青 海	287	8	34	25
宁 夏	32	184	18	18
新 疆	1935	180	61	61
国家测绘局			1970	1709

七、基本建设

表 42　2010 年基本建设投资情况

计量单位：万元

建设单位	中央预算	地方预算	自筹资金
合　计	**9000**	**4460**	**7509**
北　京			
天　津			
河　北			
山　西		1600	
内蒙古			
辽　宁			
吉　林			
黑龙江	300		
上　海			2518
江　苏		2000	
浙　江			
安　徽			
福　建			
江　西			
山　东		660	640
河　南			
湖　北			
湖　南			
广　东			
广　西			
海　南			309
重　庆			
四　川			1352
贵　州			
云　南			
西　藏			
陕　西			2611
甘　肃			
青　海			
宁　夏			45
新　疆		200	
重庆测绘院			22
北戴河休养院			
中国地图出版集团			
地图出版社			
测绘出版社			
中华地图学社			
测绘研究院			
地理信息中心			
卫星应用中心			
测绘宣传中心			
管理信息中心			
地图审查中心	900		
发展研究中心	800		
技能鉴定中心			
测绘学会			
机关服务中心			
国家局机关	7000		12

表 43　2010 年年末实有房地产情况

单　位	房地产总投资（万元）		房产总面积（平方米）			
		#自　筹		生产用房	住　宅	其　他
合　计	**128647**	**89751**	**1345812**	**637391**	**599543**	**108877**
北　京	9759	9759	88320	25674	58691	3955
天　津	13361	13311	13931	8858	5073	
河　北	1137	440	23965	17233	737	5995
山　西	888	375	37640	18632	7975	11033
内蒙古	1383	1584	54504	13986	40518	
辽　宁	4824	4329	38618	19637	10824	8157
吉　林	2837	1783	57868	11669	42171	4028
黑龙江	4903	2096	47265	31170		16095
上　海	2931	2518	18271	16923		1348
江　苏	5896	1310	20251	17724	698	1829
浙　江	771		17329	13215	3632	482
安　徽	1343	624	42072	15650	25430	992
福　建	992	932	4372	4372		
江　西	453	99	13622	9764	1960	1898
山　东	4856	3820	23409	20574	819	2016
河　南	1408	1211	17595	17205		390
湖　北	5115	4835	58480	19934	36227	2319
湖　南	4223	1201	112531	46748	51340	14442
广　东	1690	1013	51635	17898	33737	
广　西	650	624	17722	15307	2415	
海　南	3445		24139	16000		8139
重　庆	1979	1979	10024		10024	
四　川	5625	1849	123414	48828	74586	
贵　州	987	766	35442	10214	25228	
云　南	967	49	19253	10364	5053	3836
西　藏	1051	447	7010	4608	2402	
陕　西	18409	14465	188827	112244	76433	150
甘　肃	1081	907	18305	15026	2290	989
青　海	69		4501	4501		
宁　夏	913		17987	5301	8375	4311
新　疆	4171	3935	19388	17584	1804	
重庆测绘院	1619		21955	3108	18676	171
北戴河休养院	176		6169		153	6016
测绘研究院	14057	11672	66252	18163	40331	7758
地理信息中心	4678	1818	23746	9277	11941	2528

表 44 2010 年基建资

单位	基建拨款合计	以前年度拨款	本年度基建基金拨款			本年度自筹资金拨款	本年其他拨款
				中央财政	地方财政		
合计	**105292**	**84116**	**13460**	**9000**	**4460**	**7509**	**160**
北京							
天津							
河北							
山西	2674	1027	1600		1600		
内蒙古							
辽宁	160						160
吉林							
黑龙江	1500	1200	300	300			
上海	2518					2518	
江苏	2000		2000		2000		
浙江							
安徽							
福建							
江西							
山东	3800	2500	660		660	640	
河南							
湖北							
湖南							
广东							
广西	5260	5260					
海南	1469	1160				309	
重庆							
四川	7570	6218				1352	
贵州							
云南							
西藏							
陕西	21773	19162				2611	
甘肃							
青海							
宁夏	45					45	
新疆	200		200		200		
重庆测绘院	1280	1258				22	
北戴河休养院							
中国地图出版集团							
地图出版社							
测绘出版社							
中华地图学社							
测绘研究院							
地理信息中心							
卫星应用中心							
测绘宣传中心							
管理信息中心							
地图审查中心	900		900	900			
发展研究中心	800		800	800			
技能鉴定中心							
测绘学会							
机关服务中心	917	917					
国家局本级	52426	45414	7000	7000		12	

金拨款、支出情况

计量单位：万元

基建支出合计	交付使用财产	在建工程	建筑安装工程	设备投资	待摊投资	其他投资
114405	**6409**	**100830**	**94500**	**448**	**5419**	**463**
1664	1664					
260		260	260			
1500		1500	1500			
2485		2485			2485	
1300		1300	1300			
4834	214	4620	4138		219	263
488	130	358			358	
7420		7420	6840	379	201	
19776	4401	14209	13448		761	
45		45		45		
200		200				200
1280		1280	1150	24	106	
900		900	900			
800		800	800			
7457		7457	7023		434	
63996		57996	57141		855	

八、设备

表45　2010年各单位设备总值情况

计量单位：万元

单　位	年末实有设备总值（原值）	本年增加数	本年减少数	单台两万元以上的设备总值（原值）
合　计	**243714.13**	**34528.27**	**7274.17**	**193634.37**
北　京	9397.13	812.62	83.33	7530.11
天　津	5042.40	440.12	338.04	4217.20
河　北	6271.64	469.52	132.26	4546.64
山　西	14517.53	2948.87	289.75	13620.26
内蒙古	7123.22	817.49		6375.97
辽　宁	4605.54	467.20	312.21	3900.59
吉　林	5430.61	762.85	102.91	2542.96
黑龙江	17527.71	1261.23	454.15	13951.60
上　海	8217.37	783.19	89.45	6476.22
江　苏	8128.17	1110.40	68.35	6380.53
浙　江	6966.01	1835.06	470.95	4730.82
安　徽	4088.50	626.47	75.82	3209.40
福　建	4613.59	718.30	232.48	3322.57
江　西	3990.53	704.26		3418.18
山　东	5378.25	1014.38	793.77	4509.70
河　南	8251.79	2025.72	101.78	6931.10
湖　北	4884.13	524.43	58.21	3841.09
湖　南	6119.84	961.72	50.29	4290.40
广　东	5837.35	730.06	164.87	4286.15
广　西	8290.34	1165.30	120.91	6632.63
海　南	5259.02	410.08		4036.77
重　庆	4563.62	1339.83	487.70	3098.00
四　川	15955.73	1874.22	103.12	13343.02
贵　州	3916.43	660.49	23.86	3069.02
云　南	5763.64	462.23	141.39	4855.05
西　藏	685.70	213.08		430.27
陕　西	19224.79	3345.93	560.70	15398.17
甘　肃	5054.32	513.74	39.30	3965.64
青　海	4991.44	969.52	1.92	4297.17
宁　夏	1585.99	320.04		665.90
新　疆	6200.17	427.27	243.96	4692.20
重庆测绘院	3414.38	636.50	50.34	2949.07
北戴河休养院	277.36	13.24	17.07	157.45
中国地图出版集团	3436.89	227.9	888.09	2609.98
地图出版社	3216.57	116.15	888.09	2442.51
测绘出版社	39.00	6.10		7.00
中华地图学社	181.32	105.65		160.47
测绘研究院	8673.45	1586.28	155.94	6858.25
地理信息中心	8183.69	750.38	604.50	7142.51
卫星应用中心	503.20	503.20		420.00
测绘宣传中心	696.60	27.30		528.53
管理信息中心	295.39	3.51		199.62
地图审查中心	59.50	7.23	1.62	24.96
发展研究中心	108.40	27.73	9.24	53.58
技能鉴定中心	83.42	29.38		43.54
机关服务中心	99.35		5.89	81.55

表 46 2010 年设备分类情况

计量单位：台/套，万元

设备名称	总值	数量（按用途分）					数量（按质量状况分）			数量（按存在状态分）		
			#生产	#科研	#教学	#办公	完好	待修	待废	在用	闲置	租借
合　　计	**243714.13**	**87816**	**61878**	**2908**	**615**	**20740**	**85814**	**171**	**1831**	**85317**	**2488**	**11**
一. 大地测量仪器	27453.51	6933	6663	42	91	107	6555	42	336	6193	739	1
其中：												
1. 经纬仪	413.31	472	440	6	23	3	400	3	69	277	195	
2. 水准仪	2885.54	1332	1277	11	23	18	1285	8	39	1178	153	1
3. 平板仪	112.70	314	294	5	10		217	7	90	168	146	
4. 测距仪	1763.92	962	921	13	10	12	930	15	17	898	64	
5. 全站型速测仪	18897.47	2981	2892	6	25	43	2868	9	104	2851	130	
6. 管道探测仪	1269.20	232	229			2	230		2	228	4	
二. 航测光谱遥感仪器	5719.32	371	343	13	3	12	342	10	19	346	25	
其中：												
1. 航空摄影机	4420.99	27	24	3			27			27		
2. 精密立体测图仪	226.01	21	21				15	1	5	17	4	
3. 纠正仪	159.14	10	9	1			7	1	2	7	3	
4. 正射投影仪	69.15	11	10			1	11			11		
5. 展点仪	1.61	2	1		1		1	1			2	
6. 立体坐标量测仪	6.72	3	3				3			3		
7. 立体量测仪	10.00	4	4				3	1		3	1	
8. 光学转绘仪	15.76	1	1				1			1		
9. 多倍仪												
10. 数据采集仪	278.36	65	60	3	2		60	5		65		
11. 数字化仪	54.60	35	32			3	32		3	30	5	
三. 造纸和印刷设备	5587.30	304	265	1	1	26	276		28	279	23	2
其中：												
1. 电子分色仪												
2. 烘版机	1.60	1							1		1	
3. 晒版机	74.82	23	20			2	20		3	20	3	
4. 打样机	284.52	10	9				7		3	8	2	
5. 拷贝机	81.05	13	13				13			12		1
6. 复照仪	22.83	2	2				2			1		1
7. 激光照排系统	567.00	20	19			1	18		2	18	2	
8. 印刷机	3242.80	58	54		1	3	54		4	54	4	
9. 晾纸机	1.94	2	1				1		1	1	1	
四. 雷达导航设备	28415.09	3671	3357	59	10	224	3631	4	36	3611	60	
其中：												
1. 卫星导航 GPS 设备	27235.99	3322	3042	59	10	191	3284	4	34	3282	40	
2. 卫星遥感设备	619.16	70	65			5	70			69	1	
五. 通讯设备	2371.13	3815	2929	33	17	782	3705	1	109	3714	101	
六. 运输设备	45343.38	2071	1512	28	7	503	2050		21	2051	20	
其中：												
1. 载货汽车	1456.49	111	106			3	108		3	109	2	
2. 越野汽车	17620.06	590	496	7		80	582		8	582	8	
3. 自卸汽车	6.60	3	3				3			3		
4. 牵引汽车												
5. 载客汽车	11124.08	596	472	5	3	110	591		5	590	6	

2010年设备分类情况（续）

计量单位：台/套，万元

设备名称	总值	数量（按用途分）					数量（按质量状况分）			数量（按存在状态分）		
			#生产	#科研	#教学	#办公	完好	待修	待废	在用	闲置	租借
6. 轿　　车	14348.94	584	278	15	4	284	582		2	583	1	
7. 专用汽车	242.01	27	25	1		1	27			27		
8. 铁路运输设备	207.62	15	10			5	15			15		
9. 水上交通运输设备	2.49	11	9			2	11			11		
10. 民用飞机	1.56	1	1				1			1		
11. 工矿车辆	8.31	2	2				2			2		
七. 计算机及外围设备	97726.04	52212	37515	2185	384	11744	51217	50	945	51098	1106	8
其中：												
1. 数字电子计算机	54177.16	33585	24428	1801	310	6822	32969	39	577	32934	644	7
2. 数、模混合计算机	380.97	184	169	1		14	170		14	170	14	
3. 磁盘机	1665.62	836	561	4	1	190	742		94	741	95	
4. 磁带机	873.15	177	142	2		32	175		2	175	2	
5. 打印设备	2804.36	4411	2267	249	34	1829	4291	6	114	4299	112	
6. 计算机绘图设备	8868.61	1033	804	18	4	200	1006	4	23	1012	21	
八. 其他仪器仪表	5711.06	1045	743	108	19	158	1021	10	14	990	55	
九. 机电设备	12973.28	14012	6463	155	72	6325	13775	7	230	13807	205	
其中：												
1. 锅炉及原动机	631.60	58	12		1	27	57		1	57	1	
2. 金属加工设备	55.96	97	70			19	95		2	95	2	
3. 起重设备	734.75	42	25			16	41		1	41	1	
4. 泵	56.92	94	31			40	91		3	91	3	
5. 风机	12.35	18	5			6	18			17	1	
6. 气体压缩机	2.38	8	7				7		1	7	1	
7. 制冷空调设备	924.21	1208	694	8	3	492	1202		6	1205	3	
8. 金属表面处理设备	10.38	11	9			2	11			11		
9. 包装、气动工具	3.20	17	6			8	15		2	15	2	
10. 非金属工业设备	30.55	15	9			4	13		2	13	2	
11. 工程机械设备	9.14	8	5				8			8		
12. 木材采集加工设备	8.67	9	6				9			9		
13. 食品工业专用设备	167.49	206	29		2	95	202	2	2	202	4	
14. 医疗器械	81.05	98	10	1		79	92		6	94	4	
15. 其他行业专用设备	3233.67	3117	1711	18	17	1331	3074	2	41	3077	40	
16. 电机	256.40	264	237			24	253		11	252	12	
17. 变、电、容器	1455.58	567	472	5	1	74	550	2	15	553	14	
18. 生产辅助用电器	450.76	91	53			26	91			90	1	
19. 生活电器照明设备	2709.47	5677	2274	33	18	2896	5566	1	110	5592	85	
20. 电气机械设备	44.78	116	89			25	115		1	114	2	
21. 电工电子专用设备	52.51	54	28		1	21	54			50	4	
22. 广播电视设备	1790.75	2104	624	90	29	1081	2087		17	2091	13	
十. 其他设备	12414.02	3382	2088	284	11	859	3242	47	93	3228	154	

表 47 2010 年各单位主要设备情况

计量单位：台/套，万元

单位	GPS 接收机		全站型速测仪		全数字摄影测量系统		图形工作站		微型电子计算机	
	数量	金额	数量	金额	数量	金额	数量	金额	数量	金额
合 计	**3186**	**26689**	**2981**	**18897**	**1643**	**13714**	**1627**	**3917**	**21442**	**20809**
北 京	57	716.40	113	820.07	18	197.54	30	125.91	763	763.76
天 津	48	759.53	97	897.79	6	61.44	31	80.80	393	344.80
河 北	86	864.46	188	1045.99	59	246.04	24	18.49	691	562.76
山 西	64	937.20	63	439.53	51	3535.94	41	351.87	375	526.71
内蒙古	76	1414.75	63	622.58	58	613.85	24	89.19	503	543.33
辽 宁	128	935.42	99	457.73	110	527.89	21	30.53	580	310.50
吉 林	50	653.11	143	883.37	84	564.33	30	60.55	422	332.96
黑龙江	389	1658.22	215	1293.79	202	1080.23	311	675.47	1704	1609.40
上 海	116	1183.00	105	1304.00	3	26.75	28	121.32	616	698.62
江 苏	117	1307.22	47	322.10	28	277.66	37	81.34	666	534.50
浙 江	86	842.53	59	372.35	121	321.44	108	143.62	891	1357.94
安 徽	62	510.46	60	365.40	65	502.07	22	31.25	449	296.52
福 建	51	279.98	63	429.63	7	120.20	18	62.34	582	456.83
江 西	107	886.87	67	285.64	16	163.09	13	55.71	318	221.05
山 东	42	625.30	40	215.32	40	214.96	73	72.95	380	319.13
河 南	75	941.11	143	646.90	77	514.60	12	35.11	831	611.58
湖 北	49	311.02	71	351.41	64	338.71	7	20.93	486	431.88
湖 南	28	252.36	38	238.18	30	231.60	14	57.13	704	479.23
广 东	55	1012.88	153	843.70	36	322.56	55	81.12	575	452.17
广 西	149	1249.60	194	1011.64	45	369.69	12	37.84	817	569.59
海 南	97	463.19	76	387.16	58	380.78	100	172.56	350	298.54
重 庆	37	464.02	85	409.00	3	43.30	8	11.39	248	151.68
四 川	200	1328.23	127	826.24	108	559.27	61	227.12	1477	1533.48
贵 州	84	459.95	85	395.35	25	196.50	30	50.23	697	465.56
云 南	142	740.38	71	449.02	51	378.62	47	148.18	322	274.58
西 藏	3	39.00	7	67.97			2	6.47	15	20.97
陕 西	372	2999.17	120	1114.28	67	592.03	73	261.75	1556	1518.01
甘 肃	75	417.17	79	506.25	68	674.37	27	42.69	501	434.60
青 海	86	535.15	116	706.21	23	169.01	22	29.96	367	376.56
宁 夏	27	168.68	22	114.58	1	4.00	4	12.00	146	150.22
新 疆	81	744.61	63	339.96	42	272.00	59	146.90	313	325.77
重庆测绘院	93	515.89	105	665.02	74	142.92			153	112.18
北戴河休养院										
中国地图出版集团	2	0.54					127	148.26	418	488.72
地图出版社	2	0.54					127	148.26	354	444.11
测绘出版社									36	24.00
中华地图学社									28	20.61
测绘研究院	13	222.33	3	50.71			116	317.65	1141	1422.73
地理信息中心	38	248.28	1	18.60	3	70.80	38	103.89	672	1486.69
卫星应用中心							1	2.20	101	98.04
测绘宣传中心									58	67.18
管理信息中心							1	2.14	37	36.75
地图审查中心	1	0.49							38	34.30
发展研究中心									43	58.16
技能鉴定中心									20	14.04
机关服务中心									23	17.35

2010 年各单位主要设备情况（续一）

计量单位：台/套，万元

单位	服务器		数字化仪		影像扫描仪		图形扫描仪		GIS 软件	
	数量	金额	数量	金额	数量	金额	数量	金额	数量	金额
合　计	**1402**	**9733**	**35**	**55**	**214**	**3086**	**336**	**2496**	**1469**	**4976**
北　京	68	528.96	7	12.32	7	1.17	15	105.17		
天　津	33	173.59					9	42.34	19	93.27
河　北	26	65.50	4	7.70	5	35.11	12	43.09	21	92.28
山　西	22	584.33	4	4.55	6	197.56	19	733.45	55	387.28
内蒙古	12	66.73	1	1.50	1	46.00	12	50.79	1	5.24
辽　宁	21	105.89			4	51.33	6	66.12	9	10.26
吉　林	11	86.13			5	91.15	5	40.30	21	114.67
黑龙江	54	228.62			30	460.67	11	80.25	165	161.21
上　海	56	688.34	2	3.00	7	68.24	18	114.90		
江　苏	82	454.95			4	118.45	14	51.08	6	91.80
浙　江	86	827.94			9	99.33	15	45.98	19	542.07
安　徽	11	46.11			9	80.73	7	42.74	135	259.97
福　建	22	118.85			4	49.77	7	32.75	5	38.32
江　西	29	211.30			1	30.93	9	33.06	11	41.87
山　东	16	71.35	4	5.32	5	193.10	1	17.80	30	278.99
河　南	28	145.56	2	1.19	6	45.22	9	44.07	68	130.58
湖　北	12	32.54	1	3.10	4	1.05	10	31.31	28	61.51
湖　南	37	461.25	1	1.90	11	80.63	6	37.47	73	143.39
广　东	61	418.71			2	167.09	5	38.21	22	274.36
广　西	54	253.96			16	296.06	13	73.63	200	349.56
海　南	27	125.80			6	64.94	2	72.45	109	107.83
重　庆	14	83.81							1	20.00
四　川	34	176.54	1	2.90	15	235.21	9	62.45	169	255.55
贵　州	19	92.64	1	1.50	2	46.92	4	30.84	15	109.60
云　南	21	129.63			3	148.42	27	43.69	73	340.05
西　藏	1	4.96	1	1.20			1	19.20		
陕　西	131	906.19			10	187.29	25	245.64	45	430.87
甘　肃	123	211.46			2	34.38	7	13.99	38	53.29
青　海	18	81.92	1	1.50	1	60.00	2	15.15	46	146.88
宁　夏	2	14.00			1	34.00	1	10.00	1	45.00
新　疆	21	87.32	4	6.60	3	128.20	15	45.06	45	71.68
重庆测绘院	9	39.83					3	22.70	30	171.53
北戴河休养院										
中国地图出版集团	36	131.38	1	0.32	11	16.07			3	27.84
地图出版社	29	115.30	1	0.32	9	15.67			3	27.84
测绘出版社	5	12.00			2	0.40				
中华地图学社	2	4.08								
测绘研究院	118	959.39					27	51.81		
地理信息中心	66	663.54			18	9.00	4	111.30	6	119.18
卫星应用中心	8	376.00								
测绘宣传中心	2	9.60			4	6.53				
管理信息中心	6	42.84			1	0.45	1	0.11		
地图审查中心	2	7.67					2	26.55		
发展研究中心	1	5.00					2	0.36		
技能鉴定中心	2	13.31			1	0.52				
机关服务中心							1	0.45		

2010 年各单位主要设备情况（续二）

计量单位：台/套，万元

单位	水准仪		经纬仪		测距仪		精密立体测图仪		解析测图仪	
	数量	金额	数量	金额	数量	金额	数量	金额	数量	金额
合　计	**1332**	**2886**	**472**	**413**	**962**	**1764**	**21**	**226**	**11**	**231**
北　京	88	99.67	24	26.97	57	94.78	1	18.04	2	55.00
天　津	80	68.55	27	14.15	17	4.82				
河　北	74	62.91	45	17.88	27	63.11	6	120.87	1	30.30
山　西	29	61.05	10	4.41	2	1.22			1	9.00
内蒙古	37	64.41	24	55.43	7	18.37	1	10.00	1	23.50
辽　宁	52	60.18	1	0.50	15	4.54				
吉　林	20	42.60			1	0.50				
黑龙江	115	277.11	3	3.14	93	37.01				
上　海	62	223.00	1	6.00	32	13.00				
江　苏	59	77.78	25	15.96	127	29.89				
浙　江	42	101.25	8	7.21	37	15.80				
安　徽	45	33.49	3	1.22	55	14.07				
福　建	16	36.58	84	51.66	92	38.54				
江　西	30	9.22	1	0.50						
山　东	8	50.69			7	2.11				
河　南	36	95.57	16	11.49	48	20.89				
湖　北	18	35.15	4	4.57	37	26.70				
湖　南	16	46.72	16	18.47	10	18.08	1	20.70	4	97.75
广　东	27	78.65	3	7.74	44	27.03				
广　西	44	62.35	16	6.43	65	78.34				
海　南	31	111.57	5	11.36	4	2.90				
重　庆	5	4.00	20	15.00	10	9.00				
四　川	50	306.41	3	4.58	39	589.09				
贵　州	12	13.32	1	0.60	7	28.60				
云　南	18	44.78	16	15.12	1	0.50				
西　藏	4	10.88	5	5.89	5	21.76				
陕　西	126	454.35	21	29.07	65	106.26				
甘　肃	20	25.58	5	8.71	2	0.72				
青　海	58	84.57	5	3.88	25	67.94				
宁　夏	15	10.86	22	14.63	1	0.40	12	56.40		
新　疆	76	105.65	56	49.88	24	104.22				
重庆测绘院	16	107.17								
北戴河休养院										
中国地图出版集团										
地图出版社										
测绘出版社										
中华地图学社										
测绘研究院	3	19.47	2	0.86	6	323.73				
地理信息中心									2	15.00
卫星应用中心										
测绘宣传中心										
管理信息中心										
地图审查中心										
发展研究中心										
技能鉴定中心										
机关服务中心										

2010年各单位主要设备情况（续三）

计量单位：台/套，万元

单位	电子计算机绘图设备		航空摄影机		印刷机		测深仪		管道探测仪	
	数量	金额	数量	金额	数量	金额	数量	金额	数量	金额
合计	**1033**	**8869**	**27**	**4421**	**22**	**2597**	**25**	**212**	**232**	**1269**
北京	59	651.66			3	28.02			21	93.39
天津	39	165.44							28	151.87
河北	67	203.31	1	98.00	1	54.29	2	3.26	1	2.80
山西	43	1069.17	1	787.30						
内蒙古	22	139.49							1	11.00
辽宁	25	212.10	2	78.84			1	2.60	11	85.80
吉林	26	92.45					2	7.82	3	25.60
黑龙江	91	837.41	4	694.45					5	27.50
上海	39	343.00							28	151.37
江苏	33	257.93			1	63.15			14	68.10
浙江	18	211.28					2	11.70	2	12.30
安徽	30	188.00					1	5.90		
福建	19	127.97					5	39.90		
江西	15	110.39								
山东	7	216.50								
河南	34	210.10	1	1385.00	2	631.12			5	24.88
湖北	33	187.90	1	57.80	2	76.50				
湖南	32	292.97	5	67.29	6	1113.00			1	4.80
广东	13	81.22					4	34.05		
广西	55	505.91					3	17.65	3	15.90
海南	19	193.18					2	73.11		
重庆									50	300.00
四川	51	421.96			2	482.10			46	222.39
贵州	20	160.67			2	67.59				
云南	44	323.50	2	32.50	2	75.53	1	1.86		
西藏	17	97.42								
陕西	74	626.71	2	127.50			1	3.90	3	16.10
甘肃	18	113.45	4	14.67					2	14.49
青海	13	159.94								
宁夏	5	48.25	1	80.00						
新疆	31	231.77			1	5.62			1	4.73
重庆测绘院	11	78.46					1	10.50	7	36.18
北戴河休养院										
中国地图出版集团	13	80.60								
地图出版社	12	64.79								
测绘出版社										
中华地图学社	1	15.81								
测绘研究院	5	40.19	3	997.64						
地理信息中心	4	172.00								
卫星应用中心										
测绘宣传中心	4	6.53								
管理信息中心	2	0.56								
地图审查中心	1	8.70								
发展研究中心										
技能鉴定中心	1	0.52								
机关服务中心										

2010 年各单位主要设备情况（续四）

计量单位：台/套，万元

单 位	探地雷达		载货汽车		越野汽车		载客汽车		轿 车	
	数量	金额	数量	金额	数量	金额	数量	金额	数量	金额
合 计	**2**	**169**	**111**	**1456**	**590**	**17620**	**596**	**11124**	**584**	**14349**
北 京					8	181.33	66	1163.68	22	529.56
天 津							39	581.74	19	451.77
河 北			3	18.83	4	139.69	15	252.72	25	609.74
山 西					10	236.85	10	233.28	18	459.74
内蒙古					27	1033.39	11	206.43	8	259.73
辽 宁			12	84.68	4	162.13	21	325.48	17	420.91
吉 林					14	273.07	32	388.36	17	388.46
黑龙江					71	2522.69	58	1092.80	30	744.13
上 海					1	25.00	23	410.00	3	121.00
江 苏	1	61.54			18	441.62	11	311.48	19	485.72
浙 江			4	46.42	16	332.25	9	241.33	17	443.89
安 徽					9	247.72	18	262.15	11	273.05
福 建			4	63.86	4	123.07	8	211.11	23	455.53
江 西			4	46.79	5	128.60	4	117.39	18	452.12
山 东					19	445.08	7	189.64	11	263.48
河 南			11	129.88	19	268.03	14	138.16	22	429.45
湖 北					10	225.68	11	175.71	24	610.23
湖 南					8	191.17	16	330.50	16	451.54
广 东			24	328.81	5	160.38	17	464.00	9	273.29
广 西			1	8.89	35	718.84	29	207.98	17	413.91
海 南			4	36.57	10	221.61	13	352.45	20	404.05
重 庆			6	120.00	16	329.12	25	423.00	19	464.82
四 川	1	107.00	5	102.91	53	2088.74	42	801.06	42	938.76
贵 州			1	22.58	28	562.78	7	118.72	16	307.33
云 南			4	55.05	30	1023.19	9	250.03	13	325.88
西 藏					3	140.87			2	44.92
陕 西			3	55.03	78	2905.85	29	606.57	24	681.86
甘 肃			6	61.94	17	407.22	2	40.83	11	229.14
青 海			1	14.63	24	607.41	6	61.91	12	235.32
宁 夏			7	72.52	6	141.28	2	47.98	7	164.65
新 疆			6	136.14	20	690.59	11	228.52	12	305.15
重庆测绘院			4	44.06	11	327.34	13	387.69	4	85.01
北戴河休养院							1	19.62	2	51.15
中国地图出版集团			1	6.90	1	13.91	10	286.54	28	853.92
地图出版社					1	13.91	9	252.50	24	761.80
测绘出版社										
中华地图学社			1	6.90			1	34.04	4	92.12
测绘研究院					5	259.56	3	78.76	13	373.71
地理信息中心					1	44.00	2	79.30	4	119.50
卫星应用中心										
测绘宣传中心							1	23.00	5	121.24
管理信息中心										
地图审查中心							1	14.16		
发展研究中心										
技能鉴定中心									1	23.73
机关服务中心									3	81.55

九、测绘行业

表48 2010年各等级测绘单位数量和人员情况（按系统分）

系统	测绘单位数（个）					年末测绘从业人员数（人）				
	总数	甲级	乙级	丙级	丁级	总数	#测绘作业证持证人数	#专业技术人员		
								高级	中级	初级
合计	**11595**	**613**	**1899**	**3772**	**5311**	**267188**	**135604**	**24815**	**63007**	**80679**
测绘	171	105	47	15	4	21789	12879	1965	4588	6393
建设	2561	68	233	707	1553	42530	23398	3213	10890	13498
地矿	439	65	208	109	57	19706	10368	2369	5198	5680
水电	739	71	181	280	207	25938	13749	3518	6673	6674
交通	274	35	94	99	46	12580	6565	1705	2986	2524
煤炭	256	15	79	81	81	9413	4635	831	1717	2132
冶金	119	10	45	37	27	4663	3233	452	1082	1359
石油	79	13	25	30	11	3823	2404	308	916	827
有色	102	14	45	30	13	3427	1788	334	974	970
铁道	55	11	33	9	2	6118	3042	619	1081	1351
土地	1579	59	184	525	811	22255	12086	1545	5680	8099
地震	20	6	11	3		1244	726	228	297	290
核工业	33	6	21	4	2	1460	697	178	380	379
教育科研	74	6	36	28	4	2473	859	897	681	435
农业	24	1	10	11	2	727	270	84	175	136
林业	55	3	16	16	20	2368	1294	508	726	460
海洋	48	6	4	19	19	1163	581	213	283	281
机械	5	2	2	1		241	77	49	86	68
兵器	3	2			1	157	68	38	51	42
化工	38	4	13	16	5	1012	600	119	240	275
航空航天	11	3	4	4		2308	641	129	191	368
建材	27	7	15	3	2	1165	588	209	298	402
其他	4883	101	593	1745	2445	80628	35056	5304	17814	28036

表 49 2010 年各等级测绘单位数量和人员情况（按地区分）

地 区	测绘单位数（个）					年末测绘从业人员数（人）				
	总数	甲级	乙级	丙级	丁级	总数	#测绘作业证持证人数	#专业技术人员		
								高级	中级	初级
合 计	**11595**	**613**	**1899**	**3772**	**5311**	**267188**	**135604**	**24815**	**63007**	**80679**
北 京	261	61	86	56	58	18839	5571	1683	2852	4598
天 津	96	15	26	48	7	4002	2390	489	874	1005
河 北	615	35	86	158	336	12622	5641	1246	3117	3658
山 西	419	19	49	114	237	8062	4440	570	1980	2171
内蒙古	486	13	110	173	190	7511	3940	858	2157	2188
辽 宁	585	25	126	239	195	9631	5916	1119	2456	2757
吉 林	385	13	59	89	224	6953	4324	996	1795	1803
黑龙江	499	26	63	190	220	10228	4372	1121	2516	2484
上 海	124	17	44	51	12	4911	2057	537	1057	1373
江 苏	555	33	85	260	177	10915	5814	1012	2568	3550
浙 江	455	26	32	90	307	10295	5796	674	2352	3616
安 徽	412	18	60	95	239	8386	4729	654	1888	2466
福 建	355	15	41	104	195	5761	3229	433	1397	1881
江 西	332	17	37	60	218	5645	3102	484	1241	1695
山 东	669	19	69	150	431	12937	7267	1363	3163	4107
河 南	606	21	111	183	291	14257	8003	1073	3326	4255
湖 北	537	40	95	232	170	17771	6308	2671	5427	5885
湖 南	554	27	106	188	233	11422	7416	1122	3201	3335
广 东	519	30	108	194	187	13163	6333	1087	2712	4297
广 西	427	14	57	142	214	9124	4029	440	1760	2722
海 南	95	5	14	31	45	1563	885	116	338	549
重 庆	117	4	23	73	17	4321	2533	355	879	1064
四 川	606	26	83	208	289	14575	7949	939	3355	6284
贵 州	339	10	57	106	166	6787	3612	534	1598	1960
云 南	559	14	83	235	227	12870	7304	859	3284	3578
西 藏	29	1	10	13	5	730	244	30	117	314
陕 西	263	34	52	80	97	9505	5292	951	1948	2495
甘 肃	273	12	48	73	140	5222	2919	554	1317	1363
青 海	85	8	21	39	17	2778	1418	176	660	1239
宁 夏	68	2	16	19	31	1303	674	138	323	382
新 疆	270	13	42	79	136	5099	2097	531	1349	1605

表 50 2010 年测绘单位完成测绘服务值情况（按系统分）

计量单位：万元

系统	完成测绘服务值										
	总计	#大地测量	#测绘航空摄影	#摄影测量与遥感	#工程测量	#地籍测绘	#房产测绘	#行政区域界线测绘	#地理信息系统工程	#地图编制	#海洋测绘
合　计	**3286429**	**65585**	**61357**	**226730**	**1669455**	**401742**	**235971**	**8130**	**236150**	**228208**	**75142**
测　绘	507412	27519	21577	100128	100893	43627	4518	974	54399	92031	1771
建　设	457966	5588	841	12379	271970	19750	116319	1162	20913	5176	390
地　矿	235429	5276	3045	9927	122170	52787	4011	1069	18763	13671	1027
水　电	292609	4860	2381	23411	233069	4393	797	185	10891	1036	6420
交　通	141426	956	2204	3406	94440	1040	19		1178	2447	35241
煤　炭	96895	2378	3335	5174	67371	10994	522	25	3858	2689	
冶　金	95029	805		2920	81389	6561	912	42	1965	12	336
石　油	59084	1776		2900	46949	554	92		462	104	6247
有　色	34935	322		175	23396	8380	584		1813	127	138
铁　道	247884	46	2945	15121	228620	1023	95				
土　地	240841	3153	370	3736	69029	129493	16611	1857	9925	1864	237
地　震	8378	4793			2945	480	40		120		
核工业	12991	60		253	7807	2844	771	155	646	455	
教育科研	21651	1110	171	3832	5553	1571	239		6009	375	2754
农　业	3009				1846	622	2		510	29	
林　业	11220	6		750	7558	116	38	48	2004	689	
海　洋	9696				388	2			20	42	9245
机　械	4384				4332	52					
兵　器	3040				1733		618		689		
化　工	7182	51			6375	618	30	20	89		
航空航天	66301		6836	8249	2884	78	400		957	46898	
建　材	11949	67		485	7852	2304	314		927		
其　他	717118	6819	17652	33884	280886	114453	89039	2593	100012	60563	11336

表 51　2010 年测绘单位完成测绘服务值情况（按地区分）

计量单位：万元

地区	完成测绘服务值										
	总计	#大地测量	#测绘航空摄影	#摄影测量与遥感	#工程测量	#地籍测绘	#房产测绘	#行政区域界线测绘	#地理信息系统工程	#地图编制	#海洋测绘
合　计	**3286429**	**65585**	**61357**	**226730**	**1669455**	**401742**	**235971**	**8130**	**236150**	**228208**	**75142**
北　京	452150	1959	23189	51119	98818	8441	17634	380	59780	179400	465
天　津	135295	1583	2709	3695	97619	8786	3037		1094	644	12839
河　北	129337	2814	152	4690	80196	21133	7530	54	5079	1002	6578
山　西	62884	533	8206	7563	32129	6211	1592	110	4409	1146	
内蒙古	60378	2763		2829	30989	11372	3487	643	2484	428	
辽　宁	163549	1467	276	9005	118595	12081	8776	839	4624	1001	4806
吉　林	55514	2410	1782	1896	34204	7821	4446	45	2129	573	30
黑龙江	90449	4140	1067	14197	37570	15757	4713	213	8760	1929	1078
上　海	103811	125	2784	8900	51145	3291	2957	30	4422		14614
江　苏	130776	1061	1745	6492	62835	25587	21633	48	6012	1681	2281
浙　江	151316	2885	17	5140	74124	20843	17684	199	20589	1774	7595
安　徽	79126	1486	1486	7131	38190	14260	9216	203	5829	523	402
福　建	80408	1975	240	5731	35822	6378	9420	250	14413	1760	2621
江　西	48387	1024	601	4257	22527	10129	5395	98	3356	857	
山　东	136921	1586	124	9188	55089	34038	17461	1201	7841	2309	6138
河　南	109540	3409	1275	5536	55595	23018	8505	339	6032	2733	80
湖　北	234468	4192	2925	7221	176315	16844	10146		11686	3411	1728
湖　南	131092	3070	740	5222	65679	26380	13625	680	10651	1921	485
广　东	178219	830	550	4230	82984	27051	27317	478	17450	7105	9083
广　西	68747	1049	232	3391	31280	16557	5841	18	3008	1789	1060
海　南	15099	638	80	111	6630	3100	1300	72	1861	526	658
重　庆	67969	3524	129	2795	28661	11580	1388	260	4372	949	10
四　川	171909	5272	660	18581	98796	21448	11116	805	8462	4380	2212
贵　州	55219	1511	394	4789	29544	11871	4483	51	2044	345	1
云　南	84510	2633	686	4504	50324	12952	5943	259	5358	1329	380
西　藏	2789				1969	781	38				
陕　西	168130	8590	7729	20473	102707	8743	5758	85	6378	6303	
甘　肃	45681	504	453	4430	30502	2980	1607	378	3034	1056	
青　海	17847	356		474	10367	3456	799		1128	448	
宁　夏	10505	473	25	546	5482	1367	1516		661	35	
新　疆	44405	1723	1100	2594	22770	7487	1610	392	3205	852	

表 52　2010 年测绘单位主要

系　统	GPS接收机	全站仪	全数字摄影测量系统	遥感图像处理系统	影像扫描仪	图形扫描仪	图形编辑工作站	绘图仪	航摄仪	GPS导航定位系统	彩色航空摄影处理机	拷贝机
合　计	**40122**	**41360**	**5761**	**2330**	**2797**	**6432**	**17051**	**12919**	**275**	**4942**	**78**	**1296**
测　绘	2872	2914	1937	596	226	308	3066	541	44	308	14	29
建　设	4244	6378	430	114	355	849	1787	2089	9	246	12	132
地　矿	3156	3356	392	274	254	535	1833	859	27	866	4	110
水　电	3484	3824	264	112	202	616	767	957	11	318	8	118
交　通	1496	1239	37	5	74	249	137	658	1	235		70
煤　炭	1272	1321	200	38	63	228	259	528	6	207	8	34
冶　金	622	941	59	9	37	87	170	213		85		22
石　油	2472	740	65	21	19	57	29	215	3	103		13
有　色	594	604	30	4	40	122	140	184		166		9
铁　道	788	858	186	12	34	97	479	263	6	92	1	3
土　地	3967	4218	163	143	314	857	1360	1858	2	409	2	196
地　震	202	122	4		4	33	29	25		33		1
核工业	208	224	28	25	20	44	83	76	3	44		
教育科研	409	566	144	93	55	80	429	119	2	92	1	18
农　业	102	91	8	9	8	26	55	39		16		2
林　业	1361	155	11	66	45	84	392	83		86		2
海　洋	238	81	1	5	11	46	61	55		69		5
机　械	33	41			2	16		21				
兵　器	28	42	1		3	6	25	12	3	7		
化　工	170	194			6	21	4	47		1		6
航空航天	82	48	65	38	16	11	121	22	52	34	3	2
建　材	189	224	29	10	21	21	4	55	5	38		1
其　他	12133	13179	1707	756	988	2039	5821	4000	101	1487	25	523

仪器设备情况（按系统分）

计量单位：台/套

水准仪	测距仪	微机	服务器	网络交换机	多波束测深系统	多波频探测仪	测深仪	重力仪	磁带库（磁带机）	侧扫声纳	浅地层剖面仪	海洋磁力仪
30973	**27409**	**184371**	**9550**	**8967**	**375**	**689**	**3067**	**354**	**1011**	**165**	**237**	**166**
1373	1062	17641	1108	612	10	81	104	12	133	7	5	4
5262	6462	24024	1362	1337	10	94	153	7	85	4	6	2
2022	1464	12582	571	575	65	68	298	138	78	15	42	16
3532	875	19632	773	997	63	51	610	6	49	23	18	10
1480	303	9146	326	467	59	46	596	16	22	38	32	26
976	354	3618	163	254	6	24	51	9	21	1	3	
650	241	2721	89	135	9	47	65	12	11	7	7	9
276	54	2548	89	135	7	11	108	29	123	6	8	4
410	269	2012	49	78	15	11	45	4	14	3	4	2
793	150	12850	317	152	7	10	28	7	14	4	4	
2688	1819	15052	908	918	5	9	40	2	61	1	1	3
209	81	872	33	35	2	3	5	38	1		1	4
164	85	917	56	37		5	12	10	3		2	
899	231	3421	269	269	10	15	52	3	29	8	12	6
75	44	660	21	38			9		1			
147	354	2708	93	124			2		10		1	
118	19	921	84	45	19	12	171	6	17	19	21	15
52	13	140	4	11		4	2					
30	20	150	5	6			1		1		1	
198	77	758	24	22		3	6	3	1			
56	43	530	154	48	1	1	2		14			
146	94	896	140	62	1	4	8		5			
9417	13295	50572	2912	2610	86	190	699	52	318	29	69	65

表53 2010年测绘单位主要

地区	GPS接收机	全站仪	全数字摄影测量系统	遥感图像处理系统	影像扫描仪	图形扫描仪	图形编辑工作站	绘图仪	航摄仪	GPS导航定位系统	彩色航空摄影处理机	拷贝机
合计	**40122**	**41360**	**5761**	**2330**	**2797**	**6432**	**17051**	**12919**	**275**	**4942**	**78**	**1296**
北京	1572	1326	544	444	236	254	2284	425	82	547	11	45
天津	690	588	103	51	38	54	351	225	6	124	1	6
河北	3188	2380	172	40	148	251	452	658	4	126		32
山西	1211	1310	169	19	73	159	421	454	35	193	18	18
内蒙古	1510	1330	58	35	70	198	262	405		278	1	20
辽宁	1369	1433	317	99	104	240	559	499	6	248	1	42
吉林	1238	1229	152	22	90	185	418	345	8	92	3	47
黑龙江	1313	1490	591	107	104	217	647	455	13	199	2	15
上海	721	707	24	19	34	91	132	201	4	84		6
江苏	1898	2101	380	121	148	266	1363	632	5	220	1	67
浙江	1426	1844	145	85	56	279	373	545	1	118	1	77
安徽	1098	1428	125	29	123	221	220	444		81	4	50
福建	805	1022	184	92	70	165	597	294	8	130		34
江西	690	890	89	44	78	164	435	270	1	93		20
山东	2073	2108	175	29	161	301	549	889	4	145	2	60
河南	2135	2410	296	114	162	318	1119	700	13	214	9	77
湖北	1931	1960	252	1	40	285	513	869	7		1	27
湖南	1407	1958	97	63	155	437	423	587	2	228		82
广东	1954	2200	219	145	197	349	1341	780	14	193	2	100
广西	1139	1323	115	102	83	203	560	399	2	128		45
海南	388	306	43	11	21	41	223	79		30		19
重庆	671	756	101	4	32	112	132	179		34	3	36
四川	2161	2638	354	119	116	427	799	631	18	222	3	99
贵州	1200	1148	93	39	91	217	348	314		154	2	75
云南	2458	1824	99	31	124	414	496	594	12	125		83
西藏	57	90				7		21				
陕西	1587	1290	481	284	94	199	970	373	20	239	3	54
甘肃	715	798	140	95	79	156	314	240	2	227	1	27
青海	179	407	42		4	10	212	59				
宁夏	229	177	31	47	9	39	185	65	1	47		4
新疆	1109	889	170	39	57	173	353	288	7	423	9	29

仪器设备情况（按地区分）

计量单位：台/套

水准仪	测距仪	微机	服务器	网络交换机	多波束测深系统	多波频探测仪	测深仪	重力仪	磁带库（磁带机）	侧扫声纳	浅地层剖面仪	海洋磁力仪
30973	**27409**	**184371**	**9550**	**8967**	**375**	**689**	**3067**	**354**	**1011**	**165**	**237**	**166**
1172	3236	13401	1333	766	3	37	40	14	148	1	3	1
611	287	6533	183	146	20	44	159	5	20	17	15	10
1592	1012	6958	239	331	10	37	170	32	159	8	10	6
999	608	3884	186	146	4	5	31	8	13		1	
1030	545	4011	170	236	4	8	29	15	10	3		1
1197	932	6516	289	313	38	44	157	6	24	12	25	11
943	632	4439	170	221	1	6	28	9	17		1	
1188	1187	6722	247	251	3	7	76	7	23			2
760	234	3554	320	188	22	23	205	1	25	15	18	13
1689	2012	8254	498	497	20	93	226	10	59	10	10	9
1053	1177	8502	375	375	28	55	178	5	18	10	10	8
1051	1167	5157	289	391	10	15	85	30	29	4	2	2
615	1125	5465	273	335	11	14	115	4	31	8	14	6
676	618	2469	116	101	1	12	37	9	21		2	
1380	1144	8614	440	373	29	25	230	8	45	21	25	19
1753	1342	8575	430	362	22	15	86	20	61	3	7	2
2013	892	11259	433	447	6	1	177	9	4	8	4	4
1201	758	7473	511	492	21	26	87	22	34	1	5	
1387	2033	9889	523	522	50	72	506	12	81	31	24	18
1005	1061	4867	220	368	10	10	146	13	28	6	5	7
236	194	1141	57	63	1	3	41	1	10	2	1	
388	202	2580	145	100	3	4	26	28	18	1	2	
1594	1150	10819	425	437	6	65	41		36			
764	814	4424	228	283	3	6	29	6	13		44	43
1505	1193	8856	322	385	4	14	54	17	28		1	4
63	15	210	1									
1065	680	9296	353	348	11	19	70	26	30		4	
863	328	3881	269	156	8	11	19	10	10	4	3	
303	101	722	18	8	2		2	6				
134	84	1000	35	27		5	7	6	2			
743	646	4900	452	299	24	13	10	15	14		1	

十、国际交流与合作

表54 2010年国际交流与合作情况

出国和接待情况

内　容	出　国			接　待		
	项目数（项）	人　次	涉及国家（地区）个数	项目数（项）	人　次	涉及国家（地区）个数
合　计	**59**	**323**	**34**	**19**	**100**	**14**
国际会议	30	131	24			
合作研究	4	11	3			
考察访问	12	42	17	18	96	13
培训进修	2	32	2	1	4	1
科技展览	3	29	1			
其　他	8	78	7			

合作协议情况

	合作议定书或备忘录（个）	合作会谈纪要或工作计划（个）
数　量		**5**

十一、教育培训

表 55 2010 年测绘系统职工教育培训情况

计量单位：人，人次

项目 类型	人才总数						参加培训人员数（按累计培训时间分）				参加培训总人次数
		#参加培训人员数									
			#初次任职培训人数	#任职培训人数	#其他培训人数	#出国出境培训人数	12 天以内	13 天至不满 1 个月	1 个月至不满 3 个月	3 个月及以上	
机关党政人才	1368	803	28	38	747	15	642	97	52	12	4018
管理人才	3635	3131				45	2672	285	105	69	11858
专业技术人才	14810	12708				61	10479	1443	401	385	41616

续表

项目 类型	参加培训人次数（按培训类型分）							参加培训人次数（按培训渠道分）				参加培训人次数（按培训方式分）		办班次数（次）
	政治理论	专门业务	更新知识	学历学位教育	专业知识	继续教育	职业技能培训	党校	行政学院	国家测绘局培训机构	其他培训机构	送出培训	办班培训	
机关党政人才	2085	736	1155	42				185	151	859	2823	1342	2676	218
管理人才	7407			191	4260			255	122	678	10803	2140	9718	594
专业技术人才				993						2218	39398	6307	35309	1940

十二、立法执法

表56 2010年测绘立法情况（地方）

计量单位：件

单位	地方性法规		地方政府规章		重要规范性文件	
	新制定	修订	新制定	修订	新制定	修订
合计	**1**	**1**	**4**	**3**	**15**	**5**
北京						
天津					3	
河北				2		1
山西						
内蒙古						
辽宁						
吉林		1	1			
黑龙江						
上海					1	
江苏			1		1	1
浙江			1			1
安徽					3	
福建					1	
江西					2	
山东						
河南					1	
湖北						
湖南						
广东						
广西					1	
海南						
重庆			1			
四川						1
贵州					1	
云南						
西藏	1					
陕西						
甘肃				1	1	
青海						1
宁夏						
新疆						

表 57　2010 年测绘行政执法情况（地方）

项目＼类别	合　计	地图市场	测绘市场	地理信息市　场
开展执法检查（次）	**5747**	1297	1276	1173
开展重大专项执法行动（项）	**777**	245	197	179
发现涉嫌违法行为（起）	**725**	288	201	129
立案调查涉嫌违法案件（件）	**513**	215	159	72
做出行政处罚案件（件）	**141**	62	51	14

续表

项目＼类别	涉外测绘	测量标志	其他
开展执法检查（次）	215	1623	163
开展重大专项执法行动（项）	40	103	13
发现涉嫌违法行为（起）	5	61	41
立案调查涉嫌违法案件（件）	5	35	27
做出行政处罚案件（件）	4	7	3

附　　录

单位简介

国家测绘局

一、主要职责

（一）起草测绘法律法规和部门规章草案，拟定测绘事业发展规划，会同有关部门拟订全国基础测绘规划，拟订测绘行业管理政策、技术标准并监督实施。

（二）负责基础测绘、国界线测绘、行政区域界线测绘、地籍测绘和其他全国性或重大测绘项目的组织和管理工作，建立健全和管理国家测绘基准和测量控制系统。

（三）拟订地籍测绘规划、技术标准和规范，确认地籍测绘成果。

（四）承担规范测绘市场秩序的责任。负责测绘资质资格管理工作，监督管理测绘成果质量和地理信息获取与应用等测绘活动，组织协调地理信息安全监管工作，审批对外提供测绘成果和外国组织、个人来华测绘。组织查处全国性或重大测绘违法案件。

（五）承担组织提供测绘公共服务和应急保障的责任。组织、指导基础地理信息社会化服务，审核并根据授权公布重要地理信息数据。

（六）负责管理国家基础测绘成果，指导、监督各类测绘成果的管理和全国测量标志的保护，拟订测绘成果汇交制度并监督实施。

（七）承担地图管理的责任。监督管理地图市场，管理地图编制工作，审查向社会公开的地图，管理并核准地名在地图上的表示，与有关部门共同拟定中华人民共和国地图的国界线标准样图。

（八）负责测绘科技创新相关工作，指导测绘基础研究、重大测绘科技攻关以及科技推广和成果转化，开展测绘对外合作与交流。

（九）承办国务院及国土资源部交办的其他事项。

二、内设机构

办公室、规划财务司、国土测绘司、法规与行业管理司、地理信息与地图司（测绘成果管理司）、科技与国际合作司、人事司、直属机关党委（纪检监察室）

三、所属单位

（一）直属局

陕西测绘局、黑龙江测绘局、四川测绘局、海南测绘局

（二）直属单位

中国地图出版集团、中国测绘科学研究院、国家基础地理信息中心、国家测绘局卫星测绘应用中心、中国测绘宣传中心（中国测绘报社）、国家测绘局管理信息中心、国家测绘局地图技术审查中心、国家测绘局测绘发展研究中心、国家测绘局职业技能鉴定指导中心、国家测绘产品质量检验测试中心、国家测绘局重庆测绘院、国家测绘局机关服务中心、国家测绘局三亚测绘技术开发服务培训中心、国家

测绘局北戴河休养院

（三）归口管理的社团组织

中国测绘学会、中国地理信息系统协会、中国全球定位系统技术应用协会

北京市规划委员会

一、主要职责（测绘）

（一）贯彻落实国家关于城乡规划、测绘、建设工程勘察与设计等方面的法律、法规、规章和政策；起草本市相关地方性法规草案、政府规章草案，拟订相关管理规范和技术标准，并组织实施和监督检查。

（二）负责本市城乡规划、测绘行政管理和工程勘察与设计行业管理；承担城乡规划编制、测绘、工程勘察与设计单位及其从业人员的资格管理；负责建设工程勘察与设计质量安全的监督管理以及有关招标投标的备案工作。

（三）承担本市空间与自然资源基础信息数据库以及城乡规划地理信息系统的规划、建设和管理工作；拟订城乡规划领域信息化建设发展规划，并组织实施；负责城乡建设档案的监督和管理工作。

二、直属单位（测绘）

北京市勘察设计与测绘管理办公室、北京市测绘设计研究院

北京市测绘设计研究院

一、主要职责

（一）承担北京市基础测绘任务，建立和维护基本控制网，设置和保护永久性测量标志，测绘和更新北京市基本比例尺地形图，获取基础测绘信息数据，建立北京市基础地理信息系统。

（二）保管北京市基础测绘和规划测量资料档案，负责全市基础地理信息数据的分发服务。

（三）编制北京市基础地理底图、普通地图和行政区划地图。

（四）实施规划监督测量、定线拨地测量、规划道路测量、行政区域界线测绘等具有行政管理职能的测绘工作。

（五）主编北京市地方性测绘技术系列标准。

（六）承担北京市重大工程测绘项目。

二、内设机构

宣传部、组织部（党办）、纪律检查委员会（加挂监察（审计）处牌子）、工会、团委、院办公室、生产经营处（统计办）、科技信息处、质量管理处、人事处、财务处、设备处、离退休干部管理处、第三产业办公室、劳动服务公司办公室、对外协作办公室、测绘产品质量检验中心、第一测绘分院、第二测绘分院、第三测绘分院、第四测绘分院、第五测绘分院、第六测绘分院、航测遥感中心、制图中心、测绘资料档案室、北京九州宏图技术有限公司、后勤服务中心、汽车服务公司

三、直属单位

北京市地理信息中心、北京市测绘院职工学校

天津市规划局

一、主要职责（测绘）

（一）负责全市城市测绘管理工作；

（二）制定城市测绘发展规划和计划，负责城市测绘成果的管理和运用；

（三）负责测绘单位的资质管理。

二、内设机构

办公室、业务处、总体规划处、详细规划处、建设项目管理处、市政基础设施处、建设用地处、城市雕塑和景观处（市规划委员会办公室秘书处）、地名管理处（市地名委员会办公室）、测绘管理处、执法监察处（信访办公室）、政策法规处、人事处、财务处（审计处）、党委办公室、组织部、宣传部

三、直属单位（测绘）

天津市测绘院、天津市勘察院、天津市建筑设计院、天津市城市建设档案馆

天津市测绘院

一、主要职责

承担整个天津地区的平面控制网、高程控制网的建立和维护，以及为城市规划和建设管理提供多种不同比例尺现势图，同时还承担工程测量、地籍测绘、城市地下综合管线探测、基础地理信息开发和制图等项工作。

二、内设机构

党委办公室、办公室、纪检监察室、工会、总工程师办公室、劳动人事处、业务处、基建设备处、质量检查处、财务处、服务中心、质量监督检验站

三、直属单位

天津市测绘院基础地理信息中心、天津市测绘院测绘一院、天津市测绘院测绘三院、天津市测绘院测绘四院、天津市测绘院测绘七院、天津市测绘院测绘八院、天津市测绘院基础测绘院、天津市测绘院遥感工程院、天津市测绘院滨海分院

河北省测绘局

一、主要职责

（一）拟订测绘地方性法规、政府规章草案及行业管理政策、技术标准。

（二）组织拟订全省测绘事业中长期发展规划；会同有关部门编制省级基础测绘规划和年度计划、航空摄影与遥感计划，并组织实施。

（三）负责省级基础测绘、行政区域界线测绘、地籍测绘和其他全省性或重大测绘项目、应急保障测绘项目的组织和管理工作；建立健全和管理全省测绘基准及测量控制系统。

（四）会同土地行政主管部门编制地籍测绘规划，按照规划组织管理地籍测绘，确认地籍测绘成果。

（五）承担规范测绘市场秩序的责任。负责测绘资质资格管理工作；监督管理测绘成果质量和地理信息获取与应用等测绘活动；组织协调地理信息安全监督管理工作；审核对外提供测绘成果；监督管理外国组织、个人来冀测绘；组织查处全省性或重大测绘违法案件。

（六）承担组织提供测绘公共服务和应急保障的责任。负责管理省级基础测绘成果，指导监督各类测绘成果的管理；组织、指导基础地理信息社会化服务；审核并根据授权公布省内重要地理信息数据；组织并监督测绘基础设施建设与维护，管理全省测量标志。

（七）承担地图管理的责任。监督管理地图市场，管理全省地图编制工作，按规定审查向社会公开的地图，管理并核准地名在地图上的表示。

（八）负责组织测绘科技创新工作。开展测绘高新技术应用研究、重大测绘科技攻关以及科技推广和成果转化；负责对外测绘合作与交流有关工作。

（九）指导全省测绘队伍建设。组织测绘行业职工技术岗位培训和知识更新；核准测绘计量检定人员资格；会同有关部门管理测绘职业资格。

（十）承办省政府和河北省国土资源厅交办的其他事项。

二、内设机构

办公室、人事处、国土测绘处（科技与国际合

作处)、法规与行业管理处（监察处)、测绘成果管理处、财务处、机关党委、离退休干部处

三、直属单位

河北省第一测绘院、河北省第二测绘院、河北省第三测绘院（河北省航天航空遥感技术应用中心)、河北省制图院（河北省地理信息市场管理中心)、河北省测绘产品质量监督检验站（河北省测绘职业技能鉴定中心)、河北省基础地理信息中心、河北省测绘资料档案馆、河北省基础测绘设施技术保障中心

山西省测绘局

一、主要职责

（一）草拟全省测绘行政法规、规章，制定全省测绘事业中长期发展规划、测绘管理政策并依法监督实施。指导各地市、各专业部门的测绘工作。

（二）组织、管理和实施全省基础测绘（含空间数据基础设施建设)、行政区域界线测绘、地籍测绘、重点工程测绘和其他全省性或重大测绘项目、重大测绘科技项目，会同有关部门制定相应的测绘规划和技术标准。

（三）管理全省测绘单位资质的认证、审批和测绘任务登记。

（四）管理全省基础地理信息数据，组织指导基础地理信息的社会化服务。依法审核发布全省重要地理信息数据。办理全省中等以上城市和大型建设项目建立相对独立坐标系统的审批、备案。管理和保护本省范围内的测量标志。

（五）依法管理全省测绘市场。监督本省内重大测绘项目和重点工程测绘项目的招投标，依法查处全省性和重大测绘违法案件，负责行政复议和行政处罚。监督管理本省对外提供测绘成果和外国组织、个人来晋测绘。

（六）负责全省测绘成果的管理、确认和质量监督。依法管理本省地图编制工作，审查向社会出版、展示的地图，管理并审核地名在地图上的表示。

（七）组织全省测绘专业技术教育与培训，协助管理全省测绘专业技术职称评审和测绘技术工人等级考核工作。组织全省测绘对外合作交流。

（八）组织拟定全省卫星遥感与航空摄影计划，统一管理全省卫星遥感与航空摄影资料，协调数据的预处理与分发服务。审核报批本省行政区域内民用航空摄影项目和遥感项目，协调各专业遥感项目的实施。

（九）监督与管理全省测绘事业费和测绘专项资金，指导并监督直属单位的国有资产管理。

（十）承办省政府及省国土资源厅交办的其他工作。

二、内设机构

办公室、基础测绘处、测绘市场管理处、地图编制与测绘成果处、权属界线测绘处、计划财务处、人事教育处（机关党委)、离退休人员管理处

三、直属单位

山西省测绘工程院、山西省基础地理信息院、山西省地图院、山西省地图集编纂委员会办公室、山西省综合地理信息中心、山西省遥感中心、山西省测绘资料档案馆、山西省测绘产品质量监督检验站、山西省测绘职业资格管理中心、山西省测绘宣传中心、山西省基础测绘设施技术保障中心

内蒙古自治区国土资源厅

一、主要职责（测绘）

（一）贯彻执行国家关于测绘管理的方针、政策和法律、法规，研究拟定自治区有关法规、条例；依照规定负责有关行政复议；制订测绘管理的办法。

（二）组织编制和实施基础测绘规划和其他专项规划。

（三）组织编制自治区基础测绘和重大测绘项目规划，实施测绘行业管理，进行测绘资格审查。

（四）组织开展测绘技术的对外合作交流；推进科技进步，推广科技新成果。

二、内设机构

办公室、人事教育处、政策法规处、规划与科技处、财务处、地籍管理处、耕地保护处、土地利用管理处、矿产资源储量处、矿产开发管理处、地质勘查处、地质环境处、测绘管理处、执法监察局、机关党委

三、直属单位（测绘）

内蒙古自治区测绘事业局、内蒙古自治区测绘产品质量监督检验站

内蒙古自治区测绘事业局

一、主要职责

主要承担自治区境内基础测绘工作，工作范围包括基础测绘、重点测绘项目、地籍测绘、地理信息系统建设，编制出版自治区行政区域地图、地图集和其他专业性图集；向社会提供测绘成果，为各级政府及有关部门提供测绘保障服务。

二、内设机构

办公室、人事教育处、财务处、生产技术处

三、直属单位

内蒙古自治区测绘院、内蒙古自治区航空遥感测绘院、内蒙古自治区地图制印院、内蒙古自治区测绘科技档案资料馆、内蒙古自治区基础地理信息中心

辽宁省测绘局

一、主要职责

（一）落实国家关于测绘工作的方针政策和法律、法规、规章；拟定全省测绘行政、经济、技术管理法规和技术标准；制订测绘事业发展规划、计划并组织实施；组织实施国家和省的基础测绘，国、省界线测绘、行政区域界线测绘、地籍测绘和全省性或重大测绘项目。

（二）拟定测绘单位资格审查认证管理实施办法和有关测绘资格证书分级标准；依法审定测绘单位资格，监督管理测绘市场；依法审查对外提供测绘成果和外国组织、个人来辽宁省测绘；依法查处全省性和重大的测绘违法案件，负责有关行政复议。

（三）建立全省基础地理信息系统，管理全省基础地理信息数据和空间数据基础设施，组织指导基础地理信息社会化服务；根据授权发布重要地理信息数据。

（四）制订地籍测绘规划、计划；审定地籍测绘资格，组织实施地籍测绘项目，确认地籍测绘成果。

（五）依法管理地图编制工作，审查国、省界线和向社会出版、展示的地图；组织编制全省行政区域（省、市、县）地图；管理并审核地名在地图上的表示；负责全省测量标志保护管理。

（六）指导监督全省测绘技术；管理测绘成果及全省测量控制系统；组织重大测绘科技项目攻关，指导对外测绘科技合作交流。

（七）监督管理测绘事业费和有关专项资金。

（八）承办省政府及国土资源厅交办的其他事项。

二、内设机构

办公室（计划财务处）、国土测绘与科技处、法规与行业管理处、测绘成果管理处、人事处、机关党委

三、直属单位

辽宁省基础测绘院、辽宁省地理信息院、辽宁省摄影测量与遥感院、辽宁省测绘产品质量监督检验站、辽宁省基础地理信息中心（辽宁省测绘科技资料馆）、辽宁省测绘局网络技术中心、辽宁省测绘基础设施管理中心

吉林省测绘局

一、主要职责

（一）贯彻执行国家有关测绘行政法规、规章；起草地方测绘行政法规、规章，研究拟定全省测绘事业发展规划、测绘行业管理政策、技术标准并依法监督实施；组织并管理全省基础测绘、行政区域界线测绘和其他全省性重大测绘项目、测绘科研项目。

（二）拟定全省测绘单位资格审查认证管理办法，依法审查全省测绘单位测绘资格；管理测绘任务登记；依法审批对外提供测绘成果；依法查处重大测绘违法案件；负责有关行政复议。

（三）管理全省基础地理信息数据，组织指导基础地理信息社会化服务；管理国家测绘基准和测量控制系统；审批大城市和国家重大工程项目需建立相对独立的平面坐标系统；根据授权审核发布全省重要地理信息数据；指导监督全省各类测绘成果的管理和测量标志的保护。

（四）会同国土资源管理部门贯彻执行国家地籍测绘规划和技术标准，管理审定地籍测绘资格，确认地籍测绘成果。

（五）依法管理全省地图编制工作，审查向社会出版、展示的地图；管理并审核地名在地图上的表示；依据国界线标准样图，审批国界线画法。

（六）管理全省测绘事业经费和专项资金。

（七）组织对外测绘合作与技术交流。

（八）承办省政府交办的其他事项。

二、内设机构

办公室、规划财务处、基础测绘处、法规与行业管理处（行政审批办公室）、地理信息管理与应用处（地图管理处）、科技与质量监督处、人事处、机关党委

三、直属单位

吉林省第一测绘院、吉林省第二测绘院、吉林省地理信息工程院、吉林省基础地理信息中心（吉林省测绘档案资料馆）、吉林省基础测绘基地管理中心（吉林省测绘仪器设备调配中心）、吉林省测绘局机关服务中心、吉林省测绘产品质量监督检查站（吉林省测绘仪器计量检定站）、吉林省测量标志管理站、吉林省地图技术审核中心、吉林省测绘职业资格管理中心、吉林省测绘局管理信息中心

黑龙江测绘局

一、主要职责

（一）承担并组织协调国家测绘局下达的国家基础测绘和其他全国性或重大测绘项目的实施，履行黑龙江省人民政府管理测绘工作的职责。

（二）贯彻执行党和国家有关测绘工作的方针政策、法律法规规章，依法拟定、组织实施黑龙江省测绘工作的政策法规规章，并配合有关部门对执行情况进行监督检查。

（三）研究制定黑龙江省测绘工作的方针、政策及黑龙江省测绘事业的发展战略和中长期规划。

（四）依法拟定、编制黑龙江省基础测绘和其他重大测绘项目规划，经省计划主管部门批准后，组织实施。

（五）指导黑龙江省内行政区域界线的测绘工作；指导城市勘察和市政工程测量的测绘工作；会同省土地行政主管部门编制黑龙江省地籍测绘规划，并按规划组织协调地籍测绘工作，统一管理地籍测绘单位的资格认证和质量监督。

（六）负责管理黑龙江省地图编制、出版工作；负责对编制、印刷地图的单位进行资格审查；审批公开地图、内部地图、保密地图等，负责审核在地图上的地名表示工作以及测绘行业标准化工作。

（七）根据授权管理黑龙江省测绘计量工作。

（八）负责全省测绘资质审查、测绘资质证书发放及测绘市场监督管理工作。负责本省行政区域内的测绘项目登记工作，指导和监督全省测绘成果

质量管理，查处违法测绘行为。

（九）制订全省测绘技术政策，组织省内重大测绘科技项目的攻关和科技成果转化；指导黑龙江省测绘专业人才的培养。

（十）指导和监督黑龙江省各类测绘成果的管理；负责测绘成果保密工作，编制测绘成果目录，并向社会发布；负责省内重要地理信息数据的审核和发布。

（十一）指导黑龙江省测量标志保护工作。

（十二）组织指导黑龙江省测绘系统专业技术、岗位培训工作。

（十三）归口管理省级对外测绘科技和经济合作交流；依据有关规定负责对上提供黑龙江省测绘成果的审批工作。

（十四）指导市、地、县测绘工作。

（十五）承办国家测绘局和黑龙江省人民政府交的其他工作。

二、内设机构

办公室、财务处（审计处）、基础测绘处（技术监督处、综合统计办公室）、成果应用处（资料处）、科技处（国际合作处）、行业管理处（政策法规处）、人事处、地图审查管理处（执法队）、国有资产管理处（基建装备处）、机关党委（纪检监察室、局工会、局团委、局精神文明办公室、计划生育办公室）

三、直属单位

哈尔滨地图出版社、国家测绘局第二大地测量队（黑龙江第一测绘工程院）、国家测绘局第三地形测量队（黑龙江第二测绘工程院）、国家测绘局第四地形测量队（黑龙江第三测绘工程院）、黑龙江地理信息工程院、国家测绘局黑龙江基础地理信息中心（国家测绘局黑龙江测绘资料档案馆、黑龙江省遥感信息中心）、国家测绘局第二航测遥感院（黑龙江省测绘航空遥感中心）、国家测绘局经济管理科学研究所（黑龙江省测绘科学研究所）、国家测绘局黑龙江测绘产品质量监督检验站（黑龙江省测绘产品质量监督检验站）、黑龙江测绘计量仪器检定站（黑龙江省测绘计量仪器检定站）、黑龙江测绘物资供应站（黑龙江省测绘物资供应站）、黑龙江测绘局教育中心、黑龙江测绘局后勤管理中心、黑龙江测绘局劳动服务管理中心

四、附属和挂靠单位

黑龙江测绘局离退休干部处、黑龙江测绘局产业发展处、黑龙江测绘局机关服务中心、黑龙江省测绘学会办公室、极地测绘科学国家测绘局重点实验室

上海市测绘管理办公室（上海市测绘院）

一、主要职责

（一）组织编制基础测绘规划、参与编制基础测绘年度计划，并组织实施。

（二）负责会同土地行政主管部门编制地籍测绘规划并组织管理地籍测绘。

（三）负责国家测绘法律法规的贯彻执行，负责制订地方性法规和规章草案、政策并组织实施。

（四）负责国家规定权限内的测绘资质审查、发放资质证书和相对独立平面坐标系统的审批。

（五）负责测绘专业技术人员的执业资格管理和测绘作业证件的管理。

（六）负责基础测绘成果的管理。

（七）负责测绘成果质量的监督管理。

（八）负责对编制、印刷、出版、展示、登载地图的管理。

（九）负责组织测量标志的保护工作。

（十）负责市政府、市规划局交办的其他事项。

二、内设机构

办公室（党委办公室）、总工程师办公室（总工程师室）、行业与法规处、计划业务处（基础测绘处）、质量监督处、地理信息管理与应用处、组织人事处、宣传教育处、财务处

三、下属部门

浦东分院、第二分院、第三分院、第四分院、基础地理信息中心、测绘产品质量监督检验站、测绘职业技能培训中心、第164国家职业技能鉴定所、服务中心

江苏省测绘局

一、主要职责

（一）贯彻执行国家测绘工作的法律、法规和方针、政策，受委托起草全省测绘法规、规章，制定全省测绘事业发展规划，并依法监督实施。

（二）组织、管理全省基础测绘和重大测绘项目。

（三）指导、监督测绘成果管理。根据授权审核发布全省重要基础地理信息，组织指导基础地理信息社会化服务；管理并审核地名在地图上的表示。

（四）依法管理全省测绘市场。负责管理全省测绘单位的测绘资格；管理测绘任务登记；依法审批对外提供测绘成果和外国组织、个人来省测绘；依法查处重大违法测绘案件；负责测绘行政复议。

（五）组织、管理省内行政区域界线测绘，编制本省行政区域界线标准样图；审定行政区划面积、海岸线长度；管理全省地籍测绘工作，制定地籍测绘的规划并组织实施。

（六）管理全省测绘标准化工作，根据授权管理测绘计量工作；依法管理全省测绘产品质量；组织指导全省测绘专业技术人员继续教育。

（七）负责全省测绘航空摄影、航测遥感审核报批工作；协调全省航空摄影和卫星遥感资料的利用；组织省内测绘重大科技项目攻关和成果转化；归口管理省级测绘对外合作交流，审查测绘重点项目引进。

（八）负责监督、管理测绘事业费和专项资金的使用；负责直属单位的规划、建设和国有资产管理。

（九）承办省政府和省国土资源厅交办的其他事项。

二、内设机构

办公室、规划财务处、测绘管理处（政策法规处）、国土测绘处、测绘成果管理与应用处（地图管理处）、人事处、机关党委、监察室、工会

三、直属单位

江苏省测绘工程院、江苏省基础地理信息中心、江苏省测绘产品质量监督检验站、江苏省测绘研究所、江苏省测绘资料档案馆、江苏省测绘市场管理中心、江苏省测绘局职业技能鉴定指导中心、江苏省测绘局信息中心（江苏省测绘局后勤服务中心）、江苏省基础测绘设施技术保障中心

浙江省测绘与地理信息局

一、主要职责

（一）起草测绘与地理信息地方性法规、规章草案；拟订全省测绘与地理信息事业发展规划；拟订测绘与地理信息行业管理政策、技术标准并监督实施；会同省财政部门监督管理省级测绘与地理信息事业经费、专项资金。

（二）负责组织和管理全省基础测绘、海洋测绘、地籍测绘、行政区域界线测绘、城市测绘和其他重大测绘项目。会同有关部门编制相关的项目规划和年度计划，并组织实施；负责全省以开展测绘与地理信息活动为目的的航空摄影与遥感、卫星影像采购计划的审核工作，编制和实施省级基础航空摄影与遥感、卫星影像采购计划。

（三）承担规范测绘市场秩序的责任。按规定权限负责全省测绘与地理信息资质资格管理工作，监督管理地理信息获取与应用等测绘活动；负责测绘项目和外国组织、个人来本省从事测绘与地理信息活动的备案，监督管理全省测绘与地理信息项目招投标工作；组织查处全省性或重大的测绘与地理信息违法案件，负责有关行政复议工作。

（四）承担组织提供测绘与地理信息公共服务和应急保障的责任。组织、指导测绘与地理信息公共服务，编制突发公共事件处置应急测绘保障预案，并提供应急测绘保障；审核并根据授权公布重要地

理信息数据；负责全省地理信息数据变化监测和综合统计分析工作。

（五）负责管理全省测绘成果与地理信息。指导、监督管理全省各类测绘成果与地理信息和全省测量标志的保护；管理测绘成果与地理信息目录和副本汇交工作；组织测绘与地理信息安全监管工作；负责省级基础测绘成果、基础地理信息数据提供和本省向境外组织、个人提供未公开的测绘成果与地理信息的审批。

（六）承担地图管理的责任。监督管理地图编制、地图产品制作、地图展示登载、境外地图引进和地图市场，按规定权限审批向社会公开的地图和地图产品；管理并核准地名在地图上的表示；会同省民政厅共同拟订浙江省地图的行政区域界线标准样图。

（七）负责全省地理空间数据交换和共享工作。会同有关部门制定全省地理空间数据交换和共享规划，建设、管理省地理空间数据交换和共享平台，审核有关部门报送的测绘与地理信息项目计划，指导市、县地理空间数据交换和共享平台建设。

（八）指导全省地理信息产业发展。拟订全省地理信息产业发展规划和产业发展政策，指导和组织协调地理信息资源开发利用和地理信息产业发展工作。

（九）负责全省测绘基准，测绘与地理信息标准、质量、计量和技术的监督管理工作。按规定权限审核、审批本省行政区域内建立相对独立的平面坐标系统；负责建立、完善和管理“数字浙江”地理空间框架，指导市、县（市）开展“数字城市”地理空间框架建设，并做好推广应用工作。

（十）负责全省测绘与地理信息科技创新和外事管理等相关工作。组织实施测绘与地理信息基础研究、重大测绘与地理信息科技攻关、科技成果鉴定以及科技推广和成果转化，组织测绘与地理信息对外合作与交流；组织制定并实施全省测绘与地理信息科技发展和人才规划、计划。

（十一）承办省政府及省国土资源厅交办的其他事项。

二、内设机构

办公室、政策法规与行业管理处、规划财务处、基础地理信息与科技处、测绘成果与地理信息管理处、地理信息开发利用处（地图管理处）、政治处、直属机关党委、监察室

三、直属单位

浙江省第一测绘院、浙江省第二测绘院、浙江省地理信息中心（浙江省遥感数据处理服务中心）、浙江省测绘资料档案馆（浙江省地理空间数据交换中心）、浙江省测绘质量监督检验站（浙江省测绘器具检定站、浙江省房屋面积测绘成果质量鉴定中心、浙江省测绘技能鉴定站）、浙江省测绘科学技术研究院（中国测绘科学研究院浙江分院）

安徽省国土资源厅

一、主要职责（测绘）

（一）研究拟定有关土地、矿产资源和测绘管理的地方性法规和规章，拟定管理、保护与合理利用土地资源、矿产资源及测绘管理等政策；依法监督土地、矿产资源管理和测绘工作的技术标准、规程、规范和办法的执行，制定有关实施办法细则，并监督实施。

（二）组织编制和实施全省国土规划、土地利用总体规划和其他专项规划；参与报国务院、省政府审批的城市（镇）总体规划的审核；指导审核市、县（市）、乡（镇）土地利用总体规划；组织编制和实施矿产资源保护与合理利用规划、地质勘查、地质灾害防治和地质遗迹保护规划、计划；组织编制全省测绘事业发展规划，负责制定和实施本省基础测绘、地籍测绘和其他重大测绘项目的规划、计划。

（三）组织并管理全省基础测绘、行政区域界线测绘、地籍测绘和其他重大测绘项目；负责测绘单位资格审查发证、测绘任务登记、测绘产品质量监督和管理。

（四）管理全省测绘基准和测量控制系统；根据授权管理测绘行业的计量工作；指导全省测绘行业标准化工作；组织指导全省基础地理信息系统建设和基础地理信息社会化服务；依法管理全省地图

编制工作，审查向社会出版、展示的地图，管理并审核地名在地图上的表示。

（五）安排并监督检查国家、省财政拨给的地勘、测绘、土地等事业经费和其他专项资金的使用；组织开展对外合作与交流。

（六）承办省政府交办的其他事项。

二、内设机构

办公室、政策法规处、规划处、财务处、耕地保护处、地籍管理处、土地利用管理处、矿产开发管理处、矿产资源储量处、地质勘查处、地质环境处、测绘管理处、土地开发复垦整理处、执法监察局、科技交流处、人事处、直属机关党委（离退休工作处）、监察室

安徽省测绘局（安徽省测绘总院）

一、主要职责

（一）贯彻执行国家和省有关测绘工作的方针、政策及技术标准；监督检查直属单位测绘技术、质量、规程、规范、产品标准和测绘基准的执行。

（二）承担全省基础测绘、地籍测绘、行政区域界线测绘和其他重大测绘项目的实施工作，参与与测绘有关的重大质量事故、技术争议、技术纠纷的处理，负责测绘项目设计和专业设计审核工作。

（三）承担测绘产品质量监督检验和测绘仪器计量检定的具体事务工作。

（四）组织进行多层次的测绘科技攻关和技术开发工作，推动测绘科技进步和技术创新，促进传统测绘技术体系向数字化测绘高新技术体系的转变。

（五）承担“省级基础测绘设施项目”的实施和省级基础地理信息数据的维护、分发、开发应用及数据供后服务工作，承担省、市、县（市、区）政区图的有关内部图（册）编制工作。

（六）负责机关和直属单位的人事劳动、机构编制管理工作；负责测绘事业费、专项资金使用的监督和国有资产监管工作；负责测绘专业技术人员的岗位培训工作；承担全省测绘行业特有工种职业技能鉴定工作。

（七）承办省政府及省国土资源厅交办的其他事项。

二、内设机构

办公室、综合计划处（国土测绘处）、技术质量处、人事教育处、离退休工作处、机关党委、纪委（监察室）

三、直属单位

安徽省第一测绘院、安徽省第二测绘院、安徽省第三测绘院、安徽省第四测绘院、安徽省测绘档案资料馆（省基础测绘信息中心）、安徽省测绘产品质量监督检验站、安徽省测绘技术培训中心、安徽省测绘仪器计量检定站、安徽省测绘局机关服务中心

福建省测绘局

一、主要职责

（一）负责全省测绘工作的统一监督管理。贯彻执行国家测绘工作方针、政策和法律、法规，制定地方测绘法规、规章和有关规定，研究制定全省测绘行业管理办法、规定、制度和经济技术政策，监督检查国家和地方测绘法律、法规的贯彻实施。

（二）组织制定全省测绘行业的发展战略中长期规划和年度计划；组织协调全省基础测绘、地籍测绘和其他全省性或重大测绘项目的实施；负责全省测绘行业统计和综合分析工作，管理并审查各部门的航空摄影与遥感计划。

（三）管理全省测绘行业的标准化工作。负责建立和完善全省基础地理信息系统，审核和发布本省基础地理信息数据。

（四）负责管理全省各种地图的编制出版和更新工作，审定图上国界线、行政区划界线的画法；组织和管理本省行政区划界和省内各种界线的测绘。参与处理同邻省和省内各类境界线的争议与纠纷。

（五）主管全省测绘单位的测绘资质审查、颁证工作，组织指导测绘产品质量监督管理，指导有

关专业测绘部门和市（地）县的测绘管理工作。

（六）组织全省测绘基础设施的建设，管理和组织维护全省测量标志；依法审批外国组织、个人来省从事测绘工作。

（七）依法管理全省测绘成果，指导和监督全省测绘成果目录和副本汇交工作，完善和严格执行测绘资料保密安全使用制度，负责全省对外经济、文化、科技交流和合作中提供测绘资料的审批。

（八）组织协调全省重大测绘科技项目攻关、新产品开发，归口管理全省对外测绘科技、经济合作交流和测绘重点项目引进（包括技术和仪器设备）的审批工作，组织测绘科研成果的鉴定、评奖、交流和推广工作。

（九）审批、发布地方独立测绘基准，对限额以上测绘项目的技术设计进行审定、指导和监督。根据授权管理全省测绘行业的计量工作。

（十）指导全省测绘队伍建设，组织测绘行业职工的岗位培训和知识更新。组织全省测绘行业的中、高级测绘专业技术职务资格的审定工作。

（十一）负责直属事业单位的组织管理，按规定权限任免干部。管理监督测绘事业费及专项资金的使用和负责国有资产管理，会同有关管理部门制定地方测绘产品收费标准和管理测绘市场。

（十二）承办省政府、国家测绘局和省国土资源厅交办的其他的事项。

二、内设机构

办公室、规划财务处、测绘管理法规处、基础测绘处、测绘成果和地图管理处、人事教育处（机关党委）

三、直属单位

福建省测绘院、福建省制图院、福建省基础地理信息中心（福建省基础地理遥感影像应用中心）、福建省测绘产品质量监督检验站、福建省测绘局地图审查中心

江西省测绘局

一、主要职责

贯彻执行国家和省制定的测绘法律、法规，拟订本省测绘地方法规、规章；组织制定全省测绘事业发展规划；组织并实施全省基础测绘、重点工程测绘、行政区域界线测绘、地籍测绘及测绘质量监督；主管全省测绘单位资质审批认证；依法审查外国的组织或个人来华测绘；管理全省基础地理信息数据和基础地理信息社会化服务；依法进行全省测绘行业管理、测绘市场管理、测绘成果管理、测绘技术标准管理；负责全省测量标志保护管理；依法管理地图编制工作，审核向社会出版、展示的地图、审核地名在地图上的表示；根据受权审核发布重要地理信息数据。

二、内设机构

办公室、国土测绘处、行业管理处、测绘成果管理处、财务处、人事处、党委办公室、监察室、机关后勤服务中心

三、直属单位

江西省第一测绘院、江西省第二测绘院、江西省第三测绘院、江西省基础地理信息中心、江西省测绘产品质量监督检验站、江西省测绘发展研究中心、江西省国土资源测绘工程总院

山东省国土资源厅（山东省测绘局）

一、主要职责（测绘）

（一）贯彻执行国家有关测绘工作的政策、法律、法规。

（二）拟定全省测绘管理的法规、章程并组织实施。

（三）拟定测绘行业管理的技术标准、规程、规范和办法并组织实施。

（四）监督检查全省各级测绘行政主管部门行政执法和测绘规划执行情况。

（五）组织查处重大违法测绘案件。

（六）负责测绘行政复议。

（七）组织编制和实施全省测绘事业发展规划和其他专项规划、计划。

（八）组织并管理全省基础测绘、省界线测绘、省内行政区域界线测绘、地籍测绘和其他全省性或重大测绘项目。

（九）负责全省测绘单位资质审查、测绘项目登记和地图编制出版工作。

（十）依法审查向社会出版、展示的地图，管理并审核地名在地图上的表示。

（十一）管理测绘基准和测量控制系统。

（十二）管理全省基础地理信息数据，组织指导基础地理信息社会化服务。

（十三）依法审批对外提供测绘成果和外国组织、个人来鲁测绘。

（十四）根据授权发布山东省重要地理信息数据。

（十五）指导、监督全省测量标志保护工作。

（十六）组织协调地理信息安全监管工作。

（十七）承担组织提供测绘公共服务和应急保障的责任。

（十八）拟定、监督实施测绘成果汇交制度。

（十九）监督管理国家和省财政拨给的测绘事业经费和其他专项资金。

（二十）组织开展测绘行业的对外合作与交流。

二、内设机构

办公室、调控与市场监测处、政策法规处、规划处、财务处、耕地保护处、地籍管理处、土地利用管理处（集体土地管理处）、征地管理处、矿产开发管理处、矿产资源储量处、地质环境处、地质勘查处、国土测绘处、测绘行业管理处、地理信息与地图处、执法监督局、科技与外事处、人事处、机关党委、离退休处、纪检监察室

三、直属单位（测绘）

山东省国土测绘院、山东省地图出版社、山东省遥感技术应用中心

河南省测绘局

一、主要职责

（一）拟订全省测绘工作的行政法规和规章，制订测绘事业发展规划、测绘行业管理政策、技术标准，并依法监督实施。组织并管理基础测绘、省界线测绘、行政区域界线测绘、地籍测绘以及其他全省性测绘项目、重大测绘项目、重大测绘科技项目。

（二）负责全省各类测绘单位资格审查认证和测绘任务登记，负责外国组织和个人在本省区域进行测绘活动的审核工作；依法查处测绘违法案件，负责有关行政复议工作。

（三）管理全省基础地理信息数据，组织指导基础地理信息社会化服务，承担省经济建设和社会化发展信息化空间信息基础框架建设和基础测绘成果的应用；管理全省测绘基准和测量控制系统；根据授权审权审核发布重要地理信息数据；指导和管理全省测量标志和全省测绘成果的保护工作。

（四）制订并组织实施地籍测绘的规划和技术指标，监督管理地籍测量质量，确认地籍测绘成果；负责全省航空遥感计划的审批工作。

（五）审核限额以上测绘项目的立项和技术设计，依法管理全省地图编制工作，审查向社会出版、展示的地图，管理并审核地名在地图上的表示。

（六）负责全省测绘行业技术培训、质量管理、科技开发、对外合作交流工作。

（七）监督管理省测绘事业费和专项资金的使用。

（八）承办省人民政府和省国土资源厅交办的其他事项。

二、内设机构

办公室、测绘管理处、测绘成果与地图管理处、国土测绘处、规划财务处、人事教育处、直属机关党委

三、直属单位

河南省测绘工程院、河南省遥感测绘院、河南省地图院、河南省基础地理信息中心、河南省测绘职工中等专业学校、河南省测绘产品质量监督站、河南省测绘发展研究中心、河南省测绘资料档案馆、河南省测绘局机关后勤服务中心

湖北省测绘局

一、主要职责

（一）起草测绘地方性行政法规和政府规章草案，研究拟订本省测绘事业发展规划、测绘行业管理政策、技术标准并监督实施。

（二）负责组织和管理本省基础测绘、行政区域界线测绘、地籍测绘和其他全省性或重大测绘项目，建立健全和管理本省测绘基准和测量控制系统，负责组织实施“数字湖北”地理空间框架建设工作，拟订地籍测绘规划、技术标准和规范，并按规划组织管理地籍测绘，确认地籍测绘成果，会同有关部门拟订省级基础测绘规划和年度计划，指导市县基础测绘规划及年度计划编制。

（三）承担规范测绘市场秩序的责任。负责测绘资质资格管理工作，负责全省测量标志的保护工作，审核并根据授权发布本省重要地理信息数据，组织查处重大测绘违法案件，负责有关行政复议，监督管理测绘成果质量和地理信息获取与应用等测绘活动，组织协调地理信息安全监管工作，审批对外提供测绘成果和外国组织、个人来鄂测绘。

（四）承担组织提供测绘公共服务和应急保障的责任。承担地理信息管理的职责，组织、指导基础地理信息社会化服务，监督管理地理信息的获取与开发应用，管理测绘航空摄影。

（五）负责组织重大测绘科研项目及测绘科技创新相关工作，指导、组织、开展测绘基础研究、重大测绘科技攻关、科技推广和成果转化，组织开展测绘对外合作与交流。

（六）负责管理基础测绘成果，指导、监督各类测绘成果的管理，监督实施测绘成果的汇交、测绘成果资料的保密安全。

（七）承担地图管理的责任。监督管理本省地图市场，承办地图编制管理相关工作，审查向社会公开的地图、管理并审核地名在地图上的表示。

（八）负责管理省级测绘事业经费和专项资金。

（九）承办上级交办的其他事项。

二、内设机构

办公室、法规与行业管理处、规划财务处、基础测绘处、地理信息与地图处（测绘成果管理处）、人事处（离退休干部处）、机关党委、监察室

三、直属单位

湖北省测绘工程院（湖北省导航与位置服务中心）、湖北省航测遥感院、湖北省地图院、湖北省测绘成果档案馆、湖北省基础地理信息中心、湖北省测绘产品质量监督检验站（湖北省测绘仪器鉴定测所）、湖北省测绘宣传中心、湖北省测绘局测绘保障中心

湖南省国土资源厅（湖南省测绘局）

一、主要职责（测绘）

（一）组织起草有关测绘管理的法规、规章草案；协调有关部门和本厅有关测绘政策、法规工作，负责测绘普法宣传教育、履行推进测绘依法行政的有关职责；办理有关测绘行政复议事宜；调研和起草综合性测绘行业政策。

（二）组织编制和实施测绘事业发展规划及基础测绘规划；负责测绘综合统计工作等。

（三）负责基础测绘专项资金及国家财政和省财政拨给的测绘其他各项经费的监督管理；组织汇总、编制财务决算；负责厅直属单位经费的计划、分配和管理；对厅机关、直属单位的财务会计工作、国有资产和基本建设财务进行监督管理。

（四）编制上报和实施测绘事业发展规划和基础测绘年度计划；负责管理和组织全省基础地理信息系统、测量控制系统的建立和更新、使用；负责基础地理信息数据、成果的管理、分发、服务，按规定审核发布重要地理信息数据；组织实施基础测绘、地籍测绘、行政区域界线测绘和其他重大测绘项目；负责审定全省测绘技术标准、规程和规范；

审核对外提供测绘成果。

（五）贯彻执行国家测绘法律、法规、规章和测绘行业政策；审核测绘单位等级资格；按照国家规定审核外国组织、个人来湘测绘；负责全省测绘成果和地理信息数据质量的监督管理，负责测量标志的管理和保护；管理地图编制工作，拟定本省各级行政区域界线标准样图，审核地名在地图上的表示，审核向社会出版、展示的地图。

（六）组织对执行和遵守国家、省测绘法律、法规、规章情况进行监督检查；拟定全省测绘执法监督和违法案件查处规定；依法查处测绘违法案件。

（七）编制测绘科技、对外合作与宣传工作规划；对测绘科技项目对外合作工作的实施情况进行监督检查；推进测绘科学技术进步，推广测绘科技新成果；组织开展测绘工作的对外合作与交流；组织安排重大的宣传活动。

二、内设机构（测绘）

办公室、政策法规处、综合规划处、财务处、基础测绘处、测绘行业管理处、执法监察局、科技外事宣传处

三、直属单位（测绘）

湖南省第一测绘院、湖南省第二测绘院、湖南省第三测绘院（湖南省基础地理信息中心）、湖南地图出版社、湖南省地图院、湖南省测绘产品质量监督检验站、湖南省测绘科技研究所、湖南省国土资源厅测绘大院管理所

广东省国土资源厅

一、主要职责

（一）贯彻执行国家和省有关土地、矿产资源、测绘管理的方针政策和法律法规，组织起草有关地方性法规、规章草案和政策措施并组织实施。

（二）承担保护与合理利用土地、矿产资源的责任。负责编制、实施全省国土与矿产资源规划，参与涉及国土资源相关规划的审查、审核，指导和审核地级以上市、县级土地利用总体规划和矿产资源规划。

（三）承担规范国土资源管理秩序的责任。监督检查下级人民政府及其国土资源主管部门执行国土资源管理法律法规情况，依法保护土地、矿产资源所有者和使用者的合法权益，调查处理国土资源重大违法违规案件。

（四）承担耕地保护的责任。组织制定全省土地开发、整理、复垦和补充耕地政策并负责指导、监督落实，组织实施土地用途管制，承担耕地面积占补平衡和基本农田保护工作。

（五）负责组织开展节约集约利用土地工作。拟订节约集约用地政策并组织实施，拟订建设用地使用权流转、储备、供应等政策，指导基准地价、标定地价的制定与公布，规范土地市场秩序，承担上报国务院、省人民政府审批的各类用地审查、报批工作。

（六）负责拟订地籍管理办法并组织实施。负责提供土地利用各种数据，承担土地资源调查、地籍调查、土地统计和动态监测工作，负责土地确权、定级、登记和城乡地籍管理等工作，承担省人民政府调处重大土地权属纠纷工作。

（七）负责矿产资源勘查、开发管理工作。承担矿业权审批、矿业权市场监管、矿产资源储量监管和地质资料汇交管理工作，监督管理全省重要矿区、保护性特定矿种的勘查开采活动，承担调处重大矿业权纠纷和地质勘查行业管理工作。

（八）负责地质环境保护和地质灾害防治工作。组织编制并实施全省地质环境保护、地质灾害防治和地质遗迹保护规划，指导、监督古生物化石、地质遗迹等重要保护区的管理工作，监督管理水文地质、工程地质、环境地质等勘查和评价工作，监测、监督防止地下水过量开采引起的地面沉降与地下水污染造成的地质环境破坏，承担国土资源应急管理工作。

（九）负责基础测绘和测绘市场管理工作。组织制定本省测绘规划和公共技术标准，监督管理测绘行业，负责测绘成果、基础地理信息数据管理和公共服务提供。

（十）负责下一级国土资源主管部门领导干部双重管理主管方的工作。

（十一）承办省人民政府和国土资源部、国家测绘局交办的其他事项。

二、内设机构

办公室（与机关党委办公室合署）、规划处、耕地保护处、土地利用管理处、地籍管理处（加挂省人民政府调处土地纠纷办公室牌子）、矿产资源管理处、地质勘查处、地质环境处、基础测绘处、测绘管理处、执法监察局、政策法规处、财务处（审计室）、科技教育处、人事处（与离退休人员服务处合署）、省派驻厅监察室

三、直属测绘单位

广东省地图院、广东省国土资源测绘院、广东省国土资源技术中心（广东省基础地理信息中心）、广东省测绘产品质量监督检验中心、广东省国土资源档案馆、广东省测绘技术公司

广西壮族自治区测绘局

一、主要职责

（一）负责提出广西壮族自治区测绘行政地方法规项目的建议，拟订测绘事业发展规划，会同有关部门拟订全区基础测绘规划，拟订广西壮族自治区测绘行业管理政策并监督实施，指导市、县测绘管理工作。

（二）负责广西基础测绘、行政区域界线测绘、地籍测绘和其他全区性或重大测绘项目的组织和管理工作，建立健全和管理全区测绘基准和测量控制系统。

（三）拟订广西地籍测绘规划，确认地籍测绘成果。

（四）承担规范广西测绘市场秩序的责任。负责广西测绘资质资格管理工作，监督管理测绘成果质量和地理信息获取与应用等测绘活动，组织协调地理信息安全监管工作，审批对外提供测绘成果和监督管理外国组织、个人来广西测绘，审批提供使用涉密基础测绘成果，组织查处全区性或重大测绘违法案件，负责有关行政复议。

（五）承担组织提供测绘公共服务和应急保障的责任。组织、指导基础地理信息社会化服务。

（六）负责管理广西基础测绘成果，指导、监督各类测绘成果的管理和广西测量标志的保护，负责测绘成果汇交监督管理工作。

（七）承担广西地图管理的责任。监督管理地图市场，管理地图编制工作，审查自治区行政区域内各社会公开的地图，管理并核准地名在地图上的表示。

（八）负责广西测绘科技创新相关工作，指导测绘基础研究、重大测绘科技攻关以及科技推广和成果转化。

（九）承担广西壮族自治区人民政府及自治区国土资源厅交办的其他事项。

二、内设机构

办公室（财务处）、国土测绘与科技处、法规与行业管理处（地理信息与地图处）、行政审批办公室、人事处、机关党委、纪检组、监察室

三、直属单位

广西第一测绘院、广西第二测绘院、广西航空遥感测绘院、广西地图院、广西壮族自治区测绘档案资料馆、广西壮族自治区测绘产品质量监督检验站、广西壮族自治区基础地理信息中心、广西测绘职业技术学校、广西基础测绘基地服务中心

海南测绘局

一、主要职责

（一）贯彻执行党和国家有关测绘工作的方针政策、法律法规规章，依法拟定并组织实施本省测绘工作的政策法规规章和测绘事业发展规划计划及基础测绘规划。

（二）管理本省测绘行业的标准化工作，根据授权管理本行业的计量工作，检查监督测绘法律、法规的执行。

（三）承担并组织协调国家测绘局下达的国家基础测绘、地籍测绘和其他全国性或重大测绘项目

的实施。

（四）负责组织实施本省的测绘工作，配合省发展计划主管部门编制并实施本省的基础测绘年度计划；对有关部门使用财政资金的测绘项目和使用财政资金的建设工程测绘项目批准立项前提出意见，避免重复测绘。

（五）负责省内行政区域界线的测绘工作；会同土地行政主管部门编制本省地籍测绘工作规划并组织实施；负责本省地图编制、出版、展示、登载及地名在地图上的表示的审核工作。

（六）依法主管本省测绘单位的测绘资格审查、资质证书发放、外省驻琼测绘单位资格验证和测绘任务登记工作，监督管理本省测绘项目的招标、投标工作；依法管理全省测绘市场，依法查处重大违法测绘案件，负责测绘行政执法监察。

（七）负责全省测绘成果管理和指导监督测绘成果的质量管理、保密工作。按照测绘成果汇交制度，收集整理、储存测绘成果副本和目录，编制测绘成果目录并向社会公布。

（八）负责省级测绘基准的建立和监督执行。

（九）负责指导全省测量标志保护工作。

（十）组织协调和管理全省基础地理信息系统建设，负责审核并根据授权发布省级重要地理信息数据，指导基础地理信息社会化服务。

（十一）制定本省测绘技术政策，组织省内重大测绘科技项目攻关和科技成果转化。

（十二）指导本省测绘专业技术人才的培养工作。组织实施全省测绘行业专业技术资格评审工作和测绘行业技术工人技能等级考核评定工作；组织指导全省测绘系统专业技术、岗位培训工作。

（十三）归口管理省级对外测绘技术和经济合作交流；依据有关规定负责对外提供本省测绘成果的审批。

（十四）管理和监督测绘事业费和有关专项基金的使用。

（十五）负责对所属事业单位贯彻执行党和国家的方针政策、法律法规规章的检查监督，协同有关部门监管其非经营性国有资产。

（十六）承办国家测绘局和省政府交办的其他工作，指导检查各市县测绘工作。

二、内设机构

办公室、国土测绘处（测绘资料管理处）、行业管理处、财务处、测绘成果管理与应用处、人事处（机关党委办公室、纪检监察室、审计处）

三、直属单位

国家测绘局海南基础地理信息中心、国家测绘局海南测绘产品质量监督检验站（海南省测绘产品质量监督检验站）、国家测绘局第四航测遥感院、国家测绘局第七地形测量队、国家测绘局海南测绘资料信息中心（国家测绘局海南测绘资料档案馆）、文昌测绘职工培训基地

重庆市规划局

一、主要职责（测绘）

（一）贯彻执行测绘法律、法规、规章和方针政策；起草测绘地方性法规、规章。

（二）拟订测绘事业发展规划；组织编制基础测绘规划；负责基础测绘、行政区域界线测绘和其他重大测绘项目的组织和管理工作，组织指导地籍测绘工作，建立健全国家和地方测绘基准和测量控制系统，负责测量标志保护。

（三）承担组织提供测绘公共服务和应急保障的责任；指导地理信息应用服务，审核重要地理信息数据，管理地理信息成果，组织协调地理信息安全监管工作。

（四）承担规范测绘市场秩序的责任，管理和规范测绘市场；负责测绘单位资质管理；承担测绘成果质量的监督工作；承办地图审查工作；承办注册测绘师执业管理工作；承担测绘人员业务培训工作。

（五）组织、指导、协调测绘监督检查工作；对区县（自治县）测绘管理部门的行政行为实施监督检查。

（六）负责测绘档案和信息工作；负责基础测绘成果管理，审批对外提供测绘成果；负责主城区内的测绘成果档案管理；制定测绘行业信息系统建设规划并组织实施。

（七）组织编制测绘科技发展规划；组织拟订测绘的技术规定、技术标准和地方规范；指导、协调测绘的科研、科技合作交流以及高新技术推广应用工作。

（八）承办市政府交办的其他事项。

二、内设机构（测绘）

办公室（应急管理办公室）、政策法规处、总工程师办公室、测绘管理处（重庆市测绘管理办公室）、组织人事处（离退休人员工作处）、宣传处、计划财务处、机关党委、市纪委派驻市规划局纪检组、市监察局派驻市规划局监察室

三、直属单位（测绘）

重庆市规划监察执法总队、重庆市规划信息服务中心（重庆市规划和测绘档案馆）、重庆市规划局机关后勤服务中心、重庆市地理信息中心（重庆市地理空间信息工程技术研究中心、重庆市遥感中心）、重庆市勘测院（重庆市地图编制中心）

四川测绘局

一、主要职责

（一）贯彻执行国家测绘法律、法规并对执行情况进行监督检查；起草地方测绘法规草案；研究制订省测绘工作的方针、政策、测绘事业的中长期规划和省内的基础测绘、重大测绘项目计划并组织实施。

（二）负责对全省大、中城市和大型建设项目建立相对独立的平面坐标系统的审核、报批；负责全省测绘的航空摄影审查。

（三）负责全省测绘单位的测绘资格审查，测绘工作证件、测绘任务登记管理；负责省外测绘单位、外国或境外地区的组织和个人在全省行政区域内进行测绘或与有关单位合作测绘的验证、登记工作。

（四）归口管理全省地籍测绘；会同省土地管理部门和省有关部门编制地籍测绘规划，并按照规划组织协调地籍测绘工作，统一管理地籍测绘单位的资格认证和质量监督。

（五）会同有关部门组织管理全省各级行政区域界线测绘工作；管理地名在地图上的表示；与省民政部门共同绘制省内县级行政区域界线的标准样图。

（六）负责管理全省地图编制出版工作；负责对编制、印刷地图的单位进行资格审查；审批公开地图、内部地图、保密地图。

（七）负责全省测绘成果管理和监督工作，组织全省测绘成果的接收、搜集、整理、储存，并定期编制测绘成果目录；负责对外提供测绘成果的审批；负责管理全省测绘行业的标准化工作和根据授权管理测绘行业的计量工作；负责全省测绘成果的质量监督，处理测绘成果质量争议。

（八）负责指导全省测量标志的管理和保护工作，审批永久性测量标志的拆迁。

（九）研究制订全省测绘技术政策，组织全省重大测绘科技项目攻关和科技成果转化；指导全省测绘专业人才的培养和测绘专业技术职务任职资格的评审工作。

（十）归口管理省级对外测绘科技和经济合作交流。

（十一）指导市、地、州、县及省级有关部门的测绘工作；管理监督全省测绘事业费和有关专项经费的使用。

（十二）承办省政府和国家测绘局交办的其他事项。

二、内设机构

办公室（中国测绘报四川记者站）、基础测绘管理处（法定测绘管理处）、行业管理处（法规处）、测绘成果处、技术监督处、科技教育处、财务处（审计处）、基建装备处（国有资产管理办公室）、人事处、保卫处等职能处（室）和机关党委办公室（与纪检监察室、工会、团委合署办公）

三、直属单位

成都地图出版社、国家测绘局第三大地测量队（四川省第一测绘工程院）、国家测绘局第六地形测量队（国家测绘局地下管线勘测工程院、四川省第三测绘工程院）、国家测绘局第三航测遥感院（四川省遥感信息测绘院）、成都测绘职工中等专业学校（西南测绘职工培训中心、武汉测绘科技大学西南函授站）、国家测绘局四川测绘产品质量监督检验站（四川省测绘产品质量监督检验站）、四川省测绘科学研究所（四川省测绘信息站）、国家测绘局四川基础地理信息中心（国家测绘局四川测绘资料档案馆）、四川测绘局测绘技术服务中心、四川

测绘局机关后勤服务中心

四、附属和挂靠事业单位

离退休干部处、经济开发办公室、四川省测绘学会办公室、《四川测绘》编辑部

贵州省国土资源厅（贵州省测绘局）

一、主要职责（测绘）

（一）贯彻执行国家有关测绘管理的法律、法规和方针、政策，拟定相关的地方性法规、规章；起草测绘管理的规范性文件。

（二）组织编制和实施全省测绘行业发展规划和其他专项规划；参与审核报国务院和省人民政府审批的城市、区域总体规划；参与重点建设项目的审核。

（三）监督检查省以下国土资源行政主管部门行政执法和土地、矿产资源规划及测绘行业发展规划的执行情况；负责有关土地、矿产、测绘的行政复议和应诉工作。

（四）统一管理全省基础测绘和地籍测绘、行政区域界线测绘等工作，负责工程测量、房地产测绘及其他测绘的行业管理；审查认证测绘资格，管理测绘任务登记和测绘成果汇交；审查对外提供测绘成果和外国组织、个人在黔的测绘事项；管理地图编制，审查向社会出版、展示的地图，审核地名在地图上的表示；负责测量标志的保护。

（五）制定测绘技术标准；管理全省基础地理信息数据，指导地理信息社会化服务工作，审核发布重要地理信息；编制行政区域界线标准样图；监督国家测绘基准、测量控制系统的使用；承担航空、遥感测绘的报审工作。

（六）依法征收、收缴测绘法律法规规定的各项规费、价款；安排和监管国家、省级财政划拨的各类事业经费及其他有关资金、基金。

（七）组织开展有关测绘工作的宣传、教育、科技推广及对外合作与交流工作。

（八）承办省人民政府和国土资源部、国家测绘局交办的其他事项。

二、内设机构（测绘）

办公室、人事教育处、政策法规处、财务处、测绘项目管理处、测绘行业管理处、执法监察局、科技宣传外事处

三、直属单位（测绘）

贵州省第一测绘院、贵州省第二测绘院、贵州省第三测绘院、贵州省测绘资料档案馆、贵州省测绘产品质量监督检验站、贵州省地质资料馆、贵州省国土资源勘测规划院

云南省测绘局

一、主要职责

（一）执行国家测绘法律、法规和规章，贯彻落实国家有关测绘工作的方针和政策，拟定云南省测绘行政法规和规章，制定云南测绘行业管理办法和测绘技术标准并依法监督实施。

（二）编制云南省测绘事业发展规划和年度计划；负责组织国家和省基础测绘、国界线测绘、行政区域界线测绘、地籍测绘、航空摄影和其他全省性或重大测绘项目的实施；管理全省重大测绘科技项目，组织对外测绘科技交流和重要测绘项目合作。

（三）依法审定测绘单位的测绘资格，依法审批对外提供测绘成果和外国组织、个人来滇测绘；组织测绘法制宣传和测绘执法检查，依法查处全省性或重大的测绘违法案件，负责有关行政复议。

（四）管理全省国家测绘基准和测量控制系统，组织建立和完善省级基础地理信息系统，管理全省基础地理信息数据，组织指导基础地理信息社会化服务，根据授权审核发布重要地理信息数据；指导监督测绘产品质量和各类测绘成果管理，依法管理云南测量标志。

（五）依法管理云南地图编制出版工作，审查向社会公开出版、展示的地图；与有关部门组织编

制云南省行政区域界线标准样图，管理并审核地名在地图上的表示。

（六）负责制定云南省地籍测绘规划并组织实施，审查地籍测绘资格，确认地籍测绘成果。

（七）管理所属事业单位，监督管理测绘事业费和专项资金。

（八）承办云南省委、省政府和省国土资源厅及上级机关交办的其他事项。

二、内设机构

办公室、人事处、计划财务处、国土测绘与科技处、行业管理与政策法规处

三、直属单位

云南省测绘工程院、云南省航测遥感信息院、云南省地图院、云南省测绘资料档案馆（云南省基础地理信息中心）、云南省测绘产品检测站、云南省基础测绘技术中心（云南省测绘局信息中心）、云南省测绘局后勤服务中心、云南省测绘科技咨询服务中心

西藏自治区测绘局

一、主要职责

（一）贯彻执行国家测绘工作的法律、法规和方针、政策，根据国家测绘行政法规、规章、拟订地方性测绘法规、规章草案和实施细则，编制测绘事业发展规划；严格执行国家测绘行政管理政策、技术标准；组织和管理基础测绘、行政区域界线测绘、地籍测绘和其它全区性重大测绘项目。

（二）拟订和执行测绘单位资格审查认证管理办法，审定和管理测绘单位的资格、任务登记，依法审批对外提供测绘成果和外国组织、个人来藏测绘；会同有关部门进行测绘成果保密检查；依法查处全区性重大测绘违规案件，负责有关行政复议。

（三）管理全区基础地理信息数据，组织指导基础地理信息社会化服务；管理在西藏境内的国家测绘基准和测量控制系统；严格监督检查和执行外交部、国家测绘局关于中华人民共和国地图的国界线标准图画法；根据授权审核发布重要地理信息数据；监督管理各类测绘成果和测量标志保护工作；依法管理地图编制工作，审查向社会公开出版、展示的地图，管理并审核地名在地图上的表示。

二、机构设置

办公室、计划财务科、行业管理法规科、测绘资料档案馆、国土测绘科

三、直属单位

西藏自治区测绘院

陕西测绘局

一、主要职责

（一）承担并组织协调国家测绘局下达的国家基础测绘、地籍测绘和其它全国性或重大测绘项目的实施。

（二）研究制定所在省测绘工作的方针、政策和所在省测绘事业的发展战略、中长期规划。

（三）组织制订所在省测绘工作的行政、经济法规，管理所在省测绘行业的标准化工作和依据授权管理测绘行业的计量工作，检查监督测绘法律、法规的执行。

（四）指导和监督所在省各类测绘成果的管理。负责指导所在省测量标志保护工作。

（五）会同有关部门组织和管理省内行政区域界限的测绘工作。负责管理所在省地图编制出版工作。

（六）依法主管所在省测绘单位的测绘资格审查和测绘任务登记工作，指导和监督所在省测绘成果的质量管理。

（七）制订所在省测绘技术政策，组织省内重大测绘科技项目攻关和科技成果转化。指导所在省测绘专业人才的培养，及测绘行业特有工种职业技能鉴定与工人技术考核评定。

（八）管理监督本局测绘事业费和有关专项资

金的使用。

（九）归口管理省级的对外测绘科技和经济合作交流，依据有关规定负责对外提供所在省测绘成果的审批。

（十）承办国家测绘局和所在省人民政府交办的其它事项。

二、内设机构

办公室、基础测绘管理处（地理国情监测处）、法规处（执法队）、财务处、技术质量监督处、科技与国际合作处、地理信息与地图处（测绘成果管理处）、计划装备处、人事处、监察审计处（纪检组办公室）、直属机关党委办公室（机关党委、工会、团委）

三、直属单位

国家测绘局第一大地测量队（陕西省第一测绘工程院，国家测绘局精密工程测量院）、国家测绘局第一地形测量队（陕西省第二测绘工程院）、国家测绘局第二地形测量队（陕西省第三测绘工程院）、国家测绘局大地测量数据处理中心（陕西省第四测绘工程院）、国家测绘局第一航测遥感院（陕西省第五测绘工程院）、西安地图出版社（陕西省第六测绘工程院）、国家测绘局陕西基础地理信息中心（国家测绘局陕西测绘资料档案馆）、陕西测绘局测绘开发服务中心、国家测绘局陕西测绘产品质量监督检验站（陕西省测绘产品质量监督检验站）、陕西测绘仪器计量监督检定中心、西安测绘职工中等专业学校（西北测绘职工培训中心，武汉测绘科技大学西北函授站）、国家测绘局测绘标准化研究所、陕西测绘局物资供应站（陕西卫星测绘应用中心）、陕西测绘局劳动就业服务中心、陕西测绘局后勤服务中心

四、附属和挂靠单位

离退休职工服务处、机关服务中心、陕西省测绘学会办公室

甘肃省测绘局

一、主要职责

（一）研究制定测绘行业管理政策、技术政策和技术标准，编制全省测绘事业发展中长期规划和年度计划；

（二）建设和管理基础测绘设施，管理全省测绘基准和测量控制系统；

（三）组织管理基础测绘和全省性重大测绘项目，组织实施“数字甘肃”业务；

（四）管理省级基础地理信息数据，负责建立和完善全省基础地理信息系统，组织指导基础地理信息社会化服务；

（五）依法管理全省各种地图的编制和更新，审查向社会出版、展示的地图；

（六）依法管理全省测绘资格认证，规范全省测绘市场行为，依法查处测绘违法案件；管理测绘质量监督检验工作。

二、内设机构

办公室、国土测绘处、成果地图处、行业管理处、规划财务处、人事教育处、机关党委

三、直属单位

甘肃省基础地理信息中心、甘肃省地图院、甘肃省测绘工程院、甘肃省测绘产品质量监督检验站、甘肃省测绘局后勤服务中心

青海省测绘局

一、主要职责

（一）依据《青海省实施中华人民共和国测绘法办法》，履行政府测绘管理行政职能，研究制定全省测绘事业发展规划，贯彻执行测绘法律、法规，草拟地方性测绘法规、规章。

（二）管理全省测绘行业标准化工作，监督检查测绘法律、法规的执行情况。

（三）管理全省测绘市场，负责测绘资质管理、

测绘从业资格、地图编制审核及涉外测绘经济技术合作。

（四）负责全省测绘科学技术研究工作，组织测绘产品开发和应用。

（五）负责行政区域界限的测绘，审定各种地图上行政区域界限的画法，负责管理全省地图编制出版工作。

（六）审查并管理全省基础地理信息数据资料，管理全省测绘成果档案，负责对外提供测绘成果的审查，指导监督测绘资料保密工作。

（七）负责测绘专业技术人才培训、培养及全省测绘行业职业技能鉴定工作。

（八）负责全省测量标志的保护和普查工作。

（九）指导州（市、地）、县测绘管理工作。

（十）承办省政府及国土资源厅交办的其它工作。

二、内设机构

办公室（计划财务处）、测绘管理与政策法规处（测绘市场管理办公室）、基础测绘规划处、人事教育处（机关党委）

三、直属机构

青海省第一测绘院、青海省第二测绘院、青海省基础地理信息中心、青海省测绘产品质量监督检验站

宁夏回族自治区国土资源厅（宁夏回族自治区测绘局）

一、主要职责（测绘）

（一）依法监督实施测绘行政法规、规章以及测绘事业发展规划、测绘行业管理政策、技术标准；组织并管理基础测绘、区界线测绘、行政区域界线测绘、地籍测绘和其他全区性或重大测绘项目、重大测绘科技项目。

（二）负责全区测绘单位的测绘资格审查和测绘任务登记；依法查处全区性或重大的测绘违法案件，负责有关行政复议。

（三）管理全区基础地理信息数据，组织指导基础地理信息社会化服务；管理全区测绘基准和测量控制系统；根据授权审核发布自治区重要地理信息数据，负责组织全区测量标志的管理工作。

（四）制定并组织实施地籍测绘的规划和技术标准，管理审定地籍测绘资格，确认地籍测绘成果。

（五）依法管理全区地图编制工作，审查向社会出版、展示的地图，管理并审核地名在地图上的表示。

（六）监督管理自治区测绘事业费、专项资金。

（七）承办自治区人民政府和自治区国土资源厅交办的其他事项。

二、内设机构（测绘）

基础测绘处、测绘行业管理处

三、直属单位（测绘）

宁夏回族自治区基础测绘院、宁夏回族自治区国土测绘院、宁夏回族自治区国土资源地理信息中心、宁夏回族自治区测绘产品质量监督检验站

新疆维吾尔自治区测绘局

一、主要职责

（一）贯彻国家有关测绘工作的法律、法规、方针、政策，拟订全区地方性测绘法规。制定测绘行业管理政策，并依法监督实施；制定全区测绘事业发展规划，组织并管理基础测绘、行政区域界限测绘、地籍测绘和其他全区性或重大测绘项目、重大测绘科技项目。

（二）按规定负责测绘单位资格审查发证工作，管理测绘任务登记；依法审核对外提供测绘成果、外国组织和个人来疆测绘，组织对外测绘合作交流；依法查处全区性或重大的测绘违法案件，负责有关行政复议。

（三）管理自治区的基础地理信息数据，组织指导全区基础地理信息社会化服务；管理国家测绘基准和测量控制系统；根据授权审核、发布自治区重要的地理信息数据，指导监督各类测绘成果的管理和全区测量标志的保护。

（四）制定基础测绘、地籍测绘的规划和年度

计划并监督实施管理、确认测绘成果。

（五）依法管理地图编制工作，审查向社会出版和展示的地图，管理并审核地名在地图上的表示。

（六）依法监督实施测绘技术标准，指导监督测绘产品质量管理。

（七）组织并指导全区测绘技术人员培训及测绘专业技术职称工作；指导测绘行业职业技能鉴定、测绘行业技术工人技术等级考核。

（八）监督管理自治区测绘事业费和专项资金。

（九）承办自治区人民政府及国土资源厅交办的其他工作。

二、内设机构

办公室、国土测绘技术监督处、行业管理处（政策法规处）、地图管理处（自治区测绘执法办公室）、计划财务处、人事教育处、直属机关党委、监察室、老干部工作处

三、直属单位

新疆维吾尔自治区第一测绘院、新疆维吾尔自治区第二测绘院、新疆维吾尔自治区测绘技术中心、新疆维吾尔自治区测绘档案资料馆（新疆维吾尔自治区基础地理信息中心）、新疆维吾尔自治区测绘产品质量监督检验站、新疆维吾尔自治区测绘局机关服务中心

新疆生产建设兵团国土资源局

一、主要职责（测绘）

（一）编制和实施兵团测绘规划和其他专项规划。

（二）负责兵团地籍管理工作；负责兵团基础测绘的行政管理工作。

（三）加强对基础测绘成果提供使用的管理。

（四）负责局属事业单位的管理工作。

（五）承办兵团交办的其他事项。

二、内设机构

办公室（财务处、国土资源报社兵团记者站、兵直国土资源局）、政策法规处（科技处、行政复议办公室）、地籍管理处（兵团处理土地草场纠纷领导小组办公室、兵团土地确权勘界办公室）、规划处（耕地保护处）、土地利用管理处、组织人事处（纪检监察处）、矿产资源管理处（矿产资源储备处、地质环境处）、执法监察局

三、直属单位

兵团土地储备整理中心、兵团国土资源基础数据中心（原兵团土地事务所）

青岛市国土资源和房屋管理局

一、主要职责（测绘）

（一）贯彻执行国家、省有关测绘的方针、政策和法律、法规，拟订有关地方性法规、政府规章草案和行业发展目标及相关政策，并组织实施和监督检查。

（二）负责全市测绘行业管理。制定行业发展规划，管理测绘市场；负责测绘单位资质审查、发证、验证工作；负责测绘成果的质量监督。

（三）负责全市测绘的监督检查工作；查处违反测绘法律、法规的行为。

（四）负责全市测量标志的保护工作。

（五）负责全市测绘的科技、信息、档案工作。负责勘察测绘行业的科研和宣传教育工作；负责测绘成果档案管理、测绘人员专业技术培训，指导下级管理部门的业务工作。

二、内设机构

办公室、政策法规处、计划信息处、权籍管理处、市场管理处、财务审计处、国有土地处、集体土地处、地质矿产处、房政管理处、房屋安全鉴定办公室、政务处、勘察测绘管理处（事业性质）

三、直属单位

青岛市国土资源执法监察支队、青岛市土地储备整理中心、青岛市住房保障中心、青岛市房地产登记（交易）中心、青岛市住房置业担保中心、青

岛市物业管理办公室、青岛市房屋修缮工程质量监督管理站

大连市规划局

一、主要职责

（一）宣传贯彻测绘法律法规，拟定全市测绘管理法规，制定大连市测绘行业规章；

（二）依据相关法律法规赋予的职责与业务，公开测绘行政许可事项和行业管理工作职能；传达上级行业管理部门工作信息和有关文件内容；指导并协调各区市县测绘行政管理部门开展测绘管理工作；

（三）编制大连市基础测绘中长期规划；制定大连市测绘工作方案；编制大连市测绘工作年度计划并组织实施；

（四）完成国家测绘局、辽宁省测绘局委托的测绘行政管理事项（主要包括：测绘资质审查、地图编制审核、测绘产品质量检查等）；

（五）建立测绘行业顾客档案，详细记录顾客的基本信息及要求，按照行政许可的职能权限和工作“时限”，及时满足顾客需求；

（六）负责大连市测绘行业管理（主要包括测绘市场秩序管理，地图市场管理，测绘成果质量监管、涉密测绘成果的保密管理等）；

（七）负责大连市城市基础地理信息、数据保管和测绘信息资源共享应用；

（八）统计上报大连市测绘管理工作信息，反馈测绘类顾客需求信息；

（九）及时完成上级领导交办的各项临时性工作。

二、内设机构（测绘）

测绘管理处

三、直属单位（测绘）

大连市测绘院（大连市基础地理信息中心）、大连市城市规划设计研究院

宁波市规划局

一、主要职责（测绘）

（一）研究拟订全市测绘和城市勘察事业发展规划和年度计划；

（二）负责测绘和城市勘察行业管理；

（三）制订下达并管理宁波市城市规划区内城市勘察、测绘指令性任务计划，组织实施、管理涉及城市规划和建设全局的城市测绘、勘察项目；

（四）负责测绘、城市勘察技术规定、标准的组织制定与实施；

（五）归口管理测绘和城市勘察及其成果资料；

（六）负责测绘成果质量监督；

（七）负责宁波市城市规划区内建设工程规划管理的城市测绘、勘察管理和保障工作；

（八）负责地理信息系统（GIS）的建设开发和管理工作；

（九）负责全市测绘和城市勘察成果保密审查和地图审核；

（十）负责全市测量标志的管理与保护；

（十一）监督检查城市测绘、勘察法律、法规的实施；

（十二）配合查处违法城市测绘、勘察行为。

二、内设机构

办公室、政治处、建筑管理处、行政审批处、综合用地处、规划编审处（总师办）、市政工程管理处、区域规划管理处、测绘管理处（市测绘管理处、市航空遥感办公室）、法规监督处

三、直属单位

宁波市城乡规划研究中心、宁波市规划设计研究院、宁波市测绘设计研究院、宁波市规划与地理信息中心

深圳市规划和国土资源委员会

一、主要职责（测绘）

承担地籍管理工作；组织开展土地利用现状调查和变更调查；承担土地权属争议调处工作；承担测绘行业、测绘市场和测绘成果管理工作；组织开展基础测绘工作；承担地图的编制、出版管理工作。

二、内设机构

秘书处、人事处、行政监察处、综合计划处、政策法规处、科技信息处、总体规划处、地区规划处、城市与建筑设计处、市政交通处、建设用地处、用地保障和耕地保护处、土地资产处、房地产市场监管处、测绘地籍处、地质资源处、地名管理处

三、直属单位

深圳市规划土地监察支队、深圳市城市更新办公室、深圳市征地拆迁办公室、深圳市规划和国土资源委员会第一直属管理局、深圳市规划和国土资源委员会第二直属管理局、深圳市规划和国土资源委员会宝安管理局、深圳市规划和国土资源委员会龙岗管理局、深圳市规划和国土资源委员会滨海管理局、深圳市规划和国土资源委员会光明管理局、深圳市规划和国土资源委员会坪山管理局、深圳市城市规划发展研究中心、深圳市规划国土房产信息中心、深圳市公共艺术中心（深圳雕塑院）、深圳当代艺术馆与城市规划展览馆筹建办公室、深圳市轨道交通4号线拆迁办公室、深圳市土地房产交易中心、深圳市房地产权登记中心、深圳市国土房产评估发展中心、深圳市土地储备中心、深圳市地籍测绘大队

厦门市国土资源与房产管理局

一、主要职责（测绘）

（一）贯彻执行中央、省和市有关土地、房改、房产、矿产资源、征地拆迁和测绘管理的法律、法规、规章和政策，组织草拟地方性法规、规章和政策，并组织协调和实施。

（二）负责全市测绘行政管理工作；拟定基础测绘、工程测绘管理办法、技术标准并监督实施；组织全市基础测绘；管理大地测量控制系统和市基础地理信息系统，管理测量标志移动和占用的审批工作；负责地图的编制、出版审核；对测绘单位测绘资格进行审核和报批；受理测绘资料出境解密工作；负责测绘工程技术任务书的审查工作；受理测绘任务登记、外来测绘单位测绘资格证书认证和测绘成果、测绘资料管理；负责本系统的科技管理工作、单项规划和中、长期规划及年度计划；负责审核、协调局系统信息化建设技术方案；协助建立健全土地动态信息监测体系。

（三）负责国土资源、测绘和房地产市场信息的管理。

二、内设机构

办公室、政治处（机关党委）、计划财务处、政策法规处、规划保护处、土地利用管理处、征地拆迁管理处、房地产权籍管理处（市地籍调查领导小组办公室）、房地产市场管理处、房政管理处、住房制度改革工作处、地质矿产管理处（市矿产资源管理办公室）、科技测绘管理处、执法监察处、老干部工作处、监察室

三、直属单位

厦门市公房管理中心、厦门市房地产交易权籍登记中心、厦门市住房公积金管理中心、厦门市测绘与基础地理信息中心、厦门市土地开发总公司、厦门市国土资源与房产测绘档案馆、厦门市房屋安全鉴定所、厦门市湖里国土资源管理所、厦门市思明国土资源管理所

中国地图出版集团

一、历史沿革

中国地图出版集团是适应出版业改革发展的需要，经国家批准，于 2010 年 9 月 28 日组建的以出版地图、测绘类图书为主的大型出版发行机构。

中国地图出版集团由中国地图出版社、测绘出版社、中华地图学社等三家出版单位组成，以出版物的生产和销售为主业，是集各种介质出版物的出版和销售、版权贸易、测绘成果传播、印刷复制为一体的，经营多元化的出版企业集团。

二、业务范围

地图编制出版发行；测绘和地理专业科技图书出版发行；相关教材、教辅和教学参考书出版发行；相关技术资料和工具书出版发行；《测绘学报》、《测绘通报》、《地图》期刊出版发行；特型地图加工制作；地图文化产品开发。

三、直属单位

中国地图出版社、测绘出版社、中华地图学社

中国测绘科学研究院

一、业务范围

中国测绘科学研究院主要从事测绘及相关学科的基础和应用研究，以及国家基础测绘、重大工程测绘和经济建设领域相关的地理信息工程技术的开发和研建。目前的重点研究方向为：现代大地测量与地球动力学、摄影测量与遥感、地图学与地理信息系统和空间信息决策支持系统，形成了独具特色的技术优势和整体实力，具备承担重大科研和生产项目的能力，是国内具有影响力的科研机构。

二、部门设置

（一）职能部门

办公室（保卫处）、财务审计处（国有资产管理处）、科技处（研究生管理处、外事办公室）、人事教育处（党委办公室）

（二）研究机构

大地测量与地球动力学研究所（房山人卫观测站）、摄影测量与遥感研究所、地图学与地理信息系统研究所（国家测绘局地名研究所）、政府地理信息系统研究中心、地理空间信息工程国家测绘局重点实验室

（三）其他院属单位

中国测绘科学研究院工会、离退休人员服务中心、资产管理服务中心、人才交流服务中心、测绘科技信息中心、中测国检（北京）测绘仪器检测中心、北京四维远见信息技术有限公司、中测新图（北京）遥感技术有限责任公司、北京四维空间数码科技有限公司、北京莱赛测绘科技工程中心、北京测科空间信息技术有限公司、中测高科（北京）测绘工程技术有限责任公司、北京四维赛洋科技有限公司、北京翔达物业管理中心；国家测绘工程技术研究中心依托在中国测绘科学研究院

国家基础地理信息中心

一、主要职责

（一）负责管理全国测绘成果资料和档案资料。

（二）负责国家级基础地理信息系统建设、维护、更新、开发及有关研究工作，承担国家测绘局下达的专题数据库的建库工作。

（三）承办国家测绘局交办的基础测绘和重大测绘项目。

（四）负责航空摄影的组织实施。

（五）负责中国测绘网的应用和维护。

二、组织机构

办公室（保卫处）、人事处（党委办公室）、离退休干部处、计划财务处（国有资产管理处）、业务处（应急服务办公室、国家大地图集办公室）、境界测绘处、准质量处（全国地理信息标准化技术委员会秘书处、ISO/TC211 国内技术归口办公室）、科技与国际合作处（国家摄影测量与遥感学会秘书处）、行政服务部、数据库部（1∶5 万数据库更新项目办公室）、信息服务部、大地测量部（加挂国家测绘局中国地壳运动监测网络工程项目办公室）、地理国情监测部、927 工程部、遥感与航空摄影处、档案资料部、网络技术部、中国地理信息系统协会办公室、中国全球定位系统技术应用协会办公室

国家测绘局卫星测绘应用中心

一、主要职责

受国家测绘局委托，承担测绘卫星、卫星测绘应用发展规划起草及卫星测绘相关数据政策和技术标准的拟订工作；负责卫星测绘应用系统的建设、管理、运行和保障及卫星测绘产品生产，组织完成测绘卫星在轨测试和业务测控工作；负责统筹建设并维护卫星地面检校场，开展卫星传感器几何和辐射标定等工作；负责卫星测绘产品的分发和技术服务，组织开展测绘卫星的推广应用；承担卫星测绘应用相关研究开发工作；开展卫星测绘领域国家合作与交流，推进测绘卫星数据、产品与相关技术的共建共享；承担卫星测绘应急保障相关工作，快速获取和处理应对突发公共事件所需地理信息并提供应急测绘服务；承办国家测绘局交办的其他工作。

二、内设机构

办公室（财务处、人事处、党委办公室）、业务处、运行管理部、数据处理部、分发服务部、基准检校部、研究开发部

中国测绘宣传中心（中国测绘报社）

一、主要职责

（一）面向社会和行业宣传党和国家关于测绘的方针、政策、法律法规。

（二）承办国家测绘局的新闻宣传和我国地理信息数据发布的具体事务。

（三）面向社会开展测绘知识、科技、文化宣传普及工作。

（四）承担原中国测绘报社职能。

（五）承担国家测绘局交办的其他事项。

二、内设机构

办公室、新闻宣传处（总编室）、科普宣传处（采编部）、影视宣传处、《中国测绘》编辑部、通联部、广告部、财务处

国家测绘局管理信息中心

一、主要职责

（一）承担测绘行业重要信息的收集、整理和分析工作，为测绘管理提供信息服务。

（二）承担国家测绘局统计工作的组织管理，负责综合统计和统计数据的分析。经批准，对外提供和发布测绘统计数据。

（三）承担国家测绘局政务信息化建设的实施、管理、维护与推广应用。

（四）承担国家测绘局机关计算机网络设备的采购、管理和维护。

（五）承担国家测绘局政府网站的建设、管理、维护和信息更新。

（六）承担《中国测绘年鉴》的编制工作。

（七）承办国家测绘局交办的其他工作。

二、内设机构

综合处（人事处、测绘年鉴编辑部）、统计处、网络应用管理处

国家测绘局地图技术审查中心

一、主要职责

（一）受国家测绘局委托受理送审地图，承担地图内容技术审查工作，并向局提出审查报告。

（二）承担网上系列国界线标准地图的发布，负责网上地图的监督检查，对违法违规地图向国家测绘局提出查处意见和建议。

（三）负责公开出版地图的备案工作，定期向国家测绘局报告备案情况。

（四）受国家测绘局委托承担涉密测绘成果的技术审查。

（五）承办重要地理信息数据的技术审查。

（六）受国家测绘局委托承办重大测绘违法、违规案件的调查和督办。

（七）承办国家测绘局交办的其他工作。

二、内设机构

办公室（人事处）、审图一处、审图二处、调查处

国家测绘局测绘发展研究中心

一、主要职责

（一）负责组织实施测绘发展战略、改革等重大政策方面的研究工作。

（二）承担测绘事业发展中长期规划和重要专项规划制定的前期性工作。

（三）研究和整理国内外测绘及相关领域发展状况及重要信息，并提出意见和建议。

（四）受国家测绘局委托，承担基础设施建设项目和测绘工程项目立项建议、评估、咨询和可行性研究工作。

（五）承担有关重要文稿的起草工作。

（六）承办国家测绘局交办的其他工作。

二、内设机构

办公室（人事处）、战略与政策研究室、规划与项目研究室

国家测绘局职业技能鉴定指导中心

一、主要职责

（一）受国家测绘局委托，受理省级测绘行政主管部门提交的注册测绘师资格注册的申报材料和审查意见，并向国家测绘局提出审核建议。

（二）协助承担注册测绘师资格考试和继续教育等工作，承办注册管理的具体业务工作。

（三）受国家测绘局委托，受理测绘行业特有工种职业技能鉴定站的设立申请，并向国家测绘局提出审查建议。

（四）组织实施测绘行业特有工种职业技能鉴定工作。

（五）承担党政领导干部、机关公务员、测绘经营管理人员和技能人员的培训组织工作。

（六）开展测绘人力资源开发、教育培训的研

究工作，为国家测绘局提供咨询服务。

（七）承办国家测绘局交办的其他工作。

二、内设机构

综合处（人事处、培训处）、执业资格处、职业技能处

国家测绘产品质量检验测试中心

一、历史沿革

2010年8月27日，中央机构编制委员会办公室发文，批准设立国家测绘产品质量检验测试中心，2010年9月25日，国家测绘产品质量检验测试中心在中国测绘创新基地正式挂牌成立，是国家测绘局直属的财政补助事业单位，核定事业编制63名。

二、主要职责

受国家测绘局委托，拟订测绘与地理信息成果质量监督检验测试相关政策规定；按照国家测绘局下达的全国测绘与地理信息产品质量监督检查计划，承担全国范围内的国家级质量监督检验工作；承担对国家重大测绘项目成果质量的监督检验工作；承担对省级测绘成果质量监督检验站的业务指导；承担测绘资质审查和《测绘资质证书》年度注册中有关测绘成果的质量认可工作；承担测绘与地理信息有关科研成果及新产品所需的质量检验、测试和查新工作；承担测绘与地理信息成果质量争议的仲裁检验；受用户的委托，承担测绘与地理信息成果质量的委托检验和技术咨询；承办国家测绘局交办的其他事项。

三、内设机构

办公室（财务处）、人事处（党委办公室）、业务处（国有资产管理处）、质检一处、质检二处、质检三处

国家测绘局重庆测绘院

一、主要职责

承担国家基础测绘任务和重庆地方基础测绘任务。

二、内设机构

办公室、人事处（党委办公室、工会）、财务处（国有资产管理处）、业务处、科技处、工程中心、信息中心、应用中心、测绘产品质量检验站

国家测绘局机关服务中心

一、主要职责

（一）提出国家测绘局机关行政后勤工作管理办法和后勤服务工作改革意见，拟定有关的规章制度并负责贯彻执行。

（二）与机关签订并履行服务结算合同；受机关委托对机关行政、离退休干部、机关工会等经费进行日常管理及管理后勤服务经费。

（三）组织实施有关基本建设项目。

（四）管理机关的国有资产；具体组织实施局机关职工住房制度改革，并对在京单位的房改工作进行指导。

（五）负责局住房公积金管理中心的日常工作。

（六）负责就机关职工住房向上级主管部门提出申请；承办局机关职工、离退休干部的医疗保健工作，负责局机关和在京直属单位的计划生育管理工作；管理局机关车队，保证机关工作用车。

（七）负责机关职工交通安全教育和车辆的安全管理；负责在京单位和职工宿舍自管区域的综合

治理；开发机关后勤工作对外服务渠道，监督、管理经营性国有资产和所属经营性单位的财务，确保经营性国有资产得到保值和增值。

（八）承担国家测绘局机关交办的其他工作。

二、内设机构

办公室、财务部、基建房改办公室（国家测绘局在京基建房改办公室）、行政处

国家测绘局北戴河休养院

一、主要职责

承办国家测绘局机关的会议接待和全国测绘系统的会议、培训班及职工休养。

二、内设机构

办公室、财务科、业务科、膳食科、总务科

中国测绘学会

一、主要职责

（一）开展测绘科技学术交流，组织召开学术年会和各种形式的研讨交流会议，组织对高新技术的考察活动，活跃学术思想，促进学科发展，推动自主创新。

（二）弘扬科学精神，普及科学知识，传播科学思想和科学方法。捍卫科学尊严，推广先进技术，开展青少年科学技术教育活动，提高全民科学素质。开展“定向越野竞赛”等开发青少年智力和普及测绘科技知识的有关活动。

（三）开展民间国际测绘科技交流活动，促进国际科学技术合作，发展同国外的科学技术团体和科学技术工作者的友好交往。作为国家会员，代表中国测绘界参加国际大地测量协会（IAG）、国际摄影测量与遥感学会（ISPRS）、国际地图制图协会（ICA）、国际测量师联合会（FIG）等国际测绘学术团体。

（四）编辑、出版、发行《测绘学报》、《中国测绘学会会讯》、《中国测绘学科发展蓝皮书》、测绘科普读物、测绘论文集以及其它有关文献资料，组织摄制相关电子音像制品等，传播科学技术信息。

（五）反映会员和测绘科技工作者的建议、意见和诉求，维护会员和测绘科技工作者的合法权益，促进科学道德和学风建设。

（六）促进测绘科技成果的转化，促进产学研相结合，促进行业或产业科技进步。组织会员和测绘科技工作者为建立以企业为主体的技术创新体系，全面提升企业的自主创新能力作贡献。

（七）组织会员和测绘科技工作者对测绘科技政策、法规的制定提出建议。

（八）开展表彰奖励，设立“中国测绘学会科学技术奖”，组织评选测绘科技进步奖、优秀测绘工程奖、优秀地图作品奖等有关工作；评选和推荐测绘方面优秀的学术著作、科技论文、科普作品、专业软件，以及其它科技成果；表彰和奖励优秀测绘科技工作者及有突出成绩的学会专兼职人员。

（九）开展测绘继续教育和业务培训工作，帮助本会会员及测绘行业职工补充新知识，提高业务水平；通过开展各种形式的测绘学术活动，发现优秀测绘科技人才并向有关部门和单位举荐。

（十）开展测绘科技方面的论证、咨询服务，举办测绘科技展览，支持测绘科学研究；接受委托承担测绘项目评估、成果鉴定、技术评价，参与并承担测绘技术标准制定、专业技术资格评审和认证等工作。

（十一）兴办符合学会章程、有利于测绘科技发展的社会公益事业。依法创办符合本会章程宗旨的科技性质实体机构。

（十二）促进学会办事机构工作人员队伍建设，使其适应工作的需要和学会的发展。

二、内设机构

综合处、学术交流处（技术咨询与培训处）、

科学技术普及处（国际联络处）

三、分支机构

中国测绘学会工程测量分会、中国测绘学会大地测量专业委员会、中国测绘学会摄影测量与遥感专业委员会、中国测绘学会地图学与地理信息系统专业委员会、中国测绘学会测绘仪器专业委员会、中国测绘学会海洋测绘专业委员会、中国测绘学会矿山测量专业委员会、中国测绘学会地籍与房产测绘专业委员会、中国测绘学会测绘经济与管理专业委员会、中国测绘学会科技信息网分会、中国测绘学会《测绘学报》编辑工作委员会、中国测绘学会科学普及工作委员会、中国测绘学会测绘教育工作委员会、中国测绘学会测绘史志工作委员会、中国测绘学会测绘学名词审定工作委员会、中国测绘学会咨询工作委员会、中国测绘学会遥感影像获取工作委员会、中国测绘学会注册测绘师工作委员会

中国地理信息系统协会

一、职责范围

（一）遵循国家赋予的职能，开展中国 GIS 行业“服务、自律、协调、维权”工作，培育健康有序的 GIS 产业市场；

（二）研究中国地理信息产业发展战略和有关方针政策，向政府决策机关提出建议；

（三）开展 GIS 建设、应用、发展及学术和管理交流活动，推广先进科技成果，推荐先进管理经验，表彰先进单位和先进个人；

（四）经中国国家奖励办、中国科学技术部授权，开展年度中国地理信息科学技术奖评奖表彰活动；

（五）受中国国家测绘局、中国科学技术部委托，开展年度中国 GIS 软件测评和认证工作；

（六）受中国国家测绘局、中国科学技术部委托，开展年度中国 GIS 优秀工程评选和典型推广工作；

（七）开展 GIS 技术服务，提供科技咨询，承担项目论证、成果鉴定、产品评优和技术职称资格评审工作，举办科技成果、成就展；

（八）开展就业服务，促进人才合理流动。对 GIS 技术人员和管理人员技术培训和上岗培训；

（九）开展 GIS 的标准化研究，制定 GIS 标准和审查工作，促进 GIS 数据共享机制的形成；

（十）领导协会各工作委员会（分会）、直属机构、办事机构开展工作，出版会刊《地理信息世界》、科普读物和有关 GIS 文献，开设中国 GIS 协会网站；

（十一）加强与国外 GIS 组织和团体的联系，开展国际 GIS 技术合作与交流活动；

（十二）完成中国国家业务主管部门交办的任务。

二、分支机构

理论与方法工作委员会、标准化与质量控制工作委员会、教育与科普工作委员会、政务信息系统工作委员会、空间数据工作委员会、软件产业分会、资源与环境系统工作委员会、市场工作委员会、城市信息系统工作委员会、工程应用工作委员会、公共安全工作委员会、应急救灾工作委员会

三、直属机构

《地理信息世界》会刊编辑部、中国 GIS 协会 GIS 所、中国 GIS 协会就业指导中心、中国 GIS 协会资环培训中心

中国全球定位系统技术应用协会

一、业务范围

（一）开展行业发展和产业政策等方面的调查研究，为政府加强宏观调控和管理提供咨询建议，向政府反映会员诉求和争取政策支持。

（二）接受委托参与相关法律法规、产业政策、行业标准、行业发展规划、行业准入条件的研究、制定与修订，承担科技项目论证、科技成果鉴定、新产品评优和技术职称资格评审。

（三）组织开展全球定位系统技术应用和发展方面的学术交流、成果推广、科学技术普及活动，宣传推介具有自主创新和产业化前景的技术与产品，为促进全球定位系统技术应用的科技进步和管理进步服务。

（四）推动全球定位系统的社会化应用和产业化发展，开展技术服务，提供科技咨询，举办科技成果和成就展览，组织行业产品的测评、认证和成果推广活动。

（五）协助政府有关部门协调组织跨行业重大全球定位系统科学研究、生产工程的计划实施。

（六）组织全球定位系统技术人员和管理人员的专业技术培训。

（七）加强自律性管理制度建设，制定并组织实施行业职业道德标准，推动行业诚信建设，协调会员关系，规范市场行为，维护公平竞争的市场环境。

（八）促进企业间的沟通、协调与合作。在维护国内产业利益的前提下，积极组织行业内的企业开拓国际市场，开展国内外经济技术交流与合作，建立与国外全球定位系统组织、企业和团体的联系，开展国际全球定位系统技术合作和交流。

（九）编辑出版会刊、科普读物、论文集及有关全球定位系统科技资料。

二、分支机构

中国全球定位系统技术应用协会空间定位专业委员会、中国全球定位系统技术应用协会导航应用专业委员会、中国全球定位系统技术应用协会授时与时间专业委员会、中国全球定位系统技术应用协会仪器设备专业委员会、中国全球定位系统技术应用协会教育与发展专业委员会、中国全球定位系统技术应用协会市场专业委员会、中国全球定位系统技术应用协会环境监测专业委员会

郑州测绘学校

一、主要职责

面向测绘行业，培养具有较强实际操作能力，特别是具有现代化测绘技术应用能力的合格毕业生。目前，郑州测绘学校除承担全日制中专教育外，还挂有“两站一基地”三块牌子：

（一）“武汉大学郑州测绘学校函授站”。承担本科、专科函授教育，是武汉大学在全国最大的函授站。

（二）“测绘行业特有工种职业技能鉴定站”。按有关要求对毕业生进行测绘职业技能鉴定，通过鉴定的毕业生可获得中级测绘职业资格证书。

（三）“国家测绘局测绘职业技术教育培训基地”。承担全国测绘系统生产单位作业人员的专业技术培训及岗位培训、测绘职业技能鉴定培训工作。

二、专业设置

工程测量、航空摄影测量、地图制图与地理信息、房产测绘、国土资源调查与管理

三、部门设置

（一）管理、服务部门

党委办公室、校办公室、教务处、总务处、督导室、人事处、财务设备处、学生工作管理处

（二）教学部门

大地与工程测量教学部、地形与地籍测量教学部、航空摄影测量与遥感教学部、地图制图与地理信息教学部、基础课教学部、政治理论与体育教学部、综合实验室

（三）群众团体

工会、团委

四、直属单位

郑州四维测绘技术公司

全国测绘系统领导干部名录

国家测绘局机关司级以上领导干部名录

局领导

局　长、党组书记	徐德明
副局长、党组副书记	王春峰
副局长、党组成员	李维森　宋超智　闵宜仁
纪检组长、党组成员	张荣久
党组成员	吴兆琪

局总工程师　胥燕婴

办公室

主　任	吴兆琪（兼）
副主任	周德军　周　星
副巡视员	蒋民龙

规划财务司

司　长	柏玉霜
副司长	陈洪宛　李劲松
巡视员	刘勤胜

国土测绘司

司　长	白贵霞
副司长	罗建军　刘大可

法规与行业管理司

司　长	叶银虎
副司长	吴卫东　张万峰
副巡视员	张卫平　李媛媛

地理信息与地图司（测绘成果管理司）

司　长	易树柏
副司长	张文晖（挂职辽宁省抚顺市副市长）
	程　军　翟义青
副巡视员	徐心蕊

科技与国际合作司

司　长	张燕平
副司长	王　倩　吴　岚

人事司

司　长	李赤一
副司长	袁　宏　庞秋红

直属机关党委（纪检监察室）

专职副书记、纪委书记	李新权
直属机关工会主席、副巡视员	刘新英

国家测绘局直属单位、挂靠单位领导班子成员名录

陕西测绘局

局　长、党组书记	武文忠
副局长、党组成员	成燕辉　肖　平　王晓国　岳建利
纪检组长、党组成员	施仲刚
巡视员	臧克福
副巡视员	路冠陆

黑龙江测绘局

局　长、党组书记	王宝民
副局长、党组成员	鲍英华　朱　杰　苗前军　孙明晶
巡视员	王英斌
副巡视员	郝科铭

四川测绘局

局　长、党组书记	冯先光
副局长、党组成员	余国珊　史同和　杨　升　谢维挺
纪检组长、党组成员	周　社
巡视员	彭光明　安英选

海南测绘局

局　长、党组书记	王保立
副局长、党组成员	黄世伟　杨宏山
纪检组长、党组成员	詹宏海
副巡视员、党组成员	蔺　赞

中国地图出版集团

董事长、党委书记	赵晓明

副董事长、总经理、党委副书记　倪庆华
副董事长、党委副书记　杨俊岭
董事、副总经理　高锡瑞　杨树德　郭　宝　陈　平
董事、副总经理兼总编辑　徐根才
监事会主席、纪委书记、工会主席　盛京江

中国测绘科学研究院

院　长、党委副书记　张继贤
副院长、党委书记　李永春
副院长　程鹏飞　辛少华　马宗新　刘纪平

国家基础地理信息中心

主　任、党委副书记　李志刚
副主任、党委书记　李伟建
总工程师　陈　军
副主任　金舒平　彭震中（兼纪委书记）
王东华

国家测绘局卫星测绘应用中心

主　任　李朋德
临时党委书记　刘小波
副主任　孙承志　黄　鹦　唐新明

中国测绘宣传中心（中国测绘报社）

主　任（社长）　周远波
副主任（副社长）　雷德容

国家测绘局管理信息中心

主　任　王起民
副主任　辛　英　刘天安

国家测绘局地图技术审查中心

主　任　张辉峰
副主任　赵　晖

国家测绘局测绘发展研究中心

主　任　柏玉霜（兼）
副主任　徐永清　陈常松

国家测绘局职业技能鉴定指导中心

主　任　赵继成
副主任　韩力援　牛　黎

国家测绘产品质量检验测试中心

主　任	王　权
临时党委书记	李　烨
副主任	雷　斌　丁明柱

国家测绘局重庆测绘院

院　长、党委副书记	山　川
副院长、党委书记	王冬滨
副院长	方庆春　杨　洪（兼纪委书记）

国家测绘局机关服务中心

主　任	吴　松

国家测绘局三亚测绘技术开发服务培训中心

主　任	王保立（兼）

国家测绘局北戴河休养院

院　长	张锡浩
副院长	林　强

中国测绘学会

秘书长	马　赟
专职副秘书长	易杰军

中国地理信息系统协会

秘书长	丛远东
专职副秘书长	汤　海

全国地理信息标准化委员会

秘书长	牛　靖

西安地图出版社

社长兼党委书记	陈向阳

哈尔滨地图出版社

社长兼党委书记	董　学

各省、自治区、直辖市、计划单列市测绘行政主管部门及有关测绘单位，新疆生产建设兵团测绘主管部门领导班子成员名录

北京市规划委员会

主　任	黄　艳

副主任、党组书记	王英杰
副主任、党组成员	邱　跃　周楠森　刘玉民
纪检组组长、党组成员	周忠秀
副主任	王　飞
总规划师、党组成员	施卫良
委　员	曹跃进　孙　卫　叶大华

北京市勘察设计与测绘管理办公室

主　任	叶大华（兼）
副主任	李节严　王金坡　叶　嘉

北京市测绘设计研究院

院　长、党委副书记	温宗勇
党委书记	郝赛英
纪委书记、工会主席、党委副书记	王瑞平
副院长	梁　贵　王继明　杨伯钢　程　祥
副院长、总工程师	陈品祥
总会计师	代　为
院长助理	王　磊

天津市规划局

局　长、党组书记	尹海林
党组副书记	战秋艳
常务副局长	李春梅
纪检组组长	曹慧泉
副局长	鲁承斌　郭凤平　郑嘉轩　沈　磊
总规划师	霍　兵
总建筑师	秦　川
副局级巡视员	诸　铭　刘　荣　侯学刚

天津市测绘院

党委书记	王以宏
院　长、党委副书记	马华山
常委副院长、党委副书记	刘俊卫
党委副书记	王高运
纪委书记	仉　明
副院长	韩振镖　曹振明　刘凤杰
总工程师	胡　珂
工会主席	孙忠祥

河北省测绘局

河北省国土资源厅副厅长、党组成员	
河北省测绘局局长、分党组书记	高献计

副局长、分党组副书记	刘克亮
副局长、分党组成员	续铁枢
副局长、总工程师、分党组成员	曹　立

山西省测绘局

山西省国土资源厅副厅长、党组成员	
山西省测绘局局长、党组书记	牛来有
副巡视员	陈　睿
副局长、党组成员	于建刚
纪检组长、党组成员	王喜瑞
副局长、党组成员	孔令礼
总工程师、党组成员	秦炎平

内蒙古自治区国土资源厅

厅　长、党组书记	白　盾
副厅长、党组成员	孔燕燕　赵保胜　元重举
副厅长	杨仁选
副厅长、党组成员	王富友
纪检组长、党组成员	孙建华
副巡视员	高　华　陈喜良

内蒙古自治区测绘事业局

局　长、党委书记	吴齐文
副局长、党委委员	赵新刚
副局长、党委委员、纪检书记	郭党师
党委委员	刘　秀　杨俊杰

辽宁省测绘局

辽宁省测绘局局长、分党组书记	
辽宁省国土资源厅副厅长、党组成员	吴景涛
副巡视员、分党组成员	金家奇
副局长、分党组成员	柏惠印　李建国

吉林省测绘局

局　长、党组书记	张立民
副局长、党组成员	郭　燕　张凤赞　李文忠

上海市测绘管理办公室（上海市测绘院）

党委书记	陆洁中
主　任（院长）	孙红春
党委副书记兼纪委书记	徐顺福
副主任（副院长）	姜正芳　樊高珉　季善标
总工程师	郭容寰

江苏省测绘局

江苏省国土资源厅副厅长	
江苏省测绘局局长	刘　聪
副局长、党组成员	史照良　谢建平　钱承新　王　祥
纪检组长、党组成员	龚　琴
党组成员、直属机关党委书记	黄建东

浙江省测绘与地理信息局

局　长、党委书记	陈建国
副局长、党委委员	鲍伟民　马建平　周方根
纪委书记、党委委员	钱文华

安徽省国土资源厅

厅　长、党组书记	张庆军
巡视员、党组成员	杨先静
纪检组长、党组成员	陈立春
副厅长、总工程师、党组成员	项怀顺
副厅长、党组成员	陈良纲　张祖旺　李世蕴
党组成员、省测绘局局长	徐铁军
副巡视员	蒋学军

安徽省测绘局（安徽省测绘总院）

局　长、党委书记	徐铁军
纪委书记、党委副书记	董　宁
副局长	薛朝应　朱　平
总工程师	余建平
调研员	高承云

福建省测绘局

福建省国土资源厅党组成员	
福建省测绘局党组书记	何清和
局　长	陈跃进
副局长	陈智仁　林孝文

江西省测绘局

江西省国土资源厅党组成员	
江西省测绘局局长	高振华
党委书记	匡　猛
副局长	熊牛儒　钟永辉
纪委书记	敖颠根
调研员	袁仁亮
总工程师	焦三梓
调研员	宫援朝

山东省国土资源厅（山东省测绘局）

厅　长、党组书记	徐景颜
巡视员	周莲英
副厅长、党组成员	邵清纯　柏贵生　张庆坤　宇向东
副厅长	王玉志
纪检组长、监察专员、党组成员	徐家林
测绘局局长	吴玉海
副巡视员	宁廷河
测绘局副局长	曲伟刚　朱茂林

河南省测绘局

河南省国土资源厅党组成员	
河南省测绘局局长、党委书记	贾志伟
副局长、党委成员	禄丰年　王进福

湖北省测绘局

局　长、党组书记	张建仁
副局长、党组成员	姜殿惠　郑永益
副局长、总工程师、党组成员	何保国
纪检组长、党组成员	李建国

湖南省国土资源厅

厅　长	方先知
副厅长	颜学毛　胡进安　易显奇　杨维刚　厉　坤　尹学朗
总工程师	彭　悦
总经济师	孙　敏
副巡视员	范荣华　龙服忠　张　瑛

广东省国土资源厅（广东省测绘局）

厅　长、党组书记	招玉芳
副厅长、党组成员	黄德发　黄奕锋　涂高坤　杨俊波　邢建江　李俊祥
纪检组长、党组成员	叶伟龙
总工程师、党组成员	杨林安
执法监察局局长、党组成员	李　师
副巡视员	张超群　游启胜　蒋金波　麦镜儒

广西壮族自治区测绘局

局　长、党组书记	陈仲怀
副局长、党组成员	朱良毕　卢显泰

重庆市规划局

副局长、党组书记 张远林
局 长、党组副书记 扈万泰
副局长、党组成员 汪子发 邱建林 王 岳
纪检组长、党组成员 彭晓麟
总规划师、党组成员 张 远
总建筑师 张 睿

贵州省国土资源厅

厅 长、党组书记 朱立军
副厅长、党组成员 周从启 王赤兵 赵震海 周 文
贵州省纪委驻贵州国土资源厅纪检组组长
党组成员 安高智
党委书记、党组成员 吴学贵
副巡视员 彭显刚

云南省测绘局

局 长、党组书记 耿 弘
副局长、党组成员 王陆忠 刘继元 邹亚光 王卫国

西藏自治区测绘局

局 长、党总支书记 王维拉
副局长、党总支副书记 袁永明（援藏干部）
自治区测绘院院长 高 斌（援藏干部）

甘肃省测绘局

局 长、党委书记 缪树德
副局长、党委委员 苗天宝 陈 钢
纪委书记、党委委员 郭生亮
副局长、党委委员 牟应录

青海省测绘局

副局长、党委副书记 董永弘 唐千里
副局长 刘海平 关英良
总工程师 黄伟星

宁夏回族自治区国土资源厅

厅 长、党组书记 刘 卉
副厅长、党组副书记 李捍国
副厅长、党组成员 张玉英 刘大钧
总规划师、党组成员 韦晓龙
副巡视员 戴涌江

新疆维吾尔自治区测绘局

新疆维吾尔自治区国土资源厅党组成员	
新疆维吾尔自治区测绘局副局长、党组书记	刘戈青
局　长、党组副书记	李全战
纪检组长、副巡视员、党组成员	艾买提·艾达洪
副局长、党组成员	常戈军

新疆生产建设兵团国土资源局

局　长、党组书记	张新荣
副局长、党组成员	谢兴松　闫丽莉
纪检组长、党组成员	杜学明

青岛市国土资源和房屋管理局

局　长、党委书记	陈培新
副局长、党委委员	陈立新　杜本好
副局长、巡视员、党委委员	李　平
纪委书记、党委委员	田忠源
副局长	王咸宁
副局长、党委委员	赵富安
总经济师、党委委员	纪晓龙
巡视员	孟凡鑫
副巡视员	王其祥　王来祥

宁波市规划局

局　长、党委书记	李定邦
副局长	王丽萍
副局长、党委委员	陈鸣达　郑声轩
宁波市纪委驻市规划局纪检组组长、党委委员	刘丽贤
副局长、党委委员	庄立峰
总规划师、党委委员	袁朝晖
助理巡视员	陈红军
政治处主任、党委委员	黄生良

大连市规划局

党委书记	从志斌
局　长、党委副书记	王　君
副局长、党委成员	唐东宁　周安伟　刘东立　宋继先

深圳市国土资源和规划委员会

主　任、党组书记	王　芃
副主任、党组成员	郭仁忠　许重光　黄　珽　薛　峰　冯现学
机关委员会专职书记、党组成员	户从义
巡视员	刘永根　刘文早

厦门市国土资源与房产管理局

局　长、党委书记	林长树
党委副书记、纪委书记	黄荣发
副局长、党委委员	王耀辉　吕庆端　郭俊胜　郭金炼
副局长	陈林灵
副巡视员、党组成员	林建和　陈志坚

测绘人物

全国人大代表

李朋德

全国政协委员

徐德明　陈邦柱　杨维刚　李　莉

院　士

中国科学院

陈俊勇　许厚泽　李德仁　徐冠华　童庆禧　高　俊　李小文　杨元喜　吴一戎

中国工程院

李德仁　刘先林　宁津生　魏子卿　王任享　刘经南　王家耀　张祖勋　许其凤

国际欧亚科学院

钱曾波

国家测绘局直属单位享受政府特殊津贴人员（1990 年～2010 年）

刘先林　陈俊勇　杨明辉　顾旦生　田伯键　夔中羽　刘永诺　陈　军　张清浦　胡明城
杜祥明　毛可标　冯浩鉴　朱德愉　刘四宁　胡建国　田　成　穆宝菡　杨　可　叶泰棋

文沃根　邱志成　苗履丰　孙立业　左传惠　徐　善　周英武　徐道盈　楚良才　李炳亚
赵先恒　梁振英　林宗坚　徐国华　董鸿闻　徐伯清　王惠民　张书荣　许卓群　朱梅珍
薛　璋　王惠然　王福履　蔡金生　王满英　翟声柱　方　恒　华彬文　文湘北　麦柏楠
郑家声　林天冲　计伯仁　石奉天　陆用森　赵西林　张武冰　周忠谟　王增藩　张家庆
张伟兼　李道义　邱其宪　周祚域　周祚义　潘新诺　王鸿生　任维春　陈仁怒　刘肇德
何汉启　黄克明　蒋景瞳　杨春和　戴其潮　钱天久　谭建国　陈继良　姜翔鸾　张三省
赵一昌　张定兰　郁期青　席德昆　麻英暖　周光楹　周正谊　潘达忠　吴孟起　龙宗英
端木杰　刘明光　陈　潮　凌大夏　王淑华　金　符　陈振华　黄衍其　秦金泉　栾书俊
干福弟　黄武英　李　莉　李广源　张筱荣　喻　沧　刘凤德　杨　凯　冯孟华　姚绪荣
卢瑞虹　高文朗　沈安生　施品浩　林晓慧　余国珊　彭安仁　朱长盛　余文芳　周　良
姬恒炼　张学良　苏山舞　王谭强　吴郁芬　郭锡正　李左清　徐承天　李根洪　张燕平
关大任　丘金宏　张　骥　肖国雄　向宗藩　刘纪平　王东华　顾乃福　成燕辉　马林波
张安川　刘若梅　闵宜仁　李毓麟　刘宗杰　苗前军　李绍明　郭春喜　庞尚益　张开昶
王明善　肖学年　张继贤　李英成　孙晓生　万必文　程鹏飞　肖　平　李伟建　古一鸣
王　权　徐开明　蒋　捷　周　敏　杨　升　周　社　燕　琴　张江齐　徐根才　李成名
王晓国

“新世纪百千万人才工程”国家级人选

张继贤　程鹏飞　郑卫萍　陈　军　刘若梅　王东华　蒋　捷　刘纪平　商瑶玲　徐开明
党亚民　张　力　唐新明　张　鹏

海外高层次人才引进计划人选

吴晓良　徐永龙　关鸿亮　单　杰　史文中

国家测绘局科技领军人才

卢秀山　陈　军　李成名　李建成　张继贤　郭春喜　龚健雅

全国新闻出版行业领军人才

徐根才　周　敏　芦仲进　倪庆华

国家测绘局青年学术和技术带头人名单（2009年～2011年）

张海涛	冯学兵	贾有良	黄　勇	何建国	王承安	王荣宝	王　峰	王　铮	陆宇红
徐开明	于洪伟	殷福忠	袁晓宏	毕　俊	李明巨	朱风云	刘　波	楼燕敏	张　迁
张耀波	简灿良	袁存忠	何忠焕	张立国	宋新龙	邱儒琼	周　涛	罗灵军	陈现春
曾衍伟	李见阳	杨正银	李文华	陈向阳	岳建利	程传录	曹建成	曹建君	李海祥
裴小威	芦仲进	党亚民	章传银	李成名	刘纪平	唐新明	李英成	张　力	燕　琴
张江齐	蒋　捷	商瑶玲	张　鹏	翟　永	廖安平	赵英志	熊康军	毛炜青	曾文华
相恒茂	华亮春	麦照秋	甘　泉	金宝轩	谢露蓉	王　斌	李克恭	王　苑	刘　涛
司连法	刘正军	常晓涛	周　旭	李兆雄	罗和平				

先进集体和先进个人名录

测绘系统获中共中央、国务院、中央军委联合表彰的青海玉树“全国抗震救灾模范”名单

黄国满　中国测绘科学研究院
窦　超　青海省第一测绘院

测绘系统获国务院表彰的“全国先进工作者”名单

刘纪平　中国测绘科学研究院
徐开明　黑龙江基础地理信息中心

全国测绘系统先进集体和先进工作者

先进集体

北京市测绘设计研究院第一测绘分院
河北省基础地理信息中心
山西省晋城市国土资源局

内蒙古自治区鄂尔多斯市国土资源局
辽宁省摄影测量与遥感院
大连市测绘院（大连市基础地理信息中心）
吉林省地理信息工程院
国家测绘局第二大地测量队水准中队
上海市测绘院第二分院
江苏省盐城市国土资源局
浙江省嘉兴市城乡规划建设管理委员会
宁波市规划局测绘管理处
福建省测绘院
厦门市测绘与基础地理信息中心
江西省第一测绘院
山东省日照市国土资源局
河南省测绘工程院
湖北省潜江市测绘局
湖南省常德市国土资源规划测绘院
深圳市规划国土房产信息中心
广西第一测绘院
海南省屯昌县国土环境资源局
重庆市勘测院
四川省资阳市测绘局
贵州省第一测绘院
云南省航测遥感信息院
国家测绘局第一大地测量队
青海省第二测绘院
宁夏回族自治区国土测绘院
新疆维吾尔自治区第二测绘院
中国地图出版社中国地图编辑部
中国测绘科学研究院科技处
国家基础地理信息中心信息服务部

先进工作者

孟志义（满族）	北京市测绘设计研究院
黄恩兴	天津市勘察院
魏富朝	河北省秦皇岛市国土资源局
胡文元	山西省测绘工程院
韩金广	内蒙古自治区正蓝旗国土资源局
任鸿飞	吉林省通化市规划局
罗　鹏（女）	黑龙江省测绘产品质量监督检验站
佘长荣	上海市测绘院
周友生	浙江省第一测绘院
袁存忠	福建省基础地理信息中心
陈景平	江西省第一测绘院

平安玉	山东省国土资源厅
毛忠民	河南省地图院
邱儒琼（女）	湖北省测绘成果档案馆（湖北省基础地理信息中心）
刘智勇	湖南省第三测绘院（湖南省基础地理信息中心）
林良彬	广东省国土资源测绘院
苏　强	广西壮族自治区钦州市国土资源局
火才三	国家测绘局第七地形测量队
胡旭伟	重庆市规划局
叶　玮（女）	贵州省国土资源厅第二测绘院
扎西多吉（藏族）	西藏自治区测绘局
张建华	国家测绘局第一大地测量队
王笑德	甘肃省测绘产品质量监督检验站
高惠如	宁夏回族自治区基础测绘院
邓尚志（女）	新疆维吾尔自治区塔城地区国土资源局（测绘局）
郑文胜	国家测绘局重庆测绘院
池　涛（女）	中国地图出版社
蒋　捷（女）	国家基础地理信息中心
王瑜婷（女，白族）	中国测绘宣传中心

全国测绘部队先进集体和先进个人

先进集体

集体二等功

总参某测绘研究所
北京军区某测绘大队
兰州军区某测绘信息中心
空军某航空兵测量团机务大队
第二炮兵某测绘大队卫星导航定位站
第二炮兵某基地测地队
总参某测绘信息中心测绘信息研发室

全国群众体育工作先进单位

南京军区某测绘大队

全军印刷质量管理先进单位

解放军第 1205 工厂

先进个人

总参、总政联合表彰的新中国 60 年军事测绘杰出贡献奖

蒲锡文	原军委作战部测绘局
卜庆君	总参谋部
余晋堂	总参谋部

抄秋生	总参谋部
杜志平	总参谋部
张　戈	原解放军测绘学院
党诵诗	原解放军测绘学院
唐昌先	原解放军测绘学院
钱曾波	原解放军测绘学院
吴忠性	原解放军测绘学院
杨启和	原解放军测绘学院
李志良	原解放军测绘学院
石　磐	总参谋部
段五杏	总参谋部
游存义	总参谋部
胡广伦	总参谋部
常本义	总参谋部
范小林	总参谋部
汤恩祥	总参谋部
周庆真	总参谋部
李贵琦	原卫星定位总站
沈运全	总参谋部
邵南钺	总参谋部
刘家豪	总参谋部
苏　刚	星球地图出版社
王贵宾	沈阳军区
郭庆森	北京军区
文秀清	兰州军区
王炳堂	兰州军区
林举超	济南军区
郑慧丽	原福州军区
田涪兴	广州军区
于农田	成都军区
杜仕荣	成都军区
顾　毅	海　军
梁开龙	海　军
郭善文	空　军
谢殿武	空　军
周　飞	第二炮兵
艾贵斌	第二炮兵

总参、总政联合表彰的为新中国军事测绘事业做出杰出贡献的先进个人

高　俊	解放军信息工程大学测绘学院
王家耀	解放军信息工程大学测绘学院
许其凤	解放军信息工程大学测绘学院
魏子卿	总参谋部

王任享	总参谋部
杨元喜	总参谋部
王笑赤	沈阳军区
于克光	沈阳军区
谢志勇	北京军区
白振慧	北京军区
郭群长	兰州军区
孟照斌	兰州军区
王明孝	兰州军区
任树军	济南军区
黄忠红	济南军区
尹　东	济南军区
徐学清	浙江省某军分区
叶　玲	南京军区
盛建军	广州军区
张书祥	广州军区
薛　冰	成都军区
胡树标	成都军区
王　瑞	海　军
元建胜	海　军
韩范畴	海军出版社
翟京生	海　军
公茂军	海　军
郑楚和	空　军
尹荣芳	空　军
李　丽	空　军
王永明	第二炮兵
崔敬佩	第二炮兵
王永清	总参谋部
杨勇弟	总参谋部
赵康宁	总参谋部
吴晓平	解放军信息工程大学测绘学院
张永生	解放军信息工程大学测绘学院
马秋禾	解放军信息工程大学测绘学院
孙　群	解放军信息工程大学测绘学院
胡　莘	总参谋部
刘思伟	总参谋部
崔卫平	总参谋部
张绪茂	总参谋部
刘平芝	总参谋部
王晓林	总参谋部
高德俊	总参谋部
周　兵	总参谋部

谭述森	总参谋部
周建华	总参谋部
韩春好	总参谋部
陆银龙	总参谋部
于禹生	总参谋部
薛本新	总参谋部
史庆和	总参谋部
游　雄	总参谋部
郭福生	总装备部
钟　瑜	解放军第 1001 工厂
陈镜湖	解放军第 1002 工厂
邓　义	解放军第 1205 工厂
梁永中	解放军第 1206 工厂

全国测绘系统“测绘奖章”获得者

王金坡	北京市勘察设计与测绘管理办公室
徐雪蕾（女）	北京市勘察设计与测绘管理办公室
周　奎	天津市测绘院
王汝海	天津市规划局
高景安	河北省沧州市国土资源局
王明科	河北省廊坊市国土资源局
张建军	山西省沁水县国土资源局
卫启云	山西省太原市基础地理数据中心
于治源（蒙古族）	内蒙古自治区赤峰市国土资源局用地服务站
张利生	内蒙古自治区测绘院
朱广礼	辽宁省测绘局
马　旭	辽宁省铁岭市测绘管理办公室
宋铁群	辽宁省基础测绘院
冯艳玲（女）	大连市规划局
林哲浩（朝鲜族）	吉林省延边朝鲜族自治州住房和城乡建设局
王长顺	吉林省松原市规划局
孙睿英	国家测绘局第三地形测量队
王志强（回族）	黑龙江省哈尔滨市城乡规划局
孟昭山	黑龙江省大庆市城乡规划局测绘管理站
傅晓明	上海市测绘院第二分院
毛炜青	上海市测绘院基础地理信息中心
钱郭锋	江苏省基础地理信息中心
张　健	江苏省镇江市测绘管理办公室
贺卫中	江苏省常州市土地勘测中心
王洪涛	浙江省温州市测绘局

周慈奉	浙江省杭州市勘测设计研究院
陈为民	宁波市测绘设计研究院
张耀波	安徽省基础测绘信息中心
张建华	安徽省淮南市国土资源局
雷顺文（畲族）	安徽二水测绘院
范雪姬（女）	福建省南平市测绘管理所
方福生	福建省测绘产品质量监督检验站
林亚标	厦门市测绘与基础地理信息中心同安站
倪长春	江西省景德镇市国土资源局
李庆东	江西省广丰县国土资源局
杨岱东	山东省聊城市国土资源局
孙春田	山东省德州市国土资源局
郑生春	青岛市勘察测绘研究院
郭秋敏（女）	河南省平顶山市测绘局
李宗华	湖北省武汉市国土资源和规划信息中心（武汉市地理信息中心）
黄国清	湖北省第二测绘院
向民锦	湖南省怀化市测绘队
李　燕（女）	湖南省衡阳市国土资源局
童凤娇（女）	广东省佛山市顺德区国土城建和水利局
马德富	广东省珠海市测绘院
张兴飞	深圳市规划和国土资源委员会
洪兆河	广西壮族自治区北海市国土资源信息中心
周国奎	广西地图院
符永好	海南省海口市土地测绘院
陈鹏图	海南省儋州市国土环境资源局
黄正兴	重庆市垫江县规划局
马泽忠（土家族）	重庆市土地勘测规划院
胡　北	四川省基础地理信息中心
罗文智	四川省乐山市测绘管理办公室
蒋红兵	国家测绘局第三航测遥感院
罗　军	贵州省测绘资料档案馆
申朝永	贵州省第三测绘院
杨映泉	云南省测绘工程院
沈　鹰	云南省曲靖市国土资源局
李国彪	云南省红河哈尼族彝族自治州国土资源局
陈　萍（女）	西藏自治区测绘局
次松拉姆（女，藏族）	西藏自治区测绘局
赵力彬	国家测绘局第一航测遥感院
白云奎	陕西省榆林市测绘处
赵绍兵	国家测绘局陕西基础地理信息中心
段　兴	甘肃省地图院
柳世昆	甘肃省测绘工程院
窦　超	青海省第一测绘院

王　苑	青海省基础地理信息中心
张银建	青海省第二测绘院
田　锋	宁夏国土资源地理信息中心
曹爱民	宁夏国土测绘院航测遥感院
曹克图（蒙古族）	新疆维吾尔自治区巴州国土资源局
王　诚	新疆维吾尔自治区和田地区国土资源局（测绘局）
胡捍东	新疆生产建设兵团勘测规划设计研究院
马宝山	测绘出版社
黄国满	中国测绘科学研究院
王华斌	国家测绘局卫星测绘应用中心
张　亮	国家测绘局管理信息中心
张小霞（女）	国家测绘局地图技术审查中心
曹　芳（女）	国家测绘局职业技能鉴定指导中心
路丽华	中华地图学社
梁卫鸣	中国测绘学会

全国省级测绘行政主管部门贯彻落实科学发展观 2010 年度测绘工作考评优秀单位和达标单位

优秀单位

（按考评得分排序）

浙江省测绘与地理信息局
湖北省测绘局
江苏省测绘局
山东省国土资源厅（测绘局）
河南省测绘局
广东省国土资源厅（测绘局）
山西省测绘局
广西壮族自治区测绘局
江西省测绘局
重庆市规划局
黑龙江测绘局
贵州省国土资源厅（测绘局）
新疆维吾尔自治区测绘局
湖南省国土资源厅（测绘局）
陕西测绘局
北京市规划委员会

达标单位

（按考评得分排序）

吉林省测绘局
上海市测绘管理办公室（测绘院）
福建省测绘局
海南测绘局
甘肃省测绘局
河北省测绘局
四川测绘局
云南省测绘局
安徽省国土资源厅
辽宁省测绘局
宁夏回族自治区国土资源厅（测绘局）
天津市规划局
内蒙古自治区国土资源厅
青海省测绘局
西藏自治区测绘局

国家测绘局测绘应急保障先进集体和先进个人

先进集体

北京市测绘设计研究院
天津市测绘院
河北省第二测绘院
山西省测绘工程院
山西省综合地理信息中心
内蒙古自治区测绘事业局
辽宁省基础地理信息中心
大连九成测绘信息有限公司
吉林省测绘局地理信息管理与应用处
国家测绘局黑龙江基础地理信息中心
上海市测绘院
南京市测绘勘察研究院有限公司
杭州市规划局
宁波市规划局
安徽省基础测绘信息中心
福建省基础地理信息中心
厦门市测绘与基础地理信息中心
江西省基础地理信息中心
抚州市国土资源局

山东省国土测绘院第一测绘院
青岛市勘察测绘管理处
河南省地图院
湖北省地图院
湖南省第一测绘院
广东省国土资源测绘院
东莞市国土资源局
深圳市地籍测绘大队
广西第一测绘院
国家测绘局海南测绘资料信息中心
重庆市规划局测绘管理处
国家测绘局第三航测遥感院
国家测绘局四川基础地理信息中心
四川省水利水电勘测设计研究院映秀清平应急抢险测绘分队
成都市勘察测绘研究院
中国电力工程顾问集团西南电力设计院
贵州省第三测绘院
云南省基础测绘技术中心
西藏自治区测绘局测绘资料档案馆
国家测绘局陕西基础地理信息中心
国家测绘局第二地形测量队
甘肃省地图院
兰州市勘察测绘研究院
青海省第二测绘院
青海省基础地理信息中心
青海省第一测绘院格尔木分院
宁夏回族自治区国土资源厅基础测绘处
新疆维吾尔自治区基础地理信息中心（新疆维吾尔自治区测绘档案资料馆）
中国地图出版集团
中国测绘科学研究院
国家基础地理信息中心
国家测绘局卫星测绘应用中心
中国测绘宣传中心（中国测绘报社）
国家测绘局管理信息中心
国家测绘局重庆测绘院
国家测绘局机关服务中心
测绘遥感信息工程国家重点实验室（武汉大学）
中飞通用航空公司
中航四维（北京）航空遥感技术有限公司
东方航空集团东方通用航空太原航空摄影有限公司
北京东方道迩信息技术有限责任公司
中测新图（北京）遥感技术有限责任公司
天宝寰宇电子产品（上海）有限公司北京分公司

先进个人

温宗勇	北京市测绘设计研究院
王思锴	北京城建勘测设计研究院有限责任公司
甘治治	北京市顺义区规划测绘设计所
邢卫民	天津市勘察院
张洪峰	河北省制图院
曹万明	河北省基础地理信息中心
杨庚印	山西省测绘工程院
何丽敏（女）	山西省测绘工程院
卫 东（女）	山西省综合地理信息中心
王 鹏	临汾市测绘院
张作宁	内蒙古自治区测绘科技档案资料馆
格日勒图（蒙古族）	内蒙古自治区测绘产品质量监督检验站
田 锋	辽宁省基础地理信息中心
尤 捷	辽宁省城乡建设规划设计院
张 宏	辽宁经纬测绘规划建设有限公司
裘 宁	大连市测绘院（大连市基础地理信息中心）
郭 燕（女）	吉林省测绘局
杨吉隆	吉林省测绘局
谢 岩（女）	吉林省地理信息工程院
韩 英（女）	吉林省基础地理信息中心
董 卫	国家测绘局黑龙江基础地理信息中心
周 墨	国家测绘局黑龙江基础地理信息中心
孙睿英	国家测绘局第三地形测量队
丁兆连	黑龙江龙飞航空摄影有限公司
陈晓岚	上海市测绘院
张祥文	上海海事局海测大队
苏 诚	国家海洋局东海信息中心（上海东海海洋工程勘察设计研究院）
刘全海	常州市测绘院
王建辉	苏州市测绘院有限责任公司
景军郎	浙江省第一测绘院
王永锋	杭州市勘测设计研究院
金颂伟	宁波市测绘设计研究院
汪跃平	安徽省第四测绘院
胡 玮（女）	安徽省基础测绘信息中心
余绍新	福建省泰宁县国土资源局
温秀萍（女）	福建省测绘院
杨河英（女）	南平市国土资源局测绘管理处
郭垂注	厦门市测绘与基础地理信息中心
易明华	江西省基础地理信息中心
罗光华	抚州市国土资源局
张武庆	江西省水利规划设计院

桂　新	江西省第三测绘院
张立国	山东省国土测绘院
刘奇志	山东省地图出版社
刘延勇	青岛市勘察测绘研究院
曲　刚	河南省测绘局
翟娅娟（女）	河南省测绘发展研究中心
王　华	湖北省航测遥感院
宋爱红（女）	武大吉奥信息技术有限公司
王显奇	湖南省第二测绘院
段　佳（女）	湖南省第三测绘院（湖南省基础地理信息中心）
黄送玉	韶关市曲江区国土资源信息中心
邱保生	高州市国土资源局
刘小丁	广东省国土资源测绘院
胡际余	深圳市规划和国土资源委员会
陈文森	广西第一测绘院
周国奎	广西地图院
高　凡	国家测绘局海南测绘资料信息中心
买小争（回族）	国家测绘局第四航测遥感院
罗灵军	重庆市地理信息中心
向泽君	重庆市勘测院
奉光泽	四川省第一测绘工程院
李显华	四川省第三测绘工程院
蒋红兵	国家测绘局第三航测遥感院
谢兴田	成都地图出版社
郑全红（女）	国家测绘局四川基础地理信息中心
邓海先	四川测绘局测绘技术服务中心
王　芳（女）	四川测绘局
王靠省	中铁二局集团有限公司
谯　勇	四川省地质测绘院
曾　平	成都市勘察测绘研究院
廖胜利	四川省交通运输厅交通勘察设计研究院
陈尚云	四川中水成勘院测绘工程有限责任公司
徐必礼	绵阳市测绘工程所
曾群意	中国电力工程顾问集团西南电力设计院
贾英杰	中国水利水电第七工程局有限公司
李克英（女）	德阳市国土勘测规划所
王国洲	贵州省第三测绘院
邹亚光	云南省测绘局
柯尊杰	云南省基础测绘技术中心
张静海	云南省基础测绘技术中心
陈　宏	云南省基础测绘技术中心
康宝成	云南省测绘局
何凤良（满族）	黑龙江测绘计量仪器检定站（西藏自治区测绘资料档案馆）

王小平	西安大地测绘工程有限责任公司
刘兴平	国家测绘局第一地形测量队
陈卫平	国家测绘局第一航测遥感院
李　昕	西安地图出版社
谢　红（女）	国家测绘局陕西基础地理信息中心
苗天宝	甘肃省测绘局
张新平	甘肃省测绘局
张继成	陇南市国土资源局
朵文锋（藏族）	甘南州国土资源局
郭守祥	甘肃省测绘工程院
杨　林	甘肃省测绘工程院
孙　昊	甘肃省地图院
周全斌	甘肃省基础地理信息中心
东国元	青海省第一测绘院
孙剑锋	青海省第一测绘院
童成宝	青海省第一测绘院
周敬平	青海省第二测绘院
杨生田	青海省第二测绘院
李　军	青海省第二测绘院
周建军	青海省基础地理信息中心
欧尔格力（蒙古族）	青海省基础地理信息中心
李永花（女）	青海省基础地理信息中心
李延贵	青海省测绘产品质量监督检验站
仇生泉	宁夏回族自治区国土测绘院
张建宁	宁夏回族自治区国土资源地理信息中心
白友兵	新疆维吾尔自治区第二测绘院
葛洪涛	新疆维吾尔自治区基础地理信息中心
张　勇（哈萨克族）	塔城地区国土资源局（测绘局）
周　涛	中国地图出版集团
郑　伟	中国地图出版集团
张国利（回族）	中国地图出版集团
燕　琴（女）	中国测绘科学研究院
刘正军	中国测绘科学研究院
张福浩	中国测绘科学研究院
钟　勇	中国测绘科学研究院
赵　勇	国家基础地理信息中心
刘建军	国家基础地理信息中心
梅　洋	国家基础地理信息中心
程　滔	国家基础地理信息中心
高小明（女）	国家测绘局卫星测绘应用中心
罗海波	中国测绘宣传中心
吴宝成	中国测绘宣传中心
张　亮	国家测绘局管理信息中心

郑文胜	国家测绘局重庆测绘院
张祖勋	武汉大学遥感信息工程学院
马洪超	武汉大学遥感信息工程学院
宋庆国	中飞通用航空公司
向　宇	中航四维（北京）航空遥感技术有限公司
白瑞杰	北京朗天博泰科技有限公司
郑宪文	东方航空集团东方通用航空太原航空摄影有限公司
张　澜	北京东方道迩信息技术有限责任公司
张生德	北京东方道迩信息技术有限责任公司
毕　凯	中测新图（北京）遥感技术有限责任公司
孙智博	北京天目创新科技有限公司
高晓侠（女）	北京天目创新科技有限公司
韦　明（瑶族）	北京四维图新科技股份有限公司
孙　旭	高德软件有限公司
陈龙永	中国科学院电子学研究所
邬伯才	中国电子科技集团公司第三十八研究所
邹熹光	拓普康（北京）科技发展有限公司
陈　博	武汉华正空间软件技术有限公司
徐丽萍（女）	北京视宝卫星图像有限公司

全国整顿和规范地理信息市场秩序工作先进集体和先进个人

先进集体

北京市勘察设计与测绘管理办公室
北京市国家安全局
天津市规划局
天津市工商行政管理局检查总队
天津市通信管理局
河北省测绘局
河北省廊坊市国土资源局
山西省吕梁市国土资源局
山西省晋中市国土资源局
内蒙古自治区锡林郭勒盟国土资源局
内蒙古自治区乌海市国土资源局
辽宁省测绘局
辽宁省丹东市测绘管理办公室
吉林省测绘局
吉林省国家保密局
吉林省工商行政管理局
黑龙江测绘局
黑龙江省国家安全厅

上海市测绘管理办公室
上海市国家安全局
上海市国家保密局
江苏省测绘局
江苏省南通市国土资源局
浙江省杭州市规划局
浙江省温州市规划局
安徽省宣城市国土资源局
福建省通信管理局
江西省测绘局
江西省国家安全厅
江西省工商行政管理局
山东省国土资源厅
山东省潍坊市国土资源局
山东省烟台市保密局
河南省测绘局
河南省三门峡市国土资源局
湖北省测绘局
湖北省国家安全厅
湖南省国家安全厅
湖南省株洲市国土资源局
广东省国土资源厅
广东省通信管理局
广东省新闻出版局
广东省佛山市信息产业局
广西壮族自治区国家安全厅
海南测绘局
海南省工业和信息化厅
重庆市规划局
重庆市规划监察执法总队
四川省国家保密局
四川省凉山彝族州测绘办公室
贵州省国家安全厅
云南省德宏傣族景颇族自治州国土资源局
西藏自治区测绘局
西藏自治区那曲地区国土资源局
陕西省榆林市测绘处
陕西省咸阳市住房和城乡建设规划局
甘肃省测绘局
青海省海北藏族自治州国土资源局
宁夏回族自治区国土资源厅
新疆维吾尔自治区测绘局
新疆维吾尔自治区国家安全厅

新疆维吾尔自治区阿克苏地区国土资源局
海军司令部航海保证部

先进个人

彭　瑜	北京市勘察设计与测绘管理办公室
谯　华	北京市国家保密局
唐　鑫	北京市工商行政管理局
刘亚洁	天津市规划局
齐　军	天津市规划执法监察总队
国永福	天津市新闻出版局
范　荣	天津市保密局
安月超	河北省测绘局
陈　文	河北省石家庄市工业和信息化局
王彦洪	河北省秦皇岛市保密局
邢建军	山西省测绘局
杨立晖	山西省太原市国土资源局
申开福	山西省太原市国家保密局
褚根义	内蒙古自治区测绘科技档案资料馆
成学齐	内蒙古自治区国家保密局
于百云	辽宁省测绘局
王　欣	辽宁省工商行政管理局
刘俊泉	辽宁省新闻出版局
李　忠	吉林省工业和信息化厅
张广有	吉林省通信管理局
高跃辉	吉林省新闻出版局
王海峰	黑龙江测绘局
王志强	黑龙江省哈尔滨市城乡规划局
施靖波	上海市测绘管理办公室
刘　捷	上海市新闻出版局
黄海宁	江苏省新闻出版局
蔡挺军	江苏省国家保密工作局
卢清超	江苏省测绘局
杨　柳	江苏省盐城市国土资源局
朱寅丰	江苏省无锡市国土资源局
朱　敏	浙江省测绘局
童　艳	浙江省宁波市规划局
俞　峰	浙江省嘉兴市测绘管理局
曹　菊	安徽省滁州市国土资源局
王　箭	安徽省池州市国土资源局
高卫军	安徽省蚌埠市国土资源局
阮晓兵	福建省测绘局
王秀明	福建省福州市国土资源局
张建生	福建省漳州市测绘管理站

钟永辉	江西省测绘局
罗　霄	江西省工商行政管理局
祝毅明	江西省通信管理局
孙广华	山东省临沂市文化市场管理执法局
秦成刚	山东省德州市工商行政管理局
陈玉林	山东省东阿县国土资源局
刘苏华	河南省工商行政管理局
付　彬	河南省国家保密局
杨海彦	河南省洛阳市国土资源局
唐弘君	湖北省国家保密局
闫　晓	湖北省宜昌市测绘局
杨维刚	湖南省国土资源厅
刘智勇	湖南省基础地理信息中心
高平平	湖南省新闻出版局
李　三	广东省国土资源厅
钟淑冰	广东省国家保密局
胡新华	广东省深圳市文体旅游局（新闻出版局）
邓　力	广东省惠州市国土资源局
朱小玲	广西壮族自治区测绘局
韩存光	海南省工商行政管理局
曹志成	海南省文化广电出版体育厅
吴启江	海南省国家保密局
韦宏林	重庆市规划局
张湘勇	重庆市国家保密局
朱　淼	重庆市经济和信息化委员会
张　畅	重庆市规划监察执法总队
周　明	四川测绘局
赵蜀兰	四川省泸州市测绘管理办公室
向　辉	四川省新闻出版局
汪福亚	贵州省国土资源厅
刘荣德	贵州省国家保密局
饶晓曦	贵州省贵阳市国土资源局
赵茯华	云南省测绘局
傅学保	云南省国家保密局
贾曼华	云南省昆明市国土资源局
沈　鹰	云南省曲靖市国土资源局
次松拉姆	西藏自治区测绘局
吕云川	西藏自治区测绘局
张恩儒	西藏自治区党委保密局
康元方	陕西测绘局
马　燕	陕西省延安市测绘管理办公室
姜晓霞	陕西省工商行政管理局
景宪民	甘肃省工商行政管理局

郑均长	甘肃省测绘局
雷　宁	甘肃省兰州市规划局
郭新萍	青海省测绘局
吴大伟	青海省国家保密局
陈复辰	青海省格尔木市测绘局
方熙全	宁夏回族自治区石嘴山市国土资源局
刘中苏	宁夏回族自治区国土资源厅（测绘局）
焦兴仓	宁夏回族自治区测绘产品质量监督检验站
赵凤兰	新疆维吾尔自治区哈巴河县国土资源局
景亚东	新疆维吾尔自治区昌吉回族自治州国土资源局
梁新平	新疆维吾尔自治区和田地区测绘局
邓尚志	新疆维吾尔自治区塔城地区国土资源局
程晓军	国家测绘局
许　谦	工业和信息化部
杨海防	国家工商行政管理总局
高　远	国家新闻出版总署
张传远	国家保密局
乔常锁	总参测绘局
屈勇兵	辽宁省军区司令部
陈丙骞	山西省军区司令部
王　扈	新疆军区司令部
李发扬	河南省军区司令部
林建伟	福建省军区司令部
黄冰峰	广东省军区司令部
罗　军	四川省军区司令部

（国家安全系统20名先进个人名单另发）

全国测绘宣传先进集体和先进个人

先进集体

山西省测绘局
吉林省测绘局
上海市测绘管理办公室（测绘院）
江西省测绘局
湖北省测绘局
广东省国土资源厅（测绘局）
陕西测绘局
新疆维吾尔自治区测绘局
中国地图出版社
宁波市规划局

先进个人

彭　瑜	北京市勘察设计与测绘管理办公室
杨玉忠	天津市测绘院
王军国	河北省测绘局
杜永刚	山西省测绘局
丁志平	内蒙古乌海市国土资源局
高建中	辽宁省测绘局
吴向东	吉林省测绘局
郎淑艳	黑龙江第一测绘工程院
陈方敏	上海市测绘管理办公室（测绘院）
潘加保	江苏省测绘局
朱　野	浙江省测绘与地理信息局
肖　力	安徽省测绘局
张仲增	福建省测绘局
陈挺芳	江西省测绘局
李彦普	山东省临沂市国土资源局
王红闯	河南省测绘局
董　伟	湖北省测绘局
王本礼	湖南省国土资源厅
施远志	广东省国土资源厅（测绘局）
廖燕萍	广西贵港市国土资源局
唐颖斌	海南测绘局
汪　蓓	重庆市规划局
曾旭屏	国家测绘局重庆测绘院
徐家成	四川测绘局
张鹤林	贵州省国土资源厅
洪　瑛	云南省测绘局
许言海	西藏自治区测绘局
国庭亮	陕西测绘局
刘　岩	甘肃省测绘局
万勇治	青海省基础地理信息中心
刘中苏	宁夏回族自治区国土资源厅（测绘局）
蒋蓉宝	新疆维吾尔自治区测绘局
王培兵	新疆生产建设兵团农六师国土资源局新湖农场分局
韩金好	中国地图出版社
李　薇	中国测绘科学研究院中国测绘科学研究院
赵　洁	国家基础地理信息中心
王增宁	中国测绘宣传中心（中国测绘报社）
耿　雯	国家测绘局管理信息中心
许天泽	国家测绘局地图技术审查中心
陈怀斌	青岛市勘察测绘管理处
冯艳玲	大连市规划局
张荣华	宁波市规划局

李志伟	深圳市规划和国土资源委员会
钱少猛	厦门市国土资源与房产管理局

第三届全国测绘技术能手

马　雷	河南省测绘工程院
王　硕	北京市测绘设计研究院
王广亮	中国测绘科学研究院
车秋锋	国家测绘局陕西测绘产品质量监督检验站
司连法	中国地图出版社
许长军	青海省基础地理信息中心
伍正昆	云南省测绘产品检测站
刘钟生	浙江省第二测绘院
阳牧男	国家测绘局第三航测遥感院（四川）
李德龙	安徽省合肥市测绘设计研究院
肖祥红	湖南省第二测绘院
邹富生	国家测绘局重庆测绘院
吴铭杰	福建省测绘院
易明华	江西省基础地理信息中心
欧小善	国家测绘局第七地形测量队（海南）
郭小玉（女）	广西航空遥感测绘院
徐之俊	湖北省地图院
黄茂华	上海市测绘院
葛洪涛	新疆维吾尔自治区基础地理信息中心

中越陆地边界勘界测绘保障工作获国家测绘局表彰名单

一等功（14 名）

武晓淦　张玉金　王　云　罗　敏　张　峰　黄高团　张世军　吉长江　霍　健　陈代蓉
王　芳　许礼林　蒋志浩　朱秀丽

二等功（24 名）

欧海兵　刘祖明　葛　涛　袁　祥　孙学平　郑　敏　李志远　雷　毅　王　华　刘国宗
刘　江　杨远华　叶丹彤　张　瑾　邵杰江　程春雨　邓　凯　吴孝军　周旭明　雷　宏
朱　武　张江齐　孙占义　杨继红

三等功（58 名）

曹洪兵　何中忆　刘文斌　周军根　杨武军　罗　文　胥志勇　于述勇　王　黎　朱晓军

李义强	李红兵	朱庆良	周禄军	黄　斌	应国伟	周先军	郭　江	杜小鹏	卫其云
邬江平	韦雪蓁	张晓容	陈小光	李　卫	赵立衡	陈　瑾	黄悦康	石都生	陈中林
黄　政	陈家义	牟　燕	刘泽勇	叶　敏	张炳春	邓春霞	陈六琼	饶盛勇	廖　建
李晓玲	刘丽君	高永丽	宗革菲	张丽娟	钟雪春	张丽丽	胡　蓉	吴金帮	李东辉
廖安平	鲁　彪	王海清	周治武	武军骊	雷　莹	路　平	付文辉		

第六届国家测绘局直属机关杰出青年名单

（共3人）

殷维瑶	中国地图出版社
张　力	中国测绘科学研究院
周治武	国家基础地理信息中心

第六届国家测绘局直属机关优秀青年名单

（共13人）

刘　宇	国家测绘局办公室
马志勇	国家测绘局地理信息与地图司
史彦勤	国家测绘局人事司
迟海生	中国地图出版社
郑　伟	中国地图出版社
张兴林	中国地图出版社
丁　剑	中国测绘科学研究院
沈　涛	中国测绘科学研究院
陈　杰	国家基础地理信息中心
吴　江	中国测绘宣传中心
王　睿	国家测绘局管理信息中心
阮于洲	国家测绘局测绘发展研究中心
晨　曦	国家测绘局职业技能鉴定指导中心

国家测绘局2010年度“五型机关”创建活动先进单位和先进个人

先进单位

一、先进司（室）（2个）

国土测绘司

人事司

二、先进处（室）（8个）

办公室政策研究与新闻宣传处
规划财务司预算处
国土测绘司基础测绘处
法规与行业管理司执法监督处
地理信息与地图司成果管理处
科技与国际合作司科技处
人事司教育人才处
直属机关党委办公室

先进个人（22个）

办公室	李志霞　蒋　睿　胡雪霁　孔　蓉
规划财务司	蒋丽华　王大贺　周丽娜
国土测绘司	陈　军　杨和平　于德全
法规与行业管理司	赵　燕　杨忆兰　孙　超
地理信息与地图司	徐心蕊　孔金辉　吴剑峰
科技与国际合作司	王　伟　姜晓虹　刘海岩
人事司	田　青　史彦勤　王尔林

其他获省部级表彰的先进集体和先进个人

先进集体

四川测绘局被外交部、公安部、总参作战部和国家测绘局联合表彰为中越陆地边界勘界工作先进集体

国家测绘局科技与国际合作司被科技部授予"'十一五'国家科技计划组织管理优秀组织奖"

中国测绘科学研究院被科技部授予"'十一五'国家科技计划执行优秀团队奖"

郑州测绘学校被人力资源和社会保障部授予"第十届国家技能人才培育突出贡献奖"

国家基础地理信息中心蒋捷家庭被中央直属机关精神文明建设委员会评为第七届全国"五好文明家庭"

河北省制图院被河北省委、省人民政府评为2008－2009年度省级文明单位

吉林省测绘局被吉林省委、省人民政府授予"吉林省防汛抗洪抢险救灾先进集体"称号

湖北省测绘局被湖北省委评为"党建工作合格单位"

湖北省测绘局被湖北省委评为湖北省省级文明单位

湖北省测绘局张建仁、李建国、李强撰写的《关于加快推进"数字湖北"工程建设的建议》被湖北省委表彰为优秀调研成果三等奖

先进个人

中国测绘科学研究院张力被中共中央组织部、人力资源和社会保障部、中国科学技术协会授予第十一届中国青年科技奖

中国人民解放军海军元建胜，四川测绘局王芳，四川省第一测绘工程院张玉金、罗敏、张峰、王云，四川省第三测绘工程院黄高团、吉长江、张世军，成都地图出版社陈代蓉，四川省遥感信息测绘院霍健被外交部、公安部、总参作战部和国家测绘局联合表彰为中越陆地边界勘界工作先进个人

安徽省第三测绘院罗辉被人力资源和社会保障部、国土资源部评为全国国土资源管理系统先进工作者

国家测绘局吴岚被科技部授予"'十一五'国家科技计划组织管理突出贡献奖"

中国测绘科学研究院张继贤被科技部授予"'十一五'国家科技计划执行突出贡献奖"

国家基础地理信息中心陈军被科技部授予"'十一五'国家科技计划执行突出贡献奖"

北京市测绘设计研究院张训虎、国家测绘局第一大地测量队高付才被人力资源和社会保障部授予"第十届全国技术能手"称号

郑州测绘学校李玉潮被人力资源和社会保障部授予"第十届国家技能人才培育突出贡献奖"

北京市测绘设计研究院陈春斌被北京市人民政府、首都绿化委员会授予"2009年度首都绿化美化积极分子"称号

上海市测绘院杨晨被上海市委、市人民政府授予"上海世博工作优秀个人"称号

广西航空遥感测绘院谢启德被广西壮族自治区人民政府评为广西壮族自治区先进工作者

四川测绘局冯先光、杨升、山川、王芳、李开君、王明善、周社、张玉金、孙学平、李志远、袁祥、郑敏、王云、杨武军、曹洪兵、葛涛、何中忆、刘国宗、张峰、罗敏、王华、刘文斌、欧海兵、雷毅、刘祖明、周军根被广西壮族自治区人民政府、广西壮族自治区军区联合表彰为中越陆地边界勘界广西段勘界工作先进个人

四川省第三测绘工程院黄高团被四川省委、省人民政府评为四川省劳动模范

四川省测绘技术服务中心白顺军被四川省人民政府评为四川省灾后恢复重建先进个人

甘肃省测绘局苗天宝被甘肃省委、省人民政府、甘肃省军区授予"舟曲抢险救灾模范"称号

甘肃省地图院白建荣被甘肃省委、省人民政府评为甘肃省先进工作者

青海省第一测绘院窦超被青海省委、省人民政府和省军区授予"青海省玉树抗震救灾模范"称号

科技奖励名单

获国家科技奖励项目

项 目 名 称：时空数据挖掘关键技术与应用
项 目 编 号：J-252-2-02
获奖类别及等级：国家科学技术进步二等奖
完 成 单 位：武汉大学、中国测绘科学研究院、中国土地勘测规划院、中国矿业大学
主要完成者：刘耀林　唐新明　李宪文　艾廷华　汪云甲　邬国锋　何建华　焦利民　汪汇兵　唐　旭

项 目 名 称：开放式虚拟地球集成共享平台及重大工程应用
项 目 编 号：J-252-2-08
获奖类别及等级：国家科学技术进步二等奖
完 成 单 位：武汉大学、国家基础地理信息中心、武大吉奥信息技术有限公司、国家测绘局黑龙江基础地理信息中心
主要完成者：龚健雅　李志刚　徐开明　陈　静　向隆刚　熊汉江　吴华意　王艳东　高文秀　宋爱红

2010 年中国测绘学会测绘科技进步奖获奖项目

一等奖（9 项）

项 目 编 号：2010－01－01－01
项 目 名 称：SWDC 数字航空摄影仪
主要完成单位：中国测绘科学研究院、北京四维远见信息技术有限公司、河南理工大学、首都师范大学、北京天元四维科技有限公司
主 要 完 成 者：刘先林 钟裕标 杨海东 刘宗杰 左建章 王留召 张建霞 龚循平 吴晓明 李 峰 李 健 段福洲 叶向阳 张 刚

项 目 编 号：2010－01－01－02
项 目 名 称：服务型地理信息公共平台软件 Newmap 及应用
主要完成单位：中国测绘科学研究院
主 要 完 成 者：李成名 马照亭 赵占杰 辛少华 孙 伟 方驰宇 殷 勇 张成成 王继周 印 洁 孙隆祥 焦孟凯 丁圣陶 路文娟 郑国江

项 目 编 号：2010－01－01－03
项 目 名 称：基于多源控制信息的正射影像快速更新研究与应用
主要完成单位：武汉大学
主 要 完 成 者：张 勇 张永军 张祖勋 孙明伟 柯 涛 张剑清 丁华祥 邹松柏 段延松

项 目 编 号：2010－01－01－04
项 目 名 称：极地基础测绘与冰雪环境动态过程研究
主要完成单位：武汉大学、黑龙江测绘局
主 要 完 成 者：鄂栋臣 庞小平 王泽民 艾松涛 周春霞 吴文会 张胜凯 陈春明 刘秀峰 张小红 巩淑楠 杨元德 彭文钧 沈 强 孟 泱

项 目 编 号：2010－01－01－05
项 目 名 称：汶川震区精密高程基准确定关键技术及在应急测绘中的应用
主要完成单位：武汉大学、四川省第一测绘工程院
主 要 完 成 者：李建成 姜卫平 闫 利 李开君 陈现春 姚宜斌 王明善 张守建 乔俊军 兰启贵

项 目 编 号：2010－01－01－06
项 目 名 称：低空无人飞行器航测遥感系统
主要完成单位：中国测绘科学研究院、山东科技大学、山东省地质测绘院
主 要 完 成 者：林宗坚 陈天恩 苏国中 潘宝玉 崔红霞 王 冬 李永荣 尹金宽 张 峰 彭晓东 范存国 李国胜 桂德竹 邓 冰 支晓栋

项 目 编 号：2010－01－01－07
项 目 名 称：资源三号卫星数据压缩及验证系统
主要完成单位：中国测绘科学研究院、国家测绘局卫星测绘应用中心、中国航天科技集团公司第五研究院西安分院、国家测绘局第四地形测量队
主 要 完 成 者：唐新明　翟　亮　蒙红英　陈利奇　侯舒维　孙承志　张国林　邱振戈　李　彬　祝小勇　张　过　张海涛　刘顺喜　甘甫平　周晓青

项 目 编 号：2010－01－01－08
项 目 名 称：综合空间测量技术研究极地冰雪变化及应用分析软件平台
主要完成单位：中国科学院测量与地球物理研究所
主 要 完 成 者：陆　洋　张子占　李仁东　史红岭　闫昊明　钟　敏　鲍李峰　郑　晖　彭　鹏　陈　静　叶　明　杜宗亮　江　敏　段建宾　许国鹏

项 目 编 号：2010－01－01－09
项 目 名 称：县域城乡规划管理信息化平台体系创新与建设应用研究
主要完成单位：增城市城乡规划局、中山大学、广州市阿尔法软件信息技术有限公司、广州市欧克地理信息技术有限公司
主 要 完 成 者：张新长　邓毛颖　曹凯滨　刘　卫　李　照　黄　悦　崔秉良　熊友谊　刘　锋　周婷婷　谢卫民　王海鹰　何伟豪　赖高望　康停军

二等奖（25 项）

项 目 编 号：2010－01－02－01
项 目 名 称：比例载码相位式数字水准仪技术
主要完成单位：武汉大学
主 要 完 成 者：叶晓明　刘经南　杨蜀江　邹进贵　向　东　余　静　赵　岚

项 目 编 号：2010－01－02－02
项 目 名 称：跨海长桥测量控制关键技术研究
主要完成单位：中铁大桥局集团第一工程有限公司、中铁大桥局股份有限公司、杭州湾大桥工程指挥部、解放军信息工程大学测绘学院
主 要 完 成 者：肖根旺　李付伟　朱瑶宏　郝金明　方明山　郭秉江　周文健　吕志伟　吴向军　李艳哲

项 目 编 号：2010－01－02－03
项 目 名 称：三线阵航天测绘相机间姿态高精度标定技术
主要完成单位：解放军信息工程大学测绘学院
主 要 完 成 者：黄桂平　杨　振　陈继华　蒋理兴　钦桂勤　薛志宏　李　丛　周　扬　翟　翊　孙现申

项 目 编 号：2010－01－02－04
项 目 名 称：基于影像的 1∶5 万基础地理信息数据一体化更新研究与应用
主要完成单位：国家基础地理信息中心、武汉大学、国家测绘局重庆测绘院
主 要 完 成 者：廖安平　王　密　彭　舒　张宏伟　廖振环　赵有松　潘　俊　黎　刚　胡　芬　艾靖播

项 目 编 号：2010－01－02－05
项 目 名 称：长距离越江隧道一次性掘进贯通控制测量技术研究与应用
主要完成单位：上海市测绘院
主 要 完 成 者：姚文强 康 明 余美义 王传江 崔 华 顾建祥 尹玉廷 王云飞 吴广荣 张磊晔

项 目 编 号：2010－01－02－06
项 目 名 称：广域地基增强系统完好性信息的设计与分析
主要完成单位：61081 部队
主 要 完 成 者：瞿稳科 潘 艳 孔 维 王 凯 韩玉宏 张 婷 张 旺 王晓迪 董豆豆 张国辉

项 目 编 号：2010－01－02－07
项 目 名 称：双向时间同步领域的阵列天线系统测试技术
主要完成单位：61081 部队
主 要 完 成 者：桑怀胜 李树洲 王茂磊 杨胜斌 刘魁星 高 帅 冯晓超 宫 磊 范建军 徐晓燕

项 目 编 号：2010－01－02－08
项 目 名 称：水利水电工程测量内外业一体化系统
主要完成单位：水利部河北水利水电勘测设计研究院
主 要 完 成 者：王海城 顾 辉 王 海 刘桂霞 侯英杰 侯晓权 刘晖娟 张瑞卿 陈 钧 牛桂林

项 目 编 号：2010－01－02－09
项 目 名 称：面向信息化测绘的摄影测量生产技术体系研究
主要完成单位：甘肃省测绘局、北京吉威时代软件技术有限公司
主 要 完 成 者：苗天宝 白建荣 张 扬 牟应录 张胜雷 殷赣华 李丑荣 石玉华 赵海涛 王凤雷

项 目 编 号：2010－01－02－10
项 目 名 称：全球测图中国土地覆盖产品的生成
主要完成单位：中国测绘科学研究院
主 要 完 成 者：张永红 曹银璇 于荣花 赵俊红 王 红 苏山舞 郭 健 王 均 宁晓刚 殷红梅

项 目 编 号：2010－01－02－11
项 目 名 称：基于 GIS 的国家地震应急指挥信息管理系统
主要完成单位：中国地震台网中心
主 要 完 成 者：帅向华 姜立新 杨天青 王栋梁 刘 钦 杨桂玲 王 亮 赵 荣 李志强 刘在涛

项 目 编 号：2010－01－02－12
项 目 名 称：重庆市地理空间信息共享交换平台（一期）
主要完成单位：重庆市地理信息中心
主 要 完 成 者：罗灵军 张泽烈 袁 超 邓仕虎 李 静 张治清 王 斌 丁 忆 朱俊丰 余 静

项 目 编 号：2010－01－02－13
项 目 名 称：甘肃测绘基准体系向 2000 国家大地坐标系整体转换的关键技术研究
主要完成单位：甘肃省基础地理信息中心

主要完成者：李克恭　牛岸英　吴文魁　张斌才

项目编号：2010－01－02－14
项目名称：基于星载GPS的重力卫星精密定轨和地球重力场模型恢复研究
主要完成单位：山东科技大学
主要完成者：郭金运　郑作亚　黄金维　卢秀山　刘国林

项目编号：2010－01－02－15
项目名称：宁波市现代测绘基准建设与应用研究
主要完成单位：宁波市测绘设计研究院、武汉大学、宁波市规划局
主要完成者：陈为民　李建成　曹学礼　施宝湘　施立群　符华年　张旭东　姚宜斌　李丹农　姜卫平

项目编号：2010－01－02－16
项目名称：数字嘉兴地理信息共享平台
主要完成单位：嘉兴市测绘管理局、中国测绘科学研究院、浙江省第一测绘院、嘉兴市规划设计研究院有限公司
主要完成者：张建英　菅建华　李志刚　刘　勇　沈锐锋　张　义　王　柳　胡传文　夏　明　黄慧艳

项目编号：2010－01－02－17
项目名称：中华人民共和国省级行政区域界线详图集
主要完成单位：湖北省地图院
主要完成者：李永丰　汪　冰　张寒梅　毛耘喆　廖作民　徐汉卿　徐之俊　曹定基　郭贵州　何丽华

项目编号：2010－01－02－18
项目名称：应急空间数据分中心军事测绘服务系统
主要完成单位：总参测绘信息中心、首都师范大学
主要完成者：杜红悦　宫辉力　姜遵锋　乔常锁　谭建成　冯克忠　张　砚　孟　丽　徐　杨　孟　丹

项目编号：2010－01－02－19
项目名称：北京市地名数据库系统
主要完成单位：北京市测绘设计研究院
主要完成者：杨伯钢　张保钢　秦学秀　冯学兵　刘　鹏　庞京辉　刘忠卿　杨　军　王　磊　王旭辉

项目编号：2010－01－02－20
项目名称：全数字摄影测量系统工程技术体系构建与应用
主要完成单位：西安测绘研究所
主要完成者：汤晓涛　胡广伦　王小丁　李　纲　陈　刚　杨宝峰　周洪斌　张代林　张保明　唐树刚

项目编号：2010－01－02－21
项目名称：信息化施工监测技术在上海世博工程中的应用研究
主要完成单位：上海市地质调查研究院
主要完成者：詹龙喜　黄新才　杨建刚　杨天亮　唐继民　庄一兵　孙志勇　陈　刚　许　准　胡海涛

项 目 编 号：2010－01－02－22
项 目 名 称：昆明市地下管线信息管理系统建设
主要完成单位：昆明市城市地下管线探测办公室、山东正元地理信息工程有限责任公司
主 要 完 成 者：王贵武 周京春 杨玉坤 解智强 崔洪涛 潘良波 周海彬 陈厚元 高 忠 李世强

项 目 编 号：2010－01－02－23
项 目 名 称：三维地理空间信息网络平台及应用示范关键技术研究
主要完成单位：福建省基础地理信息中心
主 要 完 成 者：简灿良 阮红利 吴 飞 龚知凡 王伟凡 袁存忠 黄素丽 卢耀武 余丽钰 林乾开

项 目 编 号：2010－01－02－24
项 目 名 称：全国农家书屋工程信息管理系统
主要完成单位：中国测绘科学研究院、国家新闻出版总署信息中心、中国地图出版社
主 要 完 成 者：董 春 艾立民 袁卫平 徐根才 康风光 刘 勇 王 亮 王晓丽 刘新飞 苏德国

项 目 编 号：2010－01－02－25
项 目 名 称：大跨度空间钢结构精密工程测量技术方案研究
主要完成单位：南通市测绘院有限公司
主 要 完 成 者：黄向阳 倪 尧 刘占林 徐亚军 焦必武 林云龙 袁春东 葛志华 吴振中 陈 岗

三等奖（50项）

项 目 编 号：2010－01－03－01
项 目 名 称：高速铁路精密测量与轨道精调综合系统
主要完成单位：广州南方测绘仪器有限公司
主 要 完 成 者：马 超 张晓江 张新春 张 翔 王 义 文述生 梁哲恒

项 目 编 号：2010－01－03－02
项 目 名 称：城镇地籍管理信息系统与土地登记发证资料信息库的建设与挂接
主要完成单位：辽宁省摄影测量与遥感院、鞍山市国土资源局
主 要 完 成 者：张 奇 高国勇 王宪伦 孙雅荣 郝春炜 胡俊昌 王 强

项 目 编 号：2010－01－03－03
项 目 名 称：运用WorldView卫星数据进行边境地区立体测图的研究
主要完成单位：云南省航测遥感信息院、中国测绘科学研究院
主 要 完 成 者：韩 明 赵利平 文 广 欧阳剑波 杨 轶 夏先丽 李 健

项 目 编 号：2010－01－03－04
项 目 名 称：遥感影像三维地理空间信息应急指挥系统
主要完成单位：河南省测绘局、中测新图（北京）遥感技术有限责任公司
主 要 完 成 者：禄丰年 朱 旭 李英成 李向阳 邓跃明 王文卿 刘玉贤

项 目 编 号：2010－01－03－05
项 目 名 称：转台抛物面天线旋转关节时延稳定性测试技术研究
主要完成单位：61081部队
主要完成者：温日红　黄旭峰　王　宇　冯晓超　徐晓燕　程晓滨　高　皓

项 目 编 号：2010－01－03－06
项 目 名 称：日照市地下管线普查与信息化建设
主要完成单位：日照市城市建设档案馆、河北天元地理信息科技工程有限公司、日照市城乡建设勘察测绘院有限责任公司、保定金迪地下管线探测工程有限责任公司、山东正元地理信息工程有限责任公司
主要完成者：李宗波　尹德梅　厉文平　王晨曦　相迎昌　任小武　王桂利

项 目 编 号：2010－01－03－07
项 目 名 称：基于3G手机的高程测量及其信息系统开发与应用
主要完成单位：广西壮族自治区水利电力勘测设计研究院
主要完成者：叶达忠　黎富忠　李艺军　龙　华　罗继勇　张丽萍　黎东晓

项 目 编 号：2010－01－03－08
项 目 名 称：广深港高速铁路（香港段）地形测量与航空测量工程
主要完成单位：西安煤航信息产业有限公司、煤航（香港）有限公司
主要完成者：宋　宏　白志刚　陈建国　严会民　安　军　苏向辰　吕军超

项 目 编 号：2010－01－03－09
项 目 名 称：地下管线动态更新的关键技术研究
主要完成单位：广州市城市规划勘测设计研究院
主要完成者：丘广新　王清泉　黎树禧　葛如冰　张汉春　黄昀鹏　李耀斌

项 目 编 号：2010－01－03－10
项 目 名 称：C/S模式遥感影像纠正相关技术研究
主要完成单位：四川省遥感信息测绘院
主要完成者：杨　升　蒋红兵　冯碧莲　陈中林　龚建辉　张　艳　霍　健

项 目 编 号：2010－01－03－11
项 目 名 称：微型无人机低空摄影系统的研发与推广应用
主要完成单位：西安大地测绘工程有限责任公司、西安科技大学测绘科学与技术学院、武汉大学测绘遥感信息工程国家重点实验室
主要完成者：王小平　张丽丽　王根铎　李崇贵　郭丙轩　姚顽强　田雨鸣

项 目 编 号：2010－01－03－12
项 目 名 称：城市三维空间基准与数字摄影测量融合技术研究及应用
主要完成单位：广州市城市规划勘测设计研究院
主要完成者：梨树禧　张鹏程　李长辉　杨卫军　吴素芝　林　鸿　丘广新

项 目 编 号：2010－01－03－13
项 目 名 称：国家统计基础地理信息平台数据研制与应用
主要完成单位：国家基础地理信息中心
主 要 完 成 者：王 鹏 王 茜 黄 蔚 卢卫华 王桂芝 赵力军 谢 华

项 目 编 号：2010－01－03－14
项 目 名 称：基于 GNSS 的高精度 GIS 数据采集处理系统
主要完成单位：广州市中海达测绘仪器有限公司
主 要 完 成 者：鲍志雄 王受芬 金永新 林贤斌 陈炳富 张 丽 林国利

项 目 编 号：2010－01－03－15
项 目 名 称：广州市城市规划测量信息化生产技术体系建立
主要完成单位：广州市城市规划勘测设计研究院
主 要 完 成 者：王 磊 丘广新 黎树禧 林 鸿 李长辉 张 荣 王大鹏

项 目 编 号：2010－01－03－16
项 目 名 称：基础地理信息数据库建设基础性系列标准制定
主要完成单位：国家测绘局测绘标准化研究所
主 要 完 成 者：肖学年 张 坤 马晓萍 段怡红 兀 伟 吕玉霞 李建利

项 目 编 号：2010－01－03－17
项 目 名 称：城市工程测量一体化集成应用平台
主要完成单位：西安市勘察测绘院
主 要 完 成 者：张明谦 许有田 赵 建 张周平 任 琦 郑建功 滕大强

项 目 编 号：2010－01－03－18
项 目 名 称：三维数字地图编辑系统（3DGES）
主要完成单位：四川省遥感信息测绘院
主 要 完 成 者：杨 升 蒋红兵 冯碧莲 杨井源 陈中林 黄青伦 阳牧男

项 目 编 号：2010－01－03－19
项 目 名 称：长江南京至浏河口段电子航道图生产系统
主要完成单位：长江南京航道局
主 要 完 成 者：曹 成 徐 峰 顾网林 葛志明 胡定军 林 海 潘晓峰

项 目 编 号：2010－01－03－20
项 目 名 称：全运会地理信息专题服务系统
主要完成单位：济南市勘察测绘研究院
主 要 完 成 者：林 芃 仲伟政 张广春 周 宁 吴 闯 魏金明 梁 坤

项 目 编 号：2010－01－03－21
项 目 名 称：《测绘标准体系》研制
主要完成单位：国家测绘局测绘标准化研究所

主 要 完 成 者：肖学年 张 坤 马晓萍 邓国庆 吕玉霞 刘小强 兀 伟

项 目 编 号：2010－01－03－22
项 目 名 称：基于浮动车技术的交通诱导系统
主要完成单位：重庆数字城市科技有限公司、重庆市勘测院
主 要 完 成 者：罗再谦 向泽君 朱 圣 龙 川 谢征海 王明权 江周勇

项 目 编 号：2010－01－03－23
项 目 名 称：AutoCarto 编绘建库一体化信息系统
主要完成单位：河南省遥感测绘院、矿山空间信息技术国家测绘局重点实验室
主 要 完 成 者：朱新春 卢小平 齐南平 李国清 冯 梅 程 钢 靳海亮

项 目 编 号：2010－01－03－24
项 目 名 称：北京市市政交通管理系统研究与开发
主要完成单位：北京市测绘设计研究院
主 要 完 成 者：杨伯钢 刘 光 任海英 李慧力 张 鹤 韩光瞬 冯学兵

项 目 编 号：2010－01－03－25
项 目 名 称：基于 VRS 的城市公共设施管理系统
主要完成单位：苏州工业园区测绘有限责任公司
主 要 完 成 者：奚长元 陈中新 钱程扬 朱丽强 陶 虹 孙良育 范占永

项 目 编 号：2010－01－03－26
项 目 名 称：架空送电线路综合测绘系统（GediSurMap）
主要完成单位：广东省电力设计研究院
主 要 完 成 者：雷伟刚 王东甫 张小望 柳 林 高文涛 汤 坚 黄春晖

项 目 编 号：2010－01－03－27
项 目 名 称：《中越陆地边界勘界议定书附图》地图编制与印刷
主要完成单位：成都地图出版社
主 要 完 成 者：李忠良 戴昌礼 谢兴田 曾文军 谢晓辉 陈代蓉 黄 政

项 目 编 号：2010－01－03－28
项 目 名 称：村镇土地监察数字化管理技术研究与开发
主要完成单位：北京师范大学、东南大学、国家基础地理信息中心
主 要 完 成 者：陈云浩 许礼林 于先文 宫阿都 岳建伟 崔秉良 王慧青

项 目 编 号：2010－01－03－29
项 目 名 称：河南地图网
主要完成单位：河南省地图院
主 要 完 成 者：毛忠民 王云峰 黄振勇 刘洪双 冯中卫 赵慧芬 马 磊

项 目 编 号：2010－01－03－30
项 目 名 称：重庆市社会公共安全指挥调度系统
主要完成单位：重庆市勘测院、重庆数字城市科技有限公司
主 要 完 成 者：薛 梅 朱 圣 陈翰新 向泽君 向 华 向 煜 高成军

项 目 编 号：2010－01－03－31
项 目 名 称：军用数字地图光盘产品智能制作系统
主要完成单位：总参测绘信息中心
主 要 完 成 者：管 华 谭建成 许爱玲 乔 可 蔡少雍 刘希臣 张 砚

项 目 编 号：2010－01－03－32
项 目 名 称：南京市城建基础设施普查项目
主要完成单位：南京市测绘勘察研究院有限公司、南京师范大学
主 要 完 成 者：储征伟 周金良 张书亮 李永泉 左都美 黄 辉 毛海城

项 目 编 号：2010－01－03－33
项 目 名 称：数字潜江地理空间基础框架建设航空摄影测量
主要完成单位：湖北省第二测绘院
主 要 完 成 者：姜殿惠 何保国 王 华 周志诚 方 敏 洪 亮 祁信舒

项 目 编 号：2010－01－03－34
项 目 名 称：建筑物沉降监测信息系统
主要完成单位：河北建设勘察研究院有限公司
主 要 完 成 者：袁淑芳 刘洪涛 杨海朋 王 林 赵 钢 盖忠奎 韩立洲

项 目 编 号：2010－01－03－35
项 目 名 称：“数字武夷”三维旅游服务平台
主要完成单位：福建省基础地理信息中心、武夷山市数字武夷建设领导小组办公室
主 要 完 成 者：简灿良 袁存忠 阮红利 吴 飞 周志敏 王伟凡 张智勇

项 目 编 号：2010－01－03－36
项 目 名 称：集景－三维管网基础管理系统
主要完成单位：重庆市勘测院
主 要 完 成 者：陈翰新 向泽君 梁建国 陈良超 胡开全 何兴富 唐相桢

项 目 编 号：2010－01－03－37
项 目 名 称：乌鲁木齐连续运行卫星定位综合服务系统建设及应用
主要完成单位：乌鲁木齐市城市勘察测绘院
主 要 完 成 者：李群林 龙海奎 白 锋 任 祺 王梦晖 王 东 武 鑫

项 目 编 号：2010－01－03－38
项 目 名 称：高分辨率卫星遥感影像制图技术的研究
主要完成单位：中铁二院工程集团有限责任公司

主要完成者：张文健　王国昌　王　智　卢建康　张雪才　周世明　黄华平

项 目 编 号：2010－01－03－39
项 目 名 称：西部测图工程三江源区域内外业一体化测图试验与示范
主要完成单位：黑龙江地理信息工程院
主要完成者：李　全　陆宇红　许　骥　孙　影　郑福海　马　治　曲　平

项 目 编 号：2010－01－03－40
项 目 名 称：航测遥感采编、质检一体化系统
主要完成单位：重庆市勘测院
主要完成者：张　燕　梁建国　胡开全　陈良超　向泽君　李　响　沈高钰

项 目 编 号：2010－01－03－41
项 目 名 称：昆明市规划信息化体系研究与实践
主要完成单位：昆明市规划编制与信息中心
主要完成者：吴俐民　丁仁军　冯亚飞　莫忠荣　周　昱　陈　跃　黄　鹏

项 目 编 号：2010－01－03－42
项 目 名 称：江苏省行政区划、行政区域界线和地名信息管理系统
主要完成单位：江苏省基础地理信息中心
主要完成者：钱郭锋　许瑞栋　潘　宸　谈　帅　林秀玉　李明巨　季广森

项 目 编 号：2010－01－03－43
项 目 名 称：宁波市基于雷达主动式定位的海洋与渔业地理信息系统建设
主要完成单位：宁波市海洋与渔业局、宁波市测绘设计研究院、宁波市渔船救助信息服务中心、北京中涛天通科技发展有限公司
主要完成者：陈秀忠　乐舜卿　徐狄军　黄章伟　文学东　邬科威　ALEXEY　ANDREEV

项 目 编 号：2010－01－03－44
项 目 名 称：空间数据挖掘在深圳市法定图则编制中的应用研究
主要完成单位：深圳市勘察研究院有限公司、深圳市城市规划发展研究中心
主要完成者：卢永华　方门福　曾　媛　梁守宏　古海波　严丽平　王玉兰

项 目 编 号：2010－01－03－45
项 目 名 称：线路测量数据处理系统的开发与应用
主要完成单位：北京国电华北电力工程有限公司
主要完成者：曹玉明　杨奎生　高学谦　冯立友　周余红　张济勇　周美玉

项 目 编 号：2010－01－03－46
项 目 名 称：大伙房水库输水工程特长隧洞施工控制网测量的研究与应用
主要完成单位：辽宁省水利水电勘测设计研究院
主要完成者：胡宪洲　王　剑　杨延有　刘乃军　段宝珩　王　飞　刘文敬

项 目 编 号：2010－01－03－47
项 目 名 称：面向管道完整性应用的地理信息系统及行业标准
主要完成单位：中国石油天然气股份有限公司管道分公司
主 要 完 成 者：刘 斌 吴志锋 周利剑 张培宏 万 庆 李 祎 付松广

项 目 编 号：2010－01－03－48
项 目 名 称：高分辨率立体像对用于西部测图工程产品精度检验的方法
主要完成单位：黑龙江地理信息工程院
主 要 完 成 者：李 全 王铁军 高武俊 郑福海 张丽梅 穆安才 马 治

项 目 编 号：2010－01－03－49
项 目 名 称：油气田新区产能建设地面工程数字化技术研究与应用
主要完成单位：新疆石油勘察设计研究院
主 要 完 成 者：刘尊良 王 宏 关延君 陈 联 段宝森 吴宗东 刘梅英

项 目 编 号：2010－01－03－50
项 目 名 称：惯性导航系统（IMU）在区域网平差中的应用研究
主要完成单位：黑龙江地理信息工程院
主 要 完 成 者：王铁军 郑福海 徐 敏 戴立权 高奎树 孙 影 蒋宝东

2010 年中国测绘学会优秀地图作品裴秀奖获奖项目

金奖（15 项）

项 目 编 号：2010－02－01－01
地图作品名称：上海市地图集（中国 2010 年上海世博会专版）
完 成 单 位：上海市测绘院
出 版 单 位：中国地图出版社
申 报 单 位：上海市测绘院

项 目 编 号：2010－02－01－02
地图作品名称：汶川地震灾害地图集
完 成 单 位：国家减灾委员会－科技部抗震救灾专家组、国家基础地理信息中心、四川测绘局、民政部国家减灾中心、民政部－教育部减灾与应急管理研究院、中科院地理科学与资源研究所、中国 21 世纪议程管理中心、地表过程与资源生态国家重点实验室、成都地图出版社
出 版 单 位：成都地图出版社
申 报 单 位：国家基础地理信息中心、成都地图出版社

项 目 编 号：2010－02－01－03
地图作品名称：世界全图（九全张）
完 成 单 位：中国地图出版社

出 版 单 位：中国地图出版社
申 报 单 位：中国地图出版社

项 目 编 号：2010－02－01－04
地图作品名称：南北极地图集
完 成 单 位：极地测绘科学国家测绘局重点实验室
出 版 单 位：中国地图出版社
申 报 单 位：武汉大学中国南极测绘研究中心

项 目 编 号：2010－02－01－05
地图作品名称：地图见证辉煌——中国改革开放30年
完 成 单 位：国家基础地理信息中心、中国地图出版社、中国测绘科学研究院、陕西测绘局、黑龙江测绘局、四川测绘局、武汉大学测绘学院、甘肃省测绘局
出 版 单 位：中国地图出版社
完 成 单 位：国家基础地理信息中心

项 目 编 号：2010－02－01－06
地图作品名称：山东省地图集
完 成 单 位：山东省地图出版社
出 版 单 位：山东省地图出版社
申 报 单 位：山东省地图出版社

项 目 编 号：2010－02－01－07
地图作品名称：中国高速公路及路网详查地图集
完 成 单 位：中国地图出版社
出 版 单 位：中国地图出版社
申 报 单 位：中国地图出版社

项 目 编 号：2010－02－01－08
地图作品名称：中国分省系列地图集（全套34册）
完 成 单 位：星球地图出版社
出 版 单 位：星球地图出版社
申 报 单 位：星球地图出版社

项 目 编 号：2010－02－01－9
地图作品名称：32厘米政区地球仪
完 成 单 位：测绘出版社
出 版 单 位：测绘出版社
申 报 单 位：测绘出版社

项 目 编 号：2010－02－01－10
地图作品名称：天津港系列海图
完 成 单 位：中华人民共和国海事局

出 版 单 位：人民交通出版社
申 报 单 位：天津海事局海测大队

项 目 编 号：2010－02－01－11
地图作品名称：华北地下水可持续利用图集
完 成 单 位：中国科学院水文地质环境地质研究所、西安煤航信息产业有限公司
出 版 单 位：中国地图出版社
申 报 单 位：西安煤航信息产业有限公司

项 目 编 号：2010－02－01－12
地图作品名称：长江电子航道图
完 成 单 位：交通运输部长江航道局
出 版 单 位：内部用图
申 报 单 位：长江航道局

项 目 编 号：2010－02－01－13
地图作品名称：中国性别平等与妇女发展地图集
完 成 单 位：武汉大学、青岛大学
出 版 单 位：中国地图出版社
申 报 单 位：武汉大学资源与环境科学学院

项 目 编 号：2010－02－01－14
地图作品名称：长江下游航行参考图（吴淞口至武汉）
完 成 单 位：交通运输部长江航道局
出 版 单 位：东南大学出版社
申 报 单 位：长江航道局

项 目 编 号：2010－02－01－15
地图作品名称：中国南方构造－层岩相古地理图集（震旦纪－新近纪）
完 成 单 位：成都理工大学、西安煤航信息产业有限公司
出 版 单 位：科学出版社
申 报 单 位：成都理工大学

银奖（25 项）

项 目 编 号：2010－02－02－01
地图作品名称：江苏旅游地图专辑
完 成 单 位：南京市测绘勘察研究院有限公司
出 版 单 位：中华地图学社
申 报 单 位：南京市测绘勘察研究院有限公司

项 目 编 号：2010－02－02－02
地图作品名称："重庆印象"系列地图

完 成 单 位：重庆市勘测院（重庆市地图编制中心）
出 版 单 位：西安地图出版社、哈尔滨地图出版社
申 报 单 位：重庆市勘测院

项 目 编 号：2010－02－02－03
地图作品名称：湖北省行政区划地图集
完 成 单 位：湖北省地图院
出 版 单 位：中国地图出版社
申 报 单 位：湖北省地图院

项 目 编 号：2010－02－02－04
地图作品名称：吉林省地图集
完 成 单 位：吉林省测绘局
出 版 单 位：中国地图出版社
申 报 单 位：吉林省地理信息工程院

项 目 编 号：2010－02－02－05
地图作品名称：中国教育地图集
完 成 单 位：国家教育发展研究中心、绍兴托普信息职业技术学院、中国地图出版社
出 版 单 位：中国地图出版社
申 报 单 位：教育部教育发展研究中心

项 目 编 号：2010－02－02－06
地图作品名称：福建省情地图集
完 成 单 位：《福建省情地图集》编委会
出 版 单 位：福建省地图出版社
申 报 单 位：福建省地图出版社

项 目 编 号：2010－02－02－07
地图作品名称：中国文物地图集－江苏分册
完 成 单 位：江苏省基础地理信息中心
出 版 单 位：中国地图出版社
申 报 单 位：江苏省基础地理信息中心

项 目 编 号：2010－02－02－08
地图作品名称：山西省资源与可持续发展地图集
完 成 单 位：山西省地图集编纂委员会
出 版 单 位：湖南地图出版社
申 报 单 位：山西省地图集编纂委员会

项 目 编 号：2010－02－02－09
地图作品名称：北京电子地图（英文版）
完 成 单 位：中国地图出版社

出 版 单 位：中国地图出版社
申 报 单 位：中国地图出版社

项 目 编 号：2010－02－02－10
地图作品名称：迷你地图
完 成 单 位：高德软件有限公司
出 版 单 位：高德软件有限公司
申 报 单 位：高德软件有限公司

项 目 编 号：2010－02－02－11
地图作品名称：杭州市影像地图集
完 成 单 位：杭州市勘测设计研究院
出 版 单 位：哈尔滨地图出版社
申 报 单 位：杭州市勘测设计研究院

项 目 编 号：2010－02－02－12
地图作品名称：甘肃省地图集
完 成 单 位：甘肃省地图院
出 版 单 位：西安地图出版社
申 报 单 位：甘肃省基础地理信息中心

项 目 编 号：2010－02－02－13
地图作品名称：北京市政区地图集
完 成 单 位：北京市民政局、北京市测绘设计研究院
出 版 单 位：中国旅游出版社
申 报 单 位：北京市测绘设计研究院

项 目 编 号：2010－02－02－14
地图作品名称：北京市道路地图集
完 成 单 位：测绘出版社
出 版 单 位：测绘出版社
申 报 单 位：测绘出版社

项 目 编 号：2010－02－02－15
地图作品名称：太原城区图
完 成 单 位：山西省地图集编纂委员会
出 版 单 位：西安地图出版社
申 报 单 位：山西省地图集编纂委员会

项 目 编 号：2010－02－02－16
地图作品名称：中华人民共和国大学生运动会定向越野比赛地图系列
完 成 单 位：肇庆学院体育与健康学院、中国学生定协地图委员会、中国定向协会定向地图委员会
出 版 单 位：内部用图

申 报 单 位：肇庆学院体育与健康学院

项 目 编 号：2010－02－02－17
地图作品名称：杭州市旅游系列地图
完 成 单 位：杭州市勘测设计研究院
出 版 单 位：内部用图
申 报 单 位：杭州市勘测设计研究院

项 目 编 号：2010－02－02－18
地图作品名称：世界交通图（三全张）
完 成 单 位：中国地图出版社
出 版 单 位：中国地图出版社
申 报 单 位：中国地图出版社

项 目 编 号：2010－02－02－19
地图作品名称：中图版高中《地理图册》（全套10册）
完 成 单 位：中国地图出版社
出 版 单 位：中国地图出版社
申 报 单 位：中国地图出版社

项 目 编 号：2010－02－02－20
地图作品名称：安徽两山一湖生态旅游交通图
完 成 单 位：安徽省地质测绘技术院
出 版 单 位：安徽人民出版社
申 报 单 位：安徽省地质测绘技术院

项 目 编 号：2010－02－02－21
地图作品名称：天水市地图
完 成 单 位：甘肃省基础地理信息中心
出 版 单 位：内部出版
申 报 单 位：甘肃省基础地理信息中心

项 目 编 号：2010－02－02－22
地图作品名称：陕西省领导用图
完 成 单 位：西安地图出版社
出 版 单 位：西安地图出版社
申 报 单 位：西安地图出版社

项 目 编 号：2010－02－02－23
地图作品名称：滇池流域入湖河道分布系列地图
完 成 单 位：昆明市规划局、昆明市城市地下管线探测办公室
出 版 单 位：成都地图出版社
申 报 单 位：昆明市规划局、昆明市城市地下管线探测办公室

项 目 编 号：2010-02-02-24
地图作品名称：中国公路/旅游详查地图集
完 成 单 位：哈尔滨地图出版社
出 版 单 位：哈尔滨地图出版社
申 报 单 位：哈尔滨地图出版社

项 目 编 号：2010-02-02-25
地图作品名称：中国高等教育发展地图集
编 制 单 位：北京师范大学
出 版 单 位：高等教育出版社
申 报 单 位：高等教育出版社

铜奖（47 项）

项 目 编 号：2010-02-03-01
地图作品名称：中国地理图集
完 成 单 位：全国高校中国地理教学研究会、中国地图出版社
出 版 单 位：中国地图出版社
申 报 单 位：中国地图出版社

项 目 编 号：2010-02-03-02
地图作品名称：中国地图集/世界地图集（大字版）
完 成 单 位：中国地图出版社
出 版 单 位：中国地图出版社
申 报 单 位：中国地图出版社

项 目 编 号：2010-02-03-03
地图作品名称：辽宁省地图集
完 成 单 位：辽宁经纬测绘规划建设有限公司
出 版 单 位：中国地图出版社
申 报 单 位：辽宁经纬测绘规划建设有限公司

项 目 编 号：2010-02-03-04
地图作品名称：北京全图
完 成 单 位：北京奇志通数据科技有限公司
出 版 单 位：中国地图出版社
申 报 单 位：北京奇志通数据科技有限公司

项 目 编 号：2010-02-03-05
地图作品名称：南通市区城市规划卫星影像地图集
完 成 单 位：南通市测绘院有限公司
出 版 单 位：湖南地图出版社
申 报 单 位：南通市测绘院有限公司

项 目 编 号：2010－02－03－06
地图作品名称：北京市中心城区影像地图集
完 成 单 位：北京市规划委员会、北京市测绘设计研究院
出 版 单 位：内部用图
申 报 单 位：北京市测绘设计研究院

项 目 编 号：2010－02－03－07
地图作品名称：中国分省地图集/世界分国地图集
完 成 单 位：中国地图出版社
出 版 单 位：中国地图出版社
申 报 单 位：中国地图出版社

项 目 编 号：2010－02－03－08
地图作品名称：北京宣南历史地图集
完 成 单 位：中共北京市宣武区委宣传部、宣武区档案馆、北京大学城市与环境学院
出 版 单 位：学苑出版社
申 报 单 位：学苑出版社

项 目 编 号：2010－02－03－09
地图作品名称：泉州市影像地图集
完 成 单 位：泉州市国土资源局、福建省地图出版社
出 版 单 位：福建省地图出版社
申 报 单 位：福建省地图出版社

项 目 编 号：2010－02－03－10
地图作品名称：中国文物地图集－辽宁分册
完 成 单 位：辽宁经纬测绘规划建设有限公司
出 版 单 位：西安地图出版社
申 报 单 位：辽宁经纬测绘规划建设有限公司

项 目 编 号：2010－02－03－11
地图作品名称：北京城市地图集
完 成 单 位：北京市规划委员会、北京市测绘设计研究院
出 版 单 位：内部用图
申 报 单 位：北京市测绘设计研究院

项 目 编 号：2010－02－03－12
地图作品名称：河南省地图集
完 成 单 位：河南省地图院
出 版 单 位：中国地图出版社
申 报 单 位：河南省地图院

项 目 编 号：2010－02－03－13
地图作品名称：中华人民共和国地形图（竖幅1:400万）
完 成 单 位：中国地图出版社
出 版 单 位：中国地图出版社
申 报 单 位：中国地图出版社

项 目 编 号：2010－02－03－14
地图作品名称：广东改革开放30周年地图集
完 成 单 位：广东省地图院
出 版 单 位：广东省地图出版社
申 报 单 位：广东省地图院

项 目 编 号：2010－02－03－15
地图作品名称：全国重点地区中小河流近期治理建设规划图集
完 成 单 位：中水北方勘测设计研究有限责任公司
出 版 单 位：内部用图
申 报 单 位：中水北方勘测设计研究有限责任公司

项 目 编 号：2010－02－03－16
地图作品名称：西安户外休闲旅游详图
完 成 单 位：西安地图出版社
出 版 单 位：西安地图出版社
申 报 单 位：西安地图出版社

项 目 编 号：2010－02－03－17
地图作品名称：科菱航睿导航电子地图
完 成 单 位：科菱航睿空间信息技术有限公司
出 版 单 位：中国地图出版社
申 报 单 位：科菱航睿空间信息技术有限公司

项 目 编 号：2010－02－03－18
地图作品名称：浙江省地图网（www. zjditu. cn）
完 成 单 位：浙江省第一测绘院、浙江省基础地理信息中心
出 版 单 位：浙江省测绘局
申 报 单 位：浙江省第一测绘院、浙江省基础地理信息中心

项 目 编 号：2010－02－03－19
地图作品名称：老铁山水道及附近系列图
完 成 单 位：中华人民共和国海事局
出 版 单 位：人民交通出版社
申 报 单 位：天津海事局海测大队数据中心

项 目 编 号：2010－02－03－20
地图作品名称：广州街道详图
完 成 单 位：广东省地图院
出 版 单 位：广东省地图出版社
申 报 单 位：广东省地图院

项 目 编 号：2010－02－03－21
地图作品名称：手绘地图指南系列
完 成 单 位：上海易礼网络科技有限公司
出 版 单 位：中华地图学社
申 报 单 位：中华地图学社

项 目 编 号：2010－02－03－22
地图作品名称：宁波市2.5维仿真城市地图
完 成 单 位：宁波市测绘设计研究院
出 版 单 位：宁波市测绘设计研究院
申 报 单 位：宁波市测绘设计研究院

项 目 编 号：2010－02－03－23
地图作品名称：广东省地图（盲文版）
完 成 单 位：广东省地图院
出 版 单 位：广东省地图出版社
申 报 单 位：广东省地图院

项 目 编 号：2010－02－03－24
地图作品名称：新版三亚三维仿真导游图
完 成 单 位：海南测绘资料信息中心
出 版 单 位：湖南地图出版社
申 报 单 位：海南测绘资料信息中心

项 目 编 号：2010－02－03－25
地图作品名称：人教版安徽用初中《历史地图册》（全套6册）
完 成 单 位：中国地图出版社
出 版 单 位：中国地图出版社
申 报 单 位：中国地图出版社

项 目 编 号：2010－02－03－26
地图作品名称：福州市影像地图集
完 成 单 位：福州市勘测院
出 版 单 位：福建省地图出版社
申 报 单 位：福州市勘测院

项 目 编 号：2010－02－03－27
地图作品名称：地图见证青海发展60年
完 成 单 位：青海省测绘局
出 版 单 位：西安地图出版社
申 报 单 位：青海省基础地理信息中心

项 目 编 号：2010－02－03－28
地图作品名称：图说世博系列
完 成 单 位：中华地图学社
出 版 单 位：中华地图学社
申 报 单 位：中华地图学社

项 目 编 号：2010－02－03－29
地图作品名称：昆明市影像地图集
完 成 单 位：昆明市测绘研究院
出 版 单 位：内部用图
申 报 单 位：昆明市测绘研究院

项 目 编 号：2010－02－03－30
地图作品名称：广东省地图
完 成 单 位：广东省地图院
出 版 单 位：广东省地图出版社
申 报 单 位：广东省地图院

项 目 编 号：2010－02－03－31
地图作品名称：世界全图
完 成 单 位：中国航海图书出版社
出 版 单 位：中国航海图书出版社
申 报 单 位：中国航海图书出版社

项 目 编 号：2010－02－03－32
地图作品名称：安徽省领导工作用图
完 成 单 位：安徽省测绘局（安徽省第四测绘院）
出 版 单 位：内部用图
申 报 单 位：安徽省第四测绘院

项 目 编 号：2010－02－03－33
地图作品名称：浙江省农村土地综合整治样图集
完 成 单 位：浙江省测绘大队
出 版 单 位：内部用图
申 报 单 位：浙江省测绘大队

项 目 编 号：2010－02－03－34
地图作品名称：临沂市地图集
完 成 单 位：山东省地图出版社
出 版 单 位：山东省地图出版社
申 报 单 位：山东省地图出版社

项 目 编 号：2010－02－03－35
地图作品名称：世界地图（景观版）
完 成 单 位：成都地图出版社
出 版 单 位：成都地图出版社
申 报 单 位：成都地图出版社

项 目 编 号：2010－02－03－36
地图作品名称：武汉丝绸地图
完 成 单 位：武汉市勘测设计研究院
出 版 单 位：内部用图
申 报 单 位：武汉市勘测设计研究院

项 目 编 号：2010－02－03－37
地图作品名称：昆明跨越式发展图
完 成 单 位：昆明市测绘研究院
出 版 单 位：云南科技出版社
申 报 单 位：昆明市测绘研究院

项 目 编 号：2010－02－03－38
地图作品名称：广州地铁站三维街区图
完 成 单 位：广州亿动网络科技有限公司
出 版 单 位：内部用图
申 报 单 位：广州亿动网络科技有限公司

项 目 编 号：2010－02－03－39
地图作品名称：沧桑巨变看今朝（乌鲁木齐市城区历史变迁）
完 成 单 位：新疆维吾尔自治区第二测绘院
出 版 单 位：山东省地图出版社
申 报 单 位：新疆维吾尔自治区第二测绘院

项 目 编 号：2010－02－03－40
地图作品名称：新疆旅游揽胜图（手绘羊皮卷）
完 成 单 位：新疆维吾尔自治区第二测绘院
出 版 单 位：山东省地图出版社
申 报 单 位：新疆维吾尔自治区第二测绘院

项 目 编 号：2010 - 02 - 03 - 41
地图作品名称：宁波市社区服务地图册
完 成 单 位：宁波市规划局、宁波市测绘设计研究院
出 版 单 位：内部用图
申 报 单 位：宁波市测绘设计研究院

项 目 编 号：2010 - 02 - 03 - 42
地图作品名称：河北省县级行政区域界线详图集
完 成 单 位：河北省制图院
出 版 单 位：河北省民政厅、河北省测绘局
申 报 单 位：河北省制图院

项 目 编 号：2010 - 02 - 03 - 43
地图作品名称：桂林市城区图（新版）
完 成 单 位：桂林市测绘研究院
出 版 单 位：成都地图出版社
申 报 单 位：桂林市测绘研究院

项 目 编 号：2010 - 02 - 03 - 44
地图作品名称：阿拉善盟综合地图集
完 成 单 位：内蒙古自治区测绘事业局、阿拉善盟国土资源局、内蒙古自治区地图制印院
出 版 单 位：内部用图
申 报 单 位：内蒙古自治区地图制印院

项 目 编 号：2010 - 02 - 03 - 45
地图作品名称：张掖市地图集
完 成 单 位：甘肃省基础地理信息中心
出 版 单 位：西安地图出版社
申 报 单 位：甘肃省基础地理信息中心

项 目 编 号：2010 - 02 - 03 - 46
地图作品名称：珠海市影像地图集
完 成 单 位：中国四维测绘技术总公司、武汉大学
出 版 单 位：中国地图出版社、测绘出版社
申 报 单 位：中国四维测绘技术总公司

项 目 编 号：2010 - 02 - 03 - 47
地图作品名称：江苏省公路地图册
完 成 单 位：江苏省交通厅公路局、江苏省基础地理信息中心
出 版 单 位：东南大学出版社
申 报 单 位：江苏省基础地理信息中心

中国地理信息系统协会2010年地理信息科技进步奖获奖项目

一等奖（4项）

项 目 编 号：2010－01－01
项 目 名 称：跨平台大型GIS平台软件
主要完成单位：北京超图软件股份有限公司
主 要 完 成 者：钟耳顺　宋关福　王尔琪　梁　军　曾志明　陈俊华　谢　林　李玮顾　胡中南　李绍俊
陈国雄　陈　勇　裘　立　李文龙　苏　博

项 目 编 号：2010－01－02
项 目 名 称：基础地理信息时空数据库技术
主要完成单位：中国测绘科学研究院、国家测绘局卫星测绘应用中心、陕西测绘局、国家基础地理信息中心、武汉大学、黑龙江测绘局
主 要 完 成 者：唐新明　汪汇兵　雷　兵　史绍雨　王晓国　李　霖　吉建培　殷福忠　郭　勇　张元杰
王鸿燕　杨　平　李　忠　乔庆华　欧阳斯达

项 目 编 号：2010－01－03
项 目 名 称：大型三维GIS平台研发与应用
主要完成单位：中国地质大学（武汉）、武汉中地数码科技有限公司地理信息系统软件及其应用教育部工程研究中心、北京中地时空数码科技有限公司
主 要 完 成 者：吴信才　刘修国　谢　忠　周顺平　郑　坤　花卫华　徐世武　樊文有　曾　文　张发勇
万　波　吴　亮　刑廷炎　刘福江　刘　永

项 目 编 号：2010－01－04
项 目 名 称：国家基础地理信息数据库质量控制体系建立与工程化应用
主要完成单位：国家基础地理信息中心、陕西测绘局、黑龙江测绘局、四川测绘局、海南测绘局、重庆测绘院、北京吉威数源信息技术有限公司
主 要 完 成 者：王东华　商瑶玲　刘建军　张元杰　吉建培　李雪梅　杜　晓　倪文辉　孙洪双　刘云峰
胡兴树　魏德照　陈春华　李力勐　王立新

二等奖（16项）

项 目 编 号：2010－02－01
项 目 名 称：电力GIS应用研究与实践
主要完成单位：国网信息通信有限公司、福建省电力有限公司
主 要 完 成 者：刘建明　林　韩　李功新　蔡师民　赖征田　刘金长　许元斌　杨成月　李浩松　蔡振才
郑佩祥　刘　升

项 目 编 号：2010－02－02
项 目 名 称：政务地理空间信息资源共享服务体系建设及应用
主要完成单位：北京市信息资源管理中心
主 要 完 成 者：李 军 彭 凯 毛东军 刘志荣 陈桂红 张 宁 付 哲 田 鹏 朱向明 李 娜 林绍福 朱浩东

项 目 编 号：2010－02－03
项 目 名 称：自适应空间数据处理与动态地图集系统
主要完成单位：深圳市规划国土房产信息中心、武汉大学
主 要 完 成 者：郭仁忠 彭子凤 任 福 唐岭军 艾廷华 杜清运 张曼平 阮依香 李春阳 陈美云 刘 一 陈 贞

项 目 编 号：2010－02－04
项 目 名 称：汶川地震灾害专题制图工程研究与应用
主要完成单位：国家基础地理信息中心、北京师范大学、民政部国家减灾中心、成都地图出版社
主 要 完 成 者：陈 军 史培军 王东华 赵 勇 范一大 王静爱 刘连友 杨思全 曾文军 赵婷婷 李忠良 方伟华

项 目 编 号：2010－02－05
项 目 名 称：Chinastar 数字地球软件平台技术研究与应用
主要完成单位：北京大学、北京航空航天大学
主 要 完 成 者：邬 伦 翁敬农 田 原 蔡 恒 高 勇 刘 瑜 杨 雪 隋正伟 汪乙飞 李 东 王 苏 陈志平

项 目 编 号：2010－02－06
项 目 名 称：吉奥地理信息服务平台软件及工程应用
主要完成单位：武大吉奥信息技术有限公司
主 要 完 成 者：刘奕夫 王国良 卢 铁 谭成国 宋爱红 朱伟奇 侯 涛 龙燕军 孙淮涟 杨 曦 刘双全 吴克源

项 目 编 号：2010－02－07
项 目 名 称：数字管道技术研究与重大工程应用
主要完成单位：大庆油田工程有限公司、中国石油西气东输管道（销售）公司、中国石油管道建设项目经理部、北京都宜环球科技发展有限公司
主 要 完 成 者：王瑞萍 吴 宏 陈向新 王小平 耿作孝 谭志强 袁少山 李海川 张对红 李铁军 刘 虎 马延平

项 目 编 号：2010－02－08
项 目 名 称：地理空间信息服务模式的创新性研究
主要完成单位：广州市欧科地理信息技术服务有限公司、中山大学
主 要 完 成 者：张新长 熊友谊 王 勇 熊爱武 李 照 邱洪钢 熊四明 王海鹰 康停军 胡金华 舒小波 李安敬

项 目 编 号：2010 - 02 - 09
项 目 名 称：苏州市基础地理信息共享平台关键技术研究与应用
主要完成单位：苏州市城市规划编制（信息）中心
主 要 完 成 者：高苏新　黄玉芳　李新佳　李　康　刘争齐　李　宏　潘　吉　蒙立坤　李林燕　宋　斌
陈继山　江华斌

项 目 编 号：2010 - 02 - 10
项 目 名 称：重庆市省级应急平台和城市应急联动技术研发与示范
主要完成单位：重庆市地理信息中心
主 要 完 成 者：罗灵军　胡　力　张泽烈　袁　超　邓世虎　李　静　张治清　朱俊丰　王　斌

项 目 编 号：2010 - 02 - 11
项 目 名 称：地理信息系统开发平台 KingMap3. 0
主要完成单位：厦门精图信息技术有限公司
主 要 完 成 者：姚术林　姚树元　杨　槐　范经谋　邱祥峰　朱永强　杨　浩　宋跃明　龚发芽　乔志勇
周辉腾　吴良文

项 目 编 号：2010 - 02 - 12
项 目 名 称：江苏省兵要地志信息系统
主要完成单位：江苏省测绘工程院
主 要 完 成 者：史照良　刘华建　曹泉根　徐建新　郦　斌　胡雪松　周为远　张光伟　殷利民　夏丽华
陈年松　羌树华

项 目 编 号：2010 - 02 - 13
项 目 名 称：数字太原地理空间框架建设及应用
主要完成单位：太原市国土资源局、山西省测绘工程院、中国测绘科学研究院、太原市基础地理数据中心
主 要 完 成 者：张宝玉　胡文元　金志国　白托明　李晓红　刘晓丽　卫启云　曾　波　洪志远　王　琪
任小燕　杨立晖

项 目 编 号：2010 - 02 - 14
项 目 名 称：面向行人的导航电子地图生产关键技术研究与产业化应用
主要完成单位：北京四维图新科技股份有限公司
主 要 完 成 者：孙玉国　赖丰福　曹晓航　张亚非　金水祥　徐晋辉　何　晶　张　石　宁　莹　张远见
陈　丹　刘　茜

项 目 编 号：2010 - 02 - 15
项 目 名 称：苍穹国土资源信息综合管理平台
主要完成单位：北京苍穹数码测绘有限公司
主 要 完 成 者：朱泉根　宁志宇　谭吉福　朱　江　周水晶　段德亮　苏望发

项 目 编 号：2010 - 02 - 16
项 目 名 称：村镇异构数据空间框架建模与实现关键技术研究及应用
主要完成单位：国家基础地理信息中心

主要完成者：蒋　捷　王　茜　黄　蔚　卢卫华　郑新燕　赵力军　谢　华

三等奖（42 项）

项 目 编 号：2010－03－01
项 目 名 称：煤航 e 鸟智能巡检系统
主要完成单位：西安煤航信息产业有限公司
主要完成者：吕亚军　何占国　赵　军　张继忠　雷国峰　吴良超　于子华　孙作勇

项 目 编 号：2010－03－02
项 目 名 称：陕西省测绘成果资料档案管理信息平台
主要完成单位：陕西基础地理信息中心
主要完成者：王晓国　张　智　张　勤　余晓松　董延红　张金安　赵绍兵　王祖亮

项 目 编 号：2010－03－03
项 目 名 称：环保空间信息共享与服务平台
主要完成单位：环境保护部信息中心、上海数慧系统技术有限公司
主要完成者：徐富春　张　波　黄明祥　李　顺　孙　强　孔益民　翁效忠　王利强

项 目 编 号：2010－03－04
项 目 名 称：国家标准数字地形图产品基本要求 GB/T17278－2009
主要完成单位：中国测绘科学研究院、国家测绘局标准化研究所、国家基础地理信息中心、建设综合勘察研究设计院有限公司
主要完成者：苏山舞　邓国庆　于荣花　李　莉　殷红梅　黄　坚　燕　琴　臧　艺

项 目 编 号：2010－03－05
项 目 名 称：成都市土地执法三级联网全程监管平台
主要完成单位：成都市国土资源信息中心、北京世纪安图数码科技发展有限责任公司、西南交通大学、北京拓普康商贸有限公司
主要完成者：陈先伟　徐　柱　徐　珩　蒋连江　陈　涛　刘国祥　方从刚　彭　柯

项 目 编 号：2010－03－06
项 目 名 称：制图与建库数据生产与管理的一体化技术体系研究
主要完成单位：国家测绘局第一航测遥感院、长安大学
主要完成者：赵力彬　郭新成　谢露蓉　吴燕平　孟妮娜　王占宏　闫会杰　田　超

项 目 编 号：2010－ 03－07
项 目 名 称：常州市应急警用地理信息系统
主要完成单位：常州市公安局、北京山海经纬信息技术有限公司、常州市土地勘测中心
主要完成者：刘持平　刘新农　周大良　高　超　贺卫中　唐　昕　杨少敏　余　兵

项 目 编 号：2010－03－08
项 目 名 称：面向管道完整性应用的地理信息系统及行业标准

主要完成单位：中国石油天然气股份有限公司管道分公司
主要完成者：刘　斌　吴志锋　张培宏　万　庆　李　祎　付松广　陈斯迅　韩小明

项目编号：2010－03－09
项目名称：国控重点污染源自动监控系统/国控重点污染源基础数据库系统
主要完成单位：西安交大长天软件股份有限公司
主要完成者：林宣雄　黄必胜　宋　谦　刘　辉　陈红明　贾　磊　司马兴伟　李茂鹏

项目编号：2010－03－10
项目名称：昆明市人民政府应急平台综合应用系统与数据库系统
主要完成单位：清华大学公共安全研究中心、昆明市人民政府应急管理办公室、北京辰安伟业科技有限公司
主要完成者：袁宏永　陈　涛　孙占辉　苏国锋　吴晓勇　刘加宏　陈建国　冯　松

项目编号：2010－03－11
项目名称：1:25 万社会公众版地图试生产
主要完成单位：湖北省基础地理信息中心、中国测绘科学研究院、河南省基础地理信息中心
主要完成者：何保国　张志艺　段志强　邱儒琼　周　荣　司燕玲　邓跃明　禄丰年

项目编号：2010－03－12
项目名称：气象服务信息系统 MESIS
主要完成单位：国家气象中心
主要完成者：吴焕萍　郑卫江　张建忠　唐　卫　吕终亮　罗　兵　刘小魏　薛建军

项目编号：2010－03－13
项目名称：上海世博会世博园区基础地图服务平台
主要完成单位：高德软件有限公司
主要完成者：赵　珂　周　祥　彭爱峰　易国真　杜治全　张　箭　郜薇红　程　磊

项目编号：2010－03－14
项目名称：城市大比例尺基础空间数据库动态更新机制研究与实现
主要完成单位：广州市城市规划勘测设计研究院
主要完成者：王　磊　黎树禧　林　鸿　丘广新　张鹏程　李长辉　刘　洋　张　荣

项目编号：2010－03－15
项目名称：信息化测绘服务体系建设与应用研究
主要完成单位：重庆市勘测院、重庆数字城市科技有限公司
主要完成者：向泽君　谢征海　徐占华　李仁忠　王昌瀚　梁建国　薛　梅　颜　宇

项目编号：2010－03－16
项目名称：江苏海事局（长江段）地理信息系统
主要完成单位：江苏省测绘工程院
主要完成者：龚越新　李绍华　朱士才　徐建新　王　磊　王　勇　袁桂生　邢　闽

项 目 编 号：2010－03－17
项 目 名 称：基于约束条件的东莞市城镇适度人口规模研究
主要完成单位：东莞市地理信息与规划编制研究中心、中山大学
主 要 完 成 者：欧阳南江 裴志武 陈明辉 黎 夏 黎海波 李少英 沈奇祥 刘轶伦

项 目 编 号：2010－03－18
项 目 名 称：区域性遥感空间信息服务平台
主要完成单位：天津中科遥感信息技术有限公司、天津城市建设学院、中国民航大学
主 要 完 成 者：彭 玲 池天河 吴仁彪 胡建平 沈笑云 赵忠明 董春华 梁融韬

项 目 编 号：2010－03－19
项 目 名 称：地震灾情三维 GIS 实时标注系统
主要完成单位：中国地震台网中心
主 要 完 成 者：帅向华 姜立新 杨天青 刘德善 冯 尉 刘 钦 王栋梁 席 楠

项 目 编 号：2010－03－20
项 目 名 称：天津市燃气管网地理信息系统
主要完成单位：天津市测绘院
主 要 完 成 者：韩振镖 胡 珂 贾有良 于海波 孟浩东 王建国 王 冬 冯 涛

项 目 编 号：2010－03－21
项 目 名 称：基于数字航测的平坦地区 3D 数据生产的关键技术研究
主要完成单位：山东正元地理信息工程有限责任公司
主 要 完 成 者：任维成 李学军 吕长广 杨玉坤 聂荣建 位业群 刘法锁 魏瑞娟

项 目 编 号：2010－03－22
项 目 名 称：石家庄城市数字房产地理信息系统
主要完成单位：石家庄房屋资产权属登记监理中心、石家庄石房房产测绘所
主 要 完 成 者：张 伟 郑克宁 周景超 闫晓光 杨晓飞 李 静 董付梅 王会强

项 目 编 号：2010－03－23
项 目 名 称：智能地址编码与匹配技术
主要完成单位：深圳市规划国土房产信息中心、北京海澄华图科技有限公司
主 要 完 成 者：张曼平 陈学业 唐岭军 俞 晖 彭子凤 荣 芳 孙吉川 阮依香

项 目 编 号：2010－03－24
项 目 名 称：佛山市顺德区公共地理信息平台
主要完成单位：广东瑞图万方科技股份有限公司
主 要 完 成 者：柳宗伟 李 勇 王凯波 施应德 曾 彦 吴 泳 杨敬锋 周捍东

项 目 编 号：2010－03－25
项 目 名 称：洱海湖泊区域管理信息系统的研究与开发
主要完成单位：昆明理工大学、昆明云金地科技有限公司

主要完成者：赵俊三　朱兰艳　李红波　陈国平　龚纯伟　许文胜　赵生恩　杨志宾

项目编号：2010－03－26
项目名称：基于GeoActive全息特征库技术的MobileGIS数据采集系统
主要完成单位：北京合众思壮科技股份有限公司
主要完成者：郭信平　陈益刚　黄宏万　张军锋　吴　林　张　勇　赵晓林

项目编号：2010－03－27
项目名称：森林资源地理信息技术开发及产业化
主要完成单位：北京林业大学、广州经济技术开发区南方测绘仪器公司、哈尔滨师范大学、天津城市建设学院、山东省林业科学研究院
主要完成者：冯仲科　张雪萍　易正晖　王利军　田金苓　范继红　刘东云　李艳芹

项目编号：2010－03－28
项目名称：近海核电站温排热污染遥感监测与影响评价研究
主要完成单位：淮海工学院测绘工程学院、江苏省海洋资源开发研究院
主要完成者：周　立　沈海星　张德利　张宪明　徐建美　王　晶　王亮绪　翟步红

项目编号：2010－03－29
项目名称：基于网络应用服务的基础地理数据库建设
主要完成单位：上海市测绘院
主要完成者：郭容寰　毛炜青　毕　俊　郭功举　赵　峰　季善标　吴张峰　徐永红　冯　琰　汪旻琦　叶　云

项目编号：2010－03－30
项目名称：数字化城市管理信息系统
主要完成单位：北京数字政通科技股份有限公司
主要完成者：吴强华　许　欣　王洪深　胡环宇　聂永江　凌　灿

项目编号：2010－03－31
项目名称：基于GIS的重磁电数据处理系统
主要完成单位：中国地质调查局发展研究中心、中国地质大学（北京）、中国地质大学（武汉）、桂林理工大学、陕西省地质矿产勘查开发局第二综合物探大队
主要完成者：张明华　王成锡　黄金明　乔计花　贺　颢　姚长利　谭捍东　阮百尧

项目编号：2010－03－32
项目名称：上海机场净空地理信息管理系统
主要完成单位：同济大学、上海机场（集团）有限公司、上海市测绘院
主要完成者：王卫安　刘　潇　毛炜青　徐文迅　刘　敏　陆　娇　邓　迅　乔　刚

项目编号：2010－03－33
项目名称：沧水数字流域地理信息管理平台
主要完成单位：湖北省第二测绘院

主要完成者：王　华　洪　亮　周志诚　李雪梅　刘　波　向　浩　庹少东　孙青桥

项目编号：2010－03－34
项目名称：番禺区共享 GIS 平台
主要完成单位：广州奥格智能科技有限公司、广州市番禺区科技和信息化局
主要完成者：陈顺清　黄　刚　徐立明　彭进双　郑彩霞　魏　然　陈　琼　曾文华

项目编号：2010－03－35
项目名称：青海电网地理信息系统
主要完成单位：青海省电力公司信息通信有限公司、北京恒华伟业科技股份有限公司
主要完成者：周群星　苏　魏　罗新伟　杨志鹏　王有虎　张永胜　陈晓龙　陈显龙

项目编号：2010－03－36
项目名称：面向奥运的残障人士导航信息服务终端系统研究与示范
主要完成单位：北京四维空间数码科技有限公司、北京四维远见信息技术有限公司、中国农业大学
主要完成者：徐保龙　樊文锋　孙瑞志　陈　雷　刘　磊　丁龙玺　杨兰英　丁　勇

项目编号：2010－03－37
项目名称：基于 DOM 的数码调绘系统
主要完成单位：国家测绘局第一地形测量队、中国测绘科学研究院
主要完成者：闫春斌　马文涛　刘　念　杨少勇　李　军　李祎峰　辛安仙　刘四宁

项目编号：2010－03－38
项目名称：地理信息数据质量控制内容与方法两项国家标准
主要完成单位：国家基础地理信息中心
主要完成者：刘若梅　蒋景瞳　贾云鹏　周　旭

项目编号：2010－03－39
项目名称：基于遥感和 GIS 的东莞市生态资源核算研究
主要完成单位：东莞市地理信息与规划编制研究中心、中山大学
主要完成者：欧阳南江　裴志武　陈明辉　黎　夏　黎海波　艾　彬　沈奇祥　李少英

项目编号：2010－03－40
项目名称：基于 GIS 的天然气长输管道事故应急指挥辅助决策系统
主要完成单位：浙江省天然气开发有限公司、山东正元地理信息工程有限责任公司
主要完成者：钱济人　杨玉坤　李学军　崔洪涛　史承伟　刘学伟　朱　凯　周　文

项目编号：2010－03－41
项目名称：城市规划信息流管理系统研究
主要完成单位：天津市规划信息中心
主要完成者：鲁承斌　才　睿　张　红　俞　斌　徐津梅　高文君　姜　慧　刘洪昌

项 目 编 号：2010－03－42
项 目 名 称：城市三维模型数据库建设和应用
主要完成单位：上海市测绘院
主 要 完 成 者：冯　琰　程远达　汪旻琦　顾星晔　徐　云　杨常红　万从容　吴张峰

中国地理信息系统协会2010年GIS优秀工程获奖项目

金奖（14项）

工程名称：辽宁省公安厅警用地理信息系统
业主单位：辽宁省公安厅信息通信处
承建单位：北京山海经纬信息技术有限公司

工程名称：济南市房产管理信息系统
业主单位：济南市房屋产权登记中心
承建单位：北京超图软件股份有限公司

工程名称：国家自然灾害评估业务系统
业主单位：民政部国家减灾中心
承建单位：北京吉威数源信息技术有限公司

工程名称：湖南省国土资源厅电子政务系统
业主单位：湖南省国土资源信息中心
承建单位：武汉中地数码科技有限公司

工程名称：重庆地理信息公共服务平台
业主单位：重庆市规划局
承建单位：重庆市地理信息中心、北京超图软件股份有限公司

工程名称：中石油面向管道完整性应用的地理信息系统
业主单位：中国石油天然气股份有限公司管道分公司
承建单位：西安煤航信息产业有限公司、北京星球数码科技有限公司

工程名称：东莞市地下综合管线信息系统
业主单位：东莞市城建规划局
承建单位：东莞市地理信息与规划编制研究中心、广州城市信息研究所有限公司

工程名称：唐山市环境监控与应急综合管理平台
业主单位：唐山市环境保护局
承建单位：中科宇图天下科技有限公司

工程名称：乌鲁木齐市地下管线综合管理系统
业主单位：乌鲁木齐市城市规划管理局
承建单位：广州城市信息研究所有限公司

工程名称：南京市“数字规划”信息平台
业主单位：南京市规划局
承建单位：南京市城市规划编制研究中心、武大吉奥信息技术有限公司

工程名称：济南市规划局“一张蓝图”规划信息系统
业主单位：济南市规划局
承建单位：上海数慧系统技术有限公司

工程名称：佛山市燃气管网资源管理系统
业主单位：广东省佛山市燃气集团股份有限公司
承建单位：广东省佛山市燃气集团股份有限公司、鹰图系统（深圳）有限公司北京分公司、佛山市城市地理信息中心

工程名称：苏州高新区地理信息共享与服务平台
业主单位：苏州高新区信息化办公室
承建单位：苏州市城市规划编制（信息）中心

工程名称：绍兴市基础地理信息系统
业主单位：绍兴市规划局
承建单位：绍兴市规划局、浙江省地理信息中心、山东正元地理信息工程有限责任公司

银奖（39 项）

工程名称：武汉市土地利用数据库更新及应用示范
业主单位：武汉市国土资源和规划局
承建单位：武汉市国土资源和规划信息中心

工程名称：深圳市公安局警用地理信息系统
业主单位：深圳市公安局科技通信处
承建单位：永泰软件有限公司

工程名称：广州市水务空间信息系统
业主单位：广州市水务局
承建单位：广州海维空间信息系统技术有限公司

工程名称：长沙市国土资源管理信息系统
业主单位：长沙市国土资源局
承建单位：长沙市土地信息中心、昆明云金地科技有限公司

工程名称：济南市供水管网地理信息系统
业主单位：济南市水业集团有限责任公司
承建单位：武汉中地数码科技有限公司

工程名称：北京市海淀区空间数据共享平台
业主单位：北京市海淀区信息化工作办公室
承建单位：太极计算机股份有限公司、北京山海经纬信息技术有限公司

工程名称：福建省交通地理信息系统
业主单位：福建省交通信息通信中心
承建单位：福州市勘测院

工程名称：武汉市市长专线暨数字化城市管理系统
业主单位：武汉市人民政府市长专线
承建单位：武大吉奥信息技术有限公司

工程名称：荆州市基本农田管理信息系统开发项目
业主单位：荆州市国土资源局
承建单位：武汉弘图数码科技有限公司

工程名称：上海市绿化林业遥感与地理信息系统
业主单位：上海市绿化和市容管理信息中心
承建单位：上海市绿化和市容管理信息中心

工程名称：北京市地籍管理信息系统建设项目
业主单位：北京市国土资源局
承建单位：武汉瑞得信息工程有限责任公司

工程名称：首都国庆阅兵空中梯队模拟飞行训练三维地理信息保障工程
业主单位：空军司令部作战部
承建单位：中测新图（北京）遥感技术有限责任公司

工程名称：宜昌市基础地理信息系统
业主单位：宜昌市电子政务办
承建单位：北京建设数字科技股份有限公司、宜昌市规划局、宜昌市规划信息咨询中心、宜昌市测绘大队

工程名称：南宁市规划管理局规划审批案件与动态规划监察图文一体化系统
业主单位：南宁市规划管理局
承建单位：上海数慧系统技术有限公司

工程名称：河北省省市级土地调查数据库与管理系统
业主单位：河北省国土资源厅
承建单位：北京苍穹数码测绘有限公司

工程名称：佛山市南海区环境保护局“数字环保”第三期建设开发
业主单位：佛山市南海区环境保护局
承建单位：广州城市信息研究所有限公司

工程名称：厦门市城市三维地理信息系统
业主单位：厦门市国土资源与房产管理局
承建单位：厦门市测绘与基础地理信息中心、福建省基础地理信息中心

工程名称：深圳市规划决策支持系统
业主单位：深圳市规划国土房产信息中心
承建单位：上海数慧系统技术有限公司

工程名称：湖南省基础地理信息数据库建设
业主单位：湖南省国土资源厅
承建单位：湖南省第三测绘院、北京四维空间数码科技有限公司

工程名称：南昌市公安局警用地理信息工程
业主单位：南昌市公安局
承建单位：永泰软件有限公司

工程名称：中国石油西南油气田公司天然气管道及场站数据管理系统
业主单位：中国石油西南油气田公司勘探开发研究所
承建单位：四川省基础地理信息中心

工程名称：上海市市南自来水供水管网综合管理地理信息系统
业务单位：上海市自来水市南有限公司管线管理所
承建单位：上海杰狮信息技术有限公司

工程名称：四川省地震灾后重建辅助决策地理信息系统
业主单位：四川省基础地理信息中心
承建单位：重庆市勘测院、重庆数字城市科技有限公司

工程名称：上海集约化信息基础设施综合管理公共平台
业主单位：上海市信息管线有限公司
承建单位：上海杰狮信息技术有限公司

工程名称：杭州市规划局规划审批管理信息综合平台
业主单位：杭州市城市规划信息中心
承建单位：上海数慧系统技术有限公司、杭州市城市规划信息中心

工程名称：平顶山房地产市场信息系统
业主单位：平顶山市房产管理局
承建单位：广东南方数码科技有限公司

工程名称：日照市城区地下管线普查与信息化建设
业主单位：日照市城市建设档案馆
承建单位：山东正元地理信息工程有限责任公司

工程名称：山西省河道管护信息系统
业主单位：山西省河道管护服务总站
承建单位：山西省综合地理信息中心

工程名称：兰州市城关区数字化城市管理信息系统
业主单位：兰州市城关区数字化城市管理监督中心
承建单位：兰州南特数码科技股份有限公司

工程名称：嘉兴市城市基础地理框架及示范应用工程项目
业主单位：嘉兴市测绘管理局
承建单位：武大吉奥信息技术有限公司

工程名称：沈阳市规划和国土资源信息系统建设项目
业主单位：沈阳市规划和国土资源局信息中心
承建单位：武大吉奥信息技术有限公司

工程名称：玉林市国土资源电子政务系统（一期）建设项目
业主单位：玉林市国土资源局
承建单位：北京超图软件股份有限公司、玉林市国土资源信息中心

工程名称：新疆维吾尔自治区 1∶10000 基础地理信息数据库建设项目
业主单位：新疆维吾尔自治区测绘局
承建单位：新疆维吾尔自治区基础地理信息中心

工程名称：河南省周口市地下管线信息管理系统
业主单位：河南省周口市规划局
承建单位：武汉中地数码科技有限公司

工程名称：陕西省明长城测量项目
业主单位：陕西省考古研究院
承建单位：陕西省第三测绘院

工程名称：贵州数字矿山安全生产信息系统
业主单位：贵州省矿山安全科学研究院
承建单位：北京东方道迩信息技术有限责任公司

工程名称：西气东输淮武支线管道工程地理信息系统服务
业主单位：中国石油天然气股份有限公司管道（销售）公司豫鄂管理处
承建单位：北京都宜环球科技发展有限公司

工程名称：浙江电信资源管理系统光网络运营支撑平台
业主单位：中国电信股份有限公司浙江省分公司
承建单位：武汉中地数码科技有限公司

工程名称：淄博市城镇地籍调查数据库整合建设项目
业主单位：淄博市国土资源局
承建单位：广东南方数码科技有限公司

铜奖（21 项）

工程名称：钦州市地籍管理信息系统支撑平台
业主单位：钦州市国土资源局
承建单位：北京超图软件股份有限公司、钦州市测绘院

工程名称：中国海洋测绘信息数字平台
业主单位：中国航海图书出版社
承建单位：北京吉威数源信息技术有限公司

工程名称：南京市江宁区地价管理信息系统
业主单位：南京市国土资源局江宁分局
承建单位：南京市江宁区地价所、江苏省测绘工程院、南京市江宁区国土资源信息中心

工程名称：中山市警用地理信息系统数据库建设项目
业主单位：中山市公安局
承建单位：广州市精一规划勘测科技有限公司

工程名称：佛山市国土资源局南海分局建设基础地理数据库
业主单位：佛山市国土资源局南海分局
承建单位：广东省地质测绘院、北京清华山维新技术开发有限公司

工程名称：国家地震应急数据仓库建设和三维数据展示软件
业主单位：中国地震台网中心
承建单位：北京数字空间科技有限公司

工程名称：三亚市国土环境资源与基础地理数据库建设及管理系统开发
业主单位：三亚市国土环境资源局
承建单位：上海数慧系统技术有限公司

工程名称：常州市国土资源基础数据管理平台
业主单位：常州市国土资源局信息中心
承建单位：上海数慧系统技术有限公司

工程名称：镇江市城市基础信息管理与服务系统研究和建立
业主单位：镇江市勘察测绘研究院
承建单位：武大吉奥信息技术有限公司

工程名称：福建省地名数据库及其管理系统
业主单位：福建省民政厅
承建单位：厦门精图信息技术有限公司

工程名称：聊城市规划管理三维辅助决策虚拟城市系统
业主单位：聊城市规划局
承建单位：聊城市规划局信息中心、北京艾迪讯科技发展有限公司

工程名称：金土工程太原市基础地理数据开发服务系统及数据网络浏览系统
业主单位：太原市国土资源局信息中心
承建单位：上海数慧系统技术有限公司

工程名称：云南、山东等省移动通信专题地理数据开发与技术应用服务
业主单位：中讯邮电咨询设计院有限公司
承建单位：国家基础地理信息中心

工程名称：韶关市城市基础地理信息系统
业主单位：广东省韶关市城乡规划局
承建单位：广州城市信息所有限公司

工程名称：象山县三维规划地理信息系统
业主单位：浙江省象山县规划局
承建单位：泰瑞数创科技（北京）有限公司

工程名称：北京市道路管理信息系统
业主单位：北京市交通信息中心
承建单位：北京北大千方科技有限公司

工程名称：郴州市规划管理信息系统
业主单位：郴州市规划局
承建单位：北京建设数字科技股份有限公司

工程名称：天津港保税区地理信息系统项目
业主单位：天津港保税区规划建设局
承建单位：广东旭普空间信息技术产业发展有限公司

工程名称：南沙区金州派出所社区警务地理信息系统建设
业主单位：广州市公安局南沙区分局
承建单位：广州市精一规划勘测科技有限公司

工程名称：广东省警卫三维实景模拟系统及数据库建库开发
业主单位：广东省公安厅警卫局
承建单位：广州市精一规划勘测科技有限公司

工程名称：轻型机载 GPS 辅助数码摄影测量技术在新疆边远数字城市建设中的应用
业主单位：且末县建设局
承建单位：新疆维吾尔自治区第二测绘院

中国地理信息系统协会 2010 年度国产空间信息系统软件测评表彰名单

GIS 平台软件（共 2 个）

超图地理信息系统软件平台套件 V6R（北京超图软件股份有限公司）
MAPGIS K9 地理信息系统（武汉中地数码科技有限公司）

RS 平台软件（共 1 个）

中地遥感平台 2010（武汉中地数码科技有限公司）

GIS 专业应用软件（共 9 个）

地学之窗政务地理信息应用基础平台 V7.0（中国测绘科学研究院）
警用综合地理信息系统 V6.0（北京山海经纬信息技术有限公司）
超图服务式网络地理信息系统开发平台 V6.0（北京超图软件股份有限公司）
苍穹土地利用规划管理信息系统软件 V1.0（北京苍穹数码测绘有限公司）
苍穹土地利用规划建库工具软件 V1.0（北京苍穹数码测绘有限公司）
吉奥地理信息服务平台软件 4.5（武大吉奥信息技术有限公司）
煤矿安全生产综合管理信息系统 V3.0（北京龙软科技发展有限公司）
网络地理信息系统软件 V8.1（北京中遥地网信息技术有限公司）
“政通”嵌入式地图引擎系统 V1.0（北京数字政通科技股份有限公司）

RS 专业应用软件（共 3 个）

GT Server 卫星遥感应用服务平台（天津中科遥感信息技术有限公司）
低空数码影像全自动匹配软件 V1.0（武汉大学）
省级农情遥感监测系统 V2.1（中国科学院遥感应用研究所）

GNSS 专业应用软件（共 6 个）

Caravel PP/PPP GNSS 高精度定位测速软件 V3.3（武汉苍穹数码仪器有限公司）
润霖车载信息服务支撑平台（MyStar 平台）（大连润霖秋实科技有限公司）
GNSS 动态后差分数据处理软件 V2.0（上海华测导航技术有限公司）
ZNetVRS 连续运行虚拟参考站系统 V1.0（广州市中海达测绘仪器有限公司）
南方网络参考站系统 V2.0（广州南方测绘仪器有限公司）

长虹车载 TSP 终端信息系统（四川长虹佳华信息产品有限责任公司）

中国地理信息系统协会 2010 年数字城市地理信息公共平台国产优秀软件

（8 套　排名不分先后）

软件名称：新图软件 3.0（Newmap 3.0）
研制单位：中国测绘科学研究院地理信息系统与地图工程研究所

软件名称：超图面向服务的地理信息共享平台 V6.0（SuperMap SGS V6.0）
研制单位：北京超图软件股份有限公司

软件名称：山海易绘地理空间信息共享服务平台 V5.5（EzDISA V5.5）
研制单位：北京山海经纬信息技术有限公司

软件名称：智行者 V6.0（iVoyager V6.0）
研制单位：北京东方道迩信息技术有限公司

软件名称：苍穹安唐空间共享平台 V2.0（DGSpatial Server V2.0）
研制单位：北京苍穹数码测绘有限公司、苏州安唐科技有限公司

软件名称：吉奥数字城市地理信息服务平台软件 2.2（GeoGlobeCity 2.2）
研制单位：武大吉奥信息技术有限公司

软件名称：MapGIS 地理信息共享服务平台 K9（MapGIS Geo – Intelligence Server K9）
研制单位：武汉中地数码科技有限公司

软件名称：奥格地理信息共享平台 2.2（AGComPlat 2.2）
研制单位：广州奥格智能科技有限公司

其他省部级科技获奖项目

河北（1 项）

项　目　名　称：《河北省资源地图集》
获奖类别及等级：河北省科学技术进步三等奖
主要完成单位：河北省制图院
主要完成人：曹　立　崔鹏飞　李爱生　王明才　王德水

四川（1 项）

项　目　名　称：四川汶川地震灾区应急测绘基准建设
获奖类别及等级：2010 年度四川省科技进步奖三等奖
主要完成单位：四川测绘局
主要完成人：冯先光　杨　升　山　川　倪文辉　李开君　王明善　陈现春　兰启贵　张　云　何文林　申学林　李　冲

北京（3 项）

项　目　名　称：北京市明长城测量项目
获奖类别及等级：2009 年度全国优秀城乡规划设计奖－城市勘测工程一等奖
完　成　单　位：北京市测绘设计研究院

项　目　名　称：海淀区城市部件普查及更新
获奖类别及等级：2009 年度全国优秀工程勘察设计行业奖－工程勘察二等奖
完　成　单　位：北京市测绘设计研究院

项　目　名　称：北京市新农村规划信息系统
获奖类别及等级：2009 年度全国优秀城乡规划设计奖－城市勘测工程表扬奖
完　成　单　位：北京市测绘设计研究院

广西（2 项）

项　目　名　称：基于航测法的基础地理数据快速更新系统开发与应用
获奖类别及等级：广西科学技术进步奖三等奖
完　成　单　位：广西第二测绘院

项　目　名　称：南宁 GPS 接收机综合检定场建设技术研究
获奖类别及等级：广西科学技术进步奖三等奖
完　成　单　位：广西测绘产品质量监督检验站

甲级测绘资质单位名录

北京市（64 家）

北京爱地地质勘察基础工程公司
北京百度网讯科技有限公司
北京苍穹数码测绘有限公司
北京长地万方科技有限公司

北京城际高科信息技术有限公司
北京城建勘测设计研究院有限责任公司
北京地星伟业数码科技有限公司
北京东方道迩信息技术股份有限公司
北京东方新星石化工程股份有限公司
北京航天勘察设计研究院
北京华星勘查新技术公司
北京京昌工程测绘技术有限公司
北京勘察技术工程有限公司
北京灵图软件技术有限公司
北京奇志通数据科技有限公司（北京大学数字中国研究院空间数据研究中心）
北京勤业测绘科技有限公司
北京时正兴测绘工程技术有限公司
北京世纪高通科技有限公司
北京世纪国源科技发展有限公司
北京市测绘设计研究院
北京市地质工程勘察院
北京市房地产勘察测绘所
北京市勘察设计研究院有限公司
北京市信息资源管理中心
北京数字空间科技有限公司
北京四维空间数码科技有限公司
北京四维图新科技股份有限公司
北京搜狗信息服务有限公司
北京天下图数据技术有限公司
北京天元四维科技有限公司
北京同创达勘测有限公司
北京图盟科技有限公司
北京图为先科技有限公司
北京新浪互联信息服务有限公司
北京新兴华安测绘有限公司
北京星天国家基础地理信息中心
地信息科技有限公司
人民交通出版社
易图通科技（北京）有限公司
中兵勘察设计研究院
中测新图（北京）遥感技术有限责任公司
中国地图出版社
中航四维（北京）航空遥感技术有限公司
北京国电水利电力工程有限公司
四维航空遥感有限公司
国家海洋信息中心
中国电力工程顾问集团华北电力设计院工程有限公司

中国科学院测量与地球物理研究所
中国水电顾问集团北京勘测设计研究院
中国国土资源航空物探遥感中心
中国科学院地理科学与资源研究所
中国科学院遥感应用研究所
中国石油集团工程设计有限责任公司
中国四维测绘技术总公司
中国土地勘测规划院
中航勘察设计研究院有限公司
中科宇图天下科技有限公司
中铁工程设计咨询集团有限公司
诺基亚联新互联网服务有限公司
科菱航睿空间信息技术有限公司
建设综合勘察研究设计院有限公司
国家林业局调查规划设计院
高德软件有限公司
地质出版社

天津市（15家）

天津港湾水运工程有限公司
天津海事局海测大队
天津金宇信息技术有限公司
天津市测绘院
天津市地质工程勘察院
天津市勘察院
天津市市政工程设计研究院
天津市水利勘测设计院
天津水运工程勘察设计院
中国地震局第一监测中心
中交第一航务工程勘察设计院有限公司
中交天津港航勘察设计研究院有限公司
中水北方勘测设计研究有限责任公司
中铁隧道勘测设计院有限公司
铁道第三勘察设计院集团有限公司

河北省（36家）

邯郸市博达地理信息工程有限公司
邯郸市恒达地理信息工程有限责任公司
河北格瑞空间信息技术有限公司
河北冀东建设工程有限公司
河北建设勘察研究院有限公司
河北九华勘查测绘有限责任公司（华北地质勘查局五一九大队）
河北省保定地质工程勘查院

河北省地矿局石家庄综合地质大队
河北省地质测绘院（河北省欣航测绘院）
河北省第二测绘院
河北省第三测绘院
河北省第一测绘院
河北省基础地理信息中心
河北省煤田地质局物测地质队
河北省水利水电第二勘测设计研究院
河北省水利水电勘测设计研究院
河北省制图院
河北水文工程地质勘察院
河北天元地理信息科技工程有限公司（中国冶金地质勘查工程总局一局测绘大队）
河北中核岩土工程有限责任公司
河北中色测绘有限公司（北京中色测绘院有限公司）
秦皇岛市测绘大队
石家庄市勘察测绘设计研究院
唐山中地地质工程公司
中国兵器工业北方勘察设计研究院
中国建筑材料工业地质勘查中心河北总队
中国石化集团江汉石油管理局地球物理勘探公司
中国石油集团东方地球物理勘探有限责任公司
中国石油天然气管道工程有限公司
中冀兵北工程勘察设计有限公司
中勘冶金勘察设计研究院有限责任公司
中冶京唐建设有限公司
化学工业第一勘察设计院有限公司
核工业航测遥感中心
承德华勘五一四测绘院
保定金迪地下管线探测工程有限公司

山西省（19 家）

山西华晋岩土工程勘察有限公司
山西省测绘工程院
山西省地图集编纂委员会办公室
山西省地质测绘院（山西省地质勘查局测绘队）
山西省第二地质工程勘察院
山西省第六地质工程勘察院
山西省第三地质工程勘察院
山西省第五地质工程勘察院
山西省电力勘测设计院
山西省基础地理信息院
山西省交通规划勘察设计院
山西省勘察设计研究院

山西省煤炭地质公司
山西省煤炭地质物探测绘院
山西省水利水电勘测设计研究院
太原航空摄影有限公司
太原市勘察测绘研究院
中铁十二局集团有限公司
阳泉新宇岩土工程有限责任公司

内蒙古自治区（13 家）

呼和浩特市勘察测绘研究院
内蒙古交通设计研究院有限责任公司
内蒙古自治区测绘院
内蒙古自治区地图制印院
内蒙古自治区地质测绘院
内蒙古自治区电力勘测设计院
内蒙古自治区航空遥感测绘院
内蒙古自治区煤田地质局勘测队
内蒙古自治区水利水电勘测设计院
内蒙古自治区土地勘测规划院
核工业二〇八大队
包钢勘察测绘研究院
包头市测绘院

辽宁省（26 家）

大连九成测绘信息有限公司
大连市勘察测绘研究院有限公司
辽宁地矿测绘院
辽宁地质海上工程勘察院
辽宁电力勘测设计院
辽宁经纬测绘规划建设有限公司
辽宁省城乡建设规划设计院
辽宁省地理信息院
辽宁省基础测绘院
辽宁省交通规划设计院
辽宁省摄影测量与遥感院
辽宁省水利水电勘测设计研究院
辽宁省冶金地质勘察局地质勘察研究院
辽宁有色勘察研究院
沈阳地球物理勘察院
沈阳市公路规划设计院
沈阳市勘察测绘研究院（沈阳市地理信息中心）
中国建筑材料工业地质勘查中心辽宁总队
中国水利水电第六工程局有限公司

中机工程勘察设计研究院
中煤国际工程集团沈阳设计研究院
中冶沈勘工程技术有限公司
中油辽河工程有限公司
辽河石油勘探局（地球物理勘探公司）
国家海洋环境监测中心
鞍钢集团工程技术有限公司

吉林省（12 家）

长春市测绘院
长春市国土测绘院
吉林省地矿测绘院
吉林省地理信息工程院
吉林省第二测绘院
吉林省第一测绘院
吉林省基础地理信息中心
吉林省交通规划设计院
吉林省水利水电勘测设计研究院
吉林市勘测设计院
四平市地勘测绘院
中国电力工程顾问集团东北电力设计院

黑龙江省（26 家）

大庆油田工程有限公司
国家测绘局第二大地测量队（黑龙江第一测绘工程院）
国家测绘局第三地形测量队（黑龙江第二测绘工程院）
国家测绘局第四地形测量队（黑龙江第三测绘工程院）
国家测绘局黑龙江基础地理信息中心（黑龙江省遥感信息中心）
哈尔滨测量高等专科学校测量工程公司
哈尔滨地图出版社
哈尔滨市国土资源勘测规划院
哈尔滨市勘察测绘研究院
黑龙江地理信息工程院
黑龙江龙飞航空摄影有限公司
黑龙江农垦勘测设计研究院
黑龙江省测绘科学研究所
黑龙江省地质矿产局测绘院
黑龙江省电力勘察设计研究院
黑龙江省国土资源勘测规划院
黑龙江省航道局
黑龙江省林业设计研究院
黑龙江省煤田地质物测队

黑龙江省水利水电勘测设计研究院
佳木斯市勘察测绘研究院
牡丹江市勘察测绘研究院
齐齐哈尔市国土资源勘测规划设计院有限公司
齐齐哈尔市勘察测绘研究院
齐齐哈尔市水利勘测设计研究院
双鸭山市国土资源勘测规划院

上海市（17 家）

上海达华测绘有限公司
上海东海海洋工程勘察设计研究院
上海东亚地球物理勘查有限公司
上海海事局海测大队
上海海洋石油局第一海洋地质调查大队
上海京海工程技术有限公司
上海市测绘院
上海市城市建设设计研究院
上海市地籍事务中心（上海市土地登记事务中心）
上海市地质调查研究院
上海市岩土工程检测中心
上海市政工程勘察设计有限公司
上海岩土工程勘察设计研究院有限公司
中船勘察设计研究院有限公司
中国电力工程顾问集团华东电力设计院
中交第三航务工程勘察设计院有限公司
中交三航院勘察工程有限公司

江苏省（33 家）

江苏兰德数码科技有限公司
江苏连云港地质工程勘察院
江苏煤炭地质物测队
江苏省测绘工程院
江苏省地质测绘院
江苏省地质调查研究院
江苏省电力设计院
江苏省工程勘测研究院有限责任公司
江苏省工程物理勘察院
江苏省基础地理信息中心
江苏省金威测绘服务中心
江苏省金威遥感数据工程有限公司
江苏省水文地质工程地质勘察院
江苏苏州地质工程勘察院
江苏易图地理信息工程有限公司

南京北极测绘研究院有限公司
南京市测绘勘察研究院有限公司
南京市房屋产权监理处
南京市国土资源信息中心
苏州工业园区测绘有限责任公司
苏州市测绘院有限责任公司
苏州数字地图网络科技有限公司
无锡市测绘院有限责任公司
徐州市勘察测绘研究院
镇江市勘察测绘研究院
南通市测绘院有限公司
淮安市水利勘测设计研究院有限公司
淮安市测绘勘察研究院有限公司
化学工业岩土工程有限公司
华东有色测绘院
常州市测绘院
长江水利委员会长江下游水文水资源勘测局
长江口水文水资源勘测局

浙江省（26 家）

杭州阿拉丁信息科技股份有限公司
杭州阿里信息服务有限公司
杭州市勘测设计研究院
宁波市测绘设计研究院
宁波冶金勘察设计研究股份有限公司
温州市勘察测绘研究院
义乌市勘测设计研究院
浙江华东测绘有限公司
浙江华东建设工程有限公司
浙江建材测绘院
浙江煤炭测绘院
浙江省测绘大队
浙江省地理信息中心
浙江省第二测绘院
浙江省第十一地质大队
浙江省第一测绘院
浙江省第一地质大队
浙江省电力设计院
浙江省工程勘察院
浙江省河海测绘院
浙江省水利水电勘测设计院
浙江有色测绘院
宁波国土测绘院

中国水利水电第十二工程局有限公司
核工业湖州工程勘察院
国家海洋局第二海洋研究所

福建省（16家）

福建省测绘院
福建省地质测绘院
福建省港航管理局勘测中心
福建省国土测绘院
福建省基础地理信息中心
福建省交通规划设计院
福建省水利水电勘测设计研究院
福建省制图院
福州市勘测院
厦门地震勘测研究中心
厦门地质工程勘察院
厦门海洋工程勘察设计研究院
厦门闽矿测绘院
厦门市测绘与基础地理信息中心
厦门银据空间地理信息有限公司
漳州市测绘设计研究院

江西省（16家）

江西核工业测绘院
江西南方测绘院
江西省地矿测绘院
江西省地质矿产勘查开发局赣东北大队
江西省地质矿产勘查开发局赣西地质调查大队
江西省第二测绘院
江西省第三测绘院
江西省第一测绘院
江西省基础地理信息中心
江西省交通设计院
江西省煤田地质局测绘大队
江西省水利规划设计院
江西天久测绘院
江西有色地质测绘院
南昌市测绘勘察研究院
九江地质工程勘察院

安徽省（19家）

安徽长江河道测绘研究院
安徽二水测绘院
安徽省地矿局安庆测绘技术院
安徽省地质测绘技术院
安徽省第二测绘院
安徽省第三测绘院
安徽省第四测绘院
安徽省第一测绘院
安徽省基础测绘信息中心（安徽省测绘档案资料馆）
安徽省建设工程勘察设计院
安徽省煤田地质局物探测量队
安徽省水利水电勘测设计院
蚌埠市勘测设计研究院
合肥市测绘设计研究院
华东冶金地质勘查局测绘总队
马鞍山测绘技术院
马鞍山市华东探测技术有限责任公司
芜湖市勘察测绘设计研究院
中水淮河规划设计研究有限公司

山东省（19家）

济南市勘察测绘研究院
青岛海大工程勘察设计开发院有限公司
青岛海洋工程勘察设计研究院
青岛市勘察测绘研究院
山东海天地理信息工程有限公司
山东明嘉勘察测绘有限公司
山东省城乡建设勘察院
山东省地图出版社
山东省地质测绘院
山东省第四地质矿产勘查院
山东省国土测绘院
山东省经纬工程测绘勘察院
山东省水利勘测设计院
山东正元地理信息工程有限责任公司
山东中煤物探测量总公司
潍坊市勘察测绘研究院
淄博市勘察测绘研究院有限公司
中国石化集团胜利石油管理局
临沂市国土资源局测绘院

河南省（23 家）

河南省测绘工程院
河南省地球物理工程勘察院
河南省地图院
河南省地质测绘总院
河南省电力勘测设计院
河南省基础地理信息中心
河南省交通规划勘察设计院有限责任公司
河南省科学院地理研究所
河南省煤田地质局物探测量队
河南省水利勘测有限公司
河南省遥感测绘院
河南省有色测绘有限公司
河南省中纬测绘规划信息工程有限公司
河南中化地质测绘院有限公司
信阳公路勘察设计院
郑州市规划勘测设计研究院
郑州市市政工程勘测设计研究院
郑州市规划勘测设计研究院
郑州市市政工程勘测设计研究院
中铁大桥局集团第一工程有限公司
小浪底工程咨询有限公司
黄河水文勘察测绘局
黄河勘测规划设计有限公司

湖北省（37 家）

长江空间信息技术工程有限公司（武汉）
长江三峡勘测研究院有限公司（武汉）
长江岩土工程总公司（武汉）
湖北省测绘工程院
湖北省地图院
湖北省电力勘测设计院
湖北省鄂东北地质大队
湖北省鄂东南地质大队
湖北省国土测绘院
湖北省航测遥感院
湖北省基础地理信息中心（湖北省测绘成果档案馆）
湖北省交通规划设计院
湖北省神龙地质工程勘察院
湖北省水利水电勘测设计院
中南勘察设计院（湖北）有限责任公司
中工武大设计研究有限公司
中国长江三峡集团公司

中国地震局地震研究所
中国南极测绘研究中心
中国石化集团江汉石油管理局勘察设计研究院
中机三勘岩土工程有限公司
中交第二公路勘察设计研究院有限公司
中交第二航务工程勘察设计院有限公司
中铁大桥勘测设计院有限公司
中铁第四勘察设计院集团有限公司
中冶集团武汉勘察研究院有限公司
武大吉奥信息技术有限公司
立得空间信息技术股份有限公司
葛洲坝股份有限公司测绘工程院（中国葛洲坝水利水电工程集团有限公司测绘总队）
长江水利委员会水文局
长江水利委员会长江中游水文水资源勘测局
长江水利委员会长江科学院
长江航道局
武汉科岛地理信息工程有限公司
武汉市勘测设计研究院
武汉市政工程设计研究院有限责任公司
武汉中地数码科技有限公司

湖南省（28 家）

长沙市国土资源测绘院
长沙市勘测设计研究院
湖南地图出版社
湖南科创电力工程技术有限公司
湖南省地球物理地球化学勘查院
湖南省地质测绘院
湖南省第二测绘院
湖南省第三测绘院（湖南省基础地理信息中心）
湖南省第一测绘院
湖南省工程勘察院
湖南省交通规划勘察设计院
湖南省勘测设计院
湖南省勘察测绘院
湖南省煤田地质局物探测量队
湖南省水利水电勘测设计研究总院
湖南省资源规划勘测院
湖南有色测绘院
湘潭市勘测设计院
株洲市勘测设计研究院
株洲中天高科技勘测工程有限公司
中国电力工程顾问集团中南电力设计院

中国石化集团西南石油局第五物探大队
中国水电顾问集团中南勘测设计研究院
中国水利水电第八工程局有限公司
中国有色金属工业长沙勘察设计研究院
衡阳市规划设计院
核工业衡阳第二地质工程勘察院
常德市国土资源规划测绘院

广东省（30 家）

广东省测绘技术公司
广东省地图院
广东省地质测绘院
广东省电力设计研究院
广东省国土资源测绘院
广东省国土资源技术中心
广东省核工业地质局测绘院
广东省惠州七五六地质测绘工程公司
广东省水利电力勘测设计研究院
广州海洋地质调查局
广州市城市规划勘测设计研究院
广州市房地产测绘所
广州市四维城科信息工程有限公司
深圳地质建设工程公司
深圳市爱华勘测工程有限公司
深圳市长勘勘察设计有限公司
深圳市地籍测绘大队
深圳市凯立德科技股份有限公司
深圳市勘察测绘院有限公司
深圳市勘察研究院有限公司
深圳市蓝天鹤测绘有限公司
深圳市水务规划设计院
深圳市腾讯计算机系统有限公司
深圳市中正测绘科技有限公司
珠海市测绘院
中水珠江规划勘测设计有限公司
中华人民共和国广东海事局海测大队
中交第四航务工程勘察设计院有限公司
中交广州航道局有限公司
国家海洋局南海工程勘察中心

广西壮族自治区（14 家）

广西地图院
广西第二测绘院

广西第一测绘院
广西电力工业勘察设计研究院
广西航空遥感测绘院
广西有色勘察设计研究院
广西壮族自治区国土测绘院
广西壮族自治区基础地理信息中心
广西壮族自治区交通规划勘察设计研究院
广西壮族自治区水利电力勘测设计研究院
钦州市测绘院
南宁市勘测院
柳州市勘察测绘研究院
桂林市测绘研究院

海南省（4 家）

国家测绘局海南测绘资料信息中心
国家测绘局海南基础地理信息中心
海口市城市规划设计研究院
国家测绘局第七地形测量队

重庆市（4 家）

国家测绘局重庆测绘院
重庆市地理信息中心
重庆市勘测院
重庆市土地勘测规划院（重庆市房屋勘测院）

四川省（25 家）

成都地图出版社
成都市国土规划地籍事务中心
成都市勘察测绘研究院
四川省地震局测绘工程院
四川省地质测绘院
四川省第三测绘工程院（国家测绘局地下管线勘测工程院）（国家测绘局第六地形测量队）
四川省第一测绘工程院（国家测绘局第三大地测量队）
四川省核工业地质调查院
四川省基础地理信息中心
四川省建筑设计院
四川省交通运输厅公路规划勘察设计研究院
四川省交通运输厅交通勘察设计研究院
四川省煤田测绘工程院
四川省水利水电勘测设计研究院
四川省遥感信息测绘院（国家测绘局第三航测遥感院）
四川省冶金地质勘查局测绘工程大队

四川中水成勘院测绘工程有限责任公司
中国电力工程顾问集团西南电力设计院
中国建筑材料工业地质勘查中心四川总队
中国建筑西南勘察设计研究院有限公司
中国石油集团川庆钻探工程有限公司地球物理勘探公司
中国水利水电第七工程局有限公司
中铁二局集团有限公司
中铁二院工程集团有限责任公司
中冶成都勘察研究总院有限公司

贵州省（10 家）

贵州地矿测绘院
贵州黔美测绘工程院
贵州省第二测绘院
贵州省第三测绘院
贵州省第一测绘院
贵州省水利水电勘测设计研究院
贵州有色地质工程勘察公司
中国水电顾问集团贵阳勘测设计研究院
中铁五局（集团）有限公司
贵阳市测绘院

云南省（15 家）

昆明市测绘研究院（昆明市基础地理信息中心）
昆明市国土规划勘察测绘研究院
丽水市勘察测绘院
云南省测绘工程院
云南省地矿测绘院
云南省地图院
云南省地震局形变测量中心
云南省航测遥感信息院
云南省交通规划设计研究院
云南省水利水电勘测设计研究院
中国水电顾问集团昆明勘测设计研究院
中国水利水电第十四工程局有限公司
中国有色金属工业昆明勘察设计研究院
西南有色昆明勘测设计（院）股份有限公司
国家林业局昆明勘察设计院

西藏自治区（1 家）

西藏自治区测绘院

陕西省（31 家）

国家测绘局第二地形测量队（陕西省第三测绘工程院）
国家测绘局第一大地测量队（陕西省第一测绘工程院）（国家测绘局精密工程测量院）
国家测绘局第一地形测量队（陕西省第二测绘工程院）
国家测绘局第一航测遥感院（陕西省第五测绘工程院）
国家测绘局陕西基础地理信息中心（国家测绘局陕西测绘资料档案馆）
陕西省地质矿产勘查开发局测绘队（陕西国土测绘工程院）
陕西省公路勘察设计院
陕西省煤田地质局物探测量队
陕西省水利电力勘测设计研究院
陕西天润科技有限责任公司
西安长庆科技工程有限责任公司
西安大地测绘工程有限责任公司
西安地图出版社（陕西省第六测绘工程院）
西安华测航摄遥感有限公司
西安建材地质工程勘察院
西安市勘察测绘院
西安中勘工程有限公司
咸阳市勘察测绘院
中煤西安设计工程有限责任公司
中国地震局第二监测中心
中国水利水电第三工程局有限公司
中国有色金属工业西安勘察设计研究院
中交第一公路勘察设计研究院有限公司
中铁第一勘察设计院集团有限公司
中铁一局集团第五工程有限公司
西北综合勘察设计研究院
西北有色金属测绘院
神华神东煤炭集团有限责任公司（地质勘探测量公司）
机械工业勘察设计研究院
国家测绘局大地测量数据处理中心
宝鸡市勘察测绘院

甘肃省（13 家）

甘肃省测绘工程院
甘肃省地图院
甘肃省地质矿产勘查开发局测绘勘查院
甘肃省国土资源规划研究院
甘肃省基础地理信息中心
甘肃省交通规划勘察设计院有限责任公司
甘肃省水利水电勘测设计研究院
甘肃有色工程勘察设计研究院
兰州市城市建设设计院

兰州市勘察测绘研究院
中国电力工程顾问集团西北电力设计院
中国水电顾问集团西北勘测设计研究院
天水三和数码测绘院

青海省（8 家）

青海煤炭地质局测绘工程院
青海省地矿测绘院
青海省第二测绘院
青海省第一测绘院
青海省基础地理信息中心
青海省水利水电勘测设计研究院
青海天域北斗数码测绘科技有限公司
中国水利水电第四工程局有限公司

宁夏回族自治区（2 家）

宁夏回族自治区国土测绘院
宁夏回族自治区基础测绘院

新疆维吾尔自治区（13 家）

乌鲁木齐市城市勘察测绘院
乌鲁木齐市国土资源勘测规划院
新疆地矿测绘院
新疆地震测绘研究院
新疆电力设计院
新疆公路规划勘察设计研究院
新疆国土资源规划研究院
新疆生产建设兵团勘测规划设计研究院
新疆维吾尔自治区第二测绘院
新疆维吾尔自治区第一测绘院
新疆维吾尔自治区基础地理信息中心
新疆油田勘察设计研究院（有限公司）
水利部新疆维吾尔自治区水利水电勘测设计研究院

图书在版编目（CIP）数据

中国测绘年鉴 . 2011 / 国家测绘地理信息局编 . —北京：测绘出版社，2011.7

ISBN 978-7-5030-2356-9

I. ①中… II. ①国… III. ①测绘学—中国—2011—年鉴

IV. ① P2-54

中国版本图书馆 CIP 数据核字（2011）第 141609 号

责任编辑 贾晓林 马驰原 李鹏飞　**封面设计** 李黎　**责任校对** 张文婷　**责任印制** 王超

出版发行 测绘出版社

地　　址 北京市西城区三里河路 50 号　　电　　话 010-68531160（营销）

邮政编码 100045　　010-68531609（门市）

010-63881627（《中国测绘年鉴》编辑部）

电子邮箱 smp@sinomaps.com　　网　　址 www.sinomaps.com

印　　刷 北京华联印刷有限公司　　经　　销 新华书店

成品规格 185mm × 260mm　　彩　　插 64 页

印　　张 54　　字　　数 148 万字

版　　次 2011 年 8 月第 1 版　　印　　次 2011 年 8 月第 1 次印刷

印　　数 0001—2500　　定　　价 278.00 元

书　　号 ISBN 978-7-5030-2356-9/P · 542

审 图 号 GS（2011）732 号

如有印装质量问题，请与我社联系调换。